DIREITO PROCESSUAL DO TRABALHO

SERGIO PINTO MARTINS

DIREITO PROCESSUAL DO TRABALHO

43ª edição

2021

saraiva jur

saraiva EDUCAÇÃO | saraiva jur

Av. Paulista, 901, 3º andar
Bela Vista – São Paulo – SP – CEP: 01311-100

SAC | sac.sets@somoseducacao.com.br

Diretoria executiva	Flávia Alves Bravin
Diretoria editorial	Renata Pascual Müller
Gerência de projetos e produção editorial	Fernando Penteado
Planejamento	Josiane de Araujo Rodrigues
Novos projetos	Sérgio Lopes de Carvalho Dalila Costa de Oliveira
Edição	Clarissa Boraschi Maria (coord.) Daniel Pavani Naveira
Produção editorial	Daniele Debora de Souza (coord.) Luciana Cordeiro Shirakawa
Arte e digital	Mônica Landi (coord.) Camilla Felix Cianelli Chaves Claudirene de Moura Santos Silva Deborah Mattos Guilherme H. M. Salvador Tiago Dela Rosa
Projetos e serviços editoriais	Daniela Maria Chaves Carvalho Kelli Priscila Pinto Laura Paraíso Buldrini Filogônio Marília Cordeiro Nicoly Wasconcelos Razuk
Diagramação	Laís Soriano
Revisão	Ana Cortazzo
Capa	Aero Comunicação
Produção gráfica	Marli Rampim Sergio Luiz Pereira Lopes
Impressão e acabamento	Bartira

DADOS INTERNACIONAIS DE CATALOGAÇÃO NA PUBLICAÇÃO (CIP)
ANGÉLICA ILACQUA CRB-8/7057

Martins, Sergio Pinto
Direito processual do trabalho / Sergio Pinto Martins. - 43. ed. – São Paulo: Saraiva Educação, 2021.
1144 p.

Bibliografia
ISBN 978-65-5559-263-4 (impresso)

1. Direito processual do trabalho. 2. Processo do trabalho – Legislação – Brasil. I. Título.

CDD 342.6
20-0498 CDU 347.9(81)

Índice para catálogo sistemático:
1. Direito processual do trabalho : Brasil

Data de fechamento da edição: 18-11-2020

Dúvidas? Acesse www.editorasaraiva.com.br/direito

CL 606934 CAE 741428

A
Rosa Pereira Pinto,
in memoriam.

A todos aqueles que estudam ou estudaram
nos meus livros, ainda que não tenham sido
meus alunos, pois assim os considero.

Aos alunos do V e VII Cursos de Pós-graduação
em Direito do Trabalho da Universidade de
Taubaté, que me honraram com a indicação
do meu nome para paraninfo de cada turma.

"Amigas são aquelas raras pessoas que nos
perguntam como estamos e que depois
ficam à espera de ouvir a resposta."

TRABALHOS DO AUTOR

LIVROS

1. *Imposto sobre serviços – ISS*. São Paulo: Atlas, 1992.
2. *Direito da seguridade social*. 38. ed. São Paulo: Saraiva, 2019.
3. *Direito do trabalho*. 35. ed. São Paulo: Saraiva, 2019.
4. *A terceirização e o direito do trabalho*. 15. ed. São Paulo: Saraiva, 2018.
5. *Manual do ISS*. 10. ed. São Paulo: Saraiva, 2017.
6. *Participação dos empregados nos lucros das empresas*. 3. ed. São Paulo: Atlas, 2009.
7. *Práticas discriminatórias contra a mulher e outros estudos*. São Paulo: LTr, 1996.
8. *Contribuição confederativa*. São Paulo: LTr, 1996.
9. *Medidas cautelares*. São Paulo: Malheiros, 1996.
10. *Manual do trabalho doméstico*. 14. ed. São Paulo: Saraiva, 2018.
11. *Tutela antecipada e tutela específica no processo do trabalho*. 4. ed. São Paulo: Atlas, 2013.
12. *Manual do FGTS*. 5. ed. São Paulo: Saraiva, 2017.
13. *Comentários à CLT*. 22. ed. São Paulo: Saraiva, 2019.
14. *Manual de direito do trabalho*. 12. ed. São Paulo: Saraiva, 2019.
15. *Direito processual do trabalho*. 41. ed. São Paulo: Saraiva, 2019.
16. *Contribuições sindicais*. 5. ed. São Paulo: Atlas, 2009.
17. *Contrato de trabalho de prazo determinado e banco de horas*. 4. ed. São Paulo: Atlas, 2002.
18. *Estudos de direito*. São Paulo: LTr, 1998.
19. *Legislação previdenciária*. 22. ed. São Paulo: Saraiva, 2016.
20. *Síntese de direito do trabalho*. Curitiba: JM, 1999.
21. *A continuidade do contrato de trabalho*. 2. ed. São Paulo: Saraiva, 2019.
22. *Flexibilização das condições de trabalho*. 5. ed. São Paulo: Atlas, 2015.
23. *Legislação sindical*. São Paulo: Atlas, 2000.
24. *Comissões de conciliação prévia*. 3. ed. São Paulo: Atlas, 2008.
25. *Fundamentos de direito processual do trabalho*. 19. ed. São Paulo: Saraiva, 2016.
26. *Instituições de direito público e privado*. 18. ed. São Paulo: Saraiva, 2018.
27. *Fundamentos de direito do trabalho*. 17. ed. São Paulo: Saraiva, 2016.
28. *Fundamentos de direito da seguridade social*. 17. ed. São Paulo: Saraiva, 2016.
29. *O pluralismo do direito do trabalho*. 2. ed. São Paulo: Saraiva, 2016.
30. *Greve no serviço público*. 2. ed. São Paulo: Saraiva, 2017.
31. *A execução da contribuição previdenciária na justiça do trabalho*. 5. ed. São Paulo: Saraiva, 2019.
32. *Manual de direito tributário*. 18. ed. São Paulo: Saraiva, 2019.
33. *CLT Universitária*. 25. ed. São Paulo: Saraiva, 2019.
34. *Cooperativas de trabalho*. 6. ed. São Paulo: Atlas, 2015.
35. *Reforma previdenciária*. 2. ed. São Paulo: Atlas, 2006.
36. *Manual da justa causa*. 7. ed. São Paulo: Saraiva, 2018.
37. *Comentários às súmulas do TST*. 16. ed. São Paulo: Saraiva, 2016.
38. *Constituição. CLT. Legislação previdenciária e legislação complementar*. 3. ed. São Paulo: Atlas, 2012.
39. *Dano moral decorrente do contrato de trabalho*. 5. ed. São Paulo: Saraiva, 2018.
40. *Profissões regulamentadas*. 2. ed. São Paulo: Atlas, 2013.
41. *Direitos fundamentais trabalhistas*. 2. ed. São Paulo: Atlas, 2015.
42. *Convenções da OIT*. 3. ed. São Paulo: Saraiva, 2016.
43. *Estágio e relação de emprego*. 5. ed. São Paulo: Saraiva, 2019.
44. *Comentários às Orientações Jurisprudenciais da SBDI-1 e 2 do TST*. 7. ed. São Paulo: Saraiva, 2016.
45. *Direitos trabalhistas do atleta profissional de futebol*. 2. ed. São Paulo: Saraiva, 2016.
46. *Prática trabalhista*. 9. ed. São Paulo: Saraiva, 2019.
47. *Assédio moral*. 5. ed. São Paulo: Saraiva, 2017.
48. Comentários à Lei n. 8.212/91. *Custeio da Seguridade Social*. São Paulo: Atlas, 2013.
49. Comentários à Lei n. 8.213/91. *Benefícios da Previdência Social*. São Paulo: Atlas, 2013.
50. *Prática previdenciária*. 5. ed. São Paulo: Saraiva, 2019.
51. *Teoria geral do processo*. 4. ed. São Paulo: Saraiva, 2019.
52. *Teoria geral do Estado*. 2. ed. São Paulo: Saraiva, 2018.
53. *Introdução ao Estudo do Direito*. São Paulo: Saraiva, 2018.
54. *Reforma trabalhista*. São Paulo: Saraiva, 2018.

ARTIGOS

1. A dupla ilegalidade do IPVA. *Folha de S. Paulo*, São Paulo, 12 mar. 1990. Caderno C, p. 3.
2. Descumprimento da convenção coletiva de trabalho. *LTr*, São Paulo, n. 54-7/854, jul. 1990.
3. *Franchising* ou contrato de trabalho? *Repertório IOB de Jurisprudência*, n. 9, texto 2/4990, p. 161, 1991.
4. A multa do FGTS e o levantamento dos depósitos para aquisição de moradia. *Orientador Trabalhista – Suplemento de Jurisprudência e Pareceres*, n. 7, p. 265, jul. 1991.
5. O precatório e o pagamento da dívida trabalhista da fazenda pública. *Jornal do II Congresso de Direito Processual do Trabalho*, p. 42. jul. 1991. (Promovido pela LTr Editora).
6. As férias indenizadas e o terço constitucional. *Orientador Trabalhista Mapa Fiscal – Suplemento de Jurisprudência e Pareceres*, n. 8, p. 314, ago. 1991.
7. O guarda de rua contratado por moradores. Há relação de emprego? *Folha Metropolitana*, Guarulhos, 12 set. 1991, p. 3.
8. O trabalhador temporário e os direitos sociais. *Informativo Dinâmico IOB*, n. 76, p. 1.164, set. 1991.
9. O serviço prestado após as cinco horas em sequência ao horário noturno. *Orientador Trabalhista Mapa Fiscal – Suplemento de Jurisprudência e Pareceres*, n. 10, p. 414, out. 1991.
10. Incorporação das cláusulas normativas nos contratos individuais do trabalho. *Jornal do VI Congresso Brasileiro de Direito Coletivo do Trabalho e V Seminário sobre Direito Constitucional do Trabalho*, p. 43. nov. 1991. (Promovido pela LTr Editora).
11. Adicional de periculosidade no setor de energia elétrica: algumas considerações. *Orientador Trabalhista Mapa Fiscal – Suplemento de Jurisprudência e Pareceres*, n. 12, p. 544, dez. 1991.
12. Salário-maternidade da empregada doméstica. *Folha Metropolitana*, Guarulhos, p. 7. 2-3 fev. 1992.
13. Multa pelo atraso no pagamento de verbas rescisórias. *Repertório IOB de Jurisprudência*, n. 1, texto 2/5839, p. 19, 1992.
14. Base de cálculo dos adicionais. *Orientador Trabalhista Mapa Fiscal – Suplemento de Legislação, Jurisprudência e Doutrina*, n. 2, 130, fev. 1992.
15. Base de cálculo do adicional de insalubridade. *Orientador Trabalhista Mapa Fiscal – Suplemento de Legislação, Jurisprudência e Doutrina*, n. 4, p. 230, abr. 1992.
16. Limitação da multa prevista em norma coletiva. *Repertório IOB de Jurisprudência*, n. 10, texto 2/6320, p. 192, 1992.

17. Estabilidade provisória e aviso-prévio. *Orientador Trabalhista Mapa Fiscal – Suplemento de Legislação, Jurisprudência e Doutrina*, n. 5, p. 279, maio 1992.
18. Contribuição confederativa. *Orientador Trabalhista Mapa Fiscal – Suplemento de Legislação, Jurisprudência e Doutrina*, n. 6, p. 320, jun. 1992.
19. O problema da aplicação da norma coletiva de categoria diferenciada à empresa que dela não participou. *Orientador Trabalhista Mapa Fiscal – Suplemento de Legislação, Jurisprudência e Doutrina*, n. 7, p. 395, jul. 1992.
20. Intervenção de terceiros no processo de trabalho: cabimento. *Jornal do IV Congresso Brasileiro de Direito Processual do Trabalho*, jul. 1992, p. 4. (Promovido pela LTr Editora.)
21. Relação de emprego: dono de obra e prestador de serviços. *Folha Metropolitana*, Guarulhos, 21 jul. 1992, p. 5.
22. Estabilidade provisória do cipeiro. *Orientador Trabalhista Mapa Fiscal – Suplemento de Legislação, Jurisprudência e Doutrina*, n. 8, p. 438, ago. 1992.
23. O ISS e a autonomia municipal. *Suplemento Tributário LTr*, n. 54, p. 337, 1992.
24. Valor da causa no processo do trabalho. *Suplemento Trabalhista LTr*, n. 94, p. 601, 1992.
25. Estabilidade provisória do dirigente sindical. *Orientador Trabalhista Mapa Fiscal – Suplemento de Legislação, Jurisprudência e Doutrina*, n. 9, p. 479, set. 1992.
26. Estabilidade no emprego do aidético. *Folha Metropolitana*, Guarulhos, 20-21 set. 1992, p. 16.
27. Remuneração do engenheiro. *Orientador Trabalhista Mapa Fiscal – Suplemento de Legislação, Jurisprudência e Doutrina*, n. 10, p. 524, out. 1992.
28. Estabilidade do acidentado. *Repertório IOB de Jurisprudência*, n. 22, texto 2/6933, p. 416, 1992.
29. A terceirização e suas implicações no direito do trabalho. *Orientador* Trabalhista Mapa Fiscal – *Legislação, Jurisprudência e Doutrina*, n. 11, p. 583, nov. 1992.
30. Contribuição assistencial. *Jornal do VII Congresso Brasileiro de Direito Coletivo do Trabalho e VI Seminário sobre Direito Constitucional do Trabalho*, nov. 1992, p. 5.
31. Descontos do salário do empregado. *Orientador Trabalhista Mapa Fiscal – Suplemento de Legislação, Jurisprudência e Doutrina*, n. 12, p. 646, dez. 1992.
32. Transferência de empregados. *Orientador Trabalhista Mapa Fiscal – Suplemento de Legislação, Jurisprudência e Doutrina*, n. 1, p. 57, jan. 1993.
33. A greve e o pagamento dos dias parados. *Orientador Trabalhista Mapa Fiscal – Suplemento de Legislação, Jurisprudência e Doutrina*, n. 2, p. 138, fev. 1993.
34. Auxílio-doença. *Folha Metropolitana*, Guarulhos, 30 jan. 1993, p. 5.
35. Salário-família. *Folha Metropolitana*, Guarulhos, 16 fev. 1993, p. 5.
36. Depósito recursal. *Repertório IOB de Jurisprudência*, n. 4, texto 2/7239, p. 74, fev. 1993.
37. Terceirização. *Jornal Magistratura & Trabalho*, n. 5, p. 12, jan. e fev. 1993.
38. Auxílio-natalidade. *Folha Metropolitana*, Guarulhos, 9 mar. 1993, p. 4.
39. A diarista pode ser considerada empregada doméstica?, *Orientador Trabalhista Mapa Fiscal – Suplemento Trabalhista Mapa Fiscal – Suplemento de Legislação, Jurisprudência e Doutrina*, n. 3/93, p. 207.
40. Renda mensal vitalícia. *Folha Metropolitana*, Guarulhos, 17 mar. 1993, p. 6.
41. Aposentadoria espontânea com a continuidade do aposentado na empresa. *Jornal do Primeiro Congresso Brasileiro de Direito Individual do Trabalho*, 29 e 30 mar. 1993, p. 46-47. (Promovido pela LTr Editora.)
42. Relação de emprego e atividades ilícitas. *Orientador Trabalhista Mapa Fiscal – Suplemento de Legislação, Jurisprudência e Doutrina*, n. 5/93, p. 345.
43. Conflito entre norma coletiva do trabalho e legislação salarial superveniente. *Revista do Advogado*, n. 39, p. 69, maio 1993.
44. Condição jurídica do diretor de sociedade em face do direito do trabalho. *Orientador Trabalhista Mapa Fiscal – Suplemento de Legislação, Jurisprudência e Doutrina*, n. 6/93, p. 394.
45. Equiparação salarial. *Orientador Trabalhista Mapa Fiscal – Suplemento de Legislação, Jurisprudência e Doutrina*, n. 7/93, p. 467.
46. Dissídios coletivos de funcionários públicos. *Jornal do V Congresso Brasileiro de Direito Processual do Trabalho*, jul. 1993, p. 15. (Promovido pela LTr Editora).
47. Contrato coletivo de trabalho. *Orientador Trabalhista Mapa Fiscal – Suplemento de Legislação, Jurisprudência e Doutrina*, n. 8/93, p. 536.
48. Reintegração no emprego do empregado aidético. *Suplemento Trabalhista LTr*, n. 102/93, p. 641.
49. Incidência da contribuição previdenciária nos pagamentos feitos na Justiça do Trabalho. *Orientador Trabalhista Mapa Fiscal – Suplemento de Legislação, Jurisprudência e Doutrina*, n. 9/93, p. 611.
50. Contrato de trabalho por obra certa. *Orientador Trabalhista Mapa Fiscal – Suplemento de Legislação, Jurisprudência e Doutrina*, n. 10/93, p. 674.
51. Autoaplicabilidade das novas prestações previdenciárias da Constituição. *Revista de Previdência Social*, n. 154, p. 697, set. 1993.
52. Substituição processual e o Enunciado 310 do TST. *Orientador Trabalhista Mapa Fiscal – Suplemento de Legislação, Jurisprudência e Doutrina*, n. 11/93, p. 719.
53. Litigância de má-fé no processo do trabalho. *Repertório IOB de Jurisprudência*, n. 22/93, texto 2/8207, p. 398.
54. Constituição e custeio do sistema confederativo. Jornal do VIII Congresso Brasileiro de Direito Coletivo do Trabalho e VII Seminário sobre Direito Constitucional do Trabalho, nov. 1993, p. 68. (Promovido pela LTr Editora).
55. Participação nos lucros. *Orientador Trabalhista Mapa Fiscal – Suplemento de Legislação, Jurisprudência e Doutrina*, n. 12/93, p. 778.
56. Auxílio-funeral. *Folha Metropolitana*, Guarulhos, 22-12-1993, p. 5.
57. Regulamento de empresa. *Orientador Trabalhista Mapa Fiscal – Suplemento de Legislação, Jurisprudência e Doutrina*, n. 1/94, p. 93.
58. Aviso-prévio. *Orientador Trabalhista Mapa Fiscal – Suplemento de Legislação, Jurisprudência e Doutrina*, n. 2/94, p. 170.
59. Compensação de horários. *Orientador Trabalhista Mapa Fiscal – Suplemento de Legislação, Jurisprudência e Doutrina*, n. 3/94, p. 237.
60. Controle externo do Judiciário. *Folha Metropolitana*, Guarulhos, 10-3-1994, p. 2; *Folha da Tarde*, São Paulo, 26-3-1994, p. A2.
61. Aposentadoria dos juízes. *Folha Metropolitana*, Guarulhos, 11-3--1994, p. 2; *Folha da Tarde*, São Paulo, 23-3-1994, p. A2.
62. Base de cálculo da multa de 40% do FGTS. *Jornal do Segundo Congresso Brasileiro de Direito Individual do Trabalho*, promovido pela LTr, 21 a 23-3-1994, p. 52.
63. Denunciação da lide no processo do trabalho. *Repertório IOB de Jurisprudência*, n. 7/94, abril de 1994, p. 117, texto 2/8702.
64. A quitação trabalhista e o Enunciado n. 330 do TST. *Orientador Trabalhista Mapa Fiscal – Suplemento de Legislação, Jurisprudência e Doutrina*, n. 4/94, p. 294.

65. A indenização de despedida prevista na Medida Provisória n. 457/94. *Repertório IOB de Jurisprudência*, n. 9/94, p. 149, texto 2/8817.
66. A terceirização e o Enunciado n. 331 do TST. *Orientador Trabalhista Mapa Fiscal – Suplemento de Legislação, Jurisprudência e Doutrina*, n. 5/94, p. 353.
67. Superveniência de acordo ou convenção coletiva após sentença normativa – prevalência. *Orientador Trabalhista Mapa Fiscal – Suplemento de Legislação, Jurisprudência e Doutrina*, n. 6/94, p. 386.
68. Licença-maternidade da mãe adotiva. *Orientador Trabalhista Mapa Fiscal – Suplemento de Legislação, Jurisprudência e Doutrina*, n. 7/94, p. 419.
69. Medida cautelar satisfativa. *Jornal do 6º Congresso Brasileiro de Direito Processual do Trabalho*, promovido pela LTr nos dias 25 a 27-7-1994, p. 58.
70. Estabelecimento prestador do ISS. *Suplemento Tributário LTr*, n. 35/94, p. 221.
71. Turnos ininterruptos de revezamento. *Orientador Trabalhista Mapa Fiscal – Suplemento de Legislação, Jurisprudência e Doutrina*, n. 8/94, p. 468.
72. Considerações em torno do novo Estatuto da OAB. *Repertório IOB de Jurisprudência*, n. 17/94, set. 1994, p. 291, texto 2/9269.
73. Diárias e ajudas de custo. *Orientador Trabalhista Mapa Fiscal – Suplemento de Legislação, Jurisprudência e Doutrina*, n. 9/94, p. 519.
74. Reajustes salariais, direito adquirido e irredutibilidade salarial. *Orientador Trabalhista Mapa Fiscal – Suplemento de Legislação, Jurisprudência e Doutrina*, n. 10/94, p. 586.
75. Os serviços de processamento de dados e o Enunciado n. 239 do TST. *Orientador Trabalhista Mapa Fiscal – Suplemento de Legislação, Jurisprudência e Doutrina*, n. 11/94, p. 653.
76. Desnecessidade de depósito administrativo e judicial para discutir o crédito da seguridade social. *Orientador Trabalhista Mapa Fiscal – Suplemento de Legislação, Jurisprudência e Doutrina*, n. 12/94, p. 700.
77. Número máximo de dirigentes sindicais beneficiados com estabilidade. *Repertório IOB de Jurisprudência*, n. 24/94, dezembro de 1994, p. 408, texto 2/9636.
78. Participação nos lucros e incidência da contribuição previdenciária. *Revista de Previdência Social*, n. 168, nov. 1994, p. 853.
79. Proteção do trabalho da criança e do adolescente – considerações gerais. *BTC – Boletim Tributário Contábil – Trabalho e Previdência*, dez. 1994, n. 51, p. 625.
80. Critérios de não discriminação no trabalho. *Orientador Trabalhista Mapa Fiscal – Suplemento de Legislação, Jurisprudência e Doutrina*, n. 1/95, p. 103.
81. Embargos de declaração no processo do trabalho e a Lei n. 8.950/94 que altera o CPC. *Repertório IOB de Jurisprudência*, n. 3/95, fev. 1995, texto 2/9775, p. 41.
82. Empregado doméstico – Questões polêmicas. *Orientador Trabalhista Mapa Fiscal – Suplemento de Legislação, Jurisprudência e Doutrina*, n. 2/95, p. 152.
83. Não concessão de intervalo para refeição e pagamento de hora extra. *Orientador Trabalhista Mapa Fiscal – Suplemento de Legislação, Jurisprudência e Doutrina*, n. 3/95, p. 199.
84. Lei altera artigo da CLT e faz prover conflitos. *Revista Literária de Direito*, mar./abr. 1995, p. 13.
85. Empregados não sujeitos ao regime de duração do trabalho e o art. 62 da CLT. *Orientador Trabalhista Mapa Fiscal – Suplemento de Legislação, Jurisprudência e Doutrina*, n. 4/95, p. 240.
86. A Justiça do Trabalho não pode ser competente para resolver questões entre sindicato de empregados e empregador. *Revista Literária de Direito*, maio/jun. 1995, p. 10.
87. Minutos que antecedem e sucedem a jornada de trabalho. *Orientador Trabalhista Mapa Fiscal – Suplemento de Legislação, Jurisprudência e Doutrina*, n. 5/95, p. 297.
88. Práticas discriminatórias contra a mulher e a Lei n. 9.029/95. *Repertório IOB de Jurisprudência*, n. 11/95, jun. 1995, p. 149, texto 2/10157.
89. Conflito entre a nova legislação salarial e a norma coletiva anterior. *Orientador Trabalhista Mapa Fiscal – Suplemento de Legislação, Jurisprudência e Doutrina*, n. 6/95, p. 362.
90. Imunidade tributária. *Suplemento Tributário LTr*, 34/95, p. 241.
91. Cogestão. *Revista do Tribunal Regional do Trabalho da 8ª Região*, v. 28, n. 54, jan./jun. 1995, p. 101.
92. Licença-paternidade. *Orientador Trabalhista Mapa Fiscal – Suplemento de Legislação, Jurisprudência e Doutrina*, n. 7/95, p. 409.
93. Embargos de declaração. *Jornal do VII Congresso Brasileiro de Direito Processual de Trabalho*, São Paulo: LTr, 24 a 26 jul. 1995, p. 54.
94. Reforma da Constituição e direitos previdenciários. *Jornal do VIII Congresso Brasileiro de Previdência Social*, n. 179, out. 1995, p. 723.
95. Ação declaratória incidental e coisa julgada no processo do trabalho. *Suplemento Trabalhista LTr* 099/95, p. 665 e *Revista do TRT da 8ª Região*, Belém, v. 28, n. 55, jul./dez. 1995, p. 39.

SUMÁRIO

Capítulo 10

Capítulo 11

Capítulo 18

Capítulo 19

Capítulo 23

Capítulo 26

Capítulo 27

Capítulo 28

PREFÁCIO

Foi com orgulho e encantamento que recebi o convite do Professor Sergio Pinto Martins para fazer a apresentação deste seu terceiro livro, ele que é uma estrela nascente, de intenso brilho, no campo das letras jurídicas.

Como seu ex-professor da disciplina Direito Processual do Trabalho, envaideço-me dos êxitos por ele obtidos na carreira jurídica, quer como advogado, quer como juiz do trabalho.

Este livro revela um jurista que, apesar de jovem, muito pensou o processo do trabalho, muito o estudou, muito o viveu na luta forense, como advogado e juiz. As mais agudas questões estão aqui estudadas, sem se fugir a nenhuma. E são muitas, nesta quadra de transição vivida pelo direito processual do trabalho, onde se encontram em elaboração anteprojetos de código; onde leis extravagantes são editadas com grande frequência, muitas vezes obscuras, enigmáticas, a exigir do processualista permanente esforço de atualização e interpretação. Sergio não fugiu ao debate, ao polêmico, e sempre, com a honestidade intelectual que o caracteriza, trazendo as diversas correntes doutrinárias.

Merece destaque sua postura jurídica, assentada nas mais sábias lições e na experiência jurídica, a irradiar luz sobre os institutos e conceitos tratados.

Impressiona também a rigorosa atualização desta obra, não só do ponto de vista da legislação processual vigente, mas também no que concerne à jurisprudência e doutrina. As mais recentes decisões judiciais, as mais modernas e relevantes obras serviram de inspiração para o autor.

A sistematização das matérias, por outro lado, revela o jurista afeito da pesquisa acadêmica, que lhe valeu o título de Mestre em Direito pela Universidade de São Paulo. No dizer de RUI, "o mestre, o verdadeiro mestre, é como uma encarnação pessoal do método; dependem mutuamente um do outro" (*Obras completas*, v. X, t. III, p. 120). Agrada-me sobremaneira a distribuição dos capítulos, que cumpre o rigor metodológico da ciência processual. Sergio não perde de vista a unidade científica do direito processual, em suas categorias jurídicas. E conseguiu fazer uma obra completa, com todos os capítulos em que se divide o direito processual moderno, ferindo temas importantíssimos como as nulidades, a intervenção de terceiros, a prova, os recursos, a ação cautelar, os procedimentos especiais, a liquidação e a execução de sentença. Esta obra, aliás, e aqui talvez me coloque em posição contrária ao autor, põe a nu a estreita conexão e a reaproximação ora detectada entre o processo civil e o processo do trabalho, a negar, de certa forma, a tão discutida autonomia científica deste.

Enfim, Sergio, com talento, estudo e determinação, conseguiu, como diria CARNELUTTI, apoderar-se do verdadeiro tesouro de conhecimentos.

Posso dizer, vaidosamente, que muito aprendi com este livro. Seu formato didático, inclusive com testes após cada capítulo, não significa superficialidade; os advogados e juízes nele descobrirão, com certeza, o melhor caminho a seguir, a mais sábia solução a adotar. Sergio conduz-nos pelo processo do trabalho com segurança, clareza, rigor técnico, atualização e profundidade.

São Paulo, verão de 1993.

Luiz Carlos Amorim Robortella

Advogado em São Paulo. Doutor em Direito do Trabalho pela USP. Ex-professor titular da FAAP.

NOTA À 43ª EDIÇÃO

Sei que esta obra não é perfeita, nem é esse meu objetivo.

Meu intuito foi proporcionar aos estudantes e profissionais da área, em apenas um volume, uma visão geral do Processo de Trabalho.

Os capítulos foram escritos como se estivéssemos diante de um processo, começando pela organização e competência da Justiça do Trabalho, petição inicial, contestação, sentença, recursos, execução etc.

Tive o cuidado não só de apresentar a matéria, que pode servir aos iniciantes no tema e àqueles que pretendem prestar concurso para magistratura do trabalho, como também de expor ao quintanista de Direito ou bacharel recém-formado.

Pretendo ter alcançado, com o presente estudo, o objetivo de torná-lo útil na prática trabalhista aos leitores. Se, de alguma forma, por menor que seja, obtive êxito, já estarei recompensado.

Espero que a presente edição tenha a mesma acolhida que teve a anterior por parte dos leitores e estudiosos.

Capítulo 1

HISTÓRICO

1.1 FUNDAMENTOS

As condições de trabalho foram modificando-se no decorrer dos anos. Inicialmente, o trabalho era tido como atribuição dos escravos e dos servos. Os nobres não se dedicavam ao trabalho.

Com a Revolução Industrial, a partir do momento em que passaram a ser utilizadas máquinas na produção, começaram a surgir novas condições de trabalho. O tear foi um elemento causador de desemprego na época. Houve aumento de mão de obra disponível, causando, em consequência, a diminuição dos salários pagos aos trabalhadores. A partir desse momento, os operários passaram a reunir-se para reivindicar novas condições de trabalho e melhores salários, surgindo os conflitos trabalhistas, principalmente coletivos. Os obreiros paralisavam a produção, ocasionando a greve, como mecanismo de autodefesa, visto que inexistiam normas que resolvessem esses conflitos. Só se retomava o trabalho quando uma das partes cedesse em suas reivindicações.

O Estado não se imiscuía para resolver os conflitos surgidos entre empregados e empregadores. Mais tarde, o Estado verificou que era necessário intervir para solucionar os conflitos trabalhistas, pois com a paralisação do trabalho arrecadava menos impostos. Havia também a alegação de que as controvérsias trabalhistas geravam conturbações sociais, prejudicando a ordem interna.

Num primeiro momento, o Estado ordenava às partes que chegassem a um acordo sobre a volta ao trabalho mediante conciliação obrigatória. Isto não chegou, porém, a produzir os resultados desejados. Passou-se, então, à fase de mediação, em que o Estado designava um seu representante para participar das negociações como mediador. Posteriormente, o Estado, em vez de designar um mediador, passou a indicar um árbitro para julgar a controvérsia existente entre as partes.

Nasce assim, embora timidamente, o Direito Processual do Trabalho, como forma de solucionar os conflitos trabalhistas.

1.2 EVOLUÇÃO

Ao examinar o Direito Processual do Trabalho há necessidade de lembrar de sua gênese e de seu desenvolvimento no decorrer do tempo, o atendimento de novos conceitos e instituições que foram surgindo com o passar dos lustros.

O Direito tem uma realidade histórico-cultural, não admitindo o estudo de quaisquer de seus ramos sem que se tenha uma noção de seu desenvolvimento dinâmico no transcurso do tempo.

Ao se pretender estudar o passado, é possível compreender o desenvolvimento da ciência no decorrer dos anos, o que se mostra uma necessidade premente. Segundo as lições de Waldemar Ferreira (1962, v. 1:1), "nenhum jurista pode dispensar o contingente do passado a fim de bem compreender as instituições jurídicas dos dias atuais".

É possível dividir a evolução histórica do Direito Processual do Trabalho em duas partes: no Brasil e nos demais países.

1.2.1 Nos demais países

Inicio o estudo da história do Direito Processual do Trabalho pelos outros países, fazendo uma análise do sistema da França, Alemanha, México e Espanha; da Itália, de onde o legislador brasileiro foi se abeberar para trazer subsídios à montagem de nosso sistema de solução dos conflitos trabalhistas, e da Grã-Bretanha. Trago também notícias do sistema dos Estados Unidos, por ser totalmente diverso do nosso, mas bastante moderno e eficiente.

1.2.1.1 França

Na França, os *Conseils de Prud'hommes* decidiam, inicialmente, os dissídios individuais dos trabalhadores. Os dissídios coletivos eram dirimidos pela arbitragem.

A expressão *Conseils de Prud'hommes* tem o significado de conselho de homens prudentes, sisudos ou íntegros, de alguma sabedoria, que são versados em certa matéria. A referida expressão é encontrada na época das corporações de ofício, em que havia certos homens que eram eleitos para administração de tais organismos, por terem a confiança de seus pares. Na época, também se utilizava a palavra *prud'homme* para designar os juízes dos tribunais ordinários, os funcionários municipais e ainda os peritos.

No ano de 1426, em Paris, o Conselho da Cidade designou 24 *prud'hommes* para colaborar com o magistrado municipal *prévot*, visando resolver questões entre fabricantes de seda e comerciantes. Inicialmente, o objetivo era de conciliação das pequenas desavenças. Em 29-4-1464, Luiz XI autorizou os *prud'hommes* a solucionar os conflitos entre os fabricantes de seda da cidade de Lyon por meio de um edito. Mais tarde esses conselhos passaram a solucionar os conflitos entre industriais e seus operários, inclusive quanto à divergência de pescadores, na cidade de Marselha.

Os Conselhos de *Prud'hommes* foram extintos em 1776, passando os tribunais comuns a decidir as questões que antes eram resolvidas por aqueles conselhos. Na época tinha-se a ideia de que toda organização era prejudicial à liberdade dos homens, razão pela qual deixaram aqueles conselhos de existir.

Uma lei de 1803 facultou ao prefeito de polícia de Paris e aos alcaides, comissários ou substitutos, em outras cidades, os poderes de resolver os conflitos entre industriais e operários, segundo as regras do Código Municipal e de polícia. O que se verificava nesse momento é que as autoridades policiais não tinham conhecimento suficiente ou experiência para resolver tais conflitos.

Quando Napoleão Bonaparte esteve visitando a cidade de Lyon, os fabricantes de seda pediram novamente a instalação dos Conselhos de *Prud'hommes*. Editou-se, no entanto, uma lei em 18-3-1806, competindo a esses conselhos a solução de reclamações trabalhistas, mediante tentativa de conciliação, com força de julgamento definitivo, para valores até 60 francos. Isso quer dizer que até o referido valor não caberia qualquer recurso da decisão do conselho. As partes estavam isentas do pagamento de quaisquer importâncias, inclusive custas. Funcionava diariamente o escritório de conciliação no horário das 11 às 13 horas, composto por um fabricante e um *prud'homme* fabricante e um *prud'homme* chefe de oficina, perante os quais as partes se apresentavam. O escritório geral reunia-se uma vez por semana e decidia com a presença de cinco *prud'hommes* sobre as controvérsias que lhes fossem remetidas pelo escritório de conciliação. O Conselho era composto de nove membros, sendo cinco negociantes-fabricantes e quatro chefes de oficinas. Nesse momento não havia a participação de operários. Os fabricantes não poderiam ser eleitos se não exercessem a função há seis anos ou se tivessem falido.

Os chefes de oficinas não poderiam ser eleitos se não soubessem ler ou escrever ou tivessem menos de seis anos de exercício. Poderiam ser reeleitos. Como os Conselhos efetivamente funcionavam muito bem, foram espalhados para as demais cidades francesas. As cidades não podiam ter mais de um conselho, contudo admitia-se a divisão em sessões. Em 1908, em Paris, havia cinco seções (*bâtiments, métaux, industries diverses, produits chimiques, commerce*). Em 1910, em Lyon, havia três seções (*soieries, bâtiments et industries diverses, commerce*).

A maioria dos conselhos dividia-se em duas seções: indústria e comércio; mais tarde sendo estendido também à agricultura (1932).

O Bureau particular tinha dois membros. O Bureau geral tinha quatro ou mais membros. O Bureau particular tentava a conciliação. Se não fosse feita, a demanda seria julgada pelo Bureau geral. A deliberação era secreta.

Os trabalhadores passaram a fazer parte integrante dos Conselhos de *Prud'hommes* de acordo com a lei de 28-5-1848. Seus membros eram eleitos pelo sufrágio universal. O presidente e o vice-presidente passaram a ser eleitos pelo próprio Conselho em 1880. As mulheres foram admitidas em 1907.

Atualmente os Conselhos de *Prud'hommes* continuam a ser um órgão jurisdicional paritário. Podem ser instituídos em cada Município, com as subdivisões em seção da indústria, comércio, agricultura ou outras, que são determinadas pela atividade principal do empregador. A cada três anos o Conselho é renovado na sua metade. O colégio eleitoral é formado por pessoas inscritas na lista de eleitores políticos, que não tenham sofrido condenações, tendo exercido a profissão por pelo menos três anos. O conselheiro deve ter a idade mínima de 25 anos, ser alfabetizado, ter pelo menos seis anos de exercício da profissão. Não há remuneração pelo serviço prestado pelos conselheiros, apenas os empregados têm direito de se afastar do emprego para comparecer às reuniões. O presidente do Conselho é eleito, alternativamente, entre um empregado e um empregador, tendo mandato de seis anos. O *bureau* de conciliação contém um representante de empregado e um de empregador, mas o *bureau de jugement* tem, pelo menos, dois representantes dos patrões e dois dos empregados. Não há a presença obrigatória de advogado, sendo as partes convocadas por carta, mediante um procedimento bastante simplificado, em que é designado dia, hora e local da audiência. As partes poderão ser assessoradas por um assalariado, um delegado de sindicato, seu cônjuge, ou por advogado. A petição inicial pode ser verbal ou escrita. A matéria julgada é de conflitos individuais decorrentes do contrato de trabalho. O Conselho também trata de litígios entre funcionários dos serviços públicos, desde que sejam empregados regidos pelas regras de direito privado, como os servidores dos serviços públicos de caráter industrial e comercial, da Renault etc. Inicialmente é tentada a conciliação, em que as partes são ouvidas pelo *bureau* de conciliação, que tem poderes para determinar certas medidas, mesmo na ausência do demandado. Frustrada a conciliação, o réu é citado por carta para comparecer perante o *bureau de jugement*, no qual são produzidas as provas. Prestigia-se a palavra oral, em detrimento da escrita, pois os debates são orais e a sentença é prolatada em audiência, sendo redigida pelo Secretário. A votação na sentença obedece o requisito da maioria absoluta dos presentes. Havendo empate, é designado novo julgamento, sendo convocado um juiz de carreira, que irá presidir a sessão. Da decisão cabe recurso de oposição no prazo de três dias. Caberá apelação para a Câmara Social da Corte de Apelação se o valor dado à causa exceder 13.000 francos. Das decisões finais de qualquer órgão é cabível recurso extraordinário destinado a ser julgado pela Corte de Cassação. A apelação e o recurso de cassação são sempre julgados por magistrados de carreira.

As reformas de 1979 e 1982 não alteraram o funcionamento básico dos Conselhos de *Prud'hommes*, prevalecendo a paridade entre empregadores e empregados, a eleição democrática dos conselheiros, a necessidade obrigatória de conciliação e os procedimentos simplificados e menos onerosos. Atualmente, os membros do Conselho são nomeados por cinco anos (art. L1442-3 do Código de Trabalho). A função dos conselheiros é gratuita (art. L1442-8). Para os empregadores e empregados serem eleitos devem ser de nacionalidade francesa, ter pelo menos 21 anos e não estar incapacitados para os seus direitos civis (art. L1441-16). Nas localidades em que não exista o Conselho de *Prud'homme*, há a competência do Tribunal de Instância, que é competente inclusive para questões trabalhistas. A pessoa tem a faculdade de ajuizar a sua reclamação perante o Conselho, mas pode se socorrer diretamente ao Tribunal de Instância.

Se a parte se ausentar duas vezes, não poderá formular novo pedido.

É dividido o Conselho em cinco seções. Cada uma tem quatro conselheiros provenientes dos empregados e quatro dos empregadores. É possível a formação de câmaras com competência para julgar litígios sobre dispensas por motivo econômico.

A principal finalidade do Conselho é julgar os dissídios individuais que tiverem por causa a interpretação ou o cumprimento do contrato de trabalho.

O Conselho de *Prud'hommes* não tem poderes para executar seus julgados.

O sistema dos Conselhos de *Prud'hommes* sofre ainda a crítica da ignorância jurídica dos conselheiros e parcialidade, pois muitas vezes quem redige as sentenças são os secretários, que são geralmente juristas. É comum haver empate na decisão, sendo necessário chamar um juiz para desempatar.

Uma lei de 1936 determinou que os dissídios coletivos passassem a ser de competência de processos de conciliação e arbitragem. Lei de 1950 estabeleceu que a conciliação é obrigatoriamente tentada, porém a arbitragem é facultativa e feita por um terceiro livremente indicado pelas partes. Decreto de 1955 reza que a conciliação é feita perante comissão paritária ou perante a autoridade pública, o inspetor de divisão do trabalho, em nível regional, ou o ministro, no nível nacional. A arbitragem é realizada por terceiro livremente escolhido pelas partes. Na falta de acordo, é resolvido o caso pelo ministro. A Corte Superior de Arbitragem é que trata dos recursos interpostos às sentenças arbitrais, sendo composta de cinco magistrados administrativos e quatro magistrados judiciais.

1.2.1.2 Alemanha

O sistema alemão é bastante parecido com o brasileiro, principalmente na forma hierárquica em que é instituído.

Os Tribunais Industriais surgiram em 1808 na região do Reno. Em outras localidades foram criados tribunais de arbitragem. Em 1890 os Tribunais Industriais foram instituídos em diversas partes da Alemanha, tendo competência para resolver conflitos individuais e coletivos. Havia um presidente e um vice-presidente, que eram nomeados pela autoridade administrativa do local. Eram eleitos quatro assessores para representar os grupos, de maneira igualitária, com mandato por período de um a seis anos. As decisões proferidas nos dissídios individuais tinham força obrigatória. As partes poderiam ser representadas por qualquer pessoa, inclusive por um parente ou amigo. A partir de 1904, a competência de tais tribunais passou a ser também verificada em relação ao comércio, e não apenas quanto à indústria.

Em 1934, com a Carta do Trabalho do III Reich, surge a arbitragem com a interferência do Estado, o que antes era feito de forma convencional. Os árbitros (*Schlichter*) passam a ser funcionários do Estado. Lei de 10-4-1934 cria os Tribunais do Trabalho com a seguinte divisão: Tribunais de Trabalho da Primeira Instância, Tribunais do Trabalho de Apelação e Tribunais do Trabalho do Reich. A composição dos Tribunais de Trabalho de Primeira Instância era a seguinte: presidente, vice-presidente, juízes de carreira nomeados pelo Ministro da Justiça e assessores em número igual de empregados e empregadores, nomeados pelo Ministro do Trabalho. Os assessores não são remunerados, mas recebem uma espécie de ajuda de custo pelas despesas inerentes ao exercício de suas funções. Iniciava-se o procedimento com a tentativa de conciliação. Não conseguida a conciliação, é feita a instrução, sendo a sentença proferida em audiência, tendo a parte direito de recurso para o Tribunal de Apelação. Dependendo do valor da causa, as decisões deste último tribunal poderiam ser examinadas pelo Tribunal do Trabalho do Reich.

Os classistas ocupam cargo honorífico. Recebem uma indenização referente ao reembolso de despesas por viagens no exercício do vocalato.

Atualmente, os conflitos trabalhistas são resolvidos por Tribunais do Trabalho (*Arbeitsgerichte* – ou, abreviadamente, ArbG), de natureza distrital. Os Tribunais Regionais do Trabalho (*Landesarbeitsgerichte* ou LAG), o Tribunal Federal do Trabalho (*Bundesarbeitsgerichte* ou BAG) e o Superior Tribunal Constitucional. Os dois primeiros tribunais pertencem aos Estados-membros, os *Laender*, enquanto o penúltimo pertence à União (*Bund*). Salvo o Superior Tribunal Constitucional, os demais são órgãos colegiados, integrados por juízes de carreira, com a assessoria de membros classistas, selecionados entre empregados e empregadores. Na primeira instância os juízes togados são os presidentes das câmaras, na segunda instância são o presidente do LAG e os das Câmaras e na terceira instância são o presidente do BAG e os presidentes das turmas e mais dois membros das turmas. No primeiro grau funcionam as câmaras, compostas de um presidente e dois juízes, sendo um de empregado e outro do empregador. Nos dissídios coletivos de direito atuam o presidente da Câmara e mais quatro juízes classistas. Isso mostra que os órgãos de primeiro grau julgam tanto questões individuais como coletivas. Os tribunais regionais são divididos em câmaras, nas quais só atuam dois juízes classistas, sendo que os togados são em número de dez e os classistas 160, que vão fazendo um rodízio entre si de dois em dois. O Tribunal Federal do Trabalho tem âmbito constitucional, sendo integrado pelo presidente, pelos presidentes das turmas e juízes classistas. Os tribunais trabalhistas têm competência para solucionar conflitos individuais e coletivos. Prestigia-se a oralidade, a imediação, em que as provas são produzidas perante o próprio tribunal. Os tribunais trabalhistas só prestam a tutela jurídica quando são provocados.

A Alemanha possui um Código de Processo do Trabalho, mas adota subsidiariamente o CPC.

1.2.1.3 Itália

No sistema italiano é que foi buscada inspiração para nossa estrutura da Justiça do Trabalho.

Em 1878 foram instituídos na Itália os *Collegi dei Probiviri*, equivalentes aos *prud'hommes* franceses. Foram criados também para solucionar os conflitos do setor econômico de seda, já tendo representantes de empregados e empregadores. Posteriormente, passou-se a dar competência para conhecer outros conflitos surgidos na indústria. A partir de 1893 os Conselhos passaram a atuar em outras categorias, não só apenas no setor da seda. Havia um presidente e um vice-presidente designados por decreto real, mediante proposta do Ministro da Agricultura, da Indústria ou do Comércio. A comissão de conciliação era composta de um presidente e dois representantes classistas, enquanto o tribunal tinha quatro membros, além do presidente e do vice-presidente. Da decisão proferida eram cabíveis dois recursos: um para o juiz de paz da cidade e outro para a Corte de Cassação.

Na sessão de 6-10-1925, o Gran Consiglio Nazionale del Fascismo criou a Magistratura del Lavoro: "o Grande Consiglio entende também que o tempo está maduro para fazer dirimir os conflitos do trabalho por um órgão jurisdicional estatal, que represente os interesses gerais da Nação: a Magistratura del Lavoro, forma mais aperfeiçoada do que a simples arbitragem obrigatória e que, portanto, é oportuno introduzir na nova legislação a Justiça do Trabalho".

Determinou o art. 13 da Lei n. 563, de 3-4-1926, que todas "as controvérsias relativas à disciplina das relações coletivas de trabalho, concernentes quer à aplicação dos contratos coletivos quer à estipulação de novas condições de trabalho, são da competência dos tribunais de apelação atuando como Justiça do Trabalho. Antes da decisão, é obrigatória a tentativa de conciliação por parte do presidente do tribunal".

A Carta del Lavoro de 1927 dizia que a magistratura do trabalho era órgão do Estado, intervindo para regular as controvérsias do trabalho. Tal sistema era constituído de uma Corte de Apelação, com peritos aptos a decidir num único grau de jurisdição os conflitos coletivos e em segundo grau os conflitos individuais. Rezava a Carta del Lavoro que "a Magistratura do Trabalho é o órgão com o qual o Estado intervém regulando as controvérsias do trabalho, sejam as referentes à observância dos acordos ou outras normas existentes, sejam as que versem sobre a determinação de novas condições de trabalho". A Lei n. 563, de 3-4-1926, estabelecia que tais órgãos tinham poderes para determinar normas trabalhistas a serem cumpridas pelas empresas e empregados da respectiva categoria na solução dos conflitos coletivos, que era exatamente o poder normativo de criar regras trabalhistas, propiciando novas condições de trabalho por meio de decisão judicial.

Os dissídios coletivos eram da competência da Magistratura del Lavoro, sendo constituída por seção (turma) especial do Tribunal de Apelação composta de três membros, assistidos por dois peritos em questões de produção e trabalho, nomeados pelo primeiro presidente (Lei n. 563).

O Regio Decreto 471, de 26 de fevereiro de 1928, extinguiu os *collegi di probiviri*. As questões trabalhistas passaram a ser julgadas pelos pretores e tribunais, com auxílio de peritos em questões trabalhistas (um da categoria dos empregadores e outro da categoria dos trabalhadores).

A Lei n. 471, de 1928, ampliou a participação da magistratura do trabalho nos dissídios individuais.

A função da Magistratura del Lavoro era preencher o vazio deixado pela proibição da greve.

Os classistas na Magistratura do Trabalho eram denominados de *consiglieri esperti* (conselheiros peritos). Eram os peritos quanto a questões de fato.

A competência normativa tinha por objetivo evitar o entendimento direto entre trabalhadores e empregadores. Não havia sentido permitir a greve, pois a Justiça do Trabalho tinha competência normativa.

Os dissídios individuais eram de competência do pretor ou do tribunal, com a assistência de dois cidadãos peritos em questões de trabalho, um pertencente à categoria dos empregadores e o outro à dos empregados (Lei n. 76, de 22-1-1934).

A magistratura do trabalho foi extinta com o CPC de 1942, sendo o processo do trabalho regulado no Título IV do Livro II.

Atualmente os dissídios individuais são submetidos a julgamento por juízes togados, que aplicam um capítulo do Código de Processo Civil que regula o processo do trabalho. Os dissídios coletivos são resolvidos por meio de greves, convenções coletivas, arbitragem e mediações.

O processo do trabalho é inspirado na oralidade, concentração e imediação. O juiz tem poder inquisitório, podendo exercer tal poder de ofício. A audiência é única. O juiz proclama o dispositivo e pode redigir a fundamentação em 15 dias.

Hoje, no primeiro grau há o juiz; no segundo grau há o Tribunal Comum de Apelação; e acima a Corte "di Cassazione" e o Tribunal Constitucional.

1.2.1.4 México

A Lei Aguirre Berlanga, de 7-10-1914, tratava das Juntas Municipais, que tinham por objetivo resolver os conflitos entre trabalhadores e seus patrões (art. 16). As Juntas eram divididas da seguinte forma: uma para a agricultura, outra para a pecuária e a última para as indústrias locais. O procedimento era verbal, realizado numa só audiência, em que era recebida a petição inicial, além de serem apresentadas a contestação e as provas a serem produzidas. A sentença era determinada por maioria de votos, porém não havia direito a recurso.

Em 14-3-1915 foram criados no Estado de Yucatán os Conselhos de Conciliação e o Tribunal de Arbitragem. Estes tribunais tinham por objetivo a aplicação das leis trabalhistas, de modo a ajustar as relações entre capital e trabalho, buscando também a melhoria das condições dos trabalhadores. O tribunal era integrado por um representante nomeado pelas uniões dos trabalhadores e outro designado pelos patrões, tendo um juiz presidente, que era escolhido livremente por todas as Juntas de Conciliação. Quando não houvesse maioria na escolha, havia designação pelo governador do Estado. Funcionava o tribunal na cidade do México. Os seus membros tinham mandato de um ano.

O art. 123 da Constituição mexicana de 1917 estabelece na fração XX que os conflitos entre capital e trabalho se sujeitarão a decisão de uma Junta de Conciliação e Arbitragem, formada por igual número de representantes de trabalhadores e dos empregadores e um do governo.

A Lei Federal do Trabalho n. 1.972/73 estabelece que a organização da Justiça do Trabalho mexicana segue o sistema de Juntas Locais e Federais de Conciliação e Arbitragem, com composição paritária, porém tendo função administrativa, mas reconhece-se o seu caráter jurisdicional. As Juntas podem livremente julgar qualquer conflito, seja individual ou coletivo, seja jurídico ou econômico, que derive do contrato ou da relação de trabalho, independentemente da quantidade e do valor que representem. O art. 622 permite que cada uma das Juntas se estabeleça em Juntas Especiais para o conhecimento de conflitos em determinados ramos de atividade laboral. O art. 600, fração IV, faculta apenas às Juntas de Conciliação conhecer e arbitrar nos casos em que a matéria do conflito não exceda da importância de três meses de salário. Os arts. 685 e ss. tratam do *Derecho Procesal del Trabajo*, determinando os procedimentos quanto ao andamento do processo na Junta, os recursos, a execução etc. Os conflitos coletivos também são de competência das Juntas, sendo a decisão normativa (art. 815), como se fosse uma espécie de laudo arbitral com efeitos obrigatórios. O art. 816 prevê que as decisões das Juntas são irrecorríveis. O art. 919 do Código de Trabalho determina que "a Junta, a fim de conseguir o equilíbrio e a justiça social nas relações entre trabalhadores e patrões, em sua resolução poderá aumentar ou diminuir o pessoal, a jornada, a semana de trabalho, os salários e, em geral, modificar as condições de trabalho da empresa ou estabelecimento sem que, em nenhum caso, possa reduzir os direitos mínimos consignados nas leis".

As Juntas locais são criadas pelos governos estaduais nos Municípios ou zonas econômicas que não têm as Juntas Federais. O órgão de cúpula é a Junta Federal de Conciliación y Arbitraje.

1.2.1.5 Espanha

Existiam três órgãos para dirimir os conflitos trabalhistas na Espanha: os Tribunais Industriais, os Comitês Paritários e os Jurados Mistos.

Em 1908, foram instituídos os Tribunais Industriais, que eram compostos de um presidente, juiz de carreira, e seis jurados, sendo três de empregados e três de empregadores. Somente em 1912, nasceu efetivamente a Justiça do Trabalho espanhola, que foi posteriormente incorporada ao Código de Trabalho de 1926. Sua composição era de um juiz de carreira e seis jurados, sendo três empregados e três empregadores.

Os Comitês Paritários resolviam questões individuais ou coletivas entre patrões e operários, tendo natureza de instituição de Direito Público. Foram extintos em 1931, sendo que no seu lugar foram criados os Jurados Mistos. Eram estes compostos de um presidente, um secretário e vogais representantes de empregados e empregadores. Os Tribunais Industriais foram suprimidos em 1935, ficando apenas os Jurados Mistos, que posteriormente foram extintos.

A Declaração VII do Fuero del Trabajo, de 9-3-1938, extinguiu os antigos órgãos paritários privados e estatais, criando a Magistratura do Trabalho em 1940, por meio da Lei Orgânica da Magistratura do Trabalho, de 17-10-1940.

Atualmente, a Justiça do Trabalho é organizada por meio da Lei de Procedimento Laboral, de 1966 e o Texto Articulado do Regime Geral da Segurança Social, de 1973. Existem órgãos administrativos, como as Juntas de Conciliação Sindical, na qual é tentada a conciliação. Há a obrigatoriedade de se passar por essas Juntas antes de se ingressar com a ação judicial. Na primeira instância judicial, os processos são apreciados pela magistratura do trabalho, salvo onde não existam, em que os casos trabalhistas são apreciados pelos juízes municipais, que também atuam nas causas até 1.500 pesetas. O Tribunal Central do Trabalho é o órgão de segunda instância. A Justiça do Trabalho espanhola é também competente para o julgamento de questões de previdência social e de acidente do trabalho. O Tribunal Supremo é a última instância e foi criado em 1931. A Justiça do Trabalho julga tanto dissídios individuais como coletivos, porém estes últimos só são remetidos ao Judiciário quando o Poder Executivo assim entender. Não há representação classista em qualquer nível.

Em 1979, foi criado o Instituto de Mediação, Arbitragem e Conciliação, em que a conciliação é tentada antes de se ingressar com um processo.

1.2.1.6 Grã-Bretanha

Há na Grã-Bretanha uma Justiça especializada em questões trabalhistas, constituída pelos *Industrial Tribunals*, órgãos de primeira instância, e *Employment Appeal Tribunals* (EAT's), órgãos de segunda instância, que têm certa característica de instância extraordinária, não reexaminando a matéria de fato. Na Irlanda do Norte, porém, só há a justiça especializada trabalhista na primeira instância.

Os *Industrial Tribunals* foram criados em 1964, para decidirem questões de empregadores contra a imposição de impostos sobre a aprendizagem industrial. Em 1965, foi ampliada a jurisdição desses tribunais para decidir disputas sobre o direito dos trabalhadores sobre pagamento pela despedida coletiva de empregados por causas econômicas ou técnicas, como de redução de pessoal. Mais tarde, foi ampliada novamente a jurisdição dos referidos tribunais, para que julgassem reclamações entre empregados e empregadores quando estes se recusassem a fornecer informação completa das condições e termos de seus contratos de trabalho. Em 1971, foi determinado que os citados tribunais passassem a julgar questões decorrentes de despedidas imotivadas.

Os tribunais trabalhistas da Grã-Bretanha têm composição paritária. São integrados por três juízes, tanto na primeira como na segunda instância, sendo um deles o presidente, que é escolhido entre advogados ou procuradores com experiência forense de, no mínimo, sete anos. Os tribunais de segunda instância são presididos por juiz membro da Corte de Apelação. Os presidentes dos tribunais de primeira instância (*chair persons*) são vitalícios até a idade de 72 anos, quando há a aposentadoria compulsória, desde que exerçam a magistratura em tempo integral. Quando a exercem por tempo parcial são nomeados para mandatos de três anos. Os dois outros membros dos tribunais trabalhistas são juízes leigos (*lay members*), um deles é indicado pelo sindicato dos trabalhadores e o outro pelo dos empregadores. O mandato dos juízes leigos é de três anos, podendo também exercer seu mandato em tempo integral ou parcial.

Os juízes dos tribunais trabalhistas não pertencem a um determinado tribunal, mas são convocados para julgar cada caso, não existindo, portanto, um tribunal de composição permanente.

Os magistrados trabalhistas não usam toga ou qualquer vestimenta especial. Não é obrigatória a participação de advogados nos processos trabalhistas, mas facultativa. Assim, as próprias partes podem ajuizar as suas reclamações.

Os sindicatos apontam como vantagens de tais tribunais o fato de haver maior celeridade no julgamento dos feitos, pois outros processos podem demorar até dois anos para serem julgados nos tribunais comuns; os juízes leigos conhecem as particularidades de certas questões; há maior informalidade; as custas nos tribunais industriais são mais reduzidas. As desvantagens seriam as seguintes: os resultados têm sido pouco atraentes para os trabalhadores, pois as decisões na sua maioria não são favoráveis aos operários; algumas decisões revelam racismo, preconceitos políticos e discriminação sexual.

Os tribunais trabalhistas britânicos só julgam questões de direito individual do trabalho, não decidindo, portanto, controvérsias de direito coletivo.

1.2.1.7 Estados Unidos

Os Estados Unidos têm um sistema em que existem poucas leis trabalhistas, mas muitos acordos entre os sindicatos e as empresas. Os contratos coletivos desempenham importante papel, sendo solucionados pela arbitragem. O árbitro não pertence ao Poder Judiciário, mas é um particular escolhido pelas próprias partes.

O papel do Estado é o de encorajar as negociações entre as partes. O laudo arbitral só é levado à discussão judicial se houver arbitrariedade ou fraude.

Os conflitos individuais são resolvidos pela arbitragem privada, escolhida pelas partes, mas geralmente patrocinada pelos sindicatos, pois é muito oneroso seu custo para o particular. Para a solução dos conflitos coletivos a arbitragem é facultativa, após a tentativa de conciliação obrigatória. Normalmente, as controvérsias coletivas são solucionadas por meio de acordos ou convenções coletivas.

São muito poucos os conflitos em matéria trabalhista que são levados ao Judiciário.

1.2.1.8 Argentina

A organização da Justiça do Trabalho da Argentina inicia-se na Capital Federal em 1944, com o Decreto-lei n. 32.347, de 30-11, que posteriormente foi modificado pela Lei n. 12.948. As comissões de conciliação e arbitragem foram criadas pela Lei n. 12.713, tratando de regrar o trabalho a domicílio. Na Província de Buenos Aires foram instituídos os tribunais do trabalho pela Lei n. 5.178, de 1947, com estrutura predominantemente oral, integrados por um colegiado de juízes letrados, com as mesmas garantias dos juízes de primeira instância, dirimindo controvérsias individuais do trabalho, qualquer que seja o valor, que é o que ainda existe.

O Decreto-lei n. 32.347/44 determinou que a Justiça do Trabalho compreenderia a Comissão de Conciliação, a Comissão de Arbitragem, os juízes de primeira instância e a Câmara de Apelações.

A primeira etapa do processo se desenvolvia obrigatoriamente perante a Comissão de Conciliação. Compreende esta etapa a propositura da demanda, a contestação, havendo uma audiência marcada para o fim da tentativa de conciliação, o oferecimento da contestação e das provas das partes. A Comissão de Arbitragem não tem caráter permanente, sendo composta de um representante de empregados e outro do empregador, presidida por um presidente e o vice-presidente da Comissão de Conciliação.

Predominava a palavra falada, a oralidade, com princípio mais simples e rápido, havendo restrição quanto a recursos, a limitação do número de testemunhas, a produção de toda a prova oral na audiência. O trabalhador não tinha qualquer gasto para poder reclamar.

Houve reforma do sistema, por meio da Lei n. 18.345, sancionada em 12 de setembro de 1969, com as modificações decorrentes das Leis n. 20.196, 21.625, 22.084 e 22.743. Foi suprimida a Comissão de Conciliação e Arbitragem. Até 1988 a Justiça do Trabalho da Capital Federal estava integrada por 45 juízes de primeira instância, havendo ainda a Câmara Nacional de Apelações do Trabalho. A Lei n. 23.640/88 criou mais 45 novos juízos de primeira instância, que foram parcialmente instalados até março de 1991. Uma vez designados os juízes, estes mantêm seu emprego desde que tenham boa conduta. Não é requisito legal para acesso na magistratura do trabalho a pessoa ser versada em direito do trabalho, a não ser quando tal precaução resta implicitamente na condição de idoneidade reclamada no art. 16 da Constituição para o desempenho de qualquer cargo público. O Código de Processo Civil é aplicado subsidiariamente à legislação processual laboral. Sobreviveu também o Conselho de Trabalho Doméstico, criado pelo Decreto n. 7.979/56, que pertence ao Ministério do Trabalho e da Seguridade Social, tendo competência para resolver os conflitos trabalhistas regulados pelo estatuto dos empregados domésticos; das referidas decisões é possível recorrer, por meio de apelação, para o Juiz Nacional de Primeira Instância do Trabalho.

Há tribunais locais (provinciais), exceto os da capital, que são nacionais e integrados pela Câmara Nacional de Apelações do trabalho da Capital. Não existem juízes classistas.

A competência jurisdicional é para resolver questões de conflitos individuais, mas também conflitos coletivos de direito administrativo e penal, como as infrações às normas regulamentares do trabalho.

Predomina o procedimento escrito, porém a contestação, reconvenção e exceções podem ser apresentadas oralmente. Os depoimentos devem ser transcritos, inclusive os das testemunhas. Há uma audiência inicial com o objetivo de conciliação. O não comparecimento do autor não importa em arquivamento.

1.2.1.9 Portugal

Somente em 1977 os tribunais do trabalho passaram a pertencer ao Poder Judiciário, conforme art. 85 da Lei n. 82, de 6-12-1977.

Dispõe a Lei Orgânica dos Tribunais, de 1987, que compõem os tribunais de primeira instância dois "juízes sociais", oriundos das associações patronais e de trabalhadores, que apreciam exclusivamente matéria de fato. Das decisões cabe recurso para a Seção Social do Tribunal das Relações. Da decisão desses tribunais cabe recurso, em hipóteses restritas, para a Seção Social do Supremo Tribunal de Justiça.

1.2.2 No Brasil

O Regulamento 737, de 25 de novembro de 1850, mencionava que as ações sobre contratos de trabalho eram apreciadas pelos juízes comuns, aplicando-se o rito sumário.

Os primeiros órgãos que surgiram no Brasil para a solução de conflitos trabalhistas foram os Conselhos Permanentes de Conciliação e Arbitragem em 1907, previstos pela Lei n. 1.637, de 5-11-1907, mas que sequer foram implantados. Tinham composição mista e paritária. Destinavam-se, contudo, a solucionar todas as divergências entre o capital e o trabalho.

Em 1922, são criados os Tribunais Rurais em São Paulo pela Lei estadual n. 1.869, de 10 de outubro, compostos pelo juiz de direito da comarca e de dois outros membros. Um deles era designado pelo locador de serviço (trabalhador) e o outro pelo locatário (fazendeiro). As controvérsias resolvidas eram principalmente de salários, mas também decorrentes da interpretação e execução de contratos de serviços agrícolas, até o valor de "quinhentos mil réis".

Nosso sistema foi criado copiando-se literalmente, em muitos aspectos, o sistema italiano da Carta del Lavoro, de 1927, de Mussolini, adotando-se o regime corporativista. A outra causa foi o advento das convenções coletivas de trabalho. Havia dois órgãos incumbidos de dirimir os conflitos: as Juntas de Conciliação e Julgamento e as Comissões Mistas de Conciliação.

O Conselho Nacional do Trabalho foi criado no âmbito do Ministério da Agricultura, Indústria e Comércio pelo Decreto n. 16.027, de 30 de abril de 1923, assinado pelo Presidente Artur Bernardes. Era um órgão consultivo em matéria trabalhista.

As Juntas de Conciliação e Julgamento foram criadas pelo Decreto n. 22.132, de 25-11-1932, tendo competência para resolver os dissídios individuais. As Juntas eram compostas de um juiz presidente, estranho aos interesses das partes, sendo de preferência um advogado e dois vogais, um representando os empregados e outro o empregador, além de dois suplentes, escolhidos com base nas listas que eram enviadas pelos sindicatos e associações ao Departamento Nacional do Trabalho. A reclamação era apresentada aos procuradores do Departamento Nacional do Trabalho ou órgãos regionais, sendo que a audiência era comunicada às partes por via postal. Caso o reclamado criasse embaraços ou não fosse encontrado era notificado pela polícia ou por edital. À audiência deveriam comparecer as partes com suas provas e testemunhas; se o reclamado não comparecesse haveria revelia. Os empregadores poderiam ser representados por gerentes ou administradores. Os menores e as mulheres casadas poderiam pleitear sem a assistência do responsável legal ou pai. O presidente poderia determinar diligências, sendo que se assim fizesse deveria adiar a audiência. Os membros da Junta votavam na solução do feito. Era admitida a reconvenção. O empregado que propusesse reclamações temerárias sofria a penalidade da perda do direito de reclamar pelo prazo de até dois anos, sendo também suspenso dos seus direitos de sindicalizado por igual tempo. Seus julgamentos eram feitos em uma única instância, porém não poderiam ser executados pelas referidas Juntas, mas apenas na Justiça Comum, que inclusive poderia anular as citadas decisões. A Justiça do Trabalho tinha *notio*, que é o poder de conhecer e julgar os dissídios. Não tinha, porém, *imperium*, que é o poder de cumprir suas próprias decisões. Qualquer processo com decisão proferida há menos de seis meses poderia ser requisitado pelo Ministro do Trabalho, a pedido do interessado, que passava, então, a decidir, desde que houvesse parcialidade dos juízes ou violação do direito. Esse chamamento pelo Ministro, de chamar para si o processo e fazer o julgamento, era denominado de "avocatória". Tal procedimento, inclusive, poderia ser até mesmo político, como ocorria. Na época os juízes presidentes eram nomeados pelo Presidente da República, devendo ser bacharéis em Direito e ter idoneidade moral, tendo mandato de dois anos, podendo ser reconduzidos.

As Comissões Mistas de Conciliação foram instituídas pelo Decreto n. 21.364, de 4-5-1932, com a função de dirimir os conflitos coletivos, principalmente os decorrentes de interpretação das questões relativas às convenções coletivas, sendo que nos municípios onde não existiam sindicatos de empregados e empregadores as Comissões tinham relevante papel. Eram compostas de um presidente, alheio aos interesses profissionais das partes envolvidas, que poderia ser um advogado, um magistrado ou um funcionário federal, estadual ou municipal e representantes de empregados e empregadores, em igual número (seis), escolhidos de acordo com as listas enviadas pelos sindicatos ou associações. O funcionamento das Comissões era esporádico, pois poucas eram as controvérsias decorrentes de convenções coletivas, funcionando aquelas mais como órgão arbitral. Havia a primeira reunião da Comissão no prazo de 48 horas da comunicação do dissídio ao presidente, fazendo proposta de conciliação. Uma segunda reunião era marcada para no máximo três dias depois, na qual era feita nova proposta conciliatória. A Comissão podia requisitar toda diligência que entendesse necessária, inclusive determinando a realização de parecer técnico em cinco dias. Na audiência de conciliação o presidente propunha às partes a solução pelo juízo arbitral. Se as partes o aceitassem, assinavam um termo de que iriam se submeter à decisão. Os juízes eram escolhidos por sorteio. Enviava-se o laudo arbitral para o Ministério do Trabalho, onde era guardado para cumprimento da decisão. Se as partes se recusassem à solução arbitral, era remetido o processo ao Ministro do Trabalho, Indústria e Comércio para que proferisse a solução. Se o Ministro conhecesse dos motivos da recusa, poderia nomear uma comissão especial que proferisse laudo sobre o dissídio (art. 15 do Decreto n. 21.396, de 12-5-1932). Existindo paralisação do trabalho, o empregador ficava sujeito a pena de multa e o empregado, ao despedimento.

O Decreto n. 27. 784, de 14 de julho de 1934, determinou que o Conselho Nacional do Trabalho era órgão deliberativo de cúpula do sistema judicante trabalhista.

O Decreto-lei n. 9.797 elevou o mandato dos juízes classistas para três anos. Previa o suplente de Junta, que não fazia concurso e não tinha acesso à promoção na carreira. Era nomeado pelo Presidente da República para substituir o presidente da Junta de Conciliação e Julgamento.

Tais órgãos pertenciam ao Poder Executivo, não tendo autonomia administrativa ou jurisdicional, pois eram anexos ao Ministério do Trabalho, Comércio e Indústria. Os juízes eram demissíveis *ad nutum* não tendo, portanto, qualquer independência para o julgamento das questões que lhes eram submetidas. Entretanto, a maioria da doutrina da época entendia que os referidos órgãos tinham natureza judiciária. As referidas decisões tinham natureza de título executivo, sendo executadas no Cível, mediante o procedimento de execução de sentença, em que a parte poderia alegar apenas nulidade, pagamento ou prescrição da dívida.

Os processos de acidente do trabalho eram dirimidos na Justiça Comum e não pelas Juntas.

Somente os empregados sindicalizados tinham acesso às Juntas ou Comissões Mistas (art. 1º do Decreto n. 22.132/32).

As Comissões Mistas faziam a tentativa de conciliação, mas não o julgamento dos dissídios coletivos. O Conselho Nacional do Trabalho é que tinha competência de tribunal arbitral, prolatando decisões irrecorríveis em dissídios coletivos e de último grau de jurisdição para os empregados estáveis ou questões atinentes à previdência social.

Posteriormente foram criados outros órgãos, não pertencentes ao Poder Judiciário, que decidiam questões trabalhistas, como as Juntas das Delegacias de Trabalho Marítimo (1933), o Conselho Nacional do Trabalho (1934) e uma jurisdição administrativa relativa a férias (1933).

A Constituição de 1934 estabeleceu que, para dirimir questões entre empregados e empregadores, regidas pela legislação social, foi instituída a Justiça do Trabalho, à qual não se aplica o disposto no capítulo que trata do Poder Judiciário (art. 122). Isso mostra que a Justiça do Trabalho não era órgão do Poder Judiciário. A constituição dos tribunais trabalhistas e das comissões de conciliação obedecia ao princípio da eleição de seus membros, metade pelas associações representativas dos empregados e metade pelas dos empregadores. O presidente era de livre nomeação do governo, escolhido entre pessoas de experiência e notória capacidade moral e intelectual (parágrafo único do art. 122).

A Constituição de 1937 repete em certos aspectos a redação da Norma Ápice anterior, dizendo que a Justiça do Trabalho iria dirimir os conflitos oriundos das relações entre empregadores e empregados, regulados na legislação social, porém sua regulamentação seria feita por lei e à qual não se aplicavam as disposições daquela Lei Maior relativas à competência, ao recrutamento e às prerrogativas da justiça comum (art. 139). Continuava a Justiça do Trabalho, portanto, a ser um órgão administrativo, não fazendo parte do Poder Judiciário.

Waldemar Ferreira, em 1937, travou intenso debate doutrinário com Oliveira Viana a respeito do poder normativo da Justiça do Trabalho. Afirmava o primeiro que o poder de criar normas sobre condições de trabalho nos dissídios coletivos contrariava os princípios da Constituição. Haveria sentenças de caráter geral, aplicáveis de modo abstrato a pessoas indeterminadas, invadindo a Justiça do Trabalho a esfera do Poder Legislativo. A competência normativa dos juízes do trabalho importava delegação legislativa, não prevista na Constituição de 1934. Esta Constituição era democrática e dela não constava o Poder Normativo da Justiça do Trabalho. As sentenças deveriam obrigar apenas os litigantes e não terceiros (*Princípios de legislação social e direito judiciário do trabalho*. São Paulo: São Paulo, 1938). Oliveira Viana, que era sociólogo e jurista, contestou a afirmação de Waldemar Ferreira, dizendo que a função do juiz não é de mero autômato diante da lei, pois tem função criativa e não de mero intérprete. O juiz teria, assim, maior liberdade de atuação, tendo por base a escola sociológica do direito e o realismo jurídico. A delegação legislativa é um fato reconhecido em vários países. Havia necessidade do atendimento de novas realidades, mediante técnicas próprias, existindo compatibilidade entre a competência normativa e a função judiciária. A separação dos poderes não é rígida, sendo legítimas as sentenças normativas. Oliveira Viana dizia que o poder normativo era uma verdadeira arbitragem, "um laudo de perito" (*Problemas de direito corporativo*. Rio de Janeiro: José Olympio, 1938). Ao final, prevaleceu a tese de Oliveira Viana, que era assessor do Ministro do Trabalho.

O Decreto-lei n. 39, de 3-12-1937, estabeleceu que na execução dos julgados das juntas perante o Cível, a defesa ficaria restrita a nulidades, prescrição ou pagamento da dívida.

O Decreto-lei n. 1.237, de 2-5-1939, regulamentado pelo Decreto n. 6.596, de 12-12-1940, organizou a Justiça do Trabalho, que passou a ser órgão autônomo, não só em relação ao Poder Executivo, como também em relação à Justiça Comum, mas ainda não pertencia ao Poder Judiciário, embora exercesse função jurisdicional. A partir dessa data as decisões da Justiça do Trabalho poderiam ser executadas no próprio processo, sem necessidade de ingresso na Justiça Comum. Havia três instâncias. As Juntas de Conciliação e Julgamento ou Juízes de Direito, sendo as primeiras compostas de um presidente bacharel em Direito, nomeado pelo Presidente da República, e dois vogais, representantes dos empregados e empregadores (art. 6º, *a* e *b*), tendo competência para conciliar e julgar os dissídios individuais entre empregados e empregadores e os contratos de empreiteiro, operário ou artífice. Os vogais eram designados pelos Conselhos Regionais do Trabalho entre representantes indicados pelas associações sindicais de primeiro grau. Os Conselhos Regionais do Trabalho, órgãos de segundo grau, eram sediados em várias regiões do país, tendo competência para julgar os recursos das juntas. Os Conselhos Regionais do Trabalho substituíram as Comissões Mistas de Conciliação "para apreciar em competência originária os dissídios coletivos, permitindo-se que suas decisões tivessem força normativa". O Conselho Nacional do Trabalho era composto de duas Câmaras, sendo uma da Justiça do Trabalho e outra de Previdência Social. Foi criada a Procuradoria da Justiça do Trabalho, funcionando junto ao Conselho Nacional do Trabalho e procuradorias regionais. O art. 94 do Decreto-lei n. 1.237 destacava que "na falta de disposição expressa de lei ou de contrato, as decisões da Justiça do Trabalho deverão fundar-se nos princípios gerais do direito, especialmente do direito social, e na equidade, harmonizando os interesses dos litigantes com os da coletividade, de modo que nenhum interesse de classe ou particular prevaleça sobre o interesse público".

Em 1939, havia oito Conselhos Regionais do Trabalho e 36 Varas do Trabalho.

Em 1º de maio de 1941, o Presidente da República instalou a Justiça do Trabalho. No dia seguinte, os oito Conselhos Regionais, com as 36 juntas, começavam a funcionar.

A CLT trata do processo do trabalho a partir do art. 643 até o 910, reunindo a legislação esparsa existente na época.

A Constituição de 1937, na época, não incluía a Justiça do Trabalho entre os órgãos do Poder Judiciário, o que somente veio a ocorrer com a promulgação da Constituição de 1946. Mesmo assim, o Supremo Tribunal Federal já reconhecia a natureza jurídica dos tribunais trabalhistas. O Decreto-lei n. 9.797, de 9-9-1946, antecipou-se à Constituição de 1946 já conferindo aos juízes togados trabalhistas as garantias inerentes à magistratura, ou seja: inamovibilidade, irredutibilidade de vencimentos e vitaliciedade, além de ingressarem na carreira por meio de concursos de títulos e provas, havendo critério de promoção, alternadamente, por antiguidade e merecimento.

O inciso V, do art. 94, da Constituição de 1946, de 18-9, deixou claro que os tribunais e juízes do trabalho passavam a pertencer ao Poder Judiciário da União. Estabelecia o art. 122 da referida norma que os órgãos da Justiça do Trabalho eram o Tribunal Superior do Trabalho (substituindo o Conselho Nacional do Trabalho), os Tribunais Regionais do Trabalho (substituindo os Conselhos Regionais do Trabalho) e as Juntas de Conciliação e Julgamento. A lei também iria dispor sobre a constituição, investidura, jurisdição, competência, garantias e condições de exercício dos órgãos da Justiça do Trabalho, assegurada a paridade de representação de empregadores e trabalhadores, o que foi repetido nas Constituições posteriores. Iria ser fixado em lei o número de Tribunais Regionais do Trabalho e suas sedes. As Juntas seriam instituídas por lei, podendo, nas comarcas onde elas não fossem instituídas, atribuir as suas funções aos juízes de direito. Poderiam ser criados por lei outros órgãos da Justiça do Trabalho (§ 4º). Os juízes trabalhistas togados gozavam de irredutibilidade de vencimentos, inamovibilidade e vitaliciedade de maneira expressa como membros pertencentes ao Poder Judiciário (art. 95).

O art. 107 da Constituição de 1967 repete a Norma Magna anterior, estabelecendo que os tribunais e juízes do trabalho pertenciam ao Poder Judiciário da União. A divisão da Justiça do Trabalho continuava a ser feita da mesma forma no art. 133, em Tribunal Superior do Trabalho, Tribunais Regionais de Trabalho e Juntas de Conciliação e Julgamento. Podiam ser criados por lei outros órgãos da Justiça do Trabalho (§ 3º). O art. 135 estabelecia que as decisões do TST eram irrecorríveis, salvo quando se tratasse de matéria constitucional. Com a Constituição de 1967 os membros do TST passaram a ser chamados de ministros. O TST tinha seis classistas temporários, sendo três de empregados e três de empregadores (art. 133, § 1º, *b*). Os Tribunais Regionais do Trabalho tinham um terço de juízes classistas temporários (§ 5º do art. 133), com metade de representantes de empregados e metade de representantes de empregadores. O § 4º do art. 133 assegurava a paridade de representação de empregadores e trabalhadores.

Os Tribunais e Juízes do Trabalho eram tratados no art. 141 da Emenda Constitucional n. 1, de 1969. Repetia praticamente nos mesmos termos as determinações da Constituição de 1967. Os classistas continuavam a ser seis no TST (art. 141, § 1º, *b*). Os classistas nos tribunais regionais eram no total de um terço de juízes do tribunal (§ 5º do art. 141). O § 4º do art. 141 assegurava a paridade de representação de empregadores e trabalhadores.

O Decreto-lei n. 779/69 dispôs sobre a aplicação de normas processuais trabalhistas à União, Estados, Distrito Federal e Municípios, suas autarquias e fundações.

A Lei n. 5.584/70 tratou, entre outros aspectos processuais trabalhistas, da concessão e prestação da assistência judiciária na Justiça do Trabalho. Unificou prazos de recursos.

A redação original da Constituição de 1988 tratava do tema nos arts. 111 a 117, praticamente nos mesmos moldes das Constituições anteriores. No TST, os classistas passaram a ser dez (art. 111, § 1º, II), sendo cinco de empregados e cinco de empregadores. Nos tribunais regionais, os classistas eram um terço dos juízes dos tribunais (art. 115). Os classistas eram indicados para os tribunais regionais em listas tríplices pelas diretorias das federações e dos sindicatos com base territorial na região (art. 115, parágrafo único, III) e no TST por meio de indicação do colégio eleitoral integrado pelas diretorias das confederações nacionais de trabalhadores ou empregadores. Nas Varas, existiam dois classistas, um representante de empregados e outro de empregadores (art. 116). Os juízes classistas das Varas eram nomeados pelo Presidente do Tribunal Regional do Trabalho. O mandato dos representantes classistas era de três anos, em qualquer instância. O art. 116 da Constituição passa a denominar os antigos vogais de juízes classistas.

A Lei n. 7.701/88 versou sobre a competência dos processos no TST e a especialização dos tribunais trabalhistas em processos coletivos.

A Emenda Constitucional n. 24, de 9-12-1999, extinguiu a representação classista em todas as instâncias, transformando as Juntas de Conciliação e Julgamento em Varas do Trabalho. A competência e demais questões da organização da Justiça do Trabalho passaram a ser previstas nos arts. 111 a 116.

Instituiu a Lei n. 9.957/2000 o procedimento sumaríssimo no processo do trabalho para causas até 40 salários-mínimos, acrescentando artigos à CLT, objetivando dar maior celeridade na prestação jurisdicional a tais processos.

Estabeleceu a Lei n. 9.958/2000 as Comissões de Conciliação Prévia. Os empregados devem passar por esses órgãos, desde que existentes no local, antes de ajuizar a reclamação trabalhista.

A Emenda Constitucional n. 45/2004 trouxe alterações na organização da Justiça do Trabalho e deu nova redação ao art. 114 da Constituição, que trata da competência deste órgão.

A Lei n. 13.015, de 21-7-2014, deu nova redação aos arts. 894 e 896 da CLT estabelecendo várias alterações quanto aos recursos de embargos e revista no TST, instituindo o julgamento de recursos repetitivos.

A Lei n. 13.467/17 alterou vários artigos da CLT, inclusive da parte processual.

Não é adequada a extinção da Justiça do Trabalho, com a transferência para a Justiça Federal de seus juízes e da competência. Haveria problemas de acomodação dos juízes nos tribunais para efeito de apuração de antiguidade. Existiria maior demora na solução dos problemas trabalhistas, como já ocorre na Justiça Federal, que é extremamente lenta. A tendência tem sido a especialização do Judiciário em certa matéria e não um critério de competência generalista, que seria até mesmo retrógrado. É preciso, portanto, melhorar a instituição e não suprimi-la ou absorvê-la em outra.

Não se pode, assim, pretender eliminar a instituição, visando a forçar o desaparecimento dos dissídios. Justifica-se a manutenção do TST, pois é o órgão de cúpula da Justiça do Trabalho. Tem por objetivo a uniformização da jurisprudência dos Tribunais Regionais. Não pode ser simplesmente extinto. Quem vai fazer esse papel?

Verificação de Aprendizagem

1. Como surgiram os Conselhos de *Prud'hommes*?
2. Quando surgiu o primeiro tribunal trabalhista?
3. Desde quando a Justiça do Trabalho integra o Poder Judiciário?
4. Existem ainda classistas na Justiça do Trabalho?
5. Qual foi a primeira Constituição que tratou da competência da Justiça do Trabalho?

Capítulo 2

CONCEITO DE DIREITO PROCESSUAL DO TRABALHO

2.1 DENOMINAÇÃO

Processo vem do latim *procedere*, seguir adiante. É a marcha avante.

João Mendes Jr. fazia a distinção entre Direito Judiciário Civil daquilo que não era Penal. Assim, também poderia existir o Direito Judiciário do Trabalho.

Alguns autores entendem que o nome de nossa matéria é Direito Judiciário do Trabalho. Exemplo é o livro de Wilson de Souza Campos Batalha, intitulado *Tratado de direito judiciário do trabalho*, o de Carlos Coqueijo Costa, denominado *Direito judiciário do trabalho* e o de Waldemar Ferreira, que tem o nome *Princípios de legislação social e de direito judiciário do trabalho*. O título X da CLT também é chamado de "Processo Judiciário do Trabalho".

Entretanto, não se pode nominar a disciplina em estudo de Direito Judiciário do Trabalho, pois caso assim se fizesse estaríamos apenas tratando de regras atinentes ao juiz, quando a matéria versa sobre todo o sistema processual trabalhista, no qual o juiz está inserido juntamente com outros atores. Por esse motivo, denomina-se essa divisão do Direito Processual de Direito Processual do Trabalho.

2.2 CONCEITO

Direito Processual do Trabalho é o conjunto de princípios, regras e instituições destinado a regular a atividade dos órgãos jurisdicionais na solução dos dissídios, individuais ou coletivos, sobre relação de trabalho.

A palavra conjunto revela que o Direito Processual do Trabalho é composto de várias partes organizadas, formando um sistema.

O Direito Processual do Trabalho contém princípios, que são proposições genéricas, das quais derivam as demais normas. Com o conhecimento dos princípios do processo do trabalho nota-se um tratamento científico dado à disciplina, justificando, também, sua autonomia.

Tem o Direito Processual do Trabalho inúmeras regras que versam sobre a matéria. A maioria delas está contida na CLT.

No Direito Processual do Trabalho, não existem apenas conjuntos de princípios e normas, mas também de instituições, de entidades, que criam e aplicam o referido ramo do Direito. O Estado é o maior criador de normas processuais trabalhistas. A Justiça do Trabalho é o órgão estatal do Poder Judiciário incumbido de aplicar as regras processuais trabalhistas. A DRT faz mesas-redondas para mediar os conflitos coletivos do trabalho. Os sindicatos também são instituições que participam das negociações coletivas de trabalho, estabelecendo condições de trabalho.

As instituições determinadas pela legislação é que irão dirimir as controvérsias existentes entre as partes, quer nos dissídios individuais, quer nos coletivos, por intermédio das Varas do Trabalho, Tribunais Regionais do Trabalho e Tribunal Superior do Trabalho.

A CLT usa a palavra *dissídios*. Dissídio não tem sentido jurídico. Significa desinteligência, divergência. Entretanto, a palavra será usada em razão da previsão da CLT.

Os conflitos a serem resolvidos não são apenas individuais, de pessoas determinadas, como de empregado e empregador. São solucionados também conflitos coletivos, como entre sindicatos, em caso de greve, ou entre empresa e sindicato de empregados, na hipótese de a greve atingir apenas uma empresa e não a categoria.

As controvérsias a serem solucionadas são as dos trabalhadores e empregadores. Trabalhadores são os empregados de empresas, os empregados públicos, os pequenos empreiteiros, operários ou artífices, os trabalhadores avulsos e temporários. Os empregadores são as pessoas físicas ou jurídicas, que, assumindo os riscos de suas atividades, admitem, dirigem e assalariam os obreiros (art. 2º da CLT) a seu serviço.

Com a ampliação da competência da Justiça do Trabalho, esta passa a examinar questões relativas à relação de trabalho.

A divisão da matéria será feita tomando por base a teoria do Direito Processual do Trabalho, compreendendo desde o histórico, conceito, autonomia, posição enciclopédica, relações do direito processual do trabalho com outras disciplinas, fontes, aplicação das normas até princípios. Depois, se falará sobre solução dos conflitos trabalhistas, organização da Justiça do Trabalho, competência da Justiça do Trabalho, atos, termos e prazos processuais, nulidades, partes, representação, procuradores e terceiros, ação trabalhista, distribuição, audiência, resposta do réu, provas, alegações finais, sentença, recursos, procedimentos especiais, tutelas cautelares, dissídios coletivos, liquidação de sentença e execução.

Verificação de Aprendizagem

1. Qual o conceito de Direito Processual do Trabalho?
2. Qual o significado de conjunto?
3. Qual a denominação da matéria em estudo? Por quê?

Capítulo 3

AUTONOMIA DO DIREITO PROCESSUAL DO TRABALHO

As teorias que versam sobre a autonomia do Direito Processual do Trabalho podem ser resumidas em duas: *monista* e *dualista*.

3.1 TEORIA MONISTA

A teoria monista prega que o Direito Processual é um só. O Direito Processual do Trabalho não seria regido por leis próprias ou estruturado de modo específico.

Ramiro Podetti (1949, t. I:19) não crê na autonomia do Direito Processual do Trabalho, "porque os princípios que o presidem poderão, também, aplicar-se ao processo comum, com levíssimas variantes de intensidade e é de se esperar que assim suceda no futuro. Eu vejo nosso processo comum e nosso processo laboral tão díspares, no momento presente marchando para um futuro comum, pela assimilação, por parte daquele das conquistas deste". Nicola Jaeger vê no processo do trabalho uma categoria intermediária entre o processo civil e o processo penal[1]. São monistas Luigi de Litala, Jaime Guasp, Montero Aroca.

Muitos autores entendem que o Direito Processual do Trabalho ainda não conseguiu se separar do Direito Processual Civil. A legislação processual do

[1] JAEGER, Nicola. *Corso de diritto processuale del lavoro*. Padova: IDEA, 1932, p. 11.

trabalho não se justificaria, apenas se fosse como um dos capítulos do Código de Processo Civil, que é o que ocorre na Itália.

3.2 TEORIA DUALISTA

A teoria dualista pondera que há autonomia do processo do trabalho.

Prega a teoria radical que há uma independência total do processo do trabalho em relação ao direito processual, como Helios Sarthou. Eduardo Couture afirma que "um novo direito processual estranho a todos os princípios tradicionais, sem exceção de um só deles, teve que surgir..."[2]. Trueba Urbina (1975:28), um dos mais radicais, assevera que o processo do trabalho não se sujeita nem aos princípios da teoria geral do processo, o que não é verdade, pois o direito processual do trabalho aplica os conceitos da teoria geral do processo. A teoria geral do processo é como o tronco da árvore, que dá sustentação a toda a árvore e se aplica a qualquer ramo do processo. Os ramos da árvore são o direito processual civil, direito processual penal e direito processual do trabalho.

A segunda teoria mostra a existência de autonomia relativa. Wilson de Sousa Campos Batalha (1985:139) explica que essa autonomia decorre da subsidiariedade das normas aplicáveis do Processo Civil. Havendo omissão na CLT, aplica-se o CPC (art. 769 da CLT). No entanto, é possível ressaltar certos aspectos que não existem no processo civil, como o inquérito judicial para apuração de falta grave, o dissídio coletivo, que têm procedimentos diferenciados.

Não é a omissão da CLT ou a falta de código regulando a matéria que torna relativa a autonomia do Direito Processual do Trabalho. O parágrafo único do art. 8º da CLT manda aplicar o Direito Civil de forma subsidiária, mas o Direito do Trabalho é autônomo em relação ao Direito Civil.

A última teoria pode ser chamada de inominada. Coqueijo Costa (1984:16) afirma que o Direito Processual do Trabalho "é autônomo, pois não há direito especial sem juiz próprio, sem matéria jurídica especial e sem direito autônomo. Sua matéria é extensa, sua doutrina homogênea e tem método próprio". Essa posição é adotada por diversos doutrinadores, como Wagner Giglio, Délio Maranhão, Tostes Malta.

Tomando-se por base o raciocínio de que o Direito Processual do Trabalho faz parte do ramo da ciência do Direito, as divisões deste se justificam quanto ao critério didático do ensino dessa ciência.

---

[2] COUTURE, Eduardo. Algumas nociones fundamentales del derecho procesal del trabajo. In: Tribunales del Trabajo. *Derecho Procesal del Trabajo*. Santa Fé: 1941, p. 128.

3.3 CARACTERÍSTICAS DA AUTONOMIA DE UMA CIÊNCIA

Segundo Alfredo Rocco (1928:72), para caracterizar a autonomia de uma ciência é mister que:

a) ela seja vasta a ponto de merecer um estudo de conjunto, adequado e particular;
b) ela contenha doutrinas homogêneas dominadas por conceitos gerais comuns e distintos dos conceitos gerais que informam outras disciplinas;
c) possua método próprio, empregando processos especiais para o conhecimento das verdades que constituem objeto de suas investigações.

Na verdade, o método empregado pelo Direito Processual do Trabalho é o mesmo que o utilizado em quaisquer outros ramos do Direito, pois o primeiro não será interpretado ou aplicado de forma diferente.

Assim, pode-se dizer que, para caracterizar a autonomia de uma ciência, mister se faz: (a) a existência de uma vasta matéria, que mereça um estudo de conjunto; (b) a existência de princípios próprios; (c) a constatação de institutos peculiares.

Haverá autonomia da matéria se os princípios e regras estabeleçam identidade e diferença entre os demais ramos do Direito.

Vamos examinar a autonomia do Processo do Trabalho sob o ângulo do desenvolvimento legal, doutrinário, didático, e sob o aspecto jurisdicional e científico.

3.4 DESENVOLVIMENTO LEGAL

As normas de Direito Processual do Trabalho estão na Constituição (arts. 111 a 116) e na CLT (arts. 643 a 910). Existem outras leis esparsas que tratam de processo do trabalho, como a Lei n. 5.584/70 (assistência judiciária), o Decreto-lei n. 779/69 (normas processuais do trabalho para entidades de direito público), a Lei n. 7.701/88 (competência para recursos e funcional do TST) e outras.

Nossa legislação processual do trabalho ainda é ligada com as normas de direito material do trabalho, de acordo com o que se observa na CLT, que trata tanto de direito material como processual do trabalho.

Não há um Código de Processo do Trabalho para justificar a plena autonomia legal do processo do trabalho no Brasil. Já existiram vários projetos, entre os quais do Min. Mozart Victor Russomano, de Wagner Giglio e José Luiz Vasconcellos. No começo de 1992, foi apresentado um projeto de Código de Processo do Trabalho, oriundo do TST, de autoria dos Ministros Barata Silva e José Luiz Vasconcellos. Este projeto foi aberto para discussão dos interessados, mas não foi enviado para o Congresso Nacional.

Não se pode dizer, assim, que haja uma autonomia legislativa do processo do trabalho, pela inexistência de um código sobre a matéria. É certo, porém, que o Brasil, ao contrário de outros países, como a Itália, não tem as regras de processo do trabalho insertas no Código de Processo Civil. Entretanto, existe um número suficientemente grande de normas a tratar do processo do trabalho, seja na CLT ou na legislação esparsa.

3.5 DESENVOLVIMENTO DOUTRINÁRIO

Do ponto de vista doutrinário, há autonomia do processo do trabalho.

O Brasil, pode-se dizer, é um dos países que mais tem obras sobre Direito Processual do Trabalho, muitas delas de qualidade reconhecida internacionalmente. A obra de Wilson de Souza Campos Batalha é um verdadeiro tratado sobre processo do trabalho, como o próprio nome diz: *Tratado de direito judiciário do trabalho*. Manoel Antonio Teixeira Filho vem escrevendo uma série de obras sobre processo do trabalho, que poderiam constituir-se num verdadeiro tratado sobre o tema. Outros autores como Coqueijo Costa, Wagner Giglio e Amauri Mascaro Nascimento possuem obras que já se tornaram clássicas na literatura processual trabalhista brasileira.

Existem várias obras sobre o tema, não só no Brasil, como também na Argentina, Uruguai, Espanha e outros países, que se preocupam com o estudo do processo do trabalho.

3.6 DESENVOLVIMENTO DIDÁTICO

No que diz respeito ao desenvolvimento didático, muitas faculdades de Direito ministram a matéria Direito Processual do Trabalho há muitos anos no curso de bacharelado seja em um ano, seja em um semestre. Hoje, existem muitos cursos que estão se especializando na preparação para ingresso na magistratura do trabalho, possuindo matéria específica sobre processo do trabalho.

Nos exames da Ordem dos Advogados do Brasil são exigidos conhecimentos específicos de Direito do Trabalho e Processo do Trabalho para habilitar o bacharel a atuar como advogado.

3.7 AUTONOMIA JURISDICIONAL

No Brasil, a autonomia jurisdicional do processo do trabalho está bem caracterizada desde 1946, quando a Constituição incluiu a Justiça do Trabalho como órgão integrante do Poder Judiciário. Não é só no Brasil que existe um órgão do Judiciário especializado em questões trabalhistas. Isto também ocorre na Argentina, Uruguai, México, Alemanha e Espanha.

A autonomia jurisdicional não é um critério preciso para caracterizar a autonomia do processo do trabalho. A autonomia não deriva, porém, da jurisdição, que não é causa, mas o efeito da autonomia.

Há, contudo, instituição própria, que é a Justiça do Trabalho.

3.8 AUTONOMIA CIENTÍFICA

No tocante à autonomia científica, é possível verificar que as instituições do processo do trabalho são diversas das demais áreas do Direito. Exemplo disso é termos uma justiça especializada em causas trabalhistas, integrante do Poder Judiciário. Nos dissídios coletivos, que são processos de competência originária dos tribunais, são dadas decisões normativas, que valem para toda a categoria sindical, não tendo qualquer comparação com o processo comum.

As partes no processo podem ingressar com reclamação na Justiça do Trabalho sem a necessidade de advogado, exercendo elas próprias o *ius postulandi*, quando no processo comum há necessidade do patrocínio de advogado. Tem o processo do trabalho princípios distintos do processo comum, como o da proteção.

Há conceitos próprios no processo do trabalho, como de ação de cumprimento para a observância de dissídio coletivo, reclamações plúrimas, poder normativo etc.

É possível concluir que o processo do trabalho em muitos aspectos já era autônomo, mas sua autonomia total vinha sendo conquistada passo a passo. Exemplo disso é o alcance da substituição processual no processo do trabalho, em que os sindicatos atuam em nome próprio, defendendo direito alheio, e que não tem comparação com o processo comum. Já há necessidade de se fazer um novo estudo sobre as condições da ação, limites objetivos da coisa julgada e da simplificação dos procedimentos, que o processo civil intenta fazer, vindo buscar subsídios no processo do trabalho, que modificou certos conceitos, que nem em todos os casos a ele se adaptam.

O próprio Código de Defesa do Consumidor veio abeberar-se nas disposições do processo do trabalho, quando menciona a inversão do ônus da prova em favor do consumidor, a interpretação mais favorável ao consumidor, que tem paradigma na proteção ao hipossuficiente, ao trabalhador, inclusive no campo processual do trabalho.

Enfim, o processo do trabalho vem merecendo estudos de conjunto, adequados e particulares, que mostram ser ele uma matéria vasta. A doutrina se sedimentou no sentido de que existem conceitos gerais comuns completamente distintos dos conceitos gerais do processo comum. Tem o processo do trabalho princípios distintos que visam o conhecimento da matéria que é objeto de sua investigação. Os procedimentos descritos na CLT são diferentes dos previstos no CPC. O dissídio coletivo não tem semelhança nenhuma com os procedimentos do CPC. Tem também instituição própria, que é a Justiça do Trabalho. Logo, pode-se dizer que é autônomo do Processo Civil, embora ligado ao Direito Processual, que é o gênero. Essa autonomia, porém, não quer dizer que está isolado do Direito, pois é espécie do gênero Direito.

Verificação de Aprendizagem

1. Quais as teorias que informam a autonomia ou não do Direito Processual do Trabalho?
2. Pode-se dizer que há autonomia didática?
3. Existem muitas obras especializadas em processo do trabalho no Brasil?
4. O que prega a teoria monista?
5. O que estabelece a teoria dualista?
6. Como se justifica a autonomia jurisdicional?

Capítulo 4

POSIÇÃO ENCICLOPÉDICA DO DIREITO PROCESSUAL DO TRABALHO

Posição enciclopédica ou taxionomia é o lugar em que o Direito Processual do Trabalho está inserido dentro do Direito.

Ulpiano já dividia o direito em público e privado, embora entendendo tal classificação como meramente didática, pois o Direito enquanto ciência é o gênero, tendo seus diversos ramos, que são considerados as espécies. Cada ramo do Direito mantém relações e conexões com as demais espécies do gênero.

No século XIX, os juristas de tradição romanista entendiam que o direito público era o que compreendia a organização do Estado. Já o direito privado era o que dizia respeito ao interesse dos particulares. Esta orientação permanece nos dias atuais.

O Direito Processual do Trabalho está inserido no âmbito do Direito Processual, ramo do Direito Público que regula a atividade desenvolvida pelo Estado ao administrar a Justiça.

As normas do Direito Processual, nelas inseridas as do Direito Processual do Trabalho, são instrumentos para aplicação do direito material posto em debate em juízo. É por meio do processo que vai ser discutido o direito material do empregado de receber verbas rescisórias que não lhe foram concedidas quando do término do pacto laboral.

O Estado, por meio do juiz, vai se pronunciar no sentido de dirimir a controvérsia existente entre o reclamante (autor) e o réu (reclamado) quanto ao pagamento das verbas rescisórias, de acordo com o exemplo citado. A Justiça do Trabalho é o órgão do Poder Judiciário que tem competência para analisar essa questão, dando a solução ao litígio, de acordo com pronunciamento neutro e isento de qualquer interesse de ajudar ou prejudicar quaisquer das partes.

Verificação de Aprendizagem

1. Em qual ramo do Direito se enquadra o Direito Processual do Trabalho? Por quê?

Capítulo 5

RELAÇÕES DO DIREITO PROCESSUAL DO TRABALHO COM OS DEMAIS RAMOS DO DIREITO

O Direito Processual do Trabalho relaciona-se, como não poderia deixar de ser, com outros ramos da ciência do Direito.

5.1 DIREITO CONSTITUCIONAL

A relação do Direito Processual do Trabalho com o Direito Constitucional é muito estreita, pois a Constituição cuida da organização, constituição e composição da Justiça do Trabalho, nos arts. 111 a 116, principalmente quanto à competência desta Justiça, no seu art. 114.

5.2 DIREITO DO TRABALHO

O Direito Processual do Trabalho relaciona-se com o Direito do Trabalho a tal ponto de alguns autores entenderem que faz parte desse direito. A maioria das normas processuais do trabalho é encontrada na CLT, que na maior parte de seus artigos cuida de Direito do Trabalho. Os próprios dispositivos processuais do trabalho são aplicados para concretização do direito material do trabalho. Entretanto, o Direito Processual do Trabalho não é parte do Direito do Trabalho, pois o primeiro possui normas próprias, que são de processo e não de direito material. O Direito Processual do Trabalho é apenas o instrumento que vai assegurar a concretização e a efetivação das normas do Direito do Trabalho, quando postuladas em processo.

5.3 DIREITO PROCESSUAL

O Direito Processual é o gênero do qual são espécies o Direito Processual Penal, Direito Processual Civil e o ramo mais recente é o Direito Processual do Trabalho. Muitos conceitos como de ação, autor, réu, exceção, reconvenção, recurso, são trazidos do âmbito do Direito Processual e empregados no processo do trabalho, com suas devidas adaptações. Utiliza-se, assim, da teoria geral do processo no processo do trabalho. Na omissão da CLT, aplica-se o direito processual comum, o CPC (art. 769 da CLT), a lei de mandado de segurança (Lei n. 12.016/2009), a Lei n. 7.347/85 (ação civil pública). Na execução trabalhista, na omissão da CLT aplica-se a lei de execução fiscal e, omissa esta, o CPC (art. 889 da CLT).

5.4 DIREITO ADMINISTRATIVO

O Direito Processual do Trabalho tem relações com o Direito Administrativo, especialmente quanto à organização da própria Justiça do Trabalho e do regime jurídico de seus servidores. Trata-se de normas que dizem respeito ao Direito Administrativo, principalmente as inerentes à organização administrativa dos próprios tribunais, em seus regimentos internos.

5.5 DIREITO PENAL

O enlace do Direito Processual do Trabalho com o Direito Penal dá-se principalmente na apreciação das questões que constituem justa causa para a despedida do empregado (art. 482 da CLT), que muito se assemelham com as infrações cometidas pelas pessoas e previstas no Código Penal. No exame dessas questões, muitas vezes há necessidade de se ter em mente a interpretação que é dada ao ilícito penal. Outros crimes podem ocorrer na Justiça do Trabalho, como o de falso testemunho, falsa perícia, fraude processual, coação no curso do processo, crimes de funcionários públicos da Justiça do Trabalho etc.

5.6 DIREITO PRIVADO

Muitas normas previstas no Direito Civil e no Direito Comercial são aplicadas no processo do trabalho, especialmente quanto a falências e recuperações judiciais, habilitação de herdeiros, conceitos de parentesco para saber se a testemunha pode ou não depor etc. Na omissão da CLT, o direito comum (Direito Civil e Comercial) será fonte subsidiária do Direito do Trabalho (§ 1º do art. 8º da CLT).

5.7 DIREITO TRIBUTÁRIO

O Direito Processual do Trabalho relaciona-se com o Direito Tributário quando é utilizada a Lei n. 6.830/80 (Lei de Execuções Fiscais). Por força do art. 889 da CLT, não havendo nela disposição sobre execução, utiliza-se em primeiro lugar a lei que regula os executivos fiscais. Assim, esta é de aplicação subsidiária no processo do trabalho. As custas têm natureza de taxa, só podendo ser estabelecidas por lei.

O imposto de renda, a contribuição previdenciária e a do FGTS incidem sobre as verbas deferidas na sentença trabalhista.

O art. 186 do CTN mostra que as verbas trabalhistas preferem o crédito tributário.

As custas têm natureza de taxa de prestação de serviços judiciários (art. 789 da CLT).

Verificação de Aprendizagem

1. O Direito Processual do Trabalho relaciona-se com outras disciplinas? Quais?
2. Qual a relação do Direito Processual do Trabalho com o Direito Constitucional?
3. Qual a relação com o Direito Tributário?
4. Qual a relação do Direito Processual do Trabalho com o Direito Privado?

Capítulo 6

FONTES DO DIREITO PROCESSUAL DO TRABALHO

6.1 FONTES

Fonte vem do latim *fons*, com o significado de nascente, manancial.

No significado vulgar, *fonte* tem o sentido de nascente de água, o lugar donde brota água. Figuradamente, refere-se à origem de alguma coisa, de onde provém algo. Fonte de Direito tem significado metafórico, em razão de que já é uma fonte de várias normas.

Claude du Pasquier afirma que fonte de regra jurídica "é o ponto pelo qual ela se sai das profundezas da vida social para aparecer à superfície do Direito" (*Introduction à la théorie générale et à la philosophie du droit*. Paris: Delachoux e Niestlé, 1978, p. 47).

José de Oliveira Ascensão menciona que fonte tem diferentes significados: (a) histórico: considera as fontes históricas do sistema, como o direito romano; (b) instrumental: são os documentos que contêm as regras jurídicas, como códigos, leis etc.; (c) sociológico ou material: são os condicionamentos sociais que produzem determinada norma; (d) orgânico: são os órgãos de produção das normas jurídicas; (e) técnico-jurídico ou dogmático: são os modos de formação e revelação das regras jurídicas (*O direito*: introdução e teoria geral. Lisboa: Fundação Calouste Gulbenkian, 1978, p. 39).

O estudo das fontes do Direito pode ter várias acepções, como sua origem, fundamento de validade das normas jurídicas e a própria exteriorização do Direito.

Fontes formais são as formas de exteriorização do Direito. Exemplos seriam as leis, o costume etc.

Eduardo García Máynez afirma que as fontes formais são como o leito do rio, ou canal, por onde correm e se manifestam as fontes materiais (*Introducción al estudio del derecho*. México: Porrúa, 1968, p. 51).

Fontes materiais são o complexo de fatores que ocasionam o surgimento de normas, compreendendo fatos e valores. São analisados fatores sociais, psicológicos, econômicos, históricos etc. São os fatores reais que irão influenciar na criação da norma jurídica.

Alguns autores afirmam que apenas o Estado é a única fonte do Direito, pois ele goza do poder de sanção. Uma segunda corrente prega que existem vários centros de poder, de onde emanam normas jurídicas.

Para certos autores, relevante é apenas o estudo das fontes formais. As fontes materiais dependem da investigação de causas sociais que influenciaram na edição da norma jurídica, matéria que é objeto da Sociologia do Direito.

Miguel Reale prefere trocar a expressão *fonte formal* por *teoria do modelo jurídico*. Este é "a estrutura normativa que ordena os fatos segundo valores, numa qualificação tipológica de comportamentos futuros, a que se ligam determinadas consequências"[1].

As fontes podem ser classificadas em heterônomas e autônomas. Heterônomas são as impostas por agente externo. Exemplos: constituição, leis, decretos, sentença normativa, regulamento de empresa, quando unilateral. Autônomas são as elaboradas pelos próprios interessados. Exemplos: costume, convenção e acordo coletivo, regulamento de empresa (quando bilateral), contrato de trabalho.

Podem as fontes ser estatais, em que o Estado estabelece a norma. Exemplos: constituição, leis, sentença normativa. Extraestatais são as fontes oriundas das próprias partes, como o regulamento de empresa, o costume, a convenção e o acordo coletivo, o contrato de trabalho. São profissionais as fontes estabelecidas pelos trabalhadores e empregadores interessados, como a convenção e o acordo coletivo de trabalho.

Quanto à vontade das pessoas, as fontes podem ser voluntárias e interpretativas. Voluntárias são as dependentes da vontade dos interessados, como o contrato de trabalho, a convenção e o acordo coletivo, o regulamento de empresa (quan-

---

1 REALE, Miguel. O *direito como experiência*. 2. ed. São Paulo: Saraiva, 1999, p. 162.

do bilateral). Interpretativas são as impostas coercitivamente às pessoas pelo Estado, como a Constituição, as leis, a sentença normativa.

Pode-se dizer, para justificar as fontes de Direito, que as normas de maior hierarquia seriam o fundamento de validade das regras de hierarquia inferior.

As normas jurídicas têm hierarquias diversas, porém compõem um todo, que se inicia com a Constituição.

É na Constituição que está estabelecida a competência da Justiça do Trabalho (art. 114).

Desde a Constituição de 1946, foram fixadas as regras básicas sobre a Justiça do Trabalho, que foram repetidas nas Constituições posteriores. A Lei Maior de 1988 trata da competência da Justiça do Trabalho no art. 114, de sua organização e composição nos arts. 111 e seguintes. Os juízes do trabalho também gozam das garantias previstas no art. 95 da Norma Ápice.

Abaixo da Constituição, existem as leis ordinárias. A CLT (Decreto-lei n. 5.452, de 1º-5-1943) trata da organização e composição da Justiça do Trabalho e do Ministério Público nos arts. 643 a 762, e do processo do trabalho nos arts. 763 a 910. Existem outras leis esparsas que tratam da matéria, como a Lei n. 5.584/70, que regula a assistência judiciária na Justiça do Trabalho e a Lei n. 7.701/88, que versa sobre competência recursal do TST e outras normas que complementam a CLT. O CPC é aplicável subsidiariamente ao processo do trabalho na omissão da CLT e desde que haja compatibilidade com as normas da CLT (art. 769 da CLT). Subsidiariedade não é princípio, mas técnica de integração da norma.

Determina o art. 15 do CPC de 2015 que, "na ausência de normas que regulem processos eleitorais, trabalhistas, administrativos, as disposições deste Código lhes serão aplicadas supletiva e subsidiariamente". O art. 15 do CPC não é uma norma de processo civil, pois a ele não se aplica, mas diz respeito ao processo do trabalho.

A palavra supletivo vem do latim *supletius*, o que serve para completar, servir de complemento, suprir, suplementar. A palavra subsidiário vem do latim *subsidiarius*, tendo o sentido que é o de reserva, quem vem na retaguarda, que é de reforço, ou seja, que auxilia, que ajuda, que socorre, que apoia ou reforça. Subsidiário significa a aplicação do CPC para uma norma que já existe, mas é insuficiente no seu conteúdo para resolver o caso concreto.

O art. 15 do CPC/2015 não revogou o art. 769 da CLT, não regulou inteiramente a matéria, nem é incompatível com a última norma. A norma geral (CPC) não revoga a especial (CLT) (§ 2º do art. 2º da Lei de Introdução às Normas do Direito Brasileiro). São dispositivos que se complementam. O art. 769 da CLT manda aplicar o Direito Processual Comum. Este diz respeito não só ao direito processual civil, mas ao direito processual penal. O Código de Processo Penal é aplicado nos casos de coisa julgada criminal, como nos arts. 65 a 67 do CPP.

O § 2º do art. 1.046 do CPC prevê a manutenção das disposições especiais dos procedimentos regulados em outras leis.

A Lei n. 6.830/80 (Lei de Execuções Fiscais) também é aplicável ao processo do trabalho por força do art. 889 da CLT.

No período em que o Poder Executivo podia expedir decretos-leis, foram baixadas várias normas, entre as vigentes está a própria CLT (Decreto-lei n. 5.452/43) e o Decreto-lei n. 779, de 21-8-1969, que versa sobre normas processuais do trabalho para os entes da Administração Pública.

Não há muitos decretos que tratam de matéria processual do trabalho, que geralmente estão no âmbito da lei. O Decreto n. 1.572, de 28-7-1995, estabeleceu regras sobre mediação na negociação coletiva trabalhista.

Os regimentos internos dos tribunais regionais e do TST também versam sobre processo do trabalho, especialmente sobre procedimentos no âmbito desses tribunais e no que diz respeito ao trâmite de recursos e outros processos de competência originária de segundo ou terceiro grau, como agravo regimental, incidente de uniformização de jurisprudência, correição parcial.

Os tribunais expedem provimentos, atos ou instruções normativas que tratam da matéria processual do trabalho, como sobre custas, agravo de instrumento, dissídio coletivo. O TST emitiu a Instrução Normativa n. 39/16 para dizer o que é ou não aplicável ao processo do trabalho em relação ao CPC/15 e a Instrução Normativa n. 41/18 sobre a aplicação da parte processual da Reforma Trabalhista (Lei n. 13.467/17).

Nas sentenças normativas são estabelecidas condições de trabalho, julgadas num processo de dissídio coletivo.

As convenções e os acordos coletivos podem trazer regras sobre Comissões de Conciliação Prévia, mediação e arbitragem.

A jurisprudência também exerce importante papel, ao analisar as disposições processuais trabalhistas. A jurisprudência é fonte do Direito Processual do Trabalho. Dispõe o inciso VI do art. 489 do CPC que não se considera fundamentada a sentença que deixar de seguir enunciado de súmula, jurisprudência ou precedente invocado pela parte, sem demonstrar a existência de distinção no caso em julgamento ou a superação do entendimento. A súmula, a jurisprudência ou o precedente passam a ser fontes de direito. Assim, passamos de um sistema de *civil law* para um sistema de *common law*, em que a jurisprudência e os precedentes são considerados como fonte de direito e devem ser respeitados.

Ela indica o caminho predominante em que os tribunais entendem de aplicar a lei, suprindo, inclusive, eventuais lacunas desta última.

A doutrina se constitui em valioso subsídio para a análise do Direito Processual do Trabalho, mas também não se pode dizer que venha a ser uma de suas fontes, justamente porque os juízes não estão obrigados a observar a doutrina em suas decisões, tanto que a doutrina muitas vezes não é pacífica, tendo posicionamentos opostos.

Anteriormente, o TST editava os prejulgados que deveriam ser seguidos obrigatoriamente pelos juízes. O art. 902 da CLT, que dava essa força aos prejulgados, foi revogado pela Lei n. 7.033, de 5-10-1982. O TST passou a expedir súmulas e depois as denominou de enunciados, que mostram a jurisprudência predominante no TST, porém não mais são de observância obrigatória para os juízes. Na verdade, enunciado é o conteúdo da súmula. Esta é o resumo da jurisprudência predominante de determinado tribunal. A Resolução n. 129/2005 do TST voltou a denominar os enunciados de súmulas.

O Órgão Especial do TST afirmou que as decisões e súmulas publicadas antes da vigência do CPC de 2015 continuam a ser persuasivas e não foram alçadas à condição de vinculantes, com isso não são de observância obrigatória, nem desafiam o recurso da reclamação para garantia da sua autoridade (TST, AgRg-Rcl 6852-59.20165.000000, Rel. Min. Walmir de Oliveira da Costa, DEJT 10.6.2016).

A hipótese em que se pode dizer que existe vinculação das decisões para instâncias inferiores é a contida no § 2º do art. 102 da Constituição. Determina esse dispositivo que as decisões definitivas de mérito, proferidas pelo STF, nas ações diretas de inconstitucionalidade e nas ações declaratórias de constitucionalidade produzirão eficácia contra todos e efeito vinculante, relativamente aos demais órgãos do Poder Judiciário e à administração pública direta e indireta, nas esferas federal, estadual e municipal.

O STF poderá, de ofício ou por provocação, mediante decisão de dois terços dos seus membros, após reiteradas decisões sobre matéria constitucional, aprovar súmula que, a partir de sua publicação na imprensa oficial, terá efeito vinculante em relação aos demais órgãos do Poder Judiciário e à administração pública direta e indireta, nas esferas federal, estadual e municipal (art. 103-A da Constituição).

O parágrafo único do art. 28 da Lei n. 9.868, de 10-11-1999, estabelece que a declaração de constitucionalidade ou de inconstitucionalidade, inclusive a interpretação conforme a Constituição e a declaração parcial de inconstitucionalidade sem redução de texto, têm eficácia contra todos e efeito vinculante em relação aos órgãos do Poder Judiciário e à Administração Pública federal, estadual e municipal.

A doutrina se constitui em valioso subsídio para a análise do Direito Processual do Trabalho, mas também não se pode dizer que venha a ser uma de suas fontes, justamente porque os juízes não estão obrigados a observar a doutrina em suas decisões, tanto que a doutrina muitas vezes não é pacífica, tendo posicionamentos opostos.

Os costumes, as convenções internacionais ou da OIT também podem conter normas processuais trabalhistas, desde que estas últimas tenham sido ratificadas por nosso país.

A analogia, a equidade, os princípios gerais de Direito e o Direito Comparado não constituem fontes formais e, sim, critérios de integração da norma jurídica.

O Direito Processual Comum será fonte subsidiária do processo do trabalho na omissão da CLT (art. 769 da CLT). Havendo omissão na CLT quanto à execução trabalhista, aplica-se a Lei n. 6.830/80 (execução fiscal) e, na omissão desta, o CPC (art. 889 da CLT).

Na ausência de normas que regulem processos trabalhistas, as disposições do CPC lhes serão aplicadas supletiva e subsidiariamente (art. 15 do CPC).

6.2 HIERARQUIA

O art. 59 da Constituição dispõe quais são as normas existentes no sistema jurídico brasileiro. Não menciona que haja hierarquia entre umas e outras. A hierarquia entre as normas somente viria a ocorrer quando a validade de determinada norma dependesse de outra, onde esta regularia inteiramente a forma de criação da primeira norma. É certo que a Constituição é hierarquicamente superior às demais normas, pois o processo de validade destas é regulado pela primeira. Abaixo da Constituição estão os demais preceitos legais, cada qual com campos diversos: leis complementares, leis ordinárias, decretos-leis (nos períodos em que existiram), medidas provisórias, leis delegadas, decretos legislativos e resoluções. Não há dúvida que os decretos são hierarquicamente inferiores às primeiras normas, até porque não são emitidos pelo Poder Legislativo, mas pelo Poder Executivo. Após os decretos, há normas internas da Administração Pública, como portarias, circulares, ordens de serviço etc., que são hierarquicamente inferiores aos decretos. O próprio TST expede também provimentos, instruções normativas, normalmente visando dar o correto entendimento da norma e sua respectiva aplicação.

Verificação de Aprendizagem

1. Quais são as fontes do Direito Processual do Trabalho?
2. Há hierarquia entre normas jurídicas?

Capítulo 7

APLICAÇÃO DAS NORMAS DO DIREITO PROCESSUAL DO TRABALHO

Havendo duas ou mais normas sobre a mesma matéria começa a surgir o problema de qual delas deva ser aplicada.

7.1 INTERPRETAÇÃO

Interpretar a norma é compreender o que o legislador quer dizer. É a análise da norma jurídica que vai ser aplicada aos casos concretos. Várias são as formas de interpretação da norma jurídica:

a) **gramatical** ou **literal** (*verba legis*): consiste em verificar qual o sentido do texto gramatical da norma jurídica. Analisa-se o alcance das palavras encerradas no texto da lei. Deve-se verificar a linguagem comum empregada pelo legislador, porém, se são utilizados termos técnicos, o conceito destes deve prevalecer;
b) **lógica** (*mens legis*): em que se estabelece uma conexão entre vários textos legais a serem interpretados. São verificadas as proposições enunciadas pelo legislador;
c) **teleológica** ou **finalística**: a interpretação será dada ao dispositivo legal de acordo com o fim colimado pelo legislador;
d) **sistemática**: a interpretação será dada ao dispositivo legal de acordo com a análise do sistema no qual está inserido, sem se ater à interpretação

isolada de um dispositivo, mas, sim, ao seu conjunto. São comparados vários dispositivos para se constatar o que o legislador pretende dizer, como de leis diversas, mas que tratem de questão semelhante. A lei está inserida dentro de uma estrutura, razão pela qual as partes componentes desta estrutura devem ser analisadas;

e) **extensiva** ou **ampliativa**: dá-se um sentido mais amplo à norma a ser interpretada do que ela normalmente teria;

f) **restritiva** ou **limitativa**: dá-se um sentido mais restrito, limitado, à interpretação da norma jurídica;

g) **histórica**: o Direito decorre de um processo evolutivo. Há necessidade de se analisar, na evolução histórica dos fatos, o pensamento do legislador não só à época da edição da lei, mas também de acordo com sua exposição de motivos, mensagens, emendas, discussões parlamentares etc. O direito, portanto, é uma forma de adaptação do meio em que vivemos em razão da evolução natural das coisas;

h) **autêntica**: é a realizada pelo próprio órgão que editou a norma, que irá declarar seu sentido, alcance e conteúdo, por meio de outra norma jurídica. Também é chamada de interpretação legal ou legislativa;

i) **sociológica**: em que se constata a realidade e a necessidade social na elaboração da lei e na sua aplicação. O juiz, ao aplicar a lei, deve ater-se aos fins sociais a que ela se dirige e às exigências do bem comum (art. 5º da Lei de Introdução e § 1º do art. 852-I da CLT).

Muitas vezes, a interpretação literal do preceito legal, ou a interpretação sistemática (ao se analisar o sistema no qual está inserida a lei, em seu conjunto) é que dará a melhor solução ao caso que se pretenda resolver. Já dizia Celso, no Direito Romano, que é injurídico julgar ou emitir parecer tendo diante dos olhos apenas uma parte da lei, em vez de considerá-la em seu conjunto ("*incivile est, nisi tota lege perspecta, una aliqua particula eis proposita, iudicare, vel respondere*"). Assim como qualquer norma de direito, não há uma única interpretação a ser feita, mas seguem-se os métodos de interpretação mencionados nas alíneas *a* a *i* supra.

A interpretação da legislação processual do trabalho vai ter de analisar questões pertinentes à relação de trabalho, envolvendo conflito entre o capital e o trabalho, dirimindo essas controvérsias.

O direito instrumental ou direito processual visa assegurar as regras estabelecidas no direito material, quando haja uma pretensão resistida. Poder-se-ia dizer que as regras processuais deveriam ser aplicadas de acordo com a finalidade prevista pelo legislador, mas nem sempre isso ocorre.

7.2 INTEGRAÇÃO

Integrar tem o significado de completar, inteirar. O intérprete fica autorizado a suprir as lacunas existentes na norma jurídica por meio da utilização de técnicas jurídicas. As técnicas jurídicas são a analogia e a equidade, podendo também ser utilizados os princípios gerais do Direito e o direito comparado (art. 8º da CLT).

O art. 8º da CLT autoriza o juiz, na falta de expressa disposição legal ou convencional, a utilizar a analogia ou a equidade. Inexistindo lei determinando a solução para certo caso, pode o juiz utilizar por analogia outra lei que verse sobre questão semelhante.

A analogia não é um meio de interpretação da norma jurídica, mas de preencher os claros deixados pelo legislador. Consiste na utilização de uma regra semelhante para o caso em exame.

Equidade é a justiça do caso concreto, segundo Aristóteles. Em grego, equidade chama-se *epieikeia*, tendo o significado de completar a lei lacunosa, porém será vedado julgar contra a lei. No Direito Romano, a equidade (*aequitas*) era um processo de criação da norma jurídica para a sua integração no ordenamento jurídico. Tem também um significado de igualdade, de benignidade, de proporção, equilíbrio. *Aequitas* na época clássica era a justiça. A decisão por equidade só poderá, porém, ser feita nas hipóteses autorizadas em lei (parágrafo único do art. 140 do CPC). O art. 8º da CLT autoriza o juiz a decidir por equidade. No procedimento sumaríssimo, o juiz pode adotar a decisão que julgue mais justa e equânime (§ 1º do art. 852-I da CLT). Consiste a equidade em suprir imperfeição da lei ou torná-la mais branda de modo a moldá-la à realidade. Daí por que os romanos já advertiam que a estrita aplicação do Direito poderia trazer consequências danosas à justiça ("*summum jus, summa injuria*"). Assim, o juiz pode até praticar injustiça num caso concreto quando segue rigorosamente o mandamento legal, razão pela qual haveria também a necessidade de se temperar a lei para aplicá-la ao caso concreto e fazer justiça. Pela CLT, contudo, o juiz só poderá decidir por equidade havendo lacuna na lei.

Nos dissídios sobre estipulação de salários serão estabelecidas condições que, assegurando justos salários aos trabalhadores, permitam também justa retribuição às empresas interessadas (art. 766 da CLT). Trata-se também de um juízo de equidade.

Na falta de disposição legal prevista na CLT, o direito processual civil será fonte subsidiária do processo do trabalho, salvo se houver incompatibilidade com as normas previstas na CLT (art. 769 da CLT).

7.3 EFICÁCIA

A eficácia significa a aplicação ou a execução da norma jurídica. É a produção de efeitos jurídicos concretos ao regular as relações. Tal conceito não se confunde com validade, que é a força imponível que a norma tem, isto é, a possibilidade de ser observada. A vigência da norma diz respeito ao seu tempo de atuação.

Aplicabilidade tem o sentido de por a norma em contato com fatos e atos.

A eficácia compreende a aplicabilidade da norma e se ela é obedecida ou não pelas pessoas.

Eficácia global é quando a norma é aceita por todos.

A eficácia parcial ocorre se é aceita parcialmente, implicando ineficácia parcial.

A eficácia da norma jurídica pode ser dividida em relação ao tempo e ao espaço.

7.3.1 Eficácia no tempo

A eficácia no tempo refere-se à entrada da lei em vigor.

Geralmente, a lei entra em vigor na data de sua publicação. Inexistindo disposição expressa da lei, esta começa a vigorar 45 dias depois de oficialmente publicada (art. 1º do Decreto-lei n. 4.657/42). Nos Estados estrangeiros, a obrigatoriedade da lei brasileira, quando admitida, inicia-se três meses depois de oficialmente publicada (§ 1º do art. 1º do Decreto-lei n. 4.657/42).

Há três teorias sobre aplicação de novas normas de direito processual.

A primeira teoria diz respeito à unidade do processo. O processo é uno como um todo. É um complexo de atos que são inseparáveis uns dos outros. Deve prevalecer a unidade processual, devendo ser regulado por lei única. A lei nova não poderia retroagir para alcançar atos processuais já praticados.

A segunda teoria afirma que há autonomia nas fases do procedimento (postulatória, instrutória, decisória, recursal e executória). A lei nova atingiria a fase processual que estivesse em curso, respeitadas as fases encerradas, em que já tivessem sido praticados os atos processuais com base na lei velha. Haveria autonomia em cada fase do procedimento.

A terceira teoria é a da aplicação imediata das regras de direito processual em que importa a observância do isolamento dos atos processuais. Se o ato processual foi praticado sob o império da lei velha, não será atingido pela lei nova. Se ainda não foi praticado, será praticado com base na lei nova. Essa é a teoria que vem sendo aplicada.

A lei nova não pode produzir efeitos sob ato já praticado sob império da lei anterior. Se o ato processual foi regularmente praticado, é regido pela lei velha. A lei nova não pode atingi-lo, sob pena de ser retroativa.

Normalmente, as disposições do Direito Processual do Trabalho entram em vigor a partir da data da publicação da lei, tendo eficácia imediata, apanhando os processos em curso. Não há, por exemplo, direito adquirido a determinado recurso, mas existe o direito de recorrer, segundo a lei que estiver vigendo na data da publicação da sentença.

O art. 912 da CLT já previa que "os dispositivos de caráter imperativo terão aplicação imediata às relações iniciadas, mas não consumadas, antes da vigência desta Consolidação". Assim, os atos processuais já praticados estão resguardados pelo direito adquirido e pelo ato jurídico perfeito, não se lhes aplicando a lei processual nova. Ao contrário, se a lei processual apanha situações que ainda estão em curso, porém não consumadas, sua aplicação é imediata a essas situações pendentes. É o que se depreende do art. 1.046 do CPC.

A norma processual não retroagirá e será aplicável imediatamente aos processos em curso, respeitados os atos processuais praticados e as situações jurídicas consolidadas sob a vigência da norma revogada (art. 14 do CPC).

A Lei n. 9.957, de 12-1-2000, instituiu o procedimento sumaríssimo no processo do trabalho. Entrou em vigor 60 dias depois de sua publicação no *Diário Oficial*.

7.3.2 Eficácia no espaço

A eficácia da lei processual no espaço diz respeito ao território em que vai ser aplicada a norma. A lei processual se aplica ao Brasil (art. 1º do CPC), tanto para os nacionais como para os estrangeiros que se socorrerem das vias judiciais trabalhistas em nosso país. Tanto o empregado nacional como o estrangeiro que laborar em nosso país poderão socorrer-se da legislação processual brasileira. De modo geral, a lei processual trabalhista é territorial, aplicando-se apenas no território brasileiro.

Entretanto, a execução da sentença estrangeira depende de sua homologação pelo STJ (art. 105, I, *i*, da Constituição). É o que se chama de juízo de delibação. Homologação de sentença estrangeira é feita por ato monocrático do presidente do STJ.

Verificação de Aprendizagem

1. Quais são os métodos de interpretação das normas jurídicas?
2. Quais são os métodos de integração das normas jurídicas?
3. Como se dá a eficácia no tempo das normas de Direito Processual do Trabalho?

Capítulo 8

PRINCÍPIOS DO DIREITO PROCESSUAL DO TRABALHO

8.1 INTRODUÇÃO

Sendo um ramo específico do Direito, o Direito Processual do Trabalho também tem princípios próprios.

Antes de se examinar os princípios propriamente ditos do Direito Processual do Trabalho, cabe dar uma breve noção sobre o conceito de princípio.

Inicialmente poder-se-ia dizer que princípio é onde começa algo. É o início, a origem, o começo, a causa. Princípio de uma estrada seria o seu ponto de partida. Todavia, não é esse conceito geral de princípio que é preciso conhecer, mas o seu significado perante o Direito.

José Cretella Jr. (1988:7) afirma que "princípios de uma ciência são as proposições básicas, fundamentais, típicas que condicionam todas as estruturações subsequentes. Princípios, neste sentido, são os alicerces da ciência".

Nas lições de Miguel Reale (1977:299), "princípios são verdades fundantes de um sistema de conhecimento, como tais admitidas, por serem evidentes ou por terem sido comprovadas, mas também por motivos de ordem prática de caráter operacional, isto é, como pressupostos exigidos pelas necessidades da pesquisa e da *praxis*". Celso Antonio Bandeira de Mello esclarece que princípio "é, por definição, mandamento nuclear de um sistema, verdadeiro alicerce dele, disposição fundamental que se irradia sobre diferentes normas compondo-lhes o espírito e servindo de critério para sua exata compreensão e inteligência, exatamente por definir a lógica e a racionalidade de sistema normativo, no que lhe confere a tônica e lhe dá sentido harmônico' (1980:230).

Princípios são as proposições que se colocam na base da ciência, informando-a e orientando-a. Para o Direito, o princípio é o seu fundamento, a base que irá informar e inspirar normas jurídicas.

Princípios não se confundem, porém, com peculiaridades. Wagner Giglio faz muito bem a distinção:

a) princípios são necessariamente gerais. Não são aplicados a única situação, enquanto peculiaridades são restritas, atinentes a um ou poucos preceitos ou momentos processuais;
b) princípios informam, orientam e inspiram preceitos legais, por dedução, e podem deles ser extraídos, via raciocínio indutivo; das peculiaridades não se extraem princípios, nem delas derivam normas legais, os princípios não são apenas para uma situação;
c) princípios dão organicidade e estrutura a institutos e sistemas processuais; as peculiaridades, não, pois esgotam sua atuação em âmbito restrito, geralmente atinente ao procedimento e não ao processo (2002:71);
d) princípio seria a regra; peculiaridade, a exceção.

Como peculiaridades do processo do trabalho posso lembrar as seguintes: (a) a função normativa da Justiça do Trabalho, que tem o poder de estabelecer normas e condições de trabalho geralmente aplicados a toda a categoria; (b) o dissídio coletivo, que só existe no processo do trabalho, mais especificamente no Brasil; (c) as ações de cumprimento, que visam à cobrança das novas condições de trabalho ou novos salários estipulados no dissídio coletivo da categoria, e que são ações de competência originária das Varas do Trabalho; (d) as ações plúrimas, que são ações em que existem vários reclamantes no polo ativo da ação, cobrando, num mesmo processo, as verbas trabalhistas que entendem devidas; (e) a linguagem própria do processo do trabalho, justificando sua autonomia, ao se falar em reclamante e reclamado, suscitante e suscitado (nos dissídios coletivos), requerente e requerido (no inquérito para apuração de falta grave); (f) a concentração dos atos na audiência, prestigiando o princípio da oralidade, da economia processual e da celeridade; (g) os recursos trabalhistas, regra geral, só têm efeito devolutivo (art. 899 da CLT); (h) a tentativa obrigatória de conciliação em dois momentos, antes da contestação (art. 846 da CLT) e após as razões finais (art. 850 da CLT); (i) o número de testemunhas no dissídio individual de no máximo três para cada parte e seis no caso do inquérito para apuração de falta grave (art. 821 da CLT); (j) a execução começar por ato do juiz, de ofício, sem provocação de qualquer das partes, quando as partes não estiverem representadas por advogado (art. 878 da CLT); (k) do impulso de ofício do juiz nos processos de alçada da Vara, até dois salários-mínimos, em que reclamante e reclamado exerçam pessoalmente o *ius postulandi*; (l) *ius postulandi* das partes; (m) petição inicial verbal; (n) o não comparecimento do empregado na primeira audiência implica arquivamento do processo; (o) irrecorribilidade das decisões interlocutórias (§ 2º do art. 799 da CLT e § 1º do art. 893 da CLT); (p) o mínimo de formalismos, visando o rápido andamento do feito; (q) a isenção das custas que só beneficia o empregado, se atendidos certos requisitos. A justiça gratuita também só se aplica ao obreiro.

8.2 PRINCÍPIOS GERAIS

Há princípios de processo na Constituição.

O direito de petição ao Poder Judiciário é consagrado na alínea *a* do inciso XXXIV do art. 5º.

A Magna Carta de 1215 fazia referência expressa a *law of the land* e não exatamente ao devido processo legal (§ 39). Nos Estados Unidos, a 5ª Emenda, de 1791, estabeleceu que "ninguém será privado da vida, da liberdade ou da propriedade sem o devido processo legal" (*without due process of law*). A 14ª Emenda, Seção 1, à Constituição, de 28 de julho de 1868, fez distinção da locução *equal protection of the law*: "Nenhum Estado [...] privará qualquer pessoa da vida, liberdade ou propriedade sem o devido processo legal, nem negará a qualquer pessoa dentro da sua jurisdição a igual proteção da lei." O princípio do devido processo legal tinha mais um significado puramente procedimental até o final do século XIX (*procedural due process of law*). Dizia respeito apenas ao contraditório, à ampla defesa, à produção de provas, à assistência por advogado, ao juiz imparcial. No final do século XIX, a Suprema Corte americana, em razão do liberalismo econômico, passou a invalidar normas estabelecidas pelo legislador que interferiam na liberdade de contratação e no direito de propriedade. No *substantive due process of law* havia o controle do mérito sobre o exercício de discricionariedade do legislador, podendo o julgamento invalidá-lo por falta de razoabilidade. A partir da década de 1930 foi modificada a orientação com base nas liberdades econômicas para os direitos fundamentais. O juiz Oliver Holmes disse que o significado do devido processo legal depende das circunstâncias. A Lei Maior de 1988 reza no inciso LIV do art. 5º que ninguém será privado da liberdade ou de seus bens sem o devido processo legal, que depende, porém, da previsão da lei ordinária. Trata-se de uma garantia estabelecida na Lei Maior às pessoas. O juiz não pode estabelecer um processo especial, diverso do determinado na previsão legal.

Ninguém será privado da liberdade ou de seus bens sem o devido processo legal (art. 5º, LIV). O devido processo legal é uma garantia da parte contra o Judiciário, de acordo com a previsão da lei.

Aos litigantes, em processo judicial ou administrativo, e aos acusados em geral são assegurados o contraditório e a ampla defesa, com os meios e recursos a ela inerentes (art. 5º, LV, da Constituição). O comando constitucional não faz distinção entre o tipo de processo judicial, aplicando-se tanto ao processo penal, como ao processo civil e trabalhista. A ampla defesa diz respeito ao réu, que é quem se defende e não ao autor. Não se proferirá decisão contra uma das partes sem que ela seja previamente ouvida (art. 9º do CPC), o que caracteriza o contraditório. O juiz não pode decidir, em grau algum de jurisdição, com base em fundamento a respeito do qual não se tenha dado às partes oportunidade de se manifestar, ainda que se trate de matéria sobre a qual deva decidir de ofício (art. 10 do CPC).

O direito ao juiz natural decorre do inciso XXXV do art. 5º.

A licitude da prova concerne ao fato de que são inadmissíveis, no processo, as provas obtidas por meios ilícitos (art. 5º, LVI).

A publicidade no processo é proveniente do inciso IX do art. 93 da Constituição, pois todos os julgamentos dos órgãos do Poder Judiciário serão públicos.

A fundamentação das decisões do Poder Judiciário tem sede no inciso IX do art. 93 da Constituição.

A celeridade no andamento do processo tem previsão no inciso LXXVIII do art. 5º da Constituição, que assegura a todos, no âmbito judicial, a razoável duração do processo e os meios que garantam a celeridade de sua tramitação.

A Convenção para a Proteção dos Direitos dos Homens e das Liberdades Fundamentais, subscrita em Roma em 4-11-1950, prevê que "qualquer pessoa tem direito a que a sua causa seja examinada, equitativa e publicamente, num prazo razoável por um tribunal independente e imparcial, estabelecido pela lei, o qual decidirá, quer sobre a determinação dos seus direitos e obrigações de caráter civil, quer sobre o fundamento de qualquer acusação em matéria penal dirigida contra ela".

Toda pessoa tem direito a ser ouvida com as devidas garantias e dentro de um prazo razoável, inclusive em questão trabalhista (art. 8º do Pacto de São José da Costa Rica, promulgado pelo Decreto n. 678, de 6-11-1992).

As partes têm o direito de obter em prazo razoável a solução integral do mérito, incluída a atividade satisfativa (art. 4º do CPC). Todos os sujeitos do processo devem cooperar entre si para que se obtenha, em tempo razoável, decisão de mérito justa e efetiva (art. 6º do CPC). O juiz dirigirá o processo, incumbindo-lhe: II – velar pela duração razoável do processo (art. 139 do CPC). O parágrafo único do art. 685 do CPC também faz referência ao princípio da duração razoável do processo. No processo do trabalho, muitas vezes o empregador não tem interesse na solução do processo. Com o trânsito em julgado da decisão, não quer pagar ao empregado aquilo que foi estabelecido no processo e protela, o máximo que pode, o andamento do processo.

Duração razoável do processo é uma expressão indeterminada e em aberto.

Carnelutti afirma que a justiça, se for segura, não será rápida, e, se for rápida, não será segura (*Como se faz um processo*. Belo Horizonte: Cultura Jurídica, 2001, p. 18).

Ao aplicar o ordenamento jurídico, o juiz atenderá aos fins sociais e às exigências do bem comum, resguardando e promovendo a dignidade da pessoa humana e observando a proporcionalidade, a razoabilidade, a legalidade, a publicidade e a eficiência (art. 8º do CPC).

Alguns autores costumam confundir princípios do Direito Processual Comum com os princípios do Direito Processual do Trabalho, esquecendo-se de que, na verdade, não se trata de princípios desta última ciência, mas de suas particularidades ou peculiaridades, que têm maior realce no processo do trabalho.

Certos autores mencionam o princípio da rapidez (Tostes Malta), da celeridade, existente na Justiça do Trabalho, em virtude da necessidade de o trabalhador receber o mais rápido possível os salários que lhe foram sonegados. Isso não quer dizer que a celeridade é princípio do processo do trabalho, mas da ciência processual, com efeitos mais intensos no processo laboral.

Dizem que o processo do trabalho também teria por princípio a informalidade. Entretanto, se assim entendêssemos, cada um utilizaria no processo a forma que desejasse, inclusive começando pelo fim, prescindindo de certos atos. O que o processo do trabalho tem é um número menor de formalismos, mas isso não quer dizer que seja informal, que não irá seguir uma certa forma. O juizado de pequenas causas também tem um número menor de formalismos. Qualquer processo, porém, tem uma forma a ser seguida.

O predomínio da palavra falada sobre a escrita, prestigiando-se mais a oralidade no processo do trabalho, também não deixa de ser princípio de processo, sendo mais relevante no processo do trabalho, em razão de suas peculiaridades. No processo do trabalho haveria maior oralidade pelo fato de ser feita a leitura da reclamação (art. 847 da CLT), a defesa ser oral em 20 minutos (art. 847 da CLT), a oitiva de testemunhas, as razões finais orais em audiência (art. 850 da CLT). A petição verbal, a contestação oral ou o oferecimento de razões finais orais em audiência não implicam, contudo, que a oralidade seja princípio do processo do trabalho, mas um dos destaques do processo do trabalho, que o individualizam do processo comum.

Os juizados especiais já são informados pelos critérios de oralidade, simplicidade, informalidade, economia processual e celeridade (art. 2º da Lei n. 9.099/95). A contestação pode ser oral ou escrita (art. 30 da Lei n. 9.099/95).

A concentração da maioria dos atos processuais em audiência, decorrência da celeridade e da oralidade, também não quer dizer que seja um princípio do processo do trabalho. Ao contrário, trata-se de mais uma particularidade do processo do trabalho, no qual é observada com maior intensidade, pois as provas são produzidas na maioria das vezes em audiência, quando é apresentada a defesa e são ouvidas as testemunhas. Entretanto, no procedimento sumário do processo civil ou no processo sumário do processo penal, isso também ocorre, com uma intensidade um pouco menor.

Por último, o *ius postulandi* também não pode ser creditado como princípio do processo do trabalho. O *habeas corpus* pode ser impetrado sem o patrocínio de advogado. Nos juizados de pequenas causas (até 20 salários-mínimos) e em outros procedimentos, é possível atuar sem advogado. Da mesma forma, não se trata de princípio do processo do trabalho, mas de um meio barato e ágil ao empregado de poder ajuizar reclamação na Justiça do Trabalho, visando obter o pagamento de salários ou outras verbas que não foram saldadas no decorrer do contrato do trabalho, pretendendo-se com isso facilitar a propositura da ação trabalhista pelo empregado em razão de sua inferioridade econômica.

8.3 PRINCÍPIOS DE DIREITO PROCESSUAL DO TRABALHO

A especificação dos princípios do direito processual do trabalho é tarefa muito difícil, pois há dúvida sobre quais seriam esses. Cada autor enumera os seus. Em um congresso de processo do trabalho, o tema foi debatido: um autor indicou 20 princípios; outro, três; e um outro, apenas um. Ao se analisar os princípios arrolados, verificou-se que não havia a coincidência de nenhum princípio dos indicados pelos estudiosos na matéria. Tostes Malta (1991:27) entende que para ele seriam, talvez, três os princípios do processo do trabalho: tecnicismo, rapidez e economia. Como já mencionamos linhas atrás, tais princípios se confundiriam com os do processo civil, quando se fala em celeridade, concentração dos atos na audiência, oralidade e inquisitoriedade.

José Martins Catharino (1981:113) enumera os seguintes princípios:

a) da adequação, em que as normas processuais de trabalho devem ser adequadas à finalidade do direito material do trabalho;
b) do tratamento desigual, em que, tendo em vista a desigualdade processual entre empregado e empregador, deve haver tratamento desigual de pessoas que estiverem em desigualdade de condições;

c) teleológico, da finalidade social específica, em que o objetivo é impedir efeitos violentos da questão social, mediante regras constitucionais de competência da Justiça do Trabalho, determinando a existência de normas processuais próprias;

d) normatividade jurisdicional, que caracteriza o processo coletivo do trabalho no Brasil.

Entendo que o processo do trabalho tem apenas um princípio, estando nele englobadas diversas peculiaridades. Adoto, em parte, as lições de Wagner Giglio (1984:76-78). Este autor faz a divisão em princípios (a) reais: protecionista, simplificação de procedimentos, jurisdição normativa e despersonalização do empregador; (b) ideais: ultra ou extrapetição, iniciativa de ofício e coletivização das ações.

8.3.1 Princípio da proteção

O verdadeiro princípio do processo do trabalho é o da proteção. Assim como no Direito do Trabalho, as regras são interpretadas mais favoravelmente ao empregado, em caso de dúvida, no processo do trabalho também vale o princípio protecionista, porém analisado sob o aspecto do direito instrumental.

Esse princípio é de âmbito internacional, não vigorando apenas no Brasil, mas em outros países.

A legislação do trabalho visa, segundo Galart Folch, assegurar superioridade jurídica ao empregado em razão de sua inferioridade econômica (1936:16). Afirma Luigi de Litala (1949:10-11) que não é a lide que deve adaptar-se ao processo, mas a estrutura do processo que deve adaptar-se à natureza da lide. O empregador sempre tem melhores meios de conseguir mais facilmente sua prova, escolhendo testemunhas entre seus subordinados, podendo suportar economicamente a demora na solução do processo. Já o empregado não tem essa facilidade ao ter que convidar a testemunha e não saber se esta comparecerá, com medo de represálias do empregador, e, muitas vezes, de não ter prova a produzir por esses motivos.

Assim, são exemplos: a gratuidade do processo, com a dispensa do pagamento das custas (§ 3º do art. 790 da CLT), beneficiando o empregado, nunca o empregador. O empregado não precisa pagar custas para ajuizar a ação. As custas são devidas pelo vencido (§ 1º do art. 789 da CLT). É uma forma de acesso à justiça (Mauro Capeletti). Da mesma forma, a assistência judiciária gratuita é concedida apenas ao empregado pelo sindicato e não ao empregador (art. 14 da Lei n. 5.584/70). Em muitos casos, é invertido o ônus da prova ou são aceitas presunções que só favorecem o empregado, em nenhuma oportunidade o empregador. O impulso processual *ex officio* determinado pelo juiz, na execução, quando as partes não tiverem advogados (art. 878 da CLT), no processo de alçada da Vara, beneficia o empregado. O arquivamento do processo do empregado (art. 844 da CLT) também não deixa de ser uma regra protecionista, impedindo que seja apresentada a contestação e proporcionando que o obreiro ingresse novamente com a ação. A ação, de forma geral, é proposta no último local em que o empregado trabalhou ou trabalha, de modo que possa ter melhores condições de prova e menores gastos (art. 651 da CLT). O empregador tem de fazer depósito recursal para poder recorrer, e não o empregado.

O empregado pode ajuizar a ação sem o patrocínio de advogado (art. 791 da CLT) e até oralmente (art. 840 da CLT). Visa proporcionar um acesso mais fácil à Justiça por parte do trabalhador.

No processo civil, parte-se do pressuposto de que as partes são iguais. No processo do trabalho, parte-se da ideia de que as partes são desiguais, necessitando o empregado da proteção da lei.

Não é a Justiça do Trabalho que tem cunho paternalista ao proteger o trabalhador, ou o juiz que sempre pende para o lado do empregado. Protecionista é o sistema adotado pela lei. Isso não quer dizer, portanto, que o juiz seja sempre parcial em favor do empregado, ao contrário: o sistema visa proteger o trabalhador.

8.3.2 Outros princípios

Até a 2ª edição deste livro, ainda entendia que havia mais um princípio aplicável ao processo do trabalho, que era o princípio da simplificação de procedimentos. Estudos mais aprofundados me levaram a modificar esse entendimento.

O princípio da simplificação de procedimentos engloba uma série de outras peculiaridades do processo do trabalho.

A simplificação de procedimentos vem sendo buscada inclusive pelo processo civil, que muitas vezes vem abeberar-se no processo do trabalho para fazer modificações. O art. 2º da Lei n. 9.099/95 menciona que o processo nos juizados especiais de pequenas causas será orientado pela simplicidade.

A instituição do perito único, com o art. 3º da Lei n. 5.584/70, foi posteriormente adotada pelo CPC de 1973; anteriormente, cada parte indicava seu perito.

Na Justiça do Trabalho, as partes detêm o *ius postulandi*, ou seja, a capacidade de ingressar em juízo com ação, independentemente da constituição de advogado, principalmente em razão da hipossuficiência do trabalhador, que não tem condições de contratar advogado. Permite o art. 791 da CLT que não só o empregado, como também o empregador, ajuízem a ação pessoalmente e acompanhem os demais trâmites do processo.

A comunicação processual no processo do trabalho é feita pelo correio, prescindindo-se do oficial de justiça para esse fim, o que agiliza a ciência dos atos processuais. Tal questão foi aproveitada no processo civil, com as comunicações dos atos processuais sendo feitas pelo correio (art. 247 do CPC).

A partir do momento em que o oficial de justiça passou a ser também avaliador, eliminou-se outra etapa dispendiosa, que era a contratação de perito para fazer a avaliação do bem penhorado. No processo do trabalho o próprio oficial de justiça, ao fazer a penhora, já avalia o bem. O CPC adotou isso.

A realização da audiência una, na qual é apresentada a defesa e onde são produzidas as provas do processo, também pode ser considerada uma simplificação do procedimento, agilizando o processo do trabalho, que de certa forma foi adotada com o procedimento sumário instituído pelo CPC de 1973.

O § 2º do art. 509 do CPC também vem a ser uma forma de simplificação de procedimento, que já era observada no processo do trabalho, em que as próprias partes apresentam suas contas na execução, sem que o processo vá para o contador.

Vemos, portanto, que a ideia de simplificação de procedimentos é buscada em qualquer dos ramos da ciência processual e não apenas no processo do trabalho. Logo, não se justifica que o processo do trabalho tenha como princípio a simplificação de procedimentos, que deve ser procurada em qualquer tipo de processo, inclusive no processo civil e penal. O fato de que o empregado deve receber mais rapidamente as verbas que lhe são devidas, porque são de natureza alimentar, devendo, assim, haver simplificação de procedimento, não quer dizer que em outros tipos de processos isso não deva ocorrer, como no processo penal, em que o processo deveria ter um mínimo de formalidades para se buscar a verdade e condenar o culpado ou absolver o inocente. O preso também não poderia ficar indefinidamente nessas condições, devendo haver simplificação dos procedimentos para que o processo seja o mais célere possível. Mesmo no processo civil muitos recursos são meramente protelatórios, não se justificando que um processo dure vários anos, daí também a necessidade de simplificação de procedimentos no processo civil. Assim, a simplificação de procedimentos é um fim almejado em todo e qualquer processo e não apenas no processo do trabalho.

Wagner Giglio (1984:78) arrola ainda outros princípios. O primeiro seria o da despersonalização do empregador. Acredito que, no caso, trata-se de uma regra de direito material, contida nos arts. 10 e 448 da CLT, que determina que os direitos adquiridos dos empregados não serão prejudicados com a mudança na propriedade ou estrutura jurídica da empresa. No Direito do Trabalho o empregador é a empresa (art. 2º da CLT). Logo, os bens a serem perseguidos são os da empresa e não os dos sócios ou empresários.

Verifica-se que a desconsideração da personalidade jurídica é encontrada em outros ramos do Direito, como no Direito Tributário, Comercial, Civil, que é uma forma de delimitar as responsabilidades, visando impedir a obtenção de fins ilegítimos e antissociais, com fraude a terceiros. Prevê o art. 50 do Código Civil que em caso de abuso da personalidade jurídica, caracterizado pelo desvio de finalidade, ou pela confusão patrimonial, pode o juiz, a requerimento da parte, ou do Ministério Público, quando lhe couber intervir no processo, desconsiderá-la para que os efeitos de certas e determinadas relações de obrigações sejam estendidos aos bens particulares de administradores ou de sócios da pessoa jurídica beneficiados direta ou indiretamente pelo abuso. A CLT trata do incidente de desconsideração da personalidade jurídica no art. 855-A. O art. 795 do CPC dispõe que os bens particulares dos sócios não respondem pelas dívidas da sociedade, senão nos casos previstos em lei. O sócio, demandado pelo pagamento, tem direito a exigir que sejam primeiro excutidos os bens da sociedade.

A jurisdição normativa apontada por Wagner Giglio não pode ser considerada princípio, mas propriamente uma peculiaridade do processo do trabalho, de estabelecer normas e condições de trabalho nos dissídios coletivos. Contudo, no Estado de Direito atual não é só o Poder Judiciário que julga. O Legislativo pode julgar o Presidente da República em caso de *impeachment*, por meio do Senado (art. 52, I, da Constituição). O Executivo legisla por meio de decretos, portarias etc. O próprio Judiciário também estabelece regras, ao determinar seu regimento interno. Além do mais, a jurisdição normativa só vigoraria no Brasil, como mesmo admite Wagner Giglio (1984:77).

Wagner Giglio (1984:78) também arrola princípios que, segundo ele, seriam ideais. Não se trata de princípios ideais, mas sim de tendências do processo do trabalho. No futuro, talvez, essas serão as orientações a serem utilizadas.

O princípio da ultra (além) ou da extrapetição (fora do pedido) não é admitido no processo civil, em que são observados os arts. 141 e 492 do CPC. O juiz não pode julgar fora ou além do pedido e da causa de pedir. O referido princípio é aplicado no processo do trabalho em certos casos. O art. 467 da CLT permite ao juiz determinar o pagamento das verbas rescisórias incontroversas com acréscimo de 50%, caso não sejam pagas na primeira audiência em que comparecer o réu, ainda que sem pedido do autor (ultrapetição). O art. 496 da CLT dispõe que o juiz poderá determinar o pagamento de indenização ao empregado estável, dada a incompatibilidade do retorno deste ao serviço, mesmo que o empregado só tenha pedido a reintegração (extrapetição).

O processo civil albergou a regra de que, mesmo não havendo pedido de juros e correção monetária, eles estão compreendidos no principal (§ 1º do art. 322 do CPC). A correção monetária não representa um *plus*, mas a mera atualização monetária do valor do principal, em virtude da inflação. O TST orientou-se no mesmo sentido (S. 211 do TST), o que foi observado no § 1º do art. 39 da Lei n. 8.177/91.

Adota-se na prática a praxe de, mesmo quando o empregado faz pedido de comprovação dos depósitos fundiários, o juiz do trabalho, verificando que nada está recolhido a título de FGTS manda pagar diretamente ao empregado os valores devidos. O mesmo ocorre quando o obreiro pede apenas a liberação das guias de seguro desemprego, determinando o juiz, caso não fornecidas, o pagamento da importância diretamente ao trabalhador. Pedindo o empregado a concessão de férias, que não foram dadas pelo empregador, poderá o juiz, além de marcá-las para o gozo do empregado, aplicar a pena diária de 5% do salário-mínimo da região, devida ao obreiro, enquanto não for cumprida a sentença, independentemente de pedido de pena pecuniária (§ 2º do art. 137 da CLT).

Estaria o princípio da ultra ou extrapetição incluído na autorização que o juiz teria para julgar por equidade (art. 8º da CLT), permitindo a correção de erros manifestos. Entretanto, essa questão tem de ser analisada com mais acuidade. Não concordo com certos autores que entendem que o princípio da ultra ou extrapetição devesse ser aplicado em todos os casos, mas apenas naqueles previstos em lei, pois caso contrário o empregado pediria férias e 13º salário, e o juiz poderia deferi-los, concedendo, ainda, sem provocação e contraditório, aviso prévio e saldo de salários, que não foram pagos pelo empregador e esquecidos de serem postulados na inicial. Poderia exemplificar num caso de férias, em que o empregado não as pede na inicial e o juiz as concede na sentença. Tal procedimento violaria o princípio do contraditório, pois a empresa teria sido condenada, independentemente de haver defesa sobre uma verba que sequer foi postulada pelo autor. Além disso, as férias poderiam ser indevidas, pois o obreiro teve faltas excessivas durante o período aquisitivo ou foram concedidas férias coletivas, impedindo o direito às férias, o que o juiz não poderia saber sem que houvesse contestação.

Pode-se dizer, inclusive, que as regras contidas nos arts. 467 e 496 da CLT são dirigidas ao juiz e não às partes, independendo de pedido. São, portanto, normas de ordem pública, que devem ser aplicadas pelo juiz independentemente de pedido expresso. O próprio art. 467 da CLT seria uma hipótese de sanção pelo não pagamento das verbas rescisórias do empregado, pois o salário é seu meio de sustento. Poder-se-ia até mesmo afirmar que tais regras, assim como o pagamento de juros e correção monetária, estão implícitas no pedido, pois o credor não pretenderia receber a dívida em valor original, passados tantos anos e em razão da existência de inflação que corrói o poder de compra da moeda.

O princípio da iniciativa *ex officio* deveria ser mais bem exercitado. O art. 39 da CLT permite que o procedimento administrativo proveniente da DRT, quanto à anotação da CTPS do obreiro, transforme em processo judicial, impulsionando o juiz, de ofício, o processo.

O depoimento pessoal pode ser tomado de ofício pelo juiz (art. 848 da CLT).

Mostra o art. 765 da CLT que o juiz tem ampla liberdade na direção do processo, podendo designar qualquer diligência necessária ao esclarecimento do feito.

Indica o art. 841 da CLT que a citação é automática. O funcionário da Vara deve enviar a cópia da petição à parte contrária em 48 horas após seu recebimento.

Nos dissídios de alçada exclusiva das Varas e naqueles em que os empregados ou empregadores reclamarem pessoalmente, o processo poderá ser impulsionado de ofício pelo juiz (art. 4º da Lei n. 5.584/70). O art. 878 da CLT dispõe que o juiz pode impulsionar de ofício a execução quando as partes não tiverem advogado. O inciso VIII do art. 114 da Constituição permite a execução de ofício das contribuições previdenciárias decorrentes das sentenças proferidas pela Justiça do Trabalho. O art. 481 do CPC permite que seja feita a inspeção judicial de ofício pelo juiz. Outros procedimentos deveriam ser criados para a plena vigência desse princípio, porém, o processo civil não permite de um modo geral ao juiz prestar o ofício jurisdicional sem requerimento, pois o processo começa por iniciativa da parte e se desenvolve por impulso oficial, salvo as exceções previstas em lei (art. 2º do CPC).

Por fim, o último princípio, que deveria ser mais utilizado no processo do trabalho, é o denominado da coletivização das ações por Wagner Giglio (1984:81). O § 2º do art. 195 da CLT, o parágrafo único do art. 872 da CLT e o art. 3º da Lei n. 8.073/90 autorizam o sindicato a propor, como substituto processual, ação na Justiça do Trabalho em nome do associado ou membro da categoria, respectivamente, para adicional de insalubridade ou de periculosidade, ação de cumprimento de dissídio coletivo, e o último totalmente amplo. O Ministério Público do Trabalho propõe ação civil pública (art. 129, III, da Constituição) beneficiando vários trabalhadores. É possível ajuizar mandado de segurança coletivo pelo sindicato (art. 5º, LXX, *b*, da Constituição). Outras deveriam ser as disposições sobre o tema, permitindo ao sindicato propor ações coletivas, sem que o empregado se sujeitasse a pressões por parte do empregador, nem a Justiça do Trabalho ficasse assoberbada de processos iguais.

Essas tendências são ideias para o legislador e para o futuro, visando que o processo do trabalho seja realmente mais célere do que qualquer outro.

São, portanto, os chamados princípios do impulso *ex officio*, da coletivização das ações, da simplificação de procedimentos, da despersonalização do empregador, da jurisdição normativa, da ultra ou extrapetição peculiaridades, exceções e não princípios.

Não é concebível que certos processos em qualquer justiça demorem três ou mais anos para serem julgados. No Cível, um processo de despejo, em que a pessoa está necessitando do imóvel para residir, pois não tem outra moradia, leva às vezes, mais de dois anos para ser julgado. Mesmo na Justiça do Trabalho não se justifica um processo ficar às vezes dois anos em primeira instância, outros dois anos em segunda instância e cinco anos no TST. O empregado não pode esperar nove anos para ver solucionado seu pedido de pagamento de salários.

Assim, o processo do trabalho tem que ser ainda mais ágil, prestigiando-se a simplificação de procedimentos, instituindo a instância única para valores mais elevados que dois salários-mínimos. Dessa forma, o processo do trabalho será realmente célere.

Entendo estar caracterizada a autonomia do processo do trabalho, que tem princípios distintos do processo civil, e peculiaridades que o individualizam dos demais ramos da ciência processual.

Verificação de Aprendizagem

1. Quais são os princípios do Direito Processual do Trabalho?
2. A oralidade e concentração podem ser consideradas princípios do Direito Processual do Trabalho?
3. Qual é a diferença entre princípios e peculiaridades?
4. Em que consiste o princípio protecionista?

Capítulo 9

SOLUÇÃO DOS CONFLITOS TRABALHISTAS

9.1 DENOMINAÇÃO

Conflito, do latim *conflictus*, tem o significado de combater, lutar, designando posições antagônicas. Analisando o conflito dentro de um contexto sociológico, pode-se dizer que as controvérsias são inerentes à vida humana, sendo uma forma de desenvolvimento histórico e cultural da humanidade. Exemplo disso é a guerra, em que são desenvolvidas novas tecnologias ou armas, e onde foi criada até a bomba atômica. Muitos dos conflitos são gerados por questões sociais ou problemas econômicos, decorrentes da desigual distribuição de riquezas.

Do ponto de vista trabalhista, os conflitos são também denominados controvérsias ou dissídios, tendo sido utilizados, na prática, com o mesmo significado. Entretanto, conflito tem sentido amplo e geral, correspondente à divergência de interesses, como ocorreria na greve e no *lockout*. A controvérsia diz respeito a um conflito em fase de ser solucionado, mediante convenção das partes, como no caso da greve e do *lockout* quando submetidos à mediação ou à arbitragem. Já o dissídio seria o conflito submetido à apreciação do Poder Judiciário, podendo ser individual ou coletivo, como na reclamação trabalhista do empregado contra a empresa ou no julgamento da greve pela Justiça do Trabalho.

A CLT usa a palavra *dissídio*, que tem sentido de dissensão, desinteligência, distinguindo-se em individuais e coletivos. O § 2º do art. 114 da Constituição usa a expressão dissídios coletivos.

Litígio tem sentido jurídico.

Compreende o conflito uma pretensão resistida, que é a lide.

9.2 CLASSIFICAÇÃO

Quanto às partes, os conflitos do trabalho podem ser individuais ou coletivos. Individuais são os conflitos existentes entre uma ou mais pessoas, de um lado, e uma ou mais pessoas, de outro, postulando direitos relativos ao próprio indivíduo.

Nos conflitos individuais, são discutidos interesses concretos, decorrentes de normas já existentes. Os beneficiários dos dissídios individuais são pessoas determinadas, individualizadas (exemplo: a reclamação trabalhista, com um empregado de um lado e um empregador do outro). Não será exatamente o número de pessoas que irá distinguir o dissídio em individual ou coletivo, mas a natureza dos interesses discutidos.

Os conflitos coletivos de trabalho não tratam de interesses concretos, mas abstratos, pertinentes a toda categoria. Tais conflitos são aplicáveis a pessoas indeterminadas, representadas por um sindicato da categoria profissional (dos trabalhadores) de um lado, e o sindicato da categoria econômica, de outro. Busca-se a criação da norma jurídica ou a sua interpretação. Podem os conflitos coletivos ser divididos em econômicos ou de interesse e jurídicos ou de direito. Os conflitos econômicos são aqueles em que os trabalhadores reivindicam novas condições de trabalho ou melhores salários. Já nos conflitos jurídicos ou de direito, visa-se à interpretação ou aplicação de determinada norma jurídica ao caso em exame. Nos conflitos de natureza econômica, o objetivo é criar ou modificar condições de trabalho. Nos conflitos jurídicos tem-se por objeto apenas a declaração da existência ou inexistência da relação jurídica controvertida, como ocorre na decisão em dissídio coletivo em que se declara a legalidade ou ilegalidade da greve ou a interpretação de uma norma.

Quanto ao objeto, os conflitos podem ser de direito ou econômicos. Estes podem abranger aumento de salário, garantia de emprego.

Em relação aos efeitos da sentença, os conflitos podem ter os seguintes aspectos: (a) declaratórios, que compreendem a existência ou inexistência da relação jurídica; (b) constitutivos: que criam, extinguem ou modificam certo direito; (c) condenatórios: que compreendem obrigação de dar, de fazer ou de não fazer.

Quanto à forma, os conflitos podem ser: (a) de ação direta: (1) greve; (2) piquete; (b) boicote; (c) conflitos pacíficos.

9.3 FORMAS DE SOLUÇÃO DOS CONFLITOS TRABALHISTAS

A matéria forma de solução de conflitos trabalhistas é de Direito Processual do Trabalho. Não se trata de matéria de Direito Coletivo do Trabalho, pois a forma de solução de conflitos diz respeito tanto aos dissídios individuais, como aos dissídios coletivos.

Amauri Mascaro Nascimento classifica as formas de solução dos conflitos trabalhistas da seguinte forma: autodefesa, autocomposição e heterocomposição (1992:8). Octávio Bueno Magano faz uma classificação diversa: tutela ou jurisdição, autocomposição e autodefesa (1993:213).

9.3.1 Autodefesa

Na autodefesa, as próprias partes fazem a defesa de seus interesses.

O conflito só é solucionado quando uma parte cede à imposição da outra. O Direito Penal autoriza a legítima defesa e o estado de necessidade, que são meios excludentes da ilicitude do ato (art. 23 do Código Penal). No entanto, não se admite o exercício arbitrário das próprias razões para a solução dos conflitos entre as partes envolvidas. Como exemplos de autodefesa, no âmbito trabalhista, temos a greve e o *lockout*. A greve muitas vezes não é forma de solução, mas meio de pressão.

9.3.2 Autocomposição

A autocomposição é a forma de solução dos conflitos trabalhistas realizada pelas próprias partes. Elas mesmas chegam à solução de suas controvérsias sem a intervenção de um terceiro. Este é, realmente, o melhor meio de solução dos conflitos, pois ninguém melhor do que as próprias partes para solucionar suas pendências, porque conhecem os problemas existentes em suas categorias. Pode-se dividir a autocomposição em unilateral e bilateral. A unilateral é caracterizada pela renúncia de uma das partes a sua pretensão. A bilateral ocorre quando cada uma das partes faz concessões recíprocas, ao que se denomina de transação. Exemplos de formas autocompositivas de solução dos conflitos trabalhistas são os acordos e as convenções coletivas. Os acordos coletivos são realizados entre o sindicato de empregados e uma ou mais empresas. A convenção coletiva ocorre entre o sindicato de trabalhadores e de empregadores.

Posso entender, como faz Magano (1993:214), que a mediação ou arbitragem são formas de autocomposição, que tomam por base o fato de que as próprias partes é que irão escolher uma pessoa para dirimir seus conflitos. Todavia, se a preponderância é da existência de um terceiro para solucionar o conflito, como parece mais correto, irei examiná-la como forma de heterocomposição.

Na conciliação, pode não haver a figura do terceiro, pois as partes se conciliam sozinhas, fazendo concessões recíprocas.

O conciliador é um terceiro. O conciliador, que atuará preferencialmente nos casos em que não houver vínculo anterior entre as partes, poderá sugerir soluções para o litígio, sendo vedada a utilização de qualquer tipo de constrangimento ou intimidação para que as partes conciliem (§ 2º do art. 165 do CPC). É, portanto, uma faculdade do conciliador fazer sugestões para solucionar a lide.

O conciliador pode fazer proposta. O mediador não faz proposta. A conciliação tanto pode ser judicial como extrajudicial. A mediação também pode ser judicial ou extrajudicial.

A conciliação tem aspecto objetivo. Na Justiça do Trabalho, no processo, a conciliação é feita pelo juiz.

No Direito Comparado, a conciliação é necessária em vários países. Na Finlândia, a paralisação do trabalho somente é permitida depois da intervenção do conciliador nomeado pelo governo (Lei de 27-7-1962). Na Suécia, há um escritório de conciliação, em Estocolmo, que coordena oito escritórios regionais. Na Suíça, existe o Escritório Federal de Conciliação desde 12-2-1949. Na Itália, a conciliação é feita pelo juiz, por comissão ou pelo sindicato, com força executiva. Nos Estados Unidos, foi instituído o serviço de Conciliação dos Estados Unidos para o setor público em 1913, como parte integrante do Departamento do Trabalho. Nesse caso, o conciliador apenas levava as partes a uma sala e pedia que se conciliassem, terminando sua responsabilidade nesse momento. Na Grã-Bretanha, a conciliação é uma forma de empregados e sindicatos chegarem a acordos bilaterais sobre seus conflitos, por meio de um terceiro que irá solucioná-lo, sendo que o procedimento é voluntário; foi criado o Serviço Consultivo de Conciliação e Arbitragem – ACAS (Adivisory Conciliation and Arbitration Service), desde 1896, em que os seus funcionários atuam apenas como consultores.

A Lei n. 24.635/96 da Argentina determina regras para a conciliação obrigatória nos litígios trabalhistas. Os conflitos individuais e plurindividuais que versem sobre conflitos de direito na Justiça do Trabalho serão dirimidos com caráter obrigatório e prévio da demanda judicial (art. 1º). Exceções seriam as medidas cautelares, diligências preliminares e antecipadas (art. 2º). O procedimento é gratuito (art. 3º). O conciliador tem de ter o título de advogado com antecedentes trabalhistas (art. 6º). O reclamante ou o sindicato requererão o procedimento mediante petição (art. 7º). O conciliador é designado pelo Serviço Nacional Laboral Obrigatório. Os honorários do conciliador são definidos pelo Ministério da Justiça (art. 12). Deverá o conciliador apresentar sua proposta em 20 dias. Se fracassar a conciliação, o conciliador poderá propor arbitragem (art. 28).

No Brasil, são previstos na CLT vários dispositivos que exigem a conciliação. O art. 764 esclarece que os dissídios individuais ou coletivos submetidos à apreciação da Justiça do Trabalho serão sempre sujeitos à conciliação. Os juízes e tribunais empregarão seus bons ofícios e persuasão no sentido de uma solução conciliatória dos conflitos (art. 764, § 1º). Inexistindo acordo, o juízo conciliatório transforma--se em arbitral (§ 2º do art. 764). Mesmo após encerrado o juízo conciliatório, as partes poderão celebrar acordo para pôr fim ao processo (§ 3º do art. 764). Em dois momentos, a conciliação é obrigatória: antes da contestação (art. 846) e após as razões finais (art. 850). Uma das funções principais dos juízes classistas era aconselhar as partes à conciliação (art. 667, *b*, da CLT).

9.3.2.1 Comissão de conciliação prévia

9.3.2.1.1 Introdução

A criação das comissões de conciliação prévia, assim como dos juizados especiais de pequenas causas trabalhistas, é uma reivindicação antiga da doutrina, de forma a tentar desafogar a Justiça do Trabalho do excessivo número de processos.

A Lei n. 9.958, de 12 de janeiro de 2000, acrescentou os arts. 625-A a 625-H à CLT, estabelecendo regras sobre as Comissões de Conciliação Prévia.

9.3.2.1.2 Classificação

As comissões podem ser divididas em: (a) de empresa, as que são constituídas na empresa, valendo para seus empregados; (b) de grupo de empresas, na qual a conciliação é feita para todos os empregados pertencentes ao grupo de empresas, mesmo que cada empresa tenha atividade distinta; (c) sindical. É estabelecida por acordo coletivo entre o sindicato da categoria profissional e empresa ou empresas interessadas. Vale apenas no âmbito da empresa ou empresas acordantes; (d) intersindical. É criada pelo sindicato dos trabalhadores e pelo sindicato dos empregadores mediante convenção coletiva. A conciliação é feita para toda a categoria; (e) Núcleos de Conciliação Intersindical. Podem ser criados mediante negociação coletiva entre sindicatos pertencentes a categorias diversas, como metalúrgicos, bancários, vigilantes etc.

As empresas e os sindicatos podem instituir Comissões de Conciliação, de composição paritária, com representantes dos empregados e dos empregadores, com a atribuição de tentar conciliar os conflitos individuais do trabalho (art. 625-A da CLT).

O fator positivo da nova norma é que o conflito pode ser resolvido na própria empresa e não irá para a Justiça do Trabalho, sendo uma espécie de filtro. Pode diminuir o número de processos na Justiça do Trabalho em razão do efetivo funcionamento das Comissões. Algumas empresas tinham instituído uma espécie de comissão de conciliação, que diminuiu muito as reclamações trabalhistas e o custo com tais ações.

9.3.2.1.3 Natureza jurídica

A natureza jurídica das comissões é de conciliação. Seu objetivo é de conciliar dissídios individuais entre empregado e empregador e não dizer o direito aplicável ao litígio. Os conciliadores farão propostas às partes. As comissões não decidem, nem devem "homologar" a rescisão do contrato de trabalho.

As comissões têm natureza de órgão privado, de solução de conflitos extrajudiciais, e não público.

9.3.2.1.4 Constituição

A CLT não indica um número mínimo de empregados para que a comissão possa ser instituída, como existia no projeto de lei em que a matéria foi discutida, que era em torno de 50 empregados.

A lei não obriga a constituição das comissões, pois emprega o verbo poder. Isso quer dizer que a instituição das comissões é facultativa.

Visa o art. 625-A da CLT conciliar os conflitos individuais do trabalho. Não há previsão específica da instituição das comissões para conflitos coletivos, que continuarão a ser resolvidos por mediação, arbitragem, convenção, acordo ou dissídio coletivo.

As comissões citadas poderão ser constituídas por grupos de empresas ou ter caráter intersindical. Não serão, portanto, instituídas apenas nas empresas. Mesmo assim, há faculdade da criação das comissões nos grupos de empresas ou elas podem ter caráter intersindical. A instituição das comissões por grupos de empresas pode ter um custo menor, pois o empregador é o grupo (§ 2º do art. 2º da CLT). O mesmo pode-se observar em relação às comissões criadas no sindicato, pois muitas empresas, seja por terem poucos empregados, seja por não terem interesse, não irão criar as comissões.

9.3.2.1.5 Composição

Determina o art. 625-A da CLT que as comissões têm composição paritária. Isso quer dizer que terão representantes de empregados e empregadores.

Será a comissão da empresa composta de, no mínimo, dois e, no máximo, dez membros (art. 625-B da CLT). O número mínimo será de dois membros. Não poderá, portanto, funcionar com apenas um membro, pois, do contrário, seria uma imposição dessa pessoa, como uma espécie de árbitro. O número máximo de membros será de dez, porém poderá ser inferior a esse número. Não poderá, contudo, ter mais de 10 membros, segundo a lei. Empresas que tiverem apenas um empregado não terão como instalar a comissão, salvo se a comissão tiver o próprio empregado e um membro qualquer indicado pelo empregador, que não seja seu empregado.

Metade dos membros da comissão será indicada pelo empregador e a outra metade eleita pelos empregados, em escrutínio secreto, fiscalizado pelo sindicato da categoria profissional. A forma de escolha dos membros é semelhante à da CIPA, em que o empregador indica membros e os empregados elegem outros. Os membros do empregador não precisarão ser necessariamente empregados, pois a lei nada menciona nesse sentido. O empregador não irá tolerar que os membros dos empregados sejam de fora da empresa, até porque não teriam garantia de emprego. Logo, devem ser empregados da própria empresa.

Haverá na comissão tantos suplentes quantos forem os representantes titulares.

O mandato de seus membros, titulares e suplentes, é de um ano, permitida uma recondução. É vedada, portanto, mais de uma recondução. Assim, o mandato total pode ser de, no máximo, dois anos.

A comissão instituída no âmbito do sindicato terá sua constituição e suas normas de funcionamento definidas em convenção ou acordo coletivo (art. 625-C da CLT). Como a questão envolverá várias pessoas, há necessidade de ser coletiva a negociação para o estabelecimento das comissões.

As partes podem convencionar que a comissão funcionará no âmbito do sindicato. Também não há obrigação da constituição da comissão, por isso é que há necessidade de negociação coletiva, que terá como resultado convenção ou acordo coletivo, envolvendo o interesse da categoria ou dos empregados da empresa. A convenção ou o acordo coletivo é que estabelecerão a constituição e as normas de funcionamento da comissão.

Aplicam-se aos Núcleos Intersindicais de Conciliação Trabalhista em funcionamento ou que vierem a ser criados, no que couber, as disposições previstas nos arts. 625-A e 625-H da CLT, desde que observados os princípios da paridade e da negociação coletiva em sua constituição (art. 625-H da CLT).

Alguns sindicatos já tinham Núcleos Intersindicais de Conciliação Trabalhista, que poderão ser aproveitados como Comissões de Conciliação, desde que haja paridade de representantes de empregados e empregadores e negociação coletiva para sua instituição, quer dizer, que sejam estabelecidas por meio de convenção ou acordo coletivo.

9.3.2.1.6 Condição da ação

Prevê o art. 625-D da CLT que qualquer demanda de natureza trabalhista será submetida à comissão de conciliação prévia, caso essa tenha sido criada na empresa ou em negociação coletiva com o sindicato. O § 2º do mesmo artigo declara que o empregado "deverá" juntar à eventual reclamação trabalhista cópia da declaração fornecida pela comissão da tentativa de conciliação frustrada.

Emprega o art. 625-D da CLT o verbo "ser", no imperativo. Isso indica que o empregado terá de submeter sua reivindicação à comissão antes de ajuizar a ação na Justiça do Trabalho. O § 2º do mesmo artigo também usa o verbo "dever" no imperativo para efeito de juntar com a petição inicial da reclamação trabalhista a declaração frustrada da tentativa de conciliação.

Em caso de motivo relevante, será indicado por que não foi utilizada a comissão para solucionar as questões trabalhistas (§ 3º do art. 625-D da CLT).

Nota-se que o procedimento instituído representa condição da ação para o ajuizamento da reclamação trabalhista. Não se trata de pressuposto processual. Pressupostos de existência do processo são jurisdição, pedido e partes. Pressupostos de validade do processo são competência, ausência de suspeição, inexistência de coisa julgada e de litispendência, capacidade processual dos litigantes, regularidade da petição inicial e da citação.

As condições da ação não são apenas a legitimidade das partes e o interesse processual. A lei poderá estabelecer outras condições para o exercício do direito de ação.

Do § 2º do art. 114 da Constituição depreende-se que, para o ajuizamento do dissídio coletivo pelo sindicato, é necessário que tenham sido frustradas as tentativas de negociação coletiva ou de arbitragem. Trata-se, assim, de outra condição da ação estabelecida na própria Lei Magna. De certa forma, já havia previsão semelhante no § 4º do art. 616 da CLT, ao determinar que "nenhum processo de dissídio coletivo de natureza econômica será admitido sem antes se esgotarem as medidas relativas à formalização da convenção ou acordo correspondente".

O procedimento criado pelo art. 625-D da CLT não é inconstitucional, pois as condições da ação devem ser estabelecidas em lei e não se está privando o empregado de ajuizar a ação, desde que tente a conciliação.

Ada Pelegrini Grinover menciona não ser inconstitucional a proposta que estabelecesse a tentativa obrigatória da conciliação prévia, que não iria contrariar o inciso XXXV do art. 5º da Constituição, pois "o direito da ação não é absoluto, sujeitando-se a condições (as condições da ação), a serem estabelecidas pelo legislador"[1]. Não haverá interesse de agir da pessoa, postulando a tutela jurisdicional, se não for observado o caminho alternativo da conciliação prévia, que seria

---

1 GRINOVER, Ada Pelegrini. *A conciliação extrajudicial na Justiça do Trabalho*: o processo em evolução. Rio de Janeiro: Forense Universitária, 1996, p. 94.

uma situação bastante razoável, não ficando mutilada a garantia constitucional do direito ao processo. Kazuo Watanabe tem o mesmo pensamento[2].

Se o empregado não tentar a conciliação, o juiz irá extinguir o processo sem resolução de mérito, por não atender a condição da ação estabelecida na lei. Se não houve tentativa de conciliação na Comissão, não existe pretensão resistida e não há interesse de agir da parte em postular perante o Judiciário.

A reivindicação só poderá ser feita diretamente à Justiça do Trabalho caso na empresa não exista a Comissão nem tenha sido ela instituída no âmbito do sindicato da categoria, porque não haveria como se passar por comissão conciliatória.

O STF, em liminar em ação direta de inconstitucionalidade, entendeu que não há necessidade de passar pela Comissão antes de ajuizar a ação, pois viola o direito de ação (art. 5º, XXXV, da Constituição). Deferiu parcialmente a cautelar para dar ao art. 625-D da CLT interpretação conforme a Constituição, no sentido de que não é preciso passar pela Comissão de Conciliação antes de entrar com a ação trabalhista (ADIn 2.160-5-DF, j. 13-5-2009, Red. Min. Marco Aurélio). O STF entendeu, de acordo com o art. 625-D da CLT, que ações trabalhistas podem ser ajuizadas na Justiça do Trabalho sem passar pela Comissão de Conciliação Prévia (ADIns 2139, 2160, 2237, Rel. Min. Carmen Lúcia).

9.3.2.1.7 Procedimentos

A Comissão de Conciliação Prévia irá analisar apenas postulação relativa à relação de emprego, não importa a que título; não examinará questão cível, comercial ou de outra matéria qualquer.

A demanda será formulada por escrito ou reduzida a termo por qualquer dos membros da comissão, sendo entregue cópia datada e assinada pelo membro aos interessados (§ 1º do art. 625-D da CLT).

É possível que a reivindicação do empregado seja feita verbalmente. Nesse caso, será reduzida a termo por qualquer dos membros da Comissão.

Será desnecessário que o empregado formule sua pretensão por meio de advogado. Poderá fazê-la pessoalmente, como também poderá se socorrer de advogado, caso assim entenda melhor.

Não prosperando a conciliação, será fornecida ao empregado e ao empregador declaração da tentativa de conciliação frustrada com a descrição de seu objeto, firmada pelos membros da Comissão, que deverá ser juntada à eventual reclamação trabalhista (§ 2º do art. 625-D da CLT).

---

2 WATANABE, Kazuo. *Controle jurisdicional*. São Paulo: Revista dos Tribunais, 1980, p. 49, 55 e 57.

Em caso de motivo relevante que impossibilite a observância do procedimento previsto no art. 625-D da CLT, será a circunstância declarada na petição inicial da ação intentada perante a Justiça do Trabalho (§ 3º do art. 625-D da CLT). Difícil será dizer qual é o motivo relevante, que poderá ser doença do empregado, acidente que o impeça de fazer a reclamação perante a Comissão e o prazo prescricional de ação estiver se esgotando ou cobrança excessiva para passar pela Comissão. Caberá ao juiz analisar a questão.

Caso exista, na mesma localidade e para a mesma categoria, comissão de empresa e comissão sindical, o interessado optará por uma delas para submeter sua demanda, sendo competente aquela que primeiro conhecer do pedido (§ 4º do art. 625-D da CLT).

O empregado, por seu livre critério, poderá optar entre postular perante a comissão da empresa ou do sindicato. A comissão escolhida ficará preventa para dirimir a demanda, que será a primeira que conhecer do pedido.

As Comissões de Conciliação Prévia têm prazo de 10 dias para a realização da sessão de tentativa de conciliação a partir da provocação do interessado (art. 625-F da CLT).

Esgotado o lapso temporal sem a realização da sessão, será fornecida, no último dia do prazo, a declaração de tentativa frustrada de conciliação, a que se refere o § 2º do art. 625-D.

Caso a comissão não designe a data para a tentativa de conciliação em 10 dias, o empregado poderá ajuizar diretamente a ação na Justiça do Trabalho, sem ter passado pela comissão.

O fornecimento da declaração é justamente para comprovar que o empregado tentou a conciliação antes de ajuizar a ação. A juntada da declaração será obrigatória para a propositura da ação, como se verifica da redação do § 2º do art. 625-D da CLT.

Aceita a conciliação, será lavrado termo assinado pelo empregado, pelo empregador ou seu preposto e pelos membros da comissão, fornecida cópia às partes (art. 625-E da CLT). O termo tanto poderá ser assinado pelo empregador como por preposto com poderes para esse fim, que irá representar o empregador. O empregado não estará obrigado a aceitar a conciliação, podendo daí propor a ação que entender cabível.

O termo de conciliação é título executivo extrajudicial e terá eficácia liberatória geral, exceto quanto às parcelas expressamente ressalvadas (parágrafo único do art. 625-E da CLT). Prescreve também o art. 876 da CLT que o termo de conciliação será considerado título executivo extrajudicial, podendo ser, assim, executado perante a Justiça do Trabalho, caso não cumprido.

O referido termo não será rescindido por ação rescisória, por não se tratar de título judicial, mas extrajudicial. Assim, o meio de impugnar seu conteúdo será a ação anulatória, desde que provado erro, dolo, fraude, coação etc.

9.3.2.1.8 Eficácia liberatória

Dispõe o parágrafo único do art. 625-E da CLT que o termo de conciliação terá eficácia liberatória geral, exceto quanto às parcelas expressamente ressalvadas.

O artigo tem certa inspiração na S. 330 do TST quanto a eficácia liberatória e ressalvas. O referido verbete tem a seguinte redação: "a quitação passada pelo empregado, com assistência de entidade sindical de sua categoria, ao empregador, com observância dos requisitos exigidos nos parágrafos do art. 477 da Consolidação das Leis do Trabalho, **tem eficácia liberatória** em relação às parcelas expressamente consignadas no recibo, **salvo se oposta ressalva expressa e especificada** ao valor dado à parcela ou parcelas impugnadas".

Alguns poderão dizer que a eficácia liberatória é total, fazendo-se interpretação literal da norma, pois o empregado está diante do representante dos empregados, que o aconselhará a não aceitar verbas incorretas ou a fazer ressalvas. Isso, porém, já ocorria em relação à assistência prestada na rescisão do contrato de trabalho que era feita perante o sindicato, em que o representante da agremiação também estava lá para esclarecer o empregado.

A eficácia liberatória geral só pode dizer respeito ao que foi pago e não ao contrato de trabalho, salvo se assim for descrito no termo.

Prevê o art. 320 do Código Civil que a quitação designará o valor e a espécie da dívida quitada, o nome do devedor, ou quem por este pagou, o tempo e lugar do pagamento, com a assinatura do credor ou de seu representante. Não haverá eficácia liberatória daquilo que não foi pago.

Assim, a quitação compreende apenas as parcelas e os valores pagos e não os títulos. Se não houve o pagamento integral, o empregado poderá reclamar eventuais diferenças ou até mesmo verbas que não foram pagas e que, portanto, não foram quitadas.

É claro que o empregado poderá fazer ressalvas expressas em relação àquilo que não foi quitado. O fato de a lei fazer referência à ressalva expressa em nada modifica a questão, pois, mesmo que a ressalva não seja feita, não haverá quitação quanto à verba paga ou paga em valor inferior ao devido.

Despicienda a assertiva de que há ato jurídico perfeito em relação ao contrato de trabalho em razão da eficácia liberatória do termo de conciliação, pois o pagamento feito quita apenas aquilo que foi saldado. Verbas não pagas ou pagas em valor inferior ao devido não estarão quitadas, nem se pode dizer que haverá quitação do contrato de trabalho, salvo se assim for expressamente indicado.

Haveria, entretanto, coisa julgada se o termo de conciliação fosse homologado em juízo, que produziria, portanto, efeitos liberatórios; mas isso não ocorre em relação ao termo de conciliação celebrado perante a Comissão, pois não diz respeito a processo, nem é feito na Justiça do Trabalho.

Dessa forma, se a parcela não tiver sido objeto de homologação, ou o pagamento tiver sido inferior ao devido, poderá haver reivindicação judicial do que não tiver sido recebido. A transação interpreta-se restritivamente (art. 843 do Código Civil), assim como os negócios jurídicos benéficos interpretam-se estritamente (art. 114 do CC). Não pode, inclusive, a transação produzir os efeitos de coisa julgada, em razão de que não se está homologando acordo em juízo, mas sendo feito um acordo extrajudicial. Logo, pelo fato de se interpretar a transação de forma restrita, quita-se apenas o que foi pago.

9.3.2.1.9 Prazo prescricional

O prazo prescricional será suspenso a partir da provocação da Comissão de Conciliação Prévia, recomeçando a fluir, pelo que lhe resta, a partir da tentativa frustrada de conciliação ou do esgotamento do prazo de 10 dias para a realização da sessão de tentativa de conciliação (art. 625-G da CLT).

Suspensão de prazo quer dizer que se conta o tempo anterior já transcorrido. Se fosse de interrupção o prazo, seria reiniciado desde o primeiro dia.

A suspensão do prazo irá ocorrer a partir da provocação da comissão, com a reclamação do obreiro.

O prazo irá recomeçar a fluir a partir da tentativa frustrada de conciliação ou do esgotamento do prazo de 10 dias para a designação de sessão para tentativa de conciliação (art. 625-F da CLT). No décimo primeiro dia, no último caso, recomeçará a fluir o prazo de prescrição.

9.3.2.1.10 Conclusão

Os empregadores talvez terão interesse na criação de Comissões no âmbito da empresa, de modo que o termo de conciliação produza a eficácia liberatória geral e o empregado não mais possa reclamar qualquer valor na Justiça do Trabalho.

Fraudes poderão ocorrer, cabendo ao representante dos empregados fiscalizar para que não aconteçam.

9.3.3 Heterocomposição

Verifica-se a heterocomposição quando a solução dos conflitos trabalhistas é determinada por um terceiro. Sem a participação do terceiro, o conflito não é resolvido. Ele é, portanto, imprescindível. Exemplos de heterocomposição são a mediação, a arbitragem e a tutela ou jurisdição.

9.3.3.1 Mediação

Mediação vem do latim *mediare*, com o sentido de mediar, dividir ou meio de intervir, ou de *mediatio*, com o sentido de intervenção, intersecção, intermediação.

Mediação é a atividade técnica exercida por terceiro imparcial sem poder decisório, que, escolhido ou aceito pelas partes, as auxilia e estimula a identificar ou desenvolver soluções consensuais para a controvérsia (parágrafo único do art. 1º da Lei n. 13.140, de 26-6-2015).

O mediador, que atuará preferencialmente nos casos em que houver vínculo anterior entre as partes, auxiliará aos interessados a compreender as questões e os interesses em conflito, de modo que eles possam, pelo restabelecimento da comunicação, identificar, por si próprios, soluções consensuais que gerem benefícios mútuos (§ 3º do art. 165 do CPC).

O mediador é um terceiro, chamado pelas partes. O mediador pode ser qualquer pessoa, como até mesmo um padre, não necessitando de conhecimentos jurídicos. O que interessa é que a pessoa venha a mediar o conflito, ouvindo as partes, para que se chegue a termo.

O mediador não faz propostas. Tenta fazer que as partes entendam as questões, fazendo perguntas.

O mediador tenta, mediante diálogo, fazer com que as partes cheguem a consenso. Aproxima as partes para que elas dialoguem. Dá orientações, mas não decide. Ouve e interpreta o desejo das partes. O mediador não tem poder de coação ou de coerção sobre as partes; não toma qualquer decisão ou medida, apenas serve de intermediário entre as partes.

Tem característica a mediação de analisar a relação sob o ponto de vista subjetivo. Tenta o diálogo. Faz com que as partes voltem a dialogar.

A mediação pode ser judicial ou extrajudicial. A conciliação tanto pode ser judicial como extrajudicial. A conciliação implica um litígio existente. Na mediação o litígio pode não existir, sendo prevenido. A conciliação, muitas vezes, diz respeito a um sistema processual, enquanto a mediação, não. Pode ter a concili-ação um aspecto público, como da conciliação realizada na Justiça do Trabalho. A mediação, geralmente, é privada.

Pode ser a mediação facultativa ou obrigatória. A mediação pode ser feita por uma pessoa ou por um colegiado, uma equipe de pessoas. Mediação pública é feita por um agente público, como o Procurador do Trabalho, auditor-fiscal do trabalho etc. Pode também ser privada.

Poderá funcionar como mediador extrajudicial qualquer pessoa capaz que tenha a confiança das partes e seja capacitada para fazer mediação, independentemente de integrar qualquer tipo de conselho, entidade de classe ou associação, ou nele inscrever-se (art. 9º da Lei n. 13.140/15).

Poderá atuar como mediador judicial a pessoa capaz, graduada há pelo menos dois anos em curso de ensino superior de instituição reconhecida pelo Ministério da Educação e que tenha obtido capacitação em escola ou instituição de formação de mediadores, reconhecida pela Escola Nacional de Formação e Aperfeiçoamento de Magistrados – ENFAM ou pelos tribunais, observados os requisitos mínimos estabelecidos pelo Conselho Nacional de Justiça em conjunto com o Ministério da Justiça (art. 11 da Lei n. 13.140/15).

A mediação tem por vantagens o fato de que a solução do processo é mais rápida; não existe instrução probatória, que pode tornar o andamento do processo mais lento; a solução é estabelecida pelas próprias partes e não imposta por um terceiro; evita a incerteza em relação ao resultado do julgamento; privacidade; diminuição dos processos judiciais.

Na França, há previsão de mediação em Decreto de 1955, que passou a lei em 1957.

Na Espanha, existe o IMAC – Instituto de Mediação, Arbitragem e Conciliação.

Na Argentina, o serviço de mediação depende diretamente do Ministério do Trabalho, que atua nos conflitos coletivos e individuais (Lei n. 20.525). O órgão do Ministério do Trabalho que trata dos conflitos dos trabalhadores é a Direção Nacional de Relações do Trabalho, sendo que nas províncias as delegacias regionais é que são responsáveis. Os mediadores argentinos são funcionários públicos com estabilidade no cargo, devendo ter conhecimentos jurídicos gerais, em especial em Direito do Trabalho e em Psicologia e Sociologia do Trabalho. As partes poderão ser ouvidas conjunta ou separadamente. À medida que as soluções vão sendo realizadas sobre cada ponto, são registradas em ata. Os acordos entre as partes têm força executória, como se fossem coisa julgada.

Na Austrália, o procedimento inicial na solução dos conflitos é a mediação. É vedado o acesso do público nas reuniões. Se as partes chegam a uma solução, podem apresentar um memorando do que foi acordado.

Nos Estados Unidos, o marco inicial da mediação ocorre com a Lei Federal de 1913, que cria o Departamento do Trabalho, com o objetivo de adotar a conciliação entre os envolvidos. A Lei Taft-Hartley, de 1947, criou agências de mediação. A mediação é exercitada por funcionários federais nos dissídios individuais ou coletivos. As próprias partes é que solicitam a mediação, não havendo qualquer imposição por parte do Estado. Realiza-se a mediação tanto nas negociações como já na vigência do contrato de trabalho. Não existe Justiça do Trabalho, sendo que a Justiça Comum julga poucos casos de conflitos de direito. Em 1974, foi criado o Serviço Federal de Mediação e Conciliação (FMCS – Federal Mediation and Conciliation Service). Em alguns casos, os particulares atuam como intermediários. Os mediadores federais não são especializados em setores (federal, privado) ou em atividade (indústria etc.).

Na Grã-Bretanha, o Serviço Consultivo de Conciliação e Arbitragem funciona também como procedimento de mediação, pois muitas vezes os conciliadores também atuam como mediadores, propondo soluções.

No Japão, a mediação é feita quando as próprias partes apresentam petição requerendo a mediação; quando uma das partes a solicita com base no contrato coletivo; quando uma das partes a solicita em decorrência de conflito no setor de utilidade pública. É constituído um comitê tripartite, com representantes de empregadores e de trabalhadores e do setor público.

Na anterior lei de greve (Lei n. 4.330/64), a mediação era procedimento obrigatório e realizado pela Delegacia Regional do Trabalho (arts. 11 e 17) antes de se fazer a greve.

O § 1º do art. 616 da CLT dispõe que o Delegado Regional do Trabalho pode ser mediador dos conflitos coletivos, tendo o poder de convocar as partes, a fim de que compareçam à mesa-redonda para tentativa de negociação e possibilidade de acordo. Essa mediação não é obrigatória para a propositura do dissídio coletivo. Obrigatória é a tentativa de conciliação. A função mediadora nas negociações será exercida pelos Delegados Regionais do Trabalho, que poderão delegá-la a servidor do Ministério do Trabalho, mesmo no curso das negociações. As partes que requisitarem a mediação o farão por escrito, em duas vias, indicando a pauta a ser discutida. A mediação será feita pelo órgão do Ministério do Trabalho em relação a interesses coletivos de categorias ou de empregados de uma ou mais empresas. Após autuado o pedido, será expedida notificação postal aos interessados com a designação do dia, hora e local para a reunião conciliatória. Na ocorrência de greve, a convocação será feita de ofício tão logo o Delegado Regional do Trabalho tome conhecimento do fato. O sindicato será representado na reunião por seu presidente ou por diretores e a empresa por seu titular, diretor ou preposto com plenos poderes para negociar, inclusive por advogados. O mediador poderá solicitar às partes as informações que julgar necessárias ao esclarecimento do caso. Lavrar-se-á ata da reunião com as cláusulas em que houve acordo e as que não houve, fornecendo-se cópias às partes.

O auditor-fiscal do trabalho pode atuar como mediador. Nesse caso, não poderá exercer função fiscalizadora, mas apenas faz a mediação, em razão da confiança que lhe foi depositada pelas partes.

A Lei n. 10.101 prevê a mediação para solucionar conflitos relativos à participação nos lucros (art. 4º, I). A Lei n. 10.192, que é complementar ao Plano Real, também prevê a possibilidade da utilização da mediação para solucionar conflitos coletivos do trabalho (art. 11).

A mediação nas relações de trabalho deve ser regulada por lei própria (parágrafo único do art. 42 da Lei n. 13.140/2015).

O Decreto n. 1.572, de 28-7-1995, estabeleceu regras sobre a mediação na negociação coletiva de natureza trabalhista. O art. 2º declina que o mediador poderá ser escolhido pelas partes. Quando não houver a escolha, as partes poderão solicitar, ao Ministério do Trabalho, a designação de mediador (§ 1º do art. 2º do Decreto n. 1.572). A parte que se considerar sem as condições adequadas para, em situação de equilíbrio, participar de negociação direta, poderá, desde logo, solicitar ao Ministério do Trabalho a designação do mediador, que convocará a outra parte. O mediador poderá ser uma pessoa cadastrada no Ministério do Trabalho, desde que as partes concordem quanto ao pagamento de honorários do referido profissional ou servidor do quadro do Ministério do Trabalho, em que não haverá ônus para as partes. A indicação do mediador será feita pelo Delegado Regional do Trabalho, quando se tratar de negociação de âmbito local ou regional, ou pelo Secretário de Relações do Trabalho do Ministério do Trabalho, na hipótese da negociação ser de âmbito nacional. A inscrição do mediador no Ministério do Trabalho será feita desde que o interessado comprove experiência na solução de conflitos trabalhistas e conhecimentos técnicos relativos às questões de natureza trabalhista. O credenciamento terá validade de três anos contados da publicação no *Diário Oficial*. O mediador designado terá o prazo máximo de 30 dias para a conclusão do processo de negociação, salvo acordo expresso com as partes interessadas. Havendo questões de ordem pública, o Delegado Regional do Trabalho poderá solicitar redução no prazo de negociação. Não alcançando o entendimento entre as partes, na negociação direta ou por intermédio de mediador, lavrar-se-á termo contendo: as causas motivadoras do conflito e as reivindicações de natureza econômica.

A Portaria n. 818 do Ministro do Trabalho, de 30-8-1995, estabeleceu critérios para o credenciamento de mediador perante as Delegacias Regionais do Trabalho.

a) A experiência na composição dos conflitos de natureza trabalhista será comprovada com a apresentação de cópia autenticada das atas de reuniões de negociação coletiva que tenha participado, na qual conste o seu nome.
b) Os conhecimentos técnicos relativos às questões de natureza trabalhista serão comprovados pela atuação de uma das seguintes áreas:
   1. advocacia trabalhista;
   2. área de recursos humanos;
   3. área de relações sindicais.

Entendo, porém, ilegal e inconstitucional o art. 4º do Decreto n. 1.572, que prevê o critério de que o mediador tem que ser necessariamente cadastrado pelo Ministério do Trabalho, pois o inciso XIII do art. 5º da Constituição dispõe que "é livre o exercício de qualquer trabalho, ofício ou profissão atendidas as qualificações profissionais que a lei estabelecer", porque a norma legal de desindexação do real não determina que o mediador tenha que ser cadastrado no Ministério do Trabalho e o referido decreto vai além do disposto na lei, sendo, portanto, nulo. Ressalte-se que o mediador nem mesmo precisa ter comprovada experiência na composição dos conflitos de natureza trabalhista, basta que tenha é bom senso para resolver o conflito.

A Resolução n. 174 do Conselho Superior da Justiça do Trabalho, de 30-9-2016, cria o Centro Judiciário de Solução de Conflitos (Cejusc) e o Núcleo Permanente de Métodos Consensuais de Solução de Conflitos (**Nupemec**).

9.3.3.2 Arbitragem

9.3.3.2.1 História

São encontradas as raízes da arbitragem nas Ordenações do Reino de Portugal, do século XVII, em que se distinguia entre juízes árbitros e arbitradores. Os juízes árbitros deveriam conhecer não somente das coisas e razões, mas também do Direito. Os arbitradores somente conheciam das coisas, sendo que, se houvesse alguma alegação de Direito, deveriam remetê-la aos juízes da terra.

O art. 194 do Código Comercial fazia referência a arbitradores: "o preço de venda pode ser incerto, e deixado na estimação de terceiros; se este não puder ou não quiser fazer a estimação, será o preço determinado por arbitradores". Outros artigos do Código Comercial tratavam dos arbitradores, como os arts. 80, 82, 95, 201, 209, 215, 217, 749, 750 e 776, no que toca a avaliações, estimações de prejuízos ou arbitramento de indenização por parte daqueles. A arbitragem era mencionada no art. 294 do Código Comercial, mas para questões de sociedades comerciais: "todas as questões sociais que se suscitarem entre sócios durante a existência da sociedade ou companhia, sua liquidação ou partilha, serão decididas em juízo arbitral". Pelo que se verificava do art. 189 do Regulamento n. 737, de 25 de novembro de 1850, os arbitradores eram equiparados aos atuais peritos judiciais, que fazem exames técnicos de que o juiz é carecedor de conhecimentos.

A Constituição de 1891, em seu art. 34, 11, dispunha que era de competência privativa do Congresso Nacional autorizar o governo a declarar guerra, se não tiver lugar ou malograr-se o recurso da arbitragem, porém era usada a expressão *arbitramento*, com o significado de arbitragem.

O Decreto n. 1.037, de 5-1-1907, previa que as questões trabalhistas seriam resolvidas por meio de arbitragem dos próprios sindicatos.

O compromisso arbitral era regulado nos arts. 1.037 a 1.048 do Código Civil de 1916. O art. 1.123 do Código Civil mencionava que a fixação do preço da compra e venda poderia ser feita por terceiro (árbitro), que seria designado pelos contratantes.

Instituiu o Decreto n. 22.132, de 25-11-1932, a arbitragem facultativa e, em certos casos, para questões individuais.

O CPC de 1973 tratava do tema empregando a expressão *juízo arbitral*, nos arts. 1.072 a 1.102 e nos arts. 301, § 4º e 584, III. Os arts. 25 a 27 da Lei n. 7.244, de 7-11-1984 (juizado de pequenas causas), também previam a possibilidade da solução do conflito por meio do juízo arbitral.

O § 2º do art. 129 da Lei n. 6.404/76 prevê a arbitragem para resolver determinadas questões na sociedade anônima.

O Decreto-lei n. 2.065/83 criou o Sistema Nacional de Relações de Trabalho. Logo em seguida, o Executivo baixou o Decreto n. 88.984 que criou o Serviço Nacional de Arbitragem, com membros integrantes do governo, dos trabalhadores e dos empregadores. Esse sistema, na prática, nunca chegou a ser utilizado.

O inciso XI do art. 83 da Lei Complementar n. 75/93 permite que o Ministério Público do Trabalho, independentemente de cláusula compromissória, atue como árbitro, se assim for solicitado pelas partes, nos dissídios de competência da Justiça do Trabalho.

A Lei n. 9.307, de 23-9-1996, dispõe sobre a arbitragem, tendo revogado os arts. 1.037 a 1.048 do Código Civil de 1916 e 1.072 a 1.102 do CPC de 1973. Passou a haver apenas uma lei para tratar do tema.

9.3.3.2.2 Denominação

Arbitragem e arbitramento muitas vezes se confundem. As palavras são derivadas da mesma raiz etimológica, do latim *arbiter*, que tem o significado de juiz louvado e árbitro.

O nome dado ao instituto em estudo é arbitragem. O arbitramento é uma forma de liquidação de sentença (art. 879 da CLT). É feito quando:

a) determinado pela sentença ou convencionado pelas partes;
b) exigir a natureza do objeto de liquidação (art. 509, I, do CPC).

No arbitramento são apuradas coisas ou fatos que devem ser avaliados ou estimados. Arbitragem é uma forma de solução do conflito, que compreende jurisdição, mas também contrato.

9.3.3.2.3 Conceitos

A arbitragem é uma forma de solução de conflitos, feita por um terceiro estranho à relação das partes ou por um órgão, que é escolhido por elas, impondo a solução do litígio. É uma forma voluntária de terminar o conflito, o que importa em dizer que não é obrigatória.

A pessoa designada chama-se árbitro. Sua decisão denomina-se sentença arbitral.

As partes interessadas podem submeter a solução de seus litígios ao juízo arbitral mediante convenção de arbitragem, assim entendida a cláusula compromissória e o compromisso arbitral (art. 3º da Lei n. 9.307/96).

Cláusula compromissória é a convenção por meio da qual as partes em um contrato comprometem-se a submeter à arbitragem os litígios que possam vir a surgir relativamente a tal contrato (art. 4º da Lei n. 9.307/96). A cláusula compromissória está inserida no contrato e é estabelecida antes do litígio.

Compromisso arbitral é a convenção por meio da qual as partes submetem um litígio à arbitragem de uma ou mais pessoas, podendo ser judicial ou extrajudicial (art. 9º da Lei n. 9.307/96). O compromisso arbitral ocorre quando já existe o litígio e as partes vão submetê-lo a um árbitro.

9.3.3.2.4 Distinção

Distingue-se a arbitragem da mediação, pois nesta o mediador apenas faz propostas para a solução do conflito, enquanto o árbitro decide, impõe a solução ao caso que lhe é submetido à apreciação.

Difere a arbitragem da jurisdição, pois nessa o juiz está investido de jurisdição como órgão do Estado, podendo dizer o direito nas hipóteses concretas que lhe são submetidas. Sua decisão tem força coercitiva. Caso não seja cumprida, pode ser executada. Na arbitragem, o árbitro é um particular, não tendo relação alguma com o Estado. É escolhido pelas partes para a solução do conflito. Tem o poder de decidir as questões que lhe foram apresentadas, porém não pode impor sanções.

A arbitragem não se confunde com a liquidação de sentença por arbitramento. Na arbitragem será analisado o direito da parte. O arbitramento é forma de liquidação de sentença, quando não existam provas suficientes e houver necessidade de se arbitrar o número de horas extras, o valor devido etc.

Não se confunde a arbitragem com a transação. A transação é um negócio jurídico bilateral em que as partes extinguem suas obrigações mediante concessões recíprocas. Na arbitragem, as partes não estão interessadas na concessão de mútuas vantagens. A confusão que se costuma fazer entre arbitragem e transação é que Alfredo Rocco (*La sentenza civile*, Milão, Giuffrè, 1962, p. 39 e ss.) entende que a natureza jurídica da arbitragem seria uma transação em branco, em que as condições seriam determinadas por um terceiro e não pelas próprias partes. Todavia, a questão principal é que na arbitragem não existem concessões mútuas, mas a solução do litígio pelo árbitro, que irá dizer quem tem razão.

A arbitragem também é distinta da perícia técnica. Esta só é realizada quando o juiz não possui conhecimentos técnicos suficientes para dirimir certa situação que lhe foi posta para exame, nomeando um especialista para tanto. A perícia, contudo, é meio de prova, em que o perito examinará uma situação e orientará o juiz. Este é que irá dirimir a controvérsia existente entre as partes, dando a decisão, e não o perito. Na arbitragem, as questões que são decididas são de fato e de direito e na perícia técnica são apenas de fato.

Distingue-se o árbitro do arbitrador. O arbitrador apenas estima ou avalia o preço de alguma coisa, como se observa no art. 772 do Código Comercial. Não tem o arbitrador o poder de dizer o direito, como o árbitro. A composição do conflito não é feita pelo arbitrador, este apenas estabelece o valor de um bem.

Diferencia-se a cláusula compromissória do compromisso arbitral. Na cláusula compromissória as partes se comprometem a submeter à arbitragem litígios futuros. No compromisso arbitral o litígio presente está sendo submetido à arbitragem.

9.3.3.2.5 Natureza jurídica

Tem a arbitragem natureza de justiça privada, pois o árbitro não é funcionário do Estado, nem está investido por este de jurisdição, como acontece com o juiz. É uma forma de heterocomposição, pois não são as próprias partes que resolvem o conflito, como ocorre na autocomposição, mas um terceiro é chamado para decidir o litígio. Poderia ser enquadrada como forma de autocomposição se entendêssemos que as próprias partes escolhem um terceiro para solucionar o conflito, sem se socorrer do Judiciário.

Envolve a arbitragem jurisdição contenciosa, pois há partes, lide, contraditório e coisa julgada da decisão arbitral.

Possui base contratual, de ajuste de vontades para o conflito ser resolvido pela arbitragem. A sentença arbitral é ato decorrente do compromisso.

Na verdade, a natureza jurídica da arbitragem é mista, compreendendo contrato e jurisdição, em que as partes contratam com um terceiro para dizer quem deles tem o direito. A primeira fase da arbitragem é contratual, tendo por base a cláusula compromissária, que decorre de acordo de vontades. A segunda fase é jurisdicional, em que o árbitro irá dizer o direito aplicável à espécie.

9.3.3.2.6 Classificação

Quanto à vontade das partes, a arbitragem pode ser classificada em espontânea e compulsória. A primeira ocorre quando as próprias partes indicam o árbitro. Se a arbitragem for decorrente de regra ajustada entre as partes, será contratual. A arbitragem compulsória decorre da lei ou da decisão judicial, independente da vontade das partes.

Pode ser oficial e particular. Oficial quando é feita por um membro do Estado. Particular, quando é realizada por qualquer pessoa, não tendo vinculação com o Estado.

Arbitragem legal é a decorrente da previsão da lei. Arbitragem convencional é a proveniente do ajuste celebrado entre as partes.

Arbitragem de direito tem por objetivo a interpretação de uma norma jurídica. Arbitragem de equidade pode ocorrer nos dissídios coletivos de natureza econômica, visando à fixação de salários ou de condições de trabalho. Objetiva fazer a justiça do caso concreto.

Poder-se-ia, ainda, fazer distinção entre arbitragem nacional e internacional. Na arbitragem nacional, os conflitos são analisados com base nas normas de um único sistema jurídico, em que não haja nenhum conflito de jurisdição, seja interno ou internacional. Na arbitragem internacional, cada elemento será regido por uma lei diversa, como da capacidade das partes, da competência dos árbitros, do procedimento arbitral ou da lei material que será aplicável à solução do litígio. O Código de Processo Civil francês, no art. 1.504, estabelece que "é internacional a arbitragem que coloca em jogo os interesses do comércio internacional". Entretanto, a arbitragem, mesmo a internacional, não serve para resolver apenas os litígios decorrentes do comércio, mas também de outros ramos. A arbitragem internacional pode ser entendida como aquela que serve para resolver questões exteriores e que terão por objeto produzir efeitos principalmente no exterior, em razão de que as partes litigantes pertencem a Estados diversos ou a matéria debatida tenha que se desenvolver no território de Estados distintos.

9.3.3.2.7 Espécies

A arbitragem poderá ser de direito ou de equidade (art. 2º da Lei n. 9.307). Deverá a arbitragem por equidade ser expressamente convencionada pelas partes. A arbitragem que julgará por equidade será realizada no sentido de fazer justiça. Poderão as partes escolher, livremente, as regras de direito que serão aplicadas na arbitragem, desde que não haja violação aos bens, costumes e a ordem pública. Quando o árbitro decide por equidade ele o faz como se fosse legislador e juiz.

Na arbitragem de ofertas finais o árbitro deve restringir-se a optar por uma das propostas apresentadas pelas partes, em caráter definitivo. Adota-se a expressão utilizada nos Estados Unidos em que se fala em *final offer selection arbitration* ou *last final offer position*, em que o árbitro terá que selecionar (*to select*) uma das propostas das partes, indicando a que achar mais conveniente, segundo o seu convencimento. Nesse caso, não poderá o árbitro adotar uma decisão própria ou dar terceira solução, mas apenas escolher uma das duas propostas das partes.

O sistema de arbitragem de ofertas finais estimula a negociação, pois o empregado não vai querer que seja escolhida a proposta do empregador, nem este a do empregado, visto que o árbitro não poderá estabelecer proposta intermediária, mas apenas uma das duas apresentadas.

9.3.3.2.8 Compromisso

A cláusula compromissória distingue-se do compromisso. A primeira encerra a possibilidade de um conflito eventual ou futuro ser resolvido por meio da arbitragem, conflito este que pode ou não ocorrer. Ela estaria incluída em acordo, convenção ou contrato. Já o compromisso diz respeito à solução por meio da arbitragem de um litígio atual, existente, que surge no momento da controvérsia, em que as partes preferem não se socorrer de mecanismos de autodefesa.

9.3.3.2.9 Admissibilidade

A arbitragem não impede o acesso aos tribunais, pois a lei não poderá excluir da apreciação do Judiciário qualquer lesão ou ameaça de direito (art. 5º, XXXV, da Constituição). As partes é que não pretendem que a matéria seja apreciada pelo Judiciário. A jurisdição só é prestada quando há provocação por uma das partes do litígio. Ademais, a lei poderia estabelecer como uma das condições da ação a necessidade de negociação e arbitragem, que seria o meio ou recurso inerente ao exercício do direito de ação e do contraditório (art. 5º, LV). Ressalte-se que o controle jurisdicional pode ser feito quanto à execução da sentença arbitral, quanto à forma e estrutura. A parte pode pedir a nulidade da sentença arbitral em caso de descumprimento do contido na Lei n. 9.307 (art. 33). O empregado pode provar que foi coagido a optar pela arbitragem, socorrendo-se do Poder Judiciário para tornar nulo o compromisso arbitral. O árbitro, entretanto, não se constitui em tribunal ou juízo de exceção, sendo que não se irá atrair a hipótese contida no inciso XXXVII, do art. 5º da Lei Maior.

O STF entendeu que não há inconstitucionalidade da Lei n. 9.307 (Pleno, SE 5206, AgR/EP, Rel. Min. Sepúlveda Pertence, *DJU* 30-4-2004, p. 29), pois os interessados é que querem ver o conflito solucionado pelo árbitro. A lei não exclui a apreciação de lesão em relação ao Poder Judiciário. As partes, voluntariamente, preferem não submeter ao juiz a questão, mas levar ao árbitro. O juízo natural é o árbitro, porque as partes assim o querem. Considera válida a cláusula compromissória de arbitragem em caso de homologação de sentença estrangeira. Não viola o inciso XXXV do art. 5º da Constituição (Pleno, SE 5.206 AgREsp, Rel. Min. Sepúlveda Pertence, j. 12-12-2001, *DJU* 30-4-2004, p. 29).

O direito de ação na Justiça não é uma obrigação da parte, mas uma faculdade, um direito subjetivo, que pode ou não ser exercido.

É preciso, ainda, fazer-se interpretação sistemática da Lei Fundamental, pois esta admite expressamente a arbitragem para a solução dos conflitos coletivos. Frustrada a negociação coletiva, as partes poderão eleger árbitros (§ 1º do art. 114). Recusando as partes a negociação coletiva ou a arbitragem, é facultado às partes o ajuizamento do dissídio coletivo (§ 2º do art. 114). A arbitragem é, porém, facultativa, opcional e alternativa para a solução de conflitos coletivos trabalhistas. É alternativa, pois a norma constitucional prevê como condição para o ajuizamento do dissídio coletivo a necessidade de negociação coletiva ou de arbitragem. A Constituição não faz referência à arbitragem para solução de dissídios individuais. Entretanto, não a proíbe nos dissídios individuais.

A arbitragem no dissídio coletivo terá natureza constitutiva ou declaratória e não condenatória, salvo se outra coisa for acordada pelas partes quando do compromisso arbitral.

Só é permitida a arbitragem quanto a direitos patrimoniais disponíveis (art. 1º da Lei n. 9.307). Direitos patrimoniais indisponíveis são os relativos à vida, família, sucessões, menores, relativos a tributos etc. Direitos patrimoniais são os relativos ao patrimônio da pessoa. Direitos patrimoniais disponíveis são os de natureza privada ou contratual, que podem ser alienados. Direitos que podem ser transacionados são disponíveis. Como no Direito do Trabalho o trabalhador não pode transacionar seus direitos diante do empregador, apenas em juízo, não se poderia falar em arbitragem. Contudo, no que diz respeito ao conflito coletivo, é a Constituição que determina uma forma alternativa para a solução da citada divergência por meio da arbitragem, sendo que nesse ponto não se aplicaria o art. 1º da Lei n. 9.307. Lembre-se até mesmo de que a Lei Maior também permite a flexibilização de direitos trabalhistas, com a assistência do sindicato dos trabalhadores, o que ocorre para a redução de salários (art. 7º, VI), para a compensação e redução da jornada de trabalho (art. 7º, XIII) e para o aumento da jornada de trabalho nos turnos ininterruptos de revezamento (art. 7º, XIV), sempre mediante convenção ou acordo coletivo (art. 7º, XXVI).

Argumenta-se que nos conflitos individuais haveria a impossibilidade da arbitragem diante da irrenunciabilidade dos direitos trabalhistas. Apenas alguns direitos trabalhistas poderiam ser renunciados, como o aviso prévio concedido pelo empregador quando o empregado tiver outro emprego (S. 276 do TST). O aviso prévio dado pelo empregado pode ser dispensado pelo empregador, mas outros direitos não. Seria necessária lei determinando a possibilidade da utilização da arbitragem para solucionar conflitos individuais do trabalho, de maneira que não se aplicasse o art. 1º da Lei n. 9.307.

Entretanto, a Lei n. 9.307 não proibiu a arbitragem como forma de solucionar conflitos individuais do trabalho. O que não é proibido é permitido. A Constituição não veda a arbitragem nos dissídios individuais.

Carlos Alberto Carmona afirma que a arbitragem é cabível para solucionar dissídios individuais trabalhistas, pois nem todos os direitos trabalhistas são irrenunciáveis (*Arbitragem e processo. Um comentário à Lei 9.307/96*. São Paulo: Malheiros, 1998, p. 51-52).

Não há incompatibilidade da arbitragem em relação às normas processuais da CLT (art. 769). A matéria é processual e não comercial. Logo, é aplicável a Lei n. 9.307 (art. 769 da CLT).

Direitos patrimoniais disponíveis são diferentes de direitos irrenunciáveis. Direitos disponíveis são normas direcionadas às partes e não exatamente normas de ordem pública absoluta. Os direitos dos trabalhadores não são exatamente patrimoniais indisponíveis.

O trabalhador não está renunciando, alienando ou transacionando direitos quando submete o conflito à arbitragem, mas apenas escolhe um terceiro para solucionar o litígio. O árbitro irá dizer o direito do trabalhador.

Se não há mais contrato de trabalho entre empregado e empregador, não se pode falar que o trabalhador está sofrendo pressão do empregador para renunciar a verbas trabalhistas, principalmente diante do fato de que a controvérsia está sendo submetida ao árbitro. O empregado não está mais submetido ao poder de direção do empregador.

O direito trabalhista é disponível, tanto que pode ser feita transação em juízo (art. 487, III, *b*, do CPC). Ele é irrenunciável na transação que não se faz em juízo. Do contrário, não seria possível fazer acordo na Justiça do Trabalho.

A irrenunciabilidade é relativa, pois ocorre apenas no curso do contrato de trabalho, diante do empregador e não diante do árbitro. Para transacionar é preciso poder dispor.

Os arts. 387 e 388 do Código de Trabalho de Portugal não permitem a arbitragem para discutir dispensa e seus motivos.

Nos contratos individuais de trabalho cuja remuneração seja superior a duas vezes o limite máximo estabelecido para os benefícios do Regime Geral de Previdência Social, poderá ser pactuada cláusula compromissória de arbitragem, desde que por iniciativa do empregado ou mediante a sua concordância expressa, nos termos previstos na Lei n. 9.307/96 (art. 507-A da CLT). Entende-se que o trabalhador tem capacidade para discernir a escolha pela arbitragem em razão do salário que recebe ser superior ao dobro do limite máximo dos benefícios do Regime Geral de Previdência Social. Talvez o melhor fosse ter estabelecido que o trabalhador tivesse escolaridade, como ter curso superior. A palavra remuneração compreende salário mais gorjetas. Deve ser remuneração mensal, apesar de a lei não estabelecer expressamente. Remuneração deve ser observada na data da pactuação da cláusula. Aplica-se a qualquer contrato de trabalho, seja comum, seja especial. Não importa o prazo de vigência do contrato de trabalho, se por prazo determinado ou indeterminado.

A arbitragem poderia, porém, ser estabelecida em convenção ou acordo coletivo, em que poderiam ser negociados direitos trabalhistas, inclusive para direitos individuais trabalhistas.

Hoje, algumas leis ordinárias trabalhistas já admitem a arbitragem para resolver questões trabalhistas. O § 1º do art. 1º da Lei n. 8.419/92, já a previa, o que foi reproduzido no § 2º do art. 1º da Lei n. 8.542/92, em que se verificava que as condições de trabalho, bem como as cláusulas salariais, inclusive os aumentos reais, ganhos de produtividade do trabalho e pisos salariais proporcionais à extensão e à complexidade do trabalho, eram fixados em sentença arbitral, observadas entre outros fatores a produtividade e a lucratividade do setor ou da empresa. O § 2º do art. 1º da Lei n. 8.542, foi revogado pelo art. 18 da Lei n. 10.192.

No trabalho nos portos, as partes devem constituir comissão paritária no âmbito do órgão gestor de mão de obra para a solução dos litígios do trabalhador avulso. Em caso de impasse, as partes devem recorrer à arbitragem de ofertas finais (§ 1º do art. 37 da Lei n. 12.815/2013). Firmado o compromisso arbitral, não será admitida a desistência de qualquer das partes. Os árbitros devem ser escolhidos de comum acordo entre as partes e a sentença arbitral proferida para solução da pendência (§ 4º do art. 37 da Lei n. 12.815/2013). O Decreto n. 8.465, de 8-6-2015 trata da arbitragem para resolver conflitos no setor portuário.

O art. 3º da Lei n. 7.783/89 dispõe que, frustrada a negociação ou verificada a impossibilidade de recurso arbitral, é facultada a paralisação coletiva do trabalho. O art. 7º da mesma norma determina que a participação em greve suspende os efeitos do contrato de trabalho. As relações obrigacionais do período serão regidas por, *v. g.*, sentença arbitral.

Prevê o inciso II do art. 4º da Lei n. 10.101/2000 a arbitragem de ofertas finais para solucionar os conflitos relativos à participação nos lucros ou resultados.

O art. 90-C da Lei n. 9.615/98 permite a arbitragem para resolver conflitos trabalhistas do atleta profissional, quanto a direitos patrimoniais disponíveis, desde que tenha previsão em acordo ou convenção coletiva de trabalho.

Permite o inciso XI do art. 83 da Lei Complementar n. 75 ao Ministério Público do Trabalho atuar como árbitro, se assim for solicitado pelas partes. Não dispõe que é apenas nos dissídios coletivos, o que permite dizer que é possível nos dissídios individuais.

No transporte rodoviário de cargas, é facultado aos contratantes dirimir seus conflitos recorrendo à arbitragem (art. 19 da Lei n. 11.442/2007).

São funções institucionais da Defensoria Pública promover, prioritariamente, a solução extrajudicial dos litígios, visando à composição entre as pessoas em conflito de interesses, por meio de mediação, conciliação, arbitragem e demais técnicas de composição e administração de conflitos (art. 4º, II, da Lei Complementar n. 80/94).

Usa, contudo, erradamente o § 2º do art. 764 da CLT a expressão *juízo arbitral*, que se refere à arbitragem e não à Justiça do Trabalho.

O termo celebrado perante o árbitro não tem eficácia liberatória geral, não se aplicando o parágrafo único do art. 625-E da CLT, especialmente quando o objetivo é fazer a assistência na rescisão do contrato de trabalho.

9.3.3.2.10 Vantagens e desvantagens

As vantagens da arbitragem podem ser indicadas como rapidez e segredo. Os conflitos normalmente são solucionados com certa demora pelo Poder Judiciário. Um processo pode levar de um a dois anos para ser dirimido na primeira instância, dois anos na segunda e mais dois anos na terceira. A arbitragem normalmente é feita no máximo em seis meses (art. 23 da Lei n. 9.307). Não implica nenhum ônus para o Estado. A confidencialidade da arbitragem importa em dizer que o conflito não terá publicidade, evitando a divulgação de documentos e fatos que são de interesse apenas das partes, o que importaria até mesmo em divulgação de situações ao fisco, que não interessam às partes. Na arbitragem, não incide a publicidade de seus atos, como no processo civil, sendo que na arbitragem envolvendo questões comerciais muitas vezes são discutidas pendências decorrentes de inventos, que não podem cair no domínio público.

Terá a arbitragem um número menor de formalismos, daí por que é mais rápida e menos burocrática.

Existe a possibilidade de escolha do julgador, o que não ocorre no processo judicial.

A arbitragem transfere o custo do Estado no julgamento da postulação para as partes.

Não se pode dizer, porém, que a arbitragem tem um custo acessível a qualquer pessoa. Ao contrário, seu custo é extremamente alto, sendo desaconselhável para solucionar conflitos de valores de pouca monta, como ocorre com a grande maioria dos processos trabalhistas.

O trabalhador não precisa, porém, pagar custas para ajuizar a ação trabalhista. Elas são pagas apenas pelo vencido e ao final. O empregado pode gozar de isenção das custas.

É possível que o custo da arbitragem venha a cair com a maior quantidade de causas a ela sujeitas. Assim, os honorários do árbitro seriam inferiores aos que são praticados atualmente.

Geralmente, as partes escolhem a arbitragem para resolver suas pendências em razão do menor número de solenidades, da existência do julgamento por equidade, da possibilidade da escolha da norma a ser aplicada e, principalmente, em decorrência da especialização técnica dos julgadores. A questão da norma a ser aplicável parece à primeira vista ser simples; entretanto, em casos em que se discute ou podem ser discutidas a aplicação de mais de uma norma, a possibilidade de comum acordo de se escolher a norma a ser aplicável abrevia consideravelmente a solução do litígio, pois se poderia querer utilizar de partes de diversas normas ao mesmo tempo.

Na prática, a arbitragem tem sido utilizada, principalmente: (a) na solução de conflitos decorrentes do comércio internacional, pois é mais rápida e não sujeita o conflito à jurisdição de um país ou de vários países ao mesmo tempo; (b) na política internacional, em que a arbitragem evita guerras ou as soluciona, impedindo a morte de pessoas.

É necessário evitar árbitros que não julguem de acordo com a lei, mas sim por interesses financeiros, do pagamento de seus honorários, em que o empregador terá muito mais possibilidade de pagar do que o empregado, ficando prejudicada a solução imparcial e justa do conflito. Nos Estados Unidos, a solução é o pagamento dos honorários do árbitro pelos sindicatos ou somente pelo empregador.

Uma das grandes vantagens da escolha da arbitragem seria a possibilidade de o litígio ser resolvido mais rapidamente e também de aliviar a sobrecarga de processos existentes no Poder Judiciário. A experiência revela que, ao se proferir uma sentença, que acolhe ou rejeita em parte a pretensão do autor, nunca contenta o vencido, inclusive o autor no segundo caso, o que implica a apresentação dos mais variados recursos, até mesmo na execução.

O Ministério Público do Trabalho poderia muito bem cumprir a função de árbitro, sem que as partes tivessem de pagar honorários, pois os procuradores do trabalho já são remunerados pelos cofres públicos. O procurador do Ministério Público do Trabalho é uma pessoa especializada em questões trabalhistas e tem isenção para analisar o caso.

Se a arbitragem desafogasse a Justiça do Trabalho, as decisões dos juízes trabalhistas seriam mais rápidas e de melhor qualidade.

9.3.3.2.11 Procedimentos

O árbitro é o juiz de fato e de direito.

Poderão as partes convencionar que a arbitragem se realize com base nos princípios gerais de direito, nos usos e costumes e nas regras internacionais de comércio.

O árbitro poderá ser qualquer pessoa capaz que tenha a confiança das partes. Não há necessidade de que o árbitro seja bacharel em Direito, mas, apenas, que tenha bom senso e conhecimentos suficientes para resolver o conflito. Poderá, portanto, ser qualquer pessoa: um padre, um advogado, um médico etc. Para tanto, deverá ser uma pessoa capaz. É claro que as partes só irão indicar alguém para ser árbitro que for de confiança delas.

Com a aceitação pelo árbitro, fica instituída a arbitragem. No julgamento, o árbitro deverá respeitar os princípios do contraditório, da igualdade das partes, da imparcialidade e do livre convencimento.

A decisão do árbitro ou árbitros será expressa em documento escrito. A sentença deverá ser apresentada num prazo máximo de seis meses, se outro não for convencionado.

A sentença arbitral deverá ter relatório, fundamentação da decisão, dispositivo, data e lugar em que foi proferida.

Não fica sujeita a recurso a sentença proferida ou a homologação pelo Poder Judiciário (art. 18 da Lei n. 9.307). Estes eram os principais entraves encontrados para a implementação da arbitragem, pois de nada adiantava procurar um mecanismo privado para a solução do litígio, se a parte recorria ou iria discutir a questão no Judiciário. Da mesma forma, a necessidade de homologação inviabilizava praticamente a arbitragem.

Poderá a sentença arbitral ser anulada pelo Poder Judiciário, a requerimento do interessado, no prazo de 90 dias, nas hipóteses de: (a) nulidade do compromisso; (b) ter emanado de árbitro impedido ou suspeito; (c) não conter os requisitos obrigatórios da sentença arbitral; (d) exceder os limites da convenção de arbitragem; (e) a sentença decidir aquém do pedido (*citra petita*); (f) por prevaricação, concussão ou corrupção passiva; (g) ser proferida fora do prazo; (h) desrespeitar os princípios do contraditório, da igualdade das partes, da imparcialidade do árbitro e de seu livre convencimento (arts. 32 e 33, *caput*, e seus §§ 1º e 2º da Lei n. 9.307/96).

Dispõe o art. 33 da Lei n. 9.307/96 que a sentença arbitral não pode ser objeto de ação rescisória, mas de ação anulatória. Não se trata de sentença de mérito proferida pelo Judiciário para caber ação rescisória. É apenas um exame para controle da legalidade.

A antiga redação do inciso III do art. 584 do CPC de 1973 dispunha que a sentença homologatória de laudo arbitral era considerada título executivo judicial. Havia, portanto, a necessidade da homologação da sentença arbitral. A redação do inciso VII do art. 515 do CPC dispõe que a sentença arbitral é título executivo judicial, mostrando a desnecessidade da sua homologação, já a considerando assim como título executivo judicial, podendo ser executada de imediato, caso seja descumprida. Tem, portanto, a sentença arbitral força executória, caso não cumprida espontaneamente.

Segundo a determinação do art. 876 da CLT, a sentença arbitral não poderia ser executada na Justiça do Trabalho, pois não é a decisão judicial passada em julgado de que trata o citado comando legal. O dispositivo é taxativo e não meramente exemplificativo, pois não usa expressão "tais como". Não há omissão na CLT para se aplicar o inciso VII do art. 515 do CPC.

A sentença arbitral estrangeira será reconhecida ou executada no Brasil em conformidade com os tratados internacionais com eficácia no ordenamento interno e, na sua ausência, estritamente de acordo com os termos da Lei n. 9.307. É considerada sentença arbitral estrangeira a proferida fora do território nacional.

Para ser reconhecida ou executada no Brasil, a sentença arbitral estrangeira está sujeita, unicamente, à homologação do Superior Tribunal de Justiça.

9.3.3.2.12 Direito internacional e estrangeiro

A OIT preconiza o sistema de negociação coletiva, por meio da Convenção n. 154, de 19-6-1981, que foi ratificada pelo Brasil. O art. 6º da referida norma prescreve que não violam as disposições do referido convênio os sistemas de relações de trabalho em que a negociação coletiva tenha lugar de acordo com mecanismos ou de instituições de conciliação ou de arbitragem, ou de ambas de uma vez, em que as partes participem voluntariamente das negociações coletivas. O art. 1º da Convenção 158 da OIT determina que a legislação nacional e a prática nacional é que irão dar efeito às suas disposições, exceto se essas disposições forem aplicadas por meio de contratos coletivos, laudos arbitrais ou sentenças judiciais. Ela trata sobre as dispensas dos trabalhadores.

A Recomendação 92 da OIT, de 1951, prevê no item II-6 que "se um conflito for submetido à arbitragem, com o consentimento de todas as partes interessadas, para sua solução final, dever-se-á estimular as partes para que se abstenham de recorrer à greve e ao *lockout* enquanto dure o procedimento da arbitragem e para que aceitem o laudo arbitral".

Segue a arbitragem comercial internacional as regras do Protocolo de Genebra, de 24-9-1923, promulgado pelo Decreto n. 21.187, de 23-3-1932.

O Brasil é signatário da Convenção Interamericana sobre Arbitragem Comercial elaborada na OEA, firmada no Panamá em 1975. Foi aprovada pelo Decreto Legislativo 1.902/96.

O Decreto n. 4.311, de 23-7-2002, promulga a Convenção sobre o reconhecimento e a execução de sentenças arbitrais estrangeiras. A norma internacional já havia sido aprovada pelo Decreto Legislativo n. 52, de 25-4-2002.

No Mercosul, o Protocolo de Buenos Aires, aprovado pelo Decreto Legislativo n. 129/95, trata da arbitragem, porém, limita-se a traçar normas gerais sobre domicílio e competência, sem especificar regras do procedimento arbitral.

Na legislação estrangeira será encontrada a divisão da arbitragem, principalmente, sob o ângulo de ser facultativa ou voluntária (*voluntary arbitration*), em que as próprias partes a escolhem livremente como forma de solucionar seus conflitos, e obrigatória (*compulsory arbitration*), imposta pela respectiva legislação.

Na Austrália, a arbitragem é obrigatória, assemelhando-se ao sistema jurisdicional, pois os laudos valem como sentenças. Os tribunais de arbitragem são órgãos quase judiciais. Os laudos arbitrais (*awards*) têm o mesmo valor das sentenças normativas. Havendo impasse, a arbitragem passa a ser compulsória. Os laudos nacionais são aplicados aos profissionais da categoria no país. Os laudos estaduais têm por base mínima o que já foi determinado no âmbito nacional.

A Nova Zelândia, que tinha a arbitragem compulsória, a partir do Ato de 1991 (Employment Contract Act), em vigor a partir de 2-5-1991, substituiu esse sistema por contratos coletivos ou individuais no âmbito da empresa. Foram criados dois novos tribunais (Employment Tribunal e Employment Court), que julgam questões não resolvidas pelas negociações, mas não tratam de conflitos de interesse.

Na Espanha, o Decreto-lei de Relações de Trabalho (DLRT) prevê no art. 24 a possibilidade da solução dos conflitos coletivos por meio da arbitragem. Na falta de acordo no Ministério do Trabalho e Seguridade Social, também é possível a ela recorrer. Os árbitros podem ser leigos, não necessitando de uma qualificação especial. O laudo deve ser proferido em cinco dias.

Na França, a arbitragem surgiu com cunho obrigatório a partir da Lei de 31-12-1936 até 1938. A Lei de 11-2-1950 modificou a anterior orientação, adotando a arbitragem preventiva facultativa, que foi conservada pela Lei de 13-11-1982. Na prática, raramente tem sido utilizada. A última norma ressuscitou a Corte Superior de Arbitragem, constituída por cinco magistrados administrativos e cinco magistrados judiciários. A arbitragem dependerá de que exista cláusula compromissória em acordo ou convenção coletiva. Nos dissídios jurídicos, o árbitro decide de acordo com o direito e nos dissídios econômicos de acordo com a equidade.

Na Itália, há a possibilidade da arbitragem nas causas trabalhistas, de acordo com a Lei n. 533, de 11-8-1973, no que diz respeito à interpretação ou à execução de contratos ou acordos coletivos de trabalho em que exista cláusula compromissória.

Na Grã-Bretanha, o compromisso de arbitragem é obrigatório moralmente. Qualquer conflito pode ser submetido à arbitragem, mas geralmente ela é utilizada em casos mais concretos, ou para interpretação de certo acordo. Normalmente, os conflitos submetidos à arbitragem são os referentes a salários, classificação profissional, despedida e questões disciplinares. O ACAS é um organismo criado pela lei, que prevê também a arbitragem.

Nos Estados Unidos, a arbitragem é facultativa e privada para os dissídios individuais, sendo que há previsão nos contratos coletivos a respeito do assunto. As partes escolhem o árbitro, que poderá ser um profissional liberal, não necessariamente bacharel em direito, ou um professor universitário. Existe nesse país a

American Arbitration Association que faz a seleção dos árbitros, oferecendo local para reuniões. Os conflitos são solucionados num período aproximado entre 60 e 90 dias. Seu regulamento, em 36 artigos, determina o conteúdo das regras sobre arbitragem. O laudo é irrecorrível. A arbitragem pode ser dividida em dois tópicos: a de queixas (*grievance arbitration*) e a de interesses (*interest arbitration*). O *grievance procedure* é a forma de solucionar um conflito de interpretação ou da aplicação de um convênio que deve ser feita por um particular imparcial, que irá resolver de forma definitiva e obrigatória o conflito. A arbitragem de interesses serve para fixar novas condições de trabalho, como salários, horários ou outras vantagens sociais. Não fica a arbitragem adstrita a princípios aplicáveis ao Judiciário, podendo o árbitro livremente decidir, porém não pode fazê-lo contra a lei. Em alguns Estados, pode haver recurso do laudo, desde que tenha havido suborno, fraude ou outro meio ilícito, quando não há defesa por parte de um dos litigantes, por parcialidade do árbitro, ou quando os limites do compromisso foram excedidos.

No México, a arbitragem é facultativa, ficando a critério dos trabalhadores aceitar que o conflito em caso de greve seja submetido às Juntas de Conciliação e Arbitragem ou a uma pessoa livremente escolhida pelas partes. Nos demais casos, ela é obrigatória. O art. 123, A, n. XXI, da Constituição de 1917 estabelece que, se o empregador se recusar a se submeter à arbitragem ou a aceitar o laudo, os contratos de trabalho serão considerados terminados e estará obrigado a indenizar os trabalhadores com três meses de salário. Se a negativa for dos trabalhadores, simplesmente terminam os contratos. Esse sistema é aplicado apenas aos conflitos coletivos que objetivam novas condições de trabalho, sendo inaplicável aos dissídios individuais.

9.3.3.2.13 Dificuldades

Ante a demora da solução dos processos trabalhistas, que em alguns casos pode ser de pelo menos seis anos, impõe-se que os conflitos sejam solucionados pela arbitragem, que é muito mais rápida. Entretanto, em nosso país há o problema cultural de sua admissibilidade, pois na maioria das vezes o empregado, por exemplo, não confia no magistrado, às vezes nem em seu advogado e não irá confiar num terceiro, que nem sequer é juiz.

O brasileiro culturalmente prefere a solução pelo Poder Judiciário.

A arbitragem acaba sendo onerosa, enquanto o pagamento das custas judiciais, de modo geral, é de valor baixo, possibilitando o acesso das pessoas à Justiça do Trabalho, além de que, dependendo da hipótese, o empregado não paga custas.

A arbitragem, contudo, não pode ser utilizada como forma de "homologar" verbas rescisórias e de decidir conflitos inexistentes, somente para dar quitação total do contrato de trabalho para o empregador.

Não deixa a arbitragem de ser uma forma alternativa de solução do conflito.

Não poderá, porém, a arbitragem ser arbitrária.

Nas recentes propostas de reforma da legislação trabalhista, sempre há um grande espaço destinado à arbitragem obrigatória para solução dos conflitos trabalhistas.

9.3.3.3 Jurisdição

A jurisdição ou tutela é a forma de solucionar os conflitos por meio da intervenção do Estado, gerando o processo judicial. O Estado diz o direito no caso concreto submetido ao Judiciário, impondo às partes a solução do litígio.

A Justiça do Trabalho fica incumbida de solucionar os conflitos trabalhistas. Nas Varas do Trabalho processam-se os dissídios individuais. Nos Tribunais Regionais do Trabalho e no Tribunal Superior do Trabalho são ajuizados os dissídios coletivos.

Diferencia-se a jurisdição da arbitragem. Na jurisdição, o juiz diz o direito no caso concreto a ele submetido, pois está investido dessa função como órgão do Estado. O juiz não é um particular, mas um funcionário do Estado. Na arbitragem, o árbitro é geralmente um particular, não sendo um órgão do Estado. O juiz pode determinar às partes o cumprimento forçado da sua sentença, mediante a penhora de bens. O árbitro não tem essa faculdade.

Verificação de Aprendizagem

1. Quais são as formas de solução dos conflitos trabalhistas?
2. Qual a diferença entre mediação e arbitragem?
3. O que é jurisdição?
4. Qual a diferença entre conflitos individuais e coletivos?
5. Que vem a ser dissídio coletivo de natureza jurídica e econômica?
6. Que é heterocomposição?
7. Que é autodefesa?

Capítulo 10

ORGANIZAÇÃO DA JUSTIÇA DO TRABALHO

10.1 INTRODUÇÃO

Nosso modelo de Justiça do Trabalho seguiu o sistema corporativo italiano, integrado por um juiz togado e dois representantes classistas, um do empregador e outro do empregado. A esta participação de classistas dá-se o nome de representação paritária.

Em 1932 foram criadas as Juntas de Conciliação e Julgamento para resolver os dissídios individuais do trabalho e as Comissões Mistas de Conciliação para dirimir os dissídios coletivos.

Dispunha o art. 122 da Constituição de 1934 que a Justiça do Trabalho era instituída para dirimir questões entre empregadores e empregados, não se aplicando aos juízes as garantias pertinentes aos juízes do Poder Judiciário. Isso era justificado pelo fato de que pertencia a Justiça do Trabalho ao Poder Executivo. O parágrafo único do citado artigo determinava que a constituição dos Tribunais do Trabalho e das Comissões de Conciliação obedecerá sempre ao princípio da eleição de seus membros, metade pelas associações representativas dos empregados e metade pelas dos empregadores, sendo o presidente de livre nomeação do governo, escolhido entre pessoas de experiência e notória capacidade moral e intelectual.

Tinha o art. 139 da Carta Magna de 1937 redação semelhante à da Constituição de 1934, mencionando que ficaria instituída a Justiça do Trabalho para dirimir os conflitos oriundos das relações entre empregadores e empregados, sendo regulada em lei e à qual não se aplicam as disposições constitucionais relativas à competência, ao recrutamento e às prerrogativas da justiça comum.

O Decreto-lei n. 1.237, de 2-5-1939, regulamentado pelo Decreto n. 6.596, de 12-12-1940, organizou a Justiça do Trabalho. Era considerado órgão autônomo do Poder Executivo, mas ainda não pertencia ao Poder Judiciário.

A Justiça do Trabalho foi instalada em 1º-5-1941, quando entrou em funcionamento.

Em 1945, havia 31 Juntas de Conciliação e Julgamento. Em 1947, 39 JCJ's. Em 1964, 137 JCJ's. Em 1984 382 JCJ's. A 9ª Região foi criada pela Lei n. 6.241/75. Hoje são 1.573 Varas do Trabalho instaladas e 3.039 juízes do trabalho de primeira instância.

A partir da Constituição de 1946, pode-se efetivamente falar na inclusão da Justiça do Trabalho como órgão do Poder Judiciário. Passa também a ter uma organização estabelecida pela própria Constituição. O art. 122 da referida norma consagrou o que foi repetido nas demais constituições: os órgãos da Justiça do Trabalho são Tribunal Superior do Trabalho, Tribunais Regionais do Trabalho e Juntas de Conciliação e Julgamento. Os arts. 133 da Constituição de 1967, 141 da Emenda Constitucional n. 1, de 1969, e 111 a 116 da Constituição de 1988 versam sobre o tema. A Emenda Constitucional n. 24/99 extinguiu os juízes classistas na Justiça do Trabalho.

A organização da Justiça do Trabalho apresenta aspectos comuns e peculiares em relação aos demais tribunais do Poder Judiciário.

Os aspectos comuns são os de que os tribunais trabalhistas são espalhados pelo Brasil todo. São órgãos do Poder Judiciário desde 1946. Algumas regiões têm até dois tribunais, como ocorre com o Estado de São Paulo, com a 2ª Região e a 15ª Região (Campinas). Os tribunais trabalhistas também são superpostos, havendo uma pluralidade de graus de jurisdição. Seus juízes são dotados de garantias, visando a independência de seus pronunciamentos. Os tribunais trabalhistas são regidos por seus regimentos internos, assim como ocorre em relação aos demais tribunais integrantes do Poder Judiciário. Na primeira instância, há um juízo monocrático e não um colegiado.

Como aspectos peculiares da Justiça do Trabalho temos os seguintes:

a) dá efetividade ao Direito do Trabalho. A Justiça do Trabalho é uma justiça especializada;
b) não há divisão em entrâncias nas Varas. As entrâncias são divisões judiciárias em razão do maior número de processos existentes em cada comarca. Na Justiça do Trabalho todas as Varas estão em um mesmo grau na região, tanto a de São Paulo, como a de Carapicuíba ou Poá, que têm menor número de processos. O juiz não precisa passar pela capital para ser promovido para o Tribunal;

c) na primeira instância não existem órgãos ou Varas especializadas, como ocorre na Justiça Comum. Nesta existem Varas especializadas em questões de família, causas criminais, registros públicos, falências e recuperações judiciais, acidentes do trabalho, fazenda pública etc. Todas as Varas do Trabalho julgam as mesmas matérias, de verbas rescisórias, horas extras, adicionais de insalubridade ou de periculosidade etc.;

d) os tribunais têm sido criados por regiões e não por Estados;

e) no primeiro grau existe juiz substituto e não juiz auxiliar;

f) os tribunais normalmente são divididos em turmas e não em câmaras.

10.2 VARAS DO TRABALHO

As Juntas de Conciliação e Julgamento foram instituídas pelo Decreto n. 22.132, de 1932. Essas Juntas eram subordinadas ao Ministério do Trabalho, Indústria e Comércio, sendo integradas por dois vogais e um juiz presidente, nomeados pelo Ministro do Trabalho. O Ministro podia avocar processos dentro do prazo de seis meses a requerimento da parte, se houvesse prova de parcialidade dos julgadores ou violação do direito. O trânsito em julgado das decisões das Juntas só se dava após esse prazo. O Regulamento da Justiça do Trabalho (Decreto n. 6.596/40) proibiu que a Junta funcionasse sem todos os seus membros, dizendo que na execução só funcionaria o Presidente da Junta.

A Constituição de 1946 determinou que as Juntas de Conciliação e Julgamento passassem a fazer parte da Justiça do Trabalho, como órgãos do Poder Judiciário (art. 122, III). A lei iria instituir as juntas, podendo, nas comarcas onde elas não fossem instituídas, atribuir suas funções aos juízes de direito.

A Constituição de 1967 estabeleceu que a lei iria instituir as Juntas de Conciliação e Julgamento, podendo, nas comarcas onde elas não fossem instituídas, atribuir sua jurisdição aos juízes de direito (§ 2º do art. 133).

O § 2º do art. 141 da Emenda Constitucional n. 1, de 1969, repete as mesmas disposições do § 2º do art. 133 da Carta Magna de 1967.

A Emenda Constitucional n. 24/99 extinguiu a representação classista, transformando as Juntas de Conciliação e Julgamento em Varas do Trabalho.

Nas Varas do Trabalho, a jurisdição será exercida por um juiz singular (art. 116 da Constituição). É o juízo monocrático.

A lei criará varas da Justiça do Trabalho, podendo, nas comarcas não abrangidas por sua jurisdição, atribuí-la aos juízes de direito, com recurso para o respectivo Tribunal Regional do Trabalho (art. 112 da Constituição). A lei mencionada é a ordinária federal.

A lei ordinária federal disporá sobre a constituição, investidura, jurisdição, competências, garantias e condições de exercício dos órgãos da Justiça do Trabalho (art. 113 da Constituição).

A Lei n. 6.947/81 determina os critérios para a criação de novas Varas:

a) o TST de dois em dois anos analisa propostas de criação de novas Varas, encaminhando projeto de lei ao governo (art. 5º);
b) é preciso que existam mais de 24.000 empregados na localidade ou que tenham sido ajuizadas 240 reclamações trabalhistas anuais, em média, nos últimos três anos;
c) nos locais onde já existam Varas só serão criadas outras quando o número de processos por ano for de 1.500 nas existentes;
d) a jurisdição de uma Vara é estendida aos Municípios próximos num raio máximo de 100 quilômetros da sede, desde que existam meios de acesso e de comunicação regulares com os referidos locais (art. 2º).

Os juízes do trabalho ingressam na magistratura do trabalho como juízes substitutos.

Os juízes substitutos são nomeados após aprovação em concurso público de provas e títulos realizado pelo Tribunal Regional do Trabalho da região respectiva. O concurso é válido por dois anos e prorrogável por igual período, por uma vez (§ 3º do art. 654 da CLT). Para se inscrever no concurso, há necessidade de ter idoneidade para o exercício das funções.

O candidato deve ser bacharel em Direito. Deve ter, no mínimo, três anos de atividade jurídica (art. 93, I, da Constituição). O objetivo da norma é maturidade e experiência do juiz. O inciso I do art. 93 da Constituição dispõe a partir do que conta. Não está escrito três anos de atividade jurídica depois da obtenção do título de bacharel em Direito. Não faz referência a três anos de exercício da advocacia. Há necessidade de lei complementar para esclarecer a partir do que serão contados os três anos. Como se fala em atividade jurídica, a comprovação de estágio ou de trabalho em atividades forenses, por exemplo, como funcionário público, faz com que o candidato atenda o requisito constitucional. O STF entende que os três anos são contados do término do curso de graduação e não da colação de grau.

A alínea *a* do § 4º do art. 654 da CLT faz exigência de idade entre 25 e 45 anos para que o candidato possa se inscrever. No entanto, os funcionários públicos estão sujeitos à determinação do inciso XXX do art. 7º da Constituição (§ 3º do art. 39), que menciona que não poderá haver critério de admissão com base em idade mínima para o ingresso em seus quadros. Tem-se entendido que não há mais a exigência de idade mínima para inscrição ao concurso de juiz do trabalho, apenas a idade máxima não poderá ser superior a 65 anos, que é a idade limite para que um juiz possa ser indicado para os tribunais superiores.

Só por lei se pode sujeitar a exame psicotécnico a habilitação de candidato a cargo público (S. 686 do STF). Isso, portanto, não pode ser exigido no edital do concurso.

A nomeação e a posse do juiz substituto serão feitas pelo presidente do TRT.

O juiz substituto pode atuar em zona dentro da região, compreendendo a jurisdição de uma ou mais Varas, a juízo do Tribunal Regional do Trabalho respectivo. A designação do juiz do trabalho substituto será determinada pelo Juiz-Presidente do Tribunal Regional do Trabalho ou, não havendo disposição regimental específica, de quem este indicar.

O preenchimento dos cargos de juiz da Vara será feito, havendo vaga ou criação pela lei, primeiro por remoção de juízes de outras Varas, depois pela promoção do substituto, pelos critérios de antiguidade e merecimento, alternadamente (art. 654 da CLT).

Themístocles Brandão Cavalcanti (1956:223) leciona que "promoção é toda melhoria de vida do funcionário, pelo acesso a um posto hierarquicamente superior ou de melhor remuneração".

O critério objetivo de promoção é a antiguidade. Será promovido o mais antigo, alternadamente. Esse critério tem a característica de promover o juiz mais antigo, pois, do contrário, essa pessoa poderia ser preterida pelo critério do merecimento, por ser o mais antigo, e nunca seria promovida. Na apuração da antiguidade, o tribunal somente poderá recusar o juiz mais antigo pelo voto fundamentado de dois terços de seus membros, conforme procedimento próprio, repetindo-se a votação até fixar-se a indicação (art. 93, II, *d*, da Constituição).

A aferição do merecimento é feita pelo desempenho e pelos critérios objetivos de produtividade e da presteza no exercício da jurisdição e pela frequência e aproveitamento em cursos oficiais ou reconhecidos de aperfeiçoamento (art. 93, II, *c*, da Constituição). Os tribunais devem ter cursos oficiais de preparação e aperfeiçoamento de magistrados como requisito para ingresso e promoção na carreira. Uma forma de aferir o aperfeiçoamento dos magistrados é o fato de terem concluído especialização, mestrado ou doutorado, com apresentação de dissertação ou tese, que são cursos reconhecidos oficialmente e trazem aperfeiçoamento profissional.

Nem sempre, porém, os juízes têm condições de aprimorar seus conhecimentos. Primeiro, porque, muitas vezes, estão distantes dos grandes centros. Segundo, em razão do número excessivo de processos a julgar, como é exemplo o dos magistrados da Justiça Estadual, com jurisdição sobre varas do interior, que julgam várias matérias ao mesmo tempo, como penal, civil, tributária, administrativa e, dependendo do caso, até trabalhista.

É, portanto, difícil de apurar o critério de merecimento.

Afirma Vantuil Abdala que a escolha do promovido por merecimento deve ser adequada, pois, "quando se escolhe o ruim, exalta-se a ruindade; quando se promove o capaz, exalta-se a capacidade".

Há de se lembrar que quando se escolhe um dos que menos mérito tinham, ele passa a ser o paradigma. É natural que os mais novos assim pensem: se ele foi promovido por merecimento, eu posso e devo ser como ele. "Se não se homenageia o justo, não se faz e nem se alcança justiça" (2004:50).

Na vigência da Carta Magna anterior, o juiz candidato a promoção por merecimento para o tribunal não precisava estar na primeira quinta parte da lista de antiguidade. Isso ocasionava que juízes muito mais novos passavam à frente de magistrados mais experientes e antigos e que, igualmente, possuíam merecimento. Tinha o aspecto positivo de que juízes excepcionais não precisavam estar na quinta parte da lista para serem promovidos, o que indicava justiça.

Dispõe a letra *b* do inciso II do art. 93 da Constituição de 1988, que a promoção por merecimento do juiz pressupõe dois anos de exercício na respectiva entrância. Deve ele integrar a primeira quinta parte da lista de antiguidade, salvo se não houver com tais requisitos quem aceite o lugar vago.

O STF já entendeu que "inexistentes juízes que atendam as condições cumulativas previstas na alínea *b*, do inciso II do art. 93 da Lei Básica Federal em número suficiente a feitura da lista tríplice, apura-se a primeira quinta parte dos mais antigos, considerados todos os magistrados, isto para os lugares remanescentes na lista de merecimento" (Tribunal Pleno, ADIn 581-DF, j. 12-8-1992, Rel. Min. Marco Aurélio, *RTJ* 144, p. 146).

O inciso II do art. 107 da Lei Maior de 1988 não exige que os juízes federais estejam no primeiro quinto da lista de antiguidade para serem promovidos para os Tribunais Regionais Federais, mas apenas que a promoção seja feita por antiguidade e merecimento, alternadamente. Esse dispositivo dá tratamento diferenciado ao da previsão geral da alínea *b* do inciso II do art. 93 da Constituição e não deveria existir.

Na Justiça do Trabalho, o quinto às vezes é oscilante. Ora é um número maior, ora menor, em razão de temporariamente haver um número menor de juízes titulares, pois há remoções em andamento e promoções que serão feitas para recompor o quadro total de juízes, embora exista o número total de varas do trabalho.

Há argumentos no sentido de que se deve tomar para o cálculo o número de cargos de juiz ou de varas, pois utilizar outro critério cria incerteza, em razão de que o número do quinto ora é maior, ora é menor.

A Lei Magna, porém, usa a expressão *lista de antiguidade* e não cargos de juiz ou varas existentes. Assim, deve-se tomar o número total de juízes existentes na data da votação e dividir por cinco.

O STF entende que se leva em conta o número de juízes na quinta parte da lista e não o número de cargos de juízes, que podem ainda não estar providos (Pleno, ADIn 1.970/TO, Medida cautelar, j. 1º-7-1999, Rel. Min. Nelson Jobim, *Informativo STF*, n. 155).

Um segundo aspecto a considerar é que nem sempre o número obtido na divisão será múltiplo de cinco, nos casos em que a divisão não é exata.

Na Matemática, por convenção, quando o número depois da vírgula é igual ou superior a cinco, o arredondamento é feito para o número inteiro seguinte. Se o número é inferior a cinco, considera-se o número anterior.

A dúvida ocorre exatamente quando o número não é inteiro, isto é, o quinto corresponde a 26,4 e o candidato a promoção é o número 27 na lista de antiguidade.

O STF já havia entendido que: "II – Um quinto da composição dos Tribunais Regionais Federais será de advogados oriundos da advocacia e do Ministério Público Federal. Essa é uma norma constitucional expressa, que há de prevalecer sobre a norma implícita que decorre da norma expressa, no sentido de que, se um quinto é dos advogados e de Membros do Ministério Público Federal, de hermenêutica – a norma expressa prevalece sobre a norma implícita – força é convir que, se o número total da composição não for múltiplo de cinco, arredonda-se a fração – superior ou inferior a meio – para cima, obtendo-se, então, o número inteiro seguinte. É que, se assim não for feito, o tribunal não terá na sua composição, um quinto de juízes oriundos da advocacia e do Ministério Público Federal, com descumprimento da norma Constitucional" (MS 22.323-SP, Rel. Min. Carlos Veloso, Tribunal Pleno, *DJU* 19-4-1996).

Assim, segundo o entendimento do STF, o critério a ser utilizado é arredondar em qualquer caso o número para cima. Pouco importa se a fração é superior ou inferior a meio.

Não se pode entender, portanto, que o juiz ora está dentro do critério e ora está fora. É como afirmar que em um momento está "com uma perna dentro e outra fora da lista", daí por que o critério do arredondamento, que traz mais certeza e segurança jurídicas.

O juiz substituto que for indicado três vezes consecutivas ou cinco alternadas na lista de merecimento será obrigatoriamente promovido. O mesmo ocorre com o juiz titular.

O juiz titular é nomeado e toma posse perante o presidente do TRT.

Os juízes do trabalho devem manter perfeita conduta pública e privada; abster-se de atender solicitações ou recomendações relativas aos processos sob sua apreciação (art. 658 da CLT). Deve, assim, o juiz decidir segundo suas convicções.

A alínea *c* do art. 658 da CLT faz menção ao juiz "residir dentro dos limites de sua jurisdição, não podendo ausentar-se sem licença do Presidente do Tribunal Regional". Não se deveria exigir que o juiz do trabalho resida nos limites de sua jurisdição, pois não tem de tratar de medidas urgentes, como ocorre com o *habeas corpus* na Justiça Comum. Wagner Giglio (1984:50) lembra o fato de o juiz querer passar o fim de semana em outra localidade ou de o juiz lecionar em outra cidade, o que tornaria o pedido de requerimento bastante comum, aumentando o serviço burocrático do Tribunal.

O inciso VII do art. 93 da Constituição determina que o juiz titular residirá na respectiva comarca, salvo autorização do tribunal. O juiz substituto não precisará residir na comarca, porque pode substituir em várias localidades.

A alínea *d* do art. 658 da CLT dispõe que o juiz deve "despachar e praticar todos os atos decorrentes de suas funções, dentro dos prazos estabelecidos, sujeitando-se ao desconto correspondente a um dia de vencimento para cada dia de retardamento". A referida pena foi revogada há muito tempo pelas Constituições anteriores, pois inclusive a atual prevê a irredutibilidade dos subsídios do juiz (art. 95, III).

10.2.1 Garantias do juiz

Os juízes gozam das garantias inerentes à magistratura: vitaliciedade, inamovibilidade e irredutibilidade de subsídios (art. 95 da Constituição). Não seria possível que o juiz do trabalho estivesse sujeito a ingerências políticas em suas decisões, de modo inclusive a ser destituído e transferido caso não atendesse a pressões, o que prejudicaria a independência de sua convicção nos julgamentos. Não se desejaria que o juiz estivesse "obrigado a julgar durante toda a vida, na mesma localidade e com os mesmos inalterados vencimentos" (Giglio, 1984:47). Por esses motivos são garantidos certos requisitos previstos na Constituição.

O juiz do trabalho também se torna vitalício, em primeiro grau, após dois anos do exercício da magistratura. A perda de seu cargo só poderá ser feita por sentença judicial transitada em julgado.

O juiz goza de inamovibilidade, só podendo ser removido por interesse público. "O ato de remoção, disponibilidade e aposentadoria do magistrado, por interesse público, fundar-se-á em decisão por voto de dois terços do respectivo tribunal, assegurada ampla defesa" (art. 93, VIII, da Constituição).

Os subsídios do juiz do trabalho são irredutíveis, sendo permitido o desconto de imposto de renda na fonte (art. 95, III, da Constituição).

Os juízes não poderão:

a) exercer, ainda que em disponibilidade, outro cargo ou função, salvo uma de magistério;
b) dedicar-se à atividade político-partidária (parágrafo único do art. 95 da Constituição).

   A proibição de atividade político-partidária deveria ser relativa apenas ao juiz de Direito, pelo fato de ele julgar questões eleitorais e pertencer à Justiça Eleitoral, mas não ao juiz do trabalho, que não julga esse tipo de matéria.

   O juiz do trabalho apenas não deveria poder disputar cargo eletivo, pelo fato de só poder exercer cargo no magistério. Logo, não poderia exercer cargo eletivo no Legislativo ou no Executivo;
c) receber, a qualquer título ou pretexto, custas ou participação em processo;
d) receber, a qualquer título ou pretexto, auxílios ou contribuições de pessoas físicas, entidades públicas ou privadas, ressalvadas as exceções previstas em lei;
e) exercer a advocacia no juízo ou tribunal do qual se afastaram, antes de decorridos três anos do afastamento do cargo por aposentadoria ou exoneração.

   A interpretação literal da norma mostra que é possível o exercício da advocacia dentro de três anos em outro juízo ou em outro tribunal. Assim, se o juiz exercia suas atividades na 33ª Vara, poderá advogar em outras Varas, mas não naquela.

10.2.2 Formação técnica e jurídica do juiz

O juiz, ao ingressar na magistratura, vai deparar com certas dificuldades que não tinha quando exercia a função anteriormente desempenhada, normalmente decorrente da falta de prática em proferir sentenças, despachos etc., que a faculdade não lhe ensinou.

Não se pode dizer, com certeza, que essa seria uma falha apenas da faculdade. É sabido que as faculdades de Direito não vêm preparando adequadamente os bacharéis, seja pelo excesso de alunos, pelo excesso de faculdades ou até mesmo pela baixa qualidade do ensino ofertado. Existem, porém, outras causas, como o surgimento de novas matérias, que são ministradas em algumas faculdades e não em outras, que foram criadas com o tempo. Lembre-se de que até bem pouco tempo atrás eram poucas – e continuam sendo – as faculdades que oferecem ao aluno a matéria Direito Processual do Trabalho. Em anos anteriores, dizia-se que uma das causas do menor aproveitamento dos candidatos nos exames da magistratura era o desconhecimento da referida matéria. Normalmente, o candidato tinha conhecimento do direito material, do Direito do Trabalho, mas não sabia muita coisa do direito instrumental, daí o alto índice de reprovações. O que se nota é que, em todos os anos em que são feitos concursos, as vagas não são totalmente preenchidas, em razão de um despreparo geral, principalmente em razão da insuficiência do ensino jurídico em nossas escolas de Direito.

Nem sempre o concurso seleciona um excelente juiz; muito menos quer dizer que o juiz aprovado no concurso é o mais gabaritado no momento. Pode ocorrer de certa pessoa muito preparada não ter sido aprovada no exame, em virtude de não ter tido sorte quanto aos pontos sorteados: caíram justamente os que não sabia, ou ficou nervosa nos exames, ou não demonstrou tudo o que sabia.

O exame psicotécnico não revela também a real capacidade da pessoa de ser ou não juiz, não a avaliando efetivamente, mas apenas reflete uma situação em dado momento, dependendo de outros fatores, como se a pessoa dormiu bem, se fez refeições, se está cansada ou não.

Com a escola da magistratura também não se pode dizer que haverá uma verdadeira preparação do juiz. Ficar 30 dias na referida escola não quer dizer que irá a pessoa tornar-se um bom juiz. Pode isso demonstrar, de certa forma, a aptidão do candidato a juiz.

Não se pretende dizer que, ao findar do concurso de ingresso, o magistrado estará apto a desenvolver a judicatura. No que diz respeito ao processo, ao julgar, há necessidade de experiência, de enxergar de imediato aquilo que se está discutindo nos autos, o que só se adquire com o tempo, praticando com a experiência de ter analisado muitos outros processos, experiência essa que só o tempo poderá fornecer.

O juiz, acima de tudo, dá à lei sua interpretação, com grande flexibilidade dentro do sistema. O juiz não pode, porém, ser mero aplicador de textos, a exercer como autômato a subsunção da norma ao fato. Há necessidade de se observar a realidade, a dinâmica do cotidiano. Acima de tudo, o juiz assegura a Justiça, avaliza o Direito, é um protagonista dos anseios da sociedade. O juiz não opina, decide. Decide nas causas que lhe sejam submetidas à apreciação, nos autos. Não antecipa seus pontos de vista nem faz prejulgamentos, salvo em se tratando de artigos doutrinários.

O juiz deve exercer sua função com independência, pois o magistrado que não for independente não será juiz. Deve ser corajoso, inclusive, por inovar. O juiz independente é aquele que faz o que deve fazer no momento apropriado. Por isso, não se pode falar em controle externo da magistratura, pois seria interferir na independência do juiz, seria admitir a intervenção no Poder Judiciário que é autônomo dos demais poderes; assim como o Legislativo não admitiu a ingerência do Judiciário em suas questões *interna corporis*, não se pode admitir a interferência de um terceiro, de um estranho, para resolver questões inerentes aos quadros da magistratura.

Necessita o juiz, contudo, de constante aprimoramento, para aperfeiçoar sua independência. É o estudo permanente, sério e sistemático. O juiz deve ter tempo para estudar não só os processos, mas também para se atualizar, daí por que se falar em férias de 60 dias, que é a ocasião em que o juiz muitas vezes irá atualizar-se, pôr em ordem suas leituras, fazer um curso.

Deve o juiz exercer sua atividade com discrição em todos os sentidos: no falar, no escrever, no participar de reuniões, no firmar compromissos. Na sentença, o juiz deve ser claro, conciso, preciso.

O juiz, no ato de julgar, submete-se exclusivamente à sua consciência. Deve, entretanto, o juiz uma inevitável submissão à lei no momento de decidir, justamente para submeter a lei aos fins sociais a que ela se dirige e às exigências do bem comum (art. 5º da Lei de Introdução às Normas do Direito Brasileiro).

Deve, também, o juiz ter humildade, não se esquecendo de que todos somos falíveis e ninguém é perfeito ou tem o dom da verdade.

A magistratura, assim, não é apenas uma carreira, mas também uma grande missão, a alta missão de bem servir à comunidade.

O que se pode dizer com certeza é que ninguém nasce juiz. O juiz se forma no decorrer do tempo.

A deontologia é a parte da filosofia que estuda os princípios, fundamentos e sistemas de moral, é um tratado de deveres. A palavra vem do grego *deon*, que significa o que é conveniente, obrigatório, que deve ser feito, o dever; e *logia*, vem a ser o conhecimento metódico, sistemático, fundado em argumentos e provas: a ciência em si. O termo foi criado por Jeremy Bentham para designar uma ciência conveniente, isto é, uma moral fundada na tendência de seguir o prazer e fugir da dor e que, portanto, prescinde de todo apelo à consciência, do dever etc. O deontólogo ensina o homem como deve dirigir suas emoções de modo que se subordinem, no que for possível, a seu próprio bem-estar. A deontologia, em verdade, é a ciência do que é justo e conveniente que o homem faça, do valor a que visa e do dever da norma que dirige o comportamento humano, no que coincide a Deontologia com a ciência da moralidade da ação humana, ou com a ética. A deontologia profissional elabora sistematicamente quais são os ideais e as normas que devem orientar a atividade profissional. Quando se eleva a profissão ao nível de missão, tem-se a dimensão deontológica. O atuar deontológico tem compromissos com a sociedade, ou a instituição, ou grupo social, estabelecendo pontes mais extensas com a realidade humana em geral, penetrando no âmago dos fenômenos sociais.

A deontologia da magistratura consiste nas normas de conduta que devem orientar a atividade profissional desse segmento diferenciado da sociedade constituída por magistrados. É o conjunto de regras de conduta do magistrado, necessário ao pleno desempenho ético de sua atividade profissional, de modo a zelar não só pelo seu bom nome e reputação, como também da instituição a que serve, no seu múnus estatal de distribuir a Justiça na realização do bem comum.

Para o ingresso na carreira e o início da atividade jurisdicional é bastante, em princípio, o conhecimento jurídico que os programas dos cursos jurídicos incluem em seus currículos. Esse conhecimento básico, todavia, terá que ser ampliado pelo estudo metódico, constante, no exame dos casos concretos e na pesquisa das publicações insertas nos repertórios de jurisprudência, que são lições reais vividas do direito que vige efetivamente, corporificado nas decisões dos tribunais.

De outro lado, quando se fala da experiência dos fatos da vida, não é condição necessária que cada um tenha pessoalmente enfrentado os problemas que a forma. O homem acumula experiência, transmitindo-a em família e no relacionamento social. A leitura é que seria fonte inesgotável de conhecimentos gerais, podendo transmitir ao magistrado recém-ingressado na carreira a experiência de que necessita. A aquisição de saber jurídico e de vivência dos problemas sociais e individuais faz-se também pelo contato com os mais experientes, com os cursos de aperfeiçoamento e de reciclagem. As prerrogativas outorgadas à pessoa do magistrado, como a inamovibilidade, a vitaliciedade e irredutibilidade de vencimentos, mais se destinam à atuação da lei e à realização da Justiça, constituindo verdadeiras garantias dos jurisdicionados.

Ao juiz, como regra geral, não compete suprir a inércia da parte. O juiz, todavia, deve ter uma participação mais ativa no processo, principalmente no processo do trabalho, dada a desigualdade flagrante das partes. Isso não quer dizer que o juiz vai deixar de ser imparcial, sendo, portanto, parcial. Ao contrário, o próprio art. 370 do CPC autoriza que o juiz de ofício determine as provas necessárias à instrução do feito. Mesmo a prova pericial pode ser determinada de ofício. Ressalte-se que a inspeção judicial, de acordo com o art. 481 do CPC, também pode ser ordenada de ofício pelo juiz, mesmo em qualquer fase do processo. O juiz também pode determinar a realização de nova perícia de ofício (art. 480 do CPC). Os depoimentos pessoais também podem ser colhidos de ofício pelo juiz (art. 385 do CPC). O próprio art. 765 da CLT autoriza o juiz a proceder de ofício para quaisquer diligências que julgar necessárias, pois é ele quem dirige o processo, podendo determiná-las para o esclarecimento das questões debatidas nos autos. A maior participação do juiz na instrução da causa é uma das manifestações da postura instrumentalista que compreende o processo.

Apesar de tudo, a sociedade espera que o juiz resolva os casos que lhe são submetidos à apreciação, proferindo sentença com celeridade e fazendo Justiça, esquecendo-se de que o magistrado também é humano e tem um limite de trabalho, olvidando-se que, como qualquer ser humano, o juiz dorme, faz refeições e também deve ter horas de lazer e descanso.

Por fim, o juiz deve estudar e ler muito. Complementando essa afirmação, deve continuar estudando, sempre.

Para se conhecer o Direito, como qualquer ciência, é preciso imbuir-se de firme determinação e de hábitos metódicos de estudo, que nem sempre são possíveis ao juiz, dada sua carga de trabalho.

10.3 TRIBUNAIS REGIONAIS DO TRABALHO

Os Tribunais Regionais do Trabalho têm como antecedentes os Conselhos Regionais do Trabalho (Decreto-lei n. 1.237/39), que tinham um presidente (jurista) e quatro vogais, sendo um representante dos empregados, outro dos empregadores e dois membros alheios aos interesses das partes, que eram especialistas em questões econômicas e sociais. O exercício era de dois anos.

Na Constituição de 1946, surgem os Tribunais Regionais do Trabalho (art. 122, II), substituindo os CRT's. A lei fixaria o número de Tribunais Regionais do Trabalho e as respectivas sedes (§ 2º do art. 122).

A Constituição de 1967 estabeleceu que a lei fixaria o número dos Tribunais Regionais do Trabalho (§ 2º do art. 133). Os Tribunais Regionais do Trabalho seriam compostos de dois terços de juízes togados vitalícios e um terço de juízes classistas temporários, assegurada, entre os juízes togados, a participação de advogados e membros do Ministério Público da Justiça do Trabalho, na mesma proporção prevista para o TST (§ 5º do art. 133).

O § 2º do art. 141 da Emenda Constitucional n. 1, de 1969, também estabelecia que a lei iria fixar o número dos Tribunais Regionais do Trabalho. Os Tribunais Regionais do Trabalho seriam compostos de dois terços de juízes togados vitalícios e um terço de juízes classistas temporários, assegurada, entre os juízes togados, a participação de advogados e membros do Ministério Público da Justiça do Trabalho, nas proporções estabelecidas em relação ao TST.

Até 1975 eram oito os Tribunais Regionais do Trabalho, como consta da redação original da CLT. A Lei n. 6.241 criou o TRT da 9ª Região, que, na época, tinha jurisdição sobre Paraná e Santa Catarina. Posteriormente, foram sendo criados os demais tribunais regionais.

A redação original do art. 112 da Constituição de 1988 previa a existência de pelo menos um Tribunal Regional do Trabalho em cada Estado da Federação e no Distrito Federal. Essa determinação em muitos casos não se justificava, pois existem Estados em que o número de processos é muito pequeno. A redação atual do dispositivo não mais faz referência à existência de um tribunal regional por Estado. Isso indica que pode não haver um tribunal regional por Estado. Isso se deve ao fato de que é possível a criação de câmaras regionais, o que possibilita a redução de despesas de estrutura volumosa, como de grandes tribunais.

10.3.1 Regiões

Os Tribunais Regionais do Trabalho estão divididos nas seguintes regiões:

1ª Região: Estado do Rio de Janeiro, com sede no Rio de Janeiro;

2ª Região: Estado de São Paulo, com sede em São Paulo, abrangendo São Paulo, Arujá, Barueri, Bertioga, Biritiba-Mirim, Caieiras, Cajamar, Carapicuíba, Cotia, Cubatão, Diadema, Embu, Embu-Guaçu, Ferraz de Vasconcelos, Francisco Morato, Franco da Rocha, Guararema, Guarujá, Guarulhos, Ibiúna, Itapecerica da Serra, Itapevi, Itaquaquecetuba, Jandira, Juquitiba, Mairiporã, Mauá, Moji das Cruzes, Osasco, Pirapora do Bom Jesus, Poá, Praia Grande, Ribeirão Pires, Rio Grande da Serra, Salesópolis, Santa Isabel, Santana de Parnaíba, Santo André, Santos, São Bernardo do Campo, São Caetano do Sul, São Vicente, Suzano, Taboão da Serra, Vargem Grande, Vicente de Carvalho;

3ª Região: Estado de Minas Gerais, com sede em Belo Horizonte;

4ª Região:	Estado do Rio Grande do Sul, com sede em Porto Alegre;
5ª Região:	Estado da Bahia, com sede em Salvador;
6ª Região:	Estado de Pernambuco, com sede em Recife;
7ª Região:	Estado do Ceará, com sede em Fortaleza;
8ª Região:	Estados do Pará e Amapá, com sede em Belém;
9ª Região:	Estado do Paraná, com sede em Curitiba;
10ª Região:	Distrito Federal, com sede em Brasília, abrangendo o Distrito Federal e o Estado de Tocantins;
11ª Região:	Estados do Amazonas e de Roraima, com sede em Manaus;
12ª Região:	Estado de Santa Catarina, com sede em Florianópolis;
13ª Região:	Estado da Paraíba, com sede em João Pessoa;
14ª Região:	Estados de Rondônia e Acre, com sede em Porto Velho;
15ª Região:	Estado de São Paulo (na área não abrangida pela jurisdição estabelecida para a 2ª Região), com sede em Campinas;
16ª Região:	Estado do Maranhão, com sede em São Luís;
17ª Região:	Estado do Espírito Santo, com sede em Vitória;
18ª Região:	Estado de Goiás, com sede em Goiânia;
19ª Região:	Estado de Alagoas, com sede em Maceió;
20ª Região:	Estado de Sergipe, com sede em Aracajú;
21ª Região:	Estado do Rio Grande do Norte, com sede em Natal;
22ª Região:	Estado do Piauí, com sede em Teresina;
23ª Região:	Estado do Mato Grosso, com sede em Cuiabá (Lei n. 8.430, de 8-6-1992);
24ª Região:	Estado do Mato Grosso do Sul, com sede em Campo Grande (Lei n. 8.431, de 9-6-1992).

Pode-se dizer que hoje só não têm tribunais os Estados do Amapá (8ª Região), Roraima (11ª Região), Acre (14ª Região), que eram os antigos territórios, e o Estado de Tocantins, que foi criado pela Constituição de 1988 (art. 13 do ADCT), pertencendo à 10ª Região.

10.3.2 Composição e funcionamento

As vagas dos juízes são preenchidas por juízes de carreira, advogados e membros do Ministério Público do Trabalho.

Composição é o número de juízes integrantes do órgão. Funcionamento é o número de juízes necessário para serem feitos os julgamentos.

Os magistrados dos tribunais regionais serão juízes do trabalho, escolhidos por promoção, alternadamente, por antiguidade e merecimento (art. 115, parágrafo único, I, da Lei Maior). Na apuração de antiguidade, o tribunal somente poderá recusar o juiz mais antigo pelo voto fundamentado de dois terços de seus membros, conforme procedimento próprio, repetindo-se a votação até fixar-se a indicação (art. 93, II, *d*, da Constituição). É obrigatória a promoção do juiz que figure por três vezes consecutivas ou cinco alternadas na lista de merecimento (art. 93, II, *a*, da Constituição). A promoção por merecimento pressupõe dois anos de exercício, devendo o juiz integrar a primeira quinta parte da lista de antiguidade desta, salvo se não houver com tais requisitos quem aceite o lugar vago.

Os juízes do trabalho serão recrutados, quando possível, na respectiva região, e nomeados pelo Presidente da República entre brasileiros com mais de 30 e menos de 65 anos.

Não existe entrância na Justiça do Trabalho, pois todos os juízes titulares de varas estão num mesmo grau. Tanto faz se o juiz é titular de vara da capital ou do interior e se ela tem mais ou menos processos.

A competência para a escolha da lista tríplice não pode, porém, ser feita pelo presidente do Tribunal Regional, por meio de delegação por Resolução Administrativa. Essa resolução foi considerada inválida pelo TST (ROMS 2.190/90, Ac. 0334, *DJU* 20-3-1991).

Nos tribunais regionais também um quinto deverá ser proveniente de membros do Ministério Público do Trabalho e de advogados. Ambos deverão ter mais de dez anos de carreira ou militância, sendo que os últimos deverão ter notório saber jurídico e reputação ilibada. Há jurisprudência entendendo que o membro do Ministério Público não precisa ter mais de dez anos, se ninguém tem essa idade de atividade na carreira. A OAB local indica lista sêxtupla. O tribunal escolhe a lista tríplice e encaminha para a escolha de um pelo Presidente da República. O mesmo procedimento se dá em relação aos membros do Ministério Público do Trabalho.

Os tribunais regionais do trabalho são compostos de, no mínimo, 7 juízes do trabalho.

Nos tribunais regionais com número superior a 25 julgadores poderá ser constituído órgão especial, com o mínimo de 11 e o máximo de 25 membros, para o exercício das atribuições administrativas e jurisdicionais da competência do tribunal pleno, provendo-se metade das vagas por antiguidade e a outra metade por eleição pelo tribunal pleno (art. 93, XI, da Constituição).

Nos tribunais de oito juízes há o Presidente do Tribunal e o Vice. Nos tribunais maiores, também há os Corregedores e os Vice-corregedores. Nos tribunais com quatro ou mais turmas pode ser deliberado que exista uma seção especializada em dissídios coletivos. Nos tribunais não divididos em turmas os dissídios coletivos são julgados pelo Pleno.

Os Tribunais Regionais do Trabalho, em sua composição plena, deliberam com a presença de metade mais um do número de juízes, além do Presidente (art. 672 da CLT), isto é, seis juízes: quatro (metade) mais um e mais o presidente.

As turmas só podem funcionar estando presentes três juízes (§ 2º do art. 941 do CPC). Serão compostas de cinco juízes.

O presidente do Tribunal terá somente voto de desempate. Nas questões sobre a constitucionalidade de leis ou de atos do poder público e administrativas terá voto como qualquer outro juiz.

No Tribunal Regional do Trabalho da 2ª Região há presidente, vice-presidente administrativo, vice-presidente judicial e corregedor. Não há o cargo de vice-corregedor.

Quem tiver exercido quaisquer cargos de direção por quatro anos, ou o de Presidente, não figurará mais entre os elegíveis, até que se esgotem todos os nomes, na ordem de antiguidade (art. 102 da Lei Complementar n. 35/79).

Nos tribunais, não poderão ter assento na mesma Turma ou Seção cônjuges e parentes consanguíneos ou afins em linha reta, bem como em linha colateral até o terceiro grau. Nas sessões do Tribunal Pleno ou órgão que o substituir, onde houver, o primeiro dos membros mutuamente impedidos que votar excluirá a participação do outro no julgamento (art. 128 da Lei Complementar n. 35).

A ordem das sessões será estabelecida no regimento interno dos tribunais (art. 673 da CLT).

O tribunal poderá autorizar o juiz a residir fora da comarca. Essa autorização terá de ser dada pelo pleno do tribunal ou por seu órgão especial, se este existir.

Os tribunais regionais, nos respectivos regimentos internos, disporão sobre a substituição de seus juízes, observados, na convocação de juízes inferiores, os critérios de livre escolha e antiguidade, alternadamente (§ 6º do art. 670 da CLT). O mais certo, porém, é aplicar o art. 118 da Loman, que prevê que os tribunais, por maioria, escolham o juiz substituto. Quando o juiz for substituir no tribunal regional deverá ser da sede da respectiva região (art. 118, V, da Loman) e não de outra cidade. O referido inciso da Loman não foi revogado pelo *caput*, com a nova redação determinada pela Lei Complementar n. 54, de 22-12-1986. O que foi revogado foi o § 1º do mesmo artigo quando menciona que a convocação far-se-á mediante sorteio público, pois o *caput* dispõe que será a deliberação feita por maioria absoluta do tribunal. A Lei Complementar n. 54 não revogou expressamente o inciso V, do art. 118 da Lei Complementar n. 35, que não é incompatível com esta, nem dispôs de maneira contrária, restando, portanto, íntegro o referido inciso.

Nos tribunais regionais que têm Turmas, pode haver uma Seção de Dissídios Coletivos e de Seções de Dissídios Individuais. Estas irão julgar mandados de segurança, ações rescisórias e *habeas corpus*.

Instalarão os Tribunais Regionais do Trabalho a justiça itinerante, com a realização de audiências e demais funções de atividade jurisdicional, nos limites territoriais da respectiva jurisdição, servindo-se de equipamentos públicos e comunitários (§ 1º, do art. 115 da Constituição). Em alguns tribunais regionais já se faziam audiências itinerantes, com um ônibus ou até mesmo num barco, como no norte do país. A utilização da justiça itinerante só poderá ser feita no âmbito da respectiva jurisdição e não na jurisdição de outros tribunais regionais.

Os Tribunais Regionais do Trabalho poderão funcionar descentralizadamente, constituindo câmaras regionais, a fim de assegurar o pleno acesso do jurisdicionado à justiça em todas as fases do processo (§ 2º do art. 115 da Constituição). As câmaras regionais, se criadas, podem inviabilizar a criação de outros tribunais regionais, além dos já existentes, pois seu custo será muito menor, aproveitando juízes e funcionários da respectiva região. Basta deliberação do tribunal regional para a constituição de câmaras regionais. Não haverá necessidade de lei para a sua criação.

Cabe a cada Tribunal Regional do Trabalho, no âmbito de sua região, mediante ato próprio, alterar e estabelecer a jurisdição das Varas do Trabalho, bem como transferir-lhes a sede de um Município para outro, de acordo com a necessidade de agilização da prestação jurisdicional trabalhista (art. 28 da Lei n. 10.770/2003).

10.4 TRIBUNAL SUPERIOR DO TRABALHO

O Conselho Nacional do Trabalho foi instituído pelo Decreto n. 16.027/23 no âmbito do Ministério da Agricultura, Indústria e Comércio. Era integrado por 12 membros. Tinha a finalidade de órgão consultivo do Ministério, de funcionar como instância recursal em matéria previdenciária e atuar como órgão autorizador de dispensas dos empregados que, no serviço público, gozavam de estabilidade.

A partir da Constituição de 1934 e do Decreto n. 24.784/34, o CNT passou a funcionar como órgão de cúpula da Justiça do Trabalho. Com os Decretos-leis n. 1.237/39 e 1.346/39, o CNT passou a ter 19 membros (quatro bacharéis em direito, quatro representantes de empregados e quatro de empregadores, três pessoas de reconhecido saber, dois funcionários do Ministério do Trabalho e dois funcionários de Instituições de Seguridade Social). Era dividido em duas câmaras, uma da Justiça do Trabalho e outra de Previdência. Cada uma tinha nove membros, presidida por um vice-presidente.

Surgiu o TST em 1946, quando a Justiça do Trabalho foi integrada ao Poder Judiciário.

A Constituição de 1946 estabelecia que o Tribunal Superior do Trabalho tinha sede na Capital Federal (§ 1º do art. 122), porém não tratava especificamente do número de ministros daquela Corte. Por lei poderiam ser criados outros órgãos na Justiça do Trabalho (§ 4º do art. 122).

O Decreto-lei n. 9.797/46 reduziu de 18 para 11 juízes os integrantes do TST. A Câmara de Previdência Social foi convertida no Conselho Superior de Previdência Social.

A Lei n. 2.244/54 autorizou a divisão em turmas no TST. Houve aumento da capacidade de julgamento, pois anteriormente isso era feito apenas pelo Pleno.

Na Constituição de 1967 é que foi determinado o número de ministros no TST. Deveria ser composto este órgão de 17 juízes com a denominação de ministros. Onze seriam togados e vitalícios, nomeados pelo Presidente da República, depois de aprovada a escolha pelo Senado Federal; sete entre magistrados da Justiça do Trabalho, dois entre advogados no efetivo exercício da profissão; e dois entre membros do Ministério Público da Justiça do Trabalho. Seis ministros seriam classistas e temporários, em representação paritária dos empregadores e dos trabalhadores, nomeados pelo Presidente da República, de acordo com as determinações da lei (§ 1º do art. 133). Poderiam ser criados por lei outros órgãos da Justiça do Trabalho (§ 3º do art. 133).

O § 1º do art. 141 da Emenda Constitucional n. 1, de 1969, praticamente repetiu o mesmo parágrafo do art. 133 da Constituição de 1967. Tinha o TST 17 ministros, dos quais onze eram togados e vitalícios, sete eram magistrados da Justiça do Trabalho, dois eram advogados e dois eram membros do Ministério Público do Trabalho. Os classistas eram seis, sendo três de empregados e três de empregadores. Poderia a lei criar outros órgãos da Justiça do Trabalho (§ 3º do art. 141).

Na redação original da Constituição de 1988 o TST tinha 27 ministros, dos quais 17 togados e 10 classistas, sendo cinco de empregados e cinco de empregadores.

Com a Emenda Constitucional n. 24/99 os classistas foram extintos, sendo que o TST passou a ter 17 ministros, quando o ideal seria que tivesse o mesmo número de ministros do STJ (33).

A Emenda Constitucional n. 45/2004 acrescentou o art. 111-A à Constituição, estabelecendo que o TST é composto de 27 membros, restaurando o número anterior após a saída dos classistas.

São os ministros escolhidos entre brasileiros com mais de 35 anos e menos de 65 anos, nomeados pelo Presidente da República, após prévia aprovação pela maioria absoluta do Senado Federal, onde são sabatinados. Não há necessidade de que os ministros sejam brasileiros natos, podendo ser naturalizados. O mesmo ocorre com os ministros do STJ (parágrafo único do art. 104 da Constituição). Para ser ministro do STF, é mister ser brasileiro nato (art. 12, § 3º, IV, da Constituição). A Lei Magna faz menção que os ministros do TST tenham reputação ilibada e notório saber jurídico (art. 111-A).

Dos 27 membros: (a) um quinto dos ministros será proveniente de advogados com mais de 10 anos de efetiva atividade profissional e membros do Ministério Público do Trabalho com mais de 10 anos de efetivo exercício; (b) juízes do trabalho dos Tribunais Regionais do Trabalho, oriundos da magistratura de carreira, indicados em lista tríplice elaborada pelo próprio TST. Assim, 21 são escolhidos entre juízes de carreira, três de advogados e três entre membros do Ministério Público do Trabalho. A escolha dos 21 ministros de carreira do TST será entre juízes do trabalho de carreira e não entre os provenientes do quinto constitucional que compõem os tribunais regionais do trabalho.

No que diz respeito ao quinto constitucional, na sistemática anterior quem os nomeava era apenas o Presidente da República, sem que houvesse indicação por lista. No sistema atual a OAB federal indica lista sêxtupla, o TST faz lista tríplice e encaminha a escolha de um pelo Presidente da República. O mesmo procedimento é feito em relação ao membro do Ministério Público do Trabalho. Os membros do Ministério Público do Trabalho deverão ter mais de dez anos de carreira, e os advogados deverão possuir notório saber jurídico e reputação ilibada, bem como mais de dez anos de efetiva atividade profissional (art. 94 da Constituição).

No TST, mesmo que o juiz integre por três vezes seguidas a lista de promoção ou cinco alternadas não será promovido obrigatoriamente. Não há também o sistema de promoção dos juízes de carreira por antiguidade ou merecimento.

A lei disporá sobre a competência do TST (§ 1º do art. 111-A da Constituição). A Lei n. 7.701/88 trata da competência do TST e divide o órgão em: pleno, seções de dissídios individuais e coletivos e turmas.

É preciso fazer a distinção entre composição e funcionamento antes de se verificarem tais situações nos tribunais. Na composição, temos o número total de juízes que integram o órgão julgador. No funcionamento, há o número de juízes necessário para serem feitas as deliberações.

O Pleno do TST funciona com, no mínimo, 14 ministros.

O Órgão Especial é composto de 14 ministros, sendo o Presidente, o Vice-presidente, o Corregedor, os sete mais antigos, incluindo os membros de direção, e sete eleitos pelo Pleno. Substitui as funções do Pleno, como de julgar inconstitucional determinada norma. O quórum de funcionamento é de oito ministros.

A Seção de Dissídios Individuais é dividida em duas subseções. A SBDI-1 funciona com oito julgadores. Compõe-se de 14 ministros. É integrada pelo Presidente do Tribunal, Vice-presidente, Corregedor e mais 11 ministros, preferencialmente, pelos presidentes de turma. Funciona a SBDI-2 com seis julgadores. É composta de 10 ministros, e integrada pelo Presidente do Tribunal, pelo Vice-presidente, pelo Corregedor e por mais sete ministros integrantes das turmas.

A Seção de Dissídios Coletivos é composta de nove ministros. Funciona com cinco ministros. É integrada pelo Presidente do Tribunal, Vice-presidente, Corregedor e mais seis ministros.

As turmas são compostas de três ministros, devendo funcionar com quórum integral. O TST tem oito turmas.

Nos processos submetidos a julgamento haverá um ministro relator. Não existe revisor.

Os juízes que compõem os tribunais trabalhistas são vitalícios desde a posse. Haverá o Presidente, o Vice-presidente e o Corregedor no TST.

No TST as reuniões são fixadas em dias determinados pelo seu Presidente, que poderá convocar reuniões extraordinárias (art. 700 da CLT). O tribunal reunir-se-á em dias úteis. Logo, de segunda a sexta-feira. No início do ano, o presidente do Tribunal dispõe quais são os dias em que haverá sessões. As sessões são realizadas entre 1º de fevereiro a 1º de julho e de 1º de agosto a 19 de dezembro de cada ano. As convocações extraordinárias serão feitas nos termos do Regimento Interno.

As sessões são públicas. Terminam às 17 horas, mas poderão ser prorrogadas em razão de manifesta necessidade (art. 701 da CLT). Os tribunais, porém, podem livremente elaborar seus regimentos internos, com base na alínea *a* do inciso I do art. 96 da Constituição. Assim, podem estabelecer regras diversas para as sessões. As sessões das turmas ocorrem nas quartas-feiras a partir das 9 horas, podendo haver prorrogação no período da tarde. A SBDI-1 tem sessão na quinta-feira, às 9 horas e à tarde. A SBDI-2 tem sessões nas terças-feiras às 9 horas. A SDC tem sessões uma vez por mês, na segunda-feira às 9 horas. As sessões extraordinárias observarão a determinação do Regimento Interno do tribunal. Para haver sessão extraordinária, mister se faz a comunicação aos membros do tribunal com antecedência de 24 horas, no mínimo. Nas sessões, os debates poderão tornar-se secretos, desde que, por motivo de interesse público, assim resolver a maioria de seus membros. A lei pode limitar em caso de interesse público a presença, em determinados atos, às próprias partes e a seus advogados, ou somente a estes.

Funcionarão junto ao TST: (a) a Escola Nacional de Formação e Aperfeiçoamento de Magistrados do Trabalho, cabendo-lhe, entre outras funções, regulamentar cursos oficiais para o ingresso e promoção na carreira; (b) o Conselho Superior da Justiça do Trabalho, cabendo-lhe exercer, na forma da lei, a supervisão administrativa, orçamentária, financeira e patrimonial da Justiça do Trabalho de primeiro e segundo graus, como órgão central do sistema, cujas decisões terão efeito vinculante (§ 2º do art. 111-A da Lei Maior). O Conselho Superior da Justiça do Trabalho passa a ser um órgão que irá fazer a supervisão sob um ângulo nacional e uno e não regionalizado em cada tribunal regional. É uma forma de controle interno, de acordo com os arts. 70 e 74 da Constituição.

Compete ao Tribunal Superior do Trabalho processar e julgar, originariamente, a reclamação para a preservação de sua competência e garantia da autoridade de suas decisões (§ 3º do art. 111-A da Constituição).

10.5 ÓRGÃOS AUXILIARES DA JUSTIÇA DO TRABALHO

Os órgãos auxiliares da Justiça do Trabalho são a Secretaria, o Distribuidor e a Contadoria.

O oficial de justiça não é exatamente órgão, mas cargo. Entretanto, auxilia tanto na primeira instância, como nos tribunais.

10.5.1 Secretaria

Na Justiça do Trabalho, usa-se a denominação secretaria e não cartório, que é utilizada na justiça comum.

A Vara possui uma secretaria. Esta recebe as petições, faz autuações e demais serviços determinados pelo Juiz Presidente (art. 711 da CLT).

Na Justiça do Trabalho não existe escrivão, mas diretor de secretaria. Este a dirige preparando os despachos para o Juiz Presidente, cumprindo as determinações deste (art. 712 da CLT). O ato de secretariar as audiências da Vara pelo Diretor da Secretaria lavrando as respectivas atas é delegado a outro funcionário, que é o datilógrafo da audiência.

Os Tribunais Regionais também terão secretarias, dirigidas por um secretário (art. 718 da CLT). O secretário exercerá a mesma função que exerce o diretor de secretaria. A secretaria do Tribunal irá ter os mesmos afazeres que a secretaria da Vara, além de mandar os processos à conclusão do Juiz Presidente, e da organização e manutenção de um fichário de jurisprudência do Tribunal para a consulta dos interessados. Nos tribunais divididos em turmas, cada uma delas terá secretaria.

10.5.2 Oficiais de justiça

Antigamente os oficiais de justiça eram denominados oficiais de diligências.

Os oficiais de justiça desempenham os atos determinados pelo juiz da Vara. Normalmente, fazem as citações nas execuções, mas podem também notificar testemunhas, trazê-las a juízo, ou fazer as citações nos processos de conhecimento onde haja problemas de endereços incorretos, tentativa da parte em criar embaraços à realização das notificações etc.

Na Justiça do Trabalho, assim como na Justiça Federal, o nome dado àqueles servidores é de oficial de justiça avaliador. Este faz a penhora do bem, avaliando-o logo em seguida. Prescinde-se, portanto, do perito avaliador.

Os oficiais de Justiça têm nove dias para o cumprimento do mandado (§ 2º do art. 721 da CLT). A avaliação de bens é feita em dez dias (§ 3º do art. 721 c/c art. 888 da CLT), contados da penhora. Pressupõe-se que o oficial de justiça tem nove dias para cumprir o mandado e mais dez dias, contados da penhora, para fazer a avaliação do bem, o que daria um prazo máximo de 19 dias para a prática dos dois atos. Normalmente, a avaliação é feita com a juntada do mandado cumprido, não se utilizando os oficiais do prazo de dez dias.

10.5.3 Distribuidor

Existindo mais de uma Vara na localidade, haverá um distribuidor, para a distribuição equitativa dos processos entrados. Os distribuidores podem fornecer certidões ou recibos da distribuição. Nos tribunais também há distribuidor, visando distribuir o mesmo número de processos para cada um dos juízes.

Atualmente, na Justiça do Trabalho a distribuição tem sido feita de forma eletrônica.

10.5.4 Contadoria

O contador faz os cálculos de juros, correção monetária e outras determinações atribuídas pelo juiz.

Deveria existir o cargo de um contador por Vara. Em algumas regiões, já está sendo implementada esta ideia, porque na maioria dos casos de execução a discussão é a respeito do *quantum* devido, pois o direito já está assegurado pela sentença, tornando necessária a participação de um funcionário que só faça cálculos, que é o contador.

Nas Varas do TRT da 8ª Região, já existe, há muitos anos, um Setor de Cálculos vinculado à Seção de Execução. Este setor já se utiliza de um *software* desenvolvido pelo Centro de Processamento de Dados do Tribunal, tornando as liquidações de sentença mais céleres.

Verificação de Aprendizagem

1. Como se dividem os órgãos do Poder Judiciário Trabalhista?
2. Qual a função do diretor de secretaria?
3. Como funciona a Vara do Trabalho?
4. Para que serve o distribuidor?

5. Quantos Ministros tem o TST?
6. Quais as funções de Oficial de Justiça?

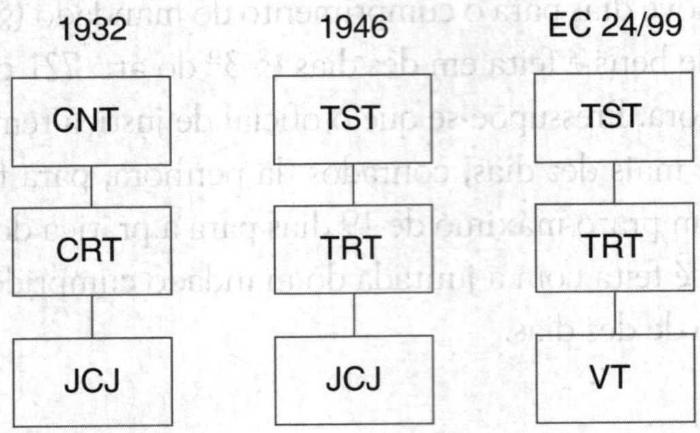

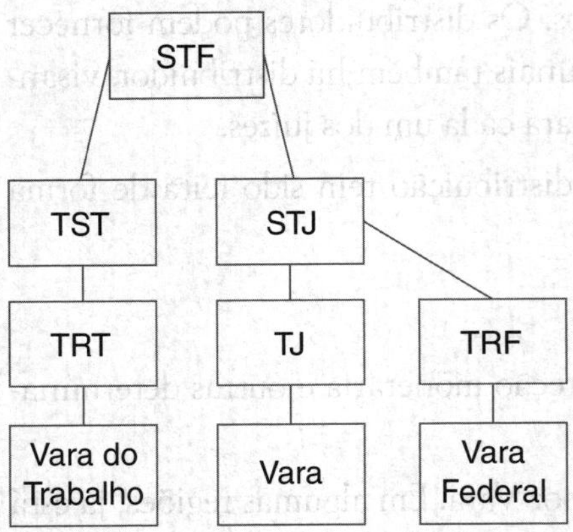

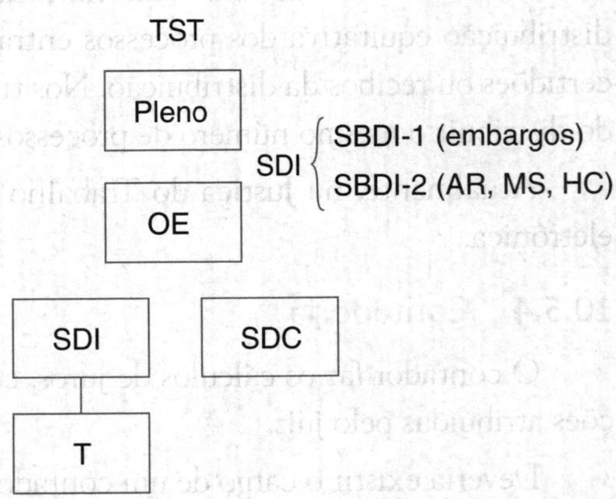

Capítulo 11

COMPETÊNCIA DA JUSTIÇA DO TRABALHO

11.1 HISTÓRIA

Não usava o art. 122 da Constituição de 1934 a palavra *competência*, mas mencionava que, para dirimir questões entre empregados e empregadores, fica instituída a Justiça do Trabalho. Indiretamente, verificava-se a competência da Justiça do Trabalho.

A Carta Magna de 1937 tinha disposição semelhante à da Constituição de 1934, pois o art. 139 dispunha que a Justiça do Trabalho seria instituída para dirimir conflitos oriundos das relações entre empregadores e empregados, reguladas na legislação social.

Estabelecia o art. 123 da Constituição de 1946 que competia à Justiça do Trabalho conciliar e julgar os dissídios individuais e coletivos entre empregados e empregadores e as demais controvérsias oriundas de relações de trabalho regidas por legislação especial. Esta é a primeira Constituição que trata diretamente da competência da Justiça do Trabalho. Os dissídios relativos a acidentes do trabalho eram da competência da justiça ordinária (§ 1º).

Dispunha a Constituição de 1967 que a Justiça do Trabalho tinha competência para conciliar e julgar dissídios individuais e coletivos entre empregados e empregadores e as demais controvérsias oriundas de relações de trabalho regidas por lei especial (art. 134). Os dissídios relativos a acidentes do trabalho eram da competência da Justiça ordinária (§ 2º do art. 134).

A Emenda Constitucional n. 1, de 1969, mencionava que a Justiça do Trabalho tinha competência para "conciliar e julgar os dissídios individuais e coletivos entre *empregados* e empregadores e, mediante lei, outras controvérsias oriundas de relação de trabalho" (art. 142). O § 2º do art. 142 determinava que os litígios relativos a acidentes do trabalho eram da competência da justiça ordinária dos Estados, do Distrito Federal e dos Territórios. A Emenda Constitucional n. 7/77 acrescentou a expressão "salvo exceções estabelecidas na Lei Orgânica da Magistratura Nacional". O art. 110 da mesma norma estabelecia que "os litígios decorrentes das relações de trabalho dos servidores com a União, inclusive as autarquias e as empresas públicas federais, qualquer que seja seu regime jurídico, processar-se-ão e julgar-se-ão perante os juízes federais, devendo ser interposto recurso, se couber, para o Tribunal Federal de Recursos". Isto queria dizer que os funcionários celetistas da União, suas autarquias e empresas públicas federais, como Correio, CEF etc. teriam de propor ação na Justiça Federal e não na Justiça do Trabalho.

A redação original do art. 114 da Constituição de 1988 determinava: "compete à Justiça do Trabalho conciliar e julgar os dissídios individuais e coletivos entre *trabalhadores* e empregadores, abrangidos os entes de direito público externo e da administração pública direta e indireta dos Municípios, do Distrito Federal, dos Estados e da União, e, na forma da lei, outras controvérsias decorrentes da *relação de trabalho*, bem como os litígios que tenham origem no cumprimento de suas próprias sentenças, inclusive coletivas".

O dispositivo tinha sentido mais amplo ao estabelecer a competência da Justiça do Trabalho para solucionar controvérsias entre *trabalhadores* e empregadores, e não mais entre *empregados* e empregadores. Trabalhador é gênero do qual empregado é espécie, assim como relação de trabalho é gênero do qual relação de emprego é espécie. São trabalhadores o funcionário público estatutário e o militar, mas não são empregados, pois não estão adstritos à CLT.

Até a redação original do art. 114 da Constituição verifica-se que a competência trabalhista atingia três aspectos: os conflitos originários da relação entre trabalhador e empregador; outras controvérsias decorrentes de relações de trabalho, na forma da lei; litígios decorrentes das sentenças proferidas pela Justiça do Trabalho, inclusive coletivas.

A questão central até a Constituição de 1988 era de competência em relação a pessoas: empregado e empregador ou trabalhador e empregador.

A redação original do art. 114 da Constituição tratava da competência da Justiça do Trabalho em razão das pessoas tinha aspecto subjetivo. Agora, na redação determinada pela Emenda Constitucional n. 45, nos incisos I e seguintes do art. 114 da Lei Maior há um arrolamento de matérias: relação de trabalho, exercício de direito de greve, *habeas corpus*, *habeas data*, mandado de segurança, execução de contribuição previdenciária etc. A relação de trabalho era um critério secundário, dependendo da previsão da lei para estabelecer a competência da Justiça do Trabalho. Agora, com a Emenda Constitucional n. 45, passou a ser o critério principal. Tem característica objetiva.

11.2 CONCEITOS

Antes de iniciar o estudo da competência da Justiça do Trabalho, mister se faz enunciar o conceito de jurisdição. Jurisdição vem do latim *ius*, *iuris*, com o significado de direito, e *dictio* do verbo *dicere*, que quer dizer dicção. Dessa forma, jurisdição é o poder que o juiz tem de dizer o direito nos casos concretos a ele submetidos, pois está investido desse poder pelo Estado. Exige imparcialidade do juiz.

Não se pode conceber a existência de um juiz sem jurisdição.

Competência vem do latim *competentia*, de *competere* (estar no gozo ou no uso de, ser capaz, pertencer ou ser próprio).

A competência é uma parcela da jurisdição, dada a cada juiz. É a parte da jurisdição atribuída a cada juiz, ou seja, a área geográfica e o setor do Direito em que vai atuar, podendo emitir suas decisões. Consiste a competência na delimitação do poder jurisdicional. É, portanto, o limite da jurisdição, a medida da jurisdição, a quantidade da jurisdição.

A jurisdição é o todo, o gênero. A competência é a parte, a espécie. A competência não abrange a jurisdição, mas esta compreende aquela.

Competência é a determinação jurisdicional atribuída pela Constituição ou pela lei a um determinado órgão para julgar certa questão.

As questões relativas à competência devem ter interpretação restritiva e não extensiva.

A Justiça do Trabalho é uma justiça especializada para resolver causas trabalhistas, assim como são especializadas a Justiça Eleitoral, Militar etc.

A competência da Justiça do Trabalho está disciplinada no art. 114 da Constituição da República que estabelece competência: (a) típica, que é a que compreende empregado e empregador; (b) decorrente da previsão da lei, como ocorre na hipótese do inciso III da alínea *a*, do art. 652 da CLT; (c) competência para executar suas próprias sentenças, inclusive coletivas.

Na competência absoluta, a matéria é de ordem pública, podendo o juiz declará-la de ofício (§ 1º do art. 64 do CPC).

Na competência relativa, a matéria não é de ordem pública absoluta, mas é direcionada à parte, ao interesse exclusivo delas, devendo ser arguida no momento próprio. O exemplo é o da incompetência em razão do lugar.

Competência comum ou ordinária é a estabelecida para a Justiça Estadual ou Federal, por intermédio da Constituição ou da lei.

Competência especial é atribuída à Justiça do Trabalho, Justiça Eleitoral e Justiça Militar.

A competência pode ser constitucional, prevista na Constituição, ou na lei.

Só existe empregador se houver contrato de trabalho. Não havendo contrato de trabalho, não existe empregador. Assim, na fase pré-contratual não há competência da Justiça do Trabalho para analisar a questão.

O inciso I do art. 114 da Constituição faz menção à competência da Justiça do Trabalho para processar e julgar ações oriundas da relação de trabalho. Relação de trabalho é gênero, que compreende a relação de emprego. Não existiu relação de trabalho entre as partes.

Na relação de emprego, ocorre um vínculo de natureza privada, enquanto na relação de trabalho pode tanto ocorrer um vínculo de natureza pública (entre o funcionário público e o militar e o Estado), como de natureza privada (entre o trabalhador autônomo e os eventuais com o tomador de serviços).

Não mais se faz referência a que a Justiça do Trabalho vá conciliar os litígios submetidos à sua apreciação, mas a que vá processar e julgar. Logo, não existe obrigatoriedade de conciliação dos feitos trabalhistas estabelecida na Constituição, salvo se assim for disposto na lei ordinária (arts. 846 e 850 da CLT).

Pela regra do art. 114 da Constituição, não é mais obrigação constitucional da Justiça do Trabalho conciliar dissídios, mas processá-los e julgá-los. A determinação do dispositivo é correta no ponto em que, ao fazer menção aos incisos, não seria possível conciliar questão relativa a mandado de segurança que compreende ato de autoridade pública.

A tentativa de conciliação na Justiça do Trabalho fica mantida em razão do princípio da legalidade (art. 5º, II, da Constituição). Os arts. 846 e 850 da CLT foram recepcionados pela Constituição, diante do princípio da legalidade.

O fato de não haver a palavra *dissídio* no inciso I do art. 114 da Constituição importa que a Justiça do Trabalho pode analisar os processos de jurisdição voluntária.

Em vários incisos do art. 114 da Constituição é feita referência ao fato de que a Justiça do Trabalho vai processar e julgar "as ações (...)".

Na verdade, não deveria ser a Justiça do Trabalho competente para julgar ações, porque ação é o meio processual utilizado para postular o direito. Melhor seria falar em lides, questões, causas. Os incisos do art. 109 da Constituição fazem menção a causas de competência da Justiça Federal.

A competência da Justiça do Trabalho pode ser dividida em relação à matéria, às pessoas, ao lugar e funcional.

11.3 COMPETÊNCIA EM RAZÃO DAS PESSOAS

A Justiça do Trabalho tem competência para dirimir as controvérsias entre trabalhadores e empregadores, que são as pessoas envolvidas diretamente nos polos ativo e passivo da ação trabalhista. Trata-se da competência em razão das pessoas (*ex ratione personae*).

A Lei Maior faz referência a trabalhador no *caput* do art. 7º e no seu inciso XXXIV, no parágrafo único do mesmo artigo, no art. 9º, no inciso II do art. 195 etc.

O § 2º do art. 15 da Lei n. 8.036 (lei do FGTS) define trabalhador como toda "pessoa física que prestar serviços a empregador, a locador ou tomador de mão de obra, excluídos os eventuais, os autônomos e os servidores públicos civis e militares sujeitos a regime jurídico próprio". Entretanto, tal definição é apropriada para o FGTS, pois o funcionário público também não deixa de ser um trabalhador, assim como o autônomo, o eventual, a dona-de-casa, o empresário, o avulso etc.

Trabalhador é a pessoa física que presta serviços a tomador.

Assim, é preciso constatar qual é o tipo de trabalhador que a Justiça do Trabalho tem competência para julgar suas questões.

Na verdade, o trabalhador, quando entra na Justiça do Trabalho, já é um ex-empregado da empresa e, na maioria das vezes, está desempregado.

A Justiça Laboral tem competência para disciplinar as questões entre empregado (art. 3º da CLT) e empregador (art. 2º da CLT), que são as abrangidas na maioria dos casos nas ações trabalhistas.

A Constituição estatuiu direitos não só dos empregados urbanos, mas também dos empregados rurais (art. 7º). Outros direitos do trabalhador rural estão previstos na Lei n. 5.889, de 8-6-1973. Competente para resolver estas questões será a Justiça do Trabalho.

Os domésticos têm alguns direitos previstos na Lei Fundamental (parágrafo único do art. 7º). A norma que disciplina a relação dos empregados domésticos com seus empregadores é a Lei Complementar n. 150/2015. Os direitos trabalhistas dos empregados domésticos serão dirimidos pela Justiça do Trabalho (parágrafo único do art. 2º do Decreto n. 71.885, de 26-2-1973), até porque também é um trabalhador, com direitos semelhantes aos previstos na CLT.

Os trabalhadores temporários, que são empregados da empresa de trabalho temporário por no máximo três meses, prestando serviços ao tomador de serviços ou cliente, têm direitos regulados pela Lei n. 6.019, de 3-1-1974. As controvérsias resultantes desses direitos serão disciplinadas pela Justiça do Trabalho (art. 19, da Lei n. 6.019/74). As pendências entre a empresa de trabalho temporário e a empresa tomadora dos serviços ou cliente são resolvidas na Justiça Comum.

O trabalhador avulso é a pessoa física que presta serviços a várias empresas que necessitam de mão de obra, arregimentados por seu sindicato ou órgão gestor de mão de obra, que cobram os valores pela prestação de serviços das empresas tomadoras, fazendo o rateio entre aqueles que participaram do trabalho. Antigamente não havia previsão legal sobre a competência da Justiça do Trabalho para tratar dessas questões, embora a jurisprudência estendesse essa competência à Justiça Laboral. A Lei n. 7.494, de 17-6-1986, deu nova redação ao art. 643 da CLT, incluindo aí a competência da Justiça do Trabalho para dirimir questões entre trabalhadores avulsos e seus tomadores de serviços. Trata-se também de uma relação de trabalho. O inciso XXXIV do art. 7º da Constituição estabeleceu "igualdade de direitos entre o trabalhador com vínculo empregatício permanente e o trabalhador avulso". Este não tem vínculo de emprego com o sindicato ou com a empresa que presta serviços, mas poderá reclamar perante a Justiça do Trabalho por seus direitos trabalhistas sonegados. Estabelece o § 3º do art. 643 da CLT que a Justiça do Trabalho é competente para processar e julgar as ações entre trabalhadores portuários e os operadores portuários ou o Órgão Gestor de Mão de Obra (OGMO) decorrentes da relação de trabalho. Prevê o inciso V, da alínea *a*, do art. 652 da CLT competir às Varas do Trabalho julgar as ações entre trabalhadores portuários e os operadores portuários ou o OGMO decorrentes da relação de trabalho. O art. 114 da Constituição dá competência à Justiça do Trabalho para dirimir controvérsias decorrentes da relação de trabalho. Os avulsos têm relação de trabalho, mas não relação de emprego. Não são empregados, mas trabalhadores. A competência também é prevista em lei. O art. 643 da CLT, na redação determinada pela Lei n. 7.494, de 17-6-1986, já estabelecia a competência da Justiça do Trabalho para dirimir as questões dos trabalhadores avulsos e seus tomadores de serviços. O trabalhador portuário é uma espécie de trabalhador avulso. Determina o art. 34 da Lei n. 12.815/13 que o exercício das atividades do OGMO não implica vínculo empregatício com o trabalhador portuário avulso, pois, se este é arregimentado pelo sindicato, não é empregado, mas avulso.

Os trabalhadores contratados por tempo determinado para atender a necessidade temporária de excepcional interesse público (art. 37, IX, da Constituição) ajuízam ação na Justiça Federal ou Estadual. Seu regime é administrativo. Não prestam concurso público para serem considerados empregados públicos. A Justiça do Trabalho é incompetente para julgar servidores temporários de entes públicos pelo desvirtuamento do contrato temporário previsto em lei federal, estadual ou municipal (STF RE 573.202-AM, Rel. Min. Ricardo Lewandowski, j. 21-8-2008).

Os empregados de empresas públicas, de sociedades de economia mista e de suas subsidiárias que explorem atividade econômica serão regidos por lei, que irá dispor sobre a sujeição ao regime jurídico próprio das empresas privadas, inclusive quanto a direitos trabalhistas (art. 173, § 1º, II, da Constituição). Enquanto inexistir a lei mencionada, os trabalhadores das referidas empresas são regidos pela CLT, sendo competente a Justiça do Trabalho para resolver tais questões.

É da Justiça do Trabalho a competência para apreciar e resolver os conflitos entre empregado e empresa privada contratada para prestar serviços à administração pública (Súmula 158 do TFR).

Os funcionários de fundações e autarquias de direito público estadual ou municipal também poderão ajuizar ação na Justiça do Trabalho, se forem celetistas.

A Justiça do Trabalho é competente para apreciar reclamação do empregado que tenha por objeto direito fundado no quadro de carreira (S. 19 do TST).

Compete à Justiça dos Estados processar e julgar ação de servidor estadual decorrente de direitos e vantagens estatutários no exercício de cargo em comissão (S. 218 do STJ).

11.3.1 Funcionários públicos

Na vigência da Emenda Constitucional n. 1, de 1969, o art. 110 previa a competência da Justiça Federal para julgar os conflitos trabalhistas entre empregados da União, autarquias e empresas públicas regidos pela CLT. A atual Constituição (art. 114) não mais faz esta distinção.

Dispunha a redação original do art. 114 da Constituição que a Justiça do Trabalho era competente para examinar questões que abrangessem entes da administração pública direta e indireta dos municípios, do Distrito Federal, dos Estados e da União.

Determina o inciso I do art. 114 da Constituição que a Justiça do Trabalho é competente para examinar questões que abranjam entes da administração pública direta e indireta dos Municípios, do Distrito Federal, dos Estados e da União. A administração pública indireta compreende as autarquias, fundações, sociedades de economia mista e empresas públicas que explorem atividade econômica.

Servidor público é gênero, do qual funcionário público e empregado público são espécies. A situação do funcionário público decorre de lei, é estatutária, não sendo proveniente de contrato. O empregado público tem um regime contratual, sendo a ele aplicável a CLT.

O Estado, ao organizar serviços da administração regidos pelo Direito Público, não é empregador, mas exercita suas funções em razão de seu poder de império, segundo as regras de Direito Administrativo.

Não tendo a atividade natureza administrativa, sendo o regime celetista, tanto da administração direta como indireta, será jurisdicionado da Justiça do Trabalho. A Súmula 58 do TST afirma que ao "empregado admitido como pessoal de obras, em caráter permanente e não amparado pelo regime estatutário, aplica-se a legislação trabalhista". Tratando-se de controvérsias sobre funcionários públicos sujeitos ao regime de Direito Administrativo, competente será a Justiça Comum, Federal ou Estadual.

Não se pode entender que o constituinte tivesse o intuito de abranger o funcionário público com as expressões *trabalhadores* e *relação de trabalho* contidas na redação original do art. 114 da Constituição. A palavra *trabalhadores* ou a expressão *relação de trabalho* devem ser entendidas em relação ao pequeno operário ou artífice (art. 652, *a*, III, da CLT), ao trabalhador avulso (art. 643 da CLT), ao trabalhador doméstico e temporário, e nunca ao funcionário público *lato sensu*.

Havia referência, ainda, na redação original do art. 114 da Lei Maior a empregador. Assim, a Administração Pública só poderia ser ré na Justiça do Trabalho quando fosse empregadora.

Por questões históricas a Justiça do Trabalho foi instituída para apreciar controvérsias entre empregados e empregadores, "regidas pela legislação social" (art. 122 da Constituição de 1946). Nunca a Justiça do Trabalho examinou questões atinentes a direitos de funcionários públicos, previstas no Direito Administrativo.

A alínea *e* do art. 240 da Lei n. 8.112/90 (norma que instituiu o regime jurídico único no âmbito federal) atribuiu, entretanto, competência à Justiça Obreira para dirimir as controvérsias de dissídios individuais ou coletivos decorrentes de regime jurídico único por ela criado. O Supremo Tribunal Federal suspendeu liminarmente a palavra *coletivas* da alínea *e* e a expressão *negociação coletiva* contida na alínea *d* do referido artigo (STF – Pleno, ADIn 00004921/600 – Rel. Min. Carlos Mário Velloso – j. 1º-7-1991, *DJU*, I, 1º-7-1992, p. 10.555).

Não existia representação paritária dos servidores públicos e da administração pública na Justiça do Trabalho. Esta representação era dada aos trabalhadores e empregadores (art. 111, § 1º, II, da Constituição), ou aos empregados e aos empregadores (art. 116 da Norma Ápice). Nunca se cogitou, contudo, de representação paritária do Poder Público e dos servidores públicos na Justiça do Trabalho. Os juízes classistas eram recrutados nas categorias econômicas, profissionais e de profissionais liberais, nunca do setor público. Os dissídios apreciados pela Justiça do

Trabalho são do setor privado e não do setor público, pois, quando o Estado adota o regime celetista, age como empregador e não como ente de Direito Público.

O Supremo Tribunal Federal já havia decidido anteriormente que o art. 114 da Constituição refere-se apenas ao pessoal regido pela CLT e não ao estatutário (STF – Pleno, CJ 6.829.8-SP, Rel. Min. Octávio Gallotti, *in* j. 15-3-1989, *DJU*, 14-4-1989, p. 5.457). O Superior Tribunal de Justiça vinha se orientando no mesmo sentido, examinando a questão quanto à natureza da pretensão, se de direitos oriundos da CLT, competência da Justiça do Trabalho; se de regime estatutário, competência da Justiça Federal, quanto a funcionários federais, e da Justiça Comum, quanto a funcionários estaduais ou municipais.

Se o regime, porém, dos servidores municipais ou estaduais for o da CLT, competente será naturalmente a Justiça do Trabalho para julgar suas reivindicações.

Ressalte-se que o próprio art. 37 da Constituição não utiliza a palavra trabalhadores, mas sim, servidores. O § 3º do art. 39 da Norma Ápice outorga certos direitos aos servidores públicos (salário-mínimo, duração do trabalho de oito horas diárias e 44 semanais etc.), mas não concede outros (FGTS, seguro-desemprego, piso salarial etc.).

Lembre-se de que se há vínculo estatutário não há empregador nem empregado, mas relação entre servidor público e administração pública.

O STF, julgando ação direta de inconstitucionalidade, entendeu pela inconstitucionalidade das alíneas *d* e *e* do art. 240 da Lei n. 8.112, que tratavam da competência da Justiça do Trabalho para julgar dissídios individuais e coletivos por parte dos funcionários públicos. Entendeu-se que a Constituição não dá competência à Justiça do Trabalho para julgar questões de funcionários públicos submetidos ao regime jurídico único, de Direito Público, sujeitos às regras do Direito Administrativo e não do Direito do Trabalho (STF – Pleno, ADI 00004921/600, j. 12-11-1992, Rel. Min. Carlos Mario Velloso, *DJU*, I, 12-3-1993, p. 3.557).

A Lei n. 9.527/98 revogou as alíneas *d* e *e* do art. 240 da Lei n. 8.112/90.

Como fica, contudo, a competência quanto ao período anterior à instituição de regime único? O STJ esclarece que "compete à Justiça do Trabalho processar e julgar reclamação de servidor público relativamente a vantagens trabalhistas anteriores à instituição do regime jurídico único" (Súmula 97). O STF já entendeu da mesma forma (Ac. 2ª T. do STF, RE 0182047-1/210, j. 12-6-1995, Rel. Min. Neri da Silveira, *DJU*, 29-9-1995, p. 31.995).

A Lei n. 9.962, de 22-2-2000, permitiu que as administrações federal direta, autárquica e fundacional contratem empregados públicos pelo regime da CLT.

As pessoas que forem contratadas com fundamento na referida norma terão direito de ação na Justiça do Trabalho.

A redação do inciso I do art. 114 da Constituição, aprovada na Câmara dos Deputados, foi a seguinte:

> Art. 114. Compete à Justiça do Trabalho processar e julgar:
> I – as ações oriundas da relação de trabalho, abrangidos os entes de direito público externo e da administração pública direta e indireta da União, dos Estados, do Distrito Federal e dos Municípios.

No Senado Federal a redação aprovada do citado dispositivo foi a seguinte:

> Art. 114. Compete à Justiça do Trabalho processar e julgar:
> I – as ações oriundas da relação de trabalho, abrangidos os entes de direito público externo e da administração pública direta e indireta da União, dos Estados, do Distrito Federal e dos Municípios, exceto os servidores ocupantes de cargos criados por lei, de provimento efetivo ou em comissão, incluídas as autarquias e fundações públicas dos referidos entes da federação.

Com base no referido dispositivo, a Justiça do Trabalho não tinha competência para examinar questões de funcionários públicos, que são as pessoas que têm cargos efetivos criados por lei, e os cargos em comissão, de livre nomeação e exoneração, que não precisam de concurso público (art. 37, II, da Lei Maior).

A contrário senso, a Justiça do Trabalho teria competência para examinar questões de contratação por tempo determinado para atender a necessidade temporária de excepcional interesse público (art. 37, IX, da Lei Magna), pois não foi feita ressalva nesse sentido no dispositivo constitucional.

O inciso I do art. 114 da Constituição foi alterado pela Emenda Constitucional n. 45/2004. A publicação da nova redação foi feita em 31 de dezembro de 2004, tendo o seguinte conteúdo:

> Art. 114. Compete à Justiça do Trabalho processar e julgar:
> I – as ações oriundas da relação de trabalho, abrangidos os entes de direito público externo e da administração pública direta e indireta da União, dos Estados, do Distrito Federal e dos Municípios.

A expressão *exceto os servidores ocupantes de cargos criados por lei, de provimento efetivo ou em comissão, incluídas as autarquias e fundações públicas dos referidos entes da federação* deve ser apreciada novamente pela Câmara dos Deputados.

O inciso I do art. 114 do Estatuto Supremo não faz mais referência à relação entre trabalhador e empregador, mas apenas em relação de trabalho.

Relação de trabalho é gênero, que abrange a espécie relação de emprego, mas compreende a relação do funcionário público, que tem relação de trabalho com a Administração Pública.

A interpretação histórica do inciso I do art. 114 da Constituição mostra que havia exceção no dispositivo, aprovada no Senado Federal. O dispositivo promulgado e publicado no *Diário Oficial* não fez exceção em relação ao funcionário público e às pessoas que exercem cargo em comissão. Logo, a Justiça do Trabalho tem competência para examinar as questões destas pessoas.

A interpretação sistemática do preceito constitucional indica que não se faz mais menção a *empregador* no inciso I do art. 114 da Lei Maior, mas apenas a relação de trabalho. Esta expressão também é prevista nos incisos VI, VII e IX do art. 114 da Lei Magna.

É claro o inciso I do art. 114 da Lei Maior em abranger as relações de trabalho em que são parte "a administração pública direta e indireta da União, dos Estados, do Distrito Federal e Municípios". Não fazendo referência a *empregador*, significa que os funcionários públicos da União, Estados, Distrito Federal e municípios terão direito de ação na Justiça do Trabalho.

Não havia necessidade de fazer menção a autarquias e fundações públicas no dispositivo constitucional, pois a expressão *Administração Pública indireta* já inclui autarquias e fundações públicas, que fazem parte da referida administração.

É desnecessário que a lei ordinária preveja a competência da Justiça do Trabalho para *julgar* questões de funcionários públicos e *ocupantes* de cargos em comissão, pois a referida competência está implícita no inciso I do art. 114 da Lei Maior.

Os empregados de empresas públicas, de sociedades de economia mista e de suas subsidiárias que explorem atividade econômica serão regidos por lei, que irá dispor sobre a sujeição ao regime jurídico próprio das empresas privadas, inclusive quanto a direitos e obrigações trabalhistas (art. 173, § 1º, II, da Constituição). A relação dos referidos trabalhadores é de emprego, sendo regidos pela CLT. Estão também enquadrados na expressão *relação de trabalho* contida no inciso I do art. 114 da Constituição. A competência é da Justiça do Trabalho para examinar suas postulações.

A Associação dos Juízes Federais ajuizou ação direta de inconstitucionalidade para discutir a matéria. O Ministro Nelson Jobim suspendeu, *ad referendum*, toda e qualquer interpretação dada ao inciso I do art. 114 da Constituição que inclua na competência da Justiça do Trabalho a análise de questões de funcionários públicos estatutários ou de caráter jurídico-administrativo (despacho de 27-1-2005, *DJU* I, 4-2-2005, p. 2/3). A liminar foi ratificada no Pleno do STF (ADIN 3.395-6/DF, j. 5-4-2006, Rel. Min. Cezar Peluso, *DJU* 10-11-2006).

A Justiça do Trabalho não é competente, segundo o STF, para analisar questões de funcionários públicos da União, Estados, Distrito Federal e Municípios, suas autarquias e fundações públicas. O regime dessas pessoas é administrativo.

O STF entende que na contratação temporária de servidores a competência não é da Justiça do Trabalho (STF, Pleno, Recl – AgR 4489/PA, j. 21-8-2008, Rel.

Min. Carmen Lúcia, *DJ* 21-11-2008). No âmbito da União, existe a Lei n. 8.745/93, que regula a necessidade temporária de serviço público (art. 37, IX, da Constituição). A competência será da Justiça Federal, Estadual ou distrital, dependendo do funcionário.

11.3.2 Entes de direito público externo

A imunidade de jurisdição vem da época da confusão entre Estado e soberano. Afirmava-se que o rei não erra (*the king can do no wrong*). O rei era absoluto no seu território. Não poderia estar sujeito à jurisdição dentro de suas terras.

Anteriormente à edição da Constituição de 1988, prevalecia o entendimento da Súmula 83 do extinto Tribunal Federal de Recursos, competindo "à Justiça Federal processar e julgar reclamação trabalhista contra representação diplomática de país estrangeiro, inclusive para decidir sobre a preliminar de imunidade de jurisdição". Esse entendimento, embora restrito apenas a representações diplomáticas, era aplicado também a outros entes de Direito Internacional Público (DIP).

Mesmo nessa época alguns doutrinadores já se posicionavam no sentido da competência da Justiça do Trabalho para dirimir questões dos entes do DIP, ao interpretarem o art. 31 da Convenção de Viena, de 1961.

Determinava a redação original do art. 114 da Constituição de 1988: "compete à Justiça do Trabalho conciliar e julgar os dissídios individuais e coletivos entre *trabalhadores* e empregadores, abrangidos os entes de direito público externo e da administração pública direta e indireta dos Municípios, do Distrito Federal, dos Estados e da União, e, na forma da lei, outras controvérsias decorrentes da *relação de trabalho*, bem como os litígios que tenham origem no cumprimento de suas próprias sentenças, inclusive coletivas".

O inciso I do art. 114 da Constituição foi alterado pela Emenda Constitucional n. 45/2004, tendo o seguinte conteúdo:

> Art. 114. Compete à Justiça do Trabalho processar e julgar:
> I – as ações oriundas da relação de trabalho, abrangidos os entes de direito público externo e da administração pública direta e indireta da União, dos Estados, do Distrito Federal e dos Municípios.

A partir de 5 de outubro de 1988, a competência para apreciar e julgar a existência de jurisdição, imunidade ou de renúncia, no que respeita às relações de trabalho entre brasileiros ou estrangeiros residentes no Brasil e entes de direito público externo é da Justiça do Trabalho, apesar das disposições dos arts. 109, incisos II e III, e 105, inciso II, letra *c*, da Constituição, pois estes cogitam da competência genérica da Justiça Federal e do Superior Tribunal de Justiça. O inciso II do art. 109, aliás, reproduz disposição já contida no inciso II do art. 125 da Carta

Magna de 1967, de acordo com a Emenda Constitucional n. 1, de 1969, que tinha praticamente a mesma redação. O art. 114 estabelece agora especificamente a competência da Justiça do Trabalho quanto a entes de direito público externo, que são os Estados estrangeiros, suas missões diplomáticas, agências consulares, missões especiais, organismos internacionais e suas agências.

O inciso I do art. 114 da Constituição trata de competência da Justiça do Trabalho e não de imunidade de jurisdição.

A Constituição não faz menção apenas a embaixadas, mas a entes de direito público externo, o que inclui os organismos internacionais com personalidade jurídica, como a ONU, OIT, FAO etc.

Embaixadas são os organismos de representação política, enquanto os consulados têm representação comercial.

As regras sobre privilégios, prerrogativas e imunidades são decorrentes de usos e costumes internacionais.

À primeira vista, nenhum Estado pode submeter outros Estados internacionais a seu direito interno, pois prevaleceria o princípio de que iguais não podem submeter iguais a seu mundo (*par in parem non habet imperium*).

Os agentes diplomáticos são enviados a outros países para desenvolver as relações políticas ou comerciais. É o que se chama de Direito de Legação (*ius legationis*), que é decorrente da soberania do Estado.

Para que o agente diplomático possa desempenhar sua função deve ter certos privilégios e imunidades.

Há certas teorias que justificam esse pensamento: (a) da representação: as relações entre os países são relações entre chefes de Estado. Quem ofende o agente diplomático está ofendendo o próprio estado estrangeiro; (b) da extraterritorialidade: o território da embaixada é considerado território estrangeiro por ficção. A embaixada faz parte de seu território; (c) do interesse da função: essa teoria é utilizada pela Convenção de Viena, de 1961, que estabelece privilégios e imunidades nas relações diplomáticas. É a teoria predominante atualmente, concedendo imunidade aos agentes diplomáticos e membros de suas famílias. A embaixada goza da inviolabilidade, sendo que não pode ser invadida nem mesmo pela polícia, muito menos pode haver busca e apreensão de objeto ou medida de execução, como a penhora. A inviolabilidade cessa somente se o local da missão diplomática for utilizado de forma incompatível com sua finalidade.

Imunidade absoluta é o fato de o Estado não se submeter à jurisdição brasileira. Imunidade relativa ocorre no caso dos países que fazem distinção entre atos de gestão e de império.

Os Estados internacionais têm dupla imunidade: de jurisdição e de execução. Tal orientação importa em que o sujeito de DIP está fora do exercício da jurisdição brasileira. Superada a primeira isenção, há necessidade da exclusão expressa quanto à imunidade de execução. Seria, assim, uma forma de anuência expressa do Estado estrangeiro a nosso direito interno.

Na fase de liquidação de sentença, não há que se falar em imunidade de execução, pois esta ainda não começou. Estão apenas sendo determinados os valores a liquidar.

A imunidade de jurisdição diz respeito ao Estado estrangeiro, que, em razão dos costumes internacionais, não poderia submeter-se à lei de outro país contra a sua vontade. A imunidade do agente diplomático está prevista nos arts. 31, 32 e 37 da Convenção de Viena sobre relações diplomáticas, promulgada pelo Decreto n. 56.435, de 8-6-1965.

Os órgãos de representação do Estado estão beneficiados com o princípio da dupla renúncia, mas não outras organizações internacionais.

É aplicável o princípio da dupla renúncia às missões diplomáticas e repartições consulares. O Estado terá que renunciar expressamente (e não tacitamente) à imunidade de jurisdição e, após, à imunidade de execução. Aos organismos internacionais somente cabe a primeira renúncia, o que acarreta a prevalência do princípio da dupla imunidade, mas não o da dupla renúncia, pois não renunciam à imunidade de execução.

Também os funcionários diplomáticos gozam de dupla imunidade, por força da Convenção de Viena (1961), salvo algumas exceções: ações reais sobre imóveis próprios, sobre sucessão e sobre atividade comercial exercida fora de suas funções.

O princípio básico, consagrado no Código de Bustamante, é o de que os cônsules estrangeiros não gozam de imunidade, salvo quanto aos atos praticados em caráter oficial (art. 338). Para estes ainda prevalece a distinção entre atos praticados *ius imperii* e aqueles praticados *ius gestionis*.

A doutrina moderna já não faz distinção entre atos de império e de gestão. O direito brasileiro sequer chegou a distinguir tais questões.

Já existe corrente que entende que não há mais que se falar em imunidade para questões trabalhistas, mormente porque inexistindo Código, tratado ou convenção que obrigue o Brasil a conceder imunidade absoluta ao Estado estrangeiro, por atos praticados sob o império brasileiro, pois, na hipótese, a lei a ser aplicada é a brasileira.

Outros Estados não reconhecem imunidade ao Brasil por seus atos praticados no exterior, e nosso país é processado normalmente no estrangeiro, arcando com as consequências de seus atos.

Se o Estado que causou prejuízo a outrem não indenizar os danos resultantes de seu ato, haverá evidente negativa de justiça até em razão de *Comitas Gentium* (regras de cortesia), que vigora em toda a comunidade internacional, sendo de essência para as relações entre Estados soberanos.

Por esses motivos, a partir de 1970, a European Convention on State Immunity and Additional Protocol alterou a ideia de imunidade. Não se admite que, *v. g.*, o Estado estrangeiro alegue imunidade, quanto a obrigações contratuais que tenham de ser executadas no território do outro país (art. 4º), ou no tocante a contratos de trabalho entre o Estado e o empregado, que tenham de ser executados no território do Estado do foro do contrato (arts. 4º e 5º). O "Foreign Sovereign Immunities Act", dos Estados Unidos, de 1976, e o "State Immunity Act" do Reino Unido, de 1978, entenderam que as pessoas jurídicas de direito público externo não gozam de imunidade em relação a atos de gestão.

A imunidade de jurisdição passa a ser relativa, se o interesse do Estado é no campo privado, como ocorre quando contrata trabalhadores. Os Estados Unidos já adotavam essa orientação desde 1950.

O STJ passou a entender, com base em orientação do STF, que não há mais que se falar em imunidade de jurisdição do Estado estrangeiro, em razão das alterações verificadas na ordem jurídica internacional, principalmente em se tratando de reclamação trabalhista (AC 05 – SP – 89.11635-5, Ac. 3ª T., j. 19-6-1990, Rel. Min. Cláudio Santos, *LTr* 54-9/1109).

A orientação do STF a que se refere a jurisprudência do STJ é a da reclamação trabalhista de Genny de Oliveira contra a Embaixada da República Democrática Alemã, em que se reconhece a competência da Justiça do Trabalho para causas ajuizadas na vigência da Constituição de 1988 (art. 114), entendendo que "não há imunidade de jurisdição para o Estado estrangeiro, em causa de natureza trabalhista".

A ementa foi a seguinte:

Estado estrangeiro. Imunidade de jurisdição. Causa trabalhista.

1. Não há imunidade de jurisdição para o Estado estrangeiro, em causa de natureza trabalhista.
2. Em princípio, esta deve ser processada e julgada pela Justiça do Trabalho, se ajuizada depois do advento da Constituição Federal de 1988 (art. 114).
3. Na hipótese, porém, permanece a competência da Justiça Federal, em razão do disposto no parágrafo 10 do art. 27 do ADCT da Constituição Federal de 1988, c/c art. 125, II, da EC n. 1/69.
4. Recurso ordinário conhecido e provido pelo Supremo Tribunal Federal para se afastar a imunidade de jurisdição reconhecida pelo Juízo Federal de 1º Grau, que deve prosseguir no julgamento da causa, como de direito (STF, Pleno, ACi 9.696/SP, j. 31-5-1989, Rel. Min. Sydney Sanches, *DJ* 12-10-1990, *LTr* 55-01/45, *RTJ* 133/159; 161/643).

Inexiste, porém, no momento, decisão do STF sobre imunidade de execução, que acaba ainda sendo observada.

O território da embaixada é considerado estrangeiro, nele não podendo a pessoa entrar, salvo consentimento.

A penhora de bens do Estado estrangeiro é proibida pelas Convenções de Viena de 1961 e 1963.

Na imunidade de execução, há necessidade de se verificar qual é a finalidade do bem a ser penhorado, se é essencial ou não à atividade do Estado. O art. 22, 3, da Convenção de Viena menciona que "os locais da Missão, seu mobiliário e demais bens nele situados, assim como os meios de transporte da Missão, não poderão ser objeto de busca, requisição, embargo ou medida de execução".

A renúncia à imunidade de jurisdição não implica renúncia à imunidade de execução. Exige-se para esta nova renúncia expressa.

A imunidade de execução pode deixar de ser aplicada caso existam bens em território brasileiro que não tenham vinculação com as atividades essenciais do ente de direito público externo.

A penhora poderá ser feita em relação a bens em território brasileiro que não tenham vinculação com as atividades essenciais do ente de direito público externo. O STF entende que é possível a penhora de bens situados no território nacional, desde que não ligados às atividades diplomáticas (AgRg RE 222.368-PE, Rel. Min. Celso de Mello, *DJ* 30-4-2002).

Sendo impossível a execução do crédito trabalhista, a solução da lide só será feita pela via diplomática.

O inciso I do art. 114 da Constituição trata de regra da competência da Justiça do Trabalho e não de imunidade de jurisdição.

A imunidade de jurisdição de certos entes de direito público externo, como da UNESCO, organismo da ONU, está garantida na Convenção sobre Privilégios e Imunidades das Agências Especializadas das Nações Unidas ou Convenção de Londres, aprovada em 21 de novembro de 1947 pela Assembleia Geral das Nações Unidas, incorporada pelo Brasil por meio do Decreto n. 52.288/1963, bem como no Acordo Básico de Assistência Técnica com as Nações Unidas e suas Agências Especializadas, promulgado pelo Decreto n. 59.308/1966, salvo se a organização a ela renunciar expressamente num determinado caso.

O Decreto n. 52.288/63 dispõe, *in verbis*:

> Secção 1 – A Organização das Nações Unidas tem capacidade jurídica. Tem capacidade para: a) Celebrar contratos; b) Adquirir e vender bens móveis e imóveis; c) Instaurar procedimentos judiciais.

> Secção 2 – A Organização das Nações Unidas, os seus bens e patrimônio, onde quer que estejam situados e independentemente do seu detentor, gozam de imunidade de qualquer procedimento judicial, salvo na medida em que a Organização a ela tenha renunciado expressamente num determinado caso. Entende-se, contudo, que a renúncia não pode ser alargada a medidas de execução.

Prevê o inciso XXXV do art. 5º da Constituição que a lei não excluirá da apreciação do Poder Judiciário lesão ou ameaça a direito. O dispositivo tem de ser interpretado em conjunto com o § 2º do mesmo artigo. É preciso fazer a interpretação sistemática dos dois dispositivos.

O art. 26 da Convenção de Viena prevê que "o tratado obriga as partes e deve ser cumprido por elas de boa-fé".

Entidades pertencentes à ONU não podem ter a sua imunidade de jurisdição relativizada para o fim de submeter-se à jurisdição local e responder pelas obrigações trabalhistas, sob pena de violação ao § 2º do art. 5º da Constituição. Reza o referido dispositivo que: "Os direitos e garantias expressos nesta Constituição não excluem outros decorrentes do regime e dos princípios por ela adotados, ou dos tratados internacionais em que a República Federativa do Brasil seja parte". Logo, por força de que a Constituição não exclui outros direitos previstos em tratados internacionais, deve-se respeitar a imunidade de jurisdição estabelecida em tratado internacional, ratificado e promulgado em nosso país.

O Plenário do Supremo Tribunal Federal deu provimento a dois recursos extraordinários (REs 578.543 e 597.368) para reconhecer a imunidade de jurisdição e de execução da Organização das Nações Unidas e do Programa das Nações Unidas para o Desenvolvimento (ONU/PNUD) com relação a demandas decorrentes de relações de trabalho. A maioria dos ministros, porém, seguiu o voto da ministra Ellen Gracie, que se posicionou contra as decisões do TST que obrigaram o PNUD ao pagamento de direitos trabalhistas em razão do encerramento dos contratos de trabalho. O entendimento majoritário foi o de que as decisões violaram o art. 5º, § 2º, da Constituição, segundo o qual os direitos e garantias constitucionais não excluem os tratados internacionais assinados pelo país, e o art. 114, que define a competência da Justiça do Trabalho.

As organizações ou organismos internacionais gozam de imunidade absoluta de jurisdição quando amparados por norma internacional incorporada ao ordenamento jurídico brasileiro, não se lhes aplicando a regra do Direito Consuetudinário relativa à natureza dos atos praticados. Excepcionalmente, prevalecerá a jurisdição brasileira na hipótese de renúncia expressa à cláusula de imunidade jurisdicional (OJ 416 da SBDI-1 do TST).

11.3.3 Servidores de cartórios extrajudiciais

São cartórios extrajudiciais os de notas, títulos, protestos, registro de imóveis etc.

Anteriormente, a jurisprudência entendia, pacificamente, que a competência para dirimir questões abrangendo funcionários de cartórios extrajudiciais era da Corregedoria dos Tribunais de Justiça Estaduais.

Tal afirmação se fazia em virtude de não serem empregados os funcionários dos cartórios, mas servidores públicos *lato sensu*, que são nomeados para o exercício de suas atividades nesses cartórios. O cartório é fiscalizado permanentemente pela Corregedoria, que, inclusive, emite a identidade funcional dos cartorários, que não são registrados em Carteira de Trabalho e Previdência Social, e, portanto, não são empregados.

Determina o art. 236 da Constituição que os serviços notariais e de registro são exercidos em caráter privado, por delegação do Poder Público. Trata-se de norma autoaplicável no ponto em que define que a atividade dos serviços notariais e de registro tem natureza privada.

O art. 114 da Constituição dá competência à Justiça do Trabalho para dirimir controvérsia a respeito de relação de emprego.

O STF entendeu que o titular do cartório é quem paga a remuneração de seus funcionários, que não são remunerados pelos cofres públicos. A legislação aplicável é a trabalhista. A intervenção da Corregedoria da Justiça Comum é apenas de natureza fiscalizadora e disciplinar, sendo competente a Justiça do Trabalho e não a Justiça Comum para resolver a pendência entre o cartório e seu funcionário (STF – Pleno, Ac. 69642/110, Ementa n. 1.657-2, j. 19-6-1991, Rel. Min. Néri da Silveira, *DJ* 10-4-1992). No mesmo sentido, outros julgados do STF contidos na *LTr* 57-04/448, 56-07/845 e 58-06/685.

A Lei n. 8.935, de 18-11-1994, versou sobre a atividade dos cartórios, complementando o art. 236 da Constituição e seus parágrafos. Os serviços notariais e de registro são exercidos em caráter privado, por delegação de Poder Público. Trata-se de serviços de agente público, pois desempenha função delegada de poder público. O art. 20 da Lei n. 8.935 estabelece que os prepostos do cartório são escreventes e outros, contratados sob o regime da legislação do trabalho. Logo, nesse caso, só pode ser competente a Justiça do Trabalho para dirimir as controvérsias entre essas pessoas e o titular do cartório.

Nos casos em que a competência é fixada na Constituição (art. 114), não é a hipótese de se aplicar a lei ordinária, mais especificamente a Lei n. 8.935/94, não sendo o caso de se observar o seu art. 48, que, inclusive, não trata de competência.

Sendo o art. 236 da Constituição norma que define a atividade privada dos cartórios, seus funcionários só podem ser empregados.

11.3.4 Atleta profissional de futebol

Dispunha o art. 29 da Lei n. 6.354/76 que "somente serão admitidas reclamações à Justiça do Trabalho depois de esgotadas as instâncias da Justiça Desportiva, a que se refere o item III do art. 42, da Lei n. 6.251, de 8 de outubro de 1975, que proferirá decisão final no prazo máximo de 60 dias contados da instauração do processo".

Previa o § 4º do art. 153, de acordo com a Emenda Constitucional n. 1/69, com a redação da Emenda Constitucional n. 7/77, que a lei condicionasse o ingresso em juízo depois de esgotada a via administrativa.

O inciso XXXV do art. 5º da Lei Maior de 1988 não tem disposição nem mesmo similar à anterior, pois "a lei não excluirá da apreciação do Poder Judiciário lesão ou ameaça a direito". Não mais dispõe que a lei poderia condicionar o ingresso em juízo somente depois de esgotada a instância administrativa.

Determina o § 1º do art. 217 da Lei Magna de 1988 que "o Poder Judiciário só admitirá ações relativas à disciplina e às competições desportivas após esgotarem-se as instâncias da justiça desportiva, regulada por lei".

Não há dúvida de que a Justiça do Trabalho tem competência para examinar a relação entre o atleta profissional de futebol e o respectivo clube, pois decorre da previsão do art. 114 da Constituição. Entretanto, o art. 29 da Lei n. 6.354/76 foi derrogado pelo § 1º do art. 217 da Constituição. Somente nos casos de disciplina e de competições esportivas é que se deve esgotar a via administrativa. Nos demais casos, o atleta pode socorrer-se diretamente da Justiça do Trabalho para fazer sua postulação, como no caso de salários não pagos, FGTS etc. A Lei n. 6.354/76 foi revogada pela Lei n. 9.615/93.

11.4 COMPETÊNCIA EM RAZÃO DA MATÉRIA

A competência em razão da matéria (*ex ratione materiae*) vai dizer respeito aos tipos de questões que podem ser suscitadas na Justiça Laboral, compreendendo a apreciação de determinada matéria trabalhista.

11.4.1 Relação de trabalho

Trabalho é o esforço decorrente da atividade humana visando à produção de uma utilidade. É um fator da produção. É o fim da atividade econômica, tendo por objetivo gerar riquezas.

Relação de trabalho é o gênero que abrange a relação de emprego como espécie. Tem sentido mais amplo. Compreende o trabalho humano.

Vários incisos do art. 114 da Constituição fazem referência à relação de trabalho.

Relação de trabalho é a relação jurídica entre o prestador de serviços (trabalhador) e o tomador de serviços, que pode ser física ou intelectual, com ou sem remuneração.

Prestação de serviços é o vínculo jurídico que se estabelece entre o trabalhador e o tomador de serviços.

Contrato de trabalho é o negócio jurídico firmado entre empregado e empregador sobre condições de trabalho.

O inciso I do art. 114 da Constituição não mais faz referência à relação entre trabalhadores e empregadores para fins da competência da Justiça do Trabalho. Entretanto, a relação de emprego está compreendida na competência da Justiça do Trabalho, pois é uma relação de trabalho.

A ideia é de que toda a matéria trabalhista, compreendendo qualquer tipo de trabalhador, seja de competência da Justiça do Trabalho e não apenas a relação de emprego. A Justiça é do trabalho e não do emprego ou do desempregado. De um modo geral, a Justiça do Trabalho deixa de ser uma Justiça do emprego para ser do trabalho.

A Justiça do Trabalho é competente para analisar relação de trabalho e não qualquer relação jurídica.

Relação amorosa, matrimonial, de convivência não é relação de trabalho, pois diz respeito à vida das pessoas.

O inciso I do art. 114 da Constituição determina a competência da Justiça do Trabalho para processar e julgar as ações oriundas da relação de trabalho. Estabelece o que abrange essas relações, que são os entes de direito público externo e da administração pública direta e indireta da União, dos Estados, do Distrito Federal e dos Municípios. Inclui, portanto, as autarquias e fundações públicas dos referidos entes da federação. Trata da regra.

Oriundo tem sentido de originário, natural, proveniente, procedente, que nasce direto ou imediato.

Prevê o inciso IX do art. 114 da Constituição que a Justiça do Trabalho tem competência para processar e julgar "outras controvérsias decorrentes da relação de trabalho, na forma da lei". Dispõe sobre a exceção.

Decorrente vem do latim *decurrere*, que significa tudo o que corre, passa ou sucede. Tem sentido de onde se origina, resultante, consequente, derivado, reflexo, indireto, mediato.

Para uns, outras controvérsias decorrentes da relação de trabalho seriam as provenientes de novas tecnologias, que vão surgindo no curso do tempo e não eram previstas quando da edição da disposição constitucional.

Didaticamente pode-se dizer que a competência específica é a prevista no inciso I do art. 114 da Constituição. Competência decorrente tem fundamento no inciso IX do art. 114 da Constituição.

A redação original do art. 114 da Constituição continha mais disposições no sentido de uma competência em razão das pessoas. A redação atual estabelece mais a competência em razão da matéria, pois elas vão sendo enumeradas nos seus incisos.

A interpretação histórica pode auxiliar no entendimento da questão. Na Comissão Especial da PEC n. 96/1992 foi aprovado o parecer da Deputada Zulaiê Cobra Ribeiro. O inciso I do art. 115 fazia referência à relação de emprego e o inciso VIII mencionava outras controvérsias decorrentes da relação de trabalho, desde que previstas em lei.

O Plenário da Câmara dos Deputados aprovou o Destaque de Votação em Separado n. 116, do Deputado Nelo Rodolfo, para substituir a expressão *relação de emprego* por *relação de trabalho* no inciso I.

No Senado, foi apresentada a Emenda de Plenário n. 136, do Senador Artur da Távola, em que se pretendia o restabelecimento da expressão *relação de emprego* no inciso I. A Emenda não foi sequer votada, ficando mantida a locução *relação de trabalho*.

A vontade do legislador ao fazer referência inicialmente à relação de emprego não pode ser levada em consideração. Com a mudança da redação para *relação de trabalho*, não se pode dizer que o inciso trata apenas de relação de emprego, pois a relação de trabalho abrange a relação de emprego.

O inciso I do art. 114 da Constituição não revogou o inciso IX do mesmo artigo, pois embora esta última disposição já existisse na regra original do *caput* do art. 114 da Lei Maior, os dois incisos foram publicados ao mesmo tempo pela Emenda Constitucional n. 45, em 31 de dezembro de 2004. Assim, resta descabida a alegação de que a regra posterior revogou a anterior.

Os incisos I e IX do art. 114 da Constituição são contraditórios. Se a Justiça do Trabalho é competente para analisar questões relativas a relações de trabalho, não há necessidade de lei para estabelecer a competência para outras controvérsias decorrentes da relação de trabalho (art. 114, IX, da Constituição). Se a situação representa relação de trabalho, novos fatos não precisam ter previsão em lei, pois já estariam enquadrados no inciso I do art. 114 da Lei Maior. Não haveria outras controvérsias a serem reguladas pela lei. Seria, assim, desnecessário, inútil ou ocioso o inciso IX.

A repetição no inciso IX do art. 114 da Constituição da expressão *relação de trabalho* pode parecer redundante, mas precisa ser interpretada. Cabe ao intérprete buscar a interpretação que venha a compatibilizar os incisos I e IX do art. 114 da Lei Maior.

É sabido, porém, que a lei não pode conter palavras inúteis. As palavras empregadas devem ter sentido próprio e distinto. Do contrário, não precisariam ser repetidas.

A interpretação não pode também conduzir o intérprete ao absurdo, no sentido de que os dispositivos são incompatíveis entre si ou de ser inútil o inciso IX. Logo, deve ser buscada a interpretação sistemática para se saber o que pode ser incluído em cada inciso.

O fato de o inciso I do art. 114 da Constituição ter feito referência à *relação de trabalho* e o inciso IX do mesmo artigo mencionar *outras controvérsias decorrentes da relação de trabalho, na forma da lei* é sinal que a disposição do inciso I não é tão ampla assim e tem de ser interpretada conjuntamente com os seus incisos. Se toda relação de trabalho está inserida no inciso I não há sentido para a existência do inciso IX.

Não se interpreta a Constituição aos pedaços, mas no seu conjunto.

O inciso I do art. 7º da Lei Maior faz referência à expressão *relação de emprego*. O inciso XXIX do mesmo artigo usa a expressão *relação de trabalho* para dizer respeito a trabalhadores urbanos e rurais, mas também aos avulsos (art. 7º, XXXIV).

O constituinte sabe que há diferença entre relação de emprego e de trabalho.

O verbo *abranger* contido no inciso I do art. 114 da Lei Maior indica que essa abrangência é o que está nos incisos do art. 114 da Constituição. O que não está nos incisos do art. 114 da Constituição não está abrangido na competência da Justiça do Trabalho. Depende de lei para estabelecê-la.

A interpretação sistemática da Constituição mostra que as outras controvérsias decorrentes da relação de trabalho que serão previstas em lei são diversas das já indicadas nos incisos I a VIII do art. 114 da Lei Maior, pois elas já estão indicadas nos incisos, como exercício do direito de greve, representação sindical, dano moral, penalidades administrativas etc.

Reza o art. 7º da Emenda Constitucional n. 45 que "o Congresso Nacional instalará, imediatamente após a promulgação desta Emenda Constitucional, comissão especial mista, destinada a elaborar, em 180 dias, os projetos de lei necessários à regulamentação da matéria nela tratada...". Logo, é preciso que a lei ordinária complemente certos dispositivos da Constituição.

Dispõe o art. 39 da Lei n. 4.886/65 que para o julgamento das controvérsias que surgirem entre representante e representado é competente a Justiça Comum, aplicando-se o procedimento sumaríssimo. Assim, esse dispositivo teria de ser alterado para estabelecer a competência da Justiça do Trabalho.

O inciso IX do art. 114 da Constituição não é autoaplicável. Necessita de lei ordinária para explicitar quais são as outras controvérsias decorrentes da relação de trabalho que poderão ser julgadas pela Justiça do Trabalho, além das já descritas nos incisos I a VIII do mesmo artigo.

Assim, a Justiça do Trabalho não terá competência para analisar questões compreendendo trabalhador autônomo, representante comercial autônomo (Lei n. 4.886/65), empresários, estagiários, trabalhadores eventuais, trabalhador voluntário e os respectivos tomadores de serviços, assim como as ações entre parceiros, meeiros, arrendantes e arrendatários, questões de empreitada, quando houver lei ordinária federal tratando do tema. Enquanto isso, a competência será da Justiça Comum Estadual.

Compete à Justiça Comum o julgamento de ações oriundas dos contratos de transporte de carga (parágrafo único do art. 5º da Lei n. 11.442/07. O art. 5º da referida lei menciona que não há vínculo do emprego, e que a relação é comercial. Logo, a competência é da Justiça Comum. É a aplicação do inciso IX do art. 114 da Constituição, no sentido de que a lei ordinária federal fixa a competência, podendo, se quisesse, ter fixado a competência da Justiça do Trabalho, mas não o fez. O STF reconhecer a constitucionalidade da referida norma (ADC 48, Rel. Min. Luiz Roberto Barroso).

As exceções já estão previstas na lei, como: (a) o inciso III da alínea *a* do art. 652 da CLT, que versa sobre o empreiteiro, operário ou artífice, pois já é atribuída competência para a Justiça do Trabalho examinar a matéria; (b) o art. 19 da Lei n. 6.019/74, que trata da competência da Justiça do Trabalho para resolver as questões entre as empresas de serviço temporário e seus trabalhadores; (c) o art. 643 e seu § 3º da CLT, que estabelecem a competência da Justiça do Trabalho para julgar questões entre trabalhadores avulsos, portuários e os operadores portuários ou o órgão gestor de mão de obra decorrentes da relação de trabalho.

Há entendimento no sentido de que a Justiça do Trabalho também passaria a ter competência para analisar relações de consumo, que estariam incluídas na relação de trabalho.

Relação de trabalho é gênero, do qual relação de emprego é espécie, mas relação de consumo não se insere nesse liame. Toda relação de emprego é uma relação de trabalho, mas nem toda relação de trabalho é de emprego, como a dos funcionários públicos, dos trabalhadores autônomos etc.

O texto constitucional não mais faz menção à relação entre trabalhadores e empregadores. Entretanto, o prestador de serviços necessariamente será uma pessoa física e o tomador uma pessoa física ou jurídica. Se o prestador de serviços for pessoa jurídica, a Justiça do Trabalho será incompetente para analisar a matéria. A natureza da relação entre duas pessoas jurídicas é civil e não trabalhista.

Reza o art. 593 do Código Civil que a prestação de serviço que não estiver sujeita às leis trabalhistas ou à lei especial reger-se-á pelas Disposições do Capítulo VII, do Título VI, da Parte Especial do Código Civil. Lei especial poderá ser o CDC, a lei do trabalho voluntário (Lei n. 9.608/98) etc.

Em alguns casos, a relação de consumo é antecedida de um contrato de prestação de serviços.

A Justiça do Trabalho é incompetente para analisar relação de consumo, pois não representa relação de trabalho, mas de consumo. Não compreende exatamente a relação de trabalho versada pela Constituição: entre uma pessoa física e outra pessoa física ou jurídica.

Consumidor é toda pessoa física ou jurídica que adquire ou utiliza produto ou serviço como destinatário final (art. 2º do CDC). É, portanto, aquele que contrata a prestação de serviços. É o usuário final.

Fornecedor é toda pessoa física ou jurídica, pública ou privada, nacional ou estrangeira, bem como os entes despersonalizados, que desenvolvem atividades de produção, montagem, criação, construção, transformação, importação, exportação, distribuição ou comercialização de produtos ou prestação de serviços (art. 3º do CDC).

Serviço é qualquer atividade fornecida no mercado de consumo, mediante remuneração, inclusive as de natureza bancária, financeira, de crédito e securitária, salvo as decorrentes das relações de caráter trabalhista (§ 2º do art. 3º do CDC). Há, assim, exceção expressa no sentido de não ser serviço, para os fins do Código de Defesa do Consumidor, as relações trabalhistas e não apenas de emprego.

O serviço da relação de consumo exige remuneração (§ 2º do art. 3º do CDC), o que pode não ocorrer na relação de trabalho, como acontece com o trabalhador voluntário.

A Constituição mostra que trabalho e consumo são matérias diferentes. Direito do Trabalho é de competência privativa da União (art. 22, I). Consumo é matéria de competência concorrente entre União, Estados e Distrito Federal (art. 24, VIII).

O art. 170 da Constituição faz referência a trabalho humano. O inciso V do mesmo artigo usa a palavra *consumidor*, que diz respeito à relação de consumo. O inciso XXXII do art. 5º da Lei Maior menciona que o Estado promoverá, na forma da lei, a defesa do consumidor. O inciso VIII do art. 245 da Lei Magna trata da competência concorrente da União, Estados e do Distrito Federal para legislar sobre responsabilidade por dano ao consumidor. A Constituição mostra que consumo é diferente de trabalho.

Trabalhador é o prestador de serviços. Consumidor é o usuário final do serviço. É a pessoa que toma os serviços.

Lide entre consumidor e prestador de serviços, em que irá ser aplicado o Código de Defesa do Consumidor, não é de competência da Justiça do Trabalho, por se tratar de relação de consumo, que tem natureza econômica. Exemplos são a relação do paciente com o médico em decorrência da operação malfeita, do cliente contra outra pessoa física que faz conserto incorreto de um aparelho eletrônico. São hipóteses que compreendem relação de consumo e não exatamente de trabalho.

A relação entre o prestador de serviços e o tomador dos serviços sobre o preço do serviço ou os honorários profissionais é de trabalho, pois diz respeito à remuneração pelo trabalho feito. Exemplo é o do médico que poderá postular seus honorários pelos serviços prestados ao cliente, pois é uma relação de trabalho. Entretanto, entendo que há necessidade de a lei ordinária tratar do tema, de forma a regular o inciso IX do art. 114 da Constituição. A Súmula 363 do STJ esclarece que compete à Justiça Estadual processar e julgar ação de cobrança ajuizada por profissional liberal contra o cliente.

Advogado empregado que cobra do empregador honorários advocatícios propõe a ação na Justiça do Trabalho, pois a questão é decorrente do contrato de trabalho.

A Justiça do Trabalho é competente para analisar a autorização para o trabalho do menor. É questão oriunda da relação de trabalho (art. 114, I, da Constituição). O STF entendeu que a Justiça do Trabalho é incompetente (Rel. Min. Alexandre de Moraes).

A competência estabelecida pela Emenda Constitucional n. 45/2004 não alcança os processos já sentenciados (S. 367 do STJ). Assim, a competência é do tribunal que normalmente julga os recursos das decisões de primeiro grau. Se o juiz de Direito julgou a matéria antes da Emenda Constitucional n. 45/2004 a competência para julgar o recurso é do Tribunal de Justiça respectivo.

É possível partir dos elementos caracterizadores da condição de empregado, contidos nos arts. 2º e 3º da CLT (prestação de serviços por pessoa física, continuidade, subordinação, remuneração, pessoalidade), para tentar indicar o que é relação de trabalho.

O prestador de serviços será necessariamente uma pessoa física e o tomador dos serviços uma pessoa física ou jurídica. Se o prestador de serviços for pessoa jurídica, a Justiça do Trabalho será incompetente para analisar a matéria. A natureza da relação entre essas duas pessoas jurídicas é civil e não trabalhista. É uma prestação de serviços *lato sensu* regida pelo Código Civil. Lembre-se de que a prestação de serviço que não estiver sujeita às leis trabalhistas ou à lei especial rege-se pelas disposições dos arts. 593 a 609 do Código Civil (art. 593 do Código Civil). Toda a espécie de serviço ou trabalho lícito, material ou imaterial, pode ser contratada mediante retribuição (art. 594 do Código Civil).

O trabalhador labora para outra pessoa, por conta própria ou alheia.

Subordinação é elemento relativo. Vai existir na relação de emprego. Não existe na relação do trabalhador autônomo com o tomador dos serviços, em que está presente o elemento autonomia na prestação de serviços. Pode também não existir no trabalho eventual.

O elemento onerosidade é relativo. Nem sempre será observado. O trabalhador voluntário nada ganha, mas poderá reivindicar na Justiça do Trabalho as despesas que incorreu no desenvolvimento do serviço. Há uma relação de trabalho. O estagiário pode nada ganhar a título de bolsa, mas reivindicar o pagamento de despesas que incorreram na prestação do serviço ou do seguro contra acidentes pessoais, que não foi feito.

Não se exige habitualidade na prestação de serviços para o tomador, pois o eventual também poderá postular na Justiça do Trabalho, em razão de que sua relação é de trabalho para com o tomador dos serviços. Presta serviços eventualmente para o mesmo tomador dos serviços. O mesmo ocorre com o trabalhador avulso, embora arregimentado pelo sindicato da categoria profissional.

Pessoalidade é um elemento que pode ser considerado relativo. Alguns a terão. Outros, não. Na empreitada, por exemplo, não se exige pessoalidade. O trabalho pode ser feito por qualquer pessoa. O que importa é o resultado. É o que ocorre com o pequeno empreiteiro, operário ou artífice (art. 652, *a*, III, da CLT), desde que seja desenvolvido por pessoa física.

Profissionalidade pode não ser um requisito importante. O trabalhador voluntário não presta serviços profissionalmente, pois não tem obrigação de trabalhar e nada recebe pelo seu trabalho.

Trabalhar por conta alheia é elemento relativo, pois o autônomo trabalha por conta própria e está incluído na expressão *relação de trabalho*.

Não será necessário objetivo lucrativo do prestador dos serviços em todos os casos, pois o trabalhador voluntário poderá postular seus direitos na Justiça do Trabalho. Sua relação é de trabalho e no contrato podem ter sido estabelecidos direitos que não foram observados pelo tomador dos serviços, como pagamento de despesas de transporte, de alimentação, de estadia, de estacionamento etc.

A pessoa física que postula na Justiça do Trabalho nem sempre poderá ser considerada como hipossuficiente, como ocorre com o profissional liberal, como o médico, o dentista, o engenheiro etc.

Não são apenas os contratos de atividade que caracterizam a relação de trabalho, pois, se a empreitada for feita por trabalhador, estará caracterizada a relação de trabalho, embora o contrato seja de resultado.

A Lei Maior não menciona que as relações de trabalho são de natureza contratual, mas apenas dispõe: relações de trabalho, o que inclui qualquer relação. É claro que a maioria das relações é de natureza contratual, mas a relação do trabalhador estatutário com a Administração Pública não o é.

Conclui-se dizendo que o elemento essencial para a caracterização da relação de trabalho na Justiça do Trabalho é o trabalho do prestador de serviços ser feito por pessoa física e não por pessoa jurídica. Os demais elementos são relativos e deverão ser examinados em cada caso em concreto.

O STJ entendeu que a relação entre o diretor estatutário e a empresa não é da competência da Justiça do Trabalho (CC 88.597/SP, Rel. Min. Massami Uyeda, *DJe* 2.6.2008; CC 114.725/SP, Rel. Min. Raul Araújo, *DJ* 5.4.2011).

Compete às Varas do Trabalho decidir quanto à homologação de acordo extrajudicial em matéria de competência da Justiça do Trabalho (art. 652, *f*, da CLT).

11.4.2 Contratos de empreitada

O inciso I do art. 114 da Constituição dá competência à Justiça do Trabalho para processar e julgar as ações oriundas da relação de trabalho. Os contratos de empreitada, apesar de previstos no Código Civil, são relações de trabalho. O inciso IX do art. 114 da Constituição dá competência à Justiça do Trabalho para resolver outras controvérsias decorrentes da relação de trabalho, na forma da lei.

A relação entre o operário ou o artífice e seu tomador de serviços é uma relação de trabalho e tem previsão na alínea *a*, inciso III, do art. 652 da CLT. Logo, atende o inciso I do art. 114 da Constituição, pois se trata de relação de trabalho, e também o inciso IX do mesmo artigo, pois a lei especifica a competência da Justiça do Trabalho.

Reza o inciso III da alínea *a* do art. 652 da CLT que as Varas do Trabalho são competentes para dirimir "os dissídios resultantes de contratos de empreitadas em que o empreiteiro seja operário ou artífice".

Assim, a Justiça do Trabalho é competente para solucionar questões decorrentes da apreciação de contratos de empreitada, quando o empreiteiro seja operário ou artífice.

O pequeno empreiteiro, que é operário ou artífice, é um trabalhador, um hipossuficiente, estando na competência da Justiça do Trabalho julgar tais questões.

Objetiva-se dar acesso ao pequeno empreiteiro à Justiça do Trabalho, sem que exista necessidade de advogado e que o trâmite do processo seja mais rápido.

A Constituição de 1946 não revogou o inciso III da alínea *a* do art. 652 da CLT. O art. 123 daquela norma, ao mencionar que "as demais controvérsias oriundas da relação de trabalho regidas por lei especial" não revoga o dispositivo consolidado, pois a CLT não deixa de ser uma legislação especial, no aspecto, e o Código Civil, que regula a empreitada, não pode ser considerado legislação especial, mas legislação comum.

O empreiteiro, porém, não se confunde com o empregado, pois trabalha sem subordinação, assumindo pessoalmente os riscos de sua atividade. Não atende, portanto, os requisitos do art. 3º da CLT.

Na empreitada, o que se contrata é o resultado, a obra (*locatio operis*) e não a atividade (*locatio operarum*).

O legislador determinou competência à Justiça do Trabalho para dirimir questões de contratos de empreitada, desde que o trabalhador seja operário ou artífice. Não fará jus o pequeno empreiteiro a haver direitos previstos na CLT (férias, salários, horas extras etc.), apenas poderá exigir a importância estipulada em contrato quanto ao preço da empreitada ou da obra e a multa contratual, caso esta tenha sido pactuada.

Será considerado pequeno operário aquele que trabalha diretamente com seus subordinados. Se apenas dirigir o serviço não será considerado pequeno empreiteiro, mas empresário. O trabalhador necessariamente deverá ser pessoa física, não podendo, portanto, ser pessoa jurídica. Não poderá ter também um número muito grande de empregados, sob pena de ser considerado verdadeiro empregador, empresa. O ideal seria que tivesse apenas duas ou três pessoas que o ajudassem, mas este critério não é preciso para distingui-lo do verdadeiro empresário, pois não há disposição em lei determinando o critério para considerá-lo pequeno empreiteiro ou não. O tamanho da obra também deve ser pequeno, ou seja: construir um muro, pintar uma parede, fazer pequenas reformas em uma casa etc.

Considera-se artífice e pequeno artesão a pessoa física que utiliza diretamente os materiais empregados em sua atividade, em geral de caráter artístico, como o pequeno escultor, inventor ou pintor de quadros, que não tem empregados, ou tem dois ou três, que o ajudam nas tarefas manuais de fazer a escultura etc. O artífice será, portanto, a pessoa que exerce uma espécie de atividade artesanal, não podendo ter nenhuma atividade industrial, de produção em série. O tamanho da obra não terá grande importância aqui, podendo tanto ser uma estatueta, como uma estátua que fica numa praça. O valor da obra pode não ser importante, pois uma estatueta pode ter um valor elevado, principalmente se for de um artista famoso.

Pode-se dizer, portanto, que os operários ou artífices são qualificados pelo resultado prestado de seu trabalho.

11.4.3 Competência normativa

A competência normativa é o poder que a Justiça do Trabalho tem de estabelecer regras e condições de trabalho. É o poder outorgado à Justiça do Trabalho pela Constituição para julgar dissídios coletivos, nos quais são estabelecidas novas condições ou regras de trabalho, respeitando-se as disposições mínimas legais de proteção ao trabalho, bem como as convencionadas anteriormente (parte final do § 2º do art. 114 da Lei Maior). A competência normativa é, portanto, exercida nas ações de competência originária dos tribunais, no caso, os dissídios coletivos.

O poder normativo previsto na Constituição não é amplo e ilimitado. Ao contrário, é limitado nos termos da Constituição e da lei.

A Norma Ápice anterior, no § 1º do art. 142, previa expressamente a necessidade de lei para o exercício do poder normativo. O Estatuto Supremo atual não repete aquele comando legal, entretanto, o poder normativo outorgado pela Lei Fundamental à Justiça do Trabalho deve ser interpretado em consonância com os princípios da democracia (art. 1º), da separação dos poderes (art. 2º, 49, XI) e da legalidade (art. 5º, II). Os limites do poder normativo serão mais bem examinados quando se tratar dos dissídios coletivos.

Estabelece o inciso II do art. 114 da Constituição que as ações que envolvam exercício do direito de greve são da competência da Justiça do Trabalho. São as ações que compreendem a paralisação coletiva dos trabalhadores.

A Súmula 189 do TST mostra que a Justiça do Trabalho é competente para declarar a abusividade ou não da greve.

Em caso de greve em atividade essencial, com possibilidade de lesão do interesse público, o Ministério Público do Trabalho poderá ajuizar dissídio coletivo, competindo à Justiça do Trabalho decidir o conflito (§ 3º do art. 114 da Constituição). O Ministério Público somente poderá propor o dissídio coletivo em caso de greve em atividades essenciais e não de outras greves. Atividades essenciais são as definidas no art. 10 da Lei n. 7.783/89: (a) tratamento e abastecimento de água; (b) produção e distribuição de energia elétrica, gás e combustíveis; (c) assistência médica e hospitalar; (d) distribuição e comercialização de medicamentos e alimentos; (e) funerários; (f) transporte coletivo; (g) captação e tratamento de esgoto; (h) telecomunicações; (i) guarda, uso e controle de substâncias radioativas, equipamentos e materiais nucleares; (j) processamento de dados ligados a serviços essenciais; (k) controle de tráfego aéreo; (l) compensação bancária. Paralisação de bancos não é atividade essencial, salvo na compensação bancária.

Estabelece o § 2º do art. 114 da Constituição que, recusando-se qualquer das partes à negociação coletiva ou à arbitragem, é facultado a elas, de comum acordo, ajuizar dissídio coletivo de natureza econômica, podendo a Justiça do Trabalho decidir o conflito, respeitadas as disposições mínimas legais de proteção ao trabalho, bem como as convencionadas anteriormente. Disposições mínimas legais de proteção ao trabalho são as normas de ordem pública previstas na legislação, como de férias, jornada de trabalho, intervalos etc.

11.4.4 Contribuições previdenciárias

11.4.4.1 Histórico

Especificou o art. 12 da Lei n. 7.787, de 30-6-1989, sobre a contribuição previdenciária a ser recolhida na extinção dos processos trabalhistas, tendo a seguinte redação: "em caso de extinção de processos trabalhistas de qualquer natureza, inclusive a decorrente de acordo entre as partes, de que resultar pagamento de vencimentos, remuneração, salário e outros ganhos habituais do trabalhador, o recolhimento das contribuições devidas à Previdência Social será efetuado incontinenti". Estabelecia o parágrafo único do citado artigo que "a autoridade judiciária velará pelo fiel cumprimento do disposto neste artigo".

O significado da expressão *incontinenti* é *sem demora, de imediato*. A lei, porém, não estabelecia qual era o prazo para o recolhimento da contribuição previdenciária, entendendo-se que seria o mais rápido possível.

O art. 43 da Lei n. 8.212, de 24-7-1991, revogou o art. 12 da Lei n. 7.787, ao assim tratar o tema: "em caso de extinção de processos trabalhistas de qualquer natureza, inclusive o decorrente de acordo entre as partes, de que resultar pagamento de remuneração ao segurado, o recolhimento das contribuições devidas à Seguridade Social será efetuado incontinenti". O antigo parágrafo único do art. 12 da Lei n. 7.787 passou a ser o art. 44 da Lei n. 8.212, estando assim disposto: "a autoridade judiciária exigirá a comprovação do fiel cumprimento ao disposto no artigo anterior".

Como se nota do preceito legal em exame, o recolhimento deveria ser feito sem demora. O referido art. 43 da Lei n. 8.212 apenas fazia menção a pagamento de remuneração ao segurado e não mais a pagamento de vencimentos, remuneração, salários e outros ganhos habituais do trabalhador.

A Lei n. 8.620, de 5-1-1993, oferece nova redação aos arts. 43 e 44 da Lei n. 8.212. O art. 43 da Lei n. 8.212 passou a estar assim especificado: "nas ações trabalhistas de que resultar o pagamento de direitos sujeitos à incidência de contribuição previdenciária, o juiz, sob pena de responsabilidade, determinará o imediato recolhimento das importâncias devidas à Seguridade Social". O § 1º do art. 43 determina que "nas sentenças judiciais ou nos acordos homologados em que não figurarem, discriminadamente, as parcelas legais relativas à contribuição previdenciária, esta incidirá sobre o valor total apurado em liquidação de sentença ou sobre o valor do acordo homologado".

Previa o art. 44, da Lei n. 8.212 que "a autoridade judiciária velará pelo fiel cumprimento do disposto no artigo anterior, inclusive fazendo expedir notificação ao Instituto Nacional do Seguro Social – INSS, dando-lhe ciência dos termos da sentença ou do acordo celebrado".

A Emenda Constitucional n. 20/98 acrescentou o § 3º ao art. 114 da Constituição. Tinha a seguinte redação o citado parágrafo: "compete ainda à Justiça do Trabalho executar, de ofício, as contribuições sociais previstas no art. 195, I, *a*, e II, e seus acréscimos legais, decorrentes das sentenças que proferir".

A Emenda Constitucional n. 45/2004 determinou no inciso VIII do art. 114 da Constituição a competência da Justiça do Trabalho para processar e julgar "a execução, de ofício, das contribuições sociais previstas no art. 195, I, *a*, e II, e seus acréscimos legais, decorrentes das sentenças que proferir". Houve apenas a troca do verbo *executar* pelo substantivo *execução*.

11.4.4.2 Autoaplicabilidade

O mencionado inciso VIII do art. 114 da Lei Magna não usa a expressão *nos termos da lei*, como outros dispositivos constitucionais, mas acaba necessitando de legislação ordinária para explicitar a forma com que será feita essa exigência.

11.4.4.3 Execução

A palavra *executar* tem o sentido de obrigar ao pagamento da dívida, de fazer cumprir a obrigação, de promover em juízo a cobrança da prestação a que se obrigou o devedor. O que se executa é a obrigação contida na sentença.

A execução será feita nos próprios autos do processo em relação às sentenças proferidas nos dissídios individuais. Os dissídios coletivos não têm natureza condenatória, apenas criam, modificam ou extinguem direitos, não incidindo contribuições nesse momento, apenas quando se executa o que está contido na sentença normativa, que é feito por meio da ação de cumprimento perante a Vara do Trabalho. A exigência dirá respeito às sentenças proferidas pela Justiça do Trabalho e não a outros débitos confessados e não pagos pelo empregador ou de outras contribuições, que não originárias da própria sentença.

A palavra sentença também tem de ser entendida como os acordos homologados, em razão de que se trata de decisão irrecorrível (parágrafo único do art. 831 da CLT).

A determinação de o juiz executar a contribuição será de ofício, isto é, sem qualquer provocação, por determinação do próprio magistrado. O juiz impulsionará de ofício o andamento do processo. É o que também ocorre na hipótese do art. 878 da CLT, em que o juiz impulsiona de ofício o processo na execução quando as partes não tiverem advogados. Na verdade, o juiz não vai executar. Ele tem competência para executar. Não é parte o juiz no processo para executar. Irá impulsionar o processo de ofício.

O certo é que houvesse a exigência por intermédio da procuradoria da Fazenda Nacional e não do juiz, de o magistrado oficiar a este órgão para executar a contribuição nos próprios autos do processo trabalhista, citando o devedor para pagar a contribuição, sob pena de penhora. O magistrado não tem a função de cobrar a contribuição, apenas possui competência para esse fim, dizendo o direito aplicável à espécie. A função do juiz é julgar e não cobrar contribuições no próprio processo, como um exator.

A Justiça do Trabalho passa a ter competência para dizer sobre a incidência e a não incidência da contribuição, pois quem executa a exação tem poderes para dizer sobre o que incide a contribuição. É a conclusão que se extrai do inciso VIII do art. 114 da Lei Magna, embora este não seja expresso nesse sentido.

Faz referência expressamente o inciso VIII do art. 114 da Constituição ao art. 195, I, *a*, e II, da Constituição, sobre a contribuição do empregador, da empresa e da entidade a ela equiparada, incidente sobre a folha de salários e demais rendimentos do trabalho pagos ou creditados a qualquer título, a "pessoa física que lhe preste serviço, mesmo sem vínculo empregatício" e "trabalhador e dos demais segurados da previdência social". Logo, a contribuição a ser exigida será: (a) a do empregador, da empresa e da entidade a ela equiparada, incidente sobre a folha de salários e demais rendimentos do trabalho pagos ou creditados, a qualquer título, à pessoa física que lhe presta serviço, mesmo sem vínculo empregatício. Isso significa a exigência da contribuição da empresa sobre os pagamentos feitos a empregados, domésticos, trabalhadores avulsos e até a autônomos. É o que acontece quando a Justiça do Trabalho não reconhece o vínculo de emprego, considerando o trabalhador autônomo, ocasião em que serão devidas as contribuições da empresa incidentes sobre a remuneração do autônomo (20%); (b) a do trabalhador e dos demais segurados da previdência social. Aqui, a exigência será da contribuição do próprio empregado ou do autônomo que não tiverem sido recolhidas, e não da empresa. A execução será, portanto, feita tanto em relação à contribuição da empresa, na forma acima especificada, como do próprio trabalhador ou executar as duas ao mesmo tempo. Não será executada, porém, contribuição incidente sobre a receita, o faturamento ou o lucro da empresa, hipóteses previstas nas alíneas *b* e *c* do inciso I do art. 195 da Lei Maior.

A contribuição para o custeio de acidente do trabalho também será executada na Justiça do Trabalho, pois é destinada à Seguridade Social (art. 7º, XXVIII, art. 195, I, *a*, da Constituição) (S. 454 do TST).

O STF entende que a competência da Justiça do Trabalho prevista no art. 114, VII, da Constituição alcança a execução de ofício das contribuições previdenciárias relativas ao objeto da condenação constante das sentenças que proferir e acordos por ela homologados (S. Vinculante 53).

Mostra o inciso I da Súmula 368 do TST que a competência da Justiça do Trabalho, quanto à execução das contribuições previdenciárias, limita-se às sentenças condenatórias em pecúnia que proferir e aos valores, objeto do acordo homologado, que integram o salário-de-contribuição.

Terá também a Justiça do Trabalho competência para exigir os acréscimos legais, Acréscimo legal é a verba a pagar em razão de o contribuinte saldar a contribuição previdenciária fora do prazo legal. São acréscimos legais: juros, correção monetária e multa.

A função do juiz é, enfim, de colaborar com o Poder Executivo na verificação de uma determinação de ordem pública, como ocorre em relação a qualquer funcionário público e a qualquer cidadão, cabendo a União executar a contribuição previdenciária. O juiz do trabalho apenas tem competência para essa execução, dizendo o direito aplicável à espécie.

A União passa a intervir no feito, mesmo não sendo parte na fase de conhecimento, nem estando incluído na coisa julgada. Essa intervenção será feita na execução para cobrar a contribuição previdenciária. O inciso VIII do art. 114 da

Constituição criou uma execução incidente no próprio processo trabalhista, em que irá ser executado o crédito previdenciário, sem que a União tenha feito parte da fase de conhecimento.

A contribuição previdenciária decorrente de sentença trabalhista não é título executivo judicial. Título executivo judicial é a sentença trabalhista, que será executada.

Talvez, o ideal seja a formação de autos em apartado para a execução do crédito da União em razão de incidentes próprios que possam ocorrer nesse processo.

O objetivo da norma constitucional é aumentar a arrecadação das contribuições previdenciárias na própria fonte de pagamento, que é o processo trabalhista, como foi o do art. 12 da Lei n. 7.787/89, visando evitar a sonegação fiscal.

11.4.5 Representação sindical

Antes da Emenda Constitucional n. 45/04 a competência para julgar representação sindical, eleições sindicais, cobrança da contribuição sindical era da Justiça Estadual. A Emenda Constitucional n. 45 pretendeu trazer para a competência da Justiça do Trabalho toda a matéria que tenha natureza trabalhista.

O inciso III do art. 114 da Constituição dá competência à Justiça do Trabalho para resolver ações sobre representação sindical, entre sindicatos, entre sindicatos e trabalhadores e entre sindicatos e empregadores. Não usa a expressão *relação de trabalho*, mas faz referência a pessoas. O inciso, na primeira parte, trata de competência material. Na segunda parte versa sobre competência pessoal (sindicatos, empregadores, trabalhadores).

A Justiça do Trabalho deve mesmo ter competência para analisar as referidas matérias, pois conhece melhor a legislação trabalhista, especialmente a sindical, que tem previsão na CLT.

As ações previstas no inciso III do art. 114 da Constituição não dizem respeito apenas à representação sindical, mas o inciso enumera as hipóteses. Do contrário, não haveria vírgula na expressão *representação sindical, entre sindicatos*. A Justiça do Trabalho tem competência para analisar qual é o sindicato mais representantivo. O art. 519 da CLT mostra critérios para se apurar a representatividade sindical.

As ações entre sindicatos, entre sindicatos e trabalhadores, e entre sindicatos e empregadores não são apenas as que digam respeito à representação sindical.

O inciso III do art. 114 da Constituição não faz referência a relações de trabalho. Logo, a matéria nele discutida não precisa decorrer necessariamente de relações de trabalho.

A Justiça do Trabalho será competente para analisar questão relativa a contribuições sindicais, como na hipótese em que o sindicato pretende cobrar do empregador a contribuição ou discutir a base territorial.

Será possível a Justiça do Trabalho examinar questões entre o trabalhador e o sindicato, como de eleições sindicais, de anulação de assembleia geral, de imposição de penalidade prevista no estatuto, de mensalidade sindical. O trabalhador avulso, que é um trabalhador, também poderá discutir questões com o Sindicato de Trabalhadores Avulsos.

Se a ação compreender duas federações ou duas confederações sobre representação sindical, a competência também será da Justiça do Trabalho. Nesse ponto, não se pode fazer interpretação restrita da palavra *sindicatos*.

A palavra *sindicatos* pode ser entendida num sentido amplo. Federação e confederação também são sindicatos num sentido amplo. Pertencem ao sistema sindical.

O sindicato poderá ajuizar mandado de segurança contra o Ministro do Trabalho em razão de não conceder o registro sindical.

O inciso III do art. 114 da Constituição trouxe para o âmbito constitucional a previsão da Lei n. 8.984/95.

A Lei n. 8.984, de 7-2-1995, estabeleceu que "compete à Justiça do Trabalho conciliar e julgar os dissídios que tenham origem no cumprimento de convenções coletivas de trabalho, ou acordos coletivos de trabalho, mesmo quando ocorram entre sindicatos ou entre sindicato de trabalhadores e empregador" (art. 1º). Na primeira parte do dispositivo, nada mais se fez do que repetir o que já estava escrito no art. 625 da CLT: "as controvérsias resultantes da aplicação de Convenção ou de Acordo celebrado nos termos deste Título serão dirimidas pela Justiça do Trabalho". É claro que a interpretação das normas previstas em acordo ou convenção coletiva e também a discussão a respeito de condições de trabalho nelas previstas serão de competência da Justiça do Trabalho.

Questões entre sindicato de empregado e empregador serão de competência da Justiça do Trabalho, se houver homologação do acordo ou convenção coletiva pela Justiça do Trabalho, caso em que será competente, por se tratar de cumprimento de uma decisão coletiva. Questões entre sindicato de empregado e empregador também serão da competência da Justiça do Trabalho, como as em que se discuta contribuição sindical, confederativa ou assistencial devida pelo empregador ao primeiro.

Questão entre Sindicato e trabalhador a respeito de indenização por dano será da competência da Justiça do Trabalho, por força do inciso III do art. 114 da Constituição.

O STF entendeu que a Lei n. 8.984/95 não se atrita com a Constituição, pois é a lei mencionada pela Lei Maior que poderia regular outras controvérsias decorrentes da relação de trabalho (STF, RE 143.722-7-SP, Ac. 1ª T., j. 28-4-1995, Rel. Min. Ilmar Galvão, *LTr* 59-11/1519).

Mesmo quando o dissídio ocorra entre sindicatos, será competente a Justiça do Trabalho para apreciar a questão. Pode ser, assim, um dissídio entre dois sindicatos de trabalhadores, dois sindicatos de empregadores e entre sindicato de empregador e de trabalhador.

Tem também competência a Justiça do Trabalho para dirimir litígio entre sindicato de empregadores e empresa, pois a Lei Maior faz referência a sindicatos e empregadores. A palavra *sindicatos* está no plural, podendo tanto ser o sindicato de trabalhadores, como o sindicato de empregadores postulando contra o empregador.

O sindicato poderá ajuizar mandado de segurança contra a Caixa Econômica Federal, porque esta não lhe dá o código para o recebimento da contribuição sindical, alegando que não tem representação sindical.

A representação sindical abrange discussões entre sindicatos, federações e confederações quando o Ministério do Trabalho aceita ou nega o registro do sindicato, em caso de impugnação por outro sindicato. A questão é de representação sindical e deveria ser decidida pela Justiça do Trabalho. O STJ entende que a competência é da Justiça Federal, pois é ato que diz respeito a ministro de Estado.

11.4.6 Penalidades administrativas

A matéria era da competência da Justiça Federal, pois compreendia interesse da União em cobrar as penalidades administrativas previstas na CLT.

A Justiça do Trabalho tem competência para analisar ações relativas às penalidades administrativas impostas aos empregadores pelos órgãos de fiscalização das relações de trabalho (art. 114, VII, da Constituição).

Se a matéria é trabalho, a Justiça do Trabalho deveria ser competente para analisar o tema. É o que ocorre com o estabelecimento de penalidades administrativas aos empregadores pelos fiscais do trabalho. A matéria é trabalhista, pois está ao final de cada capítulo da CLT Logo, a competência deve ser da Justiça do Trabalho.

Penalidades administrativas são sanções pecuniárias pela não observância da legislação trabalhista.

O inciso VII do art. 114 da Constituição não dá competência para a Justiça do Trabalho aplicar multas, mas para as ações relativas à imposição de multas pela fiscalização trabalhista.

O art. 19-A da Lei n. 6.019/74 trata de aplicação de multa administrativa pela não observância do disposto na referida norma sobre trabalho temporário e terceirização.

Compreende o inciso VII do art. 114 da Constituição mandado de segurança contra ato administrativo.

A Justiça do Trabalho também terá competência para examinar questões de penalidades impostas pelos fiscais ao empregador em relação à não observância de regras relativas a relação de trabalho, que compreende o trabalhador avulso. É a hipótese da não observância pelo empregador das regras contidas na Lei n. 12.815/2013.

Terá a Justiça do Trabalho competência para examinar mandados de segurança contra os fiscais do trabalho ao imporem penalidades administrativas, pois a matéria é da sua competência, conforme se depreende dos incisos IV e VII do art. 114 da Constituição.

A Constituição faz referência a ações relativas às penalidades administrativas. Emprega a palavra *ações* no plural, que significa qualquer ação. Isso compreende as ações de execução da dívida referente à citada penalidade, e a ações anulatórias e declaratórias sobre o tema.

O juiz do trabalho de primeira instância será competente para analisar o mandado de segurança proposto contra o ato abusivo da autoridade que faz fiscalização trabalhista.

A competência para julgar o mandado de segurança define-se pela categoria da autoridade coatora e pela sede funcional. Nos casos em que o ato for praticado pelo subdelegado do trabalho ou por auditor fiscal, a competência será da Vara do Trabalho onde a subdelegacia tiver sede ou o auditor estiver lotado.

A Constituição faz referência a "empregadores". A penalidade imposta ao empregador pode ser a decorrente de interdição de estabelecimento, máquina ou equipamento, embargos total ou parcial da obra, feitos pelo auditor fiscal do Ministério do Trabalho.

Multas aplicadas pela Secretaria da Receita Federal não se enquadram em questões de relações de trabalho, mas de contribuição previdenciária. O auditor fiscal da Secretaria da Receita Federal fiscaliza contribuição e não relação de trabalho.

A Justiça do Trabalho é competente para analisar a cobrança de multa por infração à legislação do FGTS, em razão da fiscalização feita pelo auditor fiscal do Ministério do Trabalho.

Será incabível a execução de multa por violação à Lei n. 8.036 em relação à falta de recolhimento do FGTS pela empresa quanto ao diretor não empregado. Nesse caso, a empresa não é empregador. Logo, essa multa será cobrada perante a Justiça Federal.

A multa de 20% pela falta de recolhimento do FGTS será analisada pela Justiça do Trabalho, pois decorre da relação de trabalho.

O inciso VII do art. 114 da Constituição faz referência a empregador em relação às multas aplicadas pela fiscalização do trabalho. Logo, não pode ser competente para analisar multas aplicadas pelos órgãos de fiscalização da profissão, como OAB, CREA etc.

O fiscal da Secretaria da Receita Federal ou o auditor fiscal do Ministério do Trabalho não têm competência para reconhecer vínculo de emprego. A competência da Justiça do Trabalho é para processar e julgar as ações oriundas da relação de trabalho. Mostra, portanto, situação de segurança jurídica para o réu, que não pode ser tributado ou multado por presunção, e a matéria somente pode ser analisada pelo juízo competente.

Ninguém pode ser considerado culpado até o trânsito em julgado da sentença condenatória (art. 5º, LVII, da Lei Magna).

Nos processos judiciais e administrativos devem ser assegurados o contraditório e a ampla defesa (art. 5º, LV, da Constituição) e também o devido processo legal (art. 5º, LIV, da Lei Maior). O devido processo legal é a observância da competência que a Constituição fixa para a Justiça do Trabalho (art. 114, I), de a matéria ser analisada pelo juízo que é competente para julgá-la.

Haveria invasão de competência e violação ao princípio da separação dos poderes se o fiscal viesse a julgar matéria que a Constituição atribui competência à Justiça do Trabalho (art. 114, I). Ao Poder Legislativo cabe legislar. Ao Executivo cabe administrar e executar as leis. Ao Judiciário compete os julgamentos das questões, segundo a previsão da Constituição e das leis elaboradas pelo Poder Legislativo. O Poder Judiciário é independente e autônomo dos demais Poderes (art. 2º da Lei Maior).

Reza o parágrafo único do art. 116 do CTN que "a autoridade administrativa poderá desconsiderar atos ou negócios jurídicos praticados com a finalidade de dissimular a ocorrência do fato gerador do tributo ou a natureza dos elementos constitutivos da obrigação tributária, observados os procedimentos a serem estabelecidos em lei ordinária". Impede a norma procedimentos ilícitos do contribuinte. É a chamada norma antielisão, dificultando o planejamento tributário. Entretanto, o parágrafo se aplica a fato gerador de tributos e não à relação de emprego.

O parágrafo único do art. 116 do CTN não pode ser analisado a partir dele mesmo para interpretar a Constituição. A Lei Maior, especialmente o inciso I do art. 114 da Constituição, tem de ser interpretada a partir dela mesma e de acordo com ela, inclusive sistematicamente ou em conformidade com a *Lex Mater* e não a partir da lei ordinária.

Prevalece, portanto, a norma constitucional, que é hierarquicamente superior à lei ordinária e à lei complementar, que é o CTN.

Indica o art. 50 do Código Civil que a desconsideração da personalidade jurídica é feita pelo juiz: "Em caso de abuso da personalidade jurídica, caracterizado pelo desvio de finalidade ou pela confusão patrimonial, pode o juiz, a requerimento da parte, ou do Ministério Público, quando lhe couber intervir no processo, desconsiderá-la para que os efeitos de certas e determinadas relações de obrigações sejam estendidos aos bens particulares de administradores ou de sócios da pessoa jurídica beneficiados direta ou indiretamente pelo abuso." A desconsideração da personalidade jurídica, segundo o Código Civil, não pode, portanto, ser feita por pessoa diversa do juiz e ainda exige requerimento da parte ou do Ministério Público. O juiz não irá decidir de ofício. O artigo menciona que a desconsideração será feita em duas hipóteses: (a) desvio de finalidade, que é a utilização da pessoa jurídica com o propósito de lesar credores e para a prática de atos ilícitos de qualquer natureza; (b) confusão patrimonial, que é a ausência de separação de fato entre os patrimônios, caracterizada por: I – cumprimento repetitivo pela sociedade de obrigações do sócio ou do administrador ou vice-versa; II – transferência de ativos ou de passivos sem efetivas contraprestações, exceto os de valor proporcionalmente insignificante; e III – outros atos de descumprimento da autonomia patrimonial. É o que ocorre muitas vezes na relação entre a pessoa física dos sócios e as microempresas ou empresas de pequeno porte, que têm uma única conta-corrente no banco.

A mera existência de grupo econômico sem a presença dos requisitos de que trata o *caput* deste artigo não autoriza a desconsideração da personalidade da pessoa jurídica (§ 4º do art. 50 do Código Civil).

Não constitui desvio de finalidade a mera expansão ou a alteração da finalidade original da atividade econômica específica da pessoa jurídica (§ 5º do art. 50 do Código Civil).

O fiscal não tem um superpoder que está acima de tudo e de todos, especialmente da previsão contida na própria Constituição, que atribui competência à Justiça do Trabalho para processar e julgar ações oriundas da relação de trabalho (art. 114, I). O fiscal tem de observar o que consta da Constituição, como todas as pessoas, pois ela é a Lei Maior da República Federativa do Brasil, que se constitui num Estado Democrático de Direito.

Não há dúvida a respeito do fato de que o auditor fiscal tem competência para fiscalizar a empresa a respeito de normas trabalhistas.

Entretanto, somente a Justiça do Trabalho é que tem competência constitucional para dizer se existe ou não o vínculo de emprego entre as partes (art. 114, I, da Constituição).

O auditor fiscal do trabalho não pode dizer que todos os trabalhadores que prestam serviços sob a forma de cooperados são empregados. Da mesma forma, não pode dizer que representantes comerciais autônomos são empregados, pois cada caso é um caso. Uns poderão ser cooperados ou representantes comerciais autônomos e outros não. Uns poderão fazer prova da condição de empregados e outros não. Haverá necessidade de verificar se estão presentes de forma cumulativa os elementos pessoa física que presta serviços, subordinação, continuidade, remuneração e pessoalidade. A prova de cada caso tem de ser examinada e isso só pode ser feito pela Justiça do Trabalho, que tem competência constitucional para tanto.

A norma constitucional está hierarquicamente acima da previsão da CLT, que tem natureza de lei ordinária, e das determinações do Decreto n. 4.552, de 27 de dezembro de 2002, que trata da inspeção do trabalho e tem natureza de regulamento.

Quem tem atividade jurisdicional, de dizer o Direito, é a Justiça do Trabalho e não o auditor fiscal do trabalho ou qualquer fiscal, pois jurisdição é o poder que o juiz tem de dizer o Direito no caso concreto a ele submetido, por estar investido desta condição pelo Estado. A fiscalização não tem o poder de dizer o Direito, que é atribuição do Poder Judiciário, principalmente quando a Constituição dá competência à Justiça do Trabalho para analisar as questões oriundas da relação de trabalho (art. 114, I).

O fiscal exorbita da sua competência de fiscalização e passa a ser julgador de matéria trabalhista, o que é inadmissível em razão da previsão da Constituição. Não é possível que a pessoa que aplica penalidades seja a mesma que julga a matéria.

O direito líquido e certo da empresa é de ver julgada a matéria pela Justiça do Trabalho, que tem competência constitucional para dizer o direito quanto à existência ou não do vínculo de emprego, daí por que é cabível mandado de segurança para discutir a questão. Entender de forma contrária implica abuso de poder por parte do auditor fiscal e inobservância da própria Constituição, que é a Lei Maior.

O mesmo procedimento supradescrito se aplica quando o fiscal da Receita Federal diz que existe vínculo de emprego entre o segurado e a empresa, visando cobrar a contribuição previdenciária, e não relação de trabalho autônomo. Somente a Justiça do Trabalho tem competência para declarar a existência ou inexistência do vínculo de emprego entre o prestador e o tomador dos serviços.

Ocorre o mesmo em relação ao fiscal da Receita Federal que desconsidera a existência de empresa para dizer que há relação de emprego. Não tem competência constitucional para esse fim.

Caso o empregado não compareça na audiência em que deveria depor e é considerado confesso quanto à matéria de fato, a multa aplicada no caso pela fiscalização teria de ser desconstituída. O vínculo de emprego não restou configurado em razão da confissão ficta do empregado. Na hipótese de a prova constante dos autos indicar que não há vínculo de emprego entre as partes, a multa administrativa também não pode ser aplicada por descumprimento de preceitos contidos na CLT.

O art. 39 da CLT mostra o procedimento do trabalhador que alega que existe vínculo de emprego com a empresa e postula administrativamente a anotação na CTPS. O empregador é intimado para comparecer em determinado dia para fazer a anotação e, se contesta a relação de emprego, o processo é encaminhado à Justiça do Trabalho, ficando sobrestado o julgamento do auto de infração que tiver sido lavrado. Isso mostra que o auditor fiscal do trabalho não pode lavrar primeiro o auto e depois a matéria ser analisada pela Justiça do Trabalho, pois esta pode decidir a questão em sentido diverso. Assim, é melhor que o julgamento do auto de infração fique sobrestado até a decisão transitada em julgado da Justiça do Trabalho sobre o reconhecimento da relação de emprego.

11.4.7 Dano moral ou patrimonial

Verifica-se uma corrente que entende pela competência da Justiça do Trabalho para analisar questões de danos morais, se a questão decorre do contrato de trabalho.

A outra corrente declara ser incompetente a Justiça do Trabalho para examinar pedido de dano moral, pois a matéria é pertinente ao Direito Civil e não se insere no contrato de trabalho, não compreendendo questão trabalhista. A prestação jurisdicional deve-se pautar de acordo com a causa de pedir e o pedido, que decorre do ilícito do Direito Civil. Logo, a competência seria da Justiça Comum. Inexiste lei ordinária para regular as outras controvérsias decorrentes da relação de emprego e, mais especialmente, a questão do dano moral, sendo a Justiça do Trabalho incompetente para apreciar tal questão.

A Justiça do Trabalho é competente para examinar o pedido de dano moral. Essa competência decorreria do fato de, apesar do dano ser civil, de responsabilidade civil prevista no Código Civil, a questão é oriunda do contrato de trabalho. Estaria, portanto, incluída essa competência no art. 114 da Constituição, que prevê que controvérsias entre empregado e empregador decorrentes da relação de trabalho são de competência da Justiça do Trabalho.

A alínea *a* do inciso IV do art. 652 da CLT atribui competência às Varas do Trabalho para julgar "os demais dissídios concernentes ao contrato individual do trabalho". A Justiça do Trabalho tem, por exemplo, competência para resolver questões pertinentes à anulação ou cancelamento de suspensão ou advertência. Uma das controvérsias que pode advir do contrato individual de trabalho é o dano moral praticado pelo empregador contra o empregado, pelo fato de o primeiro ofender o segundo no horário de trabalho e durante o serviço.

Destaque-se que o direito comum será fonte subsidiária do Direito do Trabalho (parágrafo único do art. 8º da CLT). Leia-se por direito comum o Direito Civil, o que importa na aplicação do art. 186 do Código Civil. Não é necessário que a norma pertença ao campo do Direito do Trabalho para ser aplicada na Justiça Laboral, podendo pertencer ao Direito Civil e ter incidência na relação de emprego ou na relação processual. Exemplo: a aplicação do art. 412 do Código Civil para limitar a multa prevista na norma coletiva. Trata-se apenas da aplicação subsidiária do direito comum, como prevê o parágrafo único do art. 8º da CLT.

Sendo o ato ilícito também um ilícito trabalhista, relacionado com o contrato de trabalho, a competência é da Justiça do Trabalho. É o que ocorreria se fosse atribuída ao empregado a pecha de danificação de bens, roubo, furto ou apropriação indébita, decorrentes da existência do contrato de trabalho e da própria continuidade da relação de emprego. Nesse caso, a competência seria da Justiça do Trabalho para aceitar a questão relativa ao dano moral.

Nada impediria a apreciação do dano moral pela Justiça do Trabalho se o fato for decorrente do contrato de trabalho mantido entre as partes.

É preciso fazer distinção do dano moral ocorrido, para os fins inclusive de se verificar a competência da Justiça do Trabalho. Se a afirmação é feita a pessoa civil, a competência seria da Justiça Comum. Se a afirmação é decorrente do contrato e, por exemplo, foi proveniente da dispensa do trabalhador, estamos diante da competência da Justiça do Trabalho. Deve-se verificar a quem foi imputada certa conduta negativa, se o foi à pessoa civil ou ao cidadão, como desonesto, ímprobo ou se ela foi endereçada ao empregado, chamando-o de desonesto. Se o empregado foi acusado de certa situação enquanto trabalhador que prestava serviços na empresa, a competência será da Justiça do Trabalho para apreciar a indenização decorrente de dano moral.

Se o dano material pelo não pagamento de verbas rescisórias é da competência da Justiça do Trabalho, o dano moral também deveria ser. A relação jurídica é que deve ser examinada, e esta é decorrente do contrato de trabalho.

O STJ entendia que a natureza jurídica da matéria controvertida era determinada pelo pedido e pela causa de pedir. Explica que se o pedido e a causa de pedir são decorrentes de questão civil, sujeita ao Código Civil, não tendo relação com o contrato de trabalho, nem se aplicando a CLT, é competente a Justiça Comum.

Decidiu o STF que, se houve promessa de venda de apartamento pelo empregador ao empregado, durante o contrato de trabalho ou para efeito do trabalho, houve a inclusão de cláusula nesse sentido no contrato de trabalho. Embora a matéria seja de natureza civil, a competência é da Justiça do Trabalho (STF, CJ 6.959-6, Rel. Design. Min. Sepúlveda Pertence, j. 23-5-1990, *DJU*, 22-2-1991, p. 1.259, *LTr* 59-10/1.370).

É possível ainda fazer uma última distinção, em razão das fases em que o contrato de trabalho estiver. Haveria uma fase antecedente e inicial ao contrato de trabalho (pré-contratual), em que o empregado poderia ter sido chamado de homossexual e, por esse motivo, não ter sido admitido na empresa. A competência não será da Justiça do Trabalho, pois inexistiu contrato de trabalho ou relação de trabalho entre as partes, mas da Justiça Comum. A segunda fase seria o dano moral ocorrer na constância do contrato de trabalho ou em razão da dispensa do trabalhador, em que seria competente a Justiça do Trabalho, pois a questão é trabalhista. A última fase seria a pós-contratual, em que, se o dano moral for decorrente do contrato de trabalho, competente será a Justiça do Trabalho. Entretanto, se o dano moral ocorrer após a cessação do contrato de trabalho e não for decorrente do contrato de trabalho, competente será a Justiça Comum, como no fato de o empregador atribuir ao empregado a pecha de desonesto.

O STF entendeu que a competência para julgar dano moral decorrente da relação de trabalho é da Justiça do Trabalho (RE 238.737-4-SP, Ac. 1ª T., j. 17-11-1998, Rel. Min. Sepúlveda Pertence, *LTr* 62-12/1620).

O inciso VI do art. 114 da Constituição, de acordo com a redação da Emenda Constitucional n. 45/2004, dirimiu a dúvida, ao estabelecer que as ações de indenização por dano moral ou patrimonial são da competência da Justiça do Trabalho, desde que decorrentes da relação do trabalho. Assim, a Justiça do Trabalho tem competência para examinar não só questões que digam respeito a dano moral ao trabalhador, mas também dano ao seu patrimônio. Exige-se como requisito que a questão decorra da relação de trabalho, que abrange a relação de emprego. Dessa forma, nas questões de empreitada envolvendo dano moral ou material também serão da competência da Justiça do Trabalho, pois decorrem da relação de trabalho.

Na ação em que se postule reparação por dano moral ou material contra o empregador, decorrente de acidente do trabalho, causado por dolo ou culpa do segundo, a competência será da Justiça do Trabalho, por decorrer da relação de emprego, independentemente de a norma a ser aplicada ser de Direito Civil. O acidente do trabalho é originário da existência do contrato de trabalho. Quando a questão disser respeito a benefício previdenciário proveniente de acidente do trabalho, postulado perante o INSS, a competência será da Justiça Comum.

O inciso VI do art. 114 da Constituição não faz distinção quanto ao fato de o dano, moral ou patrimonial, ser proveniente de acidente do trabalho.

A Justiça do Trabalho é competente para processar e julgar as ações de indenização por danos morais e patrimoniais decorrentes de acidentes do trabalho propostas por empregado contra empregador, inclusive aquelas que ainda não possuíam sentença de mérito em primeiro grau quando da promulgação da Emenda Constitucional n. 45/2004 (S. Vinculante 22 do STF).

Compete à Justiça do Trabalho processar e julgar ação indenizatória de danos morais e materiais proposta por viúva e filhos de empregado falecido em acidente do trabalho ou de doença profissional (CC 7.545).

A Súmula 392 do TST afirma que a Justiça do Trabalho é competente para processar e julgar ações de indenização por dano moral e material, decorrentes da relação de trabalho, inclusive as oriundas de acidente de trabalho e doenças a ele equiparadas, ainda que propostas pelos dependentes ou sucessores do trabalhador falecido.

Faz referência o inciso VI do artigo 114 da Constituição a relação de trabalho, o que inclui, portanto, a ação proposta pelo trabalhador avulso contra o Órgão Gestor de Mão de Obra e o Sindicato de trabalhadores.

11.4.8 Mandado de segurança

Dispõe o inciso IV do art. 114 da Constituição sobre a competência da Justiça do Trabalho para processar e julgar "os mandados de segurança, *habeas corpus* e *habeas data*, quando o ato questionado envolver matéria sujeita à sua jurisdição".

Na verdade, os referidos remédios legais devem compreender matéria sujeita à competência da Justiça do Trabalho e não à sua jurisdição, pois a primeira é uma parcela da segunda, é uma delimitação da jurisdição. A competência abrange o lugar em que o juiz vai julgar, a matéria e as pessoas que irá analisar. A matéria a ser discutida pelos remédios legais é a referente à relação de trabalho e aos incisos do art. 114 da Constituição.

A autoridade impetrada no mandado de segurança tanto poderá ser a judiciária como a administrativa.

O mandado de segurança poderá ser impetrado contra o auditor fiscal do trabalho ou o Superintendente Regional do Trabalho em decorrência de aplicação de multas provenientes da fiscalização das relações de trabalho (art. 114, VII, da Constituição), na interdição de estabelecimento ou setor, de máquina ou equipamento, no embargo à obra (art. 161 da CLT). Será a ação proposta perante a primeira instância e não no TRT.

Contra ato de funcionário ou do juiz do trabalho, o mandado de segurança continua a ser de competência dos Tribunais Regionais (art. 678, I, *b*, 3, da CLT), por não ter sido alterada a legislação sobre o tema. No TST, a competência será da Seção de Dissídios Coletivos (art. 2º, I, *d*, da Lei n. 7.701/88) ou da Subseção de Dissídios Individuais 2 (art. 3º, I, *b*, da Lei n. 7.701/88).

Se o ato for praticado pelo juiz de direito investido de jurisdição trabalhista, a competência será do TRT que tiver jurisdição sobre a referida cidade.

Pode ser interposto o mandado de segurança contra ato de autoridade que venha a interferir ou intervir no exercício de atividade sindical ou relativa à representação sindical, como contra ato do Ministro do Trabalho que nega o registro sindical ou contra a CEF, quando não fornece ao sindicato o código para o recolhimento da contribuição sindical, pois têm previsão na primeira parte do inciso III do art. 114 da Lei Maior.

11.4.9 *Habeas corpus*

O *habeas corpus* requerido em decisão do juiz do trabalho decorrente de processo de execução trabalhista deve ser de competência do TRT, pois compreende questão decorrente de incidente de execução. Entretanto, o STF entendeu que competente para conhecer e julgar *habeas corpus* impetrado contra ato de juiz do trabalho de primeiro grau é o Tribunal Regional Federal e não o Tribunal Regional do Trabalho, visto que a Justiça do Trabalho não tem competência em matéria penal. Ocorre que, se se tratasse de prisão decorrente de crime de desacato, competente seria realmente o TRF para julgar o *habeas corpus* impetrado, pois se trataria de matéria criminal, porém a prisão decorrente de o depositário infiel não entregar o bem que lhe foi confiado é uma prisão civil ou administrativa. O juiz do trabalho não é hierarquicamente subordinado ao juiz do TRF. Contudo, o STF entendeu que a competência é do TRF para julgar *habeas corpus* impetrado contra ato do juiz presidente da Vara em casos de prisão do depositário infiel (HC 00686877/130 – Ac. 2ª T., j. 20-8-1991, Rel. Min. Carlos Veloso, *LTr* 56-06/675). Talvez esse entendimento tenha sido firmado em razão de que o *habeas corpus* tem previsão no Código de Processo Penal.

O inciso VII do art. 109 da Constituição excetua a competência do juiz federal para julgar *habeas corpus* quando a coação provier de autoridade cujos atos estejam vinculados a outra jurisdição, que pode ser a da Justiça do Trabalho.

Determina o inciso IV do art. 114 da Constituição, na redação estabelecida pela Emenda Constitucional n. 45/2004, que a Justiça do Trabalho tem competência para processar e julgar os *habeas corpus* quando o ato questionado envolver matéria sujeita à sua competência. Assim, acabou a dúvida sobre o tema.

O ato questionado compreende matéria sujeita à competência da Justiça do Trabalho quando, por exemplo, se tratar de depositário infiel na execução trabalhista. Trata-se de incidente que ocorre no curso da fase de execução do processo trabalhista, pois se trata, inclusive, de cumprimento de sua própria sentença.

O inciso LXVII do art. 5º da Constituição admite a prisão do depositário infiel. O STF entendeu, porém, que não é possível a prisão do depositário infiel na execução em razão de que o Brasil ratificou o Pacto de São José da Costa Rica, que proíbe qualquer prisão por dívida.

11.4.10 *Habeas data*

A Justiça do Trabalho tem competência para analisar *habeas data* (art. 114, IV, da Constituição).

O *habeas data* será de competência do juiz de primeiro grau. Se a Justiça do Trabalho fosse competente para analisar questões de funcionários públicos, seria razoável a retificação de banco de dados de entidades governamentais ou de caráter público (art. 5º, LXXII, da Lei Maior). O banco de dados pertence a órgão governamental. O empregador não tem esse banco de dados ou informações constantes de registro público. Seus dados ou registros são privados. Os dados constantes da ficha de empregados são fornecidos pelo próprio empregado. A Lei n. 9.507/97 mostra que o banco de dados é público. Faz referência à autoridade coatora, que é um agente público e não privado. O parágrafo único do art. 1º da Lei n. 9.507 dispõe: "considera-se de caráter público todo registro ou banco de dados contendo informações que sejam ou possam ser transmitidas a terceiros ou que não sejam de uso privativo do órgão ou entidade produtora ou depositária das informações". O empregador não é órgão, nem passa ou transmite informações para terceiros.

Não há dados a retificar, porque o empregado apresenta documentos ao empregador, como RG, CPF, título de eleitor, certidão de casamento, certidão de nascimento dos filhos.

Não penso que o *habeas data* servirá para obtenção de dados da empresa para fins do estabelecimento de participação nos lucros. O empregado poderá se utilizar da tutela cautelar de exibição de documentos para obter certas informações da empresa constantes de documentos.

11.4.11 Ações que envolvem o exercício do direito de greve

Os parágrafos 2º e 3º do artigo 114 da Constituição já fazem menção à competência da Justiça do Trabalho para dirimir dissídios coletivos.

O inciso II do art. 114 da Constituição faz referência a ações que envolvam o exercício do direito de greve. Não se usa a expressão *relação de trabalho* no inciso. É qualquer ação, inclusive o dissídio coletivo. Engloba ações de responsabilidade civil propostas pelo empregador contra o sindicato para reparar os prejuízos causados durante a greve considerada abusiva.

Como o inciso II do art. 114 da Lei Maior é amplo, ao mencionar ações que envolvam o exercício do direito de greve, a Justiça do Trabalho tem competência para examinar questões que digam respeito à manutenção ou reintegração de posse do estabelecimento durante a greve, o interdito proibitório (art. 567 do CPC), que também decorre da relação de trabalho, pois a Lei Magna não faz qualquer ressalva.

A Justiça do Trabalho é competente para processar e julgar ação possessória ajuizada em decorrência de exercício do direito de greve pelos trabalhadores da iniciativa privada (S. Vinculante 23 do STF).

Danos morais e materiais decorrentes do exercício do direito de greve também serão de competência da Justiça do Trabalho. As ações citadas serão de competência do primeiro grau.

A Justiça do Trabalho é competente para analisar pedido de indenização por greve abusiva ajuizado pelo Ministério Público do Trabalho contra o Sindicato de trabalhadores, pois decorre do exercício abusivo do direito de greve.

A Justiça do Trabalho não é competente para analisar dissídio coletivo de greve de funcionário público, pois o STF entende que a Justiça do Trabalho não tem competência para analisar questões de funcionários públicos.

11.4.12 Complementação de aposentadoria

A Justiça do Trabalho é competente para examinar hipótese relativa à complementação de aposentadoria do empregado, pois esta decorre da existência do contrato de trabalho mantido entre o trabalhador e o empregador.

A empresa é quem paga o benefício e o desconta do salário do empregado. Logo, a Justiça do Trabalho é competente para examinar a hipótese vertente, nos termos do art. 114 da Constituição.

A matéria discutida não é salarial, mas de complementação de aposentadoria. Entretanto, esta é decorrente do contrato de trabalho mantido entre empregado e empregador, além do que o empregador é quem, em muitos casos, implementa o benefício.

Está inserida a matéria no art. 114 da Constituição quando dispõe ser a Justiça do Trabalho competente para examinar questões entre empregados e empregadores, decorrentes da relação de emprego.

A Emenda Constitucional n. 20/98, ao dar nova redação ao art. 202 da Constituição, não mudou a competência da Justiça do Trabalho para a questão de complementação de aposentadoria decorrente da relação de emprego. O § 2º do art. 202 da Constituição não trata de competência, mas de regra de direito material, de Previdência Privada Complementar, tanto que está inserido na Seção III (Da Previdência Social), do Capítulo II (Da Seguridade Social), do Título VIII (Da Ordem Social) da Constituição de 1988.

O pagamento da complementação de aposentadoria não integra a remuneração dos participantes, nem o contrato de trabalho, mas é decorrente de sua existência.

O art. 68 da Lei Complementar n. 109 estabeleceu que "as contribuições do empregador, os benefícios e as condições contratuais previstos nos estatutos, regulamentos e planos de benefícios das entidades de previdência complementar não integram o contrato de trabalho dos participantes, assim como, à exceção dos benefícios concedidos, não integram a remuneração dos participantes". Tal disposição não trata de competência, mas de regra de direito material, no sentido de que o benefício não integra a remuneração do participante, como é a previsão do § 2º do art. 202 da Constituição, o que poderia ter repercussão sobre outras verbas, como férias, gratificação de Natal, FGTS etc.

A relação de emprego pode ter terminado entre empregado e empregador, mas, se a questão decorre ou se origina do contrato de trabalho mantido entre as partes, ainda que a matéria não integre cláusula do contrato de trabalho, a competência será da Justiça do Trabalho. Não deixa de ser um dos demais dissídios previstos no art. 652, IV, da CLT.

A Justiça Comum é incompetente para apreciar questão relativa à complementação de aposentadoria decorrente de contrato de trabalho mantido entre empregado e empregador. Competente, portanto, é a Justiça do Trabalho para dirimir a controvérsia.

O STF entende que a competência é da Justiça Comum (RE 586.453-MG, j. 20-2-2013, Rel. Min. Toffoli), em julgamento feito em casos do Banespa e da Petrobras.

Entende o STF que "compete à Justiça comum o julgamento de conflito a envolver a incidência de contribuição previdenciária sobre complementação de proventos de aposentadoria" (RE 594.435-SP, Rel. Min. Marco Aurélio, j. 24.5.18).

11.4.13 Outras ações

A Justiça do Trabalho será competente para resolver questões entre empregados e empregadores, como: ações declaratórias, que tenham por objeto, por exemplo, a declaração do tempo de serviço; a ação de consignação em pagamento, em que o empregador ajuíza ação contra o empregado para pagar as verbas que o obreiro não quis receber; a ação de prestação de contas, em que, *v. g.*, o empregador interpõe ação pedindo que o empregado preste contas das vendas realizadas. Desde que essas ações comportem relação entre empregado e empregador, será competente a Justiça do Trabalho para dirimi-las.

A Justiça do Trabalho será competente para analisar ações rescisórias de seus julgados.

Dúvidas existem sobre a competência da Justiça do Trabalho quanto às ações possessórias. Se esta ação decorrer de relação de emprego, competente será a Justiça do Trabalho para solucionar o conflito. "Se a habitação do imóvel integra o salário como pagamento *in natura*, se, com maior razão, era preciso morar no prédio para poder exercer as funções contratadas (de zelador, de vigia, de empregado rural etc.), então concluímos que a controvérsia sobre o imóvel não deriva de um contrato autônomo de locação, de natureza civil, e sim da relação de emprego, é competente a Justiça do Trabalho, e não a Justiça Ordinária" (Giglio, 1984:57). O mesmo ocorre em razão da devolução das ferramentas do empregado, dos mostruários de venda do empregador etc.

A Súmula 300 do TST fixou o entendimento daquela Corte que "compete à Justiça do Trabalho processar e julgar ações de empregados contra empregadores, relativas ao cadastramento do Plano de Integração Social (PIS)". O antigo TFR já havia editado a Súmula 82, dizendo que "compete à Justiça do Trabalho processar e julgar reclamações pertinentes ao cadastramento do Plano de Integração Social (PIS) ou indenização compensatória pela falta deste, desde que não envolvam relações de trabalho dos servidores da União, suas autarquias e empresas públicas". O STF, sob a égide da Constituição anterior, também já havia entendido que a competência para dirimir o litígio entre empregado e empregador quanto ao PIS era da Justiça do Trabalho (STF 6146-MG, AC TP 14-3-1979, rel. p/ o acórdão Min. Rafael Mayer, *LTr* 44/41).

A Justiça do Trabalho só tem competência para o levantamento do FGTS quando houver dissídio entre empregado e empregador e após o trânsito em julgado da sentença. Quando a questão envolver o trabalhador e a Caixa Econômica Federal, a competência será da Justiça Federal, com fundamento no inciso I do art. 109 da Constituição. O STJ editou a Súmula 82 dizendo que "compete à Justiça Federal, excluídas as reclamações trabalhistas, processar e julgar os feitos relativos a movimentação do FGTS". A Súmula 161 do STJ mostra que é da competência da Justiça Estadual autorizar o levantamento dos valores relativos ao PIS-PASEP e FGTS, em decorrência do falecimento do titular da conta.

É incompetente a Justiça do Trabalho para analisar controvérsia sobre trabalhador e empregador sobre o pré-contrato de trabalho. Se inexiste a relação de emprego, não há competência da Justiça do Trabalho. Inexiste a figura do empregado e empregador, e a aplicação da CLT. Não há relação de trabalho ou lei dispondo sobre essa competência. Não há prestação de trabalho, nem contagem do tempo de serviço. A competência é da Justiça Comum.

O entendimento predominante tem sido no sentido de que compete originariamente aos tribunais regionais do trabalho o julgamento de ação declaratória de nulidade de cláusula de acordo ou convenção coletiva que viole as liberdades individuais ou coletivas ou os direitos individuais indisponíveis dos trabalhadores, com base no inciso IV, do art. 83 da Lei Complementar n. 75/93. Equipara-se tal ação ao dissídio coletivo de natureza jurídica (TRT 24ª R, AD 0006/95, Ac. TP 2070/95, j. 17-4-1995, Rel. Juiz André Luiz Moraes de Oliveira, *LTr* 59-06/779).

A competência para julgar questões ambientais do trabalho contra o empregador, inclusive por meio de ação civil pública, em que são discutidas questões trabalhistas, é da Justiça do Trabalho, por meio das Varas do Trabalho. Compete à Justiça do Trabalho julgar as ações que tenham como causa de pedir o descumprimento de normas trabalhistas relativas à segurança, higiene e saúde dos trabalhadores (S. 736 do STF).

A Justiça do Trabalho é competente para processar e julgar outras controvérsias decorrentes da relação de trabalho, na forma da lei (art. 114, IX, da Constituição). A lei é a ordinária federal.

A Justiça do Trabalho é competente para conciliar e julgar os litígios que tenham origem no cumprimento de suas próprias sentenças, inclusive coletivas, ainda que não haja mais previsão expressa na parte final do art. 114 da Constituição. Sentenças coletivas são as proferidas nos dissídios coletivos. Exemplo é a ação de cumprimento que representa a postulação para cumprir o que foi determinado no dissídio coletivo. Os incidentes ocorridos na execução também serão de competência da Justiça do Trabalho, pois decorrem das sentenças proferidas pela referida Justiça. É o que ocorre na execução com os embargos à execução, cessão de crédito, cobrança de honorários de advogado ou periciais.

A Justiça do Trabalho é incompetente para analisar a ação de improbidade administrativa do chefe do executivo, pois a questão não é decorrente de relação de trabalho. A Administração Pública direta e indireta é pessoa jurídica e não pessoa física.

11.5 INCOMPETÊNCIA DA JUSTIÇA DO TRABALHO

A Justiça do Trabalho é incompetente para apreciar controvérsias sobre:

a) acidente do trabalho.

Historicamente, a competência para julgar questões a respeito de acidente do trabalho sempre foi da Justiça Comum.

O art. 22 da Lei n. 3.724, de 15-1-1919, estabelecia a competência da justiça comum para julgar ações decorrentes de indenização por acidente do trabalho.

Reza o § 2º do art. 643 da CLT sobre a competência da justiça ordinária para julgar as questões referentes a acidente do trabalho. Logo, a competência não é da Justiça do Trabalho.

Dispunha o § 1º do art. 123 da Constituição de 1946 que os dissídios relativos a acidente do trabalho eram da competência da Justiça ordinária, ou seja, a comum estadual. No mesmo sentido o § 2º do art. 134 da Constituição de 1967.

Previa o § 2º do art. 142 da Lei Maior de 1967, determinado pela Emenda Constitucional n. 1/69, que os litígios relativos a acidente do trabalho eram da competência da Justiça Ordinária dos Estados, do Distrito Federal ou dos Territórios.

A Emenda Constitucional n. 7/1977 estabeleceu que "os litígios relativos a acidentes do trabalho são da competência da Justiça ordinária dos Estados, do Distrito Federal e dos Territórios, salvo exceções estabelecidas na Lei Orgânica da Magistratura Nacional". O art. 130 da Lei Complementar n. 35, de 15 de março de 1979, determinou a competência da Justiça Federal para processar e julgar as "ações decorrentes de acidentes do trabalho, quando o pedido tiver por objetivo o reconhecimento de doença profissional não incluída na relação organizada pelo Ministério da Previdência e Assistência Social".

A Súmula 235 do STF afirma que "é competente para a ação de acidente do trabalho a Justiça cível comum, inclusive em segunda instância, ainda que seja parte autarquia seguradora".

A Súmula 501 do STF mostra que compete "à Justiça Ordinária Estadual o processo e o julgamento, em ambas as instâncias, das causas de acidente do trabalho, ainda que promovidas contra a União, suas autarquias, empresas públicas ou sociedades de economia mista".

A interpretação sistemática da Constituição de 1988 indica que a competência para julgar questões relativas a acidente do trabalho entre o segurado e o INSS é da Justiça Estadual. O inciso I do art. 109 da Lei Maior trata da competência da Justiça Federal para julgar causas em que figurem como partes a União ou suas autarquias, como é o caso do INSS. Ressalva da sua competência as matérias relativas a acidente do trabalho e as pertinentes à Justiça do Trabalho. A competência para julgar questões de acidente do trabalho não é da Justiça Federal, mas não dispõe expressamente de quem é a competência. Entretanto, depreende-se do artigo que a competência não é da Justiça do Trabalho, pois do contrário não seria necessário ressalvar as questões de acidente do trabalho, pois bastaria fazer referência à Justiça do Trabalho e o acidente do trabalho estaria na competência desse órgão do Poder Judiciário. Não haveria necessidade de excepcionar a competência relativa a acidente do trabalho e da Justiça do Trabalho. Logo, por exclusão, a competência é da Justiça Comum estadual.

A Súmula 15 do STJ entendeu que a competência para julgar questões de acidente do trabalho propostas pelo segurado contra o INSS é da Justiça Comum.

Não se forma relação de trabalho entre o prestador de serviços (segurado) e o INSS, mas relação de seguridade social, de direito público. A Justiça do Trabalho tem competência para dirimir questões entre o prestador de serviços e o tomador e não entre o segurado e o INSS. Dessa forma, a matéria não se enquadra no inciso I do art. 114 da Constituição.

Não há lei determinando que a competência para julgar questões de acidente do trabalho é da Justiça do Trabalho, nas quais faça parte o INSS, entre as outras controvérsias decorrentes da relação de trabalho (art. 114, IX, da Constituição). Ao contrário, o inciso II do art. 129 da Lei n. 8.213/91 estabelece que a competência é da Justiça Comum.

A competência da Justiça Estadual para julgar acidente do trabalho talvez seja decorrente de aspectos penais que podem ocorrer no acidente, como a morte e lesão corporal do segurado.

A postulação feita na Justiça Comum será sobre auxílio-doença acidentário, aposentadoria por invalidez acidentária, auxílio-acidente e pensão por morte acidentária.

b) previdência social, que serão resolvidas pela Justiça Federal, tanto em relação a contribuições como benefícios, conforme art. 109, I e seu § 3º da Constituição. A questão envolve a União, sendo, portanto, a competência da Justiça Federal;
c) contribuições previdenciárias que não decorrem de sentença proferida pela Justiça do Trabalho, mas de lançamento fiscal, inscrição em Dívida Ativa e cobrança mediante execução fiscal. Competente é a Justiça Federal (art. 109, I, da Constituição).

A exceção é a previsão do inciso VIII do art. 114 da Constituição, que determina a competência da Justiça do Trabalho para executar as contribuições previdenciárias relativas às sentenças que proferir.

d) eleições sindicais, em que é competente a Justiça Comum (Súmula 4 do STJ).

Se a questão relativa a eleições sindicais ocorrer entre sindicato de trabalhadores e trabalhador ou sindicato de empregadores e empregador a competência será da Justiça do Trabalho (art. 114, III, da Constituição).

Se a contribuição assistencial ou confederativa for prevista em dissídio coletivo a competência será da Justiça do Trabalho, pois se trata de cumprimento de sua própria sentença coletiva.

e) crimes.

Matéria criminal não será de competência da Justiça do Trabalho, pois não há disposição nesse sentido no art. 114 da Constituição ou na lei. A ação é proposta pelo Estado contra uma pessoa física, não se enquadrando nos incisos do artigo citado.

Prevê a Súmula 115 do TFR que compete à Justiça Federal processar e julgar os crimes contra a organização do trabalho, quando tenham por objeto a organização geral do trabalho ou direitos dos trabalhadores considerados coletivamente. Se a questão é individual, a competência é da Justiça Estadual.

O inciso VI do art. 109 da Constituição dispõe sobre a competência da Justiça Federal para julgar questões relativas a crimes contra a organização do trabalho. O STF declarou a competência da Justiça Federal para julgar crimes de redução à condição análoga à de escravo, por se enquadrar como crime contra a organização do trabalho, se praticadas no contexto de relações de trabalho (Pleno, RE 398.041, Rel. Min. Joaquim Barbosa, j. 30-11-2006). O bem tutelado vai além da liberdade individual, como a dignidade da pessoa humana, os direitos trabalhistas e previdenciários (STF, RE 459.510-MT, Rel. p/ o acórdão Dias Toffoli, j. 26.11.15, DJ e 11.4.16).

Compete à Justiça Estadual processar e julgar o crime de falsa anotação na Carteira de Trabalho e Previdência Social, atribuído a empresa privada (S. 62 do STJ).

A Justiça do Trabalho só tem competência para analisar *habeas corpus* decorrente de sua competência e não para outras matérias, como para crimes.

O STF entendeu que a Justiça do Trabalho não tem competência penal, concedendo liminar para declarar que no âmbito da jurisdição da Justiça do Trabalho não está incluída competência para processar e julgar ações penais. Se a Justiça do Trabalho tivesse competência para julgar genericamente matéria penal não teria sentido estabelecer no inciso IV do art. 114 da Constituição a competência para julgar *habeas corpus* (ADIn 3.684, Rel. Min. Gilmar Mendes, j. 8.5.2020).

A Súmula 165 do STJ esclarece que a Justiça Federal é competente para processar e julgar crime de falso testemunho no processo trabalhista.

A Justiça Federal será competente para analisar crime de desacato praticado contra juiz do trabalho.

Se o empregador reteve a contribuição previdenciária do empregado e não a recolheu, a Justiça do Trabalho não tem competência para analisar a referida matéria, por ser penal (crime de apropriação indébita).

Foi concedida liminar para dizer que a competência para autorizar trabalho infantil é da Justiça Comum (ADIn 5.326, Min. Marco Aurélio).

Perda de uma chance decorrente de ato não praticado por advogado no processo trabalhista é da competência da Justiça Comum. É questão de responsabilidade civil. Não é relação de trabalho, mas prestação de serviços. Não há lei atribuindo tal competência à Justiça do Trabalho.

11.6 COMPETÊNCIA EM RAZÃO DO LUGAR

A competência em razão do lugar (*ex ratione loci*) ou territorial é a determinada à Vara do Trabalho para apreciar os litígios trabalhistas no espaço geográfico de sua jurisdição.

Cada Vara tem competência para examinar as questões que lhe são submetidas dentro de determinado espaço geográfico, que pode ser de um Município ou de alguns Municípios. A competência é estabelecida pela lei federal que cria a Vara.

São instituídas as regras de competência territorial visando facilitar a propositura da ação trabalhista pelo trabalhador, para que este não tenha gastos desnecessários com locomoção e possa melhor fazer sua prova. É a aplicação do princípio protecionista.

As regras quanto à competência em razão do lugar são disciplinadas pelo art. 651 da CLT e não pelo CPC (art. 769 da CLT). Não se observa, portanto, que a ação deve ser proposta no domicílio do réu.

11.6.1 Local da prestação de serviços

O *caput* do art. 651 da CLT dispõe sobre a regra geral para estabelecer a competência em razão do lugar onde a ação trabalhista será proposta.

Assim, a ação trabalhista deve ser proposta no último local da prestação de serviços do empregado, ainda que o empregado tenha sido contratado em outra localidade ou no estrangeiro. Último local porque o empregado foi contratado em outro local.

O objetivo da lei é que o empregado possa propor a ação no local em que tenha condições de melhor fazer sua prova, que é no local onde por último trabalhou, fazendo com que o empregado não tenha gastos desnecessários para ajuizar a ação. Entretanto, mesmo que a matéria seja de direito, deve a ação ser proposta no último local da prestação de serviços do empregado.

O *caput* do art. 651 da CLT não exige que o empregado seja brasileiro, ao contrário do § 2º do mesmo artigo. Isso mostra que o empregado pode inclusive ser estrangeiro.

No caso em exame, o processo será promovido no local onde o empregado trabalhou ou trabalha: no local da prestação de serviços e não no local onde foi contratado. Se o empregado foi contratado em São Paulo para trabalhar no Rio de Janeiro, é nessa localidade onde a ação deverá ser proposta. A Vara do Trabalho de São Paulo será incompetente, pois não foi o último local da prestação de serviços do empregado.

Não será observado o domicílio do réu, o local onde a empresa está estabelecida, como está previsto no CPC, mas sim o último local onde o empregado trabalhou. Neste é que a ação deverá ser proposta.

É irrelevante o local em que o empregado reside ou onde foi contratado para efeito de ser fixada a competência; relevante é o local da prestação dos serviços.

Tendo sido o empregado contratado em São Paulo, trabalhado no Rio de Janeiro, Salvador, e posteriormente fica trabalhando em Belém, é nessa localidade que a ação deverá ser proposta. Havendo vários locais de trabalho, a competência é dada à última localidade onde o empregado trabalhou. Se o obreiro trabalha ao mesmo tempo em várias comarcas, todas elas serão competentes para a propositura da ação, salvo a hipótese do viajante, que tem tratamento especial da lei.

No caso do empregado prestar serviços em uma única localidade e o empregador em outras, aplica-se a regra geral, de que a ação deve ser proposta onde o empregado trabalha.

Mesmo nas questões em que exista transferência do empregado, a competência será do último lugar para onde o trabalhador foi transferido, onde a ação será intentada, salvo na existência de transferência provisória que não chegou a consumar-se. Se o empregado não aceita a transferência e não chegou a trabalhar nenhum dia para o local onde seria transferido, competente é a Vara do local em que continua a prestar serviços.

Se o empregado faz horas *in itinere*, a ação deve ser proposta no local da prestação de serviços e não no local de embarque na condução fornecida pelo empregador. Pelo art. 651 da CLT, importa onde o empregado presta serviços e não onde embarca em condução fornecida pelo empregador.

A ação deve ser proposta pelo empregador contra o empregado também no local da prestação de serviços do obreiro. O art. 651 da CLT estabelece que a competência das Varas do Trabalho é determinada pela localidade onde o empregado, reclamante ou reclamado, prestar serviços ao empregador. Assim, se o empregador ajuíza ação de consignação em pagamento contra o empregado, deve observar a regra de que ela deve ser proposta no último local da prestação de serviços do trabalhador.

11.6.2 Empregados viajantes

Determinava o § 1º do art. 651 da CLT que quando for parte no dissídio agente ou viajante, é competente a Vara "da localidade onde o empregador tiver o seu domicílio, salvo se o empregado estiver subordinado à agência ou filial, caso em que será competente a Junta em cuja jurisdição estiver situada a mesma agência ou filial".

A Lei n. 9.851, de 27 de outubro de 1999, deu nova redação ao § 1º do art. 651 da CLT, que está assim redigido: "quando for parte no dissídio agente ou viajante comercial, a competência será da Vara da localidade em que a empresa tenha agência ou filial e a esta o empregado esteja subordinado e, na falta, será competente a Vara da localidade em que o empregado tenha domicílio ou a localidade mais próxima". A palavra *agente* parece que tem sentido de representante. O dispositivo não faz referência a atividade do empregador.

Embora a nova redação do § 1º do art. 651 da CLT faça referência a "viajante comercial", que poderia dar a entender que se trata de representante comercial autônomo, a regra versa sobre empregado, pois é do que trata a CLT. Assim, o agente ou viajante deve ser empregado e não representante comercial autônomo. Este terá direito de ação na Justiça Comum. Agente ou viajante são as pessoas que, por exemplo, prestam serviços de vendas em mais de um município, representando o empregador, não se fixando diretamente a uma localidade.

O comando legal em comentário não se aplica a empregados balconistas, pois não são agentes ou viajantes, em que se verifica a ideia da representação do empregador para efeito das vendas.

Na redação anterior do § 1º do art. 651 da CLT seria possível dizer que o motorista viajante poderia ser enquadrado no dispositivo em comentário, pois a lei empregava apenas a palavra *viajante*. Agora não se pode mais falar nessa hipótese, pois a lei é expressa ao empregar a expressão *viajante comercial*, que não é exatamente o motorista de ônibus intermunicipal. Dá, portanto, a entender que se trata de um vendedor viajante, ao se empregar o adjetivo *comercial*.

Na nova redação do § 1º do art. 651 da CLT não é mais feita referência de que a ação deve ser proposta no domicílio do empregador, mas na Vara da localidade em que o empregado é subordinado, pega pedidos e faz entregas, apresenta relatórios, participa de reuniões na agência ou filial. É a hipótese em que o empregado presta contas perante agência ou filial, em que este será o local onde a ação deverá ser proposta.

Agência geralmente é de notícias. Diz respeito a jornal, mas fica na capital e não em outra cidade.

Não estando o empregado subordinado a agência ou filial, mas à matriz, por exemplo, será competente a Vara da qual o empregado tenha domicílio ou a localidade mais próxima. Há, portanto, uma condição alternativa, sendo que nessa hipótese o empregado poderá escolher entre propor a ação na Vara de seu domicílio ou na localidade mais próxima. Fica, assim, a critério do empregado a escolha.

Domicílio deve ser entendido como o local em que o empregado estabelece sua residência com ânimo definitivo, conforme a determinação do art. 70 do Código Civil.

A nova determinação mostra a aplicação do princípio protecionista, no sentido de que a ação deve ser proposta no local de maior facilidade para o empregado, onde tenha menores gastos para propor a ação ou então onde possa melhor produzir sua prova.

Somente será aplicada a orientação de que a ação deve ser proposta no local do domicílio do empregado ou na localidade mais próxima, quando o obreiro não estiver subordinado a agência ou filial. A lei indica essa orientação ao usar a expressão "na falta".

A regra do foro do local do domicílio é prevista no § 1º do art. 651 da CLT e não no § 3º. Neste, a ação não será proposta no domicílio do autor, mas no local da contratação ou da prestação de serviços.

A Lei n. 3.207, de 18-7-1957, regulamenta as atividades dos empregados vendedores, viajantes ou pracistas, no que diz respeito a seus direitos materiais. Estabelece o § 1º do art. 651 da CLT onde esses empregados proporão a ação.

A ação não deveria ser proposta numa localidade onde há um escritório de vendas, e em que apenas o reclamante trabalha no local, pois ele próprio é que iria receber a citação, podendo dar ensejo a fraudes.

11.6.3 Empregados brasileiros laborando no estrangeiro

Determina o § 2º do art. 651 da CLT que a competência das Varas do Trabalho, "estabelecida neste artigo, estende-se aos dissídios ocorridos em agência ou filial no estrangeiro, desde que o empregado seja brasileiro e não haja convenção internacional dispondo em contrário".

Agência pode dizer respeito a empresas jornalísticas ou a bancos.

Se o empregado for trabalhar no estrangeiro, terá competência a Vara do Trabalho para dirimir a questão, desde que o empregado seja brasileiro e não haja convenção internacional dispondo em sentido contrário. A lei de direito material a ser aplicável, porém, será a vigente no país da prestação do serviço e não aquela do local da contratação, ou seja: os direitos trabalhistas serão analisados de acordo com a lei estrangeira, embora a Vara do Trabalho tenha competência para examinar a questão, se a empresa tiver agência ou filial no Brasil. A Lei n. 7.064/82 trata de trabalhadores contratados ou transferidos para prestar serviços no exterior. Entretanto, o § 2º do art. 651 da CLT não se aplica apenas à empresa de construção civil que presta serviços no exterior, mas a qualquer uma.

A CLT não dispõe que a empresa tenha de ser brasileira, podendo ser nacional ou estrangeira.

Empregado de cruzeiro de navio, sendo brasileiro e contratado pela empresa de cruzeiro, aplica a regra do parágrafo 2º do art. 651 da CLT.

A ação deverá ser proposta perante a Vara onde o empregador tenha sede no Brasil, ou também onde o empregado foi contratado antes de ir para o exterior. Se a empresa não tiver sede no Brasil, haverá a impossibilidade da propositura da ação, pois não será possível sujeitá-la à decisão de nossos Tribunais. A lei não exige expressamente, contudo, que a empresa tenha sede ou filial no Brasil, mas é ideal que o possua, sob pena de a citação ter de ser feita por carta rogatória, o que vai inviabilizar a propositura da ação, pois a empresa no estrangeiro não vai querer se sujeitar à decisão do tribunal brasileiro. Se a sede da empresa for no exterior e a empresa tiver alguma filial no Brasil, a competência será da Vara onde se localizar a filial. Da expressão *agência* ou *filial* vê-se, porém, que há necessidade de que a empresa tenha alguma repartição no Brasil.

Não tendo a empresa estrangeira domicílio no Brasil, porém mantiver filial ou agência em nosso país, estará sujeita à jurisdição brasileira se a obrigação tiver de ser cumprida no Brasil. Se, ao contrário, o réu tiver domicílio no Brasil, será competente a Vara do Trabalho para dirimir a questão, ou então se a ação tiver se originado de fato ocorrido ou de ato praticado no Brasil.

O § 2º do art. 651 da CLT não estabelece que o empregado deva ser brasileiro nato, podendo, portanto, ser brasileiro naturalizado. Entretanto, o empregado não poderá ser estrangeiro, pois nesse caso não se lhe aplicará aquele preceito legal. Aos portugueses com residência permanente no País, se houver reciprocidade em favor de brasileiros, serão atribuídos os direitos inerentes ao brasileiro, salvo nos casos previstos na Constituição (§ 1º do art. 12 da Lei Maior).

Não prevê o § 2º do art. 651 da CLT que o empregado tem de ser contratado no Brasil, mas sim que deve ser brasileiro.

Mesmo se o empregado for estrangeiro, a ação poderá ser aqui proposta, caso o obreiro tenha prestado serviços no Brasil, porém o critério a ser utilizado não é o do § 2º do art. 651 da CLT, mas o do *caput* do mesmo artigo: a regra geral é o empregado propor a ação no último local da prestação de serviços, ainda que contratado no estrangeiro. A Justiça de qualquer país pode ser aplicada aos litigantes, desde que uma das partes seja nacional ou nele domiciliada, como prevê o art. 318 do Código de Bustamante.

As Convenções da OIT não tratam do lugar em que a ação deve ser proposta, mas remetem à legislação nacional.

Havendo tratado internacional disciplinando que o foro competente para a propositura da reclamação trabalhista é determinado país, não se aplicará a regra do § 2º do art. 651 da CLT, mas a que o tratado prevê.

11.6.4 Empresas que promovem atividades fora do lugar do contrato

Reza o § 3º do art. 651 da CLT que "em se tratando de empregador que promova a realização de atividades fora do lugar do contrato de trabalho, é assegurado ao empregado apresentar reclamação no foro de celebração do contrato ou no da prestação dos respectivos serviços".

Esta é a disposição da CLT mais difícil de ser interpretada e que sempre dá ensejo a várias orientações.

A hermenêutica mostra que a regra está estabelecida no *caput* do artigo. As exceções estão nos parágrafos.

Em primeiro lugar, há necessidade de se entender o que vem a ser "empregador que promova a realização de atividades fora do lugar do contrato de trabalho". É mister se perquirir o sentido dessa frase, sob pena de chegarmos à conclusão de que o bancário que prestou serviços tanto em São Paulo, como em Belém, poderá escolher um desses locais para ingressar com a ação, quando nesses casos competente é a Vara de Belém, pois foi onde o empregado prestou serviços pela última vez à empresa (art. 651, *caput*, da CLT).

Assim, é preciso ser feita interpretação sistemática e harmônica entre o *caput* do art. 651 da CLT e seu § 3º, pois do contrário irá chegar-se à conclusão de que esse último dispositivo dispõe exatamente o contrário. O § 3º do citado artigo é exceção à regra geral. As exceções, por natureza, devem ser interpretadas restritivamente. Dessa forma, a regra contida no § 3º do art. 651 da CLT deve ser utilizada nos casos em que o empregador desenvolve suas atividades em locais incertos, transitórios ou eventuais.

Deve-se entender por empresas que promovem a prestação de serviços fora do lugar da contratação as seguintes: especializadas em auditorias, instalação de caldeiras, reflorestamento, em atividades circenses, artísticas, feiras, exposições, promoções, desfiles de moda, promotora de rodeios, montadoras industriais etc. Nessas atividades, o empregado é requisitado para prestar serviços em atividades eventuais, transitórias e incertas. É o que ocorre com as pessoas que vão fazer auditoria, exposições em feiras ou desfiles de moda. Acabado o evento, não mais trabalham naquela localidade para a qual foram designadas. O circo e a peça teatral, por exemplo, estão na maioria das vezes em trânsito. Estão onde o espetáculo está sendo realizado. Posteriormente, vão para outro local, e assim por diante.

Dessa forma, poderá escolher o obreiro livremente em propor a ação no local da celebração do contrato de trabalho ou no da prestação dos respectivos serviços, onde a prova lhe for mais fácil, ou na localidade onde tiver menores gastos com locomoção.

O § 3º do art. 651 da CLT também se aplica às empresas de limpeza e de construção civil quando os empregados prestam serviços em locais incertos, transitórios ou eventuais.

Não se observa essa regra se os empregados prestam serviços numa obra determinada, pois aí não há a eventualidade, incerteza ou transitoriedade.

O motorista de ônibus interurbano que presta serviços no ônibus em várias localidades, pois está em viagem, também teria foro optativo, desde que trabalhasse eventualmente, transitoriamente ou de forma incerta quanto à determinação da linha. Se faz sempre a mesma linha, não se pode falar em tal regra, pois aí inexistiria incerteza, transitoriedade ou eventualidade, mas continuidade e certeza.

Não dispõe o § 3º, do art. 651, da CLT que a ação deverá ser proposta no último local da prestação de serviços, podendo, portanto, ser em qualquer um. No entanto, a referida determinação legal concede um direito de opção ao empregado, ao empregar a expressão "é assegurado", podendo o trabalhador escolher onde quer propor a ação.

11.6.5 Prorrogação da competência em razão do lugar

O § 1º do art. 795 da CLT determina que a nulidade fundada em incompetência de foro (em razão de lugar) pode ser declarada de ofício pelo juiz. No entanto, essa regra não é assim interpretada. A competência em razão do lugar é relativa, devendo ser arguida, sob pena de se entender como competente aquele juízo que à primeira vista era incompetente.

O que deve ser entendido, quanto ao § 1º do art. 795 da CLT, é que a incompetência ali mencionada é a absoluta, em razão da matéria, e não relativa, em razão do lugar. Prorroga-se a competência, se o réu não opuser exceção declinatória do foro e de juízo, no caso e prazo legais.

Assim, se o empregado propõe ação em São Paulo, embora prestasse serviços em Guarujá, e o empregador não argui a incompetência da Vara de São Paulo, esta que era incompetente em razão do lugar passa a ser competente, prorrogando sua competência, sendo a ação conhecida e decidida pelo juízo de São Paulo.

A exceção de incompetência em razão de lugar poderia ser arguida, por exemplo, pelo empregado, se a ação foi proposta pelo empregador, como na hipótese de uma ação de consignação em pagamento, sob pena de ser competente, em razão do lugar, o juízo que era incompetente.

11.7 COMPETÊNCIA POR DISTRIBUIÇÃO

No processo civil, o registro ou a distribuição da petição inicial torna prevento o juízo (art. 59 do CPC).

No processo do trabalho, não há despacho do juiz determinando a citação do réu. O juiz geralmente só toma conhecimento da ação em audiência, na qual a empresa vai apresentar a contestação. O juiz do trabalho não despacha a petição inicial.

Na prática, tem-se entendido que se considera prevento o juízo que tem o número de distribuição mais baixo, no qual se verifica qual a ação que foi promovida em primeiro lugar.

Há entendimentos de que é a realização da audiência que previne a jurisdição. No entanto, se a Vara adota audiência una (em que é realizada a conciliação, instrução e julgamento de uma só vez), pode a ação ter sido proposta bem antes, mas só incluída na pauta de audiências bem depois, pois geralmente a pauta das Varas que adotam audiências unas é mais demorada do que as que marcam três datas (uma para a conciliação, outra para a instrução e a terceira para julgamento).

O mais correto é o critério da numeração da distribuição, que demonstra qual a ação que foi proposta em primeiro lugar, caracterizando o juízo que tomou conhecimento primeiramente da ação. Se os números dos processos forem iguais em duas Varas diferentes, a única maneira de se saber qual ingressou primeiro é verificando o número mais baixo de distribuição.

O STJ, por intermédio da Súmula 10, orientou-se no sentido de que, instalada a Vara do Trabalho, "cessa a competência do juiz de direito em matéria trabalhista, inclusive para a execução das sentenças por ele proferidas".

11.8 FORO DE ELEIÇÃO

O foro de eleição é aquele em que as partes, num contrato, acordam no sentido de que qualquer pendência será resolvida em determinado local. É muito comum no Direito Civil (art. 78 do Código Civil), ao se estabelecer no contrato firmado entre as partes, que eventuais controvérsias resultantes da aplicação do pacto sejam resolvidas, por exemplo, no foro de certa cidade. A parte final do art. 63 do CPC mostra que as partes podem eleger onde será proposta ação oriunda de direitos e obrigações.

No processo do trabalho, não se admite o foro de eleição, pois caso assim se fizesse haveria impossibilidade de o empregado locomover-se para Oiapoque, onde teria sido estabelecido o foro de eleição, inviabilizando ou dificultando o direito de ação do obreiro. É, portanto, uma medida de proteção ao operário.

É considerada não escrita a cláusula no contrato de trabalho que estabeleça foro de eleição. A regra a respeito da competência no processo do trabalho é a estabelecida no art. 651 da CLT e seus parágrafos, inexistindo foro de eleição. Não há omissão na CLT para se aplicar o CPC. É, portanto, incompatível com a CLT e menos favorável ao empregado.

O art. 651 da CLT é, portanto, uma norma de ordem pública. Não pode haver renúncia do empregado a tal dispositivo no contrato de trabalho, ao se escolher certo foro para a propositura da reclamação. Este direito, assim, é irrenunciável.

11.9 COMPETÊNCIA EM DISSÍDIOS COLETIVOS

O critério adotado para a competência em dissídios coletivos é a extensão do território do tribunal. Assim, se o conflito coletivo estiver dentro da competência de um só Tribunal Regional do Trabalho, este será o competente para conhecer do dissídio coletivo. Ao contrário, se a controvérsia se der em território de competência de mais de um TRT, a competência passará a ser do TST (art. 2º, I, *a*, da Lei n. 7.701/88).

Exemplificando: se o dissídio coletivo abranger os territórios dos Estados do Rio de Janeiro e Minas Gerais, competente será o TST, pois o primeiro pertence à 1ª Região e o segundo à 3ª Região. Se o dissídio compreender só o território de Santa Catarina, competente será o TRT da 12ª Região.

Tendo o dissídio coletivo âmbito nacional, a competência será do TST, pois excederá a competência de mais de um tribunal do trabalho. Exemplo será o do sindicato dos aeronautas, que tem âmbito nacional.

O Precedente n. 10 da SDC do TST esclarece que os tribunais regionais do trabalho são incompetentes para processar e julgar dissídios coletivos em que sejam parte o Banco do Brasil S.A. e entidades sindicais dos bancários, sendo a competência da SDC do TST. Dissídios coletivos de empresas da União são da competência do TST, se a área abrangida excede a jurisdição de mais de um TRT.

Compreendendo o dissídio coletivo o Estado de São Paulo, seguindo o raciocínio anteriormente exposto, se chegaria à conclusão de que competente seria o TST, pois o Estado de São Paulo tem dois tribunais do trabalho: o da 2ª Região, que abrange São Paulo, Grande São Paulo e baixada santista, e o da 15ª Região, que engloba as demais localidades do Estado.

A Lei n. 7.520, de 15-7-1986, que criou o TRT da 15ª Região determina, porém, que "compete exclusivamente ao Tribunal Regional do Trabalho da 2ª Região processar, conciliar e julgar os dissídios coletivos nos quais a decisão a ser proferida deva produzir efeitos em área territorial alcançada, em parte, pela jurisdição desse mesmo Tribunal e, em outra parte, pela jurisdição do Tribunal Regional do Trabalho da 15ª Região" (art. 12).

A orientação de nosso direito processual sempre foi no sentido de que a extensão territorial do conflito era a base para a fixação da competência e não a base geográfica dos sindicatos. A concepção atual do art. 12 da Lei n. 7.520, de acordo com a redação da Lei n. 9.254, de 3-1-1996, passa a ser a base geográfica dos sindicatos.

Se o sindicato tiver base territorial sobre cidades de ambos os tribunais, porém, a base territorial em discussão no dissídio coletivo seja apenas de cidades pertencentes ao TRT da 15ª Região, a competência será deste tribunal, pois a decisão produzirá efeitos apenas em área alcançada pela jurisdição do referido tribunal. Se ocorrer greve numa cidade pertencente à jurisdição apenas do TRT da 15ª Região, sendo que os sindicatos de empregados e empregadores tiverem base em todo o Estado de São Paulo, a competência para processar o dissídio coletivo será do TRT da 15ª Região, visto que a decisão produzirá efeito apenas em área territorial alcançada pela jurisdição do TRT da 15ª Região.

Se o dissídio coletivo envolver apenas cidades pertencentes a uma região, será competente essa região. Exemplo: dissídio coletivo envolve as cidades de São Paulo e Osasco. Competência do TRT da 2ª Região.

Caso o dissídio coletivo abranja cidades de mais de uma região, competente será o TRT da 2ª Região. Por exemplo, se o dissídio coletivo envolvesse as cidades de São Paulo e Jundiaí.

Entretanto, se os sindicatos tiverem base territorial tanto sujeita à jurisdição do TRT da 2ª Região como da 15ª Região e a decisão tiver de alcançar efeitos em toda a referida base, a competência para julgar o dissídio coletivo será do TRT da 2ª Região. Assim, se a decisão do dissídio coletivo tiver de abranger municípios pertencentes a um e outro tribunal, a competência para julgá-lo será do TRT da 2ª Região.

Se o dissídio coletivo tiver abrangência em todo o Estado de São Paulo, será competente o TRT da 2ª Região.

11.10 COMPETÊNCIA FUNCIONAL

A competência funcional diz respeito à função desempenhada pelos juízes na Justiça do Trabalho.

O juiz titular ou substituto preside as audiências; executa suas próprias decisões, as proferidas pela Vara e aquelas cuja execução lhes for deprecada; despacha as petições e recursos interpostos pelas partes; concede medida liminar em reclamação trabalhista, de modo a obstar transferências abusivas; concede liminar em reclamação trabalhista que vise reintegrar no emprego dirigente sindical afastado, suspenso ou dispensado pelo empregador (art. 659 da CLT).

Ao Juiz Presidente do TRT cabe presidir as reuniões do tribunal, tendo voto de desempate. Nas sessões administrativas, vota como os demais juízes. Compete aos presidentes dos tribunais regionais:

a) dar posse aos titulares das Varas e juízes substitutos e funcionários do próprio Tribunal e conceder férias e licenças a tais pessoas;
b) presidir as audiências de conciliação nos dissídios coletivos;
c) executar suas próprias decisões e as proferidas pelo Tribunal;
d) convocar suplentes dos juízes do Tribunal, nos impedimentos destes;
e) representar ao presidente do TST contra os presidentes que faltarem a três reuniões ou sessões consecutivas, sem motivo justificado, que perderão o cargo;
f) despachar os recursos interpostos pelas partes;
g) requisitar às autoridades competentes, nos casos de dissídios coletivos, a força necessária, sempre que houver ameaça de perturbação da ordem;
h) exercer correição (apenas nos tribunais que não têm turmas), pelo menos uma vez por ano, sobre as Varas ou parcialmente, sempre que se fizer necessário, e solicitá-la, quando julgar conveniente, ao presidente do Tribunal de Justiça, relativamente aos juízes de Direito investidos na administração da Justiça do Trabalho;
i) distribuir os feitos, designando os juízes que os devem relatar;
j) designar, entre os funcionários dos Tribunais ou das Varas existentes em uma mesma localidade, o que deve exercer a função de distribuidor (art. 682 da CLT).

Os juízes dos Tribunais Regionais do Trabalho atuam divididos em turmas ou seções especiais, onde julgam processos de sua competência originária, como ação rescisória, mandado de segurança, matéria administrativa, conflitos de competência entre juízes vinculados ao Tribunal Regional.

Os juízes do TST são denominados ministros. Funcionam em turmas, na Seção de Dissídios Individuais (SDI) ou na Seção de Dissídios Coletivos.

Nos Tribunais Regionais não divididos em turmas, a deliberação é feita pelo plenário. Este apreciará os dissídios individuais em grau de recurso, os dissídios coletivos, e as ações de sua competência originária. Nos Tribunais Regionais divididos em turmas, estas apreciam os recursos de dissídios individuais, havendo uma seção que será especializada em dissídios coletivos ou para o exame de outras ações (mandado de segurança, ação rescisória etc.); poderá haver também um órgão especial, que julgará matéria administrativa e a inconstitucionalidade das leis. A Lei n. 8.480 extinguiu os Grupos de Turmas do TRT da 2ª Região, que julgavam dissídios coletivos, mandado de segurança, ações rescisórias etc., criando uma seção especializada para julgar essas matérias.

Compete privativamente aos tribunais julgar, originariamente, os mandados de segurança contra seus atos, os dos respectivos presidentes e os de suas turmas ou seções (art. 21, VI, da Lei Complementar n. 35/79).

O Tribunal Pleno do TST tem competência para:

a) declaração de inconstitucionalidade de lei ou ato normativo do Poder Público;
b) eleição do Presidente, Vice-presidente e Corregedor-geral;
c) proposição ao Poder Legislativo da criação ou extinção de Tribunal Regional;
d) julgamento dos incidentes de uniformização da jurisprudência em dissídios individuais;
e) aprovar os enunciados da Súmula da jurisprudência predominante em dissídios individuais;
f) aprovar os precedentes da jurisprudência predominante em dissídios coletivos;
g) aprovar as tabelas de custas e emolumentos, nos termos da lei;
h) elaborar o Regimento Interno do Tribunal e exercer as atribuições administrativas previstas em lei ou na Constituição da República;
i) opinar sobre propostas de alteração da legislação trabalhista, inclusive processual, quando o Tribunal tiver que se manifestar oficialmente;
j) aprovação da lista dos agraciados com a Ordem do Mérito Judiciário do Trabalho;
k) escolha, mediante escrutínio secreto e pelo voto da maioria absoluta de seus membros, dos Juízes de Regional para substituir Ministro do Tribunal (art. 4º da Lei n. 7.701/88).
l) estabelecer ou alterar súmulas e outros enunciados de jurisprudência uniforme, pelo voto de pelo menos dois terços de seus membros, caso a mesma matéria já tenha sido decidida de forma idêntica por unanimidade em, no mínimo, dois terços das turmas em pelo menos dez sessões diferentes em cada uma delas, podendo, ainda, por maioria de dois terços de seus membros, restringir os efeitos daquela declaração ou decidir que ela só tenha eficácia a partir de sua publicação no Diário Oficial (art. 702, I, *f* da CLT). O *quorum* será de 18 ministros. O referido dispositivo é inconstitucional, pois a matéria é de regime interno dos tribunais (art. 96, I, a, da Constituição).

As sessões de julgamento sobre estabelecimento ou alteração de súmulas e outros enunciados de jurisprudência deverão ser públicas, divulgadas com, no mínimo, 30 dias de antecedência, e deverão possibilitar a sustentação oral pelo Procurador-Geral do Trabalho, pelo Conselho Federal da Ordem dos Advogados do Brasil, pelo Advogado-Geral da União e por confederações sindicais ou entidades de classe de âmbito nacional (§ 3º do art. 702 da CLT).

O estabelecimento ou a alteração de súmulas e outros enunciados de jurisprudência pelos Tribunais Regionais do Trabalho deverão observar o disposto na alínea *f* do inciso I e no § 3º do art. 702 da CLT, com rol equivalente de legitimados para sustentação oral, observada a abrangência de sua circunscrição judiciária (§ 4º do art. 702 da CLT).

A Seção Especializada em Dissídios Coletivos (SDC) do TST tem competência originária para conciliar e julgar dissídios coletivos que excedam a jurisdição dos Tribunais Regionais do Trabalho, estendendo ou revendo suas decisões. Pode julgar ações rescisórias contra suas decisões, mandados de segurança contra atos do Presidente do Tribunal ou Ministros integrantes da Seção, julgando também conflitos de competência entre Tribunais Regionais em dissídios coletivos. Tem competência para julgar, em última instância, recursos ordinários interpostos contra decisões dos Tribunais Regionais em dissídio coletivo, em ações rescisórias e mandados de segurança atinentes a esses dissídios. Compete também à Seção de Dissídios Coletivos julgar embargos infringentes contra decisão não unânime proferida em dissídio coletivo de sua competência originária. Decide, ainda, embargos de declaração opostos a seus acórdãos, agravos de instrumento interpostos contra despacho denegatório de recurso ordinário nos processos de sua competência, suspeições arguidas contra o Presidente e demais Ministros que integram a seção, nos feitos pendentes de sua decisão (art. 2º da Lei n. 7.701/88).

A Seção de Dissídios Individuais (SDI) do TST julga: originariamente, as ações rescisórias das decisões das Turmas do TST e suas próprias; os mandados de segurança de sua competência originária. Em única instância, julgará os agravos regimentais interpostos em dissídios individuais; os conflitos de competência entre Tribunais Regionais e aqueles que compreendem juízes de Direito investidos da jurisdição trabalhista e Varas do Trabalho em processos de dissídio individual. Em última instância, os recursos ordinários interpostos contra decisões dos Tribunais Regionais em ações rescisórias e mandados de segurança; embargos de divergência interpostos às decisões das Turmas, ou destas com decisão da Seção de Dissídios Individuais; os agravos regimentais de despachos denegatórios dos Presidentes das Turmas, em matéria de embargos; os embargos de declaração opostos a seus acórdãos; as suspeições arguidas contra o Presidente e demais Ministros que integram a seção, nos processos em andamento; os agravos de instrumento interpostos contra despacho denegatório de recurso ordinário em mandados de segurança e ação rescisória (art. 3º da Lei n. 7.701/88).

As Turmas do TST têm competência para julgar:

a) os recursos de revista interpostos de decisões dos Tribunais Regionais do Trabalho;
b) em última instância os agravos de instrumento dos despachos do Presidente de Tribunal Regional que denegarem seguimento a recurso de revista;
c) em última instância, os agravos regimentais;
d) os embargos de declaração opostos a seus acórdãos (art. 5º da Lei n. 7.701/88).

Compete ao Presidente do TST:

a) presidir às sessões do Tribunal, fixando os dias para a realização das sessões ordinárias e convocando as extraordinárias;
b) superintender todos os serviços do Tribunal;
c) expedir instruções e adotar as providências necessárias para o bom funcionamento do Tribunal e dos demais órgãos da Justiça do Trabalho;
d) fazer cumprir as decisões ordinárias do Tribunal, determinando aos Tribunais Regionais e aos demais órgãos da Justiça do Trabalho a realização dos atos processuais e das diligências necessárias;
e) submeter ao Tribunal os processos em que tenha de deliberar e designar, na forma do regimento interno, os respectivos relatores;
f) despachar os recursos interpostos pelas partes e os demais papéis em que deva deliberar;
g) determinar as alterações que se fizerem necessárias na lotação de pessoal da Justiça do Trabalho, fazendo remoções *ex officio* de servidores entre os Tribunais Regionais, Varas do Trabalho e outros órgãos, bem como conceder as requeridas que julgar convenientes ao serviço, respeitada a lotação de cada órgão;
h) conceder licenças e férias aos servidores, bem como impor-lhes penas disciplinares que excederem da alçada das demais autoridades;
i) dar posse e conceder licença aos membros do Tribunal (art. 707 da CLT).
O presidente terá um secretário por ele designado entre os funcionários lotados no Tribunal, sendo auxiliado por servidores designados nas mesmas condições.

O Vice-presidente do TST tem competência para:

a) substituir o Presidente em suas férias, ausências e impedimentos;

b) cumprir delegações do Presidente;
c) exercer os encargos da Corregedoria-Geral nas ausências, impedimentos e nas férias do Corregedor.

Na ausência do Presidente e Vice-presidente, o tribunal será presidido pelo juiz togado mais antigo, ou pelo mais idoso quando igual a antiguidade.

O Ministro Corregedor no TST, quando não estiver ausente em função corregedora, participará das sessões do Tribunal Pleno, do Órgão Especial e das Seções Especializadas, com direito a voto, não concorrendo, no entanto, à distribuição semanal dos processos. Nas ausências, impedimentos e nas férias, o Corregedor será substituído no exercício de suas funções pelo Vice-presidente; na ausência deste, pelo Ministro togado mais antigo da corte. Compete ao Corregedor-geral:

a) submeter à apreciação do Órgão Especial o Regimento da Corregedoria--Geral e suas alterações;
b) exercer funções de inspeção e correição permanente ou periódica, ordinária ou extraordinária, geral ou parcial;
c) decidir reclamações contra os atos atentatórios à boa ordem processual, praticados pelos Tribunais Regionais, seus presidentes e juízes, quando inexistir recurso específico;
d) expedir provimentos para disciplinar os procedimentos a serem adotados pelos órgãos judiciários da Justiça do Trabalho.

11.10.1 Juiz de direito

Nas comarcas não abrangidas pela jurisdição da Justiça do Trabalho, a lei poderá atribuí-la aos juízes de direito, com recurso para o respectivo TRT que tiver jurisdição sobre o local (art. 112 da Constituição).

Nas localidades onde não existam Varas do Trabalho, ou que não estejam compreendidas na jurisdição destas, os juízes de direito estarão incumbidos de julgar matéria trabalhista, com a jurisdição que lhes for determinada pela lei de organização judiciária local (art. 668 da CLT).

Deve-se ressaltar que o juiz de direito não pertence à Justiça do Trabalho, mas à Justiça Estadual, estando apenas investido da jurisdição trabalhista, em razão de não existir Vara do Trabalho no local, ou sua abrangência não se estender àquela localidade.

Investido da jurisdição trabalhista, o juiz de direito terá a mesma competência dos Juízes das Varas do Trabalho prevista no art. 652 da CLT. No entanto, os recursos interpostos de suas sentenças não serão julgados pela Justiça Estadual, mas sim pelo Tribunal Regional do Trabalho da região respectiva.

Havendo na localidade mais de um Juiz de Direito, será a competência distribuída em relação aos juízes do Cível, que estão mais familiarizados com a matéria de contratos, em razão da afinidade entre a matéria trabalhista e civil. Os juízes do Criminal, portanto, não julgarão matéria trabalhista. A competência será determinada por distribuição ou pela divisão judiciária local, de acordo com a lei de organização judiciária local (§ 1º do art. 669 da CLT).

Existindo critério de competência diverso do supramencionado na lei de organização judiciária local, será competente o Juiz do Cível mais antigo na carreira e não o mais velho, em razão de sua maior experiência (§ 2º do art. 669 da CLT).

11.10.2 Ministério Público do Trabalho

A expressão *Ministério Público* pode ter sentido amplo ou restrito. Em sentido amplo é referente a toda pessoa que exerce função pública. Em sentido estrito, era a função de ofício ou de um magistrado específico, incumbido do dever de exercitar um provimento legislativo no século XVIII.

Na Constituição de 1934, o Ministério Público apenas era considerado como órgão de cooperação nas atividades governamentais. As Constituições de 1946 e 1967 incluíram o referido órgão no capítulo do Poder Judiciário. A Emenda Constitucional n. 1, de 1969, transferiu o Ministério Público para o Poder Executivo, passando a ser um de seus órgãos.

O Decreto-lei n. 1.237/39 previa como função da Procuradoria do Trabalho: encaminhar reclamação trabalhista às Juntas de Conciliação e Julgamento (§ 1º do art. 40), ajuizar dissídio coletivo em caso de greve (art. 56), emitir parecer (§ 1º do art. 60), deflagrar o processo de execução das decisões da Justiça do Trabalho (art. 68), recorrer das decisões que afetassem empresas de serviços públicos (art. 77), promover a revisão das sentenças proferidas nos dissídios coletivos após um ano de vigência (§ 1º do art. 78) e pedir a aplicação das penalidades previstas na citada norma.

Havia uma Procuradoria do Trabalho perante a Câmara da Justiça do Trabalho no Conselho Nacional do Trabalho e a Procuradoria da Previdência Social, que funcionava perante a Câmara da Previdência Social.

O Decreto-lei n. 1.346/39 estabelecia que a Procuradoria do Trabalho era órgão de coordenação entre a Justiça do Trabalho e o Ministério do Trabalho, Indústria e Comércio. Previa a existência de uma Procuradoria Geral e Procuradorias atuando perante os Conselhos Regionais do Trabalho (art. 14).

A Lei n. 1.341/51 era a Lei Orgânica do Ministério Público da União. O art. 66 previa a incumbência dos procuradores do trabalho para "exarar parecer nos processos de dissídios individuais e coletivos e demais controvérsias, oriundas de relações de trabalho, regidas por lei especial".

O Decreto n. 40.359, de 16-11-1956, veio consolidar as determinações da Lei n. 1.341/51 e da CLT. O art. 736 da CLT dizia que o Ministério Público do Trabalho era um agente direto do Poder Executivo, tendo por função zelar pela Constituição e pelas leis. O Decreto n. 88.077, de 1º-2-1983, criou novos órgãos no âmbito do Ministério Público do Trabalho como o Conselho Superior do Ministério Público do Trabalho, a Corregedoria do Ministério Público do Trabalho e o Colégio de Procuradores do Trabalho. De maneira geral, o Ministério Público do Trabalho atuava nos processos individuais em grau de recurso, proferindo parecer, nos dissídios coletivos e nos processos em que existissem interesses de menores e de incapazes.

Com a promulgação da Constituição de 1988, passou a ser considerado uma "instituição permanente, essencial à função jurisdicional do Estado, incumbindo-lhe a defesa da ordem jurídica, do regime democrático e dos interesses sociais e individuais indisponíveis" (art. 127 da Lei Maior). Não há dúvida de que o Ministério Público desempenha importante papel de defesa da Constituição e de fiscal da lei. Interesse social, contido no art. 127 da Constituição, é o interesse de toda a sociedade.

Não é mais o Ministério Público órgão do Executivo, mas um órgão executivo. Não está mais subordinado às ordens do Poder Executivo. É um órgão que está fora dos demais poderes. Tem, portanto, autonomia. É um órgão independente. Atua o Ministério Público em defesa da sociedade. Na verdade, tem a função de "contrapoder".

O Ministério Público pode ser dividido em:

I – Ministério Público da União, compreendendo:

a) o Ministério Público Federal (procurador da República);

b) o Ministério Público do Trabalho (procurador do trabalho);

c) o Ministério Público Militar;

d) o Ministério Público do Distrito Federal e Territórios;

II – Ministérios Públicos dos Estados (promotores e procuradores de Justiça).

Dentro dessa classificação vai nos interessar, evidentemente, o Ministério Público do Trabalho.

Têm os membros do Ministério Público do Trabalho as garantias da vitaliciedade, após dois anos de exercício, não podendo perder o cargo senão mediante sentença judicial transitada em julgado; inamovibilidade do cargo, salvo por motivo de interesse público, por intermédio de decisão do órgão colegiado do Ministério Público do Trabalho, por voto de dois terços de seus membros, porém assegurada a ampla defesa; irredutibilidade dos subsídios. Essas garantias não são asseguradas apenas ao Ministério Público do Trabalho, mas ao Ministério Público em geral, como instituição (art. 128, § 5º, I, da Norma Ápice).

Como se verifica, o Ministério Público do Trabalho pertence ao Ministério Público da União, tendo adquirido autonomia funcional e administrativa, não mais estando vinculado ao Poder Executivo. O Ministério Público do Trabalho não tem mais por objetivo defender interesses da União, pois estes devem ser feitos pela Advocacia-geral da União. O chefe do Ministério Público da União será o Procurador-geral da República, nomeado pelo Presidente da República.

A Lei Complementar n. 75, de 20-5-1993, regulou de maneira geral o Ministério Público da União. Os arts. 83 a 115 tratam do Ministério Público do Trabalho.

Hoje, o Ministério Público do Trabalho é composto pelos seguintes órgãos (art. 85 da Lei Complementar n. 75/93):

a) Procurador-geral do Trabalho;
b) Colégio de Procuradores do Trabalho;
c) Conselho Superior do Ministério Público do Trabalho;
d) Câmara de Coordenação e Revisão do Ministério Público do Trabalho;
e) Corregedoria do Ministério Público do Trabalho;
f) Subprocuradores-gerais do Trabalho;
g) Procuradores Regionais do Trabalho;
h) Procuradores do Trabalho.

A carreira do Ministério Público do Trabalho será constituída pelos cargos de Subprocurador-geral do Trabalho, Procurador Regional do Trabalho e Procurador do Trabalho. O cargo inicial da carreira é o de Procurador do Trabalho e o do último nível o de Subprocurador-geral do Trabalho. As promoções serão feitas, alternadamente, por merecimento e antiguidade.

O Procurador-geral do Trabalho é o chefe do Ministério Público do Trabalho (art. 87 da Lei Complementar n. 75/93), exercendo seu ofício perante o Plenário do TST (art. 90), instância em que os Subprocuradores-gerais oficiarão (art. 107). Os Procuradores Regionais do Trabalho atuam nos Tribunais Regionais do Trabalho (art. 110). Os Procuradores do Trabalho serão designados para funcionar junto aos Tribunais Regionais do Trabalho e, na forma das leis processuais, nos litígios trabalhistas que compreendam, especialmente, interesses de menores e incapazes (art. 112).

Indica o inciso III do art. 129 da Constituição que são funções do Ministério Público promover o inquérito civil público e a ação civil pública, visando proteger os interesses difusos e coletivos.

Compete ao Ministério Público do Trabalho (art. 83 da Lei Complementar n. 75/93):

a) promover as ações que lhe sejam atribuídas pela Constituição e pelas leis trabalhistas;
b) manifestar-se em qualquer fase do processo trabalhista, acolhendo solicitação do juiz ou por sua iniciativa, quando entender existente interesse público que justifique a intervenção. O juiz do trabalho pode solicitar pronunciamento do Ministério Público do Trabalho, mas este também poderá tomar a iniciativa da intervenção no processo se entender que há interesse público a ser preservado. O magistrado é que irá decidir se há ou não interesse público para justificar a intervenção no processo pelo Ministério Público do Trabalho;
c) propor o inquérito civil público (art. 84, II, da Lei Complementar n. 75/93); promover a ação civil pública no âmbito da Justiça do Trabalho, para defesa de interesses coletivos, quando desrespeitados os direitos sociais constitucionalmente garantidos. Essa orientação já era encontrada no inciso III do art. 129 da Constituição, tendo esta, ainda, assegurado a intervenção do Ministério Público em relação a "outros interesses difusos e coletivos". A ação civil pública observará as determinações da Lei n. 7.347, de 24-7-1985, especialmente o inciso IV do art. 1º, que prevê questões de interesses difusos ou coletivos. Em regra, poderia ser dito que a ação civil pública será proposta desde que haja violação ao direito dos trabalhadores, previsto na Constituição, e a matéria esteja incluída na competência da Justiça do Trabalho. A ação civil pública será proposta, de maneira geral, no primeiro grau de jurisdição trabalhista, ou seja: na Vara do Trabalho. Cabe ressaltar, também, que o Ministério Público, de ofício, poderá requisitar a abertura de inquérito e oferecer denúncia quando houver prática de delito nas greves, porém, isso será incumbência do Ministério Público e não do Ministério Público do Trabalho;
d) propor as ações necessárias à defesa dos direitos e interesses dos menores, incapazes e índios, decorrentes das relações de trabalho;
e) propor ações cabíveis para declaração de nulidade de cláusula de contrato, acordo coletivo ou convenção coletiva que viole as liberdades individuais ou coletivas ou os direitos individuais indisponíveis dos trabalhadores. É possível entender que a referida proteção se estende aos contratos individuais de trabalho;
f) recorrer das decisões da Justiça do Trabalho quando entender necessário, tanto nos processos em que for parte como naqueles em que oficiar como

fiscal da lei, bem como pedir revisão dos enunciados das súmulas de jurisprudência do TST;

g) funcionar nas sessões dos Tribunais Trabalhistas, manifestando-se verbalmente sobre a matéria em debate, sempre que entender necessário, sendo-lhe assegurado o direito de vista dos processos em julgamento, podendo solicitar as requisições e diligências que julgar convenientes;

h) instaurar instância em caso de greve, quando a defesa da ordem jurídica ou o interesse público assim o exigir. O § 3º do art. 114 da Constituição passou a prever que em caso de greve em atividade essencial, com possibilidade de lesão do interesse público, o Ministério Público do Trabalho poderá ajuizar dissídio coletivo, competindo à Justiça do Trabalho decidir o conflito. Assim, apenas em greve em atividades essenciais será possível o Ministério Público ingressar com o dissídio coletivo e não em qualquer caso;

i) promover ou participar da instrução e conciliação em dissídios decorrentes da paralisação de serviços de qualquer natureza, oficiando obrigatoriamente nos processos, manifestando sua concordância ou discordância, em eventuais acordos firmados antes da homologação, resguardando o direito de recorrer em caso de violação da lei ou da Constituição. É possível, então, que o Ministério Público do Trabalho participe da conciliação e instrução em dissídios resultantes de greve, porém só poderá recorrer das decisões em que houver violação da lei ou da Constituição;

j) promover mandado de injunção, quando a competência for da Justiça do Trabalho;

k) requerer as diligências que julgar convenientes para o correto andamento dos processos e para a melhor solução das lides trabalhistas;

l) atuar como árbitro, se assim for solicitado pelas partes, nos dissídios de competência da Justiça do Trabalho (art. 83, XI, da Lei Complementar n. 75). Verifica-se que o Ministério Público do Trabalho poderá ser solicitado a atuar como árbitro tanto em dissídios individuais como em coletivos;

m) intervir obrigatoriamente em todos os feitos nos segundo e terceiro graus de jurisdição da Justiça do Trabalho, quando a parte for pessoa jurídica de Direito Público, Estado estrangeiro ou organismo internacional.

O Conselho Superior do Ministério Público do Trabalho é que deterá o poder normativo no âmbito da instituição, cabendo a ele opinar sobre o afastamento temporário de membro do Ministério Público do Trabalho. Decidirá sobre a remoção e disponibilidade dos procuradores, por motivo de interesse público.

Pode-se dizer, ainda, que os procuradores do trabalho poderão requerer a prorrogação das sessões nos tribunais. Irão exarar seu "ciente" nos acórdãos do TRT, por meio do procurador regional, e do TST, por intermédio do procurador-geral. Há, também, a possibilidade da Procuradoria do Trabalho cobrar as multas impostas pelas autoridades administrativas e judiciárias do trabalho, de defender a jurisdição dos órgãos da Justiça do Trabalho e suscitar conflitos de jurisdição. Os procuradores estarão presentes em todas as sessões de julgamento nos regionais e no TST.

Na falta dos representantes legais dos menores de 14 a 18 anos, a Procuradoria Regional, por intermédio de um procurador, funcionará na primeira instância como curador à lide nos dissídios individuais (art. 793 da CLT).

Os índios, suas comunidades e organizações são partes legítimas para ingressar em juízo em defesa de seus direitos e interesses, intervindo o Ministério Público em todos os atos do processo (art. 232 da Constituição).

A Procuradoria do Trabalho poderá, também, solicitar a extensão de novas condições de trabalho conquistadas em dissídio coletivo, em relação a todos os empregados da mesma categoria profissional compreendida na jurisdição do TRT prolator da sentença normativa (art. 869, *d*, da CLT).

Com a edição da Lei n. 7.701, de 21-12-1988, o Ministério Público do Trabalho poderá também emitir parecer oral, na audiência ou sessão de julgamento do dissídio coletivo, ou então oferecê-lo por escrito, como é costumeiro (art. 11). O prazo para o Ministério Público oferecer parecer escrito é de 8 dias contados da data em que lhe for distribuído o processo (art. 5º da Lei n. 5.584/70).

No procedimento sumaríssimo, o parecer no recurso ordinário poderá ser oral, na própria sessão de julgamento, se o procurador entender necessário (art. 895, § 1º, III, da CLT). Não existe, portanto, obrigatoriedade de ser proferido parecer, muito menos escrito. Ficará a critério do Procurador do Trabalho proferir ou não o parecer oral na própria sessão de julgamento. O fundamento é a celeridade processual que deve ter o procedimento sumaríssimo.

O parecer obrigatório estender-se-á aos processos solicitados ao Tribunal por iniciativa de Membro do Ministério Público do Trabalho, presente à sessão, quando entender existente interesse que justifique a intervenção. Nos demais processos, submetidos aos Tribunais Regionais a manifestação do Ministério Público do Trabalho poderá ser pelo prosseguimento do feito. No primeiro grau, o Ministério Público manifestar-se-á ocorrendo solicitação do juiz ou por sua iniciativa, quando entender existente interesse que justifique a intervenção.

O parecer do Ministério Público do Trabalho só deveria ser obrigatório quando houvesse interesse público, como de órgãos da Administração Pública Direta, compreendendo autarquias e fundações públicas, de menores etc. Nos demais casos, não deveria existir parecer obrigatório do Ministério Público do Trabalho, que teria mais tempo para analisar ações civis públicas e outros aspectos mais importantes.

O inciso I do art. 18 da Lei Complementar n. 75 dispõe que o membro do Ministério Público deve sentar-se no mesmo plano e à direita do juiz, o que deve ser observado tanto nos tribunais como na primeira instância.

O Procurador do Trabalho não pode se sentar à direita do juiz que preside os trabalhos quando o Ministério Público do Trabalho é parte, porque aí há tratamento diferenciado que a outra parte não tem. O tratamento do Ministério Público do Trabalho deve ser o mesmo dado à parte.

11.10.3 Ministro Corregedor do TST

O Ministro Corregedor do TST terá competência para:

a) exercer as funções de inspeção e correição permanente com relação aos Tribunais Regionais do Trabalho e seus presidentes;

b) decidir reclamações correicionais contra atos atentatórios da boa ordem processual praticados pelos Regionais e seus Presidentes, inexistindo remédio processual adequado para tanto (art. 709 da CLT).

Será eleito o Ministro Corregedor entre os Ministros togados do TST, tendo por função precípua a de Corregedor-Geral da Justiça do Trabalho.

O Corregedor deverá fazer correição ordinária nos Tribunais Regionais pelo menos uma vez por ano, e extraordinária quando for necessária.

Das decisões proferidas pelo Corregedor caberá agravo regimental (§ 1º do art. 709 da CLT), que será julgado pelo órgão especial do TST.

O Corregedor não integrará as Turmas do TST, mas participará tanto da SDI como da SDC, salvo quando estiver em função corregedora. Cabe-lhe, porém, votar em incidente de inconstitucionalidade, nos processos administrativos e nos feitos em que estiver vinculado por visto anterior à sua posse na Corregedoria.

11.10.4 Corregedoria Regional

O Corregedor Regional terá aproximadamente as mesmas atribuições de Ministro Corregedor do TST, contudo no âmbito da região abrangida pelo TRT. Competirá ao Corregedor Regional fazer correição ordinária (pelo menos uma vez por ano) e extraordinária nas Varas de sua região. Deverá decidir sobre reclamações correicionais, contra atos atentatórios à boa ordem processual ou funcional, relativos a processo de primeira instância, que são apresentadas no prazo de cinco dias, a contar da ciência do ato impugnado, desde que não haja recurso adequado na forma da lei.

Terá o Corregedor Regional o prazo de dez dias para apreciar o pedido de correição parcial. Não obstará, todavia, a interposição de recursos previstos em lei, a decisão do Corregedor nas reclamações correicionais.

Normalmente, o Corregedor Regional expede provimentos com o objetivo de unificar procedimentos, racionalizando o trabalho com vistas ao melhor aproveitamento funcional.

Nos tribunais menores, que não são divididos em turmas, a correição é exercida pelo próprio Presidente (art. 682, XI, da CLT). A correição nas Varas, nesse caso, também é feita uma vez por ano, ordinariamente, ou parcialmente, sempre que se fizer necessário. O Presidente do Tribunal poderá solicitar, quando julgar conveniente, ao Presidente do Tribunal de Justiça, a correição perante os Juízes de Direito investidos de jurisdição trabalhista.

11.11 CONFLITOS DE COMPETÊNCIA

Quando dois ou mais juízos se derem por competentes ou incompetentes, dá-se o conflito de competência, positivo no primeiro caso e negativo no segundo.

A expressão correta é *conflito de competência* e não *conflito de jurisdição* (arts. 803 a 817 da CLT) pois se trata de competência material ou pessoal do juiz.

Pode o conflito ser suscitado pelo juiz, pelas partes ou pelo Ministério Público (art. 805 da CLT). A parte que já tiver oposto exceção de incompetência, não poderá suscitar conflito de competência. Caso fosse admitido à parte suscitar conflito de competência, quando já apresentada a exceção de incompetência, estar-se-ia admitindo expedientes protelatórios no processo, quando até o julgamento da exceção o processo já estava suspenso.

Os conflitos de competência podem ocorrer entre:

a) Varas do Trabalho e Juízes de Direito investidos de jurisdição trabalhista. Nesses casos, o conflito será julgado pelo TRT da região (art. 114, V, da Constituição).

   O STJ entende que a competência para dirimir conflito entre Vara do Trabalho e juiz de Direito investido de jurisdição trabalhista é do TRT da área a que estiverem vinculados (S. 180);

b) duas Varas do Trabalho pertencentes à mesma Região, na qual será competente o próprio Tribunal Regional do Trabalho da Região, interpretando-se a *contrario sensu* a expressão “juízes vinculados a tribunais diversos” contida na alínea *d*, do inciso I, do art. 105 da Constituição. Prevalece, no caso, o princípio de que juízes vinculados a um mesmo tribunal devem ter seus conflitos de competência resolvidos pelo tribunal que lhes é hierarquicamente superior;

c) duas Varas do Trabalho pertencentes a Regiões diversas, sendo competente o TST. A Súmula 236 do STJ mostra o entendimento de que não compete ao referido tribunal dirimir conflitos de competência entre juízes trabalhistas vinculados a Tribunais Regionais do Trabalho diversos. O TST terá competência para analisar conflito de competência entre varas pertencentes a tribunais regionais diferentes ou entre tribunais regionais;

d) Tribunais Regionais do Trabalho. Nesta hipótese, competente é o TST, pois os órgãos têm jurisdição trabalhista (art. 114, V, da Constituição);

e) Varas do Trabalho e Juízes de Direito ou Juízes Federais. O STJ tem entendido que compete ao TRT dirimir conflito de competência verificado, na respectiva região, entre juiz estadual e Vara do Trabalho (S. 180). O inciso V do art. 114 da Constituição determina que a Justiça do Trabalho é competente para julgar os conflitos de competência entre órgãos com jurisdição trabalhista, ressalvado o disposto no art. 102, I, *o*, da Lei Maior. O juiz de direito exerce jurisdição trabalhista nas localidades em que não haja varas do trabalho ou esta não tenha jurisdição sobre o local. Nesse caso, a competência para resolver o conflito envolvendo jurisdição trabalhista entre o juiz de direito e o juiz do trabalho será do TRT da respectiva região. A exceção diz respeito aos conflitos entre tribunais superiores ou entre estes e qualquer outro tribunal, em que a competência será do STF. Conflito de competência entre juiz do trabalho e juiz federal será dirimido pelo STJ (art. 105, I, *d*, da Constituição), pois são juízes vinculados a tribunais diversos. Compete ao Tribunal do Trabalho apreciar recurso contra sentença proferida por órgão de primeiro grau da Justiça Trabalhista, ainda que para declarar-lhe a nulidade em virtude de incompetência (S. 225, do STJ);

f) o TST e Juízes de Direito ou Juízes Federais, sendo o STF competente para julgar o conflito (art. 102, I, *o*, da Constituição). O STF já entendeu que compete a tal órgão julgar conflito entre qualquer tribunal superior e magistrado a que não estiver a ele vinculado, inclusive de primeira instância (STF – Pleno, CC 7.027-7-PE, j. 16-8-1995, Rel. Min. Celso de Mello, *DJU*, I, 1º-9-1995, p. 27.375/6); que é competente para julgar conflito entre o

TST e juiz de Direito de Brasília (CJ 6.959-6-DF, Pleno, j. 23-5-1990, Rel. Min. Sepúlveda Pertence, *LTr* 59-10/1372);

g) o STJ e o TST; será resolvido pelo STF (art. 102, I, *o*, da Constituição) por se tratar de tribunais superiores;

h) Tribunais Regionais do Trabalho e o TST. Não existe conflito entre o TST e Tribunais Regionais do Trabalho, mas hierarquia entre esses e subordinação. Não se pode dizer que há conflito de competência, mas cumprimento de decisão de órgão superior;

i) TRT e TRF ou TJ; será resolvido pelo STJ, por se tratar de conflito entre quaisquer tribunais (art. 105, I, *d*, da Constituição);

j) os conflitos de competência de juízes do próprio tribunal serão por ele dirimidos, pelo pleno ou por órgão especial, onde houver.

Inexiste conflito de competência entre TST e TRT, TST e Vara do Trabalho, TRT e Vara do Trabalho a ele vinculado (S. 420 do TST), pois há hierarquia entre esses órgãos, devendo o segundo subordinação ao primeiro. A decisão vem do órgão superior para o órgão inferior.

A Constituição revogou o art. 808 da CLT no que com ela conflita. A alínea *b* do inciso II do art. 3º da Lei n. 7.701/88, que tratou de estabelecer critérios para julgamento de conflitos de competência em confronto com a Constituição, é inconstitucional.

O juiz, ao ser estabelecido o conflito de competência, não deveria mandar os próprios autos ao tribunal competente para dirimir a referida controvérsia, segundo a regra do art. 809 da CLT, mas extrair as peças necessárias e mandá-las em autos apartados. No entanto, a melhor orientação é no sentido de se suspender o processo e mandar os próprios autos para o tribunal competente para julgar o conflito de competência, evitando-se qualquer alegação de nulidade quanto a eventuais atos decisórios praticados no processo.

Verificação de Aprendizagem

1. Joaquim, residente em Marília, foi contratado em São Paulo para trabalhar em Bauru, na função de vendedor da filial daquela cidade. Qual é o foro competente para a propositura da reclamação? Por quê?
2. Japonês é contratado em Tóquio para trabalhar em Belo Horizonte, como gerente do Banco de Tóquio. Qual é o foro competente para se propor a ação trabalhista? Por quê?
3. Empregado brasileiro é contratado em Campinas para prestar serviços em Washington, como subgerente do Banco do Brasil naquela localidade. Qual é o foro competente em caso de o empregado sentir-se prejudicado quanto a vantagens salariais? Por quê?

4. Um vendedor de consórcios é contratado como empregado em Lins, sendo-lhe designada a filial de Botucatu para exercer suas funções; faz vendas na região de Bauru, Marília e Assis. Qual é o foro competente sabendo-se que a empresa tem sede no Rio de Janeiro? Por quê?

5. Equilibrista é contratado em São Paulo por um circo. Trabalha nas cidades de Osasco, São Caetano e São Bernardo, onde está atualmente o circo. Foi despedido nessa última cidade. Qual é o foro competente para a propositura da ação? Por quê?

6. Abreu foi contratado em São Paulo para prestar serviços de vendas na região do Vale do Paraíba (São José dos Campos, Taubaté etc.). A empresa tem sede em São Paulo, porém o empregado é o único representante na cidade de Taubaté, num pequeno escritório de vendas. Onde a reclamação trabalhista deverá ser proposta? Por quê?

7. Mário Américo é contratado em São Paulo por empresa de feiras e exposições. Trabalha em várias cidades do interior como Jaboticabal, Pedreira, São Roque. fazendo exposições. Em que local a ação deve ser proposta? Por quê?

8. Juca de Melo, pedreiro, é contratado em São Paulo para trabalhar na Argentina. Supondo-se que exista tratado internacional dizendo que nesses casos a ação deve ser proposta no local da execução dos serviços, onde a ação deve ser proposta segundo a CLT? Por quê?

9. M., vendedor pracista, é contratado em Curitiba, local em que a empresa tem sede. Desenvolve suas atividades em Foz do Iguaçu e região, onde a empresa não tem qualquer filial. Onde a ação deve ser proposta? Por quê?

10. D. T., cirurgião dentista, é contratado em Lisboa para prestar serviços no Brasil a uma empresa brasileira. Posteriormente, essa empresa determina que deve trabalhar em Madrid, prestando serviços por último no Rio de Janeiro. Sabendo-se que Deudino Tomé é espanhol, onde a ação deve ser proposta? Por quê?

11. O que é conflito de jurisdição? A quem cabe julgá-lo?

12. Quais são as funções do Ministério Público do Trabalho?

13. Qual é a função do Pleno do TST?

14. Quais são as funções da SDI e SDC no TST?

15. O que faz o corregedor do TST e o corregedor dos Tribunais Regionais?

16. Sindicatos ajuizaram dissídio coletivo, sendo que suas bases territoriais são nas cidades de Arujá, Santa Branca e Guararema, onde serão produzidos seus efeitos. Quem é competente para julgá-lo?

17. As cidades que terão bases territoriais beneficiadas com um dissídio coletivo são Mongaguá, Caraguatatuba e São Sebastião. Qual é o tribunal competente para julgar o referido dissídio?

18. Dissídio coletivo envolve os Estados de Goiás e Mato Grosso do Sul. Onde deve ser ajuizado?

Capítulo 12

ATOS, TERMOS E PRAZOS PROCESSUAIS

12.1 ATOS

Representa o processo um encadeamento lógico de atos processuais que vão colimar com um fim: a sentença. O processo se inicia com a petição inicial. A parte contrária apresenta sua resposta (defesa). São produzidas provas de ambos os lados. Afinal, há a conclusão do processo, que é justamente a sentença, que vai acolher ou rejeitar o pedido do autor.

Os atos processuais, como o próprio nome diz, são os praticados no curso do processo. Não são atos que decorrem do contrato. Exemplo: petição inicial, contestação, laudo pericial, sentença, recurso etc.

No Direito Processual vige o princípio da publicidade dos atos processuais. A lei só poderá restringir a publicidade dos atos processuais quando a defesa da intimidade ou o interesse social o exigirem (art. 5º, LX, da Constituição). São públicos os atos processuais, podendo toda a gente presenciá-los. São realizados em dias úteis, entre 6 e 20 horas (art. 770 da CLT). Quando a petição eletrônica for enviada para atender prazo processual, serão consideradas tempestivas as transmitidas até às 24 horas do seu último dia (parágrafo único do art. 3º da Lei n. 11.419/2006). O art. 770 da CLT reproduz quase literalmente o art. 5º do CPC de 1939, sendo que atualmente o art. 212 do CPC tem a mesma redação. É possível a prática de atos processuais inclusive fora do expediente forense habitual, que se encerra às 18 horas desde que os atos forem iniciados antes das 20 horas e o adiamento prejudicar a diligência ou causar grave dano (§ 1º do art. 212 do CPC). Quando o ato tiver de ser praticado por meio de petição em autos não eletrônicos, essa deverá ser protocolada no horário de funcionamento do fórum ou tribunal, conforme o disposto na lei de organização judiciária local (§ 3º do art. 212 do CPC). É o caso de apresentação de recursos, de manifestações, impugnações etc., que não poderão ser apresentadas fora do horário normal de expediente, no protocolo, que geralmente termina às 18 horas.

Dias úteis são segunda a sexta-feira. O parágrafo único do art. 770 da CLT dá a entender que sábado, domingo ou feriado não são dias úteis, tanto que o ato processual será praticado no primeiro dia útil seguinte.

O inciso IX do art. 93 da Constituição estabelece que os julgamentos dos órgãos do Poder Judiciário serão públicos, porém a lei pode limitar a presença, em determinados atos, às próprias partes e a seus advogados, ou somente a estes, em casos nos quais a preservação do direito à intimidade do interessado no sigilo não prejudique o interesse público à informação.

Esclarece o art. 189 do CPC que certos atos correm em segredo de justiça. Entretanto, o inciso II do referido artigo não se aplica ao processo do trabalho, pois na Justiça do Trabalho não são resolvidas questões de casamento, separação, divórcio, alimentos e guarda de menores. O inciso I do art. 189 do CPC será observado no processo do trabalho, pois correrão em segredo de justiça os processos em que houver interesse público ou social.

O inciso I do art. 189 do CPC não é claro, porém, quanto aos casos em que há interesse público ou social.

Na maioria das vezes no processo do trabalho o interesse não é público ou social, mas o interesse é mesmo privado, pois se o processo for público pode humilhar determinada pessoa, expor a parte a procedimento vexatório, causando-lhe embaraço, revelando situação que lhe seria desfavorável perante a sociedade, como ocorreria também em determinada hipótese de dispensa com alegação de justa causa. Correrão em segredo de justiça os processos em que constem dados protegidos pelo direito constitucional à intimidade (art. 189, IV, do CPC).

Nos casos em que se discute a condição de trabalho do doente de AIDS, o juiz deveria decretar segredo de Justiça no processo, mediante requerimento para esse fim, visando a que o empregado não fosse prejudicado ainda mais pelo fato de estar doente, tendo divulgada a sua condição perante a sociedade. Em cidades pequenas, a decretação do sigilo de Justiça acaba sendo imprescindível, diante da repercussão negativa que isso gera na localidade. Talvez fosse o caso de se mudar a redação da lei para estabelecer que nas hipóteses em que a pessoa pudesse sofrer uma condição vexatória, caso o processo fosse público, deveria haver o segredo de justiça, como no caso do doente de AIDS. Do contrário, ficaria ao livre alvedrio do juiz determinar ou não o segredo de justiça e a parte não teria nenhum recurso contra sua decisão.

Exemplo de interesse privado pode ser o de uma empregada de uma fundação, que foi estuprada por menores infratores. A divulgação do fato e o fato em si são muito graves, causando dor à pessoa. O processo, portanto, tem de correr em segredo de justiça.

Em certos casos, pode haver interesse do empregador em não ser divulgado determinado aspecto para fora do processo, como na hipótese em que fosse discutido o direito a um invento, que teria sido produzido durante o contrato de trabalho.

Em outras hipóteses o juiz poderá determinar que o processo corra em segredo de justiça. Em relação ao menor enquanto trabalhador, não há que se falar em segredo de justiça, por falta de previsão legal nesse sentido.

Nos casos de arresto, sequestro e busca e apreensão, se a pessoa tiver conhecimento anterior da medida, não deixará que o ato seja praticado, ou irá tentar frustrá-lo. Nessas hipóteses, poderia o juiz determinar, num primeiro momento, que corra o processo em segredo de justiça, apenas para a realização de tais atos.

Nos domingos e feriados, poderá ser realizada a penhora, desde que haja autorização expressa do juiz ou presidente (parágrafo único do art. 770 da CLT). Aquele ato deve, em princípio, obedecer ao mesmo horário para a prática dos atos processuais na Justiça do Trabalho, ou seja, das 6 às 20 horas.

Pode ocorrer, entretanto, que certos atos não possam ser praticados apenas no horário descrito pela lei (das 6 às 20 horas), ocasião em que o juiz pode autorizar que sejam realizados fora daquele período. É o que ocorreria com certa empresa que só começa a funcionar a partir das 23 horas (um clube noturno, *boite* etc.). Nesse caso, se o ato não for praticado após as 20 horas, nunca poderá ser realizado, pois antes das 20 horas aquela casa estará, com certeza, fechada.

12.2 TERMO

Termo é a redução a escrito de certos atos processuais praticados nos autos de um processo (ex.: termo da ata da audiência, termo da ata onde é realizado o julgamento do processo etc.).

Os atos e termos processuais podem ser escritos a tinta, datilografados ou a carimbo (art. 771 da CLT), como por intermédio do computador. Além das especificações do art. 771 da CLT, é possível dizer que os atos processuais podem também ser feitos por taquigrafia, estenotipia ou outro método idôneo (art. 210 do CPC). Apesar de não haver omissão na CLT, é razoável a aplicação do art. 210 do CPC (art. 15 do CPC). Os termos que se referirem ao movimento dos processos constarão de simples notas, datadas e rubricadas pelos chefes de secretaria cu escrivães (art. 773 da CLT).

Devem ser assinados pelas partes os atos e termos processuais. Em caso de não poderem fazê-lo, serão firmados a rogo, na presença de duas testemunhas, desde que não haja procurador legalmente constituído (art. 772 da CLT). Na maioria dos casos a pessoa não assina porque não sabe assinar o nome ou porque é analfabeta, apondo sua impressão digital, ou quando tenha doença que impeça a articulação normal da mão. Se alguém se recusar a assinar a ata. poderá a ocorrência ser certificada (art. 209 do CPC), inclusive dispensando-se a parte de assiná-la. O importante, na verdade, é a assinatura do juiz que preside os trabalhos e do diretor de secretaria ou seu secretário, que atestaram a veracidade do contido na ata, caso alguém se recuse a assiná-la. Se a parte tem procurador e este assina a ata, não há necessidade da assinatura do recusante.

A prática de alguém se recusar a assinar a ata "é rara, e sempre produto de ignorância mesclada com desconfiança". "Tomando-se a iniciativa de dispensar a parte da assinatura, esta se dispõe a assinar, mais segura de que não pretendem enganá-la, na maioria dos casos" (Giglio, 1984:88).

12.3 PRAZOS PROCESSUAIS

Prazo processual é o período em que o ato processual deve ser praticado no processo.

Os prazos processuais podem ser particulares, concernentes a apenas uma das partes, ou comuns, quando fluem para ambas as partes, como para manifestação sobre o laudo pericial no procedimento sumaríssimo (§ 6º do art. 852-H da CLT).

São prazos legais os estabelecidos em lei. Ex.: prazo de oito dias para recorrer.

Prazos judiciais são os determinados pelo juiz, que pode estabelecer que as partes se manifestem sucessivamente em dez dias sobre o laudo pericial, sendo os cinco primeiros para o reclamante e os cinco seguintes para a reclamada.

Prazos convencionais são os que decorrem da convenção das partes. As partes podem pretender a suspensão do processo por 15 dias para tentativa de acordo (art. 313, II, do CPC). A suspensão do processo por convenção das partes não pode ser feita por mais de seis meses (§ 4º do art. 313 do CPC).

Prazos peremptórios são prazos fatais e improrrogáveis, que não podem ser alterados pelas partes, como ocorre com o prazo de cito dias para recurso. As partes não podem convencionar que o prazo de recurso, excepcionalmente, será de dez dias para aquele processo. O art. 222 do CPC permite, contudo, ao juiz prorrogar prazos, por até dois meses, nas comarcas onde for difícil o transporte. Havendo calamidade pública, o limite anteriormente mencionado para prorrogação de prazos poderá ser excedido (§ 2º do art. 222 do CPC). Pode, ainda, o juiz prorrogar o prazo peremptório com a anuência das partes (§ 1º do art. 222 do CPC). Considera-se justa causa o evento alheio à vontade da parte e que a impediu de praticar o ato por si ou por mandatário (§ 1º do art. 223 do CPC).

Se o juiz verificar que houve justo motivo para que a parte não tenha praticado o ato, assinará novo prazo à parte. Este novo prazo ficará ao prudente critério do juiz (§ 2º do art. 223 do CPC). É o que ocorre com falta de luz no fórum, muita chuva etc.

Prazos prorrogáveis são os que não estão previstos na lei, podendo o juiz dilatar tais prazos, a seu livre arbítrio. Pode ocorrer de determinado laudo pericial ser muito complexo para ser examinado no prazo assinado pelo juiz, por possuir muitas folhas. Nada impede que a parte requeira ao juiz um prazo suplementar ou a prorrogação do prazo concedido para se manifestar sobre o laudo, dada sua complexidade.

Os juízes do trabalho deverão despachar e praticar os atos decorrentes de suas funções, dentro dos prazos legais (art. 658, *d*, da CLT).

Os chefes de secretaria e demais funcionários sujeitam-se a prazos para a prática dos atos que lhes incumbem, a cumprir os prazos previstos em lei, podendo sofrer penas pelo retardamento.

Os funcionários têm 48 horas para remeter a cópia da petição inicial ao reclamado (art. 841 da CLT) e para a juntada do termo de audiência aos autos (§ 1º do art. 851 da CLT). O juiz terá cinco dias para praticar os despachos de expediente (art. 226, I, do CPC). As decisões interlocutórias serão proferidas em 10 dias (art. 226, II, do CPC). A sentença que julgar a ação trabalhista não obedece ao prazo de 30 dias do inciso III do art. 226 do CPC, mas deverá ser juntada aos autos em 48 horas, contado da audiência de julgamento (§ 2º do art. 851 da CLT), caso contrário as partes serão notificadas da decisão.

O prazo para o serventuário determinar que os autos sejam conclusos ao juiz será de um dia (art. 228 do CPC). Os atos pertinentes aos funcionários serão executados no prazo de cinco dias (art. 228 do CPC).

Omissa a lei, o juiz assinará os prazos, tendo em conta a complexidade do ato (§ 1º do art. 218 do CPC). Havendo motivo justificado, o juiz poderá exceder por igual tempo o prazo determinado na lei (art. 227 do CPC).

Inexistindo prazo determinado em lei ou se não for fixado pelo juiz, a prática dos atos processuais deve ser feita em cinco dias (§ 3º do art. 218 do CPC).

A prática eletrônica de ato processual pode ocorrer em qualquer horário até as 24 (vinte e quatro) horas do último dia do prazo (art. 213 do CPC). O horário vigente no juízo perante o qual o ato deve ser praticado será considerado para fins de atendimento do prazo.

No recesso forense, não são praticados quaisquer atos processuais. Poderão, entretanto, ser praticados atos processuais como: as citações, intimações e penhoras no período de férias forenses, onde as houver, e nos feriados ou dias úteis fora das 6 às 20 horas (art. 214, I c/c § 2º do art. 212 do CPC). Os atos que importarem em resposta do réu só começarão a correr no primeiro dia útil seguinte ao término do recesso.

12.3.1 Contagem do prazo

Os prazos processuais serão contados em dias úteis, com exclusão do dia do começo e inclusão do dia do vencimento (art. 775, *caput*, da CLT). Podem, entretanto, ser prorrogados, pelo tempo estritamente necessário, nas seguintes hipóteses: I – quando o juízo entender necessário; II – em virtude de força maior, devidamente comprovada.

Ao juízo incumbe dilatar os prazos processuais e alterar a ordem de produção dos meios de prova, adequando-os às necessidades do conflito de modo a conferir maior efetividade à tutela do direito (§ 2º do art. 775 da CLT). Exemplo pode ser a hipótese de o juiz conceder prazo superior a cinco dias comuns para as partes se manifestarem sobre laudo pericial complexo no procedimento sumaríssimo (§4º do art. 852-H da CLT), como conceder cinco dias para parte, de forma sucessiva.

Serão contados os prazos a partir da data em que for feita pessoalmente a intimação, ou recebida a notificação, ou da data em que for publicado o edital no jornal oficial ou no que publicar o expediente da Justiça do Trabalho, ou, ainda, daquela em que for afixado o edital na sede da Vara, Juízo ou Tribunal, salvo se houver determinação em sentido contrário (art. 774 da CLT). No processo do trabalho, não há necessidade de que a intimação seja pessoal, bastando que seja entregue no endereço indicado ou na Caixa Postal. Assim, não se observa o § 1º do art. 248 do CPC, que determina que a citação deve ser recebida pelo próprio demandado ou por pessoa com poderes de gerência ou administração (§ 2º do art. 248 do CPC), diante da regra contida no art. 774 da CLT (art. 769 da CLT).

Na comunicação dos atos processuais por meio de mandado, o prazo começa a correr a partir do momento em que a intimação for feita. O art. 774 declara que os prazos são contados a partir da data em que for feita pessoalmente ou recebida a notificação. Se a intimação for feita pelo oficial de justiça, em audiência, ou o advogado tomar ciência no balcão da Vara, a parte será considerada intimada no momento da ciência.

Muitas vezes, pode haver dúvidas sobre a data em que realmente foi entregue a comunicação pelo correio. O parágrafo único do art. 774 da CLT determina que se o destinatário não for encontrado ou se recusar a receber a notificação, o servidor ficará obrigado a devolver em 48 horas a notificação ao Tribunal de origem, sob pena de responsabilidade. Essa orientação deu origem à Súmula 16 do TST, que prevê a presunção de que a parte recebe a notificação em 48 horas, após expedida. Na prática, tem sido raro o correio não devolver a comunicação postal, ou devolvê-la com atraso, salvo na existência de greve. O interessado, entretanto, poderá provar que recebeu a comunicação postal em prazo superior às 48 horas que se estabeleceu como presunção para seu recebimento, demonstrando a data real do recebimento da notificação.

Não se confundem, porém, a data em que é recebida a comunicação processual com a data do início da contagem do prazo processual. Dispõe o art. 775 da CLT que a contagem do prazo é feita com a exclusão do dia do começo e inclusão do dia do vencimento. É a mesma regra contida no art. 224 do CPC. Se a parte tem prazo para se manifestar em cinco dias, recebendo a comunicação postal no dia 10, o prazo começa a contar no dia 11, pois não se conta o dia do recebimento, e termina no dia 15.

Dispõe o art. 219 do CPC que "na contagem de prazo em dias, estabelecido por lei ou pelo juiz, computar-se-ão somente os dias úteis". Tal prazo em dias úteis atenta ainda contra a celeridade que deve existir no processo do trabalho. No processo eletrônico, os autos podem ser examinados a qualquer momento.

Consideram-se realizados os atos processuais por meio eletrônico no dia e hora de seu envio ao sistema do Poder Judiciário, do que será fornecido protocolo eletrônico (art. 3º da Lei n. 11.419/2006. Quando a petição eletrônica for enviada para atender prazo processual, serão consideradas tempestivas as transmitidas até às 24 horas de seu último dia.

Se os prazos terminarem em sábado, domingo ou feriado, são prorrogados até o primeiro dia útil seguinte.

Reza o § 1º do art. 224 do CPC que será prorrogado até o primeiro dia útil se o vencimento cair em feriado ou for determinado o fechamento do fórum ou o expediente forense for encerrado antes da hora normal.

Em casos de intimação feita na sexta-feira, o prazo judicial começará a correr na segunda-feira imediata, salvo se não houver expediente, caso em que começará a correr no primeiro dia útil que se seguir (Súmula 1 do TST e Súmula 310 do STF). O sábado não é considerado dia útil. A contagem do prazo terá início no primeiro dia útil que seguir ao da publicação (§ 3º do art. 224 do CPC). Esclarece a Súmula 262, I, do TST que, "intimada ou notificada a parte no sábado, o início do prazo dar-se-á no primeiro dia útil imediato e a contagem no subsequente". Assim, se a intimação for feita no sábado, considerar-se-á que a intimação foi realizada na segunda-feira, e o prazo começa a correr na terça-feira.

12.3.2 Exceções à regra

O recesso na Justiça do Trabalho ocorre entre 20 de dezembro e 6 de janeiro de cada ano.

Wagner Giglio (1984:91) entende que nesse período "não se inicia, não corre e não se vence qualquer prazo; o que se iniciou antes do dia 20 tem seu curso suspenso recomeçando a correr a partir do dia 7 de janeiro". Segundo esse raciocínio, se a parte tem oito dias para recorrer e recebeu a notificação no dia 14 de dezembro, o prazo começou no dia 15, tendo corrido até o dia 19. Logo, decorreram cinco dias. Os restantes três dias recomeçarão a correr no dia 7 de janeiro, terminando no dia 9 do mesmo mês.

O *caput* e o inciso I do art. 62 da Lei n. 5.010, de 30-5-1966, que se refere à Justiça Federal e que prevê o recesso de 20 de dezembro a 6 de janeiro, considera tais dias como feriados. Qualquer prazo, assim, não se interromperia, fluindo normalmente durante o recesso.

O extinto TFR, por meio da Súmula 105, esclarecia que "aos prazos em curso no período compreendido entre 20 de dezembro e 6 de janeiro, na Justiça Federal, aplica-se a regra do art. 179 do CPC" de 1973. O § 1º do art. 105 do Regimento Interno do STF tem a mesma orientação, equiparando o recesso às férias forenses para o efeito de suspensão do curso do prazo.

A Lei n. 5.010, em seu art. 62, é clara no sentido de que o período compreendido entre 20 de dezembro e 6 de janeiro é contado como feriado. Em se tratando de feriados, continua a fluir o prazo para qualquer ato processual. Não há suspensão do prazo para o recurso no período de 20 de dezembro a 6 de janeiro.

A interpretação sistemática de outras normas indica que as férias são o período de descanso dos juízes, que são de 60 dias, em dois períodos (art. 66 da Lei Complementar n. 35/79). Férias coletivas nos tribunais superiores são as contidas no período de 2 a 31 de janeiro e 2 a 31 de julho (§ 1º do art. 66, da Lei Complementar n. 35/79). Os juízes federais gozam de férias individuais de 60 dias (art. 51 da Lei n. 5.010/66). O período entre 20 de dezembro e 6 de janeiro é de recesso. Se a lei dispõe que esse período é considerado feriado, não pode ser entendido como férias, que para o juiz são de 60 dias.

Assim, se o prazo para recurso começou a correr em 18-12-2000, o último dia é 7-1-2001, posto que o prazo flui normalmente no recesso da Justiça do Trabalho. Se o recurso foi protocolado em 9-1-2001, será intempestivo.

Esclarece o inciso II da Súmula 262 do TST que o recesso forense e as férias coletivas dos Ministros do TST suspendem os prazos recursais.

Se o prazo não começou a correr, pela superveniência do recesso, inicia-se no dia 7 de janeiro e termina provavelmente no dia 14 do mesmo mês. É o que ocorreria se a sentença ou acórdão fossem publicados no dia 19 de dezembro. O prazo só começaria a correr no dia 7 de janeiro, conforme prevê o § 3º do art. 224 do CPC, pois o início do prazo iria ocorrer em dia não útil (20 de dezembro).

Foi estabelecida a proibição de férias coletivas nos juízos e tribunais de segundo grau, funcionando, nos dias em que não houver expediente forense normal, juízes em plantão permanente (art. 93, XII, da Constituição).

Essa determinação não acaba com o recesso na Justiça Federal e do Trabalho no período de 20 de dezembro a 6 de janeiro. Este período não representa férias, mas feriados, como se depreende do art. 62 da Lei n. 5.010/66. Assim, o recesso foi mantido.

Suspende-se o curso do prazo processual nos dias compreendidos entre 20 de dezembro e 20 de janeiro, inclusive (art. 775-A da CLT). Os tribunais regionais não precisarão votar a suspensão dos prazos no referido período.

Ressalvadas as férias individuais e os feriados instituídos por lei, os juízes, os membros do Ministério Público, da Defensoria Pública e da Advocacia Pública e os auxiliares da Justiça exercerão suas atribuições durante o período previsto no *caput* do art. 775-A da CLT. Durante a suspensão do prazo, não se realizarão audiências nem sessões de julgamento.

O recesso da Justiça do Trabalho ocorre de 20 de dezembro a 6 de janeiro (art. 62, I, da Lei n. 5.010/66), período no qual os prazos ficam suspensos. O art. 62 da Lei n. 5.010/66 considera o período como feriados. É um feriado previsto em lei. Logo, continua em vigor o recesso na Justiça do Trabalho.

O art. 775-A da CLT não faz referência a nem trata de férias, mas de suspensão do curso do prazo processual, de realização de audiências e julgamento no período de 20 de dezembro a 6 de janeiro.

Férias são direitos relativos a empregados (arts. 129 a 152 da CLT) ou de funcionários públicos (§ 3º do art. 39 da Constituição). Trabalhadores autônomos podem ser programar para não trabalhar em determinados períodos diversos de janeiro e julho, que inclusive têm preços melhores para estadia e passagem, principalmente em escritórios em que há vários advogados.

Durante o período entre 7 a 20 de janeiro os juízes continuam trabalhando, apenas não podem realizar audiências ou julgamentos.

Se se pretende celeridade para o recebimento dos créditos trabalhistas nos processos na Justiça do Trabalho, que têm natureza alimentar, não tem sentido também o processo ficar parado entre 7 a 20 de janeiro. As pautas de audiências e julgamentos no primeiro grau terão de ser adiadas nesse período, o que causa maior demora no julgamento dos processos trabalhistas.

O CNJ entendeu aplicável a todo o Poder Judiciário o período de suspensão de prazos, audiências e sessões de 20 de dezembro a 20 de janeiro (art. 3º da Resolução n. 244, de 12-9-2016, do CNJ).

Nos sábados, domingos, feriados e recesso haverá plantões na Justiça do Trabalho, o que não existia anteriormente, até pelo fato de que não são discutidas matérias urgentes, principalmente de prisão de certa pessoa, salvo do depositário infiel.

Dispõe o art. 221 do CPC que se suspende o curso do prazo por obstáculo criado em detrimento da parte ou ocorrendo qualquer das hipóteses do art. 313 (como nas hipóteses de morte ou pela perda da capacidade processual de qualquer das partes, de seu representante legal ou de seu procurador e, ainda, quando for oposta pela arguição de impedimento ou de suspeição, por motivo de força maior), devendo o prazo ser restituído por tempo igual ao que faltava para sua complementação (art. 313 do CPC).

Se a parte não entrega os autos em cartório no prazo determinado, a parte contrária tem direito à devolução integral ou do restante do tempo faltante, em razão de seu prazo para manifestação ter ficado suspenso, por causa do obstáculo criado pela parte que retirou os autos do cartório.

Havendo prazo comum para as partes, os autos não poderão ser retirados do cartório. É o que ocorre quando for acolhida em parte a pretensão do reclamante, quando ambas as partes têm interesse de recorrer. Nesse caso as partes não poderão retirar os autos da Secretaria para a análise do processo.

O *ius postulandi* pode ser exercido pelas próprias partes na Justiça do Trabalho. Contudo, quando a parte contrata advogado e este vem a falecer, há necessidade de o juiz conceder prazo para que seja constituído novo procurador ou que a própria parte exercite o *ius postulandi*. Nesse período, o processo fica suspenso.

A CLT não prevê prazo em dobro para recorrer aos litigantes com diferentes procuradores, assim como prazo em dobro para falar nos autos, como ocorre com o art.

229 do CPC. Não há lei especial que diga sobre o assunto, como acontece em certos casos enumerados no Decreto-lei n. 779/69. O prazo do recurso trabalhista está na lei trabalhista. Logo, não se aplica o art. 229 do CPC ao processo do trabalho, pois não há omissão da CLT, sendo inaplicável o CPC (Orientação Jurisprudencial n. 310 da SBDI-1 do TST). No caso de litisconsórcio passivo, de empresas com diferentes procuradores, a defesa deve, porém, continuar a ser apresentada no prazo do art. 846 da CLT, ou seja, em audiência. Se a parte utiliza o *ius postulandi*, não se pode falar em prazo em dobro do art. 229 do CPC, pois os litisconsortes não têm advogados distintos.

A parte, entretanto, "poderá renunciar ao prazo estabelecido exclusivamente em seu favor, desde que o faça de maneira expressa" (art. 225 do CPC).

O Ministério Público gozará de prazo em dobro para se manifestar nos autos, que terá início a partir da sua intimação pessoal (art. 180 do CPC), salvo para exarar parecer, em que o prazo será de 8 dias (art. 5º da Lei n. 5.584/70). O prazo para exarar parecer não é em dobro, mas 8 dias.

A União, Estados, Municípios, Distrito Federal e suas autarquias e fundações, que não explorem atividade econômica, têm direito ao prazo em quádruplo para a marcação de audiência (art. 1º, II, do Decreto-lei n. 779/69), de que trata o art. 841 da CLT, que é de cinco dias. Logo, têm prazo de 20 dias para que se marque a audiência. Terão o prazo em dobro para recorrer (art. 1º, III, do Decreto-lei n. 779/69), ou seja, de 16 dias, pois o prazo normal é de 8 dias. Entendo que as determinações do Decreto-lei n. 779/69, quando estabelecem prazos distintos para a Fazenda Pública em relação a qualquer outra pessoa, foram revogadas pela Constituição. O art. 5º da Lei Maior é claro no sentido de que "todos são iguais perante a lei, sem distinção de qualquer natureza". Justamente quando se menciona que não deverá haver distinção de qualquer natureza é que não se pode falar em prazos distintos para os entes públicos. O Anteprojeto do Código de Processo Civil de 1973 suprimia toda discriminação de prazos distintos em favor da Fazenda Pública e do Ministério Público, o que não foi, porém, observado pelo CPC de 1973. Não se argumente que os entes públicos têm uma carga de serviço maior, devendo ter tempo maior para conseguir os documentos necessários para instruir suas manifestações, pois em grandes escritórios de advocacia e grandes empresas ocorre o mesmo, sendo que estes não têm prazo em dobro ou em quádruplo para se manifestar. Não se justifica, portanto, essa distinção.

Da mesma forma pensam Rogério Lauria Tucci e José Rogério Cruz e Tucci (1989*b*:41-43) quanto a essas discriminações em favor de entes públicos no processo civil.

O § 5º do art. 5º da Lei n. 1.060, de 1950, teve nova redação determinada pela Lei n. 7.871/89, estando assim redigido: "Nos Estados onde a Assistência Judiciária seja organizada e por eles mantida, o Defensor Público, ou quem exerça cargo equivalente, será intimado pessoalmente de todos os atos do processo, em ambas as Instâncias, contando-se-lhes em dobro todos os prazos." Tem-se questionado se este dispositivo teria aplicação ao processo do trabalho. Entendo que não. Em primeiro lugar, as notificações da Justiça do Trabalho não são pessoais, mas feitas pelo correio. Em segundo lugar, o *ius postulandi* pode ser exercido pelas próprias partes (art. 791 da CLT). Em terceiro lugar, a norma que versa sobre a assistência judiciária na Justiça do Trabalho é a Lei n. 5.584/70, estabelecendo que compete ao sindicato prestá-la (art. 14). Havendo disposição específica sobre a matéria no processo do trabalho, não se aplica o § 5º do art. 5º da Lei n. 1.060 (art. 769 da CLT).

Os autos do processo serão formados pelos requerimentos e documentos apresentados pelas partes, assim como com os atos e termos processuais, petições, recursos ou outros papéis, que ficarão sob a responsabilidade dos escrivães ou chefes de secretaria (art. 777 da CLT).

Os prazos serão certificados nos processos pelos escrivães ou chefes de secretaria. As certidões em processos onde haja segredo de justiça dependerão de despacho do juiz (parágrafo único do art. 781 da CLT).

Regra geral, os processos podem ser livremente consultados pelas partes ou por seus procuradores no cartório da Vara (art. 779 da CLT), porém não poderão ser consultados por outras pessoas, principalmente por aqueles que não têm procuração no processo. Sem prejuízo dos prazos previstos para recursos, terão as partes vistas dos autos em cartório ou na secretaria (art. 901 da CLT). Os procuradores das partes terão vista dos autos fora do cartório ou secretaria, salvo quando estiver correndo prazo comum (parágrafo único do art. 901, da CLT). Os documentos que tiverem sido juntados aos autos só poderão ser desentranhados após o término do processo, ficando, porém, cópia nos autos (art. 780 da CLT).

O art. 778 da CLT foi derrogado pela Lei n. 4.215/63. Somente para atos urgentes o advogado poderá postular em juízo sem procuração, podendo requerer vistas do processo por cinco dias. Entretanto, o advogado tem direito de examinar quaisquer autos em cartório, mesmo que sem procuração (art. 107, I, do CPC). Sendo o prazo comum às partes, os procuradores poderão retirar os autos somente em conjunto ou mediante prévio ajuste por petição nos autos (§ 2º do art. 107 do CPC), ressalvada a obtenção de cópias para a qual cada procurador poderá retirá-los (art. 107, I do CPC), independentemente de ajuste. Seguindo-se a orientação do art. 778 da CLT, a parte e o perito não poderão retirar os autos do cartório. Quanto ao perito, há na prática a possibilidade da retirada dos autos, pois muitas vezes sem estes não há a possibilidade de se fazer o laudo, mormente quando se trata de perícia contábil e os documentos a serem examinados estão nos autos. Além disso, há um livro próprio para a carga dos autos em relação ao perito.

O advogado pode, ainda, retirar autos de processos findos, mesmo sem procuração, pelo prazo de dez dias (art. 7º, XVI, da Lei n. 8.906/94).

O estagiário pode retirar os autos do cartório, desde que seja regularmente inscrito na OAB, tendo procuração nos autos em conjunto com advogado e sob responsabilidade deste (§ 2º do art. 3º da Lei n. 8.906/94), não se aplicando, assim, o art. 778 da CLT, que já havia sido derrogado pela Lei n. 4.215/63.

12.3.3 Prazo para recurso

Esclarece a Súmula 197 do TST que "o prazo para recurso da parte que, intimada, não comparecer à audiência em prosseguimento para a prolação da sentença, conta-se de sua publicação". Se a sentença é juntada aos autos no prazo de 48 horas, conforme o § 2º do art. 851 da CLT, o prazo para recurso é contado da data em que foi juntada a sentença aos autos, quando é considerada publicada. Se a sentença for juntada aos autos fora desse prazo, há necessidade de notificação das partes, contando-se o prazo a partir da data do recebimento da notificação.

12.3.4 Principais prazos

Os principais prazos na Justiça do Trabalho são:

1. prazo para contestação: inexiste prazo para apresentar contestação em cartório. A ação deve ser contestada em audiência no prazo de 20 minutos, se for oralmente, ou por escrito (art. 847 da CLT);
2. recursos: os prazos foram unificados em oito dias (art. 6º da Lei n. 5.584/70);
3. o prazo de contrarrazões de recursos é de oito dias (art. 6º da Lei n. 5.584/70);
4. embargos declaratórios: prazo de cinco dias (art. 897-A da CLT);
5. exceções e reconvenção: devem ser apresentadas juntamente com a contestação, em peças apartadas, em audiência;

6. depósito recursal: o pagamento e a comprovação do depósito recursal devem ser feito no prazo do recurso, ou seja, nos oito dias (art. 7º da Lei n. 5.584/70 e S. 245 do TST);
7. as custas serão pagas e comprovadas dentro do prazo da interposição do recurso;
8. embargos à execução não são recursos, mas ação. O prazo para seu oferecimento é de cinco dias (art. 884 da CLT). Por medida provisória, o prazo foi alterado para 30 dias;
9. o correio tem prazo de 48 horas para devolver ao Tribunal ou à Vara a notificação postal, quando o destinatário não for encontrado ou no caso de recusa do recebimento (parágrafo único do art. 774 da CLT);
10. se o empregado faz reclamação verbal, tem cinco dias para comparecer ao cartório ou secretaria para reduzir a reclamação a termo (parágrafo único do art. 786 da CLT);
11. as nulidades devem ser alegadas à primeira vez em que a parte tiver de falar em audiência ou nos autos (art. 795 da CLT);
12. cinco dias para apresentar a exceção de incompetência territorial a contar da citação (art. 800 da CLT);
13. a exceção de suspeição deve ser instruída e julgada em 48 horas (art. 802 da CLT);
14. a audiência não pode durar mais de cinco horas seguidas, salvo se a matéria tratada for urgente (art. 813 da CLT);
15. se a audiência for designada em outro local, deve-se fixar edital na sede da Vara, com a antecedência mínima de 24 horas (§ 1º do art. 813 da CLT);
16. não comparecendo o juiz à audiência, os presentes poderão se retirar após 15 minutos da hora marcada (parágrafo único do art. 815 da CLT); o advogado poderá retirar-se após 30 minutos do horário designado se a autoridade que deva presidir o pregão ainda não tiver comparecido (art. 7º, XX, da Lei n. 8.906);
17. a ação rescisória pode ser proposta em dois anos, contados do trânsito em julgado da última decisão proferida no processo (art. 975 do CPC);
18. a petição inicial deverá ser enviada ao reclamado em 48 horas (art. 841 da CLT);
19. as razões finais serão oferecidas oralmente em 10 minutos na audiência (art. 850 da CLT);

20. a ata do julgamento deverá ser juntada aos autos em 48 horas (§ 2º do art. 851 da CLT);
21. caso o empregado estável tenha sido suspenso, o inquérito para apuração de falta grave deve ser proposto em 30 dias (art. 853 da CLT);
22. as audiências em dissídios coletivos devem ser designadas em 10 dias para a tentativa de conciliação (art. 860 da CLT);
23. na extensão do dissídio coletivo, o prazo para que os empregados e empregadores se manifestem sobre a matéria não pode ser inferior a 30 nem superior a 60 dias (§ 1º do art. 870 da CLT);
24. na revisão de dissídio coletivo, os sindicatos e os empregadores serão ouvidos no prazo de 30 dias, quanto às novas condições de trabalho fixadas (parágrafo único do art. 874 da CLT);
25. a execução deverá ser garantida pelo pagamento em dinheiro do devido em 48 horas, sob pena de penhora (art. 880 da CLT);
26. a audiência em que se produzirão provas nos embargos à execução será marcada em cinco dias (§ 2º do art. 884 da CLT);
27. os embargos à execução serão julgados em cinco dias (art. 885 da CLT);
28. nove dias para os oficiais de justiça cumprirem os atos que lhes forem determinados (§ 2º do art. 721 da CLT);
29. a notificação do reclamado deverá ser recebida nos cinco dias anteriores à realização da audiência (art. 841 da CLT).

12.4 COMUNICAÇÃO DOS ATOS PROCESSUAIS

O legislador ordinário, ao pretender justificar a autonomia do Direito Processual do Trabalho, utilizou-se da expressão notificação para todo e qualquer ato em que vai ser feita a comunicação dos atos processuais, tanto em relação à citação, como para a intimação. A palavra *notificação* vem da época em que a Justiça do Trabalho pertencia ao Poder Executivo.

No entanto, há necessidade de se distinguir e conceituar citação, intimação e notificação, que são as formas de comunicação dos atos processuais.

Citação é "o ato pelo qual são convocados o réu, o executado ou o interessado para integrar a relação processual" (art. 238 do CPC). Intimação ocorre depois da citação em relação ao réu. A citação não é o ato de chamar o réu a juízo para se defender. Citação é o ato de dar notícia ao réu ou ao executado de que existe contra ele uma ação, para que, se quiser, apresente sua defesa. Intimação é "o ato pelo qual se dá ciência a alguém dos atos e termos do processo", para que faça ou deixe de fazer alguma coisa (art. 269 do CPC). Intimação ocorre depois da citação em relação ao réu. A notificação, em sentido amplo, é um ato em que se dá conhecimento a uma pessoa de alguma coisa ou fato. Pode ser judicial, de procedimento voluntário (arts. 726 a 729 do CPC) ou extrajudicial, como ocorre com as notificações feitas por cartórios de registro de documentos.

A CLT usa indiscriminadamente do termo notificação, tanto no condizente à citação, como para intimação e mesmo para a própria notificação, como se estes termos fossem sinônimos. Usarei também do termo notificação, pois é o mais difundido na prática processual trabalhista, apesar de o entender incorreto.

Ao contrário do que ocorre no processo civil, não há necessidade de a parte requerer a citação, na petição inicial, do *ex adverso*. Ao receber a petição inicial o funcionário da secretaria da Vara, dentro de 48 horas, deverá remeter a segunda via da peça vestibular, ou do termo, ao reclamado, notificando-o ao mesmo tempo, para comparecer à audiência, que será a primeira desimpedida, depois de cinco dias (art. 841 da CLT).

Tanto a citação como outras intimações dos atos processuais praticados no processo são feitas pelo correio, inclusive com relação à Fazenda Pública. A comunicação pelo correio é uma forma mais rápida da comunicação dos atos processuais. O próprio CPC acolheu a citação pelo correio (art. 246, I), especificando que a referida citação só poderia ser feita por essa forma desde que o réu fosse comerciante ou industrial, domiciliado no Brasil (antiga redação do art. 222 do CPC de 1973). A redação atual do art. 246 do CPC prestigia o que já ocorria há muito tempo no processo do trabalho, especificando como regra que a citação seja feita pelo correio, não mais mencionando a necessidade do réu ser comerciante ou industrial, domiciliado no Brasil. No processo do trabalho a citação ou qualquer outra intimação é feita pelo correio, não sendo necessário que o réu seja comerciante ou industrial, domiciliado no Brasil. Isso facilita a comunicação dos atos processuais, em razão de que, expedida a notificação, presume-se que a parte irá recebê-la em 48 horas (S. 16 do TST). Com isso, elimina-se a morosidade da notificação feita pelo oficial de justiça.

Entende Wagner Giglio (1984:156) que "o prazo de cinco dias estabelecido no art. 841, *in fine*, é fixado para a marcação da audiência, e não para o preparo de defesa. Assim, não haverá qualquer irregularidade se o reclamado receber a notícia da audiência com apenas três dias de antecedência, ou na antevéspera de sua realização, desde que entre a data da expedição da notificação e a data da realização da audiência se interponham cinco dias, pelo menos. Não atinamos com a razão de interpretação diversa, diante da clareza do texto legal. A alegação de que menos de cinco dias são insuficientes para preparar defesa não é verdadeira, e se esboroa diante da lei." Penso serem corretas as lições do professor. No entanto, não é esse o entendimento predominante nos tribunais trabalhistas, que se orientam no sentido de que a parte deve ter pelo menos cinco dias para preparar a defesa e obter documentos, ou seja, da data do recebimento da notificação até a data da realização da audiência há necessidade de um intervalo de pelo menos cinco dias, sob pena de nulidade. A necessidade de haver cinco dias entre a data do recebimento da comunicação postal e a audiência aplica-se apenas ao réu, que é quem tem de preparar a defesa e não o reclamante. Este poderá ser intimado com menos de cinco dias para a realização da audiência, pois não irá defender-se, inexistindo nulidade em tal procedimento.

No processo do trabalho a citação do réu independe de requerimento do autor feito na petição inicial e também de qualquer ato do juiz. Não há necessidade do despacho "cite-se" dado pelo juiz. A notificação é expedida automaticamente pela secretaria da Vara ao receber a petição inicial, no prazo de 48 horas após seu recebimento.

Não há necessidade de a notificação ser feita pessoalmente, simplificando-se, assim, o procedimento da comunicação dos atos processuais do trabalho. A notificação é considerada realizada com a simples entrega do registro postal no endereço da parte. Pode-se também depositar a notificação na caixa postal da parte. Se a notificação for recebida pelo zelador ou outro empregado da administração do edifício, onde o destinatário tem residência ou domicílio, há a consumação do ato. Será, dessa forma, a notificação considerada válida desde que entregue no endereço correto do notificado, sem a devolução pelo correio, independentemente da pessoa que a receber. Se fosse exigida a citação pessoal, o réu poderia esquivar-se ou tentar frustrar a citação. Nem mesmo quando cumprida por oficial de justiça precisa a citação ser pessoal.

O funcionário público poderá ser citado na repartição em que trabalhar. Não se fará, porém, a citação, salvo para evitar o perecimento do direito: I – a quem estiver assistindo a qualquer ato de culto religioso; II – ao cônjuge, companheiro ou a qualquer parente do morto, consanguíneo ou afim, em linha reta ou na linha colateral em segundo grau, no dia do falecimento e nos sete dias seguintes; III – aos noivos, nos três primeiros dias seguintes ao casamento; IV – aos doentes, enquanto grave o seu estado (art. 244 do CPC). Como no processo do trabalho a citação é postal, a parte terá que indicar que recebeu a citação nas hipóteses contidas no art. 244 do CPC e requerer a nulidade do referido procedimento.

No caso de o correio devolver a notificação após já decretada a revelia do reclamado, o juiz deve anular o processo a partir da sentença, fazendo-se a nova citação, visto que não houve citação.

No processo do trabalho, só se determina a citação por Oficial de Justiça na fase de execução, como menciona o art. 880 da CLT, que também não precisa ser pessoal.

Caso a notificação seja recebida pelo próprio reclamante, que ainda labora na empresa, e aquele não a entregue ao empregador, proporcionando a revelia desta, poderá ser anulada a citação, desde que haja prova nesse sentido, principalmente ao se verificar quem assinou o recibo de entrega do correio.

As intimações do processo eletrônico serão feitas por meio eletrônico em portal próprio aos que se cadastrarem, dispensando-se a publicação no órgão oficial, inclusive o eletrônico (art. 5º da Lei n. 11.419/2006). Considera-se realizada a intimação no dia em que o intimando efetivar a consulta eletrônica ao teor da intimação, certificando-se nos autos a sua realização. Nos casos em que a consulta se der em dia não útil, a intimação será considerada como realizada no primeiro dia útil seguinte. A consulta deverá ser feita em até 10 dias corridos contados da data do envio da intimação, sob pena de considerar-se a intimação automaticamente realizada na data do término desse prazo. Nos casos urgentes em que a intimação possa causar prejuízo a quaisquer das partes ou nos casos em que for evidenciada qualquer tentativa de burla ao sistema, o ato processual deverá ser realizado de outra forma que atinja a sua finalidade, conforme determinado pelo juiz. As intimações feitas de forma eletrônica, inclusive da Fazenda Pública, serão consideradas pessoais para todos os efeitos legais. As intimações por meio eletrônico podem causar insegurança jurídica, pois a parte pode não receber a intimação ou cair em caixa de *spam*. É melhor ter certeza para saber se a intimação foi efetivamente realizada.

12.4.1 Formas

A regra geral é a de que a comunicação dos atos processuais no processo do trabalho é feita pelo correio. Alguns autores entendem que o correio pode tornar-se um empecilho para a realização da notificação, ocasionando a anulação do processo, caso exista algum problema na notificação.

O correio, contudo, funciona bem. Só quando ocorrem greves daquela empresa é que existem problemas para se saber quando foi ou não entregue a notificação. A prova da entrega da notificação fora do prazo de 48 horas de sua expedição ficará a cargo da parte, em virtude da presunção estabelecida pela Súmula 16 do TST.

A notificação será feita em registro postal com franquia (§ 1º do art. 841 da CLT). Se o reclamado criar embaraços ao recebimento da notificação postal, ou não for encontrado, faz-se a notificação por edital, inserto no jornal oficial ou no que publicar o expediente forense, ou, na falta, afixado na sede da Vara ou Juízo (§ 1º do art. 841 da CLT). Em muitos casos, ao não ser encontrado o reclamado ou quando este cria embaraços à citação ou seu endereço está incorreto, os juízes, antes de passar a citação por edital, costumam determinar que o oficial de justiça faça a notificação, inclusive com a presença do reclamante, para se evitar despesas desnecessárias com edital, e incertezas quanto à citação por essa forma de comunicação dos atos processuais.

Em razão da regra do § 1º do art. 841 da CLT, que faz referência à citação por edital, não se exige o número de vezes em que haverá a publicação.

Não existe, porém, citação com hora certa no processo do trabalho. Da citação postal passa-se diretamente para a citação por edital (§ 1º, art. 841 da CLT), sem se fazer a citação por hora certa de que fala o CPC (arts. 252 a 254), pois inexiste omissão na CLT.

Caso o reclamado se localize em zona não servida por entrega domiciliar de correspondência, a citação será feita por oficial de justiça.

No procedimento sumaríssimo, não será admitida a citação por edital (art. 852-B, II, da CLT). Como a lei não admite a citação por edital, ela só poderá ser feita pelo correio ou por meio de oficial de justiça. Logo, não se aplica nessa parte o § 1º do art. 841 da CLT, ao prever que, se o reclamado não for encontrado ou criar embaraços ao recebimento da comunicação processual, a citação será feita por edital. Objetiva-se certeza no procedimento.

A citação ou intimação poderá ser feita em comarcas contíguas, de fácil comunicação, e nas que se situam na mesma região metropolitana (art. 255 do CPC), por meio do oficial de justiça.

O reclamante pode ser notificado no ato da apresentação da reclamação ou também pelo correio, ou se não for encontrado, por edital (§ 2º do art. 841 da CLT).

Havendo pedido expresso de que as intimações e publicações sejam realizadas exclusivamente em nome de determinado advogado, a comunicação em nome de outro profissional constituído nos autos é nula, salvo se constatada a inexistência de prejuízos (S. 427 do TST).

Se o reclamado for citado por edital e ocorrer sua revelia, não é preciso ser nomeado curador especial para o revel, pois não se aplica o inciso II do art. 72 do CPC. A

CLT explicita que somente no caso do art. 793 é que se dará curador especial. Inexistindo omissão na CLT, não se aplica o inciso II do art. 72 do CPC (art. 769 da CLT).

Quando houver necessidade de curador, este será nomeado pelo juiz, devendo ser pessoa idônea, de preferência advogado.

12.4.1.1 Citação dependente de ato do juiz

A citação no processo do trabalho independe de ato do juiz, sendo feita pela secretaria ou pelo cartório. Existem casos, porém, em que a citação é dependente de ato do juiz. Exemplos são os processos distribuídos por dependência, na denunciação da lide, nomeação à autoria, chamamento ao processo etc.

12.4.1.2 Comunicação processual por carta

A citação por carta (arts. 260 a 268 do CPC) é feita quando a pessoa que deva ser citada estiver em local fora da jurisdição territorial da Vara ou do Juízo de Direito.

Podem as cartas ser classificadas de três maneiras: de ordem, rogatória e precatória.

É expedida a carta de ordem se o juiz for subordinado ao tribunal de que ela emanar. A carta rogatória será a comunicação processual dirigida à autoridade judiciária estrangeira para que pratique ato de cooperação jurídica internacional, relativo a processo em curso perante órgão jurisdicional brasileiro (art. 237, II, do CPC). Carta precatória é expedida para que órgão jurisdicional brasileiro pratique ou determine o cumprimento, na área de sua competência territorial, de ato relativo a pedido de cooperação judiciária formulado por órgão jurisdicional de competência territorial diversa (at. 237, III, do CPC). A carta precatória normalmente é expedida nos demais casos, principalmente quando a prova deva ser feita fora da jurisdição do juízo, como no caso de oitiva de testemunhas que residam fora desta jurisdição (art. 453, II, do CPC), ou até mesmo para a realização de prova pericial, mas também poderá ser enviada para citação do réu. A testemunha poderá depor fora de seu domicílio, porém não está a isto obrigada, tratando-se, portanto, de faculdade. Quando a prova pericial tiver de realizar-se por carta, poderão ser feitas a nomeação de perito e indicação de assistentes técnicos no juízo ao qual se requisitar a perícia (§ 6º do art. 465 do CPC). Se o executado não tiver bens no foro do processo, não sendo possível a realização de penhora, far-se-á a execução por carta, penhorando-se, avaliando-se e alienando-se os bens no foro da situação (§ 2º do art. 845 do CPC). Nos casos de ato de constrição realizado por carta, os embargos serão oferecidos no juízo deprecado, salvo se indicado pelo juízo deprecante o bem constrito ou se já devolvida a carta (parágrafo único do art. 676 do CPC).

As cartas deverão, preferencialmente, ser expedidas por meio eletrônico, caso em que a assinatura do juiz deverá ser eletrônica, na forma da lei (art. 263 do CPC).

Os requisitos essenciais das referidas cartas são:

a) a indicação dos juízes de origem e de cumprimento do ato;
b) o inteiro teor da petição, do despacho judicial e do instrumento do mandato conferido ao advogado;
c) a menção do ato processual que lhe constitui o objeto;
d) o encerramento com a assinatura do juiz (art. 260 do CPC).

O juiz mandará trasladar para a carta quaisquer outras peças, bem como instruí-la com mapa, desenho ou gráfico, sempre que esses documentos devam ser examinados, na diligência, pelas partes, pelos peritos ou pelas testemunhas (§ 1º do art. 260 do CPC). É comum, quando vão ser ouvidas testemunhas em localidade diversa da do juízo, a carta ser instruída com a petição inicial, defesa e até mesmo depoimento pessoal das partes, caso já tenha sido prestado.

Se o objeto da carta for exame pericial sobre documento, este será remetido em original, ficando nos autos reprodução fotográfica (§ 2º do art. 260 do CPC).

Em todas as cartas o juiz deve declarar o prazo em que esta deva ser cumprida, atendendo a facilidade das comunicações e à natureza da diligência (art. 261 do CPC). O prazo não se dirige ao juízo deprecado, mas à própria parte.

Caso o prazo não seja observado, o processo retoma seu curso. Se não for cumprida a carta no prazo, a solução é suspender o processo para que a parte faça a prova. A parte poderá provar justo impedimento para não cumprir o prazo.

O caráter da carta é itinerante, podendo, antes ou depois de lhe ser ordenado o cumprimento, ser encaminhada ao juízo diverso do que dela consta, a fim de se praticar o ato (art. 262 do CPC). O encaminhamento da carta a outro juízo será imediatamente comunicado ao órgão expedidor, que intimará as partes.

Havendo urgência, a carta de ordem ou precatória será transmitida por telegrama, radiograma ou telefone. A carta de ordem e a precatória que forem remetidas por telegrama ou radiograma conterão os mesmos requisitos já mencionados para qualquer carta, bem como a declaração, pela agência expedidora, de estar reconhecida a assinatura do juiz.

O secretário do tribunal, o escrivão ou o chefe de secretaria do juízo deprecante transmitirá, pelo telefone, a carta de ordem ou a carta precatória ao juízo, em que houver de cumprir-se o ato, por intermédio do escrivão do primeiro ofício da primeira vara, se houver na comarca mais de um ofício ou de uma vara (art. 265 do CPC). O escrivão ou o chefe de secretaria, no mesmo dia ou no dia útil imediato, telefonará ou enviará mensagem eletrônica ao secretário do tribunal, ao escrivão ou ao chefe de secretaria do juízo deprecante, lendo-lhe os termos da carta e solicitando-lhe que os confirme. Sendo confirmada, o escrivão ou o chefe de secretaria submeterá a carta a despacho.

A expedição por carta é feita pela secretaria ou cartório, que a remete ao juízo deprecado.

O juiz recusará cumprimento à carta precatória, devolvendo-a com decisão motivada quando:

a) não estiver revestida dos requisitos legais;
b) faltar ao juiz competência em razão da matéria ou da hierarquia;
c) tiver dúvida acerca de sua autenticidade (art. 267 do CPC).

No caso de incompetência em razão da matéria ou da hierarquia, o juiz deprecado, conforme o ato a ser praticado, poderá remeter a carta ao juiz ou ao tribunal competente (parágrafo único do art. 267 do CPC).

Normalmente, o juiz deprecante solicita informações do andamento do processo ou pede maior urgência no cumprimento da carta, podendo ficar o feito suspenso até seu cumprimento.

Nas comarcas contíguas de fácil comunicação e nas que se situem na mesma região metropolitana, o oficial de justiça poderá efetuar, em qualquer delas, citações, intimações, notificações, penhoras e quaisquer outros atos executivos (art. 255 do CPC).

A carta rogatória obedecerá, quanto à sua admissibilidade e modo de seu cumprimento, ao disposto na convenção internacional. Considera-se inacessível, para efeito de citação por edital, o país que recusar o cumprimento de carta rogatória (§ 1º do art. 256 do CPC).

O Decreto legislativo n. 61, de 19-4-1995, aprovou o Protocolo Adicional à Convenção Interamericana sobre Cartas Rogatórias, de 1979. O Decreto n. 2.022, de 7-10-1996, promulgou-o. A carta rogatória deve ser acompanhada de cópia da petição; cópia sem tradução dos documentos que se tiverem juntado à petição; cópia sem tradução das decisões jurisdicionais que tenham determinado a expedição da carta rogatória; formulário do qual conste a informação essencial para a pessoa ou a autoridade a quem devam ser entregues ou transmitidos os documentos.

A Portaria n. 26, de 14-8-1990, da Secretaria Executiva do Ministério das Relações Exteriores traz algumas condições para o rápido cumprimento de cartas rogatórias.

Cumprida a carta, será devolvida ao juízo de origem, no prazo de dez dias, independentemente de traslado, pagas as custas pela parte (art. 268 do CPC), se houver.

Não se conta o prazo para a determinação dada pela carta a partir de sua juntada aos autos, mas a partir da data em que a comunicação foi realizada, conforme o art. 774 da CLT.

12.4.1.3 Nulidade da citação

A falta de citação é suprida pelo comparecimento espontâneo do réu a juízo (§ 1º do art. 239 do CPC). Não haverá nulidade, pois inexistirá prejuízo para o réu, que compareceu espontaneamente a juízo para se defender.

12.4.2 Demais notificações

A partir do momento em que as partes têm advogado constituído nos autos, a intimação é feita para aqueles (via postal). Caso a parte não tenha advogado, a notificação é feita à parte, da mesma forma.

Quando o processo estiver na fase recursal, a intimação não é feita pelo correio, mas sim pela publicação do nome das partes e de seus advogados no órgão oficial.

Nos dissídios coletivos, as partes são intimadas pela via postal (art. 867 da CLT), fazendo-se a publicação no *Diário Oficial* para a ciência dos demais interessados.

Verificação de Aprendizagem

1. Qual o prazo para se marcar audiência?
2. Qual a diferença entre atos e termos processuais?
3. Como é que se faz a comunicação dos atos processuais na Justiça do Trabalho?
4. Qual a diferença entre citação, intimação e notificação?
5. Por que o processo do trabalho usa o termo notificação?
6. O período entre 20-12 a 6-1 é considerado feriado na Justiça do Trabalho? Por quê?

Capítulo 13

NULIDADES

13.1 INTRODUÇÃO

O Direito Processual reconhece a necessidade e conveniência de se adotar o princípio da simplificação das formas, mas é necessário admitir a existência de certas formas para o desenvolvimento válido do processo.

No Direito Processual do Trabalho, as formas ainda são mais simplificadas, com a concentração da maioria dos atos processuais em audiência, prestigiando o princípio da oralidade, mas isso não quer dizer que o processo do trabalho seja informal. Ao contrário, o processo do trabalho também é formal, só que o número de formalidades é menor do que no processo civil ou no processo penal, fazendo com que o processo seja o mais breve, simples e célere possível, sem formalidades exageradas, complexas e, muitas vezes, inúteis.

Havendo violação das formas, deve haver a correspondente sanção, uma penalidade. Inicialmente, eram aplicadas multas (sanção econômica) pela inobservância das formalidades.

13.2 CONCEITO

Nulidade é a sanção determinada pela lei, que priva o ato jurídico de seus efeitos normais, em razão do descumprimento das formas mencionadas na norma jurídica.

A função da declaração das nulidades é de assegurar os fins destinados às formas e que podem ser atingidos por intermédio de outros meios.

13.3 DISTINÇÃO

Carnelutti já fazia distinção entre os atos previstos no Código Penal e os determinados no restante da legislação. A prática de um ilícito penal pode deixar o autor sujeito a uma pena. A prática de outros atos em desacordo com a previsão legal pode gerar a invalidade do ato, perdendo o autor o esforço despendido.

Não se pode confundir também as nulidades praticadas no direito civil ou comercial com as praticadas no direito processual. Enquanto as primeiras não têm eficácia alguma, os atos processuais são eficazes, mesmo se passados em julgado, até quando a decisão venha a ser rescindida. A nulidade processual é praticada no processo, enquanto a do direito material muitas vezes é praticada no contrato. Normalmente, a nulidade no direito material é decorrente da não observância do inciso III do art. 104 do Código Civil, que requer agente capaz, objeto lícito ou forma prescrita ou não defesa em lei para a validade do negócio jurídico.

As primeiras leis processuais preocupavam-se em esclarecer os casos em que ocorriam nulidades. O Código de Processo Civil de 1939 passou apenas a tratar do prejuízo processual, sobre a importância do atingimento da finalidade do ato praticado e da repressão ao dolo processual.

13.4 SISTEMAS DE NULIDADES

O sistema do absolutismo da lei, que vinha da *legis actiones*, determinava que qualquer violação à forma prevista em lei anulava o ato. Esse sistema foi adotado anteriormente na França: *la forme emporte le fond*. Um ato que não observasse a determinação da lei anulava todo o processo.

No sistema da equidade, o juiz resolveria o que acarretaria a inobservância da forma prevista em lei para efeitos de nulidade. Utilizava-se justamente da equidade para se saber o que redundaria em nulidade. Esse poder, porém, era totalmente concentrado nas mãos do juiz, numa espécie de processo inquisitório, sacrificando as liberdades das partes.

O jurista inglês Bentham propunha a declaração da nulidade quando houvesse má-fé. Violando-se a forma prevista em lei, presume-se a existência de má-fé, prejudicando o princípio da presunção da boa-fé, onde a boa-fé é que deveria ser provada.

Dois sistemas podem ser lembrados sobre as nulidades: o francês, que só admite a nulidade se houver prejuízo para a parte que o denunciar; e o alemão, que dá ao juiz a faculdade de declarar a nulidade e suas condições.

Nosso direito processual, inclusive do trabalho, adotou o sistema francês, permitindo que o ato irregular que houvesse alcançado sua finalidade fosse aproveitado ou em outros casos repetido. Adota-se, também, de certa forma, o sistema alemão, pois a lei determina que o juiz ao pronunciar a nulidade esclareça a partir de que momento o processo é nulo, inclusive porque o juiz é quem dirige o processo.

13.5 VÍCIOS

Os vícios processuais podem ser divididos em sanáveis e insanáveis. Os sanáveis são a nulidade relativa, a anulabilidade e as irregularidades. Os insanáveis são a inexistência e a nulidade absoluta.

13.5.1 Inexistência

A inexistência pode gerar dois aspectos distintos: o do não ato, o do ato praticado por um não juiz, como ocorreria na sentença assinada por um oficial de justiça; outro, jurídico que é a existência do ato no mundo dos fatos, mas sua inexistência no mundo do Direito (Moniz Aragão, 1974:274).

O § 2º do art. 104 do CPC dispõe que será considerado ineficaz o ato não ratificado em 15 dias, se o juiz der à parte prazo para regularizar a procuração nos autos. Não regularizada a procuração, a sanção é a ineficácia dos atos praticados a partir de determinado momento.

O Tribunal de Justiça de São Paulo entendeu "inexistente a sentença não assinada pelo juiz", esclarecendo que "o ato sem existência, não se convalida" (*RT* 508/64).

Constatada a ocorrência de vício sanável, inclusive aquele que possa ser conhecido de ofício, o relator determinará a realização ou a renovação do ato processual, no próprio tribunal ou em primeiro grau de jurisdição, intimadas as partes (§ 1º do art. 938 do CPC), como ocorre com a falta de assinatura do juiz na sentença. O ato inexistente não produzirá efeitos em época alguma, não tendo nenhuma validade.

13.5.2 Nulidade absoluta

Nulidade originária é a proveniente do próprio ato.

Nulidade derivada envolve ato que não é viciado, mas por ter relação e ser dependente do ato nulo, fica viciado.

A nulidade absoluta é ditada por fins de *interesse público*, de ordem pública absoluta. Não tendo as partes poder de disposição desse interesse, que é determinado por normas de interesse público, sua infringência acarretará nulidade absoluta.

Quando a existência da nulidade pode ser declarada de ofício pelo juiz, fundado em norma de interesse público, de ordem pública absoluta, ainda que as partes estejam de acordo com o ato praticado, há nulidade absoluta. A nulidade absoluta compromete todo o processo.

As regras sobre competência funcional, por exemplo, se não observadas, determinam a nulidade absoluta. A incompetência absoluta pode ser alegada em qualquer tempo e grau de jurisdição e deve ser declarada de ofício (§ 1º do art. 64 do CPC), pois retrata norma de interesse público, que, uma vez não observada, demanda a nulidade absoluta do processo que não poderia ser apreciada por juízo incompetente. O juiz deve declará-la de ofício. Não se trata, portanto, de faculdade do juiz, mas de obrigação.

Nas nulidades absolutas não se exige demonstração de prejuízo, pois ele é evidente; viola norma de ordem pública absoluta.

13.5.3 Nulidade relativa

Ocorre a nulidade relativa quando o interesse da parte for desrespeitado e a norma descumprida tiver por base o interesse da parte e não o interesse público, sendo o vício sanável. É uma norma de ordem pública relativa, direcionada para a parte e não para o juiz.

Se a parte não está devidamente representada, assistida ou autorizada a nulidade é relativa, pois pode o juiz dar prazo à parte para sanar o ato, ou sendo repetido ou ratificado o ato já praticado, cumprindo sua finalidade. Nesse caso, como se verifica, o interesse é da parte e não há interesse público. Outro exemplo pode ser da incompetência em razão do lugar, que representa nulidade relativa, pois deve ser alegada pela parte no momento próprio, sob pena de se tornar competente o juízo que, em princípio, era incompetente.

13.5.4 Anulabilidade

Na anulabilidade, o vício é decorrente de violação de norma dispositiva. O ato só pode ser anulado mediante provocação do interessado. O juiz não pode, de ofício, mandar suprir ou repetir o ato, justamente porque está na esfera de disposição da parte.

Não reagindo a parte, o ato que era inválido passa a ser válido.

Ensina Moniz Aragão (1974:279) que, "enquanto a nulidade relativa resulta de infração a normas cogentes, subtraídas, portanto, ao alcance do poder dispositivo das partes, embora para elas voltadas, a anulabilidade resulta de infração a normas que a lei põe ao alcance do poder dispositivo das partes, voltadas também a seu interesse. A primeira pode ser conhecida de ofício pelo juiz ou alegada pelas partes; a segunda não pode ser apreciada de ofício pelo juiz, pois somente as partes podem alegá-la. No primeiro caso, o ato fica sujeito à condição suspensiva de não impugnação – vale dizer –, o decurso do prazo indicado para as partes pleitearem a sua decretação ou o juiz fazê-lo espontaneamente sana o vício, no segundo, à condição resolutiva de a parte impugná-lo".

Na anulabilidade, o ato se convalida se não impugnado pela parte. Exemplo: a parte deve se manifestar sobre a nulidade na primeira vez em que tiver de falar nos autos. Não o fazendo, o ato fica convalidado (art. 795 da CLT). O juízo que era incompetente em razão do lugar, não tendo a parte se manifestado no prazo legal, passa a ser competente, pois a incompetência em razão do lugar não pode ser declarada de ofício pelo juiz, mas há a necessidade de provocação da parte, pois este ato está no poder dispositivo da parte, não sendo uma norma de interesse público. Outro exemplo é o da penhora ser realizada em bens que só devem ser penhorados à falta de outros. A norma é dispositiva, visando prevenir interesse do devedor. Logo, somente ele é que pode arguir a nulidade, em vista de existirem outros bens que podem ser penhorados.

13.5.5 Irregularidades

As irregularidades poderiam ser divididas em duas hipóteses: as que podem ser corrigidas (sanáveis) e as que não podem (insanáveis), ou não necessitam de correção.

Na primeira espécie está a inexatidão material ou erro de cálculo realizado na sentença (art. 494, I, do CPC, art. 833 da CLT e parágrafo único do art. 897-A da CLT). O mesmo se pode dizer da hipótese em que as folhas dos autos não foram numeradas e rubricadas. Há a possibilidade de se determinar essa correção.

Prevê o § 1º do art. 938 do CPC que constatada a ocorrência de vício sanável, inclusive aquele que possa ser conhecido de ofício, o relator determinará a realização ou a renovação do ato processual, no próprio tribunal ou em primeiro grau de jurisdição, intimadas as partes.

Hipótese de ato que não necessitaria de correção seria a sentença, que apesar de concisa, tem relatório, fundamentação e dispositivo. Outros atos são insuscetíveis de correção, como ocorre com os prazos para o juiz proferir despachos ou decisões, e que se constituem em mera irregularidade, justificada normalmente pelo excesso de serviço, caso não sejam observados.

13.6 PRINCÍPIOS DAS NULIDADES

Os princípios das nulidades são originários da teoria do processo. Representam a teoria das nulidades processuais.

13.6.1 Princípio da legalidade

As nulidades dependerão do que estiver previsto em lei para que sejam observadas as formas nela previstas. Violadas as formas, a lei irá determinar a penalidade para a sua não observância. É uma decorrência de que ninguém é obrigado a fazer ou deixar de fazer alguma coisa a não ser em virtude de lei (art. 5º, II, da Constituição). O processo será nulo quando o Ministério Público não for intimado a acompanhar o feito em que deveria intervir (art. 279 do CPC), sendo que o juiz deverá anular o processo a partir do momento em que o órgão deveria ter sido intimado. Mesmo as citações e as intimações serão consideradas nulas, caso não sejam observadas as prescrições da lei (art. 280 do CPC).

13.6.2 Princípio da instrumentalidade das formas ou da finalidade

O ato processual deve se ater à observância das formas, porém, se de outro modo o ato atingir sua finalidade, haverá validade do ato praticado (exemplos: arts. 188 e 277 do CPC). Exemplo é o réu não ser citado e comparecer à audiência, na qual apresenta defesa. Se não há cominação de nulidade pela forma estabelecida em lei, o ato processual, ainda que de outra forma, atingiu sua finalidade, não há porque se decretar a nulidade.

13.6.3 Princípio da economia processual

Recomenda o princípio da economia processual que se obtenha o máximo resultado na atuação da lei com o mínimo emprego possível de atividades processuais (Echandia).

A não observância da forma legal anula apenas os atos que não possam ser aproveitados, desde que não resultem prejuízo à parte (§ 4º do art. 64 do CPC, arts. 281, segunda parte, 282 e seu § 1º do CPC).

13.6.4 Princípio do aproveitamento da parte válida do ato

Não se anula todo o processo se houver a possibilidade de se aproveitar um ato válido praticado no processo. Pode-se chamá-lo também de princípio da utilidade: *utile per inutile non vitiatur.*

Anula-se parte do processo, não o todo (arts. 281 do CPC e 797 e 798 da CLT). Aproveita-se a parte válida do ato, até mesmo por economia processual.

13.6.5 Princípio do interesse de agir

Não haverá nulidade se a parte prejudicada não a arguir. O § 1º do art. 282 do CPC determina que o ato não será repetido, nem sua falta será suprida quando não prejudicar a parte. Dar-se-á o aproveitamento dos atos praticados, desde que não resulte prejuízo à defesa de qualquer parte (parágrafo único do art. 283 do CPC). "Quando a lei prescrever determinada forma, sob pena de nulidade, a decretação desta não pode ser requerida pela parte que lhe deu causa" (art. 276 do CPC).

No caso, trata-se de norma de ordem pública relativa. A norma processual é dirigida à parte e não ao juiz. Não se trata de regra de ordem pública absoluta, em que o juiz poderia declarar a nulidade de ofício.

13.6.6 Princípio da causalidade

Para haver nulidade, deve existir uma causa e um efeito. Os atos devem ser interdependentes.

Só os atos posteriores e que não sejam consequência do ato considerado nulo, desde que dele não dependam, poderão ser aproveitados (art. 281 do CPC). O juiz, ao declarar a nulidade, deve observar os atos a que ela se estende (art. 282 do CPC). Na incompetência absoluta, só os atos decisórios são nulos, os demais são aproveitados (§ 4º do art. 64 do CPC).

13.6.7 Princípio da lealdade processual

O princípio da lealdade processual decorre do art. 5º do CPC: "aquele que de qualquer forma participa do processo deve comportar-se de acordo com a boa-fé". As partes e seus procuradores devem proceder com lealdade e boa-fé (art. 5º do CPC) no processo.

As partes no processo devem proceder com lealdade processual. As nulidades devem, assim, ser alegadas na primeira oportunidade em que a parte tiver de falar nos autos, "sob pena de preclusão" (art. 278 do CPC). Se for provado legítimo impedimento (parte final do parágrafo único do art. 278 do CPC), ou existir justa causa, assim considerada como o "evento alheio à vontade da parte e que a impediu de praticar o ato por si ou por mandatário" (§ 1º do art. 223 do CPC), não se aplica a preclusão.

13.6.8 Princípio da repressão ao dolo processual

Este princípio é decorrente da lealdade processual a que as partes estão obrigadas a proceder em juízo (art. 5º do CPC).

O art. 142 do CPC permite ao juiz decretar a nulidade absoluta do processo, se se convencer de que autor e réu se serviram do processo para praticar ato simulado ou conseguir fim vedado por lei, o juiz proferirá decisão que impeça os objetivos das partes, aplicando, de ofício, as penalidades da litigância de má-fé. A decretação da nulidade não pode ser feita pela própria parte que lhe deu causa (arts. 276 do CPC e 796, *b*, da CLT). É a aplicação da regra latina *nemo suam propriam turpitudinem profitare potest*.

A aplicação do art. 142 do CPC poderia ser feita no caso em que as partes têm por objetivo praticar um ato simulado como, por exemplo, de contagem de tempo de serviço para efeito da aposentadoria que, na verdade, é inexistente; de o advogado ter procuração tanto do empregado quanto do empregador para celebrar acordo. O difícil nessas hipóteses é o juiz perceber o ato simulado ou ilícito praticado pelas partes, porém, se notar tal fato, deverá aplicar o art. 142 do CPC, extinguindo o processo sem julgamento de mérito.

13.6.9 Princípio da conversão

É a possibilidade de se converter a parte válida do ato processual tido por nulo, por menor que seja. Em razão da economia processual, pode-se aproveitar esses efeitos menores produzidos pelo ato processual.

13.6.10 Princípio da transcendência ou do prejuízo

Nosso sistema de nulidades adotou a regra francesa do "*pas de nullité sans grief*", ou seja: não haverá nulidade se não houver prejuízo processual à parte (art. 281, § 1º, do art. 282, parágrafo único do art. 283 do CPC e art. 794 da CLT). Não se pode presumir o prejuízo. Ele deve ser provado.

13.6.11 Princípio da convalidação

Não havendo reação da parte, o ato nulo não arguido no tempo oportuno vem a se convalidar, permanecendo válido (arts. 795 da CLT e 278 do CPC).

Exemplo é a Vara que era incompetente em razão do lugar e o réu não opõe exceção de incompetência. Torna-se competente a referida Vara.

13.7 NULIDADES NO PROCESSO DO TRABALHO

Vistas as diferenças entre irregularidades, anulabilidade, nulidades relativas e absolutas e os princípios que informam as nulidades, passa-se a examinar as nulidades no processo do trabalho.

A CLT trata das nulidades nos arts. 794 a 798. Na verdade, são apenas cinco artigos, que têm a característica de serem sintéticos. Os referidos artigos têm a redação original da CLT, de 1943. Têm fundamento no CPC de 1939. No CPC de

2015, há vários artigos e eles são detalhistas (arts. 276 a 283). O CPC é mais completo. A CLT não regula tudo sobre nulidades, sendo aplicável o CPC.

13.7.1 Artigo 794 da CLT

Consagra o art. 794 da CLT o princípio da transcendência ou do prejuízo. Só haverá nulidade se houver prejuízo às partes. Este prejuízo é o processual, pertinente à defesa da parte, e não qualquer outro, principalmente de direito material, ou financeiro ou econômico.

O art. 794 da CLT considera, ainda, que só haverá nulidade se houver manifesto prejuízo. Entretanto, o uso da palavra *manifesto* é desnecessário, pois o que é manifesto para uma pessoa pode não ser para outra. Tem característica subjetiva. Assim, ou existe o prejuízo processual ou não existe, sendo que a utilização da palavra *manifesto* é redundante. Entretanto, a palavra "manifesto" não se refere à manifestação da parte, em que veicularia a nulidade. É o prejuízo claro, sem sombra de dúvida, manifestado, relevante, evidente, inegável.

A citação é pressuposto para a validade do processo, tornando prevento o juízo, induzindo a litispendência e fazendo litigiosa a coisa (art. 240 do CPC). No entanto, se a parte comparece espontaneamente à audiência, apresentando defesa, não há que se falar em nulidade da citação (§ 1º do art. 239 do CPC).

Da mesma forma, não haverá nulidade se o juiz puder decidir o mérito da questão em favor da parte a quem aproveite a declaração de nulidade (§ 2º do art. 282 do CPC). Nesse caso, não há prejuízo à parte, pois obteve o acolhimento de sua pretensão em juízo, apesar de, por exemplo, não ter sido ouvida uma testemunha dessa parte, que inquinou o ato de nulo, por cerceamento de defesa.

13.7.2 Artigo 795 da CLT

"As nulidades não serão declaradas senão mediante provocação das partes, as quais deverão argui-las à primeira vez em que tiverem de falar em audiência ou nos autos" (art. 795 da CLT). O dispositivo mostra nulidade relativa, que depende de provocação da parte para ser declarada. O artigo tem fundamento no princípio do interesse de agir e na boa-fé processual. Há a convalidação do ato nulo, se este não for arguido pela parte à primeira vez que tiver de falar nos autos ou na audiência. Há necessidade, assim, de que as nulidades sejam arguidas pelas partes, sob pena de convalidação. O momento adequado de a parte falar sobre eventual nulidade é em audiência ou por ocasião das razões finais (art. 850 da CLT). Se for dada vista à parte dos autos em cartório, esse será o momento adequado de arguir a nulidade. Em segundo grau, o momento adequado é em preliminar de recurso.

Não seria o caso de se interromper a audiência que estiver sendo realizada para que a parte possa alegar a nulidade no seu processo. Normalmente, as partes fazem consignar na ata de audiência, quando o ato está ocorrendo nesta, seus protestos, apenas para que não ocorra qualquer preclusão quanto ao momento da arguição da nulidade. Esses protestos são completamente irrelevantes, porque geralmente são desfundamentados, além de inexistir previsão na lei sobre tal veiculação de eventual nulidade. Na verdade, pretende-se com os protestos estabelecer agravo nos autos do processo, que não mais existe, além do que no processo do trabalho não se aplica o agravo retido.

13.7.3 § 1º do artigo 795 da CLT

Dispõe o § 1º do art. 795 da CLT: "deverá, entretanto, ser declarada de ofício a nulidade fundada em incompetência de foro". Essa regra está de acordo com o CPC de 1939, quando foi editada a CLT. Entretanto, é uma regra imperativa, pois o parágrafo emprega o verbo dever. Não se trata de faculdade, mas de obrigação.

À primeira vista, seria possível pensar que a nulidade que deveria ser declarada de ofício é a de incompetência de foro, do lugar, como se depreende da interpretação literal do § 1º do art. 795 da CLT.

A incompetência que menciona o § 1º do art. 795 da CLT é a absoluta e não a relativa, em razão do lugar. Assim, como prevê o § 4º do art. 64 do CPC, serão considerados nulos apenas os atos decisórios. Os demais atos válidos do processo serão aproveitados. A incompetência em razão do lugar é relativa, é prorrogável. Se a parte não a argui, a Vara que era incompetente em razão do lugar passa a ser competente. Há a prorrogação da competência de uma Vara do Trabalho que era incompetente, pois, por se tratar de incompetência relativa, prorrogável, deve ser arguida pelo réu na audiência onde é apresentada a contestação, sob pena de não mais ser possível fazê-lo, tornando-se competente a Vara que era incompetente.

O processo do trabalho não permite a escolha pelas partes do local onde pode ser proposta a ação, como ocorre no Cível, pois deve ser observado o preceito de ordem pública do art. 651 e seus parágrafos da CLT, tendo como regra geral que a ação deve ser proposta no último local da prestação de serviços do empregado.

A determinação do § 1º do art. 795 da CLT poderia ser arguida de ofício quando o empregador propõe ação em local que não observa a regra do art. 651 da CLT, pois esta regra visa beneficiar o empregado e não o empregador.

13.7.4 § 2º do artigo 795 da CLT

Se se tratar de incompetência em razão da matéria, das pessoas ou do lugar, por exemplo: de a Justiça do Trabalho examinar relações envolvendo funcionários públicos e a Administração Pública, o Juiz ou Tribunal, determinará a remessa dos autos à autoridade competente, fundamentando sua decisão (§ 2º do art. 795 da CLT). A decisão deve indicar os motivos pelos quais o juiz se julga incompetente, até mesmo diante do inciso IX do art. 93 da Constituição, que exige que as decisões sejam fundamentadas. O mesmo se observa no art. 371 do CPC.

13.7.5 Artigo 796, *a*, da CLT

Não se pronunciará a nulidade, por medida de economia processual, se "for possível suprir-se a falta ou repetir-se o ato" (art. 796, *a*, da CLT). O dispositivo adota os princípios do aproveitamento da parte válida do ato e da economia processual. O juiz poderá ordenar que a empresa junte, *v. g.*, seu contrato social, no prazo que assinar, sob pena de declarar a nulidade do ato praticado em audiência e, em consequência, a revelia da empresa. O menor de 18 anos supre a sua incapacidade, trazendo na próxima audiência o responsável legal para assisti-lo em juízo. Não o fazendo, "o juiz julgará extinto o processo" (art. 76, § 1º, do CPC), extinguindo o processo sem julgamento de mérito. Outro exemplo: para evitar que o processo seja tido por nulo, em razão de perguntas feitas pela parte que trouxe a testemunha, e que foram indeferidas pelo juiz, este pode determinar que a testemunha responda as referidas perguntas, evitando-se falar em cerceamento de defesa.

O juiz que indeferiu perguntas ou indeferiu a oitiva de testemunha, pode mandar fazê-las, repetindo o ato da audiência para esse fim.

O relator poderá suprir a ausência de contrarrazões mandando intimar a parte para fazê-lo.

13.7.6 Artigo 796, *b*, da CLT

A nulidade não deve ser pronunciada quando arguida pela parte que lhe tiver dado causa (art. 796, *b*, da CLT). Ninguém pode beneficiar-se de sua própria torpeza. O dispositivo adota o princípio da lealdade processual. Se a parte provoca a suspeição, de propósito, do juiz para alegar a nulidade, não há de se falar em sua aplicação, como menciona a parte final do parágrafo único do art. 801 da CLT. Somente sobrevindo novo motivo é que a parte poderá arguir a nulidade, quanto à suspeição do juiz.

13.7.7 Artigo 797 da CLT

"O juiz ou Tribunal que pronunciar a nulidade declarará os atos a que ela se estende" (art. 797 da CLT). O artigo adota o sistema alemão, no sentido de que o juiz declara as nulidades. Os atos válidos serão aproveitados por medida de economia processual. O juiz deve indicar no despacho ou decisão que anula o processo os números das folhas em que foram considerados nulos os atos praticados.

13.7.8 Artigo 798 da CLT

"A nulidade do ato não prejudicará senão os posteriores que dele dependam ou sejam consequência" (art. 798 da CLT). Aplica-se aqui a regra do princípio da utilidade, aproveitando-se os atos válidos praticados no processo desde que sejam posteriores ao ato inquinado de nulo ou que dele não sejam consequência. Atos independentes dos tidos por nulo serão considerados válidos. Deve ser feito o isolamento dos atos processuais. É a regra de que deve existir nexo de causalidade entre o ato tido por nulo e o subsequente para a nulidade do segundo ato processual. Numa determinada execução há uma primeira penhora em bem imóvel, cujo valor é superior ao da execução. No dia seguinte, o oficial de Justiça faz nova penhora, desta vez em dinheiro. Ocorre, porém, que o executado é empregador pessoa física e o oficial não deu ciência ao cônjuge. Nesse caso, o juiz anulará apenas a primeira penhora.

Isto quer dizer que, embora a segunda penhora seja posterior, não será anulada, eis que a lei só manda anular os atos posteriores que dependam da primeira penhora. No caso, não há dependência, daí porque o art. 797, do diploma consolidado, determina que o juiz ou tribunal que pronunciar a nulidade declarará os atos aos quais ela se estende.

13.8 REGRAS PARA O PRONUNCIAMENTO DAS NULIDADES

No processo que estiver na fase de conhecimento (até a sentença), as nulidades serão pronunciadas pelo juiz.

Na fase recursal, as nulidades serão pronunciadas pelo tribunal ou pela turma, se houver provocação das partes nesse sentido, ou se se tratar de norma de ordem pública a ser observada. O relator poderá suprir o ato, evitando a declaração da nulidade, como quando determina à parte contrária apresentar suas contrarrazões ao recurso, que não foram oferecidas por falta de intimação. Na execução, as nulidades serão declaradas pelo juiz.

Nada impede que o juiz, de ofício, determine a nulidade da citação, quando verifica que esta não chegou a ser realizada, mesmo que já tenha sido proferida sentença à revelia da empresa. Verificando o juiz que a citação não se concretizou, pode e deve anular todo o processo a partir da sentença, determinando nova citação da empresa, iniciando-se novamente o processo.

Não há necessidade, porém, de se anular sentença que julga *extra* ou *ultra petita*, pois podem ser aproveitados os atos válidos verificados pela sentença, por questão de economia processual. Exclui-se apenas a parte da sentença que foi além ou julgou fora do pedido. A sentença que julga *infra petita* deve ser anulada para que outra seja proferida, pois não apreciou integralmente os pedidos das partes, não havendo como aproveitar a parte em que se apreciou o pedido do autor.

13.9 PRECLUSÃO

Preclusão vem do latim *praecludo*, com o significado de fechar, tapar, encerrar. Define Isis de Almeida (1991, v. I:32) a preclusão como "a perda da faculdade de praticar-se um ato pela transposição de um 'momento processual', que pode estar marcado, também, por um prazo determinado, e não apenas pelo ordenamento formal ou lógico dos atos no processo, ou pela incompatibilidade de um ato com outro". Pode haver também preclusão se o ato processual já foi validamente exercido.

Determina o art. 507 do CPC que "é vedado à parte discutir, no curso do processo, as questões já decididas, a cujo respeito se operou a preclusão". Menciona o art. 278 do CPC que as nulidades devem ser alegadas na primeira oportunidade em que a parte tem de falar nos autos, "sob pena de preclusão". Não se aplica essa determinação às nulidades que o juiz deva decretar de ofício, "nem prevalece a preclusão, provando a parte legítimo impedimento" (parágrafo único do art. 278 do CPC).

O § 2º do art. 879 da CLT também determina expressamente a preclusão se o juiz abrir vista às partes para manifestação a respeito da conta de liquidação e não houver impugnação à conta: "Elaborada a conta e tornada líquida, o juízo deverá abrir às partes prazo comum de oito dias para impugnação fundamentada com a indicação dos itens e valores objeto da discordância, *sob pena de preclusão*." Não se manifestando a parte nesse momento, não mais poderá fazê-lo nos embargos, pois se operou a preclusão. O § 3º do art. 879 da CLT também faz referência a preclusão para a União. A preclusão irá ocorrer em relação às partes e não ao juiz.

As Súmulas n. 184 e 297 do TST também dão exemplo de preclusão. O primeiro menciona que "ocorre *preclusão* quando não forem opostos embargos declaratórios para suprir a omissão apontada em recurso de revista ou de embargos". O segundo esclarece que diz-se pré-questionada a matéria ou questão quando na decisão impugnada haja sido adotada, explicitamente, tese a respeito (I). Incumbe à parte interessada interpor embargos declaratórios objetivando o pronunciamento sobre o tema, sob pena de *preclusão*.

A preclusão, normalmente, refere-se a atos processuais, mas também pode referir-se a prazos processuais, só tendo eficácia no processo em que ocorre.

Pode ainda nascer a preclusão da coisa julgada, que pode projetar sua eficácia para fora do processo. A parte não poderá, por exemplo, apenas contestar a existência da relação de emprego, pois se esta for provada todo o mais será devido, em razão da existência da preclusão quanto ao momento em que a parte deveria se manifestar sobre o restante das alegações do autor, que é justamente na contestação.

13.9.1 Diferenças

Não se confunde a preclusão com a decadência. A decadência ocorre quando a parte não se utilizar do direito no tempo oportuno. Tanto a decadência, como a prescrição, são regras de direito material, embora, sejam decretadas no processo, enquanto a preclusão é regra de direito processual, sempre ocorrendo no âmbito do processo.

A preclusão também não se confunde com as nulidades, que na maioria dos casos são sanáveis (art. 277 do CPC), enquanto a preclusão, uma vez consumada, não pode mais ser sanada.

13.9.2 Classificação da preclusão

Couture (1972:196) entende que a preclusão se origina de três situações diferentes:

a) por não se ter observada a ordem, a oportunidade que a lei determina para a prática do ato;
b) pela incompatibilidade entre o ato realizado e o seguinte;
c) pelo fato de o ato já ter sido realizado validamente uma vez.

É possível classificar a preclusão em: temporal, lógica e consumativa, que correspondem às orientações de Couture.

13.9.2.1 Preclusão temporal

A preclusão temporal não se confunde com as sanções processuais. A sanção é a consequência da infração à norma jurídica, que posteriormente será cumprida forçadamente. Já a preclusão temporal é proveniente de a parte não praticar um ato processual em determinado prazo estipulado pela lei.

Quando uma testemunha não vai a juízo depor, posteriormente é conduzida debaixo de vara para prestar depoimento, o que caracteriza a sanção. Em muitos casos a sanção pelo não cumprimento da norma jurídica é o pagamento de uma multa elevada que obriga o devedor a cumprir a obrigação. É o que ocorre com o não pagamento de impostos no prazo legal. Já a preclusão decorre de o ato processual não ser praticado no tempo oportuno em que deveria ter sido feito. Ex.: a parte ingressa com recurso fora do prazo legal ou não apresenta a contestação em audiência.

Retrata o art. 223 do CPC a preclusão temporal: "decorrido o prazo, extingue-se, independentemente da declaração judicial, o direito de praticar o ato, ficando salvo, porém, à parte provar que não o realizou por justa causa".

A preclusão temporal ocorre quando o ato processual deveria ter sido praticado em certo prazo e não o foi, não podendo mais ser praticado.

13.9.2.2 Preclusão lógica

Ensina Arruda Alvim (1991, v. I:299) que se dá a preclusão lógica "quando um ato não mais pode ser praticado, pelo fato de se ter praticado outro ato que, pela lei, é definido como incompatível com o já realizado ou quando esta circunstância deflua inequivocamente do sistema". Ex.: dada a sentença, a parte pede a liquidação da decisão, aceitando-a, ainda que tacitamente. É incompatível com esse ato a vontade de recorrer. Há também preclusão se a parte contesta a ação e posteriormente pretende apresentar exceção de suspeição do juiz. O momento correto da apresentação da exceção seria juntamente com a contestação, salvo se novo motivo sobrevier para a apresentação da exceção, pois a parte tinha concordado com o juiz processante.

13.9.2.3 Preclusão consumativa

Praticado validamente um ato processual previsto na lei e consumado este ato, não poderá a parte pretender praticá-lo novamente. Há a consumação do ato processual praticado, que não pode ser renovado. Ex.: interposto o recurso uma vez, não pode ele ser apresentado novamente.

Leciona Arruda Alvim (1991, v. I:299) que "a preclusão lógica, rigorosamente, é também consumativa. Vale dizer, a circunstância de a prática de um ato processual se ter verificado envolve a consumação. Tal consumação (no contexto da preclusão lógica) quer dizer que o mesmo ato não pode ser repetido e que, ainda, outro ato ou outros atos, que pudessem ter sido praticados, no lugar daquele, não mais poderão ser praticados".

13.10 PEREMPÇÃO

Isis de Almeida (1991, v. I:85) esclarece que "perempção é a extinção do direito de praticar um ato processual ou de prosseguir com o processo, quando, dentro de certo tempo ou dentro de certa fase, não se exercita esse direito de agir, seja por iniciativa própria, seja pela provocação de ação (ou omissão) da parte contrária, ou ainda por determinação do juiz ou de disposição legal".

A perempção ocorre quando a parte abandona o processo por mais de 30 dias, sem promover os atos e diligências que lhe compete (art. 485, III, do CPC), ou quando der causa à extinção do processo por três vezes por esse motivo. Não poderá o autor intentar novamente ação contra o réu com o mesmo objeto, salvo para alegar em defesa o seu direito (§ 3º do art. 486 do CPC).

Isis de Almeida (1991, v. I:86) entende que essas disposições "são inaplicáveis no processo trabalhista, que não conhece tão drástica penalidade para o autor negligente".

Na CLT, existem dois artigos (731 e 732) que impedem temporariamente a parte de ajuizar a ação trabalhista, principalmente em razão de o reclamante ter dado causa a dois arquivamentos seguidos. Esses dispositivos da CLT, porém, não se confundem com a perempção.

Entendo, ao contrário de Isis de Almeida, que há omissão na CLT, que não prevê a regra do § 3º do art. 486 do CPC, que é perfeitamente aplicável ao processo do trabalho, mormente por não se confundir com as hipóteses dos arts. 731 e 732 da CLT, que tratam de questões diversas, que são penalidades temporárias e não definitivas. Os arquivamentos devem ser seguidos e não alternados. A perempção implica a extinção do quarto processo. Compreende três extinções sem julgamento de mérito. A regra do art. 732 da CLT diz respeito a arquivamento de ações por duas vezes seguidas, que não tem previsão no CPC.

É claro que o reclamante não incorrerá na pena do art. 732 da CLT se não tiver dado causa ao arquivamento, por não ter sido notificado da designação da audiência ou de ter recebido notificação com data errada. Poderá, entretanto, o juiz aplicar a pena ao reclamante, de ficar seis meses sem poder reclamar, se tiver conhecimento que o autor deu causa a dois arquivamentos seguidos, conforme prova existente nos autos.

Se o processo for extinto sem julgamento de mérito por outro motivo que não o do arquivamento de duas reclamações, não se aplica o art. 732 da CLT.

Verificação de Aprendizagem

1. Como se configura o princípio da finalidade?
2. Qual o significado do princípio da convalidação?
3. Quando ocorre nulidade?
4. Qual a diferença entre preclusão e perempção?
5. O que é perempção?
6. O juiz indefere a oitiva de uma testemunha do autor. Este protesta na audiência. Na sentença, o juiz reconhece o horário de trabalho noticiado na inicial. O autor recorre dizendo que foi cerceado o seu direito a prova. Há nulidade? Por quê?

Capítulo 14

PARTES, REPRESENTAÇÃO, PROCURADORES E TERCEIROS

14.1 DENOMINAÇÃO

No processo do trabalho, chama-se o autor da ação de reclamante. O art. 852-B, II, da CLT usa o nome autor, mas é exceção. O réu é chamado de reclamado. O uso dessa nomenclatura deve-se ao fato de que a origem da Justiça do Trabalho é administrativa, de órgão vinculado ao Poder Executivo, como ocorria antes de 1941, pois também não se falava em ação, mas em reclamação administrativa, donde teríamos reclamante e reclamado. De outro lado, o emprego das palavras reclamante e reclamado pode ser também creditado a tentativa de justificar a autonomia do processo do trabalho em relação ao processo civil, empregando-se, para tanto, termos próprios, em vez de autor e réu, que a meu ver são os mais adequados. A Seção V, do Capítulo I, do Título II da CLT usa a expressão *Das reclamações por falta ou recusa de anotação*. O art. 651 da CLT emprega as palavras *reclamante* e *reclamado*, mostrando que as mencionadas denominações estão na própria CLT. Entendo que os termos mais corretos são *ação*, *autor* e *réu*, de acordo com a teoria geral do processo. Somente em situações diferenciadas é que se justificaria o uso de denominação própria, como nos dissídios coletivos e no inquérito para apuração de falta grave. Nos dissídios coletivos, quem ajuíza o referido processo é chamado de suscitante, sendo suscitado aquele contra o qual foi proposta a mencionada ação. No inquérito para apuração de falta grave, quem ingressa com a ação é o requerente (empresa), sendo requerido o empregado, ou seja, quem figura no polo passivo da ação.

Quanto aos demais termos utilizados pelo processo civil, são seguidos normalmente: como agravante e agravado (para o agravo), recorrente e recorrido (para o recurso), liquidante e liquidado (na liquidação de sentença), exequente e executado (na execução), excipiente e exceto ou excepto (na exceção).

Como se vê, o processo do trabalho tentou mostrar sua autonomia em relação ao processo civil também por meio da nomenclatura utilizada em relação a certos conceitos do processo. Mostra-se que no processo do trabalho há certa originalidade, tentando-se inovar expressões já consagradas no processo civil.

14.2 CAPACIDADE

A capacidade em direito é a aptidão determinada pela ordem jurídica para o gozo e exercício de um direito por seu titular.

Todo sujeito de direito pode gozar e fruir as vantagens decorrentes dessa condição, mas nem sempre está habilitado a exercer esse direito em toda a sua extensão.

Reza o art. 1º do Código Civil que "toda pessoa é capaz de direitos e deveres na ordem civil", implicando a capacidade de ser parte. É possível então fazer a distinção entre capacidade de direito e capacidade processual:

a) a capacidade de direito é também chamada de jurídica ou de gozo. É a aptidão da pessoa de gozar seus direitos. O homem adquire essa capacidade desde o nascimento com vida, que é o que se denomina de personalidade civil do homem (art. 2º do Código Civil). O menor e o louco gozam de direitos e obrigações, eis que nasceram com vida, mas não têm capacidade de estar em juízo, podendo, entretanto, ajuizar ação;
b) a capacidade processual é que se denomina de capacidade de fato ou de exercício. O homem, ao nascer com vida, pode pleitear a tutela jurisdicional do Estado, mas há a necessidade de que tenha capacidade processual. Capacidade de fruir e gozar seu direito o louco tem, porém não tem capacidade processual de estar em juízo, apesar de ter o direito de ação. É nesse sentido que, para o louco estar em juízo, tem que haver a participação de uma outra pessoa para verificar seus interesses ao ajuizar a ação. Daí se falar em representação, assistência e autorização.

É preciso ser feita a distinção entre a capacidade civil e a capacidade no processo do trabalho. No Direito Civil, são absolutamente incapazes os menores de 16 anos (art. 3º do Código Civil). São incapazes, relativamente a certos atos, ou à maneira de os exercer: (a) os maiores de 16 e menores de 18 anos; (b) os ébrios habituais e os viciados em tóxicos; (c) aqueles que, por causa transitória ou permanente, não puderem exprimir sua vontade; (d) os pródigos (art. 4º do Código Civil). A menoridade cessa aos 18 anos completos, quando a pessoa fica habilitada à prática de todos os atos da vida civil (art. 5º do Código Civil). No processo do trabalho, o menor de 16 anos não pode trabalhar, salvo na condição de aprendiz, a partir dos 14 anos, havendo assim incapacidade plena, segundo a lei, para o trabalho. Dos 16 aos 18 anos, a pessoa é relativamente incapaz, podendo firmar recibos de pagamento, porém não o termo de rescisão do contrato de trabalho, quando haverá necessidade da assistência do representante legal (art. 439 da CLT). A partir dos 18 anos, o trabalhador tem capacidade plena para ajuizar a reclamação trabalhista e para assinar o termo de rescisão contratual.

14.3 REPRESENTAÇÃO

Na representação, é atribuída a alguém a qualidade para agir em nome de outrem, manifestando a vontade do representado, substituindo-o.

O representante é completamente distinto do titular do direito (como ocorre entre a pessoa jurídica e a pessoa física que a representa: diretor, gerente etc.). O representante é um terceiro. Muitas vezes, não é parte na relação processual, como ocorre em relação ao advogado. O art. 1.634, VII, do Código Civil reza que os pais devem representar os filhos menores até os 16 anos. Até os 16 anos, o trabalhador menor seria representado em juízo.

14.3.1 Espécies de representação

A representação pode ser legal ou convencional.

A representação legal decorre de previsão em lei. O sindicato representa a categoria em juízo (art. 8º, III, da Constituição, e art. 513, *a*, da CLT). As pessoas jurídicas são representadas "por quem os respectivos estatutos designarem ou, não havendo essa designação, por seus diretores" (art. 75, VIII, do CPC).

Na representação convencional, há a faculdade de a parte se fazer representar em juízo. Existe a faculdade de o empregador fazer-se representar por preposto, tanto no dissídio individual (§ 1º do art. 843 da CLT), como no dissídio coletivo (art. 861 da CLT).

Na representação geral, a pessoa é representada em todos os atos processuais. O sindicato representa judicialmente no dissídio coletivo toda a categoria (art. 513, *a*, da CLT).

A representação extrajudicial pelo sindicato ocorre na intervenção nas convenções e acordos coletivos (§ 1º, do art. 611, da CLT). Existe, ainda, representação do sindicato em fase administrativa, como quando comparece em mesa redonda na DRT (art. 616 da CLT).

14.4 ASSISTÊNCIA

Ocorre assistência quando é suprida a manifestação pessoal de vontade dos relativamente incapazes. O assistente intervém na lide apenas para auxiliar a parte. O assistido pode manifestar livremente sua vontade junto com um terceiro (o assistente). O inciso VII do art. 1.634 do Código Civil estabelece que os pais devem assistir aos filhos menores entre 16 e 18 anos, suprindo-lhes o consentimento.

Wagner Giglio (1984:113) pondera que "o assistente, ao contrário do representante, apenas supre a deficiência de vontade do assistido, e não a substitui. Assim, não pode o assistente, por exemplo, fazer acordo em nome do assistido, mas é este que, após consulta com seu responsável legal, deve aceitar ou recusar a conciliação proposta". O assistente não é parte na ação, mas um terceiro, auxiliando a parte.

14.5 AUTORIZAÇÃO

Antonio Lamarca, citado por Wagner Giglio (1984:111-112), pondera que "na 'autorização' o concurso da pessoa ou pessoas diversas do representado se realiza mediante uma declaração de vontade a efetivar-se 'fora do processo' quer dizer, mediante uma declaração que não se dirige, como a do representado, ao ofício, mas que se volve ao próprio interessado".

Exemplo pode ser quando o empregador dá uma autorização ao preposto, que é a carta de preposição, para representá-lo na audiência.

14.6 PARTES E REPRESENTAÇÃO NO PROCESSO DO TRABALHO

A CLT, porém, ressente-se de precisão nos termos empregados, confundindo representação e assistência. Ora emprega um com o significado do outro e vice-versa. O § 1º do art. 791 da CLT afirma que nos dissídios individuais os empregados e empregadores poderão fazer-se *representar* por intermédio do sindicato, advogado, solicitador ou provisionado. O § 2º do mesmo artigo menciona que nos dissídios coletivos é facultada aos interessados a *assistência* por advogado.

Dispõe o art. 793 da CLT que a reclamação trabalhista do menor de 18 anos será feita por seus representantes legais e, na falta destes, pela Procuradoria do Trabalho, pelo sindicato, pelo Ministério Público estadual ou curador nomeado em juízo. Assim, a capacidade trabalhista de a parte estar em juízo está totalmente regulada na CLT, não sendo o caso de se aplicar o Código Civil ou o CPC.

Do ponto de vista do processo do trabalho, aos 18 anos o trabalhador pode ajuizar ação na Justiça do Trabalho. Sendo menor de 18 anos pode o empregado firmar contrato de trabalho, embora com a assistência do pai ou da mãe, tutor ou responsável, podendo receber salários sem ser assistido. Apenas na homologação da rescisão do contrato de trabalho deve estar assistido por seu representante legal.

A Constituição determina que só a partir de 16 anos o menor pode trabalhar (art. 7º, XXXIII), podendo fazê-lo a partir de 14 anos se for aprendiz. No período entre 16 e 18 anos, o menor é assistido em juízo, podendo manifestar livremente sua vontade, apenas necessitando de um terceiro para assisti-lo.

A assistência será dada pelo detentor do pátrio poder, ou pelo pai, ou pela mãe, na impossibilidade ou inexistência do primeiro.

No processo do trabalho, o irmão mais velho, tio ou outra pessoa não pode assistir o menor de 16 a 18 anos. A assistência tem que ser prestada pelo pai ou pela mãe, quando existentes. Na ausência destes, o art. 793 da CLT estabelece condição alternativa e não mais sucessiva. Poderão prestar a assistência, alternativamente, a Procuradoria do Trabalho, o sindicato, o Ministério Público estadual ou curador nomeado em juízo. No último caso, geralmente é indicado como curador um advogado ou o próprio advogado da parte.

A Procuradoria do Trabalho deverá intervir nas reclamações de menores de 16 anos, índios (art. 232 da Constituição) etc. A nulidade somente pode ser decretada após a intimação do Ministério Público, que se manifestará sobre a existência ou a inexistência de prejuízo (§ 2º do art. 279 do CPC).

As partes devem comparecer pessoalmente à audiência, "independentemente do comparecimento de seus representantes" (art. 843 da CLT). O empregador pode-se fazer representar por gerente, ou qualquer outro preposto que tenha conhecimento do fato, que responderá por suas declarações (§ 1º do art. 843 da CLT). O preposto traz a ideia da representação prevista no Direito Comercial. Desde que a pessoa tenha conhecimento dos fatos poderá representar o empregador. Assim, até o contador que faz a folha de pagamento da empresa poderá representá-la na audiência trabalhista, sendo que suas declarações obrigarão o proponente.

A União é representada pela Advocacia Geral da União, diretamente ou mediante órgão vinculado (art. 75, I, do CPC). Os Estados, o Distrito Federal, por seus procuradores (art. 75, II, do CPC). Os Municípios são representados por seus procuradores. O Município pode ser representado pelo Prefeito, como ocorre quando não existe procuradria municipal, ou procurador (art. 75, III, do CPC).

A autarquia e a fundação de direito público são representadas por quem a lei do ente federado designar (art. 75, IV, do CPC).

O ente público não precisa se fazer representar por preposto, desde que seja empregado, mas pode fazê-lo se assim o desejar, juntamente com o patrocínio do advogado ou procurador. A revelia é aplicável ao ente público, pois o art. 844 da CLT não faz distinção em relação a nenhuma pessoa. No mesmo sentido, a Orientação Jurisprudencial n. 152 da SBDI-1 do TST.

As sociedades e as associações irregulares e outros entes organizados sem personalidade jurídica, pela pessoa a quem couber a administração de seus bens (art. 75, IX, do CPC). A sociedade ou associação sem personalidade jurídica não poderá opor a irregularidade de sua constituição quando demandada (§ 2º do art. 75 do CPC).

A pessoa jurídica estrangeira é representada pelo gerente, representante ou administrador de sua filial, agência ou sucursal aberta ou instalada no Brasil (art. 75, X, do CPC). O gerente de filial ou agência presume-se autorizado pela pessoa jurídica estrangeira a receber citação para qualquer processo (§ 3º do art. 75 do CPC).

A massa falida é representada em juízo pelo administrador judicial (art. 75, V, do CPC), ou, muitas vezes, pelo preposto deste, pois a massa não mais tem empregados, e não é possível ao administrador judicial estar em vários lugares ao mesmo tempo para representar a massa. Isso se dá porque o falido perde o direito de comerciar e de administrar os negócios da massa. Ao contrário, o empresário sujeito a recuperação judicial ou extrajudicial não perde a administração de seus negócios, nem o direito de comerciar, sendo representado em juízo por preposto, pois o referido instituto "não impede a execução de crédito nem a reclamação de empregado na Justiça do Trabalho" (Súmula 227 do STF). A herança jacente ou vacante será representada por seu curador (art. 75, VI, do CPC). Herança jacente é aquela em que não há testamento ou herdeiros e é destinada ao Estado. Ela jaz, à espera de herdeiros. Herança vacante é a que passa para o domínio público após o prazo de cinco anos da abertura da sucessão (art. 1.822 do Código Civil), sem que ninguém a reclame. O espólio será representado pelo inventariante (art. 75, VII, do CPC). No processo do trabalho, dificilmente há inventariante em relação a empregados comuns. Nesses casos, aplica-se a Lei n. 6.858/80, em que se consideram habilitados os dependentes do empregado para efeito de benefício da Previdência Social. A empresa que estiver em liquidação extrajudicial não precisa ser necessariamente representada pelo liquidante, podendo o ser por preposto.

O inciso XI do art. 75 do CPC determina que o síndico ou administrador podem representar o condomínio. No entanto, há norma específica que trata do tema na Justiça do Trabalho (art. 2º da Lei n. 2.757, de 23-4-1956), não se aplicando o CPC (art. 769 da CLT). Dessa forma, o condomínio é representado em juízo pelo síndico do condomínio. Exceção é se o síndico é a própria administradora (§ 4º do art. 22 da Lei n. 4.591/64). O condomínio poderá ser representado por preposto, desde que seja empregado, segundo o TST.

Em ações plúrimas, com vários reclamantes, costuma-se tolerar que haja a formação de uma comissão, para que todos os empregados não compareçam à Justiça do Trabalho ou, quando estão trabalhando ainda na empresa, não fique ela impossibilitada de contar com todos aqueles empregados ao mesmo tempo. Não há, contudo, previsão na lei para a formação da referida comissão, ficando a critério do juiz aceitá-la ou não. O certo é que nas reclamações plúrimas e nas ações de cumprimento os empregados poderão fazer-se representar pelo sindicato de sua categoria (art. 843 da CLT).

Se o empregado estiver doente ou por qualquer outro motivo ponderoso (e não poderoso) não possa comparecer à audiência, outro empregado que pertença à mesma profissão ou o sindicato poderão evitar o arquivamento do processo, comparecendo a juízo justamente para esse fim, trazendo o atestado médico ou outro comprovante que mostre a impossibilidade de o obreiro comparecer em juízo. Estas pessoas não poderão fazer acordo em nome do reclamante ou tomar ciência da próxima audiência, devendo o reclamante ser intimado pelo correio da nova designação, pois não se pode falar propriamente em representação, apesar de esta estar erroneamente mencionada no § 2º do art. 843 da CLT. As pessoas que comparecem na audiência para provar o impedimento do reclamante de nela comparecer não são seus procuradores, razão pela qual não podem acordar, confessar ou tomar ciência de qualquer ato processual.

Dúvida existe em relação à representação do empregador doméstico em audiência. Poder-se-ia dizer que somente quem contratou o empregado doméstico é que deveria estar presente na audiência. Não há dúvida de que, se os serviços domésticos são prestados apenas a uma única pessoa, é esta que deverá comparecer em juízo. Declara o art. 1º da Lei Complementar n. 150/2015 que o empregado doméstico presta serviços à pessoa ou à família. Assim, é possível que à audiência compareça a pessoa que contratou o doméstico (a mulher, por exemplo, que o registrou), como qualquer pessoa da família, como o marido, o filho, a filha etc. O conceito de família é amplo, podendo ser considerado não só em relação aos cônjuges e filhos, mas também como de quaisquer parentes que residam no local, como de irmãos ou irmãs solteiras, primos etc. Dessa forma, qualquer membro da família que resida no local em que prestou serviços o empregado doméstico poderá comparecer à audiência.

Entendo que, se a contratação foi feita apenas por uma pessoa idosa, que não pode comparecer à audiência, por impossibilidade, qualquer outra pessoa poderá comparecer, como filho, genro, nora etc., desde que sejam da família e residam no local. É possível também que a pessoa ou família possa ser representada por preposto, pois o § 1º do art. 843 da CLT faz referência a empregador ter preposto, num sentido amplo, compreendendo também o empregador doméstico. Logo, se este tiver empregados, como mordomo, copeira, motorista, que são empregados domésticos, poderão representar, também, o empregador doméstico em audiência, devendo, entretanto, conhecer os fatos objeto do litígio, sob pena de confissão. A alínea *a*, do art. 7º da CLT estabelece que esta não se aplica ao doméstico. Entretanto, pode-se dizer que apenas a parte da norma consolidada que trata de direito material é que não se aplica ao doméstico e não a parte processual, pois do contrário nem mesmo a ação poderia ser ajuizada pelo doméstico. Assim, é possível a utilização da regra contida no § 1º do art. 843 da CLT, podendo o empregador doméstico indicar um preposto.

Não há idade mínima para que o preposto possa atuar na Justiça do Trabalho. O preposto não é testemunha, nem fica sujeito a falso testemunho. Logo, precisa ter 16 anos, que é o requisito para ser empregado.

14.7 *IUS POSTULANDI*

14.7.1 Denominação

Ius postulandi é uma locução latina que indica o direito de falar, em nome das partes, no processo. No Direito Romano, o pretor criou três ordens: a uns era proibido advogar; a outros, só em causa própria; a terceiros, em prol de certas pessoas e para si mesmo (Digesto, 3, 1, 1, 2).

14.7.2 Conceito

No processo do trabalho, *ius postulandi* é o direito que a pessoa tem de estar em juízo, praticando pessoalmente todos os atos autorizados para o exercício do direito de ação, independentemente do patrocínio de advogado.

14.7.3 Distinção

Na prática muitas vezes se confundem as noções da capacidade postulatória com o *ius postulandi*. Na verdade, a primeira refere-se ao sujeito e a segunda ao exercício do direito possibilitado pela capacidade de estar em juízo.

14.7.4 A permanência do *ius postulandi* no processo do trabalho

Dispõe o art. 791 da CLT que "os empregados e empregadores poderão reclamar pessoalmente perante a Justiça do Trabalho e acompanhar as suas reclamações até o final". As partes (tanto empregador como empregado) podem ingressar em juízo independentemente de patrocínio de advogado (arts. 791 e 839 da CLT).

O art. 791 da CLT se justifica na época em razão de que a Justiça do Trabalho era uma justiça administrativa. Não havia necessidade de advogado para postular nela. Era também uma forma de acesso à justiça.

O art. 133 da Constituição não mudou essa situação. Dispõe o referido mandamento constitucional que "o advogado é indispensável à administração da justiça, sendo inviolável por seus atos e manifestações no exercício da profissão, nos limites da lei". O constituinte não inovou na matéria, visto que foi alçado o art. 68 da Lei n. 4.215/63 (Estatuto da Ordem dos Advogados do Brasil) ao âmbito de dispositivo constitucional. Confira-se: "no seu ministério privado o advogado presta serviços públicos, constituindo, com os juízes e membros do Ministério Público, elemento indispensável à administração da Justiça".

Não existe, portanto, conflito entre o art. 791 da CLT e o art. 133 da Constituição, pois este apenas reconhece a função de direito público exercida pelo advogado, não criando qualquer incompatibilidade com as exceções legais que permitem à parte ajuizar, pessoalmente, a reclamação trabalhista.

Há a possibilidade de a parte postular sem advogado não só na Justiça do Trabalho, mas também nos casos: do credor, na ação de alimentos (art. 2º da Lei n. 5.478/68); para promover retificações no Registro Civil (art. 110 da Lei n. 6.015/73); no juizado de pequenas causas, até 20 salários-mínimos (art. 9º da Lei n. 9.099/95); no pedido de revisão criminal (art. 623 do CPP).

O Supremo Tribunal Federal, analisando processo de *habeas corpus*, entendeu que não há necessidade de causídico para se impetrar esse remédio heroico, em razão de sua natureza urgente, pois o paciente pode estar preso, regra prevista no art. 654 do CPP. De maneira incidental foi analisado o art. 791 da CLT, entendendo-se que este continua vigente (STF – Pleno, vu, HC 67.390-2-PR – Rel. Min. Moreira Alves – j. 13-12-1989 *DJU*, I, 6-4-1990, p. 2.626). Nesse processo, o Ministro Celso de Mello aduziu que o sentido institucional da indispensabilidade do advogado deve ser interpretado no sentido de que o causídico é imprescindível na composição das cortes da Justiça e no processo de escolha dos membros dos tribunais pelo quinto constitucional (art. 94 da Lei Maior). A indispensabilidade do advogado também existe na necessidade da sua participação nos concursos públicos para o cargo de juiz substituto (art. 93, I, da Constituição) e do Ministério Público.

Há ações em que o valor postulado é ínfimo, como nos casos de anulação de suspensão disciplinar e de advertência. Isso justificaria a permanência do *ius postulandi*.

A Lei n. 8.906, de 4-7-1994, revogou o antigo Estatuto da OAB, Lei n. 4.215/63, de 27-4-1963, e outras regras (art. 87), porém não revogou expressamente o art. 791 da CLT, que trata do *ius postulandi* no processo do trabalho, nem a Lei n. 5.584/70, que versa sobre questões de assistência judiciária na Justiça do Trabalho e especifica a questão dos honorários de advogado devidos ao sindicato (art. 16). Em razão disso, surgem interpretações sobre a persistência ou não do *ius postulandi* no processo do trabalho.

Estabeleceu o art. 2º da Lei n. 8.906 que "o advogado é indispensável à administração da justiça". O § 3º do mesmo artigo determinou que, "no exercício da profissão, o advogado é inviolável por seus atos e manifestações, nos limites desta lei", sendo essa inviolabilidade dependente dos limites estabelecidos pela Lei n. 8.906.

Disciplina o art. 1º da Lei n. 8.906 que é atividade privativa de advocacia a postulação a qualquer órgão do Poder Judiciário e aos juizados especiais (inciso I), regulando inteiramente a matéria. Aqui, há uma diferenciação em relação à Lei n. 4.215/63 que mencionava atividade privativa de advogado (§ 3º do art. 71) para diferenciá-lo do estagiário (art. 72). O § 1º do art. 1º da Lei n. 8.906 aponta expressamente uma única exceção à regra da participação do advogado, que inexistia na lei anterior, que é a impetração do *habeas corpus*. Não há outras exceções. Logo, já que é privativo do advogado a postulação em qualquer órgão do Poder Judiciário, sendo a Justiça do Trabalho um desses órgãos, e a única exceção vem a ser a interposição do *habeas corpus*, a conclusão é que o *ius postulandi*, previsto no art. 791 da CLT, não mais persiste, tendo sido revogado o referido preceito da CLT por ser incompatível com as normas citadas.

Segundo a regra do § 1º do art. 2º do Decreto-lei n. 4.657/42, a lei posterior revoga a anterior quando for com ela incompatível. É o que ocorre entre o art. 1º da Lei n. 8.906 e o art. 791 da CLT. A norma mais nova prevalece sobre a mais antiga.

Não se pode dizer que a regra da participação obrigatória do advogado nos processos, salvo *habeas corpus*, venha a ferir o direito de petição, previsto no inciso XXXIV do art. 5º da Constituição, pois há necessidade de se fazer interpretação sistemática da própria norma constitucional com outros preceitos nela inseridos, como o próprio art. 133, que é regulamentado pela Lei n. 8.906. De outro lado, "o Estado prestará assistência jurídica integral e gratuita aos que comprovarem insuficiência de recursos" (art. 5º, LXXIV, da Constituição), o que já é feito pela Defensoria Pública e complementada pelo sindicato (art. 18 da Lei n. 5.584).

A Lei n. 5.584/70 trata, entre outras coisas, de assistência judiciária, sendo que o juiz não pode atuar como advogado da parte que não tem causídico. Assim, nas causas em que não haja advogado, o juiz determinaria que a parte o constitua, principalmente naquelas hipóteses em que a própria parte exercia o *ius postulandi*, como na reclamação verbal (art. 786 da CLT), que realmente fica extinta, dada a necessidade do advogado para se postular em juízo.

É certo que em alguns países não há necessidade da presença de advogado para se postular em juízo, como nos Conselhos de *Prud'hommes*; no México, em que as partes comparecem pessoalmente à Junta, sem advogados (art. 876 da Lei Federal). O objetivo disso é celeridade e maior informalidade. Nesse ponto, há um retrocesso de nossa legislação, pois não vai ser qualquer profissional que se interessará em postular em juízo a defesa de pequenas causas ou de empregados que pretendem anulação de advertência ou suspensão, por não representarem aspecto pecuniário, o que importa que aquelas pessoas irão ficar sem direito de acesso ao Judiciário, pois os sindicatos muitas vezes não querem prestar serviços a quem não é seu associado, apesar de terem de fazê-lo (art. 18 da Lei n. 5.584), e a Defensoria Pública normalmente está sobrecarregada e não tem condições de prestar a assistência judiciária gratuita a todos os interessados. Pode-se dizer, entretanto, que eram poucas as causas em que havia a utilização do *ius postulandi* pelas próprias partes, pois na maioria das vezes elas entendiam que deviam ser assistidas por um profissional que melhor podia lhes defender seus interesses.

O empregado que exerce o *ius postulandi* pessoalmente acaba não tendo a mesma capacidade técnica de que o empregador que comparece na audiência com advogado, levantando preliminares e questões processuais. No caso, acaba ocorrendo desigualdade processual, daí a necessidade do advogado.

Apesar de tudo o que foi exposto, o STF suspendeu, em ação direta de inconstitucionalidade, o inciso I do art. 1º da Lei n. 8.906, no que diz respeito à necessidade de advogado na Justiça do Trabalho e no juizado de pequenas causas (ADIn 1.127-8, Rel. Min. Paulo Brossard, *DJU* I, 27-4-2001, p. 57). Assim, volta-se à situação anterior, no sentido de que o *ius postulandi* das partes persiste no processo do trabalho, não tendo sido revogado o art. 791 da CLT.

O STF entendeu que não é inconstitucional o art. 9º da Lei n. 9.099/95, quando não exige a necessidade de advogado nos juizados especiais de pequenas causas, até 20 salários-mínimos (ADIn 1.539, Rel. Min. Maurício Corrêa, j. 24-4-2003, *DOU* de 2-2-2004, RPS 279/183).

A Lei n. 10.288, de 20-9-2001, daria nova redação ao art. 791 da CLT, com o seguinte teor: "a assistência de advogado será indispensável a partir da audiência de conciliação, se não houver acordo antes da contestação, inclusive nos dissídios coletivos".

Com fundamento no § 1º do art. 66 da Constituição, o Presidente da República vetou a nova redação do art. 791 da CLT e fundamentou o veto como sendo contrário ao interesse público.

De fato, a redação do art. 791 da CLT era bastante confusa e imperfeita, podendo dar margem a várias interpretações. Os parágrafos do artigo mencionam a faculdade da participação do advogado, o que se mostraria contraditório com o *caput*. Correto, portanto, foi o veto.

A nova redação do art. 791 da CLT não entrou em vigor, pois foi vetada. A lei somente entra em vigor quando oficialmente publicada (art. 1º do Decreto-lei n. 4.657/42). A redação aprovada do art. 791 da CLT não entrou em vigor, pois não foi publicada justamente porque foi vetada. Não existe, portanto, juridicamente a nova redação. Fica mantida a redação anterior do art. 791 da CLT, enquanto o veto não for analisado pelo Congresso Nacional.

A hipótese vertente não revela a previsão do § 3º do art. 2º do Decreto-lei n. 4.657/42: "salvo disposição em contrário, a lei revogada não se restaura por ter a lei revogadora perdido a vigência". A redação anterior do art. 791 da CLT não foi revogada. A Lei n. 10.288 não perdeu a vigência, apenas a nova redação do art. 791 da CLT foi vetada pelo Presidente da República. Assim, a redação original do art. 791 da CLT simplesmente não foi modificada pela lei, permanecendo em vigor.

Menciona a ementa da Lei n. 10.288 que a nova norma dispõe sobre *ius postulandi*. Entretanto, não é a ementa da lei que vai mostrar o conteúdo da nova disposição, mas o que está inserido em seu artigo. Se este foi vetado, não entrou em vigor, valendo a determinação anterior contida na redação original do art. 791 da CLT, que não foi modificada pelo veto na Lei n. 10.288. Dessa forma, as partes podem acompanhar a ação trabalhista sem a necessidade de advogado.

Não haverá a possibilidade de as partes postularem em dissídio individual sem advogado, quando não tenham a qualidade de empregado e empregador, como ocorre nos embargos de terceiro, quando o autor deste não é o empregador. Nesse caso, haverá a necessidade de patrocínio de advogado.

O mesmo ocorrerá em relação aos dependentes do empregado falecido, para haver os direitos do *de cujus*.

Assim, a reclamação trabalhista poderá ser apresentada:

a) pelos empregados e empregadores, pessoalmente, ou por seus representantes;

b) pelos sindicatos de classe;
c) por meio das Procuradorias Regionais da Justiça do Trabalho (art. 839 da CLT).

Nos dissídios coletivos, também não é obrigatória a participação do advogado, pois o § 2º do art. 791 da CLT reza que, nesses casos, "é facultada aos interessados a assistência por advogado". Logo, não é obrigatória. O art. 839 da CLT repete o conteúdo do art. 791 da CLT, no sentido de que empregados e empregadores não precisam de advogado para postular na Justiça do Trabalho. Exercem eles próprios, se preferirem, o *ius postulandi*, segundo o entendimento dominante. Não se exige que empregado e empregador não tenham condições financeiras para postular em juízo, podendo em qualquer caso ajuizarem pessoalmente a ação.

O acompanhamento por advogado é uma faculdade da parte, em que o primeiro vai prestar assistência técnica a seu consulente, dando-lhe maior segurança para postular em juízo, dadas as particularidades e tecnicismos do processo.

Os estagiários podem praticar todos os atos que não forem privativos de advogado, não podendo, porém, assinar petições e recursos sem o advogado, nem fazer audiências.

Em outros processos decorrentes da relação de trabalho o advogado será necessário, pois o art. 791 da CLT só se aplica a empregado e empregador.

Dispõe o art. 791 da CLT que a postulação na Justiça do Trabalho poderá ser feita "até o final".

A expressão *até o final*, contida no art. 791 da CLT deveria ser entendida da Vara do Trabalho até o TST, quando se esgotaria a jurisdição trabalhista. A postulação estaria restrita ao âmbito da Justiça do Trabalho, nos seus vários graus de jurisdição.

Para se interpor recurso extraordinário em matéria trabalhista a parte terá que contratar advogado. O mesmo ocorre se houver a interposição de recurso no STJ quando se discute conflito de competência.

O TST entende que "o *jus postulandi* das partes, estabelecido no art. 791 da CLT, limita-se às Varas do Trabalho e aos Tribunais Regionais do Trabalho, não alcançando a ação rescisória, a ação cautelar, o mandado de segurança e os recursos de competência do Tribunal Superior do Trabalho" (S. 425).

Os arts. 791 e 839 da CLT não estabelecem claramente em que recursos é possível a utilização do *ius postulandi* no processo do trabalho, apesar de o primeiro usar a expressão "até o final".

Segundo a Súmula 425 do TST o *ius postulandi* só poderia ser exercido nas Varas do Trabalho e nos Tribunais Regionais do Trabalho, ou seja, acompanhando o processo a parte pessoalmente em recurso ordinário, agravo de petição ou agravo de instrumento até o TRT. Em relação aos recursos que são de competência do TST, a parte deveria estar patrocinada por advogado. O mesmo ocorre em ação rescisória, ação cautelar e mandado de segurança.

Se a ação cautelar necessita de advogado para ser apresentada na Justiça do Trabalho, também deveria haver necessidade de advogado em procedimentos especiais, como na ação de consignação em pagamento, pois a primeira ação também pode ser apresentada no primeiro grau e necessitará de advogado.

O fundamento do TST parece ser que os recursos interpostos no referido órgão são técnicos e exigem conhecimento técnico, que só o advogado possui. O médico, por exemplo, não gosta que o farmacêutico prescreva remédios, pois entende que essa é uma questão técnica, que ao primeiro compete. O leigo não tem condições de fazer um recurso de revista ou de embargos, que exigem demonstração de certos requisitos para que possam ser conhecidos pelo TST. Entretanto, o mesmo ocorre em relação ao agravo de petição, que exige delimitação de matéria e também de valores (§ 1º do art. 897 da CLT), mas é analisado pelo TRT.

Os arts. 791 e 839 da CLT devem ser interpretados sistematicamente com o art. 899 da CLT, que prevê que os recursos podem ser interpostos por simples petição, ou seja, sem fundamentação. A não exigência de fundamentação nos recursos mostra que empregado e empregador também podem postular sem advogado, pois podem não saber como fundamentar tecnicamente seus apelos. Entretanto, em recursos técnicos há necessidade de fundamentação, sob pena de o apelo não ser conhecido, como ocorre nos recursos de revista, embargos e agravo de petição.

O advogado deveria ser necessário em todo e qualquer processo, inclusive na Justiça do Trabalho, pois é a pessoa técnica, especializada na postulação. A ausência de advogado para o reclamante implica desequilíbrio na relação processual, pois não terá possibilidade de postular tão bem quanto o empregador representado pelo causídico, podendo perder seus direitos pela não observância de prazos etc. Contudo, essa assistência deveria ser fornecida pelos sindicatos ou, em sua impossibilidade, pelo Estado. Este deveria fornecer gratuitamente advogados para quem deles necessitasse na Justiça do Trabalho, mediante o que é feito no Juízo Criminal, em que é indicado um advogado dativo, que acompanha o processo e é remunerado pelo Estado. Tal atribuição é considerada um *munus* público e deveria ser prestada por advogados recém-formados, para que aos poucos adquirissem a prática e, enquanto isso, poderiam ajudar os necessitados.

14.8 MANDATO TÁCITO

No Direito Romano, havia o *manu datum*, em que as partes contratantes davam-se as mãos e apertavam-nas, evidenciando a concessão e a aceitação do mandato. Era a formalização, a aceitação e a promessa de fidelidade no cumprimento da incumbência.

O mandato tácito ocorre pelo comparecimento da parte acompanhada de advogado à audiência, aceitando os atos praticados em seu nome e em sua presença pelo causídico. A Súmula 164 do TST admite o mandato tácito.

A procuração *apud acta* difere do mandato tácito. *Apud* tem o sentido de ao pé, junto. *Acta* vem a ser os autos forenses. A procuração *apud acta* é a que é dada nos próprios autos da causa, na presença do juiz oficiante, por meio do escrivão ou registrada na ata de audiência. Tal procuração equipara-se à por instrumento público.

A constituição de procurador com poderes para o foro em geral poderá ser efetivada mediante simples registro em ata de audiência, a requerimento verbal do advogado interessado com anuência da parte representada (§ 3º do art. 791 da CLT).

O mandato tácito só alcança, contudo, os poderes para o foro em geral (*ad iudicia*). Os poderes especiais referidos no art. 105 do CPC devem ser outorgados mediante mandato expresso.

No caso de a procuração ser expressa ao advogado, deverá indicar os poderes concedidos ao procurador. Para receber a citação inicial, reconhecer a procedência do pedido, transigir, desistir, renunciar ao direito sobre que se funda a ação, receber, dar quitação e firmar compromisso é preciso menção expressa a esses poderes (art. 105 do CPC). A redação do art. 105 do CPC não mais menciona a necessidade de reconhecimento de firma, que passa a ser desnecessário. O substabelecimento também não precisa conter reconhecimento de firma, pois o acessório segue a sorte do principal.

Em regra, tem sido comum o uso do mandato tácito no processo do trabalho quando o advogado que acompanha a parte na audiência pratica todos os demais atos no processo, como razões finais, recursos etc. Entretanto, se outra pessoa, sem procuração nos autos, diversa daquela que detém o mandato tácito, praticar atos no processo, como recorrer, o recurso não será conhecido, por inexistente.

O advogado poderá, a qualquer tempo, renunciar ao mandato, provando que cientificou o mandante a fim de que este nomeie substituto. Durante os 10 dias seguintes, o advogado continuará a representar o mandante, desde que necessário para lhe evitar prejuízo (art. 112 do CPC). Ao renunciar ao mandato, é mister que o advogado prove nos autos que cientificou o mandante a fim de que este nomeie substituto, que não é tarefa do juízo. Assim, o próprio advogado é que deverá notificar seu ex-cliente, sendo que o prazo de 10 dias é contado da data da notificação.

14.9 ASSISTÊNCIA JUDICIÁRIA

Assistência judiciária significa quem vai patrocinar a causa para a pessoa, como o advogado, o sindicato, a Defensoria Pública.

Não se confunde a assistência judiciária gratuita, que será prestada pelo sindicato dos trabalhadores, com isenção de custas, que depende da observância dos requisitos legais. Justiça gratuita é espécie de assistência judiciária, compreendendo isenção de custas e honorários periciais.

A assistência judiciária integral e gratuita é prestada pelo Estado aos que comprovarem insuficiência de recursos (art. 5º, LXXIV, da Constituição). Logo, ela não pode ser prestada pelo sindicato, tendo sido revogados os arts. 14 ss. da Lei n. 5.584/70.

O inciso LXXIV do art. 5º da Constituição não faz distinção entre pessoas físicas ou jurídicas, mas faz referência à pessoa que comprove insuficiência de recursos. Assim, a assistência poderá ser concedida à pessoa jurídica, desde que comprove insuficiência de recursos.

Dispõe o art. 134 da Constituição que "a Defensoria Pública é instituição essencial à função jurisdicional do Estado, incumbindo-lhe a orientação jurídica e a defesa, em todos os graus, dos necessitados, na forma do art. 5º, LXXIV", da Constituição. A assistência judiciária aos necessitados será prestada pelo Estado, o que é feito pela Defensoria Pública. O dispositivo não faz distinção entre pessoa física e jurídica, mas faz referência a quem comprovar insuficiência de recursos. Assim, a assistência judiciária gratuita pode ser prestada ao empregador, desde que prove insuficiência de recursos.

Na Justiça do Trabalho, a assistência judiciária é prestada pelo sindicato da categoria profissional do trabalhador (art. 14 da Lei n. 5.584/70). A Lei Complementar n. 80, de 12-1-1994, regulamentou a defensoria pública, porém não revogou a Lei n. 5.584/70, que é específica. No processo do trabalho, portanto, a assistência judiciária não é prestada ao empregador, mesmo que este não tenha condições econômicas ou financeiras para postular em juízo. É a aplicação do princípio da proteção.

O sindicato da categoria profissional prestará assistência judiciária gratuita ao trabalhador desempregado ou que perceber salário inferior a dois salários-mínimos ou que declare, sob responsabilidade, não possuir, em razão dos encargos próprios e familiares, condições econômicas de prover a demanda (art. 14 da Lei n. 5.584/70). O dispositivo é imperativo: o sindicato terá de prestar assistência judiciária gratuita.

Quem ganha salário é o empregado e não o empregador. Tal regra direciona--se apenas aos empregados e não ao empregador.

Entendo que o antigo § 10 do art. 789 da CLT revogou o § 1º do art. 14 da Lei n. 5.584/70. Este previa a assistência gratuita apenas quando o empregado ganhasse até dois salários-mínimos. O primeiro falava em cinco salários-mínimos. A norma consolidada previa que a assistência judiciária também seria prestada quando o trabalhador estivesse desempregado. No mesmo sentido se o trabalhador declarasse que não tinha condições de ajuizar a ação, sem prejuízo do sustento próprio e de sua família.

A situação econômica do trabalhador será comprovada por atestado fornecido pela autoridade local do Ministério do Trabalho, mediante diligência sumária, que não poderá exceder 48 horas.

Não havendo no local a autoridade referida no parágrafo anterior, o atestado deverá ser expedido pelo Delegado de Polícia da circunscrição onde resida o empregado.

O § 10 do art. 789 da CLT não revogou expressa ou tacitamente os §§ 2º e 3º do art. 14 da Lei n. 5.584/70, mas foi revogado pela Lei n. 10.537/2002.

A comprovação da situação de desemprego do trabalhador será feita pela apresentação da sua CTPS.

O empregado irá apresentar declaração de pobreza, como já o fazia com base na Lei n. 1.060/50, declarando que é pobre na acepção jurídica do termo, sob pena de responsabilidade por falsa declaração, por não poder arcar com seu sustento próprio e de sua família. A declaração deve ser feita pelo trabalhador e não por seu advogado em petição, pois este não tem responsabilidade penal pela declaração feita em nome do cliente. O artigo 105 do CPC exige que a declaração de hipossuficiência econômica deve constar de cláusula específica. Não faz parte da procuração geral para o foro.

Apresentando o empregado declaração de pobreza ou prova de que está desempregado, não haverá necessidade de apresentação de atestado da situação econômica do trabalhador.

Não importa se o empregado está ocupando o polo ativo ou passivo da ação. Atendidos os requisitos legais, tem direito à assistência judiciária.

Pessoas físicas não têm a mesma capacidade econômica do que pessoas jurídicas. Não há igualdade entre elas. O empregado não é igual ao empregador. Por isso, a lei pretende corrigir a desigualdade estabelecendo a assistência judiciária gratuita ao empregado.

Quando nas respectivas comarcas não houver Varas do Trabalho ou não existir sindicato da categoria profissional do trabalhador, é atribuído aos Promotores Públicos ou Defensores Públicos o encargo de prestar a assistência judiciária ao trabalhador na forma prevista na Lei n. 5.584/70 (art. 17).

Dispõe o art. 18 da Lei n. 5.584/70 que a assistência judiciária será prestada ao trabalhador ainda que este não seja associado do sindicato. Alguns sindicatos, contudo, negam-se a prestar assistência ao empregado não sindicalizado, pois se interessam apenas em prestar assistência judiciária a seus associados. No entanto, o art. 18 da Lei n. 5.584/70 é imperativo: a assistência judiciária "será prestada ao trabalhador ainda que não seja associado do respectivo Sindicato", não podendo a agremiação recusar-se a fazê-lo.

A justificativa de o sindicato ter de prestar a assistência sindical é o fato de que a contribuição sindical paga por qualquer empregado serve para o custeio da assistência jurídica (art. 592, II, *a*, da CLT). Entretanto, não é mais obrigatório o recolhimento da contribuição sindical, que depende de autorização de empregado, empregador e do trabalhador avulso para ser recolhida.

Os diretores de sindicato que, sem comprovado motivo de ordem financeira, deixarem de prestar a assistência judiciária ficam sujeitos à multa prevista na alínea *a*, do art. 553 da CLT (art. 19 da Lei n. 5.584/70).

É preciso, porém, para a concessão da assistência judiciária ao empregado não sindicalizado, que este perceba menos de dois salários-mínimos ou, percebendo valor superior, não possa ingressar em juízo, sem prejuízo do seu sustento próprio e de sua família, ou, ainda, esteja desempregado.

Menciona a Súmula 463 do TST que I – A partir de 26.06.2017, para a concessão da assistência judiciária gratuita à pessoa natural, basta a declaração de hipossuficiência econômica firmada pela parte ou por seu advogado, desde que munido de procuração com poderes específicos para esse fim (art. 105 do CPC de 2015); II – No caso de pessoa jurídica, não basta a mera declaração: é necessária a demonstração cabal de impossibilidade de a parte arcar com as despesas do processo.

A União é responsável pelo pagamento dos honorários de perito quanto a parte sucumbente no objeto da perícia for beneficiária da assistência judiciária gratuita, observado o procedimento disposto nos arts. 1º, 2º e 5º da Resolução n. 35/2007 do Conselho Superior da Justiça do Trabalho – CSJT (S. 457 do TST).

14.10 PATROCÍNIO PROFISSIONAL

A parte poderá estar representada tecnicamente por advogado no processo do trabalho. Os estagiários podem praticar todos os atos que não forem privativos de advogado, não podendo, porém, assinar petições e recursos sem o advogado, nem fazer audiências.

14.11 LITIGÂNCIA DE MÁ-FÉ

Hoje, exige-se no processo uma conduta adequada das partes, que devem pautar-se com base na determinação da lei. Não estamos mais diante da fase em que o processo era um duelo privado entre as partes, sendo que havia um árbitro que não tinha jurisdição outorgada pelo Estado, ou seja: o poder de dizer o direito nos casos concretos a ele submetidos, de impor a solução às partes, utilizando, inclusive, de meios coercitivos para tanto.

Chiovenda já dizia que as partes deveriam proceder com lealdade e boa-fé no processo, ficando a parte que agisse de maneira temerária responsável pelas despesas processuais a que deu causa (1935:325-332). Inicialmente, o dever de lealdade processual era apenas do advogado, por uma questão de ética, para mais tarde ser estendido às próprias partes. O Código de Processo Civil italiano adotou expressamente essa orientação no art. 88, de que "as partes e seus defensores têm o dever de comportar-se em juízo com lealdade e probidade".

No Código de Processo Civil de 1939, os honorários de advogado eram devidos em razão da atividade judicial desnecessária. A parte vencida, que tiver alterado, intencionalmente, a verdade, ou se houver conduzido de modo temerário no curso da lide, provocando incidentes manifestamente infundados, será condenada a reembolsar à vencedora as custas do processo e os honorários do advogado (art. 63).

Somente depois de alguns anos é que se passou a adotar a ideia da sucumbência, ou seja, em que a parte pagaria honorários de advogado se perdesse a demanda, independentemente de ter dado causa indevidamente à atividade jurisdicional.

O Código de Processo Civil de 1973 reiterou a sucumbência, porém, estabelecendo os deveres e direitos das partes e de seus procuradores, inclusive mencionando as penalidades para quem agir no processo como litigante de má-fé.

Do dever moral das partes e dos procuradores procederem com lealdade e boa-fé, passa-se à obrigação legal de ter boa-fé no processo (art. 5º do CPC). Trata-se, por conseguinte, de um dos princípios éticos do processo.

As partes devem proceder em juízo com lealdade e boa-fé, não só nas suas relações recíprocas, como também em relação ao próprio juiz. Outro dever moral que as partes devem ter em juízo é o de dizer a verdade, procedendo com probidade no processo, ajudando o juiz na busca da real solução da lide (princípio da cooperação), de maneira a encontrar a justa composição da demanda. Não se quer dizer, entretanto, que as partes e seus advogados não possam esgotar o contraditório e a ampla defesa, de acordo com os meios e recursos a eles inerentes, porém, sempre de acordo com os mandamentos legais e a lealdade e boa-fé, que devem nortear qualquer indivíduo, em qualquer lugar, especialmente no processo. Assim, as partes também têm o dever de colaborar com a administração da Justiça, verificando a correta aplicação da norma legal, possibilitando ao magistrado fazer sua função principal, como órgão do Estado, que é dizer o direito das partes. Contudo, não se poderá abusar do direito de exercício dessas faculdades processuais.

Litigante de má-fé é a parte. No assédio processual, as vítimas são uma das partes e o Estado.

Na Itália, as partes devem comportar-se em juízo com lealdade e probidade (art. 88 do CPC), sob pena de a parte infratora, independentemente de sucumbência, suportar as despesas processuais provocadas ao antagonista (art. 92). O art. 96 do CPC italiano coloca a má-fé ao lado da culpa grave, equiparando-as para efeito da sanção processual.

14.11.1 O CPC

Modernamente, os deveres de lealdade processual, probidade e moralidade não são apenas dos procuradores, mas passaram também a ser das próprias partes.

São deveres das partes, de seus procuradores e de todas as pessoas que de qualquer forma participam do processo (art. 77 do CPC). Isso quer dizer que envolve as partes, mas também as pessoas que intervêm no processo, como, por exemplo, no caso de assistência litisconsorcial.

Os deveres das partes são:

a) expor os fatos em juízo conforme a verdade;

b) não formular pretensão ou de apresentar defesa quando cientes de que são destituídas de fundamento;

c) não produzir provas e não praticar atos inúteis ou desnecessários à declaração ou à defesa do direito. Pedir para ouvir testemunha por precatória e quando chega perto da data desistir da oitiva. Requerer perícia inútil ou em lugar que não existe mais;

d) cumprir com exatidão as decisões jurisdicionais, de natureza provisória ou final, e não criar embaraços à sua efetivação;

e) declinar, no primeiro momento que lhes couber falar nos autos, o endereço residencial ou profissional onde receberão intimações, atualizando essa informação sempre que ocorrer qualquer modificação temporária ou definitiva;

f) não praticar inovação ilegal no estado de fato de bem ou direito litigioso (art. 77 do CPC).

O principal desses deveres é o de que as partes atuem no processo com lealdade e boa-fé.

Nas hipóteses das letras *d* e *f*, o juiz advertirá qualquer das pessoas mencionadas no *caput* de que sua conduta poderá ser punida como ato atentatório à dignidade da justiça (§ 1º do art. 77 do CPC). Nas demais, não precisará, portanto, advertir das partes.

A violação ao disposto nas letras *d* e *f* constitui ato atentatório à dignidade da justiça, devendo o juiz, sem prejuízo das sanções criminais, civis e processuais cabíveis, aplicar ao responsável multa de até 20% do valor da causa, de acordo com a gravidade da conduta (§ 2º do art. 77 do CPC). O teto máximo da multa é de 20% sobre o valor da causa e não sobre o valor da condenação. A imposição de multa não é faculdade do juiz, mas obrigação, pois a lei emprega o verbo dever e não poder.

Não sendo paga no prazo a ser fixado pelo juiz, a multa anteriormente mencionada será inscrita como dívida ativa da União ou do Estado após o trânsito em julgado da decisão que a fixou, e sua execução observará o procedimento da execução fiscal, revertendo-se aos fundos previstos no art. 97 do CPC (§ 3º do art. 77 do CPC).

A multa é devida à União, dependendo da inscrição em dívida ativa para ser cobrada. Logo, não pode ser exigida na Justiça do Trabalho, pois depende da referida inscrição. A competência é da Justiça Federal para a cobrança da multa. A multa poderá ser fixada independentemente da incidência das previstas nos arts. 523, § 1º, e 536, § 1º do CPC (§ 4º do art. 77 do CPC).

A forma do recolhimento da multa será por meio de guia, como se fossem custas.

O prazo de pagamento da multa será fixado pelo juiz.

Não há necessidade de depósito da multa para poder recorrer, por falta de previsão legal nesse sentido.

Aos advogados públicos ou privados e aos membros da Defensoria Pública e do Ministério Público não se aplica o disposto nos §§ 2º a 5º do art. 77 do CPC, devendo eventual responsabilidade disciplinar ser apurada pelo respectivo órgão de classe ou corregedoria, ao qual o juiz oficiará (§ 6º do art. 77 do CPC).

Reconhecida violação ao disposto na letra *f*, o juiz determinará o restabelecimento do estado anterior, podendo, ainda, proibir a parte de falar nos autos até a purgação do atentado, sem prejuízo da aplicação do § 2º do art. 77 do CPC (§ 7º do art. 77 do CPC).

O representante judicial da parte não pode ser compelido a cumprir decisão em seu lugar (§ 8º do art. 77 do CPC).

A natureza da litigância de má-fé é publicista, de ordem pública, tanto que o juiz pode aplicá-la de ofício. Tem natureza punitiva, de punir o litigante de má-fé.

Responde por perdas e danos aquele que litigar de má-fé como reclamante, reclamado ou interveniente (art. 793-A da CLT). O dispositivo é bastante claro no sentido que a litigância de má-fé se aplica tanto ao empregador como ao empregado, mas também no caso de intervenção de terceiros.

Reputa-se litigante de má-fé aquele que:

a) deduzir pretensão ou defesa contra texto expresso em lei ou fato incontroverso. Pretensão ou defesa contra texto expresso em lei ou fato incontroverso independe de dolo do litigante, basta a configuração de uma ou outra hipótese;
b) alterar a verdade dos fatos. A parte não pode mentir de forma consciente e deliberada;
c) usar do processo para conseguir objetivo ilegal;
d) opor resistência injustificada ao andamento do processo;
e) proceder de modo temerário em qualquer incidente ou ato do processo. Proceder de modo temerário é proceder de forma afoita, precipitada, imprudente, bastando a verificação da forma empregada pela pessoa;
f) provocar incidente manifestamente infundado;
g) interpor recurso com intuito manifestamente protelatório (art. 793-B da CLT). Seriam manifestamente protelatórios os recursos: (a) intempestivos; (b) incabíveis: como no caso de recurso contra decisão interlocutória.

As hipóteses do art. 793-B da CLT são taxativas. Não se usa a expressão *tais como* para que fossem exemplificativas.

Será considerada litigante de má-fé a parte que apresentar fac-símile e o original não estiver em perfeita concordância com a peça apresentada (parágrafo único do art. 4º da Lei n. 9.800/99).

A pena de litigante de má-fé, porém, é atribuída à parte e não ao seu advogado.

As regras do art. 793-B da CLT não exigem reiteração. Podem ser praticadas uma única vez.

Ainda há outros dispositivos no próprio CPC proibindo o abuso de direito processual. Praticando o devedor ato atentatório à dignidade da Justiça, como os descritos no art. 774 do CPC, o juiz aplicará ao devedor multa em montante não superior a 20% do valor atualizado do débito em execução (parágrafo único do art. 774 do CPC). O § 2º do art. 1.026 do CPC estabelece que, se os embargos de declaração opostos forem protelatórios, o juiz ou tribunal, declarando expressamente que o são, condenará o embargante a pagar ao embargado multa, que não poderá exceder de 2% sobre o valor atualizado da causa. O art. 142 do CPC menciona a hipótese de que o juiz ao verificar, pelas circunstâncias da causa, que o autor e réu se utilizam do processo para a prática de ato simulado ou conseguir fim vedado por lei, deve proferir sentença obstando aos objetivos das partes, extinguindo o processo sem julgamento de mérito. Quando ambas as partes têm por objetivo conseguir fim ilegal não há litigância de má-fé recíproca, mas colusão, sendo aplicável o art. 142 do CPC, devendo ser extinto o processo sem julgamento de mérito.

14.11.2 O processo do trabalho

A litigância de má-fé aplica-se ao processo do trabalho, diante da previsão expressa do art. 793-B da CLT. Havendo controvérsia entre empregado e empregador e daí decorrendo a litigância de má-fé, haverá competência da Justiça do Trabalho para impor a penalidade. Assim sendo, a litigância de má-fé não será observada apenas em relação ao empregador, mas também em razão dos atos praticados com má-fé pelo empregado. Embora não seja uma verba de natureza trabalhista, decorre da atividade processual, sendo que ambos os litigantes devem proceder em juízo com lealdade e boa-fé, ficando sujeitos às penalidades do art. 81 do CPC.

É comum no processo do trabalho acontecerem as seguintes hipóteses, entre outras não lembradas:

1. autor ajuizar ação pedindo verbas pagas, pleiteando tudo, inclusive o indevido ou pedir além do devido, quando deveria postular apenas aquilo que entende lhe ser devido;
2. a petição inicial não conter o correto valor da causa, sendo atribuído à exordial um valor apenas simbólico e na audiência inicial pretende-se um valor completamente irreal. Nesse caso, há falta de lealdade processual, impossibilitando a conciliação, que é o fim primordial da Justiça do

Trabalho. O mesmo ocorre quando não se dá valor à causa, omitindo-se inclusive as verbas líquidas que se pretende receber;

3. fazer perícia sabidamente desnecessária;
4. protelar o andamento da execução, praticando incidentes infundados e desnecessários, opondo embargos à execução com fins meramente protelatórios, ou impugnações vazias de conteúdo;
5. denunciar pessoa errada à lide ou apenas denunciar com efeito de procrastinar o andamento do feito;
6. dizer que as testemunhas não compareceram à audiência, quando na verdade nem sequer foram convidadas;
7. oferecer endereços incompletos ou errados das testemunhas ou das próprias partes;
8. saber o réu da existência de processo em curso, em fase de execução, deixando o feito andar de forma desnecessária até a penhora, para alegar nulidade de citação;
9. alegar o reclamante que trabalhou em uma empresa, sabendo que na verdade trabalhou para empresa completamente distinta, fundando-se em circunstâncias completamente inexistentes;
10. fazer provas inúteis ou diligências totalmente desnecessárias;
11. procurar advogados diversos para ajuizar mais de uma ação contra a mesma empresa e com o mesmo objeto ou semelhante;
12. propor ação em Vara completamente incompetente, somente com o intuito de dificultar a parte contrária de se defender;
13. pleitear valores em completo descompasso com o salário percebido durante o contrato de trabalho;
14. pedir para ouvir testemunha por carta precatória, com o intuito de protelar o andamento do processo, para depois desistir da referida carta ou não comparecer para a oitiva dos depoimentos.

Não se pode dizer, porém, que é litigante de má-fé quem narra os fatos de maneira lacunosa ou omite intencionalmente fatos essenciais ao julgamento do feito, como nesse último caso previa anteriormente a legislação. Hoje, o inciso III do art. 793-B da CLT não faz menção àquela hipótese, pois havendo omissão intencional de fatos fundamentais para o julgamento da causa, haverá prejuízo à própria parte, que terá o ônus processual de provar suas afirmações, inclusive quanto àquelas que foram omitidas. Inexiste litigância de má-fé quando a parte interpõe recurso, que resulta improvido, mas apresenta um conjunto mínimo de razoabilidade. O fato de a parte sucumbir não a torna litigante de má-fé, desde que não esteja evidenciada a má-fé na postulação e que suas pretensões sejam defensáveis. Da mesma forma, fatos alegados e não provados não caracterizam litigância de má-fé.

De ofício ou a requerimento, o juízo condenará o litigante de má-fé a pagar multa, que deverá ser superior a um por cento e inferior a dez por cento do valor corrigido da causa, a indenizar a parte contrária pelos prejuízos que esta sofreu e a arcar com os honorários advocatícios e com todas as despesas que efetuou (art. 793-C da CLT).

As determinações do art. 793-C da CLT são cumulativas, isto é, a condenação não se restringirá apenas à multa de 1% sobre o valor da causa, mas à aplicação das demais penalidades. A multa tem natureza de sanção processual. A indenização corresponde ao pagamento para reparar o prejuízo causado.

É preciso verificar, porém, se todas as penalidades previstas no art. 793-C da CLT aplicam-se no processo do trabalho.

São aplicáveis no processo do trabalho as perdas e danos pela litigância de má-fé de que trata o art. 793-C da CLT, por expressa disposição do referido preceito legal.

Todas as despesas que a parte incorreu em razão da litigância de má-fé deverão ser reembolsadas pelo *ex adverso*, quando impugnadas pela primeira. Seriam as despesas com viagens, xerox, traslados, instrumentos ou até com testemunhas, se for o caso, porém estas não terão descontadas em seus salários as faltas ocasionadas pelo seu comparecimento para depor, desde que devidamente arroladas ou convocadas (art. 822 da CLT).

Os honorários de advogado serão devidos pelo litigante de má-fé, inclusive o empregado, salvo se este gozar dos benefícios da justiça gratuita. A sentença é que irá fixar os referidos honorários, que serão arbitrados pelo juiz até 20% sobre o valor da condenação. Gozando o empregado dos benefícios da justiça gratuita e modificada essa situação, a parte contrária poderá requerer, em qualquer fase da lide, a revogação dos benefícios da assistência judiciária, provando a inexistência ou o desaparecimento dos requisitos essenciais à sua concessão. É o que ocorreria caso o empregado ganhasse valor considerável na própria ação, podendo pagar a penalidade a que foi condenado pela litigância de má-fé.

Quando forem dois ou mais os litigantes de má-fé, o juízo condenará cada um na proporção de seu respectivo interesse na causa ou solidariamente aqueles que se coligaram para lesar a parte contrária (§ 1º do art. 793-C da CLT), como ocorre com os que intervirem no processo como terceiros.

O juiz não poderá condenar solidariamente a parte e seu advogado, pois a penalidade é dada apenas quanto à parte e os terceiros intervenientes no processo e não seus procuradores, como se depreende do art. 79 do CPC. Mesmo aqueles que tiverem ganho de causa poderão ser condenados como litigantes de má-fé, pois esta penalidade não decorre da sucumbência. Não possuindo o juiz elementos para estipular o *quantum*, determinará a liquidação por arbitramento na execução.

O art. 793-C da CLT estabeleceu que o litigante de má-fé deverá pagar à parte contrária multa superior a 1% e inferior a 10% sobre o valor da causa.

Essa regra é aplicável no processo do trabalho, tanto ao empregado, como ao empregador ou o interveniente no processo, sendo cumulativa com os honorários de advogado e as despesas processuais incorridas pelo lesado. O valor da causa deve, portanto, corresponder ao pedido (art. 291 do CPC), para que sobre ele passe a incidir a nova penalidade. A multa será superior a 1%, mas inferior a 10% sobre o valor da causa. Poderá ser inferior a 10%, de acordo com o livre arbítrio do juiz, mas não poderá ser de 10%. Ele poderá fixar a multa em valor inferior a 2% quando o valor da causa for alto e, em razão disso, se for aplicado o porcentual integral, tornar-se inócua a pena, pela impossibilidade do litigante de má-fé pagá-la.

O empregado não terá isenção da multa, pois a assistência judiciária gratuita abrange os honorários de advogado e não penas de natureza processual.

O Estado não pode patrocinar gratuitamente o processo a quem faz mal uso dele.

Logo, quem vai ser condenado é a parte, que terá o direito de ação de regresso contra seu advogado se, na verdade, este é quem deu causa aos atos reputados como de litigante de má-fé, inclusive, o de fazer queixa na OAB contra o causídico. É certo que se o juiz verificar que foi o advogado quem deu causa aos atos de litigância de má-fé, oficiará à OAB, para que esta tome as medidas cabíveis, principalmente quando o causídico postula contra disposição expressa de lei, contrariando o inciso VI do art. 34 do Estatuto da OAB (Lei n. 8.906/94).

Se o sindicato postula como substituto processual e pratica a litigância de má-fé será a ele imposta a penalidade. O mesmo ocorrerá se a agremiação atuar como assistente litisconsorcial da parte ou o reclamante é que for o assistente litisconsorcial do sindicato, quando este propuser a ação como substituto processual. Entretanto, se a ação é movida pelo reclamante, com a assistência judiciária do sindicato (Lei n. 5.584/70), litigante de má-fé será o reclamante e não o sindicato, pois parte é o trabalhador e não a agremiação.

A pena de litigante de má-fé pode ser aplicada de ofício pelo juiz ou tribunal (art. 793-C da CLT), sem qualquer requerimento da parte prejudicada ou de ação própria, pois o litigante de má-fé atenta contra a administração da Justiça, cumprindo ao juiz prevenir ou reprimir qualquer ato contrário à dignidade da justiça (art. 139, III, do CPC), além de se tratar de norma de ordem pública. Assim, quando: o autor não dá o correto valor à causa, pois os pedidos líquidos são inferiores ao valor indicado à causa na inicial; as partes apresentam endereços próprios falsos ou incompletos ou em relação a suas testemunhas; o autor postula verbas já recebidas, apresenta cálculos absurdos e com valores exagerados; a reclamada pratica qualquer ato protelatório no processo, impõe-se ao juiz aplicar a pena de litigância de má-fé. Inexistirá decisão *ultra* ou *extra petita*, pois a observância da penalidade independe de provocação da parte ou de pedido, visto que decorre do poder de polícia do juiz.

Quando o valor da causa for irrisório ou inestimável, a multa poderá ser fixada em até duas vezes o limite máximo dos benefícios do Regime Geral de Previdência Social (§ 2º do art. 793-C da CLT). A multa não pode ser fixada em salários mínimos, como o faz o § 5º do art. 77 do CPC, pois violaria o inciso IV do art. 7º da Constituição. Logo, está correta a fixação em até duas vezes o limite máximo dos benefícios do Regime Geral de Previdência Social.

O valor da indenização será fixado pelo juízo ou, caso não seja possível mensurá-lo, liquidado por arbitramento ou pelo procedimento comum, nos próprios autos (§ 3º do art. 793-C da CLT).

Já apliquei a pena de litigante de má-fé ao reclamante que ingressa com ação postulando verbas rescisórias, confessando que recebeu as referidas verbas em depoimento pessoal, inclusive informando seu advogado de tal fato. Noutra oportunidade condenei o reclamante como litigante de má-fé, pois fez com que o processo subisse até o TST, visando anular decisão da primeira instância apenas porque seu assistente técnico não tinha se manifestado nos autos; voltando o processo à Vara o assistente técnico propositalmente deixou de se manifestar, argumentando o autor que a referida pessoa não mais trabalhava para o sindicato que o assistia, porém nada foi informado nos autos sobre tal fato. Não se pode argumentar, entretanto, que o empregado é o "coitadinho", o hipossuficiente, ou a pessoa de poucas luzes, pois nos casos mencionados estava assistido por advogado, que tinha conhecimento do que estava fazendo. Mesmo o reclamante tem de observar a lei, pois ninguém se escusa de cumpri-la alegando que não a conhece (art. 3º da Lei de Introdução). Se o empregado escolhe erradamente o advogado (culpa *in eligendo*) e este é que dá causa à litigância de má-fé, deve o obreiro responder pelo ato causado. O mesmo é possível afirmar em relação à empresa, se praticar qualquer ato descrito na lei como de litigância de má-fé, mesmo que esteja postulando nos autos sem procurador.

O parágrafo único do art. 32 da Lei n. 8.906/94 estabelece que "em caso de lide temerária, o advogado será solidariamente responsável com o seu cliente, desde que coligado com este para lesar a parte contrária, o que será apurado em ação própria", perante a Justiça Comum.

O art. 37 da Lei n. 8.906/94 reza que o advogado responde em caso de danos causados ao cliente por ação ou omissão, no exercício da advocacia. O cliente terá direito de regresso contra o advogado em processo próprio.

Deve haver intenção de o advogado praticar tal ato para se aplicar a litigância de má-fé com base no citado dispositivo, pois o CPC reza que litigante de má-fé é a parte e não seu procurador. A solidariedade, porém, poderá ser aplicada, pois é decorrente de lei.

Se o juiz verificar a litigância de má-fé no processo, poderá aplicar a penalidade no próprio processo do trabalho de maneira incidente, desde que caracterizado o intuito de lesar a parte contrária.

Do contrário, não apurada a intenção do advogado em lesar a parte contrária, há necessidade de que seja apurada em ação própria perante a Justiça Comum.

A litigância de má-fé deve ser aplicada mais de uma vez se o litigante incidir novamente em cometer atos tipificados como de litigância de má-fé.

Outro dispositivo que deve ser aplicado na Justiça do Trabalho é o art. 940 do Código Civil, por força do parágrafo único do art. 8º da CLT. Reza aquele mandamento legal que "aquele que demandar por dívida já paga, no todo ou em parte, sem ressalvar as quantias recebidas ou pedir mais do que for devido, ficará obrigado a pagar ao devedor, no primeiro caso, o dobro do que houver cobrado e, no segundo, o equivalente do que dele exigir, salvo se houver prescrição". A disposição em comentário tem, portanto, o caráter de penalidade. Independe de que haja prejuízo ao réu mesmo que o prejuízo seja inferior à cifra a lhe ser paga, bastando a existência de malícia ou dolo por parte do autor, ou até mesmo culpa grave, como entende a jurisprudência do cível, para que seja aplicada. Entretanto, a "cobrança excessiva, mas de boa-fé, não dá lugar às sanções do art. 940 do Código Civil", conforme esclarece a Súmula 159 do STF. É claro que o art. 940 do Código Civil não deve ser aplicado quando o autor postula as verbas que entende devidas, sem qualquer malícia, mesmo não obtendo integralmente êxito na sua postulação, pois o direito de petição, de postular em juízo e da ampla defesa são assegurados na própria Constituição (art. 5º, XXXIV, *a*, XXXV, LV).

Caso o reclamante faça pedido de verbas já recebidas, sem fazer a competente ressalva, deve ser condenado a devolver o que pleiteou de forma dobrada. Se o autor também pedir mais do que lhe é devido, ficará obrigado a pagar à parte contrária o equivalente ao que for exigido. Penso que a parte também poderá pedir a observância do art. 940 do Código Civil mediante o ajuizamento de ação autônoma ou por meio de reconvenção. Parece que o referido preceito não pode ser aplicado de ofício pelo juiz, por ser uma norma que depende do interesse do litigante, fazendo pedido. É uma regra em que não prepondera o interesse público sobre o particular, mas, ao contrário, o interesse tutelado é inteiramente o do particular, tratando-se, assim, de um direito subjetivo da parte, de uma faculdade de exercê-lo ou não. Da mesma forma, não poderá ser pleiteado na contestação, pois depende de pedido para haver condenação, que só é feito mediante ação autônoma ou por intermédio de reconvenção. Já apliquei o referido mandamento legal num caso em que o sindicato ingressou com ação cobrando contribuições assistenciais que já estavam pagas e a empresa pediu, em reconvenção, a observância do preceito legal em comentário. Contudo, se o autor desistir da ação antes de contestada a lide, a pena não pode ser aplicada (art. 941 do Código Civil), até porque a litiscontestação ainda não foi instaurada.

A determinação do art. 940 do CC é posterior à redação dos arts. 79 a 81 do CPC e, portanto, não foi revogada pelos últimos. Eles não se excluem, mas se complementam.

Há a possibilidade da aplicação cumulativa da litigância de má-fé e do art. 940 do Código Civil, pois cada um deles tem fato gerador distinto. Enquanto a litigância de má-fé decorre da falta de lealdade processual, entre outras coisas, a aplicação do art. 940 do Código Civil advém de se pedir o que já foi recebido ou pedir além do devido, sendo, portanto, uma forma de compensar aquele que foi acionado com o pedido daquilo que já havia sido pago ou além do devido. As determinações que versam sobre litigância de má-fé são normas de direito processual, encontradas no CPC, enquanto a regra do art. 940 do Código Civil é uma norma de direito material, de responsabilidade civil, sendo, portanto, uma sanção civil. A indenização prevista neste último dispositivo é de Direito Civil, enquanto a do CPC é de Direito Processual. Visa o art. 940 do Código Civil apenas dar segurança ao lesado, protegendo-o contra exigências abusivas, bem como assegurar-lhe uma reparação pelo dano causado, daí a sua dupla finalidade. Logo, não há que se falar em *bis in idem*, pois as hipóteses de incidência são diversas.

A aplicação da litigância de má-fé ao *improbus litigator* e do art. 940 do Código Civil deveria ser observada em todos os casos em que há abusos no processo do trabalho, visto que muitas ações têm sido abusivamente ajuizadas na Justiça do Trabalho, servindo para congestionar as pautas das Varas e impossibilitando a conciliação – fim precípuo da Justiça Obreira –, a celeridade e a economia processual. O juiz do trabalho tem por obrigação coibir as chicanas e os excessos praticados por aqueles que estão imbuídos de má-fé. Essas penalidades devem ser aplicadas inclusive ao reclamante, ainda que em valor módico, mas apenas para ressaltar o caráter pedagógico da pena, de acordo com as possibilidades do trabalhador de pagá-la, para que não incida mais em praticar atos de litigância de má-fé. O juiz não deverá condenar o empregado, por exemplo, a pagar um valor a título de litigância de má-fé muito alto, de maneira a impossibilitar seu adimplemento, pois a sanção não terá eficácia, devendo condená-lo num montante que possa pagar e represente um corretivo, de forma a não mais praticar atos temerários no processo. Exemplo: caso o empregado ganhe $ 200,00 por mês e seja condenado a pagar como litigante de má-fé o valor de $ 20,00, estamos diante de um valor razoável, pois o empregado poderá pagar os $ 20,00 e para ele aquele valor será uma penalidade. Caso alguma verba seja devida pelo reclamante no processo, deverá ser descontada da penalidade aplicada, porém não se poderá deixar de observar a contagem dos juros legais em relação ao autor como forma de compensação com a litigância de má-fé.

Assédio processual não tem previsão em lei. Visa desencorajar alguém a continuar litigando no processo. Cria incidentes no processo. Caracteriza abuso de direito de demandar. O conjunto dos atos mostra que o objetivo é protelar o andamento do processo. Não se aplica multa, por falta de previsão legal, mas defere-se indenização.

14.12 SUCESSÃO PROCESSUAL

Vem a ser a sucessão processual uma forma de substituição das partes no processo. Ao contrário do substituto processual, o sucessor defende interesse próprio, em decorrência da própria sucessão, enquanto o substituto defende interesse alheio.

A sucessão processual pode ocorrer tanto em relação ao empregado, como ao empregador.

O espólio, por meio do inventariante, assumirá o polo ativo ou passivo da ação.

Normalmente, se o empregado não deixa bens ou tem filhos maiores não há porque se falar em inventário. Nesses casos, tem-se entendido que a viúva e os filhos ingressarão no polo ativo da ação em curso, mediante apresentação da certidão de casamento e nascimento dos filhos ou por meio de certidão do INSS que comprove dependência das pessoas anteriormente mencionadas. Não havendo qualquer impugnação da reclamada, o fato é tolerado.

Segundo a CLT, o empregador é a empresa (art. 2º da CLT), sendo que "qualquer alteração na estrutura jurídica da empresa não afetará os direitos adquiridos por seus empregados" (art. 10 da CLT). "A mudança na propriedade ou estrutura jurídica da empresa não afetará os contratos de trabalho dos respectivos empregados" (art. 448 da CLT). Assim, em relação à empresa não é necessário que se aguarde inventário de seus proprietários para habilitá-los nos autos, pois o empregador pode ser substituído por qualquer preposto. Logo, nesses casos não há que se falar em sucessão. Entretanto, se o empregador for pessoa física que exerce individualmente o comércio ou for autônomo, haverá necessidade de se constatar a sucessão por meio do inventário. Em muitos casos, ainda, o processo segue normalmente seu curso, mesmo com o falecimento do empregador pessoa física, que é representado em juízo pelo preposto.

Se o empregado vier a falecer antes da propositura da ação, seus herdeiros é que ajuizarão a ação.

14.13 SUBSTITUIÇÃO PROCESSUAL

14.13.1 Conceito

O primeiro exemplo de substituição processual é o cognitor na Rethorica ad Herennium, do século II, a. C.

Substituição quer dizer colocar-se no lugar de alguém.

Emilio Betti já via no Direito Romano o instituto da substituição processual, como, por exemplo, no cognitor, no procurador, no defensor, no tutor e no curador.

Kohler foi um dos primeiros juristas a estudar os casos em que alguém ingressava em juízo para postular, em nome próprio, direito alheio, nas hipóteses previstas em lei. Seu estudo referia-se ao usufruto com poderes de disposição. Denominou o instituto de *Prozessstandschaft* (estado processual).

Hellwig denominou o instituto *Prozessfuhrungsrecht des Nichtberechtigten*, que é o direito de conduzir o processo de quem não é titular do direito, transportando-o para o direito processual.

Chiovenda, em 1906, atribuiu a esse fenômeno jurídico-processual a denominação de *sostituzione processuale* (substituição processual)[1].

O art. 18 do CPC estabeleceu que para postular direito alheio, em nome próprio, deve haver previsão no ordenamento jurídico. Ordenamento jurídico tem um

[1] CHIOVENDA, Giuseppe. *Instituições de direito processual civil*. São Paulo: Saraiva, 1965. v. 2, p. 252.

sentido amplo, pois pode ser a Constituição, a lei ordinária, a lei complementar ou qualquer outra norma legal.

Consiste a substituição processual numa legitimação extraordinária, autorizada pela lei, para que alguém pleiteie, em nome próprio, direito alheio em processo judicial. Há, portanto, uma legitimação anômala, extraordinária, *ad causam*, para que o substituto processual proponha ação, o que só se observa em relação ao autor.

A substituição processual somente pode ser usada nas hipóteses previstas em lei. Do contrário, seria legitimação ordinária, comum.

Na substituição processual, o direito de agir não é exercido pelo titular do direito material, mas pelo substituto processual, que tem legitimidade para esse fim. O substituto processual tem legitimidade para o processo. Não é titular de direito material. Tem legitimidade para ajuizar a ação em razão da previsão de lei.

Para Calamandrei, o substituto processual tem legitimação para defender em juízo em nome próprio, direito alheio, porque "entre ele e o substituído existe uma relação ou uma situação jurídica de caráter substancial, pela qual, através do direito substituído, vem o substituto a satisfazer interesse que lhe é próprio"[2].

O substituto processual é parte. É sujeito da relação processual.

Exemplo da substituição processual no processo civil é o gestor de negócios, agindo em defesa dos direitos do gerido (art. 861 do Código Civil). O gestor de negócios gere o negócio alheio como se fosse dono. O mandado de segurança coletivo é hipótese de substituição processual (art. 5º, LXX, da Constituição e art. 22 da Lei n. 12.016/2009).

No processo civil, o substituto processual é uma pessoa física. No processo do trabalho, o substituto processual é uma pessoa jurídica: o sindicato dos empregados.

No processo do trabalho a substituição processual visa atender a direito privado dos representantes do sindicato e não a direito público.

14.13.2 Distinção

Diferencia-se a substituição processual da representação processual. Na segunda, o representante não é parte. Ele apenas atua em nome do representado. Na substituição processual, o substituto é parte, atuando em nome próprio ao defender interesse de outrem. O representante defende direito de outrem, em nome alheio. A represen-

---

[2] CALAMANDREI, Piero. *Instituciones de derecho processual civil*. Buenos Aires: Depalma, 1945, p. 245.

tação é uma legitimação simples ou ordinária. A substituição é uma legitimação extraordinária. O substituto processual não é o titular do direito material pretendido.

A substituição processual não se confunde com o litisconsórcio. Litisconsórcio é a presença da parte no processo, que é titular do direito material discutido. Na substituição processual, o substituto é parte, atuando em nome próprio ao defender interesse de outrem. O representante defende direito de outrem, em nome alheio.

Distingue-se a substituição processual da sucessão de partes. O sucessor atua em nome próprio, ao passo que o substituto processual postula, em nome próprio, direito alheio. Ressalte-se, ainda, que na sucessão a parte que é substituída, deixa de ser parte, passando a sê-lo o sucessor. O sucessor postula direito seu e não alheio.

Na ação popular não há hipótese de substituição processual. O cidadão não está substituindo ninguém. Exercita um direito previsto na Constituição e na lei. Trata-se de hipótese de legitimação ordinária. Não age em nome de outrem, da comunidade. Ajuíza a ação em nome próprio, não postulando direito alheio.

No processo do trabalho a substituição processual é exercida pelo sindicato, que é uma pessoa jurídica. Este toma o lugar do substituído na propositura da ação. O legitimado extraordinariamente fica no lugar do legitimado ordinário para propor a ação. No dissídio coletivo há uma legitimação ordinária, comum. No processo civil, as hipóteses de substituição processual compreendem como substituto uma pessoa física.

Não há dúvida de que o objetivo da substituição processual pelo sindicato é a obtenção de uma ação com fins condenatórios.

Na substituição processual trabalhista há ação individual plúrima em relação aos substituídos, embora seja proposta pelo sindicato. Se os substituídos postulassem aglutinados em litisconsórcio ativo (art. 842 da CLT), seria essa a natureza da postulação.

Dessa forma, não é observado o Código de Defesa do Consumidor, por não haver omissão na CLT.

Os direitos podem ser homogêneos em relação a todos os substituídos. Entretanto, em se tratando de direitos homogêneos o correto é o ajuizamento da ação civil coletiva pelo sindicato com base no art. 21 da Lei n. 7.347/85 c/c art. 82 da Lei n. 8.078/90).

Em certos casos, pode haver prova distinta para cada substituído. Os direitos são, porém, determináveis.

14.13.3 Inciso III do art. 8º da Constituição

O inciso III do art. 8º da Constituição não consagra hipótese de substituição processual. Reza o referido dispositivo que "ao sindicato cabe a defesa dos direitos e interesses coletivos ou individuais da categoria, inclusive em questões judiciais ou administrativas". Está na parte da Constituição que trata de direito material.

A interpretação histórica dos debates na Assembleia Nacional Constituinte mostra que no inciso III do art. 8º da Lei Maior estava incluída a expressão "inclusive como substituto processual", que foi suprimida ao final. Logo, o referido dispositivo não pode tratar de substituição processual.

Indica a interpretação teleológica que o inciso III do art. 8º da Constituição usa a expressão "defesa dos direitos coletivos ou individuais da categoria", mostrando que a determinação constitucional trata de legitimidade ordinária do sindicato, que é justamente de defender os interesses individuais ou coletivos da categoria. Versa sobre direito material.

O art. 511 da CLT usa a palavra *defesa*, que é uma das funções do sindicato.

O sindicato não pode substituir a categoria, pois a função do sindicato é representar a categoria em juízo ou fora dele. Categoria tem um conteúdo sociológico. A categoria não existe juridicamente, não tendo personalidade jurídica. O sindicato é a categoria juridicamente organizada. Não pode, portanto, o sindicato substituir a categoria, pois a função ordinária, comum da agremiação, é representar a categoria. Incorreto, assim, falar em o sindicato substituir a categoria. Deve substituir os associados nas hipóteses previstas em lei.

A palavra *defesa* contida no inciso III do art. 8º da Constituição quer dizer uma situação normal de representar a categoria judicialmente (nos dissídios coletivos) ou extrajudicialmente (nos acordos e nas convenções coletivas). Não se trata de situação excepcional de substituição processual.

Não dispõe o inciso III do art. 8º da Constituição sobre interesses de membros ou associados do sindicato, que seria hipótese de substituição processual, mas de interesses coletivos ou individuais da categoria, que é a principal função do sindicato, prevista na alínea *a* do art. 513 da CLT.

Na verdade, o que foi mencionado no inciso III do art. 8º da Lei Maior já estava escrito na alínea *a* do art. 513 da CLT, que foi elevada ao âmbito de dispositivo constitucional.

Versa o inciso III do art. 8º da Norma Ápice sobre representação, dando ao sindicato o que lhe é peculiar: representar a categoria em juízo ou extrajudicialmente, tanto em relação a interesses coletivos, como individuais. O inciso I da Súmula 310 do TST entendia que o inciso III do art. 8º da Constituição não consagrava hipótese de substituição processual. A referida súmula foi cancelada em decorrência do processo ERR 175.894/1995.0, j. 25-9-2003, Rel. Min. Ronaldo Lopes Leal.

A interpretação sistemática da Lei Maior indica que ela tem outros dispositivos relativos a representação. O inciso XXI do art. 5º da Lei Magna seria outra hipótese de representação processual, pois também faz referência à "legitimidade para representar seus filiados judicial ou extrajudicialmente". Não se trata de situação extraordinária, mas comum, ordinária. Ressalte-se que o dispositivo constitucional é claro no sentido de que compreende hipótese de representação processual, vez que usa expressamente o verbo *representar*. O dispositivo ainda exige autorização dos associados, o que mostra ser hipótese de representação e não de substituição processual.

A alínea *b*, do inciso LXX do art. 5º da Lei Maior, quando versa sobre o mandado de segurança coletivo, emprega a expressão "em defesa dos interesses de seus membros ou associados", indicando hipótese de substituição processual, como entende o STF (TP, RE 181.438-1-SP, j. 28-6-1996, Rel. Min. Carlos Mario Velloso, *LTr* 60-10/1362). O art. 22 da Lei n. 12.016/2009 faz referência a substituídos pelo impetrante, que é o sindicato no mandado de segurança coletivo.

A expressão *defesa de interesses*, contida no inciso III do art. 8º da Lei Maior, não abrange recebimentos de créditos individuais, mas a representação da categoria.

Não fez referência o inciso III do art. 8º da Constituição a direitos e interesses de seus associados, mas da categoria. Quando se fala em interesses da categoria, trata-se de interesse coletivo. Quando há menção a direitos de associados, a ideia é de direitos individuais.

O STF, porém, entende que o inciso III do art. 8º da Constituição contém hipótese de substituição processual (1ª T., RE 202.063-0, j. 26-6-1997, Rel. Min. Octávio Gallotti, *LTr* 61-11/1.495). O inciso III do art. 8º da Constituição diria respeito à categoria e serviria para qualquer matéria. O STF entendeu que o inciso III do art. 8º da Constituição dá ao sindicato o poder de atuar na defesa de todos e quaisquer direitos subjetivos individuais e coletivos dos integrantes da categoria por ele representada. Entende que ela é ampla, abrangendo a liquidação e a execução. É desnecessária a autorização dos substituídos (RE 210.029, j. 12-6-2006, Red. p/ o ac. Min. Joaquim Barbosa, *DJU* 17-8-2007; RE 193.503-1/SP, j. 2-6-2006).

O TST tem entendido que a substituição processual trabalhista compreende direitos individuais homogêneos, podendo ser aplicado o Código de Defesa do Consumidor (SDI-1 do TST, ERR 158.580/95.6, Rel. Min. Ríder de Brito, j. 16-2-2004, *DJU* 1, 12-3-2004, p. 464).

Afirma-se que a substituição processual ampla daria aos sindicatos maior poder de pressão. Esse aspecto é relativo, pois dependerá de cada caso concreto.

Poderá provocar prejuízo à negociação coletiva, pois o sindicato, em vez de negociar coletivamente para postular o direito ou evitar dúvida sobre determinada questão controversa, poderá propor diretamente a ação postulando como substituto processual.

A substituição processual não pode ser ampla. O sindicato não pode ter poderes superiores aos do Ministério Público, pois defende a categoria e não a sociedade, como o segundo.

A sentença na substituição processual trabalhista faz coisa julgada tanto quando acolhe, como rejeita o pedido do autor, não se aplicando o Código de Defesa do Consumidor, por não haver omissão na CLT sobre o tema.

14.13.4 Legislação ordinária

Podem ser elencados como dispositivos que consagram a substituição processual na legislação ordinária, os seguintes: parágrafo único do art. 872 da CLT, § 2º do art. 195 da CLT, o art. 3º da Lei n. 8.073/90 e o art. 25 da Lei n. 8.036, entre outros.

Ressalte-se que a legitimação para o sindicato instaurar dissídio coletivo é a ordinária, decorrente da representação da categoria em juízo, de que versa o art. 857 da CLT. Não se trata, assim, de hipótese de substituição processual, pois a função precípua do sindicato é representar a categoria em juízo (art. 513, *a*, da CLT), principalmente nos dissídios coletivos. Parte é o sindicato e não a categoria.

a) O parágrafo único do art. 872 da CLT demonstra outro caso de substituição processual: "quando os empregadores deixarem de satisfazer o pagamento de salários, na conformidade da decisão proferida, poderão os empregados ou seus sindicatos, independentemente da outorga de poderes de seus associados, juntando certidão de tal decisão, apresentar reclamação à Junta ou Juízo competente...". Trata-se de hipótese de substituição processual, pois a propositura da ação independe de outorga de procuração ao sindicato, porém, só se refere a associados deste. Entretanto, a ação proposta não será só para salários, mas para as condições de trabalho previstas apenas em dissídio coletivo.

O art. 41 da Lei n. 8.880, de 27-5-1994, dava nova redação ao parágrafo único do art. 872 da CLT, permitindo que a substituição processual do sindicato em ações de cumprimento fosse também feita em relação a acordos e convenções coletivas (art. 41). Entretanto, esse artigo foi vetado pelo presidente da República. O parágrafo único do art. 872 da CLT refere-se apenas à decisão, que é proferida no dissídio coletivo.

b) Dispõe o § 2º do art. 195 da CLT que "arguida em juízo insalubridade ou periculosidade, seja por empregado, seja por sindicato em favor de grupo de associados, o juiz designará perito habilitado na forma deste artigo e, onde não houver, requisitará perícia ao órgão competente do Ministério do Trabalho". O dispositivo legal em comentário retrata hipótese de substituição processual pelo sindicato, que vai discutir em juízo a insalubridade ou periculosidade. O objetivo principal da norma em comentário é de o empregado não precisar ingressar com ação em juízo, visando evitar represálias por parte do empregador, inclusive com seu despedimento. O sindicato ingressa em juízo com a ação, não em nome da categoria, mas dos associados do sindicato para apurar a insalubridade ou periculosidade no local de trabalho. A Orientação Jurisprudencial n. 121 da SBDI-1 do TST admite a substituição processual pelo sindicato para pleitear diferença de adicional de insalubridade. Penso que a questão permanece a mesma.

c) O § 2º do art. 3º da Lei n. 6.708/79 previa outra hipótese de substituição processual. Tal legislação, porém, foi revogada pela legislação salarial posterior, mas o mesmo dispositivo foi repetido no § 2º do art. 3º da Lei n. 7.238/84: "será facultado aos sindicatos, independentemente de outorga de poderes dos integrantes da respectiva categoria profissional, apresentar reclamação na qualidade de substituto processual de seus associados, com o objetivo de assegurar a percepção dos valores salariais corrigidos na forma do artigo anterior". O referido mandamento legal previa hipótese de substituição processual para associados do sindicato, em relação a reajustes salariais previstos na Lei n. 7.238/84, assim como o fazia o § 2º do art. 3º da Lei n. 6.708/79. Essa forma de reajustes salariais foi revogada pelo art. 98 da Lei n. 7.450/85. Mais tarde foi prevista uma outra forma de reajustes salariais de acordo com o Decreto-lei n. 2.284/86 (Plano Cruzado). Se o § 2º do art. 3º da Lei n. 7.238/84, que só tratava de substituição processual para os casos de reajustes salariais "na forma do artigo anterior", não foi revogado pelas normas que anteriormente foram indicadas, o foi pelo art. 8º da Lei n. 7.788/89, que versava especificamente sobre substituição processual para salários.

Assim, o § 2º do art. 3º da Lei n. 7.238/84 tem vigência apenas até 3 de julho de 1989, data em que entrou em vigor a Lei n. 7.788.

d) O art. 8º da Lei n. 7.788/89 dispunha: "nos termos do inciso III do art. 8º da Constituição Federal, as entidades sindicais poderão atuar como substitutos processuais da categoria". Na verdade, o inciso III do art. 8º da Constituição não assegura a substituição processual ao sindicato. Sendo a Lei n. 7.788/89 uma norma salarial, a substituição processual prevista no art. 8º só se referia à matéria salarial. O art. 8º da Lei n. 7.788/89 estabelecia hipótese de substituição processual para a categoria e não apenas para associados, para discussão de interesses individuais ou coletivos da categoria. Ocorre que a Lei n. 7.788/89 foi revogada pelo art. 14 da Lei n. 8.030/90 (Plano Collor). O art. 12 da Lei n. 8.030/90, que autorizava as entidades sindicais a faculdade de atuarem como substitutos processuais da categoria, foi, contudo, vetado pelo Presidente da República.

e) O art. 25 da Lei n. 8.036/90 (lei do FGTS) repete o art. 23 da Lei n. 7.839/89, assim disposto: "poderá o próprio trabalhador, seus dependentes e sucessores, ou ainda o sindicato a que estiver vinculado, acionar diretamente a empresa por intermédio da Justiça do Trabalho, para compeli-la a efetuar o depósito das importâncias devidas nos termos desta lei". Nesse caso, o sindicato pode ingressar com a ação, em nome do trabalhador ou trabalhadores, para compelir a empresa a recolher o FGTS. O art. 25 da Lei n. 8.036/90 faz referência a depósito. Aplica-se, também, à indenização de 40% sobre os depósitos do FGTS. Trata-se de outra hipótese de substituição processual observada em relação aos empregados da empresa que pertencerem à categoria do sindicato que ajuizar a ação. Não são apenas os associados do sindicato os beneficiários da substituição processual. Se a lei não faz restrição apenas a associados, não pode o intérprete fazê-lo.

f) A alínea *a* do art. 240 da Lei n. 8.112/90 (lei do regime jurídico único dos funcionários públicos federais) também autoriza o sindicato a atuar "inclusive como substituto processual".

g) A Medida Provisória n. 190, de 31-5-1990, que tratava de política salarial, ratificava a substituição processual ao sindicato, modificando a alínea *a* do art. 513 da CLT, ao incluir a expressão "bem como atuar em juízo como substitutos processuais dos integrantes da categoria". Essa medida provisória foi revogada pelo art. 12 da Medida Provisória n. 193, de 25-6-1990.

h) Em 30-7-1990, publica-se a Lei n. 8.073, tratando de "política nacional de salários". O Presidente da República veta quase todos os artigos, com exceção do art. 3º, do que revoga as disposições em contrário e do que menciona que a referida lei entra em vigor na data de sua publicação. Chama-se essa norma de lei de um artigo só, pois apenas um desses artigos veicula preceito a ser aplicado.

O art. 3º da Lei n. 8.073/90 tem a seguinte redação: "as entidades sindicais poderão atuar como substitutos processuais dos integrantes da categoria". A não ser este dispositivo, a Lei n. 8.073 não versa sobre matéria alguma, chegando-se à conclusão de que a substituição processual tratada no art. 3º não é só para matéria salarial. O art. 3º da referida norma não estabelece substituição processual para matéria salarial, mas para qualquer situação trabalhista que independa de provas orais ou do depoimento pessoal do substituído. Também não se observa apenas para associados, porém para todo membro da categoria.

Não é a ementa da lei que irá caracterizar seu conteúdo, principalmente quando todos os outros artigos daquela lei foram vetados, que eram os que versavam sobre matéria salarial, subsistindo apenas um, que não trata de matéria salarial.

Como o art. 3º da Lei n. 8.073/90 faz referência a "entidades sindicais", a substituição processual no caso em comentário será aplicada ao sindicato, à federação e à confederação, que serão os legitimados para propor a ação.

A expressão "entidades sindicais" é gênero, tendo por espécies o sindicato, a federação e a confederação. A central sindical não poderá propor a ação como substituto processual, pois não é reconhecida como entidade sindical pela Constituição, nem integra o sistema confederativo.

Se o sindicato é substituto processual da categoria, é uma espécie de mandatário legal. Ao postular direito da categoria está defendendo direito próprio e não direito alheio.

i) Prevê o art. 88-A da Lei n. 5.764/71 que "a cooperativa poderá ser dotada de legitimidade extraordinária autônoma concorrente para agir como substituta processual em defesa dos direitos coletivos de seus associados quando a causa de pedir versar sobre atos de interesse direto dos associados que tenham relação com as operações de mercado da cooperativa, desde que isso seja previsto em seu estatuto e haja, de forma expressa, autorização manifestada individualmente pelo associado ou por meio de assembleia geral que delibere sobre a propositura da medida judicial."

A substituição processual não pode ser usada quando para cada substituído haja necessidade de prova individual ou personalíssima, como ocorre em relação a matéria de prova e quando há necessidade de provar o horário de cada trabalhador.

É uma faculdade do sindicato atuar como substituto processual e não uma obrigação.

14.13.5 Características

A substituição processual trabalhista é autônoma, concorrente e primária[3].

A autonomia compreende a possibilidade de o substituído integrar a lide como assistente litisconsorcial (parágrafo único do art. 18 do CPC), desistir da ação, transacionar e renunciar ao direito, independentemente da anuência do sindicato, pois o direito material é do substituído e não do substituto (sindicato). O sindicato não pode acordar ou renunciar a direito sobre o qual não possui e que é de terceiro, visto que a lei permite apenas o ajuizamento da ação e não a renúncia e a transação, que são atos que só podem ser praticados por quem é o titular do direito material. Não se diga que os direitos trabalhistas são irrenunciáveis no processo, pois em juízo o trabalhador poderá renunciar a direitos seus, pois está diante do juiz, não havendo que se presumir a existência de vício de consentimento, como haveria se ainda estivesse prestando serviços na empresa, na qual estaria sujeito a ingerências decorrentes do poder de direção do empregador. Como o substituído não é parte, não poderá praticar atos processuais, mas poderá intervir no processo como assistente do substituto, pois tem interesse jurídico e não meramente econômico na causa (art. 119 do CPC), visto que é o titular do direito material.

A proibição contida no art. 8º da Lei n. 7.788/89, que impedia o trabalhador de desistir ou transacionar não mais subsiste, pois inclusive violentaria a vontade do titular do direito (empregado), em razão da revogação daquela lei pelo art. 14 da Lei n. 8.030/90. É permitido ao trabalhador, que é o titular do direito material, desistir ou transacionar no processo, até mesmo sem a concordância do sindicato, pois pode o operário, inclusive, não ter interesse em promover a ação pelos mais diversos motivos. Efetivamente, se o trabalhador pode acordar ou transigir, pode também desistir, pois quem pode o mais (transigir ou renunciar, atos que compreen-

---

3 GIGLIO, Wagner D. *Direito processual do trabalho*. 12. ed. São Paulo: Saraiva, 2002, p. 119.

dem concessões recíprocas ou a própria renúncia ao direito), pode o menos (desistir da ação). Posteriormente, se assim entender, poderá ingressar com outra ação. Verifica-se que o trabalhador não é uma pessoa relativamente incapaz, como à primeira vista se pensaria, mas um indivíduo que detém sua total capacidade civil para praticar atos que importem assumir direitos e obrigações, pois o titular do direito material é o trabalhador.

O substituído pode desistir da ação antes de a sentença transitar em julgado. Depois dessa fase deverá desistir ou renunciar ao direito à execução do julgado.

Quem detém a legitimação extraordinária é o substituto processual, de acordo com a previsão da lei. O substituído continua tendo a legitimação ordinária, que lhe é peculiar, por ser o titular do direito material. O substituto tem legitimidade *ad processum*. A legitimidade *ad causam* é do titular do direito material. O substituto tem autorização legal para ajuizar a ação, mas o direito material não é seu. É do substituto. A desistência feita pelo substituído independeria, inclusive, da anuência do substituto, pois o titular do direito material é o substituído. O juiz poderia apenas dar vista dos autos ao substituto, com o objetivo de verificar a existência de vícios de consentimento na desistência do substituído. Se o procedimento estiver normal, o substituto não poderá opor-se à desistência ou renúncia do substituído.

A substituição processual trabalhista é concorrente, porque não é exclusiva, nada impedindo o substituído de ser parte, ajuizando a ação, ou de assumir o polo ativo da ação como assistente litisconsorcial. O parágrafo único do art. 18 do CPC prevê que havendo substituição processual, o substituído poderá intervir como assistente litisconsorcial.

É, ainda, a substituição processual trabalhista primária, porque o substituto não precisa aguardar a inércia do substituído em propor a ação. O substituto não precisa de autorização do substituído para propor a ação. Tem autorização legal.

Trata-se de um instituto processual totalmente diverso do previsto no direito processual civil, com características novas e próprias, que só são encontradas no processo do trabalho.

Não caberá a utilização da substituição processual para questões versando sobre prova individual para cada substituído, como horas extras.

É desnecessária a juntada de procuração dos substituídos na ação em que o sindicato atua como substituto processual, como se verifica do parágrafo único do art. 872 da CLT. Esse fundamento é estendido a qualquer hipótese de substituição processual trabalhista. Se o sindicato atuar em juízo por advogado, este deverá ter procuração do sindicato. Havendo juntada de procuração dos substituídos, existirá representação e não substituição processual.

O sindicato será obrigado a convocar assembleia para ajuizar a ação como substituto processual, pois os pronunciamentos sobre dissídios do trabalho dependem de assembleia geral. A alínea *e* do art. 524 da CLT não faz qualquer distinção.

O STF entendeu que o inciso III do art. 8º da Constituição consagra hipótese de substituição processual, não havendo necessidade de o sindicato apresentar a autorização da assembleia geral para postular em juízo, que é exigida apenas para hipóteses de representação.

Não precisará o sindicato avisar o empregado de que a ação está sendo proposta, pois a lei não exige o referido requisito.

A demanda trabalhista ajuizada pelo sindicato da categoria, na qualidade de substituto processual, interrompe a prescrição (OJ 359 da SBDI-1 do TST), pois há litispendência com o ajuizamento da ação pelo sindicato e coisa julgada em relação ao substituído.

O sindicato não tem legitimidade passiva, como substituto processual para a ação rescisória. O art. 18 do CPC prevê que tem direito de pleitear e não para se defender. Não há autorização por lei para esse fim. A solução é ajuizar a ação contra cada substituído. O TST entende de forma diversa, pois não há disposição legal estabelecendo proibição nesse sentido (S. 406, II, do TST). Entretanto, não foi analisado o art. 18 do CPC.

14.13.6 Rol dos substituídos

Wagner Giglio assevera que não há mais necessidade de se arrolar os substituídos na petição inicial, nas ações em que o sindicato atua como substituto processual, que podem ser individualizados quando da execução[4]. Quem propõe a ação deve saber a quem ela beneficia. Concordo que as ações em defesa da ecologia, a ação popular, realmente são ajuizadas tendo como beneficiárias pessoas indeterminadas. Na substituição processual trabalhista, porém, há necessidade de nominar quem são os beneficiários da decisão, visando com isso proporcionar defesa à parte contrária, que deverá verificar se o trabalhador é empregado da empresa, se o obreiro trabalha ainda na empresa, se pela data de admissão o empregado será beneficiário da ação proposta pelo sindicato, ou até para se saber se o eventual substituído pertence à categoria do sindicato ou à categoria diferenciada. O segundo fator é a possibilidade

[4] GIGLIO, Wagner D. *Direito processual do trabalho*. 12. ed. São Paulo: Saraiva, 2002, p. 123-124.

de os substituídos ajuizarem ações individuais, o que configuraria litispendência, pois a causa de pedir e o pedido são os mesmos e o sindicato substitui os empregados na propositura da ação. Não se pode relegar a apuração dos beneficiários da sentença abrangendo substituição processual para a execução do julgado, pois é preciso que sejam estabelecidos os limites subjetivos da coisa julgada. Entre os substituídos podem existir pessoas que sejam relacionadas com o juiz, implicando suspeição ou impedimento do magistrado (arts. 144 e 145 do CPC). Assim, é preciso saber se o empregado está ou não sendo beneficiário da ação intentada pelo sindicato. Caso não sejam esclarecidas essas hipóteses, a empresa pode ver-se obrigada a pagar duas vezes direitos postulados em ações diversas: uma, a do sindicato; a outra, na própria ação proposta individualmente pelo empregado. A substituição processual não pode ensejar a escolha do resultado mais benéfico para o interessado, na hipótese da propositura da ação pelo próprio empregado ou pelo sindicato como substituto processual.

O rol dos substituídos deve ser trazido aos autos pelo sindicato e não pelo réu, pois a prova do fato constitutivo e do interesse de agir é do primeiro e não do segundo. Não sabendo sequer o sindicato o nome dos supostos beneficiários da substituição processual, não se evidencia o interesse de agir. A determinação para que o empregador junte a relação dos beneficiários importa inversão do ônus da prova (SDI do TST, REO 42.712/92.0, 4ª R. j. 30-6-1992, Rel. Min. Hylo Gurgel, *DJU* 18-9-1992, p. 15.500), pois a agremiação tem de saber as pessoas que pretendem ser substituídas no processo judicial. Se o sindicato não trouxer o rol dos beneficiários da decisão com a inicial e determinando o juiz que o faça no prazo de dez dias, sem que haja qualquer providência da agremiação, o magistrado deverá extinguir o processo sem resolução de mérito (art. 321 c/c 485, I, do CPC). Não será possível a juntada do rol dos beneficiários no decorrer da instrução processual, pois é documento que deveria acompanhar a peça vestibular, nos termos do art. 787 da CLT, além do que feriria a litiscontestação se fosse apresentado após o oferecimento da defesa.

O STF tem entendido ser dispensável a juntada de rol de substituídos no mandado de segurança coletivo, não necessitando o sindicato de autorização para a postulação em juízo (Pleno, RE 193.382-SP, j. 28-6-1996, Rel. Min. Carlos Velloso, *DJU* 20-9-1996, p. 34547). A Súmula 629 do STF mostra que a impetração de mandado de segurança coletivo por entidade de classe em favor dos associados independe da autorização destes.

Ao contrário do parágrafo único do art. 113 do CPC, que permite a limitação do litisconsórcio ativo, não há previsão nesse sentido em relação à limitação do número de substituídos na substituição processual.

14.13.7 Liquidação de sentença

Na liquidação de sentença, serão individualizados os valores devidos a cada substituído, cujos depósitos para quitação serão levantados por meio de guias expedidas em seu nome ou de procurador com poderes especiais para esse fim, inclusive nas ações de cumprimento. Os valores que cada substituído tem a receber podem ser diferentes, em razão de diferença de tempo de casa, de salário etc. Declara o art. 105 do CPC que para receber e dar quitação é necessário que sejam conferidos poderes expressos nesse sentido na procuração. O sindicato tem autorização legal para propor a ação, mas não para receber valores e dar quitação. Dessa maneira, há necessidade de que o sindicato tenha procuração dos substituídos para o levantamento das importâncias depositadas, pois para o ingresso de ação na condição de substituto processual não é necessária a procuração. Assim, se inexistir nos autos procuração dada pelos substituídos para a quitação ou levantamento dos depósitos feitos, o sindicato não poderá sacar as importâncias depositadas. O que vinha ocorrendo na prática era que muitos empregados não tinham sequer ciência da propositura da ação por parte do sindicato, que levantava o dinheiro e não pagava os substituídos ou só o fazia depois de muito tempo. Outra solução pode ser o juiz exigir que haja prova de pagamento do crédito aos substituídos. A individualização dos créditos é, porém, necessária, justamente para que uma pessoa não levante valor superior ou inferior ao que lhe seria devido, em detrimento de outra.

O STF entende que a substituição processual, com base no inciso III do art. 8º da Constituição, abrange legitimidade para liquidação e execução de créditos reconhecidos aos trabalhadores, não sendo necessária autorização dos substituídos (RE 214.668, Rel. Min. Joaquim Barbosa, *DJ* 24-8-2007).

14.13.8 Conclusão

A substituição processual desempenha papel muito importante no processo do trabalho por meio do sindicato. Evita o atrito que pode ocorrer entre empregado e empregador, mormente quando o primeiro ainda está trabalhando na empresa, inibindo represálias por parte do segundo, principalmente de pôr em risco o emprego do trabalhador.

Mostra a substituição processual trabalhista a possibilidade de várias pessoas serem substituídas ao mesmo tempo pelo sindicato, evitando a propositura de várias ações, que contribuiriam para abarrotar de processos o Judiciário trabalhista, inclusive com a possibilidade de serem dadas decisões díspares para um mesmo assunto que deveria ser decidido de maneira uniforme – promovendo maior celeridade processual na Justiça do Trabalho. É a ideia da coletivização das ações. Evita o atrito entre o empregado e o empregador, principalmente quando ainda está em vigor a relação de emprego.

Tem também a substituição processual seu ponto de vista negativo. Na fase de conhecimento, há muitos benefícios com a substituição processual, que seria de uma única decisão beneficiar várias pessoas em situações iguais, assim como da maior celeridade processual. Contudo, havendo um número grande de substituídos, a execução irá andar muito mais devagar, além de dificultar a apuração do valor devido, pois, se a ação fosse proposta individualmente, andaria muito mais rápida a execução, para efeito da apuração do devido. Com um número excessivo de pessoas, umas poderão concordar com a conta e outras não, fazendo com que o processo ande mais lentamente. Se o processo demora muito tempo, a tendência é os substituídos morrerem, havendo necessidade de habilitação no processo. Talvez, o melhor seria, na execução, desmembrar a execução em vários processos individuais.

Na Argentina, a decisão na substituição processual pode afetar interesses sindicais na atividade ou categoria profissional.

Na Itália, ocorre: (a) na atuação conjunta do sindicato e representante sindical pela reintegração; (b) na ação de condenação do empregador ao pagamento para o fundo de pensão dos trabalhadores de uma quantia nos casos de tratamento econômico coletivo discriminatório; (c) processo de interpretação ou aplicação de cláusula de acordo coletivo e quando há um interesse à liberdade sindical; (d) na conduta antissindical do empregador.

Na Espanha, ocorre a substituição processual: (a) na integração no processo individual quando houver prejuízo aos direitos de liberdade sindical pelo empregador; (b) em relação aos associados ao sindicato e em processos sobre convênios coletivos.

Em Portugal, a substituição processual diz respeito a: (a) interesse dos associados em processos judiciais e procedimentos administrativos; (b) cumprimento de cláusulas de contratos coletivos.

14.14 LITISCONSÓRCIO

Litisconsórcio é a aglutinação de pessoas em um ou em ambos os polos da relação processual, de maneira ordinária ou superveniente, voluntária ou coacta, nos casos previstos em lei.

O litisconsórcio pode tanto aparecer no início do processo, no qual vários reclamantes ingressam com ação contra a mesma empresa, como no seu decorrer, em que aparecem outras pessoas estranhas à lide inicial. O litisconsórcio pode ser tanto voluntário, em que não há nenhuma imposição da lei em sua formação, como pode decorrer da norma legal, impondo a aglutinação das pessoas em certo polo da ação.

14.14.1 Cumulação objetiva

Na cumulação objetiva, existem vários pedidos feitos contra o mesmo réu. É o que ocorre comumente no processo do trabalho, onde são pedidas férias, 13º salário, aviso prévio, saldo de salários, levantamento dos depósitos fundiários, horas extras e integrações, adicional de insalubridade e seus reflexos, multa pelo atraso no pagamento das verbas rescisórias, entre outros.

Na cumulação objetiva, é necessário que os pedidos sejam compatíveis entre si, o juízo seja competente para conhecer os pedidos e seja adequado para todos os pedidos o tipo de procedimento (art. 327, § 1º, III do CPC). Os especiais, quando contestados, assumem o rito ordinário. Os pedidos serão cumuláveis, ainda que não haja conexão (*caput* do art. 327 do CPC).

Dá-se a cumulação simples, mesmo que os pedidos não se achem inter-relacionados por qualquer motivo, sendo, porém, compatíveis entre si. É o caso de serem cumulados pedidos de horas extras, adicional de insalubridade e pagamento das verbas rescisórias, que não estão inter-relacionados entre si, mas são perfeitamente compatíveis de serem postulados numa mesma ação.

Ocorre a cumulação sucessiva ou subsidiária quando a apreciação do pedido posterior apenas for possível se o anterior não for acolhido (art. 326 do CPC). No pedido de reintegração no emprego ou indenização, o segundo pedido só poderá ser apreciado se o empregado não puder ser reintegrado.

Observa-se a cumulação alternativa quando forem feitos dois ou mais pedidos, em decorrência da narração dos fatos, embora só um possa ser acolhido. Manoel Antonio Teixeira Filho (1991:78) adverte que não se confunde cumulação alternativa com pedido alternativo. "Aqui, o pedido é um só, a despeito de ser formulado com base em obrigação alternativa, ao passo que, lá, a obrigação é uma, mas vários são os pedidos."

14.14.2 Cumulação subjetiva

Na cumulação subjetiva, não há a cumulação de pedidos, mas a cumulação de partes no processo. Vários empregados são aglutinados no polo ativo da ação postulando contra o empregador, *v. g.*, o pagamento de adicional de insalubridade, pois trabalhavam em ambiente insalubre.

14.14.3 Classificação do litisconsórcio

O litisconsórcio pode ser classificado da seguinte forma:

a) quanto ao momento de sua constituição: litisconsórcio originário ou inicial e litisconsórcio superveniente (ou posterior);

b) quanto à necessidade ou não de sua constituição: litisconsórcio necessário (ou indispensável) e litisconsórcio facultativo (ou dispensável);
c) quanto à posição das partes na relação processual: litisconsórcio ativo, passivo ou misto;
d) quanto à natureza da decisão: litisconsórcio simples e litisconsórcio unitário.

14.14.3.1 Litisconsórcio facultativo

A lei não impõe a formação do litisconsórcio facultativo, que fica subordinada à vontade das partes (art. 113 do CPC). Na verdade, as ações até poderiam ter sido ajuizadas individualmente.

Exige-se no litisconsórcio facultativo apenas que:

a) haja uma mesma relação material entre as partes envolvidas, que possuam mesmos direitos e obrigações a serem cumpridos, quanto ao conflito de interesses;
b) os direitos ou as obrigações derivam de um mesmo fundamento de fato ou de direito, como ocorre se vários empregados forem demitidos por justa causa sob a pecha de ato de improbidade;
c) deve haver entre as causas conexão, ou pelo objeto ou pela causa de pedir. É possível exemplificar com uma ação proposta por vários empregados contra a mesma empresa postulando as verbas rescisórias que não lhe foram pagas, com a alegação de justa causa para o despedimento. No processo do trabalho, essa situação é regida pelo art. 842 da CLT, que fala que as ações podem ser propostas ou reunidas, se ajuizadas em separado, contra uma mesma empresa, desde que haja "identidade da matéria".

O juiz poderá limitar o litisconsórcio facultativo quanto ao número de litigantes na fase de conhecimento, na liquidação de sentença ou na execução, quando comprometer a rápida solução do litígio ou dificultar a defesa ou o cumprimento da sentença (§ 1º do art. 113 do CPC). Há, porém, necessidade de pedido. O pedido de limitação interrompe o prazo da defesa, caso a determinação seja feita em audiência, sendo necessário ser designada nova audiência para esse fim. Pelo CPC, a limitação do litisconsórcio diz respeito tanto à fase de conhecimento, como ocorria antes, mas também na liquidação de sentença ou na execução.

14.14.3.2 Litisconsórcio necessário

O litisconsórcio necessário é formado por força de determinação legal, em que a sentença proferida depender de que todas as pessoas legitimadas estejam no processo.

Não há litisconsórcio necessário no processo do trabalho, pois mesmo no caso de empresas do mesmo grupo econômico, que são solidárias entre si quanto às dívidas de natureza trabalhista (§ 2º do art. 2º da CLT), não é preciso o chamamento de todas ao processo, pois este só se admitiria em relação às empresas secundárias quanto à principal. No entanto, qualquer empresa pode pagar o débito trabalhista da empresa do grupo, em razão dessa solidariedade, e de o empregador ser considerado o próprio grupo econômico.

14.14.3.3 Litisconsórcio unitário

O art. 116 do CPC refere-se a litisconsórcio necessário, mas, em verdade, trata-se de litisconsórcio unitário, pois a lide deve ser decidida de modo uniforme para todas as partes. Se o pronunciamento do juízo tiver que ser necessariamente igual para todas as partes do processo, há litisconsórcio unitário.

O litisconsórcio unitário é autônomo do litisconsórcio necessário, embora normalmente estejam juntos. Ensina Manoel Antonio Teixeira Filho (1991:101) que "um litisconsórcio facultativo, *v. g.*, também pode ser unitário: facultativo porque a sua formação não é imposta por lei, dependendo, apenas, da vontade da parte; unitário, porque a sentença deverá resolver a lide de maneira uniforme para todos aqueles que se acham agrupados em um dos polos da relação processual".

O exemplo que se costuma dar a respeito de litisconsórcio unitário é o da anulação de casamento, ajuizada pelo Ministério Público. Aqui, a lide deve ser solucionada igualmente tanto para o homem como para a mulher, pois seria impossível solucioná-la diversamente para uma das partes em detrimento da outra.

14.14.4 Consequências e procedimentos

Os litisconsortes serão considerados, em suas relações com a parte contrária, como litigantes distintos, salvo determinação em sentido contrário. Os atos e as omissões de um não prejudicarão nem beneficiarão os demais (art. 117 do CPC).

Havendo revelia, seu efeito não se verificará se existirem vários réus, e algum deles contestar a ação (art. 332, I, do CPC). É a confissão o efeito da revelia.

Nada impede de ser feito pedido reconvencional no litisconsórcio, desde que ligado ao próprio reconvinte.

Em matéria de prova, "a confissão judicial faz prova contra o confitente, não prejudicando, todavia, os litisconsortes" (art. 391 do CPC). Os demais réus terão direito de fazer prova dos fatos alegados, a despeito de um deles confessar certo ato quanto ao pedido do autor.

Cada litisconsorte tem o direito de promover o andamento do processo, sendo que todos devem ser intimados dos respectivos atos (art. 118 do CPC).

No que diz respeito a recurso, se este for interposto por um dos litisconsortes a todos aproveita, salvo se distintos os interesses daqueles (art. 1.005 do CPC). É a regra formada na jurisprudência de que os atos benéficos praticados por um dos litisconsortes a todos se estendem. Contudo, os atos prejudiciais não produzem efeitos em relação aos demais litisconsortes, somente ao que os tenha realizado.

Caberá litisconsórcio no procedimento sumaríssimo, podendo haver mais de uma empresa no polo passivo da ação, em que se discute se há responsabilidade solidária ou subsidiária.

14.15 INTERVENÇÃO DE TERCEIROS

Terceiras pessoas, estranhas à lide, podem ingressar no processo, por provocação de uma das partes, ou, até mesmo, voluntariamente, para defender interesse próprio. Caracteriza-se, assim, a intervenção de terceiros.

A intervenção provocada existe na denunciação da lide e no chamamento ao processo. A intervenção voluntária, do ponto de vista que ora será examinado, consiste na assistência e na oposição.

14.15.1 Assistência

Consubstancia-se a assistência no ato pelo qual terceiro intervém, voluntariamente, no processo, pelo fato de ter interesse jurídico em que a sentença venha a ser favorável ao assistido. É a intervenção adesiva ou *ad adjuvandum*.

A assistência simples é definida no art. 119 do CPC se, pendendo causa entre duas ou mais pessoas, o terceiro que tiver interesse jurídico em que a sentença seja favorável a uma delas poderá intervir no processo para assisti-la.

É prevista a assistência litisconsorcial no art. 124 do CPC: considera-se litisconsorte da parte principal o assistente, toda vez que a sentença houver de influir na relação jurídica entre ele e o adversário do assistido. O assistente litisconsorcial é o titular da relação jurídica com o autor ou o réu.

O interesse do assistente deve ser jurídico e não econômico, como mencionado no art. 119 do CPC. Aliás, o TST tem súmula de sua jurisprudência predominante que trata do tema, a de n. 82, assim ementada: "A intervenção assistencial, simples ou adesiva, só é admissível se demonstrado o interesse jurídico e não meramente econômico." Aquele que vendeu uma empresa, colocando no contrato de venda e compra que ficaria responsável pelas reclamações trabalhistas quanto ao período em que esteve naquela, se não demonstrar seu interesse jurídico no processo, não será admitido como assistente. No exemplo mencionado, o suposto "assistente" tem interesse econômico no desfecho da demanda, pois cabe a ele o pagamento das verbas trabalhistas no período em que foi sócio da empresa. Logo, seu interesse na lide não é jurídico, mas apenas econômico, não podendo ser admitido como assistente.

A hipótese mais comum de assistência no processo do trabalho é a que diz respeito a participação do sindicato, assistindo o empregado em juízo. O substituído também poderá figurar no processo como assistente litisconsorcial.

O terceiro que intervém no processo não pode, contudo, estar vinculado à relação jurídica debatida. O assistente não é parte, mas apenas sujeito interessado no processo.

A assistência terá que ser feita na fase de conhecimento, nunca na fase de execução. A assistência só deveria ser utilizada até ser proferida a sentença. O art. 119 do CPC faz referência a sentença. Entretanto, o parágrafo único do art. 119 do CPC prevê que a assistência será admitida em qualquer procedimento e em todos os graus de jurisdição, recebendo o assistente o processo no estado em que estiver. Logo, será admitida em grau recursal, que compreende os graus de jurisdição.

O pedido de assistência deverá ser feito por escrito, até mesmo para saber o seu conteúdo. Não poderá, portanto, ser verbal, mesmo no processo do trabalho. As partes terão 15 dias para se manifestar sobre a assistência (art. 120 do CPC).

Da decisão que admitir ou não o assistente não cabe recurso, por se tratar de decisão interlocutória (§ 1º do art. 893 da CLT).

A assistência não impede que a parte principal reconheça o pedido, desista da ação ou venha a efetuar transação sobre direitos controvertidos. Nestes casos, terminado o processo, cessa a intervenção do assistente.

Sendo revel o assistido, "ou, de qualquer outro modo, omisso o assistido, o assistente será considerado seu substituto processual" (parágrafo único do art. 121 do CPC).

O assistente responderá pelas despesas processuais dos atos que praticar. Se o assistido for vencido, será condenado nas custas em proporção à atividade que tiver exercido no processo (art. 94 do CPC), que serão pagas *pro rata* entre assistente e assistido (§ 7º do art. 789 da CLT).

Transitada em julgado a sentença no processo em que interveio o assistente, este não poderá, em processo posterior, discutir a justiça ou injustiça da decisão, salvo se alegar e provar que: (a) pelo estado em que recebeu o processo ou pelas declarações e pelos atos do assistido, foi impedido de produzir provas que pudessem influir na sentença; (b) desconhecia a existência de alegações ou de provas de que não se valeu, por dolo ou culpa, o assistido (art. 123 do CPC).

14.15.2 Oposição

A oposição, ou intervenção *ad excludendum*, ocorre quando o terceiro pretende, no todo ou em parte, a coisa ou direito sobre que controvertem autor e réu (art. 682 do CPC). O CPC passa a tratar do tema nos arts. 682 e ss. e não no capítulo de intervenção de terceiros.

Só pode ser admitida a oposição no processo de conhecimento, ou seja, "até ser proferida a sentença", de acordo com o art. 682 do CPC. Assim, não cabe na fase recursal ou na execução.

Na oposição, a controvérsia não deve ser entre o autor e terceiro, nem entre o réu e o terceiro, mas entre o autor e o réu, daí porque o opoente pretende a coisa ou direito para si.

14.15.2.1 Cabimento

Discute-se o cabimento da oposição no processo do trabalho. Tostes Malta (1991:106) oferece o exemplo do empregador ajuizar ação na Justiça do Trabalho para reaver de um empregado determinado mostruário de vendas, alegando que tal coisa lhe pertence; informa que terceiro ingressa no processo, pretendendo opor-se ao direito controvertido pelo empregador e pelo empregado, dizendo que, na verdade, é dele o mostruário. Se houver, contudo, contestação da oposição, haverá a formação de um litígio entre dois empregados, o que redundaria na incompetência da Justiça do Trabalho para examinar a matéria. Se o réu reconhecer o pedido, a intervenção do opoente será considerada como uma ação comum, entre empregado e empregador, não se podendo falar numa situação semelhante à de oposição (Teixeira Filho, 1991:163). Entendo, assim, inaplicável ao processo do trabalho a oposição, pelos motivos citados.

Caberia oposição no caso em que a empresa ajuizasse ação de consignação em pagamento contra certo sindicato, pleiteando o depósito de contribuições sindicais. O sindicato opoente apresenta a oposição dizendo que as contribuições sindicais lhe pertencem, em razão de ter representação sindical dos trabalhadores da empresa (art. 114, III, da Constituição).

Cabe oposição em dissídio coletivo, por ser compatível com o processo do trabalho, levando a competência da Justiça do Trabalho para decidir a respeito de disputa intersindical (art. 114, III, da Constituição).

A oposição deve ser apresentada na fase de conhecimento do processo, mas sempre antes da sentença, visando que esta julgue a relação entre opoente e oposto.

Se se entender cabível a oposição nos dissídios individuais, o opoente deverá fazer seu pedido, atendendo aos requisitos do art. 319 do CPC. A oposição é distribuída por dependência, devendo os opostos serem citados pessoalmente ou por seus advogados para contestar a ação na audiência que for designada.

Caso um dos opostos reconheça o pedido, contra o outro prosseguirá o opoente (art. 684 do CPC).

Sendo a oposição oferecida antes da audiência, haverá o apensamento aos autos principais, correndo simultaneamente com a ação. No processo do trabalho não se costuma fazer apensamento. Ambas serão julgadas pela mesma sentença (art. 685 do CPC).

Se a oposição for proposta após o início da audiência de instrução, o juiz suspenderá o curso do processo ao fim da produção das provas, salvo se concluir que a unidade da instrução atende melhor ao princípio da duração razoável do processo (parágrafo único do art. 685 do CPC). O juiz não tem a faculdade de suspender o processo, pois a linguagem da lei é imperativa ao usar o verbo suspender no imperativo.

Tendo o juiz que decidir simultaneamente ação e oposição, conhecerá desta em primeiro lugar (art. 686 do CPC).

14.15.3 Denunciação da lide

14.15.3.1 Conceito

A expressão denunciação da lide vem de *denuntiatio litis*. Era uma forma de proporcionar a ação de evicção pelo adquirente em relação a quem lhe vendeu o bem.

No CPC de 1939 era chamado de chamamento à autoria.

Reza o art. 125 do CPC que é admissível a denunciação da lide, promovida por qualquer das partes:

> I – ao alienante imediato, no processo relativo à coisa cujo domínio foi transferido ao denunciante, a fim de que possa exercer os direitos que da evicção lhe resultam;
>
> II – àquele que estiver obrigado, pela lei ou pelo contrato, a indenizar, em ação regressiva, o prejuízo de quem for vencido no processo.

O direito regressivo será exercido por ação autônoma quando a denunciação da lide for indeferida, deixar de ser promovida ou não for permitida.

Admite-se uma única denunciação sucessiva, promovida pelo denunciado, contra seu antecessor imediato na cadeia dominial ou quem seja responsável por indenizá-lo.

Inicialmente, a denunciação da lide tinha um cunho de ação real, dizendo respeito à coisa, embora na época se empregasse o nome chamamento à autoria, que seria semelhante ao instituto em estudo. O CPC passou a chamá-lo denunciação à lide, ampliando seu conceito ao incluir a hipótese descrita no inciso III do art. 70, ao determinar o direito de regresso do denunciante contra o denunciado. Vem a ser, assim, a denunciação da lide uma inovação inspirada no art. 325 do Código de Processo de Portugal e no § 72 da ZPO alemã, ao contemplar a hipótese da ação regressiva.

Conceitua Sydney Sanches (1984:31) a denunciação da lide como a "ação incidental proposta por uma das partes (da ação principal), em geral contra terceiro, pretendendo a condenação deste à reparação do prejuízo decorrente de sua eventual derrota na causa, seja pela perda da coisa (evicção), seja pela perda de sua posse direta, seja por lhe assistir direito regressivo previsto em lei ou em contrato (relação jurídica de garantia)".

Verifica-se, portanto, que a denunciação da lide no processo civil cabe tanto em relação ao autor como ao réu, sendo uma ação incidental, de caráter obrigatório quanto a terceiro estranho à relação processual (art. 125 do CPC), aplicável apenas na fase de conhecimento e nunca na fase de execução. Há, por conseguinte, duas ações num mesmo processo, duas relações jurídico-processuais, que terão de ser dirimidas numa única sentença.

14.15.3.2 Natureza jurídica

O CPC de 1939 estava vinculado ao sistema romano, pois a denunciação da lide tinha por finalidade notificar da demanda o denunciado, que iria fazer a defesa do denunciante. O CPC veio adotar a teoria germânica, passando a denunciação da lide a ser uma ação regressiva, para que o denunciante possa ressarcir-se dos prejuízos que vier a sofrer, na hipótese de ser responsabilizado pelo pagamento de perdas e danos, ou seja: é uma forma de exercício antecipado e condicionado da ação de regresso.

Tem natureza a denunciação da lide de processo incidental, pois no curso do processo surge uma nova relação incidente, que terá de ser decidida pelo juiz.

A sentença que resolver a questão entre o denunciante e o denunciado será uma decisão declaratória-condenatória e não somente declaratória, valendo como título executivo (parágrafo único do art. 129 do CPC), pois a sentença meramente declaratória não pode ser executada, apenas a sentença condenatória.

14.15.3.3 Cabimento no processo do trabalho

Discute-se o cabimento da denunciação da lide no processo do trabalho, inexistindo unanimidade de posicionamentos a respeito do tema.

Na doutrina, Amauri Mascaro Nascimento (1992:194), Carlos Coqueijo Costa (1977:162) e Christóvão Piragibe Tostes Malta (1991:228) admitem a denunciação da lide em casos em que se discuta a sucessão de empregadores, podendo o sucedido denunciar à lide o sucessor, se estiver obrigado pela lei ou pelo contrato a indenizar em ação regressiva o prejuízo decorrente da perda da demanda. José Augusto Rodrigues Pinto (1991:193) entende cabível a denunciação da lide e a recomenda em razão da celeridade processual, todavia sob a forma voluntária. Seria, portanto, o caso da aplicação dos arts. 125 e ss. do CPC, em razão da omissão da CLT sobre o tema e da compatibilidade da denunciação da lide com os princípios do processo do trabalho (art. 769 da CLT).

Wagner Giglio (1984:124) e Manoel Antonio Teixeira Filho (1991:215/20) entendem ser inaplicável a denunciação da lide no processo do trabalho, principalmente pelo fato da incompetência da Justiça do Trabalho para resolver a controvérsia entre o denunciante e o denunciado.

O CPC enumera dois casos de denunciação da lide no art. 125. O inciso I trata do direito de evicção, que não ocorre no processo do trabalho. Resta o inciso II, para o qual é obrigatória a denunciação da lide àquele que estiver obrigado, pela lei ou pelo contrato, a indenizar, em ação regressiva, o prejuízo de quem for vencido no processo.

Denota-se do exame do inciso II do art. 125 do CPC que é mister haver previsão legal ou contratual determinando a existência de obrigação regressiva entre denunciante e denunciado. Inexistindo essa obrigação, a denunciação da lide será incabível.

O segundo requisito a ser observado é a necessidade de interesse processual e não meramente econômico na denunciação da lide, pois se aplicaria por analogia a Súmula 82 do TST.

À primeira vista, o art. 455 e seu parágrafo único da CLT encerrariam hipótese de denunciação da lide em razão do direito de regresso do empreiteiro principal contra o subempreiteiro. A responsabilidade ali contida é, porém, subsidiária (Magano, 1992:105) ou sucessiva e não solidária, como entendem alguns autores, pois a solidariedade resulta da lei ou da vontade das partes (art. 265 do Código Civil), sendo que nada está disposto quanto à solidariedade entre empreiteiro e subempreiteiro no dispositivo consolidado. Admitida a denunciação da lide, haveria duas demandas: uma entre empregado e empresa, outra, uma ação incidental entre duas empresas. No entanto, a sentença que julgar o pedido terá que decidir a situação entre o denunciante e o denunciado, quanto à responsabilidade, sendo a Justiça do Trabalho incompetente para dirimir essa demanda paralela, porque a questão será entre duas empresas e não entre empregado e empregador, além do que irá tratar de matéria de natureza civil, totalmente distinta do contrato de trabalho. A Justiça do Trabalho teria de necessariamente dirimir a quem caberia a responsabilidade entre as duas empresas e quanto aos direitos do trabalhador em relação a elas, o que diante do texto do art. 114 da Constituição é impossível, pois não há que se falar em direito de regresso no próprio processo trabalhista, nem há relação de trabalho entre as duas empresas. As outras controvérsias decorrentes da relação de trabalho dizem respeito ao trabalho ou aos trabalhadores e não à relação entre denunciante e denunciado. Lembre-se, também, que o operário não poderia ser empregado das duas empresas ao mesmo tempo. A ação regressiva a ser proposta pelo empreiteiro principal contra o subempreiteiro (parágrafo único do art. 455 da CLT) é, portanto, de competência originária da Justiça Comum. O fato de se dirimir matéria de natureza civil não importaria, em princípio, na não aplicação da denunciação da lide, mas em decorrência de inexistir competência da Justiça do Trabalho em razão da matéria para resolver a questão entre duas empresas, mormente no que diz respeito à responsabilidade entre elas. Na verdade, o que o parágrafo único do art. 455 da CLT quer dizer é que o direito de regresso do empreiteiro principal contra o subempreiteiro deve ser feito mediante ação autônoma e perante a Justiça Comum.

Não se pode admitir a denunciação da lide dos antigos proprietários da empresa aos atuais ou vice-versa. A responsabilidade fixada em contrato em relação aos sócios que saem da empresa e os que nela ingressam não poderá ser oposta em juízo, pois o empregador é a empresa, segundo a definição do art. 2º da CLT, além do que atrairia a aplicação dos arts. 10 e 448 da CLT, visto que a mudança na estrutura jurídica ou na propriedade da empresa não prejudicará os direitos dos empregados. Na verdade, o trabalhador ingressa com ação contra a empresa e não contra as pessoas jurídicas ou físicas que a compõem. Se o trabalhador tivesse interesse em propor a ação contra as duas empresas, ele o teria feito na inicial. Normalmente, o operário propõe a ação contra aquele que considera seu empregador. Ademais, a responsabilidade entre os sócios será dirimida pela Justiça Comum, sendo que aqueles não poderão modificar, via contrato, as disposições de ordem pública dos arts. 10 e 448 da CLT em detrimento dos direitos do empregado. Ainda que se admitisse a denunciação da lide entre duas empresas, em razão do contrato mantido entre elas, se o autor não provasse o vínculo empregatício com a primeira empresa, haveria ilegitimidade passiva desta (no caso do vínculo empregatício ser com outra pessoa) ou a rejeição do pedido; se a relação de emprego fosse configurada com a segunda empresa, a primeira empresa seria excluída da lide.

Afirmam alguns autores que os fundamentos da denunciação da lide no processo do trabalho seriam a economia e a celeridade processuais, porém na maioria dos casos não é isso o que ocorre, pois o denunciante indica outra pessoa para figurar no polo passivo da ação, o que vem a tornar ainda mais lento o trâmite processual. Num segundo plano, há necessidade de se excluir uma das empresas da relação instaurada, o que é feito na sentença, como regra geral, mostrando a perda de tempo existente no processo, em que muitas vezes essa exclusão é feita em razão até mesmo da denunciada.

Se a empresa denuncia à lide o gerente, que teria cometido assédio sexual, não seria cabível a denunciação, pois o gerente não é empregado do reclamante. A questão é cível e não trabalhista.

Não pode ser feita a denunciação da lide da seguradora em caso de indenização por dano decorrente de acidente do trabalho. A relação do trabalhador com a seguradora não é decorrente da relação de trabalho. Ela não é empregadora do trabalhador. Entre seguradora e a denunciante não há relação de trabalho.

Não haveria que se falar em denunciação da lide entre o empregador contra o INSS, no tocante ao pagamento de salário-maternidade, que é de incumbência da autarquia (art. 71 da Lei n. 8.213/91), pois a relação entre a empresa e o INSS escaparia à competência da Justiça do Trabalho, em razão de que não haveria ali a figura de empregado e empregador, além do que o reclamante não seria empregado da autarquia.

O mesmo se pode dizer da denunciação da lide da empresa em relação à CEF, quanto a depósitos do FGTS. A controvérsia entre a CEF e a reclamada também refoge à competência da Justiça do Trabalho. Ressalte-se que o art. 26 da Lei n. 8.036/90, que admite a competência da Justiça do Trabalho, mesmo quando a CEF e o Ministério do Trabalho figurarem como litisconsortes num dissídio entre empregado e empregador, apenas repete aproximadamente o art. 22 de Lei n. 5.107/66, que tratava da competência da Justiça do Trabalho em dissídio entre empregado e empregador, ainda que houvesse a participação no feito do BNH ou da Previdência Social quanto ao FGTS. No caso do art. 22 da Lei n. 5.107, a Súmula 179 do TST entendeu-o inconstitucional. O mesmo ocorre com o art. 26 da Lei n. 8.036, que se atrita com o art. 114 da Constituição, pois não se trata de controvérsia apenas de empregado e empregador, mas se inclui no polo passivo um terceiro estranho àquela relação, envolvendo empresa pública, o que implica a competência da Justiça Federal (art. 109, I, da Norma Ápice). A jurisprudência trabalhista vem-se firmando no sentido de que, na hipótese da existência de diferenças na conta do FGTS do empregado, o empregador responde diretamente perante o obreiro, tendo ação de regresso contra a CEF.

Poder-se-ia argumentar que subsistiria ainda uma hipótese de denunciação da lide, ou seja: uma empresa do grupo econômico denunciar a empresa *holding*, em razão da solidariedade existente entre elas (§ 2º do art. 2º da CLT). Vamos verificar, porém, do inciso II do art. 125 do CPC que este não trata de responsabilidade solidária, mas de ação de regresso. Tal hipótese mais se aproximaria do chamamento ao processo, nos termos do inciso III do art. 130 do CPC, que não é objeto do instituto em estudo. O mesmo raciocínio poderia ser aplicado no caso do art. 16 da Lei n. 6.019/74, que trata do trabalho temporário, ao mencionar que, na existência de falência da empresa de trabalho temporário, a empresa tomadora do serviço responde solidariamente pela indenização e remuneração devidas ao empregado.

Seria possível argumentar que a denunciação da lide poderia ocorrer na hipótese de que a Justiça do Trabalho não dirimisse a situação entre o denunciante e o denunciado, dando um temperamento ao instituto do processo civil e adaptando-o ao processo do trabalho, com o que não haveria incompetência da Justiça Obreira. Em primeiro lugar, ou se utiliza efetivamente o instituto da forma como é previsto no CPC, ou não se o emprega. Em segundo lugar, de acordo com o CPC, que adotou a teoria do direito germânico, trata-se a denunciação da lide de verdadeira ação de regresso e não de mera notificação, como era no sistema do CPC de 1939. Admitir a denunciação da lide sem se resolver, por sentença, a situação do denunciante e do denunciado seria retornar ao sistema do CPC de 1939, o que não se pode pensar, em razão da inexistência de lei que determine esse procedimento no processo do trabalho e do fato de que seria suprimida e transfigurada a principal novidade no instituto em comentário, que é justamente o exercício da ação de regresso.

O indeferimento da denunciação da lide não trará nenhum prejuízo processual irreparável à defesa do reclamado, não havendo que se falar em nulidade (art. 794 da CLT), pois nada impede que uma empresa ingresse com ação no juízo Cível contra outra para reivindicar eventual direito de regresso, em razão do pagamento feito ao reclamante, decorrente de condenação determinada pela Justiça do Trabalho. No processo civil, o STJ já entendeu que o fato de o terceiro não denunciar outra pessoa à lide não retira seu direito de ingressar com a ação de regresso, de maneira autônoma, em decorrência da responsabilidade que lhe foi imputada. O que ocorre, na verdade, é que apenas aquela pessoa fica privada do título executivo que já poderia ter obtido.

A celeridade do processo do trabalho poderia ficar prejudicada com sucessivas denunciações da lide.

A relação entre denunciante e denunciado não decorre da relação de trabalho, mas de uma relação civil entre as partes.

Por estas razões, é inaplicável a denunciação da lide, tal qual prevista no CPC, no processo do trabalho.

14.15.3.4 *Factum principis*

É mister relembrar, inicialmente, o que vem a ser o *factum principis*, ou fato do príncipe. No Direito do Trabalho, o fato do príncipe ocorre quando a Administração Pública impossibilita a execução do contrato de trabalho, de forma definitiva ou temporária, por intermédio de lei ou ato administrativo. A hipótese é observada no art. 486 da CLT.

Wagner Giglio sustenta a ocorrência da denunciação da lide no *factum principis*, previsto no § 1º do art. 486 da CLT (1984:124), mas este dispositivo legal se refere expressamente ao chamamento à autoria. Este caso, porém, não seria de denunciação da lide, mas de chamamento à autoria, na forma como estava previsto no CPC de 1939. O chamamento à autoria, de acordo com o que estava disciplinado no CPC de 1939, correspondia à denunciação da lide romana, que não se assemelha às hipóteses elencadas no art. 125 do CPC, pois o chamamento à autoria tinha por base fundamental a evicção, que, inclusive, não se aplica no processo do trabalho, até porque o objetivo principal era notificar o denunciado para que promovesse a defesa do denunciante. O § 1º do art. 486 da CLT revela, entretanto, que a Administração Pública irá ser responsável no processo pela indenização que seria devida ao empregado em razão da paralisação da empresa e não pelo direito de que resulta a evicção.

Por outro lado, admitindo-se que houve o *factum principis* do Poder Público, a responsabilidade pela indenização de estabilidade seria da Administração e não mais da empresa, sendo automaticamente incompetente a Justiça do Trabalho para analisar a questão, razão pela qual os autos serão remetidos à Vara da Fazenda Pública (onde houver), de acordo com o § 3º do art. 486 da CLT. No caso, o empregador não mais permanece no processo, ficando neste apenas o empregado e a Fazenda Pública. Não haverá, também, o direito de regresso entre empregador e Fazenda Pública, que seria resolvido no próprio processo, nem existirá direito de regresso da última contra o primeiro, pois a responsável pelo pagamento da indenização é apenas a Administração. Nas hipóteses do art. 125 do CPC, o procedimento é totalmente diverso, e não se assemelha ao art. 486 da CLT. Logo, não se está diante da figura processual da denunciação da lide.

14.15.3.5 Procedimento

Para os que admitem a denunciação da lide no processo do trabalho, deve-se aplicar o CPC, no que for compatível com o procedimento laboral.

A denunciação da lide, assim, pode ser feita pelo autor ou pelo réu (art. 125 do CPC). No processo do trabalho, costuma-se colocar uma segunda empresa no polo passivo da ação, principalmente quando há inidoneidade financeira de uma das empresas demandadas para suportar eventual condenação no processo.

Se a denunciação for feita pelo autor, o denunciado, comparecendo em juízo, poderá assumir a posição de litisconsorte do denunciante, podendo aditar a petição inicial, fazendo-se em seguida a citação do réu (art. 127 do CPC).

No caso em que a denunciação da lide é feita pelo réu, três hipóteses podem ser admitidas:

a) se o denunciado aceita a denunciação e contesta o pedido, o processo prossegue entre o autor, de um lado, e de outro, como litisconsortes, o denunciante e o denunciado;
b) se o denunciado for revel, o denunciante pode deixar de prosseguir com sua defesa, eventualmente oferecida, e abster-se de recorrer, restringindo sua atuação à ação regressiva;
c) se o denunciado confessar os fatos alegados pelo autor na ação principal, poderá o denunciante prosseguir com sua defesa ou, aderindo a tal reconhecimento, pedir apenas o acolhimento do pedido da ação de regresso (art. 128 do CPC).

Acolhido o pedido da ação principal, pode o autor, se for o caso, requerer o cumprimento da sentença também contra o denunciado, nos limites da condenação deste na ação regressiva (parágrafo único do art. 128 do CPC).

Na sentença, o juiz deverá decidir se ambas as empresas serão responsáveis pela condenação ou se apenas uma o será, excluindo a outra do polo passivo da ação, ou condená-las de maneira subsidiária. Normalmente, quando o vínculo de emprego é comprovado com apenas uma empresa, das duas citadas no processo, ou até quando é verificado que a empresa que deve assumir a condenação é empresa idônea, não é determinada na sentença a condenação das duas empresas, excluindo-se, portanto, uma delas do polo passivo da ação.

14.15.4 Chamamento ao processo

Dá-se o chamamento ao processo – que não é obrigatório como na denunciação da lide, mas facultativo – nos casos previstos no art. 130 do CPC, como ato privativo do réu. Os incisos I e II do mencionado dispositivo legal envolvem questões sobre fiador, que inocorrem na Justiça do Trabalho. O inciso III menciona o caso de devedores solidários, o que poderia atrair a aplicação do § 2º do art. 2º da

CLT (grupo de empresas), do art. 16 da Lei n. 6.019/74 ou do consórcio de empregadores rurais. Todavia, a Justiça do Trabalho também seria incompetente para resolver a questão surgida entre o chamado ao processo e quem o chamou, pois seria uma questão entre duas empresas.

No Direito do Trabalho o grupo de empresas é o empregador único, havendo responsabilidade solidária entre as empresas do grupo (§ 2º do art. 2º da CLT; § 2º do art. 3º da Lei n. 5.889/73). Assim, proposta a ação contra uma das empresas, ela responde pelo débito trabalhista, ainda que o empregado não tenha trabalhado para essa empresa.

De outro lado, se o empregado quisesse propor ação contra as duas empresas, já o teria feito na inicial.

Exemplo poderia ser o chamamento ao processo de uma sociedade de fato ou um condomínio irregular, para que todos venham a responder pela condenação.

Entendo, ao contrário da respeitável orientação de Manoel Antonio Teixeira Filho (1991:238), que não se pode fazer um temperamento ou adaptação do instituto do chamamento ao processo previsto no CPC para o processo do trabalho, sob pena de termos de fazê-lo também em relação à nomeação à autoria, à oposição e a denunciação da lide, o que desnaturaria os referidos institutos previstos no processo civil. Daí, a dificuldade da adaptação de certos institutos do processo civil no processo do trabalho, que tem condições e circunstâncias, muitas vezes, totalmente distintas. Na verdade, a sentença trabalhista proferida não valerá como título executivo em relação ao chamado e a quem o chamou no processo, pois será preciso que a ação de regresso seja ajuizada na Justiça Comum.

Não há relação de trabalho entre empresa que chama e a que é chamada ao processo, mas relação comercial ou civil.

Dessa forma, entendo também ser inaplicável o chamamento ao processo, como previsto no CPC, no processo do trabalho.

Admitindo-se o cabimento do chamamento ao processo no Direito Processual do Trabalho, o réu deve requerer, no prazo da contestação, a citação do chamado (art. 130 do CPC). Não pode ser depois do prazo da contestação, nem na fase de execução.

Acolhido o chamamento ao processo, o processo fica suspenso.

A sentença deverá dizer se há responsabilidade solidária entre as partes envolvidas no polo passivo da ação.

14.15.5 Conclusões

Salvo no caso da assistência e da oposição em dissídio coletivo, as demais hipóteses de intervenção de terceiros elencadas no CPC não se aplicam ao processo do trabalho.

Na prática, o que acontece é um reforço do polo passivo da ação, visando o pleno cumprimento daquilo que eventualmente for decretado na sentença a favor do autor. Caso uma das partes do polo passivo não liquide o devido, caberá à outra parte do mesmo polo pagá-lo. Daí por que dizer reforço do polo passivo da ação, com vistas à futura execução. Tal reforço poderá ser determinado de ofício pelo juiz, antes da instrução do feito, com fulcro no amplo poder de direção do magistrado no processo, ao velar pelo rápido andamento das causas trabalhistas (art. 765 da CLT), e não com base nos arts. 125 e 130 do CPC.

Não será possível apresentar no procedimento sumaríssimo denunciação da lide, chamamento ao processo, nomeação à autoria, pois abrange relação com outra pessoa, sendo incompetente a Justiça do Trabalho para resolver a questão entre o réu e a pessoa chamada a juízo, por não se tratar de relação de emprego.

Verificação de Aprendizagem

1. Qual a diferença entre representação, autorização e assistência?
2. O que é a substituição processual? Em quais hipóteses é cabível no processo do trabalho?
3. É cabível a nomeação à autoria no processo do trabalho?
4. Qual a diferença entre assistência e oposição?
5. O que é *factum principis* e como ocorre no processo do trabalho?
6. É cabível a denunciação à lide no processo do trabalho?
7. O que é litisconsórcio?
8. Quem presta a assistência judiciária no processo do trabalho?
9. Qual a diferença entre capacidade de direito e capacidade processual?

Capítulo 15

AÇÃO TRABALHISTA

A ação é o direito de provocar o exercício da tutela jurisdicional pelo Estado, para solucionar dado conflito existente entre certas pessoas.

Dissídio tem o significado etimológico de desinteligência, dissenção. No processo do trabalho é utilizado para especificar a ação individual ou coletiva (arts. 856 a 875 da CLT) posta a exame perante a Justiça do Trabalho.

No processo do trabalho, é comum serem utilizadas como sinônimas as expressões dissídio trabalhista, reclamação trabalhista, ação trabalhista, que expressam a ação individual intentada pelo trabalhador contra o empregador. O certo não seria utilizar a expressão *reclamação trabalhista*, mas *ação*, pois a palavra *reclamação* é muito ampla e *ação* é mais específica, pois qualquer pessoa reclama. O filho reclama do pai, este do primeiro etc., mas tal conceito não coincide com o de ação. O uso da palavra *reclamação* é, porém, comum na prática, pois é oriundo da época em que a Justiça do Trabalho pertencia ao Poder Executivo, mostrando a natureza administrativa do procedimento. Também ao se empregar o termo reclamação está-se pretendendo justificar a autonomia do processo do trabalho, com o emprego de termos próprios.

Lide é um conflito de interesses qualificado pela pretensão do autor, que é resistida pelo réu.

Processo vem do latim *procedere*, de caminhar, marchar à frente, avançar.

O processo é o complexo de atos e termos coordenados por meio dos quais a ação é exercitada, sendo concretizada a prestação jurisdicional.

O processo nasce com a propositura da ação. Na concessão de liminares ou na tutela antecipada ainda não foi feita a citação, mas existe processo. O juiz pode indeferir a petição inicial sem julgamento de mérito. Para isso, já existe o processo, pois, do contrário, o processo não poderia ser extinto sem a resolução de mérito.

Procedimento é a forma do andamento do processo.

Pode existir procedimento sem processo, mas não existe processo sem procedimento.

Questão é um ponto controvertido sobre fato ou o direito discutido.

Controvérsia são as razões de fato ou de direito que o autor alega para exigir sua pretensão e que o réu nega.

15.1 NATUREZA JURÍDICA DA AÇÃO

Savigny entendia que o direito de ação ou o direito de agir em juízo está ligado diretamente à existência do correspondente direito material. O art. 75 do Código Civil de 1916 de certa forma adotou essa teoria, ao rezar que "a todo direito corresponde uma ação, que o assegura". O Código Civil de 2002 não repetiu a mesma disposição.

Ao ser proposta a ação, está-se levando a juízo um direito material do qual o autor seria titular. Essa orientação é rejeitada, pois quando o pedido é rejeitado fica claro que não existe direito material a ser amparado em juízo, embora tenha sido exercitado o direito de ação.

Para outros, a ação é um direito autônomo, pois há ações sem direitos materiais, bem como existem direitos materiais sem ações. A ação vem a ser um direito próprio, autônomo, totalmente desvinculado do direito material.

Um empregado pode ajuizar ação pretendendo horas extras, mas sua pretensão é rejeitada. O empregado exerceu o direito de ação, contudo não viu reconhecido o direito às horas extras, mostrando que um não depende do outro, sendo, portanto, autônomos.

Hoje, o direito de ação não está ligado ao direito material, sendo totalmente independente em relação a este, do fato de o autor ter razão quanto ao que postula ou o direito a lhe ser determinado.

Alguns autores entendem que há um desdobramento da teoria da ação como direito autônomo, ao se dizer que a ação é movida contra o Estado. É um direito de se exigir a prestação da tutela jurisdicional do Estado, mas a ação, segundo entendo, não é exercida contra o Estado, mas contra quem nega a pretensão resistida, que é posta em conflito perante o Poder Judiciário.

Segundo essa orientação, a ação seria dirigida contra o demandado e não contra o Estado, sendo um direito de natureza privada.

O direito de ação é decorrente do direito de petição, autônomo do direito material, sendo um direito público subjetivo da parte invocar a tutela jurisdicional que é prestada pelo Estado e não pelo particular, como ocorreria na arbitragem ou na mediação. A própria Constituição assegura o direito de livre acesso ao Judiciário, não excluindo da apreciação deste a lesão ou ameaça de qualquer direito (art. 5º, XXXV). É direito subjetivo, pois trata-se de faculdade de agir, de ajuizar a ação e não de obrigação legal.

O titular da ação é o Estado na ação penal. O Estado não é o titular da ação, salvo na ação penal ou quando é proposta pelo ente público.

15.2 ELEMENTOS DA AÇÃO

Os elementos da ação são: os sujeitos, o objeto e a causa de pedir.

O sujeito da ação é a pessoa que pode ingressar com um processo perante o Judiciário. O trabalhador autônomo, *v. g.*, é sujeito do processo, mas não tem direito de ação na Justiça do Trabalho, que é incompetente para examinar sua pretensão.

O objeto da ação é o pedido de obtenção de um pronunciamento judicial, que pode ser favorável ou não ao autor. Primeiramente, vai ser obtido um pronunciamento da Justiça do Trabalho e depois é que esta irá atribuir um bem jurídico ao postulante, quanto a seu pedido.

A causa de pedir pressupõe a existência de um direito material assegurado ao autor, o qual gerou a pretensão resistida. A causa de pedir vai ser a base para o pedido, que é consequência da pretensão resistida. O Poder Judiciário é provocado para reconhecer ou não o direito que a parte pretende ver assegurado.

15.3 CLASSIFICAÇÃO DAS AÇÕES INDIVIDUAIS

As ações na Justiça do Trabalho podem ser classificadas quanto ao número de autores em: (a) individuais, em que há um único autor no polo ativo, e plúrimas, em que existem vários autores no polo ativo da ação; e (b) coletivas, como nos dissídios coletivos, que beneficiam um número indeterminado de pessoas.

Quanto à providência jurisdicional, as ações individuais podem ser classificadas em de conhecimento, de execução, cautelares e mandamentais.

a) As ações de conhecimento são aquelas em que se busca a solução de dado conflito de interesses ou de uma pretensão resistida. Nessa fase processual, apenas vai ser assegurado se o direito é devido ou não, sem se compelir a parte contrária a cumprir o resultado que for proclamado.

   As ações de conhecimento podem ser divididas em condenatórias, constitutivas e declaratórias.

   As ações condenatórias são aquelas em que se busca a obtenção de um título judicial, assegurando o direito material pretendido. Ex.: a parte pede o pagamento das férias não concedidas no tempo oportuno.

   Nas ações constitutivas, o autor irá pretender a criação, modificação ou extinção de dada relação jurídica. Ex.: pedido de fixação de salários que não foram ajustados, ou de que não há prova da sua estipulação, devendo ser determinados de acordo com o salário de pessoa que fizer serviço equivalente na empresa ou do que for habitualmente pago por serviço semelhante (art. 460 da CLT). Pode-se ingressar com uma ação que terá por finalidade a desconstituição de penalidades sofridas pelo empregado.

   Nas ações declaratórias, o interesse do reclamante limita-se a que o juízo declare a existência ou inexistência de determinada relação jurídica. A sentença trabalhista normalmente tem um cunho declaratório. Ex.: a que declara a existência da relação de emprego, para depois mandar pagar as verbas rescisórias. Pode ser pedido também que a sentença declare a validade ou falsidade de certo documento (art. 19, II, do CPC).

b) As ações executórias visam a execução daquilo que já foi determinado na fase de conhecimento ou de cognição, quando se assegurou o direito material pretendido. Na execução, pretende-se apenas que o devedor cumpra, com o auxílio do juízo, a obrigação que lhe foi imposta na fase de conhecimento, mediante execução forçada, se for o caso.

   No processo do trabalho são executadas as sentenças transitadas em julgado; os acordos, quando não cumpridos; os termos de ajuste de conduta firmados perante o Ministério Público do Trabalho, os termos de conciliação firmados perante as Comissões de Conciliação Prévia (art. 876 da CLT), além dos créditos previdenciários em decorrência de sentença proferida pela Justiça do Trabalho.

c) As tutelas cautelares visam a concessão a certa pessoa de uma providência jurisdicional acautelatória, de cunho processual, visando ser possível a propositura de futura ação principal, na qual será discutido o mérito da questão. O empregado pode requerer a produção antecipada de depoimento de certa testemunha, que, se não for ouvida ao tempo da reclamação, talvez venha a falecer futuramente, em razão de grave enfermidade. As tutelas cautelares a serem utilizadas no processo do trabalho são as previstas no CPC, principalmente busca e apreensão etc.

d) As ações mandamentais visam que a autoridade cumpra uma ordem, fazendo ou deixando de fazer algo.

Quanto ao procedimento, as ações podem ser processadas sob o rito ordinário, sumaríssimo e especial. O ordinário compreende ações em que o valor da causa é superior a 40 salários-mínimos. No sumaríssimo, o valor da causa é de até 40 salários-mínimos. Os procedimentos especiais compreendem ritos diferenciados para certas ações, que, após contestadas, seguem o rito ordinário.

15.4 CLASSIFICAÇÃO DAS AÇÕES COLETIVAS

Os dissídios coletivos podem ser divididos em econômicos ou de interesse ou jurídicos ou de direito.

Os dissídios coletivos de natureza econômica têm por objeto a criação de novas condições de trabalho, ou a modificação das já existentes. Os dissídios coletivos de natureza jurídica visam apenas interpretar certa norma, declarando-se seu conteúdo ou sua aplicação correta. A interpretação poderá ser de um dispositivo legal, convencional ou de sentença normativa.

Outros autores preferem classificar as ações coletivas segundo a natureza de suas sentenças. Assim, podem ser divididas em de natureza constitutiva, ou declaratória. Nos dissídios de natureza constitutiva, o objetivo é criar novas condições de trabalho para a categoria, daí porque se dizer que a sentença teria natureza constitutiva. Já nos dissídios coletivos de natureza declaratória o objeto é apenas declarar a existência ou a inexistência de uma relação jurídica, que ocorre nos dissídios de natureza jurídica ou de interpretação. Ex.: a declaração da legalidade ou ilegalidade da greve ou, como se diz atualmente, da abusividade ou não abusividade do movimento paredista.

Nos dissídios coletivos, não existem ações de natureza condenatória, mas apenas de natureza constitutiva ou declaratória. A sentença normativa não tem natureza condenatória, apenas cria ou interpreta certa norma, que vai, posteriormente, ser objeto de ação de cumprimento na Vara do Trabalho.

15.5 CONDIÇÕES DA AÇÃO

Para a existência do direito de ação é mister que haja:

a) **Possibilidade jurídica do pedido.** O pedido do autor tem que estar amparado por uma norma de direito material que o assegure. Exemplo que sempre se dava era o do divórcio, quando este não era previsto em nosso direito. Não havia possibilidade jurídica do pedido de divórcio, porque nossa legislação não o amparava, ao contrário do que acontece agora. Transferindo o pensamento para o processo do trabalho, há o direito ao adicional em atividades penosas. Até o momento, o legislador ordinário ainda não tratou desses direitos. O juízo trabalhista não tem o poder de criar a norma, que é de competência do Congresso Nacional. Hoje, o CPC de 2015 não mais considera possibilidade jurídica do pedido como condição da ação. Deve, portanto, ser considerado mérito, de analisar se existe ou não o direito da parte.

b) **Interesse de agir.** É o interesse da parte de recorrer ao Judiciário para a obtenção do reconhecimento de um direito ameaçado ou violado. É a necessidade de obter o provimento postulado, em razão de que não foi satisfeito pelo réu. Faltará interesse de agir se a parte puder obter a sua postulação sem a intervenção do Poder Judiciário. Exemplo: o empregado não pode pretender a indenização em dobro, em decorrência de ser estável, se não foi despedido. Falta interesse de agir.

   O interesse de agir compreende o trinômio utilidade/necessidade/adequação. Utilidade tem o sentido de obter o resultado útil na utilização do Poder Judiciário. Adequação na situação que o autor pretende ver obtida e o provimento jurisdicional pedido, visando corrigir aquilo que o autor pretende e não é satisfeito pelo réu. Necessidade em razão de que sem a intervenção do Poder Judiciário não irá obter o seu direito, pois a parte contrária se nega a satisfazê-lo.

   O interesse processual é a utilidade e a necessidade de ajuizar a ação para obter a tutela jurisdicional em razão da resistência do réu.

c) **Legitimidade da parte (ou *ad causam*).** Deve haver identidade da pessoa que faz o pedido (autor) com a pessoa a que a lei assegura o direito material. O mesmo ocorre no polo passivo da ação. Esta deve ser proposta contra pessoa que nega o direito pretendido pelo autor. O empregado não pode mover ação contra a empresa na qual não trabalhou. O sindicato não pode ajuizar ação como substituto processual, se não detém essa qualidade, pois será parte ilegítima para propô-la.

Legitimação para a causa (*legitimatio ad causam*) diz respeito ao direito de ação para determinada demanda. A ação só pode ser proposta por quem é o titular do direito. É a legitimação para agir. Um trabalhador não pode cobrar verbas trabalhistas de uma empresa se nela nunca trabalhou.

Legitimação para o processo (*legitimatio ad processum*) refere-se à relação jurídico-processual, quanto a qualquer processo. É a capacidade processual genérica de estar em juízo. É a legitimação formal. É pressuposto processual.

Legitimação pode ser: (a) ordinária ou comum, quando é o próprio titular do direito quem ajuíza a ação; (b) extraordinária, quando a lei autoriza que terceiro postule em nome próprio direito de outra pessoa; (c) exclusiva, quando só uma pessoa detém essa legitimidade para atuar em juízo; (d) concorrente, quando a ação puder ser proposta tanto pelo titular do direito como pelo terceiro.

De acordo com a teoria da asserção, a análise das condições da ação deve ser feita por meio da indicação da inicial, independentemente do que foi alegado na contestação ou do que foi provado no processo. É a aferição *statu assertionis*.

15.6 PRESSUPOSTOS DA EXISTÊNCIA DO PROCESSO

Os pressupostos da existência do processo são a existência de jurisdição, de pedido e partes.

a) **Jurisdição.** O órgão ao qual é dirigida a ação deve estar investido do poder de dizer o direito no caso concreto que lhe é submetido, para que possa solucionar o conflito.

b) **Pedido.** O processo se inicia com a petição inicial encaminhada ao órgão judiciário competente. Nela será descrita a pretensão resistida pela parte contrária, onde será feito o pedido, exposto o mérito da questão, que se pretenda ver solucionada pelo órgão investido de jurisdição.

c) **Partes.** As partes são pessoas que têm as pretensões resistidas, que entraram em conflito e que pretendem vê-lo solucionado pelo Poder Judiciário.

15.7 PRESSUPOSTOS DE VALIDADE DO PROCESSO

Os pressupostos de validade do processo são: competência, insuspeição, inexistência de coisa julgada e de litispendência, capacidade processual dos litigantes, regularidade da petição inicial e da citação.

a) **Competência.** Competência é uma parcela da jurisdição. É o espaço geográfico e a matéria em que o juiz pode analisar a questão que lhe é submetida. A Vara do Trabalho não tem competência para analisar uma ação de divórcio.

b) **Insuspeição.** O magistrado não pode ser amigo íntimo ou inimigo de nenhuma das partes, muito menos ser parcial. Deve o magistrado ser totalmente imparcial no julgamento da lide que lhe é posta a exame.

c) **Inexistência de coisa julgada.** Ao se analisar o processo, não poderá haver coisa julgada. O juiz não pode decidir aquilo que já foi anteriormente decidido por outro juiz. Há identidade das ações quando as partes forem as mesmas, o pedido e a causa de pedir também coincidirem.

d) **Inexistência de litispendência.** O conflito de interesses não poderá ser submetido duas vezes aos mesmos órgãos competentes. Se uma ação já está em curso com as mesmas partes, causa de pedir e pedido, não é possível que o autor ingresse com uma segunda ação, repetindo a primeira.

e) **Capacidade processual dos litigantes.** As partes devem ser capazes para a propositura da ação e para a prática dos atos processuais. No processo do trabalho os maiores de 18 anos já têm capacidade processual. Os menores de 18 anos serão assistidos por seus pais ou pela Procuradoria do Trabalho (arts. 792 e 793 da CLT).

f) **Regularidade da petição inicial.** A petição inicial deverá atender os requisitos estipulados em lei. Não atendendo esses requisitos a petição será considerada inepta.

g) **Regularidade da citação.** Para o bom andamento do processo há necessidade de que a citação tenha se realizado regularmente, sob pena de nulidade absoluta. A citação vem a ser justamente a comunicação ao réu de que tem contra si uma ação proposta.

Citação não é pressuposto processual, pois não vem antes do processo. Há citação sem processo na jurisdição voluntária e processo sem citação, em que o réu não é citado, como na rejeição liminar do pedido (arts. 239 e 332 do CPC). Nos casos de concessão de liminar antes da citação, há processo. A citação implica o aperfeiçoamento da relação processual.

h) **Pressupostos objetivos.** Pedido formulado ao juiz, citação do réu, inexistência de litispendência e coisa julgada.

i) **Pressupostos subjetivos.** Relativos ao juiz (jurisdição, competência e imparcialidade), relativos às partes (capacidade de ser parte, de estar em juízo e postulatória).

A submissão prévia de demanda à comissão paritária não é pressuposto de constituição e desenvolvimento válido e regular do processo, ante a ausência de previsão em lei (OJ 391 da SBDI-1 do TST).

15.8 AÇÃO DECLARATÓRIA INCIDENTAL

15.8.1 História

No Direito Romano, o fim principal do processo era a condenação, mas se admitiam sentenças declaratórias positivas e negativas. Inexistia lei tratando da ação declaratória, porém eram feitas interpretações de maneira autônoma da tutela jurídica, que eram chamadas de *prejudicium*.

No Direito Medieval, foi substituída a função declaratória do Direito Romano pelos juízos de jactância (*provocationes ad agendum*). Desapareceram as ações prejudiciais, porém elas tiveram que ser substituídas por aquele remédio jurídico para atender às situações processuais correspondentes.

Mesmo antes do CPC de 1939, a ação declaratória já era utilizada na prática, embora não existisse preceito legal que tratasse do tema. Era o caso de se discutir em ação declaratória a investigação de paternidade, denominada ação declaratória positiva.

A ação declaratória incidental surge em nosso sistema jurídico com o CPC de 1939, em que era prevista a ação declaratória principal (arts. 2º e 290), existindo hipóteses de declaração incidente na reconvenção e no incidente de falsidade, mas não como ocorre no sistema atual. Não havia coisa julgada sobre a matéria decidida na ação declaratória incidental, salvo se alegada em outra ação com o mesmo objeto.

O CPC de 1973 previu tanto a ação declaratória principal como a incidental, como se nota dos arts. 19 e 20.

15.8.2 Direito comparado

O Regulamento Alemão (ZPO) de 1877 tratou inicialmente no § 231, hoje § 256, da possibilidade de o autor propor ação declaratória da existência ou inexistência de relação jurídica ou de autenticidade ou falsidade de documento, quando tenha interesse jurídico nesse sentido. O § 280 esclarece que pode o autor ou o réu, por meio de reconvenção, pedir ao juiz que se pronuncie sobre relação jurídica controvertida no curso do processo e de cuja existência dependa no todo ou em parte a resolução do negócio.

O Código de Processo Civil da Áustria enuncia no art. 236 que, terminados os debates orais, será proferida em seguida a sentença, porém o autor poderá propor, sem o consentimento do chamado a juízo, que seja examinada uma relação jurídica ou um direito controverso que surgiu no curso do processo, que dependerá, no todo ou em parte, da decisão sobre o pedido. Esse pedido não se aplicará se o objeto da nova proposta referir-se a um procedimento especial, prescrito exclusivamente para tal espécie.

Na Itália, o art. 34 do Código de Processo Civil refere-se ao *accertamenti incidentali* dizendo que se o juiz, pela lei ou por pedido explícito de uma das partes, tiver de decidir, com eficácia de coisa julgada, uma questão prejudicial cuja competência pertença, em razão da matéria ou do valor, a juiz superior hierarquicamente, devendo ser remetido o processo ao último, assinando à parte um prazo peremptório para readmissão da causa.

15.8.3 Denominação

Na doutrina, costuma-se empregar a expressão *ação meramente declaratória* ou *ação declaratória simples*, que tem sentido mais restrito e aponta sua finalidade; contudo, a denominação legal é ação declaratória. Utilizo a denominação *ação declaratória incidental* para a discussão de uma questão prejudicial no curso do processo. Na Itália, usa-se o nome *accertamenti incidentali*, que tem o mesmo significado que emprego.

15.8.4 Conceito

Consiste a ação declaratória incidental na declaração da existência ou inexistência de determinada relação jurídica entre as partes ou da autenticidade ou falsidade de documento que ocorre de maneira prejudicial no processo, podendo a requerimento das partes ser declarada pelo juiz com força de coisa julgada, caso o for competente para julgar a questão.

Esclarece Arruda Alvim (1975, v. 1:382, n. 41) que "a ação declaratória incidental constitui-se uma das formas através das quais o âmbito dos limites objetivos da coisa julgada fica aumentado. Por outras palavras e com mais precisão, consiste ela na agregação ao objeto litigioso, trazido pelo autor ao processo, de um outro objeto litigioso, o qual, também, deverá ser decidido com a autoridade de coisa julgada".

15.8.5 Distinção

A questão principal na ação declaratória incidental não se confunde com as preliminares. As preliminares podem ser discutidas antes do mérito, impedindo seu conhecimento (litispendência, coisa julgada, inépcia da inicial, perempção, condições da ação etc.) como podem ser de mérito (prescrição e decadência). Na questão prejudicial, existe a necessidade de se declarar a existência ou inexistência de certa relação jurídica condicionadora da decisão principal (é o caso de se discutir inicialmente a paternidade para depois se discutir a ação de alimentos) ou de um antecedente lógico da sentença, que poderia ser objeto de uma ação autônoma.

Os exemplos que podem ser dados são a ação declaratória incidental de reconhecimento de paternidade, o incidente de falsidade; na cobrança de juros, discutida a existência da dívida principal.

15.8.6 Natureza jurídica

A ação declaratória incidental é uma ação declaratória inserida em outra ação, ou seja, é uma cumulação objetiva que surge no curso do processo, uma ação distinta de natureza declaratória, que se desenvolverá no mesmo processo em que a ação principal. Pode-se dizer que, se o pedido de declaração incidente é do réu, sua natureza é reconvencional (Galeno Lacerda, *RF* 246).

15.8.7 Objeto

A relação jurídica tornada litigiosa é que será objeto da declaração incidente, como na declaração:

a) de estado jurídico: estado de cidadania e família;
b) de relação jurídica complexa: a de herdeiro em razão da ação hereditária;
c) de relação jurídica com obrigação de pagamento em quotas periódicas: a relação locatícia na cobrança de aluguel, a relação de emprego na cobrança de salários;
d) que versar sobre a existência de uma relação jurídica tida como condição do principal, como as de obrigação principal, relativa a fiança, e de locação, referente à sublocação;
e) atinente à existência de uma relação jurídica incompatível com a principal, tal como a definida na alegação de compensação;

f) relativa a um fato, pela via incidental, quanto à autenticidade ou falsidade de um documento, à existência ou inexistência da relação de emprego. A análise da questão da existência ou inexistência da relação de emprego diz respeito a uma prejudicial necessariamente de mérito.

15.8.8 Hipóteses legais no CPC

O CPC prevê em vários artigos a ação declaratória incidental. O art. 20 dispõe que é "admissível a ação meramente declaratória, ainda que tenha ocorrido a violação do direito". O art. 313, V, *a*, evidencia hipótese de suspensão do processo quando houver necessidade da declaração da existência ou da inexistência da relação jurídica. O § 4º do mesmo artigo informa que o processo não poderá ficar suspenso por mais de um ano, devendo o juiz mandar prosseguir seu curso, caso ultrapasse o referido prazo. Os arts. 430 a 433 tratam do incidente de falsidade, que não deixa de ser uma questão incidental que surge no curso do processo.

15.8.9 Cabimento no processo civil

Para se admitir a ação declaratória incidental é preciso que seu pedido possa constituir objeto de uma ação declaratória autônoma (Luiz Antonio da Costa Carvalho, *Revista Brasileira de Direito Processual*, v. 2, p. 85, 1975).

Entende-se que a ação declaratória incidental é desnecessária e inadequada nos embargos à execução, além do que o executado impugna o pedido por meio dos embargos (*RT* 640/120, *JTA* 109/199). A execução não embargada não dá ensejo à declaração incidente (STJ 4ª Turma, REsp 11528-SP, Rel. Min. Sálvio de Figueiredo Teixeira, j. 12-11-1991, não conheceram, vu, *DJU*, I, 9-12-1991, p. 18.040). Não cabe ação declaratória contra quem não é parte no feito, nem em processo de execução de sentença (*RJTJESP* 31/173). Não se admite em embargos de terceiro (TJRJ, 4. C. Cível, Ap. 5006 – Rel. Hamilton Moraes e Barros, 10-10-1977).

15.8.10 Cabimento no processo do trabalho

Coqueijo Costa (*Rev. LTr* 38/6) e Wagner Giglio (1984:217-218) são contrários a seu cabimento no processo do trabalho. Coqueijo Costa afirma que a ação declaratória incidental é inútil (1984, 104, n. 70). Wagner Giglio alega que a discussão em torno da existência ou não da relação de emprego é matéria de mérito (Op. cit., p. 218), entendendo não haver omissão na CLT para aplicação do CPC. Tostes Malta (1994:199), Amauri Mascaro Nascimento (1992:151-152) e Alcides de Mendonça Lima (1991:37) são a favor.

Há omissão na CLT, sendo que a ação declaratória é cabível no processo do trabalho por não ser incompatível com os princípios deste, aplicando-se subsidiariamente o CPC (art. 769 da CLT). A ação declaratória incidental prestigia o princípio da economia processual ao se decidir a questão principal e incidental conjuntamente num mesmo processo, evitando a propositura de duas ações perante juízes distintos, que poderia ocasionar sentenças diversas sobre um mesmo aspecto ou do tumulto processual que poderia ocorrer nas decisões no próprio processo, valorizando a concentração das decisões num único feito. Como bem observa Celso Agrícola Barbi (1976:207, n. 6), "é no princípio da economia do processo que se localiza a finalidade principal da declaração incidente".

Pode-se dizer que, mesmo no processo do trabalho, não deixa de ser incidental a decisão do juiz que analisar primeiramente a autenticidade ou não de determinado documento juntado ao processo, caso a parte assim o requeira, e cujo pronunciamento será preliminar para o desfecho da questão de mérito. O mesmo poderia ocorrer numa questão que compreenda a discussão a respeito da existência ou não da relação de emprego, que precisa ser declarada pelo juiz e o autor esqueça de postular na inicial, vindo a requerê-lo após a apresentação da contestação, pois esta afirma que o autor não era empregado. Ainda outro exemplo, o empregado pede reintegração no emprego por entender que goza de estabilidade, sendo que o réu informa que o reclamante não tem estabilidade; o autor deveria propor a ação declaratória incidental para declarar sua estabilidade e ver discutidos seus demais direitos. Não se pode negar, entretanto, que, normalmente, a questão do reconhecimento do vínculo de emprego ou da estabilidade são questões precípuas para que sejam deferidos os direitos trabalhistas postulados pelo reclamante, sendo que o juiz deverá necessariamente apreciar tais questões de maneira incidental, ainda que não haja pedido das partes, pois, caso contrário, não poderia decidir as demais pretensões. É possível ocorrer, porém, outras situações em que a declaratória incidental pode ser requerida, como na necessidade de se declarar que o empregado pertence a certa categoria profissional ou inclusive a categoria diferenciada, em que haja necessidade de a parte requerer pronunciamento do juiz de modo expresso e que também irá fazer coisa julgada.

Amauri Mascaro Nascimento (1992:152) cita o seguinte exemplo teórico: "Se A move reclamação trabalhista contra B e este se defende, alegando que, do mesmo modo que A também é empregado de C, patrão de ambos, pode o interessado, no caso B, requerer um pronunciamento incidental para que a Junta declare a existência ou inexistência da relação entre B e C, questão fundamental para a solução da lide."

Embora na prática não seja muito comum o uso da ação declaratória incidental, pode ela ocorrer, como na hipótese de o autor pedir verbas trabalhistas, mas se esquecer de pedir o reconhecimento do vínculo de emprego. Poderia requerer nos dez dias após a contestação que o juiz declarasse a respeito da existência do vínculo de emprego para que haja coisa julgada em relação a este aspecto ou proporia ação declaratória incidental, distribuída por dependência à primeira, com o mesmo objetivo.

É incabível a ação declaratória em que os reclamantes pleiteiam declaração de direito à complementação de apcsentadoria e pagamento de diferenças, quando estão trabalhando e ainda não se aposentaram. Nesse caso, há apenas expectativa de direito e não direito adquirido à aposentadoria, pois o empregado poderia até mesmo falecer antes de se aposentar. A questão deve ser anterior ao ajuizamento da ação e não para questão futura e incerta, que pode ou não ocorrer. Pontes de Miranda afirma que "a relação jurídica deve ser existente no momento em que se pede a declaração, ou há de ser negada em sua existência a esse momento. A relação jurídica futura, por ainda não estar composto o suporte do fato jurídico de que irradiaria, não pode desde já ser declarada. Exemplo tem-se na herança de pessoa viva, porque só se pode falar, aí, de herança, em termos do mundo fático e linguagem vulgar – não há herança de quem ainda não morreu" (*Comentários ao CPC*, Rio de Janeiro: Forense, 1979, tomo I, p. 169).

Tostes Malta (1994:776) ainda entende cabível a ação declaratória incidental nos embargos à execução, embora admita que não tenha notícias de tal ação na Justiça do Trabalho.

15.8.11 Legitimidade

Quaisquer das partes podem ajuizar a ação declaratória incidental, tanto o autor, como o réu. Entende-se também que têm legitimidade para a ação declaratória os litisconsortes, pois estão contidos no conceito amplo de parte, como o opoente (*JTA* 46/173), o denunciado, o nomeado à autoria, o chamado ao processo (Sergio Sahione Fadel, 1984, I:53). Argumenta-se inclusive que há necessidade de um tratamento paritário dos litigantes, o que justificaria a declaratória incidental no litisconsórcio.

Após a contestação, quem pode requerer que o juiz se pronuncie é o autor, não o réu, pois este só poderá propor a ação declaratória incidental por motivo superveniente à contestação. Se tiver ação contra o autor, deverá fazê-lo no prazo da resposta, sob a forma de reconvenção. Interpondo o réu ação declaratória incidental, deverá esta ser processada como reconvenção.

O poder de iniciar a declaração incidente não se estende, porém, aos assistentes, mesmo quando de natureza litisconsorcial, porque o assistente deve receber o litígio no estado em que estiver e não pode fazer pedidos, mas o assistente na ação principal o é também na declaração incidental (Celso Agrícola Barbi, 1976:208). Poder-se-ia dizer, também, que ao assistente simples ou litisconsorcial seria defeso ajuizar ação declaratória incidental, pois poderia prejudicar o assistido, podendo provocar, quando não interessaria ao assistido, a coisa julgada sobre questão que não era do interesse do assistido (Arruda Alvim, 1976, III:15).

15.8.12 Interesse de agir

Na ação declaratória incidental, também há necessidade de se ter interesse de agir, ou interesse processual, como uma das condições da ação. Seria inadmissível a referida ação no processo em que o réu seja revel.

Nasce o interesse de agir no momento em que há controvérsia a respeito do direito ou relação jurídica prejudicial. Sem que haja contestação, não emerge o interesse processual à propositura da ação declaratória incidental.

15.8.13 Requisitos

É mister a solicitação formal expressa, inclusive para fazer coisa julgada, mediante a elaboração de petição inicial, de acordo com os arts. 319 e 320 do CPC, distribuição por dependência e registro.

15.8.14 Pressupostos

Os pressupostos da ação declaratória incidental podem ser enumerados da seguinte forma:

1. litigiosidade superveniente da relação jurídica processual, ou seja, que a questão prejudicial seja arguida no âmbito de um processo em curso, após a contestação. Há necessidade, portanto, de requerimento;
2. requerimento da parte na fase postulatória do procedimento;
3. que possa a declaratória incidental ser proposta como ação autônoma;
4. o pedido deve ser conexo com o pedido da ação principal;
5. verificação de que o objeto da controvérsia possa ser considerado autonomamente, em outro processo, admitindo-se, entretanto, sua resolução

incidentemente àquele em curso, prestigiando-se a economia processual e a celeridade na prestação jurisdicional invocada;
6. a questão da declaratória deve ser de direito material e não processual (RP 4/374, em 3; Arruda Alvim. 1992, I:240);
7. as partes na ação declaratória incidental devem ser as mesmas que na ação principal (*JTA* 61/70), inclusive o suscitado deve ser parte legítima para responder à ação;
8. o juiz deve ser competente em relação à matéria para decidir o feito. Não se admite ação declaratória incidental se o juízo é incompetente para seu conhecimento (*RTJ* 129/502; STF – *RT* 636/188);
9. constituir pressuposto necessário para o julgamento da lide.

15.8.15 Momento

O art. 325 do CPC de 1973 previa que, no prazo concedido ao autor para falar da resposta do réu de dez dias, poderá ser ajuizada a ação declaratória incidental. Esse prazo era de preclusão, que, se não for obedecido, não mais poderá ser apreciado. Essa regra não foi repetida no CPC de 2015. O autor poderá, entretanto, apresentar a ação declaratória incidental se surgir direito superveniente (art. 342, I, do CPC) após o prazo de 10 dias de réplica. O réu deve propor a ação declaratória incidental como reconvenção, no mesmo momento de apresentar a contestação, porém em peça em apartado.

Ocorrendo revelia, o autor não poderá demandar declaração incidente, salvo se promover nova citação do réu.

15.8.16 Suspensão do processo

Quando for suscitado o incidente de falsidade, o processo deverá ser suspenso pelo juiz. Suspende-se o processo quando depender da declaração da existência ou inexistência da relação jurídica (art. 313, V, *a*, do CPC). O prazo de suspensão não poderá exceder um ano nesse caso. Findo o prazo, o juiz mandará prosseguir no processo.

15.8.17 Procedimentos

Se o reclamante apresentar a ação declaratória incidental após a contestação, o processo deverá ser suspenso para que o reclamado possa apresentar sua defesa em relação à declaratória incidental. O juiz poderá decidir a declaratória incidental de imediato, se rejeitar a pretensão da parte, como poderá deixar para decidi-la a final, na mesma sentença que irá julgar o processo principal.

15.9 PETIÇÃO INICIAL

O art. 840 da CLT usa a palavra *reclamação*. Na prática também é usada a referida palavra em vez de petição inicial. Reclamação vem da época administrativa. O art. 840 da CLT e seus parágrafos têm a redação original da CLT. Reclamação, porém, não quer dizer nada, pois o filho reclama do pai. O professor reclama do aluno. Isso não significa ação ou petição inicial. Muitas vezes, o uso da palavra *reclamação* pretende também querer justificar a autonomia do processo do trabalho.

Como foi visto, as partes são detentoras do *ius postulandi* (art. 791 da CLT), não necessitando de advogado para ingressar com reclamação na Justiça do Trabalho. Pode, ainda, a reclamação ser apresentada pelos representantes das partes, pelo sindicato de classe ou pela Procuradoria do Trabalho (art. 839 da CLT).

A ação é identificada pela natureza do provimento jurisdicional postulado na petição inicial e não pela denominação adotada pelo autor.

15.9.1 Forma

A petição inicial pode ser quanto à forma: escrita ou verbal.

Se verbal, a ação será reduzida a termo, em duas vias datadas e assinadas pelo escrivão ou secretário, observado, no que couber, o disposto no § 1º do art. 840 da CLT (§ 2º do art. 840 da CLT). Distribuída a reclamação verbal, o reclamante deverá, salvo motivo de força maior, apresentar-se, no prazo de cinco dias, ao cartório ou à secretaria, para reduzi-la a termo, sob pena de não poder ajuizar outra ação por período de seis meses (parágrafo único do art. 786 da CLT). Na maioria dos casos, há um funcionário encarregado para a reclamação verbal, que já a redige a termo, não havendo necessidade de o reclamante comparecer à Vara para esse fim.

No inquérito para apuração de falta grave a petição inicial deverá ser escrita (art. 853 da CLT), assim como no dissídio coletivo (art. 856 da CLT), não se admitindo, nesses casos, reclamação verbal.

Deve a petição inicial escrita conter a designação do juízo, a qualificação das partes, a breve exposição dos fatos de que resulte o dissídio, o pedido, que deverá ser certo, determinado e com indicação de seu valor, a data e a assinatura do reclamante ou de seu representante (§ 1º do art. 840 da CLT).

A expressão "no que couber" pode implicar que o pedido não precise ser líquido, dada a dificuldade do reclamante em assim o fazer.

É comum, naquelas localidades em que há Varas do Trabalho, o advogado dirigir a petição ao senhor doutor juiz de direito, quando o correto é ao senhor doutor juiz do trabalho da Vara do Trabalho. A petição só será dirigida ao juiz de direito nas localidades em que não exista Vara do Trabalho e aquele magistrado tenha jurisdição trabalhista. Não será a petição dirigida ao juiz federal do trabalho. O juiz do trabalho é um magistrado federal, mas não existe a denominação *juiz federal* do trabalho na Constituição, mas apenas *juiz do trabalho*.

Na segunda instância, a petição inicial das ações de competência originária do TRT é dirigida ao excelentíssimo senhor doutor desembargador presidente do Tribunal Regional do Trabalho da respectiva região.

Na terceira instância, a petição inicial das ações de competência originária do TST será dirigida ao excelentíssimo ministro presidente do Tribunal Superior do Trabalho.

Qualificação diz respeito à pessoa física, que geralmente é o trabalhador. A qualificação do reclamante compreende o nome completo, nacionalidade, profissão e estado civil. Deve ser indicado o endereço completo do reclamante, de preferência com CEP, para agilizar eventual notificação. Não há necessidade de indicação da data de nascimento do autor, por falta de previsão legal nesse sentido. É aconselhável que seja mencionado um documento de identificação, como cédula de identidade, CPF ou número da CTPS do trabalhador.

Nas ações plúrimas devem constar do polo ativo todos os reclamantes, com as respectivas qualificações.

A qualificação do réu deve ser a mais completa possível, com o nome completo. Se for o empregador pessoa física, também há necessidade de indicar sua qualificação. Deve ser apontado o endereço completo, de preferência com CEP. Se o empregado tiver, deve ser indicado o CNPJ da empresa.

A expressão "breve exposição dos fatos" significa que na petição deveria haver apenas a narração dos fatos. O § 1º do art. 840 da CLT não exige que seja indicado o fundamento jurídico do pedido. Bastaria a parte narrar os fatos e o juiz iria enquadrá-los dentro do Direito.

A utilização da breve exposição dos fatos é originária da época em que a Justiça do Trabalho era administrativa, além do que não há necessidade de advogado para postular em juízo. Assim, o leigo poderia redigir a petição inicial, fazendo breve exposição dos fatos. Breve tem o sentido do que dura pouco, conciso, sucinto, sintético. Pode ter interpretação subjetiva.

Entretanto, em certos casos não basta apenas a narração dos fatos, mas a causa de pedir e a fundamentação jurídica do pedido, especialmente quando a matéria é de direito.

O inciso III do art. 319 do CPC exige que o autor exponha na petição inicial os fatos e os fundamentos jurídicos do pedido. É a causa de pedir. O CPC adotou a teoria da substanciação do pedido do direito alemão (ZPO, § 253, 2), em que há necessidade da apresentação dos fundamentos de fato e de direito da pretensão para a identificação do pedido. O § 1º do art. 840 da CLT adota a teoria da substanciação, pois emprega a expressão "breve exposição dos fatos".

A causa de pedir compreende os fundamentos de fato e de direito pelos quais o autor faz o seu pedido. É o fundamento pelo qual o autor faz sua postulação.

Causa de pedir remota é o direito que fundamenta o pedido do autor. É também chamada de causa de pedir mediata.

Causa de pedir próxima ou imediata é o fato que dá origem ao direito (teoria da individuação).

Os fatos podem ser essenciais ou principais e secundários, circunstanciais ou intermediários.

Os fundamentos jurídicos não se confundem com os fundamentos legais, que são a indicação da norma legal que ampara a pretensão. Na teoria da individuação basta dizer que é credor, e não por que é credor.

Normalmente, são indicadas a data de admissão e dispensa, para delimitar o período que será discutido; a função do trabalhador; seu último salário, que servirá para o cálculo das verbas rescisórias. Se há pedido de horas extras, devem ser especificados o horário de trabalho, se há ou não intervalo e de quanto tempo e os dias trabalhados.

Deve haver precisão no sentido de dizer se as horas extras serão além da oitava diária ou 44 semanais.

Caso exista pedido de equiparação salarial, deve ser apresentado o paradigma e uma estimativa da diferença salarial.

Não é preciso declarar que o empregado é optante do FGTS, desde que tenha sido admitido a partir de 5-10-1988, pois o inciso III do art. 7º da Constituição prevê que o FGTS é um direito do trabalhador. Caso o trabalhador tenha sido admitido antes de 5-10-1988, será preciso dizer se era ou não optante do FGTS.

O pedido é um resumo do que o autor pretende receber.

A petição inicial é uma das peças mais importantes do processo. É dela que irão decorrer as demais consequências do processo. Por isso, deve ser redigida cuidadosamente, de modo que, não só a parte contrária a entenda perfeitamente, como também o juiz ao proferir a sentença compreenda o que está sendo postulado pelo autor. Petições iniciais malfeitas geram contestações ainda piores, e sentenças iguais, pois se o juiz não entende o que está na inicial e na defesa, terá dificuldades para prolatar a decisão.

Assim, a petição deve obedecer um encadeamento lógico, se possível histórico e cronológico, dos fatos e fundamentos, para se chegar na conclusão, na qual vai ser feito o pedido, inclusive com os cálculos dos valores pretendidos. Há necessidade de clareza, precisão e concisão na peça vestibular. Não importa que a petição inicial seja de uma ou duas folhas. O importante é que a peça vestibular seja bem redigida, tendo causa de pedir e pedido, de modo que a parte contrária e, também, o juiz possam compreender o que está sendo postulado pelo autor.

A petição inicial representa um silogismo. A premissa menor é representada pelos fatos. Os fundamentos de direito são a premissa maior. A conclusão é o pedido.

Pedido imediato é o pedido direto. É o que se pretende que o Poder Judiciário assegure à parte, como a declaração da relação jurídica ou a condenação do réu. É o que o autor deseja diretamente. É o pedido dirigido ao Poder Judiciário para deferir a tutela pretendida. Tem natureza processual.

Pedido mediato é o pedido indireto. É o que o autor pretende ver assegurado, o bem material ou imaterial postulado. É o bem da vida pretendido. Tem natureza material.

Da exposição dos fatos tem que advir o pedido. Não é possível que haja causa de pedir, mas não exista pedido, ou vice-versa.

Compreendem-se no principal os juros legais, a correção monetária e os honorários de advogado (§ 1º do art. 322 do CPC). São pedidos implícitos. Já havia regra semelhante no § 1º do art. 39 da Lei n. 8.177/91, determinando que os juros e a correção monetária ainda que não explicitados na sentença ou no termo de conciliação. A correção monetária representa apenas a atualização monetária do valor do principal.

Dispõe o art. 322 do CPC que o pedido deve ser certo. Reza o art. 324 do CPC que o pedido deve ser determinado.

O pedido deve ser certo e ao mesmo tempo determinado, não existindo condição alternativa, mas aditiva. A certeza e a determinação não se excluem, mas são somadas. O pedido não pode, portanto, ser incerto e indeterminado.

Pedido certo é o contrário de pedido incerto, genérico. Pedido *certo* quer dizer pedido delimitado, expresso, explícito, não se admitindo, assim, pedido implícito.

O termo certo quer dizer valor, pois, se apresentado pedido certo, é vedado ao juiz proferir sentença ilíquida, como era a regra do parágrafo único do art. 459 do CPC de 1973. É vedado ao juiz proferir decisão de natureza diversa da pedida, bem como condenar a parte em quantidade superior ou em objeto diverso do que lhe foi demandado (art. 492 do CPC).

No pedido determinado há indicação do número de cabeças de gado. A palavra *determinado* diz respeito à certeza do pedido, à qualidade e quantidade, ao *an debeatur* e não aos valores, ao *quantum debeatur*.

Pedido determinado e certo é o delimitado em suas qualidades e quantidades. O pedido pode ser determinado quanto ao gênero, mas não ser indeterminado em relação à quantidade, porém que deve poder ser quantificado na liquidação da sentença. Pedido certo é entregar 100 sacas de café e determinado é entregar 100 sacas de café do tipo A.

A consequência de que o pedido deve ser certo e determinado, devendo ser indicado o valor correspondente, é que o pedido deverá ser líquido. Não será admissível a apresentação de pedido ilíquido, de valores "a apurar", como, na prática, costuma ser feito, pois, do contrário, não se terá inclusive como fixar a alçada ou estabelecer se o procedimento é ordinário ou sumaríssimo.

O autor, todavia, poderá formular pedido genérico (§ 1º do art. 324 do CPC), principalmente quando não seja possível quantificar todo o pedido, mas deverá atribuir um valor a esse pedido, ainda que por estimativa.

É lícito, porém, formular pedido genérico (§ 1º do art. 324 do CPC): I – nas ações universais, se o autor não puder individuar os bens demandados. Universalidade de fato é a pluralidade de bens singulares pertencentes a uma pessoa, como uma biblioteca, um rebanho). Universalidade de direito é o complexo de relações jurídicas de uma pessoa, como o seu patrimônio; II – quando não for possível determinar, desde logo, as consequências do ato ou do fato. Pode ser o exemplo da indenização por dano material em que ainda não se sabe todo o valor do dano; III – quando a determinação do objeto ou do valor da condenação depender de ato que deva ser praticado pelo réu. É o que ocorre quando as horas extras devam ser apuradas de acordo com os cartões de ponto, que ficam em poder da empresa. A causa de pedir será o trabalho extraordinário. O pedido será o pagamento das horas extras que forem apuradas, conforme as anotações dos cartões de ponto. O pedido genérico, entretanto, diz respeito ao *quantum debeatur*, visto que o *an debeatur* deverá ser sempre certo e determinado. "Reflexos nas contratuais", por exemplo, é pedido inepto, pois não se sabe quais os reflexos que estão sendo pretendidos.

Será prescindível constar da inicial as prestações vincendas, como ocorre em questões de adicional de insalubridade ou periculosidade, quando a obrigação consistir em prestações periódicas, estando o contrato de trabalho em vigor. Menciona o art. 323 do CPC que se "na ação que tiver por objeto cumprimento de obrigação em prestações sucessivas, essas serão consideradas incluídas no pedido, independentemente de declaração expressa do autor, e serão incluídas na condenação, enquanto durar a obrigação, se o devedor, no curso do processo, deixar de pagá-las ou de consigná-las".

"O pedido será alternativo quando, pela natureza da obrigação, o devedor puder cumprir a prestação de mais de um modo" (art. 325 do CPC). Se pela lei ou pelo contrato a escolha couber ao devedor, o juiz lhe assegurará o direito de cumprir a prestação de um ou de outro modo, ainda que o autor não tenha formulado pedido alternativo (parágrafo único do art. 325 do CPC). São pedidos alternativos: o de a empresa comprovar o recolhimento do FGTS, sob pena de pagar o valor correspondente, ou de fornecer a guia do seguro desemprego, sob pena de pagar a quantia respectiva; o decorrente de cláusula contratual em que o empregador se compromete a entregar um automóvel ao empregado ou a pagar o valor equivalente. Entregar cesta básica, sob pena de pagar o valor correspondente previsto na norma coletiva.

Poderá o autor formular pedido sucessivo ou subsidiário, a fim de que o juiz, não podendo conhecer do pedido anterior, possa analisar o posterior (art. 326 do CPC). Por exemplo: o autor pede como postulação principal a reintegração no emprego e como pedido subsidiário o pagamento da indenização correspondente, caso o pedido principal não possa ser conhecido. Dada a incompatibilidade da reintegração no emprego ou sua impossibilidade, pelo término da estabilidade, o juiz poderá conceder o pedido de pagamento da indenização.

Poderão ser feitos pedidos sucessivos na petição inicial. Caso não seja reconhecida a relação de emprego, passa-se ao pedido seguinte, em que pode haver postulação de pagamento de indenização, de aviso-prévio da lei específica, como da Lei n. 4.886/65.

É possível fazer a cumulação de pedidos contra o mesmo réu, ainda que entre eles não haja conexão (art. 327 do CPC). Para a cumulação é preciso que os pedidos sejam compatíveis entre si e o juiz seja competente para deles conhecer (incisos I e II do § 1º do art. 327 do CPC). Se o juiz é incompetente para conhecer um dos pedidos, o processo deve ser extinto sem resolução de mérito (art. 42 do mesmo Código). O art. 42 do CPC declara que as causas serão processadas e decididas pelos órgãos jurisdicionais, nos limites de sua competência e não fora dela. O STF já decidiu da mesma forma (*RTJ* 110/901). Se os pedidos são incompatíveis entre si, é impossível a cumulação de ações. Há necessidade, também, que o procedimento seja comum para todos os pedidos. Não é possível que um pedido seja processado por um procedimento e outro pedido por procedimento diverso.

Os pedidos que não atendam ao disposto no § 1º do art. 840 da CLT serão julgados extintos sem resolução do mérito (§ 3º do art. 840 da CLT). Isso quer dizer que se o pedido não for certo e determinado, haverá a extinção do processo sem resolução do mérito.

15.9.2 Valor da causa

O § 1º do art. 840 da CLT determina que da petição inicial deverá constar a indicação do valor do pedido.

O valor da causa é fundamental na petição inicial, para que o reclamado possa saber quanto o autor pretende receber, proporcionando defesa à ré e inclusive facilitando a conciliação em audiência, que é o fim primordial da Justiça do Trabalho.

É o caso de se observar os arts. 291 ss. do CPC, quanto ao valor a ser dado à causa. No sentido de que a inicial deverá sempre conter o valor da causa, sendo este imprescindível.

O art. 2º da Lei n. 5.584/70 estabelece que o juiz, antes de passar à instrução, irá fixar o valor da causa, se este for indeterminado no pedido ou se houver omissão na inicial. Pode-se dizer, portanto, que a partir da vigência da Lei n. 5.584, o valor da causa deve constar obrigatoriamente na petição inicial, inclusive para proporcionar a tentativa de conciliação, que é o fim principal da Vara, que antes de ser de julgamento é de conciliação. Nesse sentido, o valor da causa deve corresponder à pretensão do autor.

Com a edição da Lei n. 9.957, o valor da causa passa a ser imprescindível para se saber se o procedimento é o ordinário ou o sumaríssimo (até 40 salários-mínimos).

O valor da causa poderá também influir no pagamento das custas, como em caso de arquivamento ou de rejeição do pedido. Caso seja dado um valor menor, o Estado terá prejuízo, pois as custas não serão pagas sobre o correto montante.

Para se atribuir valor à causa é mister socorrer-se das determinações do CPC, pois mesmo que o pedido não tenha conteúdo econômico imediato será necessário atribuir um valor determinado à causa, ainda que por estimativa (art. 292 do CPC).

Segundo o art. 292 do CPC o valor da causa constará sempre da petição inicial. Mesmo na ação trabalhista o valor da causa terá por base: ao pretender cobrar o valor do que é devido, a soma monetariamente corrigida do principal, dos juros de mora vencidos e de outras penalidades, se houver, até a data da propositura da ação (art. 292, I, do CPC); na ação que tiver por objeto a existência, a validade, o cumprimento, a modificação, a resolução, a resilição ou a rescisão de ato jurídico, o valor do ato ou o de sua parte controvertida (art. 292, II, do CPC); na ação indenizatória, inclusive a fundada em dano moral, o valor pretendido (art. 292, V, do CPC); havendo cumulação de pedidos (objetiva), a importância correspondente à soma dos valores de todos os pedidos (art. 292, VI, do CPC); na hipótese de pedidos alternativos, o de maior valor (art. 292, VII); se houver também pedido subsidiário, o valor do pedido principal (art. 292, VIII). Caso o postulante peça prestações vencidas e vincendas, tomar-se-á em consideração o valor de umas e outras (§ 1º do art. 292 do CPC). Havendo pedido de prestações vincendas, o valor da causa será igual a uma prestação anual, se a obrigação for por tempo indeterminado, ou for superior a um ano; se por tempo inferior, será igual à soma das prestações (§ 2º do art. 292 do CPC).

O valor da causa no processo do trabalho deve corresponder àquilo que realmente o autor pretende receber do reclamado, incluindo-se correção monetária e juros, até por força do princípio da lealdade processual e da boa-fé ao se ajuizar uma ação.

Caso o pedido não tenha condições de ser apurado, ou seja indeterminado, o autor deverá atribuir o valor da causa por estimativa, não havendo que se falar em valor da causa para efeitos de alçada ou apenas para efeito de custas, por falta de norma legal dispondo nesse sentido, e por inexistência de valor da causa nesse sentido.

Nada impede que o juiz, verificando antes da audiência inicial que não foi dado valor à causa, determine que o demandante venha a atribuir valor à causa em dez dias, sob pena de extinção do processo sem julgamento de mérito.

O valor de alçada previsto no art. 2º da Lei n. 5.584/70 ocorre quando o autor dá à causa valor não excedente de dois salários-mínimos (§ 3º), ao qual se dá o nome de rito sumário no processo do trabalho, importando apenas na possibilidade de se dispensar o resumo dos depoimentos, e não propiciar qualquer recurso à parte, a não ser que se trate de matéria constitucional a debatida nos autos (§ 4º).

Não se confunde, contudo, o valor de alçada para efeito de recurso com o valor atribuído pela sentença para pagamento de custas, que normalmente é arbitrado pelo juiz. O valor para efeito de custas poderá ser menor, igual ou superior àquele indicado na inicial. No que diz respeito à alçada, o momento para sua fixação é quando do ajuizamento da ação e não quando da prolação da sentença, orientação que tem respaldo na Súmula 502 do STF e na Súmula 71 do TST. O valor de alçada também não se confunde com o depósito necessário previsto para os recursos visando a garantia do juízo (art. 40 da Lei n. 8.177/91 c/c os parágrafos do art. 899 da CLT).

O momento adequado para se fixar o valor da causa é após a contestação. Se o autor não tiver dado valor à causa, ou este for indeterminado, o juiz irá fixá-lo antes de passar à instrução do feito, determinando o valor para efeito de alçada. Só em razões finais é que as partes poderão impugnar o valor atribuído pelo juiz, e se este o mantiver, pedir revisão, no prazo de 48 horas, ao Presidente do Tribunal Regional do Trabalho (§ 1º do art. 2º da Lei n. 5.584/70).

O juiz pode – e tem obrigação – de retificar de ofício o valor da causa (§ 3º do art. 292 do CPC), quando verificar que não foram observados os incisos do art. 292 do CPC, mormente ao se notar que o autor: deu um valor baixo à causa somente para não pagar custas, no caso de perder a demanda; pretende impossibilitar à outra parte o direito de recorrer (§ 4º do art. 2º da Lei n. 5.584/70), pois conhece o posicionamento da Vara quanto a tema já debatido anteriormente naquele juízo.

Na doutrina, há o entendimento de Arruda Alvim (1991, II:129), ao afirmar que "mesmo não havendo impugnação do réu, pode o juiz fixar o valor da causa de ofício, se aquele fixado pelo autor contraria a lei". No mesmo sentido: José Carlos Barbosa Moreira (1992:25) e Hélio Tornaghi (1976, v. 2:267). Leciona Moniz Aragão (1974:427, n. 437) que, em se tratando de matéria de ordem pública, pode o juiz intervir de ofício para a fixação do valor da causa, visando "corrigir os defeitos de estimativa e determinando a forma do processo".

No processo do trabalho, Manoel Antonio Teixeira Filho (1989*e*:273-274) admite a retificação de ofício pelo juiz do valor da causa, desde que haja intenção manifesta do autor em dar um valor muito baixo à causa, inferior a dois salários-mínimos, mesmo contendo o pedido pretensão muito maior, de modo a não proporcionar o direito de recurso ao *ex adverso*. Entender que o juiz "devesse permanecer inerte, nesses casos, seria constrangê-lo a ver a parte afrontar, impune e em proveito próprio, o conteúdo ético do processo; seria, por outro lado, permitir que ela se beneficiasse da própria torpeza, em nome de uma ontológica imobilidade do juiz. A interveniência do magistrado, *sponte propria*, nessa hipótese, não se destina, como se possa imaginar, a promover quixotesca defesa dos interesses do réu, se não que a preservar a incolumidade do conteúdo ético do processo" (Teixeira Filho, 1989*e*:274).

Cabe ao juiz o dever de zelar pelo processo, dirigindo-o, velando pelo seu rápido andamento (art. 765 da CLT), fixando o correto valor da causa, se assim não foi feito pelo autor na peça vestibular. Como lembra Francisco Antonio de Oliveira (1990:134), "o juiz não é obrigado a ter o valor referido na inicial como correto e mesmo deve repudiá-lo de ofício em certos casos, quando o erro é manifesto".

O juiz pode retificar de ofício o valor da causa, inclusive na sentença, pelos mesmos motivos já supra expostos. O que não pode o juiz, nesses casos, é fixar um valor arbitrário na decisão, de modo a causar evidente prejuízo processual ao demandante. Exemplificando: determinado sindicato, atuando como substituto processual de seus associados, ingressa com ação postulando diferenças salariais decorrentes da não observância do IPC de março/90, de 84,32%, em relação a cinquenta funcionários de certa empresa. Dá à causa o valor de $ 100,00. Nada impede, por consequência, que o juiz fixe na sentença o valor da causa em $ 10.000,00, pelo fato de o reclamante atentar contra os incisos do art. 292 do CPC, corrigindo de ofício engano evidente do postulante na fixação do valor da causa, patente que está o intuito de não pagar custas sobre um valor elevado, caso perca a demanda. Por outro lado, não está escrito em local algum do art. 2º da Lei n. 5.584/70 que o valor da causa é "inalterável no curso do processo", como menciona a parte final da Súmula 71 do TST. Tendo o juiz ampla liberdade na direção do processo (art. 765 da CLT), detém também o dever de retificar de ofício erro manifesto quanto ao valor da causa, que atenta contra a lei (art. 292 do CPC), até mesmo na sentença.

Valores dados à causa superiores em muito ao pedido, ou contas que importam num valor dado à causa extremamente exagerado, podem, sim, tipificar condutas como a de litigante de má-fé (art. 77, I, do CPC), eis que ausentes a lealdade processual, a boa-fé e a exposição dos fatos conforme a verdade, norteadores de qualquer pretensão feita em juízo, e que devem ser policiadas *ex officio* pelo magistrado.

O valor da causa pode servir de base para o juiz fixar as custas. Não estabelecido o valor da causa corretamente pode haver prejuízo ao erário público, quanto ao valor correto das custas a ser recolhido.

Na postulação de indenização por dano moral, o autor deve indicar o valor que pretende receber a título de indenização. Pode tomar por base o art. 223-G e seu parágrafo 1º da CLT.

No mandado de segurança e na ação cautelar, o valor da causa corresponde ao valor pecuniário do direito envolvido.

No dissídio coletivo, deve haver valor da causa, embora não tenha grande utilidade, em razão da criação de condições de trabalho não ser traduzida de imediato em valores pecuniários.

Na reclamação individual plúrima, o valor da causa deve corresponder à pretensão dos autores, tomando-se cada pedido individualmente e depois fazendo-se a soma.

Com a instituição do procedimento sumaríssimo o valor da causa é essencial, justamente para se saber se o procedimento é ordinário ou sumaríssimo (até 40 salários-mínimos).

A impugnação ao valor da causa é feita, na prática, como preliminar ou até em peça em apartado da contestação. Entretanto, não será autuada em apartado, mas nos próprios autos. O momento de impugnação será com a apresentação da defesa.

15.9.3 Outros requisitos

Não é necessário o autor declinar as provas que serão produzidas com a inicial, pois estas deverão ser apresentadas em audiência, na forma do art. 845 da CLT. Inexiste omissão na CLT, de modo que não se aplica o inciso VI do art. 319 do CPC, quanto à indicação das provas a produzir.

É prescindível que o autor peça a citação da parte contrária na peça vestibular, pois a citação é automaticamente feita pela secretaria da Vara, independentemente de requerimento do autor e até mesmo de despacho do juiz. Recebida e protocolada a petição inicial, o funcionário da secretaria da Vara deverá enviar em 48 horas a cópia da petição inicial ao reclamado, notificando-o que a audiência será a primeira desimpedida, depois de cinco dias (art. 841 da CLT), onde o réu irá apresentar defesa.

No processo civil, o autor pode pedir na petição inicial a realização ou não de audiência de conciliação ou de mediação (art. 319, VII, do CPC).

Dispõe o art. 764 da CLT que os dissídios individuais ou coletivos submetidos à apreciação da Justiça do Trabalho serão sempre sujeitos à conciliação. Os juízes e Tribunais do Trabalho empregarão sempre os seus bons ofícios e persuasão no sentido de uma solução conciliatória dos conflitos (§ 1º do art. 764 da CLT). É lícito às partes celebrar acordo que ponha termo ao processo, ainda mesmo depois de encerrado o juízo conciliatório (§ 3º do art. 764 da CLT), inclusive, portanto, na fase de execução.

No procedimento ordinário no processo do trabalho, aberta a audiência, o juiz ou presidente proporá a conciliação (art. 846 da CLT). Terminada a instrução, poderão as partes aduzir razões finais, em prazo não excedente de 10 minutos para cada uma. Em seguida, o juiz ou presidente renovará a proposta de conciliação, e não se realizando esta, será proferida a decisão (art. 850 da CLT).

A lei não comina de nulidade a ausência das tentativas de conciliação entre as partes. Haveria, assim, mera irregularidade processual, embora a jurisprudência entenda que se não realizada a segunda tentativa de conciliação, há nulidade. Na maioria dos casos o que acontece é que foram esquecidas de se mencionar as tentativas de conciliação realizadas na audiência pelo juiz, pois a conciliação é tentada a todo momento na Justiça do Trabalho.

No procedimento sumaríssimo, aberta a sessão, o juiz esclarecerá as partes presentes sobre as vantagens da conciliação e usará os meios adequados de persuasão para a solução conciliatória do litígio, em qualquer fase da audiência (art. 852-E da CLT). A lei não estabelece outro momento de tentativa de conciliação, como no procedimento ordinário. Na prática, o juiz tenta a conciliação a todo momento.

Em razão dos procedimentos acima mencionados é que não se aplica no processo do trabalho a lei de mediação (Lei n. 13.140/15), pois já se tenta a conciliação em vários momentos.

Reza o parágrafo único do art. 42 da Lei n. 13.140/15 que, no âmbito trabalhista, a mediação das relações de trabalho deve ser regulada por lei própria, que não existe no momento.

A petição inicial deverá conter duas vias (art. 787 da CLT). Uma delas será a peça vestibular do processo e a outra irá acompanhar a citação do reclamado. Se houver mais de um reclamado, deverá ser fornecida uma via para cada réu. No dissídio coletivo, a petição inicial deverá ter tantas vias quantos forem as suscitadas (art. 858 da CLT).

15.9.4 Documentos

A petição inicial deverá ser acompanhada pelos documentos necessários à propositura da ação (art. 787 da CLT c/c art. 320 do CPC). Assim, se o autor pede salário-família, deve trazer aos autos a certidão de nascimento dos filhos e o atestado de vacinação para ter direito àquele benefício. Se pede verbas decorrentes da norma coletiva, deve colacionar aos autos a referida norma.

Documentos novos podem ser juntados após a propositura da ação.

15.9.5 Acumulação de ações

Reza o art. 842 da CLT que "sendo várias as reclamações e havendo identidade de matéria, poderão ser acumuladas num só processo, se se tratar de empregados da mesma empresa ou estabelecimento".

À disposição prevista no art. 842 da CLT pode-se dar o nome de cúmulo subjetivo-objetivo ou de litisconsórcio ativo, pois há a existência de vários autores, que fazem vários pedidos na peça vestibular.

Dois requisitos são, portanto, necessários para a cumulação de ações:

a) identidade de matéria. Se a matéria é a mesma, o pedido deve ser o mesmo;

b) empregados da mesma empresa ou estabelecimento. Pode ser o caso de adicional de insalubridade ou de periculosidade.

Inicialmente, é mister que os empregados sejam da mesma empresa ou estabelecimento e ajuízem a ação contra o mesmo empregador. Assim, se os empregados forem de outra empresa ou de outro estabelecimento (filial) da empresa, não poderá haver a cumulação de ações. A lei emprega a palavra empresa, pois a CLT adota a teoria da instituição, no sentido de que o empregador é a empresa (art. 2º). O ideal é que a lei empregasse a expressão *mesmo empregador*.

Em segundo lugar, é necessário que haja "identidade da matéria". A expressão é ambígua, porém é preciso interpretá-la no sentido de que dois empregados poderão promover ação contra o mesmo empregador se os pedidos forem iguais, decorrentes de uma mesma causa de pedir. Dois empregados, por exemplo, pedem verbas rescisórias que não foram recebidas em razão de a empresa não ter numerário para saldá-las. Não poderão, entretanto, os empregados postularem conjuntamente na mesma ação verbas rescisórias, e um deles pedir também horas extras, pois não haverá identidade da matéria quanto a este pedido. Nesse caso, as ações poderão ser desmembradas pelo juiz, permanecendo a primeira como foi proposta e a segunda consistirá na reclamação de um único empregado contra o empregador, pedindo as horas extras.

Se a matéria é a mesma, o pedido deve ser o mesmo.

É aconselhável que ações nas quais se pedem horas extras e equiparação salarial para mais de um reclamante também sejam desmembradas, pois podem compreender períodos de trabalho diferentes, diversa jornada de trabalho e prestação de serviço diferenciada entre os autores, o que torna muito mais onerosa a prova, prejudicando a celeridade e economia processuais.

O juiz pode, de ofício, determinar o desmembramento de processos, atribuição que está implícita no art. 765 da CLT, porque o magistrado deve velar pelo rápido andamento das causas, pois tem ampla liberdade na direção do processo, podendo determinar qualquer diligência necessária ao andamento do feito. Esclarece Wilson de Souza Campos Batalha (1985:343) que "admite-se que o juízo tem a faculdade de determinar o desmembramento de processos, antes de finda a instrução, salvo se a eficácia da sentença depender da presença de todos os autores ou de todos os réus". O mesmo entendimento tem Francisco Antonio de Oliveira (1990:226), pois "não havendo identidade de matéria é aconselhável o desmembramento para facilidade de instrução e colheita de provas". Ensina Valentin Carrion (1989:614) que se "permite ao juiz, com prudente parcimônia, analisar a complexidade da prova para deferir ou não a pretensão das partes quando se houver impugnado a junção de autos ou de pretensões na mesma petição inicial".

Entendo, entretanto, que o mais correto é o juiz extinguir o processo sem julgamento de mérito, por não atendido o requisito do art. 842 da CLT, possibilitando à parte postular corretamente em nova ação.

15.9.6 Indeferimento da petição inicial

Alguns juízes entendem que a petição inicial no processo do trabalho não pode ser indeferida, pois o empregado é o hipossuficiente. Essa tese até pode ser admitida se o empregado estiver postulando em juízo sem o patrocínio de advogado, pois não é técnico para saber fazer a petição inicial. Entretanto, se o empregado está acompanhado de advogado, este tem obrigação de saber redigir a petição inicial. Logo, é perfeitamente possível a inépcia da inicial.

O juiz do trabalho poderá indeferir, liminarmente, a petição inicial caso verifique que esta não atende os requisitos do § 1º do art. 840 da CLT, c/c o art. 330 do CPC. Tendo o juiz verificado pelo exame dos autos, antes da citação, que o processo não atende aqueles requisitos, poderá indeferir a petição inicial. Não é comum a inicial ser indeferida de plano, pois são raros os juízes que tomam conhecimento das petições iniciais antes da audiência inicial, além do que no processo do trabalho não há despacho saneador. Tendo verificado o juiz, pelo exame dos autos, antes da expedição da citação pela secretaria, que o processo não atende os requisitos anteriormente mencionados, poderá indeferir a petição inicial.

A petição inicial será indeferida (art. 330 do CPC) quando:

a) for inepta;

b) a parte for manifestamente ilegítima. De regra, o juiz não tem condições de verificar de imediato se a parte é ilegítima, só podendo fazê-lo com a apresentação da defesa. Se o sindicato, porém, se intitular substituto processual em certo caso, mas não detiver essa condição, poderá o juiz indeferir a petição inicial;

c) o autor carecer de interesse processual. Por exemplo: se o autor ajuizar a ação postulando férias que ainda não estão vencidas. Não tem nenhum interesse na propositura da ação. Logo, deve ser a inicial indeferida por falta de interesse processual;

d) não atendidas as prescrições dos arts. 106 e 321 do CPC. O primeiro dispositivo trata da postulação em causa própria de advogado. O segundo mandamento determina que se o juiz conceder prazo para emendar a inicial e o autor não o fizer, será extinto o processo sem resolução de mérito.

Discute-se sobre a possibilidade de o juiz determinar a emenda da petição inicial, mesmo antes da audiência vestibular, ou da existência de um despacho saneador no processo do trabalho. Um dos fundamentos seria de que o juiz só toma conhecimento do processo quando da primeira audiência e, portanto, não poderia retirar o processo de pauta para eventual emenda, pois o cartorário envia diretamente a petição inicial à parte contrária sem haver a necessidade de despacho autorizando a citação (art. 841 da CLT).

Como afirma De Plácido e Silva, o despacho saneador é a decisão prolatada pelo juiz no sentido de escoimar o processo de todas as irregularidades e vícios, para que prossiga livre de qualquer nulidade (*Vocabulário jurídico*. Rio de Janeiro: Forense, 1982. v. 1, p. 58).

Nada impede que o juiz, verificando antes da primeira audiência que há algum defeito na petição inicial, determine que o demandante venha a emendá-la no prazo de dez dias. Tal procedimento tem fundamento tanto no art. 765 da CLT, que permite ao juiz determinar qualquer diligência que julgar necessária, como também no art. 321 do CPC. Este dispõe que, verificando que há dificuldades de compreensão da exordial, o juiz poderá mandar emendá-la no prazo de dez dias. Não atendendo à determinação do juiz, o processo será extinto sem julgamento de mérito, com fundamento no parágrafo único do art. 321 do CPC.

O entendimento dominante é de que o advogado não é necessário no processo do trabalho e de, portanto, ser uma faculdade da parte a sua indicação (art. 791 da CLT). Quando, porém, o autor tem advogado, este tem obrigação de fazer uma petição bem escrita e inteligível, pois afinal estudou para bem desempenhar sua profissão, não sendo um leigo. Pode, portanto, o juiz, antes da audiência inicial, mandar emendar a peça vestibular ou mesmo na própria audiência, redesignando esta para que possa ser apresentada a defesa e não haja qualquer prejuízo para o réu.

Mesmo que a parte entenda a petição, quem irá julgá-la é o juiz, que precisa compreender o que a parte está postulando.

Seu fundamento é a Súmula 263 do TST: "Salvo nas hipóteses do art. 330 do CPC de 2015 (art. 295 do CPC de 1973), o indeferimento da petição inicial, por encontrar-se desacompanhada de documento indispensável à propositura da ação ou não preencher outro requisito legal, somente é cabível se, após intimada para suprir a irregularidade em 15 (quinze) dias, mediante indicação precisa do que deve ser corrigido ou completado, a parte não o fizer (art. 321 do CPC de 2015)".

Essa orientação tem por base o art. 321 do CPC quando especifica que, se o juiz verifica que a petição inicial não atende os requisitos dos arts. 319 e 320 do CPC, ou no processo do trabalho o § 1º do art. 840 da CLT, ou que apresenta defeitos e irregularidades capazes de dificultar o julgamento de mérito, determinará que o autor a emende ou a complete, no prazo de dez dias. Findo esse prazo sem qualquer providência do autor, o juiz indeferirá a petição inicial (parágrafo único do art. 321 do CPC). O mesmo entendimento da Súmula 263 do TST é encontrado na Súmula 299 do TST, quando faz referência a ação rescisória, em que o autor não faz a prova do trânsito em julgado da decisão rescindenda, devendo o relator abrir prazo de dez dias para que junte tal documento, sob pena de indeferimento. Se o juiz verificar que nada adiantará dar prazo ao autor para esclarecer certo detalhe da inicial, que inclusive poderá tornar ainda mais confusa a pretensão, deverá o magistrado indeferir de plano a petição inicial.

Não se pode dizer, por conseguinte, que o ato do juiz que determina a emenda à inicial, mesmo antes da audiência inaugural, é arbitrário, pois tem amparo legal nos arts. 765 da CLT e 321 do CPC e na orientação jurisprudencial da S. 263 do TST. Nem é ilegítimo, mas legítimo, justamente para escoimar da inicial erronias e dificuldades de interpretação que possam surgir quando do julgamento do mérito, em que nesta fase processual não mais será possível determinar a emenda da peça vestibular, por já ter sido apresentada a contestação. Tem, também, fundamento no princípio da economia processual.

Os defeitos da petição inicial não permitem o desenvolvimento válido e regular do processo. Dificultam ainda a aplicabilidade do princípio do contraditório e da ampla defesa.

Mesmo havendo revelia, pela não apresentação de defesa na audiência inicial, pode o juiz determinar que a peça vestibular seja emendada, desde que a inicial se apresente com defeitos ou irregularidades que possam ser corrigidas pelo autor.

É claro que o juiz não deve mandar emendar a inicial para dizer o autor o que pretendia ao pedir salários do último mês de trabalho, sob as penas do art. 467 da CLT; de indicar CEP de determinados órgãos ou procedimentos que nada influirão no desenvolvimento válido e regular do processo. Entretanto, quando o autor, *v. g.*, indica na inicial que pretende "reflexos nas contratuais", ou se propõe ação contra duas empresas completamente distintas, sem qualquer fundamentação, ou outros pedidos ininteligíveis, deve haver a emenda da inicial para que seja possível esclarecer tais fatos.

O § 5º do art. 337 do CPC permite que o juiz conheça da inépcia da inicial, inclusive de ofício. Mister se faz dizer que a petição inicial deve ter fundamentação, não diretamente em relação aos fundamentos jurídicos, mas nos motivos da causa de pedir que leva ao pedido, ou da "breve exposição dos fatos" mencionada no § 1º do art. 840 da CLT. O art. 321 do CPC reza que os defeitos e irregularidades são aqueles capazes de *dificultar* o exame do mérito, sendo que nesse caso deve-se mandar emendar a inicial. Se, porém, as irregularidades *impedem* o exame de mérito, não é o caso de se mandar emendar a petição inicial, como quando se verifica de imediato que mesmo que haja emenda não irá surtir o efeito necessário, ou estando o processo na fase de julgamento isso não mais seja possível. Nesses casos, deve-se extinguir o processo sem julgamento de mérito, por inépcia. O fato de a reclamada conseguir contestar o pedido nada quer dizer, até por questão de dever de ofício, pois a petição inicial é endereçada ao juiz da causa, que irá decidi-la. Se o juiz não entende o que está sendo postulado, mesmo que a reclamada o compreenda, é o caso de se extinguir o processo sem julgamento de mérito, na hipótese de ser impossível a emenda da inicial. Caso não se entenda dessa forma, seriam incompatíveis o art. 321 e o § 5º, do art. 337, do CPC, além do que este último não determina a observância do disposto no art. 321 do CPC.

Por todos os motivos expostos, é cabível o juiz determinar a emenda da petição inicial no processo do trabalho, mesmo antes da primeira audiência, quando isso realmente for possível, como medida de celeridade e economia processuais.

Ao dar nova oportunidade para o reclamante emendar a inicial, o juiz está permitindo que o autor esclareça corretamente os pedidos, pois ele mesmo pode ser prejudicado caso o juiz não compreenda aquilo que está sendo postulado.

Se o reclamante já propôs outra ação contra a mesma empresa e foi arquivada, deve provar o autor, com a nova petição inicial (art. 486, parte final, do CPC), que houve o pagamento das custas no processo arquivado, ou, então, que houve a isenção do pagamento das custas. O juiz poderá determinar que o autor prove o pagamento das custas ou a sua dispensa no prazo de dez dias, sob pena de extinguir o processo sem julgamento de mérito.

Indeferida a petição inicial, o autor poderá apelar, facultado ao juiz, no prazo de cinco dias, reformar sua decisão (art. 331 do CPC). Trata-se de um procedimento adotado pelo legislador como medida de celeridade processual. Se não houver retratação, o juiz mandará citar o réu para responder ao recurso (§ 1º do art. 331 do CPC). Sendo a sentença reformada pelo tribunal, o prazo para a contestação começará a correr da intimação do retorno dos autos, observado o disposto no art. 334 do CPC. Não interposta a apelação, o réu será intimado do trânsito em julgado da sentença (§ 3º do art. 331 do CPC).

15.9.7 Inépcia da inicial

A inicial será considerada inepta quando:

a) lhe faltar pedido ou causa de pedir;

b) o pedido for indeterminado, ressalvadas as hipóteses legais em que se permite o pedido genérico;

c) da narração dos fatos não decorrer logicamente a conclusão;

d) contiver pedidos incompatíveis entre si (§ 1º do art. 330 do CPC).

Difere a inépcia da inicial da petição irregular. Na petição inicial irregular, há possibilidade da concessão de prazo para ser regularizada, como ocorre com um endereço incorreto, um dado da causa de pedir incorreto etc. A petição inepta não obriga o juiz a conceder prazo para sua regularização, podendo ser imediatamente indeferida.

Ao contrário do que se entendia anteriormente, têm ocorrido muitos casos de inépcia da inicial, justamente pelo não atendimento dos requisitos anteriores.

É correto dizer que deve ser dado prazo à parte para aditar a inicial, principalmente quando ela não estiver assistida por advogado. Exercendo a própria parte o *ius postulandi* na Justiça do Trabalho, é claro que não tem obrigação de saber como se faz uma petição inicial, devendo ser permitido o aditamento. Ao contrário, quando a petição é redigida por advogado, este tem por obrigação trazer ao juízo uma petição clara, onde se possa entender o que está sendo postulado. A experiência tem demonstrado que se o juiz dá prazo à parte, principalmente quando tem advogado, para emendar a inicial, o resultado é que a "emenda fica pior que o soneto", como diz o adágio popular. Aí, sim, é que ninguém entende mais nada do que está sendo pedido. Por isso, é necessário que o advogado faça uma petição para que a parte contrária e, também, o juiz possa entender o que está sendo pedido. Em vez de o juiz determinar o aditamento, é melhor extinguir o processo, tendo o autor a oportunidade de explicar muito melhor aquilo que pretende em outra ação. É comum, na prática, verificar as petições iniciais em que o autor informa que seu salário não foi corrigido de acordo com certo índice, e esquecer de fazer pedido de diferenças salariais. De outro lado, é comum haver pedido de pagamento de horas extras ou outra verba, mas não se informar por que está sendo feito pedido, inexistindo causa de pedir. Nem o juiz, nem a parte contrária, são profetas para saber o que o autor está pretendendo na inicial. Assim, é necessário que a causa de pedir tenha como consequência o pedido e este seja decorrente da primeira.

Da narração dos fatos deve decorrer logicamente a conclusão. Por exemplo: o autor trabalhava extraordinariamente todos os dias após certo horário. Pedido: pagamento de horas extras. Não é possível que se faça verdadeiro romance na inicial, contando de tudo um pouco, para depois ser feito um pedido que nada tem a ver com os fatos narrados. A decorrência dos fatos narrados é o pedido de alguma coisa necessariamente ligada a eles.

Se o pedido é completamente indeterminado e não é possível sua determinação, será considerada inepta a petição inicial. Excetua-se a hipótese de pedido genérico.

O autor poderá incorrer no erro de fazer pedido juridicamente impossível. Pelo CPC de 2015 possibilidade jurídica do pedido não é mais condição da ação. Exemplo: pedir o pagamento de adicional de penosidade, quando inexiste norma legal ou convencional que determine a empresa a assim fazer. Nesse caso, o processo deverá ser extinto com julgamento de mérito, pois é do direito da parte que se trata, do mérito.

Por último, a inicial deve conter pedidos compatíveis entre si. Não poderão ser feitos pedidos incompatíveis entre si. Exemplo: o autor pede o pagamento de indenização por antiguidade, quando sempre foi optante pelo FGTS. Quem pede reintegração e cumulativamente pagamento de diferenças de verbas rescisórias, faz pedido inepto, pois há incompatibilidade entre tais pedidos, que se excluem (art. 330, § 1º, IV, do CPC). O certo seria fazer pedido sucessivo. Não podendo ser acolhida a reintegração, o juiz examinará o pedido de diferenças de verbas rescisórias.

Havendo inépcia da inicial, o juiz tem obrigação de extinguir o processo sem julgamento de mérito. Nenhum prejuízo ocorrerá ao reclamante, que poderá perfeitamente propor outra ação, na qual melhor poderá explicar aquilo que pretende. Não se diga que o prejuízo consistirá no pagamento das custas. Estas poderão ser dispensadas, de ofício, pelo juiz ou a requerimento do autor.

15.9.8 Modificações à postulação inicial

A regra geral é a inalterabilidade do pedido. Este, contudo, poderá ser modificado em certos casos.

Três hipóteses de complementação da inicial podem ser mencionadas:

a) o autor omitiu pedido que poderia ter feito, desejando ampliar a postulação da inicial, modificando a causa de pedir;
b) existem erros manifestos na exordial, que precisam ser retificados;
c) é preciso acrescentar um pedido, cancelando-se outro já feito, porém mantendo a mesma causa de pedir.

As emendas à inicial, quanto a erros manifestos, são admissíveis. Muitas vezes, o reclamante errou na data declinada na inicial, ao colocar erroneamente data diversa da em que foi admitido na empresa. Outras vezes, o horário não está corretamente informado na inicial etc. Nada impede que seja feita a retificação.

Antes de ser feita a citação, é possível o aditamento à inicial a qualquer momento. Depois de feita a citação e apresentada a defesa, é inadmissível a modificação do pedido ou da causa de pedir (art. 329, I, do CPC). Antes da citação, porém, o autor poderá aditar o pedido.

Se o pedido for feito antes da audiência, poderá o juiz determinar seu adiamento, para que a empresa tenha oportunidade de conhecer do novo pedido e poder contestá-lo. Para tanto, designará nova audiência.

O aditamento poderia ser feito até na própria audiência, desde que o juiz designasse nova audiência para ser apresentada a contestação.

Apresentada a defesa não é possível aditar a inicial, salvo se a empresa assim o consentir. Da mesma forma, pedidos feitos na réplica ou em razões finais são inadmissíveis.

15.9.9 Procedimento sumaríssimo

15.9.9.1 Introdução

Nas Ordenações Afonsinas já havia procedimento abreviado para causas de reduzido valor ou fundadas em escritura pública.

O Projeto de Lei n. 4.693-B, de 1998, deu origem à Lei n. 9.957, de 12 de janeiro de 2000, que acrescentou os arts. 852-A a 852-I à CLT, além de trazer determinações diferenciadas para o recurso ordinário e de revista em relação ao citado procedimento.

Muitos dos artigos relativos ao procedimento sumaríssimo tomaram por base a Lei n. 9.099/95. Alguns inclusive foram copiados de forma literal.

Objetiva-se com o procedimento criado dar maior celeridade a processos trabalhistas cujo valor da causa seja de até 40 salários-mínimos.

No processo do trabalho, os litigantes têm capacidade econômica distinta. A demora na prestação jurisdicional é mais prejudicial ao empregado, que precisa do numerário para sobreviver. O empregador, muitas vezes, tem interesse em que o processo dure o mais possível, pois pode bancar o andamento do processo.

15.9.9.2 Denominação

Previa a redação original do parágrafo único do art. 112 da Emenda Constitucional 1, de 1969, antes da Emenda Constitucional 7/77 que, para as causas ou litígios, que a lei definirá, poderão ser instituídos processo e julgamento de rito sumaríssimo, observados os critérios de descentralização, de economia e de comodidade das partes". Na prática, deveria ser adotada a concentração e a oralidade, sendo a prestação jurisdicional proferida com maior celeridade.

Anteriormente, havia um procedimento ordinário e outro sumaríssimo, descrito este nos arts. 275 e seguintes do CPC de 1973. Fazia-se a crítica de que não existia um procedimento "ordinaríssimo", nem havia um procedimento sumário, razão pela qual não poderia existir um superlativo de sumário (sumaríssimo). Assim, a denominação mais correta deveria ser procedimento sumário. O procedimento comum era dividido em ordinário e sumaríssimo.

Menciona o inciso I do art. 98 da Constituição que os juizados especiais cíveis ou para infrações penais de menor potencial ofensivo serão estabelecidos mediante os procedimentos oral e sumaríssimo, o que foi feito pela Lei n. 9.099/95. A Lei Magna trata, portanto, de um procedimento para os juizados especiais e não para o procedimento comum previsto no CPC.

Tem o procedimento sumaríssimo um rito mais abreviado, baseado nos princípios da oralidade e da concentração dos atos na audiência, porém não quer dizer que haja uma cognição sumária ou superficial, de acordo com um juízo de probabilidade, mas completa, sendo que após a instrução processual será proferida a sentença.

No processo do trabalho, deveria ser usada a denominação "procedimento sumário", já que não há exatamente um procedimento ordinário, nem existe o sumário, para que houvesse o sumaríssimo.

O art. 2º da Lei n. 5.584 não trata exatamente do rito sumário, de procedimento, mas de valor de alçada, impossibilitando recursos de causas até dois salários-mínimos. Se se entender que esse rito é o sumário para causas de até dois salários-mínimos, não se justifica o estabelecimento de um rito sumaríssimo, pois o sumaríssimo deveria ser o determinado pelo art. 2º da Lei n. 5.584, que deveria ser mais breve, por versar sobre questões até dois salários-mínimos.

A expressão mais correta em português seria, inclusive, *sumariíssimo*, pois se um adjetivo apresenta *io* antes de uma consoante, faz o superlativo *ii*, como é o caso da palavra *sumário*. O superlativo é, portanto, sumariíssimo.

Ultimamente, o processo do trabalho tem retrocedido. Enquanto o processo civil se aperfeiçoa, o processo do trabalho passa a usar uma nomenclatura incorreta, de 1973.

15.9.9.3 Causas envolvidas

Há vários princípios que são aplicáveis ao procedimento sumaríssimo.

O primeiro é o princípio da celeridade, pois o objetivo do procedimento sumaríssimo é a instituição de um procedimento ainda mais célebre do que o já contido na CLT, que agora passa a ser denominado de procedimento ordinário.

O princípio da oralidade também terá incidência no procedimento sumaríssimo, pois a contestação continua sendo oral, a prova é praticamente oral, as razões finais são orais.

A aplicação do princípio da concentração dos atos na audiência também será observada, em razão de que a contestação é apresentada em audiência, praticamente toda a prova será produzida em audiência e, teoricamente, a sentença deveria ser proferida na própria audiência.

Na omissão da CLT será aplicado o CPC, desde que haja compatibilidade com os princípios do processo do trabalho (art. 769 da CLT). Entendo que não pode ser observada a Lei n. 9.099, pois esta trata dos juizados especiais de pequenas causas cíveis e criminais e não de procedimento sumaríssimo, embora o legislador trabalhista tenha se inspirado nessa norma para estabelecer as regras contidas na Lei n. 9.957/2000.

Os dissídios individuais, cujo valor não exceda 40 vezes o salário-mínimo vigente na data do ajuizamento da ação, ficam submetidos ao procedimento sumaríssimo (art. 852-A da CLT).

A lei adotou critério meramente econômico, que é a fixação em 40 salários-mínimos e não o tipo de matéria. A CLT não mencionou a matéria, que, portanto, pode ser qualquer uma.

A maioria dos processos na Justiça do Trabalho tem valores pequenos. São poucos os processos com valores vultosos. O procedimento sumaríssimo visa agilizar procedimentos que atinjam até 40 salários-mínimos.

Será aplicável o procedimento sumaríssimo apenas a dissídios individuais e não a dissídios coletivos. Nas ações plúrimas, também será observado, desde que o valor total do pedido para todos os reclamantes seja de até 40 salários-mínimos.

A Lei n. 9.957, que instituiu o procedimento sumaríssimo, não faz distinção quanto à matéria contida na ação proposta pela parte. Não dispõe que a ação de cumprimento será processada pelo rito ordinário. A referida norma só faz distinção quanto ao valor e não quanto à matéria. Se o legislador não distingue, não cabe ao intérprete fazê-lo. A parte não tem direito de escolher o procedimento que quer para a ação proposta na Justiça do Trabalho. Ação de cumprimento é dissídio individual e não coletivo. Se o valor da causa é inferior a 40 salários-mínimos, a ação é processada sob o rito sumaríssimo. A matéria é de ordem pública.

Para efeito do cálculo deve-se observar o salário-mínimo da data do ajuizamento da reclamação e não da data da realização da audiência.

O artigo é inconstitucional quando relaciona o valor da causa ao salário-mínimo, pois o inciso IV do art. 7º da Constituição veda a vinculação do salário-mínimo para qualquer fim, como ocorre no caso do art. 852-A da CLT.

Estão excluídas do procedimento sumaríssimo as demandas em que é parte a Administração Pública direta, autárquica e fundacional (parágrafo único do art. 852-A da CLT).

Essas pessoas ficam sujeitas ao duplo grau de jurisdição obrigatório (art. 1º, V, do Decreto-lei n. 779/69), havendo necessidade de reexame necessário das decisões que lhes forem contrárias, além de os pagamentos serem feitos por meio de precatório (art. 100 da Constituição).

O prazo para ser marcada a audiência inicial para os entes públicos é de 20 dias (art. 1º, II, do Decreto-lei n. 779/69), o que já inviabilizaria a solução do feito em 15 dias.

Em princípio, nada impede a conciliação em relação ao ente público, como de o empregado ser readmitido no posto de trabalho, de ser anotada a CTPS do período sem registro, pois mesmo a Administração Pública pode rever seus atos.

O processo deveria ser rápido para o ente público, que na maioria dos casos é o maior descumpridor da norma. Exemplo disso é que a maioria dos processos em trâmite no STF é da União.

Não se pode dizer que a celeridade no andamento do processo seria danosa ao erário, mas, ao contrário, o Poder Público também deve cumprir a lei.

O termo mais correto não deveria ser *Administração Pública autárquica e fundacional*, pois estas fazem parte da Administração Pública indireta, juntamente com as empresas de economia mista e as empresas públicas que explorem atividade econômica. Não existe uma Administração Pública *fundacional*, como espécie própria de Administração Pública. Ela está inserida na Administração Pública indireta.

O estabelecimento de determinação específica para a Administração Pública direta, autarquias e fundações fere o princípio da igualdade processual, contido no *caput* do art. 5º da Constituição, de que todos são iguais perante a lei, sem distinção de qualquer natureza.

Se a reclamação é proposta contra dois réus, sendo um deles a Administração Pública, o procedimento a ser empregado é o ordinário.

Estão, porém, inseridas no âmbito do procedimento sumaríssimo as empresas públicas que explorem atividade econômica e as sociedades de economia mista, já que a norma legal não se refere a elas expressamente. Há expressa permissão da conciliação, pois devem seguir as regras do Direito do Trabalho (§ 1º do art. 173 da Constituição).

Se o juiz verificar que o valor da pretensão do autor é superior a 40 salários-mínimos, deverá converter o procedimento sumaríssimo em ordinário. Poderá ocorrer também de o autor dar à causa valor superior a 40 salários, mas a verdadeira pretensão ser inferior a esse valor. O juiz poderá transformar o procedimento comum em sumaríssimo. É uma forma de economia processual e de celeridade processual.

Não há direito de opção ao rito. A matéria é de ordem pública, dirigida ao juiz. A lei é que dispõe como será desenvolvido o rito: 40 salários-mínimos. Pode o juiz determinar os procedimentos acima mencionados, inclusive de ofício, para efeito de se verificar o rito que irá ser seguido no processo trabalhista.

Caso o juiz determine a conversão de um rito para outro, deverá anular unicamente os atos que não possam ser aproveitados (art. 283 do CPC).

Não há previsão na CLT para a conversão para o rito ordinário em caso de prova técnica de maior complexidade, pois a Lei n. 9.957 fixa o rito sumaríssimo em razão do valor da causa. Se houve prejuízo ao direito de defesa, também será impossível a conversão.

O processamento não pode ser feito de forma mista, parte pelo rito ordinário e parte pelo sumaríssimo.

É possível executar valor superior a 40 salários-mínimos, diante do princípio da irrenunciabilidade de direitos trabalhistas e de não haver previsão legal no sentido de que se a condenação for superior a tal valor, o autor renunciaria ao que exceder.

15.9.9.4 Procedimentos

Nas reclamações enquadradas no procedimento sumaríssimo, o pedido deve ser certo ou determinado e indicará o valor correspondente (art. 852-B, I, da CLT).

O artigo usa o verbo dever no imperativo. Logo, a petição inicial deverá ter pedido certo ou determinado, indicando o valor correspondente. Não será admissível pedido genérico, como permite o § 1º do art. 324 do CPC para o processo civil.

O pedido deve ser certo (art. 322 do CPC) e ao mesmo tempo determinado (art. 324 do CPC).

Para alguns, pedido certo quer dizer pedido delimitado, expresso, explícito, não se admitindo, assim, pedido implícito. A palavra *determinado* diz respeito à certeza do pedido, ao *an debeatur* e não aos valores, ao *quantum debeatur*. A palavra "certo" empregada no mesmo dispositivo quer dizer valor, pois, se apresentado pedido certo, é vedado ao juiz proferir sentença ilíquida, como era a previsão do parágrafo único do art. 459 do CPC de 1973. O juiz não poderá, porém, condenar o réu em quantidade superior à que foi demandada (art. 492 do CPC).

A consequência de que o pedido deve ser certo ou determinado, sendo indicado o valor correspondente, é que ele deverá ser líquido. Não será admissível a apresentação de pedido ilíquido, de valores "a apurar", como, na prática, costuma ser feito, pois, do contrário, não se terá inclusive como fixar a alçada.

Nas reclamações verbais sujeitas ao procedimento sumaríssimo, o funcionário encarregado de redigir a petição inicial também deverá atentar para a previsão do art. 852-B, I, da CLT, fazendo pedidos líquidos.

O objetivo da indicação de valor líquido é de agilizar a execução das decisões.

A juntada de documentos deve ser feita pelo autor com a petição inicial (art. 787 da CLT). O autor não pode juntar documentos na audiência, salvo se forem documentos novos, apesar da regra do § 1º do art. 852-H, pois já havia determinação semelhante no art. 845 da CLT.

A indicação do correto valor da causa é essencial, devendo refletir o pedido.

A complexidade da causa nem sempre está ligada a seu valor.

Deve-se observar os arts. 292 e seguintes do CPC para efeito da fixação do valor da causa, que compreenderá o principal e a correção monetária, pois os juros são devidos a contar da propositura da ação (§ 1º do art. 39 da Lei n. 8.177/91). Visa a norma também a tentativa de conciliação entre as partes, de forma que o empregador saiba quanto o empregado efetivamente postula receber.

O art. 852-A da CLT é expresso no sentido de que, nos dissídios individuais em que o valor da causa não exceda 40 salários-mínimos, na data do ajuizamento da ação, ficam sujeitos ao procedimento sumaríssimo. O preceito legal emprega o verbo *ficar* no imperativo. Não se trata, assim, de faculdade do autor, mas de obrigação legal, decorrente da postulação pretendida na inicial. Se o valor for superior a 40 salários-mínimos, o empregado não poderá pretender postular seu pedido segundo o procedimento sumaríssimo. A norma é determinada no interesse da Justiça e não das partes envolvidas no litígio.

No inquérito para apuração de falta grave deve ser indicado o valor da causa para efeito de custas. Se o valor for igual ou inferior a 40 salários-mínimos, processa-se a ação pelo rito sumaríssimo, observados os arts. 821 e 853 a 855 da CLT. Caso seja superior a essa importância, será a ação processada pelo rito ordinário.

Não se aplica a regra do § 3º do art. 3º da Lei n. 9.099/95, quando determina que a opção pelo procedimento do juizado de pequenas causas importará em renúncia ao crédito excedente ao limite estabelecido pela lei, excetuada a hipótese de conciliação. No processo do trabalho não se aplica essa norma, pois não há juizado de pequenas causas. A norma diz respeito a juizado de pequenas causas, e não a procedimento sumaríssimo. Logo, não pode ser observada. A lei não estabeleceu para o sumaríssimo renúncia expressa, que não pode ser presumida.

No procedimento sumaríssimo não cabe pedido de revisão do valor da causa dirigido ao presidente do TRT, por falta de previsão legal nesse sentido. A exceção diz respeito às causas de até dois salários-mínimos, em que caberá a revisão do valor da causa fixado pelo juiz (§ 1º do art. 2º da Lei n. 5.584/70).

Não se fará citação por edital, incumbindo ao autor a correta indicação do nome e endereço do reclamado (art. 852-B, II, da CLT). Como a lei não admite a citação por edital, ela só poderá ser feita pelo Correio ou por meio de oficial de justiça. Logo, não se aplica nessa parte o § 1º do art. 841 da CLT, ao se prever que, se o reclamado não for encontrado ou criar embaraços ao recebimento da comunicação processual, a citação será feita por edital. Objetiva-se certeza no procedimento.

Inexiste inconstitucionalidade na determinação legal quando determina a impossibilidade de citação por edital, sob a alegação de afronta ao inciso XXXV do art. 5º da Constituição, pois as condições para o desenvolvimento da ação devem estar previstas em lei. Se esta determina que não cabe a citação por edital, não há qualquer inconstitucionalidade. O empregado não está, inclusive, desprovido de ajuizar a ação, que continuará a poder ser ajuizada normalmente, pois não há vedação ao exercício de apresentar petição inicial no processo do trabalho.

No inciso II do art. 852-B da CLT, não está escrito que, se o autor apresentar a correta indicação do nome e endereço do reclamado, não se fará citação por edital. Ao contrário, o *caput* menciona que, nas reclamações enquadradas no procedimento sumaríssimo, não se fará citação por edital (II).

Pode a citação pelo correio ou por oficial de justiça acabar sendo ineficaz, principalmente de pessoas que estiverem em locais incertos e não sabidos, ou então de pessoas que venham a se furtar à citação, prejudicando o direito do empregado. Por bom-senso, porém, o juiz deverá determinar a citação por edital.

Não é possível converter o procedimento de sumaríssimo para ordinário no caso da impossibilidade de citação por edital, por falta de previsão legal para esse fim.

Em processo com valor da causa superior a 40 salários-mínimos, será possível a citação por edital, aplicando-se o § 1º do art. 841 da CLT nos casos em que o réu criar embaraços à citação ou não for encontrado.

O não atendimento, pelo reclamante, do disposto nos incisos I e II do art. 852-B da CLT importará no arquivamento da reclamação e condenação no pagamento de custas sobre o valor da causa (§ 1º do art. 852-B da CLT).

O artigo usa o verbo importar no imperativo. Não é o caso de se conceder prazo para emendar a inicial, pois o não atendimento de pedido certo ou determinado, da indicação do valor correspondente, do correto nome e endereço do reclamado importará o arquivamento do processo. A postulação deve ser julgada no prazo de 15 dias, não sendo admissível, por conseguinte, prazo de 10 dias para ser emendada a inicial. Logo, não serão observados o art. 321 do CPC, em razão da previsão expressa para o procedimento sumaríssimo, nem a Súmula 263 do TST.

O certo seria usar a expressão *extinção do processo sem resolução de mérito* por inépcia (art. 485, I, do CPC), pois arquivamento quer dizer colocar os autos do processo no arquivo, que a qualquer momento poderá ter retomado seu curso. O processo vai mesmo é ser extinto sem julgamento de mérito, em razão de que o empregado não poderá dar andamento a esse processo, mas ingressar com outro. Arquivo é o lugar para onde irão os autos, implicando, portanto, o arquivamento. Como a CLT emprega o termo *arquivamento*, isso quer dizer que o empregado pode ajuizar outra ação pretendendo os mesmos pedidos.

O juiz só toma conhecimento do processo quando da audiência. Entretanto, poderá analisar o processo antes de ser determinada a citação do réu, visando verificar a liquidez dos pedidos.

Havendo a extinção do processo sem julgamento de mérito, por, por exemplo, falta de valores líquidos na inicial, não se aplica a regra do art. 732 da CLT, que impede o direito de ação por seis meses. O arquivamento do art. 732 da CLT é o não comparecimento do empregado à primeira audiência.

Ficará a cargo do empregado o pagamento das custas, em razão da extinção do processo sem julgamento de mérito. Serão isentas as custas nos casos em que o empregado ganhar até 40% do teto do Regimento Geral de Previdência Social (§ 3º do art. 790 da CLT) ou, ganhando valor superior, não tiver condições de postular sem prejuízo do seu sustento próprio ou de sua família.

As partes e advogados comunicarão ao juízo as mudanças de endereço ocorridas no curso do processo, reputando-se eficazes as intimações enviadas ao local anteriormente indicado, na ausência de comunicação (§ 2º do art. 852-B da CLT). A regra repete literalmente a determinação do § 2º do art. 19 da Lei n. 9.099/95.

O inciso II do art. 106 do CPC dispõe que se o advogado não comunicar ao escrivão do processo qualquer mudança de endereço, reputar-se-ão válidas as intimações enviadas, em carta registrada ou meio eletrônico, para o endereço constante dos autos (§ 2º do art. 106 do CPC).

Agora, a CLT é expressa, para o procedimento sumaríssimo, no sentido de considerar que, se as partes e advogados não comunicarem ao juízo mudanças de endereços, reputam-se eficazes as intimações enviadas ao local anteriormente indicado.

Se o reclamante ajuizar várias reclamações separadamente, em que um pedido depender do julgamento de outro processo, os processos terão que ser reunidos, inclusive por determinação do juiz.

Com a reunião dos processos, provavelmente haverá valor de pedidos superior a 40 salários-mínimos, inviabilizando a adoção do rito sumaríssimo.

A Lei n. 9.957 revogou o art. 2º da Lei n. 5.584/70, que trata dos processos de alçada da Vara?

Determina o § 1º do art. 2º da Lei de Introdução às Normas do Direito Brasileiro que a lei posterior revoga a anterior quando expressamente o declare, quando seja com ela incompatível ou quando regule inteiramente a matéria de que trata a lei anterior.

A Lei n. 9.957 não revogou expressamente a Lei n. 5.584/70, nem nenhum de seus artigos. Se o legislador tivesse intenção de revogar o § 3º do art. 2º da Lei n. 5.584/70, teria sido expresso, porém não o fez deliberadamente. Isso quer dizer que não o quis, indicando que o referido preceito legal continua em vigor.

Não houve a revogação tácita do art. 2º da Lei n. 5.584/70, pois este artigo trata dos processos de alçada da Vara, em que o valor da causa seja de até dois salários-mínimos. Nesses casos, só cabe recurso em se tratando de matéria constitucional.

A Lei n. 9.957 versa sobre o procedimento sumaríssimo. Nada menciona sobre o valor de alçada, sobre a impugnação do valor da causa fixado pelo juiz, sobre a impossibilidade de recurso, salvo em se tratando de matéria constitucional ou pedido de revisão do valor da causa, que será julgado pelo presidente do TRT. Tem, contudo, o art. 852-F da CLT disposição semelhante quanto a resumo dos atos essenciais praticados na audiência em relação à parte final do § 3º do art. 2º da Lei n. 5.584, quando este menciona a dispensa do resumo dos depoimentos, devendo constar da ata a conclusão do juiz quanto à matéria de fato. Determina que a petição inicial deve conter pedido específico e líquido, ao contrário da Lei n. 5.584 que permite pedido genérico. No procedimento sumaríssimo, é vedada a citação por edital; na alçada, é possível a citação por edital, se o reclamado criar embaraços ou não for localizado. No recurso ordinário de valor de alçada, será necessário parecer da Procuradoria do Trabalho, enquanto no procedimento sumaríssimo o parecer poderá ser dispensado ou ser feito oralmente. O recurso de revista no valor de alçada compreende qualquer matéria contida no art. 896 da CLT; no procedimento sumaríssimo, fica o recurso adstrito à violação literal e direta da Constituição e à não observância de Súmula do TST ou do STF.

Uma das propostas para a instituição do rito sumaríssimo dispunha que não caberia recurso até determinado valor. Se esse preceito estivesse inserido na Lei n. 9.957, seria possível argumentar que haveria semelhança com o valor de alçada do art. 2º da Lei n. 5.584, estando este último revogado. Como não há preceito similar na Lei n. 9.957, é possível dizer que esta não revogou o art. 2º da Lei n. 5.584.

A Lei n. 9.957 não é incompatível com o art. 2º da Lei n. 5.584, nem regulou inteiramente a matéria, mas tratou de outro tema.

Como não houve revogação expressa ou tácita do art. 2º da Lei n. 5.584/70, é possível dizer que este está em vigor. Logo, em processos cujo valor da causa seja de até dois salários-mínimos, não cabe qualquer recurso, salvo em se tratando de matéria constitucional. Entretanto, nos processos de alçada será possível ouvir até três testemunhas para cada parte, sendo que a audiência não precisará ser una e no procedimento sumaríssimo serão ouvidas até duas testemunhas, sendo a audiência una. Não haverá prazo para resolver os processos de alçada, enquanto os processos sujeitos ao procedimento sumaríssimo serão solucionados em 15 ou 30 dias, dependendo do caso. No procedimento sumaríssimo, a sentença não tem relatório; no de alçada, terá.

A Lei n. 11.419, de 19-12-2006, trata da informatização do processo judicial. Na verdade, o processo não é eletrônico. Os autos do processo conterão dados digitais armazenados por meios eletrônicos.

15.9.10 Procedimento das novas ações de competência da Justiça do Trabalho

Com a competência estabelecida para a Justiça do Trabalho pela Emenda

Constitucional n. 45/2004, passa-se a discutir qual é a lei processual aplicável em relação aos novos processos de competência desse órgão.

Uns afirmam que seria impossível deixar de aplicar a CLT para a relação entre pessoas que não são empregado e empregador, pois haveria a dificuldade de dizer qual norma seria observada. Geraria insegurança jurídica a utilização de outros procedimentos, diversos dos previstos na CLT. Seria o fim da especialização da Justiça do Trabalho aplicar o CPC em detrimento da CLT, representando retrocesso. O emprego da CLT importa unidade de procedimentos a observar.

Prevê o art. 763 da CLT que "o processo da Justiça do Trabalho, no que concerne aos dissídios individuais e coletivos e à aplicação de penalidades, reger-se-á em todo o território nacional pelas normas estabelecidas neste Título". Este dispositivo tem a redação original da CLT de 1943.

A Lei n. 7.494, de 17-7-1986, deu nova redação ao art. 643 da CLT, que assim dispõe: "os dissídios, oriundos das relações entre empregados e empregadores, bem como de trabalhadores avulsos e seus tomadores de serviços, em atividades reguladas na legislação social, serão dirimidos pela Justiça do Trabalho, de acordo com o presente Título e na forma estabelecida pelo processo judiciário do trabalho".

A referida redação é posterior à dada ao art. 763 da CLT. Logo, pode-se entender que a Lei n. 7.494 derrogou o art. 763 da CLT, por ser posterior a este último e regular a matéria de forma diferente.

Reza o art. 791 da CLT que os empregados e os empregadores poderão reclamar pessoalmente perante a Justiça do Trabalho e acompanhar as suas reclamações até o final. Determina a alínea *a*, do art. 839 da CLT que a ação poderá ser apresentada pelos empregados e empregadores, pessoalmente, ou por seus representantes, e pelos sindicatos de classe. Isso quer dizer que se as partes não forem empregados, empregadores ou sindicatos, haverá necessidade de patrocínio da ação por intermédio de advogado.

O art. 7º da Emenda Constitucional n. 45 estabeleceu que "o Congresso Nacional instalará, imediatamente após a promulgação desta Emenda Constitucional, comissão especial mista, destinada a elaborar, em cento e oitenta dias, os projetos de lei necessários à regulamentação da matéria nela tratada, bem como promover alterações na legislação federal objetivando tornar mais amplo o acesso à Justiça e mais célere a prestação jurisdicional". Os 180 dias já se passaram e as normas complementares à Emenda Constitucional n. 45 não foram editadas, inclusive para disciplinar o procedimento dos novos processos de competência da Justiça do Trabalho. Logo, não pode ser a CLT.

Para os processos de autônomos, eventuais etc. não se observa, porém, o princípio da proteção, pois eles podem ser economicamente mais ricos do que o seu cliente. Não se está falando de um trabalhador comum, de um hipossuficiente, mas, muitas vezes, de um profissional liberal, com formação superior.

O TST baixou a Instrução Normativa n. 27, de 16-2-2005, que dispõe sobre normas procedimentais aplicáveis ao processo do trabalho em decorrência da ampliação da competência da Justiça do Trabalho pela Emenda Constitucional n. 45/2004. Dispõe o art. 1º da referida instrução que "as ações ajuizadas na Justiça do Trabalho tramitarão pelo rito ordinário ou sumaríssimo, conforme previsto na Consolidação das Leis do Trabalho, excepcionando-se, apenas, as que, por disciplina legal expressa, estejam sujeitas a rito especial, tais como o Mandado de Segurança, *Habeas Corpus*, *Habeas Data*, Ação Rescisória, Ação Cautelar e Ação de Consignação em Pagamento". A sistemática recursal a ser observada é a prevista na Consolidação das Leis do Trabalho, inclusive no tocante à nomenclatura, à alçada, aos prazos e às competências (art. 2º). Exige-se, também, depósito recursal (parágrafo único do art. 2º).

O depósito recursal será exigido, segundo a Instrução Normativa n. 27, nas demais relações de trabalho. Entretanto, a relação não será entre empregado e empregador. Nas demais relações de trabalho, não existem as figuras de empregado e empregador. Não sendo empregado ou diretor não empregado, o trabalhador não tem conta do FGTS.

A Instrução Normativa n. 27 não é lei, nem tem natureza vinculante. Ninguém é obrigado a fazer ou deixar de fazer algo a não ser em virtude de lei (art. 5º, II, da Constituição). Esta não existe no momento determinando que, para os novos casos de competência da Justiça do Trabalho, a lei procedimental a ser observada é a CLT. Não houve precedentes do TST para a sua edição.

Compete privativamente à União legislar sobre matéria de direito processual (art. 22, I, da Constituição). A instrução normativa não foi editada pelo Poder Legislativo, mas pelo Judiciário.

Apesar de a referida instrução ter sido editada por unanimidade, não havia nenhum precedente de caso anteriormente julgado sobre o tema.

Destaca-se, ainda, que o art. 1º da Instrução Normativa n. 27 é exemplificativo e não taxativo, pois usa a expressão *tais como*. Assim, outras ações podem observar procedimentos descritos no CPC.

O procedimento estabelecido na Instrução Normativa n. 27 do TST dá mais segurança às partes sobre a norma processual a utilizar.

Verificação de Aprendizagem

1. Quais são as condições da ação?
2. Quais são os elementos da ação?
3. Quais são os pressupostos da ação?
4. Em que casos é possível a cumulação de pedidos?
5. Quando é possível aditar a petição inicial?
6. É necessário o valor da causa na petição inicial do processo do trabalho?
7. João M. foi admitido em 1º-5-1993 na empresa Alfa Ltda. e dispensado em 4-5-2000. Seu último salário era de $ 200,00. Não recebeu as verbas rescisórias. Trabalhava das 8 às 21 horas, de segunda a sexta-feira, sem intervalo e sem receber as horas extras e reflexos. Como seu advogado, elaborar petição inicial.
8. J. Jr. foi admitido em 1º-1-1994 e dispensado em 31-10-2000. Exercia a mesma função que Mitiko Oguchi, porém com salário inferior. Ganhava $ 300,00 e Mitiko $ 500,00. Trabalhava em local insalubre, tendo contato com elementos químicos e ruídos excessivos. Como advogado, propor a ação cabível para o empregado.

Capítulo 16

DISTRIBUIÇÃO

16.1 CONCEITO E FINALIDADE

Distribuição é o ato pelo qual é designado o órgão jurisdicional competente no qual o processo terá seu desenvolvimento.

Tem por finalidade a distribuição dividir igualmente os processos aos juízes que são competentes para examiná-los. Visa, também, evitar a possibilidade da escolha do juízo pelo autor. É um ato de natureza administrativa.

Havendo apenas uma Vara do Trabalho ou juízo de Direito, não há que se falar em distribuição, sendo a reclamação apresentada diretamente à secretaria da Vara, ou ao cartório do juízo (art. 837 da CLT). É nas localidades onde exista mais de uma Vara do Trabalho ou mais de um juízo de Direito que a reclamação será, preliminarmente, distribuída (art. 838 da CLT).

O art. 783 da CLT determina que a distribuição das reclamações onde haja mais de uma Vara do Trabalho ou mais de um juiz de Direito seja feita "pela ordem rigorosa de sua apresentação ao distribuidor, quando o houver". Leciona Valentin Carrion (1999:594) que "a ordem rigorosa da apresentação é ingenuidade legislativa, dependendo sempre da integridade do funcionário encarregado ou mesmo da vivacidade do procurador, verificando qual o juiz a que foi distribuída a demanda que o precedeu".

Um advogado pode acumular algumas petições iniciais a serem distribuídas, escolhendo a Vara a que irão ser distribuídas pelo menos algumas delas (as mais importantes), bastando ordená-las de acordo com a Vara da primeira ação distribuída. Se a primeira petição coube à 10ª Vara, por exemplo, desejando o causídico distribuir determinado feito para a 13ª Vara, basta colocá-lo após três outras petições, atingindo seu objetivo.

É por esses motivos que deve ser adotada a distribuição por computador, ou por sorteio, embora o art. 783 da CLT fale na ordem rigorosa da apresentação das reclamações ao distribuidor.

Em muitos locais, porém, as petições são numeradas uma a uma e somente distribuídas ao final da entrada da última petição. Daí, são distribuídas de uma só vez, o que de certa forma inibe a fraude. Hoje, a distribuição é feita de forma eletrônica, saindo o advogado ciente da Vara à qual foi distribuída a petição inicial e até mesmo da audiência inicial, aplicando-se o § 2º do art. 841 da CLT, que trata da ciência do reclamante quando da apresentação da inicial. É uma espécie de costume *contra legem*.

Inexistindo Vara em certa localidade, a competência para julgar a reclamação trabalhista será do juiz de direito (art. 112 da Constituição). A competência será determinada de acordo com a distribuição ou pela divisão judiciária local. Sendo diverso o critério da lei de organização judiciária local, a competência para dirimir as reclamações trabalhistas, de acordo com a distribuição, será feita ao juiz do Cível mais antigo (art. 669, §§ 1º e 2º da CLT), que seria considerado mais experiente.

Nos juízos de Direito em que houver mais de um cartório, a distribuição das reclamações será feita alternada e sucessivamente (parágrafo único do art. 716 da CLT).

Nos tribunais também haverá necessidade de distribuição, em razão da repartição igualitária dos recursos ou ações de competência originária a cada juiz.

A distribuição também é feita para as cartas precatórias e para as reclamações de origem administrativa, como de anotação da Carteira de Trabalho, vindas do Ministério do Trabalho (art. 39 da CLT).

16.2 DISTRIBUIÇÃO POR DEPENDÊNCIA

Prevê o art. 286 do CPC que serão distribuídas por dependência as causas de qualquer natureza: (a) quando se relacionarem, por conexão ou continência, com outra já ajuizada. É a distribuição por dependência a outra causa; (b) quando, tendo sido extinto o processo, sem resolução de mérito, for reiterado o pedido, ainda que em litisconsórcio com outros autores ou que sejam parcialmente alterados os réus da demanda. Trata-se de distribuição ao juízo que processou anteriormente demanda idêntica. Na hipótese de arquivamento, não haverá distribuição por dependência; (c) quando houver ajuizamento de ações que possam gerar risco de prolação de decisões conflitantes ou contraditórias caso decididos separadamente, mesmo sem conexão entre eles.

Haverá continência se as partes e a causa de pedir forem as mesmas, mas o objeto de uma é mais amplo, abrangendo a outra ação (art. 56 do CPC). É o que ocorre quando são pedidas verbas rescisórias e a parte se esquece de pedir aviso prévio e saldo de salários, enquanto na primeira ação são pedidas todas as demais verbas rescisórias. Há continência, devendo a segunda ação ser distribuída por dependência. Haverá conexão quando o objeto ou a causa de pedir forem os mesmos entre duas reclamações, impondo-se, também, a distribuição por dependência.

O que não pode ocorrer, para se pretender a distribuição por dependência de uma segunda ação, é na primeira haver pedido de verbas rescisórias, em decorrência da rescisão injusta do contrato de trabalho; e na segunda, o pedido de horas extras, em decorrência do trabalho extraordinário. As partes nas duas ações são as mesmas. A causa de pedir de uma é o trabalho além da jornada normal e na primeira a despedida imotivada. Os pedidos são diversos: pagamento de horas extras e de verbas rescisórias. Não há que se falar assim em conexão ou continência, devendo as ações seguirem perante Varas distintas, pois inexiste distribuição por dependência, nesse caso, porque a conexão ou continência não se dá pelo contrato de trabalho, mas em razão das partes, pedido ou causa de pedir.

A regra do inciso II do art. 286 do CPC não se aplica quando houver desistência, mas quando o processo for extinto sem resolução de mérito por outros motivos. O objetivo do inciso II do art. 286 do CPC é evitar a fraude de o advogado distribuir várias ações ao mesmo tempo para escolher a Vara que lhe é favorável em sua pretensão, desistindo das ações em relação às Varas que não são simpáticas à sua pretensão. A lei é expressa em se referir apenas ao pedido, pois a causa de pedir poderia ser camuflada, mas tendo como consequência o mesmo pedido.

Se a hipótese for de distribuição por dependência, a parte deve encaminhar petição ao juiz solicitando a referida distribuição. Caso deferida, a petição será encaminhada ao distribuidor, para anotação e demais procedimentos.

Se a tutela cautelar for preparatória, deverá ser distribuída como qualquer reclamação comum. Caso a tutela cautelar seja proposta no curso da ação principal, o juízo por onde se processa esta estará prevento, devendo a tutela cautelar ser distribuída por dependência. Será competente o juiz que o seria para conhecer da ação principal, ficando preventa a jurisdição para a ação principal. Caso a tutela cautelar seja proposta no curso da ação principal, o juízo por onde se processa esta estará prevento, devendo a tutela cautelar ser distribuída por dependência.

Os embargos do devedor, à penhora, à adjudicação, à remição, à arrematação e de terceiros também são distribuídos por dependência.

16.3 PROCEDIMENTOS

As reclamatórias serão registradas em livro próprio, que deve ser rubricado em todas as folhas pela autoridade a que estiver subordinado o distribuidor (art. 784 da CLT).

Na ocasião em que for feita a distribuição, a reclamação será remetida pelo distribuidor à Vara ou ao juízo competente, acompanhada do bilhete de distribuição (art. 788 da CLT).

O distribuidor fornecerá ao interessado um recibo do qual constarão o nome do reclamante e do reclamado, a data da distribuição, o objeto da reclamação e a Vara ou o juízo para onde foi feita a distribuição (art. 785 da CLT). A cópia da petição inicial normalmente serve de protocolo ou de recibo da distribuição da ação.

A reclamação verbal será distribuída antes de sua redução a termo (art. 786 da CLT). Em muitos locais, tem sido feito justamente o contrário, primeiro o reclamante reduz a termo a reclamação no setor de reclamações verbais, posteriormente ela é encaminhada para a distribuição, não havendo necessidade de comparecer àquele local uma segunda vez para a redução a termo.

Distribuída a reclamação verbal, o reclamante deverá apresentar-se no prazo de cinco dias, ao cartório ou à secretaria, para reduzi-la a termo (parágrafo único do art. 786 da CLT), sob pena de lhe ser aplicada a pena de ficar sem poder reclamar por seis meses (art. 731 da CLT), salvo prova de motivo de força maior.

A distribuição de processos será imediata em todos os graus de jurisdição (art. 93, XV, da Constituição). A determinação é acertada, porém o juiz do trabalho já vem trabalhando no limite. Na prática, os processos são distribuídos de imediato, mas ficam no lote do juiz, aguardando serem enviados para o gabinete do magistrado.

Há preferência na distribuição em relação a processos de empresas em fase de falência, no procedimento sumaríssimo, nos agravos de petição e de instrumento, em relação a idosos com mais de 65 anos.

16.4 EFEITOS DA DISTRIBUIÇÃO

No processo do trabalho, a distribuição é o início da prestação jurisdicional, ainda que este ato se caracterize como ato administrativo.

Sendo a citação na Justiça do Trabalho automática, promovida pelo funcionário da Vara em 48 horas do recebimento da petição inicial (art. 841 da CLT), independente de requerimento da parte ou de ato do juiz, que não toma conhecimento do processo, a não ser em audiência, é com a distribuição que há a prevenção do juízo (art. 59 do CPC), a indução da litispendência e é interrompido o prazo de prescrição. A interrupção da prescrição somente ocorrerá pelo ajuizamento de reclamação trabalhista, mesmo que em juízo incompetente, ainda que venha a ser extinta sem resolução do mérito, produzindo efeitos apenas em relação aos pedidos idênticos (§ 3º do art. 11 da CLT). A Súmula 268 do TST mostra que a ação trabalhista, ainda que arquivada, interrompe a prescrição. O próprio § 1º, do art. 240 do CPC estabelece que a interrupção da prescrição retroagirá à data da propositura da ação. A coisa só pode tornar-se litigiosa com a citação, pois antes não há relação processual (art. 240 do CPC).

Os juros de mora também são devidos a partir da data da propositura da ação (§ 1º, do art. 39, da Lei n. 8.177) e não da citação.

Verificação de Aprendizagem

1. Quais são os efeitos da distribuição?
2. Quando é que se procede à distribuição?

Capítulo 17

AUDIÊNCIA

17.1 ETIMOLOGIA E CONCEITO

Audiência vem do latim *audientia*, que é o ato de escutar, de atender ou de *audi*, de *audire*, de ouvir.

Audiência é o ato praticado sob a presidência do juiz a fim de ouvir ou de atender às alegações das partes.

17.2 DISTINÇÃO

Distingue-se a audiência da sessão. Sessão é a realização de várias audiências ou julgamentos, em que são decididos vários processos. A audiência consiste no ato do juiz de ouvir as partes, suas testemunhas e as reivindicações das primeiras. Podem existir audiências nos tribunais, como nos dissídios coletivos, para tentar conciliação. Sessões são feitas nos tribunais.

17.3 AUDIÊNCIA UNA

No processo do trabalho, concentra-se nas audiências a maioria dos atos processuais, prestigiando os princípios da concentração dos atos na audiência e da oralidade.

A audiência será contínua. Não sendo possível, por motivo de força maior, concluí-la no mesmo dia, o juiz ou presidente marcará sua continuação para a próxima desimpedida, independentemente de nova intimação (art. 849 da CLT). Verifica-se que a não conclusão da audiência somente se dará por motivo de força maior, entendido como acontecimento inevitável e imprevisível.

As demandas sujeitas ao rito sumaríssimo serão instruídas e julgadas em audiência única (art. 852-C da CLT).

O art. 365 do CPC declara que a audiência é una e contínua. Não sendo possível concluir, em um só dia, a instrução, o debate e o julgamento, o juiz marcará o seu prosseguimento para o dia próximo.

A unidade decorre do princípio da concentração dos atos na audiência. É una a audiência, no sentido de que é uma única, sendo que os atos processuais nela desenvolvidos estarão dentro de uma unidade. Contínua porque deve iniciar-se e encerrar-se no mesmo dia, sempre que possível, ou em dia próximo, não sendo interrompida senão em casos devidamente comprovados.

Quando a contestação, a instrução e o julgamento são praticados numa única audiência, chamam-na de audiência una. Na maioria das Varas, é adotada a prática de três audiências, uma para tentar conciliar as partes e em que é apresentada a defesa (chamada de inicial), a segunda em que são ouvidos os depoimentos pessoais e testemunhais (instrução), e a terceira em que é proferida a sentença (julgamento).

Mesmo nos casos de divisão da audiência, em audiência inicial ou de conciliação, em que se apresenta a defesa, audiência de instrução, em que é colhida a prova e audiência de julgamento, na qual é proferida a sentença, estaremos diante de audiência contínua, havendo unidade daquilo que nela se desenvolve.

Ao juiz é que deve caber a escolha de a audiência ser ou não una. A experiência mostra que, quanto mais forem realizadas audiências, maior a probabilidade de as próprias partes se conciliarem.

Em Varas que realizam audiências unas, há grande incidência de acordos, pois as partes sabem que têm de trazer testemunhas na primeira audiência e muitas vezes as testemunhas não comparecem, acabando as partes transigindo. Muitas vezes, por inexistir outra oportunidade para se fazer a prova é que os acordos acabam saindo.

Entretanto, deveria haver o julgamento na própria audiência, o que não é feito, dado o excesso de audiências e a complexidade de certos processos, marcando-se data para ser proferida a sentença, desprestigiando-se a audiência que deveria ser, por natureza, una.

De outro lado, a audiência una prejudica o reclamante, que muitas vezes não tem como falar sobre um número excessivo de documentos naquele momento. Prejudica também o andamento de outras audiências que se seguem àquela, quando a primeira demora muito, fazendo com que fiquem atrasados os trabalhos e haja impaciência das partes e advogados.

Por esses motivos, nem todas as audiências deveriam ser unas, mas ficaria a cargo do juiz determiná-las quando entendesse necessário.

17.4 ESTÁTICA DA AUDIÊNCIA

O ideal seria inclusive modificar a CLT para que não houvesse necessidade de audiência para todos os casos, permitindo-se até mesmo a apresentação da defesa em cartório, quando o juiz assim o determinasse, como em casos de empresas que não fazem acordos, como de empresas públicas etc. Isso poderia agilizar as pautas das Varas, em que o juiz apenas faria audiência de instrução e não para apresentar contestação.

As audiências na Justiça do Trabalho, como em qualquer processo, são públicas (art. 813 da CLT), salvo quando o interesse público o desejar, quando serão realizadas a portas fechadas, obedecendo segredo de justiça. A própria Constituição (art. 93, IX) determina que todos os julgamentos dos órgãos do Poder Judiciário serão públicos.

Na Justiça do Trabalho, não se discutem questões relativas à família, que poderiam implicar segredo de justiça. Os casos de segredo de justiça que podem ocorrer no processo do trabalho são os que dizem respeito à pessoa, de situações que podem ser vexatórias ou de lhe trazer repercussão negativa, como casos envolvendo doentes de Aids, roubo ou outros. Isso, porém, irá ficar a critério do juiz.

Nos casos em que se discute a condição de trabalho do doente de Aids, o juiz deveria decretar segredo de justiça em relação ao processo, visando a que o trabalhador não fosse prejudicado ainda mais pelo fato de estar doente, tendo divulgada a sua condição perante a sociedade. Em cidades pequenas, a decretação do sigilo de justiça acaba sendo imprescindível, diante da repercussão negativa que isso gera na localidade. O inciso I do art. 189, do CPC, não é claro, porém, quanto aos casos em que há interesse público. Talvez, fosse o caso de se mudar a redação da lei para estabelecer que nas hipóteses em que a pessoa pudesse sofrer uma condição vexatória, caso o processo fosse público, deveria haver o segredo de justiça, como no caso do doente de Aids. Do contrário, ficaria ao livre alvedrio do juiz determinar ou não o segredo de justiça e a parte não teria nenhum recurso contra a sua decisão. Há quem argumente que, se for decretado o segredo de justiça, haverá discriminação do doente de Aids, pois as pessoas terão interesse em saber o que acontece no processo. Entretanto, está sendo tratada uma situação desigual de forma desigual. Caso não seja decretado o segredo de justiça, dependendo da hipótese, o doente será ainda mais prejudicado. Os atos processuais correm em segredo de justiça em que constem dados protegidos pelo direito constitucional à intimidade (art. 189, III, do CPC).

Poderão ser realizadas as audiências em dias úteis (segunda a sexta-feira), previamente fixados, das 8 às 18 horas. Não será possível ser realizada audiência por período superior a cinco horas seguidas, salvo se se tratar de matéria urgente, em razão da sua natureza alimentar (art. 813 da CLT). Matéria urgente é a que compreende pagamento de salários (§ único do art. 652 da CLT), pois o salário tem natureza alimentar; o fato de a empresa estar em estado falimentar (art. 768 da CLT) etc.

Em casos especiais, poderá ser designado outro local para a realização das audiências, desde que seja afixado edital na sede do juízo ou Tribunal, com a antecedência mínima de 24 horas (§ 1º do art. 813 da CLT). Pode ser o exemplo de ouvir o Presidente da República, do Senado, da Câmara dos Deputados, onde exerçam as suas funções. Poderão ser convocadas audiências extraordinárias, com a observância dos requisitos anteriormente mencionados.

17.5 DINÂMICA DA AUDIÊNCIA

Na audiência, deverão estar presentes o juiz do trabalho, as partes e o datilógrafo de audiência, que substitui o diretor da secretaria no ato de secretariar a audiência e lavrar as atas. As partes deverão estar presentes à audiência, independentemente do comparecimento de seus representantes (art. 843 da CLT). Nas reclamações plúrimas e nas ações de cumprimento, os empregados poderão se fazer representar pelo sindicato da categoria.

À hora marcada serão abertos os trabalhos, sendo feito o pregão, por um funcionário da Vara, com a presença das partes, testemunhas e demais pessoas que tenham de comparecer à audiência. Caso o juiz não tenha chegado até 15 minutos após a hora marcada, os presentes poderão retirar-se, devendo o ocorrido constar do livro de registro de audiências (parágrafo único do art. 815 da CLT). Ressalte-se que este prazo de 15 minutos é o prazo limite para aguardar o juiz e não para se aguardar as partes ou seus procuradores. Quanto a estes, não haverá qualquer tolerância, pois a regra do parágrafo único do art. 815 da CLT não lhes é aplicável. A Lei n. 8.906/94 modifica a referida situação apenas em relação ao advogado, ao afirmar que o causídico poderá "retirar-se do recinto onde se encontre aguardando pregão para ato judicial, após trinta minutos do horário designado e ao qual ainda não tenha comparecido a autoridade que deve presidir a ele, mediante comunicação protocolizada em juízo" (art. 7º, XX).

Não se aplica a regra do § 9º do art. 357 do CPC, no sentido de que as pautas das audiências deverão ser preparadas com intervalo mínimo de uma hora entre as audiências, por ser incompatível com o processo do trabalho, em que há muitas audiências por dia.

Prevê o art. 847 da CLT que na audiência será feita a leitura da reclamação, salvo se for dispensada por ambas as partes.

Na prática, não se faz leitura da petição inicial, pois o réu já recebeu cópia dela. Com isso, poupa-se o tempo que seria necessário para a leitura da petição inicial.

O juiz exerce o poder de polícia nas audiências, competindo-lhe:

a) manter a ordem e o decoro na audiência;
b) ordenar que se retirem da sala de audiências quaisquer pessoas que se comportarem inconvenientemente;
c) requisitar, quando necessário, a força policial (art. 816 da CLT c/c art. 360 do CPC).

O registro das audiências será feito em livro próprio, onde constarão quais os processos apreciados e sua solução, bem como outras ocorrências. Do registro das audiências poderão ser fornecidas certidões às pessoas que o requererem (parágrafo único do art. 817 da CLT). Na prática, forma-se pasta com as atas das audiências.

Contumácia é a ausência das partes à audiência.

O não comparecimento do reclamante à primeira audiência importa no arquivamento do processo. A palavra reclamante tem o significado de autor, referindo-se tanto ao empregado, ao empregador, como ao sindicato. O termo arquivamento não é muito adequado, pois aquele retrata o fato de o processo ser arquivado, depositado ou guardado em arquivo, podendo ser desarquivado e retomar o seu curso normal, como ocorre na execução. Na verdade, o arquivamento consiste na extinção do processo sem julgamento de mérito, correspondendo à antiga absolvição de instância do CPC de 1939.

Na hipótese de ausência do reclamante, este será condenado ao pagamento das custas calculadas na forma do art. 789 da CLT, ainda que beneficiário da justiça gratuita, salvo se comprovar, no prazo de quinze dias, que a ausência ocorreu por motivo legalmente justificável (§ 2º do art. 844 da CLT). Motivo legalmente justificável ocorre nas hipóteses do art. 473 da CLT, como faltas legalmente justificadas. O pagamento das custas é condição para a propositura de nova demanda (§ 3º do art. 844 da CLT). Essa regra viola o direito de ação (art. 5º, XXXV, da Constituição), pois se o empregado não tem como pagar as custas, não terá como ajuizar a ação.

Havendo arquivamento do processo, não há apresentação da contestação em audiência. Na hipótese de o reclamante não comparecer na audiência em prosseguimento (após a audiência de conciliação), na qual deveria depor, não há arquivamento do processo, mas confissão quanto à matéria de fato, pois já foi estabelecida a *litiscontestatio*. A Súmula 9 do TST é clara no sentido de que "a ausência do reclamante, quando adiada a instrução depois de contestada a ação em audiência, não importa arquivamento do processo".

O reclamante que der causa a dois arquivamentos ficará punido com a perda, pelo prazo de seis meses, do direito de reclamar perante a Justiça do Trabalho (art. 732 da CLT). Há necessidade de que sejam dois arquivamentos seguidos e não alternados. Não se pode dizer, porém, que há inconstitucionalidade no art. 732 da CLT, pois o direito de ação não é absoluto, dependendo das condições estabelecidas pelo legislador. O juiz, geralmente, não tem conhecimento de que o autor deu causa aos arquivamentos anteriores, só podendo aplicar a pena supra referida mediante prova de tais fatos pelo reclamado. A pena deverá ser aplicada pelo juiz, por meio de sentença. O prazo somente começará a fluir a partir do momento em que for aplicada a pena, evidentemente que após o trânsito em julgado da sentença. O juiz poderá aplicar a pena inclusive de ofício, por se tratar de questão de ordem pública.

O não comparecimento do reclamado importa revelia e confissão quanto à matéria de fato (art. 844 da CLT). Revel vem do latim *rebellis*, com significado de rebelde, teimoso. Revelia pode ser proveniente do espanhol no sentido de rebeldia. Poderia ser insubordinação. Revelia vem a ser a ausência de defesa por parte do réu, que não comparece ao juízo quando é citado na ação que lhe foi proposta. Revelia é um estado processual qualificado e não pena. Pena é uma espécie de sanção. Os efeitos da revelia serão analisados por ocasião do julgamento. A revelia tem um efeito de preclusão temporal, pois o réu não mais poderá apresentar defesa. Confissão é a presunção de serem verdadeiros os fatos alegados na inicial. O revel poderá intervir no processo em qualquer fase, recebendo-o no estado em que estiver (parágrafo único do art. 346 do CPC). Ocorrendo motivo relevante, poderá o juiz suspender o julgamento, designando nova audiência (§ 1º do art. 844 da CLT). A Súmula 122 do TST esclarece que, para ilidir a revelia, o atestado médico deve declarar expressamente a impossibilidade de locomoção do empregador ou de seu preposto, no dia da audiência. Tem-se entendido como critério razoável que, para se elidir a revelia, o atestado médico deve indicar a hora de atendimento da pessoa que deveria comparecer à audiência. Se o empregador tem mais de um empregado, esse fato deve ser considerado, pois outro poderia comparecer à audiência. Sendo a doença do empregador pessoa física, que não tenha empregados, a audiência terá de ser adiada.

Ainda que ausente o reclamado, presente o advogado na audiência, serão aceitos a contestação e os documentos eventualmente apresentados (§ 5º do art. 844 da CLT). Logo, se o advogado está presente e tem contestação, pode apresentá-la. Não haverá revelia, portanto. Revelia não é mais ausência do réu na audiência, mas ausência de defesa.

Se a defesa for juntada por meio eletrônico e o preposto não comparecer na audiência, não haverá revelia, pois houve defesa, mas haverá confissão ficta do réu.

Quando o revel tem advogado no processo, deve ser intimado dos atos processuais ou da sentença na pessoa do causídico.

Se a empresa apresenta contestação e documentos pelo sistema eletrônico, o não comparecimento do preposto gera confissão, mas não revelia, pois houve intenção de se defender com a apresentação da defesa.

O efeito da revelia não se observa se:

I – havendo pluralidade de réus, algum deles contestar a ação. É o que ocorre se a pessoa que teria responsabilidade subsidiária contestar os pedidos contidos na inicial;

II – o litígio versar sobre direitos indisponíveis. Direitos indisponíveis poderiam ser os direitos da Fazenda Pública, que não são disponíveis. Se o Ministério Público do Trabalho for réu na ação, provavelmente os direitos são indisponíveis.

III – a petição inicial não estiver acompanhada de instrumento que a lei considere indispensável à prova do ato. É o que ocorre nos casos em que se exige instrumento público para a procuração. Haverá, porém, necessidade de concessão de prazo para regularização do instrumento;

IV – as alegações de fato formuladas pelo autor forem inverossímeis ou estiverem em contradição com prova constante dos autos. Alegações inverossímeis são jornadas excessivas e impossíveis de serem cumpridas diariamente pela pessoa. Pode ser o exemplo do empregado que alega trabalhar todos os dias das 7 às 24 horas (§ 4º do art. 844 da CLT).

Ao réu revel será lícita a produção de provas, contrapostas às alegações do autor, desde que se faça representar nos autos a tempo de praticar os atos processuais indispensáveis a essa produção (art 349 do CPC). Dificilmente esse artigo será aplicado na prática, pois se o réu é revel, o juiz vai encerrar a instrução processual e determinar o julgamento. A exceção talvez ocorra quando houver perícia para apurar insalubridade ou periculosidade, mesmo em caso de revelia.

Não comparecendo a empresa na segunda audiência, será confessa quanto à matéria de fato.

Não é preciso nomear curador especial para o revel citado por edital, pois não se aplica o inciso II do art. 72 do CPC no processo do trabalho. A CLT explicita que somente no caso do art. 793 é que se dará curador especial. Inexistindo omissão na CLT, não se aplica o inciso II do art. 72 do CPC (art. 769 da CLT). O próprio art. 852 da CLT determina que o revel deva ser notificado pelo correio, porém não menciona a necessidade de nomeação de curador, caso seja citado por edital.

Mesmo em caso de revelia, é preciso ser feita a perícia para apuração de insalubridade ou periculosidade. A presunção da veracidade dos fatos alegados na inicial não elide a necessidade da perícia, pois a existência de insalubridade ou periculosidade só é verificada pelo técnico, inclusive para indicar o grau de insalubridade.

O reclamante poderá ser substituído em audiência pelo sindicato ou empregado da mesma profissão, apenas para adiar a audiência, desde que tenha sido comprovado motivo ponderoso para tanto (§ 2º do art. 843 da CLT). Deverá o reclamante ser notificado da nova audiência a ser designada, não podendo os substitutos tomarem ciência pelo autor. O juiz pode autorizar que os reclamantes possam ser representados por uma comissão na audiência, em caso de reclamação plúrima, contudo isso ficará a critério do juiz, que é quem dirige o processo, pois a lei nada menciona nesse sentido. Se o magistrado entender que não é o caso de representação por uma comissão ou por um dos reclamantes, essa não poderá ser feita, principalmente quando o juiz pretende tomar os depoimentos pessoais do reclamante ou de alguns deles, o que não poderá ser feito por comissão.

O empregador poderá fazer-se substituir por gerente, ou qualquer outro preposto, que tenha conhecimento dos fatos, e cujas declarações obrigarão o proponente (§ 1º do art. 843 da CLT). O mesmo ocorre nos dissídios coletivos (art. 861 da CLT), em que o preposto ou gerente irá substituir o empregador na audiência respectiva. Mesmo o empregador pessoa física pode se fazer representar por preposto. A presença das partes na audiência no processo do trabalho está ligada à tentativa de conciliação, o que poderia não ocorrer se estivessem presentes apenas seus advogados. Entretanto, o empregador nem sempre pode se dirigir à audiência, pois precisa cuidar dos negócios da empresa, daí porque a lei facultou a ele a possibilidade de fazer-se substituir por gerente ou preposto. Nota-se que é uma faculdade legal dada ao empregador e não uma obrigação. Verifica-se também que o § 1º do art. 843 da CLT não se refere a representante legal, mas apenas a uma pessoa (gerente ou preposto) que irá substituir o empregador na audiência e não em outros atos do processo, apresentando, se for o caso, a defesa oralmente.

O preposto não substitui o empregador, pois não passa a ser parte no processo. É representante do empregador.

São duas palavras distintas colocadas no § 1º do art. 843 da CLT: preposto e gerente. Têm, portanto, significados diversos.

Não há dúvida a respeito do conceito de gerente, que é a pessoa encarregada de cuidar dos negócios da empresa, administrando-a. Tem o gerente poderes de gestão, admitindo ou dispensando empregados, impondo-lhes suspensão, administrando de modo geral a empresa. O gerente, portanto, poderá substituir o empregador na audiência. Não o diz, porém, a lei se essa pessoa precisa ser empregado, o que nos leva a crer que não necessite, pois na legislação comercial o gerente pode ser o sócio incumbido da gerência da empresa.

A utilização pela lei da palavra preposto é que dá margem a sérias controvérsias, pois o gerente não deixa também de ser um preposto. Preposto vem do latim *praepostus*, de *praeponere*, que tem o significado de posto adiante, à testa da operação, para conduzi-la ou dirigi-la. Preposto é o que está posto antes ou diante. Não está escrito no § 1º do art. 843 da CLT que o preposto tenha que ser empregado, pois ela emprega a expressão "qualquer outro preposto", não mencionando que deve haver relação de emprego entre essa pessoa e a empresa. O preposto vem a ser um substituto e não é sinônimo de empregado. Analisando-se a origem da palavra *preposto*, que era encontrada em vários dispositivos do Código Comercial (arts. 74 a 85), verifica-se que aquele não tem que ser necessariamente empregado, mas podem sê-lo os feitores, guarda-livros (contadores, atualmente), caixeiros, como se depreende da leitura daquelas disposições. O inciso III do art. 932 do Código Civil faz distinção entre empregado e preposto, que, portanto, não têm o mesmo significado. Pelo Código Civil, o preposto pode ser gerente ou contador (art. 1.177 a 1.178). Não precisa ser empregado. O requisito básico nesses casos é que o preponente possa ser substituído por outra pessoa, para certos atos. É o que deveria ser observado no processo do trabalho, pois o único requisito que a CLT exige do preposto é que tenha conhecimento do fato, pois suas declarações obrigarão o preponente. Só o empregador poderá nomear o preposto, em razão de ter confiança irrestrita nessa pessoa, arcando, assim, com os atos por ela praticados. Nota-se, dessa forma, que o preposto não precisaria ser empregado, podendo o empregador ser substituído por qualquer pessoa, desde que ela tenha conhecimento dos fatos, inclusive por meio de terceiros, não necessitando tê-los presenciado. Se a lei não distingue, não cabe ao intérprete fazê-lo. Assim, o contador autônomo, que faz a folha de pagamento da empresa, poderia substituir o empregador na audiência, como admito. Argumenta-se que nesse caso estaria sendo instituída a indústria dos prepostos, mas o que se verifica na prática é que aqueles prepostos de grandes empresas, que sempre vão à Justiça do Trabalho, já o são de maneira profissional, pois sempre comparecem à Vara do Trabalho. Como não se exige patrocínio de advogado para ingressar com ação na Justiça do Trabalho, nada impede que leigos substituam o empregador, exercendo o *ius postulandi* na audiência para aqueles, desde que tenham conhecimento do fato, não necessitando que sejam empregados.

As alíneas *e* e *f* do art. 483 da CLT mostram que o preposto pode não ser empregado. Se o legislador faz referência a empregador, superior hierárquico e preposto é sinal que este não é empregado, pois, do contrário, estaria abrangido pelos outros dois.

O art. 9º da Lei n. 9.099 não exige que o preposto seja empregado.

O preposto não precisa ser empregado da parte reclamada (§ 3º do art. 843 da CLT). Pode, portanto, ser qualquer pessoa.

É possível o preposto de uma das empresas do grupo econômico figurar como preposto das demais, pois o empregador é o grupo econômico, segundo a orientação do § 2º do art. 2º da CLT.

O preposto não é parte no processo. Entender de forma contrária seria admitir que ele passasse a ser responsável pelo não pagamento das verbas devidas pelo empregador.

O preposto deve ser uma pessoa séria, de forma a passar credibilidade das suas informações ao juiz. Não pode ser tímido, mas deve ser extrovertido, tendo comunicação, para poder inteirar o advogado da empresa e o juiz sobre as informações que lhe forem perguntadas. Pode ajudar na audiência o advogado, indicando fatos que possam ser perguntados ao empregado ou às testemunhas.

A representação do empregador doméstico em audiência também enseja dúvidas. Poder-se-ia dizer que somente quem contratou o empregado doméstico é que deveria estar presente na audiência. Se os serviços domésticos são, contudo, prestados apenas a uma única pessoa, é esta que deverá comparecer a juízo. Declara o art. 1º da Lei Complementar n. 150/2015 que o empregado doméstico presta serviços à pessoa ou à família que admita empregado doméstico. Assim, é possível que à audiência compareça a pessoa que contratou o doméstico (a mulher, por exemplo, que o registrou), como qualquer pessoa da família, como o marido, o filho, a filha e outros. O conceito de família é amplo, podendo ser considerado não só em relação aos cônjuges e filhos, mas também como de quaisquer parentes que residam no local, como irmãos ou irmãs solteiras, primos e outros. Dessa forma, qualquer membro da família que resida no local em que prestou serviços o empregado doméstico poderá comparecer à audiência.

É possível também que a pessoa ou família possa ser representada por preposto, pois o § 1º do art. 843 da CLT menciona a hipótese de o empregador ter preposto, num sentido amplo, compreendendo também o empregador doméstico. Logo, se este tiver empregados, como mordomo, copeira, motorista, que são empregados domésticos, poderão os últimos representar, também, aquele em audiência, devendo, entretanto, conhecer os fatos objeto do litígio, sob pena de confissão. O TST não exige que o preposto do empregador doméstico seja empregado (S. 377).

O empregado do condomínio poderá representar o empregador (o condomínio), na forma do § 1º do art. 843 da CLT. O art. 2º da Lei n. 2.757 não dispõe que "apenas" o síndico pode representar o condomínio em juízo. Se a jurisprudência entende que é preciso ser empregado para ser preposto, nada impede que o condomínio seja substituído pelo preposto empregado, como zelador, porteiro, ascensorista, faxineiro e outros.

É facultado ao empregador de microempresa ou de empresa de pequeno porte fazer-se substituir ou representar perante a Justiça do Trabalho por terceiros que conheçam dos fatos, ainda que não possuam vínculo trabalhista ou societário (art. 54 da Lei Complementar n. 123/2006).

Trata-se de faculdade do empregador e não obrigação de ser representado por terceiros que não sejam empregados na audiência trabalhista. Se quiser, o empregador poderá comparecer pessoalmente às audiências na Justiça do Trabalho. A palavra correta é representar e não substituir, pois substituir implica trocar pessoas numa relação. O terceiro irá representar o empregador em audiência, podendo fazer acordos, prestar depoimento pessoal. O preposto não precisará ter vínculo de emprego ou societário com a empresa. Poderá ser o contador da empresa, que elabora a folha de pagamento, que geralmente é a pessoa que tem conhecimento dos fatos. A lei atende a peculiaridade das microempresas e empresas de pequeno porte de serem representadas em audiência pela pessoa que conhece o trabalhador, que elabora a folha de pagamento.

É possível o preposto do administrador judicial na falência, pois este não tem condições de estar em várias audiências no mesmo dia e às vezes no mesmo horário. Não há necessidade de que seja empregado, pois a massa pode não ter mais empregados.

O administrador judicial representa a massa falida; não substitui o falido.

A empresa em recuperação judicial ou extrajudicial também poderá fazer-se representar na audiência por preposto, pois não perde a administração de seus bens. Na falência, haverá a representação pelo administrador judicial, mas normalmente tolera-se que a representação seja feita por preposto do administrador judicial, principalmente quando não haja a possibilidade da continuidade dos negócios na falência, pois o administrador judicial não tem condições físicas de estar em várias audiências ao mesmo tempo.

O gerente ou preposto representam o empregador em audiência. Não o substituem, porque não são parte no processo.

O preposto não precisará trazer carta de preposição na audiência, pois inexiste previsão legal nesse sentido, porém a praxe instituiu essa carta, que muitos juízes seguem à risca, como se fosse lei. Se a jurisprudência se orienta no sentido de que o preposto tem de ser empregado, não importa se ele trouxe ou não a carta de preposição à audiência, mas, sim, se é empregado, provando-se essa condição pela exibição de sua CTPS. Não haverá a necessidade de reconhecimento de firma na preposição, pois inexiste disposição legal determinando nesse sentido. O representante é obrigado a provar às pessoas, com quem tratar em nome do representado, a sua qualidade e a extensão de seus poderes (art. 118 do CC), mas não há omissão na CLT para aplicar esse dispositivo. Caso o preposto não traga carta de preposição, a solução pode ser o juiz conceder prazo ao empregador para esse fim, empregando-se por analogia o art. 76 do CPC.

O parágrafo 1º do art. 843 da CLT não trata da carta de preposição, nem do seu conteúdo. O importante para a CLT é ter conhecimento dos fatos. Não há omissão na CLT para se aplicar 118 do Código Civil sobre representação.

Tem o preposto, porém, obrigação de conhecer os fatos, ainda que por ouvir dizer, não necessitando ter presenciado a situação. Pode ter sabido dos fatos por intermédio de documentos, da ficha de registro de empregados ou outros documentos e até por outras pessoas que trabalham ou trabalharam na empresa.

Quando o preposto, por exemplo, diz que não sabe alguma coisa, isso implica confissão ficta e não real, tratando de presunção de veracidade de fatos, que pode ser elidida por prova em contrário. Haveria confissão real, *v. g.*, se o preposto tivesse dito que o reclamante prestava horas extras. De outro lado, ainda que se entendesse que houve alguma espécie de confissão, que não é real, o juiz deve atentar para o disposto no art. 386 do CPC, verificando se houve recusa de depor em consonância com a defesa e os demais elementos probatórios constantes dos autos, inclusive depoimentos de testemunhas.

O preposto deverá responder as perguntas diretamente ao juiz e não ao advogado.

O sindicato será representado na audiência por seus diretores ou delegados sindicais, mas também por mandatário com poderes especiais mediante outorga de procuração da diretoria, ou associado investido em representação prevista em lei (§ 3º do art. 522 da CLT). Não é só o presidente do sindicato.

O reclamante e o reclamado comparecerão à audiência juntamente com suas testemunhas, apresentando, nessa ocasião, as demais provas que serão produzidas em juízo (art. 845 da CLT). Isso quer dizer que não há necessidade de se fazer requerimento por provas na inicial ou na contestação, mas sim na audiência.

Em dois momentos, na audiência, é obrigatória a tentativa de conciliação: antes de ser apresentada a contestação (art. 846 da CLT) e após o oferecimento das razões finais (art. 850 da CLT).

Proposta a conciliação e, não havendo acordo, o Presidente ou Juiz, antes de passar à instrução da causa, fixar-lhe-á o valor para determinação da alçada, se este for indeterminado no pedido (art. 2º da Lei n. 5.584/70).

A produção das provas em audiência será feita na seguinte ordem:

a) serão interrogadas as partes, primeiro o autor e depois o réu (art. 848 da CLT);
b) em seguida serão ouvidas as testemunhas (do autor e depois do réu), os peritos e os assistentes técnicos, se houver.

As testemunhas das partes comparecerão à audiência independentemente de intimação (art. 825 da CLT). Apenas as que não comparecerem é que serão intimadas, desde que tenham sido convidadas. Se a parte compromete-se a trazer as testemunhas, independentemente de intimação, à audiência em prosseguimento (§ 2º do art. 455 do CPC), e estas não comparecerem, haverá preclusão da prova, presumindo-se que a parte desistiu de ouvi-las.

A rigor seria possível dizer que inexiste prazo para a parte manifestar-se sobre documentos, em razão de a CLT ter-se omitido de propósito sobre o assunto, de maneira a tornar o processo mais célere e prestigiando o princípio da concentração dos atos na audiência. Apenas em respeito ao princípio do contraditório é que seria admitida a referida manifestação, porém não no prazo de 15 dias (§ 1º do art. 437 e art. 351 do CPC), mas na própria audiência, quando da apresentação das demais provas (art. 845 da CLT). Naquelas Varas em que se divide a audiência em inicial, instrução e julgamento por questões práticas e por força do costume, nada impede de o juiz conceder prazo entre cinco e dez dias ou outro que entender apropriado, dependendo de quando será marcada a próxima audiência. O momento correto de a parte se manifestar é por ocasião das razões finais.

17.6 PROCEDIMENTO SUMARÍSSIMO

A apreciação da reclamação deverá ocorrer no prazo máximo de 15 dias de seu ajuizamento, podendo constar de pauta especial, se necessário, de acordo com o movimento judiciário da Vara do Trabalho (art. 852-B, III, da CLT).

A determinação da lei vai ser muito difícil de ser observada, em razão de que, na prática, necessita-se de um prazo de mais de 15 dias para que seja feita a citação. Em muitos casos, já vi o Correio devolver a citação postal depois de ser realizada a audiência, não se sabendo se houve ou não a citação do réu. Para maior segurança, a primeira audiência tem de ser realizada num prazo de até 30 dias, pois aí é possível a devolução da correspondência antes da realização da audiência e não depois.

Os juízes já estão assoberbados de processos. Há Varas que têm pauta de julgamento de até dois anos. Nesses casos, será impossível cumprir o prazo da lei para efeito de fazer a audiência e julgar o processo em 15 dias. Se o juiz observar o inciso III do art. 852-B da CLT, terá de retirar de pauta os outros processos que já estão em andamento, prejudicando as partes destes últimos. Não há prejuízo processual para se falar em nulidade.

Deve ser observado o prazo de cinco dias do recebimento da notificação e a data da realização da audiência. Esse é o prazo mínimo que a jurisprudência entende para ser preparada a defesa. Entretanto, em certas localidades, é possível que a notificação seja feita rapidamente, tendo o empregador até mais de cinco dias para elaborar a defesa. Em outras cidades, será impossível observar o prazo de 15 dias para ser julgado o processo, tendo inclusive cinco dias entre a data do recebimento da citação postal e a data da realização da audiência.

Não contém a Lei n. 9.957 nenhuma penalidade pelo descumprimento pelo juiz do prazo de 15 dias. Logo, a norma acabará ficando como letra morta, pois não será cumprida em locais com muito movimento processual.

Mesmo que se adote pauta especial com outro juiz na Vara, a estrutura física desta será a mesma, com o mesmo número de funcionários, que terão que se desdobrar para cumprir o prazo legal.

O prazo para a conclusão do processo não é de 15 dias mais 30 dias para ser proferida a sentença, ou, terminada a audiência, o juiz não tem o prazo de 15 dias para proferir a sentença. O prazo para ser feita a audiência e proferida a sentença é de 15 dias, e, se for adiada a audiência, será de 30 dias.

A Lei n. 9.957 foi aprovada após a Emenda Constitucional n. 24/99; porém, sua tramitação deu-se em período anterior. Por isso, o inciso III do art. 852-B adota a nomenclatura Junta de Conciliação e Julgamento, que deve ser lida como Vara do Trabalho.

Interrompida a audiência, seu prosseguimento e a solução do processo dar-se-ão no prazo máximo de 30 dias, salvo motivo relevante justificado nos autos pelo juiz da causa (§ 7º do art. 852-H da CLT). A audiência poderá, por exemplo, ser interrompida pela doença de uma das partes, pelo fato de a testemunha não comparecer ou pela designação de perícia. Interrompida a audiência, o prazo para julgamento do processo é de 30 dias. Esse prazo dificilmente vai ser cumprido, pois os laudos periciais não ficam prontos em 15 dias.

O juiz, em muitos casos, terá de justificar o não cumprimento de prazo, pelo excesso de serviço nas Varas.

Na ata da audiência serão registrados resumidamente os atos essenciais, as afirmações fundamentais das partes e as informações úteis à solução da causa trazidas pela prova testemunhal (art. 852-F da CLT).

São atos essenciais: que restaram infrutíferas as propostas de conciliação, o resumo dos depoimentos pessoais e testemunhais, as razões finais.

A contestação, quando oral, não será resumida pelo juiz, mas será feita pela manifestação da parte, com as razões que apresenta para se defender, que constarão da ata.

Afirmações fundamentais são as indispensáveis, essenciais.

Informações úteis serão as que trouxerem algum proveito à solução do litígio.

O juiz não será obrigado a transcrever todo o depoimento das partes e testemunhas, mas apenas o essencial. O advogado poderá querer discutir com o juiz o que deve ou não constar da ata, quanto ao que seria essencial e o que não seria, por entender mais vantajoso para seu cliente. No resumo, o juiz deverá tomar o cuidado de não suprimir afirmações essenciais ao deslinde do feito. O melhor é que fizesse como no procedimento comum, resumindo os depoimentos da maneira mais completa possível, de forma que a instância superior possa melhor entender a prova, caso exista recurso.

Para os processos de alçada (até dois salários-mínimos), o § 1º do art. 851 da CLT já dispõe que será dispensável, a juízo do presidente, o resumo dos depoimentos, devendo constar da ata a conclusão do Tribunal quanto à matéria de fato. No mesmo sentido, há determinação na parte final do § 3º do art. 2º da Lei n. 5.584/70.

As perguntas que o juiz indeferir serão obrigatoriamente transcritas no termo se a parte o requerer (§ 3º do art. 459 do CPC).

As demandas sujeitas ao rito sumaríssimo serão instruídas e julgadas em audiência única, sob a direção de juiz presidente ou substituto, que poderá ser convocado para atuar simultaneamente com o titular (art. 852-C da CLT).

Não será possível subdividir a audiência, pois se deve observar o prazo de 15 dias (art. 852-B, III, da CLT). É o que já se denomina na própria CLT de audiência una (art. 848) e que não era cumprida pelo excesso de processos, pelo excessivo número de pedidos, por questões complexas, que não podiam ser examinadas numa única audiência. O mesmo poderá ocorrer agora, tornando mais uma vez letra morta o disposto na CLT. A lei não estabelece sanção caso não seja feita audiência una. A sanção seria a nulidade, caso exista prejuízo para a parte.

Poderão ser convocados juízes substitutos para dar cumprimento ao disposto no procedimento sumaríssimo. Isso dependerá da pauta de cada Vara.

Aberta a sessão, o juiz esclarecerá as partes presentes sobre as vantagens da conciliação e usará os meios adequados de persuasão para a solução conciliatória do litígio, em qualquer fase da audiência (art. 852-E da CLT). Na verdade, não se trata de abrir a sessão, mas a audiência, pois esta é realizada no primeiro grau, na qual as partes estão presentes.

A conciliação é sempre tentada na Justiça do Trabalho, daí por que anteriormente se empregava a denominação Junta de Conciliação e Julgamento que, antes de proferir o julgamento, tentava a conciliação. Determina o § 1º do art. 764 da CLT que os juízes empregarão sempre seus bons ofícios para persuasão, no sentido de uma solução conciliatória dos conflitos.

No procedimento comum, a tentativa de conciliação é feita antes da apresentação da contestação (art. 846 da CLT) e após as razões finais (art. 850 da CLT). No procedimento sumaríssimo, não há tentativa obrigatória de conciliação, mas apenas esclarecimento do juiz, que poderá tentar a conciliação em qualquer fase da audiência. Não existe, portanto, obrigatoriedade da tentativa de conciliação no procedimento sumaríssimo nos dois momentos citados nem haverá nulidade pela falta de tentativa de conciliação. Nada impede, porém, que o juiz até utilize os dois momentos para tentativa de conciliação ou até outros.

Deverá o juiz usar meios adequados de persuasão para obter a conciliação. O juiz não poderá usar argumento como: "Se você não aceitar o valor, perderá a causa."

Meios coercitivos de conciliação não poderão ser empregados.

Não comparecendo o empregado à audiência inicial, haverá o arquivamento do processo (art. 844 da CLT). Caso a empresa não compareça à audiência inicial, será considerada revel e confessa quanto à matéria de fato (art. 844 da CLT).

Serão decididos, de plano, todos os incidentes e todas as questões que possam interferir no prosseguimento da audiência e do processo. As demais questões serão julgadas na sentença (art. 852-G da CLT). Questão é um ponto controvertido no processo.

Incidentes serão as preliminares levantadas pelas partes, como litispendência, conexão, coisa julgada etc., e ainda as exceções de incompetência, impedimento, suspeição, que podem interferir no prosseguimento da audiência e do processo. O juiz não irá conceder prazo de 24 horas para manifestação sobre a exceção de incompetência (art. 800 da CLT).

É também incidente a resolução sobre se a testemunha ausente foi comprovadamente convidada, porque impede a continuidade da audiência. Para essas hipóteses, a decisão deverá ser imediata, na audiência.

Havendo necessidade de instrução da exceção, será feita na própria audiência, decidindo o juiz em seguida.

Se houver arguição de falsidade, haverá necessidade de suspensão do processo para a decisão sobre a matéria. Não poderá, portanto, ser decidida de plano. Provavelmente, a decisão não será dada em 30 dias.

Outras questões serão decididas na sentença, como prescrição, decadência etc., que são de mérito.

O juiz dirigirá o processo com liberdade para determinar as provas a serem produzidas, considerando o ônus probatório de cada litigante, podendo limitar ou excluir as que considerar excessivas, impertinentes ou protelatórias, bem como para apreciá-las e dar especial valor às regras de experiência comum ou técnica (art. 852-D da CLT).

O juiz já tinha ampla possibilidade de dirigir o processo, podendo determinar qualquer diligência que entendesse útil (art. 765 da CLT). Isso não quer dizer que o juiz irá fazer prova para a parte. A iniciativa da prova é das partes, que é a indicação do princípio dispositivo.

Prevê o art. 370 do CPC que ao juiz, de ofício ou a requerimento das partes, caberá determinar as provas necessárias à instrução do feito, indeferindo as diligências inúteis ou meramente protelatórias (parágrafo único do art. 370 do CPC). Tal orientação passa a ser prevista na CLT. O juiz poderá, assim, limitar ou excluir as provas que considerar, como: a oitiva de número excessivo de testemunhas para a prova de uma mesma questão; impertinentes, no caso de a prova só poder ser feita por documento ou por perícia, que não dizem respeito aos fatos da causa; protelatórias, como de determinar a oitiva de testemunhas para a comprovação de fatos já confessados pela parte. A protelação diz respeito a prova desnecessária, inútil ao andamento do processo, que só irá retardá-lo. O art. 33 da Lei n. 9.099 prevê que o juiz pode limitar ou excluir as provas que considerar excessivas, impertinentes ou protelatórias.

Todas as provas serão produzidas na audiência de instrução e julgamento, ainda que não requeridas previamente (art. 852-H da CLT). A prova pericial, porém, não será produzida em audiência.

O art. 845 da CLT já dispunha que as provas serão produzidas em audiência. As provas no caso são orais. Não há necessidade de requerer as provas a produzir, pois serão produzidas em audiência. A exceção diz respeito ao exame pericial, como, por exemplo, para apurar insalubridade ou periculosidade, que não será feito em audiência.

A interpretação literal do artigo leva à conclusão de que não será admitido que a testemunha seja ouvida por carta precatória, por não residir no juízo. O juiz, na prática, acabará ouvindo a testemunha por esse meio para não incorrer em cerceamento de prova.

As exceções de que a prova deve ser produzida em audiência compreendem a prova pericial, a inspeção judicial e a prova por carta precatória.

Sobre os documentos apresentados por uma das partes manifestar-se-á imediatamente a parte contrária, sem interrupção da audiência, salvo absoluta impossibilidade, a critério do juiz (§ 1º do art. 852-H da CLT). O parágrafo foi copiado do art. 29 da Lei n. 9.099/95, com o acréscimo da expressão *salvo absoluta impossibilidade, a critério do juiz*.

A manifestação na própria audiência de certa forma já era prevista no art. 850 da CLT, pois nela não há prazo para a parte manifestar-se, mas possibilita apenas a apresentação de razões finais.

O prazo para manifestação de documentos será na própria audiência e não de 10 dias, sem que haja a interrupção da audiência e a designação de uma nova. O motivo da impossibilidade ficará a critério do juiz analisar. Como o objetivo da norma é a maior celeridade no trâmite do processo, não se justifica a concessão de prazo para a manifestação. O juiz passa a ter em mãos uma regra discricionária, ficando a seu alvedrio conceder ou não o prazo no caso de impossibilidade para manifestação em audiência. A razão da impossibilidade será analisada de acordo com o entendimento subjetivo do juiz. Em razão do excessivo número de documentos apresentados pela empresa, pode ser impossível a manifestação sobre tais documentos na própria audiência.

Caso o autor junte novos documentos na audiência, que foram produzidos após a apresentação da petição inicial, o réu deverá manifestar-se na própria audiência, não sendo concedido prazo para esse fim.

Verificação de Aprendizagem

1. Em que horário pode ser realizada a audiência?
2. O que é audiência?
3. Há tolerância para a chegada das partes na audiência?
4. O preposto precisa ser empregado? Quem pode substituir o empregador em audiência?
5. Há prazo para réplica no processo do trabalho?

Capítulo 18

RESPOSTA DO RÉU

O art. 297 do CPC de 1973 dispunha que o réu poderia oferecer no prazo de 15 dias contestação, exceção e reconvenção. Enquadrava no Capítulo II, Seção I da Resposta do Réu. As duas primeiras são realmente respostas do réu, mas a última não se trata de resposta, mas de verdadeiro ataque do réu contra o autor, de ação e não de defesa. Não se está respondendo ao que pediram.

O CPC de 2015, no art. 578, em relação à demarcação, faz referência a resposta do réu.

A defesa do réu pode ser assim dividida:

a) **Defesa indireta do processo**, onde serão discutidos pressupostos para o válido desenvolvimento do processo, com efeito dilatório (exceções) ou peremptório (preliminares do art. 337 do CPC);

b) **Defesa indireta de mérito**, que se poderia chamar de preliminares do próprio mérito da ação, como se observa na prescrição e na decadência, em que o processo é resolvido com julgamento de mérito (art. 487, II, do CPC);

c) **Defesa direta de mérito**, em que o réu pretende ver a ação julgada em sua substância, com a rejeição da pretensão do autor (art. 487, I, do CPC).

A CLT em vários artigos usa a palavra *defesa* (arts. 767, 847 e seu parágrafo único, 848 e § 1º do art. 799) e não contestação. A palavra *defesa* vem da época administrativa, em que não se falava em contestação. Apresentar defesa é o caso de o trabalhador postular anotação na CTPS na Superintendência do Trabalho (art. 38 da CLT). O empregador é chamado para apresentar defesa. A *defesa* é o gênero, que engloba a contestação e as exceções. Contestação é empregada no § 3º do art. 841 e § 5º do art. 844 da CLT.

Primeiramente serão examinadas as exceções.

18.1 EXCEÇÕES

No Direito Romano, exceção tinha significado de defesa, dizendo respeito a tudo o que o réu poderia objetar em relação à pretensão do autor.

Na vigência do CPC de 1939, a exceção compreendia toda e qualquer defesa indireta, sem que se entrasse no mérito da questão, opondo o réu toda matéria que impedisse ou excluísse o direito do postulante. Dava-se o nome de exceção de direito material ao pagamento, compensação, prescrição, e de direito processual a litispendência, suspeição do juiz, falta de representação, ilegitimidade de parte etc. As exceções poderiam ser classificadas em dilatórias, em que se retardava o exame do mérito (ilegitimidade de parte, falta de representação, suspeição ou impedimento do juiz, prevenção, litispendência), ou peremptórias, que punham fim à demanda, como a coisa julgada, transação, prescrição e decadência.

A exceção compreende a defesa processual ou indireta contra o processo. São as exceções em sentido estrito, em que a parte denuncia a falta de capacidade do juiz. Qualquer das partes poderá fazê-lo, não apenas o réu. São as exceções de suspeição, incompetência e impedimento.

A exceção é uma defesa contra defeitos, irregularidades, ou vícios do processo, que impedem seu desenvolvimento normal, não se discutindo o mérito da questão. Vem a ser, portanto, uma forma de defesa indireta em que o réu, sem negar os fatos articulados pelo autor, opõe fatos extintivos ou impeditivos ligados ao processo, mas pode também ser oferecida pelo autor em certos casos.

Quem ingressa com a exceção é o excipiente. Exceto (ou excepto) é a pessoa contra a qual se ingressa com a exceção.

A CLT dispõe que as exceções seriam apenas as de suspeição (que foi desdobrada pelo CPC de 1973 em suspeição e impedimento) e de incompetência (art. 799 da CLT). As demais exceções deveriam ser alegadas como matéria de defesa (§ 1º do art. 799 da CLT). Essa matéria, segundo a terminologia do CPC, é considerada preliminar da defesa, como a litispendência, coisa julgada (art. 337 do

CPC), ou preliminar de mérito (prescrição e decadência), ou, ainda, de mérito, como a compensação e a retenção (art. 767 da CLT). O CPC de 2015 não faz mais referência a exceções, mas a CLT continua fazendo, daí por que continua a ser usada a denominação exceção.

Só suspendem o andamento do processo as exceções de suspeição, impedimento e de incompetência (art. 799 da CLT). As outras antigas exceções não suspendem o andamento do feito, sendo alegadas como matéria de defesa (§ 1º do art. 799 da CLT). Isso mostra que a CLT exige a apresentação da petição de exceção, e não de mera preliminar, pois outras questões serão alegadas como matéria de defesa. Até que se decida a exceção, o processo não terá andamento, porque estará suspenso (art. 313, III, do CPC).

18.1.1 Procedimento

O autor poderia alegar a suspeição ou impedimento do juiz na primeira vez que tiver de falar nos autos ou na audiência, ocasião em que pode alegar nulidades.

A parte deve apresentar sua defesa em audiência em 20 minutos. Nesse tempo, está incluída a apresentação não só da contestação, mas também da exceção, pois a parte não terá mais 20 minutos para apresentar a contestação caso a exceção seja rejeitada.

A exceção pode ser oferecida verbalmente ou por escrito. Se for feita por escrito, deverá ser por intermédio de petição específica (art. 146 do CPC), ou seja, em peça separada da contestação, mas apresentada em audiência juntamente com a contestação. O mais correto tecnicamente é o oferecimento da exceção em peça autônoma, embora se costume apresentá-la como preliminar da contestação, principalmente como ocorre em relação à incompetência absoluta e relativa, que pode ser arguida como preliminar da contestação (art. 337, II, do CPC). A incompetência absoluta pode ser arguida em qualquer tempo e grau de jurisdição (§ 1º do art. 64 do CPC). A petição de exceção tem de ser apresentada em apartado, pois as demais exceções devem ser alegadas como matéria de defesa (§ 1º do art. 799 da CLT), que são as preliminares do art. 337 do CPC. A exceção só poderá ser oposta na audiência, no prazo de 20 minutos, pois se trata de defesa indireta, salvo em relação à incompetência absoluta, compreendendo a matéria ou a pessoa, que poderá ser arguida em qualquer tempo ou grau de jurisdição. No caso de a ciência do fato que ocasionou a exceção ser posterior à petição inicial ou à contestação ofertada em audiência, deve a parte alegar a nulidade na primeira oportunidade em que tiver de falar em audiência ou nos autos (art. 795 da CLT), sob pena de preclusão. Não se observa, assim, o art. 146 do CPC, que menciona prazo de 15 dias para a exceção. A exceção não será autuada em apenso aos autos principais, mas será processada nos próprios autos principais. Ao contrário, a exceção será processada nos próprios autos principais, pois, inclusive, é recorrível apenas quando da decisão final da causa (§ 2º do art. 799 da CLT), o que também evidencia a desnecessidade da autuação em apenso.

O prazo do Poder Público para apresentar a exceção também será em audiência, ou na primeira vez que tiver de falar em audiência ou nos autos, pois o Decreto-lei n. 779/69 não faz qualquer menção à exceção, apenas à contestação e a prazos recursais.

Poderá ser arguida mais de uma exceção ao mesmo tempo. Poderá a parte arguir incompetência da Vara em razão da matéria (*ex ratione materiae*) juntamente com a exceção em razão do lugar (*ex ratione loci*). Poderá também levantar a exceção de suspeição e de incompetência ao mesmo tempo. Aqui, a solução da exceção de suspeição deverá anteceder a de incompetência, uma vez que o juiz só está apto a julgar a incompetência se não houver a pecha de suspeição, podendo julgar depois eventual arguição de incompetência em razão do lugar. Apresentadas ao mesmo tempo as exceções em razão das pessoas ou da matéria e do lugar, o juiz deve declarar em primeiro lugar se é competente em razão da matéria ou da pessoa antes de examinar a incompetência em razão do lugar.

A contestação deve ser oferecida juntamente com a exceção, em peças autônomas, se forem feitas por escrito, ou oralmente em audiência, embora no cotidiano se verifique a apresentação da exceção como preliminar da contestação. Decidida a exceção, a contestação já tem que estar nos autos. A parte não poderá apresentar contestação no local para onde for remetido o processo quando do julgamento da exceção de incompetência em razão do lugar. Apesar de o processo estar suspenso enquanto não for julgada a exceção, a regra é a de que a contestação deve ser apresentada na audiência em que se argui a exceção (art. 847 da CLT), oralmente, em 20 minutos ou por escrito. A palavra *defesa* contida no art. 847 da CLT deve ser entendida não só em relação à contestação, como também quanto à exceção. A "resposta do réu" compreende a contestação e a exceção. Logo, oferecida a exceção, a contestação deve ter sido apresentada juntamente com a primeira, em audiência. Se for apresentada fora da audiência, pretendendo-se oferecê-la na Vara para onde se declinou a competência em razão do lugar, haverá preclusão e, portanto, revelia. Não é autorizada a devolução do prazo para contestação se a Vara dá-se por incompetente em razão do lugar. A contestação deve ser apresentada, em audiência, com a exceção que argui a incompetência em razão do lugar. O art. 800 da CLT mostra que a peça deve ser separada da contestação.

18.1.2 Suspeição

A suspeição está regulada no art. 801 da CLT, sendo inaplicável, à primeira vista, o *caput* do art. 145 do CPC (art. 769 da CLT).

Ocorre a suspeição em relação ao juiz togado e à pessoa dos litigantes e não de seus procuradores. Poderá, todavia, o juiz dar-se por suspeito caso houver amizade íntima com o advogado da parte, de modo a caracterizar a parcialidade, por motivo de foro íntimo, utilizando-se da faculdade prevista no § 1º do art. 145 do CPC. A amizade íntima ou a inimizade entre o juiz e o procurador das partes pode gerar, contudo, a suspeição, embora não haja expressa menção na lei.

Dá-se a suspeição nos seguintes casos:

a) inimizade pessoal;
b) amizade íntima. A amizade íntima é a decorrente de sociedade em negócios, de moradia comum, de visitas frequentes entre as pessoas, do fato de serem compadres, de serem padrinhos dos respectivos filhos etc. Não se trata de mera amizade, mas de amizade íntima;
c) parentesco por consanguinidade ou afinidade até o terceiro grau civil. O parentesco por consanguinidade é evidenciado quando o juiz for pai, avô, bisavô, filho, neto, bisneto, irmão etc. da parte. Ocorrerá o parentesco por afinidade com a parte quando o juiz for sogro, genro, padrasto, cunhado, marido da tia etc. Tal hipótese mais se assemelha aos casos de impedimento descritos no inciso IV, art. 144, do CPC. Isso mostra que a hipótese mencionada não é de suspeição, mas de impedimento;
d) interesse particular na causa (art. 801 da CLT). Dá-se interesse particular na causa quando o juiz tiver algum interesse na solução do feito, que poderá ser declarado por aqueles ou provado pela parte, como do juiz ser credor da parte.

As causas indicadas no art. 801 da CLT não podem, porém, ser entendidas como exaustivas, como hipóteses de suspeição, sendo também o caso de se utilizar das demais hipóteses previstas no art. 145 do CPC, como uma forma complementar (art. 15 do CPC), pois também são causas que tornam o juiz parcial para a apreciação da questão que lhe foi posta a exame. A CLT não esgota o assunto e pode ser complementada pelo CPC. As hipóteses são: (a) amigo íntimo ou inimigo de qualquer das partes ou de seus advogados. O CPC faz referência a amizade ou inimizade do juiz com os advogados; (b) o juiz que receber presentes de pessoas que tiverem interesse na causa antes ou depois de iniciado o processo, que aconselhar alguma das partes acerca do objeto da causa ou que subministrar meios para atender às despesas do litígio; (c) quando qualquer das partes for credora ou devedora do juiz, de seu cônjuge ou companheiro ou de parentes destes, em linha reta até o terceiro grau, inclusive; (d) o juiz for interessado no julgamento do processo em favor de qualquer das partes.

O juiz poderá se declarar suspeito por motivo de foro íntimo (§ 1º do art. 145 do CPC). Se o motivo é íntimo, o juiz não é obrigado a declarar quais são as razões.

Tendo o recusante praticado algum ato pelo qual haja consentido na pessoa do juiz, não mais poderá alegar exceção de suspeição, salvo sobrevindo novo motivo. Se o recusante não alegou a suspeição anteriormente, quando já a conhecia, não será aquela admitida (houve preclusão), ou que, depois de conhecida, aceitou o juiz recusado, ou, finalmente, se procurou, de propósito, o motivo de que ela se originou (parágrafo único do art. 801 da CLT).

O CPC faz referência a ser ilegítima a alegação de suspeição quando: (a) houver sido provocada por quem a alega; (b) a parte que a alega houver praticado ato que signifique manifesta aceitação do arguido (§ 2º do art. 145).

É claro que aquele que é suspeito não precisa aguardar a provocação da parte para se declarar como tal. Tem obrigação de declarar-se suspeito, inclusive de ofício, sem que haja necessidade de postulação e do consequente julgamento da questão.

18.1.3 Impedimento

O juiz deve ser imparcial no processo. Ele pode ter suas preferências pessoais, seus gostos etc., mas elas não podem ser transferidas para o processo.

A parte espera que o juiz do processo seja uma pessoa isenta. A falta de isenção ou a parcialidade do juiz são fontes de intranquilidade das partes.

O CPC de 1973 desdobrou a suspeição que era prevista no CPC de 1939, em suspeição e impedimento.

Tanto a suspeição como o impedimento são hipóteses de denúncia de falta de capacidade do juiz de atuar no processo, de acordo com a previsão da lei.

As causas capazes de gerar o impedimento têm natureza objetiva, na forma da previsão da lei, que tipifica as questões da parcialidade absoluta, isenção de ânimo do juiz. O impedimento é uma proibição da lei, dirigida ao juiz, de atuar no processo. Como a lei assim dispõe, há presunção absoluta de parcialidade do juiz. O impedimento pode ser alegado a qualquer momento e é obstáculo à formação da coisa julgada, por ser hipótese de ação rescisória (art. 966, II, do CPC), enquanto isso não ocorre com a suspeição.

As causas geradoras da suspeição têm natureza subjetiva, isto é, dizem respeito à pessoa do juiz, dependendo das relações pessoais do juiz. Há dúvida quanto ao bom procedimento do juiz.

Embora a CLT não faça previsão a respeito do impedimento, só da suspeição, em razão de na época de sua edição não haver essa distinção, o primeiro será perfeitamente compatível com o processo do trabalho, tendo aplicação na Justiça do Trabalho as disposições subsidiárias do art. 144 do CPC (art. 769 da CLT).

O juiz não poderá exercer as funções no processo:

a) em que interveio como mandatário da parte, oficiou como perito, funcionou como membro (e não órgão) do Ministério Público, ou prestou depoimento como testemunha, pois tem conhecimento dos fatos.

b) em que conheceu em outro grau de jurisdição, tendo-lhe proferido decisão. Outro grau de jurisdição se refere tanto ao juiz de primeiro grau que proferiu a decisão e está no tribunal, como do juiz de primeiro grau substituto que estava no segundo grau e voltou para a Vara do Trabalho. Se a lei não estabelecesse esse impedimento, provavelmente o juiz iria manter sua decisão. Decisão é gênero, que compreende a sentença, a decisão interlocutória e os despachos;

c) quando nele estiver postulando, como defensor público, advogado ou membro do Ministério Público, seu cônjuge ou companheiro, ou qualquer parente, consanguíneo ou afim, em linha reta ou colateral, até o terceiro grau, inclusive. O certo é a expressão membro do Ministério Público, que diz respeito à pessoa do Procurador do Trabalho e não ao órgão do Ministério Público, como era expressão usada no CPC de 1973;

d) quando for parte no processo ele próprio, seu cônjuge ou companheiro, ou parente, consanguíneo ou afim, em linha reta ou colateral, até o terceiro grau, inclusive;

e) quando for sócio ou membro de direção ou de administração de pessoa jurídica parte no processo. É o que ocorre, por exemplo, quando for sócio de clube, de associação de magistrados;

f) quando for herdeiro presuntivo, donatário ou empregador de qualquer das partes (o juiz pode ser empregador doméstico de uma das partes no processo);

g) em que figure como parte de instituição de ensino com a qual tenha relação de emprego ou decorrente de contrato de prestação de serviços (quando o juiz dá aulas esporádicas para instituições de ensino ou para cursinhos). Não se incluem no item: quando o juiz já saiu da instituição de ensino; em que o juiz é professor de instituição de ensino com a qual mantém relação de funcionário público, por não haver previsão nesse sentido na lei;

h) em que figure como parte cliente do escritório de advocacia de seu cônjuge, companheiro ou parente, consanguíneo ou afim, em linha reta ou colateral, até o terceiro grau, inclusive, mesmo que patrocinado por advogado de outro escritório;

i) quando promover ação contra a parte ou seu advogado (art. 144 do CPC). A lei não faz distinção se a ação é civil ou penal.

Na hipótese do inciso c, o impedimento só se verifica quando o defensor público, o advogado ou o membro do Ministério Público já integrava o processo antes do início da atividade judicante do juiz (§ 1º do art. 144 do CPC). É vedada a criação de fato superveniente a fim de caracterizar impedimento do juiz (§ 2º do art. 144 do CPC). O impedimento previsto no inciso *c* também se verifica no caso de mandato conferido a membro de escritório de advocacia que tenha em seus quadros advogado que individualmente ostente a condição nele prevista, mesmo que não intervenha diretamente no processo (§ 3º do art. 144 do CPC).

Quando dois ou mais juízes forem parentes, consanguíneos ou afins, em linha reta ou colateral, até o terceiro grau, inclusive, o primeiro que conhecer do processo impede que o outro nele atue. O segundo deverá escusar-se, remetendo o processo a seu substituto legal (art. 147 do CPC).

18.1.3.1 Procedimentos comuns às exceções de impedimento e suspeição

Se a exceção decorre de causa superveniente que surge no curso do processo, deve ser suscitada na primeira vez em que a parte tiver que falar no processo ou em audiência.

Ao ser apresentada a exceção de suspeição ou impedimento, o juiz ou Tribunal designará audiência de instrução e julgamento em 48 horas (art. 802 da CLT). A audiência designada no prazo de 48 horas será para provar a suspeição ou impedimento do juiz, mas acredito que a pessoa tida por suspeita também poderá apresentar suas provas e defender-se. Enquanto não se decide a exceção, o feito fica suspenso.

Não havendo necessidade de instrução, o juiz poderá marcar julgamento ou julgar de plano a questão. É incorreto falar em prazo de 48 horas para que o exceto se manifeste sobre a exceção de suspeição ou de impedimento, pois o referido prazo é para designação de audiência de instrução e julgamento, embora na prática muitas vezes seja concedido esse prazo para manifestação. Geralmente, a manifestação é feita na própria audiência. De regra, os elementos para o julgamento da exceção, principalmente documentos, já devem estar presentes nos autos, a não ser que seja necessária a produção de alguma prova em audiência, o que é geralmente desnecessário.

Acolhida a exceção, o processo segue seu curso normal. Será logo convocado para a mesma audiência ou sessão, ou para a seguinte, o suplente do suspeito, o qual continuará a funcionar no feito até decisão final.

Tratando-se de suspeição ou impedimento do juiz de Direito, a organização judiciária local é que preverá a forma da substituição do magistrado (§ 2º do art. 802 da CLT). Não reconhecendo o juiz de direito a suspeição ou o impedimento, deverá, dentro de dez dias, dar suas razões, acompanhadas de documento e de rol de testemunhas, se houver, remetendo os autos ao tribunal. O julgamento da exceção de suspeição de juiz de direito será feito pelo TRT da região a que este tiver jurisdição (§§ 2º ss. do art. 146 do CPC), pois o TRT é que tem competência para examinar a decisão daquele magistrado em grau de recurso ordinário.

Se fosse representação disciplinar, a competência seria do Tribunal de Justiça ao qual o juiz de direito estivesse vinculado. Em se tratando de matéria de natureza processual, a competência é do TRT da região em que judica o juiz de direito, que seria o competente para apreciar recurso de sua decisão. A decisão do tribunal será interlocutória, somente podendo haver recurso da decisão definitiva.

A competência será do TRT para julgar a exceção (§ 2º, do art. 146 do CPC) do juiz de primeiro grau e não mais da Vara (art. 653, c, da CLT), inclusive se o processo estiver na fase de execução, pois não há mais colegiado no primeiro grau. O juiz tido por suspeito ou impedido não pode julgar a exceção, por não ter imparcialidade, isenção de ânimo, para tanto, pois a medida é dirigida contra ele. Não se pode dizer que vai julgar a exceção um juiz substituto, por falta de previsão legal para tanto.

No TRT, a exceção será julgada pelos outros membros da turma ou do pleno.

A suspeição e impedimento aplicam-se também:

- ao membro do Ministério Público;
- ao auxiliar de justiça, ao escrivão, ao chefe de secretaria, ao oficial de justiça, ao perito, ao depositário, ao administrador, ao intérprete, ao tradutor, ao mediador, ao conciliador judicial, ao partidor, ao distribuidor, ao contabilista e ao regulador de avarias (art. 149 do CPC);
- aos demais sujeitos imparciais do processo, como o perito, o intérprete, o conciliador, o mediador (art. 148 do CPC). O assistente técnico é parcial, pois recebe para defender os interesses da parte que o contratou.

Em relação às demais pessoas mencionadas no art. 148 do CPC, a parte interessada deverá arguir o impedimento ou a suspeição, em petição fundamentada e devidamente instruída, na primeira oportunidade em que lhe couber falar nos autos. O juiz mandará processar o incidente em separado e sem suspensão da causa, pois esta só se suspende em relação à suspeição ou impedimento do juiz, ouvindo o arguido no prazo de 15 dias, facultando a prova quando necessária (§ 2º do art. 148 do CPC) e julgando o pedido. Nos tribunais, a arguição será disciplinada pelo regimento interno. Caberá ao relator processar e julgar o incidente (§ 3º do art. 148 do CPC).

18.1.4 Incompetência

A exceção de incompetência pode ser em razão da matéria, do lugar ou das pessoas. Há incompetência em razão da matéria, caso se ingressasse com uma ação postulando separação dos cônjuges. A incompetência em razão das pessoas ocorreria no caso de a Justiça do Trabalho ter de examinar questões relativas a funcionários públicos estatutários da União, dos Estados-membros ou dos Municípios. A incompetência em razão do lugar ocorre se a Vara não for competente quanto ao lugar para apreciar a demanda.

A exceção de incompetência em relação ao lugar é relativa, ou seja, prorrogável. Deve ser arguida à primeira vez em que as partes tiverem de falar no processo. A interpretação literal do § 1º do art. 795 da CLT mostra que a incompetência de foro, em relação ao lugar deve ser declarada de ofício pelo juiz. No processo civil, a incompetência em razão do lugar não pode ser decretada de ofício, por ser relativa (§ 1º do art. 64 do CPC), devendo haver provocação da parte, sob pena de o juízo incompetente em razão do lugar passar a ser competente.

No que diz respeito à incompetência absoluta (em razão da matéria ou das pessoas), deverá ser declarada de ofício (§ 1º do art. 64 do CPC), porque vicia totalmente o processo. Pode ser alegada em qualquer tempo ou grau de jurisdição, independentemente de exceção.

A Justiça do Trabalho não seria competente para julgar questões de divórcio. Nesse caso, a incompetência é absoluta, podendo o juiz, de ofício, declarar-se incompetente. Por se tratar de incompetência absoluta, pode ser arguida em qualquer momento, inexistindo preclusão.

Há necessidade da exceção de incompetência ser oferecida por petição, pois ela suspende o andamento do processo, segundo o art. 799 da CLT. Não deverá ser apresentada como preliminar de contestação. Oferecida a exceção de incompetência, abre-se vista dos autos ao exceto para contestá-la. Se for o caso, poderá ser feita instrução para se saber onde é que o reclamante trabalhava, para efeito de julgamento da exceção de incompetência em razão do lugar.

A decisão é proferida na audiência, ou é dada na primeira audiência ou sessão que se seguir pelo próprio juiz da Vara (art. 653, *d*, da CLT).

O juiz ou tribunal que se julgar incompetente determinará, na mesma ocasião, que se faça a remessa do processo, com urgência, à autoridade competente, fundamentando sua decisão.

A exceção de incompetência territorial (em razão do lugar) é apresentada no prazo de cinco dias a contar da notificação, antes da audiência e em peça que sinalize a existência desta exceção (art. 800 da CLT). O art. 800 da CLT faz referência a peça. Isso significa que é distinta da contestação. Protocolada a petição, será suspenso o processo e não se realizará a audiência até que se decida a exceção. Os autos serão imediatamente conclusos ao juiz, que intimará o reclamante e, se existentes, os litisconsortes, para manifestação no prazo comum de cinco dias. Se entender necessária a produção de prova oral, o juízo designará audiência, garantindo o direito de o excipiente e de suas testemunhas serem ouvidos, por carta precatória, no juízo que este houver indicado como competente (§ 3º do art. 800 da CLT). Isso visa facilitar a defesa do empregador, de não ter despesas desnecessárias de ir até o lugar em que foi proposta a ação. Decidida a exceção de incompetência territorial, o processo retomará seu curso, com a designação de audiência, a apresentação de defesa e a instrução processual perante o juízo competente.

O juiz indeferirá, em decisão fundamentada, as diligências inúteis ou meramente protelatórias (parágrafo único do art. 370 do CPC).

18.1.5 Recurso

No julgamento das exceções de suspeição, impedimento ou incompetência não há fixação de custas, que serão determinadas na sentença que julgar o mérito.

Das decisões de suspeição ou impedimento não cabe recurso, por se tratar de decisão interlocutória, que somente pode ser apreciada quando for proferida a decisão final (art. 799, § 2º c/c art. 893, § 1º, da CLT, e S. 214 do TST).

Havendo decisão quanto à incompetência, também não haverá recurso. A exceção ocorre quando o juiz se julgar incompetente quanto à matéria ou às pessoas como, *v. g.*, no caso de questões de funcionários públicos estatutários, em que, por se tratar de decisão terminativa do processo na Justiça do Trabalho, caberá recurso ordinário. Da decisão do juiz que se julga incompetente em razão do lugar não cabe qualquer recurso. Este só caberá da decisão definitiva do juiz para onde se enviou o processo. Inexistindo recurso, os autos deverão ser remetidos ao juízo competente.

O emprego da expressão *terminativa do feito*, como se observa do § 2º do art. 799 da CLT, é totalmente inadequado, pois só seria terminativa do feito se o processo fosse julgado, extinguindo-o com ou sem julgamento de mérito, mas não quando se remetem os autos para a justiça competente, ou seja, quando há o deslocamento da competência. Há que se entender, portanto, que a expressão *terminativa do feito* se refere ao fato de que o andamento do processo termina na Justiça do Trabalho com a decisão que lhe for dada. Por isso, caberá recurso dessa decisão.

18.2 CONTESTAÇÃO

Contestação tem significado etimológico de negação, altercação ou debate.

No sentido que irei utilizar, é a impugnação da pretensão do autor, a defesa do réu.

O vocábulo *contestação* tem origem no Direito Romano quando o réu, diante do magistrado e acompanhado de suas testemunhas, se opunha à pretensão do autor, o que se denominava *litis contestatio*.

Contestação é a defesa do réu que impugna a pretensão do autor no processo.

A contestação é uma das modalidades de resposta do réu. A CLT utiliza a palavra defesa (arts. 847 e 848, § 1º, art. 799, art. 767). Usa a CLT contestação no § 3º do art. 841.

A defesa é um direito da parte e não uma obrigação. O réu não tem obrigação de se defender, mas deve lhe ser proporcionado o direito de defesa, que pode ou não ser exercido.

Distingue-se a contestação da exceção, pois é uma defesa direta do mérito, enquanto a segunda é uma defesa indireta em relação ao processo.

Na contestação, o réu deverá alegar toda a matéria com a qual pretende se defender na ação que lhe foi proposta, salvo a incompetência, suspeição e impedimento, que são matérias de exceção.

Toda a matéria a ser debatida deve ser apresentada de uma só vez (princípio da eventualidade), de modo que não sendo acolhida uma delas possa ser examinada a seguinte. De acordo com o princípio da eventualidade, o réu deverá fazer todas as alegações e trazer todos os argumentos para contestar a pretensão do autor.

O réu deverá alegar na contestação toda a matéria possível, expondo as razões de fato e de direito com que impugna o pedido do autor (art. 336 do CPC). Não irá se admitir, porém, contestação por negativa geral, que nenhum efeito produzirá. Caberá, também, ao réu "manifestar-se precisamente sobre os fatos narrados na petição inicial". Presumir-se-ão verdadeiros os fatos não impugnados (art. 341 do CPC).

Em se tratando de matéria de direito e havendo revelia, não há presunção de veracidade de fatos, sendo que o juiz poderá até mesmo rejeitar a pretensão do autor se entender de forma contrária.

O revel irá apanhar o processo no estado em que estiver (parágrafo único do art. 326 do CPC). Não poderá prequestionar matéria de prova. Só poderá fazer contraprova, se a instrução do feito prosseguir.

Antigamente a primeira proposta de conciliação era feita depois de apresentada a contestação. Com a Lei n. 9.022, de 5-4-1995, que deu nova redação aos arts. 846 a 848 da CLT, logo quando aberta a audiência, o juiz ou presidente proporá a conciliação. Não havendo acordo, é que o reclamado apresentará a sua defesa (art. 847 da CLT). Agora, a primeira tentativa de conciliação será feita antes de ser apresentada a defesa.

O legislador parece que não tinha o que fazer para ficar apenas mudando o momento da proposta de conciliação. Antes, a primeira proposta de conciliação era feita depois da apresentação da defesa. Agora, a primeira proposta de conciliação é realizada antes da apresentação da defesa. Critica-se esse procedimento no sentido de que o sistema anterior era melhor, pois o reclamante não pode fazer acordo sem antes tomar conhecimento da defesa da empresa. Assim, primeiro deveria dar-se ao autor a oportunidade de verificar a contestação da parte contrária, visto que esta poderia confessar tudo e não seria o caso de o obreiro receber menos do que lhe seria devido por proposta feita em audiência, daí por que primeiro seria apresentada a defesa e depois seria tentada a conciliação. Menciona-se que o atual procedimento iria ferir o contraditório. Contudo, o contraditório é exercido de acordo com os meios e recursos a ele inerentes (art. 5º, LV, da Constituição), isto é, depende da determinação da lei. Se a lei dispõe expressamente que o desenvolvimento do processo será feito dessa forma, inexiste violação ao referido preceito constitucional. De outro lado, se não houve apresentação da defesa, não existe contraditório, pois a litiscontestação ainda não foi formada.

A orientação determinada pela Lei n. 9.022 vem apenas a corroborar o que já vinha sendo feito na prática, ou seja, primeiro se tentava a conciliação, para depois ser apresentada a defesa. Penso que o procedimento adotado pelo atual art. 846 da CLT é mais lógico do que a determinação anterior, pois havendo conciliação prescinde-se da apresentação da defesa, nada impedindo que o autor a verifique antes de ser apresentada.

Dispõe o art. 847 da CLT, com a redação da Lei n. 9.022, que lida a reclamação, ou dispensada a leitura por ambas as partes é que se abre o prazo para contestação. Não há necessidade de ser lida a reclamação, pois o empregador já recebeu cópia da petição inicial, conhecendo seu teor.

O legislador ordinário perdeu excelente oportunidade para modificar a redação da lei, eliminando a "leitura da reclamação", que na prática não é feita, diante do fato de que a parte contrária já recebeu cópia da peça vestibular.

A contestação é apresentada oralmente em audiência, no prazo de 20 minutos (art. 847 da CLT). Não há prorrogação do prazo de 20 minutos, por falta de previsão legal. Poderia o legislador elaborador da Lei n. 9.022 ter previsto a defesa escrita no art. 847 da CLT, que com certeza iria até mesmo eliminar o problema do oferecimento da contestação oral, e o atravancamento das demais audiências que lhe seguirem, pela demora de até 20 minutos no seu oferecimento, principalmente quando a pauta é feita de cinco em cinco minutos. A substituição da contestação oral pela escrita permitiria a realização de maior número de audiências, como já ocorre na prática. A contestação oral muitas vezes é feita de maneira atabalhoada, em que a parte pode esquecer-se de alguma coisa, razão por que é muito melhor fazê-la por escrito. Verifica-se que na prática quase 100% das defesas são feitas por escrito. Dificilmente ela é feita oralmente, pelo menos na 2ª Região. A contestação oral atrasa o andamento da audiência, como quando alguém pretende apresentar contestação oral, como ocorre no processo do trabalho. A contestação escrita pode ser melhor elaborada, sem os atropelos e esquecimentos que podem ocorrer na verbal e sem atrapalhar o andamento das audiências.

O réu poderá apresentar defesa escrita pelo sistema de processo judicial eletrônico até a audiência (parágrafo único do art. 847 da CLT), juntamente com os documentos, de modo que já esteja no sistema no dia da audiência. Mesmo que o processo seja eletrônico o réu pode apresentar defesa oral em audiência. Poderá apresentar defesa pelo processo eletrônico e apresentar aditamento na ata de audiência, se faltar alguma coisa na defesa.

Os entes públicos também terão o prazo de 20 minutos para apresentar oralmente a contestação, que não será em quádruplo.

Se a contestação for oferecida por escrito, deverá ser apresentada na própria audiência e não em cartório. Dessa forma, não se aplica a regra do art. 335 do CPC de que a contestação deva ser apresentada em cartório no prazo de 15 dias. Havendo mais de um reclamado, cada um deles terá o direito ao prazo de 20 minutos para aduzir sua defesa. Entretanto, não há previsão na lei para prorrogação do prazo de defesa por mais de vinte minutos.

Em virtude do princípio da concentração dos atos processuais na audiência, a contestação é nela realizada, prestigiando também o princípio da oralidade. Na audiência, são praticados os atos mais importantes do processo do trabalho.

Regra geral, a contestação é apresentada por escrito, poupando tempo da pauta, e tendo a parte melhor capacidade de articular sua defesa, sem os atropelos que ocorrem quando a contestação é apresentada oralmente.

A lei do procedimento sumaríssimo não trata expressamente da apresentação da resposta do réu. Assim, a regra é a aplicação do art. 847 da CLT, em que a empresa terá 20 minutos para aduzir oralmente em audiência sua defesa. Na prática, a defesa tem sido apresentada por escrito, em audiência e não no cartório. O prazo de 20 minutos deverá compreender tanto a contestação como as exceções.

18.2.1 Preliminares

Preliminar é aquilo que antecede alguma coisa. As preliminares são matérias prejudiciais de conhecimento de mérito da ação. Consistem em se discutir o que vem antes do objeto da ação. São objeções arguidas antes do exame do mérito da questão posta em debate no juízo. Representam matérias de ordem processual, que impedem o exame do mérito da questão, desde que haja a possibilidade de conhecimento de ofício pelo juiz.

A CLT não trata de preliminares. É de se aplicar subsidiariamente o art. 337 do CPC quanto às preliminares que podem ser ofertadas em juízo:

a) inexistência ou nulidade de citação (art. 239 do CPC e art. 841 da CLT);
b) incompetência absoluta e relativa;
c) incorreção do valor da causa;
d) inépcia da petição inicial (art. 330, I, e § 1º do CPC);
e) perempção;
f) litispendência (§ 3º do art. 337 do CPC);
g) coisa julgada (§ 4º do art. 337 do CPC e art. 836 da CLT);
h) conexão (art. 55 do CPC);
i) continência (art. 56 do CPC);
j) incapacidade da parte, defeito de representação ou falta de autorização (arts. 70 e 76 do CPC);
k) convenção de arbitragem;
l) ausência de legitimidade ou de interesse processual;
m) falta de caução ou de outra prestação que a lei exige como preliminar;
n) indevida concessão do benefício de gratuidade de justiça.

18.2.1.1 Inexistência ou nulidade de citação

A citação inicial é denominada de notificação no processo do trabalho, feita sempre pelo correio. A notificação pode ser depositada na caixa do correio ou simplesmente entregue na portaria do prédio do demandado, não havendo necessidade de ser pessoal.

Na inexistência de citação, o réu efetivamente não foi citado. É o que ocorre se é declarada a revelia do empregador e posteriormente é devolvida pelo Correio a notificação.

No processo do trabalho, deve haver um prazo de cinco dias entre a data do recebimento da notificação e a audiência (art. 841 da CLT), que corresponde teoricamente ao prazo para se fazer a defesa e conseguir os documentos necessários para a contraprova do alegado na peça vestibular. Para os entes de direito público (União, Estados, Municípios, suas autarquias e fundações) esse prazo é de 20 dias, ou seja, quatro vezes os cinco dias normais que possui a parte (Decreto-lei n. 779/69). No caso, não há nulidade de citação, mas é inválida a audiência, devendo ser designada outra para se apresentar a contestação, observado o referido prazo.

A Súmula 16 do TST declara que o não recebimento da notificação ou a entrega após o decurso do prazo constituem ônus da prova do destinatário. Provada que a citação não foi devidamente realizada, importa na nulidade *ab initio* do processo.

Se o réu comparece espontaneamente à audiência e apresenta a defesa, não há nulidade de citação (§ 1º do art. 239 do CPC).

18.2.1.2 Incompetência absoluta e relativa

Incompetência absoluta pode ser em relação à matéria ou às pessoas. A incompetência absoluta pode ser arguida de ofício (§ 5º do art. 337 do CPC), por se tratar de norma de ordem pública absoluta.

Incompetência relativa pode ser a incompetência em razão do lugar em que foi proposta a ação, que deveria atender ao art. 651 da CLT. A incompetência relativa não poderá ser conhecida de ofício pelo juiz (§ 5º do art. 311 do CPC).

18.2.1.3 Incorreção do valor da causa

A incorreção do valor da causa poderá, no processo civil, ser alegada como preliminar da contestação (art. 337, III, do CPC). No processo do trabalho, normalmente é alegada como preliminar de contestação.

Nos dissídios individuais, proposta a conciliação, e não havendo acordo, o juiz do trabalho ou cível, antes de passar à instrução da causa, fixar-lhe-á o valor para a determinação da alçada, se este for indeterminado no pedido (art. 2º da Lei n. 5.584/70). Em audiência, ao aduzir razões finais, poderá qualquer das partes, impugnar o valor fixado e, se o Juiz o mantiver, pedir revisão da decisão, no prazo de 48 horas, ao Presidente do Tribunal Regional.

18.2.1.4 Inépcia da petição inicial

A inicial é inepta quando for ininteligível, quando houver causa de pedir e não houver pedido, ou vice-versa. A correção da inicial pode ser feita na audiência, devolvendo-se o prazo para a defesa ao reclamado.

O § 1º do art. 330 do CPC indica as hipóteses de inépcia da inicial: (a) faltar pedido ou causa de pedir; (b) o pedido for indeterminado, ressalvadas as hipóteses legais em que se permite o pedido genérico; (c) da narração dos fatos não decorrer logicamente a conclusão; (d) contiver pedidos incompatíveis entre si.

Alguns autores costumam alegar que se pode tolerar a questão da inépcia, pois o processo do trabalho não é tão formal como o processo civil. Entende-se que, se a empresa contestou o feito no mérito, é porque entendeu a pretensão do autor e pôde defender-se; porém o juiz pode não entendê-la. Penso que essa orientação não pode ser aplicada, ou a inicial é inepta ou não o é. Não se pode tolerar aquilo que não se entende. Com a Lei n. 8.906/94, se se entender que o *ius postulandi* desaparece na Justiça do Trabalho, mais se justifica uma petição mais elaborada e correta, o que o leigo não poderia fazer, daí se concluir pela inépcia. Só se poderia tolerar aquela orientação se o próprio reclamante exercesse o *ius postulandi*, pois não tem obrigação de saber fazer a petição inicial.

O juiz poderá decretar a inépcia da inicial, mesmo após o processo já ter sido instruído, como na hipótese de nada se entender da petição inicial, pois não é mais possível conceder prazo para emendá-la sem modificar a litiscontestação. Seria a hipótese de a ação ter pedido, mas não causa de pedir, ou causa de pedir sem pedido. Seria o caso também de simplesmente não haver pedido ou este não ser certo e determinado (arts. 322 e 324 do CPC), sendo totalmente incerto ou indeterminado. Exemplos: pedir horas extras e não indicar o horário em que trabalha. Fazer pedido "na forma acima", sem dizer claramente o que pretende receber. Pedir reflexos "nas demais verbas" ou "nas contratuais e rescisórias".

18.2.1.5 Perempção

Perempção ocorre quando a parte abandona o processo por mais de 30 dias, sem promover os atos e diligências que lhe compete (art. 485, III, do CPC), ou quando der causa à extinção do processo por três vezes por esse motivo. Não poderá o autor intentar novamente ação contra o réu com o mesmo objetivo, salvo para alegar em defesa o seu direito (§ 3º do art. 486 do CPC).

18.2.1.6 Litispendência

Há litispendência quando se repete ação que está em curso (§ 3º do art. 337 do CPC), tendo as mesmas partes, a mesma causa de pedir e o mesmo objeto. Pode ocorrer de um mesmo pedido ter sido feito num primeiro processo e também num segundo, impondo-se a extinção, quanto a um deles, parcial do processo sem julgamento do mérito.

O objetivo da arguição de litispendência é impedir que duas ações idênticas sejam processadas perante Varas diversas, impondo-se que uma delas seja extinta, geralmente a que foi proposta em segundo lugar. A arguição da litispendência visa evitar insegurança jurídica com a possibilidade de duas sentenças distintas, sendo que, mesmo que houvesse identidade de julgamento, um deles seria inútil ou desnecessário, implicando desnecessidade da prestação da atividade jurisdicional e desprestigiando o princípio da economia processual.

Não se confunde a litispendência com a conexão, pois esta importa na reunião de ações propostas separadamente, enquanto na primeira uma das ações será extinta sem julgamento de mérito.

A litispendência se dará evidentemente entre processos judiciais e não entre processo judicial e administrativo, nada impedindo que o empregado esteja reivindicando o registro em carteira no Ministério do Trabalho e postulando horas extras e outras verbas num processo judicial.

Havendo duas ações em fases processuais diferentes, também não haverá litispendência. É o que ocorre se um processo estiver na fase de execução e a nova postulação na fase de conhecimento, pois, nesse caso, haverá coisa julgada em relação ao primeiro processo. A litispendência também poderia ser parcial, pois pertinente apenas a um ou alguns pedidos. Poderia ser total, se compreender todos os pedidos.

Ficando configurada a litispendência deverá haver extinção do processo sem resolução de mérito (art. 485, V, do CPC).

18.2.1.7 Coisa julgada

Dá-se a coisa julgada quando é repetida ação que já foi decidida por sentença, da qual não caiba mais qualquer recurso (§ 4º do art. 337 do CPC). Nesse caso, o processo deve ser resolvido sem julgamento do mérito (art. 485, V, do CPC).

O próprio art. 836 da CLT veda que a Justiça do Trabalho conheça de questões já decididas, salvo em relação à ação rescisória, o que já mostra que deve ser respeitada a coisa julgada. O conceito de coisa julgada é previsto no art. 502 do CPC, que esclarece que coisa julgada material é a autoridade que torna imutável e indiscutível a decisão de mérito, não mais sujeita a recurso. Não é só a sentença que transita em julgado, mas também o acórdão, que são decisões de mérito. O § 3º do art. 6º da Lei de Introdução reza que a coisa julgada ou caso julgado é a decisão judicial de que já não caiba recurso. Se o processo é extinto sem julgamento de mérito e há o trânsito em julgado, não há coisa julgada material, mas apenas formal, justamente por não caber mais recurso da decisão, porém a parte poderá ingressar de novo com a mesma pretensão, justamente porque o mérito não foi julgado, não fazendo coisa julgada material.

18.2.1.8 Conexão e continência

O inciso VIII do art. 337 do CPC só faz referência à conexão, mas a regra também se aplica à continência.

Conexão significa união, junção, ligação, interligação. Indica "a relação íntima existente entre duas coisas, de modo que o conhecimento de uma depende do da outra" (*Enciclopédia Saraiva de Direito*. São Paulo: Saraiva, 1977. v. 17, p. 478).

Na conexão subjetiva há identidade de sujeitos.

Na conexão objetiva existe identidade de pedido ou de causa de pedir.

São comuns na conexão o pedido ou a causa de pedir (art. 55 do CPC), isto é, um dos dois e não os dois ao mesmo tempo, segundo a previsão da lei. Se todos os elementos (partes, causa de pedir e pedido) fossem comuns não haveria conexão, mas demandas iguais.

Objeto é o pedido do autor. É o que postula que lhe seja assegurado pelo Poder Judiciário.

Não se exige, porém, que as partes sejam as mesmas para que haja conexão entre duas ações. Isso é o que se depreende do art. 55 do CPC, que faz referência apenas a mesmo pedido ou mesma causa de pedir. A simples identidade de partes não caracteriza conexão, pois seu pressuposto está na coincidência do objeto ou da causa de pedir.

O objetivo da norma é que questões que tenham o mesmo objeto (pedido) ou a mesma causa de pedir não sejam julgadas por juízes diversos, pois poderia haver também decisões distintas, que deveriam ter a mesma conclusão.

Dá-se continência entre duas ou mais ações sempre que houver identidade quanto às partes e à causa de pedir, mas o pedido de uma, por ser mais amplo, abrange o das outras (art. 56 do CPC).

Nas hipóteses dos arts. 55 e 56 do CPC não há extinção do processo sem julgamento de mérito, mas prevenção do juízo que conheceu de um dos casos em primeiro lugar, para onde devem ser remetidos os autos.

Não se pode entender o mesmo objeto ou a mesma causa de pedir a existência do contrato de trabalho e sim o mesmo pedido ou a mesma causa *petendi*. Na conexão, existe uma situação alternativa, da existência da mesma causa de pedir ou do mesmo pedido, como, por exemplo, da causa de pedir do trabalho em horas extras, postulando-se os reflexos. A continência é uma espécie do gênero conexão, devendo ser arguida como preliminar de defesa. Ocorre a continência quando em uma ação o autor pretende os reflexos da equiparação salarial e na outra a própria equiparação salarial, pois as partes serão as mesmas, a causa de pedir será a mesma (decorrente da equiparação salarial) e o segundo pedido da segunda ação abrange o da primeira ou é o principal em relação àquela. Na verdade, o mais correto seria falar em litispendência em relação à primeira ação, que deveria ser extinta, pois este pedido estaria incluído na segunda.

A reunião de ações propostas em separado será feita no juízo prevento, com a finalidade de serem decididas simultaneamente (art. 58 do CPC).

O requisito para que os processos possam ser reunidos por continência e conexão é que estejam num mesmo momento processual. Se um dos processos já estiver instruído, aguardando sentença, ou já a tenha, não mais será possível a união.

Caberá conexão ou continência no procedimento sumaríssimo se forem atendidos os requisitos dos arts. 55 e 56 do CPC.

A conexão não determina a reunião dos processos, se um deles já foi julgado (Súmula 235 do STJ).

18.2.1.9 Ausência de legitimidade ou de interesse processual

O CPC de 2015 não faz mais referência à carência de ação. Impossibilidade jurídica do pedido era questão de mérito, de se indicar se existia ou o direito da parte. Exemplo de impossibilidade jurídica do pedido é o de se pedir adicional de penosidade, vez que ainda não existe lei regulando essa matéria.

Ilegitimidade de parte pode ocorrer quando o sindicato se intitula substituto processual e na verdade não detém essa condição.

Há falta de interesse processual quando o reclamante pede a concessão de férias, mas ainda não se findou o período concessivo daquelas, que, portanto, podem ser concedidas espontaneamente pelo empregador. Não existe necessidade de pedir a tutela do Poder Judiciário para o referido pedido de férias.

Costuma-se alegar que o reclamante é carecedor da ação quando não detém a condição de empregado. Todavia, há necessidade do exame do mérito da questão para se dizer se o autor é ou não empregado. Sendo assim, a decisão que examinar a questão também será de mérito, não sendo o autor carecedor da ação. Caso contrário, se o processo fosse extinto sem julgamento de mérito, o autor poderia ingressar com outra ação postulando a mesma coisa, pois não faria coisa julgada material, apenas formal.

18.2.1.10 Incapacidade de parte, defeito de representação ou falta de autorização

Normalmente quando há incapacidade de parte, defeito de representação da parte ou falta de autorização, o juiz deve conceder um prazo para a parte regularizar sua situação no processo, sob pena de extinção do processo sem julgamento de mérito.

A capacidade processual no processo do trabalho adquire-se com 18 anos. Em se tratando de menores de 18 anos, as reclamações serão feitas pelo representante legal ou, na falta deles, pela Procuradoria da Justiça do Trabalho.

Defeito de representação ocorre quando não for juntada procuração ou de contrato social pela parte ou quando for exigida procuração por instrumento público.

A falta de autorização é a necessidade do consentimento do marido ou da outorga da mulher para ajuizamento da ação sobre direito real imobiliário, nos termos do art. 73 do CPC, que não se aplica ao processo do trabalho. A falta de autorização no processo do trabalho poderia ocorrer quando o preposto não tem autorização para representar o empregador em audiência.

O juiz deverá conceder prazo razoável à parte para sanar a irregularidade, suspendendo o processo. Descumprida a determinação, caso o processo esteja na instância originária, se a providência couber ao:

a) autor, o juiz extinguirá o processo sem julgamento de mérito;
b) ao réu, reputar-se-á revel;

c) ao terceiro, considerado revel ou excluído do processo, dependendo do polo em que estiver (§ 1º do art. 76 do CPC).

Descumprida a determinação na fase recursal perante tribunal regional ou tribunal superior, o relator:

a) não conhecerá do recurso, se a providência couber ao recorrente;
b) determinará o desentranhamento das contrarrazões, se a providência couber ao recorrido.

18.2.1.11 Impugnação à justiça gratuita

Impugnação à concessão de justiça gratuita sempre foi feita no processo do trabalho como preliminar, no sentido de que o empregado ganha mais de 40% do teto dos benefícios do Regime Geral de Previdência Social e não atende os requisitos do § 3º do art. 790 da CLT.

18.2.1.12 Convenção de arbitragem

A convenção de arbitragem, não é muito utilizada no processo do trabalho, apesar de haver previsão nos §§ 1º e 2º do art. 114 da Constituição para os dissídios coletivos.

Nos contratos individuais de trabalho cuja remuneração seja superior a duas vezes o limite máximo estabelecido para os benefícios do Regime Geral de Previdência Social, poderá ser pactuada cláusula compromissória de arbitragem, desde que por iniciativa do empregado ou mediante a sua concordância expressa, nos termos previstos na Lei n. 9.307/96 (art. 507-A da CLT). Para quem ganha valor inferior, não é possível a cláusula compromissória de arbitragem. A cláusula compromissória poderá ser prevista no contrato de trabalho.

O juiz não pode conhecer de ofício da convenção de arbitragem (§ 5º do art. 337 do CPC).

A ausência de alegação da existência de convenção de arbitragem implica aceitação da jurisdição estatal e renúncia ao juízo arbitral (§ 6º do art. 337 do CPC).

18.2.1.13 Falta de caução

A falta de caução, prevista no inciso XII do art. 337 do CPC é inaplicável no processo do trabalho, por ser com ele incompatível. Não se pode exigir caução do empregado, pois, na maioria das vezes, ele não tem com que caucionar.

18.2.1.14 Outra prestação que a lei exige como preliminar

O inciso XII do art. 337 do CPC menciona outra prestação que a lei exige como preliminar. Poder-se-ia enquadrar nessa hipótese a juntada da certidão do dissídio coletivo de que trata o parágrafo único do art. 872 da CLT para a propositura da ação de cumprimento, sendo, portanto, uma formalidade legal prevista na lei. O mesmo raciocínio seria aplicável em relação à certidão da convenção ou acordo coletivo. Dentro dessa mesma linha se poderia incluir o sindicato que não juntou com a inicial o rol dos substituídos ao ingressar com a ação.

O art. 836 da CLT exige que o autor da ação rescisória deposite 20% sobre o valor da causa como garantia para a propositura de tal ação.

As partes podem, ainda, alegar o sobrestamento do feito, no caso da existência de outro processo em que vai ser verificado certo fato que irá influir no julgamento da causa (art. 110 c/c art. 313, V, *a*, do CPC).

18.2.1.15 Gratuidade de justiça

No processo do trabalho, a alegação de ser indevida a justiça gratuita e de que o autor não atende os requisitos legais para a sua concessão normalmente era apresentada como preliminar.

O inciso XIII do artigo 337 do CPC mostra que a alegação de ser indevida a concessão do benefício de gratuidade de justiça é feita sob a forma de preliminar.

Todas as matérias que são preliminares da contestação podem ser conhecidas de ofício pelo juiz, com exceção do compromisso arbitral e da incompetência relativa (§ 5º do art. 337 do CPC).

18.2.2 Preliminares de mérito

Após as preliminares, deve o réu manifestar-se sobre o mérito da ação. Há, porém, uma ordem lógica que deveria ser seguida na defesa de mérito.

Antes de se discutir propriamente o mérito do feito, podem ser discutidas prejudiciais do próprio mérito, que vêm após as preliminares do art. 337 do CPC.

São preliminares de mérito as alegações de prescrição ou de decadência que, uma vez acolhidas, dispensam o exame da questão de fundo do processo, prejudicando a análise do mérito.

18.2.2.1 Prescrição

Consiste a prescrição na perda da pretensão ao direito, em virtude da inércia de seu titular no decorrer de certo período. A prescrição nasce no momento em que ocorre a violação do direito (*actio nata*).

O art. 189 do CC mostra que a prescrição não é mais perda do direito da ação, mas perda da pretensão ao direito.

Compreende a prescrição um direito subjetivo que corresponde a dever jurídico de outrem. Havendo lesão, o prazo é prescricional. Tratando-se de faculdade, o prazo é decadencial. A prescrição atinge a pretensão e não a exigibilidade.

A prescrição, assim como a decadência, são temas de direito material e não de direito processual.

O reconhecimento da prescrição gera efeitos processuais, isto é, a sua operacionalização. Entretanto, trata-se de direito material, tanto que é previsto em normas que versam sobre o direito material, como no Código Civil, no Código Penal, no Código Tributário etc. e não no CPC. A prescrição compreende o decurso de prazo, enquanto o processo é concernente a atividade do juízo ou das partes.

Consuma-se a prescrição com o decurso do prazo previsto em lei, sendo regulada pela lei em vigor no momento dessa consumação. A sentença apenas declara a prescrição já consumada. O juiz não cria a prescrição. A sentença apenas reconhece uma realidade, que já havia se constituído no mundo fático. O devedor seria, inclusive, livre ou não para arguir a prescrição ou discutir o mérito, provando que cumpriu a obrigação.

A prescrição é fato extintivo do direito do autor. O CPC, no inciso II do art. 487, menciona que na ocorrência de prescrição há a extinção do processo com julgamento do mérito. Prescrição implica o exame do mérito, não sendo pressuposto processual ou condição da ação.

A prescrição deve ser arguida apenas pela parte a quem aproveita (art. 193 do Código Civil) e não por outras pessoas. O Ministério Público não tem legitimidade para arguir a prescrição em favor de entidade de direito público, quando atua como fiscal da lei, pois não é parte (Orientação Jurisprudencial n. 130 da SBDI-1 do TST).

Não arguida a prescrição pela Fazenda Pública, não poderia o Ministério Público fazê-lo, pois não é representante do empregador público.

A prescrição dos direitos trabalhistas está prevista no inciso XXIX do art. 7º da Constituição. Em relação ao empregado rural e ao urbano, a prescrição é total nos dois anos a contar da cessação do contrato de trabalho e de cinco anos em sua vigência ou dentro do prazo de dois anos, podendo ser postulados os últimos cinco anos a contar da propositura da ação.

A Constituição já menciona que o prazo contido no inciso XXIX do art. 7º é de prescrição. De outro lado, tal prazo não é o exercício de uma faculdade, mas trata-se de um direito subjetivo.

A citação válida interrompe a prescrição. Entretanto, no processo do trabalho não há despacho determinando a citação, que é feita automaticamente pela secretaria da Vara. Assim, entende-se que a propositura da ação já interrompe a prescrição, independentemente do tempo que se leva para se fazer a citação. O § 1º do art. 240 do CPC esclarece que a interrupção da prescrição retroagirá à data da propositura da ação. A interrupção da prescrição somente ocorrerá pelo ajuizamento de reclamação trabalhista, mesmo que em juízo incompetente, ainda que venha a ser extinta sem resolução do mérito (como no arquivamento), produzindo efeitos apenas em relação aos pedidos idênticos (§ 3º do art. 11 da CLT). Informa a Súmula 268 do TST que a demanda trabalhista, ainda que arquivada, interrompe a prescrição, desde que os pedidos sejam iguais. Se os pedidos forem diferentes, não há a interrupção da prescrição. Há entendimento de que para existir a interrupção da prescrição, com o arquivamento, é mister a ocorrência da citação (TRT 24ª R, RO 1.374/95, Ac. TP 4.628/95, j. 27-9-1995, Rel. Juiz Márcio Eurico Vitral Amaro, *LTr* 60-01/117).

Reza o art. 193 do Código Civil que a prescrição pode ser alegada em qualquer grau de jurisdição, pela parte a quem aproveita, o que também mostra a ideia de preservar a segurança jurídica. Isso significa que a prescrição pode ser arguida em qualquer grau de jurisdição, inclusive de ofício pelo juiz. Pode ser arguida pela primeira vez em grau de recurso no TST.

Não se fala mais em qualquer instância, como era previsto no art. 162 do Código Civil de 1916. Instância em 1916 não tinha significado de grau de jurisdição, mas de processo.

A nova orientação é contrária ao entendimento da Súmula 153 do TST.

Não poderá ser alegada na execução, que não é grau de jurisdição, mas fase processual ou processo.

A prescrição não terá de ser arguida com a defesa, pois é uma matéria de direito (art. 336 do CPC). Ela pode ser arguida em qualquer grau de jurisdição (art. 193 do Código Civil) e o juiz poderá pronunciá-la de ofício. Mostra ainda o inciso II do art. 342 do CPC que depois da contestação só é lícito deduzir novas alegações quando competir ao juiz conhecer delas de ofício, como ocorre em relação à prescrição.

Entendo que a regra contida no art. 193 do Código Civil fere o contraditório e é inconstitucional (art. 5º, LV, da Constituição). Prescrição é matéria de defesa, na qual o réu deve alegar todos os motivos de fato e de direito com que impugna a pretensão do autor (art. 336 do CPC), o que incluiria a prescrição. Logo, a prescrição não pode ser alegada após ser oferecida a defesa, pois viola o contraditório e suprime instância.

O § 1º do art. 332 do CPC "o juiz também poderá julgar liminarmente improcedente o pedido se verificar, desde logo, a ocorrência de decadência ou de prescrição".

A prescrição deveria ser arguida pelo devedor, pois poderia cumprir a obrigação espontaneamente ou provar que pagou a dívida ao apresentar a contestação.

Acolhida a prescrição, a parte perderia sua pretensão e a obrigação seria meramente natural, podendo ser cumprida ou não pelo devedor.

O art. 194 do Código Civil foi revogado pela Lei n. 11.280, de 16 de fevereiro de 2006.

A prescrição também poderá ser pronunciada em qualquer momento, inclusive nos tribunais. A regra se aplica inclusive aos processos que estão em curso e quando forem feitos julgamentos sob a vigência da nova lei, pois a lei processual tem aplicação imediata a partir de sua vigência, não se observando apenas em relação a situações já consumadas.

Os créditos trabalhistas são prescritíveis, como se verifica do inciso XXIX do art. 7º da Constituição e do art. 11 da CLT. Não se pode dizer, portanto, que os créditos trabalhistas não prescrevem.

Dispõe o art. 769 da CLT que "nos casos omissos, o direito processual comum será fonte subsidiária do direito processual do trabalho, exceto naquilo em que for incompatível com as normas deste título". Há omissão na CLT sobre a possibilidade da arguição da prescrição de ofício pelo juiz. Não há incompatibilidade com as normas do Título a que se refere a CLT, pois esta se refere a normas e não a princípios. Logo, é aplicável o § 1º do art. 332 do CPC ao processo do trabalho. A CLT não faz referência ao momento em que a prescrição deve ser arguida, daí a aplicação do CPC. Para o empregado, a declaração da prescrição de ofício pelo juiz implica situação desvantajosa, pois o empregador poderia não alegar a prescrição, mas o referido parágrafo será observado no processo do trabalho.

Pela regra do § 1º do art. 332 do CPC, o juiz pode pronunciar a prescrição de ofício, ou seja, sem provocação. Trata-se de faculdade e não de obrigação, pois haverá necessidade de mandar a parte contrária se manifestar (parágrafo único do art. 487 do CPC), exercendo o contraditório. Irá pronunciar tanto a prescrição bienal, como a quinquenal.

Não mais se discute se a prescrição é ou não de direito patrimonial, inclusive no âmbito da relação trabalhista. Tanto faz agora a natureza dos direitos em litígio.

A prescrição pode não ter sido arguida por esquecimento do advogado ou por conluio das partes ou de seus advogados. O devedor, porém, poderia pagar espontaneamente a dívida. A obrigação prescrita é transformada em obrigação natural. O direito continua existindo. O devedor poderia não arguir a prescrição para ver julgado o mérito.

Não poderá a prescrição ser arguida de ofício depois do trânsito em julgado da sentença, mas apenas antes, pois, do contrário, violará a coisa julgada. A prescrição a ser considerada na execução é a intercorrente.

A nova redação do § 1º do art. 332 do CPC prestigia a segurança jurídica e a celeridade processual, em detrimento do direito do credor e da justiça do direito postulado. A segurança jurídica é elemento fundamental no Direito. É um de seus pilares. Passa a haver interesse do Estado na declaração de ofício da prescrição.

O juiz, ao aplicar a prescrição de ofício (art. 487, II, do CPC), vai acabar favorecendo quem descumpriu a ordem jurídica e cometeu um ato ilícito ao não pagar o que era devido. O Estado não poderia ter interesse em beneficiar quem descumpriu a obrigação. A norma acaba incentivando o descumprimento da obrigação do devedor de adimplir suas obrigações.

A arguição da prescrição de ofício pelo juiz representa norma de ordem pública, que será aplicada sem provocação. O processo não pode ficar tramitando longos anos se existe prescrição. Sob esse aspecto há economia processual na tramitação do processo, evitando a prática de atos inúteis ou desnecessários para depois ser declarada a prescrição. Apenas quanto aos direitos patrimoniais eles têm característica privada.

É dever do Estado velar pela rápida solução dos litígios entre as partes. De certa forma, é a aplicação do inciso LXXVIII do art. 5º da Constituição, no sentido de que, no âmbito judicial, são assegurados a razoável duração do processo e os meios que garantam a celeridade de sua tramitação. A razoável duração do processo indica o tempo de duração do processo (aspecto objetivo). Celeridade significa que o processo deve organizar-se de forma a chegar rapidamente ao seu termo. A utilização da celeridade não implica que o juiz irá decidir de forma atabalhoada.

A arguição da prescrição de ofício está fundamentada nestes dois princípios que estão na Constituição.

Mesmo em caso de revelia, o juiz irá declarar de ofício a prescrição.

Há afirmações quanto à inconstitucionalidade do § 1º do art. 332 do CPC.

O devido processo legal está sendo exercido, de acordo com a previsão da lei, ou seja, do § 1º do art. 332 do CPC.

Não vejo violação ao princípio da isonomia, pois a lei não está tratando duas situações de forma desigual. Está sendo estabelecida uma única situação no citado dispositivo legal. Se o devedor não apresenta defesa, deixando de invocar a prescrição, o juiz irá arguir de ofício a prescrição. Essa situação mostra uma hipótese e a perda do prazo para ajuizar a ação pelo empregado indica outra hipótese. Uma coisa é o tratamento para o devedor e a outra para o credor. São situações distintas. Não estão sendo tratados dois credores de forma diferenciada ou dois devedores de maneira discriminada.

Pode haver violação ao contraditório em relação ao autor, principalmente quando arguida de ofício pelo juiz no segundo e no terceiro graus, inclusive quando desconhece causas suspensivas ou interruptivas em relação à prescrição. Violaria o inciso LV do art. 5º da Constituição, já que o juiz aplica a prescrição de ofício e não teria obrigação de ouvir a parte contrária.

Caso o processo esteja na fase de conhecimento, o ideal é o juiz realizar a audiência de conciliação, visando tentar acordo entre as partes, que representa a solução negociada e consensual do conflito, sem imposição do Estado.

Se o juiz for aplicar a prescrição de ofício, o ideal é dar vista à parte contrária para manifestação (parágrafo único do art. 487 do CPC), evitando erros que possam surgir.

Poder-se-ia entender que a arguição de ofício da prescrição viola o *caput* do art. 7º da Constituição, pois ele menciona que "são direitos dos trabalhadores urbanos e rurais, além de outros que visem a melhoria das suas condições sociais".

No caso, a situação é pior para o trabalhador. Entretanto, a regra contida no *caput* é de direito material e a disposição do § 1º do art. 332 do CPC é de direito processual, do momento da arguição da prescrição. Não há inconstitucionalidade sob este aspecto.

Alguém poderá afirmar a respeito da incompatibilidade entre o art. 191 do Código Civil, que trata da renúncia expressa ou tácita da prescrição, com o § 1º do art. 332 do CPC. O juiz não poderia aplicar de ofício a prescrição, pois, o devedor poderia renunciar expressamente a ela ou em razão de fatos do interessado incompatíveis com a prescrição, que seria a prescrição tácita. Entretanto, o CPC é posterior ao Código Civil. A norma posterior derroga a anterior que for com ela incompatível (§ 1º do art. 2º do Decreto-lei n. 4.657/42), daí valer a regra da arguição de ofício pelo juiz.

O melhor não é a celeridade no trâmite do processo, mas se conseguir a efetiva justiça, de cada um receber o que é seu e nada mais do que isso.

A interrupção da prescrição ocorrerá apenas uma vez (art. 202 do Código Civil).

A reclamação trabalhista arquivada, pelo não comparecimento do empregado na primeira audiência na Justiça do Trabalho, importa a interrupção da prescrição. Ela não se interromperá novamente pelo arquivamento de outra ação.

A prescrição interrompida recomeça a correr da data do ato que a interrompeu, ou do último ato do processo para a interromper (parágrafo único do art. 202 do Código Civil).

O prazo de prescrição no caso de interrupção é contado novamente de forma integral. Exemplo: do arquivamento da ação.

A prescrição iniciada contra uma pessoa continua a correr contra seu sucessor (art. 196 do Código Civil). O novo Código troca a palavra *herdeiro*, que era prevista no art. 165 do Código Civil de 1916, por *sucessor*. A exceção é se existirem menores, hipótese em que não correrá a prescrição (art. 198, I, do Código Civil).

A interrupção da prescrição efetuada contra o devedor solidário abrange os demais (§ 1º do art. 204 do Código Civil). É o que ocorre no grupo de empresas, em que as empresas pertencentes ao grupo são solidárias (§ 2º do art. 2º da CLT).

18.2.2.2 Decadência

A decadência consiste na perda do próprio direito, em razão de este não ter sido exercitado no prazo legal. Nascendo a ação e o direito simultaneamente, a doutrina entende que se trata de questão de decadência. É uma questão de segurança jurídica.

Entende-se que, no inquérito para apuração de falta grave, quando o empregado é suspenso, o empregador tem 30 dias para ajuizar a referida ação (S. 62 do TST e S. 403 do STF). Não havendo a suspensão do empregado, não há decadência.

A Súmula 100, I, do TST considera o prazo de dois anos para a propositura da ação rescisória de decadência, contando-se do trânsito em julgado da última decisão proferida na causa, (art. 975 do CPC) seja de mérito ou não.

O prazo de 120 dias para ajuizar o mandado de segurança é considerado de decadência, pois o art. 23 da Lei n. 12.016/2009 faz referência a "direito de requerer o mandado de segurança".

Dispõe o art. 210 do Código Civil que deve o juiz, de ofício, conhecer da decadência, quando estabelecida em lei. Essa regra já se depreendia do § 1º do art. 332 do CPC, pois este mencionava que apenas a prescrição de direitos patrimoniais não poderia ser declarada de ofício pelo juiz. Logo, a decadência poderia. A decadência não prevista em lei não pode ser arguida de ofício. O inciso II do art. 487 do CPC mostra que o juiz pode declarar de ofício a decadência e não faz restrição quanto à matéria. Logo, derrogou o art. 210 do Código Civil.

A decadência deve ser alegada como preliminar de mérito na defesa, extinguindo-se o processo com julgamento de mérito, caso seja acolhida (art. 487, II, do CPC).

Em relação à decadência, não se aplicam as normas que impedem, suspendem ou interrompem a prescrição, salvo disposição legal em contrário (art. 207 do Código Civil).

18.2.2.3 Compensação

A compensação é uma forma indireta da extinção das obrigações no Direito Civil. Para haver compensação é mister:

a) reciprocidade de dívidas;
b) dívidas líquidas e certas. Não se admite compensação de dívidas ilíquidas e incertas;
c) dívidas vencidas. Não poderá ser utilizada para dívidas vincendas;
d) dívidas homogêneas (art. 369 do Código Civil).

A compensação no processo do trabalho só pode ser arguida como matéria de defesa (art. 767 da CLT e S. 48 do TST). Não poderá ser alegada nas razões finais ou em recurso.

No processo do trabalho, as dívidas que se pretendam compensar só poderão ser de natureza trabalhista (S. 18 do TST). Não se pode compensar dívida comercial ou civil com dívida de natureza trabalhista.

18.2.2.4 Retenção

O art. 767 da CLT faz referência a compensação, ou retenção, entre vírgulas. Isso significa que não representam a mesma coisa.

Retenção seria genericamente a compensação utilizando-se de uma coisa.

Constitui direito de defesa do réu a retenção. Só pode também ser alegada com a defesa (art. 767 da CLT).

O devedor retém determinada coisa a outrem devida, visando satisfazer seu crédito.

Certos requisitos devem ser atendidos para a configuração da retenção:

a) ser o retentor credor;
b) deter o credor legitimamente a coisa;
c) haja relação de conexidade entre crédito e a coisa retida;
d) não existir nenhum impedimento legal ou convencional para seu exercício.

Visa-se com a retenção apenas garantir o crédito de que é detentor o credor, no caso, o reclamado.

Pode-se exemplificar hipótese de retenção, quando o empregador retém uma ferramenta de trabalho do empregado alegando que este causou dano à empresa, prevista expressamente no contrato de trabalho a hipótese de desconto, inexistindo, porém, nenhum valor a ser descontado do empregado. O trabalhador retém mostruário de vendas ou ferramentas do empregador, porque este lhe deve dinheiro.

18.2.3 Defesa de mérito

Após as preliminares, incumbe ao réu manifestar-se sobre o mérito da questão.

A pretensão do réu é, por meio da defesa, rejeitar todas as matérias debatidas e as verbas pretendidas na petição inicial.

A defesa poderá abranger apenas matéria de fato (horas extras, negativa de vínculo de emprego) ou de direito, mas também matéria de fato e de direito ao mesmo tempo.

Já se disse que na defesa a empresa não poderá fazer a contestação por negativa geral, mas poderá alegar:

a) a negativa dos fatos narrados na inicial (ex.: o autor diz que foi demitido, a empresa alega que não houve demissão). O autor nunca trabalhou na empresa;
b) o reconhecimento dos fatos alegados na inicial e suas consequências, ou parte do pedido. Exemplo pode ser o fato de que não houve realmente o pagamento de salários, pois não tinha numerário em caixa, reconhecendo o pedido do autor. O empregador pode reconhecer o fato de que o paradigma tem salário superior ao do reclamante, mas em razão de ser readaptado pela Previdência Social (§ 4º do art. 461 da CLT) exerce outra função, sendo indevida a equiparação salarial. Nesses casos, haverá a extinção do processo com resolução de mérito (art. 487, III, do CPC);
c) a admissão dos fatos narrados na peça vestibular, mas a oposição de suas consequências (ex.: o autor pede adicional de transferência e a reclamada alega que não houve transferência, pois inexistiu a mudança de domicílio do empregado, ou que a transferência foi provisória e não há direito ao adicional).

O réu pode opor fato modificativo, extintivo ou impeditivo do direito do autor. O fato impeditivo dá-se quando o reclamante alega ter sido dispensado, porém a empresa alega a despedida por justa causa, que impede o pagamento das verbas rescisórias. O fato modificativo ocorre quando o autor pede o pagamento de comissões. Vem a empresa em juízo opondo o fato modificativo: de que as comissões foram ajustadas para ser pagas a prazo. Há também fato modificativo da pretensão do autor, quando este pede indenização de antiguidade, e a empresa alega que o autor era optante do FGTS. Por último, o fato extintivo. Exemplo é a hipótese de o reclamante pedir horas extras e a empresa alegar que aquelas já estão pagas.

O réu deverá impugnar ponto por ponto dos articulados na inicial, contestando-os todos. Assim, podem ser impugnados a data de admissão e demissão, tempo de serviço, horário de trabalho, condições de trabalho insalubres, importância ajustada de salário, última remuneração etc.

Não sendo impugnados os fatos alegados na inicial, presumem-se verdadeiros (art. 341 do CPC). A questão diz respeito aos fatos não impugnados, que se tornam verdadeiros, mas não ao direito.

Assevera Calmon de Passos que "se o fato narrado pelo autor não é impugnado especificamente pelo réu e de modo preciso, este fato, presumido verdadeiro, deixa de ser controvertido. Consequentemente, deixa de ser objeto de prova, visto como só os fatos controvertidos reclamam prova" (v. III:275). "A presunção de veracidade do fato não impugnado é prova que deve ser acolhida, salvo prova em contrário. Mas essa prova em contrário está preclusa ao réu, pela circunstância mesma de não ter impugnado o fato" (276).

Não se consideram verdadeiras as alegações da inicial se: a) não for admissível, a seu respeito, a confissão, como em caso de direitos indisponíveis. Indisponíveis são os direitos que não podem ser alienados, renunciados ou transferidos, como os direitos da personalidade. Direito indisponível para o ente de direito público é o interesse público primário (da coletividade) e não o interesse público secundário (interesse administrativo do ente público; b) a petição inicial não estiver acompanhada de instrumento que a lei considerar da substância do ato, como de instrumento público para a renúncia da herança (art. 1.806 do Código Civil); c) estiverem em contradição com a defesa, considerada em seu conjunto e não apenas em uma parte (art. 341 do CPC).

Normalmente, o reclamado alega carência de ação pela inexistência de relação de emprego, ou exceção de incompetência em razão da matéria, mas essas questões terão que ser examinadas ao final, quando se decidir se existe ou não a relação de emprego, importando no exame de mérito da ação.

A contestação deve ser apresentada em audiência, tornando impossível a apresentação da contestação fora desse prazo ou de uma segunda contestação, a não ser se a outra parte permitir.

A final, deverá o réu resumir a sua pretensão: extinção do processo sem julgamento de mérito, carência de ação, ou também rejeitar ou acolher em parte a pretensão do autor, caso concorde com algum dos pedidos.

Oferecida a contestação, ainda que eletronicamente, o reclamante não poderá, sem o consentimento do reclamado, desistir da ação (§ 3º do art. 841 da CLT), pois houve a formação da *litis contestatio*.

Não é preciso que o réu na contestação faça requerimento das provas que pretenda produzir (parte final do art. 336 do CPC), pois as provas serão apresentadas em audiência (art. 845 da CLT). Apenas por praxe é colocado no final da contestação, em semelhança com o processo civil, quais as provas que se pretende produzir.

Depois da apresentação da contestação, só é lícito deduzir novas alegações quando:

a) relativas a direito ou fato superveniente. Fato superveniente é o que ocorrer depois de apresentada a contestação;
b) competir ao juiz conhecer delas de ofício, como na prescrição e na decadência (art. 487, II, do CPC);
c) por expressa autorização legal, puderem ser formuladas em qualquer tempo ou grau de jurisdição (art. 342 do CPC). É o que ocorreria em relação à incompetência absoluta (§ 1º do art. 64 do CPC). O artigo 193 do Código Civil menciona que a prescrição pode ser alegada em qualquer grau de jurisdição, pela parte a quem aproveita.

18.3 RECONVENÇÃO

18.3.1 Etimologia e conceito

Reconvenção vem do latim *reconventio*. É a ação proposta pelo réu contra o autor, no mesmo processo em que está sendo demandado.

Reconvinte é o autor da reconvenção, que anteriormente era o réu na ação. Reconvindo é o réu da reconvenção, quando era o autor na ação.

18.3.2 Distinção

Distingue-se a reconvenção da compensação. A primeira é uma ação. Trata-se de regra de direito processual. Compensação é forma de extinção de obrigações. É uma regra de direito material.

18.3.3 Natureza jurídica

A natureza jurídica da reconvenção é de incidente processual no curso da ação principal. Trata-se de ação e não de defesa. Não se trata também de preliminar.

18.3.4 Cabimento

Inicialmente, havia dúvidas sobre seu cabimento no processo do trabalho.

A doutrina vinha se manifestando pela possibilidade do cabimento da reconvenção no processo do trabalho, como Osiris Rocha, Wilson de Souza Campos Batalha, Cesarino Jr., José Martins Catharino. Outros autores entendiam que a reconvenção era incabível no processo laboral, como Mozart Victor Russomano, Antonio Lamarca e Arnaldo Sussekind. Os argumentos dessa corrente eram os seguintes:

a) havia omissão propositada do legislador trabalhista, pois, se este entendesse cabível a reconvenção, a teria previsto expressamente;
b) o art. 767 da CLT prevê expressamente a compensação e a retenção, mas não trata de reconvenção, que, portanto, é rejeitada;
c) o CPC de 1939 proibia a reconvenção nas ações de alimentos. Sendo o salário de caráter alimentar, não era possível a reconvenção no processo do trabalho.

Penso ser plenamente cabível a reconvenção no processo do trabalho, pois há omissão da CLT, sendo o caso de se utilizar das disposições do CPC (art. 769 da CLT). A CLT não veda o instituto da reconvenção nem ao menos regula o assunto, não sendo aquela incompatível com os princípios do processo do trabalho. Ao contrário, com a reconvenção há andamento mais célere do processo, economia processual e brevidade na solução do litígio, evitando a dualidade de ações conexas e provas repetidas, se as ações tivessem sido propostas em separado, inclusive com o apensamento de reclamações diversas. Duas ações que poderiam ser propostas em separado são reunidas num só processo, como ocorreria com a reunião do inquérito para apuração de falta grave e a reclamação para pagamento de indenização; na consignação em pagamento de verbas rescisórias e uma ação em que o reclamante pede as verbas rescisórias.

Não há vedação expressa do CPC sobre a reconvenção em matéria de alimentos.

Compensação e a retenção são institutos de direito material, enquanto a reconvenção é matéria de direito instrumental. A compensação é forma de extinção das obrigações.

Nem todas as verbas postuladas no processo trabalhista têm natureza alimentar, como as indenizações. O empregado poderia pleitear o direito de trabalhar sentado, de não levantar a mulher (art. 390 da CLT) e o menor (§ 5º do art. 405 da CLT) pesos superiores a 20 quilos e o homem superior a 60 quilos (art. 198 da CLT).

Indiretamente o § 5º do art. 791-A da CLT mostra a observância da reconvenção no processo do trabalho, ao admitir o cabimento de honorários de advogado na reconvenção. Isso significa que ela é cabível no processo do trabalho.

Desde que a reconvenção contenha matéria atinente à relação de emprego, não há que se cogitar de incompetência da Justiça do Trabalho.

18.3.5 Exemplos no processo do trabalho

Vários exemplos podem ser lembrados.

1. Empregado estável ingressa com ação trabalhista ponderando que foi demitido sem inquérito para apuração de falta grave, pleiteando reintegração no emprego; o empregador, além de contestar a postulação, apresenta reconvenção, onde é proposto o inquérito para apuração de falta grave.
2. Empregador ajuíza inquérito para apuração de falta grave, em razão de qualquer das faltas mencionadas no art. 482 da CLT; o empregado ingressa com reconvenção, pleiteando o pagamento de indenização em dobro, pois a falta grave foi cometida pelo empregador.
3. Empregador ajuíza consignação em pagamento, pretendendo depositar as verbas rescisórias que entende devidas, inclusive para que o empregado não alegue atraso no pagamento das verbas rescisórias e postule a multa do § 8º do art. 477 da CLT; o empregado, além de contestar a ação, oferece reconvenção alegando que havia pagamento de valores por fora, e que as verbas rescisórias não correspondem ao valor integral.
4. Empregado ajuíza ação pretendendo o pagamento das verbas rescisórias. Empregador alega na contestação que houve justa causa para o despedimento, oferecendo reconvenção na qual pede o pagamento de saldo credor que o empregado ficou devendo ao primeiro, ou então ressarcimento de danos dolosos causados pelo empregado (§ 1º do art. 462 da CLT), que foram objeto da despedida por justa causa.

18.3.6 Pressupostos

Para a propositura da reconvenção, como em qualquer ação, é mister o atendimento dos pressupostos processuais e das condições da ação, principalmente: competência em razão da matéria, capacidade, interesse de agir, legitimidade de parte e possibilidade jurídica do pedido.

A Justiça do Trabalho deve ser competente para apreciar a matéria posta na reconvenção. Não se pode pretender na reconvenção matéria que a Justiça do Trabalho é incompetente para mostrar o seu entendimento.

Se a matéria puder ser alegada na contestação, a parte não terá interesse de agir para apresentar reconvenção.

Há necessidade de que exista um processo pendente em primeiro grau de jurisdição, não tendo havido a primeira audiência para apresentação da contestação. No processo do trabalho ação e reconvenção estão sujeitas ao mesmo procedimento. A ação e a reconvenção devem ter as mesmas partes.

Na conformidade do art. 343 do CPC, o réu pode reconvir ao autor para manifestar pretensão própria, no mesmo processo, sempre que a reconvenção seja conexa com a ação principal ou com o fundamento da defesa. A apresentação da reconvenção é faculdade do reconvinte e não obrigação. A reconvenção no processo do trabalho deve ser conexa com a ação principal (reclamação), isto é, quando for comum o objeto ou a causa de pedir ou com o fundamento da defesa. A conexão implica uma ligação, um nexo jurídico.

Um último requisito é de que a reconvenção seja oferecida em peça apartada da contestação e não no próprio bojo desta, pois se trata de ação e não de defesa. Justamente pelo fato de que a reconvenção é ação e não defesa é que deve ser apresentada em petição própria, devendo conter causa de pedir, pedido e valor da causa. Poderá a reconvenção ser apresentada oralmente ou por escrito, prestigiando o princípio da oralidade no processo do trabalho. No entanto, deverá ser apresentada juntamente com a contestação: em audiência. Entretanto, o art. 343 do CPC faz referência que a reconvenção será apresentada na contestação.

É admissível a reconvenção em ação declaratória (S. 258 do STF). O CPC não exige que a ação principal seja condenatória.

A petição inicial da reconvenção deverá atender aos requisitos do § 1º, do art. 840, da CLT, sendo oferecida em petição escrita ou oralmente em 20 minutos em audiência. O prazo de 20 minutos será tanto para apresentar a contestação, como a reconvenção.

Deve conter a petição inicial da reconvenção, a autoridade a quem é dirigida, a causa de pedir, o pedido e o valor da causa.

Não é preciso apresentar cópia da reconvenção, pois o reconvindo pode retirar os autos do cartório para contestar a reconvenção.

Com a apresentação da reconvenção, a audiência é adiada, pois o reconvindo é citado pessoalmente ou na pessoa de seu procurador para apresentar a contestação. A citação é necessária para que a outra parte possa defender-se, daí inexistir intimação como menciona o § 1º do art. 343 do CPC.

Normalmente, o prazo para contestação da reconvenção corre em cartório e não se costuma marcar outra audiência só para apresentação da contestação. A próxima audiência seria realizada apenas para a produção de provas pelas partes. O certo seria ser designada audiência em cinco dias (art. 841 da CLT), quando o reconvindo ofereceria sua defesa, inclusive de forma oral, em 20 minutos.

Não é permitido, porém, que o reconvindo apresente reconvenção da reconvenção (*reconventio reconventionis*).

Havendo arquivamento do processo, pela ausência do autor, não se admite a apresentação de contestação e, por consequência, da reconvenção.

18.3.7 Revelia

O réu pode propor reconvenção independentemente de oferecer contestação (§ 6º do art. 343 do CPC). A reconvenção teria por base a conexão com a ação principal.

Mesmo havendo revelia, o reconvinte poderá apresentar a reconvenção, que terá conexão com a causa de pedir ou com o pedido da ação originária, uma vez que não há que se falar em conexão com o fundamento da defesa, por inexistente. A reconvenção é ação, não estando subordinada à defesa, que no caso de revelia inexiste. Pode o réu entender como verdadeiros os fatos narrados na inicial, mas mesmo assim o reclamante ainda lhe dever determinada verba, que só pode ser pleiteada por intermédio da reconvenção.

18.3.8 Requisitos e procedimentos

Não atendidos os requisitos estipulados para a petição inicial, a reconvenção poderá ser indeferida (art. 330 do CPC).

Estando o reconvindo na audiência, é intimado da reconvenção na própria audiência, na pessoa de seu advogado. Se está sem advogado, é intimado na pessoa da própria parte, que exerce o *ius postulandi*, não necessitando ser intimado o advogado.

Se o reconvindo não apresentar contestação à reconvenção, será considerado revel em relação ao pedido reconvencional, porém, não haverá o julgamento imediato da reconvenção, se houver necessidade da produção de provas na ação principal, embora ação e reconvenção sejam julgadas pela mesma sentença.

A desistência da ação ou a ocorrência de causa extintiva que impeça o exame de seu mérito não obsta o prosseguimento da reconvenção (§ 2º do art. 343 do CPC). A reconvenção tem natureza de ação. É autônoma. Independe da ação principal.

18.3.9 Reconvenção e compensação

Sendo iguais, os créditos do reclamante e do reclamado, ou sendo o do reclamante superior ao do reclamado, a matéria a ser alegada é de defesa, devendo ser veiculada com a contestação. Sendo, contudo, o crédito do reclamado superior ao do reclamante, a matéria é de reconvenção. O juiz não poderá condenar o reclamante a devolver valores ao reclamado se não houver o pedido reconvencional.

Na reconvenção ou compensação é possível compensar valores superiores a um mês de salário do empregado. A regra do § 5º do art. 477 da CLT só se aplica na rescisão contratual. Não se observa no processo, em que não há limite de compensação. Do contrário o empregado iria receber mais do que o devido, implicando enriquecimento indevido em detrimento do empregador.

18.3.10 Reconvenção e processo de alçada

No processo civil não era cabível a reconvenção em procedimentos sumários (§ 2º do art. 315 do CPC de 1973, que foi revogado pela Lei n. 9.245, de 26-12-1995). Por esse motivo, inúmeros autores sustentavam a impossibilidade de se apresentar reconvenção no processo do trabalho nos processos de alçada.

Entretanto, o processo de alçada não se confunde com o procedimento sumário. Naquele, apenas são dispensados os resumos dos depoimentos no termo de audiência e não cabe recurso de suas decisões em causas de até dois salários-mínimos (art. 2º e parágrafos da Lei n. 5.584/70).

Assim, não se confunde o procedimento sumário do processo civil com o rito sumário do processo do trabalho nas causas de alçada única da Vara. A própria Lei n. 5.584/70 nada mencionou em seus dispositivos sobre rito sumário.

Será possível a apresentação de reconvenção no procedimento sumaríssimo do processo do trabalho, pois não mais existe pedido contraposto na contestação no CPC de 2015. O pedido do réu será feito na reconvenção.

18.3.11 Litisconsórcio

Não há nenhum impedimento para que um dos litisconsortes ou alguns deles ofereçam reconvenção, desde que a reconvenção seja pertinente à parte que a invoca e não aos demais litisconsortes, melhor explicando, desde que a reconvenção seja de caráter pessoal, próprio, do reconvinte.

A reconvenção pode ser proposta contra o autor e terceiro (§ 3º do art. 343 do CPC).

Pode a reconvenção ser proposta pelo réu em litisconsórcio com terceiro (§ 4º do art. 343 do CPC). Poderia ser o exemplo de o réu propor reconvenção contra o empregado em litisconsórcio com outra empresa do grupo econômico.

Se o autor for substituto processual, o reconvinte deverá afirmar ser titular de direito em relação ao substituído, e a reconvenção deverá ser proposta contra o autor, também na qualidade de substituto processual (§ 5º do art. 343 do CPC).

18.3.12 Reconvenção e consignação em pagamento

A consignação em pagamento, uma vez contestada, segue o rito do procedimento comum no processo do trabalho, das reclamações trabalhistas. Não se faz a audiência de oblação, como ocorria no processo civil. O depósito é requerido na petição inicial (art. 542, I, do CPC).

Com a reconvenção à consignação em pagamento evita-se a dualidade de ações conexas e repetidas, que são propostas em separado, prestigiando o princípio da celeridade e economia processual, ao se reunirem as referidas ações que poderiam ser ajuizadas em Varas diversas.

18.3.13 Reconvenção e ação de cumprimento

Se o autor for substituto processual, o reconvinte deverá afirmar ser titular de direito contra o substituído, e a reconvenção deverá ser proposta contra o autor, também na qualidade de substituto processual (§ 5º do art. 343 do CPC).

Atuando o sindicato como substituto processual, não se admite a reconvenção da empresa, que não é substituto processual.

Na ação de cumprimento em que o sindicato atue como substituto processual, estará atuando em nome dos associados, de terceiros, faltando legitimidade à empresa para a propositura da reconvenção, pois não é o sindicato titular do direito dos substituídos, nem tem autorização destes para responder à reconvenção, se figurar no polo passivo desta.

18.3.14 Instrução processual

A instrução processual valerá tanto para a ação principal, como para a reconvenção. O interrogatório, assim, servirá para ambas as ações. O mesmo pode ocorrer com a prova documental e até com os depoimentos testemunhais. Não se admite ouvir na reconvenção mais de três testemunhas, que seriam as mesmas da defesa, pois a parte abriu mão de propor ação em separado.

18.3.15 Sentença

A ação e reconvenção serão julgadas pela mesma sentença.

Caso a sentença não analise a reconvenção haverá nulidade, não podendo o Tribunal ingressar no mérito da reconvenção, sob pena de ser suprimido um grau de jurisdição.

Embora a decisão da reconvenção e da ação principal seja dada no mesmo corpo da sentença, cada uma deverá ter fundamentos e conclusões próprias.

18.3.16 Recurso

Da decisão na ação e na reconvenção é cabível o recurso ordinário, no prazo de oito dias.

Sendo a sentença uma só, a parte que não concordar com a decisão pode interpor apenas um recurso, englobando a ação e a reconvenção.

Se, por acaso, fosse indeferida liminarmente a reconvenção, qual seria o recurso cabível? Para mim, nenhum. A decisão que indefere a reconvenção é, no caso, uma decisão interlocutória, dela não cabendo qualquer recurso (§ 1º do art. 893 da CLT). A parte prejudicada poderia ingressar com ação própria, ou aguardar o momento adequado para fazer suas observações no recurso da decisão definitiva, incluindo, então, como preliminar a discussão do indeferimento da reconvenção.

18.3.17 Reconvenção e execução

Não é cabível a reconvenção na execução trabalhista, até porque a sentença já transitou em julgado.

O § 3º do art. 16 da Lei n. 6.830/80, aplicável subsidiariamente ao processo do trabalho por força do art. 889 da CLT, veda a reconvenção na execução. Ressalte-se que os embargos na execução têm natureza de ação do devedor contra o credor; não seria admissível o credor reconvir contra o devedor, sabendo-se que na ação principal já foi assegurado o direito que pretendia.

18.4 SUSPENSÃO DO PROCESSO

O art. 799 da CLT dispõe que, na Justiça do Trabalho, "somente podem ser opostas, com suspensão do feito, as exceções de suspeição ou incompetência". Contudo, a exceção de impedimento também pode ser oposta com a suspensão do feito, pois na época da edição da CLT ainda não existia, pois só foi criada com o CPC de 1973. Assim, no processo do trabalho o processo fica suspenso quando da oposição de exceção de impedimento, suspeição ou de incompetência (art. 313, III, do CPC). Apesar de a exceção ser oposta nos próprios autos, há a suspensão do feito, pois não podem ser praticados quaisquer atos no processo, antes do julgamento da exceção.

Durante a suspensão do processo não são praticados quaisquer atos processuais. Poderá, entretanto, o juiz determinar a realização de atos urgentes, a fim de que sejam evitados danos irreparáveis às partes, salvo no caso de arguição de impedimento e de suspeição (art. 314 do CPC).

Reza o inciso I do art. 313 do CPC que o processo é suspenso "pela morte ou pela perda da capacidade processual de qualquer das partes, de seu representante legal ou de seu procurador". Se o empregador é pessoa física, é evidente que o processo deve ficar suspenso até se verificar quem irá representá-lo em juízo, principalmente quando não há outros empregados. Se o reclamante falecer e houver a necessidade de inventário, o processo será suspenso; ao contrário, se inexistir necessidade de inventário, far-se-á a habilitação incidente nos próprios autos, sem se suspender o processo. Se o reclamante ou o reclamado tiverem advogado e desejarem constituir outro, há necessidade de o processo ficar suspenso, ainda que iniciada a audiência de instrução e julgamento, a não ser que a própria parte entenda de exercer o *ius postulandi*. No primeiro caso, o juiz assinará prazo de 15 dias para que a parte constitua novo mandatário, "ao final do qual extinguirá o processo sem resolução do mérito, se o autor não nomear novo mandatário, ou ordenará o prosseguimento do processo à revelia do réu, tendo falecido o procurador deste" (§ 3º do art. 313 do CPC). Não se dará a suspensão do processo se a parte tiver mais de um advogado e tiver falecido algum deles, pois os demais poderão continuar funcionando no processo. A morte de um dos sócios não importará na suspensão do processo, pois nada interfere na lide. O fato de o preposto ter falecido também não implicará a suspensão do processo, pois basta a sua substituição por outro empregado da empresa. Na fase decisória, pode ocorrer de existir o falecimento de qualquer das partes. Assim, o juiz sentenciará e o tribunal poderá prolatar o acórdão, ficando suspenso o processo apenas após a publicação da decisão. O juiz deverá conceder 15 dias para que a parte constitua novo advogado, em razão do falecimento deste. Não se aplica, porém, a regra de que se o autor deixar de nomear novo procurador deve ser extinto o processo sem julgamento de mérito ou o processo deve seguir à revelia do réu, pois, como o entendimento predominante é de que as partes podem exercer o *ius postulandi*, é o caso de se prosseguir com as partes exercendo o *ius postulandi* no processo.

As partes podem convencionar a suspensão do processo (art. 313, II, do CPC). Na Justiça do Trabalho, é comum as partes convencionarem a suspensão do processo, oportunidade em que tentam se conciliar. No entanto, essa suspensão não pode exceder seis meses. Findo esse prazo o juiz impulsionará de ofício o processo (§ 4º do art. 313 do CPC). Essa suspensão independe inclusive de assentimento do juiz.

Será suspenso o processo pela admissão de incidente de resolução de demandas repetitivas (art. 313, IV, do CPC).

O processo poderá também ser suspenso se "depender do julgamento de outra causa, ou da declaração de existência ou inexistência da relação jurídica que constitua o objeto principal de outro processo pendente" (art. 313, V, *a*, do CPC). A preliminar de carência de ação, pela inexistência de vínculo de emprego, não suspende o processo, pois há a necessidade de se perquirir se houve ou não o vínculo de emprego, mediante o exame das provas, o que gera a análise em conjunto com o mérito da ação.

A carta precatória e a carta rogatória suspendem o processo, quando a sentença de mérito depender de julgamento de outra causa, ou da declaração da existência ou inexistência da relação jurídica (art. 313, V, *a*, do CPC), desde que a prova nelas solicitada seja imprescindível. A carta precatória e a carta rogatória, não devolvidas dentro do prazo ou concedidas sem efeito suspensivo, poderão ser juntadas aos autos até o julgamento final.

Pode ocorrer de em determinado processo o empregado pretender o reconhecimento do vínculo de emprego, e ingressar o obreiro com um segundo, onde postula o pagamento de adicional de insalubridade ou horas extras: ou no primeiro se pedem as horas extras e no segundo as integrações nas demais verbas. Nesses casos, o segundo processo deverá ser suspenso, pois sua solução depende do primeiro.

Outro caso pode ser lembrado, o da hipótese de se aguardar o desfecho do processo criminal para se decidir se houve ou não a justa causa no processo do trabalho. Nessa hipótese, o processo não tem que ser necessariamente suspenso, ficando ao livre arbítrio do juiz, como menciona o art. 315 do CPC. Se, porém, a ação penal não for exercida dentro de três meses, contados "da intimação do ato de suspensão, cessará o efeito desse, incumbindo ao juiz" que examinar incidentalmente a questão prévia (§ 1º do art. 315 do CPC). Proposta a ação penal, o processo ficará suspenso pelo prazo máximo de um ano, ao final do qual o juiz examinará incidentalmente a questão prévia (§ 2º do art. 315 do CPC).

Mais uma hipótese pode ser lembrada de sobrestamento do feito no processo do trabalho, que é a da existência de ação cível em que se discuta acidente do trabalho, vindo o empregado a postular alguma verba decorrente de tal acidente, principalmente estabilidade proveniente de norma coletiva, ou a estabilidade de 12 meses a contar da data da cessação do auxílio-acidente (art. 118 da Lei n. 8.213/91). Nesses casos, o juiz deve verificar se é conveniente fazer a suspensão do processo para que o juízo cível se pronuncie sobre a existência ou não do acidente do trabalho, que ajudará em muito no processo do trabalho, mormente quanto ao laudo pericial que irá indicar o nexo causal do acidente e suas consequências. Nesses casos, o processo não poderá ficar suspenso por mais de um ano, findo o qual o juiz mandará prosseguir no feito (§ 4º do art. 313 do CPC).

Será suspenso o processo quando a sentença de mérito não puder ser proferida senão depois de verificado determinado fato, ou de produzida certa prova, requisitada a outro juízo (art. 313, V, *b*, do CPC). Exemplo pode ser a necessidade de ouvir testemunha ou de se fazer perícia em outra localidade por meio de carta precatória.

O processo pode ser suspenso na hipótese da ocorrência de força maior (art. 313, VI, do CPC), que tem que ser entendida como todo acontecimento inevitável, para o qual a parte não concorreu, direta ou indiretamente (art. 501 da CLT). Em outros casos o processo também poderá ser suspenso (art. 313, VIII, do CPC), como no recesso da Justiça do Trabalho, em que esta nem sequer fica aberta ao público, no período de 20 de dezembro a 6 de janeiro.

Pode o processo ser suspenso pelo parto ou pela concessão de adoção, quando a advogada responsável pelo processo constituir a única patrona da causa (art. 313, IX, do CPC). A suspensão tanto ocorrerá no caso de parto ou de adoção pela advogada. Ela deve constituir a única patrona da causa. Se houver mais de um advogado no processo, não será suspenso o processo, pois ela não atua sozinha. O período de suspensão será de 30 trinta dias, contado a partir da data do parto ou da concessão da adoção, mediante apresentação de certidão de nascimento ou documento similar que comprove a realização do parto, ou de termo judicial que tenha concedido a adoção, desde que haja notificação ao cliente (§ 6º do art. 313 do CPC).

Será suspenso o processo quando o advogado responsável pelo processo constituir o único patrono da causa e tornar-se pai (art. 313, X, do CPC). No caso, se houver mais de um advogado no processo, não haverá a suspensão do processo. O período de suspensão será de oito dias, contado a partir da data do parto ou da concessão da adoção, mediante apresentação de certidão de nascimento ou documento similar que comprove a realização do parto, ou de termo judicial que tenha concedido a adoção, desde que haja notificação ao cliente. Depreende-se da lei que os oito dias serão concedidos tanto no caso de parto da esposa ou na adoção. A pessoa também pode tornar-se pai pela adoção.

A suspensão do processo não caberá no procedimento sumaríssimo, pelo fato de que ele deverá ser julgado em 15 ou 30 dias.

18.5 CONCILIAÇÃO

Conciliação vem do latim *conciliare*, de acerto dos ânimos em choque, no sentido de ajudar, auxiliar, congraçar.

Chiovenda leciona que a conciliação é uma sentença dada pelas partes, e a sentença é uma condição imposta pelo juiz.

Visa a conciliação à obtenção da pacificação social entre os envolvidos no litígio.

O art. 123 da Constituição de 1946 estabeleceu a competência da Justiça do Trabalho para conciliar e julgar os dissídios individuais e coletivos. O art. 134 da Constituição de 1967 e o art. 142, de acordo com a Emenda Constitucional n. 1/69, mantiveram a mesma redação. A redação original do art. 114 da Constituição também previa que a Justiça do Trabalho tinha competência para conciliar e julgar.

Antes da Emenda Constitucional n. 24/99, havia a Junta de Conciliação e Julgamento, que, antes de julgar, tentava a conciliação entre as partes.

A redação atual do art. 114 da Constituição não mais repetiu que a Justiça do Trabalho vai conciliar e julgar, mas processar e julgar. Isso não quer dizer que as disposições da lei ordinária são inconstitucionais sobre conciliação, apenas que a matéria não mais está na Constituição.

Mais do que em qualquer outro processo, o Direito Processual do Trabalho pretende que as próprias partes cheguem ao consenso entre elas próprias e não com a intervenção do Estado. Apesar de no CPC também existir a proposta de conciliação feita pelo conciliador ou mediador, como se verifica do art. 334, é no processo do trabalho que ela existe em maior grau.

A rigor, desde que as partes entram na audiência, ou mesmo fora dela, o juiz já está tentando a conciliação. Muitas vezes é melhor que cada uma das partes faça concessões recíprocas, resultando na conciliação, do que ser proferida a sentença, que seguramente não vai agradar o perdedor, que não se conformará com uma única decisão. São por esses motivos que a melhor solução do processo é dada pelas próprias partes, quando consentem na transação.

A CLT tem diversos artigos tratando da conciliação. Reza o art. 764 da CLT que "os dissídios individuais ou coletivos submetidos à apreciação da Justiça do Trabalho serão sempre sujeitos à conciliação". "Os juízes e Tribunais do Trabalho empregarão sempre os seus bons ofícios e persuasão no sentido de uma solução conciliatória dos conflitos" (§ 1º do art. 764 da CLT). Apenas se não houver acordo, "o juízo conciliatório converter-se-á obrigatoriamente em arbitral", quando o juiz proferirá a sentença (§ 2º do art. 764 da CLT).

Mostra o art. 860 da CLT que nos dissídios coletivos o presidente do Tribunal irá designar audiência para tentativa de conciliação.

Em dois momentos, a tentativa de conciliação é obrigatória nos dissídios individuais, antes da apresentação da defesa (art. 846 da CLT) e após as razões finais (art. 850 da CLT). Pela redação da CLT o que é obrigatória não é a conciliação, mas a tentativa de conciliação.

Uma das prerrogativas fundamentais dos juízes classistas era a de aconselhar as partes à conciliação (art. 667, *b*, da CLT). Essa seria, talvez, a função principal do juiz classista: tentar aconselhar as partes para que elas próprias cheguem a um termo final, resultando na solução negociada do conflito individual. O juiz do trabalho só interferiria quando as partes não chegassem à conciliação, convertendo o juízo conciliatório em arbitral.

No procedimento sumaríssimo, aberta a sessão, o juiz esclarecerá as partes presentes sobre as vantagens da conciliação e usará os meios adequados de persuasão para a solução conciliatória do litígio, em qualquer fase da audiência (art. 852-E da CLT).

A qualquer tempo, é possível que as partes celebrem acordo, pondo fim ao processo, mesmo após o término da fase conciliatória (§ 3º do art. 764 da CLT), inclusive na execução.

O juiz pode a qualquer tempo tentar a conciliação entre as partes, preferencialmente por conciliadores ou mediadores (art. 139, V, do CPC), inclusive convertendo o julgamento em diligência para esse fim. O inciso I do art. 772 do CPC permite que o juiz possa, em qualquer momento do processo, ordenar o comparecimento das partes, como para tentar conciliação entre elas.

É possível que o acordo seja parcial, como por exemplo quanto ao pagamento de adicional de insalubridade, visando evitar-se gastos desnecessários com perícia. Pode o acordo ser realizado com um dos reclamantes, ou entre o reclamante e uma ou algumas empresas do polo passivo da ação. Nesses casos prossegue o processo quanto à parte restante, pela diferença.

Havendo conciliação, o termo que for lavrado valerá como decisão irrecorrível (parágrafo único do art. 831 da CLT), que só poderá ser atacado por ação rescisória (S. 259 do TST).

O § 1º do art. 846 da CLT, de acordo com a redação da Lei n. 9.022, que tem exatamente a mesma redação do § 1º do art. 847, da redação anterior, prevê que se houver acordo lavrar-se-á termo, assinado pelo presidente e pelos litigantes, consignando-se o prazo e demais condições para seu cumprimento.

Nas condições acertadas entre as partes, poderá ser incluída multa, para a parte que descumprir o pactuado (§ 2º do art. 846 da CLT).

Logo, não se aplica ao processo do trabalho os arts. 165 e 167 do CPC, com uma necessidade obrigatória de se passar por conciliação e mediação por centros judiciários ou câmaras privadas, pois os procedimentos de conciliação já estão descritos na CLT.

Em duas fases do processo a conciliação é obrigatória: antes do oferecimento da defesa e após as razões finais. Contudo, a jurisprudência firmou-se no sentido de que apenas a última tentativa de conciliação é obrigatória, sob pena de nulidade.

Na verdade, tanto a primeira tentativa de conciliação como a segunda são importantes. A primeira seria ainda mais importante do que a segunda, pois é quando a prova ainda não foi feita, os ânimos ainda não estão acirrados e é mais fácil que as próprias partes se conciliem.

Acima de tudo, antes de ser proferido o julgamento, visa-se a conciliação entre as partes, mas se esta não for proposta ou não for alcançada não se poderá falar em nulidade, que só ocorre quando há manifesto prejuízo às partes. Não há como se verificar qual a proposta de acordo que seria mais importante, pois, de certa forma, ambas são importantes. Segundo a regra das nulidades, inexistindo prejuízo às partes não há nulidade. Assim, como leciona Wagner Giglio (1984:173), "parece-nos difícil divisar prejuízo no fato de ter sido julgada a reclamação e fixado o direito das partes. E ainda que prejuízo houvesse, jamais seria manifesto, pois nenhuma das partes poderia adivinhar se a sua pretensão de acordo seria aceita pela parte contrária".

A lei não comina de nulidade a ausência das tentativas de conciliação entre as partes. É possível concluir, assim, que se trataria de mera irregularidade processual, embora a jurisprudência entenda que se não realizada a segunda tentativa de conciliação, há nulidade. Na maioria dos casos o que acontece é que foram esquecidas de se mencionar as tentativas de conciliação realizadas na audiência pelo juiz, pois a conciliação é tentada a todo momento na Justiça do Trabalho.

O empregado faz acordo pela necessidade de dinheiro para pagar suas obrigações, abrindo mão do valor total do seu direito em razão da demora na satisfação de seu direito.

18.6 HOMOLOGAÇÃO

A rigor, a lei não exige a homologação do acordo celebrado pelas partes. O art. 200 do CPC reza que "os atos das partes consistentes em declarações unilaterais ou bilaterais de vontade produzem imediatamente a constituição, modificação ou extinção de direitos processuais". Isso mostra que o acordo seria válido, à primeira vista, independentemente de homologação. No entanto, "a desistência da ação só produzirá após homologação judicial" (parágrafo único do art. 200 do CPC).

Se o acordo apresentar defeitos ou vícios, é evidente que o juiz poderá se negar a homologá-lo. Em outras circunstâncias, convencendo-se o juiz que as partes pretendam praticar ato simulado ou conseguir fim vedado por lei, o juiz extinguirá o processo sem resolução de mérito, obstando os objetivos das partes (art. 142 do CPC). É o que ocorre quando as partes pretendem fazer um acordo simulado, visando a contagem de tempo de serviço para efeitos de aposentadoria. Descobrindo o fato, o juiz deverá extinguir o processo sem julgamento de mérito. O juiz, portanto, irá examinar a parte formal do acordo.

Na homologação, o juiz deve também verificar se o acordo não contraria a lei, podendo não fazer a homologação, fundamentando sua decisão. A sentença de homologação extingue o processo com resolução de mérito (art. 487, III, do CPC). Mesmo em dissídio coletivo é possível a negativa de homologação contrária à lei e a jurisprudência predominante no TST, sendo lícito não homologar o acordo ou adaptá-lo ao disposto nos precedentes em dissídio coletivo do TST.

O inciso II do art. 515 do CPC admite que haja a homologação de conciliação ou de transação, que se constitui em título executivo judicial. O juiz pode homologar acordo sobre a quitação relativa a "todo o contrato de trabalho". É uma forma de pacificação social da lide. Assim, o juiz pode homologar a transação.

Verificação de Aprendizagem

1. Qual a diferença entre exceção de impedimento e suspeição?
2. Quando é apresentada a exceção?
3. Cabe a reconvenção no processo do trabalho?
4. Em que casos o processo fica suspenso no processo do trabalho?
5. Quais são as preliminares que podem ser apresentadas na contestação?
6. João Marino propôs ação contra Empresa de Pedras Ltda., alegando que foi admitido em 5-4-1985 e dispensado em 1º-5-1997. Não recebeu as verbas rescisórias. Informa que trabalhava das 7 às 24 horas, sem intervalo, de segunda a domingo. Pede aviso prévio, férias, 13º salário, FGTS mais 40%, horas extras e reflexos nas contratuais e rescisórias. Como advogado da empresa fazer a contestação pertinente.
7. Manoel de Paiva propôs ação contra Empresa de Limpeza Tudo Limpo Ltda. Tal processo foi distribuído para a 33ª Vara do Trabalho de São Paulo. Sabendo-se que nessa Vara o juiz é amigo íntimo do autor, oferecer a defesa pertinente.
8. Empresa Pirituba Ltda. propôs ação de consignação em pagamento contra Joaquim Pinto, em razão de este não querer receber as verbas rescisórias. Na defesa foi alegado que o empregado era estável, dirigente da CIPA, e não poderia ser demitido. Apresentar a reconvenção que julgar pertinente.

Capítulo 19

DAS PROVAS

Na Bíblia, duas mulheres afirmam que eram mães de um menino. Salomão, ao decidir, disse que fosse cortado pelo meio o menino vivo, dando metade para cada mulher. Em razão da inexistência de prova, cada mãe levava uma parte do menino, mas havia destruição do objeto da controvérsia. A verdadeira mãe renunciou a tal direito. Salomão, com sabedoria, percebeu na atitude o sentimento da verdadeira mãe, de que o filho ficasse vivo e entregou-lhe o menino.

Prova vem do latim *probare*. Em seu sentido comum significa exame, verificação, reconhecimento por experiência, demonstração.

Provar é convencer alguém sobre alguma coisa. Provar é convencer o juiz sobre os fatos da causa.

No processo, a prova tem por objeto os fatos da causa. Sua finalidade é a formação da convicção do juiz a respeito dos fatos da causa. A prova é uma reconstituição dos fatos perante o juiz, que é o destinatário da prova. Fato não provado é fato inexistente.

As provas podem ser lícitas (art. 369 do CPC) e ilícitas (art. 5º, LVI, da Constituição). Podem ser típicas, que são as previstas em lei, e atípicas, que não são previstas em lei, como o exame de DNA.

No processo do trabalho, como no processo civil, prevalece o livre convencimento na apreciação da prova, ou o princípio da persuasão racional da prova. Esta orientação está consubstanciada no art. 371 do CPC: "O juiz apreciará a prova, constante dos autos, independentemente do sujeito que a tiver promovido, e indicará na decisão as razões da formação de seu convencimento". É a livre convicção motivada do juiz. O juiz será, portanto, livre para apreciar a prova, porém deverá indicar na sentença quais foram os motivos que lhe levaram a chegar a determinada conclusão.

19.1 PRINCÍPIOS

A prova é informada pelos seguintes princípios:

a) **Legalidade:** o contraditório e a ampla defesa serão assegurados de acordo com as provas que estiverem previstas na lei (art. 5º, II, da Constituição), que são os meios previstos em lei;
b) **Necessidade da prova:** não basta fazer alegações em juízo. É preciso que a parte faça a prova de suas afirmações. Aquilo que não consta do processo não existe no mundo jurídico (*quod non est in actis, non est in mundo*). Entretanto, ninguém é obrigado a fazer prova contra si mesmo;
c) **Unidade da prova:** a prova deve ser apreciada em seu conjunto, em sua unidade, globalmente, e não isoladamente;
d) **Lealdade da prova:** as provas devem ser feitas com lealdade. O inciso LVI do art. 5º da Constituição determina que "são inadmissíveis, no processo, as provas obtidas por meios ilícitos". A lealdade da prova decorre do inciso I do art. 77 do CPC, no sentido de que as partes devem expor os fatos conforme a verdade;
e) **Contraditório:** apresentada uma prova em juízo, a parte contrária tem o direito de sobre ela se manifestar, impugnando-a. Em qualquer processo judicial é assegurado o contraditório, inclusive pelo inciso LV do art. 5º da Constituição;
f) **Igualdade da oportunidade de prova:** todos têm os mesmos direitos de apresentar a prova nos momentos adequados;
g) **Oportunidade da prova:** a prova deve ser produzida nos momentos próprios para esse fim. Em situações de perigo de que a prova não venha a ser realizada, poderá ser antecipada. No processo do trabalho a prova é produzida em audiência (art. 845 da CLT);
h) **Comunhão da prova:** diz respeito a ambas as partes, independentemente de quem a produziu (art. 371 do CPC);
i) **Imediação:** o juiz é quem tem a direção do processo (art. 765 da CLT) e principalmente das provas a serem produzidas pelas partes. É diante do juiz que a prova será produzida;
j) **Obrigatoriedade da prova:** a prova é de interesse não só das partes, mas também do Estado, que pretende o esclarecimento da verdade. Tem o juiz

ampla liberdade na direção do processo (art. 765 da CLT), podendo determinar que seja feita a prova que julgar necessário (ex.: quando o juiz determina a juntada dos cartões de ponto por parte da empresa);

k) **Aptidão para a prova:** significa o princípio que a parte que tem melhores condições de fazer a prova o fará, por ter melhor acesso a ela ou porque é inacessível à parte contrária (§ 1º do art. 373 do CPC). Deve provar que tem condições de fazê-lo, quem estiver mais apto a fazê-lo, independentemente de ser autor ou ré;

l) **Disponibilidade da prova:** a prova deve ser apresentada nos momentos próprios previstos em lei ou para a instrução do processo. No processo do trabalho, a prova é apresentada em audiência (art. 845 da CLT), de acordo com o princípio da concentração dos atos na audiência.

19.2 OBJETIVO DA PROVA

A prova tanto tem natureza processual, de ser apresentada no processo, como é forma de demonstrar os negócios jurídicos praticados pelas partes. Sua natureza é mista, pois a prova pode ser feita extrajudicialmente.

O objetivo da prova é convencer o juiz a respeito dos fatos da causa.

O juiz conhece o direito (*iura novit curia*), sendo que narrados os fatos o juiz dará o direito (*narra mihi factum dabo tibi jus*). Assim, somente os fatos deverão ser provados em juízo, pois o direito é de conhecimento do magistrado. A prova deverá constar dos autos, pois o que deles não constar o juiz não terá obrigação de saber (*quod non est in actis non est in mundo*).

O direito federal é de conhecimento obrigatório do juiz. Entretanto, a parte que alegar direito municipal, estadual, estrangeiro ou consuetudinário (costumeiro) deverá fazer prova do seu teor e vigência, se assim o juiz determinar (art. 376 do CPC). O mesmo se dá em relação às normas coletivas e regulamento interno do empregador. Quanto aos tratados e convenções internacionais ratificados pelo Brasil, têm natureza supralegal, sendo, porém, recomendável que as partes os juntem ao processo, até mesmo porque muitas vezes não se sabe se aquele tratado foi ou não ratificado ou se está em vigor.

É prescindível a prova em se tratando de:

a) fatos notórios, que são do conhecimento geral no local e na época do processo. Fato notório na região é a colheita de safra de algum produto;

b) de fatos afirmados por uma parte e confessados pela parte contrária. O reclamante, *v. g.*, alega um horário na inicial, a empresa o contesta, mas o admite em depoimento pessoal;

c) admitidos no processo como incontroversos. O reclamante alega ter trabalhado em determinado horário, a empresa concorda com o horário alegado, sendo, portanto, incontroverso;
d) em cujo favor milita presunção legal de existência ou de veracidade (art. 374 do CPC). A confissão judicial feita pelo confitente (art. 391 do CPC) é uma presunção legal, absoluta.

Ao iniciar a instrução processual, o juiz, ouvidas as partes, deverá fixar os pontos controvertidos, sobre os quais serão feitas as provas em juízo.

19.3 ÔNUS DA PROVA

A palavra *ônus* vem do latim *onus*, que tem significado de carga, fardo, peso.

Onus probandi é o encargo de a parte provar em juízo suas alegações para o convencimento do juiz.

O ônus da prova não é uma obrigação ou dever, mas um encargo que a parte deve-se desincumbir para provar suas alegações, pois não há sanção caso não seja cumprido o referido ônus.

A parte corre o risco de não ver provadas as suas alegações e não ser vencedora na sua postulação. Ninguém é obrigado a fazer prova contra si mesmo.

No Direito Romano o ônus da prova incumbe a quem diz ou age (*semper onus probandi ei incumbit qui dicit; semper necessitas probandi incumbit illi qui agit*).

Não basta serem feitas meras alegações (*allegatio et non probatio quasi non allegatio*).

No Digesto já se verificava que "a prova é ônus de quem afirma e não de quem nega a existência de um fato" (XXII, 3, 2).

Como afirma Mascardus, "quem não pode provar é como quem nada tem; aquilo que não é provado é como se não existisse; não poder ser provado, ou não ser é a mesma coisa" (apud ALMEIDA JR., João Mendes de. *Direito judiciário brasileiro*. São Paulo: Saraiva, 1960, p. 172). A prova é o coração do processo (Carnelutti).

O Direito não se confunde com a prova do Direito.

Na inversão do ônus da prova, o juiz vai verificar quem detém o maior ônus da prova e começar instrução probatória por aí.

Na distribuição dinâmica do ônus da prova, o juiz irá determinar a prova a quem tem maior aptidão para provar.[1]

---

1 PEYRANO, Jorge W. Aspectos procesals de la responsabilidade profissional. MORELLO, Augusto M. et al. (Coord). *Las responsabilidades profesionales*, Livro al Dr. Luis O. Adorno. La Plata: LEP, 1992, p. 263; El processo atípico. Buenos Aires: Universidad, 1993, p. 142.

O ônus da prova subjetivo consiste em verificar quem entre os sujeitos do processo deve fazer a prova, a quem incumbe provar.

Previa o art. 209 do CPC de 1939 que "o fato alegado por uma das partes, quando a outra o não contestar, será admitido como verídico, se o contrário não resultar do conjunto das provas. § 1º Se o réu, na contestação, negar o fato alegado pelo autor, a este incumbirá o ônus da prova. § 2º Se o réu, reconhecendo o fato constitutivo, alegar a sua extinção, ou a ocorrência de outro que lhe obste aos efeitos, a ele cumprirá provar a alegação".

O art. 333 do CPC de 1973, o art. 373 do CPC de 2015 e o art. 818 da CLT adotam também o ônus da prova subjetivo, de quem deve fazer a prova em juízo.

Diz respeito o ônus da prova objetivo ao magistrado, que irá verificar a prova constante dos autos, independentemente de quem tenha o ônus da prova. Apresentada a prova nos autos, o juiz deverá levá-la em consideração, independentemente do ônus da prova de cada parte. Leciona Rosenberg que "no procedimento regido pelo princípio dispositivo, não interessa que precisamente a parte que suporta o ônus da prova a tenha produzido, porque o magistrado deve ter em conta o conteúdo total dos debates; assim, a criação das bases para a convicção judicial não é coisa exclusiva de quem suporta a carga da prova; o que interessa é unicamente o comprovado e não quem o comprovou"[2]. No ônus da prova objetivo, alguém deve arcar com as consequências pelo fato de a prova não ter sido produzida.

Para o juiz, interessa o que está demonstrado nos autos e não quem fez a demonstração.

O ônus da prova incumbirá àquele que fizer alegações em juízo, a respeito da existência ou inexistência de determinado fato.

Distribuição estática do ônus da prova é disposta no art. 818 da CLT, no sentido de o autor provar fatos constitutivos e o réu, fatos impeditivos, modificativos e extintivos do direito do autor. É a regra.

Jeremy Bentham afirma que "o ônus de provar, em cada caso individual, deve ser imposto à parte que pode dele desincumbir-se com o menor inconveniente, vale dizer, em menor prazo, com menos dificuldade e com custo menor"[3].

---

2 ROSENBERG, Leo. *Tratado de derecho procesal civil*. Buenos Aires: Ejea, 1955, t. I, p. 222.

3 *Traité des preuves judiciaires*. Nabu Press, 1823, v. 2. I, VII, Cap XVI. p. 163.

Distribuição dinâmica do ônus da prova diz respeito à maior aptidão para prova da parte, de acordo com aquele que tem melhores condições de provar, da cooperação das partes no processo. É a exceção. Uma pessoa física não tem as mesmas condições processuais que uma pessoa jurídica, que tem maiores recursos econômicos e pode ter influência política nas decisões. O empregado tem dificuldade em convidar a testemunha a comparecer para prestar depoimento em juízo, pois teme perder o emprego se faltar no serviço ou para depor em juízo. Não tem acesso aos documentos do empregador. O empregador teria melhores condições de produzir a prova, pois leva as suas testemunhas, entre os empregados da empresa, e tem os documentos relativos ao contrato de trabalho mantido com o trabalhador.

Determina o art. 818 da CLT que

> O ônus da prova incumbe:
> I – ao autor, quanto ao fato constitutivo do seu direito [a prova é da incumbência de quem afirma (*afirmanti incumbit probatio*)];
> II – ao réu, quanto à existência de fato impeditivo, modificativo ou extintivo do direito do autor.

O art. 818 da CLT adota a distribuição do ônus da prova de acordo com a teoria das normas jurídicas de Léo Rosenberg, que distribui o ônus da prova conforme a textura da norma jurídica material a fundamentar as pretensões. O réu não pode fazer prova negativa (*incumbit probatio qui dicit, non qui negat*), também chamada diabólica ou impossível. Prova negativa seria a de que o fato não ocorreu. O réu não tem de provar que é inocente. Há presunção nesse sentido. A acusação deve provar que ele é culpado.

A regra da distribuição do ônus da prova é feita também no julgamento. O juiz deve verificar a questão por ocasião do julgamento.

O autor deverá provar a existência dos fatos constitutivos de seu direito (ex.: a existência da relação de emprego, o exercício da mesma função para efeito de equiparação salarial, o trabalho em jornada extraordinária, o trabalho sem registro, o pagamento por fora, a falta de intervalo, a falta de concessão de férias etc.).

Ao réu incumbirá a prova dos fatos extintivos (ex.: o pagamento das horas extras, dos feriados trabalhados de maneira dobrada, do término do contrato a termo, prescrição, decadência, compensação), impeditivos (ex.: o reclamante alega na inicial ter sido dispensado, pedindo o pagamento das verbas rescisórias; o reclamado esclarece que as verbas rescisórias não foram pagas em razão da justa causa. A justa causa é um fato impeditivo da continuidade do contrato de trabalho. O exercício de cargo de chefia e de direção, para efeito de não serem devidas horas extras; o empregado passa a exercer função na qual foi readaptado pelo INSS (§ 4º do art. 461 da CLT), o que impede a equiparação salarial; a existência de quadro organizado em carreira para efeito de equiparação salarial (§ 2º do art. 461 da CLT) ou modificativos (ex.: o reclamante pede o pagamento imediato de comissões; a reclamada alega que as comissões eram devidas, mas de forma parcelada. O reclamante pede o pagamento de feriados dobrados; a empresa pondera que foi concedido outro dia da semana para a folga do reclamante).

A prova da real necessidade de serviço para efeito da transferência do empregado é do empregador. Exceção: se o empregado alegar outros motivos, os quais terá de provar, por se tratar de fato constitutivo de seu direito.

Se o réu fizesse a alegação de que o autor não era empregado, teria de provar fato negativo, segundo a ótica do art. 818 da CLT, o que não corresponde à realidade. Incumbe a prova a quem alega e não a quem nega (*incumbit probatio qui dicit, non qui negat*).

Não se aplica o *in dubio pro* operário em se tratando de prova, mas verifica-se quem tem o ônus da prova.

O juiz não tem de proteger a parte mais fraca, que é o empregado. O magistrado tem de analisar imparcialmente a prova existente nos autos e produzida pelas partes, sob pena de não ser juiz, mas justiceiro, pois irá tratar de forma desigual as partes. O juiz, por natureza, deve ser imparcial. O homem é sempre parcial, pois tem as suas preferências.

Nos casos previstos em lei ou diante de peculiaridades da causa relacionadas à impossibilidade ou à excessiva dificuldade de cumprir o encargo nos termos do *caput* do art. 818 da CLT ou à maior facilidade de obtenção da prova do fato contrário, poderá o juiz atribuir o ônus da prova de modo diverso, desde que o faça por decisão fundamentada, caso em que deverá dar à parte a oportunidade de se desincumbir do ônus que lhe foi atribuído (§ 1º do art. 818 da CLT). É a adoção da teoria dinâmica do ônus da prova ou da aptidão para a prova, no sentido de que a prova deve ser feita por quem tem melhores condições de provar, diante da hipossuficiência técnica ou financeira de uma das partes, como, por exemplo, o empregado. Trata-se de uma faculdade do juiz e não de obrigação, pois a lei emprega o verbo poder e não o verbo dever. O juiz deverá decidir, de forma fundamentada, a respeito de quem é o ônus da prova, para que a parte não se surpreenda com a sentença, na qual o juiz diz que a parte não fez a prova. Deverá o magistrado, se adotar essa orientação, antes do início da prova, dizer quem é que terá de fazer prova.

A decisão referida no § 1º do art. 818 da CLT deverá ser proferida antes da abertura da instrução e, a requerimento da parte, implicará o adiamento da audiência e possibilitará provar os fatos por qualquer meio em direito admitido (§ 2º do art. 818 da CLT).

A decisão sobre o ônus da prova não pode gerar situação em que a desincumbência do encargo pela parte seja impossível ou excessivamente difícil (§ 3º do art. 818 da CLT).

No processo do trabalho, não se pode distribuir, por convenção das partes, o ônus da prova, pois pode tornar excessivamente difícil ao empregado para o exercício do direito de prova, pois, por exemplo, não tem documentos da relação de emprego. A convenção de que trata o § 3º pode ser celebrada antes ou durante o processo (§ 4º do art. 373 do CPC).

Outras orientações a respeito de ônus da prova podem ser encontradas na lei.

O art. 429 do CPC determina que o ônus da prova incumbe:

I – se tratar de falsidade de documento ou de preenchimento abusivo, à parte que a arguir;

II – se tratar de impugnação da autenticidade, à parte que produziu o documento.

No Direito Processual do Trabalho muitas vezes não se obtém a verdade real dos fatos, como se pretende no processo penal. Daí por que é admitida a obtenção da verdade legal, de se observar a regra do ônus da prova contido na lei.

Pode ocorrer no processo de a prova ser contraditória. A testemunha do empregado afirma que ele fazia horas extras e a testemunha do empregador alega que não fazia.

O juiz é livre na apreciação da prova (art. 371 do CPC), mas deve apresentar os motivos que lhe levaram a decidir em favor de uma ou outra parte. É o princípio da persuasão racional da prova ou da livre convicção motivada.

Havendo prova contraditória e com base no conjunto probatório, não se podendo decidir pela melhor prova, deve-se decidir contra quem tinha o ônus de provar e não provou. Se cabia ao autor provar a ausência de intervalo, entende-se que não o fez, em razão da prova contraditória.

O TST tem algumas súmulas que tratam do ônus da prova:

a) Súmula 16: "Presume-se recebida a notificação 48 horas depois de sua regular postagem. O seu não recebimento ou a entrega após o decurso desse prazo constitui ônus da prova do destinatário";

b) Súmula 6, VIII: "É do empregador o ônus da prova do fato impeditivo, modificativo ou extintivo da equiparação salarial." O empregado irá fazer a prova da mesma função (fato constitutivo), o trabalho contemporâneo com o paradigma, o prestado ao mesmo empregador, na mesma localidade. A empresa irá provar a maior produtividade e perfeição técnica do paradigma, a existência de quadro de carreira e o tempo de serviço superior a dois anos do paradigma (art. 461, §§ 1º e 2º, da CLT);

c) Súmula 212: "O *ônus de provar* o término do contrato de trabalho, quando negados a prestação de serviço e o despedimento, é do empregador, pois o princípio da continuidade da relação de emprego constitui presunção favorável ao empregado;"

d) Súmula 254: "O termo inicial do direito ao salário-família coincide com a prova da filiação. Se feita em juízo, corresponde à data do ajuizamento do pedido, salvo se comprovado que anteriormente o empregador se recusara a receber a certidão respectiva."

A prova da jornada extraordinária é do autor, por se tratar de fato constitutivo do seu direito (art. 818, I, da CLT).

O ordinário é trabalhar 8 horas diárias e 44 semanais. O trabalho em horas extras além do referido horário deve ser provado por quem alega, que é o trabalhador.

Reza o § 2º do art. 74 da CLT: "Para os estabelecimentos de mais de 20 (vinte) trabalhadores será obrigatória a anotação da hora de entrada e saída, em registro manual, mecânico ou eletrônico, conforme instruções a serem expedidas pela Secretaria Especial de Previdência e Trabalho do Ministério da Economia, permitida a pré-assinalação do período de repouso." Para uns, a prova do horário de trabalho é da empresa, desde que esta tenha mais de 20 empregados. Ninguém é obrigado a fazer prova contra si. Deve ser aplicada a regra geral sobre o ônus da prova: quem alega deve provar. Se o reclamante alega que trabalhou em horas extras, é sua a prova de tais afirmações (art. 818, I, da CLT) e não da empresa.

Dispõe o § 2º do art. 74 da CLT sobre norma de fiscalização trabalhista, não estando incluído no capítulo da CLT que trata do processo do trabalho, mais especificamente sobre prova, pois está inserido aquele comando legal no capítulo que trata da "Duração do Trabalho". O dispositivo é uma norma individual, para cada trabalhador e coletiva, em relação a empresa que tem 20 ou mais empregados. É uma norma de direito material e tem sanção administrativa pelo seu não cumprimento. Não é norma de direito processual, pois não está no capítulo da CLT sobre provas ou no art. 818 da CLT. O § 2º do art. 74 da CLT não faz referência à necessidade de apresentação dos controles, mas de anotação da hora de entrada e saída. A empresa não tem obrigação legal de apresentar os controles de ponto em juízo, mas de ter os controles de ponto, se tiver mais de 10 empregados.

Caso o juiz determinar que a empresa tenha que fazer prova dos cartões de ponto, por verificar que a reclamada tem mais de dez empregados, aí, sim, deverá a empresa trazer aos autos os cartões de ponto, sob pena de, não o fazendo, serem considerados como verdadeiros os fatos alegados na inicial (art. 400 do CPC).

Se o empregado deixar de fazer prova da jornada de trabalho, são indevidas as horas extras postuladas.

A Súmula 338, I, do TST esclareceu que "é ônus do empregador que conta com mais de 10 (dez) empregados o registro da jornada de trabalho na forma do art. 74, § 2º, da CLT. A não apresentação injustificada dos controles de frequência gera presunção relativa de veracidade da jornada de trabalho, a qual pode ser elidida por prova em contrário".

O empregador, segundo o verbete, deve apresentar os controles de ponto, pois tem obrigação legal de possuí-los. O juiz não precisa mais determinar a juntada dos cartões de ponto aos autos. A empresa tem obrigação legal de apresentá-los, mesmo não havendo determinação do juiz. Não apresentados os cartões de ponto, que o juiz determinou a juntada aos autos, há presunção de veracidade da jornada alegada na inicial, permitindo à empresa fazer prova em sentido contrário, justamente por ser uma presunção relativa (*iuris tantum*), especialmente a testemunhal. Entendo que o verbete interpreta incorretamente o art. 400 do CPC, em que há necessidade de requerimento da parte e determinação do juiz para juntada de documentos. Por outro lado, o ônus da prova não é do empregador, mas do empregado, por se tratar de fato constitutivo de seu direito e situação extraordinária. A empresa não está obrigada a fazer prova contra si juntando cartões de ponto. Não existe obrigação legal de exibir controle de ponto, mas de ter os documentos. A orientação da súmula do TST inverte o ônus da prova, sem previsão legal. Deveria ser uma proposta adotada pelo legislador para mudar a redação do § 2º do art. 74 da CLT.

Se o empregador não apresentar os controles de ponto, há presunção da jornada de trabalho indicada na inicial. Não há necessidade de determinação do juiz para a juntada dos controles de ponto aos autos. O empregador deve juntar os controles com a contestação.

Admite-se prova pelo empregador da real jornada de trabalho, pois a súmula estabelece apenas presunção relativa de veracidade de fatos e não presunção absoluta.

Agora, diante da regra do § 1º do art. 818 da CLT, de que poderá o juiz verificar a teoria da aptidão para a prova ou da distribuição dinâmica do ônus da prova, a orientação da Súmula 338 do TST parece ter fundamento legal. O ideal seria modificar a redação do § 2º do art. 74 da CLT para determinar que o empregador que tem mais de 10 empregados deve apresentar na primeira audiência os controles de ponto, sob pena de ser considerada verdadeira a jornada indicada na inicial.

A Súmula 338, III, do TST esclarece que "os cartões de ponto que demonstram horário de entrada e saída invariáveis são inválidos como meio de prova, invertendo-se o ônus da prova, relativo às horas extras, que passa a ser do empregador, prevalecendo o horário da inicial se dele não se desincumbir".

A orientação toma por base as máximas da experiência no sentido de que o empregado não marca o controle de ponto todos os dias no mesmo horário, o que realmente é impossível.

Não se pode dizer que os cartões de ponto que demonstram horário de entrada e saída invariáveis são inválidos como meio de prova, que são os chamados cartões "britânicos", pois somente pode ser considerada tal regra quando o empregado faz prova testemunhal no sentido de invalidar a anotação de tais controles. Do contrário, não tendo o empregado feito prova da sua jornada de trabalho, prevalecem os cartões de ponto, que, portanto, são considerados válidos.

A lei não estabelece presunção de que os cartões "britânicos" são inválidos. Logo, é vedado estabelecer presunção nesse sentido. Não se justifica, no caso, inversão do ônus da prova.

Entender da forma como a orientação jurisprudencial implica legislar. A orientação deve servir de proposta para o legislador mudar a lei, mas não pode substituí-la, pois o juiz não é um legislador positivo, mas apenas negativo.

De certa forma, a orientação do inciso III da Súmula 338 do TST é contraditória em relação ao inciso II da mesma Súmula. Este último afirma que "a presunção de veracidade da jornada de trabalho, ainda que prevista em instrumento normativo, pode ser elidida por prova em contrário". Admite, portanto, a última norma que há presunção relativa de veracidade das anotações de jornada de trabalho feitas em folhas manuscritas, cabendo ao empregado provar o contrário.

Esclarece a Orientação Jurisprudencial n. 233 da SBDI-1 do TST que "a decisão que defere horas extras com base em prova oral ou documental não ficará limitada ao tempo por ela abrangido, desde que o julgador fique convencido que o procedimento questionado superou aquele período".

A meu ver a prova oral é limitada pelo tempo trabalhado pela testemunha com o autor. Se ele não trabalhou com o autor em determinado período, não há prova no processo. Não se pode presumir o extraordinário, de que a jornada de trabalho é sempre excedida, mas apenas o ordinário. Cabe ao empregado demonstrar todo o período em que houve jornada extraordinária.

A prova de ausência de intervalo é do empregado, por se tratar de fato constitutivo do seu direito, nos termos do inciso I do art. 818 da CLT.

O ordinário se presume e o extraordinário deve ser provado. É a orientação de Nicola Framarino del Malatesta, que também se aplica ao processo do trabalho.

O normal é ter intervalo de uma hora. O anormal, não ter intervalo ou ter intervalo inferior ao legal, deve ser provado pelo empregado.

O § 2º do art. 74 da CLT estabelece que nos controles de ponto deve haver pré-assinalação do período de repouso. Mesmo nos casos em que isso não ocorra, entendo que a prova continua sendo do empregado, pois é ele quem alega fato extraordinário, que deve ser demonstrado em juízo.

Entretanto, recomendo que haja pré-assinalação do horário de intervalo no controle de ponto, pois podem existir entendimentos diversos.

Prova do desempenho superior ao ordinariamente esperado deve ser demonstrada pelo empregador (art. 373, II, do CPC) para efeito de o pagamento ser considerado prêmio. O empregador deverá demonstrar qual o desempenho normal que seria esperado.

A prova da existência de diferenças a título de FGTS é do empregado, nos termos do inciso I do art. 818 da CLT, por se tratar de fato constitutivo do seu direito. O trabalhador tem acesso aos extratos na conta vinculada do FGTS. Assim, pode indicar as diferenças que entende devidas a título de FGTS.

O reclamante pode apontar o período em que não houve depósitos do FGTS ou que os depósitos foram inferiores aos valores devidos, pois tem acesso aos extratos do FGTS.

A empresa não pode ter obrigação de provar fato negativo, sob o argumento de não existirem diferenças.

Se o empregado aponta diferenças objetivas de FGTS, como em alguns meses ou de valores, o empregador é obrigado a apresentar as guias de recolhimento do FGTS, sob pena de ter de pagar as diferenças alegadas pelo autor.

É do empregador o ônus da prova em relação à regularidade dos depósitos do FGTS (Súmula 461 do TST), desde que ele alegue pagamento, que é fato extintivo do direito do autor (art. 818, II, da CLT).

É do empregador o ônus de comprovar que o empregado não satisfaz os requisitos indispensáveis para a concessão do vale-transporte ou não pretenda fazer uso do benefício (Súmula 460 do TST).

No processo do trabalho não existe despacho saneador, no sentido de que o processo está saneado e serão feitas as provas de audiência.

Geralmente, o juiz do trabalho resolve as questões processuais pendentes (art. 357, I, do CPC) na audiência e outras questões serão analisadas na sentença.

Deve o juiz do trabalho: a) delimitar na audiência as questões de fato sobre as quais recairá a atividade probatória, especificando os meios de prova admitidos (art. 357, II, do CPC; b) definir a distribuição do ônus da prova (art. 357, III, do

CPC) para que não existam decisões surpresa; c) delimitar as questões de direito relevantes para a decisão do mérito.

19.4 MEIOS DE PROVA

Se as partes não celebrarem acordo, iniciar-se-á a instrução do processo (art. 848 da CLT).

As partes têm o direito de empregar todos os meios legais, bem como os moralmente legítimos, ainda que não especificados no CPC, para provar a verdade dos fatos em que se funda o pedido ou a defesa e influir eficazmente na convicção do juiz (art. 369 do CPC).

O Decreto n. 1.295, de 10-6-1996, promulgou a Convenção Interamericana sobre prova e informação acerca do direito estrangeiro.

Os meios de prova para a instrução do processo são as espécies de provas que serão produzidas em juízo. São meios de prova: o depoimento pessoal das partes, as testemunhas, os documentos, as perícias e a inspeção judicial. O depoimento pessoal é meio de prova e não prova. Prova é a confissão da parte por intermédio do depoimento pessoal.

19.4.1 Depoimento pessoal

A instrução processual começa com o interrogatório dos litigantes, a requerimento do juiz (art. 848 da CLT). "As partes e testemunhas serão inquiridas pelo juiz ou presidente, podendo ser reinquiridas, por seu intermédio, a requerimento das partes, seus representantes ou advogados" (art. 820 da CLT).

Consiste o depoimento pessoal na declaração prestada pelo autor ou pelo réu perante o juiz, sobre os fatos objeto do litígio. É um regime presidencialista. O depoimento é feito sob a presidência do juiz. Não serve apenas para obter a confissão, mas também para esclarecer o juiz a respeito dos fatos do processo, delimitando a prova, para que esta possa ser avaliada.

O interrogatório pode ser determinado de ofício. O depoimento pessoal deve ser requerido pela parte.

O interrogatório pode ser determinado em qualquer fase do processo e mais de uma vez.

O depoimento pessoal ocorre apenas uma vez.

O interrogatório é de interesse do juiz. O depoimento pessoal é de interesse da parte.

Pela redação do art. 848 da CLT, o depoimento pessoal é do juiz e não da parte, o que é corroborado no art. 820 da CLT, pois no primeiro dispositivo a CLT usa a palavra *interrogatório* em vez de *depoimento pessoal*. A CLT consagrou o sistema do interrogatório e não do depoimento pessoal, sendo o interrogatório do juiz e não da parte, no qual o magistrado pretende esclarecimentos sobre os fatos da causa. No interrogatório, nenhuma das partes tem o direito de ouvir a contrária, pois o interrogatório é do juiz, que determina a oitiva das partes de ofício (art. 385 do CPC), em qualquer fase processual. No sistema do depoimento pessoal, a parte tem de requerer ao juiz a oitiva do *ex adverso*. Pelo art. 848 da CLT, o interrogatório seria uma faculdade do juiz, pois o referido dispositivo usa a expressão *podendo* o presidente, *ex officio*, interrogar os litigantes. O juiz somente irá reinquirir as partes por solicitação delas, seus representantes e advogados. Logo, se não for ouvida a parte, não poderá ser reinquirida.

Mostra, porém, a Súmula 74, I, do TST que o entendimento jurisprudencial não é no sentido de que a CLT privilegia o sistema do interrogatório, mas do depoimento pessoal, pois o não comparecimento da parte na audiência em que deveria depor importa a aplicação de confissão. O juiz, ao interrogar a parte, tem interesse em obter não só esclarecimentos dos fatos objeto do litígio, mas também a verdade real, podendo tal procedimento implicar a obtenção da confissão da parte. Não ouvir o reclamante ou o reclamado, quando há requerimento da parte para esse fim, constituiria cerceamento da prova das partes, salvo se a matéria fática não fosse controvertida ou a questão fosse matéria de direito, pois a parte busca obter da outra a realidade do que teria ocorrido na relação entre ambas. Na prática, os juízes não têm negado a oitiva das partes, a requerimentos destas, pois pela CLT só poderiam fazê-lo no caso de reinquirição. Assim, se não houvesse inquirição, não seria o caso de reinquirição.

Observa-se também que a CLT está mal redigida, pois a audiência deveria ser tratada num único capítulo ou seção e não em dispositivos diversos, como se constata dos arts. 820 e 848 da CLT, que se complementam. Quando da consolidação de diversas normas autônomas, que culminou com a CLT, optou-se pela redação que ainda está contida na norma consolidada, mesmo após a vigência da Lei n. 9.022, evidenciando a existência de mesmas regras tratadas em artigos diferentes, com pequenas mudanças de redação (exemplos: arts. 10 e 448 da CLT).

Precisava o art. 848 da CLT ter sido modificado com a redação da Lei n. 9.022, visando evitar as dúvidas anteriormente mencionadas. Teve, portanto, o legislador ordinário boa oportunidade para fazê-lo, que não foi aproveitada, de maneira que o depoimento pessoal também possa ser requerido pela parte adversa.

19.4.1.1 Confissão

19.4.1.1.1 Conceito

Confissão vem do latim *confiteri*.

Confissão é a admissão da verdade de um fato que é contrário ao seu interesse e favorável ao do adversário (art. 389 do CPC).

A confissão não é pena, mas situação processual.

19.4.1.1.2 Distinção

Distingue-se a confissão da revelia. Revelia é a ausência de defesa do réu, que foi regularmente citado para se defender. Confissão é um dos efeitos da revelia. Havendo revelia, há presunção de serem considerados verdadeiros os fatos alegados na inicial (art. 344 do CPC).

19.4.1.1.3 Classificação

Em relação à possibilidade de produção de prova em contrário, a confissão pode ser real ou ficta. Confissão real é a realizada expressamente pela parte. Implica presunção absoluta. A confissão ficta é apenas uma presunção relativa (*iuris tantum*) de que os fatos alegados pela parte contrária são verdadeiros, podendo ser elidida por outras provas existentes nos autos. Se há cartões de ponto nos autos, a confissão fica elidida, caso o preposto não compareça para prestar depoimento.

Quanto ao âmbito em que a confissão pode ser obtida, será judicial ou extrajudicial. A confissão judicial ocorre perante o juiz, enquanto a confissão extrajudicial será feita fora do processo.

A confissão provocada é a obtida pelo depoimento das partes.

A confissão espontânea é obtida sem a provocação da parte, que confessa voluntária ou naturalmente.

19.4.1.1.4 Regras gerais

A confissão é considerada a rainha das provas.

Pode ser obtida em depoimento pessoal ou feita por procurador com poderes expressos para tanto.

Dispõe o art. 844 da CLT que o não comparecimento do reclamado, na audiência para apresentar defesa importa em revelia, além de confissão quanto à matéria de fato. Confissão é um dos efeitos da revelia.

Aplica-se a confissão ficta a quem comparece e se recusa a depor ou a responder às perguntas que lhe são formuladas, ou também a quem não comparece para depor. A parte, porém, não está obrigada a depor sobre fatos: I – criminosos ou torpes, que lhe foram imputados; II – a cujo respeito, por estado ou profissão, deva guardar sigilo, como ocorre com o advogado; III – acerca dos quais não possa responder sem desonra própria, de seu cônjuge, de seu companheiro ou de parente em grau sucessível; IV – que coloquem em perigo a vida do depoente ou das pessoas referidas no inciso III (art. 388 do CPC).

A confissão judicial fará prova contra o confitente, não prejudicando, contudo, os demais litisconsortes (art. 391 do CPC). Os litisconsortes serão considerados, em suas relações com a parte adversa, como litigantes distintos, exceto no litisconsórcio unitário, caso em que os atos e as omissões de um não prejudicarão os outros, mas os poderão beneficiar (art. 117 do CPC).

Não será admitida em juízo a confissão de fatos relativos a direitos indisponíveis (art. 392 do CPC), o que ocorreria na separação litigiosa, em que não se admite a confissão, havendo necessidade de prova. Entende-se que os direitos pertinentes à Fazenda Pública são indisponíveis.

Não há confissão do Ministério Público do Trabalho que não comparece a juízo para depor nas ações por ele propostas, pois trata-se de direito indisponível (art. 392 do CPC). Ele não pode confessar. Ele defende o direito da sociedade.

Será ineficaz a confissão se feita por quem não for capaz de dispor do direito a que se referem os fatos confessados.

A confissão feita por um representante somente é eficaz nos limites em que este pode vincular o representado (§ 2º do art. 392 do CPC).

Não tem eficácia a confissão se provém de quem não é capaz de dispor do direito a que se referem os fatos confessados (art. 213 do Código Civil). Para que se fale em confissão é preciso que a parte disponha dos direitos que serão confessados. Se feita a confissão por um representante, somente é eficaz nos limites em que este pode vincular o representado. Caso não sejam conferidos poderes para confessar ou para confessar fato diverso, ela não será eficaz.

O menor de 18 anos e o maior de 16 anos, desde que na presença de seu representante legal, podem confessar. Pode o menor firmar contrato de trabalho e assinar recibo de pagamento (art. 439 da CLT).

A confissão é irrevogável, mas pode ser anulada se decorreu de erro de fato ou de coação (art. 393 do CPC).

A revelia não induz os efeitos da confissão quando o litígio versar sobre direitos indisponíveis (§ 4º, II, do art. 844 da CLT). O art. 841 do Código Civil dispõe que só quanto a direitos patrimoniais de caráter privado se permite a transação. Quanto a direitos públicos, portanto, não é admitida a transação. Presumem-se verdadeiros os fatos não impugnados na contestação, salvo se não for admissível, a seu respeito, a confissão. Não vale, portanto, a confissão de fatos relativos a direitos indisponíveis, que são os da Fazenda Pública. O TST entende de outra forma, como se verifica da

Orientação Jurisprudencial n. 152 da SBDI-1, mostrando que é possível aplicar a revelia a pessoa jurídica de Direito Público e, por consequência, a confissão.

Pode ser a confissão judicial espontânea ou provocada. Da confissão espontânea, tanto que requerida pela parte, se lavrará o respectivo termo nos autos. A confissão provocada constará do termo do depoimento pessoal prestado pela parte (§ 2º do art. 390 do CPC). A confissão espontânea pode ser feita pela própria parte, ou por mandatário com poderes especiais (§ 1º do art. 390 do CPC).

A confissão extrajudicial, quando feita oralmente, só terá eficácia nos casos em que a lei não exija prova literal (art. 394 do CPC).

Tem como regra a confissão ser indivisível, não podendo a parte que a quiser invocar como prova aceitá-la no tópico que a beneficiar e rejeitá-la quando lhe for desfavorável. Será cindida, todavia, a confissão quando o confitente a ela aduzir fatos novos, suscetíveis de constituir fundamento de defesa de direito material ou de reconvenção (art. 395 do CPC).

Obtida a confissão por erro de fato ou de coação, pode ser anulada (art. 393 do CPC). A legitimidade para a ação prevista no *caput* é exclusiva do confitente e pode ser transferida a seus herdeiros se ele falecer após a propositura da ação.

Esclarece o inciso II da Súmula 74 do TST que a prova pré-constituída nos autos pode ser levada em conta para confronto com a confissão ficta (*arts. 442 e 443, do CPC de 2015 – art. 400, I, do CPC de 1973)*, não implicando cerceamento de defesa o indeferimento de provas posteriores.

A vedação à produção de prova posterior pela parte confessa somente a ela se aplica, não afetando o exercício, pelo magistrado, do poder/dever de conduzir o processo (Súmula 74, III, do TST).

19.4.1.2 Procedimentos do depoimento pessoal

Os depoimentos pessoais serão iniciados pelo do reclamante e em seguida será tomado o da reclamada ou de ofício pelo juiz (art. 848 da CLT). Ao juiz incumbirá o interrogatório, pois ao magistrado é que cabe a direção do processo.

Determina o art. 361 do CPC que as provas serão produzidas na audiência nessa ordem: II – o juiz tomará os depoimentos pessoais, primeiro do autor e depois do réu.

No processo do trabalho, o juiz muitas vezes vê de quem é o maior ônus da prova para tomar os depoimentos. Se a empresa alega justa causa para dispensa, pode o juiz iniciar os depoimentos pessoais pelo réu, já que, se este confessar a dispensa sem justa causa, será desnecessária a prova.

A regra do inciso II do art. 361 do CPC não é absoluta, nem implica nulidade, pois não se verifica prejuízo processual para o réu. O juiz dirige o processo, podendo determinar qualquer diligência que entender útil (art. 765 da CLT) à celeridade do processo. Deve, ainda, o magistrado velar pela duração razoável do processo (art. 139, II, do CPC).

Leciona Moacyr Amaral Santos que a ordem "não é exigível de forma peremptória. Impor-se obediência absoluta a essa medida seria perturbar-se, um sem-número de vezes, a celeridade do andamento do processo. Com efeito, a instrução se protelaria se, por exemplo, a ausência do autor, embora justificada (art. 453, II), impedisse desde logo se tomasse o depoimento pessoal do réu e só por aquilo se adiasse a audiência. A nosso ver, a alteração da ordem dos trabalhos será questão que deva ser resolvida pelo juiz"[4].

O preposto tem de ter conhecimento dos fatos. Não presta compromisso de dizer a verdade. Pouco importa se os tenha vivenciado, que só se exige em relação à testemunha. Não precisa o preposto ser empregado ao tempo dos fatos narrados pelo reclamante na petição inicial. Basta que tenha conhecimento de tais fatos, por meio da ficha de registro de empregados ou de outras pessoas na empresa. Pode ter conhecimento dos fatos ainda que por via indireta ou por terceiros.

O depoimento pessoal da parte não faz prova a seu favor, mas apenas contra, quando confessa os fatos afirmados pela outra parte.

O juiz pode, de ofício (art. 848 da CLT), sem provocação das partes, em qualquer estado do processo, determinar o comparecimento pessoal das partes, a fim de interrogá-las sobre os fatos da causa. Isso quer dizer que o juiz, de acordo com seu poder de direção do processo (art. 765 da CLT), pode interrogar as partes a qualquer momento, mesmo após encerrada a instrução processual e reabrindo-a com essa finalidade. Essa regra se aplica inclusive na execução.

A parte que ainda não depôs não poderá assistir ao interrogatório do *ex adverso* (§ 2º do art. 385 do CPC). É aplicável essa regra ao processo do trabalho, pois não há nenhuma incompatibilidade com os princípios deste, existindo omissão na CLT (art. 769 da CLT). Caso se deixe o reclamado na sala, enquanto está sendo ouvido o reclamante, provavelmente quando for perguntado certo fato ao representante da empresa, este apenas irá negá-lo, contrariando sempre o depoimento do autor. Não se permitindo a presença do reclamado na sala, o representante da empresa não saberá o que foi perguntado ao reclamante, podendo incorrer em contradições, inclusive confessando fatos que lhe são desfavoráveis, que é o objetivo do depoimento pessoal. No entanto, a regra do § 2º do art. 385 do CPC não

---

[4] SANTOS, Moacyr Amaral. *Comentários ao CPC*. Rio de Janeiro: Forense, 1976, p. 410-411.

poderá ser observada se uma das partes ou ambas exercerem pessoalmente o *ius postulandi* na Justiça do Trabalho, o advogado estiver postulando em causa própria, ou se acumular a qualidade de advogado e preposto ao mesmo tempo. Caso se retire a parte que está desacompanhada de advogado da sala, para não ouvir o depoimento da parte contrária, estar-se-á impedindo-a de se defender. O certo seria inverter a ordem dos depoimentos pessoais. Primeiro, tomaria o depoimento da empresa, saindo o empregado da sala, e depois o do empregador.

Se o depoimento pessoal da parte não for determinado de ofício pelo juiz, as partes deverão requerê-lo, a fim de poderem ouvi-lo em juízo. Há necessidade de que a parte seja intimada para comparecer para depor, constando da notificação que serão presumidos como verdadeiros os fatos alegados pela parte contrária, caso não compareça, ou, comparecendo, recuse-se a depor (§ 1º do art. 385 do CPC). Se a audiência é una, o reclamante deve comparecer, pois, do contrário, o processo será arquivado. O reclamado também, em razão de que seu não comparecimento implica revelia e confissão (art. 844 da CLT). Quando ocorre de a audiência ser dividida em inicial e instrução, é que há necessidade de a parte ser intimada para comparecer na próxima audiência para depor, pois do contrário não pode ser aplicada a confissão à parte ausente. O TST editou a Súmula 74, com base naquela disposição legal, assim ementada: "aplica-se a confissão à parte que, expressamente intimada com aquela cominação, não comparecer à audiência em prosseguimento, na qual deveria depor" (I).

Assim, se a parte não comparecer, apesar de expressamente intimada, ou comparecendo, se recusar a depor, o juiz lhe aplicará a confissão (§ 1º do art. 385 do CPC).

Coqueijo Costa afirma que ao reclamante não se poderia aplicar a confissão, pois a CLT só a prevê para o empregador e não para o empregado[5], como se nota da interpretação literal do art. 844 da CLT. Esta não é omissa sobre o tema, não sendo o caso de aplicar o CPC (art. 769 da CLT). Ausente o reclamante, não se lhe aplicaria a confissão, prosseguindo normalmente na instrução do feito. Poder-se-ia até mesmo entender que o mais correto seria arquivar o feito. Esclareceu, porém, a Súmula 9 do TST que "a ausência do reclamante, quando adiada a instrução após contestada a ação em audiência, não importa arquivamento do processo". Dado o fato de que na maioria das Varas há uma audiência para tentativa de conciliação e apresentação da defesa e outra para instrução, correta é a regra da Súmula 74, I, do TST ao dizer que "aplica-se a confissão à parte que,

---

[5] COSTA, Carlos Coqueijo. Tese apresentada no *IV Congresso Ibero-Americano de Direito do Trabalho e Previdência Social*, v. 2, p. 438-446.

expressamente intimada com aquela cominação, não comparecer à audiência em prosseguimento, na qual deveria depor". Assim, há necessidade de intimação das partes para prestarem depoimento na audiência seguinte, o que é feito na própria ata da primeira audiência ou mediante notificação com essa finalidade. A interpretação literal, porém, nem sempre é a melhor, sendo muitas vezes até a pior. Deve ser feita, portanto, a interpretação sistemática do art. 844 da CLT. A confissão não pode ser aplicada apenas ao empregador (art. 844 da CLT), mas também ao empregado, por força do princípio da igualdade processual (art. 5º da Constituição). Aplicar literalmente a regra do art. 844 da CLT seria colocar o empregador em desigualdade processual em relação ao empregado quanto ao tratamento isonômico que deve ser dado às partes pelo juiz.

Para ter validade o depoimento do menor, deve estar presente seu representante legal.

Se não comparecem para prestar depoimento pessoal autor e réu, apesar de intimados, haveria confissão ficta de ambas as partes, o efeito é o juiz decidir o caso dos autos de acordo com o ônus da prova. Se o fato era constitutivo, entende-se que o autor não o provou. Se o fato era extintivo, modificativo ou impeditivo, verifica-se que o réu não fez a prova.

Quem vai depor não poderá, porém, servir-se de escritos anteriormente preparados. Poderá, contudo, a parte, durante o depoimento pessoal, consultar breves anotações, para completar seus esclarecimentos (art. 387 do CPC). É o caso do reclamante consultar a sua CTPS para saber a data de sua admissão e demissão ou a reclamada consultar a ficha de registro ou livro de empregados com o mesmo objetivo.

As partes e testemunhas que não souberem se exprimir em português prestarão depoimento por meio de intérprete nomeado pelo juiz (art. 819 da CLT). O juiz deverá tomar esse procedimento ainda que conheça a língua na qual a pessoa estiver depondo, visando a correta tradução, bem como a publicidade do procedimento. Será tomado o depoimento do surdo-mudo, ou de mudo, que não saiba escrever, também por meio de intérprete. Nos casos de depoimento por intérprete, as despesas correrão por conta da parte interessada no depoimento (§ 2º do art. 819 da CLT). Não há necessidade de se trazer tradutor juramentado para o depoimento dessas pessoas, apenas intérprete, o que é menos oneroso.

Se a parte, sem motivo justificado, deixar de responder ao que lhe for perguntado ou empregar evasivas, o juiz, apreciando as demais circunstâncias e os elementos de prova, declarará, na sentença, se houve recusa em prestar o depoimento (art. 386 do CPC).

O juiz pode aplicar confissão de ofício, sem requerimento da parte contrária, principalmente diante do § 1º do art. 843 da CLT, onde, *v. g.*, o preposto tem obrigação de conhecer os fatos. O próprio art. 844 da CLT dispõe que o não comparecimento do reclamado à audiência importa revelia e confissão quanto à matéria de fato. Evidenciando também a possibilidade da aplicação da confissão de ofício. Entretanto, quando a parte emprega evasivas ou deixa de responder o que lhe é perguntado, o juiz não pode aplicar de imediato a confissão à parte, mediante o requerimento da parte contrária, pois há necessidade de se verificar se a pessoa não deveria guardar sigilo a respeito de tais fatos ou das outras hipóteses contidas no art. 388 do CPC. Deve-se atentar, também, para a verificação de outras provas existentes nos autos, observando se é possível concluir se houve ou não recusa da parte em depor. Tais fatos só poderão ser analisados na sentença. A sentença, então, dirá se houve recusa da parte em prestar depoimento, justificando tal determinação, e, daí, aplicando a confissão.

O Provimento n. 60 da OAB, de 4 de novembro 1987, determina que o advogado não pode ser preposto e advogado ao mesmo tempo (art. 18). O Regulamento Geral do Estatuto da Advocacia e da OAB, de acordo com a previsão da Lei n. 8.906/94, estabelece no art. 3º que "é defeso ao advogado funcionar no mesmo processo, simultaneamente, como patrono e preposto de empregador ou cliente". Essa regra tem por objetivo resguardar a própria profissão, em benefício do próprio advogado, de sua inviolabilidade e sigilo da profissão, resguardando também os direitos do cliente. O art. 25 do Código de Ética proíbe o causídico de ser advogado e preposto ao mesmo tempo. No entanto, não há nenhuma proibição legal nesse sentido ou na CLT. O advogado poderá exercer a função de preposto e também de advogado, até porque o preposto pode exercer o *ius postulandi* na Justiça do Trabalho, desde que seja empregado. Ficará, porém, o advogado sujeito a punição disciplinar caso o faça e a OAB tome conhecimento do fato. A Instrução Normativa n. 41 do TST não admite o advogado ser advogado e preposto (§ 3º do art. 12).

Nada impede que o advogado atue só como preposto no processo e não como advogado e preposto.

É dever da parte, porém, comparecer em juízo e responder ao que lhe for perguntado (art. 379, I, do CPC). É o dever de colaboração com o juízo.

As perguntas irrelevantes, impertinentes ou inúteis, formuladas pelas partes, poderão ser indeferidas pelo juiz (parágrafo único do art. 370 do CPC).

Terminado o interrogatório, as partes poderão se retirar, prosseguindo-se a instrução com seus representantes (§ 1º do art. 848 da CLT). Naquelas Varas onde não se adota a audiência una e já na primeira audiência são ouvidas as partes, não precisarão os litigantes comparecer à segunda audiência, onde serão ouvidas as testemunhas, exceto se a parte exercer o *ius postulandi*.

Ao iniciar a instrução processual, o juiz, ouvidas as partes, fixará os pontos controvertidos sobre os quais incidirá a prova.

19.4.2 Documentos

Documento, do latim *documentum*, proveniente do verbo *doceo*, tem significado de ensinar, mostrar, indicar. É a forma de uma coisa poder ser conhecida por alguém, de modo a reproduzir certa manifestação de pensamento. O documento representa um fato ocorrido.

Não se confunde documento com instrumento. Ensina Amauri Mascaro Nascimento (1992:254) que "documento é todo objeto, produto de um ato humano, que representa a outro fato ou a um objeto, uma pessoa ou uma cena natural ou humana. Instrumento é uma das espécies de documento consistente em escritos, públicos ou privados, autênticos ou sem autenticação".

O documento em cópia oferecido como prova poderá ser declarado autêntico pelo próprio advogado, sob sua responsabilidade pessoal (art. 830 da CLT). Impugnada a autenticidade da cópia, a parte que a produziu será intimada para apresentar cópias devidamente autenticadas ou o original, cabendo ao serventuário competente fazer a conferência e certificar a conformidade entre esses documentos. Tem-se entendido que as normas coletivas, por serem documentos comuns às partes, poderão ser juntadas em cópias simples, desde que não impugnado seu conteúdo (Orientação Jurisprudencial n. 36 da SBDI-1 do TST), em razão do conhecimento que devem ter ambos os litigantes sobre aqueles documentos.

Dispõe o art. 24 da Lei n. 10.522, de 19-7-2002, que as pessoas jurídicas de direito público são dispensadas de autenticar as cópias reprográficas de quaisquer documentos que apresentem em juízo. Há presunção relativa de autenticidade.

O pagamento de salários só pode ser comprovado mediante prova escrita (art. 464 da CLT), assim como para o acordo de prorrogação da jornada de trabalho (art. 59 da CLT) e o acordo de compensação (§ 2º do art. 59 da CLT). O contrato de trabalho do aprendiz deve ser escrito (art. 428 da CLT). Não se admite a prova de tais fatos por meio de testemunhas, pois, no caso, a prova deverá ser feita por documento. O parágrafo único do art. 464 da CLT dispõe que o comprovante de depósito em conta bancária terá força de recibo. A exceção a essa regra se dá em relação ao empregado doméstico, pois o art. 464 da CLT não se lhe aplica (art. 7º, *a*, da CLT). Assim, admite-se prova testemunhal para demonstrar o pagamento de salários, principalmente em razão da confiança mútua existente entre as partes que é desenvolvida no âmbito familiar. Caso o doméstico alegue que não recebeu alguns dos salários de meses anteriores, poder-se-ia aplicar a regra de que "quando o pagamento for em cotas periódicas, a quitação da última estabelece, até prova em contrário, a presunção de estarem solvidas as anteriores" (art. 322 do Código Civil). Caberia, então, ao doméstico provar o não recebimento de salários anteriores, se recebeu o último pagamento. O pedido de demissão do empregado estável também só valerá quando feito com a assistência do sindicato, do Ministério do Trabalho ou da Justiça do Trabalho (art. 500 da CLT). Esses procedimentos são adotados justamente para se evitar fraudes. Os recibos de quitação dos entes públicos têm presunção de validade, não necessitando de homologação (art. 1º, I, do Decreto-lei n. 779/69).

O contrato de trabalho pode ser acordado tanto verbalmente como por escrito (art. 443 da CLT). Na CTPS poderão constar anotações de salário, férias, ou tempo de serviço (art. 40, I, da CLT), mas também anotações relativas à contribuição sindical, contratos de prazo determinado e outras condições especiais (art. 29 da CLT), e também questões de benefícios concedidos, inclusive de acidente do trabalho. Essas anotações feitas na CTPS são provas relativas, admitindo-se contraprova (Súmula 12 do TST e Súmula 225 do STF). A relação de emprego poderá ser provada por todos os meios em direito admitidos. "A prova do contrato individual do trabalho será feita pelas anotações constantes da CTPS, ou por instrumento escrito e suprida por todos os meios permitidos em direito" (art. 456 da CLT). O contrato de trabalho do aprendiz deve ser feito por escrito (art. 428 da CLT).

Os cartões de ponto necessariamente não precisam estar assinados, pois tal requisito não está previsto na lei. Se estiverem assinados, presume-se que a jornada está correta, cabendo ao autor fazer prova convincente em sentido contrário. O art. 219 do Código Civil não pode ser usado para justificar a necessidade de assinatura do cartão de ponto, pois faz referência a declaração constante de documento. No cartão não consta geralmente declaração, mas o horário de trabalho diário do empregado. O parágrafo único do art. 408 do CPC também faz referência à declaração. Declaração de ciência de determinado fato contida no documento não é o que ocorre no cartão de ponto.

O documento público faz prova não só de sua formação, mas também dos fatos que o escrivão, o tabelião, o chefe de secretaria, ou o servidor declarar que ocorreram em sua presença (art. 405 do CPC).

Fazem a mesma prova que os originais: (a) as certidões textuais de qualquer peça dos autos, do protocolo das audiências ou de outro livro a cargo do escrivão ou do chefe de secretaria, se extraícas por ele ou sob sua vigilância e por ele subscritas; (b) os traslados e as certidões extraídas por oficial público de instrumentos ou documentos lançados em suas notas; (c) as reproduções dos documentos públicos, desde que autenticadas por oficial público ou conferidas em cartório com os respectivos originais); (d) as cópias reprográficas de peças do próprio processo judicial declaradas autênticas pelo advogado, sob sua responsabilidade pessoal, se não lhes for impugnada a autenticidade; (e) os extratos digitais de bancos de dados, públicos ou privados, desde que atestado pelo seu emitente, sob as penas da lei, que as informações conferem com o que consta na origem; (f) as reproduções digitalizadas de qualquer documento, público ou particular, quando juntados aos autos pelos órgãos de Justiça e seus auxiliares, pelo Ministério Público e seus auxiliares, pelas procuradorias, pelas repartições públicas em geral e por advogados, ressalvada a alegação motivada e fundamentada de adulteração (art. 425 do CPC). Os originais dos documentos digitalizados deverão ser preservados pelo seu detentor até o final do prazo para interposição de ação rescisória. Tratando-se de cópia digital de título executivo extrajudicial ou outro documento relevante à instrução do processo, o juiz poderá determinar o seu depósito em cartório ou secretaria.

Quando a lei exigir, como da substância do ato, o instrumento público, nenhuma outra prova, por mais específica que seja, pode suprir-lhe a falta (art. 406 do CPC).

O documento, feito por oficial público incompetente ou sem a observância das formalidades legais, sendo subscrito pelas partes, tem a mesma eficácia probatória de documento particular (art. 407 do CPC).

As declarações constantes do documento particular, escrito e assinado, ou somente assinado, presumem-se verdadeiras em relação ao signatário (art. 408 do CPC). É o caso de documento em que o reclamante pede demissão no emprego, presumindo-se verdadeiras as afirmativas feitas pelo empregado, cabendo a ele fazer a prova em sentido contrário, ou de que houve coação para assinar o referido documento. Contendo a declaração ciência de determinado fato, o documento particular prova a declaração, mas não o fato declarado, que deverá ser provado em juízo pelo interessado (parágrafo único do art. 408 do CPC). É comum serem apresentadas declarações em juízo de determinadas pessoas sobre certos fatos, como de que viu o reclamante fazendo isso ou aquilo. Essas declarações provam que foram feitas, mas o fato declarado deverá ser provado em juízo, possibilitando à parte contrária o contraditório, as reperguntas e o controle da veracidade das afirmações, que é feito pelo juiz. Se o empregado assina determinado documento onde consta suspensão, advertência ou falta grave, tais documentos provam apenas o conhecimento da punição ao empregado e não a concordância deste quanto ao suposto ato praticado.

Não se admitem nos atos e termos espaços em branco, salvo os que forem inutilizados, bem como entrelinhas, emendas ou rasuras, exceto quando expressamente ressalvadas (art. 211 do CPC). "O juiz apreciará fundamentadamente a fé que deva merecer o documento, quando em ponto substancial e sem ressalva contiver entrelinha, emenda, borrão ou cancelamento" (art. 426 do CPC). Só se admite a juntada de documento redigido em língua estrangeira se acompanhado da versão para a língua portuguesa tramitada por via diplomática ou pela autoridade central, ou firmada por tradutor juramentado (art. 192 do CPC), e não por intérprete.

Reputa-se autêntico o documento quando o tabelião reconhecer a firma do signatário (art. 411, I, do CPC), declarando que foi aposta em sua presença.

A data do documento particular, quando a seu respeito surgir dúvida ou impugnação entre os litigantes, provar-se-á por todos os meios de direito (art. 409 do CPC). Em relação a terceiros, considerar-se-á datado o documento particular:

a) no dia em que foi registrado;
b) desde a morte de algum dos signatários;
c) a partir da impossibilidade física que sobreveio a qualquer dos signatários;
d) da sua apresentação em repartição pública ou em juízo;
e) de ato ou fato que estabeleça, de modo certo, a anterioridade da formação do documento. O juiz terá o prudente arbítrio para admitir qualquer meio de prova para a comprovação da data certa do documento.

Reputa-se autor do documento particular:

a) aquele que o fez e o assinou;
b) aquele, por conta de quem foi feito, estando assinado;
c) aquele que, mandando compô-lo, não o firmou porque, conforme a experiência comum, não se costuma assinar, como livros comerciais e assentos domésticos (art. 410 do CPC).

O documento particular admitido expressa ou tacitamente é indivisível, sendo defesa à parte que pretender dele utilizar-se aceitar os fatos que lhe são favoráveis e recusar os que são contrários a seu interesse, salvo se provar que estes se não verificaram. Como regra temos que o documento particular, de cuja autenticidade se não duvida, prova que seu autor fez a declaração, que lhe é atribuída (art. 412 do CPC).

O telegrama, o radiograma ou qualquer outro meio de transmissão tem a mesma força probatória de documento particular, se o original constante da estação expedidora tiver sido assinado pelo remetente (art. 413 do CPC). A firma do remetente poderá ser reconhecida pelo tabelião, declarando-se essa circunstância no original depositado na estação expedidora. Em se tratando de recurso, muitos tribunais têm entendido que a firma deve ser reconhecida.

O telegrama ou o radiograma presume-se conforme com o original, provando as datas de sua expedição e de recebimento pelo destinatário (art. 414 do CPC).

O telegrama, quando lhe for contestada a autenticidade, faz prova mediante conferência com o original assinado (art. 222 do Código Civil).

As cartas, bem como os registros domésticos, provam contra quem os escreveu quando:

a) enunciam o recebimento de um crédito;
b) contêm anotação, que visa suprir a falta de título em favor de quem é apontado como credor;
c) expressam conhecimento de fatos para os quais não se exija determinada prova.

Os livros e fichas dos empresários e sociedades provam contra as pessoas a que pertencem, e, em seu favor, quando escriturados sem vício extrínseco ou intrínseco, forem confirmados por outros subsídios (art. 226 do Código Civil). Outros subsídios podem ser os livros Diário, Razão, Caixa ou outros documentos ou elementos informativos. A prova resultante dos livros e fichas não é bastante nos casos em que a lei exige escritura pública, ou escrito particular revestido de requisitos especiais, e pode ser ilidida pela comprovação da falsidade ou inexatidão dos lançamentos.

Os livros comerciais provam contra seu autor. É lícito ao comerciante, porém, demonstrar por todos os meios permitidos em direito, que os lançamentos não correspondem à verdade dos fatos. A escrituração contábil é indivisível. Se dos fatos que resultam dos lançamentos, uns são favoráveis ao interesse de seu autor e outros lhe são contrários, ambos serão considerados em conjunto como unidade.

O juiz pode ordenar, a requerimento da parte, a exibição integral dos livros comerciais e dos documentos de arquivo:

a) na liquidação de sociedade;
b) na sucessão por morte do sócio;
c) quando e como determinar a lei (art. 420 do CPC). Uma das hipóteses é a de exibição de livros.

Poderá o juiz de ofício ordenar à parte a exibição parcial dos livros e documentos, extraindo-se deles a suma que interessar ao litígio, bem como reproduções autenticadas. A Súmula 260 do STF esclarece que "o exame de livros comerciais, em ação judicial, fica limitado às transações entre os litigantes".

Qualquer reprodução mecânica, como a fotográfica, cinematográfica, fonográfica ou de outra espécie, faz prova dos fatos ou das coisas representadas, se aquele contra quem foi produzida lhe admitir a conformidade. Impugnada a autenticidade da reprodução mecânica, o juiz ordenará a realização de exame pericial.

As produções fotográficas ou obtidas por outros processos de repetição, dos documentos particulares, valem como certidões, sempre que o escrivão portar por fé sua conformidade com o original.

A cópia fotográfica de documento, conferida por tabelião de notas, valerá como prova de declaração da vontade. Caso seja impugnada sua autenticidade, deverá ser exigido o original (art. 223 do Código Civil). A prova não supre a ausência do original, nos casos em que a lei ou as circunstâncias condicionarem o exercício do direito a sua exibição. A CLT é omissa sobre o tema, pois o art. 830 da CLT não trata sobre a matéria. Impugnada a autenticidade do documento autenticado, a parte que o produziu deve exibir o original.

Qualquer reprodução mecânica, como a fotográfica, a cinematográfica, a fonográfica ou de outra espécie, tem aptidão para fazer prova dos fatos ou das coisas representadas, se a sua conformidade com o documento original não for impugnada por aquele contra quem foi produzida (art. 422 do CPC). Impugnada a autenticidade da reprodução mecânica, o juiz ordenará a realização de exame pericial. § 1º As fotografias digitais e as extraídas da rede mundial de computadores fazem prova das imagens que reproduzem, devendo, se impugnadas, ser apresentada a respectiva autenticação eletrônica ou, não sendo possível, realizada perícia. Se se tratar de fotografia publicada em jornal ou revista, será exigido um exemplar original do periódico, caso impugnada a veracidade pela outra parte (§ 2º do art. 422 do CPC).

As reproduções fotográficas, cinematográficas, os registros fonográficos e, em geral, quaisquer outras reproduções mecânicas ou eletrônicas de fatos ou de coisas fazem prova plena destes, se a parte, contra quem forem exibidos, não lhes impugnar a exatidão (art. 225 do Código Civil). Em se tratando de documentos por reprodução mecânica a regra a ser observada é a do art. 830 da CLT, que exige que os documentos sejam apresentados no original ou autenticados, não se aplicando, nesse ponto, o Código Civil.

A cópia do documento particular tem o mesmo valor probante que o original, cabendo ao escrivão, intimadas as partes, fazer a conferência e certificar a conformidade entre a cópia e o original (art. 424 do CPC). Quando se tratar de fotografia, esta terá de ser acompanhada do respectivo negativo. Se a prova for uma fotografia publicada em jornal, exigir-se-ão o original e o negativo.

A Lei n. 9.800/99 trata da utilização do fac-símile. A denominação correta é fac-símile e não a abreviação fax.

Permite o art. 1º da Lei n. 9.800 que as partes utilizem-se de sistema de transmissão de dados e imagens tipo fac-símile ou outro similar, para a prática de atos processuais que dependam de petição escrita. No processo do trabalho, os exemplos seriam os recursos, as contrarrazões, os embargos de declaração, a contraminuta etc.

A contestação não poderá ser apresentada por fac-símile, pois o art. 847 da CLT dispõe que deve ser apresentada oralmente, embora a prática seja a apresentação por escrito.

Será vedada a apresentação de razões finais por fac-símile, em razão de que o art. 850 da CLT determina que devem ser apresentadas oralmente, salvo se o juiz determinar que devam ser apresentadas por escrito.

Pela redação do art. 1º da Lei n. 9.800, não é permitida a apresentação de documento em fac-símile, mas apenas da prática do ato processual por meio de petição escrita.

O TST entende que a autorização para utilização do fac-símile, constante do art. 1º da Lei n. 9.800, de 26-5-1999, somente alcança as hipóteses em que o documento é dirigido diretamente ao órgão jurisdicional, não se aplicando à transmissão ocorrida entre particulares (S. 387, IV, do TST).

Caso a parte pretenda apresentar recurso ordinário mediante fac-símile, o juízo competente para se oferecer os originais é a Vara.

A utilização de sistema de transmissão de dados e imagens não prejudica o cumprimento dos prazos, devendo os originais ser entregues em juízo, necessariamente, até cinco dias da data de seu término. A razão da entrega do original é que a tinta no fac-símile tende a esmaecer ou desaparecer com o tempo. O prazo para a apresentação do original é contado a partir do término do prazo para a prática do ato processual. Esse prazo não é interrompido ou fica suspenso pelo final de semana ou por feriados, podendo começar em dia não útil, pois o prazo é corrido. O prazo de recurso é, por exemplo, de oito dias. Assim, se interposto o recurso no sétimo dia, a parte tem ainda mais cinco dias a contar do oitavo dia para a apresentação dos originais. Nos atos não sujeitos a prazo, os originais deverão ser entregues, necessariamente, até cinco dias da data da recepção do material. Caso não forem juntados os documentos nos referidos prazos, não serão considerados válidos os atos jurídicos que se pretendia praticar ou provar.

Não se exige reconhecimento de firma para a validade do documento.

Os juízes poderão praticar atos de sua competência à vista de transmissões efetuadas na forma anteriormente mencionada.

Quem fizer uso de sistema de transmissão torna-se responsável pela qualidade e fidelidade do material transmitido e por sua entrega ao órgão judiciário. A parte responde pela qualidade do material transmitido. O juiz não deve conceder prazo para juntar outro fac-símile, em razão de ser de responsabilidade da parte a qualidade do material transmitido.

Se forem introduzidas modificações no original, o recurso apresentado por fac-símile não deverá ser admitido, pois, na verdade, é outro recurso, que foi interposto fora do prazo legal.

Menciona o parágrafo único do art. 4º da Lei n. 9.800 que existe a possibilidade de serem observadas outras sanções, como de não se considerar válida a prática do ato se o original não estiver em consonância com o fac-símile apresentado.

O usuário do sistema será considerado litigante de má-fé se não houver perfeita concordância entre o original remetido pelo fac-símile e o original entregue em juízo.

Não há, porém, obrigação de os órgãos judiciários disporem de equipamentos para recepção do fac-símile.

A falsidade consiste em formar documento não verdadeiro e em alterar documento verdadeiro. Cessa a fé do documento público ou particular se lhe for declarada judicialmente a falsidade.

Cessa a fé do documento público ou particular sendo-lhe declarada judicialmente a falsidade. A falsidade consiste em: I – formar documento não verdadeiro; II – alterar documento verdadeiro (parágrafo único do art. 427 do CPC).

Cessará a fé do documento particular quando:

a) lhe for impugnada sua autenticidade e enquanto não se comprovar sua veracidade;
b) assinado em branco, for impugnado seu conteúdo, por preenchimento abusivo. Considera-se que há abuso quando aquele que recebeu o documento assinado com texto não escrito no todo ou em parte, o formar ou o completar, por si ou por meio de outrem, violando o pacto feito com o signatário (art. 428 e seu parágrafo único do CPC). Ocorre muito na Justiça do Trabalho de o documento ter sido assinado em branco e abusivamente preenchido. Lembre-se o fato de o empregado assinar todos os documentos no ato da admissão, inclusive de pagamento de férias, 13º salário e de seu pedido de demissão, que serão preenchidos posteriormente pelo empregador, quando for conveniente. O mesmo ocorre com cartões de ponto que somente são assinados pelo empregado, sendo o horário preenchido pelo empregador. Em tais casos, comprovados os fatos em juízo, cessará a fé do documento particular.

O ônus da prova incumbirá:

a) se se tratar de falsidade de documento ou de preenchimento abusivo, à parte que o arguir;
b) se se tratar de impugnação da autenticidade, à parte que produziu o documento (art. 429 do CPC).

19.4.2.1 Juntada

Os documentos deverão ser juntados pelo autor com a petição inicial (art. 787 da CLT c/c art. 320 do CPC). A contestação deverá trazer os documentos em que se fundar a defesa (art. 845 da CLT c/c arts. 434 do CPC). Não é permitida a juntada de documentos pelas partes fora desses prazos, salvo se se tratar de documento novo, quando destinado a fazer prova de fatos depois dos articulados ou para contrapô-los aos que foram produzidos nos autos (art. 435 do CPC), mas mesmo assim devem ser documentos novos e não documentos que a parte já possuía. O documento novo também poderá ser juntado quando na oportunidade processual adequada não poderia ser exibido, porque inexistia.

Admite-se também a juntada posterior de documentos formados após a petição inicial ou a contestação, bem como dos que se tornaram conhecidos, acessíveis ou disponíveis após esses atos, cabendo à parte que os produzir comprovar o motivo que a impediu de juntá-los anteriormente e incumbindo ao juiz, em qualquer caso, avaliar a conduta da parte (parágrafo único do art. 435 do CPC).

Muitas vezes, a parte pretende juntar documento após a audiência inicial, com nítido objetivo de surpreender a parte *ex adversa*. Não irá constituir cerceamento de defesa o indeferimento por parte do juiz da juntada do referido documento. O art. 845 da CLT não ampara tal pretensão, pois diz respeito apenas à juntada de documentos com a defesa e não pelo autor ou em outra oportunidade. O juiz não pode compactuar com a inércia, negligência ou incúria da parte, pois, se esta foi omissa no momento oportuno, deu causa ao prevalecimento da verdade formal (legal) diante da verdade real, justamente porque vem a obstruir ou impedir a busca da verdade real.

Sempre que uma das partes requerer a juntada de documentos aos autos, o juiz ouvirá, a seu respeito, a outra, no prazo de cinco dias.

O juiz requisitará às repartições públicas, em qualquer tempo ou grau de jurisdição: (a) as certidões necessárias à prova das alegações das partes; (b) os procedimentos administrativos nas causas em que foram interessados a União, os Estados, o Distrito Federal, os Municípios, ou as respectivas entidades da administração indireta (art. 438 do CPC). Recebidos os autos, o juiz mandará extrair no prazo máximo e improrrogável de um mês, certidões ou reproduções fotográficas das peças que indicar e das indicadas pelas partes e, em seguida, devolverá os autos à repartição de origem. O juiz poderá determinar a juntada dos documentos que entender necessários à instrução da causa, mesmo após os prazos citados. Recebidos os autos, o juiz mandará extrair, no prazo máximo e improrrogável de 30 dias, certidões ou reproduções fotográficas das peças indicadas pelas partes ou de ofício; findo o prazo, devolverá os autos à repartição de origem. As repartições públicas poderão fornecer todos os documentos em meio eletrônico conforme disposto em lei, certificando, pelo mesmo meio, que se trata de extrato fiel do que consta em seu banco de dados ou do documento digitalizado.

Em grau de recurso, só é permitida a juntada de documentos quando haja justificação plausível para tanto (S. 8 do TST), como de fato posterior à sentença.

A utilização de documentos eletrônicos no processo convencional dependerá de sua conversão à forma impressa e da verificação de sua autenticidade, na forma da lei (art. 439 do CPC).

O juiz apreciará o valor probante do documento eletrônico não convertido, assegurado às partes o acesso ao seu teor (art. 440 do CPC).

Serão admitidos documentos eletrônicos produzidos e conservados com a observância da legislação específica (art. 441 do CPC).

19.4.2.2 Exibição de documentos

O juiz poderá determinar que a parte exiba documento ou coisa em juízo, desde que se ache em seu poder (art. 396 do CPC).

A parte deverá formular pedido indicando:

a) a individuação, tão completa quanto possível, do documento ou da coisa;
b) a finalidade da prova, indicando os fatos que se relacionam com o documento ou com a coisa;
c) as circunstâncias em que se funda o requerente para afirmar que o documento ou coisa existe e está com a parte contrária (art. 397 do CPC).

O *ex adverso* deverá se manifestar em cinco dias sobre as alegações do requerente (art. 398 do CPC). Afirmando que não possui o documento ou a coisa, o juiz permitirá que o requerente prove, por qualquer meio, que a declaração não corresponde à verdade.

O juiz não admitirá a recusa se:

a) o requerido tiver obrigação legal de exibir;
b) o requerido aludiu ao documento ou à coisa no processo com o intuito de constituir prova;

c) o documento for comum às partes em relação a seu conteúdo (art. 399 do CPC), como os cartões de ponto, os recibos de pagamento.

Ao decidir o pedido, o juiz admitirá como verdadeiros os fatos que se pretendia provar pelos documentos ou coisa quando:

a) o requerido não efetuar a exibição, nem fizer qualquer declaração no prazo de cinco dias;
b) se a recusa for tida por ilegítima (art. 400 do CPC). Normalmente, essas disposições são aplicadas quando o juiz verifica que a parte tinha mais de dez empregados e determina que o reclamado exiba os cartões de ponto em juízo, sob pena de considerar o horário constante da petição inicial como verdadeiro. Sendo necessário, o juiz pode adotar medidas indutivas, coercitivas, mandamentais ou sub-rogatórias para que o documento seja exibido.

A reclamada não tem obrigação de fazer prova para o reclamante a respeito, por exemplo, de seu horário de trabalho, pois ao autor compete a prova dos fatos constitutivos do seu direito (horário de trabalho). Dessa forma, se o reclamante pede a juntada dos cartões de ponto sob as penas do art. 400 do CPC, a empresa não tem obrigação de juntá-los, a não ser que o juiz assim o determine, quando, então, deverá fazê-lo.

Determinando o juiz a juntada dos documentos nos termos do art. 400 do CPC, e esta não sendo feita, presumem-se verdadeiros os fatos que a outra parte pretendia provar por meio de tais documentos. Em se tratando de presunção, admite-se prova em sentido contrário, principalmente se já existem outros documentos nos autos. Assim, se o juiz determina a juntada dos cartões de ponto nos termos do art. 400 do CPC e a empresa não o faz, é presumido verdadeiro o horário indicado na petição inicial, porém essa presunção pode ser elidida por qualquer outra prova existente nos autos, até mesmo testemunhal.

A Súmula 338, I, do TST passa a ter outra interpretação sobre o tema, invertendo o ônus da prova para o empregador: "é ônus do empregador que conta com mais de 10 (dez) empregados o registro da jornada de trabalho na forma do art. 74, § 2º, da CLT. A não apresentação injustificada dos controles de frequência gera presunção relativa de veracidade da jornada de trabalho, a qual pode ser elidida por prova em contrário".

O verbete interpreta incorretamente o art. 400 do CPC, pois somente se houver determinação de juntada dos cartões pelo juiz é que o empregador deverá fazê-lo. Não existe obrigação legal de juntar cartões de ponto nos autos, apenas de possuí-los para fins administrativos, se a empresa tiver mais de dez empregados.

Estando o documento ou a coisa em poder de terceiro, o juiz determinará a citação dessa pessoa para responder no prazo de 15 dias (art. 401 do CPC). Negando o terceiro a obrigação de exibir ou a posse do documento ou coisa, o juiz designará audiência especial para tomar-lhe o depoimento, bem como o das partes, o de testemunhas e em seguida proferirá sentença (art. 402 do CPC). Caso o terceiro, sem justo motivo, se recusar a efetuar a exibição, o juiz lhe ordenará que faça o respectivo depósito em cartório ou em outro lugar designado, no prazo de cinco dias, impondo ao requerente que o embolse das despesas que tiver (art. 403 do CPC). Descumprindo o terceiro a ordem, o juiz expedirá mandado de busca e apreensão, requisitando, se necessário, força policial, sem prejuízo da responsabilidade por crime de desobediência, pagamento de multa e outras medidas indutivas, coercitivas, mandamentais ou sub-rogatórias necessárias para assegurar a efetivação da decisão.

A parte e o terceiro se escusam de exibir, em juízo, o documento ou a coisa se:

a) concernente a negócios da própria vida da família;
b) sua apresentação puder violar dever de honra;
c) sua publicidade redundar em desonra à parte ou ao terceiro, bem como a seus parentes consanguíneos ou afins até o terceiro grau, ou lhes representar perigo de ação penal;
d) sua exibição acarretar a divulgação de fatos, a cujo respeito, por estado ou profissão, devam guardar segredo;
e) subsistirem outros motivos graves, que segundo o prudente arbítrio do juiz, justifiquem a recusa da exibição;
f) houver disposição legal que justifique a recusa da exibição (art. 404 do CPC). Se os motivos mencionados disserem respeito a apenas uma parte do documento, a parte ou o terceiro exibirá a outra em cartório, para dela ser extraída cópia reprográfica, de tudo sendo lavrado auto circunstanciado.

19.4.2.3 Incidente de falsidade

O incidente de falsidade deve ser suscitado na contestação, na réplica ou no prazo de 15 dias, contado a partir da intimação da juntada do documento aos autos (art. 430 do CPC). Uma vez arguida, a falsidade será resolvida como questão incidental, salvo se a parte requerer que o juiz a decida como questão principal.

Quando o documento for oferecido antes de encerrada a instrução, a parte o arguirá de falso, em petição dirigida ao juiz da causa, expondo os motivos em que funda sua pretensão e os meios com que provará o alegado.

Suscitado o incidente, o processo será suspenso. O incidente será processado nos próprios autos, caso não esteja encerrada a instrução processual. Encerrada a instrução será apensado aos autos principais; no tribunal será processado perante o relator.

Depois de ouvida a outra parte no prazo de 15 dias, será realizado o exame pericial (art. 432 do CPC). Entretanto, se a parte que juntou o documento se dispuser a retirá-lo e a parte contrária não se opuser ao desentranhamento, não se fará o exame pericial (parágrafo único do art. 432 do CPC).

A sentença que resolver o incidente de falsidade será declaratória (art. 19, II, do CPC), declarando a falsidade ou autenticidade do documento (art. 433 do CPC), não cabendo recurso, por se tratar de decisão interlocutória.

A declaração sobre a falsidade do documento, quando suscitada como questão principal, constará da parte dispositiva da sentença e sobre ela incidirá também a autoridade da coisa julgada (art. 433 do CPC).

19.4.2.4 Ata notarial

A existência e o modo de existir de algum fato podem ser atestados ou documentados, a requerimento do interessado, mediante ata lavrada por tabelião (art. 384 do CPC). Dados representados por imagem ou som gravados em arquivos eletrônicos poderão constar da ata notarial (parágrafo único do art. 384 do CPC).

A ata notarial pode ser usada para constatar fatos constantes de site, de facebook, para transcrição do conteúdo de e-mails etc.

Ata notarial pode ser prova para documentar cobranças excessivas do funcionário para efeito de assédio moral.

19.4.3 Testemunhas

A testemunha é um terceiro em relação à lide que vem prestar depoimento em juízo, por ter conhecimento dos fatos narrados pelas partes.

As testemunhas podem ser de acusação, de defesa, instrumentárias, judiciárias, que são as que comparecem para depor em juízo.

As testemunhas judiciárias podem ser: auriculares, de ouvir os fatos; defeituosas ou inidôneas, em que sua credibilidade é posta em dúvida; idôneas ou abonadas, têm qualidade moral para depor; auriculares e de vista, que viram e ouviram; referentes, que fazem referência a outra pessoa; referidas, as que foram mencionadas pelas referentes; suspeitas, impedidas; falsas, que fazem afirmações contrárias à verdade; inábeis, que são incapazes para depor em juízo, como parentes; contestes, que depõem de forma uniforme com outras.

A prova testemunhal é sempre admissível, não dispondo a lei de modo diverso (art. 442 do CPC).

Nos casos em que a lei exigir prova escrita da obrigação, é admissível a prova testemunhal quando houver começo de prova por escrito, emanado da parte contra a qual se pretende produzir a prova (art. 444 do CPC). A comprovação do tempo de serviço para fins previdenciários, inclusive para fins de justificação administrativa ou judicial, só produzirá efeito quando baseada em início de prova material contemporânea dos fatos, não sendo admitida a prova exclusivamente testemunhal, salvo na ocorrência de motivo de força maior ou caso fortuito, na forma prevista no Decreto n. 3.048/99 (§ 3º do art. 55 da Lei n. 8.213/91).

No processo do trabalho, a prova testemunhal normalmente é a única forma de as partes fazerem a prova de suas alegações, principalmente o reclamante que não tem acesso aos documentos da empresa ou estes não retratam a realidade do trabalho desempenhado pelo autor, como poderia ocorrer com os cartões de ponto. Entretanto, a prova testemunhal é a pior prova que existe, sendo considerada a prostituta das provas, justamente por ser a mais insegura.

Observa-se muitas vezes que a testemunha não apreendeu corretamente os fatos. Outras vezes não os reteve na memória ou, então, é efetivamente parcial.

O juiz indeferirá a inquirição de testemunhas sobre fatos:

a) já provados por documento ou confissão da parte;
b) que só por documento ou por exame pericial puderem ser provados (ex.: insalubridade e periculosidade) (art. 443 do CPC).

Na última hipótese, seria o caso de se indeferir prova testemunhal que se pretendesse produzir para provar a insalubridade existente no local de trabalho, que só por meio de exame pericial poderá ser constatada. Se a parte já confessou por exemplo o horário de trabalho contido nos cartões de ponto, não há razão para ouvir testemunhas, podendo o juiz indeferir a referida prova.

A parte poderá fazer prova por testemunhas:

a) nos contratos simulados, para demonstrar a divergência entre a vontade real e a vontade declarada. É o caso de contratos feitos com pessoa jurídica, cooperado, autonômo;
b) nos contratos em geral, dos vícios de consentimento (art. 446 do CPC). É o que ocorre em relação aos descontos autorizados pelo empregado, para mostrar que foram viciados (S. 342 do TST).

Quando for arrolado como testemunha o juiz da causa: (a) declarar-se-á impedido, se tiver conhecimento de fatos que possam influir na decisão, caso em que será vedado à parte que o incluiu no rol desistir de seu depoimento; (b) se nada souber, mandará excluir seu nome.

Para o empregado, se não se admitisse a prova testemunhal seria excessivamente difícil o exercício do direito (§ 3º do art. 818 da CLT). Logo, ela tem que ser admitida, independente do valor do salário do empregado.

Todas as pessoas podem depor como testemunhas, exceto as incapazes, impedidas ou suspeitas (art. 447 do CPC).

Segundo o art. 829 da CLT, não poderá ser testemunha o que for parente até o terceiro grau civil, amigo íntimo ou inimigo de qualquer das partes, valendo seu depoimento como simples informação.

São incapazes:

a) o interdito por enfermidade ou deficiência mental;
b) o que, acometido por enfermidade ou retardamento mental, ao tempo em que ocorreram os fatos, não podia discerni-los; ou, ao tempo em que deve depor, não está habilitado a transmitir suas percepções;
c) o menor de 16 anos. O maior de 16 anos e o menor de 18 anos ainda assim é inimputável (art. 27 do Código Penal), não sendo passível de crime de falso testemunho;
d) o cego e o surdo, quando a ciência dos fatos depender dos sentidos que não possuam (§ 1º do art. 447 do CPC).

São impedidos de depor:

a) o cônjuge, o companheiro, o ascendente e o descendente em qualquer grau e o colateral, até o terceiro grau, de alguma das partes, por consanguinidade ou afinidade, salvo se o exigir o interesse público ou, tratando-se de causa relativa ao estado da pessoa, não se puder obter de outro modo a prova que o juiz repute necessária ao julgamento do mérito;
b) o que é parte na causa;
c) o que intervém em nome de uma parte, como o tutor, o representante legal da pessoa jurídica, o juiz, o advogado e outros que assistam ou tenham assistido as partes (art. 447, § 2º, do CPC).

A CLT faz referência que a testemunha que for parente até o terceiro grau, amigo íntimo ou inimigo não prestará compromisso (art. 829 da CLT).

O CPC menciona que são suspeitos para depor:

a) o inimigo da parte ou o seu amigo íntimo;
b) o que tiver interesse no litígio (art. 447, § 3º, do CPC).

Mesmo a testemunha que for parente até o terceiro grau civil, amigo íntimo ou inimigo de qualquer das partes, deverá ser ouvida como simples informante, não devendo ser dispensado seu depoimento (art. 829 da CLT). O juiz atribuirá a seu depoimento o valor que merecer (§ 5º do art. 447 do CPC). Poderá simplesmente desprezá-lo justamente por ser amigo íntimo, inimigo, parente até o terceiro grau ou ter interesse na solução do processo. Já decidi, porém, com base em único depoimento de um informante por entendê-lo razoável, devendo apenas na sentença haver motivação nesse sentido. Não serão, contudo, ouvidas testemunhas incapazes, inclusive aqueles que tiverem menos de 16 anos.

O parágrafo único do art. 228 do Código Civil admite a oitiva dos incapazes.

19.4.3.1 Produção de prova testemunhal

As testemunhas depõem, na audiência de instrução e julgamento, perante o juiz da causa, exceto:

I – as que prestam depoimento antecipadamente;

II – as que são inquiridas por carta (art. 453 do CPC).

A oitiva de testemunha que residir em comarca, seção ou subseção judiciária diversa daquela onde tramita o processo poderá ser realizada por meio de videoconferência ou outro recurso tecnológico de transmissão e recepção de sons e imagens em tempo real, o que poderá ocorrer, inclusive, durante a audiência de instrução e julgamento (§ 1º do art. 453 do CPC). Os juízos deverão manter equipamento para a transmissão e recepção de sons e imagens.

Testis unus, testis nullus quer dizer uma testemunha, nenhuma testemunha. Isso significa que o depoimento de uma única testemunha seria imprestável.

O Deuteronômio, no Capítulo 19, versículo 15, menciona que "uma só testemunha não se levantará contra alguém por qualquer iniquidade ou por qualquer pecado, seja qual for que cometer; pelo depoimento de duas testemunhas, se estabelecerá o fato". O mesmo se verifica no Capítulo 17, versículo 6: "por depoimento de duas ou três testemunhas, será morto o que houver de morrer; por depoimento de uma só testemunha não morrerá".

No Direito Romano dos primeiros tempos, a testemunha era submetida a tortura antes de depor. Com esse procedimento entendia-se que a testemunha estaria dizendo a verdade.

No período formulário romano, foi editada regra por Constantino em 334 d. C. que determinou ao Juiz que não admitisse o testemunho de uma única pessoa (C. 4, 20, 9, 1). Era o que se dizia testemunha única, testemunha nenhuma (*testis unus, testis nullus*).

Justiniano determinou muitas normas restritivas ao valor das testemunhas (Nov. 90).

Arcádio afirmava que não se deve dar atenção à multidão de testemunhos, mas à sua fé, da qual se espelhasse a luz da verdade.

No Direito Germânico, a testemunha poderia ser obrigada a fechar na mão uma moeda em brasa ou colocar a mão no fogo. Caso a pessoa se queimasse, estava mentindo e estaria desamparada por Deus. Eram os chamados juízes de Deus ou Ordálias.

As Ordenações Filipinas (L. III, Tít. 52, par.) e as Manuelinas (L. III, Tít. 85, par.) consideravam meia prova o testemunho de uma só pessoa.

Pothier, que inspirou o Código Civil francês, também adotava o *testis unus, testis nullus*.

Há muito tempo não vige mais o *testis unus, testis nullus*.

O juiz é livre na apreciação da prova, devendo apenas fundamentar seu entendimento (art. 371 do CPC). Vale, portanto, o livre convencimento motivado do juiz. E o princípio da livre convicção motivada do juiz.

Se a prova é contemporânea aos fatos e é convincente, demonstra as alegações da parte, mesmo que por intermédio de uma única testemunha.

Não se ganha o processo com número de testemunhas, mas com a qualidade dos seus depoimentos. Pode haver um único depoimento testemunhal e esse ser levado em conta pelo juiz.

No processo do trabalho, o número máximo de testemunhas que cada parte poderá ouvir em juízo será de três (art. 821 da CLT). Não são três testemunhas para cada fato, mas para tudo o que se pretenda provar, ou seja, cada parte poderá ouvir apenas três testemunhas para aquilo que pretendam provar. No inquérito para apuração de falta grave, há a exceção à regra, quando cada parte poderá ouvir até seis testemunhas (art. 821 da CLT). Ensina Valentin Carrion (1999:635) que "nos dissídios individuais plúrimos, ou cumulação subjetiva de ações (art. 842), os reclamantes que propuserem as ações conjuntamente renunciam a seu direito de ouvir três testemunhas para cada um deles. Se o juiz determina a unificação de várias reclamações, juntando os autos e nada dizem os litisconsortes, renunciam igualmente àquele direito". Quando o litisconsórcio é passivo, porém, entende-se que cada um dos réus poderá ouvir até três testemunhas.

No procedimento sumaríssimo, serão ouvidas duas testemunhas para cada parte (§ 2º do art. 852-H da CLT), que é a média.

O juiz pode ordenar, de ofício ou a requerimento da parte:

a) a inquirição de testemunhas referidas nas declarações da parte ou das testemunhas;

b) a acareação de duas ou mais testemunhas ou de alguma delas com a parte, quando, sobre determinado fato que possa influir na decisão da causa, divergirem de suas declarações (art. 461 do CPC).

O juiz não está adstrito à regra de serem ouvidas apenas três testemunhas para cada uma das partes. Em razão da liberdade na direção do processo, o juiz pode ouvir testemunhas referidas (art. 461, I, do CPC), ou ordenar que a parte traga determinada pessoa a juízo, que será considerada testemunha do juízo. Constitui-se esse procedimento em faculdade do juiz e não em obrigação. Se o juiz indeferir a oitiva de testemunhas referidas, não haverá cerceamento de prova. O mesmo se diz em relação a acareação das testemunhas (art. 461, II, do CPC), pois o juiz pode e não deve acareá-las.

Na hipótese de a testemunha ser funcionário civil ou militar, e tiver de depor durante o horário do expediente, será requisitada ao chefe da repartição ou ao comando do corpo em que servir para comparecer à audiência marcada (art. 823 da CLT). Aqui se fala em requisição e não em intimação.

Serão inquiridos em suas residências ou onde exercerem suas funções:

a) o presidente e o vice-presidente da República;
b) os ministros de Estado;
c) os ministros do Supremo Tribunal Federal, os conselheiros do Conselho Nacional de Justiça e os ministros do Superior Tribunal de Justiça, do Superior Tribunal Militar, do Tribunal Superior Eleitoral, do Tribunal Superior do Trabalho e do Tribunal de Contas da União;
d) o procurador-geral da República e os conselheiros do Conselho Nacional do Ministério Público;
e) o advogado-geral da União, o procurador-geral do Estado, o procurador-geral do Município, o defensor público-geral federal e o defensor público-geral do Estado;
f) os senadores e os deputados federais;
g) os governadores dos Estados e do Distrito Federal;
h) o prefeito;
i) os deputados estaduais e distritais;
j) os desembargadores dos Tribunais de Justiça, dos Tribunais Regionais Federais, dos Tribunais Regionais do Trabalho e dos Tribunais Regionais Eleitorais e os conselheiros dos Tribunais de Contas dos Estados e do Distrito Federal;
k) o procurador-geral de justiça;

l) o embaixador de país que, por lei ou tratado, concede idêntica prerrogativa a agente diplomático do Brasil (art. 454 do CPC). O juiz solicitará à autoridade que indique dia, hora e local para ser inquirida, remetendo-lhe cópia da petição inicial ou da defesa oferecida pela parte que a arrolou como testemunha (§ 1º do art. 454 do CPC). Passado um mês sem manifestação da autoridade, o juiz designará dia, hora e local para o depoimento, preferencialmente na sede do juízo. O juiz também designará dia, hora e local para o depoimento, quando a autoridade não comparecer, injustificadamente, à sessão agendada para a colheita de seu testemunho no dia, hora e local por ela mesma indicados (§ 3º do art. 454 do CPC).

A ideia do rol de testemunhas é a parte ter conhecimento prévio das testemunhas que serão apresentadas pelo adversário e ter elementos para arguir suspeição ou impedimento da testemunha.

Não há rol de testemunhas no processo do trabalho, não se aplicando o art. 450 do CPC, visto que as testemunhas deverão comparecer independentemente de intimação (art. 825 da CLT c/c art. 845 da CLT). As que não comparecerem espontaneamente serão intimadas, ficando sujeitas à condução coercitiva. Por não haver rol de testemunhas, não se aplica o art. 451 do CPC, quando fala sobre substituição de testemunhas. Assim, a parte poderá substituir testemunhas sem o consentimento do *ex adverso*, bastando que a testemunha a acompanhe (art. 825 c/c art. 845 da CLT).

A testemunha que não comparecer, apesar de intimada, fica sujeita à condução coercitiva, além de sofrer multa de um valor-de-referência a dez valores-de-referência regionais (art. 730 da CLT). Para a testemunha ser punida com multa, deverá antes ter sido intimada. Não atendendo à intimação é que ficará sujeita à multa.

Quando houver necessidade de intimação, esta poderá ser feita pelo correio, sob registro ou com entrega em mão própria, quando a testemunha tiver residência certa. Poderá também a testemunha ser intimada por oficial de justiça, quando já intimada deixar de comparecer, vindo a juízo de baixo de vara.

A parte pode comprometer-se a levar à audiência a testemunha, independentemente de intimação. Caso a testemunha não compareça, presume-se que a parte desistiu de ouvi-la (§ 2º do art. 455 do CPC).

Quando a testemunha estiver doente, ou por outro motivo relevante não puder comparecer à audiência, o juiz designará dia, hora e local para inquiri-la (parágrafo único do art. 449 do CPC).

A testemunha, como qualquer outra pessoa, não "se exime do dever de colaborar com o Poder Judiciário no descobrimento da verdade" (art. 378 do CPC). Incumbe ao terceiro, em relação a qualquer causa: I – informar ao juiz os fatos e as circunstâncias de que tenha conhecimento" (art. 380 do CPC).

Normalmente, são ouvidas em primeiro lugar as testemunhas do autor e depois as do réu (art. 456 do CPC). Em casos em que o juiz verifique que há maior ônus da prova da reclamada, como na justa causa, poderá inverter a ordem da oitiva de testemunhas, ouvindo primeiro as da empresa e depois as do reclamante. Trata-se de faculdade do juiz e não de obrigação, pois inexiste previsão legal nesse sentido.

Antes de prestar o compromisso de dizer a verdade, a testemunha deverá ser qualificada, indicando seu nome, nacionalidade, profissão, idade e residência. Caso tenha trabalhado para a reclamada deverá indicar o tempo de serviço a ela prestado (art. 828 da CLT), justamente para se verificar se ao tempo da prestação de serviços do reclamante, com ele tenha ou não laborado a testemunha. Deverá a testemunha ser inquirida se tem interesse no objeto do processo. O certo seria a testemunha exibir sua identidade ao apresentar-se para depor. Caso não o faça, não poderia haver a qualificação, sendo impossível ser ouvida. Entretanto, o TST entendeu que é desnecessário a testemunha exibir sua identidade, pois o art. 828 da CLT não a prevê (TST, RR 1.384/94, Ac. 3ª T. 7.626/96 – 2ª R, Rel. Min. Antonio Fábio Ribeiro, *DJU*, 6-12-1996, p. 49.705). A testemunha sem documento só poderia ser ouvida se a parte contrária ou outra pessoa presente a conhecesse, que não a própria parte que a trouxe para depor.

O depoimento das testemunhas que não souberem falar a língua nacional será feito por meio de intérprete, não sendo, portanto, necessário tradutor juramentado. Será o intérprete nomeado pelo juiz ou presidente (art. 819 da CLT). Da mesma forma se procede em relação ao surdo-mudo, ou do mudo que não saiba escrever. As despesas correrão por conta da parte sucumbente, salvo se beneficiária de justiça gratuita (§ 2º do art. 819 da CLT).

Os depoimentos das testemunhas serão resumidos, por ocasião da audiência, pelo chefe da secretaria da Vara ou funcionário para esse fim designado, devendo a súmula ser assinada pelo Presidente e pelos depoentes (parágrafo único do art. 828 da CLT). Nos processos de alçada, é dispensado o resumo dos depoimentos testemunhais (§ 3º do art. 2º da Lei n. 5.584/70), devendo constar da ata apenas a conclusão da Vara quanto à matéria de fato, porém é aconselhável que se faça o resumo dos depoimentos testemunhais, pois caso contrário há perda da prova produzida em juízo.

O depoimento, datilografado ou registrado por taquigrafia, estenotipia ou outro método idôneo de documentação, será assinado pelo juiz, pelo depoente e pelos procuradores, facultando-se às partes sua gravação. O depoimento será passado para a versão datilográfica quando houver recurso da sentença, ou noutros casos, quando o juiz determinar, de ofício ou a requerimento das partes. O ideal é que o depoimento seja sempre transcrito, para que se verifique a qualquer tempo o que a testemunha disse, inclusive no segundo grau possa ser examinado o referido meio de prova, até mesmo para que o juiz possa prolatar sua sentença.

Compromisso é o ato pelo qual alguém se compromete a dizer a verdade como testemunha.

O momento de a parte oferecer a contradita da testemunha é antes de esta ser compromissada e não após o compromisso. Assim, a testemunha deve ser contraditada logo após a qualificação, mas antes do compromisso. O nome correto do ato da parte que irá arguir a incapacidade, o impedimento ou a suspeição da testemunha é contradita. São indicados os motivos pelos quais a testemunha não pode depor. Não se pode falar em impugnação ou interdição, pois esta última serviria para loucos ou outros e a Justiça do Trabalho não tem poderes para interditar pessoas.

Se a testemunha negar os fatos que lhe são imputados, a parte poderá provar a contradita com documentos e testemunhas, até três, apresentadas no ato e inquiridas em separado. Provada a incapacidade, o impedimento ou a suspeição da testemunha, esta será dispensada (§ 2º do art. 457 do CPC), ou será ouvida pelo juiz como simples informante, que é o mais correto segundo o art. 829 da CLT, não se aplicando o CPC.

O preposto poderá servir como testemunha em outro processo da mesma empresa, desde que não seja representante legal da reclamada ou tenha interesse na solução do processo. Não se confunde o preposto com o representante legal da pessoa jurídica (art. 447, § 2º, III do CPC), pois apenas aquele substitui o empregador em audiência (§ 1º do art. 843 da CLT). Ao contrário, se o preposto é representante legal da empresa, designado no estatuto ou contrato social, ou detém procuração da empresa para atos que não apenas o de substituir o empregador em audiência, não poderá ser testemunha. Se o preposto já prestou depoimento ou já consta o seu nome na ata da audiência como representante do empregador, não poderá ser testemunha.

Valentin Carrion (1999:639) afirma que "a testemunha que está em litígio contra a mesma empresa deve ser equiparada ao inimigo capital da parte; o embate litigioso é mau ambiente para a prudência e isenção de ânimo que se exige da testemunha; entender de outra forma é estimular as partes à permuta imoral de vantagens em falsidades testemunhais mútuas, mesmo sobre fatos verdadeiros; extremamente fácil 'reclamante de hoje testemunha de amanhã' ". Essa orientação não pode ser cumprida à risca, pois o reclamante de hoje pode não ser a testemunha de amanhã. De outro lado, o direito de ação está contido no inciso XXXV, do art. 5º da Constituição, tratando-se de um direito público subjetivo e constitucional. Também não se pode presumir a existência de troca de favores, que deverá ser provada em cada caso, porque poderia ocorrer o fato de apenas uma testemunha ter presenciado determinada situação. Se se entender que pelo fato de a testemunha ter processo contra a empresa não poderá depor, estará inviabilizada a prova. Nem se diga que a testemunha que está em litígio contra a empresa deve ser equiparada ao inimigo capital da parte, salvo se assim ela se declarar. Dessa forma, a questão deve ser analisada com mais cuidado.

As testemunhas que ajuizarem processo contra a mesma empresa poderão ser ouvidas na ação intentada pelo reclamante, como o fato da testemunha não ter interesse na solução do processo e não ter feito no todo ou em parte o mesmo pedido da reclamação do autor. Ao contrário, se o autor pede horas extras e a testemunha em outro processo também pede horas extras, ela não poderá servir como testemunha do reclamante, pois tem interesse na solução do processo do autor.

Tem a testemunha interesse na solução do litígio quando são idênticos os pedidos que faz em sua ação e na do processo do autor, ainda que parcialmente, não tendo isenção de ânimo para depor, pois seu envolvimento irá influir em sua visão da realidade, externando aquilo que entende para si devido e não o que realmente ocorreu; deixando, portanto, de haver imparcialidade, resultando no interesse na solução da demanda que em relação a ela pretenda ser igual. De outro lado, se o reclamante pede horas extras e a testemunha pede adicional de insalubridade, não se vislumbra qualquer interesse da segunda na solução do processo do autor. Cada caso terá que ser analisado com parcimônia pelo juiz, verificando se há algum interesse por parte da testemunha na solução do processo do autor.

A testemunha que alega ter sofrido dano moral tem animosidade com o empregador, pois guarda rancor, revolta ou indignação em relação à afirmação feita. Não pode servir como testemunha.

O TST esclareceu que "não torna suspeita a testemunha o simples fato de estar litigando ou de ter litigado contra o mesmo empregador" (S. 357). Mesmo que a testemunha tenha litigado contra o empregador, não será considerada suspeita.

Empregado que exerce cargo de confiança poderá depor como testemunha, salvo se tiver interesse na solução do feito ou se for representante legal da empresa. O fato de a testemunha ser do empregador não a torna amiga pessoal deste ou interessada por presunção.

A testemunha não é obrigada a depor sobre fatos:

a) que lhe acarretem grave dano, assim como ao seu cônjuge ou companheiro e a seus parentes consanguíneos ou afins, em linha reta ou na colateral, até o terceiro grau;
b) a cujo respeito, por estado ou profissão, deva guardar sigilo (art. 448, I e II, do CPC), como o advogado, o médico, o contador, o engenheiro etc.

A testemunha tem obrigação de comparecer ao juízo. Ao início da inquirição, a testemunha prestará o compromisso de dizer a verdade do que souber e lhe for perguntado (art. 458 do CPC). O juiz advertirá a testemunha que incorre em sanção penal quem faz afirmação falsa, cala ou oculta a verdade, ficando sujeita a ser processada por crime de falso testemunho, que tem pena de reclusão de um a três anos e multa (art. 342 do Código Penal). Consiste o falso testemunho em "fazer afirmação falsa, ou negar ou calar a verdade", em processo judicial, policial ou administrativo.

O depoimento de uma testemunha não poderá ser ouvido pelas demais que tenham de depor no processo, competindo ao juiz providenciar para que não ocorra esse fato (art. 824 da CLT).

O juiz interrogará a testemunha sobre os fatos articulados, cabendo, primeiro, à parte que a arrolou e, depois, à parte contrária formularem perguntas tendentes a esclarecer ou completar o depoimento. Dispõe o art. 820 da CLT que as partes e testemunhas serão inquiridas pelo juiz ou presidente, podendo ser reinquiridas, por seu intermédio, a requerimento das partes, seus representantes ou advogados. As perguntas das partes serão dirigidas ao juiz que as formulará à testemunha. Logo, não se aplica o art. 459 do CPC ao processo do trabalho, no sentido de que as perguntas serão formuladas pelas partes diretamente à testemunha. Não há omissão na CLT para se aplicar o CPC.

O juiz não admitirá perguntas à testemunha que puderem induzir a resposta (art. 212 do CPP). As partes devem tratar as testemunhas com urbanidade, não lhes fazendo perguntas ou considerações impertinentes, capciosas ou vexatórias. As perguntas que o juiz indeferir serão obrigatoriamente transcritas no termo se a parte a requerer.

Duas pessoas não descrevem a mesma cena da mesma forma. Uma delas é mais detalhista e descritiva, a outra mais direta. Uma pode aumentar os detalhes, outra suprimir detalhes.

A testemunha muitas vezes faz afirmações daquilo que ela entende ter visto, de acordo com a sua interpretação e o seu grau de subjetivismo. Isso não quer dizer que ela esteja mentindo.

Há evidências de que a testemunha está mentindo quando existe o tremor da voz, ela começa a transpirar, movimenta continuamente as mãos e dedos, desvia o olhar etc.

Em regra, o reclamante não teria como pagar as despesas efetuadas por suas testemunhas para comparecimento à audiência, sob pena de até mesmo não produzir qualquer prova, por impossibilidade econômica. O empregado não tem como regra pagar as despesas das testemunhas. Não há previsão nesse sentido na CLT. Não se aplica o art. 462 do CPC ao processo do trabalho. Entretanto, a reclamada pode suportar as despesas efetuadas por suas testemunhas, podendo a testemunha requerer ao juiz o pagamento da despesa que efetuou para o comparecimento à audiência, devendo a parte pagá-la logo que arbitrada, ou depositá-la em cartório dentro de três dias.

O depoimento prestado em juízo é considerado serviço público (art. 463 do CPC).

No salário da testemunha, não haverá qualquer desconto em razão do comparecimento a juízo (art. 822 da CLT c/c parágrafo único do art. 463 do CPC).

Aplica-se a multa de 1% a 10% sobre o valor da causa (art. 793-C da CLT) à testemunha que intencionalmente alterar a verdade dos fatos ou omitir fatos essenciais ao julgamento da causa (art. 793-D da CLT). O objetivo da multa é que a testemunha fale a verdade e não seja preparado o seu depoimento. A multa só é aplicada se houver intenção da testemunha em alterar a verdade dos fatos ou omitir fatos essenciais ao julgamento da causa e não em outras situações. A execução da multa dar-se-á nos mesmos autos.

19.4.3.2 Procedimento sumaríssimo

As testemunhas, até o máximo de duas para cada parte, comparecerão à audiência de instrução e julgamento independentemente de intimação (§ 2º do art. 852-H da CLT). Ainda que tenha sido proposta ação plúrima, o número de testemunhas será de duas para o conjunto de reclamantes. A exceção diz respeito ao fato de existirem duas empresas no polo passivo, ocasião em que cada uma terá direito a ouvir duas testemunhas.

São duas testemunhas para cada parte em relação a todos os fatos e não duas para cada fato, como duas testemunhas para exceção de incompetência e as mesmas duas para instruir contradita ou para a prova da parte. Do contrário, seriam ouvidas mais de duas testemunhas.

A previsão de que as testemunhas comparecerão independentemente de intimação já era determinada no art. 825 da CLT.

No procedimento sumaríssimo, não haverá rol de testemunhas, como já não existe no procedimento ordinário.

A ausência de rol de testemunhas ajuda, de certa forma, a que seu depoimento seja isento, não sofrendo pressões, principalmente do empregador.

Só será deferida intimação de testemunha que, comprovadamente convidada, deixar de comparecer. A comprovação deve ser feita na audiência. Do contrário, o juiz não estará obrigado a adiar a audiência. Uma das formas da prova será demonstrar que a testemunha recebeu comunicação por escrito sobre a data da realização da audiência. Isso poderá ocorrer mediante carta com aviso de recebimento, telegrama com aviso de recebimento. Poderá também a comprovação ser feita por meio de outra testemunha, porém a prova do convite deverá ser feita na própria audiência.

Não comparecendo a testemunha intimada, o juiz poderá determinar sua imediata condução coercitiva (§ 3º do art. 852-H da CLT). O critério de intimação coercitiva ficará a critério do juiz, podendo também fazer intimação pela via postal. Havendo requerimento da parte, desde que fundamentado, o juiz determinará a condução coercitiva. Em razão da maior celeridade exigida para o procedimento sumaríssimo, deverá o juiz determinar a condução coercitiva da testemunha pelo oficial de Justiça, evitando um novo adiamento. Ocorre que, na cidade de São Paulo, o oficial de Justiça não tem feito diligência em período inferior a 15 dias, o que vem a mostrar que o prazo de 15 dias para o julgamento do pedido é muito exíguo.

O juiz poderá aplicar multa à testemunha que, comprovadamente intimada, deixar de comparecer à audiência, pois, apesar de não constar na redação do § 3º do art. 852-H da CLT, não existe qualquer proibição nesse sentido. É até salutar, visando evitar procedimentos protelatórios e má vontade da testemunha.

Os incidentes deverão ser resolvidos pelo juiz na audiência. A alegação de contradita à testemunha poderá importar instrução para se saber se a testemunha é impedida ou suspeita para depor. A instrução será necessária, devendo ser feita da mesma forma que no procedimento ordinário.

19.4.3.3 Interpretação dos depoimentos

O juiz está adstrito à regra da persuasão racional da prova (art. 371 do CPC). Na avaliação da prova, o juiz não deve usar a regra de *in dubio pro operario*, mas verificar de quem é o ônus da prova e interpretar os depoimentos de maneira unitária e não isolada.

Não há, portanto, hierarquia entre os meios de prova, sendo o juiz livre para interpretá-la, devendo apenas fundamentar seu posicionamento.

A confissão real não enfraquece nem se infirma pelos depoimentos das testemunhas, pois tem valor superior ao destas.

Depoimentos de testemunhas que são absolutamente iguais podem indicar que estão preparados.

Muitas vezes, há depoimentos testemunhais divergentes, decorrentes ou de falso testemunho ou da forma como a testemunha interpreta a realidade que viveu, podendo-se entender que não está mentindo, apenas expressando um juízo de valor.

Se há colidência dos depoimentos das testemunhas, pois, *v. g.*, as do reclamante dizem um horário e as da empresa dizem outro, prevalece o cartão de ponto, se houver. Inexistindo cartões de ponto nos autos e havendo colidência entre os depoimentos testemunhais, há necessidade de se verificar quem tem o ônus da prova. Se é o autor e há colidência nos depoimentos, pode-se entender que o postulante não fez a prova necessária, prevalecendo o horário constante da defesa. Entretanto, se há contradições nos depoimentos das testemunhas, estes não poderão ser observados.

Se o depoimento da testemunha é contraditório, não deve ser levado em consideração na sua totalidade, pois não é confiável. Não pode ser válido em um ponto e ser inválido em outro.

Havendo divergência quanto aos horários de trabalho entre as testemunhas, poderá também o juiz adotar um depoimento médio das testemunhas e estabelecer a média da jornada de trabalho do autor.

19.4.4 Perícia

19.4.4.1 Introdução

Perito, proveniente do latim *peritus*, formado pelo verbo *perior*, com o significado de experimentar, saber por experiência, é a pessoa que faz o exame dos fatos dos quais o juiz não tem conhecimento técnico: a perícia.

Perícia vem do latim *peritia*. É o conhecimento proveniente da experiência, da habilidade.

Faltando conhecimento especializado ao juiz, este indica um técnico que possa fazer o exame dos fatos objeto da causa, transmitindo esses conhecimentos ao magistrado, por meio de um parecer. Eis a perícia.

O juiz é o perito dos peritos (*iudex est peritus peritorum*).

A perícia pode ser: (a) exame, em que é feita inspeção de pessoas (como: exame médico), coisas ou semoventes; (b) vistoria em que o perito inspeciona terrenos, prédios, locais (ambiente de trabalho, como para adicional de insalubridade e de periculosidade); (c) avaliação, em que o perito estima o valor de coisas móveis e imóveis.

Perícia judicial é a realizada no processo.

Perícia extrajudicial pode ser a requerida pela empresa ou sindicato no Ministério do Trabalho (§ 1º do art. 195 da CLT). A empresa poderia pedir um laudo de um perito particular para verificar se o local de trabalho é insalubre ou perigoso.

No processo do trabalho, a avaliação dos bens penhorados é feita pelo oficial de justiça avaliador.

O art. 3º da Lei n. 5.584/70 determinou que "os exames periciais serão realizados por perito único designado pelo juiz, que fixará o prazo para a entrega do laudo". Esse dispositivo revogou o art. 826 da CLT. Antigamente cada parte indicava seu perito que, na verdade, defendia as partes. Com a edição da Lei n. 5.584/70 o perito é único e do juízo. As partes podem indicar assistentes técnicos, mas o único que presta compromisso é o perito, pois o assistente técnico não o faz, nem vincula seu trabalho ao juiz. Essa orientação de perito único foi albergada inclusive pelo CPC de 1973, pois se notou que o compromisso vinculava o assistente técnico ao juiz, além do que, com o perito único, não há mais interesse daquele em ajudar ou prejudicar a parte, pois responde apenas ao juiz da causa.

O § 2º do art. 195 da CLT é claro no sentido de que o juiz designará o perito. Logo, não pode haver convenção das partes para efeito da indicação do perito.

As partes podem, de comum acordo, escolher o perito, indicando-o mediante requerimento, desde que sejam plenamente capazes e a causa possa ser resolvida por autocomposição (art. 471 do CPC). Existe faculdade das partes na indicação do perito e não obrigação. A indicação tem de ser feita de comum acordo e não apenas por uma das partes. Os direitos discutidos devem ser disponíveis, que podem ser sujeitos à autocomposição e não em relação a direitos indisponíveis. Se o perito é único e designado pelo juiz (art. 3º da Lei n. 5.584/70), não será possível por convenção entre as partes ser indicado o perito. Assim, é inaplicável ao processo do trabalho o art. 471 do CPC, por não haver omissão na legislação processual trabalhista.

Mesmo os técnicos de estabelecimentos oficiais deverão prestar compromisso, pois o art. 827 da CLT determina que os peritos devam ser compromissados.

19.4.4.2 Particularidades

A perícia por insalubridade ou periculosidade poderá ser feita tanto por médico como por engenheiro (art. 195 da CLT). A lei não dispõe que a perícia de insalubridade é feita por médico e a de periculosidade é realizada por engenheiro. Há uma alternatividade: a perícia pode ser realizada por médico ou engenheiro. Ambos são capazes de realizar a perícia de insalubridade e de periculosidade. O que pode ocorrer é de em certa perícia haver necessidade, por exemplo, da realização de um exame médico, que o engenheiro evidentemente não poderá realizar tal exame, pois não tem conhecimentos médicos, mas em outros casos poderá fazer normalmente. Se a perícia exigir conhecimentos técnicos que só o médico ou só o engenheiro possuam, deverá ser realizada por apenas um deles e não pelo outro. Ao contrário, não necessitando a perícia de conhecimentos especializados em determinado assunto, a perícia de insalubridade ou de periculosidade poderá ser realizada tanto pelo engenheiro como pelo médico.

A Orientação Jurisprudencial n. 165 da SDI do TST entende que o art. 195 da CLT não faz qualquer distinção entre o médico e o engenheiro para efeito de caracterização e classificação da insalubridade e periculosidade, bastando para a elaboração do laudo seja o profissional devidamente qualificado.

O art. 188 da CLT dispõe que as inspeções de segurança em caldeiras devem ser feitas por engenheiro inscrito no Ministério do Trabalho.

A perícia de cálculos pode ser feita por qualquer pessoa, não necessitando esta ser contador; pode, portanto, ser feita por economista, administrador de empresas, engenheiro, matemático, estatístico etc. No entanto, quando a perícia envolver o exame de escrita, balanço, escrituração contábil somente poderá ser feita por contador ou auditor (arts. 25 e 26 do Decreto-lei n. 9.295/46). O técnico em contabilidade não pode fazer perícia, que fica adstrita apenas às pessoas anteriormente mencionadas.

A perícia de insalubridade e periculosidade tem que ser determinada pelo juiz independentemente de requerimento, de acordo com o art. 195 da CLT.

Havendo revelia, e na petição inicial existindo pedido de insalubridade ou periculosidade, é preciso ser realizada a prova técnica, pois a revelia não torna verdadeiro que no local de trabalho existiam elementos nocivos ou perigosos à saúde do trabalhador. Esses fatos só poderão ser verificados com o exame técnico, pelo especialista, inclusive para avaliar o grau da insalubridade existente no local de trabalho.

A causa de pedir da petição inicial não será levada em consideração caso o perito verifique a existência de outros elementos que são adversos à saúde do trabalhador. Este não tem conhecimentos técnicos suficientes para dizer qual é o elemento que lhe faz mal à saúde, que só o perito terá condição de informar ao juízo. O juiz poderá, portanto, conceder a insalubridade, por exemplo, se for verificado no local de trabalho que há agente insalubre diverso do apontado na inicial (S. 293 do TST).

19.4.4.3 Procedimentos

A perícia deve ser designada antes da audiência de instrução, inclusive para que o perito possa ser ouvido em audiência.

O perito será nomeado entre pessoas que tenham os necessários conhecimentos técnicos, não podendo estar impedido ou suspeito de realizar seu mister.

Serão escolhidos os peritos entre profissionais legalmente habilitados e os órgãos técnicos ou científicos devidamente inscritos em cadastro mantido pelo tribunal ao qual o juiz está vinculado (§ 1º do art. 156 do CPC). Comprovarão os peritos sua especialidade na matéria sobre a qual deverão opinar, mediante certidão do órgão profissional em que estiverem inscritos. Nas localidades em que não houver inscrito no cadastro disponibilizado pelo tribunal, a nomeação do perito é de livre escolha pelo juiz e deverá recair sobre profissional ou órgão técnico ou científico comprovadamente detentor do conhecimento necessário à realização da perícia (§ 5º do art. 156 do CPC).

Para formação do cadastro, os tribunais devem realizar consulta pública, por meio de divulgação na rede mundial de computadores ou em jornais de grande circulação, além de consulta direta a universidades, a conselhos de classe, ao Ministério Público, à Defensoria Pública e à Ordem dos Advogados do Brasil, para a indicação de profissionais ou de órgãos técnicos interessados (§ 2º do art. 156 do CPC). Os tribunais realizarão avaliações e reavaliações periódicas para manutenção do cadastro, considerando a formação profissional, a atualização do conhecimento e a experiência dos peritos interessados.

O laudo pericial geralmente tem uma espécie de relatório em que o perito identifica o processo, o juízo, descreve o objeto da perícia (art. 473, I, do CPC), narra as ocorrências ocorridas no curso da perícia, indica os métodos empregados para a confecção do laudo, esclarecendo e demonstrando ser predominantemente aceito pelos especialistas da área do conhecimento da qual se originou (art. 473, III, do CPC). Em seguida, faz a conclusão, que é o seu parecer. Posteriormente, apresenta a resposta conclusiva aos quesitos apresentados pelas partes (art. 473, IV, do CPC). A resposta aos quesitos deve ser, portanto, fundamentada. Pode trazer documentos ilustrativos com o laudo (§ 3º do art. 473 do CPC).

No laudo, o perito deve apresentar sua fundamentação em linguagem simples e com coerência lógica, indicando como alcançou suas conclusões (§ 1º do art. 473 do CPC). A fundamentação em linguagem simples serve para que qualquer pessoa possa ler e entender o laudo. Não pode, portanto, ser redigido em linguagem técnica.

É proibido ao perito ultrapassar os limites de sua designação, bem como emitir opiniões pessoais que excedam o exame técnico ou científico do objeto da perícia (§ 2º do art. 473 do CPC). O perito deve ater-se àquilo que o juiz determinou à perícia. Não pode o perito emitir opiniões pessoais, ainda que seja do seu conhecimento técnico.

O perito que, por dolo ou culpa, prestar informações inverídicas responderá pelos prejuízos que causar à parte e ficará inabilitado para atuar em outras perícias no prazo de dois a cinco anos, independentemente das demais sanções previstas em lei, devendo o juiz comunicar o fato ao respectivo órgão de classe para adoção das medidas que entender cabíveis (art. 158 do CPC).

Pode o perito escusar-se do encargo alegando motivo legítimo (art. 157 do CPC). A escusa será apresentada no prazo de 15 dias, contados da intimação, da suspeição ou impedimento supervenientes, sob pena de renúncia ao direito a alegá-la. Pode o perito ser recusado por impedimento ou suspeição, de acordo com os arts. 144 e 145 do CPC, no prazo de 15 dias. Ao aceitar a escusa ou acolher a impugnação o juiz nomeará novo perito.

Há substituição do perito quando:

a) faltar-lhe conhecimento técnico ou científico;
b) sem motivo legítimo, deixar de cumprir o encargo no prazo que lhe foi assinado (art. 468 do CPC).

No último caso, o juiz comunicará a ocorrência à corporação profissional respectiva, podendo, ainda, impor multa ao perito, fixada tendo em vista o valor da causa e o possível prejuízo decorrente do atraso no processo.

O perito substituído restituirá, no prazo de 15 dias, os valores recebidos pelo trabalho não realizado, sob pena de ficar impedido de atuar como perito judicial pelo prazo de cinco anos. Não ocorrendo a restituição voluntária de que trata o § 2º, a parte que tiver realizado o adiantamento dos honorários poderá promover execução contra o perito, na forma dos arts. 513 e ss. do CPC, com fundamento na decisão que determinar a devolução do numerário.

O juiz indeferirá a perícia quando:

a) a prova de fato não depender de conhecimento especial de técnico;
b) for desnecessária em vista de outras provas produzidas;
c) a verificação for impraticável (§ 1º do art. 464 do CPC), como ocorre com local de trabalho desativado.

De ofício ou a requerimento das partes, o juiz poderá, em substituição à perícia, determinar a produção de prova técnica simplificada, quando o ponto controvertido for de menor complexidade (§ 2º do art. 464 do CPC). Esse dispositivo é inspirado no art. 35 da Lei n. 9.099/95. Parece ser difícil a aplicação prática de tal dispositivo, pois as perícias de insalubridade, periculosidade e de doença do trabalho exigem exame detalhado. Nas primeiras, o perito precisa ir até o local de trabalho para fazer verificações. A prova técnica simplificada consistirá apenas na inquirição de especialista, pelo juiz, sobre ponto controvertido da causa que demande especial conhecimento científico ou técnico. Evita a perícia simplificada a prática de atos desnecessários, como manifestação sobre o laudo, esclarecimentos ao perito, intimação etc. Tem por fundamento a celeridade e a economia processual. Durante a arguição, o especialista, que deverá ter formação acadêmica específica na área objeto de seu depoimento, poderá valer-se de qualquer recurso tecnológico de transmissão de sons e imagens com o fim de esclarecer os pontos controvertidos da causa (§ 4º do art. 464 do CPC).

Sendo a perícia realizada por carta precatória, poderá fazer a nomeação de perito e indicação de assistentes técnicos no juízo ao qual se requisitar a perícia (§ 6º do art. 465 do CPC).

O juiz nomeará perito especializado no objeto da perícia e fixará de imediato o prazo para a entrega do laudo (art. 465 do CPC).

Ciente da nomeação, o perito apresentará em cinco dias:

I – proposta de honorários;
II – currículo, com comprovação de especialização;
III – contatos profissionais, em especial o endereço eletrônico, para onde serão dirigidas as intimações pessoais.

As partes serão intimadas da proposta de honorários para, querendo, manifestar-se no prazo comum de cinco dias, após o que o juiz arbitrará o valor, intimando-se as partes.

Quando a perícia for inconclusiva ou deficiente, o juiz poderá reduzir a remuneração inicialmente arbitrada para o trabalho (§ 5º do art. 465 do CPC).

Nomeado o perito, as partes terão 15 dias a contar da intimação do despacho de nomeação pelo juiz para arguir o impedimento ou a suspeição do perito, se for o caso; apresentar seus quesitos e os assistentes técnicos (§ 1º do art. 465 do CPC). Não há obrigatoriedade de apresentar os assistentes técnicos, nem os quesitos, mas poderão auxiliar a parte no decorrer do exame pericial. Os assistentes técnicos, porém, não estão sujeitos a impedimento ou suspeição (§ 1º do art. 466 do CPC), pois são pessoas de confiança da parte que o indicou, não prestando compromisso.

O juiz indeferirá quesitos impertinentes, formulando os quesitos que entender necessários ao esclarecimento da causa (art. 470 do CPC).

Não pode ser exigido depósito prévio de honorários na perícia, em razão do princípio da gratuidade que vigora no processo do trabalho. O próprio § 2º do art.

195 da CLT, ao se referir a insalubridade e periculosidade, mostra que o juiz "designará" perito para fazer o exame, o que é imperativo, independendo do depósito para esse fim. A Orientação Jurisprudencial Transitória n. 98 da SBDI-1 do TST entende ilegal o depósito, por ser incompatível com o processo do trabalho.

A parte tem a possibilidade de comparecer à diligência da perícia em razão do princípio da publicidade dos atos processuais (art. 189 do CPC) e das provas.

O laudo do perito será apresentado no prazo fixado pelo juiz, devendo fazê-lo o especialista pelo menos 20 dias antes da audiência de instrução e julgamento (art. 477 do CPC).

O perito do juízo tem o dever de, no prazo de 15 dias, esclarecer ponto:

I – sobre o qual exista divergência ou dúvida de qualquer das partes, do juiz ou do órgão do Ministério Público;

II – divergente apresentado no parecer do assistente técnico da parte (§ 2º do art. 477 do CPC).

O laudo pericial deverá conter:

I – a exposição do objeto da perícia;

II – a análise técnica ou científica realizada pelo perito;

III – a indicação do método utilizado, esclarecendo-o e demonstrando ser predominantemente aceito pelos especialistas da área do conhecimento da qual se originou;

IV – resposta conclusiva a todos os quesitos apresentados pelo juiz, pelas partes e pelo órgão do Ministério Público (art. 473 do CPC). No laudo, o perito deve apresentar sua fundamentação em linguagem simples e com coerência lógica, indicando como alcançou suas conclusões. É vedado ao perito ultrapassar os limites de sua designação, bem como emitir opiniões pessoais que excedam o exame técnico ou científico do objeto da perícia.

Se ainda houver necessidade de esclarecimentos, a parte requererá ao juiz que mande intimar o perito ou o assistente técnico a comparecer à audiência de instrução e julgamento, formulando, desde logo, as perguntas, sob forma de quesitos.

O perito ou o assistente técnico será intimado por meio eletrônico, com pelo menos 10 dias de antecedência da audiência.

O prazo para entrega do laudo poderá ser prorrogado pelo juiz, por uma só vez, desde que haja requerimento fundamentado do perito (art. 476 do CPC). Caso o perito, sem motivo legítimo, deixe de entregar o laudo no prazo indicado, poderá ser substituído, além de incorrer em multa fixada, tendo em vista o valor da causa e o prejuízo causado por seu atraso. O magistrado poderá também comunicar a ocorrência à corporação profissional do perito (§ 1º do art. 468 do CPC).

O assistente técnico deverá apresentar seu parecer no mesmo prazo assinado pelo juiz ao perito (parágrafo único do art. 3º da Lei n. 5.584/70). Se o perito apresentar o laudo antes de seu prazo, o assistente técnico poderá apresentar seu trabalho no prazo que foi assinado pelo juiz ao perito para apresentação do laudo.

O juiz poderá dispensar a prova pericial, em certos casos, "quando as partes, na inicial e na contestação, apresentarem, sobre as questões de fato, pareceres técnicos ou documentos elucidativos que considerar suficientes" (art. 472 do CPC). A dispensa, todavia, ficará a critério do juiz. Seria o caso de o juiz dispensar a realização de prova pericial quando a reclamada traz aos autos laudo onde há prova que o reclamante alterou grosseiramente os cartões de ponto a caneta, recebendo por horas extras não prestadas, tendo sido este o motivo justificador da dispensa por justa causa. Outro exemplo seria a apresentação de laudo pericial do cível em que ficou constatado o acidente do trabalho.

As partes terão ciência da data e do local designados pelo juiz ou indicados pelo perito para ter início a produção da prova (art. 474 do CPC). É a aplicação do princípio da publicidade. Isso pode trazer problemas em ambientes em que será feita prova de insalubridade ou periculosidade, pois o empregador pode modificar o local de trabalho, sabendo quando será realizada a perícia.

Tratando-se de perícia complexa, que abranja mais de uma área de conhecimento especializado, o juiz poderá nomear mais de um perito e a parte indicar mais de um assistente técnico (art. 475 do CPC). Na prática, a existência de indicação de mais de um perito já ocorria quando o juiz indicava engenheiro para apuração de periculosidade e médico para apuração de doença profissional. Pode ser exemplo de indicar médico para fazer exame médico e psiquiatra, para exame mental do trabalhador. O perito é único para cada espécie de perícia que compreende determinado conhecimento.

Para o desempenho de sua função, o perito e os assistentes técnicos podem valer-se de todos os meios necessários, ouvindo pessoas, obtendo informações, solicitando documentos que estejam em poder da parte, de terceiros ou em repartições públicas (§ 3º do art. 473 do CPC). O perito não ouve testemunhas, mas pessoas. Não pode substituir o juiz na inquirição de testemunhas, que deve ser feito em juízo. O laudo poderá ser instruído com planilhas, mapas, plantas, desenhos, fotografias ou outros elementos ne-cessários ao esclarecimento do objeto da perícia.

Quando o exame tiver por objeto a autenticidade ou a falsidade de documento, ou for de natureza médico-legal, o perito será escolhido, de preferência, entre os técnicos dos estabelecimentos oficiais especializados, a cujos diretores o juiz autorizará a remessa dos autos, bem como do material sujeito a exame. O juiz autorizará a remessa dos autos, bem como de material sujeito a exame, ao diretor do estabelecimento. Tendo o exame por objeto a autenticidade da letra e firma, o perito poderá requisitar, para efeito de comparação, documentos existentes em repartições públicas; na falta destes, poderá requerer ao juiz que a pessoa, a quem se atribuir a autoria do documento, lance em folha de papel, por cópia ou sob ditado, dizeres diferentes, para fins de comparação (§ 3º do art. 478 do CPC).

O juiz não está adstrito ao laudo pericial, podendo formar sua convicção com outros elementos ou fatos provados nos autos, pois, do contrário, o perito substituiria a função de julgar do magistrado. O juiz apreciará a prova pericial de forma fundamentada, indicando na sentença os motivos que o levaram a considerar ou a deixar de considerar as conclusões do laudo, levando em conta o método utilizado pelo perito (art. 479 do CPC). O magistrado irá valorar o laudo pericial, podendo desprezá-lo, se entender que o melhor trabalho é o do assistente técnico, porém deverá fundamentar sua decisão, diante de outras provas existentes nos autos, de acordo com o princípio do livre convencimento do juiz (art. 371 do CPC).

Poderá o juiz determinar, de ofício ou a requerimento da parte, a realização de uma nova perícia, desde que a matéria não lhe pareça suficientemente esclarecida (art. 480 do CPC). O juiz é que tem que se esclarecer e não a parte, pois a prova é feita para convencer o magistrado. Não terá o juiz obrigação de determinar a segunda perícia em caso de requerimento da parte, pois se trata de faculdade do juiz, visto que a lei emprega o verbo *poderá* e não *deverá*. Assim, eventual indeferimento de realização de segunda perícia não constituirá cerceamento de prova. O objetivo é o esclarecimento do juiz e não da parte. A segunda perícia terá por objeto os mesmos fatos sobre os quais recaiu a primeira e destina-se a corrigir eventual omissão ou inexatidão dos resultados a que esta conduziu (§ 1º do art. 480 do CPC). A segunda perícia será regida pelas determinações estabelecidas para a primeira, não vindo a substituí-la. Ao juiz caberá apreciar livremente o valor dos dois laudos.

O perito poderá ser convocado pelo juiz para prestar esclarecimentos em audiência (art. 827 da CLT). Primeiro serão ouvidas as testemunhas e depois o perito e os assistentes técnicos, se houver.

Se a parte desejar esclarecimento do perito, poderá requerer ao juiz que determine seu comparecimento em juízo, formulando os quesitos para serem respondidos pelo especialista.

Só são admitidos quesitos suplementares, se estes forem ofertados durante a diligência do perito (art. 469 do CPC) e não após a entrega do laudo. Poderão, entretanto, ser admitidos quesitos suplementares antes da entrega do laudo. Da juntada dos quesitos suplementares aos autos dará o escrivão ciência à parte contrária. Se os quesitos suplementares tiverem caráter elucidativo, poderão ser respondidos pelo perito, a critério do juiz, inclusive em audiência.

A responsabilidade pelo pagamento dos honorários periciais é da parte sucumbente na pretensão objeto da perícia, ainda que beneficiária da justiça gratuita (art. 790-B da CLT). É a sucumbência em relação à pretensão objeto da perícia. O pagamento dos honorários periciais pelo vencido nesse ponto visa evitar perícia inútil.

A indicação de assistente técnico é faculdade da parte, a qual deve responder pelos respectivos honorários, ainda que vencedora no objeto da perícia (S. 341 do TST). O empregado, por exemplo, não teria condições de pagar os honorários do assistente técnico do empregador, caso perdesse a questão objeto da perícia. É a aplicação do princípio da proteção no âmbito processual.

Se o empregado recebe quantia na execução, seu estado de hipossuficiência se modificou. A parte contrária poderá, em qualquer fase da lide, requerer a revogação dos benefícios de assistência, e, inclusive, o pagamento das custas.

Assim, poderiam ser cobrados os honorários periciais.

19.4.4.4 Procedimento sumaríssimo

Somente quando a prova do fato o exigir, ou for legalmente imposta, será deferida prova técnica, incumbindo ao juiz, desde logo, fixar o prazo, o objeto da perícia e nomear perito (§ 4º do art. 852-H da CLT).

A *contrario sensu*, o inciso I do § 1º do art. 464 do CPC só admite a prova pericial em se tratando de necessidade de conhecimento especial de técnico.

Por obrigação legal, a prova de insalubridade ou periculosidade deve ser feita por perícia (§ 2º do art. 195 da CLT). Pode ocorrer de a prova necessitar ser feita por arbitramento, ocasião em que o juiz designará perito para esse fim. Poderá também ser necessária a prova pericial contábil para demonstrar, por exemplo, diferença de horas extras.

O juiz especificará qual a finalidade da perícia, nomeando perito.

O § 5º do art. 852-H da CLT foi vetado. Facultava às partes, no prazo comum de 72 horas, a apresentação de quesitos, vedada a indicação de assistente técnico.

Argumenta-se que o veto à indicação de assistente técnico cercearia o direito da parte de apresentar suas objeções ao laudo.

Como o § 5º do art. 852-H da CLT foi vetado, aplica-se o inciso II do § 1º do art. 465 do CPC, sendo possível a indicação de assistentes técnicos: as partes terão direito de apresentar assistentes técnicos e oferecer quesitos, no prazo de 15 dias. Esse prazo é muito longo, pois o processo tem de ser julgado em até 30 dias, se adiada a audiência, o que ocorre quando se determina perícia. Talvez fosse mais razoável conceder cinco dias para apresentar quesitos e assistentes técnicos.

Serão as partes intimadas a manifestar-se sobre o laudo, no prazo comum de cinco dias (§ 6º do art. 852-H da CLT). O prazo para manifestação sobre o laudo será comum e de cinco dias e não cinco dias para o reclamante e os cinco seguintes para o empregador. Havendo prazo comum às partes, só em conjunto ou mediante prévio ajuste por petição nos autos poderão seus procuradores retirar os autos (§ 2º do art. 107 do CPC). Em casos complexos, será difícil ao advogado verificar os autos no próprio cartório. Não há como se conceder prazo de 2,5 dias para cada parte.

A lei determina expressamente que o perito apresente laudo, que será feito por escrito. É impossível o oferecimento de laudo em audiência pelo perito, que deve ter tempo suficiente para elaborá-lo. Da mesma forma, é impossível que o juiz designe audiência para que o perito preste informações técnicas necessárias ao esclarecimento da questão, pois a lei exige laudo. O perito poderá até ser convocado para prestar esclarecimentos em audiência (§ 1º do art. 848 da CLT), porém em relação ao laudo já elaborado e que está nos autos.

19.4.5 Inspeção judicial

O juiz pode ir diretamente ao local de trabalho do empregado, por exemplo, para fazer observações de pessoas ou coisas, que são objeto dos fatos articulados pelas partes nos autos. Nisso consiste a inspeção judicial. Define-a Moacyr Amaral Santos (1982:491) como "a percepção sensorial direta do juiz, a fim de se esclarecer quanto a fato, sobre qualidades ou circunstâncias corpóreas de pessoas ou coisas".

A finalidade da inspeção judicial é esclarecer o juiz sobre fato de interesse da causa, a respeito de pessoas ou coisas (art. 481 do CPC), podendo ser realizada em qualquer fase do processo.

Inspeção judicial não é perícia. É ato do juiz. Perícia é feita pelo perito.

É uma prova posterior ao fato. Tem natureza de prova complementar.

A inspeção judicial pode ser feita de ofício pelo juiz ou a requerimento da parte, mas a conveniência de sua realização ficará a critério do juiz. Não constituirá cerceamento de prova o indeferimento da realização da inspeção judicial.

O magistrado poderá fazer-se acompanhar de um ou mais peritos na diligência (art. 482 do CPC). As partes poderão comparecer à diligência e formular esclarecimentos e observações (parágrafo único do art. 483 do CPC). O juiz irá ao local onde estiver a pessoa ou coisa quando:

a) julgar necessário para a melhor verificação ou interpretação dos fatos que deva observar;

b) a coisa não puder ser apresentada em juízo, sem consideráveis despesas ou graves dificuldades;

c) determinar a reconstituição dos fatos (art. 483 do CPC).

Ao se concluir a inspeção, será lavrado auto circunstanciado do ocorrido, mencionando nele tudo quanto for útil ao julgamento da causa, que será juntado aos autos (art. 484 do CPC). O auto poderá ser instruído com desenho, gráfico ou fotografia.

Para que haja o exercício do contraditório, as partes devem ser intimadas para manifestação a contar da juntada do auto circunstanciado da inspeção judicial no prazo de cinco dias ou no fixado pelo juiz.

Na prática, o que ocorre é o juiz determinar ao oficial de justiça ir ao local onde estiverem as pessoas ou coisas, fazendo a "constatação" do que ocorre naquele lugar. Exemplo: o juiz determina que o oficial de justiça vá ao local de trabalho para saber se os empregados da empresa prestam serviços em horas extras. O oficial de justiça comparece ao local, verificando se há trabalho em jornada extraordinária, prestando as informações por escrito ao juiz.

19.4.6 Produção antecipada de provas

No sistema romano utilizava-se a prova *ad perpetuam rei memoriam*, isto é, para perpetuar a memória da coisa.

O Regulamento n. 737, de 1850, tratou do tema no Título VII ("Processos Preparatórios e Incidentes"). O art. 178 versava sobre a prova *ad perpetuam* quanto à prova testemunhal. O Regulamento, contudo, não fazia referência à prova *ad perpetuam* para o depoimento da parte; a doutrina admitia o depoimento pessoal antecipado, porém, como afirma Moacyr Amaral Santos, "apenas antes do período probatório, mas depois de intentada a ação, nunca anteriormente a esta" (1983, v. 1:323). Não havia, também, previsão da prova *ad perpetuam* no que diz respeito ao exame pericial, que, na prática, era aceito pela doutrina e pela jurisprudência.

O CPC de 1939 previa a prova *ad perpetuam rei memoriam* para justificar todas as provas que deveriam ser produzidas antecipadamente, com o objetivo de conservação do meio de prova a ser produzido.

No CPC de 1973, a produção antecipada de provas era tratada como medida cautelar (arts. 846 a 851).

O CPC de 2015 passou a tratar a produção antecipada de provas no capítulo de prova (arts. 381 a 383) e não mais como medida cautelar. É um incidente que ocorre geralmente antes do processo principal, mas poderia também ocorrer no curso deste. Não se concede liminar, que não existe. O réu não era citado para se defender. Daí porque se tratar do tema em outro local do CPC e não mais como medida cautelar.

A produção antecipada de provas será admitida nos casos em que:

I – haja fundado receio de que venha a tornar-se impossível ou muito difícil a verificação de certos fatos na pendência da ação. É o caso da testemunha doente que poderá não conseguir depor posteriormente, da perícia que precisa ser feita agora, pois, se for feita posteriormente, haverá mudança no local de trabalho;

II – a prova a ser produzida seja suscetível de viabilizar a autocomposição ou outro meio adequado de solução de conflito;

III – o prévio conhecimento dos fatos possa justificar ou evitar o ajuizamento de ação (art. 381 do CPC). Exemplos podem ser quando a parte ou testemunhas tiverem de se ausentar, ou se, em razão da idade ou moléstia grave, houver justo receio que ao tempo da instrução já não mais existam ou não possam depor.

Em virtude de doença a parte poderia ao tempo de seu depoimento não mais existir ou não ter condições físicas para depor, inclusive de fala, daí a necessidade da antecipação da prova. É certo que se a pessoa pretender se ausentar da cidade ou do país poderia ser colhido o seu depoimento por meio de carta precatória ou rogatória, mas isso nem sempre é fácil de ser feito, mormente se a pessoa estiver em trânsito ou não se souber seu efetivo endereço, além do que o procedimento seria moroso, recomendando-se, portanto, a antecipação da prova.

Consistirá a produção antecipada de provas no interrogatório da parte, inquirição de testemunhas e exame pericial. O exame pericial poderá ser deferido se fundado em receio de que venha a tornar-se impossível ou muito difícil a verificação de certos fatos na pendência da ação. Isso ocorreria em relação à insalubridade ou periculosidade postulada pelo empregado, em razão de o empregador estar mudando o ambiente de trabalho ou até mesmo estar extinguindo a seção onde trabalhava o reclamante. Ao tempo da prova provavelmente a situação de fato estará mudada, sendo necessária, assim, a produção antecipada do exame pericial, antes mesmo da propositura da ação principal. Nesse caso, a prova pericial posterior será impraticável, cabendo ao juiz indeferi-la, com fundamento no inciso III do § 1º do art. 464 do CPC.

Para a utilização da produção antecipada de provas serão utilizados os arts. 381 a 383 do CPC, em razão da omissão da CLT. Será necessário, também, demonstrar a fumaça do bom direito e o perigo da demora. O perigo da demora poderá ser justificado sob o fundamento de que, se a pessoa ou o exame pericial não for feito agora, quando for a época oportuna a pessoa poderá já não mais existir ou o ambiente de trabalho estar modificado, impedindo a prova pericial. A fumaça do bom direito estará evidenciada pelo fato de ser necessário o depoimento da pessoa ou o exame pericial para a prova do que se pretende alegar no processo principal, que só a pessoa ou o exame poderão provar.

A produção antecipada de prova poderá ser preparatória para a ação principal quando proposta no curso desta, pois terá por objetivo a segurança da relação jurídica, embora tenha natureza administrativa, por inexistir lide.

O objeto da antecipação da prova será o interrogatório da parte, a inquirição de testemunhas e o exame pericial. O CPC não fez referência às hipóteses de antecipação de meios de prova, como era a regra do CPC anterior para interrogatório da parte, oitiva de testemunhas e exame pericial, podendo, hoje, serem feitas em outras hipóteses. A prova antecipada também pode ser feita por meio de inspeção judicial (art. 481 do CPC). A inspeção judicial que se fizer no curso do processo principal será incidente, mas de meio de prova realizado no decorrer do processo.

Os documentos, porém, não serão objeto de antecipação da prova, mas, sim, de exibição.

Não haverá prova antecipada apenas do exame pericial, mas também das vistorias e avaliações, desde que evidenciados a fumaça do bom direito e o perigo da demora. Seria possível a interdição ou a demolição de prédio para resguardar a saúde, a segurança ou outro interesse público, estando implícita também a vistoria de determinado local ou a avaliação de certo bem.

É possível ser ouvida testemunha em casos de urgência, como quando há risco de morte da testemunha. O risco de tal situação ocorrer é grande, daí por que seria admissível a oitiva da testemunha.

Há necessidade de citar os interessados para acompanharem o processo (§ 1º do art. 382 do CPC), pois, do contrário, feriria o contraditório, impediria o interessado de contraditar a testemunha, fazer-lhe perguntas, requerer acareação etc., justamente porque não iria participar da audiência. Não se pode prescindir dessa situação legal, determinando a oitiva de testemunhas sem que esteja presente à audiência o requerido. O art. 456 do CPC determina que a testemunha que ainda não depôs não pode ouvir o depoimento, de outra testemunha, devendo o juiz providenciar para que tal fato não ocorra. Ouvir uma testemunha ou todas sem a presença do requerido e posteriormente ouvi-las novamente apenas para que a parte possa fazer-lhes perguntas será permitir que as testemunhas se comuniquem ou leiam os depoimentos anteriores e estejam preparadas para a inquirição. Mesmo assim, uma vez já realizado o depoimento seria impossível ao requerido contraditar a testemunha, de modo a mostrar o impedimento ou a suspeição daquela, pois o depoimento já teria sido realizado. Assim, não se poderia falar em prova antecipada para a colheita de depoimento testemunhal sem a participação do requerido.

É claro que também será impossível a inquirição da parte contrária, mediante concessão de liminar *inaudita altera parte*, sem que esta compareça à própria audiência para que seja tomado seu depoimento.

No que diz respeito à designação de perícia para constatação de insalubridade ou periculosidade, é possível a concessão de medida *inaudita altera parte*, sem a citação do requerido, pois o réu poderia, por exemplo, modificar o local de trabalho do autor, não sendo possível constatar aquilo que pretendia o requerente. Nesse caso, conceder-se-ia a medida *in limine* sem o acompanhamento do réu, justamente em razão de que, se o requerido fosse citado, poderia modificar as suas instalações, visando à não constatação da insalubridade ou periculosidade. Permitir-se-ia ao requerido posteriormente a indicação de assistente técnico e a indicação de quesitos para que o perito pudesse responder, e só posteriormente seria elaborado e apresentado o laudo, podendo até mesmo ser feita diligência complementar para esclarecer eventuais dúvidas, o que não impediria a manifestação do réu.

Na petição inicial da produção antecipada de provas, o requerente apresentará as razões que justificam a necessidade de antecipação da prova e mencionará com precisão os fatos sobre os quais a prova há de recair (art. 382 do CPC).

O requerente deverá justificar a necessidade da antecipação da prova, mencionando com precisão os fatos sobre os quais embasa o pedido de sua realização. Assim, é preciso indicar antecipadamente por que o requerente pretende utilizar a produção antecipada de prova, mostrando exatamente o fato a ser provado. No tocante à inquirição de testemunhas, serão intimados os interessados a comparecer à audiência em que prestarão depoimento.

Adverte Galeno Lacerda que nas antecipações de prova poderá ocorrer a demora na citação, podendo o juiz deferir de plano a providência, contanto que assegure ao requerido a possível reinquirição da testemunha, por exemplo. No entanto, nesse procedimento não há liminar, "mas a aplicação analógica de providência prévia imediata, através de simples deferimento antecipado da cautela voluntária" (1990, v. VIII, t. I:341).

Para a oitiva da parte ou de testemunhas é necessário que haja indícios de que uma ou outras irão se afastar por período considerável, de modo a que não possam ser ouvidas em juízo. Na ausência da parte ou testemunha do país será mais justificável a antecipação da prova, justamente diante da dificuldade maior que haverá para serem ouvidas por meio de carta rogatória, que, inclusive, teria de ser redigida em língua estrangeira e depois vertida para o português. Será também feito o interrogatório da parte ou a inquirição da testemunha se por motivo de idade ou de moléstia grave houver justo receio de que ao tempo da prova já não exista, ou esteja impossibilitada de depor. A prova de que a testemunha irá se afastar por período considerável poderá ser feita por meio de declaração da referida pessoa.

Quando o fato puder ser apurado no momento processual adequado não se justifica o pedido de produção antecipada de prova (*RT* 491/62), pois inexiste o perigo da demora.

A idade avançada da testemunha será demonstrada mediante certidão de nascimento. A prova de moléstia grave será feita por meio de atestado médico.

A parte contrária não será citada para se defender (§ 4º do art. 382 do CPC), mas para acompanhar o processo, pois no caso da produção de prova antecipada não haverá lide, pois inexistirá a pretensão resistida, o contencioso entre as partes. Não poderá também apresentar exceção de incompetência, de suspeição ou impedimento do juiz, justamente porque não é citada para apresentar resposta, que compreenderia a contestação e a exceção. A questão relativa a suspeição, impedimento ou incompetência do juízo será declinada na defesa da eventual ação principal que for proposta pelo autor. Entretanto, o requerido poderá apresentar impugnação ao pedido de produção antecipada de prova quando tal medida não tenha amparo nos arts. 381 a 383 do CPC (*RT* 562/226). O objeto da impugnação será apenas o cabimento ou não da medida, sendo possível ao requerido alegar ilegitimidade de parte (*RJTJSP* 126/305).

A produção antecipada da prova é da competência do juízo do foro onde esta deva ser produzida ou do foro de domicílio do réu (§ 2º do art. 381 do CPC). A produção antecipada da prova não previne a competência do juízo para a ação que venha a ser proposta. O juízo estadual tem competência para produção antecipada de prova requerida contra a União, de entidade autárquica ou de empresa pública federal se, na localidade, não houver vara federal.

O juiz não se pronunciará sobre a ocorrência ou a inocorrência do fato, nem sobre as respectivas consequências jurídicas (§ 2º do art. 382 do CPC).

Poderá ocorrer de a parte ou testemunha não ter condições de comparecer à audiência, em razão, por exemplo, de grave enfermidade. Comprovado o fato, o juiz designará dia, hora e local para a oitiva (arts. 449, parágrafo único, e 454, § 1º do CPC). Se a pessoa não tiver nenhuma condição para depor, caberá ao juiz indeferir a prova a ser produzida, por ser impraticável.

A antecipação da perícia deverá ser feita quando o juiz necessitar de conhecimento técnico de um terceiro (o perito) para efeito da verificação. Nesse caso, a antecipação da perícia deve ser feita como procedimento preparatório para a futura ação principal. Não se irá admitir a antecipação de perícia quando houver alteração no estado da coisa que ocorrer no curso do processo, pois nesse caso a medida apropriada será o atentado. Teoricamente, também seria possível admitir uma ação inominada cominatória com o objetivo de fazer com que o empregador se abstivesse de modificar o estado de fato do local de trabalho, para futuramente ser proposta a ação principal. Na produção antecipada de prova que compreender perícia serão admitidos a indicação de assistentes técnicos e o oferecimento de quesitos (*RT* 546/53), pois devem ser observados os arts. 464 a 480 do CPC. O juiz designará o perito, assinando o prazo em que o laudo deverá ser apresentado. O assistente técnico deverá apresentar o laudo no mesmo prazo do perito (parágrafo único do art. 3º da Lei n. 5.584/70). Os assistentes técnicos e os quesitos serão apresentados em cinco dias. O perito também poderá ser convocado a juízo para esclarecimento de determinados pontos que forem necessários, desde que os quesitos sejam apresentados desde logo. Não se admitirá que o perito preste os esclarecimentos se for intimado com menos de cinco dias antes da audiência (parágrafo único do art. 435 do CPC). Poderá o juiz designar a realização de nova perícia, de ofício ou a requerimento da parte, determinando que seja realizado novo laudo. A segunda perícia terá por objeto os mesmos fatos sobre que recaiu a primeira, destinando-se a corrigir eventual omissão ou inexatidão dos resultados a que esta conduziu (art. 480 do CPC). Não irá a segunda perícia substituir a primeira, cabendo ao juiz no processo principal apreciar a validade de cada uma. Os honorários periciais serão suportados pelo requerente, pois, como não haverá o exame do mérito, inexistirá vencido, não sendo aplicável a Súmula 236 do TST. Os honorários dos assistentes técnicos ficarão a cargo de cada parte que os indicou (S. 341 do TST). Será possível, porém, a cobrança das despesas decorrentes dos honorários periciais na ação principal.

Nota-se que não há sentença a ser proferida na antecipação de prova, pois não há lide, nem partes. Não haverá, portanto, valoração da prova produzida por meio da antecipação, justamente porque inexiste sentença de mérito. A valoração da prova será feita, portanto, no processo principal, cabendo ao juiz apenas decidir incidentes ocorridos na produção da prova, como contradita, verificação das pessoas que podem depor e acareação de testemunhas. O juiz nem mesmo irá examinar os depoimentos pessoais ou testemunhais que acaso foram colhidos na produção antecipada de prova. Não será proferida sentença nem mesmo para homologar a prova produzida ou para verificação das formalidades legais.

Não caberá recurso, salvo se o juiz indeferir totalmente a possibilidade da produção antecipada de provas (§ 4º do art. 382 do CPC) ou pelo fato de a petição inicial não atender aos requisitos legais. Nesse caso, o recurso seria o ordinário (art. 895 da CLT).

Será fixado o valor das custas que serão pagas pelo requerido, pois poderá haver recurso no caso de ser indeferida a produção antecipada de provas.

Se por acaso houver acordo, mesmo no processo, o juiz irá homologá-lo (parágrafo único do art. 831 da CLT), que terá validade de título executivo judicial, ainda que não tenha sido proposta a ação principal. Pode-se dizer que na antecipação da prova, por inexistir lide, o juiz não precisa fazer as duas propostas de conciliação.

Tomado o depoimento ou feito o exame pericial, os autos permanecerão em cartório durante um mês para extração de cópias e certidões pelos interessados (art. 383 do CPC).

Os autos serão entregues à parte promovente da medida depois de decorrido o prazo de um mês (parágrafo único do art. 383 do CPC). O mais certo é entregar os autos à parte promovente, pois a antecipação de prova não mais tem natureza cautelar, mas de uma forma de prova, em que não há lide e não há prevenção do juízo, que até mesmo poderia ser incompetente para a propositura da medida principal.

Não será preclusivo o prazo para se ingressar com a ação principal, após obtida a sentença que julgou a produção antecipada de provas, justamente porque não há lide, nem partes, mas mero procedimento administrativo.

19.4.7 Indícios e presunções

A prova poderá ser feita diretamente pelos depoimentos pessoais e testemunhais e pelo exame dos documentos, perícias etc. Poderá ser realizada indiretamente por meio de raciocínio lógico, denominado de presunção, ou da narração ou exibição de fatos ou coisas que darão aquele resultado lógico, denominado de indício. As presunções decorrem de fatos conhecidos, podendo-se pelo raciocínio lógico chegar a um fato desconhecido.

O Código Canônico define presunção como "a conjectura provável de uma coisa incerta; se é estabelecida pela lei, chama-se presunção *iuris*, se é formulada pelo juiz, chama-se presunção *hominis*" (cân. 1584). O Código Civil italiano estabelece que "presunções são as consequências que a lei ou o juiz deduz de um fato notório, para resolver um fato ignorado" (art. 2.788). O Código Civil português esclarece que "presunções são as ilações que a lei ou o julgador tira de um fato conhecido para firmar um fato desconhecido" (art. 349).

O indício decorre de uma circunstância conhecida, a qual mediante um processo indutivo chega-se à existência de outras situações.

Distingue-se a presunção do indício. A primeira decorre de um fato conhecido para um fato ignorado, desconhecido. O indício mostra circunstâncias que conduzem à admissibilidade de outras situações.

Wagner Giglio esclarece que "o indício, derivado de indicar e proveniente de dedo, aponta para determinada conclusão factícia, indica outro fato. O equilíbrio instável, a adulteração das feições, o discurso pastoso, a alteração do comportamento e a sudoração intensa das palmas das mãos são indícios de embriaguez. Só o exame sanguíneo de dosagem alcoólica constitui prova direita da ebriedade etílica" (1984:204).

Na presunção, parte-se de um fato conhecido para outro desconhecido, mediante raciocínio indutivo. Nas máximas da experiência, observa-se o que costumeiramente ocorre.

Presunção não é meio de prova, tanto que não consta nesse sentido do CPC. É uma espécie de raciocínio lógico.

As presunções podem ser: absoluta ou *iuris et de iure*, relativa ou *iuris tantum* e comum ou *hominis vel iudicis*. A presunção absoluta é determinada pela lei, que não admite prova em contrário, constituindo-se em ficção jurídica. Mesmo que o juiz se convença em sentido contrário, vale a determinação da lei, por se tratar de presunção absoluta, que não pode ser infirmada por prova em sentido contrário. É o caso da confissão da parte a respeito de um fato que lhe é adverso e benéfico ao interesse da parte contrária. Não poderá fazer prova por testemunha da alegação da parte, em virtude da confissão.

As presunções relativas indicam a possibilidade de a parte provar em sentido diverso daquilo que aparentemente parece. Por exemplo: o empregado poderá provar que trabalhou em período anterior ao registro, embora na sua CTPS esteja anotada a data posterior à que realmente começou a trabalhar. O pagamento do último salário do doméstico faz presumir o pagamento dos anteriores (art. 322 do Código Civil).

As presunções *hominis* ou comuns são as que qualquer pessoa poderia fazer para formar seu convencimento. São as que o homem comum possui. Presume-se que o empregado trabalha oito horas por dia e tem intervalo de uma hora, que é o comum.

As presunções absolutas podem ser indicadas na lei. O inciso IV do art. 374 do CPC estabelece sobre a prescindibilidade de prova quanto aos fatos em cujo favor milita a presunção legal de existência ou veracidade, como na confissão judicial. O art. 447 da CLT mostra que "na falta de acordo ou prova sobre condição essencial ao contrato verbal, esta se presume existente, como se a tivessem estatuído os interessados, na conformidade dos preceitos jurídicos adequados à sua legitimidade".

As presunções relativas podem também ser enumeradas na própria CLT. O art. 446 da CLT, que foi revogado pela Lei n. 7.855/89, determinava que "presume-se autorizado o trabalho da mulher casada", competindo ao marido provar a falta de autorização. O art. 456 dispõe que "a prova do contrato individual do trabalho será feita pelas anotações constantes da Carteira de Trabalho e Previdência Social ou por instrumento escrito e suprida por todos os meios permitidos em direito. Parágrafo único. À falta de prova ou inexistindo cláusula expressa a tal respeito, entender-se-á (presume-se) que o empregado se obrigou a todo e qualquer serviço compatível com a sua condição pessoal". A declaração de pobreza emitida pelo empregado goza de presunção legal de veracidade, porém a parte adversa poderá fazer prova em sentido contrário.

Os pedidos de demissão ou recibos de quitação dos empregados dos entes públicos, na forma do Decreto-lei n. 779/69, gozam de presunção relativa de validade (art. 1º, I).

No processo do trabalho, foram surgindo algumas presunções, que se consubstanciaram nas Súmulas do TST.

A Súmula 12 indica que as anotações feitas pelo empregador na CTPS do empregado não geram presunção *iuris et de iure*, mas apenas *iuris tantum*, isto é, admitem prova em sentido contrário.

A Súmula 16 declara que "presume-se recebida a notificação 48 horas depois de sua expedição. O seu não recebimento ou a entrega após o decurso desse prazo constituem ônus da prova do destinatário".

Esclarece a Súmula 43 que "presume-se abusiva a transferência de que trata o § 1º do art. 469 da CLT, sem comprovação de necessidade de serviço".

Assevera a Súmula 212 que "o ônus de provar o término do contrato de trabalho, quando negados a prestação de serviço e o despedimento, é do empregador, pois o princípio da continuidade da relação de emprego constitui presunção favorável ao empregado".

Mostra a Súmula 338, I, que: "é ônus do empregador que conta com mais de 10 (dez) empregados o registro da jornada de trabalho na forma do art. 74, § 2º, da CLT. A não apresentação injustificada dos controles de frequência gera presunção relativa de veracidade da jornada de trabalho, a qual pode ser elidida por prova em contrário".

Em muitos casos, não havendo norma a ser aplicada, há a presunção de que deva ser aplicada a norma mais favorável ao empregado. Presume-se também que a despedida é sempre imotivada, cabendo a prova da dispensa motivada à empresa. Da mesma forma, presume-se que o empregado é dispensado da empresa, sendo que o pedido de demissão deverá ser provado pelo empregador.

Como regra também seria possível estabelecer que o ordinário se presume e o extraordinário deve ser provado. Assim, presume-se que o empregado trabalhe em horário normal, tendo uma hora de intervalo. O trabalho em jornada extraordinária e a ausência de intervalo deverão ser provados pelo reclamante.

O entendimento dominante na jurisprudência é de que, se não negada a prestação de serviços, se presume que o trabalho era subordinado, cabendo ao empregador a prova da existência da autonomia ou eventualidade na prestação dos serviços. Entendo, entretanto, que essa presunção não pode ser aplicada em todos os casos, pois se pode entender que o normal é não só o trabalho ser subordinado, mas também da existência do trabalho autônomo. Apenas, por exceção, é que se poderia entender que o trabalho é prestado de maneira eventual. Ressalte-se que deveria também ser primeiro aplicada a regra do ônus da prova, segundo a qual quem alega prova. Se o reclamante é quem alega trabalho sob a forma subordinada, deveria fazer a prova nesse sentido.

O Código Civil admite a presunção como prova (art. 212, IV). Pode servir para provar o assédio moral ou sexual.

O juiz também poderá utilizar-se das máximas da experiência para julgar determinado caso, motivando sua decisão naquilo que normalmente ocorre em dada situação. O art. 375 do CPC mostra que o juiz aplicará as regras de experiência comum subministradas pela observação do que ordinariamente acontece e, ainda, as regras de experiência técnica, ressalvado, quanto a estas, o exame pericial. Experiência comum decorre do que normalmente acontece, fazendo parte da cultura normal do juiz. É o que acontece em determinado lugar. Em dias de chuva forte não há expediente na lavoura. Experiência técnica é a proveniente da especialização em certa matéria, de conhecimentos especializados de determinada ciência, de conhecimentos técnicos ou científicos, como de física, química, biologia, matemática, economia etc.

Afirma Leo Rosenberg que "máximas de experiência são tanto as regras de experiência e cultura gerais como as regras de uma perícia ou erudição especiais nas artes, ciência, ofício ou profissão, comércio e tráfico (também os costumes do tráfico, o uso do comércio etc.): em parte se extraem da observação do modo de viver e obrar das pessoas, em parte são o resultado da investigação científica ou de uma atividade profissional ou artística. Servem para a apreciação jurídica (subsunção) dos fatos, particularmente, quando a aplicação do direito depende de juízos de valor; e, portanto, representam elementos essenciais da mesma norma jurídica aplicável, da premissa maior jurídica no silogismo do Juízo judicial; ou servem para a comprovação de fatos, em particular, na apreciação da prova para examinar o valor probatório do meio de prova e para concluir dos fatos não controvertidos ou provados a verdade de outros fatos discutidos: e formam, assim, a premissa maior do silogismo judicial em relação à estimação das afirmações sobre os fatos" (1955:211).

No procedimento sumaríssimo, o juiz pode dar especial valor às regras da experiência comum ou técnica (art. 852-D da CLT). A experiência comum significa a aplicação das máximas da experiência.

Máxima da experiência ocorre quando o juiz afirma que as horas extras são indevidas, por serem excessivas, como na hipótese em que o empregado, motorista, trabalhava todos os dias das 19 às 12, prorrogando ainda sua jornada. É impossível fisicamente uma pessoa fazer tal jornada por vários dias seguidos, meses e anos.

Quando há lei específica para reger determinada situação, o juiz não poderá utilizar-se das máximas da experiência.

A regra contida no art. 852-D da CLT é totalmente dispensável, pois já tinha previsão na CLT ou no CPC.

19.4.8 Usos e costumes

O art. 8º da CLT prevê que na falta de disposições legais ou contratuais poderão ser utilizados os usos e costumes.

Alguns dispositivos legais dão conta dos usos e costumes para o pagamento de certas verbas trabalhistas.

As horas extras serão integradas às demais verbas (dsr's, férias, 13º salários, FGTS, aviso prévio etc.) se forem habituais (costumeiras). Nesse sentido, é tranquila a orientação jurisprudencial (S. 45, 63 e 172 do TST).

O § 3º do art. 270 da CLT determinava que "a estiva ou desestiva das embarcações, executada pelas próprias tripulações, poderá ser remunerada por unidade ou por salário, consoante a praxe (diga-se costume) adotada em cada região". Este artigo foi revogado pela Lei n. 8.630, de 25 de fevereiro de 1993.

Inexistindo a estipulação de salário, o empregado terá direito de perceber importância igual à daquele que fizer serviço equivalente na mesma empresa ou do que for pago habitualmente (costumeiramente) para serviço semelhante (art. 460 da CLT).

O art. 458 da CLT estabelece o pagamento do salário *in natura*, desde que o fornecimento das prestações *in natura* seja feito com habitualidade. Um dos requisitos básicos para a integração de certas verbas pagas pelo empregador no salário é justamente que esses valores sejam pagos com habitualidade.

Declara o art. 5º da Lei n. 5.889/73 que o intervalo no meio rural é concedido de acordo com os usos e costumes da região.

Para existência do costume como norma é preciso o uso longo, constante e uniforme de certo fato. Não poderá ser contrário à lei.

19.4.9 Prova emprestada

A prova emprestada é a que já foi feita em outro processo e a parte pretende apresentá-la no processo que está em curso.

A prova de certo fato que foi produzida num processo pode ser copiada para outro, mediante certidão. É o que ocorreria em relação a um documento, aos depoimentos testemunhais ou pessoais, ao exame pericial etc. A essa prova transferida de um processo para outro dá-se o nome de prova emprestada.

A prova emprestada pode ser de três espécies: (a) produzida em outro processo entre as mesmas partes; (b) entre uma das partes e terceiro; (c) entre terceiros.

No Código Civil de 1916, a prova emprestada poderia ser incluída em documentos públicos ou particulares (art. 136, III). No Código Civil de 2002, seu fundamento está em documento (art. 212, II).

O juiz poderá admitir a utilização de prova produzida em outro processo, atribuindo-lhe o valor que considerar adequado, observado o contraditório (art.

372 do CPC). Trata-se de faculdade do juiz e não de obrigação. A prova emprestada deverá ser juntada ao processo para que possa ser examinada, ficando sujeito ao contraditório, isto é, à manifestação da parte contrária. O juiz irá atribuir a ela o valor que entender adequado, mas terá que fundamentar sua decisão.

Há necessidade de que a prova emprestada seja juntada nos autos, sujeita, portanto, ao contraditório, ao debate entre as partes, para depois ser avaliada pelo juiz.

Muitas vezes, a parte não tem como fazer prova a respeito de certo fato, a não ser mediante a juntada de prova emprestada de outro processo. Caberá ao juiz analisar, de acordo com o seu livre convencimento (art. 371 do CPC), a respeito da validade da referida prova.

É certo que nem toda prova precisa ser feita diante do juiz que irá julgar a questão. Existem exceções de que a prova é produzida apenas perante o juízo que vai julgar o processo. Exemplos: a hipótese do juiz de segundo grau, que analisa a prova produzida perante o juiz de primeiro grau; da carta precatória ou rogatória.

Destaque-se também que no processo do trabalho não vigora o princípio da identidade física do juiz, ou seja, o juiz que colheu a prova não é obrigado a julgar o processo.

A prova emprestada oral será aproveitada em outro processo se houver necessidade de aproveitá-la e da impossibilidade de ser produzida originalmente no processo em curso, por não poder ser repetida.

Tem a prova produzida entre terceiros pouca eficácia num processo de outras partes.

A prova das mesmas partes de um processo que é produzida em outro, entre as mesmas partes, tem plena validade se disser respeito aos mesmos fatos. Não se pode dizer que não tem valor.

A prova emprestada será, porém, uma exceção à regra de que as provas devem ser produzidas no mesmo juízo, como ocorre em relação à prova por carta precatória. Assim, a prova emprestada deverá ser analisada com certas restrições. É verdade que os princípios da economia e da celeridade processual recomendam sua aplicação, contudo há necessidade de o juiz observá-la com certas cautelas, principalmente quando não há a possibilidade de tal prova ser repetida num segundo processo.

É o que ocorreria se a testemunha já houvesse falecido, ou se o local onde se pretende fazer prova pericial de insalubridade ou periculosidade não é mais o mesmo, em razão de algumas mudanças que lá ocorreram.

Seria possível utilizar de prova emprestada relativa a acidente do trabalho, de acordo com perícia feita no Cível. Constatado o acidente do trabalho, não há mais o que se falar sobre sua existência perante a empresa. Tal prova emprestada do Cível valerá no processo do trabalho quanto à questão do acidente do trabalho, até porque o juízo Cível é o competente para analisar postulação de acidente do trabalho feito pelo segurado contra o INSS.

Somente os atos decisórios são considerados nulos em caso de incompetência do juízo. Assim, a prova emprestada pode ser utilizada em processo proveniente de juízo incompetente.

A prova emprestada produzida em processo anulado é válida, desde que não diga respeito à questão da própria prova.

Para se utilizar a prova emprestada, o ideal é que ela envolva as mesmas partes e tenha por objeto os mesmos fatos.

Dispõe expressamente o § 2º do art. 195 da CLT que "arguida em juízo insalubridade ou periculosidade, seja por empregado, seja por sindicato em favor de grupo de associados, o juiz designará perito habilitado na forma deste artigo, e, onde não houver, requisitará perícia ao órgão competente do Ministério do Trabalho". A perícia, portanto, é necessária para apurar insalubridade ou periculosidade.

É impossível o perito fazer a avaliação da insalubridade ou periculosidade no local de trabalho do autor, se o referido lugar está desativado. A perícia seria realizada por presunção. O § 2º do art. 195 da CLT dispõe que deve ser realizada perícia para a constatação de insalubridade ou periculosidade. Se o local de trabalho está desativado, não foi possível realizar a perícia para a constatação dos elementos que eram adversos à saúde do trabalhador. Não se pode admitir a prova emprestada, pois a questão relativa a insalubridade ou periculosidade é personalíssima, necessitando de prova própria e investigação pelo perito no local de trabalho, que é o exame pericial no local de trabalho do empregado.

Na hipótese, *v. g.*, de que a empresa fechou ou transfere o estabelecimento onde trabalhava o empregado, é possível que as partes consigam um laudo em outro processo mostrando como era o ambiente de trabalho. Entretanto, para que este laudo seja aceito mister se faz que a empresa seja a mesma, o local de trabalho seja o mesmo, os empregados envolvidos trabalhem no mesmo setor ou seção, exerçam a mesma função, trabalhem na mesma máquina, as condições de trabalho sejam as mesmas e o período trabalhado seja o mesmo.

Exceção também poderá ser se ambas as partes concordarem com a prova emprestada.

Dispõe o inciso III do § 1º, do art. 464 do CPC que o juiz indeferirá a perícia quando a verificação for impraticável. É o exemplo de que o local de trabalho do empregado foi desativado. Não há como ser feita a perícia.

Indica a Orientação Jurisprudencial 278 da SBDI-1 do TST que se for impossível a realização de perícia para apurar insalubridade, pelo fato de que o local de trabalho está desativado, poderá o julgador utilizar-se de outros meios de prova, que é justamente a prova emprestada.

Caberá ao juiz verificar em cada caso a validade da prova emprestada no processo, de acordo com o princípio da livre convicção motivada do magistrado, observados os critérios acima especificados.

Em princípio, não será possível trazer prova emprestada quando o local de trabalho do empregado estiver desativado, exceto se a empresa for a mesma, o local de trabalho for o mesmo, os empregados envolvidos trabalhem no mesmo setor ou seção, exerçam a mesma função, trabalhem na mesma máquina, as condições de trabalho forem as mesmas e o período trabalhado for o mesmo.

Verificação de Aprendizagem

1. Quem realiza a perícia de insalubridade?
2. Qual a diferença entre documento e instrumento?
3. Quais seriam as presunções que poderiam ser adotadas no processo do trabalho?
4. Quando ocorre a confissão?
5. O que é prova emprestada e como se aplicaria no processo do trabalho?
6. O preposto pode ser testemunha?
7. O empregado que tem reclamação proposta em relação à empresa pode ser testemunha?

Capítulo 20

ALEGAÇÕES FINAIS

São utilizadas as denominações razões finais, memoriais (§ 2º do art. 364 do CPC), alegações finais. O art. 850 da CLT usa a expressão *razões finais*, mas a expressão *alegações finais* também seria correta. Memoriais são as razões apresentadas por escrito, como ocorre na ação rescisória.

Terminada a instrução processual, as partes podem aduzir razões finais orais no prazo de 10 minutos para cada uma (art. 850 da CLT). O sistema da CLT decorre dos princípios da concentração dos atos na audiência e da oralidade. Se as partes não apresentarem as razões finais, não haverá nulidade, pois é uma faculdade das partes: podem apresentá-las ou não. Não há obrigação.

As razões finais poderão ser apresentadas antecipadamente, ou no ato da realização da audiência. Mesmo em causas complexas o juiz não é obrigado a adiar a audiência para que as partes apresentem memoriais. Contudo, a moderação e a sensibilidade do juiz podem levá-lo a conceder prazo para apresentação de memoriais, que será o indicado pelo magistrado, utilizando-se por analogia do § 2º do art. 364 do CPC.

Razões finais bem feitas podem ajudar na convicção do juiz para o julgamento do feito, embora, na prática, não tem sido muito comum sua apresentação. Nelas a parte vai se concentrar em mostrar ao juiz os pontos favoráveis a sua pretensão, indicando pontos positivos para elas em relação à matéria de fato e de direito discutida nos autos.

As razões finais devem ser apresentadas oralmente e ser transcritas na ata, se apresentadas em audiência, ainda que resumidamente. É o que ocorre com a contestação que, se apresenta oralmente, deve ser transcrita na ata da audiência. Não é correto que se apresentem as razões por escrito, pois violaria a oralidade dos atos processuais na Justiça do Trabalho. Em primeiro lugar irá falar o reclamante e depois o reclamado (art. 364 do CPC). Não haverá prorrogação do prazo de 10 minutos, como ocorre no processo civil (art. 364 do CPC), sendo que, terminados os 10 minutos, as razões finais estarão encerradas, ainda que seja muito complexa a causa, podendo, nesse caso, o juiz determinar que elas sejam apresentadas por escrito, se assim o entender. Normalmente, não é costume constar da ata de audiência as razões finais, apenas que elas foram remissivas ao alegado e provado, ou em que as partes pugnam pelo acolhimento ou rejeição do pedido.

Havendo mais de um réu, cada um terá 10 minutos para apresentar suas razões finais, em razão da necessidade do contraditório e ampla defesa, salvo se houver advogado comum. Se a reclamação trabalhista é plúrima, as razões finais serão de apenas 10 minutos para todos os reclamantes, que geralmente estarão assistidos por um mesmo advogado, pois a matéria é a mesma.

Após encerrada a instrução processual, o juiz pode proferir a sentença nesse momento. Caso não o faça, marcando data para julgamento, as razões finais poderão ser apresentadas até a data do julgamento, porém ficará a critério do juiz aceitá-las ou não, ou mesmo mandar devolvê-las, pois devem ser apresentadas oralmente na audiência e não em cartório. Não se constituirá em cerceamento de manifestação o ato do juiz que devolver a petição de razões finais. O juiz inclusive não está adstrito à regra do § 2º do art. 364 do CPC, que, em primeiro lugar, é uma faculdade do magistrado de determinar a apresentação de memoriais; em segundo lugar, havendo previsão na CLT de que as alegações são feitas oralmente e em audiência, não se pode falar em apresentar memoriais por escrito.

Convém, porém, que se forem apresentadas por escrito, com a permissão do juiz, que não sejam apresentadas no dia do julgamento, mas com alguma antecedência, pois podem ficar no protocolo ou em cartório, aguardando a juntada nos autos e o juiz não apreciá-las ao prolatar a sentença.

É nas alegações finais que podem ser alegadas nulidades, pois é a primeira vez que a parte tem de falar nos autos, se isso não foi possível em audiência.

No procedimento sumaríssimo, não há previsão para razões finais. Na omissão, aplica-se o art. 850 da CLT. Elas podem ser feitas, à razão de 10 minutos para cada parte.

Inexiste prazo para o autor oferecer réplica no processo do trabalho. O momento que o autor tem para se manifestar sobre a defesa e documentos ou é em audiência ou nas razões finais. Este é, porém, o momento correto que a CLT determina para as partes oferecerem suas alegações, inclusive o autor fazer sua manifestação, fornecendo subsídios para o julgamento e indicando, por exemplo, diferenças de horas extras, de reflexos etc.

Impugnação diz respeito a documentos. Réplica é a manifestação sobre a contestação. No processo civil o prazo é de 15 dias.

O momento adequado para as partes impugnarem o valor da causa fixado pelo juiz para efeitos de alçada é nas razões finais. Se o juiz o mantiver, cabe pedido de revisão da decisão, no prazo de 48 horas, dirigido ao Presidente do Tribunal Regional (§ 1º do art. 2º da Lei n. 5.584/70).

Após as razões finais, o juiz renova a proposta de conciliação.

No sumaríssimo não há segunda proposta de conciliação, por falta de previsão legal nesse sentido.

Inexistindo acordo, será prolatada a sentença (art. 831 da CLT).

Verificação de Aprendizagem

1. Em que momento podem ser feitas as alegações finais?
2. As razões finais são obrigatórias?
3. Qual é o prazo das razões finais?
4. Podem ser feitas por escrito?

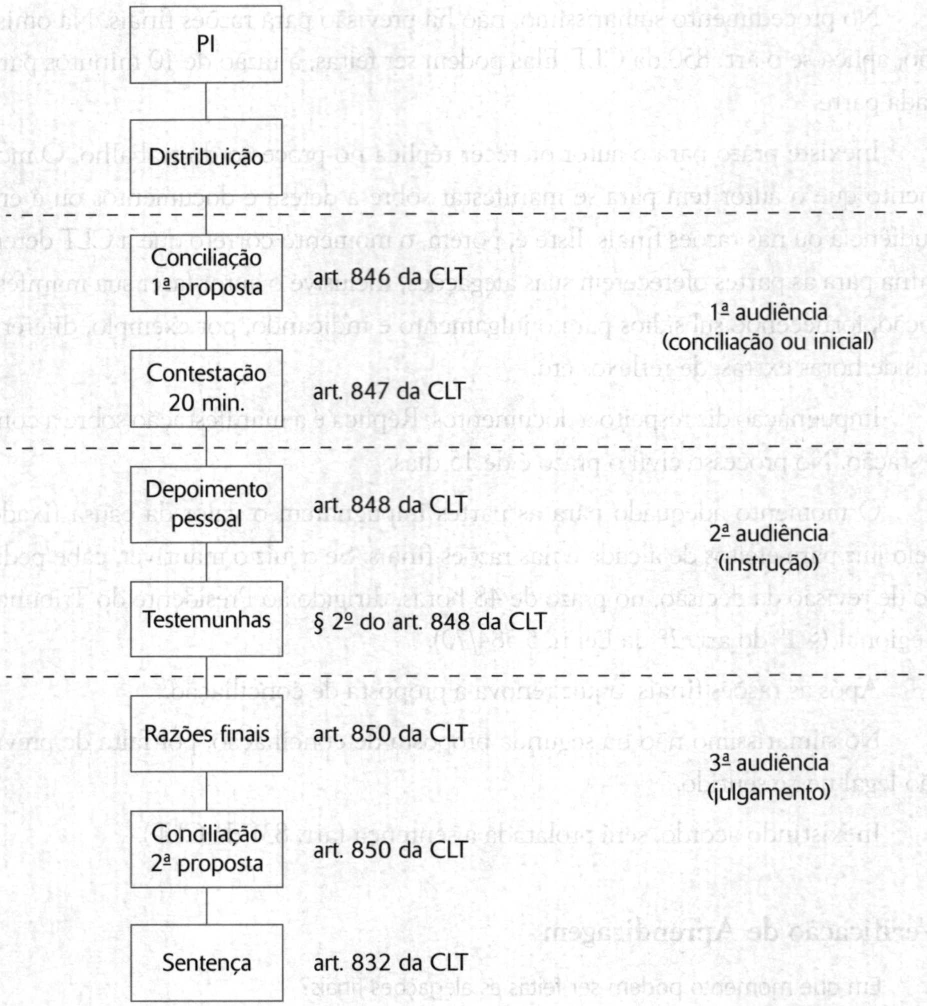
PI
Distribuição
Conciliação
1ª proposta
art. 846 da CLT
1ª audiência
(conciliação ou inicial)
Contestação
20 min.
art. 847 da CLT
Depoimento
pessoal
art. 848 da CLT
2ª audiência
(instrução)
Testemunhas
§ 2º do art. 848 da CLT
Razões finais
art. 850 da CLT
3ª audiência
(julgamento)
Conciliação
2ª proposta
art. 850 da CLT
Sentença
art. 832 da CLT

Capítulo 21

SENTENÇA

21.1 DEFINIÇÕES

A palavra sentença vem do verbo latino *sentire*. O juiz sente o fato e o direito e faz incidir o direito sobre o fato. Em italiano, *sentire* pode ter o significado de ouvir. Em francês, o verbo sentir significa sentir, pressentir.

A CLT emprega o termo *decisão* nos arts. 831, 832, 850 e 895 em vez de *sentença*. A palavra sentença é utilizada no § 1º do art. 39 e nos §§ 1º e 2º do art. 137 da CLT, isto é, na parte da CLT que trata de direito material e também nos arts. 852-G, 852-I, 855-e. A palavra *decisão* é o gênero do qual é espécie a *sentença*, pois não deixa de ser uma decisão um despacho proferido pelo juiz, ainda que não possa ser equiparado a sentença, visto que decide alguma coisa nos autos. Prefiro, portanto, o termo *sentença* para qualificar a conclusão do processo, como o faz o CPC.

O § 1º do art. 203 do CPC dispõe que sentença é pronunciamento por meio do qual o juiz, com fundamento nos arts. 485 e 487 do CPC, põe fim à fase cognitiva do procedimento comum, bem como extingue a execução. Adota o conceito do conteúdo da sentença. A sentença nem sempre põe fim ao processo, pois dela cabe recurso. A redação do CPC de 1973 mostrava o efeito da sentença. O processo não termina com a sentença. A extinção do processo não ocorre por ser proferida a sentença, pois a parte pode apresentar recurso da decisão. Em certos casos, há execução forçada. Sentença não é pronunciamento, pois o presidente da República pode fazer um pronunciamento.

Sentença é o ato processual pelo qual o juiz decide ou não o mérito da postulação. Não é qualquer ato, mas o ato de natureza processual. A sentença é um ato do juiz e não de outra pessoa. Não se trata também de uma decisão administrativa, mas no curso de um processo judicial. Pronunciamento não é gênero próximo, nem palavra com sentido jurídico.

Decisão interlocutória é todo pronunciamento judicial de natureza decisória que não se enquadre no § 1º do art. 203 do CPC (§ 2º do art. 203 do CPC). O dispositivo remete ao § 1º do art. 203 do CPC, mas não diz o que é decisão interlocutória. Não se pode definir algo dizendo o que não é. Decisão interlocutória é o ato pelo qual o juiz, no curso do processo, resolve questão incidente, sem pôr fim ao processo. Se o juiz põe fim ao processo, a decisão não é interlocutória, mas de mérito.

Despachos são os demais pronunciamentos do juiz praticados no processo, de ofício ou a requerimento da parte, a cujo respeito a lei não estabelece outra forma (§ 3º do art. 203 do CPC).

Os atos meramente ordinatórios, como a juntada e a vista obrigatória, independem, porém, de despacho, devendo ser praticados de ofício pelo servidor e revistos pelo juiz quando necessário (§ 4º do art. 203 do CPC).

Acórdão é a decisão colegiada proferida pelos tribunais (art. 204 do CPC). Isso ocorre tanto em relação aos Tribunais Regionais do Trabalho, como quanto aos Tribunais Superiores, como o TST e o STF. Nos dissídios coletivos, que são de competência dos tribunais, as decisões são chamadas de sentença normativa. Entretanto, a sentença é a denominação privativa da decisão do órgão de primeiro grau, daí porque talvez o nome mais correto deveria ser apenas acórdão ou acórdão normativo.

Difere a sentença da sentença arbitral. A sentença sempre é emitida pelo juiz, que é um funcionário do Estado. A sentença arbitral geralmente é feita por um particular, que não tem poder de coerção sobre as partes.

Distingue-se a sentença do parecer de um jurista, pois este não é órgão estatal, além do que a decisão tem força coercitiva.

É a sentença a peça mais importante do processo. Consiste a decisão num silogismo, em que os fatos discutidos são a premissa menor; as normas jurídicas aplicadas ao caso concreto são a premissa maior; e o dispositivo da sentença consiste na conclusão.

O autor apresenta sua tese; o réu, a antítese. A síntese é feita pelo juiz na sentença.

A sentença deve ser clara, precisa e concisa. O juiz deve se abster de produzir peças literárias na sentença, apenas deverá proferir a sentença de maneira que todos os pedidos das partes sejam solucionados, de maneira clara, não dando margens a outras interpretações ou dúvidas, contradições ou obscuridades. Ainda que a sentença seja concisa deverá apreciar tudo aquilo que foi postulado pelas partes.

O juiz não se exime de decidir alegando lacuna ou obscuridade do ordenamento jurídico (art. 140 do CPC). A decisão diz respeito à sentença, às decisões interlocutórias e aos despachos. O ordenamento jurídico compreende a Constituição, as leis, os decretos, as portarias, as instruções normativas etc. No julgamento da questão, deverá aplicar a lei. Inexistindo esta, recorrerá à analogia, aos costumes e aos princípios gerais de direito (art. 4º da Lei de Introdução às Normas do Direito Brasileiro).

A equidade só será utilizada nos casos previstos em lei parágrafo único do art. 140 do CPC. O art. 8º da CLT a prevê, sendo possível a sua utilização no processo do trabalho, desde que não exista norma a ser aplicada.

Se o juiz convencer-se, pelas circunstâncias, de que autor e réu estão se servindo do processo para praticar ato simulado ou conseguir fim vedado por lei, o juiz proferirá decisão que impeça os objetivos das partes, aplicando, de ofício, as penalidades da litigância de má-fé (art. 142 do CPC). Irá extinguir o processo sem julgamento de mérito. É o caso de as partes fazerem uma reclamação simulada, com o objetivo de computar tempo de serviço não trabalhado pelo reclamante, para efeitos de aposentadoria. Percebendo o juiz o fato, deverá extinguir o processo sem julgamento de mérito.

21.2 NATUREZA JURÍDICA

Dizia Montesquieu que o juiz é a boca que pronuncia as palavras da lei[1].

O fundamento era no sentido de limitar o poder do rei, como representante divino na Terra.

A natureza jurídica da sentença é a afirmação da vontade da lei, declarada pelo juiz, como órgão do Estado, aplicada a um caso concreto a ele submetido. Trata-se de um comando, de um ato lógico do juiz, envolvendo um ato de vontade e de inteligência do magistrado, na afirmação da lei, porém como órgão investido de jurisdição pelo Estado.

21.3 CLASSIFICAÇÃO DAS SENTENÇAS

As sentenças podem ser classificadas como definitivas, terminativas e interlocutórias.

---

[1] Montesquieu. *O espírito das leis*. 7. ed. São Paulo: Saraiva, 2000, p. 176.

a) Definitivas: são as sentenças que definem ou resolvem o conflito. Essa denominação vem do CPC de 1939. Não é definitiva porque transitou em julgado. O juiz ingressa no mérito da questão, acolhendo ou rejeitando o pedido do autor. Extingue-se o processo com julgamento de mérito. Os incisos do art. 895 da CLT fazem referência à sentença definitiva. A sentença não é considerada como definitiva, por dela não caber qualquer recurso, mas, sim, é definitiva porque o autor não poderá ingressar com a mesma pretensão, como ocorreria quando o processo é extinto sem julgamento de mérito. O § 1º do art. 893 da CLT usa a palavra *definitiva*. São exemplos de sentença definitiva as hipóteses contidas no art. 487 do CPC, em que o processo é extinto com resolução de mérito, como quando: o juiz acolher ou rejeitar o pedido do autor (I); o réu reconhecer a procedência do pedido (II); as partes transigirem (III); o juiz pronunciar a decadência ou a prescrição (IV); o autor renunciar ao direito sobre que se funda a ação (V).

Na transação, as partes chegaram a um acordo, que foi homologado pelo juízo, valendo como decisão irrecorrível (parágrafo único do art. 831 da CLT). Em razão da transação, há a extinção do processo com julgamento de mérito (art. 487, III, *b*, do CPC). Só por rescisória a sentença poderá ser atacada (S. 259 do TST).

Quando a decisão analisa a prescrição ou a decadência, há a extinção do processo com julgamento de mérito (art. 487, II, do CPC), embora não se analise certas questões que foram debatidas nos autos, mas apenas uma daquelas.

b) Terminativas: são as decisões em que se extingue o processo sem se analisar o mérito da questão. Temos como exemplo as hipóteses contidas no art. 485 do CPC, quando: o juiz indeferir a petição inicial, *v. g.*, por inépcia (I); o processo ficar parado durante mais de um ano por negligência das partes (II); o autor abandonar a causa por mais de 30 dias, não promovendo os atos e diligências que lhe competir (III); não estiverem presentes os pressupostos de constituição e desenvolvimento válido e regular do processo (IV); o juiz acolher a alegação de perempção, litispendência ou de coisa julgada (V); verificar ausência de legitimidade ou de interesse processual (VI); o autor desistir da ação (VIII). No processo do trabalho não se aplicam as hipóteses previstas nos incisos VII, IX e X do art. 485 do CPC, embora sejam regras de extinção do processo sem resolução de mérito. Essas sentenças transitam em julgado, porém não fazem coisa julgada material, pois não se ingressa no mérito da controvérsia. A decisão também será terminativa quando o juiz acolhe exceção de incompetência em razão da matéria ou das pessoas e envia os autos para o juízo competente.

O processo termina na Justiça do Trabalho. O § 2º do art. 799 da CLT usa a palavra *terminativa*.

c) **Interlocutórias:** são as decisões que resolvem questões incidentes no processo.

21.4 EFEITOS DA SENTENÇA

Quanto aos efeitos das sentenças, estas podem ser declaratórias, constitutivas ou condenatórias. Isso também irá depender da postulação feita na petição inicial.

a) **Declaratórias:** são as sentenças que vão declarar a existência ou inexistência da relação jurídica (art. 19, I, do CPC); ou a autenticidade ou falsidade de documento (art. 19, II, do CPC). Mesmo havendo violação de direito é admissível a ação meramente declaratória (art. 20 do CPC). Exemplos: a sentença que reconhece a existência do vínculo de emprego, a estabilidade, o tempo de serviço, o horário de trabalho, além da que resolve o dissídio coletivo de natureza jurídica, que declara a abusividade da greve.

b) **Constitutivas:** são as sentenças que criam, modificam ou extinguem certa relação jurídica. Exemplos: dissídio coletivo de natureza econômica, em que são criadas ou modificadas certas condições de trabalho; a sentença que acolhe a pretensão de rescindir o contrato de trabalho do empregado estável; a sentença que defere a equiparação salarial.

c) **Condenatórias:** são sentenças que implicam obrigação de dar, fazer ou não fazer alguma coisa, dando ensejo à execução. Exemplos: a sentença que manda o empregador pagar verbas rescisórias, horas extras, anotar a CTPS do reclamante, recolher o FGTS, entregar as guias para o levantamento do FGTS ou do seguro desemprego, de se abster a exigir da empregada que levante pesos acima de certo limite durante a gestação. A sentença que determina a reintegração do empregado tem natureza de obrigação de fazer, reintegrar, mas geralmente também de obrigação de pagar verbas, como salários.

d) **Mandamentais:** Pontes de Miranda classifica as sentenças como mandamentais, como a sentença do mandado de segurança que manda cumprir uma determinação.

Todas as sentenças têm um cunho declaratório, antes de serem constitutivas ou condenatórias. Por exemplo: a sentença que declara a existência da relação de emprego, mandando pagar as verbas rescisórias, é uma decisão declaratória, num primeiro plano, e condenatória, num segundo momento. Somente uma sentença que reconhecesse apenas a existência da relação de emprego é que seria unicamente declaratória, no caso de não haver pedido na petição inicial de pagamento de alguma verba.

Certas sentenças constitutivas também têm cunho condenatório. Por exemplo: a sentença que reconhece a equiparação salarial, criando uma nova situação de direito. Ao mandar pagar as diferenças salariais da equiparação, essa sentença constitutiva é também condenatória.

A sentença declaratória retroage à data dos fatos (*ex tunc*), como ocorre no que diz respeito ao reconhecimento da existência da relação de emprego.

Já a sentença constitutiva vale para o futuro (*ex nunc*). Exemplo: o dissídio coletivo de natureza econômica, em que são fixadas cláusulas novas, ou novas condições de trabalho. Ele tem validade daquele momento para o futuro, não tendo efeito retroativo.

21.5 LINGUAGEM

A rigor a linguagem adotada pela sentença deveria ser a de ACOLHER ou de REJEITAR, no todo ou em parte, o pedido formulado pelo autor ou a sua pretensão ou na reconvenção (arts. 487, I, e 490 do CPC).

Entretanto, o § 1º do art. 832 da CLT e o art. 974 do CPC, em matéria de rescisória, fazem menção a julgar procedente o pedido.

Verifica-se na prática o juiz mencionar na sentença a *procedência*, *improcedência*, ou *procedência em parte da ação*. A ação não é procedente ou improcedente. Ação é o instrumento de se postular o direito em juízo. A pretensão do autor é acolhida, rejeitada, ou acolhida em parte. Procedente significa de onde vem.

Há também a carência da ação, que é quando o autor é julgado carecedor da ação, por não atender às condições da ação: possibilidade jurídica do pedido, legitimidade de parte e interesse de agir. Se o autor não prova a existência da relação de emprego, não se pode dizer que é carecedor da ação. O juiz terá que examinar o mérito da pretensão do autor para verificar se existe a relação de emprego ou não, verificando a prova existente nos autos. De outro lado, se houvesse carência de ação, o reclamante poderia ingressar com nova ação postulando a mesma coisa, pois inexistiria coisa julgada no processo, que seria extinto sem julgamento de mérito. Ao contrário, observa-se a existência de coisa julgada ao se decidir pela inexistência da relação de emprego, impedindo nova postulação no mesmo sentido.

21.6 VINCULAÇÃO

Dispunha o art. 120 do CPC de 1939 que: "O juiz transferido, promovido ou aposentado concluirá o julgamento dos processos cuja instrução houver iniciado em audiência, salvo se o fundamento da aposentadoria houver sido a absoluta incapacidade física ou moral para o exercício do cargo. O juiz substituto, que houver funcionado na instrução da causa em audiência, será o competente para julgá-lo, ainda quando o efeito tenha reassumido o exercício. Parágrafo único. Se iniciada a instrução, o juiz falecer ou ficar, por moléstia, impossibilitado de julgar a causa, o substituto mandará repetir as provas produzidas oralmente, quando necessário." Na primeira parte do artigo, se o juiz fosse aposentado, perdia a jurisdição, não poderia instruir ou julgar o processo. Mesmo que o juiz fosse transferido, promovido ou aposentado deveria completar o julgamento.

A Súmula 222 do STF interpretava a matéria, esclarecendo que "o princípio da identidade física do juiz não é aplicável às Juntas de Conciliação e Julgamento, da Justiça do Trabalho" (*DJU* 7-5-1964, p. 218). Os dispositivos utilizados para a edição da súmula foram o art. 120 do CPC de 1939 e o parágrafo único do art. 8º da CLT. O fundamento para a não aplicação da identidade física do juiz era o fato de que a Justiça do Trabalho de primeira instância era um órgão colegiado, composto pelo juiz presidente e pelos antigos vogais e depois juízes classistas.

A Súmula 136 do TST era proveniente do antigo Prejulgado n. 7, de 31-8-1964. Foi estabelecida como enunciado pela Resolução Administrativa n. 102/82 (*DJU*, 11-10-1982), quando ainda existiam as Juntas de Conciliação e Julgamento. Sua redação era a seguinte: "não se aplicam às Juntas de Conciliação e Julgamento o princípio da identidade física do juiz". Não se aplicava a identidade física do juiz no processo do trabalho, em razão de que a Junta de Conciliação e Julgamento era um órgão colegiado.

Dispunha a redação original do art. 132 do CPC de 1973 que "o juiz, titular ou substituto, que iniciar a audiência, concluirá a instrução, julgando a lide, salvo se for transferido, promovido ou aposentado; casos em que passará os autos ao seu sucessor. Ao recebê-lo, o sucessor prosseguirá na audiência, mandando repetir, se entender necessário, as provas já produzidas". O juiz substituto só não teria de julgar o processo se não fosse transferido, promovido ou aposentado. Caso o juiz não iniciasse a audiência e esta fosse marcada para outro dia, o juiz não ficaria vinculado ao processo.

O fundamento da identidade física do juiz é que o magistrado que presenciou a prova tem melhores condições de interpretá-la do que outro julgador que não teve contato com ela.

A Lei n. 8.637, de 31 de março de 1993, deu nova redação ao art. 132 do CPC: "o juiz, titular ou substituto, que concluir a audiência julgará a lide, salvo se estiver convocado, licenciado, afastado por qualquer motivo, promovido ou aposentado, casos em que passará os autos ao seu sucessor". A redação é melhor do que o dispositivo anterior. A questão relativa à repetição da prova passou a ser o parágrafo único. Houve a inclusão da hipótese de o juiz estar convocado no tribunal, que não existia na redação original do CPC de 1973 e que também é hipótese de o juiz não ficar vinculado ao processo.

O fato de o juiz estar aposentado, implica que não pode julgar o processo, pois não tem mais jurisdição. Parece supérflua a referência da hipótese na lei.

A Súmula 217 do TFR dizia que "no âmbito da Justiça Federal, aplica-se aos feitos trabalhistas o princípio da identidade física do Juiz". O fundamento seria que o juiz federal atuava sozinho e não sob a forma de colegiado. Na época, na vigência da Constituição de 1967 e da Emenda Constitucional n. 1/69, o juiz federal julgava questões trabalhistas de empregados da União, suas autarquias, fundações, empresas públicas que explorassem atividade econômica e sociedades de economia mista.

A Emenda Constitucional n. 24/99 extinguiu os juízes classistas e deu ao primeiro grau da Justiça do Trabalho o nome de Vara do Trabalho.

A Resolução Administrativa n. 123/2003 (*DJU*, 19-11-2003) fez a correção do texto do Enunciado 136 do TST trocando a expressão Junta de Conciliação e Julgamento por Varas do Trabalho.

A Resolução n. 185/2012 cancelou a Súmula 136 do TST, o que poderia dar a entender que seria aplicável o princípio da identidade física do juiz no processo do trabalho.

No novo CPC, Lei n. 13.105, de 16 de março de 2015, entre os arts. 139 a 143, no Título IV, Do Juiz e dos auxiliares da justiça, Capítulo I, Dos poderes, dos deveres e das responsabilidades do juiz, não existe um artigo tratando da mesma forma da identidade física do juiz. Isso pode indicar que não existe mais identidade física do juiz no processo civil e também no processo do trabalho.

Com a extinção dos classistas, em decorrência da Emenda Constitucional n. 24/99, entendo que não vige no processo do trabalho a identidade física do juiz. Essa regra vale para juízes que ficam fixos nas Varas, como na Justiça Estadual, em que há o juiz auxiliar. No processo do trabalho, isso não ocorre. Se o juiz substituto julgar os processos que instruiu, ficará vinculado a muitos processos, além dos novos para a Vara para a qual foi designado.

Não se pode falar em nulidade se o juiz que presidiu a instrução não julgar o feito, pois não se sabe qual seria o prejuízo de natureza processual da parte (art. 794 da CLT).

Nem sempre o juiz que instrui o processo profere a melhor sentença. Isso é relativo.

O juiz-presidente, promovido, aposentado ou afastado também não ficaria vinculado ao feito, como se verificava do próprio art. 132 do CPC de 1973.

Nos dissídios de alçada da Vara (até dois salários mínimos), o juiz que presenciou a instrução deveria estar vinculado ao julgamento, pois se foi dispensado o resumo dos depoimentos (§ 1º do art. 851 da CLT), outra pessoa não teria condições de julgar o processo, por não haver ata. Esse seria o fundamento para a identidade física do juiz no processo do trabalho.

Nos embargos de declaração, o ideal é que o juiz substituto que proferiu a sentença ficasse vinculado à prolação da sentença de embargos, pois é o relator. Se no processo do trabalho não vige a orientação da identidade física do juiz, nada impede que outro juiz julgue os embargos de declaração, embora isso não seja recomendável, pois só quem redigiu a sentença estaria apto a verificar omissão, contradição ou obscuridade na decisão. No TRT da 2ª Região, existe orientação administrativa de que o juiz substituto que proferiu a sentença deve julgar os embargos de declaração eventualmente opostos. A portaria do juiz-presidente do tribunal que o indica para atuar na Vara do Trabalho faz expressa remissão nesse sentido.

A CLT não exige expressamente a identidade física do juiz de primeiro grau.

O princípio da identidade física do juiz não se aplica ao processo do trabalho. O CPC de 2015 não trata expressamente da identidade física do juiz para o processo civil e, portanto, nem mesmo para o processo do trabalho.

21.7 ESTRUTURA DA SENTENÇA

A decisão é proferida depois de rejeitada a proposta de conciliação (art. 831 da CLT).

Verifica-se nas sentenças e nos acórdãos o uso da expressão vistos, etc. O certo é usar vistos, etc. somente na sentença, somente nos acórdãos ou nos dois?

Nas sentenças não havia antigamente a obrigação de dizer as razões ou estabelecer os fundamentos pelos quais se decidia desta ou daquela maneira.

Em Roma, o juiz condenava escrevendo a letra D (de damo, que significa condeno) ou absolvia e usava a letra L (de libelo, de absolvo).

Na Idade Média não era requisito da sentença a motivação. O juiz dizia: visto o processo, condeno (*viso processu condemnamus*) ou absolvo (*viso processu absolvimus*) (Tornaghi, 1981:171).

Posteriormente, as sentenças começavam assim: "Vistos e bem examinados estes autos de ação civil em que figura como autor...", mas ainda não havia a necessidade de fundamentação da decisão. A expressão bem examinados os autos era relativa, pois eles poderiam não ter sido bem examinados ou poderiam ter sido mal examinados.

Vistos, etc. significa vistos, relatados e discutidos os autos do processo. Somente pode ser usado nos acórdãos, pois é nele que há discussão entre os membros da turma ou da câmara.

Na sentença, não há discussão. O juiz não discute a sentença com outra pessoa. Não vai discutir a sentença com ele mesmo. Ele decide sozinho. A rigor, o relatório é feito após se falar em vistos, etc. Logo, ainda não foi feito o relatório para dizer que o processo foi relatado.

Vistos quer dizer que os autos foram examinados pelo juiz. Foi feito um relatório para mostrar qual a postulação do autor e como o réu se defendeu. A matéria é submetida à discussão do colegiado. Logo, deve ser usada a expressão nos acórdãos e não na sentença.

Os requisitos da sentença estão estabelecidos no art. 458 do CPC de 1973. O art. 489 do CPC de 2015 faz referência a elementos da sentença: relatório, fundamentos, dispositivo. A fundamentação é obrigatória por força do inciso IX do art. 93 da Constituição, que exige que todas as decisões do Poder Judiciário sejam fundamentadas. A parte precisa saber os motivos pelos quais foi feita a condenação para poder recorrer. Do contrário, não tem como recorrer, pois não sabe os motivos pelos quais o juiz acolheu ou rejeitou o pedido.

São encontradas as expressões: vistos etc.; vistos, etc.; vistos etc...; vistos, etc...

A expressão correta é vistos, etc. Etc. é abreviação do latim *et coetera*, *et cetera* ou *et caetera*. Etc. significa as outras coisas, as demais coisas, as coisas restantes, e outras coisas mais, e outros da mesma espécie, e assim por diante, o resto. Tem sido usada a expressão tanto para coisas como para pessoas, como se verifica de dicionários de Inglês e de Francês (Petit Larrouse, 1966). Napoleão Mendes de Almeida também faz referência a pessoas (1999:42). *Et* é conjunção coordenativa aditiva. *Coetera* está no nominativo. A ideia é que não se deseja estabelecer uma a uma as coisas, daí se usar etc. A enumeração é exemplificativa e não exaustiva.

É errado dizer e etc., pois etc. é abreviação de *et coetera*. *Et* em latim é o e em Português. Assim, não precisa ser usada a conjunção aditiva e.

Antes da conjunção e não deveria existir vírgula, pois a expressão latina é *et coetera*. O Formulário Ortográfico, expedido com força de lei pela Academia Brasileira de Letras em 1943, emprega a vírgula antes de etc. Logo, a vírgula é obrigatória antes de etc. São as lições de Arnaldo Niskier (1992:35). A vírgula antes de etc. se justifica porque estão entre vírgulas as outras coisas e se trata de situação exemplificativa, como laranja, banana, manga, etc. No mesmo sentido Celso Pedro Luft (1983).

As reticências não devem ser usadas depois de etc., como Vistos, etc... A reticência serviria para indicar que se suspende a discriminação de outros seres. Entretanto, isso já está implícito em etc.

Da decisão deverão constar: o nome das partes, o resumo do pedido e da defesa, a apreciação das provas, os fundamentos da decisão e a respectiva conclusão (art. 832 da CLT).

O art. 458 do CPC de 1973 fazia referência a requisitos essenciais da sentença. Requisito tem o sentido de qualidade, atributo. O art. 489 do CPC faz menção a elementos essenciais da sentença. Trata de partes ou elementos da sentença e não de requisitos.

A sentença pode ser dividida em três partes: relatório, fundamentos e dispositivo.

21.7.1 Relatório

O relatório serve para relatar o que ocorre no processo.

Às vezes o juiz faz um relatório padrão, que serve para todos os casos, mas que é muito sucinto e não revela o conteúdo do processo.

Outras vezes o juiz delega a um funcionário ou assessor a feitura do relatório, que passa a ser muito detalhista e longo.

No relatório, o juiz deverá indicar as principais ocorrências existentes no processo:

a) o nome das partes. As reclamações individuais plúrimas devem conter os nomes dos autores. Nesse caso, costuma-se colocar apenas o nome do primeiro autor e a expressão "e outros". Não há nulidade do processo se não constar o nome de todos os litisconsortes no relatório, pois o que transita em julgado é o dispositivo da sentença;
b) a identificação do caso;
c) o resumo do pedido e da contestação;
d) o resumo das principais ocorrências existentes no processo, como a determinação de perícia, o laudo do perito etc.

O relatório deve mostrar que o juiz leu o processo e consistirá num resumo, numa síntese dos atos nele ocorridos. Não será, portanto, um inventário, uma descrição detalhada, um arrolamento ou indicação do que aconteceu em todas as folhas do processo. A decisão não será motivada no relatório nem haverá o trânsito em julgado deste, pois a decisão do processo deve ficar para a fundamentação.

21.7.2 Fundamentação

As Ordenações Manuelinas de 1521 dispunham no § 68 do Título 50 que "a causa, ou causas, por que se fundam e condenam, ou absolver, ou a confirmar, ou a revogar, dizendo especificamente o que é, que se prova, e por que causa do feito se fundam a darem suas sentenças".

O art. 238 do Regulamento n. 737, de 25 de novembro de 1850, afirmava que "a sentença deve ser clara, sumariando o Juiz o pedido e a constatação com os fundamentos respectivos, motivando com precisão o seu julgado, e declarando sob sua responsabilidade a lei, uso ou estilo em que se funda".

No CPC de 1939, a sentença deveria ser clara e precisa, contendo: "os fundamentos de fato e de direito" (art. 280, II).

O inciso II do art. 458 do CPC de 1973 exigia os fundamentos da sentença, em que o juiz analisará as questões de fato e de direito.

O inciso II do art. 489 do CPC de 2015 tem a mesma redação.

Determina o inciso IX do art. 93 da Constituição que todos os julgamentos dos órgãos do Poder Judiciário serão públicos, sendo que todas as decisões serão fundamentadas, sob pena de nulidade. Fundamentação vem do latim *fundamentum*, tendo o sentido de base, alicerce, motivo, razão. A palavra *decisões* compreende sentenças, acórdãos, decisões interlocutórias e despachos, pois é o gênero. O art. 371 do CPC completa o preceito constitucional, prestigiando o princípio da livre convicção do juiz ou da persuasão racional da prova, em que o magistrado apreciará livremente a prova, atendendo aos fatos e circunstâncias constantes dos autos, ainda que não alegadas pelas partes. Deverá, porém, o juiz indicar na sentença os motivos que lhe formaram o convencimento.

As condições da ação devem estar presentes por ocasião do julgamento do feito. Determinada condição da ação poderia existir quando do ajuizamento da ação e desaparecer no curso do processo. Nesse caso, o processo deve ser extinto sem julgamento de mérito.

A motivação da decisão serve para verificar os argumentos utilizados pelo juiz como razões de decidir. Se não for apresentada a fundamentação da decisão, não se sabe por que a parte não faz jus ao direito, e ela não tem como discordar para poder recorrer.

Ratio decidendi (razão de decidir) envolve os fundamentos determinantes da decisão, a proposição jurídica com a qual se chega à conclusão.

Obter dictum é o que não se considera *ratio decidendi*. São questões acessórias.

O juiz não pode decidir, em grau algum de jurisdição, com base em fundamento a respeito do qual não se tenha dado às partes oportunidade de se manifestar, ainda que se trate de matéria sobre a qual deva decidir de ofício (art. 10 do CPC). Há necessidade de que as partes tenham podido exercer o contraditório para que o juiz possa decidir sobre uma certa questão.

O juiz deverá apreciar na fundamentação as provas existentes nos autos, desenvolvendo seu raciocínio lógico, fundamentando por que decidiu desta ou daquela forma, indicando as normas jurídicas aplicáveis ao caso examinado. O juiz não precisará atender o interesse da parte. Deverá apenas motivar sua decisão, dizendo por que decide desta ou daquela forma. Não precisa indicar artigo de lei, mas fundamentar por que decide desta ou daquela maneira.

A fundamentação não fará coisa julgada (art. 504, I, do CPC), apenas o dispositivo da sentença.

A sentença que não tiver fundamentação será considerada nula.

O CPC não exige que o juiz indique o artigo de lei no qual se baseia sua decisão, pois os advogados das partes também dele têm conhecimento. O juiz deve motivar sua decisão, fundamentá-la, dizer por que decide desta forma e não de outra. É o que se observa do inciso IX do art. 93 da Constituição e do art. 371 do CPC. Não há necessidade, porém, de que a fundamentação seja correta.

Na fundamentação, o juiz deverá decidir tudo aquilo que tiver sido alegado pelas partes: na inicial, contestação e demais arrazoados. É claro que não poderá o juiz decidir além ou fora do pedido ou do que foi debatido na contestação, mas deve decidir as questões que julgar relevantes nas demais manifestações das partes nos autos.

Não se considera fundamentada qualquer decisão judicial, seja ela interlocutória, sentença ou acórdão, que:

I – se limitar à indicação, à reprodução ou à paráfrase de ato normativo, sem explicar sua relação com a causa ou a questão decidida. O juiz vai ter de dizer por que se aplica ao caso dos autos a norma indicada. Paráfrase é a reelaboração do texto legal com outras palavras. É a utilização de palavras diferentes das nele empregadas. A simples menção do texto legal não serve de fundamentação. Há necessidade de mostrar que ele se aplica ao caso que se está examinando. Não servem mais como motivação as afirmações que poderiam ser colocadas no texto de qualquer outra decisão;

II – empregar conceitos jurídicos indeterminados, sem explicar o motivo concreto de sua incidência no caso. Conceito juridicamente indeterminado pode ser *razoável duração do processo, justa causa para a prática do ato processual, boa-fé, má-fé, improbidade, moralidade*. É a utilização de um conceito vago;

III – invocar motivos que se prestariam a justificar qualquer outra decisão. Hoje acontece de se utilizar do copiar e colar do computador e às vezes são inseridos textos que nada têm a ver com o processo;

IV – não enfrentar todos os argumentos deduzidos no processo capazes de, em tese, infirmar a conclusão adotada pelo julgador. O juiz não tem que rebater uma a uma as alegações das partes, mas tem de fundamentar sua decisão no sentido de que as partes saibam quais são as razões que levaram o juiz a firmar seu convencimento. Argumentos contrários se excluem. Em processos trabalhistas há muitos pedidos e muitos argumentos. O juiz não vai conseguir responder um a um os argumentos sem fazer uma sentença longa e detalhista. Isso importará que não terá produtividade, pois não conseguirá, talvez, fazer mais de duas sentenças por dia, pois faz muitas audiências. O CNJ vai pedir explicações a esse juiz, que não tem produtividade e não irá cumprir metas. Parece inviável a manutenção do referido dispositivo para o processo do trabalho;

V – se limitar a invocar precedente ou enunciado de súmula, sem identificar seus fundamentos determinantes nem demonstrar que o caso sob julgamento se ajusta àqueles fundamentos. O juiz ao indicar súmula como fundamento da sua decisão deve demonstrar que ela se adequa ao caso dos autos. Deve o juiz demonstrar a relação de pertinência da súmula com a hipótese em exame;

VI – deixar de seguir enunciado de súmula, jurisprudência ou precedente invocado pela parte, sem demonstrar a existência de distinção no caso em julgamento ou a superação do entendimento (§ 1º do art. 489 do CPC). O art. 927 do CPC dispõe que os juízes e os tribunais observarão: a) as decisões do STF em controle concentrado de constitucionalidade; b) os enunciados de súmula vinculante; c) os acórdãos em incidente de assunção de competência ou de resolução de demandas repetitivas e em julgamento de recurso extraordinário e especial repetitivos; d) os enunciados das súmulas do STF em matéria constitucional e do STJ em matéria infraconstitucional; e) a orientação do plenário ou do órgão especial aos quais estiverem vinculados. Súmula é o resumo, a suma, a síntese da jurisprudência predominante do tribunal sobre certo assunto. Súmula ocorre quando o tribunal emite um enunciado da sua jurisprudência predominante, que já tem certo número de casos analisados. Jurisprudência é o conjunto de decisões dos tribunais num certo sentido. A jurisprudência do tribunal é a que ainda não se transformou em súmula, mas é predominante naquele tribunal. Precedente pode ser a primeira decisão sobre uma certa matéria. Súmula é o resumo, a síntese da jurisprudência predominante do tribunal sobre certo assunto. A súmula, a jurisprudência ou o precedente passam a ser fontes de direito, pois devem ser observados pelo juiz. Não se trata de faculdade do magistrado, mas de obrigação. A ideia é garantir a certeza e a previsibilidade do direito, importando segurança jurídica. Situações análogas já decididas devem ser julgadas da mesma maneira, em razão de segurança jurídica. O rol dos incisos do art. 927 do CPC é taxativo e não meramente exemplificativo. Não são obrigatórias as sentenças, as decisões de turmas ou seções dos tribunais.

No caso de colisão entre normas, o juiz deve justificar o objeto e os critérios gerais da ponderação efetuada, enunciando as razões que autorizam a interferência na norma afastada e as premissas fáticas que fundamentam a conclusão. A técnica da ponderação vinha sendo usada em relação a princípios, no sentido de verificar qual deles é mais importante.

A decisão judicial deve ser interpretada a partir da conjugação de todos os seus elementos e em conformidade com o princípio da boa-fé.

A decisão que, nas esferas administrativa, controladora ou judicial, decretar a invalidação de ato, contrato, ajuste, processo ou norma administrativa deverá indicar de modo expresso suas consequências jurídicas e administrativas. A decisão deverá, quando for o caso, indicar as condições para que a regularização ocorra de modo proporcional e equânime e sem prejuízo aos interesses gerais, não podendo impor aos sujeitos atingidos ônus ou perdas que, em função das peculiaridades do caso, sejam anormais ou excessivos (art. 21 da Lei de Introdução).

A revisão, nas esferas administrativa, controladora ou judicial, quanto à validade de ato, contrato, ajuste, processo ou norma administrativa cuja produção já se houver completado levará em conta as orientações gerais da época, sendo vedado que, com base em mudança posterior de orientação geral, se declarem inválidas situações plenamente constituídas. Consideram-se orientações gerais as interpretações e especificações contidas em atos públicos de caráter geral ou em jurisprudência judicial ou administrativa majoritária, e ainda as adotadas por prática administrativa reiterada e de amplo conhecimento público (art. 24 da Lei de Introdução).

Na decisão, o juiz deve indicar a natureza jurídica das parcelas constantes da condenação, inclusive o limite de responsabilidade de cada parte pelo recolhimento da contribuição previdenciária (§ 3º do art. 832 da CLT). O juiz deverá, portanto, declarar se a contribuição previdenciária incide sobre quais verbas deferidas na sentença.

Salvo na hipótese de o pedido da ação limitar-se expressamente ao reconhecimento de verbas de natureza exclusivamente indenizatória, a parcela referente às verbas de natureza remuneratória não poderá ter como base de cálculo valor inferior:

I – ao salário-mínimo, para as competências que integram o vínculo empregatício reconhecido na decisão cognitiva ou homologatória. O empregado não pode receber por mês menos do que um salário mínimo; ou

II – à diferença entre a remuneração reconhecida como devida na decisão cognitiva ou homologatória e a efetivamente paga pelo empregador, cujo valor total referente a cada competência não será inferior ao salário mínimo (§ 3º-A do art. 832 da CLT). É o caso em que o empregador paga verbas inferiores ao salário de paradigma ou paga por fora. Não poderá ser inferior ao salário mínimo, que é o valor mínimo devido pelo trabalho do empregado por mês. Verbas indenizatórias são, por exemplo, aviso prévio indenizado, férias indenizadas etc. O dispositivo pretende evitar que seja lançado um valor genérico na sentença que homologa acordo a título de indenização e não haja incidência de imposto de renda e de contribuição previdenciária.

Caso haja piso salarial da categoria definido por acordo ou convenção coletiva de trabalho, o seu valor deverá ser utilizado como base de cálculo para os fins do § 3º-A do art. 832 da CLT (§ 3º-B do art. 832 da CLT). Muitos empregados ganham piso salarial da categoria, que deverá ser observado mensalmente na sentença, se for o caso.

O § 3º do art. 28 da Lei n. 8.212/91 já previa para fins de considerar salário de contribuição da contribuição previdenciária que "o limite mínimo do salário-de-contribuição corresponde ao piso salarial, legal ou normativo, da categoria ou, inexistindo este, ao salário mínimo, tomado no seu valor mensal, diário ou horário, conforme o ajustado e o tempo de trabalho efetivo durante o mês".

21.7.3 Dispositivo

No dispositivo, o juiz acolherá ou rejeitará o pedido do autor, no todo ou em parte. Consistirá o dispositivo num resumo, numa síntese do decidido, vindo ao final da sentença.

O inciso III do art. 489 do CPC menciona que o juiz, no dispositivo, resolverá as questões principais que as partes lhe submeterem. O juiz não irá analisar questões postas pelas partes, mas irá acolher ou rejeitar o pedido.

Dispositivo direto é o que condena o réu a pagar o valor de tanto, a indenizar o autor na importância que for apurada em liquidação. Dispositivo indireto é o que acolhe o pedido na forma da inicial.

Sendo acolhida a pretensão do autor ou acolhida em parte, o juiz deverá determinar o prazo e as condições para o cumprimento da decisão (§ 1º do art. 832 da CLT). Exemplo pode ser o juiz determinar o fornecimento das guias de seguro-desemprego ou do FGTS em cinco dias após o trânsito em julgado, sob pena de ser paga a indenização correspondente. Da decisão deverão constar as custas que serão pagas pela parte vencida (§ 2º do art. 832 da CLT).

Da sentença não poderá faltar nenhum dos requisitos: relatório, fundamentação ou dispositivo. Caso isso ocorra, haverá nulidade. Mesmo em relação à sentença que extingue o processo sem julgamento de mérito, em que o juiz decide em forma concisa, deverá haver relatório, fundamentação e dispositivo, sob pena de nulidade.

Sentença sucinta que tem relatório, fundamentação e dispositivo não é sentença nula.

É errado colocar no dispositivo questões que deveriam ter constado dos fundamentos. Por exemplo: no processo penal é errado fazer constar do dispositivo da sentença a fundamentação do regime prisional, da pena, do *sursis* etc., pois estas questões devem ser colocadas na fundamentação, sendo o dispositivo apenas um resumo do que foi decidido. O mesmo pode-se dizer no processo do trabalho, onde é tecnicamente incorreto condenar a empresa "nos termos da fundamentação, que passa a fazer parte integrante deste". Apesar de mais trabalhoso, do dispositivo deve constar do que a empresa foi realmente condenada, especificando-se as verbas, as datas, a prescrição, a anotação na CTPS do reclamante, quem deve levantar as importâncias depositadas, a compensação das verbas pagas etc. A coisa julgada abrange os motivos, pois do contrário não poderia fazer coisa julgada o que foi deferido. Sentença que defere verbas na forma da fundamentação não é nula, pois não remete a toda a fundamentação, mas apenas às verbas deferidas e na forma em que foram deferidas, já que é impossível colocar muitos dados no dispositivo, que acaba se tornando repetitivo da fundamentação e pode trazer omissões ou contradições na transcrição. Não existe regra legal que vede que o dispositivo da sentença reporte-se à fundamentação. É o que se chama de dispositivo indireto. Segundo Savigny, a coisa julgada diz respeito aos motivos objetivos, que são os constitutivos da relação jurídica, e não aos elementos subjetivos, que levam o juiz à formação de sua convicção.

Do dispositivo deve, também, constar a forma de liquidação da sentença, pois se nada ficar registrado presume-se que a liquidação será feita por artigos, que é a forma ordinária. Deve o juiz especificar, ainda, os juros e correção monetária, a partir de que data são devidos e de que forma. Depois o juiz deverá arbitrar o valor da condenação, que servirá de base para o cálculo das custas e para efeito do depósito recursal. Por fim, deverá sintetizar se são devidos ou não os honorários de advogado e os honorários de perito, se houver, quantificando-os.

No dispositivo, também não poderá faltar o nome de nenhum dos reclamantes ou reclamados, se forem mais de um, sob pena de nulidade. A parte da sentença que transita em julgado é justamente o dispositivo da sentença. Não haveria como executar uma decisão em favor de uma pessoa, se seu nome não constou da decisão ou constou incorretamente.

A decisão que condenar o réu ao pagamento de prestação consistente em dinheiro e a que determinar a conversão de prestação de fazer, de não fazer ou de dar coisa em prestação pecuniária valerão como título constitutivo de hipoteca judiciária (art. 495 do CPC). Visa a evitar fraudes. Pode ser deferida a hipoteca judiciária de ofício, pois o art. 495 do CPC é imperativo. Não precisa de requerimento do autor.

A hipoteca judiciária do art. 495 do CPC tem natureza de direito público. A hipoteca do art. 1.473 do Código Civil tem natureza de direito privado.

A decisão produz a hipoteca judiciária: (a) embora a condenação seja genérica; (b) ainda que o credor possa promover o cumprimento provisório da sentença ou esteja pendente arresto sobre bem do devedor; (c) mesmo que impugnada por recurso dotado de efeito suspensivo. A hipoteca judiciária poderá ser realizada mediante apresentação de cópia da sentença perante o cartório de registro imobiliário, independentemente de ordem judicial, de declaração expressa do juiz ou de demonstração de urgência.

O protesto da sentença é uma forma indireta de fazer cumprir a decisão, inclusive como forma de estímulo para o seu cumprimento espontâneo.

Nas causas que dispensem a fase instrutória, o juiz, independentemente da citação do réu, julgará liminarmente improcedente o pedido que contrariar: I – enunciado de súmula do Supremo Tribunal Federal ou do Superior Tribunal de Justiça; II – acórdão proferido pelo Supremo Tribunal Federal ou pelo Superior Tribunal de Justiça em julgamento de recursos repetitivos; III – entendimento firmado em incidente de resolução de demandas repetitivas ou de assunção de competência; IV – enunciado de súmula de tribunal de justiça sobre direito local (art. 332 do CPC). O dispositivo trata de julgamento de matéria de direito, em que não haja necessidade de prova de fato. Os incisos não podem ser aplicados em caso em que haja discussão de matéria de fato. Não pode também o dispositivo ser aplicado em caso de acolhimento de pedido com base em súmula, jurisprudência ou precedente. O juiz também poderá rejeitar liminarmente o pedido se verificar, desde logo, a ocorrência de decadência ou de prescrição. Não interposta a apelação, o réu será intimado do trânsito em julgado da sentença.

A matéria discutida só pode ser de direito e não de direito e de fato ou só de fato.

A lei concede uma faculdade ao juiz de dispensar a citação da parte contrária. Não se trata de obrigação.

O devido processo legal depende da previsão da lei. É ela que determina o julgamento em razão de outras situações já rejeitadas pelo juízo de origem. A lei dispõe que pode ser dispensada a citação da parte contrária.

O contraditório (art. 5º, LV, da Constituição) diz respeito ao réu e não ao autor.

O acesso ao Judiciário (art. 5º, XXXV, da Constituição) não foi violado, pois o autor ajuizou a ação. A lei não está impedindo o autor de estar em juízo. Sua postulação foi apreciada pelo Poder Judiciário.

A ampla defesa é assegurada, pois o autor pode recorrer da decisão que rejeitou seu pedido. O réu é beneficiado da decisão e não teve prejuízo, podendo contra-arrazoar o recurso.

O artigo seria inconstitucional se tivesse dito que acolhia o pedido sem ouvir o réu, por sentença final. Nesse caso, violaria o contraditório. Não é, porém, essa a hipótese.

O art. 332 do CPC está de acordo com a razoável duração do processo estabelecida no inciso LXXVIII do art. 5º da Constituição, adotando celeridade e economia processual.

O dispositivo é aplicável no processo do trabalho, pois nada impede que o juiz analise a petição inicial quando ela chega à Vara do Trabalho, em vez de fazê-lo por ocasião da audiência.

A falta de tentativa de conciliação na audiência inicial (art. 846 da CLT) não implica nulidade, pois não se sabe qual é o prejuízo processual da parte com isso.

Na prática, seria melhor que o dispositivo não fosse aplicado pelo juiz, pois uma coisa é o seu ponto de vista a respeito da matéria. Outra coisa é o que o tribunal regional ou o tribunal superior vai entender sobre o tema.

Se a questão é nova, não haverá precedentes nos tribunais superiores sobre a matéria discutida na vara.

De nada irá adiantar aplicar a disposição se posteriormente o processo for anulado.

Seria diferente a questão se houvesse súmula vinculante do STF ou de outro tribunal superior, pois a tendência seria o tribunal superior continuar a aplicar sua súmula e, assim, a decisão não seria modificada.

Se o autor apresentar recurso, que no processo do trabalho será o ordinário (art. 895, II, da CLT), é facultado ao juiz retratar-se, no prazo de cinco dias, não manter a sentença e determinar o prosseguimento da ação (§ 3º do art. 332 do CPC). Trata-se de faculdade do juiz manter a sentença e não obrigação.

Se houver retratação, o juiz determinará o prosseguimento do processo, com a citação do réu, e, se não houver retratação, determinará a citação do réu para apresentar contrarrazões (§ 4º do art. 332 do CPC), no prazo de 8 dias. Para o acompanhamento do recurso o certo seria intimar o réu, mas não citá-lo, pois ele não irá apresentar defesa, mas contrarrazões.

21.7.4 Ordem de processos para julgamento

Os juízes e os tribunais deverão obedecer, preferencialmente, à ordem cronológica de conclusão para proferir sentença ou acórdão (art. 12 do CPC).

A lista de processos aptos a julgamento deverá estar permanentemente à disposição para consulta pública em cartório e na rede mundial de computadores (§ 1º do art. 12 do CPC).

Estão excluídos da regra:

I – as sentenças proferidas em audiência, homologatórias de acordo ou de improcedência liminar do pedido;

II – o julgamento de processos em bloco para aplicação de tese jurídica firmada em julgamento de casos repetitivos;

III – o julgamento de recursos repetitivos ou de incidente de resolução de demandas repetitivas;

IV – as decisões proferidas com base nos arts. 485 e 932 do CPC;

V – o julgamento de embargos de declaração;

VI – o julgamento de agravo interno;

VII – as preferências legais e as metas estabelecidas pelo Conselho Nacional de Justiça;

VIII – os processos criminais, nos órgãos jurisdicionais que tenham competência penal;

IX – a causa que exija urgência no julgamento, assim reconhecida por decisão fundamentada.

Após elaboração de lista própria, respeitar-se-á a ordem cronológica das conclusões entre as preferências legais.

Após a inclusão do processo na lista, o requerimento formulado pela parte não altera a ordem cronológica para a decisão, exceto quando implicar a reabertura da instrução ou a conversão do julgamento em diligência.

Decidido o requerimento, o processo retornará à mesma posição em que anteriormente estava na lista.

Ocupará o primeiro lugar na lista ou, conforme o caso o processo que:

I – tiver sua sentença ou acórdão anulado, salvo quando houver necessidade de realização de diligência ou de complementação da instrução;

II – se enquadrar na hipótese do art. 1.040, inciso II do CPC.

21.8 PROCEDIMENTO SUMARÍSSIMO

No procedimento sumaríssimo, a sentença mencionará os elementos de convicção do juízo, com resumo dos fatos relevantes ocorridos em audiência, dispensando o relatório (art. 852-I da CLT).

Não haverá necessidade de o relatório constar da sentença. Os fundamentos e o dispositivo serão imprescindíveis. Aliás, o relatório não tem servido para nada, pois não transita em julgado e ninguém o lê, porque interessa a fundamentação e o dispositivo. Deveria é mesmo ser abolido em qualquer processo.

Deverá, portanto, a sentença conter fundamentação e dispositivo.

A fundamentação é necessária, inclusive, por força do inciso IX do art. 93 da Constituição, que determina que todos os julgamentos do Poder Judiciário serão fundamentados. Na fundamentação é que o juiz irá motivar sua decisão, mencionando os elementos que o levaram a firmar seu convencimento. Valerá o princípio da livre convicção motivada do juiz (art. 371 do CPC). Resumirá os fatos relevantes para efeito de fundamentar sua decisão. Se a decisão não tiver fundamentação, será considerada nula.

Seria possível dizer que a lei é contraditória ao determinar a dispensa do relatório, mas não será possível afirmar que o resumo dos fatos relevantes ocorridos na audiência deverá constar da sentença. É preciso, portanto, fazer a interpretação sistemática do art. 852-I da CLT: "Resumo dos fatos relevantes ocorridos na audiência" não é relatório, pois a lei o dispensa expressamente. "Resumo dos fatos relevantes" representa a síntese dos fatos importantes ocorridos na audiência em que se baseou o juiz para decidir.

O juízo adotará em cada caso a decisão que reputar mais justa e equânime, atendendo aos fins sociais da lei e às exigências do bem comum (§ 1º do art. 852-I da CLT).

A lei permite que o juiz adote um juízo de equidade, de maneira a julgar a questão de forma mais justa possível. De certa forma, isso já era previsto no art. 766 da CLT em relação a dissídios sobre estipulação de salários. O juiz só pode decidir por equidade nos casos previstos em lei (parágrafo único do art. 140 do CPC), como ocorre na hipótese vertente. O art. 8º da CLT permite ao juiz decidir por equidade na falta de disposições legais ou contratuais.

Em grego, *epieikeia* quer dizer equidade, tendo o significado de complemento da lei lacunosa. Era vedado, porém, julgar contra a lei. No Direito Romano, a equidade (*aequitas*) era um processo de criação da norma jurídica para sua integração no ordenamento jurídico. Tem também um significado de igualdade, de benignidade, de proporção, equilíbrio.

Para Aristóteles, *equidade* é sinônimo de *justiça*. Tem por objetivo corrigir a lei, quando está incompleta. Seria a justiça do caso particular.

Implica a equidade a possibilidade de suprir a imperfeição da lei ou torná-la mais branda, de modo a moldá-la à realidade. Assim, o juiz pode até praticar injustiça num caso concreto quando segue rigorosamente o mandamento legal, razão pela qual haveria, também, a necessidade de se temperar a lei, para aplicá-la ao caso concreto e fazer justiça.

O juiz, ao aplicar a equidade no procedimento sumaríssimo, deve observar a parte final do art. 8º da CLT, quando determina que nenhum interesse particular prevaleça sobre o interesse público.

A determinação do § 1º do art. 852-I da CLT de que o juiz atenda aos fins sociais da lei e às exigências do bem comum tem também previsão no art. 5º da Lei de Introdução às Normas do Direito Brasileiro.

O Direito, por natureza, tem por objetivo regular a vida humana em sociedade. Tem, portanto, fim social.

No procedimento sumaríssimo, não se poderá aplicar o inciso IV do § 1º do art. 489 do CPC, no sentido de que o juiz tem de enfrentar todos os argumentos deduzidos no processo capazes de, em tese, infirmar a conclusão adotada pelo julgador, pois não há omissão no § 1º do art. 852-I da CLT.

Não se exime o juiz de sentenciar ou despachar, alegando lacuna ou obscuridade na lei. No julgamento da lide, caber-lhe-á aplicar as normas legais. Quando a lei for omissa, o juiz decidirá o caso de acordo com a analogia, os costumes e os princípios gerais de direito (art. 4º da Lei de Introdução).

O juiz não poderá, contudo, julgar contra as determinações do ordenamento jurídico pátrio. Não se poderá fazer um julgamento com base em direito alternativo, decidindo contra a lei, fora do pedido ou além do pedido.

O § 2º do art. 852-I da CLT foi vetado. Determinava que não se admitirá sentença condenatória por quantia ilíquida.

A razão do veto seria a impossibilidade de o juiz ficar fazendo cálculos na audiência para proferir sentença líquida.

A sentença vai ter de ser líquida, pois o pedido tem de ser certo e determinado, indicando os valores correspondentes (art. 852-B, I, da CLT). Na prática, se houver pedido de horas extras, a sentença vai ser ilíquida, pois haverá necessidade de apurar mês a mês as horas extras devidas. Em outros casos, haverá necessidade de serem apurados os juros e a correção monetária, que inviabilizarão a existência da sentença líquida.

Não há previsão específica para as partes oferecerem razões finais, ficando a critério do juiz aceitá-las ou não.

Se o caso for complexo, dificilmente o juiz terá condições de proferir sentença em audiência. Deverá designar audiência para publicar a sentença, que deverá observar o prazo de 15 dias da instrução (art. 852-B, III, da CLT) ou 30 dias dessa mesma data, na hipótese de interrupção da audiência (§ 7º do art. 852-H da CLT).

As partes serão intimadas da sentença na própria audiência em que prolatada (§ 3º do art. 852-I da CLT).

A regra da intimação das partes da sentença em audiência já tinha previsão no art. 852 da CLT, aplicando-se a Súmula 197 do TST.

Caso o juiz não junte a sentença no prazo de 48 horas após a data marcada para publicação da sentença (§ 2º do art. 851 da CLT), as partes terão de ser intimadas da decisão.

21.9 CONDENAÇÃO ALTERNATIVA

A condenação poderá ser alternativa desde que o pedido também seja alternativo. A condenação poderá também ser alternativa: "quando, pela lei ou pelo contrato, a escolha couber ao devedor, o juiz lhe assegurará o direito de cumprir a prestação de um ou de outro modo, ainda que o autor não tenha formulado pedido alternativo" (parágrafo único do art. 325 do CPC).

O juiz poderá também rejeitar um dos pedidos acolhendo o seguinte.

Em petição inicial em que o autor pede a reintegração no emprego por ser estável, ou pagamento da indenização correspondente, se o juiz concluir que é impossível reintegrar o empregado, dada a incompatibilidade, mandará pagar a indenização correspondente ao período da estabilidade.

21.10 VALOR DA CONDENAÇÃO

Na maioria dos casos no processo do trabalho, mesmo sendo líquida a condenação há necessidade de se apurar os juros de mora e a correção monetária incidente sobre o principal.

Será, porém, ilíquida quando o *quantum* devido depender totalmente de apuração. O principal corresponde ao valor devido. Os acessórios serão os juros de mora e a correção monetária.

É defeso ao juiz proferir decisão de natureza diversa da pedida, bem como condenar a parte em quantidade superior ou em objeto diverso do que lhe foi demandado (art. 490 do CPC). O juiz decidirá o mérito nos limites propostos pelas partes, sendo-lhe defeso conhecer de questões, não suscitadas, a cujo respeito a lei exige a iniciativa da parte (art. 141 do CPC). Entretanto, a sentença não é um diálogo entre o juiz e a parte. A decisão deverá, porém, ser certa, ainda que resolva relação jurídica condicional (parágrafo único do art. 492 do CPC).

Mesmo que omissa a petição inicial ou a sentença, os juros de mora e a correção monetária são devidos (S. 211 do TST). Não se trata de julgamento *ultra* ou *extra petita*, mas apenas da complementação do principal. Correção monetária não é nenhum *plus*, apenas a atualização monetária do valor do principal. Compreendem-se no principal os juros legais, a correção monetária e as verbas de sucumbência (§ 1º do art. 322 do CPC).

O legislador ordinário veio a acolher a orientação jurisprudencial da Súmula 211 do TST no § 1º do art. 39 da Lei n. 8.177/91, ao dizer que a aplicação da TR e dos juros são devidos "ainda que não explicitados na sentença ou no termo de conciliação". Assim, na execução é possível cobrar juros e correção monetária que não foram pedidos na petição inicial ou não constaram até mesmo da sentença, por expressa previsão naquela norma legal.

Os juros serão calculados sobre o principal devidamente corrigido (S. 200 do TST).

Nos casos de execução de sentença contra pessoa jurídica de direito público, os juros e a correção monetária serão calculados até o pagamento do valor total da condenação. Os débitos trabalhistas das entidades submetidas aos regimes de intervenção ou liquidação extrajudicial estão sujeitos a correção monetária desde o respectivo vencimento até seu efetivo pagamento, sem interrupção ou suspensão, não incidindo, entretanto, sobre tais débitos, juros de mora (S. 304 do TST). O cálculo da correção monetária incidente sobre débitos relativos a benefícios previdenciários devidos a dependentes de ex-empregado pelo empregador, ou entidade de previdência privada a ele vinculada, será o previsto na Lei n. 6.899/81 (S. 311 do TST). A correção monetária não incide sobre o débito do trabalhador reclamante (S. 187 do TST).

Na ação que tenha por objeto o cumprimento de obrigação de fazer ou não fazer, o juiz concederá tutela específica da obrigação ou, se acolhido o pedido, determinará providências que assegurem o resultado prático equivalente ao do adimplemento. A obrigação somente se converterá em perdas e danos se o autor o requerer ou se for impossível a tutela específica ou a obtenção de resultado prático correspondente. Sendo relevante o fundamento da demanda e havendo justificado receio de ineficácia do provimento final, é lícito ao juiz conceder a tutela liminarmente ou mediante justificação prévia, citado o réu. A medida liminar poderá ser revogada ou modificada, a qualquer tempo, em decisão fundamentada. O juiz poderá, como já foi dito anteriormente ou na sentença, impor multa diária ao réu, independentemente de pedido do autor. As multas previstas no processo do trabalho são as indicadas na CLT, como as do § 2º do art. 137 e dos arts. 729 e 730 da CLT, não podendo o juiz impor outras. Na ação que tenha por objeto a prestação de fazer ou de não fazer, o juiz, se for acolhido o pedido, concederá a tutela específica ou determinará providências que assegurem a obtenção do resultado prático equivalente (art. 497 do CPC).

21.11 CUSTAS

A palavra *custas* é originária do verbo latino *constare* (*constata, as, are*).

Custas são as despesas judiciais que a parte paga para postular em juízo em razão dos serviços prestados pelo Estado. Tecnicamente, as custas deveriam chamar-se taxa judiciária, porque o valor é pago ao Estado e não aos serventuários de justiça pela prática de atos judiciais.

Despesas judiciais representam o gênero que engloba as custas e os emolumentos.

O STF entende que as custas têm natureza tributária, necessitando de lei para serem criadas, aumentadas ou alteradas, dado o princípio da reserva legal em matéria tributária (art. 150, I, da Constituição).

Sua natureza jurídica é de taxa. A espécie de taxa é de serviços, em razão dos serviços específicos e divisíveis efetivamente prestados pelo Estado (art. 77 do CTN) àquele que se utilize do Poder Judiciário. É taxa de prestação de serviços judiciários.

De acordo com o art. 789 da CLT, nos processos de competência da Justiça do Trabalho, as custas são as previstas na CLT. Assim, os processos previstos no art. 114 da Constituição, inclusive os referentes às relações de trabalho, têm as custas fixadas na CLT. Aqui essa norma é clara e expressa. Não se aplica, portanto, o CPC ou legislação federal sobre custas.

A Seção III do Capítulo II do Título X da CLT passou a ser denominada pela Lei n. 10.537 de "Das custas e emolumentos". Não mais se fala apenas em custas.

A legislação anterior previa no art. 789 da CLT as custas nos dissídios individuais. Havia referência no art. 790 da CLT sobre pagamento das custas nos dissídios coletivos.

Passou o art. 789 da CLT a tratar das custas nos dissídios individuais e nos coletivos. Fez também menção às custas nos procedimentos de competência da Justiça do Trabalho, como inquérito para apuração de falta grave, consignação em pagamento, ação rescisória, mandado de segurança, que são considerados procedimentos especiais. As custas serão as mesmas tanto no procedimento ordinário nos dissídios individuais, como no sumaríssimo. Mesmo na Justiça Estadual, no exercício de jurisdição trabalhista, as custas são as previstas no art. 789 da CLT e não em tabela fixada em lei estadual. Os processos previstos no art. 114 da Constituição, inclusive os referentes às relações de trabalho, têm as custas fixadas na CLT.

Nos dissídios individuais, a decisão mencionará sempre as custas que devem ser pagas pela parte vencida (§ 2º do art. 832 da CLT).

A redação anterior dos incisos do art. 789 da CLT trazia uma forma complicada de calcular as custas. O cálculo era feito de maneira progressiva. Na prática, o cálculo era efetuado à razão de 2% sobre o valor fixado pelo juiz. A nova norma determinou exatamente isso, isto é, que as custas serão calculadas à base de 2% observado o valor mínimo de R$ 10,64, que é a importância mínima que pode ser recolhida na guia Darf, ainda que o cálculo do montante seja inferior ao citado valor. Isso facilitou o cálculo das custas, representando mera operação aritmética.

Foi estabelecido o limite máximo do pagamento das custas em quatro vezes o limite máximo dos benefícios do Regime Geral de Previdência Social (art. 789 da CLT). O objetivo é que a parte possa pagar as custas e poder recorrer. Não havendo limite máximo, a parte pode ficar impossibilitada de recorrer por não ter dinheiro para pagar as custas.

Não se vincula mais a base de cálculo das custas ao salário-mínimo, em razão da proibição contida no inciso IV do art. 7º da Constituição, ou ao salário de referência.

A base de cálculo não mudou nos seguintes casos:

a) quando houver acordo ou condenação, sobre o respectivo valor;
b) quando o valor for indeterminado, sobre o que o juiz fixar.

Quando o processo for extinto sem julgamento de mérito ou for rejeitado integralmente o pedido do autor, as custas são calculadas sobre o valor da causa. O processo é extinto sem resolução de mérito nos casos descritos no art. 485 do CPC, como por inépcia, litispendência, coisa julgada etc.

A redação anterior da letra *b* do § 3º do art. 789 da CLT fazia referência ao cálculo das custas quando houvesse desistência ou arquivamento, em que a base de cálculo seria o valor do pedido. A desistência e o arquivamento estão incluídos como hipóteses de extinção do processo sem julgamento de mérito. Arquivamento é inclusive um termo incorreto, pois implica colocar os autos no arquivo, que podem, posteriormente, ser retirados e determinado o andamento do processo.

No caso de acolhimento do pedido formulado em ação declaratória e em ação constitutiva, as custas serão calculadas sobre o valor da causa. A ação será declaratória quando, por exemplo, o pedido for somente de reconhecimento do vínculo de emprego. A ação será constitutiva quando a postulação pretender criar, modificar ou extinguir uma dada relação jurídica, como na que se pretende a equiparação salarial.

Sendo ilíquida a condenação, o juízo arbitrar-lhe-á o valor e fixará o montante das custas processuais (§ 2º do art. 789 da CLT). Na maioria das condenações, o juiz não sabe efetivamente qual é o valor devido ao empregado. O magistrado arbitra uma importância para efeito de custas e do depósito recursal. Não é um valor exato, mas arbitrado para esse fim.

Nas ações plúrimas (com mais de um reclamante), as custas incidem sobre o valor global em que for condenada a reclamada ou o valor dos pedidos (S. 36 do TST).

As custas serão pagas pelo vencido. Vencido será o empregador, ainda que o pedido seja acolhido parcialmente. O empregado somente será vencido quando perder integralmente sua pretensão. Isso mostra a adoção do princípio da proteção.

Sempre que houver acordo, se de outra forma não for convencionado, o pagamento das custas caberá em partes iguais aos litigantes (§ 3º do art. 789 da CLT). Essa regra já tinha a mesma redação no § 6º do art. 789 da CLT, que, portanto, fica revogado pela lei posterior.

Nos acordos, as partes poderão estipular o pagamento das custas em partes iguais ou da forma como convencionarem, como metade para o empregado e metade para o empregador. A lei ordinária pode fixar que a responsabilidade pelo pagamento do tributo seja delegada à convenção das partes (art. 123 do CTN).

Não há mais disposição expressa em relação às custas que deveriam ser recolhidas antes do julgamento no inquérito para apuração de falta grave e calculadas sobre seis vezes o salário do empregado ou dos empregados envolvidos. Não sendo pagas as custas, era determinado o arquivamento do processo (S. 49 do TST).

Agora, mesmo no inquérito para apuração de falta grave, que é ação proposta pelo empregador contra o empregado estável, as custas seguem a regra do art. 789 da CLT, calculadas à razão de 2%, devendo ser pagas ao final ou no prazo de interposição do recurso. O próprio art. 789 da CLT menciona que as custas nos dissídios individuais e nos procedimentos de competência da Justiça do Trabalho obedecem à regra contida nos incisos do referido artigo.

Previa o § 1º do art. 789 da CLT que "nas Juntas, nos Tribunais Regionais e no Tribunal Superior do Trabalho, o pagamento das custas será feito na forma das instruções expedidas pelo Tribunal Superior do Trabalho".

Passou a prever o art. 790 da CLT que "nas Varas do Trabalho, nos Juízos de Direito, nos Tribunais e no Tribunal Superior do Trabalho, a forma de pagamento das custas e emolumentos obedecerá às instruções que serão expedidas pelo Tribunal Superior do Trabalho".

Assim, o TST não tem competência para fixar as custas. Essa é matéria de lei, em razão da natureza tributária delas.

O TST poderá estabelecer a forma de pagamento das custas e emolumentos e não o valor, de acordo com instrução por ele expedida. O valor deve ser fixado em lei.

O Provimento da Corregedoria do TST n. 2/87 trata das custas nos dissídios coletivos. A Instrução Normativa n. 9/96 do TST versa sobre as custas que serão fixadas por arbitramento. A Instrução Normativa n. 20, de 24 de setembro de 2002 (*DJU* de 27-9-2002) estabelece procedimentos para o recolhimento de custas e emolumentos devidos à União no âmbito da Justiça do Trabalho.

Viola a garantia constitucional de acesso à jurisdição a taxa judiciária calculada sem limite sobre o valor da causa (Súmula 667 do STF).

21.11.1 Justiça gratuita

Isenção de custas é espécie de justiça gratuita. A justiça gratuita irá compreender a isenção das custas e a assistência judiciária.

É facultado aos juízes, órgãos julgadores e presidentes dos tribunais do trabalho de qualquer instância conceder, a requerimento ou de ofício, o benefício da justiça gratuita, inclusive quanto a traslados e instrumentos, àqueles que perceberem salário igual ou inferior a 40% (quarenta por cento) do limite máximo dos benefícios do Regime Geral de Previdência Social (§ 3º do art. 790 da CLT).

A regra trata de faculdade do juiz e não de obrigação. Com a edição da Lei n. 5.584/70 entendia-se que não havia faculdade, mas obrigação da concessão da justiça gratuita, desde que atendidos os requisitos legais. Agora, a regra do § 3º do art. 790 da CLT volta a fazer referência à faculdade do juiz, que era prevista no § 9º do art. 789 da CLT, na redação determinada pelo Decreto-lei n. 229/67, derrogando as disposições em sentido contrário.

Juízes são os magistrados de primeiro grau, tanto os do trabalho como os de Direito. Órgãos julgadores são os colegiados de segundo ou terceiro graus. O presidente do tribunal despacha recursos de revista ou extraordinário, podendo conceder a justiça gratuita.

A justiça gratuita abrange não só a isenção das custas e despesas processuais, mas também de traslados, instrumentos, emolumentos e honorários periciais.

Trata o § 3º do art. 790 da CLT de justiça gratuita e não de assistência judiciária, que é prestada pelo sindicato.

A lei não faz menção à participação do sindicato para ser concedida a isenção. Desde que sejam atendidos os requisitos do § 3º do art. 790 da CLT, o juiz tem a faculdade de conceder a justiça gratuita.

Não mais vincula o § 3º do art. 790 da CLT a salários-mínimos a concessão da justiça gratuita. O inciso IV do art. 7º da Constituição veda a vinculação do salário-mínimo para qualquer fim.

A justiça gratuita somente é concedida ao empregado, que é a pessoa que ganha salário. Não será deferida ao empregador, mesmo que não tenha condições financeiras. Logo, não se aplica ao processo do trabalho a gratuidade concedida à pessoa jurídica, com previsão no art. 98 do CPC. Não há omissão na CLT para se aplicar o CPC.

O § 3º do art. 790 da CLT não faz referência à prova do estado de miserabilidade ou de que o trabalhador esteja desempregado para a concessão da justiça gratuita, como previa anteriormente o § 9º do art. 789 da CLT.

Em relação a empregado que percebe salário acima de 40% do RGPS, não pode ser deferida de ofício a justiça gratuita. Há necessidade de requerimento.

Para a concessão da justiça gratuita, o juiz deve verificar vários elementos, como a profissão do requerente, seu endereço (se mora em bairro de classe alta ou baixa), se tem propriedade, declaração de Imposto de Renda, despesas incorridas, como de médicos, remédios etc. Compreende uma presunção relativa à declaração de pobreza.

O benefício da justiça gratuita será concedido à parte que comprovar insuficiência de recursos para o pagamento das custas do processo (§ 4º do art. 790 da CLT). Não se trata de apresentação de declaração de pobreza. Comprovação não é declaração de pobreza. Se não houver comprovação, não haverá deferimento da justiça gratuita. Fica prejudicada a Súmula 463, I, do TST. Não tem, portanto, o juiz obrigação de conceder justiça gratuita ao trabalhador que estiver desempregado, quando ele apresenta cópia de sua CTPS.

O pedido de gratuidade da justiça pode ser formulado na petição inicial, na contestação, na petição para ingresso de terceiro no processo ou em recurso (art. 99 do CPC). Se superveniente à primeira manifestação da parte na instância, o pedido poderá ser formulado por petição simples, nos autos do próprio processo, e não suspenderá seu curso. O juiz somente poderá indeferir o pedido se houver nos autos elementos que evidenciem a falta dos pressupostos legais para a concessão de gratuidade, devendo, antes de indeferir o pedido, determinar à parte a comprovação do preenchimento dos referidos pressupostos (§ 2º do art. 99 do CPC). Presume-se verdadeira a alegação de insuficiência deduzida exclusivamente por pessoa natural. A assistência do requerente por advogado particular não impede a concessão de gratuidade da justiça (§ 4º do art. 99 do CPC). O direito à gratuidade da justiça é pessoal, não se estendendo a litisconsorte ou a sucessor do beneficiário, salvo requerimento e deferimento expressos.

O advogado só pode fazer a declaração em nome do cliente se tiver poderes específicos para esse fim (art. 105 do CPC).

Se o pedido de isenção for feito após o prazo de 8 dias da interposição do recurso, haverá deserção, por falta do pagamento das custas no prazo legal.

Sendo o pedido de isenção feito no curso da ação e não na petição inicial, não suspenderá o prazo para o pagamento das custas, que devem ser pagas e comprovadas dentro dos 8 dias para a interposição do recurso. O prazo é preclusivo. Logo, o pedido de isenção deveria ser feito e comprovado no referido prazo de 8 dias.

Tratando-se de empregado que não tenha obtido o benefício da justiça gratuita, ou isenção de custas, o sindicato que houver intervindo no processo responderá solidariamente pelo pagamento das custas devidas (§ 1º do art. 790 da CLT).

Determinava o § 7º do art. 789 da CLT quase a mesma redação, apenas mencionando que o empregado deveria ser sindicalizado, exigência que não é mais feita no § 3º do art. 790 da CLT. Assim, o empregado não precisa ser sindicalizado para ser beneficiário da justiça gratuita ou da isenção das custas. Pode, portanto, ser o empregado não associado ao sindicato.

A solidariedade no pagamento das custas pelo sindicato só ocorrerá nos casos em que houver intervenção do sindicato no feito, como na assistência. Quando o sindicato presta assistência judiciária, não será condenado no feito, pois, no caso, não é parte, nem assistente no sistema de intervenção de terceiros do CPC. Se o sindicato ajuizar a ação como parte ou como substituto processual, em que é parte, as custas serão devidas pelo sindicato, se perder a demanda, não se aplicando a regra em comentário.

Se o juiz deferir isenção de custas ao empregado, o sindicato não fica responsabilizado por elas, pois as custas não terão de ser pagas, por estarem isentas. No mesmo sentido a Súmula 223 do STF: "concedida isenção de custas ao empregado, por elas não responde o sindicato que o representa em juízo".

A responsabilidade pelo pagamento dos honorários periciais é da parte sucumbente na pretensão objeto da perícia, ainda que beneficiária de justiça gratuita (art. 790-B da CLT).

Honorários periciais não são custas, mas despesas processuais, representando a remuneração do trabalho do perito. Seu não pagamento não implica deserção do recurso interposto.

A regra legal significa que a parte que perdeu a questão relativa à perícia é que irá pagar os honorários periciais, mesmo que tenha sido vitoriosa no restante da pretensão discutida perante a Justiça do Trabalho.

Não prevê o art. 790-B da CLT a dispensa do pagamento dos honorários periciais se a parte for beneficiária da justiça gratuita. Depreende-se do § 3º do art. 790 da CLT que beneficiário da justiça gratuita é o empregado. O empregador não irá, portanto, gozar do benefício e terá de pagar os honorários periciais.

Ao fixar o valor dos honorários periciais, o juízo deverá respeitar o limite máximo estabelecido pelo Conselho Superior da Justiça do Trabalho (§ 1º do art. 790-B da CLT). O juízo poderá deferir parcelamento dos honorários periciais (§ 2º do art. 790-B da CLT). O juízo não poderá exigir adiantamento de valores para realização de perícias. Somente no caso em que o beneficiário da justiça gratuita não tenha obtido em juízo créditos capazes de suportar a despesa, ainda que em outro processo, a União responderá pelo encargo.

A União, os Estados, o Distrito Federal, os Municípios e respectivas autarquias e fundações públicas federais, estaduais ou municipais que não explorem atividade econômica ficam isentas do pagamento das custas.

A expressão sustento próprio ou de sua família diz respeito à pessoa física e não à pessoa jurídica. A empresa não tem de se sustentar, no sentido de prover despesas com alimentação, educação, inclusive de sua família. Empresa não tem família.

Para que a empresa possa eventualmente gozar de justiça gratuita e ficar dispensada do depósito recursal é preciso que prove que passa por dificuldades financeiras. As condições adversas à empresa podem ser comprovadas mediante balanços, balancetes mensais ou outras formas.

O declarante de condições de miserabilidade assume a responsabilidade pela falsidade de sua declaração, tendo como consequência a imposição das penalidades legais (art. 299 do Código Penal), caso não seja constatada a condição financeira declarada. Não há como responsabilizar a pessoa jurídica por uma declaração falsa. A tipificação penal exige um sujeito ativo que pratique uma ação ou omissão. Entenda-se aqui uma pessoa física.

O direito de ação (art. 5º, XXXV, da Constituição) concerne ao autor e não à empresa. Quem ajuíza geralmente a ação é o empregado e não o empregador. A empresa se defende da postulação do empregado.

O contraditório e a ampla defesa são exercidos de acordo com os meios e recursos (art. 5º, LV, da Constituição) previstos em lei. O contraditório e a defesa são feitos com a apresentação da contestação e não do recurso.

A empresa também apresenta sua contestação, sem ter de pagar nenhuma taxa de prestação de serviços judiciários por estar em juízo.

Faz jus ao benefício da justiça gratuita a pessoa jurídica com ou sem fins lucrativos que demonstrar sua impossibilidade de arcar com os encargos processuais (S. 481 do STJ).

21.12 HONORÁRIOS DE ADVOGADO

Em Roma, o vencedor de uma demanda judicial prestava honrarias a seu advogado, daí advindo o termo *honorarius*.

Honorário tem o significado de prêmio ou estipêndio dado ou pago em retribuição a certos serviços profissionais.

O fundamento dos honorários é o fato objetivo de alguém ter sido derrotado. Assim, aquele que ganhou a demanda não pode ter diminuição patrimonial em razão de ter ingressado em juízo. Os honorários de advogado decorrem, portanto, da sucumbência. A parte vencedora tem direito à reparação integral dos danos causados pela parte vencida, sem qualquer diminuição patrimonial.

Os honorários seriam devidos em razão das despesas da parte em contratar o advogado.

O trabalho do advogado não é, de modo geral, gratuito.

A indenização deve ser completa, pelo fato de que a verba devida não foi paga na época própria. Não se pode premiar o próprio infrator.

O não recebimento dos honorários causa prejuízo ao autor.

Honorários sucumbenciais decorrem do fato de perder a postulação no processo, da sucumbência. Quem perde paga os honorários.

Honorários contratuais são os contratados entre a parte e o advogado para lhe prestar serviços. São os previstos no contrato.

Podem os honorários de advogado ser classificados como despesas processuais voluntárias, visto que a parte pode exercer pessoalmente o *ius postulandi* na Justiça do Trabalho, não sendo obrigatória a participação do causídico.

O acompanhamento por advogado é uma faculdade da parte, em que o primeiro vai prestar assistência técnica a seu consulente, dando-lhe maior segurança para postular em juízo, dadas as particularidades e tecnicismos do processo. Com o advogado, a parte estará melhor assistida processualmente.

Ao advogado, ainda que atue em causa própria, serão devidos honorários de sucumbência, fixados entre o mínimo de 5% e o máximo de 15% sobre o valor que resultar da liquidação da sentença, do proveito econômico obtido ou, não sendo possível mensurá-lo, sobre o valor atualizado da causa (art. 791-A da CLT). Essa regra é inconstitucional, pois viola o princípio da igualdade (*caput* do art. 5º da Constituição), em razão de que os honorários processuais no CPC são entre 10% e 20% (§ 2º do art. 85 do CPC). Não se pode dizer que o advogado trabalhista merece menos do que o advogado civilista.

Os honorários não poderão ser 5% para o empregado pagar ao empregador e 15% para o empregado receber. Vai depender de cada caso. A questão é verificar o trabalho do advogado para o recebimento dos honorários.

O critério adotado pelo legislador na fixação dos honorários de advogado é de honorários de sucumbência e não de honorários de causalidade, de quem deu causa.

O § 10 do art. 85 do CPC trata de honorários de causalidade.

O juiz do trabalho não pode fixar honorários de advogado em caso de arquivamento, pelo fato de o empregado não comparecer na primeira audiência, pois o pedido não foi analisado e não houve sucumbência. O mesmo ocorre na extinção do processo sem julgamento de mérito, em que não há sucumbência, pois o mérito não foi apreciado.

Não será possível deduzir o imposto de renda e a contribuição previdenciária.

Se um litigante sucumbir em parte mínima do pedido, o outro responderá, por inteiro, pelas despesas e pelos honorários (parágrafo único do art. 86 do CPC).

Se o réu reconhecer o pedido, ou parte dele, os honorários incidem sobre isso (§ 1º do art. 90 do CPC).

Se o réu reconhecer a procedência do pedido e, simultaneamente, cumprir integralmente a prestação reconhecida, os honorários serão reduzidos pela metade (§ 4º do art. 90 do CPC).

Os honorários são devidos também nas ações contra a Fazenda Pública e nas ações em que a parte estiver assistida ou substituída pelo sindicato de sua categoria (§ 1º do art. 791-A da CLT).

Ao fixar os honorários, o juízo observará:

I – o grau de zelo do profissional;

II – o lugar de prestação do serviço. Em certos lugares, pode não haver advogados em número suficiente para a prestação de serviços ou a distância entre uma cidade e outra para propor a ação;

III – a natureza e a importância da causa. Importância da causa pode ser em razão do valor da causa, da questão jurídica discutida, como se fosse um precedente do trabalho realizado pelo advogado;

IV – o trabalho realizado pelo advogado e o tempo exigido para o seu serviço. Trabalho realizado pelo advogado é o que ocorre nas diversas fases do processo. O advogado não promete o resultado do processo. Tempo exigido para a preparação de cada peça, das audiências etc. (§ 2º do art. 791-A da CLT).

Na hipótese de acolhimento parcial do pedido, o juízo arbitrará honorários de sucumbência recíproca, vedada a compensação entre os honorários (§ 3º do art. 791-A da CLT). Nos honorários recíprocos, não há possibilidade de compensação porque os honorários são dos advogados e não das partes.

Parece que são devidos os honorários só se o autor perder todo o pedido. O pedido é de 10, mas recebe 5, não é vencido. Se na causa de pedir faz menção de trabalho em horas extras das 9 às 20 e não prova tudo, não é vencido, pois ganhou horas extras, ainda que em horário menor.

Na ação de indenização por dano moral, a condenação em montante inferior ao postulado na inicial não implica sucumbência recíproca (S. 326 do STJ).

Vencido o beneficiário da justiça gratuita, desde que não tenha obtido em juízo, ainda que em outro processo, créditos capazes de suportar a despesa, as obrigações decorrentes de sua sucumbência ficarão sob condição suspensiva de exigibilidade e somente poderão ser executadas se, nos dois anos subsequentes ao trânsito em julgado da decisão que as certificou, o credor demonstrar que deixou de existir a situação de insuficiência de recursos que justificou a concessão de gratuidade, extinguindo-se, passado esse prazo, tais obrigações do beneficiário (§ 4º do art. 791-A da CLT). No caso de o empregado gozar dos benefícios da justiça gratuita, não terá de pagar honorários de advogado. A parte contrária ficará com um título executivo judicial em relação aos honorários de advogado, podendo provar posteriormente que a situação se modificou para a cobrança da verba honorária, de acordo com o que se depreende do art. 8º da Lei n. 1.060.

São devidos honorários de sucumbência na reconvenção (§ 5º do art. 791-A da CLT).

"A prestação de serviço profissional assegura aos inscritos na OAB o direito aos honorários convencionados, aos fixados por arbitramento judicial e aos da sucumbência" (art. 22 da Lei n. 8.906/94). Os honorários na sucumbência pertencem ao advogado (art. 23), inclusive quando empregado (art. 21).

Os honorários convencionados com entidades de classe para atuação em substituição processual poderão prever a faculdade de indicar os beneficiários que, ao optarem por adquirir os direitos, assumirão as obrigações decorrentes do contrato originário a partir do momento em que este foi celebrado, sem a necessidade de mais formalidades (§ 7º do art. 22 da Lei n. 8.906/94).

Dispõe o art. 404 do Código Civil que as perdas e danos, nas obrigações de pagamento em dinheiro, serão pagas com atualização monetária segundo índices oficiais regularmente estabelecidos, abrangendo juros, custas e honorários de advogado, sem prejuízo da pena convencional. Está inserido o artigo no Capítulo III (Das Perdas e Danos), do Título IV (Do Inadimplemento das Obrigações) do Código Civil, inadimplemento que diz respeito a obrigações civis. O dispositivo citado trata de perdas e danos, que são decorrentes de responsabilidade civil. No processo do trabalho, na maioria dos casos não se discute isso, mas verbas de natureza trabalhista. Não há omissão na legislação processual trabalhista (art. 769 da CLT) para se aplicar o Código Civil, pois há previsão do tema no art. 14 da Lei n. 5.584/70.

Honorários de advogado eram devidos na falência. O § 2º do art. 208 do Decreto-lei n. 4.661/45 não tratava do tema, mas de custas.

A Lei n. 11.101/2005 não tem regra semelhante. Isso significa que os honorários de advogado são devidos na falência, desde que fixados no processo trabalhista. Serão considerados créditos quirografários.

Mostra a Instrução Normativa n. 27 do TST que, exceto nas lides decorrentes de relação de emprego, os honorários advocatícios são devidos pela mera sucumbência (art. 5º).

É cabível a condenação ao pagamento de honorários advocatícios em ação rescisória no processo trabalhista (S. 219, II, do TST).

A decisão proferida em embargos à execução ou em agravo de petição que apenas declara preclusa a oportunidade de impugnação da sentença de liquidação não é rescindível, em virtude de produzir tão somente coisa julgada formal (OJ 134 da SBDI-II do TST).

São devidos os honorários advocatícios nas causas em que o ente sindical figure como substituto processual e nas lides que não derivem da relação de emprego (S. 219, III, do TST).

Na ação rescisória e nas lides que não derivem de relação de emprego, a responsabilidade pelo pagamento dos honorários advocatícios da sucumbência submete-se à disciplina do Código de Processo Civil (arts. 85, 86, 87 e 90) (Súmula 219, IV, do TST).

Havendo a assistência prestada pelo Sindicato, os honorários são assistenciais. Não podem ser cumulados com honorários sucumbenciais, que estariam incluídos dentro dos honorários assistenciais. Aplicam-se os parágrafos do art. 14 da Lei n. 5.584/70 e não o CPC. Não há omissão na lei processual trabalhista para se aplicar o CPC. Os honorários assistenciais são do advogado, até mesmo diante da revogação do art. 16 da Lei n. 5.584/70 pela Lei n. 13.725/2018.

O STF entendeu que "o direito aos honorários advocatícios sucumbenciais surge no instante da prolação da sentença. Se tal crédito não era previsto no ordenamento jurídico nesse momento processual, não cabe sua estipulação com base em lei posterior, sob pena de ofensa ao princípio da irretroatividade da lei" (1ª T., ARE 1014675, Rel. Min. Alexandre de Moraes, DJE 12.4.18). O direito aos honorários surge no momento em que a sentença é proferida (STJ, REsp 1.465.535, p. 30/54). É uma função administrativa.

Não cabem honorários de advogado em mandado de segurança (art. 25 da Lei n. 12.016/2009).

21.13 PUBLICAÇÃO DA SENTENÇA

O prazo para o juiz redigir a sentença no processo do trabalho não é de 30 dias (art. 366 do CPC), prorrogáveis por mais 30 dias (art. 227 do CPC), se houver acúmulo de serviço. Na verdade, o prazo para a sentença ser juntada aos autos é regulado na CLT.

Redigida a sentença em audiência, a decisão é considerada publicada na própria audiência (art. 834 da CLT e § 3º do art. 852-I da CLT).

A sentença será, porém, juntada ao processo no prazo improrrogável de 48 horas, contado da audiência de julgamento, com a assinatura do juiz do trabalho (§ 2º do art. 851 da CLT).

O cuidado que se precisa ter nessas ocasiões é se a Vara notifica da decisão proferida, ou esta é considerada publicada em audiência, observando-se a Súmula 197 do TST. Se o juiz junta a sentença aos autos no prazo de 48 horas, o prazo para recurso começa a correr a partir da data da juntada. Se o juiz determina não publicar a sentença em audiência ou junta a ata da audiência de julgamento após o prazo de 48 horas, as partes devem ser notificadas (S. 30 do TST).

Assim, se o juiz junta a ata no primeiro dia das 48 horas, o prazo para recurso começa a correr no dia seguinte; se a ata é juntada aos autos no segundo dia, o prazo para recurso começa a fluir no dia subsequente.

A parte deve, portanto, ter o cuidado de saber qual é a posição seguida pela Vara, para não perder eventual prazo para recorrer da decisão.

Sendo revel o reclamado, há necessidade de intimação da sentença, pois o art. 852 da CLT assim o determina. Há até um contrassenso em mandar-se intimar o revel, pois se este não quis comparecer a juízo para se defender não deveria ter mais uma chance de apresentar eventual manifestação, mas apenas apanhar o processo no estágio em que este estiver. No entanto, o art. 852 da CLT determina que o revel seja intimado da decisão.

Se a Vara adota o sistema de três audiências (inicial, instrução e julgamento), caso a sentença tenha sido dada na instrução processual e não tenha alguma das partes comparecido em juízo, a sentença é considerada publicada neste ato (art. 834 da CLT), não havendo necessidade de se intimar a parte que não compareceu a juízo, pois mesmo em se tratando do reclamado, este não é revel. Caso o fosse, não seria marcada audiência de instrução, não sendo preciso ser feita sua intimação.

No processo eletrônico, considera-se como data da publicação o primeiro dia útil seguinte ao da disponibilização da informação no Diário da Justiça eletrônico

(§ 3º do art. 4º da Lei n. 11.419/2006). Na prática, isso dá um dia a mais para recorrer além dos 8 dias.

21.14 ERROS

Muitas vezes, a sentença contém erros evidentes, ou enganos de escrita, de datilografia ou de cálculo. Na sentença, em vez de se constar Maria da Silva, constou Mario da Silva, ou o valor da condenação era $ 100.000,00, tendo constado $ 10.000,00. Nesses casos, pode haver a correção de ofício pelo juiz ou a requerimento das partes ou da Procuradoria da Justiça do Trabalho, porém sempre antes da execução (art. 833 da CLT).

Os erros materiais poderão ser corrigidos de ofício ou a requerimento de qualquer das partes (§ 1º do art. 897-A da CLT).

É claro que as partes poderão opor embargos de declaração com a mesma finalidade, ocasião em que o juiz poderá alterar a sentença para corrigir aqueles defeitos (art. 494, II, do CPC).

21.15 QUESTÕES JÁ DECIDIDAS

É defeso à parte discutir, no curso do processo, questões já decididas, a cujo respeito se operou a preclusão (art. 836 da CLT c/c art. 507 do CPC), pois o juiz, ao publicar a sentença de mérito, cumpre e acaba seu ofício jurisdicional.

21.16 JULGAMENTOS *ULTRA* E *INFRA PETITA*

A sentença deverá resolver todas as questões postuladas pelas partes, abstendo-se de se manifestar sobre aquilo que não foi pedido.

A ação tem que ser decidida de acordo com o que foi postulado na petição inicial e na defesa, quando é formada a *litiscontestatio*. "Se, depois da propositura da ação, algum fato constitutivo, modificativo ou extintivo do direito influir no julgamento do mérito, caberá ao juiz tomá-lo em consideração de ofício ou a requerimento da parte, no momento de proferir a decisão" (art. 493 do CPC).

Mostra a Súmula 394 do TST que o art. 493 do CPC admite a invocação de fato constitutivo, modificativo ou extintivo do direito, superveniente à propositura da ação, sendo aplicável de ofício aos processos em curso em qualquer instância trabalhista. Cumpre ao juiz ou tribunal ouvir as partes sobre o fato novo antes de decidir.

Se a sentença não julgar dentro da *litiscontestatio*, indo além, haverá julgamento *ultra* ou *extra petita* (além ou fora do pedido). A parte excedente será tida por nula. No entanto, o art. 467 da CLT autoriza julgamento *ultra petita*, pois a parte pede verbas rescisórias e o juiz determina o pagamento com acréscimo de 50% dessas verbas incontroversas, que não foram pagas na primeira audiência em que o reclamado compareceu a juízo. O art. 496 da CLT permite o julgamento *extra petita*, quando determina o pagamento de indenização em dobro, em vez de condenar a empresa a reintegrar o empregado estável. Os dois dispositivos legais são, entretanto, dirigidos ao juiz, que os deverá aplicar independente de pedido.

Caso a sentença não venha a resolver todo o conflito, a decisão será considerada *infra petita*. A parte deverá interpor embargos de declaração para que a decisão possa ser complementada. A sentença que não examina toda a postulação dos autos é, porém, nula.

21.17 DUPLO GRAU DE JURISDIÇÃO

A sentença proferida contra a União, Estados, Distrito Federal e Municípios, suas autarquias e fundações, está sujeita ao duplo grau de jurisdição (Decreto-lei n. 779/69), não produzindo efeitos senão depois de confirmada pelo Tribunal. Os autos devem ser remetidos ao Tribunal para o reexame necessário (art. 496, I, do CPC). Não se trata de recurso de ofício, pois o juiz não pode recorrer de sua sentença, mas de remessa à Corte Superior. Não existe recurso de ofício, pois o recurso depende da vontade da parte em recorrer. Na remessa de ofício isso não ocorre.

O reexame de ofício não é recurso, mas determinação imposta pela lei. O juiz não recorre, até por não ser parte e não ter interesse em ver modificada sua sentença. É um instrumento processual para a proteção do patrimônio público. Há interesse público ou coletivo. É uma condição de eficácia da sentença.

O duplo grau de jurisdição para os entes públicos não prevalece em decorrência do art. 5º da Constituição, pois este reza que "todos são iguais perante a lei, sem distinção de qualquer natureza", inclusive quanto às normas de natureza processual. Assim, estaria derrogado o inciso V do art. 1º do Decreto-lei n. 779/69, que prevê tratamento desigual às partes, no que diz respeito à Fazenda Pública, nas questões que lhe forem adversas. Não cabe ao Poder Judiciário fiscalizar ou suprir as deficiências da Fazenda Pública. Seria tratar desigualmente as partes o fato de a Fazenda Pública ter direito à remessa de ofício ao Tribunal superior e um grande escritório de advocacia, que também está sujeito a muitos prazos, não o ter. A indisponibilidade do patrimônio público não pode servir de justificativa para o fato de se tratar a Fazenda Pública de maneira desigual a qualquer outra parte.

Apesar do que foi exposto, a Súmula 303 do TST deixou claro que "Em dissídio individual, está sujeita ao duplo grau de jurisdição, mesmo na vigência da Constituição Federal de 1988, decisão contrária à Fazenda Pública, salvo quando a condenação não ultrapassar o valor correspondente a: a) 1.000 (mil) salários mínimos para a União e as respectivas autarquias e fundações de direito público; b) 500 (quinhentos) salários mínimos para os Estados, o Distrito Federal, as respectivas autarquias e fundações de direito público e os Municípios que constituam capitais dos Estados; c) 100 (cem) salários mínimos para todos os demais Municípios e respectivas autarquias e fundações de direito público" (I).

Não há que se falar, também, em duplo grau de jurisdição em processos de alçada da Vara (art. 2º da Lei n. 5.584/70), se se entender que essas orientações ainda estão em vigor, pois a Lei n. 5.584/70 não fez qualquer ressalva quanto à Fazenda Pública, sendo que a Lei n. 5.584/70 é posterior ao Decreto-lei n. 779/69, além de ter prestigiado o princípio da celeridade processual. A única exceção à regra é da matéria debatida nos autos ser de natureza constitucional, quando caberá a remessa de ofício. O TST entende cabível a remessa de ofício nas ações de alçada, pois o inciso V, do art. 1º do Decreto-lei n. 779/69, não faz qualquer exceção.

Não existe remessa de ofício quando autarquias e fundações de direito público exercem atividade econômica (art. 1º, V, do Decreto-lei n. 779/69).

Em relação a empresa pública que explore atividade econômica e a sociedade de economia mista, não existe duplo grau de jurisdição, pois são consideradas empresas privadas (§ 1º do art. 173 da Constituição).

O reexame necessário devolve ao Tribunal o reexame de todas as parcelas da condenação suportada pela Fazenda Pública, inclusive dos honorários de advogado (S. 325 do STJ).

A Súmula 45 do STJ esclarece que no reexame necessário é defeso ao Tribunal agravar a condenação imposta à Fazenda Pública. Não pode haver uma *reformatio in peius* se não há recurso da parte contrária.

O inciso V do art. 1º do Decreto-lei n. 779/69 não faz qualquer distinção em relação a valor. Assim, a regra do § 3º do art. 496 do CPC não é aplicável ao processo do trabalho. É louvável que valores do parágrafo não fiquem sujeitos ao precatório no juizado especial federal de pequenas causas e até para a remessa de ofício, em razão da necessidade de maior celeridade processual para questões de pequenos valores. Entretanto, o Decreto-lei n. 779/69 não estabeleceu qualquer distinção. Não há omissão na legislação processual trabalhista para se aplicar o CPC (art. 769 da CLT).

No litisconsórcio ativo, divide-se o valor da condenação pelo número de autores para verificar se atinge o valor para cada um.

O § 4º do art. 496 do CPC é observado no processo do trabalho, quando menciona que não se aplica a remessa de ofício quando a sentença estiver fundada em: (a) súmula de tribunal superior; (b) acórdão proferido pelo STF ou pelo STJ em julgamento de recursos repetitivos. Como o TST, é um dos tribunais superiores e não houve ressalva quanto ao tribunal superior, pois a lei poderia ter mencionado apenas o STJ, a regra mencionada é aplicada ao processo do trabalho. Se o STF já decidiu a questão pelo Pleno ou por meio de sua súmula ou se o TST já tem súmula sobre o tema, não se justifica ficar discutindo novamente a mesma questão, que já está superada por pacífica jurisprudência.

Mostra a Súmula 303 do TST que:

> II – Também não se sujeita ao duplo grau de jurisdição a decisão fundada em:
>
> a) súmula ou orientação jurisprudencial do Tribunal Superior do Trabalho;
>
> b) acórdão proferido pelo Supremo Tribunal Federal ou pelo Tribunal Superior do Trabalho em julgamento de recursos repetitivos;
>
> c) entendimento firmado em incidente de resolução de demandas repetitivas ou de assunção de competência;
>
> d) entendimento coincidente com orientação vinculante firmada no âmbito administrativo do próprio ente público, consolidada em manifestação, parecer ou súmula administrativa.

A remessa de ofício dos autos ao tribunal será ordenada pelo juiz, haja ou não recurso ordinário da parte. A determinação é imperativa. Não o fazendo, deverá o presidente do tribunal avocar os autos (§ 1º do art. 496 do CPC), pois a regra é imperativa.

Na fase de execução, não há reexame necessário, que só se aplica no processo de conhecimento.

Houve a substituição do verbo *poderá* por *deverá*, tornando a requisição obrigatória pelo presidente do tribunal.

21.18 COISA JULGADA

Coisa julgada vem do latim *res judicata*, que tem o sentido de coisa julgada, de bem julgado. O objetivo é zelar pela segurança das relações jurídicas para que os efeitos da sentença possam ser projetados para o futuro.

A coisa julgada tem fundamento político, no sentido da certeza do direito, de as partes não poderem rediscutir questão já julgada, o que geraria insegurança jurídica da relação. Visa à exigência de pacificação social, no âmbito da certeza e segurança das relações jurídicas.

Toma por base a coisa julgada as partes, a causa de pedir e o pedido.

A coisa julgada pode ser dividida sob dois aspectos: coisa julgada formal e material.

a) **Coisa julgada formal.** Ocorre a coisa julgada formal quando a sentença não mais pode ser modificada em razão da preclusão dos prazos para recursos, seja porque da sentença não caibam mais recursos ou porque estes não foram interpostos nos prazos apropriados, ou na existência de renúncia ou desistência do recurso.

   Coisa julgada é um efeito da sentença.

b) **Coisa julgada material.** O art. 502 do CPC denomina de coisa julgada material a autoridade que torna imutável e indiscutível a decisão de mérito, não mais sujeita a recurso. Coisa julgada não é a autoridade. Um conceito tem de indicar o gênero próximo e a diferença específica. Coisa julgada material é a decisão judicial de mérito da qual não caiba mais recurso, tornando-se imutável e indiscutível.

Tem a coisa julgada formal natureza processual, em razão da impossibilidade de a parte interpor qualquer recurso contra a sentença ou da preclusão dos prazos para sua interposição. Já a coisa julgada material ou substancial, que é condicionada a existência da coisa julgada formal, pressupõe a impossibilidade da discussão do direito material nela inserido.

A coisa julgada formal é também denominada de preclusão máxima, em razão da impossibilidade de a decisão ser reformada. Já a coisa julgada material diz respeito ao conteúdo da sentença, compreendendo o direito discutido. Nenhum juiz poderá decidir novamente as mesmas questões já decididas, relativas à mesma lide (art. 505 do CPC), em decorrência da coisa julgada material, pois a sentença tem força de lei entre as partes, nos limites da questão principal expressamente decidida (art. 503 do CPC).

A coisa julgada, sob o aspecto positivo implica o respeito ao julgado. Sob o aspecto negativo, impede a renovação da mesma demanda com as mesmas partes, a mesma causa de pedir e o mesmo pedido.

São objetivos da coisa julgada a estabilidade e a segurança das relações jurídicas, evitando que os litígios durem muito tempo, tornando instáveis as relações entre as partes.

Coisa julgada progressiva é que vai se formando em relação a cada capítulo da sentença, que transita em julgado em momentos distintos.

21.18.1 Não fazem coisa julgada

Não fazem coisa julgada:

a) os motivos, ainda que importantes, para determinar o alcance da parte dispositiva da sentença, nem o relatório;
b) a verdade dos fatos estabelecidos como fundamento da sentença (art. 504 do CPC).

O que faz coisa julgada é a decisão de mérito (art. 502 do CPC) contida no dispositivo da sentença, pois o art. 504 do CPC mostra o que não faz coisa julgada. Não fazem também coisa julgada os despachos e as decisões interlocutórias.

O reconhecimento da relação de emprego é, de certa forma, uma questão prejudicial do mérito para o pagamento das verbas rescisórias.

Tratando-se de relação de trato continuado não há coisa julgada, de modo que sobrevindo modificação no estado de fato ou de direito, a parte poderá pedir revisão do que foi estatuído na sentença (art. 505, I, do CPC). É o caso do pagamento do adicional de insalubridade que foi estabelecido na sentença com o porcentual de 40% (grau máximo). Se as condições de insalubridade no local melhorarem ou até mesmo cessarem, a empresa poderá pedir a revisão da decisão. De outro lado, se a insalubridade foi dada em grau médio (20%) e as condições de insalubridade do local ficaram piores, o reclamante poderá pedir a revisão da sentença, postulando o grau máximo de insalubridade. É a aplicação da máxima *rebus sic stantibus*, ou seja: enquanto as coisas permanecerem como estavam.

Fora dessa hipótese a decisão de mérito só poderá ser modificada por meio de ação rescisória, na forma do art. 966 do CPC, ajuizada no prazo de dois anos a contar do trânsito em julgado da decisão.

21.18.2 Limites da coisa julgada

Os limites da coisa julgada são objetivos e subjetivos.

21.18.2.1 Objetivos

A decisão, julgando total ou parcialmente o mérito, tem força de lei nos limites da questão principal expressamente decidida (art. 503 do CPC). O juiz terá que decidir o mérito nos limites propostos pelas partes (art. 141 do CPC). Terá como limites objetivos da coisa julgada a lide e as questões nela decididas, determinadas pelo pedido, pela causa de pedir e pela contestação.

21.18.2.2 Subjetivos

Os limites subjetivos da coisa julgada dizem respeito às pessoas as quais beneficia ou não a sentença. A sentença faz coisa julgada entre as partes do processo, não prejudicando terceiros (art. 506 do CPC).

A coisa julgada na substituição processual ocorre em relação aos substituídos, não se aplicando o Código de Defesa do Consumidor, pois não se trata de relação de consumo, nem de ação civil pública.

Havendo omissão na CLT aplica-se o Direito Processual Comum, ou seja, o CPC (art. 769 da CLT), que trata do tema coisa julgada no art. 506.

Os substituídos não vão escolher qual é a melhor solução.

A sentença na substituição processual trabalhista faz coisa julgada tanto quando acolhe o pedido do sindicato, bem como quando o rejeita. Não se aplica, portanto, o art. 103 do Código de Defesa do Consumidor. Não é ação civil pública para se aplicar o CDC.

21.18.3 Coisa julgada e declaratória incidente

A regra é de que não faz coisa julgada a apreciação de questão prejudicial, decidida incidentalmente no processo. A resolução da questão prejudicial dá-se apenas como preparação lógica da sentença. Seria uma espécie de motivo da sentença.

Faz, todavia, coisa julgada a resolução da questão prejudicial decidida expressa e incidentemente no processo, se: 1 – dessa resolução depender o julgamento do mérito; 2 – a seu respeito tiver havido contraditório prévio e efetivo, não se aplicando no caso de revelia; 3 – o juízo tiver competência em razão da matéria e da pessoa para resolvê-la como questão principal (§ 1º do art. 503 do CPC). Não faz coisa julgada a questão prejudicial se no processo houver restrições probatórias ou limitações à cognição que impeçam o aprofundamento da análise da questão prejudicial (§ 2º do art. 503 do CPC).

Não é imprescindível que a litigiosidade se relacione intimamente com a necessidade de declaração, por sentença definitiva, a ser coberta pela coisa julgada, que possa interessar ao desfecho do feito, somente quando a parte o requerer, pois assim é que se fará a coisa julgada.

A representação e a legitimação do sindicato que eventualmente forem decididas em dissídio coletivo farão coisa julgada, pois para que haja coisa julgada é mister que o juiz seja competente para analisar a questão e no caso o é, pois a competência é da Justiça do Trabalho (art. 114, III, da Constituição) para tratar do tema.

A questão de verificação da base territorial do sindicato, que pode envolver a representação e a legitimação entre dois sindicatos no dissídio coletivo, também é de competência da Justiça do Trabalho, pois esta tem competência constitucional para verificar questão relativa à base territorial entre dois sindicatos (art. 114, III, da Constituição).

A decisão da intervenção de terceiros é, contudo, interlocutória, sendo aquela em que o juiz resolve questão incidente no curso do processo (§ 2º do art. 203 do CPC), dela não cabendo, inclusive, recurso (§ 1º do art. 893 da CLT e S. 214 do TST). Logo, não faz coisa julgada.

Para fazer coisa julgada na questão prejudicial é necessário primeiro que a parte o requeira, depois que o juiz seja competente em razão da matéria. Entretanto, nesse segundo ponto já encontra óbice para se obter a coisa julgada na decisão da intervenção de terceiros, pois o juiz não será competente para decidir a relação entre denunciante e denunciado, entre quem chama e quem é chamado ao processo etc., impedindo de se obter coisa julgada. Haverá apenas a possibilidade de o juiz analisar o tema incidentalmente, porém inexistirá o efeito de coisa julgada, por falta de competência para tanto do juiz do trabalho.

Havendo, por exemplo, oposição em dissídio coletivo, entendo que a Justiça do Trabalho vai ser competente para declarar quem é que detém a base territorial sindical ou a legitimidade da representação da categoria, pois a questão a ser analisada será entre dois sindicatos (art. 114, III, da Constituição). Nesse caso, a oposição deve fundar-se em direito sobre o que controvertem autor e réu (art. 682 do CPC) e não apenas sobre uma das partes (autor ou réu), pois o art. 684 do CPC dispõe que "se um dos opostos reconhecer a procedência do pedido, contra o outro prosseguirá o opoente", porém é necessário que a oposição tenha sido apresentada contra autor e réu para que, no reconhecimento da oposição por um dos opostos, contra o outro prossiga o opoente.

21.18.4 Coisa julgada criminal e processo do trabalho

O parágrafo 1º do art. 8º da CLT dispõe que o Direito Comum (leia-se Direito Civil) é fonte subsidiária do Direito do Trabalho. Há, assim, autorização para se aplicar o art. 935 do Código Civil, que reza que "a responsabilidade civil é independente da criminal, não se podendo questionar mais sobre a existência do fato, ou quem seja o seu autor, quando estas questões se acharem decididas no juízo criminal".

Nas questões que compreendam justa causa e esta é dependente da apuração de algum fato no juízo criminal, pode haver implicações da coisa julgada criminal no processo do trabalho.

Havendo processo criminal envolvendo os mesmos fatos que são objeto da justa causa, é oportuno aguardar a solução do processo criminal, para se evitar decisões díspares. Contudo, é prudente que o juiz faça a instrução do feito, ouvindo as partes e testemunhas, para evitar que as referidas pessoas se esqueçam dos fatos no decorrer do tempo. Chegando o processo nessa fase, deve o juiz suspendê-lo. O art. 315 do CPC admite que, "se o conhecimento do mérito depender necessariamente da verificação da existência de fato delituoso, o juiz pode determinar a suspensão do processo até que se pronuncie a justiça criminal". Como foi visto, o juiz poderá determinar a suspensão do feito, mas isso não será obrigatório, constituindo faculdade do juiz. Entretanto, se a ação penal não for exercida no prazo de três meses contados da intimação do ato de suspensão, cessará o efeito desse, incumbindo ao juiz cível examinar incidentemente a questão prévia (§ 1º do art. 315 do CPC).

Existindo lacuna na lei processual trabalhista, o intérprete pode socorrer-se de alguma norma que tenha semelhança com o caso concreto. Daí surge a aplicação dos arts. 65 a 67 do Código de Processo Penal.

O art. 65 do Código de Processo Penal determina que fará coisa julgada no cível, o que se aplicaria ao processo do trabalho, "a sentença penal que reconhecer ter sido o ato praticado em estado de necessidade, em legítima defesa, em estrito cumprimento do dever legal ou no exercício regular de direito". Inexistirá justa causa para o despedimento do empregado se reconhecidas algumas dessas situações no processo penal, pois são circunstâncias que excluem a ilicitude do ato (art. 23 do Código Penal). No processo do trabalho não mais poderá ser discutida a matéria se no processo penal for acolhida a questão do estado de necessidade, da legítima defesa, do estrito cumprimento do dever legal ou do exercício regular de direito, pois haverá coisa julgada.

O art. 66 do CPP esclarece que "não obstante a sentença absolutória no juízo criminal, a ação civil poderá ser proposta quando não tiver sido, categoricamente, reconhecida a inexistência material do fato". As hipóteses de absolvição no processo penal estão contidas nos incisos I a VI, do art. 386 do CPP: (a) estar provada a inexistência do fato; (b) não haver prova da existência do fato; (c) não constituir o fato infração penal; (d) estar provado que o réu não concorreu para a infração penal; (e) não existir prova de ter o réu concorrido para a infração penal; (f) existirem circunstâncias que excluam o crime ou isentem o réu de pena, ou mesmo se houver fundada dúvida sobre a sua existência; (g) inexistir prova suficiente para a condenação.

Reconhecido pelo juízo criminal que não houve o fato material, fica impedida a discussão no processo do trabalho do referido fato, aplicando-se, nesse caso, o art. 935 do Código Civil. Quando não houver um reconhecimento categórico da inexistência material do fato no juízo criminal, poder-se-á discutir o fato no processo do trabalho. Absolvido o réu por inexistir prova da existência do fato, pode-se provar a existência daquele no processo do trabalho. Se o réu é absolvido em razão de o fato não constituir infração penal, é possível discutir no processo do trabalho o fato que poderia constituir-se num ilícito trabalhista.

Se o juiz criminal reconhecer a negativa da autoria, não caberá a discussão sobre o fato no processo do trabalho. Se não houver prova suficiente da autoria do crime, nada impede a discussão do fato no processo do trabalho quanto à existência da justa causa. As causas de exclusão da antijuridicidade são previstas no art. 23 do Código Penal. As causas de exclusão de culpabilidade são erro de proibição (art. 21, *caput*, do CP), a coação moral irresistível (art. 22 do CP), a obediência hierárquica (art. 22, segunda parte, do CP), a inimputabilidade por doença mental ou desenvolvimento mental incompleto ou retardado (arts. 26 e 27 do CP) e a inimputabilidade por embriaguez completa, proveniente de caso fortuito ou força maior (§ 1º, do art. 28, do CP).

É claro que a ação trabalhista também poderá ser proposta se houver despacho de arquivamento do inquérito ou das peças de informação, a decisão julgar extinta a punibilidade, a sentença absolutória decidir que o fato imputado não constitui crime (art. 67 do CPP). Nesses casos, poder-se-á discutir o fato debatido no juízo criminal como hipótese da justa causa para a dispensa do empregado. Nas hipóteses mencionadas, a decisão criminal não reconhece a inexistência material do fato, em que ficaria impedida a discussão da questão no processo do trabalho.

Wagner Giglio levanta algumas hipóteses, que devem ser observadas: "se o empregado for condenado no crime, estará sempre configurada a justa causa, pelos mesmos fatos. Ainda que tenha havido suspensão da execução da pena, e o caso não se enquadre na letra *d* do art. 482 da CLT, enquadrar-se-á sempre em outra alínea: improbidade (letra *a*), incontinência de conduta ou mau procedimento (letra *b*), ofensas físicas ou lesão à honra ou à boa-fama (letras *j* ou *k*) etc." (1984:236); "se houver absolvição por ter sido negado, no crime, que o empregado tenha sido o autor do ato criminoso, ou se a absolvição for fundamentada na inexistência dos fatos que configurariam crime, se existisse, não poderá haver justa causa. Mais do que isso, nessas hipóteses não haverá nem mesmo ato faltoso" (1984:236).

Em outros casos sujeitos à apreciação da Justiça Criminal, não haverá necessidade de coincidência em sua decisão com a proferida no processo do trabalho.

As mesmas orientações valerão para o processo do trabalho em relação às contravenções penais, que têm a mesma natureza do crime (Giglio, 1984:236).

21.18.5 Coisa julgada no cível e processo do trabalho

Para haver a observância da coisa julgada do cível no processo do trabalho é mister que haja as mesmas partes, a mesma causa de pedir e o mesmo pedido.

A questão relativa à definição do acidente do trabalho é de competência da Justiça Comum Estadual. O trânsito em julgado relativo a essa matéria no Cível não mais poderá ser discutido na Justiça do Trabalho.

No caso em que se discute o acidente do trabalho, convém que haja a suspensão do processo trabalhista até que seja decidido se detêm aquelas pessoas ou não a condição de acidentado (art. 313, V, *a*, do CPC), pois poderá haver decisões díspares entre o Cível e a Justiça do Trabalho se assim não se fizer sobre o tema.

Verificação de Aprendizagem

1. Quais os efeitos da sentença?
2. Como podemos dividir a coisa julgada?
3. Quando são devidos honorários de advogado no processo do trabalho?
4. Quais os limites da coisa julgada no processo criminal e do trabalho?
5. Quais os limites da coisa julgada no cível e no processo do trabalho?
6. Quando se considera publicada a sentença no processo do trabalho?
7. Quando são devidas as custas no processo do trabalho?

Capítulo 22

RECURSOS

22.1 CONCEITO

A palavra *recurso* tem origem no latim *recursus*, de *recurrere*, que dá a ideia de regressar, retroagir, recuar, refluir. Recurso seria aquilo que tem o curso ao contrário, regresso ao ponto de partida.

No sentido jurídico, recurso é o meio processual pelo qual a parte ou outro legitimado pretende a revisão ou reexame de determinada decisão visando à obtenção de sua reforma ou modificação.

A natureza jurídica do recurso é um direito subjetivo processual que nasce no transcurso do processo quando proferida uma decisão. É uma faculdade da parte, que pode ou não ser exercida. O recurso não é uma ação nova ou ação autônoma, mas faz parte do direito de ação está contido nele.

22.2 FUNDAMENTOS

Os fundamentos do recurso podem ser divididos em jurídicos e psicológicos, conforme a orientação de Luiz Carlos A. Robortella (1989:269).

a) Jurídicos. Os fundamentos jurídicos para a interposição dos recursos são:

a) a possibilidade de erro, ignorância ou má-fé do juiz ao julgar. Todo ser humano, por ser falível, erra. O juiz não deixa de ser humano, podendo errar, julgar mal etc. Quem julga quantidade não tem qualidade. Para esse fim é que existe o remédio que permite a revisão da decisão do juiz pelo tribunal superior. A prevaricação do juiz de segundo grau é mais eficiente do que a do de primeiro grau, pois muitas vezes é onde o processo termina, além do que os recursos para os tribunais superiores são mais difíceis de ser conhecidos, pelo fato de que a matéria é técnica;

b) a oportunidade do reexame da sentença por juízes mais experientes ou de reconhecido merecimento. O recurso tem por objetivo que a decisão seja melhor resolvida, examinada por mais um órgão julgador. Nem sempre o juiz de segundo grau tem mais experiência em julgar do que o magistrado de primeiro grau. Exemplo é o juiz originário do quinto constitucional, que, quando ingressa no tribunal, não tem experiência de julgador. O exame mais aprofundado do litígio geralmente é feito pelo juiz de primeiro grau, que foi a pessoa que teve contato direto com a prova, ao presidir a audiência de instrução. Controle sobre o juiz de primeiro grau pode existir no sentido de que este deve fazer uma sentença bem-feita, para não ser modificada no segundo grau. Isso é relativo, pois cada juiz tem um entendimento, além do que há teses com entendimentos diversos, decorrentes de interpretação da norma. O juiz, de um modo geral, tem responsabilidade na sentença que profere, devendo ter independência em seus pronunciamentos;

c) a uniformização da interpretação da legislação. O recurso de revista tem a função de uniformizar a jurisprudência dos tribunais regionais do trabalho, por meio das turmas do TST. O recurso de embargos tem por finalidade uniformizar a jurisprudência das turmas do TST, o que será feito pela Seção de Dissídios Individuais.

b) Psicológicos. Os fundamentos psicológicos são:

a) a tendência humana de não se conformar com apenas uma decisão. É o que se costuma dizer: vencido, mas não convencido;

b) a possibilidade da reforma da decisão de um julgamento injusto. No TST, não se verifica se o julgamento é injusto, pois não serão examinados fatos e provas (S. 126 do TST).

Os recursos podem ser classificados em ordinários e extraordinários. Os ordinários ou comuns são, por exemplo, o recurso ordinário e a apelação. Permitem ampla revisão da matéria, inclusive de matéria de fato. Não têm pressupostos específicos, pois têm devolutibilidade ampla. Não exigem prequestionamento, em princípio.

Os recursos extraordinários são exceções. Julgam matéria de direito e não de prova. Não visam corrigir a injustiça da decisão. Objetivam verificar se a lei foi aplicada corretamente. Exigem prequestionamento do dispositivo. São dirigidos aos tribunais superiores. Exemplos: recurso de revista, embargos, recurso extraordinário e recurso especial.

22.3 DUPLO GRAU DE JURISDIÇÃO

A denominação empregada não deveria ser duplo grau de jurisdição, porque não existem apenas dois graus de jurisdição, mas pluralidade de graus de jurisdição, pois o primeiro grau é a Vara, o segundo grau o TRT, o terceiro grau o TST, e um quarto grau, ou grau especial, o STF. Logo, não há apenas duplo grau de jurisdição, mas pluralidade de graus de jurisdição.

O art. 158 da Constituição de 1824 previa o duplo grau de jurisdição de forma expressa, ao garantir a reapreciação das causas pelo Tribunal da Relação.

O duplo grau de jurisdição é decorrência do devido processo legal e da ampla defesa, com os meios e recursos a ela inerentes (art. 5º, LV, da Lei Maior).

Não se acha expresso o duplo grau de jurisdição, nem implícito na Constituição, mas é decorrência da legislação ordinária, pois a ampla defesa e os meios e recursos a ela inerentes também irão decorrer da legislação ordinária.

O inciso III do art. 102 da Constituição mostra que não cabe recurso de decisões de causas em única instância, em que cabe o recurso extraordinário, mas não qualquer outro.

A palavra *recurso* contida no inciso LV do art. 5º da Constituição não significa apelo, mas conjunto de medidas ou meios indispensáveis para o exercício da ampla defesa e do contraditório. A norma infraconstitucional pode limitar o direito de recorrer, como ocorre com o § 4º do art. 2º da Lei n. 5.584/70.

O apelo decorre da ideia da pluralidade dos graus de jurisdição, em que a parte poderá recorrer ao tribunal superior, desde que haja recurso previsto na lei.

Esclarece a Súmula 303, I, do TST que: "está sujeita ao duplo grau de jurisdição, mesmo na vigência da CF/1988, decisão contrária à Fazenda Pública, salvo: (a) quando a condenação não ultrapassar o valor correspondente a 60 (sessenta) salários-mínimos; (b) quando a decisão estiver em consonância com decisão plenária do Supremo Tribunal Federal ou com enunciados de Súmula ou Orientação Jurisprudencial do Tribunal Superior do Trabalho". Em ação rescisória, a decisão proferida pelo juízo de primeiro grau está sujeita ao duplo grau de jurisdição obrigatório quando desfavorável ao ente público, exceto nas hipóteses das alíneas *a* e *b* do inciso anterior (II). Em mandado de segurança, somente cabe remessa de ofício se, na relação processual, figurar pessoa jurídica de direito público como parte prejudicada pela concessão da ordem. Tal situação não ocorre na hipótese de figurar no feito como impetrante e terceiro interessado pessoa de direito privado, ressalvada a hipótese de matéria administrativa (III).

22.4 PRINCÍPIOS DOS RECURSOS

Vários são os princípios que podem ser apontados em relação aos recursos.

22.4.1 Vigência imediata da lei nova

A parte não tem direito adquirido a determinado recurso, mas direito de recorrer, de acordo com o recurso que estiver previsto em lei. A lei processual tem aplicação imediata e apanha os processos em curso. Assim, se a lei nova disser que não mais existe recurso ordinário e o prazo para apelar é de dois dias, não haverá direito adquirido a recorrer mediante o recurso ordinário. Com a publicação da sentença é que nasce o direito de recorrer, pois antes disso só se pode falar em mera expectativa do direito de recorrer, visto que o direito de recorrer é inexistente antes de ser prolatada e publicada a sentença.

Deve ser aplicada a lei vigente na data da publicação da sentença ou acórdão.

O recurso é regido pela lei vigente na data da publicação da decisão. É nessa data que surge o direito de recorrer. Entretanto, devem ser respeitados os atos anteriormente praticados sob a égide da lei velha.

A lei nova aplica-se aos processos pendentes, como indica o art. 1.046 do CPC: "ao entrar em vigor, suas disposições aplicar-se-ão desde logo aos processos pendentes". Adota o CPC a teoria do isolamento dos atos processuais.

Reza o art. 2º do Código de Processo Penal que "a lei processual penal aplicar-se-á desde logo, sem prejuízo da validade dos atos realizados sob a vigência da lei anterior".

O art. 915 da CLT explica que "não serão prejudicados os recursos interpostos com apoio em dispositivos alterados ou cujo prazo para interposição esteja em curso à data da vigência desta Consolidação".

O STJ tem entendido que a lei não é a vigente quando da interposição do recurso, mas a que estava em vigor na data da publicação da decisão, salvo se a matéria for de ordem constitucional, que tem incidência de imediato (STJ, 4ª T., RMS/38 SP, j. 11-9-1998, Rel. Min. Sálvio de Figueiredo, *DJU*, 4-6-1990, p. 5.061).

Se a nova lei aumenta o prazo do recurso, temos que, se o prazo da lei velha já se escoou, a lei nova processual não reabre o referido prazo, pois já houve preclusão temporal. Se o prazo ainda não tiver transcorrido integralmente quando da vigência da lei nova, aplica-se o novo prazo, descontando-se os dias já decorridos.

Em relação a recursos interpostos com base na lei velha, serão julgados com base na lei velha, no que diz respeito às hipóteses de cabimento do recurso.

O julgamento do recurso deverá ser feito com base na lei vigente na data da interposição do apelo. O procedimento do recurso será o previsto na lei nova.

Esclarece o inciso I da Orientação Jurisprudencial 260 da SBDI-1 do TST que não é aplicável o procedimento sumaríssimo nos processos iniciados antes da vigência da Lei n. 9.957/2000.

22.4.2 Unirrecorribilidade

Só é possível a interposição de um recurso de cada vez. Tendo a parte ingressado com dois recursos de uma só vez, o juiz poderá determinar que a parte escolha o recurso que deve subir para exame do tribunal.

Não há simultaneidade da interposição de recursos, mas sucessividade.

O art. 498 do CPC de 1973 indicava que só pode ser interposto um recurso de cada vez: "quando o dispositivo do acórdão contiver julgamento por maioria de votos e julgamento unânime, e forem interpostos embargos infringentes, o prazo para recurso extraordinário ou recurso especial, relativamente ao julgamento unânime, ficará sobrestado até a intimação da decisão nos embargos". No CPC de 2015, não há artigo correspondente.

No processo do trabalho não cabe recurso especial e o recurso extraordinário só cabe, em tese, da última decisão da SDC ou da SDI.

22.4.3 Fungibilidade

Fungível é o que pode ser substituído por outra coisa do mesmo gênero, número e grau.

A fungibilidade decorre da uni-recorribilidade. Na fungibilidade, ocorre o aproveitamento do recurso erroneamente nominado, como se fosse o que devia ser interposto. É a utilização de um recurso mediante erro, quando o referido apelo não é o previsto para aquela hipótese. Aproveita-se o referido recurso se for tempestivo.

O aproveitamento do recurso erroneamente nominado adviria do princípio de que se o ato alcançou sua finalidade não há nulidade (arts. 277 e 288 do CPC) ou do princípio da economia processual.

Para ser aproveitado recurso erroneamente apresentado é preciso: (a) dúvida sobre qual o recurso cabível. Em relação a recursos da União em execução da contribuição previdenciária, a CLT não é clara sobre o nome do recurso a ser usado; (b) inexistência de erro grosseiro. Se houver erro grosseiro, não se pode conhecer do recurso. É o que ocorre com a interposição de embargos de declaração e depois pretende-se que seja conhecido como recurso ordinário; da apresentação de embargos de terceiro, quando era o caso de embargos de declaração etc.; (c) deve ser apresentado no prazo para o recurso que seria cabível.

22.4.4 Variabilidade

Ocorre a variabilidade dos recursos se a parte desistir do recurso interposto, substituindo-o por outro, observando-se o prazo legal. Presumir-se-ia que, se a parte ingressasse com um segundo recurso, haveria a desistência tácita do primeiro apelo.

22.4.5 Legalidade

Em matéria de recursos será observado o princípio da legalidade processual. Os recursos são os previstos em lei (art. 893 da CLT) e não aqueles que possam ser inventados pela parte.

22.5 PECULIARIDADES DO PROCESSO DO TRABALHO

Algumas peculiaridades ocorrem no processo do trabalho em matéria de recurso.

22.5.1 Irrecorribilidade das decisões interlocutórias

No processo do trabalho, não cabe agravo de instrumento para qualquer decisão interlocutória. A palavra *interlocutória* vem de *inter locutus*, que significa falando no meio. São as decisões dadas no curso do processo. Aliás, as decisões interlocutórias são irrecorríveis, "admitindo-se a apreciação dessas decisões apenas no recurso da decisão definitiva" (§ 1º do art. 893 da CLT). Mesmo das decisões de exceção de suspeição ou de incompetência, não caberá recurso, apenas da decisão definitiva, salvo em se tratando de decisão que venha a terminar o feito na Justiça do Trabalho, como a do juiz que se julga incompetente em razão da matéria, em que caberá recurso, porque aí se considera definitiva a decisão (§ 2º do art. 799 da CLT).

A Súmula 214 do TST declara que: "na Justiça do Trabalho, nos termos do art. 893, § 1º, da CLT, as decisões interlocutórias não ensejam recurso ordinário, salva nas hipóteses de decisão: (a) de Tribunal Regional do Trabalho contrária à súmula ou Orientação Jurisprudencial do TST; (b) suscetível de impugnação mediante recurso para o mesmo Tribunal; (c) que acolhe exceção de incompetência territorial, com a remessa dos autos para o Tribunal Regional distinto daquele a que se vincula o juízo excepcionado, consoante o disposto no § 2º do art. 799 da CLT". Exemplo de hipótese em que a decisão é proferida pelo mesmo tribunal é o caso de o tribunal examinar recurso de revista, afastando a prescrição e determinando o retorno dos autos à Vara de origem. Nesse caso, cabe recurso de embargos, se houver divergência entre turmas do TST.

22.5.2 Inexigibilidade de fundamentação

A regra geral é de que os recursos podem ser interpostos por simples petição, ou seja, não há necessidade de fundamentação do apelo (art. 899 da CLT).

Simples petição seria o mero pedido de reexame, mesmo sem qualquer fundamentação. Essa orientação poderia ser considerada revogada pelo inciso LV do art. 5º da Constituição, que exigiria a obrigatoriedade de fundamentação do recurso para possibilitar o contraditório à parte contrária.

O recurso ordinário não necessita de fundamentação, podendo ser interposto por simples petição, como menciona o art. 899 da CLT, ou seja, sem necessidade de fundamentação.

A inexigibilidade de fundamentação não vige para recursos técnicos, em que é preciso demonstrar a violação da lei, como ocorre no recurso de revista e nos embargos.

A interpretação sistemática da CLT mostra que a inexigibilidade de fundamentação só pode ser utilizada nos casos em que empregado ou empregador estiverem postulando na Justiça do Trabalho sem advogado (arts. 791 e 839 da CLT).

A Súmula 422 do TST afirma que "não se conhece de recurso para o TST, pela ausência do requisito de admissibilidade, quando as razões do recorrente não impugnam os fundamentos da decisão recorrida, nos termos em que fora proposta".

22.5.3 Instância única

Nos dissídios de alçada, em que o valor da causa for de até dois salários-mínimos, e que não for impugnado pelas partes, não caberá qualquer recurso, salvo se a matéria debatida nos autos for de natureza constitucional. Nesse caso, caberá recurso.

A irrecorribilidade também se estende à fase de execução, nos casos de alçada da Vara. O § 4º do art. 2º da Lei n. 5.584 é genérico no sentido da alçada, não especificando qual a fase processual que caberia o recurso.

O valor de alçada será fixado de acordo com o valor dado à causa quando do ingresso da ação, caso não seja impugnado e fixado diversamente pelo juiz, e não com base no valor atribuído para custas na sentença.

A impugnação do valor da causa poderá ser feita nas alegações finais, por quaisquer das partes. Mantendo o juiz o valor da causa, as partes poderão pedir revisão da decisão, no prazo de 48 horas, ao Presidente do Tribunal Regional (§ 1º do art. 2º da Lei n. 5.584/70).

O pedido de revisão não terá efeito suspensivo, devendo ser instruído com a petição inicial e a ata de audiência, sendo julgado em 48 horas a partir de seu recebimento pelo Presidente do Tribunal (§ 2º do art. 2º da Lei n. 5.584/70).

Não há previsão de contrarrazões no pedido de revisão do valor da causa, mas deve ser possibilitada a manifestação da parte contrária, sob pena de violação do inciso LV do art. 5º da Constituição.

A decisão do presidente do TRT é irrecorrível, pois é interlocutória.

Com a nova Constituição não mais é possível sustentar a existência dos dissídios de alçada ou a instância única, pois, se todos são iguais perante a lei, sem distinção de qualquer natureza (art. 5º da Lei Maior), não se pode entender que alguns poderão reivindicar a revisão da decisão e outros não, visto que implicaria desigualdade processual.

Aplicando-se por analogia o entendimento de Rogério Lauria Tucci que entende que o art. 4º da Lei n. 6.825/80, que disciplinava o não cabimento de recurso de decisões com valor da causa de até 50 ORTN na Justiça Federal, mas apenas de embargos infringentes do julgado e embargos de declaração; e o art. 34 da Lei n. 6.830/80, que suprime o direito de recurso nas execuções fiscais cujo valor for igual ou inferior a 50 ORTN, há violação do princípio da igualdade. "Além de criticável o critério para perpetuar-se a desigualdade, de todos aqueles que ingressem em juízo, alguns poderão pleitear a revisão da sentença por outro órgão jurisdicional, enquanto a outros resta vedado o exercício de tal faculdade" (1989*b*:58).

O § 4º do art. 2º da Lei n. 5.584/70, porém, não fere o duplo grau de jurisdição, como alguns acreditam, quando reza a Constituição que é assegurada a ampla defesa, com os meios e recursos a ela pertinentes (art. 5º, LV), pois esses meios dependem da legislação infraconstitucional, ou seja: o direito de recorrer depende da lei dizer que existe recurso para certo caso. Se a lei mencionar que não cabe recurso ou não é previsto o recurso na lei, a parte não poderá interpor recurso.

Entretanto, o § 4º do art. 2º da Lei n. 5.584/70, além de atritar com a Constituição no que diz respeito ao princípio da isonomia processual (art. 5º), pois todos são iguais perante a lei "sem distinção de qualquer natureza", viola o inciso IV do art. 7º da Lei Maior, que veda a vinculação do salário-mínimo para qualquer fim. Como o § 4º do art. 2º da Lei n. 5.584/70 vincula o direito de recorrer ao valor de alçada, que é estabelecido em salários-mínimos, houve a revogação pela Constituição do referido parágrafo, por ser incompatível com a Lei Fundamental.

A Súmula 356 do TST fixou o entendimento de que o art. 2º, § 4º, da Lei n. 5.584/70, foi recepcionado pela Constituição, sendo lícita a fixação do valor de alçada com base no salário-mínimo.

O STF entendeu que a alçada prevista nos parágrafos do art. 2º da Lei n. 5.584/70 é constitucional, não violando ampla defesa (art. 5º, LV, da Constituição) e a vinculação ao salário-mínimo (art. 7º, IV, *in fine*, da Constituição) em relação à necessidade de decisões rápidas e em rito simplificado (1ª T., RE 201.297-DF – Rel. Moreira Alves, *DJ* 5-9-1997).

Ressalte-se que caso não seja fixado o valor da causa, pois o autor não informou na petição inicial, nem o juiz o fixou, permanecendo, portanto, indeterminado, caberá recurso da sentença que vier a ser prolatada, visto que nem sequer pode-se falar que o valor da causa é inferior a dois salários-mínimos, pois não existe valor dado à causa.

O STF entende que o recurso cabível na alçada, desde que trate de matéria constitucional, é o extraordinário para o STF (Súmula 640), pois se trata de questão de instância única (art. 102, III, *a*, da Constituição).

Esclarece a Súmula 365 do TST que não se aplica a alçada em ação rescisória e em mandado de segurança.

22.5.4 Efeito devolutivo

Os recursos trabalhistas têm como regra o efeito devolutivo (art. 899 da CLT). A exceção seria o recurso ordinário em dissídio coletivo, em que o presidente do TST pode dar efeito suspensivo ao apelo (art. 14 da Lei n. 10.192/2001).

Em casos excepcionalíssimos seria possível obter efeito suspensivo no recurso mediante cautelar. O inciso I da Súmula 414 do TST afirma que a tutela provisória concedida na sentença não comporta impugnação pela via do mandado de segurança, por ser impugnável mediante recurso ordinário. É admissível a obtenção de efeito suspensivo ao recurso ordinário mediante requerimento dirigido ao tribunal, ao relator ou ao presidente ou ao vice-presidente do tribunal recorrido, por aplicação subsidiária ao processo do trabalho do art. 1.029, § 5º, do CPC de 2015.

22.5.5 Uniformidade de prazos para recurso

No processo civil, temos prazos de recurso de 15 dias (maioria deles).

No processo do trabalho, o prazo para recurso foi uniformizado pelo art. 6º da Lei n. 5.584/70. Assim, qualquer recurso será interposto no prazo de oito dias (recurso ordinário, de revista, embargos, agravo de petição e de instrumento). O recurso extraordinário será interposto no prazo de 15 dias (§ 5º do art. 1.003 do CPC).

22.6 JUÍZO DE ADMISSIBILIDADE

Reflete o juízo de admissibilidade o poder do qual está dotado o juiz *a quo* de examinar se o recurso atende os pressupostos objetivos e subjetivos para poder subir ao tribunal superior.

O juízo de admissibilidade é feito tanto no juízo *a quo*, como no juízo *ad quem*. A posição do primeiro não vincula o segundo, pois se o juízo de primeiro grau entender que não cabe recurso por determinado fundamento, nada impede que o tribunal examine essa questão por motivo, inclusive, de hierarquia.

Exemplo de juízo de admissibilidade é o contido na Súmula 285 do TST: "O fato de o juízo primeiro de admissibilidade do recurso de revista entendê-lo cabível apenas quanto a parte das matérias veiculadas não impede a apreciação integral pela turma do Tribunal Superior do Trabalho, sendo imprópria a interposição de agravo de instrumento." O que se quer dizer com a referida orientação jurisprudencial é que se o juízo de admissibilidade entende que o recurso de revista não é cabível por violação literal de dispositivo de lei, mas o é quanto a divergência jurisprudencial, não implica o trancamento do apelo, que subirá para exame da turma do TST. É impróprio se interpor agravo de instrumento, pois não se está denegando seguimento a recurso. O TST irá examinar, em seu juízo de admissibilidade, se o recurso é cabível quanto a divergência jurisprudencial e quanto a violação de lei federal, não se vinculando ao despacho do juízo *a quo*.

O juiz poderá reconsiderar a admissibilidade do recurso, mesmo o tendo admitido inicialmente, pois muitas vezes somente após a apresentação das contrarrazões é que é alertado pela parte que o recurso não poderia subir por algum motivo. Se a parte provar legítimo impedimento o juiz relevará a pena de deserção, permitindo novo prazo para o preparo (§ 6º do art. 1.007 do CPC). Entretanto, essa decisão na prática será muito difícil de ocorrer no processo do trabalho. Admitida a hipótese, caberá ao tribunal apreciá-la, tanto quanto a fixação do prazo para preparo, como dos demais requisitos de admissibilidade do recurso. Ressalte-se que a decisão será irrecorrível para a parte contrária.

A reconsideração do juiz vem a ser uma faculdade deste. Pouco importa se, por exemplo, a parte contrária apresentou ou não alguma preliminar nas contrarrazões, informando o não cabimento do recurso. O juiz, ao analisar o cabimento do recurso, irá verificar se foram observados os seus pressupostos. O recebimento, porém, do recurso pelo juiz não comporta recurso (*RT* 488/73), além do que o juiz não fica vinculado a tal ato, podendo não conhecer de recurso se incabível ou fora de prazo (STF, *RTJ* 86/596).

O reexame de pressupostos do recurso não cria direito subjetivo à parte se o juiz no despacho admitiu o apelo.

22.7 EFEITOS DOS RECURSOS

No processo do trabalho, a regra é de os recursos terem apenas efeito devolutivo (art. 899 da CLT).

Em razão do efeito devolutivo, a parte pode requerer a extração de carta de sentença, para liquidação provisória do julgado, que vai até a penhora.

22.8 REGRAS GERAIS

A CLT não esgota o tema de recursos, sendo necessário ao intérprete socorrer-se do CPC (art. 769 da CLT).

O recorrente poderá, a qualquer tempo, e sem anuência do recorrido e dos litisconsortes, desistir do recurso interposto (art. 998 do CPC). É um direito autônomo, que não precisa de aceitação da parte contrária.

Poderá a parte também renunciar ao direito de recorrer. A renúncia ao direito de recorrer independe de aceitação da outra parte (art. 999 do CPC). É um direito autônomo de renunciar ao direito de recorrer.

Distingue-se a desistência da renúncia do direito ao recurso. Na desistência, o recorrente desiste de um recurso já interposto. Na renúncia, não foi ainda interposto o recurso, renunciando a parte à interposição do apelo, ao direito de recorrer.

A parte que aceitar expressa ou tacitamente a sentença ou decisão não poderá recorrer (art. 1.000 do CPC). Considera-se aceitação tácita a prática, sem reserva alguma, de um ato incompatível com a vontade de recorrer (parágrafo único do art. 1.000 do CPC), como em relação à parte que pede a liquidação da sentença, após ser proferida a sentença.

O recurso interposto por um dos litisconsortes a todos aproveita, salvo se forem distintos ou opostos seus interesses (art. 1.005 do CPC). Se os interesses são distintos, são opostos. Não há necessidade de se falar em interesses distintos ou opostos, mas apenas num deles. Sobrevindo motivo de força maior ou o falecimento da parte ou de seu advogado, admite-se a devolução do prazo para recurso (art. 1.004 do CPC). Restitui-se o prazo pelo período que faltar em proveito da parte, do herdeiro ou do sucessor, contra quem começará a correr novamente depois da intimação.

A falta de assinatura do advogado na petição de razões de recurso impede seu conhecimento. Se a falta da assinatura for apenas na petição de juntada do recurso, não haverá nenhum impedimento para seu conhecimento.

As razões do recurso é que devem ser assinadas e não apenas a petição de juntada. Não assinada a petição de razões do recurso, este não será conhecido, pois as razões de recurso é que devolvem a matéria à apreciação do tribunal e não a petição de juntada.

Mostra a Orientação Jurisprudencial n. 120, II, da SBDI-1 do TST que é válido o recurso assinado, ao menos, na petição de apresentação ou nas razões recursais.

De acordo com o art. 1.010 do CPC, o recorrente deve indicar quais as razões para a reforma do julgado ou o ponto controvertido em sua apelação, não sendo válido reportar-se à inicial ou à contestação como razões de recurso.

No recurso, não poderá o recorrente protestar por razões suplementares, se já apresentou o recurso, em razão da consumação do ato processual, ainda que o prazo processual não tenha transcorrido por inteiro. A exceção é da decisão de embargos de declaração, que forem opostos pelo recorrente, quando tem ciência da referida decisão, podendo, se apresentado seu recurso antes dos embargos de declaração, complementá-lo.

No processo do trabalho não será, portanto, possível interpor-se o recurso e posteriormente apresentar as razões, como ocorre no processo penal (arts. 588, *caput* e 600 do CPP). Há, por conseguinte, preclusão consumativa com a apresentação do recurso e suas razões. Não poderá a parte interpor um segundo recurso, mesmo que dentro do prazo legal.

Se o recurso já foi apresentado e vem a decisão dos embargos de declaração, a complementação do apelo não poderá ter por objeto matéria preclusa, salvo a pertinente aos embargos. Se a parte não tinha interposto nenhum recurso quando apresentou os embargos de declaração, terá direito a apresentar a apelação por inteiro. Caso não tenha recorrido, apresentados os embargos de declaração da parte contrária, poderá recorrer apenas da questão dos embargos, pois em relação às demais houve preclusão.

Tem-se admitido a interposição de recurso por fac-símile. Entretanto, devem os originais ser entregues no juízo no prazo de cinco dias do término do prazo para recurso (Lei n. 9.800/99).

22.9 PRESSUPOSTOS DOS RECURSOS

Os pressupostos dos recursos podem ser divididos em objetivos e subjetivos. Há outra divisão em pressupostos extrínsecos e intrínsecos. Não se quer dizer que estão dentro ou fora. Barbosa Moreira afirma que pressupostos intrínsecos são os referentes à própria existência do poder de recorrer. Pressupostos extrínsecos são os referentes ao modo de exercer esse poder[1]. Pressupostos intrínsecos são: cabimento, legitimação, interesse, inexistência de fato impeditivo ou extintivo do direito de recorrer. Pressupostos extrínsecos são os objetivos: tempestividade, regularidade formal e o preparo (custas e depósito recursal).

---

1 MOREIRA, José Carlos Barbosa. *Comentários ao Código de Processo Civil*. 11. ed. Rio de Janeiro: Forense, 2004. v. 5, p. 262-263.

22.9.1 Objetivos

22.9.1.1 Previsão legal

As partes têm direito a interposição do recurso que estiver previsto em lei, em decorrência, inclusive, do princípio da legalidade.

No processo do trabalho, os recursos cabíveis são determinados no art. 893 da CLT: ordinário, revista, embargos, agravo de instrumento e de petição. O recurso extraordinário também é cabível no processo do trabalho, mas é previsto na Constituição, nas hipóteses elencadas no inciso III do art. 102.

22.9.1.2 Adequação ou cabimento

O ato a ser impugnado deve ensejar o apelo escolhido pelo recorrente. Por exemplo: da sentença da Vara cabe o recurso ordinário. Este também é cabível das decisões dos tribunais regionais, em dissídio coletivo, mandado de segurança e ação rescisória, pois são ações de competência originária dos tribunais.

22.9.1.3 Tempestividade

Os recursos deverão ser interpostos no prazo previsto na lei. No caso dos recursos trabalhistas o prazo é de oito dias.

Os prazos para a União, os Estados, o Distrito Federal, os Municípios, suas autarquias e fundações públicas que não explorem atividade econômica serão em dobro, ou seja, 16 dias, como determina o Decreto-lei n. 779/69.

O Ministério Público terá o prazo em dobro para recorrer, de 16 dias.

As sociedades de economia mista e as empresas públicas que explorem atividade econômica têm o prazo para recorrer de oito dias.

Informa a Súmula 385 do TST que: I – Incumbe à parte o ônus de provar, quando da interposição do recurso, a existência de feriado local que autorize a prorrogação do prazo recursal (art. 1.003, § 6º, do CPC de 2015). No caso de o recorrente alegar a existência de feriado local e não o comprovar no momento da interposição do recurso, cumpre ao relator conceder o prazo de 5 (cinco) dias para que seja sanado o vício (art. 932, parágrafo único, do CPC de 2015), sob pena de não conhecimento se da comprovação depender a tempestividade recursal. II – Na hipótese de feriado forense, incumbirá à autoridade que proferir a decisão de admissibilidade certificar o expediente nos autos; III – Admite-se a reconsideração da análise da tempestividade do recurso, mediante prova documental superveniente, em agravo de instrumento, agravo interno, agravo regimental, ou embargos de declaração, desde que, em momento anterior, não tenha havido a concessão de prazo para a comprovação da ausência de expediente forense.

Esclarece a Súmula 387: II – A contagem do quinquídio para apresentação dos originais de recurso interposto por intermédio de fac-símile começa a fluir do dia subsequente ao término do prazo recursal, nos termos do art. 2º da Lei n. 9.800/1999, e não do dia seguinte à interposição do recurso, se esta se deu antes do termo final do prazo; III – Não se tratando a juntada dos originais de ato que dependa de notificação, pois a parte, ao interpor o recurso, já tem ciência de seu ônus processual, não se aplica a regra do art. 224 do CPC quanto ao *dies a quo*, podendo coincidir com sábado, domingo ou feriado.

22.9.1.4 Preparo

O preparo abrange as custas, o depósito recursal e os emolumentos.

CUSTAS. As custas serão pagas pelo vencido.

Inexistem vencidos no plural, segundo o § 1º do art. 789 da CLT c/c o § 2º do art. 832 da CLT, mas vencido, no singular. Se o reclamante teve seu pedido rejeitado totalmente, pagará as custas. Caso a ré não logre obter êxito em suas alegações, pagará integralmente as custas. Na hipótese de se acolher em parte o pedido, quem paga as custas é a empresa, que foi a vencida, ainda que em parte. No processo do trabalho não existe proporcionalidade no pagamento de custas, se o autor e réu decaírem de suas argumentações, como ocorre no processo civil. A regra é a das custas serem pagas pelo vencido.

No recurso ordinário em mandado de segurança, o impetrante, se vencido em sua tese, deve pagar as custas para poder apresentar recurso ordinário, pois há sucumbência. No mesmo sentido a Orientação Jurisprudencial n. 148 da SBDI-2 do TST, que exige o pagamento das custas no recurso ordinário em mandado de segurança.

Havendo recurso, as custas serão pagas e comprovado o recolhimento dentro do prazo recursal. Não há mais prazo de cinco dias a contar da interposição do recurso para o pagamento das custas e mais cinco dias para a comprovação nos autos. Assim, as custas deverão ser pagas e comprovadas dentro do prazo de oito dias para a interposição do recurso.

O não pagamento e a não comprovação das custas dentro do prazo de oito dias implicará deserção, não sendo conhecido o recurso no tribunal ou será negado seguimento ao apelo pelo juízo *a quo*.

O § 2º do art. 1.007 do CPC não se aplica ao processo do trabalho (art. 769 da CLT), pois há regra específica na CLT quanto ao prazo para comprovação do pagamento das custas. A primeira norma diz respeito apenas ao processo civil.

Ainda que o recurso seja interposto antecipadamente, o prazo de pagamento e comprovação das custas é o de oito dias do recurso.

Para que as custas sejam pagas, devem estar fixadas na decisão. Do contrário, não podem ser pagas.

A complementação de preparo por insuficiência (§ 2º do art. 1.007 do CPC) só pode ser observada quando a própria parte tiver de calculá-lo, que não se aplica no processo do trabalho.

A parte deverá fazer o pagamento das custas mediante GRU, em quatro vias. Uma via ficará retida no banco arrecadador. A segunda será anexada ao processo mediante petição do interessado. A terceira será entregue pelo interessado na secretaria do órgão da Justiça do Trabalho. A quarta ficará na posse de quem providenciou o recolhimento (item II, da Instrução Normativa do TST n. 20/2002).

A Orientação Jurisprudencial n. 158 da SBDI-1 do TST admite o recolhimento de custas mediante Darf Eletrônico em relação a entidades da administração pública federal, emitido conforme a Instrução Normativa da Secretaria da Receita Federal n. 162, de 4-11-1988.

O comprovante a ser juntado nos autos deverá conter a identificação do processo ao qual se refere, registrada em campo próprio, nos termos do Provimento n. 4/1999 da Corregedoria-Geral da Justiça do Trabalho. A parte deverá apresentar o Darf Eletrônico em duas vias. A primeira será anexada no processo e a segunda ficará arquivada na secretaria.

O código de recolhimento das custas é 18740-2 – STN.

A Orientação Jurisprudencial n. 140 da SBDI-1 do TST indica que "em caso de recolhimento insuficiente das custas processuais ou do depósito recursal, somente haverá deserção do recurso se, concedido o prazo de cinco dias previsto no § 2º do art. 1.007 do CPC de 2015, o recorrente não complementar e comprovar o valor devido".

No litisconsórcio, se um pagar as custas, não há mais necessidade de pagamento pelo outro litisconsorte, pois as custas já foram satisfeitas.

O benefício da justiça gratuita pode ser requerido em qualquer tempo ou grau de jurisdição, desde que, na fase recursal, seja o requerimento formulado no prazo alusivo ao recurso (OJ 269, I, da SBDI-1 do TST);

Indeferido o requerimento de justiça gratuita formulado na fase recursal, cumpre ao relator fixar prazo para que o recorrente efetue o preparo (art. 99, § 7º, do CPC de 2015) (II).

Se a parte é vencedora na primeira instância e vencida na segunda, está obrigada a pagar as custas fixadas na sentença originária, independentemente de intimação, ficando isenta a parte então vencida (S. 25, I, do TST). Essa determinação não tem previsão em lei, porém é seguida. Na verdade, as custas já foram pagas, o que tem de haver é o reembolso de uma parte em relação a outra e não o pagamento mais uma vez, pois as custas nesse caso serão pagas duas vezes, enquanto o serviço estatal é o mesmo e foi prestado uma vez.

No caso de inversão do ônus da sucumbência em segundo grau, sem acréscimo ou atualização do valor das custas e se estas já foram devidamente recolhidas, descabe um novo pagamento pela parte vencida, ao recorrer. Deverá ao final, se sucumbente, reembolsar a quantia (S. 25, II, do TST).

Não caracteriza deserção a hipótese em que, acrescido o valor da condenação, não houve fixação ou cálculo do valor devido a título de custas e tampouco intimação da parte para o preparo do recurso, devendo ser as custas pagas ao final (S. 25, III, do TST).

O reembolso das custas à parte vencedora faz-se necessário mesmo na hipótese em que a parte vencida for pessoa isenta do seu pagamento, nos termos do art. 790-A, parágrafo único, da CLT (S. 25, IV, do TST).

São isentos do pagamento de custas, além dos beneficiários de justiça gratuita (art. 790-A da CLT):

I – a União, os Estados, o Distrito Federal, os Municípios e respectivas autarquias e fundações federais, estaduais ou municipais que não explorem atividade econômica;

II – o Ministério Público do Trabalho.

A isenção é a dispensa do pagamento do tributo decorrente de lei. Somente a lei pode estabelecê-la.

A União estava dispensada do pagamento de custas, segundo o inciso VI do art. 1º do Decreto-lei n. 779/69. A razão é que a Justiça do Trabalho é federal. Não havia, portanto, obrigação de a União pagar custas para ela mesma. A nova regra passa a ter previsão no inciso I do art. 790-A da CLT, revogando o inciso VI do art. 1º do Decreto-lei n. 779/69.

Os Estados, o Distrito Federal, os Municípios e respectivas autarquias e fundações públicas, estaduais ou municipais que não explorem atividade econômica pagavam as custas ao final (art. 1º, VI, do Decreto-lei n. 779/69).

Agora, os mesmos entes de direito público estão isentos do pagamento das custas na Justiça do Trabalho, ficando revogada a norma anterior.

O INSS já estava isento do recolhimento de custas (§ 1º, do art. 8º da Lei n. 8.620/93). Inclui-se o INSS como autarquia (Lei n. 8.029/90), que também fica isenta de custas na Justiça do Trabalho.

Somente autarquias e fundações públicas que não explorem atividade econômica é que estão isentas das custas. É difícil falar em autarquias e fundações públicas que explorem atividade econômica, mas apenas as que não explorarem tal atividade é que ficarão isentas das custas. Fundações privadas pagarão as custas.

É claro o inciso I do art. 790-A da CLT no sentido de que somente as autarquias e fundações públicas federais, estaduais ou municipais é que são isentas das custas. Autarquias e fundações públicas distritais devem pagar as custas, pois a outorga de isenção deve ser interpretada literalmente (art. 111, II, do CTN). O emprego de equidade não pode implicar a dispensa de pagamento de tributo devido (§ 2º do art. 108 do CTN). A isenção das custas trabalhistas somente pode ser determinada por lei (art. 97, VI e 176 do CTN), de natureza federal, pois pertencem à União. Não é extensiva a isenção às taxas, salvo disposição de lei em sentido contrário (art. 177 do CTN), que não existe para as autarquias e fundações públicas distritais. Evidentemente, houve novo erro do legislador, que já havia incidido na mesma hipótese quando da edição do inciso VI do art. 1º do Decreto-lei n. 779/69, que tinha aproximadamente a mesma redação do inciso I do art. 790-A da CLT.

O Ministério Público do Trabalho fica isento de custas (art. 790-A da CLT). O CPC já dispensava o Ministério Público do pagamento de preparo (§ 1º do art. 1.007 do CPC), que é o gênero abrangente das custas.

A isenção das custas não alcança as entidades fiscalizadoras do exercício profissional, nem exime as pessoas jurídicas referidas no inciso I da obrigação de reembolsar as despesas judiciais realizadas pela parte vencedora (parágrafo único do art. 790-A da CLT). O fundamento talvez seja o fato da autonomia financeira dessas entidades, que não dependem do orçamento da União.

Entidades fiscalizadoras do exercício profissional são autarquias federais, como OAB, CRC, Crea, CRM etc.

Os órgãos de fiscalização do exercício profissional têm natureza de autarquias federais. Assim, não deveriam ser discriminados em relação às outras autarquias. É inconstitucional essa disposição, pois fere o princípio da igualdade.

A União, os Estados, o Distrito Federal, os Municípios e respectivas autarquias e fundações públicas federais, estaduais ou municipais que não explorem atividade econômica ficam obrigadas a reembolsar as despesas judiciais realizadas pela parte vencedora. As despesas judiciais abrangem custas, honorários periciais e de advogado, que deverão ser reembolsadas ao vencedor pelas citadas entidades. É o que ocorreria com o pagamento de custas pelo empregado para recorrer da sentença e, posteriormente, esta ser modificada no tribunal. O ente público deveria reembolsar as custas pagas pelo trabalhador. Tais entes estão isentos do pagamento de custas, mas devem reembolsar as que foram pagas, por exemplo, pela parte vencida em primeiro grau e vencedora no segundo grau.

As autarquias e fundações públicas distritais terão também de reembolsar as despesas judiciais feitas pelo empregado vencedor, embora não haja previsão nesse sentido na CLT, pois tal determinação é decorrente da sucumbência.

As sociedades de economia mista, as empresas públicas e outras entidades que explorem atividade econômica sujeitam-se ao regime jurídico das empresas privadas, inclusive no tocante às obrigações trabalhistas (§ 1º do art. 173 da Constituição). Desta forma, terão que pagar as custas no processo do trabalho. O TST, por meio da Súmula 170, tem orientação no sentido de que "os privilégios e isenções no foro da Justiça do Trabalho não abrangem as sociedades de economia mista, ainda que gozassem desses benefícios anteriormente ao Decreto-lei n. 779, de 1969".

O Ministério Público do Trabalho não é obrigado a reembolsar custas, pela regra do parágrafo único do art. 790-A da CLT.

Não existe previsão legal isentando as massas falidas do pagamento das custas.

Esclarece a Súmula 86 do TST que "inocorre deserção de recurso da massa falida por falta de pagamento de custas ou de depósito do valor da condenação". O fundamento da orientação da jurisprudência é de que se fosse feito o pedido ao juiz da falência para liberar numerário para pagamento das custas devidas no processo do trabalho, provavelmente, quando fosse feita a liberação do numerário, o prazo para pagamento já teria findado. Ressalte-se, ainda, que muitas massas falidas nem numerário têm em caixa para qualquer pagamento, muito menos para o de custas. Pode até parecer injusto que as massas falidas não tenham de pagar as custas para recorrer, principalmente quando a falência é fraudulenta. De outro lado, não se poderia admitir distinção para as empresas em situação normal e as que estão em fase de falência. Entretanto, se se fosse exigir pagamento de custas de empresas falidas, poderia haver certa dificuldade de defesa da massa, além de prejudicar os interesses dos credores.

O juiz deverá, porém, enviar ofício ao juízo da falência requerendo que seja reservado numerário para o pagamento de custas e do crédito do empregado. O mesmo deverá ocorrer quando houver reforma da sentença que absolveu a empresa falida.

A Lei n. 10.537 poderia ter resolvido a questão, isentando as massas falidas do pagamento das custas.

As pessoas que estiverem em recuperação judicial ou extrajudicial pagam custas normalmente, pois o empresário não perde a administração do negócio, nem há lei isentando-as do pagamento da referida taxa.

As empresas em liquidação extrajudicial, como entidades financeiras, consórcios etc. pagam normalmente as custas, pois a lei não as isentou. Trata-se de procedimento administrativo e não judicial, como ocorre em relação à falência. A Súmula 86 do TST exige o pagamento das custas em relação às referidas empresas.

Os honorários periciais são despesas processuais, mas não se inserem no conceito de custas. Seu não pagamento não implica deserção do recurso interposto. O perito poderá, porém, exigi-los no mesmo processo, na fase de execução. O empregado tem direito à justiça gratuita, se atender as condições legais, não pagando, inclusive, os honorários do perito. Verificada a mudança da sua capacidade econômica, inclusive no processo em que o obreiro ganha considerável valor, devem ser cobrados os honorários periciais.

Apresentados embargos de declaração protelatórios pela segunda vez, o juiz aumenta a multa de até 2% anteriormente aplicada para até 10% sobre o valor da causa. Para poder recorrer, a parte terá de depositar o valor dessa multa (§ 3º do art. 1.026 do CPC), como pressuposto objetivo do recurso.

DEPÓSITO RECURSAL. Para a empresa recorrer é preciso que seja garantido o juízo com o depósito recursal.

O depósito recursal é feito em conta vinculada ao juízo e corrigido com os mesmos índices da poupança (§ 4º do art. 899 da CLT). Não é feito em bens.

Não se pode dizer, porém, que o depósito recursal é inconstitucional.

O empregador pode ingressar em juízo sem ter que fazer qualquer depósito para propor a ação, não se estando a excluir da apreciação do Poder Judiciário lesão ou ameaça a direito (art. 5º, XXXV, da Lei Maior). O direito de ação da empresa não foi ferido.

De outro lado, o contraditório e a ampla defesa são exercidos de acordo com a previsão da legislação ordinária. No caso, o art. 40 da Lei n. 8.177/91 não impede o empregador de recorrer, apenas garante a execução, sendo assim um dos pressupostos objetivos do direito de apelar. É uma das garantias do devido processo legal, sendo o depósito previsto em lei. Não se trata de taxa judiciária, pois não se destina a cobrar serviços judiciais, mas apenas a garantir a execução. Se o valor do depósito determinado pela lei fosse exorbitante ou superior ao valor da condenação imposto pelo juízo, poderia ser dito que se trataria de óbice ao direito de recorrer, havendo aí inconstitucionalidade daquele dispositivo legal. No entanto, qualquer condenação no processo do trabalho pode chegar aos limites estabelecidos no art. 40 da Lei n. 8.177/91. Na hipótese de o valor da condenação ficar abaixo do referido valor, o depósito estará limitado ao valor da condenação. Garantido o juízo, nenhum outro valor será exigido a título de depósito.

A exigência de depósito não viola o princípio constitucional da igualdade de todos perante a lei, pois é evidente que o empregado e empregador são desiguais. O empregado, se tivesse de depositar para recorrer, não teria condições econômicas para tanto. O empregador, ao contrário, possui condições materiais para efetuar o depósito.

Lembra Amauri Mascaro Nascimento (1993:275) que a "medida tem finalidade de assegurar o cumprimento futuro de eventual condenação, apenas até os limites estabelecidos, se fosse inconstitucional também o seria a execução provisória, permitida pela legislação e o arresto na pendência de recurso ordinário com base na sentença de primeiro grau não transitada em julgado".

Mesmo no processo civil, já se cogita da instituição de depósito para recorrer, visando evitar recursos interpostos com intuito protelatório, garantindo a rápida satisfação do julgado.

A natureza jurídica do depósito é de garantia recursal, de garantia da execução, de garantia do juízo para a futura execução.

Não se trata de taxa, pois esta, de acordo com a definição do inciso II do art. 145 da Constituição, decorre de serviços públicos específicos e divisíveis, prestados ao contribuinte ou postos à sua disposição. O Estado não presta nenhum serviço ao contribuinte para que este o remunere por meio da taxa. As custas, sim, têm natureza de taxa, pois há prestação de serviços por parte do Estado, ao fornecer o aparelho jurisdicional para dizer o Direito nos casos concretos submetidos à apreciação do Poder Judiciário. Não havendo a prestação de serviços públicos por parte do Estado, não se pode falar em taxa, até porque esta não é devolvida ao contribuinte depois do serviço ser prestado. O depósito pode ser devolvido quando, por exemplo, a empresa ganha sua postulação, com a rejeição do pedido do autor. Não se confunde, também, o depósito com as custas, pois estas visam a remuneração do Estado pelos serviços prestados aos jurisdicionados, enquanto no depósito não há qualquer serviço prestado pelo Estado.

Trata-se o depósito de mera antecipação da condenação, pois garantido o juízo nenhuma outra importância será depositada (§ 6º do art. 899 da CLT), ou seja: atingindo o limite previsto na lei, nenhum outro valor deverá ser depositado, o que mostra que se trata de garantia do juízo e não de outra coisa.

Dispõe o inciso II da Súmula 128 do TST que, "garantido o juízo, na fase executória, a exigência de depósito para recorrer viola os incisos II a LV do art. 5º da CF/88. Havendo, porém, elevação do valor do débito, exige-se a complementação da garantia do juízo".

Não se pode dizer, também, que o depósito se equipararia ao confisco, primeiro porque o confisco diz respeito a tributos e o depósito não é um tributo, nem vai para os cofres do Estado; segundo, porque há limite para o depósito, ou seja: o valor da condenação. Seria inconstitucional se a lei determinasse que o depósito fosse feito muito além do valor da condenação arbitrada pelo juízo, o que não é o caso.

Não representa, também, o depósito recursal fiança judicial, principalmente porque quem faz o depósito é a própria parte, sendo impossível que alguém viesse a ser fiador de si mesmo, pois a fiança pressupõe que um terceiro venha a ser o fiador e não a própria pessoa, como ocorreria se se admitisse essa tese. Observa-se, ainda, que a fiança, assim como o depósito, viria a garantir alguma coisa, porém, como ocorre no depósito, a fiança não pode exceder a obrigação. Caso a excedesse, seria multa.

Assim, o depósito recursal tem natureza de garantia do juízo, como já entendeu o TST por meio da Instrução Normativa n. 2, de 1991. A atual Instrução Normativa n. 03 do TST, de 5 de março de 1993, esclarece que "os depósitos de que trata o art. 40 e seus parágrafos, da Lei n. 8.177/91, com a redação dada pelo art. 8º da Lei n. 8.542/92, e o depósito de que trata o § 5º, I, do art. 897 e o § 7º do art. 899, ambos da CLT, com a redação dada pela Lei n. 12.275, de 29-6-2010, não têm natureza jurídica de taxa de recurso, mas de garantia do juízo recursal, que pressupõe decisão condenatória ou executória de obrigação de pagamento em pecúnia, com valor líquido ou arbitrado" (art. 1º, I).

O objetivo do depósito recursal não é o de impedir o recurso, mas de dificultar a interposição de recursos protelatórios do feito e facilitar a execução da sentença, principalmente as de pequeno valor, imprimindo maior celeridade no andamento do processo. Visa o depósito evitar a procrastinação do feito e assegurar o cumprimento da obrigação. O depósito tem natureza de pressuposto objetivo do recurso.

Representa o depósito recursal garantia do juízo e não despesa processual ou custas.

O depósito recursal também é uma forma de evitar recursos protelatórios e dar maior celeridade e duração razoável do processo (art. 5º, LXXVIII, da Constituição).

O inciso VIII do § 1º art. 98 do CPC determina que a assistência judiciária compreende a isenção dos depósitos previstos em lei para a interposição de recurso, ajuizamento de ação e demais atos processuais inerentes ao exercício da ampla defesa e do contraditório. Logo, concedida a justiça gratuita ao empregador, abrangerá também o depósito recursal.

O inciso II da Súmula 128 do TST mostra que, "garantido o juízo, na fase executória, a exigência de depósito para recorrer viola os incisos II e LV do art. 5º da CF/88. Havendo, porém, elevação do valor do débito, exige-se a complementação da garantia do juízo".

O depósito recursal deve ser efetuado em conta vinculada ao juízo e corrigido com os mesmo índices da poupança. Deve ser apresentado em três vias. O empregador doméstico também abrirá uma conta vinculada ao juízo em nome do seu empregado para poder recorrer. A movimentação da conta aberta para abrigar depósito recursal dar-se-á, exclusivamente, por meio de alvará judicial (Instrução Normativa n. 15/98 do TST e Circular n. 149/98 da CEF).

A partir da vigência da Lei n. 8.036 passou-se a entender que o depósito recursal pode ser feito em qualquer agência bancária, mesmo fora da sede do juízo.

Nos dissídios individuais, o depósito recursal será efetivado em conta vinculada ao juízo (§ 4º do art. 899 da CLT).

A Instrução Normativa n. 18/99 do TST considera válida para a comprovação do depósito recursal na Justiça do Trabalho a guia respectiva em que conste pelo menos o nome do recorrente e do recorrido, o número do processo, a designação do juízo por onde tramitou o feito e a explicitação do valor depositado, desde que autenticada pelo Banco recebedor.

Inexistindo condenação em pecúnia, não há necessidade de depósito prévio, pois este tem a finalidade de garantir a execução (S. 161 do TST). Se há condenação da empresa em obrigação de apenas anotar a CTPS do empregado, não há necessidade de se fazer depósito, pois não há condenação em valores.

As pessoas jurídicas de direito público não necessitam fazer depósito, que são a União, os Estados, os Municípios, o Distrito Federal, suas autarquias e fundações, pois os pagamentos devem ser feitos por precatório (art. 100 da Constituição).

O Ministério Público do Trabalho não precisa fazer depósito recursal, por falta de determinação legal nesse sentido, mesmo nos casos em que é parte.

As massas falidas também não fazem depósito (S. 86 do TST).

O valor do depósito recursal será reduzido pela metade para entidades sem fins lucrativos, empregadores domésticos, microempreendedores individuais, microempresas e empresas de pequeno porte (§ 9º do art. 899 da CLT).

São isentos do depósito recursal os beneficiários da justiça gratuita, as entidades filantrópicas e as empresas em recuperação judicial (§ 10 do art. 899 da CLT).

O depósito recursal poderá ser substituído por fiança bancária ou seguro garantia judicial (§ 11 do art. 899 da CLT).

As empresas em liquidação extrajudicial, como consórcios, instituições financeiras, que ficam sujeitas à liquidação determinada pelo Banco Central, não estão isentas das custas e do depósito recursal (S. 86 do TST). A falência importa declaração judicial de natureza declaratória constitutiva e a liquidação extrajudicial ocorre em processo administrativo.

Não se exige depósito recursal na herança jacente (item X da Instrução Normativa n. 3/93 do TST).

O depósito deve ser feito e comprovado no prazo de oito dias, ou seja, no mesmo prazo para a interposição do recurso. Se a parte ingressar com o recurso no primeiro ou no oitavo dia, deverá comprovar o depósito até o oitavo dia (S. 245 do TST e art. 7º da Lei n. 5.584/70). O § 2º do art. 1.007 do CPC reza que o recorrente deve ser intimado para complementar o preparo. Esse dispositivo não se aplica ao depósito recursal, pois o art. 7º da Lei n. 5.584/70 dispõe que a comprovação terá de ser feita dentro do prazo para a interposição do recurso, sob pena de deserção. Logo, não há necessidade de intimação.

Esclarece a Súmula 128, I, do TST que "é ônus da parte recorrente efetuar o depósito legal, integralmente, em relação a cada novo recurso interposto, sob pena de deserção. Atingido o valor da condenação, nenhum depósito mais é exigido para qualquer recurso".

Os valores máximos a serem depositados são os seguintes:

a) para recurso ordinário: R$ 10.059,15 (art. 40 da Lei n. 8.177/91);
b) para recurso de revista, embargos e extraordinário: R$ 20.118,30 (art. 40 da Lei n. 8.177/91);
c) para o recurso ordinário em ação rescisória: R$ 20.118,30 (§ 1º do art. 40 da Lei n. 8.177/91).

Se o empregado apresenta reconvenção e o empregador é condenado nesse caso, a empresa deve fazer o depósito recursal como pressuposto para o conhecimento de seu recurso.

Os depósitos terão como limite máximo o valor da condenação. Se o valor da condenação for inferior ao limite máximo previsto no art. 40 da Lei n. 8.177/91, deposita-se o valor da condenação. Na hipótese de a condenação ser superior ao limite previsto no art. 40 da Lei n. 8.177/91, deposita-se o valor limite para o depósito.

O depósito recursal é devido a cada novo recurso interposto.

Vamos supor que a condenação é de R$ 1.000,00. O valor de depósito será de R$ 1.000,00, pois já está garantida a execução para qualquer recurso interposto, não podendo ser superior ao referido valor.

Vamos admitir que a condenação seja de R$ 11.000,00. A parte pretende interpor recurso ordinário. Depositará apenas R$ 10.059,15. Se recorrer de revista depositará apenas a diferença, pois a execução já está garantida.

Suponhamos que a condenação seja de R$ 50.000,00. No recurso ordinário, serão depositados R$ 10.059,15. No recurso de revista, serão depositados R$ 20.118,30. No recurso de embargos, serão depositados R$ 20.118,30. No recurso extraordinário, serão depositados R$ 9.704,25, pois a soma dos depósitos atinge o limite da condenação de R$ 60.000,00.

No recurso ordinário em ação rescisória, também há necessidade do depósito sob pena de deserção, se houver condenação em pecúnia (S. 99 do TST). O limite legal é R$ 20.118,30.

Não existe depósito recursal em mandado de segurança, pois não há condenação em obrigação de dar, de pagar.

A Instrução Normativa n. 3/93 do TST esclareceu os pontos acima mencionados.

O empregado também não tem obrigação de fazer depósito recursal, pois, de acordo com o princípio da proteção, entende-se que o depósito é dirigido ao empregador, para garantir a execução de obrigação de pagar.

Se há depósito na ação de consignação em pagamento do valor discutido, não há necessidade de depósito recursal.

Caso o valor arbitrado pelo juiz na sentença seja superior ao valor objeto da consignação, haverá necessidade de se fazer o depósito da diferença.

Os valores do depósito recursal previsto no art. 40 da Lei n. 8.177/91 serão reajustados bimestralmente pela variação acumulada do INPC do IBGE dos dois meses imediatamente anteriores, a contar de dezembro de 1992 (§ 4º do art. 40 da Lei n. 8.177/91, de acordo com a Lei n. 8.542, de 23-12-1992). O TST tem feito a atualização em julho de cada ano.

Havendo mais de um autor no processo, como nas ações plúrimas, o depósito deverá ser efetuado em relação a cada autor, observado evidentemente o limite legal ou da condenação. Se as ações fossem propostas em separado, haveria necessidade de um depósito para cada autor. O mesmo ocorre na hipótese presente. Se existirem duas empresas no polo passivo, cada uma delas deverá fazer o seu depósito até o limite da condenação ou até o limite legal, se as condenações forem independentes. Se o empregado tivesse proposto individualmente ações distintas contra cada empresa, haveria necessidade de depósito recursal em cada processo para a empresa recorrer. A exceção da necessidade de depósito recursal no litisconsórcio passivo ocorre quando empresas demandadas pertencem ao mesmo grupo econômico. Como este é o empregador (§ 2º do art. 2º da CLT), o depósito é único, sendo feito pelo grupo e não individualmente, por empresa do grupo. Mostra o inciso III da Súmula 128 do TST que, havendo condenação solidária de duas ou mais empresas, o depósito recursal efetuado por uma delas aproveita as demais, quando a empresa que efetuou o depósito não pleiteia sua exclusão da lide.

Não é necessário que conste o carimbo do banco depositário na Relação de Empregados (RE) do FGTS, por não haver previsão legal nesse sentido. O importante é que a guia de depósito esteja autenticada mecanicamente pelo banco recebedor.

A diferença ínfima no depósito recursal caracteriza o não cumprimento de requisito essencial à admissibilidade de recurso, pois o § 1º do art. 899 da CLT menciona "prévio depósito da respectiva importância". Ainda que ínfima a diferença, se o depósito não foi feito no valor integral, restou descumprido o preceito de lei, pois não foi depositada a respectiva importância.

A Orientação Jurisprudencial n. 140 da SBDI-1 do TST indica que em caso de recolhimento insuficiente das custas processuais ou do depósito recursal, somente haverá deserção do recurso se, concedido o prazo de cinco dias previsto no § 2º do art. 1.007 do CPC de 2015, o recorrente não complementar e comprovar o valor devido.

É feito o depósito recursal em dinheiro e não em bens. Não há previsão legal para se fazer depósito recursal em bens.

O depósito deve ser feito apenas pelo empregador e não pelo empregado, mesmo que este seja vencido no processo e obrigado a pagar algum valor ao primeiro.

Se a parte vai apresentar embargos infringentes em dissídio coletivo no TST e o ministro nega-lhe seguimento, não cabe depósito recursal. Em recurso ordinário em dissídio coletivo não cabe depósito recursal, pois o valor do depósito não foi especificado em lei e o dissídio coletivo não tem natureza condenatória, mas apenas declaratória e constitutiva.

No agravo de petição também não se pode exigir depósito recursal, pois o juízo está garantido pela penhora. A lei não fixa o valor a ser depositado para o agravo de petição. Logo, no agravo de instrumento para processar o agravo de petição também não se pode exigir o depósito, até porque não há valor específico previsto em lei a ser depositado no agravo de petição.

Com o trânsito em julgado da decisão condenatória, os valores que tenham sido depositados e seus acréscimos serão considerados na execução. O juiz poderá liberar os depósitos ao empregado, abatendo do valor da condenação a importância levantada.

Havendo o trânsito em julgado da decisão que absolveu o empregador da condenação, ser-lhe-á autorizado o levantamento do valor depositado e seus acréscimos.

O depósito recursal em outras relações de trabalho será feito na conta à disposição do juízo.

O recolhimento do valor da multa imposta por litigância de má-fé, nos termos do art. 81 do CPC, não é pressuposto objetivo para interposição dos recursos de natureza trabalhista. Assim, resta inaplicável o art. 96 do CPC como fonte subsidiária, uma vez que, na Justiça do Trabalho, as custas estão reguladas pelo art. 789 da CLT (OJ 409 da SBDI-1 do TST).

22.9.1.5 Representação

No processo do trabalho não há necessidade da parte estar assistida por advogado (arts. 791 e 839 da CLT). Podem as partes exercer o *ius postulandi*.

O não cumprimento das determinações dos §§ 1º e 2º do art. 5º da Lei n. 8.906, de 4-7-1994 e do art. 37, parágrafo único, do Código de Processo Civil importa o não conhecimento de recurso, por inexistente, exceto na hipótese de mandato tácito (Súmula 164 do TST).

É inadmissível recurso firmado por advogado sem procuração juntada aos autos até o momento da sua interposição, salvo mandato tácito. Em caráter excepcional (art. 104 do CPC de 2015), admite-se que o advogado, independentemente de intimação, exiba a procuração no prazo de 5 (cinco) dias após a interposição do recurso, prorrogável por igual período mediante despacho do juiz. Caso não a exiba, considera-se ineficaz o ato praticado e não se conhece do recurso (Súmula 383, I, do TST).

Se a parte apresentar recurso por intermédio de advogado, deve este ter procuração para esse fim. Não tendo procuração, o recurso não será conhecido.

O art. 76 do CPC dispõe que o juiz, suspendendo o processo, mandará a parte regularizar sua representação nos autos. A regra do art. 76 do CPC, de conceder prazo para regularização da procuração, só se aplica no primeiro grau (S. 383, II, do

TST), pois a lei faz referência a juiz, que atua sozinho e é o magistrado de primeiro grau e não ao colegiado. Entretanto, reza o § 2º do art. 76 do CPC que "Descumprida a determinação em fase recursal perante tribunal de justiça, tribunal regional federal ou tribunal superior, o relator (...)". Logo, a regra também se aplica aos tribunais. Afirma a Súmula 383, II, do TST:

> Verificada a irregularidade de representação da parte em fase recursal, em procuração ou substabelecimento já constante dos autos, o relator ou o órgão competente para julgamento do recurso designará prazo de 5 (cinco) dias para que seja sanado o vício. Descumprida a determinação, o relator não conhecerá do recurso, se a providência couber ao recorrente, ou determinará o desentranhamento das contrarrazões, se a providência couber ao recorrido (art. 76, § 2º, do CPC de 2015).

Antes de considerar inadmissível o recurso, o relator concederá o prazo de 5 (cinco) dias ao recorrente para que seja sanado vício ou complementada a documentação exigível (parágrafo único do art. 932 do CPC).

O advogado poderá recorrer sem procuração, desde que em casos de urgência, devendo juntar a procuração aos autos para ratificar o seu ato. Caso o advogado que subscreva o apelo não tenha procuração nos autos, o recurso não será conhecido.

Mandato tácito ocorrerá se o advogado que subscreve o recurso tiver participado de alguma audiência, presumindo-se que a parte concordou em ser representada na audiência pelo advogado.

A juntada da ata de audiência, em que está consignada a presença de advogado, desde que não estivesse atuando com mandato expresso, torna dispensável a procuração deste, por estar demonstrada a existência de mandato tácito. Configurada a existência de mandato tácito fica suprida a irregularidade detectada no mandato expresso (OJ 286 da SBDI-1 do TST).

Informa a Súmula 395 do TST:

I – Válido é o instrumento de mandato com prazo determinado que contém cláusula estabelecendo a prevalência dos poderes para atuar até o final da demanda (§ 4º do art. 105 do CPC);

II – Se há previsão, no instrumento de mandato, de prazo para sua juntada, o mandato só tem validade se anexado ao processo dentro do aludido prazo;

III – São válidos os atos praticados pelo substabelecido, ainda que não haja, no mandato, poderes expressos para substabelecer (art. 667, e parágrafos, do Código Civil de 2002);

IV – Configura-se a irregularidade de representação se o substabelecimento é anterior à outorga passada ao substabelecente.

V – Verificada a irregularidade de representação nas hipóteses dos itens II e IV, deve o juiz suspender o processo e designar prazo razoável para que seja sanado o vício, ainda que em instância recursal (art. 76 do CPC de 2015).

É inválido o instrumento de mandato firmado em nome de pessoa jurídica que não contenha, pelo menos, o nome do outorgante e do signatário da procuração, pois estes dados constituem elementos que os individualizam (Súmula 456, I, do TST). Verificada a irregularidade de representação da parte na instância originária, o juiz designará prazo de cinco dias para que seja sanado o vício. Descumprida a determinação, extinguirá o processo, sem resolução de mérito, se a providência couber ao reclamante, ou considerará revel o reclamado, se a providência lhe couber (art. 76, § 1º, do CPC) (Súmula 456, II, do TST). Caso a irregularidade de representação da parte seja constatada em fase recursal, o relator designará prazo de cinco dias para que seja sanado o vício. Descumprida a determinação, o relator não conhecerá do recurso, se a providência couber ao recorrente, ou determinará o desentranhamento das contrarrazões, se a providência couber ao recorrido (art. 76, § 2º, do CPC) (Súmula 456, III, do TST).

A União, Estados, Municípios e Distrito Federal, suas autarquias e fundações públicas, quando representadas em juízo, ativa e passivamente, por seus procuradores, estão dispensadas da juntada de instrumento de mandato e de comprovação do ato de nomeação (S. 436, I, do TST). Para os efeitos do item anterior, é essencial que o signatário ao menos declare-se exercente do cargo de procurador, não bastando a indicação do número de inscrição na Ordem dos Advogados do Brasil (II).

É regular a representação processual de subscritor do agravo de instrumento ou de recurso de revista que detém mandato com poderes de representação limitados ao âmbito do Tribunal Regional do Trabalho, pois, embora a apreciação desse recurso seja realizada pelo TST, a sua interposição é ato praticado perante o TRT, circunstância que legitima a atuação do advogado no feito (OJ 374 da SBDI-1 do TST).

O preposto não tem poderes para representar o empregador assinando o recurso. Sua representação fica adstrita apenas à audiência (§ 1º do art. 843 da CLT).

Estagiários não poderão assinar a peça recursal, isoladamente, pois o ato de recorrer é privativo de advogado. Pode o estagiário assinar em conjunto com o advogado.

22.9.2 Subjetivos

Os pressupostos subjetivos são a legitimidade, a capacidade e o interesse em recorrer. Dizem respeito à pessoa, aos sujeitos.

22.9.2.1 Legitimidade

A legitimação significa o interesse em recorrer. A pessoa tem um gravame com a decisão judicial, que lhe é adversa.

Aquele que teve uma sentença que lhe foi desfavorável, no todo ou em parte, poderá recorrer. Dessa orientação, há a consequência da lesividade para recorrer. Não é a sucumbência, entretanto, que legitima o recurso, pois, em caso de revelia o réu nada pede, podendo recorrer da decisão que lhe for desfavorável. É preferível, então, se utilizar da expressão, vencido, total ou parcialmente, porém, não se pode falar em prejudicado, visto que ninguém é prejudicado com a decisão, mas, sim, vencido.

Dispõe o art. 996 do CPC que poderão recorrer o terceiro interessado, a parte, e a Procuradoria do Trabalho, como parte ou como fiscal da ordem jurídica.

O preposto não pode recorrer, pois não é parte. A função do preposto é apenas substituir o empregador na audiência (§ 1º do art. 843 da CLT), exaurindo-se seu mister nela.

O art. 898 da CLT determina que "das decisões proferidas em dissídio coletivo que afete empresa de serviço público, ou, em qualquer caso, das proferidas em revisão, poderão recorrer, além dos interessados, o Presidente do Tribunal e a Procuradoria da Justiça do Trabalho". A União poderá recorrer das decisões proferidas em dissídios coletivos que excederem a política governamental de salários (art. 8º da Lei n. 5.584/70).

O Ministério Público do Trabalho, de acordo com o inciso VI do art. 83 da Lei Complementar n. 75/93, pode recorrer das decisões da Justiça do Trabalho, quando entender necessário, tanto nos processos em que for parte, como naqueles em que oficiar como fiscal da lei. Assim, o Ministério Público só poderá recorrer quando for parte no processo ou quando oficiar como *custus legis*, quando julgar necessário, sendo que em outras hipóteses não poderá. Poderá a Procuradoria do Trabalho recorrer quando atue como representante de incapazes ou de índios. O § 5º do art. 7º da Lei n. 7.701/88 estabelece que formalizado o acordo pelas partes em dissídio coletivo e homologado pelo Tribunal, não caberá qualquer recurso, salvo por parte do Ministério Público, quanto a questões estabelecidas na sentença normativa e que não são previstas em lei, como, por exemplo, questões que são passíveis de acordo ou convenção coletiva, como cesta básica, vale-refeição e que não podem ser impostas por meio do Poder Normativo da Justiça do Trabalho. O recurso do Ministério Público também poderá ter por objeto direitos indisponíveis, como os da Fazenda Pública. Havendo violação do ordenamento jurídico, haverá outra hipótese de recurso do Ministério Público, como de cláusulas de dissídio coletivo em que é prevista contribuição confederativa, que nem sequer é estabelecida em lei, como também para adequar as cláusulas normativas aos precedentes normativos da SDC do TST. O § 5º do art. 7º da Lei n. 7.701 permite ao Ministério Público recorrer de decisão que homologa acordo realizado pelo Tribunal do Trabalho, justamente quando uma cláusula seja contrária à Constituição, à lei ou à orientação jurisprudencial predominante no TST.

Os sindicatos poderão recorrer, pois se podem ajuizar a ação trabalhista (art. 839, *a*, da CLT), até mesmo como substitutos processuais em certos casos, também poderão apelar. O sindicato também poderá recorrer em dissídio coletivo. Não havendo sindicato representativo da categoria econômica ou profissional, poderão ingressar com a ação as federações correspondentes e, na falta destas, as confederações respectivas, o que mostra que também essas entidades poderão recorrer, aplicando-se por analogia a regra do parágrafo único do art. 857 da CLT.

22.9.2.2 Capacidade

É necessário que as partes tenham capacidade para estar em juízo. Não havendo capacidade da pessoa num certo momento, ela também não poderá recorrer. É o que ocorre quando certas pessoas perdem a sua capacidade, como por enfermidade ou deficiência mental, em que a pessoa não possa exprimir sua vontade (art. 3º, II, do Código Civil). Não têm, portanto, capacidade para recorrer, pois devem ser representados por seus pais, tutores ou curadores (art. 71 do CPC).

22.9.2.3 Interesse

Deverá o terceiro mostrar que tem interesse para recorrer. É a necessidade em modificar a decisão, pois foi sucumbente em algum ponto. Deve haver utilidade no procedimento judicial. Não tem interesse em recorrer quem aceita, ainda que tacitamente, a decisão. Declara o parágrafo único do art. 996 do CPC que "cumpre ao terceiro "demonstrar a possibilidade de a decisão sobre a relação jurídica submetida à apreciação judicial atingir direito de que se afirme titular ou que possa discutir em juízo como substituto processual". Esse interesse não deverá ser meramente econômico, mas jurídico, demonstrando que a sentença lhe trouxe uma situação jurídica desfavorável, como ocorreria nos casos de intervenção de terceiros. Nesse ponto, a Súmula 82 do TST é clara no sentido de que "a intervenção assistencial, simples ou adesiva, só é admissível se demonstrado o interesse jurídico e não meramente econômico perante a justiça onde é postulada". *Mutatis mutandis*, o interesse de recorrer também deverá ser jurídico e não meramente econômico.

O terceiro é aquele que não é parte ou deixou de sê-lo em momento anterior, mas que tem interesse jurídico e não meramente econômico na demanda. Exemplo de terceiro seria o assistente, os litisconsortes etc. Assim, o fundamento do terceiro poder recorrer é o mesmo que teria aquele que vai intervir como terceiro na lide, ou seja, um prejuízo jurídico e não de fato. Deve haver uma interdependência entre o interesse de terceiro intervir no feito e a relação jurídica objeto da apreciação judicial.

A União tem interesse em recorrer da sentença que fixa contribuições previdenciárias, como ocorre nos acordos. O termo de acordo é irrecorrível, salvo para a União quanto às contribuições que lhe são devidas (parágrafo único do art. 831 da CLT). A lei dispõe que a União seja o órgão incumbido de cobrar judicialmente a contribuição previdenciária na execução (Lei n. 11.457).

O perito não pode recorrer da decisão que lhe fixa honorários, pois não é parte. Exerce o perito um *munus publico* e o juiz quando arbitra honorários está praticando um ato administrativo. O perito não pode ser considerado terceiro, mas auxiliar do juízo. Não tem interesse jurídico na solução do feito, mas meramente econômico, na fixação de seus honorários. Não há interdependência na relação do perito e o interesse de intervir no feito, ou seja, na relação jurídica que está sendo discutida em juízo. O perito também não pode ser enquadrado como terceiro, na acepção empregada pelo CPC, como nos embargos de terceiro, nos casos de litisconsórcio etc. Não está, portanto, incluído dentro do pressuposto subjetivo para recorrer.

O arrematante, segundo alguns, teria interesse em recorrer, pois foi prejudicado.

O vencedor também pode ter interesse em recorrer, na hipótese em que o processo do autor foi extinto sem julgamento de mérito, podendo a reclamada interpor o recurso visando com que o tribunal determine que o juiz ingresse no mérito da ação, rejeitando o pedido do autor. Caso contrário, o autor poderia ingressar com outra ação postulando o mesmo pedido. A empresa também tem interesse em recorrer quando o juiz rejeita a alegação de prescrição, pois nesse ponto houve sucumbência sua, mesmo que o juiz posteriormente rejeite integralmente o pedido do autor. Esta última decisão poderia ser modificada em grau de recurso e a empresa poderia ficar prejudicada em relação a questão da prescrição. Haveria interesse do vencedor (autor) em recorrer quando a sentença exclua do polo passivo um dos litisconsortes, que era o mais idôneo economicamente. O objetivo do autor em recorrer seria que não ficasse no polo passivo apenas a firma inidônea, mas também aquela que tem condições econômicas de suportar a execução e com responsabilidade jurídica sobre a condenação.

22.10 RECURSO ORDINÁRIO

Recurso ordinário seria um recurso comum. O recurso ordinário tem semelhanças com a apelação no processo civil.

Está previsto o recurso ordinário no art. 895 da CLT, sendo cabível:

a) das decisões definitivas ou terminativas do juiz do trabalho e do juiz de Direito no prazo de oito dias;

b) das decisões definitivas ou terminativas dos Tribunais Regionais, em processos de sua competência originária, no prazo de oito dias, tanto para os dissídios individuais, como coletivos.

Nas localidades em que não há Vara do Trabalho ou não tem jurisdição sobre certa cidade, atua o juiz de Direito. Da sua decisão em matéria trabalhista cabe recurso ordinário para o TRT que abrange a respectiva região e não para o Tribunal de Justiça.

O recurso ordinário é interponível das decisões definitivas das Varas ou Juízos de Direito, que seriam as decisões em que se resolve o mérito.

Cabe também recurso ordinário das decisões terminativas em que se extingue o processo sem julgamento de mérito, como:

a) das decisões interlocutórias, de caráter terminativo do feito, como a que acolhe a exceção de incompetência em razão da matéria (§ 2º do art. 799 da CLT, S. 214 do TST);

b) do indeferimento da petição inicial, seja por inépcia ou qualquer outro vício (art. 485, I, do CPC);

c) do arquivamento dos autos em razão do não comparecimento do reclamante à audiência;

d) da paralisação do processo por mais de um ano, em razão da negligência das partes (art. 485, II, do CPC);

e) do não atendimento, pelo autor, do despacho que determinou que se promovessem os atos e diligências que lhe competir, pelo abandono da causa por mais de 30 dias (art. 485, III, do CPC);

f) verificando o juiz a ausência dos pressupostos de constituição e de desenvolvimento válido e regular do processo (art. 485, IV, do CPC);

g) se o juiz acolher a alegação de perempção, litispendência ou coisa julgada (art. 485, V, do CPC);

h) se o processo for extinto por falta de interesse processual ou de legitimidade da parte (art. 485, VI, do CPC);

i) pela desistência da ação (art. 485, VIII, do CPC);

j) se ocorrer confusão entre autor e réu;

k) da decisão que aplica pena ao empregado de não poder reclamar por seis meses;

l) nos casos em que o juiz extinguir o processo sem julgamento de mérito por falta de pedido certo ou determinado e de indicação do valor correspondente no procedimento sumaríssimo.

Das decisões definitivas da Vara que caberá o recurso ordinário são, em suma, as seguintes:

a) quando o juiz acolher ou rejeitar o pedido do autor (art. 487, I, do CPC), ainda que parcialmente;

b) quando o juiz acolher a decadência (no mandado de segurança ou na ação rescisória) ou prescrição (art. 487, II, do CPC).

Não caberá recurso ordinário da decisão que homologa acordo entre as partes, pois tal decisão é irrecorrível (parágrafo único do art. 831 da CLT). O recurso é cabível em relação ao que o juiz não homologou do acordo. A exceção diz respeito à União quanto às contribuições previdenciárias. Mesmo se houvesse conciliação com o ente público, não se poderia falar em remessa de ofício, pois a decisão é irrecorrível.

Cabe também recurso ordinário das decisões de processos de competência originária do TRT, como:

a) dissídios coletivos;

b) ação rescisória;

c) mandado de segurança;

d) *habeas corpus*;

e) decisões que aplicam penalidades a servidores da Justiça do Trabalho.

Da parte em que o juiz não homologa o acordo, também cabe o recurso ordinário. Nesse ponto, a decisão foi contrária ao interesse das partes, cabendo o recurso ordinário.

Das decisões proferidas pelos Tribunais Regionais em processo administrativo de juízes, cabe recurso.

22.10.1 Forma de interposição

O recurso ordinário, como determina o art. 899 da CLT, poderá ser interposto por simples petição, ou seja, não há necessidade de fundamentação, bastando apenas que o recorrente manifeste seu inconformismo com a decisão, o que pode ser feito inclusive oralmente, porém, nesse caso, haverá necessidade de ser feita a redução a termo. Essa regra se aplica à parte que estiver sem advogado. Se a parte tiver advogado, o recurso conterá: a) nomes e qualificações das partes; b) os fundamentos de fato e de direito; c) o pedido de nova decisão (art. 1.010 do CPC).

22.10.2 Efeito

O recurso ordinário será recebido apenas no efeito devolutivo, devolvendo à apreciação do Tribunal a matéria impugnada. Não existe efeito suspensivo no recurso ordinário, pois segue-se a regra geral do art. 899 da CLT, do recebimento do recurso apenas no efeito devolutivo.

O juiz não precisará dizer o efeito com que recebe o recurso ordinário, pois o efeito será um só: apenas devolutivo.

Apenas no dissídio coletivo o presidente do TST poderá dar efeito suspensivo ao recurso ordinário.

22.10.3 Devolutibilidade

A devolução vem da época em que o rei julgava os recursos. Ele delegava a outras pessoas o julgamento. Se a parte não concordasse com a decisão, recorria ao rei. A matéria era devolvida a quem tinha competência para julgar, pois delegava a outras pessoas.

Efeito translativo é a transferência ao tribunal de matéria não devolvida especificamente no recurso ordinário ou nas contrarrazões e tem por fundamento os §§ 1º a 5º do art. 1.013 do CPC.

Dispõe o art. 1.013 do CPC que "a apelação devolverá ao tribunal o conhecimento da matéria impugnada". Aplica-se aqui a regra *tantum devolutum quantum appelatum*.

Em primeiro lugar, somente a matéria que foi veiculada no recurso poderá ser objeto de reexame pelo juízo *ad quem*, devendo a apelação ser dirigida ao dispositivo da sentença, pois só faz coisa julgada o dispositivo da sentença. Os motivos, a verdade dos fatos e a apreciação da questão prejudicial não farão coisa julgada (art. 504 do CPC).

Assim, a matéria a ser examinada pelo tribunal é toda a matéria de fato e de direito impugnada. A impugnação não poderá exceder o dispositivo da sentença, nem poderá o tribunal ir além do exame da matéria veiculada, sob pena de julgamento *ultra petita*, o que acarreta nulidade. O tribunal também não poderá reformar a sentença para *pior* (*reformatio in peius*), julgando fora do pedido, salvo se a parte contrária também recorrer.

Serão, porém, objeto de apreciação e julgamento pelo tribunal todas as questões suscitadas e discutidas no processo, ainda que não tenham sido solucionadas, desde que relativas ao capítulo da sentença impugnado (§ 1º do art. 1.013 do CPC). Questão é um ponto controvertido no processo. Há necessidade que a questão tenha sido suscitada e discutida ao mesmo tempo, pois o CPC usa a conjunção aditiva "e". Se a questão for suscitada, mas não for discutida, o Tribunal não poderá apreciar a questão. Há necessidade de que as questões não tenham sido solucionadas pelo juiz, mas desde que relativas ao capítulo da sentença impugnado no recurso. "Quando o pedido ou a defesa tiver mais de um fundamento e o juiz acolher apenas um deles, a apelação devolverá ao tribunal o conhecimento dos demais" (§ 2º do art. 1.013 do CPC). Neste último caso, se a sentença acolher a justa causa alegada apenas por um dos fundamentos da defesa (improbidade) e não pelo outro (desídia), o tribunal poderá manter a sentença entendendo que não houve improbidade, mas desídia, para o despedimento motivado do empregado.

Informa a Súmula 393, I, do TST que o efeito devolutivo em profundidade do recurso ordinário, que se extrai do § 1º do art. 1.013 do CPC, transfere ao Tribunal a apreciação dos fundamentos da inicial ou da defesa, não examinados pela sentença, ainda que não renovados em contrarrazões, desde que relativos ao capítulo impugnado.

Com base nesses dispositivos se faz a seguinte pergunta: não sendo reconhecida a relação de emprego pela Vara ou declarada prescrita a ação, pode o TRT, reformando a sentença, ingressar no mérito da questão? Certos autores entendem que há possibilidade do exame do restante do pedido, com fundamento nos §§ 1º e 2º do art. 1.013 do CPC. Outros autores entendem que não há essa possibilidade, pois embora o tribunal possa examinar as "questões" debatidas nos autos, o pedido de pagamento de verbas decorrentes da relação de emprego ou os demais pedidos, quando o tribunal entende que não ocorre a prescrição, têm que necessariamente ser apreciados pela primeira vez pela Vara, sob pena de supressão de instância. Assim, o mais correto no caso do reconhecimento do vínculo empregatício ou da inexistência da prescrição, verificados pelo Tribunal, é a devolução dos autos ao juízo *a quo* para o exame da matéria que não foi objeto de apreciação pela Vara.

Se o processo estiver em condições, o tribunal, ao julgar o recurso ordinário, deverá decidir desde logo o mérito da causa, nos termos do § 3º do art. 1.013 do CPC, inclusive quando constatar a omissão da sentença no exame de um dos pedidos (Súmula 393, II, do TST). O tribunal deve decidir. Não usa o verbo poder. Não é faculdade. Entretanto, isso pode ocasionar supressão de instância. Não se pode dizer que o dispositivo é, porém, inconstitucional. O artigo emprega a expressão condição de imediato julgamento e não se o processo for extinto sem julgamento de mérito.

As questões de fato não propostas no juízo inferior poderão ser suscitadas no recurso, se a parte provar que não o fez por motivo de força maior (art. 1.014 do CPC). Seria o caso de a empresa juntar documento no recurso e mostrar o pagamento de verba postulada pelo reclamante, em razão de não tê-lo feito por motivo de força maior, que foi o incêndio ocorrido na empresa.

Ficam também submetidas ao tribunal as questões anteriores à sentença, ainda não decididas. A redação atual do dispositivo é melhor do que a anterior, que mencionava sentença final, salvo as questões impugnadas por agravo de instrumento. Usar a expressão *sentença final* é pleonasmo, pois a sentença, de modo geral, tem por objetivo pôr fim ao processo. Entretanto, certas matérias podem também ser conhecidas em qualquer tempo ou grau de jurisdição, como a incompetência absoluta, ausência de pressupostos de constituição e desenvolvimento válido do processo, perempção, litispendência e coisa julgada, falta de legitimidade ou de interesse processual (§ 3º do art. 485 do CPC). O artigo usa a palavra *questões*, e não *pedidos*. Isso quer dizer que os significados são diferentes. Extinto o processo sem julgamento de mérito, não há apreciação de pedidos pelo juízo *a quo*, não podendo o juízo *ad quem* apreciar o mérito da decisão. Quando o juiz rejeita o pedido do autor, não reconhecendo o vínculo de emprego, não poderá o tribunal apreciar o restante do mérito, caso reconheça o vínculo, pois há necessidade de se apreciar os demais pedidos e não as questões. Nas duas hipóteses, se o tribunal proceder de forma diversa, haverá supressão de instância. A palavra *pedidos* não tem, portanto, o mesmo significado de *questões*, pois pedido diz respeito à lide, ao que foi deduzido em juízo (*res in judicio deducta*).

O § 3º ao art. 1.013 do CPC, tem a seguinte redação: "Se o processo estiver em condições de imediato julgamento, o tribunal deve decidir desde logo o mérito."

A ideia do § 3º do art. 1.013 do CPC é prestigiar os princípios da celeridade na tramitação do processo e também da instrumentalidade, em que o processo é um instrumento para atingir o fim do reconhecimento do direito.

O processo deve servir ao homem para assegurar justiça e não o homem servir ao processo. O direito deve estar a serviço do homem e não este a serviço do direito. O processo é um meio ou instrumento para assegurar o direito postulado. Não pode ser um sistema que oponha óbices ou dificuldades à realização do direito.

O tempo também é um fator importante. É um inimigo contra o qual o juiz luta sem tréguas (Carnelutti, Francesco. *Diritto e processo*. Nápoles: Morano, 1958, n. 232, p. 354). O processo é uma forma de retroagir no tempo para buscar a pretensão resistida para trazê-la ao presente.

O fundamento da celeridade no julgamento imediato no segundo grau também está presente no inciso LXXVIII do art. 5º da Constituição, que assegura a todos, no âmbito judicial e administrativo, a razoável duração do processo e os meios que garantam a celeridade de sua tramitação.

A regra do § 3º do art. 1.013 do CPC mostra o que se chama de julgamento *per saltum*, pois estará sendo julgado o mérito pela primeira vez no segundo grau.

Representa o artigo em comentário o que se denomina na doutrina de teoria da causa madura, isto é, de julgamento de mérito de questão que já está apta para esse fim, ainda que o processo tenha sido extinto sem julgamento de mérito.

A natureza da regra contida no § 3º do art. 1.013 do CPC não é mais de revisão da decisão anterior. Trata-se de uma decisão que vai examinar pela primeira vez o mérito da causa.

O § 3º do art. 1.013 do CPC não fere o juízo natural, pois este diz respeito exatamente a não haver juízo ou tribunal de exceção (art. 5º, XXXVII, da Constituição), que em épocas ditatoriais eram instituídos para julgar apenas algumas pessoas. Não está sendo fixado juízo ou tribunal de exceção.

A Constituição não consagra expressamente em seus dispositivos o duplo grau de jurisdição.

Não há, portanto, inconstitucionalidade do § 3º do art. 1.013 do CPC, ao estabelecer que o tribunal pode julgar a matéria de direito quando o processo tiver sido extinto sem julgamento de mérito.

Segundo a redação do § 3º do art. 1.013 do CPC, o tribunal deve julgar o mérito da pretensão do autor. Trata-se, portanto, de obrigação da turma em passar a analisar o mérito e não faculdade, pois é usado o verbo dever e não poder. Entretanto, o certo seria uma faculdade do tribunal e não uma obrigação.

O dispositivo legal dá a entender que não há necessidade de pedido da parte para o tribunal julgar o mérito da pretensão, uma vez afastada pelo tribunal a extinção do processo sem julgamento de mérito. O pedido deverá ser examinado imediatamente, a critério do tribunal.

Se o juiz, ao publicar a sentença, não julgou o mérito da pretensão do autor, não chegou a cumprir e acabar seu ofício jurisdicional, não podendo o tribunal examinar o mérito pela primeira vez. O certo é determinar o retorno dos autos à origem.

Uma das hipóteses é que o processo deve ter sido extinto sem resolução de mérito, pois o dispositivo em comentário faz menção ao art. 485 do CPC. São as hipóteses de indeferimento da petição inicial, litispendência, coisa julgada, ilegitimidade de parte etc. Entretanto, em outros casos o processo também é extinto sem julgamento de mérito, como, por exemplo, quando o juiz verifica que as partes em conluio visam fraudar a lei (art. 142 do CPC), na hipótese de o autor não regularizar o instrumento de mandato nos autos (art. 76 do CPC) etc. Logo, se foi extinto o processo com julgamento de mérito, em que se acolheu a prescrição e a decadência, não é possível examinar de imediato o restante do mérito.

A matéria a ser analisada não precisa ser exclusivamente de direito. Pode ser só de fato, de fato e de direito e apenas de direito.

Muitas vezes, o exame do mérito pode estar ligado a algum fato. O fato, porém, deverá independer de prova, como: (a) ser notório; (b) ser incontroverso; (c) ter sido confessado; (d) haver presunção legal de existência ou de veracidade (art. 374 do CPC), para que haja a possibilidade do exame da questão de direito. O mesmo ocorre em relação aos fatos alegados pelo autor e não contestados pelo réu (art. 341 do CPC), hipótese que ocorre na revelia.

Entretanto, se a matéria é de fato, ainda que contenha parte de direito, ou só de fato, não se pode julgar o mérito, pois estaria havendo supressão de instância. Pode haver prejuízo processual para a parte e, portanto, nulidade, pois no recurso de revista não se admite reexame de fatos e provas pela turma do TST (S. 126 do TST). A pretensão de simples reexame de prova também não enseja recurso especial (S. 7 do STJ).

Processo em condições de imediato julgamento é o que já está devidamente instruído.

O processo estará em condições imediatas de julgamento se tiver, por exemplo, havido a citação do réu e terminada a instrução processual. Não estará em condições de imediato julgamento a causa em que o réu nem sequer foi citado, pois o juiz extinguiu o processo sem julgamento de mérito.

Se o juiz julga apenas o primeiro pedido e não julga o segundo, que é subsidiário, poderá haver supressão de instância se passar a examinar pela primeira vez a segunda pretensão.

Poderia ocorrer de o autor pedir a reforma da sentença que extinguiu o processo sem julgamento de mérito. O tribunal passa ao exame do mérito e rejeita a pretensão do autor. Seria uma reforma para pior (*reformatio in peius*).

Dependendo do caso, a parte não terá como recorrer da decisão que julgou pela primeira vez o mérito no tribunal regional, pois o recurso de revista é técnico e exige demonstração de divergência jurisprudencial, ou violação de lei ou da Constituição. Haveria, portanto, supressão de instância e prejuízo processual.

Entendo que o tribunal, ao ingressar no mérito da pretensão, estará suprimindo instância, não podendo ser aplicado o § 3º do art. 1.013 do CPC, em razão de que a matéria estará sendo julgada pela primeira vez no tribunal, impossibilitando, em certos casos, o direito ao recurso.

Na hipótese em que o juiz rejeita o pedido de reconhecimento de vínculo de emprego, o TST já entendeu que não poderia haver o exame do restante dos pedidos no tribunal, uma vez reconhecida a existência do contrato de trabalho, sob pena de supressão de instância. A situação é a mesma na prescrição e na decadência que foram acolhidas na primeira instância e afastadas no segundo grau. Os autos deverão retornar à origem, pois o tribunal não poderá ingressar diretamente no mérito do pedido, afastada a prescrição ou a decadência.

Os outros casos em que o tribunal irá examinar o mérito são quando: (a) decretar a nulidade da sentença por não ser ela congruente com os limites do pedido ou da causa de pedir; (b) constatar a omissão no exame de um dos pedidos, hipótese em que poderá julgá-lo; (c) decretar a nulidade de sentença por falta de fundamentação. O mais certo nessas hipóteses seria devolver os autos à origem para que não haja supressão de instância.

Quando reformar sentença que reconheça a decadência ou a prescrição (art. 487, II, do CPC), o tribunal, se possível, julgará o mérito, examinando as demais questões, sem determinar o retorno do processo ao juízo de primeiro grau (§ 4º do art. 1.013 do CPC). O artigo usa a expressão se possível. Isso significa que não é obrigatório o tribunal julgar o mérito da pretensão, examinando as demais questões, ao afastar a decadência e a prescrição. Trata-se de faculdade do tribunal e não de obrigação. Pode haver prejuízo à parte e dar causa à nulidade (art. 794 da CLT e § 1º do art. 288 do CPC), que é perder grau de jurisdição em matéria de prova.

O TST está admitindo a aplicação do § 3º do art. 1.013 do CPC em recurso de revista. A Orientação Jurisprudencial n. 79 da SBDI-2 do TST menciona que "não ofende o princípio do duplo grau de jurisdição a decisão do TST que, após afastar a decadência em sede de recurso ordinário, aprecia desde logo a lide, se a causa versar questão exclusivamente de direito e estiver em condições de imediato julgamento".

A observância do princípio da celeridade não pode implicar decisão açodada, nem causar prejuízo processual às partes.

A determinação do § 3º do art. 1.013 do CPC dá mais ênfase à economia e à celeridade processuais em detrimento do duplo grau de jurisdição, visando a que o mérito seja julgado mais rapidamente para que haja maior efetividade do processo. Em certos casos, porém, pode causar prejuízos irreparáveis à parte, que não conseguirá recorrer para o TST ou STJ.

O capítulo da sentença que confirma, concede ou revoga a tutela provisória é impugnável na apelação (§ 5º do art. 1.013, do CPC).

22.10.4 Pressupostos

Para a interposição do recurso ordinário a parte vencida deverá pagar as custas. Se recorrer da sentença em que foi vencida, deverá fazer o depósito de até R$ 10.059,15 (art. 40 da Lei n. 8.177/91).

No recurso ordinário em ação rescisória o valor do depósito é de R$ 20.118,30.

O § 3º do art. 40 da Lei n. 8.177/91, de acordo com a redação determinada pela Lei n. 8.542, de 23-12-1992, dispõe que "o valor do recurso ordinário, quando interposto em dissídio coletivo, será equivalente ao quádruplo do previsto no *caput* deste artigo".

No dissídio coletivo não pode ser exigido o depósito. A natureza jurídica da sentença no dissídio coletivo é constitutiva ou declaratória. A ação de cumprimento do dissídio coletivo é que vai ter natureza condenatória, porém é ajuizada perante a Vara, observando-se o procedimento normal do processo de conhecimento, inclusive com a produção de provas. No dissídio coletivo, não há condenação, apenas se declara a existência ou a inexistência de determinada relação jurídica ou a legalidade ou a ilegalidade da greve (natureza declaratória), ou visa-se a modificação, extinção ou criação de novas condições de trabalho (natureza constitutiva). A condenação refere-se apenas às custas processuais (art. 790 da CLT). Saldadas estas o recorrente poderá apresentar o seu apelo, sem o pagamento do depósito, pois este visa justamente garantir o juízo na execução. Ora, se não há execução do dissídio coletivo, mas ação de cumprimento, inexiste depósito. Argumentam alguns que foi modificada a natureza jurídica do depósito recursal. Entendo de modo contrário. O depósito continua tendo natureza de pressuposto objetivo para interposição do apelo, apenas para garantia da execução, e não com a finalidade de contraprestação pelos serviços prestados pelo Estado. No caso de dissídio coletivo inexiste finalidade alguma de depósito, pois nada há a garantir, visto que o dissídio coletivo não é executado, mas cumprido (ação de cumprimento). Por outro lado, onde seria feito o depósito? Asseveram alguns que seria aberta uma conta à disposição do juízo, que renderia juros e correção monetária, como na hipótese de se fazer o depósito para recorrer da sentença que reconhece o vínculo de emprego. Acontece que o dissídio coletivo abrange toda a categoria profissional e econômica, estando os trabalhadores representados pelos sindicatos respectivos, tendo validade *erga omnes*, tanto para os sócios como os não associados. Depois, ganhando o recorrido o processo, não poderá levantar o depósito, pois nada irá executar. Então, o depósito teria que ser devolvido ao recorrente ao final do processo. Para que serviria, assim, o depósito? Para coisa alguma. Visa apenas inibir os recursos, principalmente os protelatórios. Nesse sentido, o depósito no recurso ordinário em dissídio coletivo é inconstitucional, pois está ausente a finalidade de garantir o juízo da execução, impedindo a parte de recorrer, caso tenha que fazer depósito.

A Instrução Normativa n. 03, de 1993, do TST esclarece, no item V, que "nos termos da redação do § 3º do art. 40, não é exigido depósito para recurso ordinário interposto em dissídio coletivo, eis que a regra aludida atribui valor ao recurso, com efeitos limitados ao cálculo das custas processuais". O TST, assim, entende que é indevido o depósito em recurso ordinário em dissídio coletivo.

22.10.5 Processamento

Apelando o autor da sentença que indeferiu a petição inicial, será facultado ao juiz, no prazo de cinco dias, reformar sua decisão (art. 331 do CPC). Não sendo reformada a decisão, os autos serão imediatamente encaminhados ao tribunal. Não é mais o caso de mandar citar o réu para acompanhar o recurso.

Recebida a sentença pela parte, se esta não concorda com a decisão, interpõe recurso ordinário no prazo de oito dias.

No processo civil, o § 3º do art. 1.010 do CPC menciona que não há juízo de admissibilidade no primeiro grau, onde o recurso foi apresentado. Dispõe o parágrafo único do art. 1.030 do CPC que a remessa do recurso será feita independentemente de juízo de admissibilidade. Essa regra não se aplica no processo do trabalho, pois o agravo de instrumento serve para atacar despachos que negarem seguimento ao recurso (art. 897, *b*, da CLT). Os §§ 1º e 2º do art. 897 da CLT mostram que há despacho de admissibilidade do agravo de petição, o que é feito pelo juiz de primeiro grau. Logo, não há omissão na CLT para se aplicar o CPC.

O juiz irá verificar se o recurso atende os pressupostos legais para a sua admissibilidade, determinando que a parte contrária venha a contra-arrazoar o recurso no prazo de oito dias (art. 900 da CLT c/c o art. 6º da Lei n. 5.584/70). A União, os Estados, o Distrito Federal e os Municípios, suas autarquias e fundações públicas que não explorem atividade econômica terão o prazo de 16 dias para oferecer contrarrazões. Sociedades de economia mista e empresas públicas que explorem atividade econômica terão o prazo de oito dias para apresentar contrarrazões. A apresentação das contrarrazões não é obrigatória, mas facultativa. Não admitido o recurso pela Vara, cabe agravo de instrumento. Após a apresentação das contrarrazões, é facultado ao juiz o reexame dos pressupostos de admissibilidade de recurso, pois muitas vezes são as contrarrazões que mostram a intempestividade, a falta de preparo etc.

O processo subirá ao tribunal, em que primeiro será dado o parecer da Procuradoria do Trabalho, que terá oito dias para opinar, contados da data em que for distribuído o processo (art. 5º da Lei n. 5.584/70).

Voltando da Procuradoria, os autos conclusos irão ao relator, depois passa-se ao revisor, quando o processo é posto em mesa para julgamento.

Distribuídos, os autos serão imediatamente conclusos ao relator, que, em 30 dias, depois de elaborar o voto, restituí-los-á, com relatório, à secretaria (art. 931 do CPC). Na prática, há tribunais trabalhistas que aumentaram o prazo do relator para mais de 30 dias, em razão do número excessivo dos processos, pois compete ao tribunal estabelecer no seu regimento interno normas de funcionamento (art. 96, I, *a*, da Constituição).

Incumbe ao relator (art. 932 do CPC):

> I – dirigir e ordenar o processo no tribunal, inclusive em relação à produção de prova, bem como, quando for o caso, homologar autocomposição das partes;
>
> II – apreciar o pedido de tutela provisória nos recursos e nos processos de competência originária do tribunal;
>
> III – não conhecer de recurso inadmissível, prejudicado ou que não tenha impugnado especificamente os fundamentos da decisão recorrida;
>
> IV – negar provimento a recurso que for contrário a:
>
> a) súmula do Supremo Tribunal Federal, do Superior Tribunal de Justiça ou do próprio tribunal;
>
> b) acórdão proferido pelo Supremo Tribunal Federal ou pelo Superior Tribunal de Justiça em julgamento de recursos repetitivos;
>
> c) entendimento firmado em incidente de resolução de demandas repetitivas ou de assunção de competência;
>
> V – depois de facultada a apresentação de contrarrazões, dar provimento ao recurso se a decisão recorrida for contrária a:
>
> a) súmula do Supremo Tribunal Federal, do Superior Tribunal de Justiça ou do próprio tribunal;
>
> b) acórdão proferido pelo Supremo Tribunal Federal ou pelo Superior Tribunal de Justiça em julgamento de recursos repetitivos;
>
> c) entendimento firmado em incidente de resolução de demandas repetitivas ou de assunção de competência;
>
> VI – decidir o incidente de desconsideração da personalidade jurídica, quando este for instaurado originariamente perante o tribunal;
>
> VII – determinar a intimação do Ministério Público, quando for o caso;
>
> VIII – exercer outras atribuições estabelecidas no regimento interno do tribunal.

Aplica-se subsidiariamente ao processo do trabalho o art. 932 do CPC de 2015 (Súmula 435 do TST).

O primeiro recurso protocolado no tribunal tornará prevento o relator para eventual recurso subsequente interposto no mesmo processo ou em processo conexo (parágrafo único do art. 930 do CPC).

Não haverá revisor nos processos de rito sumaríssimo (art. 895, § 1º, II, da CLT).

Ao contrário, nos processos de rito ordinário haverá revisor. Em processos de segundo grau há matéria de prova, que não pode ficar a cargo apenas da análise do relator, pois não cabe recurso de revista e de embargos para reexame de provas (S. 126 do TST). Assim, não pode ser abolido o revisor. Ele é necessário nos Tribunais Regionais do Trabalho.

Constatando a ocorrência de nulidade sanável, o tribunal poderá determinar a realização ou renovação do ato processual, intimadas as partes. Cumprida a diligência, sempre que possível prosseguirá o julgamento do recurso. A referida regra contém uma faculdade ao juiz relator, pois usa a palavra *poderá*. A nulidade deve ser sanável e não insanável. Exemplo pode ser a hipótese de o juiz determinar a intimação da parte contrária para apresentar contrarrazões, pois não houve a referida intimação.

As partes devem ser intimadas de que o processo está sendo colocado em pauta para julgamento, sob pena de nulidade. Entre a data da publicação no órgão oficial e a data da sessão deve haver cinco dias, incluindo-se em nova pauta os processos que não tenham sido julgados, salvo aqueles cujo julgamento tiver sido expressamente adiado para a primeira sessão seguinte (art. 935 do CPC). Às partes será permitida vista dos autos em cartório após a publicação da pauta de julgamento. Afixar-se-á a pauta na entrada da sala em que se realizar a sessão de julgamento.

No julgamento, a decisão será tomada, na turma, pelo voto de três juízes (§ 2º do art. 941 do CPC), embora a turma possa ser composta por cinco juízes. A votação com apenas três juízes permite maior celeridade no julgamento. Se fossem vários juízes a proferir o voto, talvez a sessão poderia demorar mais, além do que haveria mais pedidos de vistas.

Não se considerando habilitado a proferir imediatamente seu voto, a qualquer juiz é facultado pedir vista do processo, devendo devolvê-lo no prazo de 10 dias, contados da data em que o recebeu, após o qual o recurso será reincluído em pauta para julgamento na sessão seguinte à data da devolução. Não devolvidos os autos no prazo ou se não for solicitada pelo juiz prorrogação de prazo de no máximo mais 10 dias, o presidente do órgão fracionário os requisitará para julgamento do recurso na sessão ordinária subsequente, com publicação da pauta em que for incluído (§ 1º do art. 940 do CPC).

O voto poderá ser alterado até o momento da proclamação do resultado pelo presidente, salvo aquele já proferido por juiz afastado ou substituído (§ 1º do art. 941 do CPC).

Será o voto vencido necessariamente declarado e considerado parte integrante do acórdão para todos os fins legais, inclusive de prequestionamento (§ 3º do art. 941 do CPC). Poderá o voto vencido ser usado como fundamentação para o recurso da parte vencida.

Não será possível conhecer de recurso de advogado que não tem procuração. Da mesma forma, pedido de reforma da decisão feito em contrarrazões não terá qualquer validade, pois deveria ter havido recurso próprio para tanto. As contrarrazões nada devolvem. Suas alegações não são devolvidas à apreciação do Tribunal, mas apenas argumentam ou rebatem os argumentos do recorrente.

O julgamento proferido pelo tribunal substituirá a decisão impugnada no que tiver sido objeto do recurso (art. 1.008 do CPC). Deixa, então, de subsistir a decisão recorrida, se o tribunal reformar a sentença, passando a valer o acórdão.

Todo acórdão deverá conter ementa (§ 1º do art. 943 do CPC).

Em latim, ementa tem o significado de ideia, pensamento. Em português, tem o sentido de resumo.

A questão do acórdão ter ementa, na prática provavelmente não será observada em todos os casos, desde que, no processo do trabalho, num julgamento muitas vezes julgam-se várias matérias ao mesmo tempo e não apenas uma. Poder-se-ia entender que a ementa deveria conter apenas a matéria principal debatida, como fazem alguns regimentos internos dos tribunais. Muitas questões já foram pacificadas pelos enunciados ou orientações jurisprudenciais do TST sobre o tema. Na prática, o § 1º art. 943 do CPC não será aplicado no processo do trabalho, como se verifica das decisões de segundo grau nos diários oficiais, em que são poucas as ementas dos julgados encontradas nesses periódicos.

O objetivo da ementa é também divulgar a jurisprudência.

Se o acórdão tem relatório, fundamentação e dispositivo, não há nulidade por não conter ementa, pois não há prejuízo processual para a parte.

Ela deve ser aprovada pelo relator e submetida à apreciação dos juízes que tomarão parte no julgamento.

A publicação deve ser do dispositivo do acórdão e não da síntese do acórdão.

22.10.6 Outras questões

Tem-se admitido que a parte invoque pela primeira vez a prescrição no recurso, com o fundamento de que a prescrição foi arguida na instância ordinária, onde foi interposto o recurso. A Súmula 153 do TST reflete a tese de que não se conhece da prescrição não arguida em instância ordinária. O art. 162 do Código Civil de 1916 determinava que a prescrição podia ser alegada em qualquer instância (leia-se processo). O conceito de instância contido no art. 162 do Código Civil de 1916 não era de grau de jurisdição, como hoje, mas de processo. O CPC de 1973 passou a considerar a prescrição como mérito (art. 269, IV), ao contrário do CPC de 1939, que entendia que era "exceção". A Súmula 153 do TST foi editada antes do CPC de 1973, sendo originária do Prejulgado 27. Entendo, pelos motivos acima, que a prescrição deve ser arguida apenas como matéria de defesa (art. 336 do CPC), na contestação, e não em outra oportunidade, embora na prática prevaleça o entendimento da Súmula 153 do TST.

O art. 193 do Código Civil atual dispõe que a prescrição pode ser alegada em qualquer grau de jurisdição, pela parte a quem aproveita. Isso quer dizer que pode ser alegada a prescrição no TST e até no STF, pois são graus de jurisdição.

A parte não pode arguir a prescrição da tribuna, quando estiver fazendo sustentação oral o advogado, justamente por violar o princípio do contraditório, pois o *ex adverso* não poderá se manifestar sobre a prescrição alegada. O art. 937 do CPC determina que a sustentação oral deve referir-se às razões do recurso, sob pena de ser suplementado o recurso, violando o princípio do contraditório. A apelação devolve ao tribunal a matéria impugnada (art. 1.013 do CPC). Apenas a matéria impugnada é devolvida à apreciação do tribunal. O que não foi impugnado não será apreciado pelo tribunal. Representa inovação recursal a prescrição arguida da tribuna. Assim, prescrição sustentada da tribuna não deve ser conhecida, até porque a prescrição não foi arguida na instância ordinária. Não poderá também ser arguida a prescrição nas contrarrazões, que nada devolvem ao tribunal, apenas trazem motivos para manter a decisão.

Não se admite, porém, que a parte venha a oferecer reconvenção no recurso ordinário, pois a reconvenção deveria ser apresentada juntamente com a contestação.

Determina o parágrafo único do art. 949 do CPC que "os órgãos fracionários dos Tribunais não submeterão ao plenário, ou ao órgão especial, a arguição de inconstitucionalidade, quando já houver pronunciamento destes ou do plenário do Supremo Tribunal Federal".

Ocorrendo relevante questão de direito, que faça conveniente prevenir ou compor divergência entre câmaras ou turmas do tribunal, poderá o relator propor seja o recurso julgado pelo órgão colegiado que o regimento indicar (§ 2º do art. 941 do CPC).

Quando o resultado da apelação for não unânime, o julgamento terá prosseguimento em sessão a ser designada com a apresentação de outros julgadores, que serão convocados nos termos previamente definidos no regimento interno, em número suficiente para garantir a possibilidade de inversão do resultado inicial, assegurado às partes e a eventuais terceiros o direito de sustentar oralmente suas razões perante os novos julgadores (art. 942 do CPC). O procedimento da CLT não permite a utilização do CPC no caso, pois os embargos são os destinados ao TST (art. 894 da CLT). Não existem embargos infringentes como espécie de recurso ou segundo recurso no TRT. Logo, tal regra não se aplica no processo do trabalho.

22.10.7 Procedimento sumaríssimo

O inciso I do § 1º do art. 895 da CLT foi vetado. Dispunha que somente seria cabível o recurso ordinário por violação literal da lei, contrariedade à súmula de jurisprudência uniforme do TST ou violação direta da Constituição, não se admitindo recurso adesivo. Isso determinaria um andamento mais célere ao processo, pois o apelo não seria apresentado em qualquer hipótese. O argumento do veto foi que poderia haver limitação ao duplo grau de jurisdição, sendo que já há restrições à hipótese do recurso de revista.

Com o veto, o recurso ordinário caberá na hipótese do inciso I do art. 895 da CLT: das decisões definitivas das Varas ou juízos de Direito. Não será apenas por violação literal da lei, contrariedade a Súmula do TST ou violação direta da Constituição, mas também para análise de prova, de lei estadual ou municipal, de regulamento de empresa, de convenção, acordo ou dissídio coletivo. Objetiva-se dar maior celeridade ao procedimento recursal no rito sumaríssimo, que, quanto às matérias, não existirá. Será permitido também à parte oferecer recurso adesivo. Nada mudou, portanto, nesse ponto.

Nos tribunais regionais, as regras aplicáveis ao recurso ordinário serão observadas em relação ao agravo de instrumento em procedimento sumaríssimo, pois visam ao destrancamento do recurso ordinário a que se negou seguimento.

No Tribunal Regional do Trabalho, o recurso ordinário será imediatamente distribuído, uma vez recebido no Tribunal, devendo o relator liberá-lo no prazo máximo de 10 dias, e a Secretaria do Tribunal ou Turma colocá-lo imediatamente em pauta para julgamento, sem revisor (§ 1º do art. 895 da CLT).

Se não for observado o prazo de 10 dias, não haverá nulidade, pois não se saberia qual o efetivo prejuízo processual causado à parte.

O roteiro do procedimento sumaríssimo no tribunal será diverso do procedimento comum. Neste, o processo é enviado para parecer da Procuradoria do Trabalho. Em seguida, é distribuído para o relator e depois para o revisor. Posteriormente, é posto em pauta de julgamento.

No procedimento sumaríssimo, não serão os autos, em primeiro lugar, enviados para parecer da Procuradoria do Trabalho. Serão distribuídos de imediato ao relator designado, ao chegar no tribunal. O relator deverá liberá-los para pauta de julgamento no máximo em 10 dias contados da distribuição. Não haverá revisor. Será colocado o processo imediatamente em pauta para julgamento.

Em muitos casos, o prazo de 10 dias não será observado pelo relator, em razão da complexidade da postulação, que pode abranger muitos pedidos.

O parecer do Ministério Público será oral e em sessão, se o procurador entender necessário, ficando registrado na certidão do julgamento. Se o procurador julgar desnecessário o parecer, este não será emitido, nem mesmo oralmente. Não compete ao presidente da turma ou ao presidente do tribunal decidir sobre o tema. O parecer do Ministério Público só deveria ser necessário em questões de incapazes (menores, índios etc.), compreendendo a Fazenda Pública, suas autarquias e fundações, como ocorre na Justiça Comum. Nos demais casos, não deveria ser necessário.

O advogado terá de ser intimado da publicação da pauta de julgamento, em que poderá pretender fazer sustentação oral. Esta será permitida de acordo com a previsão do Regimento Interno e pelo tempo nele especificado.

Consistirá o acórdão unicamente na certidão de julgamento, com a indicação do suficiente do processo e parte dispositiva, e das razões de decidir do voto prevalente. Se a sentença for confirmada pelos próprios fundamentos, a certidão de julgamento, registrando tal circunstância, servirá de acórdão (art. 895, § 1º, IV, da CLT).

O acórdão não terá relatório, apenas fundamentação sucinta, indicando as razões de decidir do voto prevalente. A parte dispositiva indicará se foi dado ou não provimento ao recurso e em que termos.

Muitas vezes, uma mera certidão de julgamento pode não ser suficiente para se entender os motivos pelos quais o juiz decidiu. Poder-se-á, assim, alegar falta de fundamentação da decisão e, portanto, violação ao inciso IX do art. 93 da Constituição. A parte precisa saber qual é o fundamento para poder recorrer. O ideal é que o voto no procedimento sumaríssimo seja também o mais completo possível para evitar dúvidas, em que o juiz irá fundamentar sua decisão, dizendo por que decide desta ou daquela forma.

Não constitui negativa de prestação jurisdicional ou inexistência de motivação a decisão do juízo que adota como razões de decidir os próprios fundamentos constantes da decisão da instância recorrida (motivação *per relationem*) (STF, MS 27.350/DF, Rel. Min. Celso de Mello, *DJ* 4-6-2008).

Caso seja confirmada a sentença, por seus próprios fundamentos, a certidão de julgamento irá registrar tal circunstância, servindo de acórdão. Há confusão de termos aqui, pois acórdão é o julgamento dos tribunais e sentença é a decisão que julga o processo, examinando ou não o mérito do tema, no primeiro grau.

Se a decisão do tribunal modifica a sentença, não pode ser objeto apenas de certidão, mas deve ser fundamentada.

Nos tribunais regionais que são divididos em turmas e não funcionam em sua plenitude, será possível designar turma especializada para julgamento dos recursos ordinários interpostos das sentenças prolatadas nas demandas sujeitas ao procedimento sumaríssimo (§ 2º do art. 895 da CLT). A designação será de uma única turma para esse fim, como dá a entender a norma legal, pois usa a palavra *turma* no singular. As outras turmas continuarão a julgar as demais questões.

Não se pode criar para o procedimento sumaríssimo vara especializada, apenas turma especializada no TRT.

22.10.8 Sustentação oral nos tribunais

O inciso IX, do art. 7º da Lei n. 8.906 reza que o advogado tem direito de sustentar oralmente em qualquer recurso, nas sessões de julgamento, após o voto do relator, tanto judicial como administrativamente, no prazo de no mínimo 15 minutos. Evidencia-se que, até mesmo em embargos de declaração e agravos de instrumento, que também são recursos, em que normalmente não se permitia a sustentação oral, como se verifica do art. 937 do CPC, passariam a ter sustentação. Entretanto, o preceito em comentário é claramente inconstitucional quando menciona que o advogado pode sustentar oralmente no prazo de 15 minutos após o voto do relator, pois contraria a alínea *a* do inciso I, do art. 96 da Constituição. Não se nega o direito ao advogado de sustentar oralmente em qualquer sessão, seja em processo judicial seja administrativo. Nesse ponto, nada há de anormal no mandamento legal em comentário, porém no momento em que se pretende dizer por quanto tempo deve ser feita a sustentação oral, em qualquer recurso, e após o voto do relator está havendo intromissão na competência que os tribunais têm de organizar seu regimento interno e prever tais situações.

A sustentação oral após o voto do relator vai imprimir um tom de debate entre o advogado e o relator, o que não se justifica sob o aspecto de conveniência, pois, na verdade, haverá nitidamente uma contestação à sentença, ao voto do relator, impondo a este o dever de responder àquilo que foi sustentado, podendo causar, inclusive, tumulto. Aliás, o advogado poderia pedir a palavra, usando da expressão pela ordem para intervenção sumária, para esclarecer equívoco ou dúvida surgida em relação a fatos, documentos ou afirmações que possam influir no julgamento (art. 7º, X, da Lei n. 8.906). A sustentação do advogado depois do voto do relator subverte, inclusive, a ordem processual e natural das coisas, pois mais se assemelha a um recurso contra o julgamento já proferido e não à própria sustentação, que visa convencer os julgadores.

Ressalte-se que a Lei n. 2.970 (a chamada Lei Castilho Cabral), de 24-11-1956, ao atribuir nova redação ao art. 857, *caput*, do CPC de 1939, assim dispôs: "Na sessão de julgamento, feita a exposição dos fatos e proferido o voto pelo relator, o Presidente, se o recurso não for de embargos declaratórios, dará sucessivamente, ao recorrente e ao recorrido, a palavra pelo prazo improrrogável de quinze minutos a cada um, para a sustentação das respectivas conclusões, prosseguindo-se de acordo com o regimento interno do Tribunal, depois de dada novamente a palavra ao relator para que, expressamente confirme ou reconsidere o seu voto." O STF julgou inconstitucional esse preceito em 30-11-1956, por contrariar o inciso II do art. 97 da Constituição de 1946, que previa a competência dos tribunais para elaborar seus regimentos internos e organizar os serviços auxiliares. A Resolução n. 23 do Senado Federal, de 26-10-1959, suspendeu, nos termos do art. 64 da Constituição de 1946, a execução da Lei n. 2.970. A referida situação assemelha-se à atual.

O inciso IX do art. 7º da Lei n. 8.906 atenta contra a letra *a*, do inciso I, do art. 96 da Constituição, pois é assunto *interna corporis* dos tribunais elaborar seus regimentos internos, apenas devendo observar-se as normas processuais, que são justamente as de o advogado poder sustentar oralmente suas alegações em defesa de seu cliente, que não se constitui em nenhum favor dado pelo juiz ao causídico. O art. 96 da Constituição tem, contudo, que ser interpretado sistematicamente em relação ao art. 133 da Constituição, que a Lei n. 8.906 pretendeu regulamentar, inexistindo qualquer incompatibilidade entre os dois preceitos constitucionais, que devem ser interpretados harmonicamente.

O STF, intérprete máximo das normas constitucionais, suspendeu os efeitos do inciso IX do art. 7º da Lei n. 8.906 em decorrência da ação direta de inconstitucionalidade ajuizada pelo Procurador-Geral da República (Pleno, ADIn 1105-DF, 3-8-1994, Rel. Min. Paulo Brossard, *DJU* 1, 27-4-2001, p. 57), por atentar contra a alínea *a*, do inciso I, do art. 96 da Constituição. Assim, caberá ao regimento interno dos tribunais estabelecer o prazo para a sustentação oral, o momento e o processo em que haverá o pronunciamento do advogado.

Desejando proferir sustentação oral, poderão os advogados requerer que na sessão imediata seja o feito julgado em primeiro lugar, sem prejuízo das preferências legais. Se tiverem subscrito o requerimento os advogados de todos os interessados, a preferência será concedida para a própria sessão.

Mesmo não sendo oferecidas contrarrazões, terá direito a parte de sustentar oralmente da tribuna.

O prazo de sustentação oral é regulado no regimento interno dos tribunais, por força da alínea *a*, do inciso I, do art. 96 da Constituição.

Em julgamento de embargos de declaração e agravo de instrumento não há sustentação oral, pois o art. 937 do CPC mostra quais são os recursos em que há a sustentação oral e, entre eles, não estão os embargos de declaração e o agravo de instrumento.

22.10.9 Incidente de uniformização de jurisprudência

Prevê o art. 14 da Lei n. 7.701/88 que "o regimento interno dos Tribunais Regionais do Trabalho deverá dispor sobre a Súmula da respectiva jurisprudência predominante e sobre o incidente de uniformização, inclusive os pertinentes às leis estaduais e normas coletivas".

Os tribunais devem uniformizar sua jurisprudência e mantê-la estável, íntegra e coerente (art. 926 do CPC). Nada impede que o tribunal altere sua jurisprudência em razão de mudança da situação de fato. Na forma estabelecida e segundo os pressupostos fixados no regimento interno, os tribunais editarão enunciados de súmula correspondentes a sua jurisprudência predominante (§ 1º do art. 926 do CPC). Ao editar enunciados de súmula, os tribunais devem ater-se às circunstâncias fáticas dos precedentes que motivaram sua criação (§ 2º do art. 926 do CPC).

Mesmo que o recurso tenha apenas um tema sujeito a incidente de uniformização de jurisprudência, havendo vários temas no recurso, ele ficará sobrestado até o julgamento do incidente de uniformização de jurisprudência.

Pode ser suscitado pelas turmas ou grupo de turmas e não pelo pleno ou órgão especial.

A decisão é irrecorrível. Logo, não cabe qualquer recurso. Poderá caber mandado de segurança, se for demonstrada violação a direito líquido e certo, ou correição parcial, se for causado tumulto processual.

Se o TRT uniformizar como a jurisprudência do TST, o recurso de revista não sobe.

Recursos de revista por divergência jurisprudencial são os previstos nas letras *a* e *b* do art. 896 da CLT.

A tese jurídica prevalecente é a que for adotada pelo TRT, seja por maioria absoluta ou por maioria simples, no julgamento do incidente de uniformização de jurisprudência.

O incidente de uniformização de jurisprudência não é recurso, pois o juiz não recorre. É um incidente no curso de um processo em julgamento nos tribunais.

22.10.10 Incidente de resolução de demandas repetitivas

O incidente de resolução de demandas repetitivas é previsto nos arts. 976 a 987 do CPC. É uma forma de os tribunais manter estável, íntegra e coerente a sua jurisprudência (art. 926 do CPC). Evita decisões divergentes sobre um mesmo tema, que traria insegurança jurídica.

É cabível a instauração do incidente de resolução de demandas repetitivas quando houver, simultaneamente:

I – efetiva repetição de processos que contenham controvérsia sobre a mesma questão unicamente de direito;

II – risco de ofensa à isonomia e à segurança jurídica (art. 976 do CPC).

A desistência ou o abandono do processo não impede o exame de mérito do incidente.

Se não for o requerente, o Ministério Público intervirá obrigatoriamente no incidente e deverá assumir sua titularidade em caso de desistência ou de abandono.

A inadmissão do incidente de resolução de demandas repetitivas por ausência de qualquer de seus pressupostos de admissibilidade não impede que, uma vez satisfeito o requisito, seja o incidente novamente suscitado.

É incabível o incidente de resolução de demandas repetitivas quando um dos tribunais superiores, no âmbito de sua respectiva competência, já tiver afetado recurso para definição de tese sobre questão de direito material ou processual repetitiva.

Não serão exigidas custas processuais no incidente de resolução de demandas repetitivas.

O pedido de instauração do incidente será dirigido ao presidente do tribunal:

I – pelo juiz ou relator, por ofício;

II – pelas partes, por petição;

III – pelo Ministério Público ou pela Defensoria Pública, por petição (art. 977 do CPC).

O ofício ou a petição será instruído com os documentos necessários à demonstração do preenchimento dos pressupostos para a instauração do incidente.

Não há restrição no CPC a respeito de o incidente ficar estrito aos tribunais regionais, como era o projeto aprovado na Câmara dos Deputados.

O julgamento do incidente caberá ao órgão indicado pelo regimento interno entre aqueles responsáveis pela uniformização de jurisprudência do tribunal (art. 978 do CPC). O órgão colegiado incumbido de julgar o incidente e de fixar a tese jurídica julgará igualmente o recurso, a remessa necessária ou o processo de competência originária de onde se originou o incidente.

A instauração e o julgamento do incidente serão sucedidos da mais ampla e específica divulgação e publicidade, por meio de registro eletrônico no Conselho Nacional de Justiça (art. 979 do CPC).

Os tribunais manterão banco eletrônico de dados atualizados com informações específicas sobre questões de direito submetidas ao incidente, comunicando-o imediatamente ao Conselho Nacional de Justiça para inclusão no cadastro.

Para possibilitar a identificação dos processos abrangidos pela decisão do incidente, o registro eletrônico das teses jurídicas constantes do cadastro conterá, no mínimo, os fundamentos determinantes da decisão e os dispositivos normativos a ela relacionados.

O incidente será julgado no prazo de um ano e terá preferência sobre os demais feitos, ressalvados os que envolvam pedidos de *habeas corpus* (art. 980 do CPC). Superado o referido prazo, cessa a suspensão dos processos, salvo decisão fundamentada do relator em sentido contrário.

Após a distribuição, o órgão colegiado competente para julgar o incidente procederá ao seu juízo de admissibilidade, considerando a presença dos pressupostos do art. 976 do CPC (art. 981 do CPC).

Admitido o incidente, o relator:

I – suspenderá os processos pendentes, individuais ou coletivos, que tramitam no Estado ou na região, conforme o caso;

II – poderá requisitar informações a órgãos em cujo juízo tramita processo no qual se discute o objeto do incidente, que as prestarão no prazo de 15 dias;

III – intimará o Ministério Público para, querendo, manifestar-se no prazo de 15 dias (art. 982 do CPC).

A suspensão será comunicada aos órgãos jurisdicionais competentes.

Durante a suspensão, o pedido de tutela de urgência deverá ser dirigido ao juízo onde tramita o processo suspenso.

Visando à garantia da segurança jurídica, qualquer legitimado poderá requerer ao tribunal competente para conhecer do recurso extraordinário ou especial a suspensão de todos os processos individuais ou coletivos em curso no território nacional que versem sobre a questão objeto do incidente já instaurado (§ 3º do art. 982 do CPC).

Independentemente dos limites da competência territorial, a parte no processo em curso no qual se discuta a mesma questão objeto do incidente é legitimada para requerer a providência prevista no § 3º do art. 982 do CPC.

Cessa a suspensão a que se refere o inciso I do art. 982 do CPC se não for interposto recurso de revista ou recurso extraordinário contra a decisão proferida no incidente.

O relator ouvirá as partes e os demais interessados, inclusive pessoas, órgãos e entidades com interesse na controvérsia (*amicus curiae*), que, no prazo comum de 15 dias, poderão requerer a juntada de documentos, bem como as diligências necessárias para a elucidação da questão de direito controvertida, e, em seguida, manifestar-se-á o Ministério Público, no mesmo prazo (art. 983 do CPC).

Para instruir o incidente, o relator poderá designar data para, em audiência pública, ouvir depoimentos de pessoas com experiência e conhecimento na matéria.

Concluídas as diligências, o relator solicitará dia para o julgamento do incidente.

No julgamento do incidente, observar-se-á a seguinte ordem:

I – o relator fará a exposição do objeto do incidente;

II – poderão sustentar suas razões, sucessivamente:

a) o autor e o réu do processo originário e o Ministério Público, pelo prazo de 30 minutos;

b) os demais interessados, no prazo de 30 minutos, divididos entre todos, sendo exigida inscrição com dois dias de antecedência (art. 984 do CPC).

Considerando o número de inscritos, o prazo poderá ser ampliado.

O conteúdo do acórdão abrangerá a análise de todos os fundamentos suscitados concernentes à tese jurídica discutida, sejam favoráveis ou contrários.

Julgado o incidente, a tese jurídica será aplicada:

I – a todos os processos individuais ou coletivos que versem sobre idêntica questão de direito e que tramitem na área de jurisdição do respectivo tribunal, inclusive àqueles que tramitem nos juizados especiais do respectivo Estado ou região;

II – aos casos futuros que versem idêntica questão de direito e que venham a tramitar no território de competência do tribunal, salvo revisão na forma do art. 986 do CPC (art. 985 do CPC).

Não observada a tese adotada no incidente, caberá reclamação.

Se o incidente tiver por objeto questão relativa à prestação de serviço concedido, permitido ou autorizado, o resultado do julgamento será comunicado ao órgão, ao ente ou à agência reguladora competente para fiscalização da efetiva aplicação, por parte dos entes sujeitos à regulação, da tese adotada.

A revisão da tese jurídica firmada no incidente far-se-á pelo mesmo tribunal, de ofício ou mediante requerimento dos legitimados mencionados no art. 977, inciso III (art. 986 do CPC). No processo do trabalho, a dúvida é o cabimento do art. 986 do CPC, pois as decisões interlocutórias são irrecorríveis.

Do julgamento do mérito do incidente caberá recurso extraordinário ou de revista, conforme o caso (art. 987 do CPC).

O recurso tem efeito suspensivo, presumindo-se a repercussão geral de questão constitucional eventualmente discutida (§ 1º do art. 987 do CPC). No processo do trabalho, os recursos só têm efeito devolutivo (art. 899 da CLT).

Apreciado o mérito do recurso, a tese jurídica adotada pelo Supremo Tribunal Federal ou pelo Superior Tribunal de Justiça será aplicada no território nacional a todos os processos individuais ou coletivos que versem sobre idêntica questão de direito.

22.11 RECURSO DE REVISTA

22.11.1 Introdução

O art. 164 da Constituição de 1824 fazia referência a recurso de revista para o Superior Tribunal de Justiça.

Antigamente, o recurso de revista era denominado de recurso extraordinário. Era um recurso trabalhista de natureza extraordinária. Havia necessidade da demonstração de violação literal do dispositivo de lei ou de divergência jurisprudencial para ser admitido. Daí seu caráter extraordinário.

Existia, portanto, no processo trabalhista a possibilidade da interposição de dois recursos extraordinários, um para o TST, outro para o STF.

O Decreto n. 6.596, de 12 de outubro de 1940, que regulamentou o Decreto-lei n. 1.237 chamou o apelo de recurso extraordinário. A redação original do art. 896 da CLT denominou-o recurso extraordinário.

O termo *recurso extraordinário* somente foi modificado para *recurso de revista* com a edição da Lei n. 861, de 13-10-1949.

No processo civil, também era previsto um recurso de revista, de acordo com o art. 853 do CPC de 1939.

O CPC de 1973 eliminou essa dualidade, acabando com o recurso de revista no processo civil.

Revista é magazine. Revista num sentido genérico tem sentido de rever, de reexame. Entretanto, não revê fatos e provas.

Diferencia-se o recurso de revista do especial. Este é previsto na Constituição para o processo civil. A revista é prevista no art. 896 da CLT para o processo do trabalho.

O recurso de revista não vai fazer um reexame geral da decisão do Tribunal Regional do Trabalho. É um apelo eminentemente técnico e extraordinário, estando sua admissibilidade subordinada ao atendimento de determinados pressupostos. Não será aplicada a regra da interposição do recurso por simples petição (art. 899 da CLT), ou seja, sem fundamentação, bastando a intenção de recorrer, que devolveria à apreciação do tribunal *ad quem* o exame de toda a matéria. No recurso de revista, é mister que a parte demonstre divergência jurisprudencial, ou violação literal de dispositivo de lei ou da Constituição para seu conhecimento (art. 896, *a* e *c*, da CLT). Poderá demonstrar, também, interpretação divergente de lei estadual, convenção ou acordo coletivo, sentença normativa ou regulamento de empresa de observância obrigatória em área territorial que exceda a jurisdição do TRT prolator (art. 896, *b*, da CLT).

A redação anterior do art. 896 da CLT mencionava que o recurso de revista cabia de decisões de última instância. Não havia exatamente última instância no julgamento do TRT, justamente porque cabia o recurso de revista para o TST. Atualmente, usa-se mais acertadamente a expressão "decisões proferidas em grau de recurso ordinário", mas também caberá a revista nas remessas de ofício. O recurso de revista cabe das decisões dos tribunais regionais que julgam dissídios individuais e não coletivos.

O objetivo do recurso de revista é uniformizar a jurisprudência dos tribunais regionais por intermédio das turmas do TST.

O prazo para interposição do recurso começa a correr a partir da publicação da súmula ou acórdão no órgão oficial.

22.11.2 Admissibilidade

Do acórdão que julga o incidente de uniformização de jurisprudência não cabe recurso, apenas embargos de declaração, por ser decisão interlocutória. Só do acórdão proferido pela turma é que caberá o recurso de revista.

O recurso de revista é cabível da decisão da turma em dissídios individuais.

Se o juízo *a quo* (TRT) admitir a revista apenas por um dos fundamentos alegados pelo recorrente, não admitindo quanto ao outro, nada impede que o juízo *ad quem* (Turma do TST) dele conheça por ambos os fundamentos, ou pelo fundamento diverso daquele em que foi conhecido pelo Tribunal Regional. Não cabe nesse caso agravo de instrumento, pois não se está negando seguimento ao recurso. O fato de o juízo *a quo* entender que o recurso cabe quanto a violação literal do dispositivo de lei, não sendo possível quanto a divergência jurisprudencial, não vincula o TST. O tribunal *ad quem* não está subordinado ao juízo de admissibilidade do tribunal inferior, podendo conhecer do recurso pelo motivo que este entender não ser possível, ou pelos dois motivos (divergência jurisprudencial e violação literal de dispositivo de lei). Não está o juízo *a quo* denegando seguimento ao recurso, por isso não cabe o agravo de instrumento, porque o TST poderá examinar integralmente o cabimento do apelo.

No processo civil, o § 3º do art. 1.010 do CPC menciona que não há juízo de admissibilidade no segundo grau, onde o recurso foi apresentado.

No processo do trabalho, o recurso de revista é apresentado ao Presidente do Tribunal Regional do Trabalho, que poderá recebê-lo ou denegá-lo por decisão fundamentada (art. 93, IX, da Constituição), admitindo ou denegando seguimento ao recurso (§ 1º do art. 896 da CLT). A parte tem de saber por que o recurso está sendo denegado. A falta de fundamentação implica nulidade da decisão do Presidente do TRT. Não há previsão legal para delegação do despacho de admissibilidade do recurso de revista para o vice-presidente do tribunal.

Poderá o Presidente do Tribunal Regional do Trabalho reconsiderar seu despacho, conhecendo do recurso. Do contrário, mantendo o Presidente o despacho que entendeu não cabível o recurso, o remédio adequado será o agravo de instrumento, endereçado ao TST.

Se a decisão impugnada estiver em consonância com súmula de jurisprudência uniforme do TST, o ministro relator do processo poderá negar seguimento ao recurso de revista, indicando a referida súmula. É a súmula impeditiva de recurso.

A decisão denegatória é a do ministro relator. O prazo do agravo está de acordo com o prazo unificado dos recursos trabalhistas em 8 dias (art. 6º da Lei n.

5.584/70). A lei não faz referência a agravo de instrumento ou a agravo regimental, como no § 1º do art. 709 da CLT, mas apenas a agravo. Parece ser um agravo inominado. Pode ser o fato de que os recursos no TST são eletrônicos e não há necessidade de formar instrumento.

É faculdade do relator no TST denegar seguimento ao recurso, como também pode determinar seguimento à revista, mesmo entendendo haver matéria já sumulada no TST. O relator do recurso de revista poderá denegar-lhe seguimento, em decisão monocrática, nas hipóteses de intempestividade, deserção, irregularidade de representação ou de ausência de qualquer outro pressuposto extrínseco ou intrínseco de admissibilidade (§ 14 do art. 896 da CLT).

Entendendo a parte que a súmula é inaplicável à espécie, poderá interpor agravo, no prazo de oito dias, do despacho que denegou seguimento à revista (§ 12 do art. 896 da CLT).

Somente se o recurso de revista for admitido é que a parte contrária será intimada para apresentar contrarrazões, no prazo de oito dias. Em alguns tribunais da Justiça Comum, é costumeiro acontecer o contrário: primeiro abre-se o prazo para contrarrazões do recurso especial ou extraordinário, depois o Presidente do Tribunal vai verificar se recebe ou não o apelo, e qual o efeito. No processo do trabalho, quanto ao recurso de revista, isso não ocorre. Só após ser admitido o recurso é que se dá vistas ao *ex adverso*, poupando tempo, pois se o recurso não for admitido, não há necessidade de contrarrazões.

Mesmo após a apresentação das contrarrazões é facultado ao juiz presidente do TRT o reexame dos pressupostos de admissibilidade do recurso.

O Tribunal Superior do Trabalho, no recurso de revista, examinará previamente se a causa oferece transcendência com relação aos reflexos gerais de natureza econômica, política, social ou jurídica (art. 896-A da CLT). Previamente é antes de tudo. O dispositivo faz referência a causa e não a recurso.

A transcendência tem inspiração na arguição de relevância da questão federal do recurso extraordinário, que vigorou entre 1969 a 1988.

Transcendência vem de *trans* que tem o significado de além de; *scandere*: subir, escalar, ultrapassar, de *transcendentia*, *ae*, do verbo *transcendere*, com o sentido de transpor, exceder.

Transcendência é a qualidade de que é transcendente; compreende superioridade, sagacidade. Transcendente é um adjetivo com o significado de muito elevado; sublime; superior; agudo; perspicaz; metafísico; que excede ou ultrapassa os limites ordinários; que dimana imediatamente da razão. Transcendência significa relevância, importância. É semelhante à repercussão geral para o STF. A transcendência pode acabar compreendendo um critério subjetivo do julgador.

Talvez o sentido empregado pela determinação legal represente algo que excede ou ultrapassa os limites comuns, tanto que se fala em reflexos de natureza econômica, política, social ou jurídica. Entretanto, a transcendência poderá ter um caráter de apreciação subjetiva pelo relator.

Quem vai examinar a transcendência é o relator do recurso de revista no TST. Não é o presidente do TRT, ao despachar o recurso de revista.

Não acho que deveria estar na Constituição a transcendência, como está a repercussão geral parágrafo 3º do artigo 102 da Constituição, pois a competência do TST é decorrente da lei ordinária federal.

A irrecorribilidade depende da previsão em lei (art. 5º, LV, da Constituição). O parágrafo 4º do artigo 2º da CLT não permite recurso em dissídio de alçada, salvo se versar sobre matéria constitucional. O artigo 34 da Lei n. 6.830/80 dispõe "das sentenças de primeira instância proferidas em execuções de valor igual ou inferior a 50 (cinquenta) Obrigações Reajustáveis do Tesouro Nacional – ORTN, só se admitirão embargos infringentes e de declaração".

O inciso LV do artigo 5º da Constituição dispõe que o contraditório e a ampla defesa são exercidos com os meios e recursos a ela inerentes. Depende, portanto, da previsão da lei ordinária federal.

Os indicadores da transcendência são exemplificativos e não taxativos, pois o § 1º do art. 896-A da CLT mostra a expressão "entre outros".

O TST examinará previamente se a causa oferece transcendência (art. 896-A da CLT). Transcendência é da causa.

Relevância jurídica pode ser decorrente de novas questões sobre a inerpretação da legislação trabalhista (art. 896-A, § 1º, IV, da CLT), que ainda não foram julgadas ou não há súmula sobre o tema, como, por exemplo, da reforma trabalhista (Lei n. 13.467).

Reflexos de natureza econômica são o elevado valor da causa, como os 40 salários mínimos para o sumaríssimo (art. 896-A, § 1º, I, da CLT). Poderiam ser os que tivessem alguma influência na política econômica do governo, como planos econômicos, reajustes salariais de valores vultosos. Pode ser um valor expressivo da causa, o valor da causa, valor da indenização por danos morais, o valor da condenação.

Reflexos políticos são o desrespeito da instância recorrida à jurisprudência sumulada do Tribunal Superior do Trabalho ou do Supremo Tribunal Federal (art.

896-A, § 1º, II, da CLT). A transcendência política nada tem de político porque observância de súmula não é critério político. O desrespeito à jurisprudência não sumulada do TST ou do STF, de tese ou precedente do TST, não está previsto expressamente no inciso II do § 1º do art. 896-A da CLT. Poderia ser também o sentido dos que tivessem influência na política adotada pelo governo, que não seria apenas econômica. Isso também poderia compreender questões sociais.

Reflexo social poderia ser a postulação, por reclamante-recorrente, de direito social constitucionalmente assegurado (art. 896, § 1º, III, da CLT). Poderiam ser os decorrentes da garantia de emprego do dirigente sindical, da grávida, do cipeiro, etc. Segundo o dispositivo, diz respeito apenas ao reclamante-recorrente. Não pode ser usada pelo empregador. Parece que viola o princípio da isonomia.

O TST pode entender que se trata de mais um pressuposto de admissibilidade do recurso de revista, além dos já previstos nas alíneas *a* a *c* do art. 896 da CLT.

O entendimento também poderá ser no sentido de dar preferência a recursos de revista que compreendam reflexos gerais de natureza econômica, política, social ou jurídica, que teriam mais importância do que outros aspectos, principalmente para o governo. Isso ocorreria justamente porque tais assuntos seriam mais importantes do que outros, daí se falar em transcendência.

Poderá o relator, monocraticamente, denegar seguimento ao recurso de revista que não demonstrar transcendência, cabendo agravo desta decisão para o colegiado (§ 2º do art. 896-A da CLT). É o agravo interno.

Em relação ao recurso que o relator considerou não ter transcendência, o recorrente poderá realizar sustentação oral sobre a questão da transcendência, durante cinco minutos em sessão (§ 3º do art. 896-A da CLT).

Mantido o voto do relator quanto à não transcendência do recurso, será lavrado acórdão com fundamentação sucinta, que constituirá decisão irrecorrível no âmbito do tribunal (§ 4º do art. 896-A da CLT). Se é decisão irrecorrível, não cabem embargos de declaração. Não cabe agravo interno, pois não há omissão na CLT para se aplicar o art. 1.021 do CPC. Entendo que não é o caso de respeitar colegialidade. O STF também decide de forma monocrática. O relator pode negar seguimento com base em súmula e Orientação Jurisprudencial.

É irrecorrível a decisão monocrática do relator que, em agravo de instrumento em recurso de revista, considerar ausente a transcendência da matéria (§ 5º do art. 896-A da CLT).

O juízo de admissibilidade do recurso de revista exercido pela Presidência dos Tribunais Regionais do Trabalho limita-se à análise dos pressupostos intrínsecos e extrínsecos do apelo, não abrangendo o critério da transcendência das questões nele veiculadas (§ 6º do art. 896-A da CLT).

Pela regra do art. 896-A da CLT, quem examinará a transcendência é o TST e não o presidente do Tribunal Regional ao fazer o primeiro juízo de admissibilidade do recurso de revista. O exame prévio é do TST, como menciona o artigo.

A transcendência deve ser observada nos recursos de revista apresentados a partir da vigência da Lei n. 13.467/17, ou seja, de 11-11-2017 em diante.

22.11.3 Efeito

O § 2º do art. 896 da CLT, na redação determinada pela Lei n. 7.701/88, previa que o juiz presidente do TRT iria dar o efeito ao recurso de revista, que poderia ser o suspensivo ou o meramente devolutivo. A determinação do atual § 1º do art. 896 da CLT menciona que o recurso de revista só terá efeito devolutivo. Não há mais efeito suspensivo a ser dado ao recurso de revista.

Diante da redação do art. 899 da CLT, em que os recursos têm efeito meramente devolutivo, dificilmente vai ser conferido efeito suspensivo ao recurso de revista.

Com o efeito devolutivo ao recurso de revista, a parte poderá requerer a extração da carta de sentença, visando a execução provisória do julgado.

A redação anterior do § 2º do art. 896 da CLT, de acordo com o Decreto-lei n. 8.737, de 19-1-1946, mencionava que quando o recurso tivesse apenas o efeito devolutivo a carta de sentença, para execução provisória do julgado, poderia ser requerida em 15 dias. A atual redação do § 2º do art. 896 da CLT nada menciona sobre o prazo para extração da carta de sentença. Socorrendo-nos do § 2º do art. 1.012 do CPC também não verifico qual seria o prazo para a referida extração. Aplica-se, então, por analogia, a regra anterior, de que o prazo para extração da carta de sentença, pelo costume, seria de 15 dias. Todavia, para evitar qualquer problema quanto a interpretação do prazo, deve a parte pedir a extração da carta de sentença o mais rápido possível, visando à execução provisória do julgado, sob pena de o processo não mais estar no TRT, subindo para o TST. A carta de sentença deverá atender os requisitos do parágrafo único do art. 522 do CPC (autuação, petição inicial e procuração das partes, contestação, sentença exequenda e despacho do recebimento do recurso). No TST, a carta de sentença poderá ser requerida para execução provisória, quando não a houver providenciado a parte na instância inferior e pender de julgamento do Tribunal recurso sem efeito suspensivo. O pedido será dirigido ao Presidente do Tribunal Superior do Trabalho, que o apreciará. A carta de sentença obtida conterá as peças indicadas, que serão autenticadas pelo funcionário encarregado e assinada pelo Presidente.

22.11.4 Alínea *a*

A alínea *a* do art. 896 da CLT prescreve a hipótese da admissão do recurso de revista quanto a divergência jurisprudencial na interpretação de lei federal. É o recurso de divergência.

Quando os TRTs derem ao mesmo dispositivo de lei federal interpretação diversa da que lhe houver dado outro Tribunal Regional do Trabalho, no seu Pleno ou Turma, ou a Seção de Dissídios Individuais do Tribunal Superior do Trabalho, ou contrariarem súmula de jurisprudência uniforme dessa Corte ou súmula vinculante do Supremo Tribunal Federal (art. 896, *a*, da CLT). Interpretação diversa é a interpretação conflitante. As interpretações de um preceito de lei nem sempre são uniformes. Podem existir interpretações que chegam ao mesmo resultado, mas são diferentes, o que pode implicar que são divergentes.

Não cabe recurso de revista de decisão monocrática do relator no recurso ordinário.

Ocorrerá divergência jurisprudencial quando for dado a um mesmo dispositivo de lei federal interpretação diversa por outro tribunal. Nesse caso, não ensejará recurso de revista com fundamento nessa alínea interpretação divergente quanto a dispositivo constitucional, nem de lei estadual ou municipal. Lei federal é a lei ordinária, complementar, medida provisória, Decreto-lei.

A interpretação divergente ocorrerá em relação a outro Tribunal Regional, tanto quanto ao Pleno ou de Turmas. Não é mais possível a indicação de divergência jurisprudencial do mesmo tribunal, seja por meio de suas turmas ou do pleno, ainda que com composição diversa. As divergências internas do tribunal não serão sanadas por intervenção do TST. No que diz respeito ao TST, é possível indicar divergência jurisprudencial do acórdão recorrido em relação a Seção de Dissídios Individuais, que tem por função justamente uniformizar a jurisprudência trabalhista das turmas daquele tribunal. Assim, não se admitirá recurso de revista com fundamento em acórdão de turma do TST, pois os acórdãos das turmas podem ser modificados pela Seção de Dissídios Individuais (SDI), em recurso de embargos.

A súmula tem a característica de não ser violada, mas contrariada. A lei é revogada e violada. Não cabe recurso de revista com fundamento em acórdão de turma do mesmo tribunal ou da mesma turma, ainda que com outra composição. Na alínea *a* foi incluída a contrariedade à Súmula vinculante do STF.

Não será possível indicar divergência jurisprudencial do STJ.

A redação anterior da alínea *a* do art. 896 da CLT não previa a hipótese de ser apresentado o recurso de revista com fundamento na Súmula de Jurisprudência Uniforme do TST, que são as suas súmulas. Entretanto, na prática, o TST vinha admitindo o recurso com esse fundamento, pois contrariava a orientação da Seção de Dissídios Individuais do TST. Há expressa previsão sobre o cabimento do recurso de revista com base em Súmula de Jurisprudência Uniforme do TST, conforme a redação dada a alínea *a* do art. 896 da CLT.

A divergência jurisprudencial tem significado de conflitante entre os tribunais ou turmas indicados como paradigmas. Para tanto, "a divergência jurisprudencial ensejadora da admissibilidade, de prosseguimento e de conhecimento do recurso há de ser específica, revelando a existência de teses divergentes na interpretação de um mesmo dispositivo legal, embora idênticos os fatos que as ensejaram" (S. 296, I, do TST).

Não cabe da decisão do relator do tribunal, mas do acórdão. Os recursos dos regionais só serão aceitos se houver divergência entre súmulas dos TRTs ou do TRT em confronto com a jurisprudência do TST. O inciso II do § 1º-A do art. 896 da CLT faz referência a indicação de orientação jurisprudencial. Isso significa que ela é cabível como indicação de divergência de jurisprudência para fundamentar o recurso de revista, mesmo não tendo previsão expressa na letra *a* do art. 896 da CLT.

O inciso II da Súmula 296 do TST esclarece que não ofende o art. 896 da CLT decisão de Turma que, examinando premissas concretas de especificidade da divergência colacionada no apelo revisional, conclui pelo conhecimento ou desconhecimento do recurso.

O recurso de revista não será conhecido quando a decisão do juízo *a quo* resolver determinado item do pedido por diversos fundamentos e a jurisprudência não abranger a todos (S. 23 do TST). Essa orientação é a mesma no STF, por meio da Súmula 283 desta Corte em que é inadmissível o recurso extraordinário, quando a decisão recorrida assenta em mais de um fundamento suficiente e o recurso não abrange todos eles. Justifica-se esse entendimento porque se o acórdão recorrido tratou, *v. g.*, de justa causa e ônus da prova, o acórdão indicado como divergente deve conter os dois fundamentos em seu bojo, e não indicar um acórdão diferente para cada fundamento, ou seja, um acórdão só para justa causa, outro só para ônus da prova. Há necessidade de que o acórdão indicado mostre os dois fundamentos numa mesma ementa.

Não caberá recurso de revista de decisões já superadas por iterativa (reiterada), notória (de conhecimento de todos) e atual jurisprudência do TST (S. 333 do TST). Atualmente, o § 7º do art. 896 da CLT prevê que a divergência apta a ensejar o recurso de revista deve ser atual, não se considerando como tal a ultrapassada por súmula do TST ou STF, ou superada por iterativa e notória jurisprudência do TST. Jurisprudência já superada no TST não será fundamento para a interposição de recurso de revista. A jurisprudência iterativa é a reiterada, que normalmente já se faz por meio das súmulas do TST. A expressão notória, por outro lado, é um pouco ampla demais. Entende-se que é a jurisprudência predominante e de conhecimento de todos os membros do TST, embora de certa forma se confunda com a iteratividade. Por fim, a atual jurisprudência do TST presume-se que prevaleça sobre a anterior, por ser mais recente e refletir o entendimento predominante da Corte trabalhista, pois o objetivo da uniformização da jurisprudência já foi obtido.

No parágrafo há a inclusão da súmula do STF como forma de negar seguimento à revista. A súmula aqui é a súmula normal do STF. O artigo não faz referência à súmula vinculante.

A decisão mais recente pode não ser a melhor, se for a primeira que examinou a matéria. Em razão dos julgamentos, as decisões vão sendo aperfeiçoadas. São considerados outros argumentos.

É possível indicar como fundamento orientação jurisprudencial do TST para embasar o recurso de revista (Orientação Jurisprudencial n. 219 da SBDI-1 do TST).

Informa a Súmula 401 do STF que "não se conhece de recurso de revista, nem dos embargos de divergência do processo trabalhista quando houver jurisprudência firme do TST no mesmo sentido da decisão impugnada, salvo se houver colisão com a jurisprudência do STF".

Quando o recurso fundar-se em dissenso de julgados, incumbe ao recorrente o ônus de produzir prova da divergência jurisprudencial, mediante certidão, cópia ou citação do repositório de jurisprudência, oficial ou credenciado, inclusive em mídia eletrônica, em que houver sido publicada a decisão divergente, ou ainda pela reprodução de julgado disponível na Internet, com indicação da respectiva fonte, mencionando, em qualquer caso, as circunstâncias que identifiquem ou assemelhem os casos confrontados (§ 8º do art. 896 da CLT). A lei adota a orientação da Súmula 337 do TST.

A Súmula 337 do TST esclarece que, "para comprovação da divergência justificadora do recurso, é necessário que o recorrente: (a) junte certidão ou cópia autenticada do acórdão paradigma ou cite a fonte oficial ou o repositório autorizado em que foi publicado; e (b) transcreva, nas razões recursais, as ementas e/ou trechos dos acórdãos trazidos à configuração do dissídio, demonstrando o conflito de teses que justifique o conhecimento do recurso, ainda que os acórdãos já se encontrem nos autos ou venham a ser juntados com o recurso". A fotocópia do acórdão paradigma deve ser autenticada nos termos do art. 830 da CLT. Na cópia ou certidão, deverão estar mencionadas as fontes oficiais (*Diário de Justiça da União*, dos Estados etc.) ou o repositório autorizado de jurisprudência, como *Revista do TST*, *Revista Jurisprudência Trabalhista*, *Revista dos Tribunais Regionais*. O Ato n. 270/94 do TST exige que o repertório idôneo tenha tiragem superior a três mil exemplares e periodicidade mínima semestral. A orientação da Súmula 337 do TST assemelha-se à posição do STF quanto a recurso extraordinário, compendiada na Súmula 291 desta Corte. Mesmo que os acórdãos paradigmas já estejam nos autos ou venham a ser juntados com o recurso, é mister que o recorrente transcreva nas razões recursais as ementas ou trechos dos acórdãos trazidos à colação, mencionando as teses que identifiquem os casos confrontados; III – A mera indicação da data de publicação, em fonte oficial, de aresto paradigma é inválida para comprovação de divergência jurisprudencial, nos termos do item I, *a*, desta súmula, quando a parte pretende demonstrar o conflito de teses mediante a transcrição de trechos que integram a fundamentação do acórdão divergente, uma vez que só se publicam o dispositivo e a ementa dos acórdãos; IV – É válida para a comprovação da divergência jurisprudencial justificadora do recurso a indicação de aresto extraído de repositório oficial na Internet, desde que o recorrente: (a) transcreva o trecho divergente; (b) aponte o sítio de onde foi extraído; e (c) decline o número do processo, o órgão prolator do acórdão e a data da respectiva publicação no Diário Eletrônico da Justiça do Trabalho; V – A existência do código de autenticidade na cópia, em formato pdf, do inteiro teor do aresto paradigma, juntada aos autos, torna-a equivalente ao documento original e também supre a ausência de indicação da fonte oficial de publicação.

Informa o inciso II da Súmula 337 do TST que a concessão de registro de publicação como repositório autorizado de jurisprudência do TST torna válidas todas as suas edições anteriores.

A parte deverá indicar a premissa adotada pelo Regional e mostrar que é divergente dos arestos paradigmas.

Quando o recurso fundar-se em dissídio jurisprudencial, o recorrente fará a prova da divergência mediante certidão, cópia autenticada ou pela citação do repositório de jurisprudência, oficial ou credenciado, inclusive em mídia eletrônica, em que tiver sido publicada a decisão divergente, ou ainda pela reprodução de julgamento disponível na Internet, com indicação da respectiva fonte, mencionando, em qualquer caso, as circunstâncias que identifiquem ou assemelhem os casos confrontados (§ 1º do art. 1.029 do CPC). É possível fazer a prova de divergência jurisprudencial com a juntada de acórdão originário de *site* dos tribunais, com a indicação da respectiva fonte.

Não caberá recurso de revista pela alínea *a*, do art. 896 da CLT, se a decisão recorrida estiver em consonância com a súmula de jurisprudência uniforme do TST ou de orientação jurisprudencial.

O incidente de uniformização de jurisprudência tem previsão no art. 14 da Lei n. 7.701/88.

A súmula editada pelos tribunais não servirá de fundamento para ensejar a admissibilidade do recurso de revista, pois haverá necessidade de demonstrar as hipóteses contidas nas alíneas *a* e *c* do art. 896 da CLT. Um dos fundamentos para o recurso de revista poderá ser a não observância da súmula de jurisprudência uniforme do TST ou de decisão da SDI.

22.11.5 Alínea *b*

A alínea *b* do art. 896 da CLT refere-se a divergência de interpretação de lei estadual, convenção ou acordo coletivo do trabalho, sentença normativa ou regulamento de empresa de observância obrigatória em área territorial que exceda a jurisdição do TRT prolator do acórdão.

Essa alínea foi acrescentada, inicialmente, pela Lei n. 7.701/88, pois não era prevista na redação anterior dada pela Lei n. 5.442, de 24-5-1968. Nessa redação só existiam duas alíneas no art. 896 da CLT, que não previam a hipótese ora em comentário. A atual alínea *b* foi incluída no art. 896 da CLT, passando a antiga alínea *b* a ser a atual alínea *c*.

A Procuradoria do Trabalho vinha entendendo que a alínea *b* do art. 896 da CLT tratava de matéria de fatos e provas. Por esse motivo não deveria ser admitido o recurso de revista com base na referida norma, sendo inconstitucional a citada disposição. Foi arguida a inconstitucionalidade do referido preceito. O TST rejeitou a mencionada tese, editando a Súmula 312, que afirma que "é constitucional a alínea *b* do art. 896 da CLT, com a redação dada pela Lei n. 7.701, de 21 de dezembro de 1988".

Lei estadual quer dizer a norma oriunda do Poder Legislativo estadual. Pode ser sobre qualquer matéria. Não poderá ser, porém, uma norma oriunda do Poder Executivo. É o que ocorre no Estado de São Paulo, em que há dois Tribunais Regionais do Trabalho (2ª Região e 15ª Região), que podem decidir determinado tema de forma diversa na interpretação da lei estadual paulista. Não cabe recurso de revista quanto a interpretação divergente de lei municipal.

A referência feita na alínea *b*, *in fine*, do art. 896 da CLT diz respeito não só ao regulamento de empresa, mas a tudo o que vem antes da oração, como acordo, convenção coletiva, sentença normativa, pois é usada a conjunção *ou*, que, portanto, refere-se a toda a frase. A interpretação divergente ocorre apenas em relação a lei estadual, e não a lei municipal. A lei estadual deve ser uma norma trabalhista, como se costuma dizer, um verdadeiro regulamento de empresa no âmbito estadual. Muitas vezes, porém, será difícil encontrar um acórdão nesse sentido, pois outras turmas do Tribunal podem não ter julgado o mesmo caso.

De certa forma, o exame de convenção ou acordo coletivo de trabalho, sentença normativa ou regulamento de empresa compreende a apreciação de fatos e provas, que é vedado pela Súmula 126 do TST e Súmula 279 do STF, pois o recurso de revista não visa a corrigir a má apreciação da prova produzida ou, até mesmo, a injustiça da decisão, mas a interpretação correta da lei pelos diversos tribunais trabalhistas. Hoje, porém, há expressa previsão da alínea *b* do art. 896 da CLT, determinando o cabimento do recurso de revista quanto à divergência jurisprudencial relativa a acordo ou convenção coletiva, sentença normativa ou regulamento de empresa. Não se admitirá, contudo, recurso de revista quanto à interpretação de cláusula de contrato de trabalho, por compreender reexame de fatos e provas (S. 126 do TST).

A norma coletiva na maioria das vezes só tem aplicação estadual. Dificilmente vai ser possível obter acórdão de outro regional sobre o tema, pois naquela região a norma coletiva não é aplicável. A exceção ocorre com os TRTs da 2ª e 15ª Regiões. Não dará ensejo a recurso de revista pela letra *b* do art. 896 da CLT, que prevê que a norma coletiva deve exceder a área de atuação do regional. Entretanto, entre as turmas do mesmo regional poderá haver divergência de interpretação da mesma norma, devendo ser objeto de incidente de uniformização de jurisprudência, não dando ensejo a recurso de revista.

No que diz respeito à divergência de interpretação de regulamento de empresa, há necessidade de que este seja de observância obrigatória em área territorial que exceda a jurisdição do Tribunal Regional prolator do acórdão, como ocorre, por exemplo, com o regulamento de empresa do Banco do Brasil. Ao contrário, regulamento de empresa que compreender apenas a área de jurisdição do TRT prolator do acórdão, não ensejará o recurso de revista, quanto a interpretação jurisprudencial divergente.

Frise-se que a interpretação jurisprudencial divergente das hipóteses especificadas na alínea *b* do art. 896 da CLT será de outro TRT, por meio do Pleno ou de Turmas, ou da SDI.

É inadmissível o recurso de revista fundado tão somente em divergência jurisprudencial, se a parte não comprovar que a lei estadual, a norma coletiva ou o regulamento da empresa excedem o âmbito do TRT prolator da decisão recorrida (Orientação Jurisprudencial n. 147, I, da SBDI-1 do TST).

Estando, contudo, a decisão recorrida em consonância com súmula do TST, não haverá a possibilidade de o recurso de revista ser admitido com fundamento na alínea *b* do art. 896 da CLT.

22.11.6 Alínea *c*

Quando a decisão proferida pelo TRT contrariar ou violar literal dispositivo de lei federal, ou da Constituição da República, caberá o recurso de revista com espeque na alínea *c* do art. 896 da CLT. É o recurso de nulidade.

A alínea *c* menciona violação direta e literal à Constituição. Não poderá ser uma afronta indireta, reflexa ou disfarçada, como da violação genérica ao inciso II do art. 5º da Constituição, com o argumento de violação à lei federal, pois nesse caso não estaria sendo violada a Constituição, mas a norma federal. A afronta deve ser à letra da disposição constitucional.

Passa a ser necessário indicar o dispositivo violado (Súmula 221 do TST), sob pena de não ter como ser verificada a violação literal. O acórdão regional também deve analisar a questão, indicando o artigo da norma violada.

O conhecimento do recurso de revista, quanto à preliminar de nulidade por negativa de prestação jurisdicional, supõe indicação de violação do art. 832 da CLT, do art. 489 do CPC de 2015 (art. 458 do CPC de 1973) ou do art. 93, IX, da CF/1988 (S. 459 do TST).

A invocação expressa no recurso de revista dos preceitos legais ou constitucionais tidos como violados não significa exigir da parte a utilização das expressões "contrariar", "ferir", "violar" etc. (OJ 257 da SBDI-1 do TST).

Costuma-se dizer que o tribunal *a quo* negou vigência a determinado dispositivo da legislação federal ou da Constituição, dando margem à interposição de recurso de revista.

A violação tanto poderá ser de lei material, como processual, tanto poderá ser a matéria trabalhista, como a prevista no Código Civil.

Lei federal é também o tratado ou convenção internacional, que no sistema brasileiro tem natureza de lei ordinária federal. Não é lei federal o decreto, a portaria, a instrução normativa, a convenção coletiva, o acordo coletivo, o regulamento de empresa.

Lei complementar também é lei federal.

As medidas provisórias têm força de lei. Os decretos-leis também tinham essa natureza. Logo, têm natureza de "lei federal".

Não se admitirá recurso contra violação literal de dispositivo de lei estadual ou municipal, mas apenas de lei federal ou da Constituição da República.

Analisando o acórdão do TRT, o TST pode dizer que o tribunal enquadrou mal os fatos na lei e a aplicou mal, mas o TST não pode reexaminar os fatos.

A interpretação dos Regimentos Internos dos Tribunais do Trabalho, quando expressamente violados, também dará ensejo ao recurso de revista, com fulcro na negativa de vigência do art. 673 da CLT, que assevera que "a ordem das sessões dos Tribunais Regionais será estabelecida no respectivo Regimento Interno".

Menciona o art. 896 da CLT que o recurso de revista cabe das decisões em grau de recurso ordinário. Logo, não caberá recurso de revista contra acórdão regional prolatado em agravo de instrumento (S. 218 do TST). O motivo é que o exame do agravo de instrumento é apenas para se saber se o recurso ordinário pode ou não subir, não se entrando no mérito da questão. Caberia recurso de revista se se entrasse no mérito da questão. Todavia, o regional apenas examina se foram atendidos os pressupostos para que o recurso ordinário possa ser conhecido, não cabendo dessa decisão qualquer apelo.

Interpretação razoável de preceito de lei, ainda que não seja a melhor, não dá ensejo à admissibilidade de conhecimento do recurso de revista com base na alínea c do art. 896 da CLT. Há necessidade de que a violação esteja ligada à literalidade do preceito (Súmula 400 do STF). É mister, portanto, a violação literal do dispositivo de lei para o cabimento do recurso de revista.

Para a interposição do recurso de revista há necessidade de que a matéria debatida na instância inferior haja adotado, explicitamente, tese a respeito. Não se admite prequestionamento implícito. Cabe à parte interessada interpor embargos declaratórios objetivando o pronunciamento sobre o tema, sob pena da ocorrência de preclusão (S. 297, 2, do TST). Ocorrerá, assim, preclusão quando não forem opostos embargos declaratórios para que seja suprida omissão apontada no recurso de revista (S. 184 do TST).

Só se admitirá recurso de revista contra acórdão proferido em agravo de petição, na liquidação de sentença ou em processo de execução, inclusive em embargos de terceiro, quando houver manifesta violação direta e literal da Constituição (§ 2º do art. 896 da CLT e S. 266 do TST). Para se ingressar com recurso de revista contra acórdão em agravo de petição é mister a demonstração da violação direta e literal da Lei Magna, justamente pelo fato de o processo já estar na fase de execução e ter que ser resolvido o mais rapidamente possível para o recebimento do crédito do reclamante, sendo o caso de se inibir recursos meramente protelatórios. A violação da Lei Fundamental nesse caso ocorrerá, principalmente, em relação a coisa julgada ou a ato jurídico perfeito.

A orientação da Súmula 266 do TST foi albergada pelo legislador ordinário que repetiu as disposições do verbete no § 2º do art. 896 da CLT.

Cabe recurso de revista por violação a lei federal, por divergência jurisprudencial e por ofensa à Constituição nas execuções fiscais e nas controvérsias da fase de execução que envolvam a Certidão Negativa de Débitos Trabalhistas (CNDT), criada pela Lei n. 12.440/11 (§ 10 do art. 896 da CLT). O § 10 faz referência apenas a ofensa à Constituição. Não se fala em violação direta e literal, mas apenas ofensa. Não se usa também contrariedade à súmula vinculante do STF. O recurso também poderá ser usado em razão de violação de lei federal, mas não de lei estadual, distrital ou municipal. A execução fiscal é verba federal. Execuções fiscais podem ser as cobranças da contribuição da previdência social. Na verdadeira execução fiscal não existe título executivo judicial, ou seja, não há sentença proferida pela Justiça do Trabalho com trânsito em julgado, daí a necessidade de se falar na possibilidade da interposição do recurso de revista para poder debater a matéria sob o ponto de visa de violação de lei federal, divergência jurisprudencial ou ofensa à Constituição da República.

22.11.7 Petição

A petição do recurso será dirigida ao presidente do TRT e as razões à turma do TST.

Sob pena de não conhecimento, é ônus da parte:

I – indicar o trecho da decisão recorrida que consubstancia o prequestionamento da controvérsia objeto do recurso de revista;

II – indicar, de forma explícita e fundamentada, contrariedade a dispositivo de lei, súmula ou orientação jurisprudencial do Tribunal Superior do Trabalho que conflite com a decisão regional;

III – expor as razões do pedido de reforma, impugnando todos os fundamentos jurídicos da decisão recorrida, inclusive mediante demonstração analítica de cada dispositivo de lei, da Constituição, de súmula ou orientação jurisprudencial cuja contrariedade aponte (§ 1º-A do art. 896 da CLT).

IV – transcrever na peça recursal, no caso de suscitar preliminar de nulidade de julgado por negativa de prestação jurisdicional, o trecho dos embargos declaratórios em que foi pedido o pronunciamento do tribunal sobre questão veiculada no recurso ordinário e o trecho da decisão regional que rejeitou os embargos quanto ao pedido, para cotejo e verificação, de plano, da ocorrência da omissão (§ 1º-A do art. 896 da CLT).

A origem do prequestionamento é o *Judiciary Act*, de 24 de setembro de 1789, no direito norte-americano. Ele adaptava o *writ of error* do direito inglês às singularidades da organização da Colônia, permitindo recurso para a Suprema Corte. No Brasil, o art. 59 do Decreto n. 510, de 22 de junho de 1890, do governo provisório, se inspirou no *Judiciary Act* e estabeleceu o prévio questionamento.

Prequestionamento implícito ocorre se forem apresentados embargos de declaração, mas o tribunal não analisou a questão.

No prequestionamento explícito, a questão é enfrentada pelo tribunal.

Prequestionamento numérico seria no caso de o tribunal analisar o artigo da norma mencionado pela parte. A Orientação Jurisprudencial 118 da SBDI-1 do TST menciona que não há necessidade de prequestionamento do artigo de lei, mas de adotar tese explícita.

O prequestionamento foi criado pelo STF como forma de conhecimento do recurso extraordinário e depois foi utilizado por outros tribunais superiores, inclusive para negar seguimento a recurso pelo fato de que não foi feito o prequestionamento. O STF exige o prequestionamento para o conhecimento do recurso extraordinário (S. 356 do STF). O prequestionamento exige que o Tribunal Regional tenha se manifestado de forma expressa sobre a tese apresentada. Para que o tribunal se manifeste expressamente utiliza-se dos embargos de declaração. "Diz-se prequestionada a matéria ou questão quando na decisão impugnada haja sido adotada, explicitamente, tese a respeito" (S. 297, I, do TST). É inexigível o prequestionamento quando a violação indicada houver surgido na própria decisão recorrida (Orientação Jurisprudencial 119 da SBDI-1 do TST).

Objetiva a lei a indicação do trecho para que não haja dificuldade do relator em examinar qual é o trecho da decisão recorrida em que houve o prequestionamento.

O objetivo da indicação do trecho é cotejar as teses: a recorrida e a apresentada no recurso. Vai ser comparada a decisão do acórdão e a divergência com outro TRT, com súmula ou orientação jurisprudencial do TST, ou súmula vinculante do STF.

Se faltar algum fundamento, que foi utilizado pela decisão recorrida, o recurso de revista não será conhecido.

Deve ser indicado o trecho em que houve o prequestionamento. Para isso, exige-se que o tribunal de origem tenha se manifestado expressamente sobre a matéria. Não se admite, portanto, o prequestionamento ficto, como tinha previsão na Súmula 297, III, do TST. Caso o tribunal não se manifeste sobre a matéria, a parte deverá alegar nulidade, por negativa de prestação jurisdicional.

Deve haver a indicação da tese e do dispositivo legal tido por violado. Não se admite a apresentação da tese desacompanhada do dispositivo que lhe dá sustentação jurídica, assim como não se admite a citação de dispositivo sem a indicação da tese correspondente[2].

Os incisos acabam tendo como finalidade dificultar o conhecimento do recurso de revista.

A Súmula 422 do TST mostra que "não se conhece de recurso para o TST, se as razões do recorrente não impugnam os fundamentos da decisão recorrida, nos termos em que proferida".

Assim, devem ser impugnados todos os fundamentos da decisão recorrida. Se ela tem mais de um fundamento, não poderá, portanto, ser impugnado apenas um.

Não se admite recurso por simples petição, como indica o art. 899 da CLT. Sendo o recurso de revista um apelo de natureza extraordinária, há necessidade de fundamentação, de indicação das razões pelas quais cada item impugnado da decisão *a quo* deve ser mudado. É necessária a exposição dos motivos pelos quais a decisão *a quo* deve ser modificada.

A Súmula 283 do STF mostra que "é inadmissível recurso extraordinário, quando a decisão recorrida assenta em mais de um fundamento suficiente e o recurso não abrange todos eles". A Súmula 23 do TST afirma que "não se conhece de revista ou dos embargos, quando a decisão recorrida resolver determinado item do pedido por diversos fundamentos, e a jurisprudência transcrita não abranger a todos".

Analítico significa minucioso, profundo.

22.11.8 Preparo

Para recorrer de revista a parte deverá fazer o depósito da condenação, que terá como limite o valor de R$ 20.118,30 (art. 40 da Lei n. 8.177/91).

Se a condenação for acrescida pelo acórdão regional, deverá a parte fazer o complemento do depósito e das custas, sob pena de deserção.

Se a parte foi vencedora na primeira instância, mas vencida na segunda, está obrigada, independentemente de intimação, a fazer o pagamento das custas fixadas na sentença originária das quais ficará isenta a parte então vencida (S. 25, I, do TST).

---

2 ARRUDA, Kátia Magalhães; MILLOMEM, Rubem. *A jurisdição extraordinária do TST na admissibilidade do recurso de revista*. São Paulo: Atlas, 2012, p. 252.

22.11.9 Processamento

O recurso de revista será interposto para o TST no prazo de oito dias. Esse prazo anteriormente era de 15 dias. Por despacho o Presidente do TRT poderá receber ou negar seguimento ao recurso, fundamentando, em qualquer caso sua decisão.

O recurso é apresentado ao Presidente do TRT e suas razões são dirigidas a Turma do TST, órgão incumbido nesta corte trabalhista de fazer o julgamento.

Recebido o recurso pelo Presidente do Tribunal Regional, será aberta vista à parte contrária para o oferecimento das contrarrazões, no prazo de oito dias.

A Procuradoria do Trabalho será intimada para oferecer parecer em 8 dias.

Após, o processo vai para o relator, que pode negar seguimento a revista com fundamento em Súmula ou orientação jurisprudencial do TST.

Quando o recurso tempestivo contiver defeito formal que não se repute grave, o Tribunal Superior do Trabalho poderá desconsiderar o vício ou mandar saná-lo julgando o mérito (§ 11 do art. 896 da CLT). A expressão *defeito formal que não se repute* grave poderá ensejar interpretação, tendo característica subjetiva.

Não são pressupostos extrínsecos.

É a aplicação do princípio da instrumentalidade das formas, de que se o ato atingiu a sua finalidade, será considerado válido, do aproveitamento do ato processual.

Número do processo na guia de recolhimento. Número do processo errado. Não se consideram defeitos formais graves.

Em relação às custas, o que importa é que houve o recolhimento. Não importa o código.

Julgando o mérito. A Súmula 457 do STF mostra que “o Tribunal Superior do Trabalho, conhecendo da revista, julgará a causa, aplicando o direito à espécie”.

O TST poderá mandar sanar o defeito que não se repute grave e aí julgará o mérito da pretensão da parte. Trata-se de faculdade do relator e não de obrigação, pois a lei usa a palavra *poderá*.

Não se pode dizer que não é defeito formal grave a falta de autenticação em custas ou depósito recursal. Parece que o defeito é grave, pois a juntada do documento e a comprovação do pagamento devem ser feitas no prazo de 8 dias do recurso. Não é o caso de se mandar sanar o defeito.

A Orientação Jurisprudencial 264 da SBDI-1 do TST mostra que “não é essencial para a validade da comprovação do depósito recursal a indicação do número do PIS/PASEP na guia respectiva”.

Após o parecer do Ministério Público do Trabalho no TST, o recurso é distribuído ao relator. Não há revisor. Posteriormente, é posto em pauta para julgamento, podendo as partes fazer sustentação oral. Votam três ministros na turma.

22.11.10 Procedimento sumaríssimo

Nas causas sujeitas ao procedimento sumaríssimo somente será admitido recurso de revista por contrariedade a súmula da jurisprudência uniforme do Tribunal Superior do Trabalho ou a Súmula Vinculante do STF, e por violação direta da Constituição da República (§ 9º do art. 896 da CLT). O objetivo é restringir as hipóteses do recurso nesse procedimento para dar celeridade.

Súmula de jurisprudência uniforme é a súmula do TST e não as orientações jurisprudenciais. Não se admite recurso de revista em procedimento sumaríssimo invocando contrariedade a orientação jurisprudencial (S. 442 do TST).

Agora, o § 9º faz referência à súmula vinculante do STF.

Também só caberá o recurso de revista no caso de ofensa direta à Constituição e não reflexa ou indireta.

O certo não seria utilizar a conjunção aditiva "e", pois o recurso de revista pode caber em relação a uma situação e não quanto à outra ou vice-versa.

Dificilmente o TST vai analisar os problemas decorrentes da interpretação das modificações determinadas pela Lei n. 9.957, pois a matéria não é exatamente constitucional ou envolve aplicação de súmula do TST.

Será vedada a apresentação do recurso de revista nos casos em que o Tribunal Regional do Trabalho, julgando recurso ordinário: (a) der ao mesmo dispositivo de lei federal interpretação diversa da que lhe houver dado outro Tribunal regional, em seu Pleno ou turmas, ou a Seção de Dissídios Individuais do TST; (b) der ao mesmo dispositivo de lei estadual, convenção, acordo coletivo de trabalho, sentença normativa ou regulamento empresarial de observância obrigatória em área territorial que exceda a jurisdição do TRT prolator da decisão recorrida, interpretação divergente, na forma da alínea *a*; (c) proferir decisão com violação literal de disposição de lei federal (art. 896 da CLT).

Não se pode dizer que a determinação da CLT, que inibe os recursos para certas hipóteses, seja inconstitucional, pois os meios e recursos inerentes à ampla defesa e ao exercício do contraditório (art. 5º, LV, da Constituição) são os previstos na legislação ordinária, que também estabelece as condições para recorrer.

O parecer da Procuradoria do Trabalho não será oral, mas escrito, pois inexiste determinação expressa da lei nesse sentido. O processo não entrará em pauta necessariamente em 10 dias.

O acórdão não consistirá unicamente na certidão do julgamento, com a indicação suficiente do processo e parte dispositiva e das razões de decidir do voto prevalente. Deverá o acórdão indicar de forma completa o que está sendo analisado e conter dispositivo para se entender perfeitamente o que foi julgado, que fará parte da certidão de julgamento. O acórdão regional não poderá ser confirmado por seus próprios fundamentos, mas deverá haver motivação da decisão, indicando por que o acórdão está sendo mantido ou reformado ou, inclusive, por que o recurso não está sendo conhecido e os motivos para tanto.

Não há previsão na lei de especialização de turma no TST para julgamento do recurso de revista no procedimento sumaríssimo.

22.11.11 Recursos repetitivos

A Lei n. 13.015/2014 acrescentou à CLT os arts. 896-B e 896-C. O TST regulamentou a referida norma pelo Ato TST EGJUD.GP n. 491/14.

Aplicam-se ao recurso de revista, no que couber, as normas do CPC, relativas ao julgamento dos recursos extraordinário e especial repetitivos (art. 896-B da CLT). As regras do CPC são as relativas aos recursos repetitivos, quanto ao recurso extraordinário e ao recurso especial. O procedimento também poderá ser utilizado no julgamento dos recursos de revista. O artigo não trata de procedimento repetitivo em recurso de embargos no TST.

Quando houver multiplicidade de recursos de revista fundados em idêntica questão de direito, a questão poderá ser afetada à Seção Especializada em Dissídios Individuais ou ao Tribunal Pleno, por decisão da maioria simples de seus membros, mediante requerimento de um dos Ministros que compõem a Seção Especializada, considerando a relevância da matéria ou a existência de entendimentos divergentes entre os Ministros dessa Seção ou das Turmas do Tribunal (art. 896-C da CLT). O artigo foi acrescentado na Câmara dos Deputados. Não era previsto no projeto original do TST, que se restringia ao art. 896-B da CLT.

Multiplicidade é abundância, fartura, abastança, profusão, grande número. Multíplice é a quantidade maior do que três.

O recurso de revista é julgado pelas turmas do TST. Em caso de recursos com questões idênticas, a matéria poderá ser de competência da Seção de Dissídios Individuais ou do Pleno do TST. Trata-se de faculdade e não de obrigação legal.

A matéria deve ser relevante ou existirem entendimentos divergentes entre os Ministros da SBDI ou das Turmas do TST.

O dispositivo trata de questão de direito e não de fato. Questões de fato não serão objeto de incidente de recursos repetitivos.

O órgão julgador é a Seção de Dissídios Individuais ou o Tribunal Pleno.

O art. 896-C da CLT prevê como legitimado um dos ministros da Seção Especializada.

Maioria simples quer dizer metade mais um dos votos, de acordo com o número de ministros presentes à sessão.

Dada a relevância da matéria, por iniciativa de um dos membros da Seção Especializada em Dissídios Individuais do Tribunal Superior do Trabalho, aprovada pela maioria dos integrantes da Seção, o julgamento poderá ser afeto ao Tribunal Pleno (§ 13 do art. 896 da CLT). Não se trata de obrigação, mas de faculdade de afetar ao Pleno. Poderá ser delegada ao Órgão Especial, que tem as mesmas funções do Pleno (art. 97 c/c art. 94, XI, da Constituição). Poderá ser submetida ao Pleno para verificar o entendimento de todos os Ministros do TST sobre o tema e até ser editada súmula sobre a matéria. O Tribunal Pleno a que se refere a lei é o Pleno do TST.

O Presidente da Turma ou da Seção Especializada, por indicação dos relatores, afetará um ou mais recursos representativos da controvérsia para julgamento pela Seção Especializada em Dissídios Individuais ou pelo Tribunal Pleno, sob o rito dos recursos repetitivos (§ 1º do art. 896-C da CLT).

O ideal seria que houvesse um recurso de cada relator ou de certo número de relatores diferentes. Os relatores é que saberão quais são as controvérsias a serem submetidas ao julgamento de recursos repetitivos.

O Tribunal Pleno poderá julgar a matéria quando for necessário estabelecer o entendimento de todos os ministros do TST sobre o tema e até editar súmula sobre a matéria. Poderá também ser utilizado para julgar inconstitucionalidade de certa norma. O § 13 do art. 896-C da CLT faz referência a matéria a ser julgada pelo Tribunal Pleno em se tratando de tema constitucional.

Aqui não se faz distinção em relação a qual Seção Especializada em Dissídios Individuais, o que parece indicar que é a seção plena e não a SBDI-1 ou a SBDI-2, composta de todos os seus integrantes.

O Presidente da Turma ou da Seção Especializada que afetar processo para julgamento sob o rito dos recursos repetitivos deverá expedir comunicação aos demais Presidentes de Turma ou de Seção Especializada, que poderão afetar outros processos sobre a questão para julgamento conjunto, a fim de conferir ao órgão julgador visão global da questão (§ 2º do art. 896-C da CLT). Afetar quer dizer submeter.

O Presidente da Turma ou da Seção Especializada deverá expedir a comunicação aos demais presidentes de Turma ou de Seção Especializada. Não se trata de mera faculdade, mas de obrigação.

Devem ser sobrestados outros processos.

Há recursos que são mais detalhados. Outros recursos são mais sintéticos ou até superficiais.

A ideia da visão global da questão é conferir maior visibilidade aos julgadores, de forma que haja decisão uniforme, proporcionando segurança jurídica. O ideal é que sejam afetados vários processos e que eles tenham múltiplos aspectos para se ter a visão global da questão.

O Presidente do Tribunal Superior do Trabalho oficiará os Presidentes dos Tribunais Regionais do Trabalho para que suspendam os recursos interpostos em casos idênticos aos afetados como recursos repetitivos, até o pronunciamento definitivo do Tribunal Superior do Trabalho (§ 3º do art. 896-C da CLT).

Pronunciamento definitivo do TST será quando houver o julgamento dos recursos repetitivos sobre certa matéria. Pronunciamento definitivo não parece ser decisão com trânsito em julgado, pois, do contrário, a lei teria sido clara nesse sentido. Do julgamento do recurso definitivo poderá caber, dependendo do caso, recurso extraordinário.

Caberá ao Presidente do Tribunal de origem admitir um ou mais recursos representativos da controvérsia, os quais serão encaminhados ao Tribunal Superior do Trabalho, ficando suspensos os demais recursos de revista até o pronunciamento definitivo do Tribunal Superior do Trabalho (§ 4º do art. 896-C da CLT). Presidente do Tribunal de origem é o Presidente do TRT. Quem vai admitir o recurso é o Presidente do TRT e não por indicação da parte ou até do Ministério Público do Trabalho.

O relator no Tribunal Superior do Trabalho poderá determinar a suspensão dos recursos de revista ou de embargos que tenham como objeto controvérsia idêntica à do recurso afetado como repetitivo (§ 5º do art. 896-C da CLT).

Os recursos trabalhistas têm geralmente várias matérias e não apenas uma só. A suspensão será do processo como um todo e não só da questão objeto da afetação. Não há como se separar só a questão da afetação e não as outras do recurso. Tudo ficará sobrestado, ainda que o recurso tenha outras matérias.

A suspensão dirá respeito tanto a recurso de revista como de embargos.

O ideal seria que o relator determinasse a suspensão dos recursos com objeto de idêntica controvérsia. A lei, porém, usa o verbo poder e não dever.

O recurso repetitivo será distribuído a um dos Ministros membros da Seção Especializada ou do Tribunal Pleno e a um Ministro revisor (§ 6º do art. 896-C da CLT). Aqui a lei é expressa em dizer que haverá revisor, justamente por se tratar de questão a ser pacificada no TST, por meio do recurso repetitivo. O ideal é que outros recursos com a mesma matéria deveriam ser submetidos ao mesmo ministro relator, mediante o sistema de compensação.

O relator poderá solicitar, aos Tribunais Regionais do Trabalho, informações a respeito da controvérsia, a serem prestadas no prazo de 15 dias (§ 7º do art. 896-C da CLT). Houve reprodução no inciso III do art. 1.038 do CPC. As informações poderão ajudar no julgamento do recurso repetitivo, pois podem existir particularidades. A questão pode ser originária de certa região.

O relator poderá admitir manifestação de pessoa, órgão ou entidade com interesse na controvérsia, inclusive como assistente simples, na forma do CPC (§ 8º do art. 896-C da CLT). Poderá ser admitido o *amicus curiae* (amigo da corte). Entidades podem ser os sindicatos de empregados e de empregadores.

Assistente simples e não litisconsorcial. O assistente simples não é parte no processo, mas recebe os mesmos poderes e se sujeita a idênticos ônus processuais (art. 121 do CPC). Deve demonstrar interesse jurídico no processo (art. 119 do CPC) e não meramente econômico.

A manifestação da pessoa, órgão ou entidade exige interesse na causa, relevância da matéria em discussão.

Interesse na controvérsia significa interesse no resultado do julgamento, pois pode ter influência em relação a referida pessoa, órgão ou entidade.

A pessoa, órgão ou entidade podem fazer sustentação oral e entregar memoriais ou outros atos permitidos pelo Regimento Interno do TST.

Recebidas as informações e, se for o caso, após cumprido o disposto no § 7º do art. 896-C da CLT, terá vista o Ministério Público pelo prazo de 15 dias (§ 9º do art. 896-C da CLT). As primeiras informações a que se refere o parágrafo parecem ser a manifestação de pessoa, órgão ou entidade, prevista no § 8º. O prazo do Ministério Público do Trabalho é de 15 dias e não o normal, que seria de 8 dias a contar do recebimento do processo (art. 6º da Lei n. 5.584/70). Atua o Ministério Público do Trabalho como *custos legis*, falando nos autos no prazo de 15 dias.

O § 7º trata de pedido de informações ao TRT. Se o ministro relator pedir informações, a vista do Ministério Público do Trabalho será de 15 dias depois de ser intimado da juntada das informações.

Transcorrido o prazo para o Ministério Público e remetida cópia do relatório aos demais Ministros, o processo será incluído em pauta na Seção Especializada ou no Tribunal Pleno, devendo ser julgado com preferência sobre os demais feitos (§ 10 do art. 896-C da CLT).

Terão preferência os processos de pessoas maiores de 60 anos (art. 71 da Lei n. 10.741/2003). A prioridade não cessará com a morte do beneficiado, estendendo-

-se em favor do cônjuge supérstite, companheiro ou companheira, com união estável, maior de 60 anos (§ 2º do art. 71 da Lei n. 10.741).

Parece que a prioridade será dos recursos repetitivos e depois de pessoas maiores de 60 anos, pois a Lei n. 13.015/14 é mais recente que a Lei n. 10.741/2003.

O julgamento pelo TST tem por objetivo que haja julgamentos da mesma matéria de forma diferente em relação a casos iguais.

Publicado o acórdão do Tribunal Superior do Trabalho, os recursos de revista sobrestados na origem:

I – terão seguimento denegado na hipótese de o acórdão recorrido coincidir com a orientação a respeito da matéria no Tribunal Superior do Trabalho; ou

II – serão novamente examinados pelo Tribunal de origem na hipótese de o acórdão recorrido divergir da orientação do Tribunal Superior do Trabalho a respeito da matéria (§ 11 do art. 896-C da CLT).

Não será com a publicação do acórdão do TST que terão seguimento os processos, mas com o trânsito em julgado da decisão dos recursos repetitivos.

Novamente examinados pelo TRT de origem significa que os recursos serão julgados novamente, na hipótese de o acórdão recorrido divergir da orientação do TST a respeito da matéria. Seria uma espécie de juízo de retratação ou de reconsideração.

Os recursos são o ordinário e o agravo de petição, que são os recursos de competência do TRT.

Na hipótese prevista no inciso II do § 11 do art. 896-C da CLT, mantida a decisão divergente pelo Tribunal de origem, far-se-á o exame de admissibilidade do recurso de revista (§ 12 do art. 896-C da CLT).

Sendo examinados novamente pelo Tribunal de origem se o acórdão recorrido divergir da orientação do Tribunal Superior do Trabalho a respeito da matéria (inciso II do § 11), será feito o exame da admissibilidade do recurso de revista. Parece que isso será feito pelo Presidente do TRT, para, se admitido o recurso, enviar os autos para o TST.

Caso a questão afetada e julgada sob o rito dos recursos repetitivos também contenha questão constitucional, a decisão proferida pelo Tribunal Pleno não obstará o conhecimento de eventuais recursos extraordinários sobre a questão constitucional (§ 13 do art. 896-C da CLT).

A matéria em discussão nos recursos repetitivos poderá ser constitucional. Nesse caso, a decisão do Pleno do TST não obstará o conhecimento de recursos extraordinários sobre a questão constitucional, pois o STF não fica vinculado ao juízo de admissibilidade do TST sobre a matéria constitucional.

Aos recursos extraordinários interpostos perante o Tribunal Superior do Trabalho será aplicado o procedimento previsto no art. 1.036 do CPC, cabendo ao Presidente do Tribunal Superior do Trabalho selecionar um ou mais recursos representativos da controvérsia e encaminhá-los ao Supremo Tribunal Federal, sobrestando os demais até o pronunciamento definitivo da Corte, na forma do § 1º do art. 1.036 do CPC (§ 14 do art. 896-C da CLT).

Pronunciamento definitivo da Corte será a decisão do STF e não do TST.

O sobrestamento é necessário para evitar decisões diversas, principalmente se o STF adotar uma orientação para a matéria.

Não reconhecida a existência de repercussão geral, os recursos que estiverem sobrestados serão automaticamente considerados não admitidos.

O sobrestamento é um ato irrecorrível, como já decidiu o STF: "é incabível recurso da decisão de sobrestamento por se tratar de mero ato procedimental" (AC 2.574 AgR/SP, 2ª T., Rel. Min. Ellen Gracie, *DJe* 5-8-2010).

O Presidente do Tribunal Superior do Trabalho poderá oficiar os Tribunais Regionais do Trabalho e os Presidentes das Turmas e da Seção Especializada do Tribunal para que suspendam os processos idênticos aos selecionados como recursos representativos da controvérsia e encaminhados ao Supremo Tribunal Federal, até o seu pronunciamento definitivo (§ 15 do art. 896-C da CLT).

A lei faz referência ao fato de que o presidente do TST poderá oficiar aos Tribunais Regionais. Não existe obrigação legal, mas apenas faculdade.

O ideal seria que houvesse o sobrestamento dos recursos repetitivos.

A decisão firmada em recurso repetitivo não será aplicada aos casos em que se demonstrar que a situação de fato ou de direito é distinta das presentes no processo julgado sob o rito dos recursos repetitivos (§ 16 do art. 896-C da CLT). No TST o julgamento é feito de matéria de direito, pois é vedado examinar matéria de fato (S. 126 do TST). Talvez a matéria de fato seja de situações de fato diferentes que ensejam a aplicação da mesma norma. A parte deverá mostrar que a situação do seu caso não é para recurso repetitivo. É o que chamam de *distinguishing*. No caso do parágrafo, não haverá sobrestamento.

Caberá revisão da decisão firmada em julgamento de recursos repetitivos quando se alterar a situação econômica, social ou jurídica, caso em que será respeitada a segurança jurídica das relações firmadas sob a égide da decisão anterior, podendo o TST modular os efeitos da decisão que a tenha alterado (§ 17 do art. 896-C da CLT). O parágrafo retrata o que se chama de *overruling*, que é a revisão da decisão em recursos repetitivos se houver mudança da situação econômica, social ou jurídica.

Overruling é a superação de determinado entendimento por situação nova ou de alteração no ordenamento jurídico.

Overriding é a superação parcial do entendimento.

Situação jurídica é de interpretação que ainda não foi feita sobre certa norma jurídica.

Situação econômica poderá ser a relativa a planos econômicos ou a política salarial.

Situação social pode dizer respeito a garantia de emprego da grávida, do acidentado etc.

O parágrafo permite a modulação dos efeitos, como ocorre no STF em Ação de Descumprimento de Preceito Fundamental ou Ação Direta de Inconstitucionalidade. Vai dizer como vale, a partir de certo momento. Se terá eficácia *ex tunc* ou *ex nunc*. Deveria ser aplicado o efeito para frente, que seria melhor. É aplicação da modulação no STF prevista no art. 27 da Lei n. 9.868/99.

O parágrafo faz referência a uma faculdade, pois usa o verbo poder. Pela disposição da lei não se trata de obrigação do TST.

O objetivo da modulação é dar segurança jurídica nas decisões. Há casos em que a jurisprudência vinha sendo num sentido e, posteriormente, passa a ser em outro sentido. A modulação poderá ser utilizada para esse fim, de mudança de orientação da jurisprudência.

A modulação será feita a pedido de um ministro. O *quorum* para aprovação será por maioria simples.

Da redação do § 17 do art. 896-C da CLT parece que a modulação só pode ser feita no caso de revisão de recursos repetitivos e não no próprio recurso repetitivo.

Muitos dos dispositivos da Lei n. 13.015 adotaram a jurisprudência do TST sobre o tema, que foi transformada em norma legal.

A lei parece que objetiva racionalizar os recursos no TST, diminuir os recursos nesta Corte, especialmente os recursos repetitivos. Visa que os tribunais regionais uniformizem a sua jurisprudência.

Pretende dar maior celeridade e razoável duração aos recursos no TST, pois nele tem havido um número muito grande de recursos, que levam muito tempo para ser julgados.

A uniformização da jurisprudência pelos TRTs poderá importar maior segurança jurídica.

Talvez, o ideal teria sido que a lei tivesse atribuído ao TST a possibilidade de editar súmulas vinculantes, como ocorrido com os antigos prejulgados, que seriam observadas em todos os graus trabalhistas, seja pelo TRT, como também pela Vara do Trabalho. O resultado prático seria melhor.

Haverá dificuldade dos tribunais regionais que têm muitos juízes fazerem uniformização de jurisprudência e de editarem súmula sobre a matéria. Os pequenos tribunais também têm enfrentado dificuldade para o *quorum* mínimo, em razão de doença de juízes, aposentadoria de magistrado, juiz em fase de se aposentar etc.

22.12 EMBARGOS NO TST

22.12.1 Denominação

A palavra *embargos* pode tanto ter o significado de ação ou defesa, como ocorre nos embargos do devedor e nos embargos de terceiro, quanto de recurso, como se observa nos embargos infringentes ou nos embargos para as seções especializadas do TST. No singular, a palavra anteriormente tinha por acepção arresto.

Com o passar do tempo a palavra *embargos* passou a ter significado tanto de recurso (embargos de nulidade, infringentes ou de divergência), quanto de ação (embargos de devedor, de terceiro, à arrematação, à adjudicação etc.).

Os embargos no TST não têm adjetivação.

22.12.2 Embargos para a Vara

O Decreto-lei n. 1.237, de 2-5-1939, já previa os embargos de alçada para a própria Junta. Eram previstos também embargos para o Conselho Nacional do Trabalho (atual TST), quando a decisão do Conselho Regional do Trabalho (atual TRT) tivesse dado interpretação diversa em relação a um mesmo dispositivo de lei, que já houvera sido interpretado por outro Conselho Regional ou pelo Conselho Nacional do Trabalho.

Nas Juntas, só havia embargos contra decisões dos Juízes do Trabalho ou dos Juízes de Direito, investidos estes da jurisdição trabalhista e que se verifica na alínea *c* do art. 652 da CLT. Eram os embargos de nulidade e infringentes dirigidos à própria Junta (art. 201, inciso I, do Decreto n. 6.596/40). Não se pode falar que haveria duplo grau de jurisdição, mas duplo exame pelo mesmo órgão prolator da sentença. Recorria-se para o mesmo órgão que prolatou a sentença, visando com que este se retratasse. Na jurisprudência, a Súmula 133 do TST esclarecia que para julgamento dos embargos infringentes opostos às Juntas era desnecessária a notificação das partes.

Embora encontre-se ainda na alínea *c* do art. 652 da CLT a competência para a Vara julgar os embargos "opostos às suas próprias decisões", esse recurso não mais existe. Com o advento da Lei n. 5.442, de 24-5-1968, o art. 894 da CLT passou a ter nova redação, extinguindo-se o recurso de embargos à própria Vara e, por consequência, revogando a alínea *c* do art. 652 da CLT.

Assim, não há mais necessidade de o juiz fundamentar as decisões recorridas antes da remessa ao Tribunal Regional, pois a parte final do inciso VI do art. 659 da CLT foi derrogada pela Lei n. 5.442/68, que deu nova redação ao art. 894 da CLT, extinguindo a necessidade de fundamentação da justificação em despacho da manutenção da sentença e eliminando o recurso de embargos infringentes ou de nulidade para a própria Vara.

22.12.3 Embargos nos tribunais regionais

Os embargos ao Pleno dos Tribunais Regionais divididos em Turmas também não mais existem em razão da nova redação dada ao art. 678 da CLT, pela Lei n. 5.442/68. Das decisões da Turma não caberá recurso para o Pleno do TRT, exceto no caso de recurso contra multas impostas pelas Turmas.

Não caberão embargos ao Pleno dos Tribunais Regionais que possuam Grupos de Turmas (art. 4º, § 3º, da Lei n. 7.119), das decisões proferidas por esses grupos, por falta de amparo legal.

Os embargos previstos no Direito Processual do Trabalho são apenas os dirigidos ao TST. Mesmo que a decisão das Turmas ou grupos de Turmas não seja unânime, será incabível qualquer recurso para o Pleno do Tribunal Regional correspondente, não se socorrendo o intérprete do CPC, pois não há omissão, sendo a CLT expressa quanto aos recursos cabíveis na Justiça do Trabalho e os embargos infringentes não estão incluídos nas hipóteses elencadas no art. 893 da CLT, que é taxativo.

22.12.4 Embargos no TST

Na CLT, os embargos estão previstos no art. 894, tendo natureza de recurso.

A finalidade dos embargos no TST é, principalmente, a uniformização da interpretação jurisprudencial de suas turmas, ou de decisões não unânimes em processos de competência originária do TST.

Antigamente, os embargos eram dirigidos ao Pleno do TST. Com o advento da Lei n. 7.701/88, o TST ficou dividido em Seção de Dissídios Individuais (SDI) e Seção de Dissídios Coletivos (SDC), além das turmas e do próprio Pleno. As atribuições do Pleno, entretanto, foram esvaziadas, passando certas matérias à competência da SDI ou SDC.

Não existe, porém, grau de jurisdição entre as turmas e as seções especializadas do TST. As Turmas apreciarão os recursos de revista. Do acórdão que julgar este recurso é que caberão os embargos para a SDI. Visam os embargos à uniformização da jurisprudência das turmas do TST, que, em muitos casos, têm entendimentos divergentes. A SDI servirá, assim, para uniformizar a divergência jurisprudencial das Turmas no TST. Dessa forma, o recurso de embargos tem cunho nitidamente extraordinário, assemelhando-se ao recurso interposto ao Pleno do Supremo Tribunal Federal, após as Turmas julgarem o recurso extraordinário.

22.12.5 Competência do Pleno do TST

Com as mudanças implementadas pela Lei n. 7.701, de 1988, o Pleno do TST passou a ter competência para:

a) declarar a inconstitucionalidade, ou não, das leis ou de atos normativos do Poder Público;
b) aprovar os enunciados das Súmulas de jurisprudência predominante nos dissídios individuais;
c) julgar os incidentes de uniformização de jurisprudência em dissídios individuais;
d) aprovar os precedentes jurisprudenciais predominantes em dissídios coletivos;
e) aprovar tabelas de custas e emolumentos, de acordo com o que for preconizado em lei;
f) elaborar seu Regimento Interno, exercendo as atribuições administrativas disciplinadas pela lei ou pela Constituição (art. 4º, *a* a *f*, da Lei n. 7.701/88).

22.12.6 Cabimento

Na redação do art. 894 da CLT, os embargos eram cabíveis para o Pleno do TST:

a) em julgamentos de dissídios coletivos que excedessem a jurisdição dos Tribunais Regionais, bem como que tivessem revisto suas próprias decisões normativas;
b) das decisões que homologassem os acordos celebrados nos dissídios coletivos.

Poderiam, ainda, ser interpostos das decisões das Turmas:

a) contrárias à letra da lei federal;
b) divergentes entre si.

O recurso de embargos também caberá no procedimento sumaríssimo, pois a lei não veda expressamente tal apelo. Assim, será cabível o referido recurso de acordo com o art. 894, II, da CLT, e Lei n. 7.701/88.

Com a edição da Lei n. 11.496/2007, os embargos podem ser divididos didaticamente em: infringentes e de divergência.

22.12.6.1 Embargos infringentes

Os embargos infringentes serão analisados pela SDC do TST em relação à decisão não unânime do julgamento que conciliar, julgar ou homologar conciliação em dissídios coletivos que excedam a competência territorial dos Tribunais Regionais do Trabalho, nos casos previstos em lei (art. 894, I, *a*, da CLT). Exemplos são: dissídio coletivo do Banco do Brasil, Petrobras etc. Não caberão os embargos se a decisão impugnada estiver em consonância com precedente jurisprudencial do TST ou de Súmula de sua jurisprudência predominante (art. 2º, II, *c*, da Lei n. 7.701/88). Serão esses embargos julgados em última instância pela SDC, visando possibilitar duplo grau de jurisdição. Se a decisão for unânime em dissídio coletivo, não cabem embargos.

A falta de unanimidade de julgamento da SDC diz respeito a cada cláusula rediscutida no recurso, pois os embargos estarão restritos à matéria objeto da divergência.

De decisão unânime da SDC não cabem embargos infringentes.

22.12.6.2 Embargos de divergência

Os embargos previstos no inciso II do art. 894 da CLT são chamados de embargos de divergência.

Dispõe o inciso II do art. 894 da CLT que cabem embargos das decisões das turmas do TST que divergirem entre si ou das decisões proferidas pela SDI, ou contrárias a súmula ou orientação jurisprudencial do TST ou súmula vinculante do STF. Não determina o comando legal quem julga os embargos, mas eles serão julgados pela SBDI-1 do TST e não pelo Pleno do mesmo órgão.

Mostra a alínea *b* do inciso III do art. 3º da Lei n. 7.701/88 que compete à SDI julgar em última instância os embargos das decisões das turmas que divergirem entre si, ou das decisões proferidas pela SDI. Não cabe de decisão da mesma turma.

A atual redação faz referência a decisões de Turmas contrárias a súmula ou orientação jurisprudencial do TST. Isso dificilmente irá ocorrer em razão da disciplina judiciária existente no TST. O recurso de embargos já era fundamentado em orientação jurisprudencial, como se verifica da Orientação Jurisprudencial 219 da SBDI-1 do TST.

A súmula tem a característica de não ser violada, mas contrariada. A lei é revogada e violada.

A divergência jurisprudencial será entre as turmas do TST. Não se admitem embargos de acórdão da mesma turma do TST, mesmo que com composição diversa (Orientação Jurisprudencial n. 95 da SDI do TST).

O objetivo da lei é a uniformização da jurisprudência das turmas do TST.

Não tem sentido o exame duas vezes de violação de lei federal pela turma do TST e depois pela SBDI-1.

Não existe transcendência nos embargos, mas apenas no recurso de revista.

Os embargos são de divergência jurisprudencial, visando à uniformização da jurisprudência no TST pela SBDI-1. Se a jurisprudência já é pacífica no TST, não tem sentido o recurso de embargos.

A redação da Lei n. 13.015/14 incluiu a contrariedade à Súmula vinculante do STF. Essa orientação vinha sendo reconhecida pela jurisprudência do TST, de admitir recurso de embargos por violação a súmula vinculante do STF. Agora, a matéria passou a ter previsão em lei. As súmulas vinculantes do STF têm sido observadas pelos juízes, pois são vinculantes. Não faz referência a súmula comum do STF. Dessa forma, não caberá o recurso de embargos que violar súmula do STF, apenas o que violar súmula vinculante do STF.

A divergência não pode ser originária da mesma turma do TST, ainda que com outra composição.

A decisão é contrária a súmula e não a viola. Violação diz respeito à lei.

O recurso de embargos terá fundamento no inciso quando houver divergência entre Turmas do TST ou divergência entre uma Turma do TST e SBDI do TST ou com súmula ou orientação jurisprudencial do TST.

Ao contrário, se a decisão está em consonância com súmula, orientação do TST ou da SBDI-1 do TST, ou com súmula vinculante do STF, o recurso de embargos não caberá. O relator irá denegar seguimento ao recurso.

Não há mais embargos de nulidade por violação de lei federal. A SBDI-1 do TST não terá mais função de rever decisões das turmas contrárias à lei federal.

Questões relacionadas ao conhecimento do recurso de revista não mais serão objeto de embargos, pois não haverá mais análise de violação literal do art. 896 da CLT.

A matéria da divergência tanto pode ser de direito material quanto de direito processual, pois a lei não estabelece distinção.

Se a turma não aplicar súmula do TST, caberá recurso de embargos, pois estará em desacordo com a orientação da SDI do TST, ainda que isso não conste da alínea *b*, do inciso III do art. 3º da Lei n. 7.701/88.

Da decisão da turma caberá recurso extraordinário se a decisão contrariar a Constituição. É a última instância.

Só caberão embargos para a SBDI-1 do TST em matéria constitucional se houver divergência jurisprudencial entre turmas ou entre turma e a SBDI-1.

Não tem fundamento no art. 894 da CLT, quer na redação anterior, quer na redação posterior à Lei n. 11.496, de 22-6-2007, recurso de embargos à decisão monocrática de ministro relator exarada com fulcro no § 5º do art. 896 da CLT, pois o comando legal restringe seu cabimento à pretensão de reforma de decisão colegiada proferida por turma do TST (OJ 378 da SBDI-1 do TST).

Mostra a Súmula 337 do TST que "para comprovação da divergência justificadora do recurso, é necessário que o recorrente: I – junte certidão ou cópia autenticada do acórdão paradigma ou cite a fonte oficial ou o repositório autorizado em que foi publicado; e II – transcreva, nas razões recursais, as ementas e/ou trechos dos acórdãos trazidos à configuração do dissídio, demonstrando o conflito de teses que justifique o conhecimento do recurso, ainda que os acórdãos já se encontrem nos autos ou venham a ser juntados com o recurso". A citação da fonte no *Diário da Justiça* mostra apenas a ementa. A citação de trechos do acórdão deve ser feita em relação ao inteiro teor do voto, o que não consta do *Diário de Justiça*; III – A mera indicação da data de publicação, em fonte oficial, de aresto paradigma é inválida para comprovação de divergência jurisprudencial, nos termos do item I, *a*, desta súmula, quando a parte pretende demonstrar o conflito de teses mediante transcrição de trechos que integram a fundamentação do acórdão divergente, uma vez que só se publicam o dispositivo e a ementa dos acórdãos; IV – É válida para a comprovação da divergência jurisprudencial justificadora do recurso a indicação de aresto extraído de repositório oficial na Internet, desde que o recorrente: (a) transcreva o trecho divergente; (b) aponte o sítio de onde foi extraído; e (c) decline o número do processo, o órgão prolator do acórdão e a data da respectiva publicação no *Diário Eletrônico da Justiça do Trabalho*.

É possível indicar como fundamento orientação jurisprudencial do TST para embasar o recurso de embargos (Orientação Jurisprudencial n. 219 da SBDI-1 do TST).

A admissibilidade do recurso de embargos contra acórdão de Turma em Recurso de Revista em fase de execução, publicado na vigência da Lei n. 11.496, de 26-6-2007, condiciona-se à demonstração de divergência jurisprudencial entre Turmas ou destas e a Seção Especializada em Dissídios Individuais do Tribunal Superior do Trabalho em relação à interpretação de dispositivo constitucional (S. 433 do TST).

Mostra a Súmula 353 do TST que: não cabem embargos para a Seção de Dissídios Individuais de decisão de Turma proferida em agravo, salvo: (a) da decisão que não conhece de agravo de instrumento ou de agravo pela ausência de pressupostos extrínsecos; (b) da decisão que nega provimento a agravo contra decisão monocrática do Relator, em que se proclamou a ausência de pressupostos extrínsecos de agravo de instrumento; (c) para revisão dos pressupostos extrínsecos de admissibilidade do recurso de revista, cuja ausência haja sido declarada originalmente pela Turma no julgamento do agravo; (d) para impugnar o conhecimento de agravo de instrumento; (e) para impugnar a imposição de multas previstas nos arts. 1.021, § 4º, do CPC ou 1.026, § 2º, do CPC; (f) contra decisão de Turma proferida em agravo em recurso de revista, nos termos do art. 894, II, da CLT.

O fundamento do verbete foi a necessidade de duplo grau de jurisdição quando os embargos irão analisar decisão da Turma sobre pressupostos extrínsecos de agravo de instrumento, como, por exemplo, tempestividade, preparo e representação processual, conforme decisão do Tribunal Pleno, nos autos do proc. TST AG E AI 4970/86.4, em sessão de 22-10-1987. No exame do agravo de instrumento, o Tribunal não entra no mérito da questão, apenas vai verificar se o recurso anterior pode ou não subir, daí por que não é possível se ingressar com os embargos, em que seria necessária uma decisão de mérito, salvo em relação a pressupostos extrínsecos do agravo de instrumento.

Da mesma forma ocorre com a decisão do TST que examina agravo regimental. Não cabem embargos para a SDI dessas decisões, pois também não se entra no mérito da questão, apenas é indeferido o recurso.

O ministro relator denegará seguimento aos embargos:

I – se a decisão recorrida estiver em consonância com súmula da jurisprudência do Tribunal Superior do Trabalho ou do Supremo Tribunal Federal, ou com iterativa, notória e atual jurisprudência do Tribunal Superior do Trabalho, cumprindo-lhe indicá-la;

II – nas hipóteses de intempestividade, deserção, irregularidade de representação ou de ausência de qualquer outro pressuposto extrínseco de admissibilidade (§ 3º do art. 894 da CLT).

O parágrafo usa regra imperativa, pois o ministro relator não tem faculdade, mas obrigação de denegar seguimento ao recurso. As hipóteses em que o ministro relator negará seguimento são apenas as dos dois incisos. O parágrafo inclui a Súmula de jurisprudência do STF, que não precisa ser a súmula vinculante.

Se o relator vai denegar seguimento ao recurso, deverá obrigatoriamente indicar a jurisprudência do TST contrária ao contido no recurso, inclusive as Súmulas do TST e as orientações jurisprudenciais.

A iterativa, atual e notória jurisprudência do TST pode ser súmula ou Orientação Jurisprudencial.

Da decisão denegatória dos embargos caberá agravo, no prazo de 8 dias (§ 4º do art. 894 da CLT). O prazo do agravo está de acordo com o prazo unificado dos recursos trabalhistas em oito dias úteis (art. 6º da Lei n. 5.584/70). A decisão denegatória é a do ministro relator, de forma monocrática, pois o § 3º faz referência ao ministro relator, que denegará seguimento aos embargos. Não se trata de decisão do presidente da turma sobre os embargos. O agravo parece ser inominado, pois o § 1º do art. 709 da CLT usa expressamente a expressão agravo regimental. Não se trata, também, de agravo de instrumento, pois, do contrário, o legislador teria sido claro nesse sentido.

A divergência apta a ensejar os embargos deve ser atual, não se considerando tal a ultrapassada por súmula do Tribunal Superior do Trabalho ou do Supremo Tribunal Federal, ou superada por iterativa e notória jurisprudência do Tribunal Superior do Trabalho (§ 2º do art. 894 da CLT). No parágrafo há a inclusão da súmula do STF como forma de negar seguimento aos embargos. A súmula aqui não é a vinculante, mas a súmula normal do STF. A decisão mais recente pode não ser a melhor, se for a primeira que examinou a matéria. Em razão dos julgamentos, as decisões vão sendo aperfeiçoadas, são considerados outros argumentos. A atual jurisprudência é a que sucede a anterior sobre o tema. Decisão iterativa é a reiterada num certo sentido. Decisão notória é a de conhecimento de todos, que foi emitida pelo TST. A redação do parágrafo tem o conteúdo da Súmula 333 do TST, que trata do recurso de revista. Incorpora, portanto, a orientação da jurisprudência do TST na lei.

Não se conhecerá dos embargos quando a decisão impugnada tiver resolvido determinado item do pedido por diversos fundamentos e a jurisprudência transcrita não abranger a todos (S. 23 do TST). A parte não poderá pinçar de decisões diversas os subsídios para os embargos, pois os fundamentos dos embargos devem advir de uma única decisão paradigma. A divergência jurisprudencial indicada há de ser específica, de modo a revelar a existência de teses divergentes na interpretação de um mesmo preceito de lei, embora idênticos os fatos que as ensejaram (S. 296, I, do TST).

Não se conhece de recurso de embargos de divergência do processo trabalhista, quando houver jurisprudência firme no TST no mesmo sentido da decisão impugnada, salvo se houver colisão com a jurisprudência do STF (Súmula 401 do STF).

Os embargos não são admitidos para a discussão de fatos e provas (S. 126 do TST), pois têm a natureza eminentemente técnica, ao analisarem divergência jurisprudencial entre Turmas do TST.

22.12.6.3 Embargos de nulidade

Não cabem mais embargos de nulidade, por violação de lei federal ou da Constituição.

Não caberão os embargos contra violação de lei estadual ou municipal. A lei estadual ou municipal ao ser editada pelo Estado ou o Município é feita como se estes fossem empregadores, surgindo um verdadeiro regulamento de empresa. De certa forma, esse regulamento envolve a apreciação de fatos e provas, que não é permitido veicular por meio de embargos (S. 126 do TST). O juiz não é obrigado a conhecer o direito estadual e municipal (art. 376 do CPC), o que demonstra ser objeto de prova o exame das referidas normas, porque, inclusive, não compete aos Estados e Municípios legislar sobre Direito do Trabalho (art. 22, I, da Constituição).

Também não caberão embargos a respeito da interpretação de acordo ou convenção coletiva. O mesmo ocorre em relação a sentença normativa e regulamento de empresa.

22.12.7 Procedimentos

A parte contrária poderá demonstrar que o arresto indicado como paradigma já está superado por jurisprudência mais recente ou atual do Tribunal. O interessado poderá também, comprovar que o órgão, nas vezes em que se pronunciou, o fez de acordo com composições diversas de seus membros.

Não servirá para embasar os embargos acórdão em agravo de instrumento, pois a finalidade deste é destrancar o despacho denegatório do recurso, não ingressando no mérito da questão, nem vinculando o órgão prolator.

Para a interposição dos embargos, há necessidade do prévio questionamento da matéria a ser embargada. Entende-se como prequestionamento da matéria, quando na decisão recorrida haja sido adotada, explicitamente, tese sobre o tema. Incumbirá à parte ingressar com embargos de declaração, visando o pronunciamento do tribunal sobre a questão (S. 297 do TST). Ocorrerá preclusão se não forem interpostos os embargos de declaração da decisão no recurso de revista sobre a matéria que neste ato deveria ter sido arguida, para dar ensejo à interposição dos embargos (S. 184 do TST). Desse modo, é preciso haver omissão, obscuridade ou contradição sobre tema que deveria ser objeto de pronunciamento pelo tribunal. Se não forem interpostos os embargos de declaração, prequestionando a matéria, não serão admitidos os embargos.

Os embargos não dispensarão o exame dos pressupostos de admissibilidade (objetivos e subjetivos), que são exigidos em relação a qualquer recurso. O prazo para razões e contrarrazões será de oito dias.

Nos embargos no TST não constitui violação ao art. 896 da CLT quando não se conhece do recurso de revista com base em inespecificidade da jurisprudência colacionada. Tal fato constitui reavaliação de prova.

22.12.8 Depósito

Nos embargos, há necessidade de que, não atingido o limite total da condenação, a parte pague até R$ 20.118,30 como depósito para a interposição do apelo (art. 40 da Lei n. 8.177/91, de acordo com a redação determinada pela Lei n. 8.542/92).

22.12.9 Processamento

A petição inicial dos embargos é dirigida ao Presidente da Turma que julgou o recurso de revista. As razões para apreciação deverão ser dirigidas à SDI. Na SDC a petição é dirigida ao Presidente da referida seção e as razões à própria seção.

O prazo para a interposição de recurso é de oito dias contado da intimação.

Os embargos são enviados ao Presidente da Turma para despacho. A secretaria da turma dá vista à parte contrária em 8 dias. Posteriormente, é remetida à distribuição.

Admitidos os embargos, serão processados e julgados conforme dispuser o regimento do TST.

O ideal seria que a norma regimental determinasse a escolha de novo relator, que recairia, se possível, em juiz que não haja participado do julgamento anterior.

O processo é enviado à Procuradoria do Trabalho para parecer. Com o visto do relator, o processo é incluído em pauta. Não há revisor.

O Ministro Relator poderá negar seguimento ao recurso de embargos com fundamento em enunciado da súmula do TST, cabendo desta decisão agravo regimental.

Se os embargos são conhecidos, mas mantida a decisão embargada, diz-se que são conhecidos e rejeitados. Para o recurso de revista e ordinário, costuma-se dizer que estes são conhecidos, mas desprovidos ou improvidos, quando a decisão *a quo* é mantida.

Havendo empate na votação dos embargos, prevalecerá o acórdão embargado, sendo que o Presidente do Tribunal não votará.

Ao ser reformado o acórdão embargado, diz-se que os embargos são conhecidos e acolhidos ou recebidos. Ao contrário, se não foram conhecidos, não haverá apreciação do mérito da questão.

Admitido o recurso de revista, não haverá restrição quanto à apresentação do recurso de embargos, desde que atendidos os requisitos do art. 894 da CLT c/c da Lei n. 7.701. Não terá cabimento o recurso de embargos apenas pela violação das súmulas do TST, mas também por divergência jurisprudencial entre as turmas do TST.

No procedimento sumaríssimo, não há rito diferenciado para o cabimento dos embargos no TST, pois a CLT refere-se ao recurso ordinário e à revista, mas não aos embargos.

Em causas sujeitas ao procedimento sumaríssimo, admitem-se os embargos interpostos na vigência da Lei n. 11.496, de 22-6-2007, que conferiu nova redação ao art. 894 da CLT, quando demonstrada a divergência jurisprudencial entre Turmas do TST, fundada em interpretações diversas acerca da aplicação de mesmo dispositivo constitucional ou de matéria sumulada (S. 458 do TST).

22.13 AGRAVO DE PETIÇÃO

22.13.1 Histórico

O agravo de petição, nas Ordenações, era o recurso contra as sentenças, decisões ou despachos do juiz inferior para a Relação, ou para o juiz de direito residente no mesmo lugar ou no seu Termo, ou dentro de cinco léguas onde se agravava.

Dispunha o art. 79 do Decreto-lei n. 1.237, de 1939, na redação determinada pelo Decreto-lei n. 2.851, de 10-12-1940, que "a reforma das decisões do juiz ou presidente, proferidas em execução, somente poderá ser obtida por meio de Agravo, interposto: quanto às decisões do primeiro, para o juiz da comarca mais próxima, investido da administração da Justiça do Trabalho; quanto às do segundo, para o próprio tribunal. Em um ou outro caso, o julgamento será em última instância. Parágrafo único. O agravo será interposto no prazo de cinco dias, contados da ciência da decisão, e não terá efeito suspensivo, salvo ao juiz, ou presidente, quando julgar conveniente, mandar sobrestar o andamento do feito até o julgamento do agravo". Usava-se apenas o nome de agravo e não de agravo de petição.

O CPC de 1939 previa o agravo de petição. Era previsto para as decisões que implicassem a terminação do processo principal (art. 846), a chamada interlocutória mista. Não podia haver o exame do mérito e para as quais não houvesse previsão de cabimento de agravo de instrumento.

O Regulamento da Justiça do Trabalho, Decreto n. 6.596, de 12-12-1940, especificou no art. 204 que "cabe agravo das decisões do juiz, ou presidente, nas execuções. § 1º O agravo será interposto no prazo de cinco dias e não terá efeito suspensivo, sendo facultado, porém, ao juiz ou presidente, sobrestar, quando julgar conveniente, o andamento do feito, até julgamento do recurso. § 2º O agravo será julgado pelo próprio tribunal, presidido pela autoridade recorrida ou, em se tratando de decisão do juiz de direito, pelo juiz de direito da comarca mais próxima, investido na administração da Justiça do Trabalho, a quem o primeiro informará minuciosamente sobre a matéria controvertida, ou remeterá os autos, quando tiver sobrestado o andamento do feito". Era cabível o agravo na execução, mas ainda não tinha o nome de agravo de petição.

A alínea *a* do art. 897 da CLT passou a prever o agravo de petição em relação às decisões do juiz na execução. O § 2º do citado artigo eliminou o julgamento do agravo de petição por juiz de direito da comarca mais próxima: "o agravo será julgado pelo próprio Tribunal presidido pela autoridade recorrida, salvo em se tratando de decisão do presidente da Junta ou juiz de direito, quando o julgamento competirá ao presidente do Conselho Regional a que estiver subordinado o prolator da decisão agravada, a quem este informará minuciosamente sobre a matéria controvertida ou remeterá os autos, se tiver sobrestado o andamento do feito".

O Decreto-lei n. 8.737, de 19-1-1946, deu nova redação ao art. 897 da CLT e seus parágrafos, eliminando a menção ao Conselho Regional e passando a dispor que o julgamento seria feito pelo Tribunal Regional a que estiver subordinado o prolator da decisão agravada.

A Lei n. 5.442, de 1968, modificou a competência para julgamento dos agravos na execução, determinando que isso seria feito pelo Pleno ou pelas turmas.

Não tratou o CPC de 2015 do agravo de petição, mas apenas do de instrumento.

22.13.2 Denominação

A palavra *agravo* é proveniente do latim *aggravare*. Destina-se a impugnar gravame.

22.13.3 Conceito

Agravo de petição é o recurso que serve para atacar as decisões do juiz nas execuções (art. 897, *a*, da CLT).

22.13.4 Distinção

Distingue-se o agravo de petição do de instrumento. O primeiro é cabível das decisões do juiz na execução.

O agravo de instrumento é o recurso cabível quando o juiz nega seguimento a recurso interposto pela parte.

Atualmente, ambos podem ser processados por instrumento, mas também nos próprios autos principais.

22.13.5 Cabimento

Dispõe a alínea *a* do art. 897 da CLT que o agravo de petição cabe da decisão do juiz na execução. Não cabe na fase de conhecimento.

O agravo de petição é um recurso cabível na execução e não na fase de conhecimento.

Mesmo na execução, vamos observar a regra geral de que dos despachos de mero expediente não cabe qualquer recurso, posição adotada inclusive no processo civil (art. 1.001 do CPC).

Não caberá agravo de petição contra decisões interlocutórias na execução, que somente serão recorríveis quando da apreciação do mérito nas decisões definitivas (§ 1º do art. 893 c/c § 2º do art. 799 da CLT e S. 214 do TST). Não se admitirá agravo de petição, portanto, da decisão que entende não ser o caso da produção de determinada prova na execução; da que recusa a nomeação de bens à penhora, por não obedecer à ordem legal; dos despachos de mero expediente; das decisões interlocutórias, do despacho que determinou ou não a perícia contábil; da decisão que manda levantar os depósitos na execução. Não caberá também agravo de petição se não houve embargos do devedor ou impugnação à sentença de liquidação.

Não se admitirá agravo de petição de quem não é parte no processo. A exceção ocorre na hipótese de embargos de terceiro, desde que provada essa condição.

Nas hipóteses mencionadas, somente poderá haver recurso quando da decisão definitiva na execução.

Segundo a redação do § 4º do art. 884 da CLT, a sentença de liquidação somente poderá ser impugnada na oportunidade dos embargos à execução.

Anteriormente, admitia-se agravo de petição contra a sentença de liquidação. Com a edição da Lei n. 2.244, de 23-6-1954, foi suprimido o agravo de petição contra a sentença de liquidação. Essa decisão somente poderá ser atacada pelo executado se não houver preclusão, nos embargos do devedor (§ 3º do art. 884 da CLT), e pelo exequente, pela impugnação, no mesmo prazo dos embargos do devedor. A sentença que julga a liquidação não é definitiva, pois pode ser mudada quando do exame dos embargos ou da impugnação à sentença de liquidação. Assim, da sentença de liquidação não cabe agravo de petição.

Julgados não provados os artigos de liquidação, não será feita a penhora e, não existindo esta, o exequente não terá remédio apto a discutir a decisão proferida nos artigos. Por esse fundamento Wagner Giglio assevera ser cabível o agravo de petição contra sentença prolatada nos artigos de liquidação[3]. Amauri Mascaro Nascimento afirma que cabe o agravo de petição quando os artigos de liquidação são julgados não provados[4]. Entretanto, os artigos de liquidação podem ser renovados e provados pelo exequente. A decisão que julga os artigos de liquidação é, inclusive, interlocutória. O juiz, nos embargos, poderá modificar a sentença de liquidação. A Lei n. 2.244 suprimiu o agravo de petição contra sentença de liquidação.

---

3 GIGLIO, Wagner D. *Direito processual do trabalho*. 12. ed. São Paulo: Saraiva, 2002, p. 451.

4 NASCIMENTO, Amauri Mascaro. *Curso de direito processual do trabalho*. 19. ed. São Paulo: Saraiva, 1999, p. 550-551. No mesmo sentido, Antonio Lamarca (*Ação na Justiça do trabalho*. Rio de Janeiro: Edições Trabalhistas, 1968, p. 106-107).

Caso a parte perca o prazo para apresentar embargos à execução ou impugnação à sentença de liquidação não poderá se utilizar de agravo de petição, pois esse recurso não substitui os embargos ou a impugnação.

Não caberá agravo de petição na execução provisória, pois a execução para na penhora (art. 899 da CLT) e não pode prosseguir, além do que a decisão pode ser modificada em grau de recurso ordinário pelo tribunal.

Questões relativas a remição, adjudicação ou arrematação não ensejarão agravo de petição, mas embargos, pois compreendem decisões interlocutórias ou meros despachos. Haveria, inclusive, supressão de instância se fosse examinado o agravo de petição pelo tribunal, em razão de que a decisão poderia ser modificada na sentença que julga os embargos.

O agravo de petição caberá, portanto, da decisão que julgar os embargos do devedor, de terceiros, à praça, à arrematação, à adjudicação, a impugnação à sentença de liquidação. Já se admitiu o agravo de petição no despacho que anulou acordo e pôs termo à execução, por ser terminativo de instância.

Da decisão que julga extinta a execução cabe agravo de petição, pois é uma decisão de mérito. O mesmo ocorre na decisão que acolhe a prescrição intercorrente.

Da decisão que entende haver incompetência da Justiça do Trabalho para determinada questão caberá agravo de petição.

Não cabe remessa de ofício na execução, pois diz respeito apenas à fase de conhecimento. Assim, o ente público deverá apresentar o recurso de agravo de petição.

Se o valor dado à causa for de até dois salários-mínimos, não caberá recurso da decisão em execução, isto é, o agravo de petição, salvo se houver discussão sobre matéria constitucional. Como o § 4º do art. 2º da Lei n. 5.584 dispõe que nas causas com valor de alçada não cabe nenhum recurso, serão inadmissíveis o agravo de petição e também o agravo de instrumento. Não importa qual é o valor da execução, mas o valor dado à causa.

A alínea *a* do art. 897 da CLT refere-se a juiz ou presidente. A palavra *juiz* quer dizer juiz de direito, quando investido de funções trabalhistas. A palavra *presidente* significa o juiz presidente da antiga Junta de Conciliação e Julgamento e atual Vara do Trabalho. Pode também a palavra *presidente* significar o presidente do Tribunal Regional do Trabalho, nos processos de sua competência originária, em que a execução é perante ele promovida.

Da decisão do juiz de direito que julgar a execução em processo trabalhista de sua competência caberá também o agravo de petição para o TRT com jurisdição sobre a região.

A matéria discutida no agravo de petição é a mesma que foi objeto da sentença desfavorável à parte, que julgou, por exemplo, os embargos ou a impugnação à sentença de liquidação.

Quando o agravo de petição versar apenas sobre as contribuições sociais, o juiz da execução determinará a extração de cópias das peças necessárias, que serão autuadas em apartado, e remetidas à instância superior para apreciação, após contraminuta (§ 8º do art. 897 da CLT). É mais fácil a extração de peças para subir apenas o recurso da União em relação às contribuições previdenciárias, executando-se o crédito do reclamante.

O recurso cabível para a União na execução é o agravo de petição e não o recurso ordinário, pois o processo não está na fase de conhecimento.

22.13.6 Depósito

Antigamente, discutia-se a necessidade de depósito recursal para o agravo de petição. Argumentava-se que o depósito seria exigido, pois nenhum recurso poderia ser admitido sem depósito (§ 1º do art. 899 da CLT). Entendia-se, porém, que não seria preciso o depósito, porque a decisão estava garantida com a penhora. A jurisprudência, todavia, não era pacífica sobre o tema.

Com o advento do art. 40 da Lei n. 8.177/91, não há mais necessidade do pagamento do depósito para a interposição do agravo de petição, visto que aquele dispositivo elenca a necessidade do depósito apenas para o recurso ordinário, de revista, de embargos e no recurso da ação rescisória, silenciando quanto ao agravo de petição. Assim, entende-se que é prescindível o depósito no agravo de petição, mormente pelo fato de a execução já estar garantida pela penhora. Persiste a inexigibilidade do depósito no agravo de petição, mesmo com a nova redação determinada pela Lei n. 8.542, de 23-12-1992, ao § 2º do art. 40 da Lei n. 8.177/91, pois a execução já está garantida pela penhora e, inclusive, porque não se saberia qual o valor a ser depositado, visto que a lei não o menciona.

A letra *c* do item IV da Instrução Normativa n. 3/93 do TST estabelece que, "garantida integralmente a execução nos embargos, só haverá exigência de depósito em qualquer recurso subsequente do devedor se tiver havido elevação do valor do débito". Elevação do valor do débito poderia ocorrer com a correção monetária diária e com os juros de mora. A correção monetária, porém, é mera atualização do valor da dívida. Poderia ocorrer também de no julgamento da impugnação à sentença de liquidação o juiz fixar valor superior à condenação e a penhora teria sido feita por valor anterior, que é menor. Nesse caso, segundo a Instrução Normativa, haveria necessidade de depósito para o devedor recorrer, visando garantir o juízo em relação a essa diferença.

22.13.7 Custas

As custas na execução serão pagas ao final (art. 789-A da CLT). Não há necessidade de pagar custas para a admissibilidade do agravo de petição.

22.13.8 Prazo

O prazo para a interposição do agravo de petição é de oito dias (art. 6º da Lei n. 5.584/70 e art. 897, *a*, da CLT).

Para as entidades de direito público, suas autarquias e fundações públicas que não explorem atividade econômica, observar-se-á o prazo de 16 dias para o seu recurso e suas contrarrazões (Decreto-lei n. 779/69).

O Ministério Público também terá prazo em dobro para apresentar o recurso.

22.13.9 Condições de admissibilidade

De acordo com o § 1º do art. 897 da CLT, com a redação determinada pela Lei n. 8.432, de 11-6-1992, há necessidade de se delimitar as matérias e os valores impugnados por meio do agravo de petição. Deve ser feita a delimitação, justificada, da matéria e dos valores impugnados que serão objeto do agravo de petição. A redação anterior do art. 897 da CLT, determinada pelo Decreto-lei n. 8.737, de 19-1-1946, não fazia essa exigência. Trata-se de uma das condições para a apresentação do recurso, que não fere o princípio da ampla defesa, que é dependente da previsão da lei sobre o assunto, ou das condições estabelecidas por ela para tanto. Constitui-se, portanto, numa das condições de admissibilidade do recurso (pressuposto objetivo).

O agravo de petição não pode ser admitido por simples petição, pois há necessidade de se delimitarem matéria e valores.

Não há mais a possibilidade de se interpor agravo de petição genérico, amplo. Mister se faz tanto a delimitação justificada da matéria a ser debatida, quanto no tocante aos valores impugnados. Quando o recurso não tratar de um único aspecto, deverá ser delimitado em tópicos, explicitando as razões de fato e de direito para a reforma da decisão.

Ainda que os valores estejam determinados, mas não a matéria, é de não se conhecer do agravo de petição, pois a lei exige cumulativamente o atendimento das duas circunstâncias: delimitação de valores e matéria.

Se a parte não atender às regras do § 1º do art. 897 da CLT, o recurso não será recebido pelo juiz de primeira instância ou não conhecido pelo tribunal, caso subir para exame desse órgão.

O agravo de petição terá, assim, um juízo de admissibilidade no primeiro grau, que irá verificar não só o prazo e demais pressupostos do recurso, mas também irá observar se houve delimitação e justificação das matérias e valores impugnados. Caso não sejam atendidos esses requisitos, o recurso não será recebido (§ 1º do art. 897 da CLT). O juízo não irá, porém, entrar no mérito da questão debatida no agravo de petição, apenas fará a verificação da matéria e dos valores impugnados de maneira justificada.

Não tem fundamento legal o juiz mandar a parte declarar os valores incontroversos, pois eles devem ser indicados no recurso.

A falta de delimitação dos valores inviabiliza a interposição de agravo de petição pelo executado. Entretanto, se não há controvérsia sobre os valores, poder-se-ia dizer que não seria o caso de delimitação. Ocorre que o § 1º do art. 897 da CLT determina expressamente que os valores devem ser delimitados, sob pena de não conhecimento do recurso. Isso quer dizer qualquer valor, inclusive os incontroversos, de maneira que o tribunal *ad quem* possa também examiná-los e saber o que está sendo debatido, diante da regra da devolução ao tribunal daquilo que houver apelação. Se houver preclusão anterior da discussão de valor incontroverso, que, por exemplo, foi homologado pelo juiz, sem impugnação de uma das partes, o recurso nem mesmo deveria ser conhecido.

No agravo de petição, a parte não poderá reportar-se a cálculos apresentados no processo, como na impugnação à conta de liquidação ou em embargos à execução. Os cálculos devem ser mencionados no agravo de petição, de forma atualizada, inclusive no período que vai da elaboração da conta até a interposição do agravo.

A delimitação de valores incontroversos diz respeito ao recurso da empresa, não ao do empregado, para que este possa levantar a importância incontroversa. O empregador é que tem interesse em protelar o andamento da execução.

A União não terá de delimitar valores em relação ao recurso de agravo de petição para exigência de contribuição previdenciária. Essa regra diz respeito à empresa, visando permitir a execução da parte incontroversa pelo empregado.

O recurso será interposto por simples petição (art. 899 da CLT). Entretanto, entendo que essa regra aplica-se às partes que não constituíram advogado, que podem exercer o *ius postulandi*. Mesmo quando o empregador postula sem advogado deverá delimitar a matéria e os valores.

O juiz de primeiro grau pode negar seguimento ao recurso de agravo de petição, desde que não estejam presentes os pressupostos objetivos e subjetivos para seu cabimento. Da decisão cabe agravo de instrumento.

22.13.10 Efeito

Antigamente, o juiz podia sobrestar o andamento do processo, quando julgasse conveniente, até o julgamento do recurso (§ 2º do art. 897 da CLT), de acordo com a redação dada pelo Decreto-lei n. 8.737/46. O sobrestamento do feito implicava as mesmas consequências práticas do efeito suspensivo. As minuciosas informações que eram previstas no § 2º do art. 897 da CLT não eliminavam a necessidade de se enviar os autos ao Tribunal. Em muitos casos em que não se sobrestou o andamento do feito, foi necessário posteriormente enviar os autos ao tribunal, por requisição do relator.

Com a nova redação dada ao § 2º do art. 897 da CLT, determinada pela Lei n. 8.432, de 1992, já não existe a necessidade de o juiz informar minuciosamente à instância superior sobre a matéria controvertida, como ocorria anteriormente. Agora, o agravo de petição não terá efeito suspensivo, pois não mais se fala em sobrestamento do feito. Permite-se, todavia, a execução imediata da parte que não foi objeto do recurso, ou seja, a execução definitiva, até o final, nos próprios autos ou por carta de sentença (parte final do § 1º do art. 897 da CLT), o que mais justifica a inexistência de efeito suspensivo ou sobrestamento do feito. Assim, incide a regra geral de que os recursos têm efeito meramente devolutivo (art. 899 da CLT), inexistindo efeito suspensivo tanto no agravo de instrumento, como no de petição.

O juiz, ao admitir o recurso, irá dizer se há ou não necessidade de se fazer o traslado das peças necessárias, ou remeterá os próprios autos ao tribunal superior. Permite-se, todavia, a execução imediata da parte que não foi objeto do recurso, ou seja, a execução definitiva, até o final, nos próprios autos ou por carta de sentença (parte final do § 1º do art. 897 da CLT), o que mais justifica a inexistência de efeito suspensivo ou sobrestamento do feito.

Os embargos de terceiro terão efeito suspensivo quando versarem sobre todos os bens discutidos na execução (art. 678 do CPC). Caso a ação de embargos de terceiro possibilite a suspensão total do feito, o agravo de petição que recorre da sentença que julgou os embargos também terá efeito suspensivo.

22.13.11 Objetivo

O objetivo da Lei n. 8.432/92, ao determinar nova redação ao art. 897 da CLT, foi dar maior rapidez e celeridade às questões de execução na Justiça do Trabalho. O atual § 1º do art. 897 da CLT permite a execução imediata da parte que não foi objeto de impugnação no agravo de petição, importando em dizer que a execução nesse caso vai até o final, ou seja, é definitiva, seja nos próprios autos ou por carta de sentença.

Caberá ao juiz avaliar ou não a necessidade da extração da carta de sentença de acordo com o que foi ventilado no agravo de petição. Matérias mais complexas, que versem sobre a maior parte da execução, recomendarão a remessa ao tribunal do agravo juntamente com os próprios autos principais. Matérias mais simples, ou pequenas questões que não envolvam toda a execução ou não interfiram diretamente nela, recomendarão o traslado das peças necessárias para a formação do instrumento do agravo de petição.

22.13.12 Processamento

Apresentado o agravo de petição perante o juiz da execução, o magistrado irá examinar os pressupostos de admissibilidade. Será, em seguida, intimado o agravado a oferecer sua contraminuta no prazo de oito dias (art. 900 da CLT c/c art. 6º da Lei n. 5.584/70) ou em dobro (União, Estados, Distrito Federal, Municípios, suas autarquias e fundações públicas que não explorem atividade econômica).

Após, os autos serão conclusos ao juiz para reformar ou manter a decisão.

Mantendo a decisão, os autos serão enviados ao tribunal.

Depois de ser autuado no tribunal, o processo será enviado para a Procuradoria do Trabalho oferecer parecer no prazo de oito dias a contar da distribuição do processo ao procurador.

Quando da volta do processo da Procuradoria, haverá distribuição ao relator. Este prepara seu voto e apõe seu visto, enviando-o ao revisor. Em seguida, o processo é posto em pauta para julgamento, sendo intimadas as partes.

22.13.13 Procedimento

Será apreciado o agravo de petição pelo Tribunal Regional Pleno, se este não for dividido em turmas, ou por estas, nos tribunais divididos em turmas. Não é, portanto, julgado por seção especializada. A exceção diz respeito ao agravo de petição contra decisão do juiz presidente do Tribunal, que será julgado pelo pleno ou por órgão especial, onde existir.

O agravo de petição apresentado contra decisão do juiz de direito é julgado pelo Tribunal Regional da respectiva área e não pelo Tribunal de Justiça ao qual o juiz estiver subordinado. O julgamento também será feito pelo pleno ou turmas.

Normalmente, os regimentos dos tribunais costumam colocar o agravo de petição mais rapidamente em pauta de julgamento, por se tratar de um processo que está na fase de execução, devendo haver julgamento mais rápido do que qualquer outro.

Nos casos em que a decisão é do presidente do Tribunal na execução, o agravo de petição será julgado pelo pleno do tribunal, quando não dividido em turmas, presidido pela própria autoridade recorrida (§ 3º do art. 897 da CLT).

No dia do julgamento, as partes terão direito de fazer sustentação oral após o relatório do relator. Em seguida, este proferirá seu voto, depois o revisor e o terceiro juiz.

Da decisão proferida pelo tribunal em agravo de petição não caberá recurso de revista. A Súmula 266 do TST só admite o recurso de revista quando se tratar de ofensa à Constituição. Tal orientação jurisprudencial foi adotada pelo legislador, quando a Lei n. 7.701/88 acrescentou o § 4º do art. 896 da CLT, e, atualmente, por força da Lei n. 9.756, de 16-12-1998, que deu nova redação ao § 2º do mesmo artigo, com a seguinte redação: "das decisões proferidas pelos Tribunais Regionais do Trabalho ou por suas Turmas, em execução de sentença, inclusive em processo incidente de embargos de terceiro, não caberá recurso de revista, salvo na hipótese de ofensa direta e literal de norma da Constituição Federal". Isso ocorrerá, principalmente, por violação da coisa julgada ou do direito adquirido (art. 5º, XXXVI, da Lei Maior). Exige-se ofensa direta e literal da Constituição e não indireta ou meramente reflexa. Não cabe em relação à divergência jurisprudencial ou violação de lei.

No procedimento sumaríssimo, não há procedimento diferenciado em relação ao agravo de petição.

22.14 AGRAVO DE INSTRUMENTO

22.14.1 História

O agravo de instrumento tem origem em Portugal, nas querimas ou querimônias que aparecem para atenuar a rigidez da Lei de Afonso IV, que proibia apelação contra sentenças interlocutórias. Inicialmente, cabiam as querimônias e, posteriormente, o agravo contra tais decisões. Nas Ordenações Manuelinas é que surgem os agravos de petição e de instrumento contra as decisões interlocutórias, as sentenças definitivas, as apelações e os agravos ordinários.

Em nosso sistema, no império, o agravo de instrumento foi abolido em 29-11-1832, tendo sido restabelecido por lei de 3 de dezembro de 1841.

O agravo de instrumento não era previsto no Decreto-lei n. 1.237/39, que mencionava as decisões proferidas em execução, o que implicava o entendimento doutrinário do cabimento do agravo de petição. Sendo a decisão prolatada por juiz do trabalho, a competência para o julgamento do recurso seria do próprio tribunal presidido pela autoridade recorrida. Na hipótese de a decisão ser proferida por juiz de direito investido na jurisdição trabalhista, o agravo seria julgado por outro juiz de direito da comarca mais próxima. Inexistia recurso suspensivo ao recurso em comentário.

O Decreto n. 6.596/40, que era o Regulamento da Justiça do Trabalho, determinou que se o juiz não atribuísse efeito suspensivo ao agravo deveria encaminhá-lo em instrumento em apartado, devendo ser acompanhado de informações minuciosas. Poderia, porém, o juiz entender ser conveniente a suspensão da execução sendo que, no caso, o agravo subiria nos próprios autos principais (art. 204, §§ 1º e 2º).

Quando da edição da CLT (1943), era o recurso de competência do Conselho Regional do Trabalho.

A redação anterior do art. 897 da CLT era determinada pelo Decreto-lei n. 8.737, de 19-1-1946, tendo previsão o recurso em comentário na letra *b*. A redação atual é disciplinada pela Lei n. 8.432, de 11-6-1992, que repete o *caput* da redação anterior do art. 897 da CLT. O prazo do agravo, que constava do § 1º, passou a ser especificado no *caput*.

22.14.2 Conceito

O agravo de instrumento tem esse nome porque não vai para o tribunal com os próprios autos da decisão impugnada, mas há necessidade da formação de autos em apartado, de modo a não interromper o andamento do processo, daí sendo feito o instrumento para esse fim.

O conceito do agravo de instrumento é encontrado na alínea *b* do art. 897 da CLT: é o recurso adequado para impugnar os despachos que denegarem seguimento a outro recurso.

22.14.3 Distinção

Distingue-se o agravo de instrumento previsto na alínea *b* do art. 897 da CLT do determinado no CPC. Este serve para impugnar qualquer despacho ou decisão no processo civil, inclusive decisão interlocutória. No processo do trabalho, não cabem recursos de decisões interlocutórias (§ 1º do art. 893 c/c § 2º do art. 799 da CLT e S. 214 do TST), somente da decisão definitiva.

Assim, o agravo de instrumento no processo do trabalho serve apenas para destrancar recurso ao qual foi negado seguimento e não para decisões interlocutórias.

Não se confunde o agravo de instrumento com o agravo de petição. Este serve para impugnar as decisões do juiz na execução (art. 897, *a*, da CLT). O agravo de instrumento é o remédio para atacar os despachos que denegarem a interposição de recursos.

22.14.4 Cabimento

Caberá agravo de instrumento no processo do trabalho contra despacho que denegar seguimento ao recurso ordinário, recurso de revista, agravo de petição e recurso extraordinário (art. 1.042 do CPC). Não caberá o agravo de instrumento de despacho que não admitir os embargos, pois, nesse caso, o remédio é o agravo regimental (art. 3º, III, *c*, da Lei n. 7.701/88).

A finalidade, portanto, do agravo de instrumento no processo do trabalho é destrancar os recursos anteriormente mencionados.

Será cabível, também, agravo de instrumento contra despacho que impede o pedido de revisão do valor da causa, pois no caso não é possível a interposição do mandado de segurança, nem da correição parcial, sendo o agravo de instrumento o meio adequado para a obtenção da reforma daquela decisão interlocutória.

22.14.5 Não cabimento

Não caberá agravo de instrumento contra: indeferimento de prova, pois as decisões interlocutórias somente são recorríveis, quando da sentença final (§ 1º do art. 893 da CLT); a admissão ou denegação da intervenção de terceiros, pois haverá a possibilidade da interposição do recurso ordinário quando da decisão definitiva.

Considera-se inadequada a interposição de agravo de instrumento de despacho que entende cabível o recurso de revista apenas quanto à parte das matérias veiculadas, pois o TST poderá apreciar integralmente o recurso. Assim, se o tribunal regional entende, no juízo de admissibilidade, que o recurso de revista cabe quanto a divergência jurisprudencial e não quanto a violação literal de dispositivo de lei, ou vice-versa, não caberá o agravo de instrumento, pois o tribunal *a quo* não está denegando seguimento ao recurso de revista, podendo o TST entender cabível o recurso quanto à parte que não foi admitida pelo TRT, ou, ao contrário, não conhecer do recurso integralmente.

É incabível o agravo de instrumento quanto a despacho denegatório a embargos à execução, pois o remédio adequado é o agravo de petição, que é o recurso previsto para as decisões do juiz na execução (art. 897, *a*, da CLT). O mesmo pode-se dizer em relação ao despacho que não recebe embargos de terceiro.

A parte não poderá interpor agravo de instrumento contra despacho que não admite agravo de instrumento. O correto será a interposição de agravo regimental, desde que haja previsão nesse sentido no regimento interno do tribunal ou o mandado de segurança, se conseguir demonstrar a existência do direito líquido e certo.

São incabíveis embargos para a SDI contra decisões em agravo de instrumento oposto contra despacho denegatório de recurso de revista, inexistindo qualquer violação à Constituição. O STF já entendeu da mesma forma (Ag. 98.422-4-RJ, 15-5-1984, Rel. Min. Aldir Passarinho, *DJU*, 4-6-1984, p. 8.875). No caso, o acórdão do agravo de instrumento apenas vai examinar o cabimento do recurso que foi denegado seguimento (recurso de revista). O julgador não vai entrar no mérito da decisão da revista, apenas vai verificar os pressupostos para seu conhecimento, se o apelo pode ou não subir. Inexistentes estes, não há por que se ingressar com outro recurso (embargos para a SDI), protelando ainda mais a solução do processo.

A Súmula 353 do TST esclareceu que não cabem embargos para a SDI contra decisão de turma proferida em agravo de instrumento, salvo para reexame dos pressupostos extrínsecos do agravo ou da revista respectiva, que dizem respeito ao próprio apelo.

Do acórdão do Tribunal Regional que julgar o agravo de instrumento também não caberá recurso de revista (S. 218 do TST), pelo motivo de que o agravo de instrumento não entra no mérito da questão da revista, apenas verifica se esta pode ou não subir.

No TST, o Ministro Relator do agravo de instrumento pode negar seguimento ao referido recurso caso a decisão recorrida esteja em consonância com o enunciado da Súmula da Jurisprudência do TST (art. 9º da Lei n. 5.584/70). Dessa decisão caberá agravo regimental.

Da decisão do juiz que mantém o valor da causa ou que indefere o pedido de isenção de custas não cabe agravo de instrumento, pois são decisões interlocutórias. Caberá agravo de instrumento da decisão que denegar seguimento a recurso.

22.14.6 Prazo

No processo civil, o agravo de instrumento cabe no prazo de 15 dias. Entretanto, no processo do trabalho, houve unificação de prazos recursais por intermédio do art. 6º da Lei n. 5.584/70, que é de oito dias, além do que a Lei n. 8.432, ao dar nova redação ao *caput* do art. 897 da CLT, especificou que o prazo do agravo tanto de instrumento, como de petição, será de oito dias. Logo, o prazo determinado no art. 1.015 do CPC não se aplica no processo do trabalho, pois há prazo próprio, que é de oito dias. O § 2º do art. 1.017 do CPC é aplicável no processo do trabalho quando determina o local onde deve ser apresentado. Logo, se a parte apresentar no correio a petição nos oito dias, mas a petição não chegar ao protocolo do tribunal nesse prazo, o recurso não será intempestivo, pois é a própria lei que permite que a petição seja apresentada no correio no prazo do recurso (§ 2º do art. 1.017 do CPC).

O pedido de reconsideração do despacho do juiz *a quo* não implicará a suspensão ou interrupção do prazo para o recurso, que fluirá normalmente.

22.14.7 Procedimento

Dispõe o art. 1.016 do CPC que o "agravo de instrumento será dirigido diretamente ao tribunal competente", por meio de petição. Da forma como está redigido o referido artigo poder-se-ia entender que o agravo apenas será endereçado ao tribunal, mas apresentado no primeiro grau, daí porque incorreta a expressão "dirigido diretamente ao tribunal", que pode ensejar dúvidas. O § 2º do art. 1.017 do CPC mostra que a petição do recurso será protocolada no tribunal. O art. 1.018 do CPC declara que o agravante deve, no prazo de três dias, juntar aos autos a cópia da petição do agravo de instrumento e do comprovante de sua interposição, evidenciando que o agravo realmente é apresentado no próprio tribunal e não no juízo *a quo*. Assim, a petição inicial será apresentada ao juiz que seria competente para julgar o recurso que anteriormente foi interposto e foi denegado seguimento, isto é, no próprio juízo *ad quem*. Em relação à decisão da Vara, o agravo de instrumento será protocolado no TRT da respectiva região; no que diz respeito à decisão do TRT que nega, por exemplo, seguimento a recurso de revista, o agravo de instrumento será protocolado diretamente no TST ou enviado pelo correio. A nova redação do art. 1.016 do CPC, ao mencionar que o agravo é dirigido ao próprio tribunal, modificou a orientação histórica que sempre foi seguida de que o agravo deve ingressar no juízo que proferiu a decisão impugnada. A CLT não dispõe onde deve ser interposto o agravo de instrumento, apenas menciona quem o julga, que é o tribunal. Logo, deveria ser aplicado o CPC, que determina onde o agravo deve ser apresentado. O inciso II, da Instrução Normativa n. 16/99 do TST, entende, porém, que o agravo de instrumento será dirigido à autoridade judiciária prolatora do despacho agravado, sendo processado em autos em apartado. Logo, não será protocolado no tribunal, como determina o CPC, mas no juízo *a quo*. Trata-se, portanto, de procedimento contrário ao que está previsto no CPC.

O agravo será apresentado por petição, como se verifica do art. 1.016 do CPC, indicando a exposição dos fatos e do direito e as razões para a reforma da decisão.

A petição deverá conter os seguintes requisitos:

a) os nomes das partes;
b) a exposição do fato (negar seguimento a recurso) e do direito;
c) as razões do pedido de reforma da decisão que denegou seguimento ao recurso anterior e o pedido. Isso mostra que a regra do art. 899 da CLT que estabelece que os recursos trabalhistas são interpostos por simples petição não se aplica também ao agravo de instrumento, pois o agravante deverá

apresentar a exposição do fato e do direito e as razões do pedido de reforma da decisão. Do contrário, não haverá fundamento. As razões do agravo de instrumento devem ser dirigidas a atacar o despacho que nega seguimento ao recurso e não à decisão do acórdão ou da sentença;

d) o nome e o endereço completos dos advogados, constantes dos autos e não do processo, como consta do inciso IV do art. 1.016 do CPC. Irá compreender tanto o endereço dos advogados do agravante, como do agravado.

Deverão ser juntadas peças aos autos, de modo que o tribunal possa julgar de imediato o recurso ao qual foi negado seguimento, de maneira a haver maior celeridade.

A parte deverá instruir a petição inicial do agravo de instrumento:

a) obrigatoriamente, com cópias da petição inicial, da contestação, da petição que ensejou a decisão agravada, da própria decisão agravada, da certidão da respectiva intimação ou outro documento oficial que comprove a tempestividade e das procurações outorgadas aos advogados do agravante e do agravado, da decisão originária (poderá ser o recurso ordinário, agravo de petição, recurso de revista), do depósito recursal referente ao recurso que se pretende destrancar, da comprovação de recolhimento das custas e do depósito recursal de 50% do valor do depósito do recurso a qual se pretende destrancar. Nada impede que o agravo de instrumento tenha procurador contratado especialmente para a sua interposição, razão pela qual deverá juntar a competente procuração. O comprovante do depósito recursal e custas refere-se a recurso anteriormente interposto;

b) com declaração de inexistência de qualquer dos documentos referidos no inciso I, feita pelo advogado do agravante, sob pena de sua responsabilidade pessoal;

c) facultativamente, com outras peças que o agravante entender úteis ao deslinde da matéria de mérito controvertida (§ 5º do art. 897 da CLT). Essas hipóteses são previstas nos incisos do art. 1.017 do CPC. Podem ser necessárias cópias de cartões de ponto, recibos de pagamento ou de outros documentos do processo.

O agravo não será conhecido se o instrumento não contiver as peças necessárias para o julgamento do recurso denegado (§ 5º do art. 897 da CLT), incluindo a cópia do respectivo arrazoado e da comprovação de satisfação de todos os pressupostos extrínsecos do recurso principal. Logo, não se aplica o § 3º do art. 1.017 do CPC que dispõe que o relator deve conceder prazo para a parte regularizar os documentos juntados no agravo de instrumento, pois não há omissão na CLT.

O termo correto é *não conhecimento* e não *nego seguimento*, caso não sejam apresentadas as peças necessárias. Negar seguimento é negar o processamento do recurso, que é feito na instância *a quo*.

Na redação do inciso I do art. 1.017 do CPC é necessário não só juntar a cópia da procuração do advogado do agravante, mas também do agravado. Entretanto, se o agravante juntar nova procuração, por óbvio não precisará juntar cópia da petição que está no processo principal.

O § 2º do art. 1.017 do CPC permite não só que a petição seja protocolada no tribunal no prazo do recurso, mas também postada no correio sob registro com aviso de recebimento, ou, ainda, interposta por outra forma prevista na lei local. O uso da expressão *postagem no correio* é pleonasmo, pois ao se falar em postagem, já se presume que seja feita no correio. Não se trata, porém, de lei local, pois o citado parágrafo tanto vai ser utilizado na Justiça Comum, na Federal e na do Trabalho, daí porque o mais certo seria usar o termo *lei de organização judiciária*.

Não mais se aplica a regra que no prazo de 15 dias seriam feitos a extração, a conferência e o concerto do traslado, prorrogável por mais dez dias, pois a atual redação dos arts. 1.015 a 1.020 do CPC não prevê tal orientação. Assim, competirá à própria parte tirar as cópias necessárias à formação do instrumento, bem como a sua conferência, eliminando trabalho burocrático nos órgãos judiciais.

O CPC não usa, inclusive, mais a palavra conferência do traslado, que era feita pelo serventuário, indicando que a parte deve responsabilizar-se pela juntada dos documentos necessários. O art. 1.017 do CPC declara que a petição inicial "será instruída", indicando que a petição do agravo deve incluir os documentos necessários, que serão juntados pela própria parte. Não mais se usa a expressão de que a parte deve indicar as peças. Agora, deve ela instruir seu pedido com as peças pertinentes, o que deve ser feito pelo próprio interessado e não pelo serventuário. O inciso X, da Instrução Normativa n. 16 do TST, estabelece que cabe às partes velar pela correta formação do instrumento, não comportando a conversão do agravo em diligência para suprir a ausência de peças, ainda que essenciais. O advogado pode declarar autênticas as peças, sob sua responsabilidade (art. 830 da CLT e item IX da Instrução Normativa n. 16 do TST).

Juntado documento novo, deverá a parte contrária, quando das contrarrazões, sobre ele se manifestar.

O agravado será intimado para oferecer resposta ao agravo e ao recurso principal, instruindo-a com as peças que considere necessárias ao julgamento de ambos os recursos (§ 6º do art. 897 da CLT). A hipótese mencionada diz respeito apenas ao agravo de instrumento e não ao agravo de petição, pois está complementando as disposições do § 5º do mesmo artigo. O agravado passa a ser intimado para oferecer resposta não só ao agravo de instrumento, mas também ao recurso principal (ordinário, revista, agravo de petição), em razão de que o tribunal poderá deliberar sobre o apelo principal. Serão juntadas peças de forma a haver o julgamento de ambos os recursos.

22.14.8 Preparo

O preparo abrange o pagamento de custas, do depósito recursal e outros emolumentos.

Houve dúvida num certo momento se havia necessidade de depósito recursal no agravo de instrumento. O § 2º do art. 40 da Lei n. 8.177/91 dispõe que "a exigência de depósito aplica-se, igualmente, aos embargos, à execução e a qualquer recurso subsequente do devedor". Não havia, contudo, necessidade de se fazer depósito recursal no agravo de instrumento por falta de previsão legal específica para o referido recurso e por não haver a fixação do valor a ser depositado.

O art. 2º da Lei n. 12.275 acrescentou o § 7º ao art. 899 da CLT: "§ 7º No ato de interposição do agravo de instrumento, o depósito recursal corresponderá a 50% (cinquenta por cento) do valor do depósito do recurso ao qual se pretende destrancar".

O fundamento da nova norma é o excesso de agravos de instrumento no TST, pois a maioria dos agravos tem natureza protelatória, por não serem providos. A parte deve ter acesso ao Poder Judiciário, mas não pode fazer o "excesso do acesso" à Justiça, principalmente com fins protelatórios.

A regra do § 7º do art. 899 da CLT mostra a aplicação da celeridade e da razoável duração do processo (art. 5º, LXXVIII, da Constituição).

No agravo de instrumento, passa a haver necessidade de se fazer o depósito recursal de 50% do valor do depósito do recurso que se pretende destrancar. O objetivo da norma é diminuir o número de agravos de instrumento no TST. Haverá necessidade de depositar R$ 5.029,57, caso o agravo de instrumento vise destrancar recurso ordinário e R$ 10.059,15, caso o objetivo seja destrancar recurso de revista.

Atingido, porém, o valor da condenação, não há que se falar em depósito de 50% em relação ao recurso anterior para ser conhecido o agravo de instrumento. Do contrário, estar-se-ia impedindo o direito de recorrer da parte, pois o valor da condenação já está garantido. Pode a parte não ter como pagar o valor do depósito recursal para poder recorrer, justamente no valor em que excede a condenação.

Não é exigível depósito recursal em agravo de instrumento em razão da denegação de seguimento de recurso extraordinário para o STF, que tem regra própria no art. 1.042 do CPC e arts. 321 e 329 do seu Regimento Interno.

Parece que a melhor solução ainda seria o pagamento de depósito do valor integral no agravo de instrumento para destrancar recurso anterior e não apenas 50%. Entretanto, em qualquer caso deve-se respeitar o limite da condenação, não podendo ser exigido depósito recursal após estar garantido o juízo.

O depósito no agravo de instrumento deve ser comprovado no ato da interposição do agravo de instrumento (§ 7º do art. 899 da CLT). É o valor vigente na data da interposição do recurso. O prazo é na data da interposição do recurso. Se a comprovação for feita depois da interposição do agravo de instrumento, ele não será conhecido. Se for denegado no recurso de revista, deve comprovar com o agravo de instrumento o depósito do recurso anterior.

Quando o agravo de instrumento tem a finalidade de destrancar recurso de revista que se insurge contra decisão que contraria a jurisprudência uniforme do Tribunal Superior do Trabalho, consubstanciada nas suas súmulas ou em orientação jurisprudencial, não haverá obrigatoriedade de se efetuar o depósito referido no § 7º (§ 8º do art. 899 da CLT). O objetivo da norma de não exigir depósito recursal no agravo de instrumento é a maior celeridade, pois a decisão é contrária a súmula ou orientação jurisprudencial do TST. Na verdade, o recurso será provido pelo TST, daí a desnecessidade de depósito em agravo de instrumento. O recurso será o do empregador, que é quem faz depósito recursal.

O recurso irá atacar a decisão que contraria súmula ou orientação jurisprudencial do TST, o que pressupõe um tema ou mais de um, mas todos com súmula ou orientação jurisprudencial. Se o agravo de instrumento for atacar outros temas que não são objeto de súmula ou de orientação jurisprudencial, deverá haver o depósito recursal.

Inexiste pagamento de custas. A deserção, entretanto, somente poderá ser declarada pelo juiz relator do processo, não podendo ser feita pelo juízo *a quo*. Não haverá, portanto, preparo (item XI da IN n. 16/99 do TST). Haverá necessidade de pagar emolumentos por autenticação.

22.14.9 Efeito

O agravo de instrumento não possui efeito suspensivo. Podia o juiz sobrestar o andamento do processo sempre que julgasse aconselhável (§ 1º do art. 897 da CLT), de acordo com a redação do Decreto-lei n. 8.737, de 1946. Hoje, não é mais possível o sobrestamento do feito, pois não há mais essa previsão legal. A Lei n. 8.432, ao dar nova redação ao art. 897 da CLT, eliminou a hipótese de sobrestamento do feito. Logo, o efeito do recurso será apenas devolutivo, seguindo a regra geral do art. 899 da CLT.

O relator não poderá atribuir efeito suspensivo ao recurso. Diante da orientação do art. 899 da CLT, por não haver omissão na CLT, mas, ao contrário, orientação em sentido diverso (art. 769 da CLT), visto que a Lei n. 8.432 suprimiu o sobrestamento do processo, que era previsto anteriormente no § 1º do art. 897 da CLT, e que tinha a mesma finalidade de atribuir efeito suspensivo ao recurso.

Interposto agravo de instrumento contra despacho que recebeu o agravo de petição, não há efeito suspensivo da execução da sentença (§ 2º do art. 897 da CLT). Não teria sentido dizer que o agravo de instrumento teria efeito suspensivo do feito em casos diversos do da denegação do agravo de petição. A regra geral do art. 899 da CLT deve ser respeitada (efeito devolutivo). Não poderia a Lei n. 8.432/92, que tem por objetivo agilizar o andamento do processo, retroceder ao ponto de permitir efeito suspensivo no agravo de instrumento.

22.14.10 Processamento

O agravo de instrumento, protocolizado e autuado, será concluso ao juiz prolator do despacho agravado, para reforma ou confirmação da decisão impugnada, observada a competência estabelecida nos arts. 659, VI, e 682, IX, da CLT.

Mantida a decisão agravada, será intimado o agravado a apresentar contrarrazões relativas ao agravo e, simultaneamente, ao recurso principal, juntando as peças que entender necessárias para o julgamento de ambos, encaminhando-se, após, os autos do agravo ao juízo competente.

Serão certificadas nos autos principais a interposição do agravo de instrumento e a decisão que determina o processamento ou a decisão que reconsidera o despacho agravado.

O agravo de instrumento será julgado pelo Tribunal que seria competente para conhecer o recurso cuja interposição foi denegada (§ 4º do art. 897 da CLT). Assim, se se tratar de denegação de seguimento de recurso ordinário ou agravo de petição, quem irá julgar o agravo de instrumento será uma das Turmas do Tribunal recorrido, ou pelo Pleno do Tribunal, quando este não for dividido em Turmas (art. 679 da CLT). Se o recurso para o qual for denegado seguimento for o de revista, o agravo de instrumento será julgado por uma das turmas do TST.

Havendo nos autos principais recursos de ambas as partes e, se um deles for denegado, o agravo de instrumento interposto, devidamente processado, será remetido juntamente com os autos do recurso recebido.

O agravo será processado nos autos principais: (a) se o pedido houver sido rejeitado integralmente; (b) se houver recurso de ambas as partes e denegação de um ou de ambos.

Recebido o agravo de instrumento no tribunal, será distribuído *incontinenti* (sem demora) ao relator, se não for o caso de indeferimento liminar (art. 1.019 do CPC). Não há mais juízo de admissibilidade do juiz *a quo*. O relator poderá requisitar informações ao juiz da causa. Trata-se de faculdade do relator, porém, poderá ser feita para maior segurança na sua decisão. Tal orientação se assemelha às informações prestadas pela autoridade coatora em mandado de segurança, como se observa do inciso I do art. 7º da Lei n. 12.016/2009. O juiz *a quo*, em suas informações, poderá juntar outros documentos aos autos, de modo a justificar sua decisão, embora não haja determinação expressa nesse sentido na lei. Poderá o juiz *a quo* informar, ainda, que o recurso não foi interposto no prazo legal, ou o foi por parte ilegítima, ou não foram atendidos outros pressupostos dos recursos. O agravado será intimado na mesma oportunidade do recebimento do agravo, por ofício dirigido ao seu advogado, sob registro e com aviso de recebimento, para responder no prazo de 15 dias, facultando-lhe juntar cópias das peças que entender convenientes; nas comarcas sede do tribunal, a intimação far-se-á pelo órgão oficial (art. 1.019, III, do CPC). O prazo anteriormente mencionado não se aplica no processo do trabalho, pois o prazo para contra-arrazoar recursos é de oito dias (art. 6º da Lei n. 5.584/70 c/c art. 900 da CLT).

A seguir haverá parecer do Ministério Público, que no processo do trabalho será do Ministério Público do Trabalho. O prazo do parecer não será de 15 dias, como indica o inciso III do art. 1.019 do CPC, mas de oito dias contados da data em que for distribuído o processo ao procurador, como se observa do art. 5º da Lei n. 5.584/70. Tal prazo na maioria das vezes acaba não sendo cumprido em razão de vários motivos, muitas vezes de excesso de serviço.

Em prazo não superior a 30 dias da intimação do agravado, o relator pedirá dia para julgamento. Na prática, esse prazo também poderá não ser observado em decorrência do excesso de serviço. Não se verifica tanta pressa para julgar o agravo de instrumento, como indica a nova lei, pois não se trata de procedimento urgente, como de mandado de segurança ou *habeas corpus*.

Como serão enviadas as cópias da petição do agravo e demais documentos (art. 1.018 do CPC) ao juízo *a quo*, o juiz poderá reformular sua decisão. Se o juiz comunicar que reformulou inteiramente a decisão, o relator considerará prejudicado o agravo (§ 1º do art. 1.018 do CPC). Logo, não se ingressará no mérito da questão. Da decisão do juiz *a quo* que reformula sua decisão não caberá agravo de instrumento, pois não está denegando seguimento a recurso (art. 897, *b*, da CLT).

O juízo de retratação não foi eliminado, pois o juiz pode reconsiderar sua posição (§ 1º do art. 1.018 do CPC). O próprio § 1º do art. 1.018 do CPC permite que o juiz comunique que reformou inteiramente sua posição, ficando prejudicado o agravo. Entretanto, se o juiz comunicar que reformou apenas parcialmente sua posição, o agravo ficará prejudicado em parte, mas não integralmente, pois haverá necessidade do julgamento da outra parte.

Antigamente, o agravo era indeferido se fosse "manifestamente improcedente". Tal fato trazia uma situação estranha: o agravo improcedente era indeferido, mas o inadmissível não. O relator negará seguimento a recurso manifestamente inadmissível, improcedente, prejudicado ou contrário à súmula de tribunal superior (art. 932 do CPC). Na prática, o agravo de instrumento é apresentado no juízo *a quo* e remetido ao *ad quem*.

O parágrafo único do art. 932 do CPC manda o relator sanar vício ou complementar a documentação exigível.

Será inadmissível o agravo se não for utilizado de acordo com a previsão legal, como ocorreria em relação à decisão interlocutória. Será improcedente quando as razões de mérito não forem sustentáveis ou forem infundadas. Restará prejudicado quando o juiz *a quo* disser que reconsiderou sua posição ou as partes celebrarem acordo nos autos. No TST, o Ministro Relator do agravo de instrumento também pode negar seguimento ao referido recurso caso a decisão recorrida esteja em consonância com o enunciado da Súmula da Jurisprudência do TST (art. 9º da Lei n. 5.584/70). Agora, mesmo que o agravo não seja conhecido, por ser intempestivo, não mais se aplica a multa ao agravante do décuplo do valor das custas respectivas. Da decisão denegatória caberá agravo, que será o regimental, pois não seria lógico o cabimento de agravo de instrumento, no prazo de oito dias, ao órgão competente para julgamento do recurso. Nesse caso o prazo será mesmo de cinco dias e não de oito dias, pois não se trata de prazo de recurso previsto na CLT, aplicando-se, assim, subsidiariamente o CPC. No TST, o agravo será o regimental, cabível, portanto, no prazo de oito dias. Interposto o agravo a que se refere o citado parágrafo, o relator pedirá dia para julgamento.

Não existe sustentação oral em agravo de instrumento (art. 937 do CPC). O agravo de instrumento terá preferência para o julgamento no tribunal (parágrafo único do art. 946 do CPC).

A tramitação e o julgamento de agravo de instrumento no juízo competente obedecerão à disciplina legal e ao constante dos respectivos regimentos internos dos tribunais.

Por economia processual e celeridade, se o agravo for provido, e o instrumento contiver todos os elementos necessários ao julgamento do mérito do recurso, o relator determinará sua conversão observando-se, daí em diante, o procedimento relativo a esse recurso.

Provido o agravo, a Turma deliberará sobre o julgamento do recurso principal, observando-se, se for o caso, daí em diante, o procedimento relativo a esse recurso (§ 7º do art. 897 da CLT). O agravo a que se refere o § 7º do art. 897 da CLT é apenas o agravo de instrumento e não o de petição. O citado § 7º está complementando as disposições dos §§ 5º e 6º do art. 897 da CLT. A "turma" a que se refere o parágrafo deveria ser apenas a do TST, pois há tribunais que não têm turmas, mas funcionam em sua plenitude. Seria examinada apenas matéria de direito, por ser o recurso de revista um recurso técnico. Entretanto, o § 5º do art. 897 da CLT faz menção a "recurso denegado", que não é apenas o de revista, podendo ser outro apelo, como o recurso ordinário, o agravo de petição. Menciona-se também procedimento relativo "a esse recurso", que poderá ser o recurso de revista, mas, também, o ordinário ou o agravo de petição. Dessa forma, poderá haver o julgamento do recurso denegado não apenas ao TST, pelas turmas, mas também nos tribunais regionais. O procedimento contido no § 7º seria perigoso, pois poderia violar o duplo grau de jurisdição ou o contraditório. Entretanto, o § 6º do art. 897 da CLT é expresso no sentido de que o agravado é intimado tanto para oferecer resposta ao agravo como ao recurso principal. Há, portanto, observância do contraditório.

A contraminuta do agravo de instrumento e as contrarrazões do recurso ordinário devem ser apresentadas em peças em separado. Esse é o meio mais correto. Entretanto, poderão ser apresentadas em conjunto, pois não se poderá dizer que houve nulidade, diante do princípio da finalidade (art. 277 do CPC).

Há necessidade de o juiz enviar o agravo de instrumento ao tribunal, mesmo que o referido recurso seja intempestivo.

O Tribunal é que irá deliberar sobre o julgamento do recurso principal. Assim, não haverá obrigação de examinar o recurso principal se não houver elementos suficientes para esse fim.

Muitas vezes, será mais conveniente o juiz enviar os autos principais, ficando na Vara carta de sentença para execução provisória ou definitiva de matéria incontroversa.

O objetivo do § 7º do art. 897 da CLT é de celeridade processual. O provimento do agravo com a subida do recurso principal e seu julgamento levava mais de um ano. Houve, portanto, avanço na nova disposição.

Do acórdão do Tribunal Regional que julgar o agravo de instrumento não caberá recurso de revista (S. 218 do TST), pelo motivo de que o agravo de instrumento não entra no mérito da questão, apenas verifica se o recurso pode ou não subir.

Mostra a Súmula 353 do TST que não cabem embargos para a SBDI-1 de decisão de Turma proferida em agravo, salvo para reexame dos pressupostos extrínsecos do recurso a que se denegou seguimento no Tribunal Superior do Trabalho.

Da certidão de julgamento do agravo provido constará o resultado da deliberação relativa à apreciação do recurso destrancado.

O agravo de instrumento de despacho denegatório de recurso extraordinário obedecerá à disciplina especial, na forma de resolução do STF.

22.14.11 Agravo retido

O gênero agravo, que tem por espécies o agravo retido e o agravo de instrumento. O agravo retido ocorre quando o tribunal deva dele conhecer, preliminarmente, por ocasião do julgamento da apelação.

Das decisões interlocutórias proferidas em audiência admitir-se-á interposição oral do agravo retido, a contar do respectivo termo, expostas sucintamente as razões que justifiquem o pedido de nova decisão. O agravante deverá requerer expressamente, nas razões ou na resposta da apelação, sua apreciação, preliminar, pelo Tribunal, sob pena de não ser conhecido.

No processo do trabalho, não é aplicável o agravo retido, pois as decisões interlocutórias somente são recorríveis quando da interposição do recurso da decisão definitiva (§ 1º do art. 893 da CLT e S. 214 do TST). Assim, não se admitirá o agravo retido no processo do trabalho, pois trata-se este de recurso contra decisão interlocutória.

Inexiste o agravo retido no processo do trabalho nem mesmo para efeito de veiculação de nulidades. Na prática, costuma-se adotar a consignação dos protestos em ata de audiência. Entendo, porém, que estes protestos não existem, porque não há disposição na lei que verse sobre o tema. É comum, contudo, na Justiça do Trabalho, consignar-se em ata tais protestos, quando uma das partes não concorda com uma determinação do juiz.

22.15 AGRAVO REGIMENTAL

Como o próprio nome diz, o agravo regimental é um recurso previsto no Regimento Interno dos tribunais. A criação do agravo regimental é pretoriana, ou seja, foi feita pelos pretórios, pelos tribunais.

O CPC de 2015 estabeleceu expressamente no art. 1.021 o agravo interno, que é o agravo previsto no Regimento Interno dos Tribunais, ou seja, o agravo regimental.

O agravo regimental tem, de certa forma, semelhança com o agravo de instrumento, pois, na prática, serve para destrancar o andamento de recurso ao qual foi negado seguimento. Têm, por conseguinte, a mesma finalidade.

Distingue-se, porém, o agravo de instrumento do agravo regimental, pois aquele tem previsão na alínea *b*, do art. 897 da CLT, isto é, tem previsão legal, enquanto o agravo regimental tem disciplina nos regimentos internos dos tribunais.

O agravo regimental terá por objetivo obter o reexame de certa decisão. Pode ser julgado, dependendo do caso, pelo mesmo órgão que proferiu o despacho, mas também pode ser feito em grau imediatamente subsequente. O fato de no agravo regimental não haver sustentação oral é relativo para indicar que não teria natureza recursal. Não se pode negar, porém, que o agravo provoca o reexame e a revisão da decisão anterior, inclusive por outro juiz, tendo, portanto, natureza de recurso.

O § 1º do art. 709 da CLT dispõe que cabe agravo regimental para o Órgão Especial do TST das decisões proferidas pelo Corregedor do TST.

Poderá o agravo regimental ser interposto contra o despacho do relator no TST que negar prosseguimento ao recurso, desde que não se aplique a súmula citada pelo relator para denegar prosseguimento àquele remédio (parágrafo único do art. 9º da Lei n. 5.584/70). O fundamento seria a decisão monocrática.

A Lei n. 7.701/88 tratou do agravo regimental em vários de seus dispositivos. Os agravos regimentais pertinentes aos dissídios coletivos serão julgados em última instância pela SDC (art. 2º, II, *d*). As Turmas do TST podem julgar em última instância os agravos regimentais (art. 5º, *c*). Na SDI, os agravos regimentais serão julgados em única instância quando interpostos em dissídios individuais (art. 3º, II, *a*) e em última instância quando de despachos denegatórios dos Presidentes das Turmas (art. 3º, III, *c*).

Ressalte-se que o remédio adequado contra o despacho do relator que denega seguimento aos embargos não é o agravo de instrumento, como à primeira vista poderia parecer. O recurso cabível é o agravo em oito dias. Do despacho do relator que deferir em parte seguimento aos embargos, não cabe o recurso de agravo, pois não foi negado seguimento ao recurso. O agravo, portanto, servirá contra o despacho que denegar ou obstar o seguimento aos embargos e não quanto ao que o admitir em parte, pois o recurso de embargos irá ser processado e será analisado pelo relator.

Quando a decisão recorrida estiver em consonância com enunciado da súmula do TST, poderá o relator do processo, indicando-o, negar seguimento ao recurso de revista, aos embargos, ou ao agravo de instrumento. Desse despacho caberá agravo (§ 12 do art. 896 da CLT, § 4º do art. 894 da CLT).

Não cabem embargos para a SDI contra decisão de turma proferida em agravo, salvo para reexame dos pressupostos extrínsecos do recurso a que se negou seguimento no TST (S. 353, *a*, do TST).

Nos Tribunais Regionais do Trabalho, costuma-se admitir o agravo regimental contra:

a) as decisões proferidas pelo Presidente da Corte, quando exerce a função de corregedor;
b) as decisões do Presidente do Tribunal, do Vice-presidente, do Corregedor ou do Vice-corregedor, dos Presidentes de Grupos de Turmas, dos Presidentes de Turmas ou dos relatores, desde que haja prejuízo às partes em relação à decisão praticada;
c) o despacho do relator que indeferir petição de ação rescisória;
d) o despacho do relator que indeferir de plano o pedido de mandado de segurança;
e) o despacho do relator que conceder ou denegar o pedido de medida liminar;
f) da decisão do Corregedor julgando correição parcial.

O mais correto seria falar que o recurso cabível do indeferimento da petição inicial de mandado de segurança e da ação rescisória seria o recurso ordinário (art. 895, *b*, da CLT), conforme a orientação das Súmulas 158 e 201 do TST. Cabe recurso ordinário do indeferimento de petição inicial. O mesmo deve ocorrer em relação ao indeferimento da petição inicial em mandado de segurança e de ação rescisória. A matéria versada é de natureza processual, tendo a União competência privativa para legislar sobre o tema (art. 22, I, da Constituição), que não pode ser delegada ao regimento interno dos tribunais.

O TST tem entendido que o recurso de agravo regimental é o competente se houver indeferimento liminar de mandado de segurança, mediante despacho do relator. Da decisão colegiada em agravo regimental é que será cabível o recurso ordinário.

No TST, o agravo regimental, também chamado de "agravinho", é utilizado contra:

a) despacho do Presidente do Tribunal que denegar seguimento a embargos infringentes;
b) despacho do Presidente do Tribunal que suspender execução de liminares ou de decisão concessiva de mandado de segurança;
c) despacho do Presidente do Tribunal que conceder ou negar suspensão da execução de liminar ou da sentença em cautelar;
d) despacho do Presidente do Tribunal concessivo de liminar em mandado de segurança ou em ação cautelar;
e) decisões e despachos proferidos pelo Corregedor-geral;
f) despacho do relator que negar prosseguimento a recurso;
g) despacho do relator que indeferir inicial de ação de competência originária do Tribunal, como mandado de segurança e ação rescisória;
h) despacho do presidente do Tribunal concedendo efeito suspensivo;
i) despacho ou decisão do Presidente do Tribunal, do Presidente de Turma, do Corregedor-Geral ou relator que causar prejuízo ao direito da parte, ressalvados aqueles contra os quais haja recursos próprios previstos na legislação ou no Regimento Interno do TST.

O efeito do agravo regimental é devolutivo, num primeiro momento, pois devolve à apreciação do juiz competente a análise do despacho que negou seguimento ao recurso anterior. Num segundo plano, é modificativo e devolutivo, sendo mais amplo, como no caso da decisão do Corregedor, que pode ser modificada pela turma, grupo de turmas, seção especializada ou pleno do tribunal.

O agravo regimental no TST será concluso ao prolator do despacho, que poderá reconsiderá-lo ou determinar sua inclusão em pauta para a apreciação do colegiado competente para o julgamento da ação ou recurso em que foi exarado o despacho. O processamento do recurso será feito de acordo com as regras do Regimento Interno do Tribunal (art. 1.021 do CPC).

Não havendo remédio legal contra determinada decisão nos tribunais, o recurso cabível é o agravo regimental, desde que previsto no regimento interno do tribunal.

Na petição de agravo interno, o recorrente impugnará especificamente os fundamentos da decisão agravada (§ 1º do art. 1.021 do CPC).

O prazo do agravo regimental é previsto nos Regimentos Internos dos Tribunais. No TST, o prazo do agravo interno é de oito dias (parágrafo único do art. 261 e art. 265 do Regimento Interno do TST). Será dirigido ao Pleno, Seções Especializadas e Turmas, conforme a respectiva competência. Conta-se o prazo a partir da publicação do despacho no órgão oficial. No STF, o prazo é de cinco dias. Nos tribunais regionais, normalmente o prazo é fixado em cinco dias.

Inexiste necessidade de ser feito depósito recursal para admissibilidade do agravo regimental, pois não há previsão legal nesse sentido. Também não há custas a recolher.

O juiz prolator da decisão ou despacho poderá revê-los e determinar o processamento do recurso ou modificar sua decisão.

No TST, os agravos regimentais interpostos contra atos ou decisão do Presidente do Tribunal, do Corregedor-Geral e dos Presidentes de Turmas, desde que manifestados no período do respectivo mandato, serão por eles relatados. Nos casos em que o afastamento temporário do presidente de Turma for superior a 15 dias úteis e até 30 dias, o substituto irá relatar os agravos regimentais opostos durante o período de substituição, ainda que não tenha prolatado o despacho agravado, permanecendo a eles vinculado mesmo após o retorno do substituído. Os agravos opostos após o término da investidura no cargo serão conclusos ao Ministro sucessor, embora não prolator do despacho ou decisão agravada.

Os agravos regimentais interpostos contra despacho do relator, na hipótese de seu afastamento temporário ou definitivo, serão conclusos, conforme o caso, ao juiz convocado ou ministro nomeado para a vaga.

A parte contrária será intimada para contrariar o apelo no prazo de 8 dias, pois não se aplica o prazo de 15 dias previsto no CPC. Não havendo retratação, o relator levá-lo-á a julgamento pelo órgão colegiado, com inclusão em pauta (§ 2º do art. 1.021 do CPC).

Ocorrendo interposição de mais de um recurso de embargos e sendo apenas um deles admitido pelo Presidente de Turma, relatará o agravo regimental, eventualmente manifestado, o Ministro sorteado como relator do recurso recebido. Nas demais hipóteses, prevalece a regra anteriormente descrita.

É o agravo regimental processado sem a apresentação de contrarrazões. Não há parecer do Ministério Público. Também não há sustentação oral. Na sessão em que for posto em julgamento o agravo, o juiz prolator do despacho agravado não vota no TST, mas vota geralmente nos TRTs. Sua finalidade é complementar o julgamento da decisão do juiz que causou prejuízo à parte. Havendo empate na votação, subsistirá o despacho agravado.

Lavrará o acórdão do agravo regimental o Ministro relator, ainda que vencido.

É vedado ao relator limitar-se à reprodução dos fundamentos da decisão agravada para rejeitar o pedido do agravo interno (§ 3º do art. 1.021 do CPC).

Se houver previsão no regimento interno do tribunal, da decisão que julgar improvido o agravo de instrumento, caberia agravo regimental.

Quando manifestamente inadmissível ou improcedente o agravo, o tribunal condenará o agravante a pagar ao agravado multa entre 1 e 5% do valor corrigido da causa e não do valor da condenação (§ 4º do art. 1.021 do CPC). A interposição de qualquer outro recurso está condicionada ao depósito prévio da referida multa, à exceção da Fazenda Pública e do beneficiário de gratuidade da justiça, que farão o pagamento ao final (§ 5º do art. 1.021 do CPC).

22.16 RECURSO EXTRAORDINÁRIO

Muitos direitos trabalhistas estão previstos na Constituição em seu art. 7º. Dessa forma, é possível a interposição de recurso extraordinário destinado ao Supremo Tribunal Federal veiculando matéria constitucional. Isso é feito por meio dos recursos de revista e de embargos, nos quais é possível se discutir matéria constitucional, ao contrário do recurso especial.

O inciso III do art. 102 da Constituição prevê as hipóteses em que será cabível o recurso extraordinário em matéria trabalhista, nas causas decididas em única ou última instância, quando:

a) for contrariado dispositivo da Constituição, que pode ser de matéria trabalhista, de competência ou de outra parte da Constituição;
b) houver a necessidade de se declarar a inconstitucionalidade de tratado ou de lei federal. Não se trata de lei estadual ou municipal;
c) for julgada válida lei ou ato do governo local contestado em face da Constituição;
d) for julgada válida lei local contestada em relação a lei federal.

Decisões de única instância são, por exemplo: (a) as decisões da SDI do TST em ação rescisória ou mandado de segurança de competência originária; (b) as decisões unânimes da SDC de competência originária em dissídios coletivos; (c) as decisões da SDC em mandado de segurança e ação rescisória de competência originária; (d) o processo de alçada dos parágrafos do art. 2º da Lei n. 5.584/70.

Decisões de última instância são, por exemplo, as decisões: (a) do Pleno ou do órgão especial do TST, que julgam a inconstitucionalidade de lei ou ato do Poder Público; (b) em embargos na SDI; (c) nos embargos infringentes julgados pela SDC; (d) unânimes em recurso ordinário em dissídios coletivos na SDC; de turma no TST, em julgamento de recurso de revista, se não cabem embargos; (e) da SBDI 2 em ação rescisória, mandado de segurança e *habeas corpus*.

As decisões trabalhistas passíveis de recurso extraordinário são as proferidas pelas Turmas, Seção de Dissídios Individuais ou Coletivos, do órgão especial ou do Pleno do TST, sendo em relação a este último a declaração da constitucionalidade ou não das leis. No processo do trabalho, o recurso extraordinário é interposto contra a última decisão proferida no TST, geralmente de embargos. A Súmula 281 do STF esclarece que "é inadmissível o recurso extraordinário, quando couber, na Justiça de origem, recurso ordinário da decisão impugnada".

A matéria discutida poderá ser de direito material (arts. 7º a 11) ou de direito processual (arts. 100, 111 a 116), desde que prevista na Constituição.

O recurso extraordinário será interposto no prazo de 15 dias (§ 5º do art. 1.003 do CPC). Não se observa, portanto, o prazo de oito dias, pois há disposição específica no CPC.

Será apresentado o recurso extraordinário perante o presidente ou o vice-presidente do TST (art. 1.029 do CPC).

A petição deverá conter a exposição do fato e do direito; a demonstração do cabimento do recurso interposto; e as razões do pedido da reforma da decisão recorrida.

No recurso extraordinário, também haverá necessidade de se fazer o depósito recursal, tendo como limite o valor da condenação e a importância máxima a ser recolhida, cujo valor é de R$ 20.118,30.

Recebido o recurso extraordinário será intimado o recorrido, para, no prazo de 15 dias, apresentar contrarrazões. Após esse prazo os autos serão conclusos para admissão ou não do recurso, no prazo de 15 dias, em decisão fundamentada.

O recurso extraordinário não será admitido, quando não ventilada na decisão recorrida a questão suscitada (Súmula 282 do STF). Há necessidade de prequestionamento, por meio de embargos de declaração, do ponto que se pretende ser objeto de recurso extraordinário (Súmula 356 do STF). "Para simples reexame de prova não cabe recurso extraordinário" (Súmula 279 do STF).

Prevê o § 3º do art. 102 da Constituição que no recurso extraordinário o recorrente deverá demonstrar a repercussão geral das questões constitucionais discutidas no caso, nos termos da lei, a fim de que o tribunal examine a admissão do recurso, somente podendo recusá-lo pela manifestação de dois terços de seus membros. Trata-se de hipótese de arguição de relevância. O tribunal deve analisar questões constitucionais que tenham repercussão geral, para a coletividade, e não individual. É um pressuposto objetivo do recurso.

Para efeito da repercussão geral, será considerada a existência, ou não, de questões relevantes do ponto de vista econômico, político, social ou jurídico, que ultrapassem os interesses subjetivos da causa. O recorrente deverá demonstrar a existência de repercussão geral para apreciação exclusiva do STF (§ 2º do art. 1.035 do CPC). Haverá repercussão geral sempre que o recurso impugnar decisão contrária a súmula ou jurisprudência dominante do Tribunal. Se a turma decidir pela existência da repercussão geral por, no mínimo, quatro votos, ficará dispensada a remessa do recurso ao plenário. Negada a existência de repercussão geral, a decisão valerá para todos os recursos sobre matéria idêntica, que serão indeferidos liminarmente, salvo revisão da tese.

O STF, em decisão irrecorrível, não conhecerá do recurso extraordinário quando a questão constitucional nele versada não tiver repercussão geral (art. 1.035 do CPC).

O STF poderá desconsiderar vício formal do recurso tempestivo ou determinar sua correção, desde que não o repute grave (§ 3º do art. 1.029 do CPC). Trata-se de faculdade, e não obrigação do STF, pois a lei usa o verbo poder.

É inadmissível o recurso extraordinário, quando a deficiência na sua fundamentação não permitir a exata compreensão da controvérsia (Súmula 284 do STF).

É inadmissível o recurso extraordinário, quando a decisão recorrida assenta em mais de um fundamento suficiente e o recurso não abrange todos eles (S. 283 do STF).

O STF tem entendido que o prequestionamento da matéria constitucional deve ter sido feito até o recurso de revista, sendo impróprio fazê-lo pela primeira vez nos embargos ao TST.

A violação à Constituição deve ser literal, quando contrariado efetivamente o referido preceito quanto à sua literalidade, e direta, pois o gravame deve dirigir-se direta e exclusivamente à norma conceitual e não ao preceito de lei, porque a inconstitucionalidade por via reflexa não legitima a instauração do recurso extraordinário. Não se pode dizer que há violação ao inciso II do art. 5º da Constituição (princípio da legalidade) quando é violado um preceito de lei, pois aí a violação é oblíqua ou reflexa, mas não direta (S. 636 do STF).

Pode-se dizer que contrariar a Constituição não importa apenas em negar vigência a determinado preceito constitucional, mas inclusive interpretar a norma constitucional contrariamente ao entendimento do STF.

Não enseja recurso extraordinário matéria de natureza processual trabalhista, como a ventilada em agravo de instrumento com o objetivo de destrancar recurso anteriormente interposto (Ag. 75.350-8, AgRg-SP, Rel. Min. Décio Miranda, *DJU*, 17-8-1979, p. 6.059).

O recurso extraordinário não vai reexaminar fatos e provas (S. 279 do STF).

Não cabe recurso extraordinário contra decisão do TST que se limita a discutir a viabilidade do recurso de revista.

Cabe agravo da decisão do presidente ou do vice-presidente do tribunal que: I – indeferir pedido formulado de sobrestamento (§ 6º do art. 1.035 do CPC) e da exclusão do sobrestamento, de inadmissão do recurso extraordinário intempestivo; II – inadmitir recurso extraordinário sob o fundamento de que o acórdão recorrido coincide com a orientação do tribunal superior; III – inadmitir recurso extraordinário sob o fundamento de que o STF reconheceu a inexistência de repercussão geral da questão constitucional (art. 1.042 do CPC).

Sob pena de não conhecimento do agravo, incumbirá ao agravante demonstrar, de forma expressa:

I – a intempestividade do recurso extraordinário sobrestado, quando o recurso fundar-se na hipótese do inciso I do *caput* deste artigo;

II – a existência de distinção entre o caso em análise e o precedente invocado, quando a inadmissão do recurso:

a) extraordinário fundar-se em entendimento firmado em julgamento de recurso repetitivo por tribunal superior;

b) extraordinário fundar-se em decisão anterior do Supremo Tribunal Federal de inexistência de repercussão geral da questão constitucional discutida (§ 1º do art. 1.042 do CPC).

A petição de agravo será dirigida ao presidente ou vice-presidente do tribunal de origem e independe do pagamento de custas e despesas postais.

O agravo da decisão que nega seguimento a recurso extraordinário não tem prazo de 8 dias. O prazo é previsto em lei e está regulado no § 5º do art. 1.003 do CPC, sendo de 15 dias.

O agravado será intimado, de imediato, para oferecer resposta no prazo de 15 dias (§ 3º do art. 1.042 do CPC), podendo instruí-la com cópias das peças que entender convenientes.

Após o prazo de resposta, não havendo retratação, o agravo será remetido ao STF.

O agravo poderá ser julgado, conforme o caso, conjuntamente com o recurso extraordinário, assegurada, neste caso, sustentação oral, observando-se, ainda, o disposto no regimento interno do STF (§ 5º do art. 1.042 do CPC).

O agravo de instrumento será instruído com as peças apresentadas pelas partes, e devem constar obrigatoriamente, sob pena de não conhecimento, cópias do acórdão recorrido, da certidão da respectiva intimação, da petição de interposição de recurso denegado, das contrarrazões, da decisão agravada, da certidão da respectiva intimação e das procurações outorgadas aos advogados do agravante e do agravado. As cópias das peças do processo poderão ser declaradas autênticas pelo próprio advogado, sob sua responsabilidade pessoal. A autenticação passa a ser necessária, mas será feita pelo advogado ou no Cartório de notas ou pelo órgão público. Assim, aplica-se apenas no agravo de instrumento apresentado contra denegação de recurso extraordinário.

Distribuído e processado o agravo na forma regimental, o relator proferirá decisão.

No agravo, deve-se juntar à decisão agravada: a certidão da respectiva intimação e a procuração, obrigatoriamente, sob pena de não conhecimento; cópia do acórdão recorrido, da petição de interposição do recurso denegado, das contrarrazões, da decisão agravada, da certidão da respectiva intimação e das procurações outorgadas aos advogados do agravante e do agravado. O STF tem exigido também que no agravo haja a comprovação da tempestividade do recurso extraordinário, sob pena de ser deficiente o traslado. O agravante é que tem o dever de vigilância na formação do instrumento, não cabendo conferência por serventuário (STF, 1ª T., Ag 101.287-SP, *DJ* 19-9-1985).

É embargável a decisão da turma do STF que em recurso extraordinário divergir do julgamento da outra turma ou do plenário. Observar-se-á, no recurso de embargos, o procedimento estabelecido no regimento interno do STF (parágrafo único do art. 1.043, I, do CPC).

O § 2º do art. 893 da CLT declara que a interposição de recurso para o STF não prejudicará a execução do julgado. O que vem a explicitar o referido parágrafo é que o recurso extraordinário não tem efeito suspensivo, permitindo a execução do julgado. Assim, o efeito do recurso extraordinário será meramente devolutivo. Antes da edição do CPC de 1973, o STF entendia que "não é provisória a execução na pendência de recurso extraordinário, ou de agravo destinado a fazê-lo admitir" (Súmula 228). O art. 502 do CPC esclarece agora que há coisa julgada material quando não mais se pode discutir determinada decisão de mérito, que não mais está sujeita a recurso. A execução é definitiva quando a sentença transitou em julgado, sendo provisória quando for impugnada mediante recurso recebido com efeito devolutivo. Logo, não se pode falar em execução definitiva pendendo recurso extraordinário. Mesmo a redação atual do art. 995 do CPC não dá a entender que a execução é definitiva, justamente porque não há trânsito em julgado.

Há necessidade, assim, de se fazer interpretação sistemática da CLT, pois o art. 899 da CLT dispõe que a regra geral é de que o efeito dos recursos é devolutivo, permitida a execução provisória até a penhora, quando a decisão ainda não é definitiva.

O § 2º do art. 542 do CPC de 1973 dispunha que o recurso extraordinário é recebido no efeito devolutivo. O CPC de 2015 não trata do tema. A Orientação Jurisprudencial 56 da SBDI-2 do TST mostra que a execução não é definitiva.

Pendendo recurso extraordinário, não há trânsito em julgado da decisão, pois aquele é recebido com efeito devolutivo, permitindo-se apenas a execução provisória, que irá até a penhora, sem importar em qualquer ato de alienação.

O § 5º do art. 1.029 do CPC permite o requerimento para a concessão de efeito suspensivo.

22.17 RECURSO ADESIVO

22.17.1 Introdução

A palavra *adesivo* dá a ideia de algo pegajoso, que cola. No entanto, a expressão *recurso adesivo* refere-se a um recurso que irá aderir a outro interposto pela parte contrária. Na verdade, não há adesão, mas dependência do segundo em relação ao primeiro.

O recurso adesivo não era previsto no CPC de 1939. Passou a ser adotado no CPC de 1973 (art. 500).

Havia dúvida sobre seu cabimento no processo do trabalho, pois a CLT não trata do tema. Inicialmente, a orientação do TST era por seu não cabimento, por ser incompatível com o processo do trabalho (S. 175 do TST). Mais tarde o entendimento jurisprudencial passou a ser outro: "O recurso adesivo é compatível com o processo do trabalho, onde cabe, no prazo de 8 dias, no recurso ordinário, na revista, nos embargos para o Pleno e no agravo de petição" (S. 196 do TST). Posteriormente, o TST editou a Súmula 283, com a seguinte redação: "O recurso adesivo é compatível com o processo do trabalho, onde cabe, no prazo de oito dias, nas hipóteses de interposição de recurso ordinário, de agravo de petição, de revista e de embargos, sendo desnecessário que a matéria nele veiculada esteja relacionada com a do recurso interposto pela parte contrária." O recurso adesivo é cabível, pois traz mais celeridade e economia processual ao andamento do processo.

22.17.2 Pressupostos de admissibilidade

Dois são os requisitos para a admissibilidade do recurso adesivo:

a) sucumbência recíproca, ou seja, parcial de cada parte;
b) a parte deveria ter condições de recorrer autonomamente.

Para a admissibilidade do recurso adesivo é preciso que haja a existência de recurso principal, para poder a ele aderir. Não conhecido o recurso principal, ou havendo desistência deste, haverá a caducidade do recurso adesivo.. O acessório segue a sorte do principal.

Exige-se, também, que autor e réu tenham ficado vencidos em razão da sentença, o que leva a existência da sucumbência, ainda que parcial.

Não pode a parte aderir a recurso da outra que está no mesmo polo processual.

O TST já entendeu que o recurso deve ter a denominação de adesivo ou deve haver menção ao art. 997 do CPC. Do contrário, não pode ser conhecido (SBDI-1, E-RR 691.216/2000-4, Rel. Min. Maria Cristina Peduzzi, *DJU* 25-10-2002).

22.17.3 Cabimento

É cabível o recurso adesivo para o recurso ordinário, de revista, embargos e no agravo de petição. Não caberá recurso adesivo do chamado "recurso de ofício", melhor dizendo, da remessa de ofício, quando é vencida a Fazenda Pública, por exemplo (Decreto-lei n. 779/69), pois nesse caso não há recurso do juiz, não havendo ao que o adesivo aderir.

O recurso adesivo não será interposto em relação ao agravo de instrumento, pois a parte que poderia a ele aderir não tem interesse nesse recurso, justamente porque foi denegado seguimento ao recurso do agravante. A decisão não é de mérito. Será possível, entretanto, a interposição de recurso adesivo ao recurso extraordinário.

O recurso adesivo não pode impugnar decisão que transitou em julgado. A parte acaba tendo prazo maior para impugnar a decisão, pois a parte teve a possibilidade de apresentar o recurso principal e não o fez. O art. 507 do CPC mostra que é defeso à parte discutir, no curso do processo, as questões já decididas a cujo respeito se operou a preclusão. Passada em julgado a sentença, reputar-se-ão repelidas todas as alegações e defesas, que a parte poderia opor, assim, ao acolhimento como à rejeição do pedido.

Para a interposição do recurso adesivo é necessária sucumbência. Declara o § 1º do art. 997 do CPC que, se vencidos autor e réu, ao recurso interposto por qualquer deles poderá aderir a outra parte. Assim, só podem interpor recurso adesivo o autor e o réu. Não poderão utilizá-lo o terceiro interessado e o Ministério Público do Trabalho, salvo quando este for parte na causa. Como fiscal da lei, o Ministério Público não poderá recorrer adesivamente.

Se o pedido da parte for acolhido, não haverá razões para utilização do recurso adesivo.

Num caso em que a empresa tivesse arguido prescrição e o juiz a tivesse rejeitado, o ideal seria apresentar recurso ordinário da referida decisão, pois houve sucumbência, pelo fato de que não foi acolhida a prescrição. O outro remédio seria a parte se socorrer do recurso adesivo, em que se renovaria a arguição de prescrição, pois nas contrarrazões isso não poderia ser feito, porque estas nada devolvem ao tribunal, apenas indicam razões para manutenção da sentença *a quo*.

Se a parte ingressou com recurso e este foi considerado intempestivo, não poderá apresentar recurso adesivo ao apelo da *ex adversa*, em razão da preclusão e de que a parte não pode se utilizar simultaneamente de mais de um recurso ao mesmo tempo para atacar a mesma decisão, além do que houve trânsito em julgado. Não se pode querer substituir o recurso ordinário intempestivo pelo adesivo.

Caso o recurso já tenha sido validamente apresentado, não é possível a apresentação do recurso adesivo, por ser impossível a utilização de mais de um recurso ao mesmo tempo.

22.17.4 Processamento

O recurso adesivo será interposto no prazo de oito dias, que é o prazo para todos os recursos no processo do trabalho (art. 6º da Lei n. 5.584/70). Não se aplica ao processo do trabalho a regra de que o prazo de recurso adesivo seria de 15 dias. Para a Fazenda Pública o prazo será em dobro (16 dias).

A parte, ao ser intimada do recurso da parte contrária, poderá a ele aderir, em caso de também ter havido sucumbência do interessado. Apresentado o recurso adesivo, abre-se prazo de oito dias para contra-arrazoá-lo.

Deve o recurso adesivo ser interposto perante a autoridade competente para admitir o recurso principal, no prazo de que a parte dispõe para apresentar contrarrazões (art. 997, § 2º, I, do CPC) que é de oito dias. Assim, a parte irá apresentar as contrarrazões e, em outra peça, o recurso adesivo.

O recurso adesivo não precisará abranger a totalidade do conteúdo que pode ser objeto de impugnação na decisão, mas apenas parte da decisão. É desnecessário que a matéria veiculada no adesivo seja a mesma do recurso principal, podendo ser diferente.

A parte que interpôs o recurso adesivo poderá desistir do apelo, independentemente da anuência do recorrido ou dos litisconsortes (art. 998 do CPC).

No recurso adesivo, não se dispensam o pagamento de custas e a realização do depósito recursal. O depósito será feito na forma como for previsto para o recurso no qual se aderiu.

Denegado seguimento ao recurso adesivo, caberá a interposição de agravo de instrumento, visando destrancar o apelo anterior.

22.17.5 Procedimento

O recurso adesivo fica subordinado ao recurso independente, sendo-lhes aplicáveis as mesmas regras deste quanto aos requisitos de admissibilidade e julgamento no tribunal, salvo disposição legal diversa (§ 2º do art. 997 do CPC).

No tribunal, primeiramente vai ser verificada a possibilidade do conhecimento do recurso principal. Se este não for conhecido, o adesivo também não o será. Conhecido o recurso principal, ingressa-se no mérito deste. Depois, passa-se ao conhecimento do adesivo e do exame do mérito deste.

Não será conhecido o recurso adesivo se houver desistência do recurso principal ou se for ele declarado inadmissível ou deserto. Por exemplo, se não for conhecido o recurso principal por estar fora do prazo, não será conhecido também o recurso adesivo.

22.18 CORREIÇÃO PARCIAL

22.18.1 Histórico

A correição parcial surge no Brasil com o Decreto n. 9.623, de 1911, que tratava da organização judiciária no Distrito Federal. O art. 142 rezava que, se vier ao conhecimento do Conselho Supremo ou da Procuradoria-Geral "fato grave que exija correição parcial em qualquer ofício da justiça, deverá aquele efetuá-la imediatamente, qualquer que seja a época do ano". A citada norma esclarecia que a correição era destinada a corrigir "omissão de deveres atribuída aos juízes e funcionários da justiça, ou para emenda de erros, ou abusos, contra a inversão tumultuária dos atos e fórmulas da ordem legal dos processos, em prejuízo do direito das partes".

O Decreto-lei n. 2.726, de 31-10-1940, determinou ao Corregedor-Geral do Tribunal de Justiça da Capital da República a competência para o julgamento das "correições parciais em autos, para a emenda de erros, ou abusos, que importem na inversão tumultuária dos atos e fórmulas da ordem legal do processo, quando para o caso não haja recurso".

O art. 127 da Lei Complementar n. 35/79 menciona funções disciplinares e de correição. O art. 129 da mesma norma faz referência ao fato de que se o magistrado estiver no exercício de correição, não terá direito a nenhuma vantagem pecuniária.

Na CLT, encontra-se a correição parcial nos arts. 682, XI, 678, I, *d*, 2, e 709, II.

Prevê a alínea *b*, do inciso I do art. 96 da Constituição que compete privativamente aos tribunais organizar suas secretarias e serviços e os dos juízos que lhes forem vinculados, velando pelo exercício da atividade correicional respectiva.

22.18.2 Denominação

Correição provém do latim *correctio*, que significa corrigir, reformar, eliminar erros.

São empregadas as seguintes denominações: correição parcial (art. 682, XI, da CLT) ou reclamação correicional (art. 709, II, da CLT). Moniz de Aragão (1949, t. V:236) chega a utilizar a expressão recurso clandestino, por não estar previsto em lei. Entendem outros autores que se trata de recurso censório, dada a característica ditatorial da medida.

A correição parcial não é prevista em lei, apenas são feitas menções na lei a sua existência, normalmente quanto à competência para julgá-la. O inciso II do art. 709 da CLT informa que é de competência do Ministro Corregedor o julgamento da reclamação correicional. O inciso XI do art. 682 da CLT declara a competência do juiz presidente do tribunal regional para decidir correição parcial.

Na prática, usam-se as expressões *correição parcial* e *reclamação correicional*, com maior prevalência da primeira expressão.

22.18.3 Conceito

A correição parcial é o remédio processual destinado a provocar a intervenção de uma autoridade judiciária superior contra atos tumultuários do procedimento praticados no processo por autoridade judiciária inferior.

Ato tumultuário da boa ordem processual é o que não observa as regras legais previstas para o processo, como, por exemplo, retirar a contestação do processo, quando ela já foi apresentada e já estiver juntada aos autos.

Há que se ressaltar que o juiz tem ampla liberdade na direção do processo, podendo determinar qualquer diligência que julgar necessária ao esclarecimento do feito (art. 765 da CLT). O ato tumultuário não pode, porém, ser confundido com a hipótese descrita no art. 765 da CLT, que permite ao juiz determinar qualquer diligência que julgar necessária, de modo que a correição parcial vai ocorrer em poucos casos.

22.18.4 Natureza jurídica

A natureza jurídica da correição parcial não é de recurso.

O art. 893 da CLT que trata dos recursos não a enumera como recurso, além do que, se fosse recurso, o prazo seria de oito dias para sua interposição. O art. 996 do CPC também não a indica como recurso.

O TST já entendeu que "a correição parcial não é recurso, não visa a corrigir erro de julgamento e não pode ser exercida quando existe para a hipótese, recurso previsto em lei" (TST AG RC 7595/90.6, Ac. SDI 1280/90.1, j. 4-12-1990, Rel. Min. Orlando Teixeira da Costa, *LTr* 55/8-964).

Inexiste preparo na correição, quer seja de pagamento de custas, quer de depósito recursal, nem mesmo existem contrarrazões. Não há parecer do Ministério Público.

A correição não devolve amplamente a matéria. Não é julgada por um colegiado, mas pelo corregedor, de forma monocrática. Não é processada nos autos principais.

A natureza da correição parcial é de incidente processual e não de recurso, de uma providência de ordem disciplinar, inclusive no que diz respeito aos procedimentos atinentes a impedir atos tumultuários existentes no processo. Trata-se mais de um procedimento administrativo, previsto nos regimentos internos dos tribunais, que não se presta a modificar situações às quais já se operou a preclusão. Tem mais importância o comportamento do juiz no processo do que o ato jurisdicional praticado. Não pode interferir na independência do juiz, além de ser incabível quando haja recurso específico.

A correição parcial diz respeito a ato do juiz e não do tribunal. Não servirá a correição como meio preventivo de futuros erros, mas como meio corretivo.

A correição pode ser classificada em:

a) geral ou ordinária, que é realizada uma vez por ano nas Varas ou nos Tribunais Regionais;
b) extraordinária, que é feita quando necessário;
c) parcial, em que o corregedor toma conhecimento de uma situação particular, denunciada pela pessoa interessada, indicando erro de procedimento do juiz.

22.18.5 Requisitos

Três são os requisitos para a admissão da correição parcial:

a) o ato deve ser atentatório da boa ordem processual. Não se trata de questão de direito material;
b) inexista recurso contra esse ato;
c) que haja prejuízo processual à parte decorrente do referido ato. Inexistindo prejuízo processual, não há que se falar em correição. Não pode, portanto, o prejuízo ser de direito material.

22.18.6 Competência

O inciso II do art. 709 da CLT estatui que o Ministro Corregedor do TST decidirá reclamações contra atos atentatórios da boa ordem processual praticados pelos Tribunais Regionais e seus Presidentes, caso não haja recurso específico. O inciso XI do art. 682 da CLT estabelece a competência dos Presidentes dos Tribunais Regionais para exercer correição, pelo menos uma vez por ano, sobre as Varas, ou parcialmente sempre que for necessário. Nos tribunais regionais maiores, divididos em turmas, há um corregedor, sendo que este irá, então, decidir a correição parcial contra os juízes das Varas e exercer a correição periodicamente nas Varas, pelo menos uma vez por ano.

O inciso I do art. 678 da CLT prevê a competência do Tribunal Pleno, quando o Tribunal Regional não for dividido em turmas, para julgar em única ou última instância as reclamações contra atos administrativos de seu Presidente ou de qualquer de seus membros, assim como dos juízes de primeira instância e de seus funcionários (*d*, 2).

O STF decidiu que as correições parciais dirigidas contra os juízes de direito, no exercício da jurisdição trabalhista, serão julgadas pelos Tribunais de Justiça, se a falta for disciplinar. Se a questão for relativa à ordem processual, a competência será do corregedor do tribunal trabalhista em cuja área estiver judicando aquele magistrado.

22.18.7 Cabimento

A correição parcial é normalmente utilizada para corrigir erros, abusos e atos contrários à boa ordem processual e que importem em atentado a fórmulas legais do processo, na hipótese da inexistência de recurso ou outro meio processual específico. É cabível contra vícios de atividade (*errores in procedendo*) e não contra vícios ou erros do juízo (*errores in iudicando*).

Seria muito mais fácil enumerar os casos em que a correição não é cabível do que falar das hipóteses de cabimento, justamente por não haver previsão na lei e diante do art. 765 da CLT. Entretanto, a correição parcial ficará muito mais no âmbito do juízo subjetivo do corregedor, dada a inexistência de disposição expressa na lei.

Pode também ser utilizada quando o juiz não julga o processo, ficando adiado *sine die* ou não se toma nenhuma providência nesse sentido.

Não será cabível a correição quando do ato couber recurso. Em se tratando de decisão interlocutória, também não caberá correição parcial, pois da decisão definitiva poderá a parte apresentar recurso se o desejar. Da mesma forma, não caberá correição contra sentença, principalmente contra decisão com trânsito em julgado.

Se o ato praticado ferir direito líquido e certo, caberá mandado de segurança e não correição parcial.

Os atos praticados deverão ser do juiz, em qualquer fase processual, do juiz de direito no exercício da competência trabalhista e dos tribunais ou seus juízes.

A correição parcial prevista nos regimentos internos dos tribunais é inconstitucional, pois o inciso I do art. 22 da Constituição dispõe que cabe à União legislar sobre processo e não os regimentos internos dos tribunais.

22.18.8 Prazo

A maioria dos tribunais fixa em seus regimentos internos o prazo de cinco dias para a interposição de correição parcial, pois não há previsão na lei nesse sentido, nem sequer quanto à correição. O prazo de cinco dias começa a contar a partir da publicação do ato ou despacho no órgão oficial, ou da ciência inequívoca pela parte dos fatos relativos à impugnação. No TST o prazo é de oito dias.

22.18.9 Procedimento

A petição inicial deverá conter:

a) a designação da autoridade, que será o juiz corregedor, ou juiz presidente do Tribunal Regional ou Ministro Corregedor do TST;
b) a qualificação do autor e a indicação da autoridade a que se refere a impugnação;
c) o fato e os fundamentos jurídicos do pedido;
d) o pedido, com suas especificações;
e) a indicação das provas necessárias à instrução dos fatos alegados. Geralmente, a prova é documental;
f) data e assinatura do autor, ou seu representante.

A petição inicial e os documentos que a acompanham deverão ser apresentados em tantas vias quantas forem necessárias ao processamento e à instrução da reclamação. Se o corrigente tiver advogado, deverá ser juntada procuração, com poderes específicos. Não havendo poderes específicos para a apresentação da correição, ela não pode ser conhecida.

A petição da correição é apresentada no primeiro grau, salvo se houver disposição diversa no Regimento Interno do Tribunal Regional.

O pedido de reconsideração do despacho não irá suspender o prazo para correição.

A apresentação da correição não suspende o curso do processo principal.

O juiz de primeiro grau, quando recebe a correição parcial, não poderá negar seguimento a tal remédio, mesmo que esteja fora do prazo.

Autuada a correição, será enviada a cópia da inicial e dos documentos ao corrigido para que a autoridade em dez dias se manifeste sobre o pedido, prestando as informações necessárias. As informações serão também enviadas por ofício.

A inicial será indeferida se não for o caso de correição parcial ou se for inepta, não apresentando causa de pedir, fundamento para a correição.

O corregedor deverá decidir geralmente no prazo de dez dias. O julgamento é feito pelo próprio corregedor e não por órgão colegiado. Trata-se de julgamento realizado por juízo monocrático. Nos tribunais regionais, será feito pelo corregedor ou pelo juiz presidente do tribunal, nos tribunais de oito juízes ou que não tenham corregedor. Não há parecer do Ministério Público do Trabalho.

Das decisões do Ministro Corregedor-geral caberá agravo regimental (§ 1º do art. 709 da CLT) no prazo de oito dias, destinado ao Órgão Especial. Nos Tribunais Regionais da decisão do corregedor ou do juiz presidente no exercício da corregedoria, caberá agravo regimental para o pleno, seção ou grupo de turmas, conforme o caso, geralmente no prazo de cinco dias. Dessa decisão não cabe nenhum recurso, segundo o TST, pois já houve o duplo grau de jurisdição.

A parte que não participou da relação correicional terá direito de apresentar recurso da decisão quando da sentença final.

22.19 EMBARGOS DE DECLARAÇÃO

22.19.1 Histórico

Os embargos de declaração não são oriundos do direito romano, mas já eram previstos nas Ordenações Afonsinas (1446), Manuelinas (1512) e Filipinas (1603). Havia a possibilidade de o juiz declarar a sentença definitiva, quando houvesse dúvida ou palavras "escuras ou intrincadas".

O Regulamento 737, de 1850, já previa em nosso ordenamento jurídico os embargos de declaração nos casos de obscuridade, ambiguidade, contradição ou omissão da sentença.

Alguns códigos de processo regionais também estipulavam os embargos de declaração, como os de São Paulo, Rio de Janeiro, Paraná, em decorrência de a Constituição de 1891 dar competência para o legislador estadual sobre direito processual civil.

O Código de Processo Civil de 1939 admitia os embargos em razão de obscuridade, omissão ou contradição da sentença, tanto em primeiro grau como em grau superior.

Na CLT somente com a Lei n. 2.244, de 23-6-1954, é que foi possível a oposição de embargos declaratórios contra acórdãos do Pleno ou das Turmas do TST.

O CPC de 1973 tratava dos embargos nos arts. 464, em primeiro grau, e 535 a 538, nos tribunais. Posteriormente, a matéria foi tratada tanto no primeiro grau, como nos tribunais nos arts. 535 a 538 do CPC de 1973. Agora, o CPC de 2015 trata da matéria nos arts. 1.022 a 1.026. A CLT versa sobre o tema no art. 897-A.

22.19.2 Denominação

Embargar provém do latim *imbaricare*, de barra. A palavra *embargos* é derivada de embargar. No aspecto processual, é opor obstáculo, podendo ser de declaração, do devedor, de terceiros etc.

Embargos de declaração são o remédio jurídico que visam aperfeiçoar a decisão que contém omissão, contradição ou obscuridade.

22.19.3 Natureza jurídica

No caso dos embargos de declaração estes vêm a ser um impedimento à decisão judicial, visando sanar omissão, obscuridade ou contradição existente na decisão ou tendo por objetivo pré-questionar determinada matéria que irá ser renovada na instância seguinte.

O inciso IV do art. 994 do CPC dispõe que os embargos de declaração são espécie do gênero recurso. O art. 893 da CLT não prevê, porém, os embargos de declaração como espécie de recurso. No entanto, os embargos de declaração vêm apenas corrigir certos aspectos da sentença, mas não a reformulá-la ou modificar seu conteúdo, nem devolvem o conhecimento da matéria versada no processo. De outro lado, se tivessem natureza recursal haveria contrarrazões, assim como pagamento do depósito recursal e custas, o que inocorre. Não há parecer do Ministério Público do Trabalho. Não são apresentados ao juiz de grau superior. Não há sustentação oral.

Não visam os embargos de declaração a alterar o julgado. Trata-se apenas de meio de correção e integração, de um aperfeiçoamento da sentença, sem possibilidade de alterar o seu conteúdo, porém não para retratação. O juiz não vai redecidir, mas vai tornar a se exprimir sobre algo que não ficou claro.

Se interrompem os prazos para recurso, não são recursos.

Assim, os embargos de declaração correspondem a incidente processual e não propriamente a recurso, tendo por objetivo o aperfeiçoamento da decisão.

Os embargos de declaração são forma de integração da decisão e não de substituí-la por outra.

22.19.4 Cabimento no processo do trabalho

O art. 893 da CLT menciona quais os recursos cabíveis no processo do trabalho, mas nada explicita sobre embargos de declaração. A CLT faz menção sobre a competência para julgá-los, como a do Tribunal Pleno do TST (art. 702, II, *e*), das Turmas do TST (art. 702, § 2º, *d*). A Lei n. 7.701/88 revogou os artigos referidos, especificando os embargos para o TST em relação à Seção de Dissídios Coletivos (art. 2º, II, *d*), da Seção de Dissídios Individuais (art. 3º, III, *d*) e para as Turmas (art. 5º, *d*). O art. 897-A da CLT passa a tratar de embargos de declaração, porém ele é incompleto, aplicando-se o art. 1.022 do CPC.

22.19.5 Cabimento

O juiz, ao publicar a sentença, cumpre e esgota seu ofício jurisdicional, só podendo alterá-la em caso de embargos de declaração (art. 494, II, do CPC), ou de erros evidentes (art. 833 da CLT).

Os embargos de declaração são cabíveis tanto no primeiro grau, como nos tribunais. O art. 1.022 do CPC menciona que os embargos são cabíveis contra qualquer decisão judicial. O art. 1.024 reza que o juiz julgará os embargos em certo prazo e nos tribunais o relator os colocará em mesa. O § 2º do art. 1.026 esclarece que, em embargos protelatórios, o juiz ou o tribunal devem declarar tal fato. Assim, verifica-se que, quando o legislador quis referir-se ao juiz, estava querendo dizer do cabimento no primeiro grau e, quando empregou as expressões *tribunal* ou *relator* estava tratando dos embargos nos tribunais, em qualquer instância, até no STF. O art. 897-A da CLT menciona que os embargos de declaração caberão da sentença ou acórdão. Sentença é a decisão do primeiro grau. Acórdão é o julgamento feito pelos tribunais. O art. 1.022 do CPC faz referência que os embargos de declaração cabem de qualquer decisão judicial, o que inclui sentença, decisão interlocutória, acórdão e despacho, que também é uma decisão.

Assim, verifica-se que os embargos são cabíveis tanto no primeiro grau (na Vara do Trabalho) como nos tribunais (TRT, TST, STF). Não há, portanto, modificação na forma da sistemática anterior, apenas quanto a questões procedimentais. Sob o aspecto de sistematização, o CPC trata apenas dos embargos de declaração, tanto em primeiro grau, como nos tribunais, nos arts. 1.022 a 1.026, do Capítulo V do CPC, que versa sobre embargos de declaração.

Qualquer decisão judicial poderá, portanto, ser atacada por meio de embargos de declaração, desde que se trate de sentença, de acórdão, de decisão interlocutória ou de mero despacho, como se verifica do inciso I do art. 1.022 do CPC, tanto nas Varas como nos Tribunais, em qualquer fase, mesmo na execução. Para tanto, haverá necessidade de o juiz ter proferido uma decisão. Do próprio voto não caberá embargos de declaração se não constar do acórdão. A decisão terá de ser judicial e não administrativa.

O art. 897-A da CLT faz referência a sentença ou acórdão. Quando menciona "decisão" na parte final, refere-se à sentença ou acórdão e não a qualquer decisão, como nos despachos.

Cabem embargos de declaração interpostos contra decisão de admissibilidade de recurso de revista, feita pelo Presidente do TRT, tendo o efeito de interromper o prazo recursal.

À primeira vista, poder-se-ia entender que os embargos de declaração contidos no art. 897-A da CLT caberiam apenas no rito sumaríssimo, pois a Lei n. 9.957 se refere a esse tipo de procedimento. Entretanto, o art. 897-A da CLT não é expresso nesse sentido. Assim, os embargos de declaração passam a ter previsão na CLT e são cabíveis tanto no chamado rito ordinário, como no rito sumaríssimo.

O fato de a Lei n. 9.957 ter determinado o acréscimo do art. 897-A à CLT, que está na sequência ao art. 897 da CLT, não quer dizer que os embargos de declaração só caibam em relação à decisão nos recursos de agravo de petição e de instrumento. A lei não dispõe dessa forma, mas, ao contrário, os embargos de declaração serão cabíveis em qualquer recurso apresentado no âmbito da Justiça do Trabalho. Caberão, portanto, da decisão nos recursos ordinário, de revista, de embargos, de agravo de petição e instrumento, no recurso extraordinário etc.

Cabem os embargos de declaração tanto nos dissídios individuais, como nos coletivos.

Os embargos de declaração são cabíveis na alçada, mesmo quando não exista matéria constitucional.

O art. 897-A da CLT trata de hipóteses de cabimento dos embargos de declaração para situação de erro material.

22.19.6 Hipóteses

Houve modificação nas hipóteses dos embargos de declaração, pois antes se admitiam as seguintes situações: obscuridade, dúvida, contradição ou omissão da decisão, como se verificava da redação dos arts. 464 e 535 do CPC de 1973.

O art. 1.022 do CPC estabelece que os embargos de declaração são cabíveis quando:

a) esclarecer obscuridade ou eliminar contradição;
b) suprir omissão de ponto ou questão sobre o qual devia se pronunciar o juiz de ofício ou a requerimento.

Cabem embargos de declaração da decisão monocrática do relator prevista no art. 932 do CPC de 2015 (art. 557 do CPC de 1973), se a parte pretende tão somente juízo integrativo retificador da decisão e, não, modificação do julgado (S. 421, I, TST). Se a parte postular a revisão no mérito da decisão monocrática, cumpre ao relator converter os embargos de declaração em agravo, em razão dos princípios da fungibilidade e celeridade processual, submetendo-o ao pronunciamento do Colegiado, após a intimação do recorrente para, no prazo de 5 (cinco) dias, complementar as razões recursais, de modo a ajustá-las às exigências do art. 1.021, § 1º, do CPC de 2015 (S. 421, II, do TST).

As hipóteses de embargos de declaração são apenas três: obscuridade, contradição e omissão. Não mais se fala em dúvida como hipótese de embargos de declaração, a meu ver com razão, pois aquela inexistia na sentença, mas, no intérprete dela, que não a compreendia perfeitamente, seja quanto à validade, seja quanto à realidade de uma questão. A dúvida, portanto, era subjetiva, pois a sentença não pode ser entendida como um diálogo entre o juiz e a parte. Voltamos ao sistema do art. 862 do CPC de 1939, que tratava de embargos de declaração apenas quando houvesse ponto obscuro, omisso ou contraditório na sentença.

Obscuridade vem do latim *obscuritas*, tendo o sentido de falta de clareza nas ideias e nas expressões.

O juiz poderá prestar esclarecimentos em caso de obscuridade, de forma a tornar a sentença clara, para fins de esclarecer a decisão.

Há obscuridade quando falta clareza na exposição da sentença, de modo a torná-la ininteligível. A obscuridade tem aspecto subjetivo. O que é obscuro para uma pessoa pode não ser para outra. O que é obscuro para a parte pode não o ser para o juiz.

Existe contradição quando se afirma uma coisa, e ao mesmo tempo, a mesma coisa é negada na decisão. Inexiste contradição, contudo, se o juiz examina a prova dos autos com base no depoimento de certa testemunha, que julgou ser a mais convincente, e não adotou o depoimento de outra, como forma de decidir. No caso, a matéria não é de embargos, mas de recurso. Contradição existirá se o juiz determinar o pagamento de horas extras e depois disser que elas são indevidas, pois o autor não trabalhou além da oitava hora diária. Não será possível a interposição de embargos de declaração da ementa do acórdão, pois a ementa tem caráter meramente informativo da decisão ou até mesmo didático. Entretanto, se a ementa estiver em contradição com o acórdão, serão possíveis os embargos, porém prevalecerão a fundamentação e o dispositivo do julgado. A ementa é uma síntese do julgado, podendo conter ensinamento doutrinário e jurisprudencial que poderá sobejar, em princípio, o próprio âmbito do *decisum*. A contradição, entretanto, deve dizer respeito à fundamentação e ao dispositivo, mas da própria sentença ou acórdão e não destes com outro acórdão ou sentença.

Haverá, ainda, contradição entre proposições da parte decisória, desde que conflitantes entre si; entre os fundamentos e o dispositivo; entre o teor do acórdão e o verdadeiro resultado do julgamento.

Controvérsia é polêmica, debate, discussão, disputa. Não se confunde com contradição, que é incoerência, incongruência. Controvérsia não é matéria de embargos de declaração, pois não tem previsão no art. 1.022 do CPC.

Dá-se a omissão quando o juiz ou o tribunal deixa de se pronunciar sobre certo ponto ou questão sobre a qual deveria se manifestar. Questão provém do latim *quaestio*. É um ponto controvertido no processo. Ponto vem do latim *punctum*. É toda e qualquer matéria ou assunto trazido para discussão judicial, mediante a apresentação das respectivas razões que sirvam de objeto à decisão.

Considera-se omissa a decisão que: (a) deixe de se manifestar sobre tese firmada em julgado de casos repetitivos ou em incidente de assunção de competência aplicável ao caso sob julgamento; (b) incorra em qualquer das condutas descritas no § 1º do art. 489 do CPC (art. 1.022, parágrafo único, do CPC).

Exemplo: o autor pediu horas extras, mas as integrações são autorizadas apenas nas férias e 13º salário, esquecendo-se o juiz de incluí-las nos DRSs. Essa parte da decisão terá por objeto os embargos de declaração, em razão do pedido. Em relação à omissão é que pode haver prequestionamento sobre determinado tema que se pretenda discutir na instância superior.

Razões de decidir contrárias ao entendimento da parte não caracterizam negativa de prestação jurisdicional.

Se o juiz diz que não há omissão, obscuridade ou contradição, está examinando o mérito dos embargos e, portanto, os rejeitando. Não está deixando de conhecer dos embargos.

Os embargos não poderão ser utilizados como meio de reexame da causa, ou como forma de consulta ou questionário quanto a procedimentos futuros. O juiz não é obrigado a rebater todos os argumentos trazidos pela parte, bastando apenas decidir fundamentadamente, ainda que se utilize apenas de um fundamento jurídico. O mesmo ocorre em relação a questões novas que anteriormente não foram ventiladas.

Não tem o juiz obrigação de responder um a um os argumentos da parte, principalmente quando já apresentou e fundamentou sua decisão. Ao ser feito o julgamento, automaticamente foram excluídas outras questões, que lhe são contrárias. A decisão não é um diálogo entre o juiz e as partes ou seus advogados. Se o juiz fundamentou sua decisão, esclarecendo os motivos que lhe levaram a firmar seu convencimento, o seu raciocínio lógico, a prestação jurisdicional foi devidamente concedida às partes. Se os fundamentos estão certos ou errados, a matéria não é de embargos de declaração, mas do recurso próprio. A Constituição exige fundamentação e não fundamentação correta ou que atenda à tese da parte.

Os embargos de declaração não têm por objetivo que o processo seja julgado duas vezes em relação à mesma matéria, nem têm efeito infringente, de tornar a examinar a matéria já julgada. Revisão da decisão somente pode ser feita por intermédio do recurso próprio.

Há, também, a possibilidade da interposição de embargos de declaração de sentença de embargos de declaração. Os novos embargos terão por limite a decisão proferida nos embargos de declaração e não a decisão primitiva.

É claro que o juiz poderá prestar esclarecimentos por meio de embargos, se assim entender, que servirá para o completo entendimento da decisão.

22.19.7 Efeito modificativo

A sentença não poderá ser modificada por meio dos embargos de declaração. Muitas vezes, tem-se utilizado esse meio como forma de apresentar embargos infringentes à própria decisão, que, porém, não mais existem. Nesses casos a matéria é de recurso e não de embargos de declaração.

Os embargos de declaração podem ter efeito modificativo, em certos casos, se a decisão embargada tiver se omitido sobre certo aspecto levantado pelo embargante, envolvendo a alteração de seu dispositivo. O STF já assim entendeu (1ª T. – RE 88.958 – Rel. Min. Xavier de Albuquerque, *RTJ* 86/359).

Os embargos podem ter efeito modificativo para integrar a decisão, para corrigir pequenas imperfeições, mas não para revê-la, inclusive a prova.

O objetivo dos embargos é apenas de declarar algo. Não é de redecidir, corrigir, alterar, mudar, modificar, reformar, adicionar ou estabelecer algo novo.

O TST editou a Súmula 278, que veio a esclarecer a questão, assim ementada: "A natureza da omissão suprida pelo julgamento de embargos declaratórios pode ocasionar efeito modificativo no julgado."

Esclarece o art. 897-A da CLT que o efeito modificativo é admissível nos casos de omissão e contradição no julgado e manifesto equívoco no exame dos pressupostos extrínsecos do recurso.

Para José Carlos Barbosa Moreira, pressupostos extrínsecos são tempestividade e preparo. Pressupostos intrínsecos são legitimidade para recorrer, interesse, inexistência de fato impeditivo ou extintivo do poder de recorrer.

Extrínseco é o que vem de fora. Intrínseco é o que está dentro.

Pressupostos extrínsecos são os gerais ou comuns. Abrangeriam os subjetivos ou objetivos. Pressupostos intrínsecos são os específicos para determinados recursos, como o de revista ou de embargos.

Os embargos só terão efeito modificativo em caso de omissão ou contradição e não de obscuridade. Manifesto equívoco no exame dos pressupostos extrínsecos do recurso ocorrerá em relação a deserção, intempestividade, falta de procuração, conforme o caso.

Providos os embargos de declaração, em razão de omissão, contradição ou obscuridade, poderá ser alterada a decisão embargada, inclusive quando se tratar de erro material.

Os erros materiais poderão ser corrigidos de ofício ou a requerimento de qualquer das partes (§ 1º do art. 897-A da CLT). Essa regra não se aplica apenas ao procedimento sumaríssimo, mas também ao ordinário.

Erros materiais são os de troca de letras e nomes, troca de número etc. A correção pode ser feita de ofício (sem provocação) ou por intermédio de requerimento das partes (autor e réu). Essa hipótese já era prevista no art. 833 da CLT. A ideia é que os erros materiais não ficam sujeitos à coisa julgada material e, portanto, podem ser corrigidos. Os erros materiais também poderão ser corrigidos por embargos de declaração, como mostra o *caput* do art. 897-A da CLT. O § 1º não está dizendo que os erros materiais poderão ser corrigidos a qualquer tempo. O art. 833 da CLT dispõe que os erros de escrita, datilografia ou de cálculo podem ser corrigidos até antes da execução, ou seja, até a sentença de liquidação e não depois na execução. A matéria não deveria estar regulada no art. 897-A da CLT, que trata de embargos de declaração. Trata-se de heterotipia, pois não era o lugar para inserir a norma. O § 1º do art. 897-A está versando sobre erros materiais. O tema já estava previsto no art. 833 da CLT.

O STF tem entendido que se os embargos tiverem efeito modificativo, deve ser dada vista à parte contrária para manifestar-se sobre os embargos, sob pena de violação do princípio do contraditório (STF EDRE 144.981-4, 1ª T., Rel. Min. Celso de Mello, *LTr* 60-03/365).

Eventual efeito modificativo dos embargos de declaração somente poderá ocorrer em virtude da correção de vício na decisão embargada e desde que seja ouvida a parte contrária, no prazo de cinco dias (§ 2º do art. 897-A da CLT). O § 2º tem fundamento na Orientação Jurisprudencial 142 da SBDI-1 do TST. É passível de nulidade decisão que acolhe embargos de declaração com efeito modificativo sem que seja concedida oportunidade de manifestação prévia à parte contrária (OJ 142, I, da SBDI-1 do TST). A matéria agora passa a ter previsão em lei.

Vício é uma falha, defeito, imperfeição, erro. Os vícios serão omissão, obscuridade e contradição da decisão embargada.

O objetivo do parágrafo é assegurar o exercício do contraditório pela outra parte.

O parágrafo não faz distinção em relação ao fato de a decisão ser do primeiro grau ou dos tribunais. Logo, não se pode estabelecer tal distinção. Aplica-se o parágrafo a qualquer sentença ou acórdão.

22.19.8 Depósito e custas

Não há depósito recursal, nem pagamento de custas nos embargos de declaração. O art. 1.023 do CPC determina que os embargos não estão sujeitos a preparo. O depósito recursal é espécie do gênero preparo. Logo, não há que se falar em depósito nos embargos de declaração. Por último, também não há previsão do valor a ser depositado nos embargos de declaração, muito menos existe previsão de depósito para os embargos no art. 40 e seus parágrafos da Lei n. 8.177/91, até porque também não têm natureza de recurso, nem estão arrolados como tal no art. 893 da CLT.

22.19.9 Prazo

Em primeiro grau, os embargos de declaração eram opostos em 48 horas (redação do antigo art. 465 do CPC de 1973). Em segundo grau, o prazo era de cinco dias (art. 536 do CPC de 1973).

O prazo dos embargos é de cinco dias, tanto no primeiro grau como no segundo grau (art. 1.023 do CPC e art. 897-A da CLT). Desaparece, por conseguinte, o prazo de 48 horas para oposição dos embargos no primeiro grau, passando o prazo a ser uniforme de cinco dias em qualquer instância. Assim, não se aplica o prazo de oito dias dos recursos previstos no processo do trabalho (art. 6º da Lei n. 5.584/70), mas o prazo determinado no art. 897-A da CLT, até porque, no meu entendimento, os embargos não são recursos, nem estão arrolados entre os previstos no art. 893 da CLT.

Há entendimentos de que o prazo para o Ministério Público e para as entidades previstas no Decreto-lei n. 779/69 (União, Estados, Distrito Federal, Municípios suas autarquias e fundações públicas que não explorem atividade econômica) seria em dobro, ou seja, de 10 dias. Não há nenhuma previsão legal nesse sentido no art. 897-A da CLT, até porque, segundo o meu pensamento, não têm natureza de recurso os embargos de declaração. Assim, as pessoas supramencionadas terão o prazo normal de cinco dias para a oposição de embargos de declaração. As sociedades de economia mista e as empresas públicas que exploram atividade econômica têm o prazo comum para apresentar embargos de declaração: cinco dias.

Mostra a Orientação Jurisprudencial n. 192 da SDI do TST que o prazo para interposição de embargos de declaração de pessoa jurídica de direito público é em dobro.

O prazo será contado a partir da intimação da parte.

22.19.10 Efeitos sobre os prazos recursais

O § 5º do art. 862 do CPC de 1939 previa que "os embargos declaratórios, quando rejeitados, não interromperão os prazos para outros recursos". O Decreto-lei n. 8.570, de 8 de janeiro de 1946, fez uma revisão na redação do referido parágrafo para constar que os embargos declaratórios suspendiam os prazos para outros recursos salvo se manifestamente protelatórios, declarados como tais pelo pronunciamento judicial que rejeitasse os embargos declaratórios opostos. Na prática, o que ocorria é que muitas vezes a parte não ingressava com os embargos, temendo que fossem declarados protelatórios e impedisse a apresentação do recurso subsequente.

De acordo com os antigos art. 465 e parágrafo único do art. 538 do CPC de 1973, os embargos de declaração suspendiam, por qualquer das partes, o prazo para interposição de recurso. Ao se falar em suspensão, conta-se o prazo já anteriormente transcorrido antes da interposição dos embargos e o restante recomeça a correr quando da intimação da nova decisão. Consiste, portanto, a suspensão na cessação temporária da fluência do prazo para recurso, sem prejuízo do lapso de tempo já transcorrido. A interrupção vem a ser a cessação total do prazo do recurso, que recomeça a correr por inteiro novamente.

Os embargos de declaração interrompem o prazo para interposição de outros recursos, por qualquer das partes, salvo quando intempestivos, irregular a representação da parte ou ausente a sua assinatura (§ 3º do art. 897-A da CLT).

O art. 1.026 do CPC assevera que "os embargos de declaração não possuem efeito suspensivo e interrompem o prazo para a interposição de recurso", tanto pelo embargante, como pela parte que não se utilizou do referido remédio. Ao se falar em interrupção, o prazo que já tinha corrido antes da interposição dos embargos é desprezado, começando a correr novamente a partir da intimação da nova decisão todo o prazo recursal. Assim, se a parte ingressou, por exemplo, com os embargos no quinto dia do prazo, não teria apenas mais três para a interposição do recurso ordinário. Na verdade, a partir da nova intimação vai ter novamente todos os oito dias para interpor o recurso, o que de certa forma é vantajoso para o advogado e implica protelar o andamento do feito em determinados casos.

Com a interposição dos embargos, há interrupção do prazo para recurso, devolvendo-se por inteiro o referido prazo para recurso. A parte que não embargou terá a devolução do prazo por inteiro para recurso, porém não poderá apresentar embargos de declaração em relação à primeira decisão, por ter havido preclusão. Só poderá apresentar embargos em relação à segunda decisão.

Se o juiz examina se há omissão, contradição ou obscuridade no julgado, está analisando o mérito da postulação. O juiz conhece dos embargos para examinar o vício. Assim, há interrupção do prazo para recurso, ainda que o juiz rejeite os embargos dizendo que não há omissão, contradição ou obscuridade no julgado.

A interrupção do prazo recursal em razão da interposição de embargos de declaração pela parte adversa não acarreta qualquer prejuízo àquele que apresentou seu recurso tempestivamente.

Se os embargos forem imtempestivos ou não forem conhecidos por representação irregular, não interrompem o prazo para recurso.

Quando os embargos são intempestivos, irregular a representação da parte, os embargos não serão conhecidos. Se ausente a assinatura do advogado, o recurso de embargos é inexistente. Em todos esses casos, não há interrupção do prazo para outros recursos.

Apócrifo é de natureza desconhecida. Não se trata de recurso sem assinatura, em que o advogado está identificado.

Mesmo no caso de embargos de declaração manifestamente protelatórios, haverá a interrupção do prazo para embargos de declaração, pois o juiz terá de examinar se existe omissão, contradição ou obscuridade, entrando no mérito da postulação.

22.19.11 Embargos protelatórios

Quando os embargos forem manifestamente protelatórios, o juiz ou tribunal, em decisão fundamentada, condenará o embargante a pagar ao embargado multa não excedente de 2% sobre o valor atualizado da causa (§ 2º do art. 1.026 do CPC).

Ao se empregar a palavra *juiz*, quis referir-se o legislador ordinário ao juiz de primeiro grau. Assim, a multa, quanto aos embargos protelatórios, deve ser aplicada tanto na Vara como nos tribunais.

Manifesto vem do latim *manifestu*, com o significado de patente, claro, evidente, notório, flagrante.

Protelar é retardar, impedir, adiar, procrastinar o andamento normal do processo.

Os embargos também serão protelatórios quando houver nítida intenção de atrapalhar a celeridade do processo, devendo o juiz reprimir qualquer ato contrário à dignidade da justiça (art. 139, III, do CPC).

Se não há omissão, obscuridade ou contradição na sentença ou acórdão, os embargos são protelatórios, porque estão impedindo ou retardando o andamento normal do processo.

Havendo mais de uma ré no polo passivo e ambas apresentando os embargos, cada uma fica obrigada a pagar a multa de 1% e não apenas uma delas, pois cada embargante incidiu em embargos protelatórios.

A multa reverte à parte contrária.

A multa poderá ser de 1% ou de 2%, mas não poderá ser superior a 2%.

O § 3º do art. 1.026 do CPC foi mais além ao especificar que, "na reiteração de embargos protelatórios, a multa é elevada a até 10% sobre o valor atualizado da causa, e a interposição de qualquer recurso ficará condicionada ao depósito do valor da multa, à exceção da Fazenda Pública e do beneficiário de gratuidade da justiça, que a recolherão ao final". A primeira observação é de que são cabíveis embargos de declaração de embargos de declaração, desde que os segundos versem sobre ponto que não foi examinado em relação ao primeiro, mas em que haja pedido nesse sentido.

As multas não são acumuladas, mas ampliadas para até 10%.

Se os embargos dos embargos forem protelatórios, a multa de 1% sobre o valor da causa é elevada até 10%, podendo ser fixada tanto em 2% como até 10%, mas não 11%. Esse preceito se aplica, porém, apenas na reiteração de embargos protelatórios na segunda decisão de embargos declaratórios e não em razão da primeira, pois a lei emprega a expressão *na reiteração*. Logo, na primeira decisão, a elevação da multa não se aplica e será de apenas 1%.

A apresentação de embargos de declaração no tribunal não implica que houve reiteração de embargos, se estes já foram apresentados na primeira instância. Os embargos apresentados no tribunal não seriam reiteração de embargos protelatórios, pois ainda não tinham sido apresentados naquela corte. Logo, não é possível aplicar a multa de 10%, mas de 1%.

Aquele que apresenta os embargos dos embargos, se os últimos forem protelatórios, deverá depositar o valor da multa fixada pelo juiz em até 10% para poder recorrer. Trata-se de um pressuposto objetivo de admissibilidade de recurso interposto após os embargos de declaração, que não pode deixar de ser cumprido, sob pena de ser negado seguimento ao apelo. Não fere tal orientação o inciso LV, do art. 5º, da Constituição, pois a ampla defesa é exercida de acordo com os meios e recursos a ela inerentes, dependendo da disposição da legislação ordinária sobre o tema.

O § 2º do art. 1.026 do CPC trata dos embargos protelatórios, em que, se o tribunal declarar que o são, aplicará ao embargante a multa de 1% sobre o valor da causa. Não trata a primeira parte do artigo de que, para se conhecer do recurso, é preciso o depósito do referido valor, que corresponderia a pressuposto recursal.

O § 3º do art. 1.026 do CPC declara que, se houver a reiteração de embargos protelatórios, ou o que se chama de embargos dos embargos, a multa será elevada a até 10%, ficando apenas nesse caso condicionada a interposição de qualquer outro recurso ao depósito do valor respectivo. O § 3º do art. 1.026 do CPC, no que diz respeito ao pressuposto recursal para recorrer, não se refere ao depósito da multa de até 2%, mas apenas ao depósito da multa de até 10%.

O depósito só pode ser feito em relação à elevação da multa e não quanto à primeira, visto que o dispositivo nada menciona nesse aspecto.

A palavra *respectivo* contida no final do referido parágrafo refere-se apenas à reiteração dos embargos protelatórios e não à multa de 1%, pois está inserida na segunda oração do parágrafo, não fazendo referência à primeira parte do parágrafo. A expressão *o valor respectivo* diz respeito ao condicionamento à interposição de qualquer outro recurso, porém apenas em relação à multa de 10% e não à de 1%. Assim, não é preciso depositar a multa de 1% para poder recorrer.

É, portanto, desnecessário o depósito da multa de 1% em embargos protelatórios para a apreciação de recurso. O depósito da multa de 10% é, porém, imprescindível para o conhecimento do recurso, por se tratar de pressuposto objetivo do recurso.

Não deveria a lei dizer que a multa na segunda vez é de até 10%, pois se a multa é protelatória não deve haver gradação e o porcentual deve ser o máximo de 10%.

Caso os embargos de declaração sejam acolhidos parcialmente, não pode ser aplicada a multa, ainda que a parte não acolhida tenha natureza protelatória, pois uma parte do tema não tem.

O depósito da multa de 10% deve ser comprovado com o recurso, no respectivo prazo, sob pena de deserção.

As multas referidas nos §§ 2º e 3º do art. 1.026 do CPC são aplicáveis tanto ao empregador, como ao empregado, desde que os embargos sejam manifestamente protelatórios. O reclamante não gozará da dispensa do pagamento da multa de até 2%. Pode-se entender que o reclamante à primeira vista não teria interesse em procrastinar o andamento do feito, porém, se a questão já foi decidida e deve ser objeto de recurso, os embargos apresentados para discutir o que já está sacramentado na decisão serão protelatórios e deverão ser punidos com a referida multa. O empregado está impedindo o andamento normal do processo com o seu procedimento.

Em todo caso, a multa por embargos manifestamente protelatórios deve ser aplicada sobre o valor da causa devidamente corrigido, sob pena de ser inócua. Incide a multa sobre o valor da causa corrigido e não sobre o valor da condenação ou o valor arbitrado na sentença.

Será possível a aplicação cumulativa da multa do parágrafo único do art. 774 do CPC e da por litigância de má-fé com a de embargos protelatórios? Em princípio, não, pois seria *bis in idem*. Deveria ser aplicada apenas a multa prevista para embargos protelatórios, por ser específica e não as demais. Entretanto, se houver inovação recursal nos embargos ou outro artifício, será possível, pois indicará litigância de má-fé.

A multa de 1% tem caráter punitivo. O valor de 20% tem caráter ressarcitório pelos prejuízos causados no andamento do processo. O art. 81 do CPC trata de litigância de má-fé. O art. 1.026 do CPC versa sobre embargos de declaração protelatórios. O art. 81 do CPC trata de indenização. Os §§ 2º e 3º do art. 1.026 do CPC versa sobre multa. Têm naturezas diferentes e podem ser cumulados. Não existe *bis in idem*.

Parece que, mesmo que os embargos sejam protelatórios, seja na oposição pela primeira vez seja em sua reiteração, o prazo continuará interrompido, recomeçando a correr da nova intimação da decisão, pois o art. 1.026 do CPC menciona que sua interposição interrompe o prazo para outros recursos, inclusive para a outra parte. No sistema do CPC de 1939, o § 5º do art. 862 do referido código rezava que os embargos protelatórios não suspenderiam o prazo para o recurso subsequente. A lei hoje nada dispôs nesse sentido. Isso quer dizer que mesmo que forem protelatórios os embargos de declaração irão interromper o prazo para o recurso seguinte, pois não foi repetida no CPC de 1973 a disposição do CPC de 1939. Não serão, contudo, protelatórios os embargos para efeito de prequestionamento (*RTJ* 130/401). Os embargos de declaração manifestados com notório propósito de prequestionamento não têm caráter protelatório (S. 98 do STJ). Os embargos opostos a destempo não interromperão, porém, o prazo para outros recursos.

Não serão admitidos novos embargos de declaração se os dois anteriores houverem sido considerados protelatórios (§ 4º do art. 1.026 do CPC). Assim, somente a partir dos terceiros embargos de declaração protelatórios é que eles não seriam admitidos.

22.19.12 Prequestionamento no processo do trabalho

Prequestionamento é questionar antes, é questionamento prévio, debater anteriormente a matéria no recurso da decisão da qual se recorre.

O prequestionamento surgiu em decorrência do acúmulo de processos no STF, como óbice ao processamento das impugnações. Prevê a Sumula 282 do STF que "é inadmissível o recurso extraordinário, quando não ventilada, na decisão recorrida a questão federal suscitada". A Súmula 356 esclareceu que "o ponto omisso da decisão, sobre o qual não foram opostos embargos declaratórios, não pode ser objeto de recurso extraordinário, por faltar o requisito do prequestionamento". As próprias súmulas foram criadas em razão do número excessivo de recursos que ingressavam nos tribunais.

Essa orientação passou para o TST, que editou a Súmula 184: "Ocorre preclusão quando não forem opostos embargos declaratórios para suprir omissão apontada em recurso de revista ou de embargos." A Súmula 297 do TST esclareceu o que vem a ser o prequestionamento: "1. Diz-se prequestionada a matéria ou questão quando na decisão impugnada haja sido adotada, explicitamente, tese a respeito. 2. Incumbe à parte interessada, desde que a matéria haja sido invocada no recurso principal, opor embargos declaratórios objetivando o pronunciamento sobre o tema, sob pena de preclusão." O objetivo do TST também foi o mesmo: obstaculizar o recurso em decorrência do excessivo número de processos, adotando a orientação do STF. Assim, para interposição de recurso de revista, de embargos ou extraordinário há necessidade de que a tese que se pretende debater tenha sido ventilada nas esferas recursais anteriores, até mesmo por meio de embargos de declaração, se for o caso.

O item III da Súmula 297 do TST considera prequestionada a questão jurídica invocada no recurso principal sobre a qual se omite o Tribunal de pronunciar tese, não obstante opostos embargos de declaração. Estabelece o art. 1.025 do CPC que consideram-se incluídos no acórdão os elementos que o embargante suscitou, para fins de prequestionamento, ainda que os embargos de declaração sejam inadmitidos ou rejeitados, caso o tribunal superior considere existentes erro, omissão, contradição e obscuridade.

Prequestionamento não é requisito de admissibilidade do recurso, mas uma forma de verificar se as questões daquele recurso foram debatidas pela instância inferior.

Como regra, pode-se dizer que o prequestionamento é necessário nos recursos técnicos, que compreendem estritamente a violação de certo preceito legal ou constitucional, não sendo exigível no recurso ordinário, por exemplo, pois a apelação devolve ao tribunal o conhecimento de todas as questões nele suscitadas e discutidas, ainda que a sentença não as tenha julgado por inteiro (art. 1.013 do CPC). De certa forma, pode-se dizer que a ausência de prequestionamento na instância ordinária (Varas) não implica preclusão diante da regra do art. 1.013 do CPC. O prequestionamento previsto na Súmula 297 do TST diz respeito à matéria e não à indicação expressa do dispositivo legal tido por violado.

Prequestionamento implícito ocorre se forem apresentados embargos de declaração, mas o tribunal não analisou a questão.

Prequestionamento numérico ocorre no caso de o tribunal analisar o artigo da norma mencionado pela parte. A Orientação Jurisprudencial 118 da SBDI-1 do TST menciona que não há necessidade de se prequestionar o artigo, mas de adotar tese explícita.

No prequestionamento explícito, a questão apresentada em embargos de declaração é enfrentada pelo tribunal.

O TST entendeu também sobre a necessidade de na ação rescisória em que se discuta, por exemplo, violação de literal dispositivo de lei (art. 966, V, do CPC) haja o prequestionamento. A Súmula 298 do TST entende que "a conclusão acerca da ocorrência de violação literal de lei pressupõe pronunciamento explícito, na sentença rescindenda, sobre a matéria veiculada" (I). Poder-se-ia dizer sobre a desnecessidade de tal procedimento, pois a ação rescisória, como o próprio nome indica, é ação e não recurso. Em decisões do Pleno do STF, já foi decidido que não é requisito o prequestionamento para a propositura de ação rescisória (*RTJ* 116/870, 116/451, 97/699).

Não se pode, porém, pretender aplicar a multa do § 2º do art. 1.026 do CPC quando os embargos têm por objetivo apenas o prequestionamento de certa tese e não retardar o andamento do feito, pois nesse caso os embargos não serão considerados protelatórios. A Súmula 98 do STJ esclarece que embargos de declaração manifestados com notório propósito de prequestionamento não têm natureza protelatória. Tem-se decidido que o artigo de lei não necessita ser citado, mas que a matéria seja discutida. A matéria objeto dos embargos deverá anteriormente ter sido ventilada no recurso, pois se a questão é proposta apenas nos embargos de declaração, como nova, não se pode falar em prequestionamento, mas em omissão da própria parte, em preclusão, em pós-questionamento.

22.19.13 Processamento

O processamento dos embargos não é de recurso, mas de mero incidente processual. Não há parecer do Ministério Público do Trabalho, nem revisor.

Os embargos serão apresentados por petição, como menciona o art. 1.023 do CPC, dirigida ao juiz ou relator (nos tribunais), em que se irá indicar o ponto obscuro, contraditório ou omisso. Os embargos não podem ser orais, mas devem ser apresentados em petição escrita e fundamentada. Não se conhece de embargos de declaração que forem opostos mediante simples cota lançada nos autos (*RJTJESP* 109/320).

A parte contrária não é intimada da interposição dos embargos, nem tem direito de oferecer contrarrazões.

O art. 937 do CPC dispõe que nos tribunais os embargos de declaração não comportam sustentação oral.

Os embargos de declaração serão julgados pelo juiz que proferiu a decisão, salvo se tiver se aposentado, falecido, promovido. Mesmo em férias, os embargos devem ser julgados pelo juiz relator da decisão, que é o juiz natural.

O julgamento dos embargos de declaração na primeira instância deverá ser feito em cinco dias. Melhor seria dizer no primeiro dia útil seguinte.

Nos tribunais, o relator apresentará os embargos em mesa na sessão subsequente, proferindo voto, e, não havendo julgamento nessa sessão, será o recurso incluído em pauta automaticamente (§ 1º do art. 1.024 do CPC).

Quando os embargos de declaração forem opostos contra decisão de relator ou outra decisão unipessoal proferida em tribunal, o órgão prolator da decisão embargada decidi-los-á monocraticamente (§ 2º do art. 1.024 do CPC).

O órgão julgador conhecerá dos embargos de declaração como agravo interno se entender ser este o recurso cabível, desde que determine previamente a intimação do recorrente para, no prazo de cinco dias, complementar as razões recursais, de modo a ajustá-las às exigências do art. 1.021, § 1º, do CPC.

Caso o acolhimento dos embargos de declaração implique modificação da decisão embargada, o embargado que já tiver interposto outro recurso contra a decisão originária tem o direito de complementar ou alterar suas razões, nos exatos limites da modificação, no prazo de 8 dias, contado da intimação da decisão dos embargos de declaração.

Se os embargos de declaração forem rejeitados ou não alterarem a conclusão do julgamento anterior, o recurso interposto pela outra parte antes da publicação do julgamento dos embargos de declaração será processado e julgado independentemente de ratificação (§ 5º do art. 1.026 do CPC).

A decisão ou acórdão que for lavrado passará a fazer parte integrante da sentença ou acórdão embargado, complementando-o.

Verificação de Aprendizagem

1. Em que hipóteses é cabível o recurso de revista?
2. Correição tem natureza de recurso?
3. Qual a natureza jurídica dos embargos de declaração?
4. Cabe recurso adesivo no processo do trabalho? Em que condições?
5. Em que hipóteses é possível interpor recurso ordinário?
6. Existem embargos para a Vara?

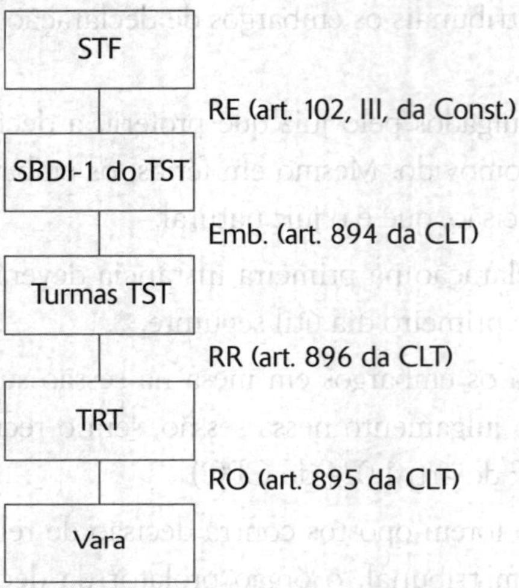

Capítulo 23

PROCEDIMENTOS ESPECIAIS

23.1 INTRODUÇÃO

A competência da Justiça do Trabalho é determinada pelo art. 114 da Constituição, esclarecendo que "outras controvérsias decorrentes da relação de trabalho" (IX) podem ser objeto de ação própria naquela Justiça Especializada, o que pode dar ensejo à aplicação dos procedimentos especiais previstos no CPC.

A CLT não prevê muitos dos procedimentos indicados no CPC. Com exceção da leve referência que se faz à ação rescisória no art. 836 da CLT e ao mandado de segurança, nada mais é tratado na norma consolidada, ao nível de procedimentos especiais.

Pelo fato de que alguns direitos materiais necessitam de procedimentos especiais para a exteriorização da relação processual, por ser diversa da maioria dos casos comuns, há necessidade da utilização desses procedimentos. Sendo os procedimentos especiais compatíveis com o processo do trabalho (art. 769 da CLT), iremos socorrer-nos do CPC, fazendo pequenas adaptações dos primeiros para inseri-los no processo laboral.

23.2 INQUÉRITO PARA APURAÇÃO DE FALTA GRAVE

Inquérito para apuração de falta grave é a medida judicial que tem por objetivo rescindir o contrato do empregado estável que incorreu em justa causa.

É a ação apropriada para se rescindir o contrato de trabalho do empregado estável, que não pode ser despedido diretamente, dada sua estabilidade.

23.2.1 Histórico

As origens do inquérito são encontradas na Lei Eloy Chaves (Decreto n. 4.682, de 24-1-1923), em que os ferroviários que tivessem dez anos de trabalho para a mesma empresa ferroviária, não podiam ser dispensados, salvo mediante a instauração de inquérito administrativo, presidido pelo engenheiro, em que era apurada a falta grave cometida pelo trabalhador. Posteriormente, esse procedimento foi estendido a outras categorias, havendo necessidade de se fazer o inquérito administrativo, depositando-o na Secretaria da Junta ou no Cartório do juízo que tivesse jurisdição sobre o local de trabalho do empregado. Havia tentativa de conciliação perante a Junta e, após, esta proferia o julgamento.

A CLT adotou o inquérito para apuração de falta grave nos arts. 853 a 855, passando o inquérito a ser judicial e não mais administrativo. Mais tarde, esse procedimento foi exigido em relação ao empregado que tivesse dez anos de trabalho para a empresa e não fosse optante do FGTS.

Com a promulgação da Constituição de 1988, foi extinta a estabilidade decenal (art. 7º, I). Poucos são os estáveis hoje em dia, embora em algumas empresas públicas ou em entidades de Direito Público possam ser encontrados alguns empregados estáveis. Trata-se, assim, de direito adquirido desses trabalhadores, que só poderão ser dispensados mediante inquérito que venha a apurar falta grave cometida pelo obreiro.

O inquérito tem natureza de ação e não de procedimento administrativo. Pode ter aspecto declaratório declarando que houve a falta grave. Trata-se de ação desconstitutiva do contrato de trabalho, pois visa extinguir o contrato de trabalho de empregado estável, em razão de falta grave praticada pelo trabalhador. Pode condenar a sentença a pagar salários ao empregado.

23.2.2 Aplicação

Os empregados que ainda são estáveis, não tendo optado pelo FGTS, somente poderão ser demitidos mediante inquérito para apuração de falta grave (art. 494 da CLT). O empregado sindicalizado ou associado também não pode ser dispensado, sem a instauração de inquérito para apuração de falta grave, conforme se verifica do § 3º do art. 543 da CLT.

O art. 25 da Lei n. 5.107/66 (antiga lei do FGTS) já previa que o empregado sindicalizado não poderia ser despedido sem a instauração de inquérito para apuração de falta grave. A Lei n. 5.911, de 27-8-1973, deu nova redação ao § 3º do art.

543 da CLT, prevendo estabilidade ao dirigente sindical, até um ano após o final de seu mandato. Posteriormente, a Lei n. 7.543, de 2-10-1986, determinou nova redação ao § 3º do art. 543 da CLT, concedendo a estabilidade ao dirigente de associação profissional, em virtude de a orientação jurisprudencial da Súmula 222 do TST ter adotado este entendimento. O STF, porém, sempre teve entendimento de que o empregado detentor de representação sindical somente poderia ser demitido mediante inquérito para apuração de falta grave (Súmula 197).

Penso ter subsistido a necessidade do inquérito para apuração de falta grave em relação ao dirigente sindical, em decorrência da nova Constituição. Não há incompatibilidade entre o inciso VIII do art. 8º da Lei Maior e a parte final do § 3º do art. 543 da CLT, que dispõe que a falta grave seja apurada "nos termos da Consolidação", pois a expressão remete o intérprete aos arts. 853 a 855 da CLT, que versam sobre o inquérito para apuração de falta grave. Dá-se, assim, uma garantia maior na apuração da falta grave cometida pelo dirigente sindical (art. 482 da CLT), ao se determinar a apuração dos fatos em juízo.

Obtemperam alguns autores que o constituinte, porém, não entendeu haver necessidade de inquérito para a despedida do dirigente sindical. Contudo, a Lei Fundamental assegura direitos mínimos, não podendo descer a minúcias ou regras processuais de como este ou outro direito irá se constituir ou desconstituir. Tais circunstâncias vão ser disciplinadas pela lei ordinária, que irá expressar, em cada caso, as peculiaridades de determinada situação. Nada impede, portanto, que a lei ordinária continue mencionando a necessidade de instauração de inquérito para a dispensa do dirigente sindical.

Na verdade, os arts. 853 a 855 da CLT não estão revogados pela Constituição, visto que ainda podem ser utilizados pelos detentores da estabilidade decenal (titulares de direito adquirido), ou até mesmo para os servidores públicos civis contratados pela CLT e que tinham cinco anos de serviço na data da promulgação do Estatuto Supremo, passando a ser estáveis (art. 19 do ADCT).

A Súmula 379 do TST firmou entendimento sobre a necessidade de inquérito judicial para apuração de falta grave do dirigente sindical, mesmo após a vigência da Constituição de 1988.

O empregado eleito para o cargo de diretor em sociedade cooperativa também goza de estabilidade, nos termos do art. 543 da CLT (art. 55 da Lei n. 5.764/71), só podendo ser dispensado mediante inquérito para apuração de falta grave. O inquérito para apuração de falta grave não deixa de ser uma garantia, que é não ser dispensado sem que se apure a falta praticada pelo trabalhador. O art. 55 da Lei n. 5.764 remete o intérprete às disposições do art. 543 da CLT. No § 3º do art. 543 da

CLT estabelece-se que a falta será apurada nos termos da referida consolidação, indicando a aplicação dos arts. 853 a 855 da CLT. O inquérito irá apurar se efetivamente a falta existiu, quem a praticou, assegurando o contraditório e a ampla defesa. É razoável que tal regra também seja aplicável ao dirigente da sociedade cooperativa.

Não se argumente que o art. 165 da CLT não versa sobre a necessidade de inquérito para o cipeiro e o mesmo deveria ocorrer com o dirigente sindical, pois nada ali está expresso neste sentido, ao contrário do § 3º do art. 543 da CLT. Se houver despedida do cipeiro, "caberá ao empregador, *em caso de reclamação* à Justiça do Trabalho, comprovar a existência de qualquer dos motivos mencionados neste artigo, sob pena de ser condenado a reintegrar o empregado" (parágrafo único do art. 165 da CLT). Não se fala, *in casu*, em inquérito, mas em reclamação à Justiça do Trabalho. Logo, a existência de motivo disciplinar, técnico, econômico ou financeiro será provada na reclamação, prescindindo-se do inquérito. A iniciativa da ação é do empregado, não havendo que se falar em diligência do empregador para propor inquérito, que inexiste. Se não houver reclamação, inexistirá reintegração.

Para a demissão da empregada gestante e do acidentado, apesar de terem garantia de emprego, não há necessidade de se instaurar inquérito para apuração de falta grave, por falta de previsão legal nesse sentido. O mesmo pode-se dizer do empregado em idade de prestação de serviço militar, que tem estabilidade determinada pela norma coletiva, ou qualquer outra estabilidade prevista em pacto coletivo.

O § 7º do art. 3º da Lei n. 8.213/91 afirma que os representantes dos trabalhadores em atividade, titulares e suplentes no Conselho Nacional de Previdência Social só podem ser demitidos por falta grave, regularmente comprovada por processo judicial, o que remete ao inquérito para apuração de falta grave. A lei usa a expressão "falta grave" e "processo judicial", que mostram a necessidade do inquérito para a dispensa.

O membro dos empregados pertencente à Comissão de Conciliação Prévia não precisa de inquérito para apuração de falta grave para ser dispensado. A expressão "nos termos da lei", contida no § 1º do art. 625-B da CLT refere-se à falta grave e não à forma de sua apuração. A falta grave é a do art. 482 da CLT. Não é utilizada a mesma expressão contida no § 3º do art. 543 da CLT, ao determinar que a falta será devidamente apurada "nos termos desta Consolidação", que remete o intérprete aos arts. 853 a 855 da CLT.

Desnecessário o inquérito para apurar ato de empregado que tem garantia de emprego em razão da vedação da dispensa no período determinado pela lei eleitoral, por falta de previsão legal nesse sentido.

23.2.3 Características

O inquérito para apuração de falta grave é uma ação proposta pelo empregador contra o empregado estável (art. 853 da CLT). Não é, portanto, um inquérito administrativo, mas ação.

É o inquérito uma ação proposta pelo empregador contra o empregado, para rescindir seu contrato de trabalho.

O autor da ação é chamado de requerente e o réu de requerido. É mister que a ação seja apresentada por escrito (art. 853 da CLT), não se admitindo reclamação verbal. O número de testemunhas que podem ser ouvidas é de até seis para cada uma das partes (art. 821 da CLT).

As custas serão calculadas à razão de 2% sobre o valor do pedido. Deverão ser pagas pelo vencido após o trânsito em julgado ou dentro do prazo de oito dias para interpor recurso.

O valor da causa deverá corresponder ao pedido. Será estabelecido um valor para efeito de custas, pois será indeterminado.

23.2.4 Procedimentos

Reza o art. 494 da CLT que "o empregado acusado de falta grave poderá ser suspenso de suas funções, mas a sua despedida só se tornará efetiva após o inquérito em que se verifique a procedência da acusação". Suspenso o empregado, esta situação perdurará até a decisão final do processo (parágrafo único do art. 494 da CLT).

O empregador não terá que obrigatoriamente suspender o empregado. A suspensão é uma faculdade daquele, que pode ou não ser exercitada.

Ocorrendo de o empregado praticar outras faltas, que só chegaram ao conhecimento do empregador após a instauração do inquérito, não é possível o aditamento da petição, mas apenas a propositura de novo inquérito, com fundamento nessas outras faltas.

23.2.5 Prazo

O prazo para o empregador propor o inquérito, caso tenha suspendido o empregado, é de 30 dias, a contar da data da suspensão do obreiro (art. 853 da CLT). Não é requisito legal suspender o empregado: o empregador poderá fazê-lo ou não (art. 494 da CLT).

Suspenso o empregado e não proposto o inquérito nos 30 dias após a suspensão, o obreiro pode requerer a reintegração no emprego. A referida ação normalmente é proposta antes desse prazo, embora nem sempre ocorra, pois o empregador tem 30 dias após a suspensão para propor o inquérito. Se este for proposto a destempo ou antes da sua propositura o empregado ajuizar a reclamação, as ações deverão ser julgadas pela mesma Vara, em razão da conexão.

A jurisprudência orientou-se no sentido de que o prazo para a propositura do inquérito, quando haja suspensão do trabalhador, é de decadência. A Súmula 403 do STF declara que "é de *decadência* o prazo de 30 dias para a instauração do inquérito a contar da suspensão, por falta grave, de empregado estável". A Súmula 62 do TST adota a mesma posição: "O prazo de *decadência* do direito do empregador de ajuizar inquérito contra o empregado que incorre em abandono de emprego é contado a partir do momento em que o empregado pretendeu seu retorno ao serviço." Não proposto o inquérito no referido prazo, não mais será possível fazê-lo, pela perda do citado direito. É faculdade do empregador e não lesão a direito. Por isso o prazo é decadencial.

Na hipótese de o trabalhador não ser suspenso, e passados os 30 dias em que o empregado poderia ter sido suspenso, o inquérito deve ser ajuizado o mais rápido possível pelo empregador, pois pode-se entender que houve perdão tácito da empresa em relação à falta praticada, em razão de a data do ajuizamento do inquérito ser muito posterior à data em que ocorreu o ato faltoso. Outro motivo justificador do perdão tácito é o fato de o contrato de trabalho persistir, presumindo-se que não houve tanta importância na falta praticada pelo obreiro, mormente porque o empregador poderia suspender o empregado antes de propor o inquérito.

23.2.6 Audiência

Na audiência, deverão estar presentes o empregador (requerente) e o empregado (requerido).

Não comparecendo a empresa, o inquérito é arquivado (art. 844 da CLT). Este artigo não fala em empregado, mas em reclamante. A empresa nesse caso é reclamante.

Ausentando-se o empregado à audiência, será considerado revel e confesso quanto à matéria de fato. Presente o empregado, é feita a primeira tentativa de conciliação.

O empregado poderá apresentar sua defesa tanto por escrito, como oralmente, em 20 minutos (art. 847 da CLT), em audiência, e não em cartório.

Após a apresentação da contestação, segue-se a instrução do feito, na qual cada uma das partes pode ouvir até seis testemunhas e não para cada fato.

Terminada a instrução, as partes apresentam suas razões finais, em dez minutos, se o desejarem. O juiz renova a proposta de conciliação e, não havendo acordo, é proferida a sentença.

23.2.7 Efeitos da sentença

23.2.7.1 Acolhimento da pretensão

Acolhida a pretensão da empresa, de rescindir o contrato de trabalho do empregado estável, há uma decisão constitutiva, que extingue o contrato de trabalho a partir da data da propositura do inquérito. Amauri Mascaro Nascimento (1992:353) entende que cessa o contrato de trabalho a partir da suspensão. Entendo, contudo, que o contrato de trabalho cessará a partir da data da propositura da ação, que é quando se inicia o litígio.

Não sendo o empregado suspenso, pois continuou a trabalhar na empresa normalmente após a propositura do inquérito, e sendo acolhida a pretensão do empregador em rescindir o contrato de trabalho, considera-se findo o contrato de trabalho na data da propositura da ação, entendendo-se que o restante do período trabalhado pelo empregado corresponde a um novo contrato de trabalho.

Se novas faltas forem praticadas no decorrer do contrato pelo empregado estável, deverão ser objeto de outro inquérito. Caso contrário, poder-se-á entender que houve perdão tácito em relação a tais faltas e continuidade do contrato de trabalho.

Não ficará prejudicado, porém, o pagamento dos salários do empregado, no período que vai da data da suspensão até a data da propositura do inquérito. Assim, se o empregado houver sido suspenso no dia 1/1 e a ação for proposta em 28/1, são devidos os salários dos 28 dias, que poderão ser objeto de execução nos próprios autos, pois o art. 855 da CLT permite.

23.2.7.2 Rejeição da pretensão

Não provada a falta grave, o empregado estável terá o prosseguimento normal de seu contrato de trabalho, na hipótese de não ter sido suspenso.

Existindo a suspensão, o empregado deverá ser reintegrado no serviço, sendo devidos os salários do período de suspensão (art. 495 da CLT) e demais vantagens obtidas pela categoria profissional, com o cômputo do tempo de serviço. Não se trata de readmissão, pois do contrário não deveria haver pagamento de salários. Impedindo o empregador a reintegração, será passível de multa de "3/5 a 3 valores-de-referência por dia, até que seja cumprida a decisão" (art. 729 da CLT), sem prejuízo do pagamento dos salários devidos ao obreiro. A reintegração poderá ser feita, inclusive, por oficial de justiça, negando-se o empregador a fazê-lo.

A multa poderá ser aplicada de ofício, pois se trata de preceito de ordem pública e é imperativo, visto que a lei emprega a expressão *incorrerá* e até que seja cumprida a decisão. É uma das formas de cumprimento de obrigação de fazer. O juiz só não poderá aplicá-la na execução, caso não constar da sentença, pois aí violaria a coisa julgada.

Não pagos os salários, esses poderão ser objeto de execução nos próprios autos.

23.2.7.3 Conversão da reintegração em indenização

A conversão da reintegração em pagamento de indenização é uma faculdade do juiz e não das partes (art. 496 da CLT), quando o magistrado perceber a incompatibilidade da reintegração e, principalmente, quando o empregador for pessoa física.

O empregado que não era optante do FGTS terá direito a indenização em dobro (art. 497 da CLT). Havendo força maior, a indenização será simples (art. 502, I, da CLT), sendo pagos normalmente o 13º salário e as férias do período (art. 131, V, da CLT).

Caso o juiz tenha convertido o pedido de reintegração em indenização, esta será executada normalmente no processo, sem a necessidade da propositura de nova ação para a cobrança da indenização. A sentença que determina o pagamento da indenização é uma decisão constitutiva-condenatória, sendo os valores devidos até a data da primeira decisão que determinou a conversão, segundo a Súmula 28 do TST. Na verdade, o correto seria falar que as importâncias devidas ao empregado deveriam ser pagas até a data em que o contrato é rescindido. O fato de o processo durar muitos anos não muda a questão, pois o problema é quando será considerado rescindido o contrato, em razão de que após essa data o empregado não tem mais direito a salários.

Não se pode dizer que os salários são indevidos caso o empregado trabalhe para outro empregador no decorrer do trâmite do inquérito, na hipótese de ter sido suspenso, justamente porque o empregado não pode ficar privado de sua fonte de subsistência, ou seja, de trabalhar para outro empregador para se manter e a sua família. Não há, inclusive, previsão em lei quanto ao não pagamento do salário.

23.3 AÇÃO RESCISÓRIA

23.3.1 Conceito

A palavra *rescindir* vem do latim *rescindire*, que tem o significado de quebrar, anular, invalidar.

A ação rescisória é uma ação especial, que tem por objeto desconstituir ou anular uma decisão judicial de mérito transitada em julgado, por motivo da existência de vícios em seu bojo. Deve-se destacar que a ação rescisória é *ação* e não recurso.

23.3.2 Fundamentos

Tem a ação rescisória por objetivo corrigir sentença ou acórdão que ofenda a ordem jurídica, assegurando certeza na prestação jurisdicional e justiça. Não visa corrigir injustiças.

Objetiva, ainda, em certos casos, a rescisória rescindir a sentença ou acórdão, proferindo novo julgamento.

23.3.3 Natureza jurídica

Não tem natureza de recurso a ação rescisória, mas de ação especial, a ação é proposta a partir do segundo grau em diante. Não é, portanto, substitutivo de recurso.

A ação rescisória tem natureza declaratória e constitutiva. Declaratória porque vai declarar a existência ou inexistência de dada relação jurídica ou a autenticidade ou falsidade de determinado documento obtido, que foi objeto de exame na antiga decisão. Será, ainda, declaratória quando entender incabível a ação rescisória. Constitutiva porque vai criar, extinguir ou modificar dada relação jurídica a partir do momento em que for proferida a decisão na rescisória. A ação rescisória será constitutiva quando acolher o pedido do autor. Será constitutivo-negativa quando rejeitar a pretensão do autor. São, assim, proclamadas as nulidades que podem ser sanadas, mediante o novo julgamento. Tem, nesse aspecto, natureza desconstitutiva.

Do novo julgamento caberão todos os recursos previstos no processo do trabalho.

Num primeiro momento, vai ser examinada a validade ou nulidade da sentença objeto da rescisão; num segundo plano, é apreciada a própria sentença anulada ou rescindida, fazendo-se novo julgamento (art. 968, I, do CPC).

Pode a ação rescisória ter natureza condenatória, se o réu for condenado a pagar ao autor algum valor.

23.3.4 Cabimento no processo do trabalho

O Direito romano distinguia entre nulidades relativas e absolutas. Com base no direito canônico e na tradição medieval, foi acolhido um remédio específico denominado *querela nullitatis*, consistindo em uma invocação do juízo, visando com que este solucionasse a pendência que lhe fora apresentada. Se a nulidade fosse sanável, o prazo para impugnação era menor, normalmente o do recurso ordinário ou da apelação. As nulidades insanáveis eram impugnadas por meio de ação autônoma, que se denominou ação rescisória, restringindo-se apenas às sentenças com trânsito em julgado.

Inicialmente, havia dúvida sobre o cabimento da ação rescisória no processo do trabalho. O STF tinha entendimento, por intermédio da Súmula 338 de que "não cabe ação rescisória no âmbito da Justiça do Trabalho". O TST orientava-se no mesmo sentido, por meio do Prejulgado n. 10, hoje não mais existente, apesar de a doutrina ser totalmente contrária a esse entendimento.

O Decreto-lei n. 229, de 26-12-1967, determinou nova redação ao art. 836 da CLT, que ficou assim redigido: "É vedado aos órgãos da Justiça do Trabalho conhecer de questões já decididas, excetuados os casos expressamente previstos neste Título e a ação rescisória, que será admitida no prazo de dois anos, nos termos dos arts. 798 a 800 do CPC de 1939."

O ex-Prejulgado n. 160 do TST, de 1976, passou a admitir a rescisória, cancelando o Prejulgado n. 10. Mais tarde o primeiro prejulgado foi transformado na Súmula 144 do TST, com a seguinte redação: "É cabível a ação rescisória no âmbito da Justiça do Trabalho."

A redação dada ao art. 836 da CLT pelo Decreto-lei n. 229 era anterior ao CPC de 1973. A Súmula 169 do TST, interpretando a questão, mencionava que, "nas ações rescisórias ajuizadas na Justiça do Trabalho e que só serão admitidas nas hipóteses dos arts. 798 a 800 do CPC de 1939, desnecessário o depósito a que aludem os arts. 488, II, e 494 do CPC de 1973". Ocorre que o referido enunciado não poderia fazer referência aos arts. 798 e 800 do CPC de 1939, que já haviam sido revogados pelo CPC de 1973, em sua integralidade. A ação rescisória deveria ser proposta nos termos dos arts. 485 a 495 do CPC de 1973.

Mais tarde, a Súmula 194 do TST corrigiu a citada falha, mencionando que "as ações rescisórias ajuizadas na Justiça do Trabalho serão admitidas, instruídas e julgadas conforme os arts. 485 *usque* 495 do CPC de 1973, sendo, porém, desnecessário o depósito prévio a que aludem os arts. 488, inciso II, e 494 do mesmo Código".

A Lei n. 7.351, de 27-8-1985, determinou nova redação ao art. 836 da CLT: "É vedado aos órgãos da Justiça do Trabalho conhecer de questões já decididas, excetuados os casos expressamente previstos neste Título e a ação rescisória, que será admitida na forma do disposto no Capítulo IV do Título IX da Lei n. 5.869, de 11 de janeiro de 1973 – Código de Processo Civil, dispensado o depósito referido nos arts. 488, inciso II, e 494 daquele diploma legal."

A Lei n. 11.495/2007 deu nova redação ao art. 836 da CLT: "É vedado aos órgãos da Justiça do Trabalho conhecer de questões já decididas, excetuados os casos expressamente previstos neste Título e a ação rescisória, que será admitida na forma do disposto no Capítulo IV do Título IX da Lei n. 5.869, de 11 de janeiro de 1973 – Código de Processo Civil, sujeita ao depósito prévio de 20% (vinte por cento) do valor da causa, salvo prova de miserabilidade jurídica do autor."

Há omissão na CLT, aplicando-se o CPC.

23.3.5 Requisitos

Não havendo previsão específica na CLT sobre os procedimentos da ação rescisória, será utilizado o CPC (art. 769 da CLT). O CPC prevê a rescisória no art. 485, porém há necessidade de:

A decisão de mérito, transitada em julgado, pode ser rescindida.

a) Decisão de mérito compreende sentença e acórdão. Não se admite ação rescisória de mero despacho;
b) Decisão de *mérito*. Não sendo de mérito a sentença ou o acórdão, não se admite a rescisória, como ocorre com a decisão que extingue o processo sem julgamento de mérito. Nesse caso há trânsito em julgado, mas não há coisa julgada, justamente porque não se adentrou no mérito do pedido. Extinguindo-se o processo sem julgamento de mérito há a possibilidade de se propor novamente a ação;
c) Trânsito em julgado. Inexistindo trânsito em julgado, não cabe rescisória, pois haverá ainda recursos para se impugnar a decisão.

A Súmula 514 do STF admite a ação rescisória contra a sentença transitada em julgado, "ainda que contra ela não se tenham esgotado todos os recursos".

Na ação rescisória, ocorre um julgamento de outro que anteriormente já fora feito. Vai ser examinada a decisão transitada em julgado, a prestação jurisdicional já satisfeita.

A rescisória irá atacar a coisa julgada formal, em razão da preclusão quanto aos prazos para recorrer. Não se vai cogitar do acerto ou desacerto da decisão proferida, apenas será julgada a própria prestação jurisdicional, fazendo-se novo julgamento da antiga decisão. Não se presta a ação rescisória à reapreciação de fatos e provas.

Nas hipóteses previstas nos incisos do art. 966 do CPC, será rescindível a decisão transitada em julgado que, embora não seja de mérito, impeça:

I – nova propositura da demanda; ou
II – admissibilidade do recurso correspondente (§ 2º do art. 966 do CPC).

A ação rescisória pode ter por objeto apenas um capítulo da decisão (§ 3º do art. 966 do CPC).

É incabível a ação rescisória por violação à alínea *a* do art. 896 da CLT contra decisão transitada em julgado sob a égide do CPC de 1973 que não conhece de recurso de revista, com base em divergência jurisprudencial, pois não representava sentença de mérito (S. 413 do TST).

A rescisória não será cabível "quando o julgado estiver em harmonia com o entendimento firmado pelo Plenário do Supremo à época da formalização do acórdão rescindendo, ainda que ocorra posterior superação do precedente" (STF, RE 580.809, Tema 136).

23.3.6 Competência

A ação rescisória é um processo de competência originária dos tribunais.

Como regra, compete ao Pleno dos Tribunais Regionais, quando não divididos em turmas, o julgamento das ações rescisórias das decisões das Varas do Trabalho, dos juízes de direito investidos na jurisdição trabalhista, das turmas e de seus próprios acórdãos (art. 678, I, *c*, 2, da CLT). Alguns tribunais regionais têm seções especializadas ou grupos de turmas, cabendo a estes julgar a ação rescisória.

Caso a decisão que transitou em julgado seja do juiz da Vara do Trabalho, a competência é do TRT. Se a decisão de mérito é do TRT, a competência para a ação rescisória também é do mesmo órgão.

No TST, compete originariamente à SBDI-2 julgar as ações rescisórias propostas contra decisões das turmas do TST e suas próprias, inclusive as anteriores à especialização em seções (art. 3º, I, *a*, da Lei n. 7.701/88). Compete à SDC julgar as ações rescisórias propostas contra suas sentenças normativas (art. 2º, I, *c*, da Lei n. 7.701/88).

Se a decisão é de mérito de decisão de turma do TST, a competência é da SBDI-2 do TST.

Se da decisão que se pretende rescindir não foram conhecidos o recurso de revista e de embargos, a competência para julgamento da ação é do TRT (S. 192, I, do TST). No caso, não houve pronunciamento de mérito do TST, sendo que a análise do mérito da ação rescindenda foi do TRT. Logo, este é o tribunal competente para analisar a ação rescisória.

Acórdão rescindendo do Tribunal Superior do Trabalho que não conhece de recurso de embargos ou de revista, analisando arguição de violação de dispositivo de lei material ou decidindo em consonância com súmula de direito material ou com iterativa, notória e atual jurisprudência de direito material da Seção de Dissídios Individuais (S. 333), examina o mérito da causa, cabendo ação rescisória da competência do Tribunal Superior do Trabalho (S. 192, II, do TST).

Sob a égide do art. 512 do CPC de 1973, é juridicamente impossível o pedido explícito de desconstituição de sentença quando substituída por acórdão do Tribunal Regional ou superveniente sentença homologatória de acordo que puser fim ao litígio (S. 192, III, do TST). O art. 1.008 do CPC é claro no sentido de que o acórdão substitui a sentença, no que estabelecer modificações na segunda. Logo, o que tem de ser rescindido é o acórdão e não a sentença.

Na vigência do CPC de 1973, é manifesta a impossibilidade jurídica do pedido de rescisão de julgado proferido em agravo de instrumento que, limitando-se a aferir o eventual desacerto do juízo negativo de admissibilidade do recurso de revista, não substitui o acórdão regional, na forma do art. 512 do CPC/73 (S. 192, IV, do TST).

A decisão proferida pela SBDI, em agravo regimental, calcada na Súmula 333 do TST, substitui acórdão de turma do TST, porque emite juízo de mérito, comportando, em tese, o corte rescisório (S. 192, V, do TST).

23.3.7 Legitimidade

Tem legitimidade para propor a ação aquele que foi parte no processo ou seu sucessor a título universal ou singular (art. 967, I, do CPC).

O terceiro interessado também poderá propor a ação rescisória como o sucessor, porém haverá necessidade de que essa pessoa tenha interesse jurídico e não meramente econômico.

O Ministério Público também poderá propor a ação rescisória: (a) se não tiver sido ouvido no processo, em que era obrigatória sua intervenção; (b) quando a decisão rescindenda é o efeito de simulação ou de colusão das partes, a fim de fraudar a lei; (c) em outros casos em que se imponha sua atuação (art. 967, III, do CPC). A legitimidade *ad causam* do Ministério Público para propor ação rescisória, ainda que não tenha sido parte no processo que deu origem à decisão rescindenda, não está limitada às alíneas *a*, *b* e *c* do inciso III, do art. 967 do CPC, uma vez que traduzem hipóteses meramente exemplificativas (S. 407, do TST).

O sindicato, substituto processual e autor da ação trabalhista, em cujos autos fora proferida a decisão rescindenda, possui legitimidade para figurar como réu na ação rescisória, sendo descabida a exigência de citação de todos os empregados substituídos, porque inexistente litisconsórcio passivo necessário (S. 406, II, do TST).

O litisconsórcio, na ação rescisória, é necessário em relação ao polo passivo da demanda, porque supõe uma comunidade de direito ou de obrigações que não admite solução díspar para os litisconsortes, em razão da indivisibilidade do objeto. Já em relação ao polo ativo, o litisconsórcio é facultativo, uma vez que a aglutinação de autores se faz por conveniência, e não pela necessidade decorrente da natureza do litígio, pois não se pode condicionar o exercício do direito individual de um dos litigantes no processo originário à anuência dos demais para retomar a lide (S. 406, I, do TST).

23.3.8 Ação rescisória e sentença homologatória

Dispõe o § 4º do art. 966 do CPC que "os atos de disposição de direitos praticados pelas partes ou por outros participantes do processo e homologados pelo juízo, bem como os atos homologatórios praticados no curso da execução, estão sujeitos à anulação, nos termos da lei". Trata-se da ação anulatória. O § 4º do art. 966 do CPC emprega erradamente a palavra *rescindir*, que significa anular.

Pergunta-se, porém: qual o remédio para atacar o acordo homologado em juízo?

Segundo o parágrafo único do art. 831 da CLT, na conciliação o termo que for lavrado valerá como decisão irrecorrível. Logo, não é passível de qualquer recurso.

Poder-se-ia entender que o termo de acordo seria atacável por ação anulatória, como os atos jurídicos em geral (§ 4º do art. 966 do CPC), desde que decorrente de erro, dolo, coação, simulação ou fraude.

O TST, entretanto, tem orientação diversa, por meio da Súmula 259, que "só por ação rescisória é atacável o termo de conciliação previsto no parágrafo único do art. 831 da CLT".

Justifica-se essa posição porque a homologação judicial tem natureza de sentença. O próprio CPC determina que, na transação entre as partes, o processo deve ser extinto com julgamento de mérito (art. 487, III, *b*). Logo, havendo trânsito em julgado da decisão e sendo a sentença de mérito, ao se falar em transação, o remédio adequado é a ação rescisória e não a ação anulatória.

Não se faz distinção entre os casos em que o processo é ou não instruído e depois há acordo entre as partes. Mesmo nos casos em que o acordo é anterior à audiência inicial, a decisão do juiz é de mérito, ao homologar a transação das partes (art. 487, III, *b*, do CPC). Não há distinção entre o acordo feito na primeira ou na segunda tentativa de conciliação para efeito da ação rescisória. O acordo é o mesmo. Tanto num caso como no outro o processo é extinto com resolução de mérito. É caso de rescisória. O parágrafo único do art. 831 da CLT faz referência a decisão, que é uma sentença.

Não é decisão de mérito a que homologa adjudicação ou arrematação (S. 399, I, do TST).

Pode uma questão processual ser objeto de rescisão desde que consista em pressuposto de validade de uma sentença de mérito (S. 412 do TST).

23.3.9 Hipóteses

As hipóteses contidas no art. 966 do CPC são taxativas e não exemplificativas.

Os casos cabíveis de ação rescisória, na forma do art. 966 do CPC, compreendendo decisão de mérito transitada em julgado, são os seguintes:

a) Se verificar que a decisão foi dada por prevaricação, concussão ou corrupção do juiz.

A prevaricação consiste em retardar ou deixar de praticar, indevidamente, ato de ofício, ou praticá-lo contra disposição expressa de lei, para satisfazer a interesse ou sentimento pessoal (art. 319 do Código Penal).

A concussão importa em exigir, para si ou para outrem, direta ou indiretamente, ainda que fora da função ou antes de assumi-la, mas em razão dela, vantagem indevida (art. 316 do Código Penal). Trata-se de exigência e não de mera solicitação, como ocorre na corrupção.

A corrupção passiva importa em solicitar ou receber, para si ou para outrem, direta ou indiretamente, ainda que fora da função ou antes de assumi-la, mas em razão dela, vantagem indevida, ou aceitar promessa de tal vantagem (art. 317 do Código Penal). Deverá haver prova de que o juiz proferiu sentença com prevaricação, concussão ou corrupção. A prova evidente deve ser feita após a prolação da decisão.

Não é preciso que o ilícito penal seja reconhecido pela Justiça para que seja cabível a rescisória.

b) Proferida por juiz impedido ou juízo absolutamente incompetente (em relação a matéria ou pessoas). Seria o caso de o juiz do trabalho proferir sentença sobre direitos de servidores públicos estatutários ou de representantes comerciais autônomos, pois é absolutamente incompetente para dirimir a controvérsia das referidas pessoas.

A incompetência absoluta prescinde de prequestionamento para efeito da ação rescisória (Orientação Jurisprudencial n. 124 da SBDI-2 do TST).

Em se tratando de incompetência em razão de lugar, não será possível o ajuizamento da rescisória, pois a lei se refere à incompetência absoluta do juiz e não à incompetência relativa.

Considera-se que o juiz está impedido:

a) em que interveio como mandatário da parte, oficiou como perito, funcionou como membro do Ministério Público ou prestou depoimento como testemunha;
b) de que conheceu em outro grau de jurisdição, tendo proferido decisão;
c) quando nele estiver postulando, como defensor público, advogado ou membro do Ministério Público, seu cônjuge ou companheiro, ou qualquer parente, consanguíneo ou afim, em linha reta ou colateral, até o terceiro grau, inclusive;
d) quando for parte no processo ele próprio, seu cônjuge ou companheiro, ou parente, consanguíneo ou afim, em linha reta ou colateral, até o terceiro grau, inclusive;

e) quando for sócio ou membro de direção ou de administração de pessoa jurídica parte no processo;
f) quando for herdeiro presuntivo, donatário ou empregador de qualquer das partes;
g) em que figure como parte de instituição de ensino com a qual tenha relação de emprego ou decorrente de contrato de prestação de serviços;
h) em que figure como parte cliente do escritório de advocacia de seu cônjuge, companheiro ou parente, consanguíneo ou afim, em linha reta ou colateral, até o terceiro grau, inclusive, mesmo que patrocinado por advogado de outro escritório;
i) quando promover ação contra a parte ou seu advogado (art. 144 do CPC). É preciso entender que a ação rescisória não é só cabível em relação ao juiz impedido ou incompetente, mas também quanto a juiz suspeito, pois pode também haver parcialidade do juiz neste último caso.

c) Resultar de dolo ou coação da parte vencedora em detrimento da parte vencida ou, ainda, de simulação ou colusão entre as partes, a fim de fraudar a lei. Colusão vem do latim *collusio*, indicando conluio, um acordo fraudulento para prejudicar terceiro. A colusão pode ser entendida como um acordo secreto entre as partes litigantes, que praticam atos simulados, com o objetivo de fraudar a lei ou conseguir fim proibido por lei, inclusive prejudicando terceiros. Deve haver um ato de autoria de autor e réu, tendo por objetivo fraudar a lei. Exemplo seria a hipótese de acordo entre as partes para liberar o FGTS fora das hipóteses previstas no art. 20 de Lei n. 8.036/90.

A decisão ou acordo judicial subjacente à reclamação trabalhista, cuja tramitação deixa nítida a simulação do litígio para fraudar a lei e prejudicar terceiros, enseja ação rescisória, com lastro em colusão. No juízo rescisório, o processo simulado deve ser extinto (Orientação Jurisprudencial n. 94 da SBDI-2 do TST).

Não caracteriza dolo processual, previsto no art. 966, III, do CPC, o simples fato de a parte vencedora haver silenciado a respeito de fatos contrários a ela, porque o procedimento, por si só, não constitui ardil do qual resulte cerceamento de defesa e, em consequência, desvie o juiz de uma sentença não condizente com a verdade (S. 403, I, do TST).

Se a decisão rescindenda é homologatória de acordo, não há parte vencedora ou vencida, razão pela qual não é possível a sua desconstituição calcada no inciso III do art. 966 do CPC, pois constitui fundamento de rescindibilidade que supõe solução jurisdicional para a lide (S. 403, II, do TST).

O art. 485, VIII, do CPC de 1973, ao tratar do fundamento para invalidar a confissão como hipótese de rescindibilidade da decisão judicial, referia-se à confissão real, fruto de erro, dolo ou coação, e não à confissão ficta resultante de revelia (S. 404 do TST).

d) Ofender a coisa julgada. A sentença não poderá decidir matéria já decidida, na qual haja preclusão de todos os recursos possíveis. Ocorrerá na execução.

O acolhimento da ação rescisória calcada em ofensa à coisa julgada supõe dissonância patente entre as decisões exequenda e rescindenda, o que não se verifica quando se faz necessária a interpretação do título executivo judicial para se concluir pela lesão à coisa julgada (Orientação Jurisprudencial n. 123 da SBDI-2 do TST).

Não tem fundamento ação rescisória calcada em ofensa à coisa julgada perpetrada por decisão proferida em ação de cumprimento, em razão de a sentença normativa, na qual se louvava, ter sido modificada em grau de recurso, porque em dissídio coletivo somente se consubstancia coisa julgada formal. Assim, os meios processuais, aptos a atacarem a execução da cláusula reformada, são a exceção de pré-executividade e o mandado de segurança no caso de descumprimento do art. 514 do CPC (S. 397 do TST).

e) Violar manifestamente norma jurídica. Agora, se fala em norma jurídica e não em lei. Talvez o objetivo do CPC de 2015 seja o de estabelecer um sentido mais amplo para abranger qualquer espécie de lei, e não apenas a lei ordinária, como também a Constituição, que também é uma norma jurídica, mas não outras normas.

Violar manifestamente tem o sentido de violar diretamente a norma jurídica, e não indiretamente.

As hipóteses na ação rescisória com fundamento em violação de lei poderiam ser: (a) negar validade a uma lei válida; (b) dar validade a uma lei que não vale; (c) negar vigência a uma lei que ainda vige; (d) admitir a vigência de uma lei, que ainda não vige ou já não vige; (e) negar aplicação a uma lei; (f) aplicar uma lei que não regula a matéria; (g) interpretar erroneamente a lei (Rizzi, Sérgio. *Ação rescisória*. São Paulo: Revista dos Tribunais, 1979, p. 106).

A violação há de estar ligada à literalidade do preceito. A violação da norma jurídica de que trata o inciso V do art. 966 do CPC diz respeito a Constituição, a lei ordinária, a lei complementar, a lei delegada, o decreto-lei, o decreto legislativo, a medida provisória, tratados internacionais, convenções da OIT aprovadas pelo Congresso Nacional, que têm natureza de lei ordinária federal, lei estadual ou municipal. Não caberá ação rescisória de convenção, acordo ou contrato coletivo, contrato de trabalho, regulamento de empresa ou manual de pessoal do empregador, decretos, portarias, ordens de serviço, instruções normativas, súmulas ou OJs, que não são leis. A Orientação Jurisprudencial n. 25 da SBDI-2 do TST entende que a palavra *lei* não pode ter interpretação extensiva. É incabível rescisória de convenção, acordo coletivo, portaria, regulamento de empresa e súmula ou Orientação Jurisprudencial do TST, que não são leis. Regimento interno ou portaria do tribunal não são fundamento para ação rescisória, pois não têm natureza de lei. Não importa também se a lei é de direito material ou de direito processual. Há entendimentos de que, se a sentença rescindenda interpretou razoavelmente a lei, não cabe a ação rescisória, principalmente quando a interpretação do preceito é controvertida. A Súmula 83, I, do TST explicita que "não procede pedido formulado na ação rescisória por violação literal de lei se a decisão rescindenda estiver baseada em texto legal infraconstitucional de interpretação controvertida nos Tribunais". O marco divisor quanto a ser, ou não, controvertida, nos tribunais, a interpretação dos dispositivos legais citados na ação rescisória, é a data da inclusão, na Orientação Jurisprudencial do TST, da matéria discutida (S. 83, II, do TST). A Súmula 343 do STF declara que "não cabe ação rescisória por ofensa a literal disposição de lei, quando a decisão rescindenda se tiver baseado em texto legal de interpretação controvertida nos tribunais". A Súmula 134 do TFR repete a orientação do STF. Em se tratando, porém, de tema constitucional e não de texto legal de interpretação controvertida, o STF tem entendido ser cabível a rescisória (STF, 1ª T., RE n. 101.114-9, Rel. Min. Rafael Mayer, *DJU*, 10-2-1984; *RTJ* 114/361 e 125/267). Não há interpretação razoável da Constituição se o STF pensa em sentido diverso. Assim, decisão em sentido contrário atrita com a Lei Maior.

A sentença também poderia admitir a vigência de uma lei que não mais vigora ou que ainda não está em vigor, havendo negativa de aplicação de um preceito legal.

Para haver a possibilidade do acolhimento da ação rescisória com fundamento em violação literal de dispositivo legal, é mister pronunciamento explícito sobre o tema na sentença rescindenda quanto à matéria veiculada na rescisória (S. 298, I, do TST). Entretanto, o STF já decidiu que não se aplica à ação rescisória a necessidade de prequestionamento da matéria em relação à sentença rescindenda (STF Pleno, RE 89.753-4-SP, j. 19-12-1980, Rel. Min. Cordeiro Guerra, *DJ*, 27-8-1981, p. 2.535; Embs. 732-8-RJ, j. 28-2-1980, Rel. Min. Soares Muñoz, *RTJ* 99/17).

Na ação rescisória se instaura uma nova relação processual e não a continuidade da relação anterior, em que deve haver o requisito do prequestionamento. A violação deve ser literal e não com base no sentido ou interpretação dada à norma.

Os princípios da legalidade, do contraditório, da ampla defesa e do devido processo legal não servem de fundamento para a desconstituição de decisão judicial transitada em julgado, quando se apresentam sob a forma de pedido genérico e desfundamentado, acompanhando dispositivos legais que tratam especificamente da matéria debatida, estes sim, passíveis de fundamentarem a análise do pleito rescisório (Orientação Jurisprudencial n. 97 da SBDI-2 do TST).

Não padece de inépcia a petição inicial de ação rescisória apenas porque omite a subsunção do fundamento de rescindibilidade no art. 966 do CPC de 2015 (art. 485 do CPC de 1973) ou o capitula erroneamente em um de seus incisos. Contanto que não se afaste dos fatos e fundamentos invocados como causa de pedir, ao Tribunal é lícito emprestar-lhes a adequada qualificação jurídica ("iura novit curia"). No entanto, fundando-se a ação rescisória no art. 966, inciso V, do CPC de 2015 (art. 485, inciso V, do CPC de 1973), é indispensável expressa indicação, na petição inicial da ação rescisória, da norma jurídica manifestamente violada (dispositivo legal violado sob o CPC de 1973), por se tratar de causa de pedir da rescisória (S. 408 do TST). O juiz não pode adotar a regra do *iura novit curia*.

Ainda que a ação rescisória tenha por fundamento violação de dispositivo legal, é prescindível o pronunciamento quando o vício nasce no próprio julgamento, como se dá com a sentença *extra*, *citra* e *ultra petita* (Orientação Jurisprudencial n. 36 da SBDI-2 do TST).

O pronunciamento explícito exigido em ação rescisória diz respeito à matéria e ao enfoque específico da tese debatida na ação, e não, necessariamente, ao dispositivo legal tido por violado.

Basta que o conteúdo da norma reputada como violada tenha sido tratado na decisão rescindenda para que se considere preenchido o pressuposto do pronunciamento (S. 298, II, do TST).

Para efeito de ação rescisória, considera-se pronunciada explicitamente a matéria tratada na sentença quando, examinando remessa de ofício, o tribunal simplesmente a confirma (S. 298, III, do TST).

A sentença meramente homologatória, que silencia sobre os motivos de convencimento do juiz, não se mostra rescindível, por ausência de pronunciamento (S. 298, IV, do TST).

Não é absoluta a exigência de pronunciamento explícito na ação rescisória. Ainda que a ação rescisória, tenha por fundamento violação de dispositivo legal, é prescindível o pronunciamento explícito quando o vício nasce no próprio julgamento, como se dá com a sentença *extra*, *citra* e *ultra petita* (S. 298, V, do TST).

A Súmula 412 do TST entende que uma questão processual pode ser rescindida, desde que consista em pressuposto de validade da sentença de mérito.

A ação rescisória fundada em violação de lei não admite reexame de fatos e provas do processo que originou a decisão rescindenda (S. 410 do TST). Não se vai verificar o acerto ou desacerto no exame da prova, mas a violação legal.

f) For fundada em prova cuja falsidade for apurada em processo criminal ou que venha a ser demonstrada na própria ação rescisória, como no falso testemunho, no documento falso.

g) Obtiver o autor, posteriormente ao trânsito em julgado, prova nova cuja existência ignorava ou de que não pôde fazer uso, capaz, por si só, de lhe assegurar pronunciamento favorável. Trata-se de prova nova, e não apenas de documento novo. A regra é mais ampla.

O documento novo pode ser considerado como aquele em que se ignorava sua existência quando da propositura da ação ou o documento que é superveniente à propositura da demanda até a decisão.

Documento cuja existência a parte ignorava é documento já existente. Documento que a parte não pôde fazer uso é documento existente que não pôde ser utilizado por algum motivo.

A prova é que deve ser nova e não os fatos discutidos.

Não se pode conceber como documento novo norma coletiva já em vigor na data da propositura da ação, que poderia ter sido juntada com a inicial, além de ser comum às partes.

Sob a vigência do CPC de 2015 (art. 966, inciso VII), para efeito de ação rescisória, considera-se prova nova a cronologicamente velha, já existente ao tempo do trânsito em julgado da decisão rescindenda, mas ignorada pelo interessado ou de impossível utilização, à época, no processo (S. 402, I, do TST); II – Não é prova nova apta a viabilizar a desconstituição de julgado: a) sentença normativa proferida ou transitada em julgado posteriormente à sentença rescindenda; b) sentença normativa preexistente à sentença rescindenda, mas não exibida no processo principal, em virtude de negligência da parte, quando podia e deveria louvar-se de documento já existente e não ignorado quando emitida a decisão rescindenda. (S. 402, II, do TST).

Sentença declaratória que reconheceu união estável entre a autora e segurado falecido é um fato novo superveniente. Não se trata de documento novo já existente à época do processo.

h) Fundada em erro de fato verificável do exame dos autos. Há erro de fato quando a decisão rescindenda admitir fato inexistente ou quando considerar inexistente um fato que realmente ocorreu, sendo indispensável, em ambos os casos, que o fato não represente ponto controvertido sobre o qual o juiz deveria ter se pronunciado (§ 1º do art. 966 do CPC). Contudo, nesses casos há necessidade de que não tenha havido controvérsia, nem pronunciamento judicial sobre o fato. Havendo pronunciamento judicial sobre o fato, não caberá a ação rescisória. Se o fato for controverso, envolverá valoração da prova e não ensejará rescisória.

Erro é a percepção incorreta de uma pessoa a respeito de certa questão.

O CPC faz referência a erro de fato e não a erro de julgamento.

Erro de fato não diz respeito à não comprovação do fato, mas apenas a uma afirmação equivocada sobre sua ocorrência ou não.

O erro deve ser apurável de imediato, mediante o simples exame dos documentos. Não é um erro demonstrável por prova. O erro deve ser do juiz e não das partes. Decorre de inadvertência do juiz. Se as partes se equivocaram na inicial e na defesa, induzindo o juiz a erro, sendo que se tal erro não é apurável pelo simples exame dos documentos e demais peças constantes dos autos, a ação rescisória não pode prosperar com esse fundamento. Não ocorre erro da má interpretação da prova ou de sua valoração, que dá ensejo apenas ao recurso competente.

Nas hipóteses previstas nos incisos do *caput* do art. 966 do CPC, será rescindível a decisão transitada em julgado que, embora não seja de mérito, impeça: (a) nova propositura da demanda; ou (b) admissibilidade do recurso correspondente (§ 2º do art. 966 do CPC). As hipóteses dizem respeito a decisões que não são de mérito, mas que a lei considera possível a rescisória, como ocorria no art. 798 do CPC de 1939.

A ação rescisória pode ter por objeto apenas um capítulo da decisão (§ 3º do art. 966 do CPC).

A injustiça da sentença e a má apreciação da prova ou a errônea interpretação do contrato não autorizam o exercício da ação rescisória. Não cabe ação rescisória para reexame de fatos e provas (S. 410 do TST).

É cabível a ação rescisória da rescisória, porém a matéria discutida deve ser relativa a vícios da prestação jurisdicional ocorridos na primeira rescisória, ficando vedada a arguição das mesmas questões atinentes ao *decisum* originário. Entretanto, não cabe rescisória da decisão anterior, quando o pedido já fora feito anteriormente.

Em se tratando de rescisória de rescisória, o vício apontado deve nascer na decisão rescindenda, não se admitindo a rediscussão do acerto do julgamento da rescisória anterior. Assim, não se admite rescisória calcada no inciso V do art. 966 do CPC para discussão, por má aplicação da mesma norma jurídica, tida por violada na rescisória anterior, bem como para arguição de questões inerentes à ação rescisória primitiva (S. 400 do TST).

Da sentença normativa em dissídio coletivo também é cabível a ação rescisória, pois é de mérito a decisão e produz coisa julgada. O art. 2º, I, *c* e II, *b*, da Lei n. 7.701, mostra que a sentença normativa é passível de ação rescisória. A nulidade da sentença normativa não poderá ser veiculada na ação de cumprimento, pois é vedado questionar nesta sobre matéria de fato e de direito já apreciada na decisão (parágrafo único do art. 872 da CLT). Assim, o remédio cabível é a ação rescisória, desde que seja possível elencar o vício constante da decisão no art. 966 do CPC, como o fato de o juiz estar impedido, de ter dado a decisão por prevaricação etc.

Da sentença que homologa cálculos de liquidação não cabe rescisória, pois se trata de decisão interlocutória, que poderá ser modificada pela sentença que julga os embargos.

A decisão homologatória de cálculo apenas comporta rescisão quando enfrentar questões envolvidas na elaboração da conta de liquidação, quer solvendo a controvérsia das partes, quer explicitando, de ofício, os motivos pelos quais acolheu os cálculos oferecidos por uma das partes, ou pelo setor de cálculo, e não contestados pela outra (S. 399, II, TST). A sentença meramente homologatória, que silencia sobre os motivos de convencimento do juiz, não se mostra rescindível, por ausência de prequestionamento.

A sentença que julga a liquidação por artigos pode ser rescindida, pois é de mérito, por examinar a prova.

A decisão que julga os embargos na execução é de mérito e pode ser rescindida.

23.3.10 Processamento

O ajuizamento da ação rescisória não impede o cumprimento da sentença ou acórdão rescindendo, ressalvada a concessão de tutela provisória (art. 969 do CPC), A ideia é preservar a segurança jurídica da coisa julgada. Por meio da tutela provisória será possível impedir o cumprimento do julgado.

O processamento da ação rescisória será feito perante o relator.

23.3.11 Petição inicial

A petição inicial deverá atender os requisitos do art. 319 do CPC, podendo ser indeferida na forma do art. 330 do CPC.

A petição inicial deverá conter a autoridade a que ela é dirigida (Presidente do TRT ou do TST), qualificação das partes, causa de pedir, pedido e valor da causa.

Não padece de inépcia a petição inicial de ação rescisória apenas porque omite a subsunção do fundamento de rescindibilidade no art. 966 do CPC ou o capitula erroneamente em um de seus incisos. Contanto que não se afaste dos fatos e fundamentos invocados como causa de pedir, ao tribunal é lícito emprestar-lhes a adequada qualificação jurídica (*iura novit curia*). No entanto, fundando-se a ação rescisória no inciso V, do art. 966, do CPC, é indispensável expressa indicação, na petição inicial da ação rescisória, do dispositivo legal violado, por se tratar de causa de pedir da rescisória, não se aplicando, no caso, o princípio *iura novit curia* (S. 408 do TST).

São documentos essenciais a decisão rescindenda e a certidão do seu trânsito em julgado, devidamente autenticadas, à exceção de cópias reprográficas apresentadas por pessoa jurídica de direito público (art. 24 da Lei n. 10.522/2002). Na fase recursal, verificada a ausência de qualquer delas, cumpre ao relator do recurso ordinário arguir, de ofício, a extinção do processo, sem julgamento do mérito, por falta de pressuposto de constituição e desenvolvimento válido do feito (Orientação Jurisprudencial n. 84 da SBDI-2 do TST).

Informa a Súmula 299 do TST que é indispensável ao processamento da ação rescisória a prova de trânsito em julgado da decisão rescindenda (I). Verificando o relator que a parte interessada não juntou à inicial o documento comprobatório, abrirá prazo de 15 dias para que o faça, sob pena de indeferimento (II).

A comprovação do trânsito em julgado da decisão rescindenda é pressuposto processual indispensável ao tempo do ajuizamento da ação rescisória. Eventual trânsito em julgado posterior ao ajuizamento da ação rescisória não reabilita a ação proposta, na medida em que o ordenamento jurídico não contempla a ação rescisória preventiva (S. 299, III, do TST).

O pretenso vício de intimação, posterior a decisão que se pretende rescindir, se efetivamente ocorrido, não permite a formação da coisa julgada material. Assim, a ação rescisória deve ser julgada extinta, sem julgamento de mérito, por carência de ação, por inexistir decisão transitada em julgado a ser rescindida (S. 299, IV, do TST).

Indeferida a petição inicial cabe agravo regimental no TST. Nos regionais, também.

Na petição inicial, será possível cumular, ao pedido de rescisão, o de novo julgamento da causa (art. 968, I, do CPC).

É admissível o ajuizamento de uma única ação rescisória contendo mais de um pedido, em ordem sucessiva, de rescisão da sentença e do acórdão. Sendo inviável a tutela jurisdicional de um deles, o julgador está obrigado a apreciar os demais, sob pena de negativa de prestação jurisdicional (Orientação Jurisprudencial n. 78 da SBDI-2 do TST).

É possível a propositura de segunda ação rescisória, visando desconstituir acórdão de mérito proferido em ação rescisória anterior, desde que sejam apontados vícios atinentes ao acórdão indicado como rescindendo (S. 400 do TST).

23.3.12 Prazo

A ação rescisória deve ser proposta no prazo de dois anos, contados do trânsito em julgado da última decisão proferida no processo (art. 975 do CPC). O referido prazo é de decadência e não de prescrição, pois há perda do direito. Trata-se de uma faculdade da parte. O inciso I do art. 198 do Código Civil dispõe que não ocorre prazo decadencial contra os absolutamente incapazes.

O prazo de dois anos deve ser contado do dia subsequente ao trânsito em julgado da última decisão proferida na causa, seja de mérito ou não (S. 100, I, do TST). O referido verbete surgiu justamente para dirimir a dúvida nos casos em que se discutia se o recurso era tempestivo ou não, com a interposição de agravo de instrumento, visando destrancar o apelo a que foi denegado seguimento. Daí por que se falar em decisão de mérito ou não, porque na decisão que julga o agravo de instrumento não há exame de mérito, apenas verifica-se se o recurso anterior pode subir.

Havendo recurso parcial no processo principal, o trânsito em julgado dá-se em momentos e em tribunais diferentes, contando-se o prazo decadencial para a ação rescisória do trânsito em julgado de cada decisão, salvo se o recurso tratar de preliminar ou prejudicial que possa tornar insubsistente a decisão recorrida, hipótese em que flui a decadência, a partir do trânsito em julgado da decisão que julgar o recurso parcial (S. 100, II, do TST).

No processo civil, o prazo decadencial da ação rescisória só se inicia quando não for cabível qualquer recurso do último pronunciamento judicial (Súmula 401 do STJ).

Salvo se houver dúvida razoável, a interposição de recurso intempestivo ou a interposição de recurso incabível não protrai o termo inicial do prazo decadencial (S. 100, III, do TST).

O juízo rescindente não está adstrito à certidão de trânsito em julgado juntada com a ação rescisória, podendo formar sua convicção por meio de outros elementos dos autos quanto à antecipação ou postergação do *dies a quo* do prazo decadencial (S. 100, IV, do TST).

O termo conciliatório homologado judicialmente transita em julgado na data da sua homologação judicial (S. 100, V, do TST).

No caso de colusão das partes, o prazo decadencial da ação rescisória somente começa a fluir para o Ministério Público que não interveio no processo principal, a partir do momento em que tem ciência da fraude (S. 100, VI, do TST).

Não ofende o princípio do duplo grau de jurisdição a decisão do TST que, após afastar a decadência em sede de recurso ordinário, aprecia desde logo a lide, se a causa versar questão exclusivamente de direito e estiver em condições de imediato julgamento (S. 100, VII, do TST).

A exceção de incompetência, ainda que oposta no prazo recursal, sem ter sido aviado o recurso próprio, não tem o condão de afastar a consumação da coisa julgada e, assim, postergar o termo inicial do prazo decadencial para a ação rescisória (S. 100, VIII, do TST).

Prorroga-se para o primeiro dia útil imediatamente subsequente o prazo decadencial para ajuizamento de ação rescisória quando expira em férias forenses, recessos, feriados, finais de semana ou em dia em que não houver expediente forense (§ 1º do art. 975 do CPC e S. 100, IX, do TST).

Conta-se o prazo decadencial da ação rescisória, após o decurso do prazo legal previsto para a interposição do recurso extraordinário, apenas quando esgotadas todas as vias recursais ordinárias (S. 100, X, do TST).

Se fundada a ação rescisória no inciso VII do art. 966 do CPC, o termo inicial do prazo será a data de descoberta da prova nova, observado o prazo máximo de cinco anos, contado do trânsito em julgado da última decisão proferida no processo (§ 2º do art. 975 do CPC).

Nas hipóteses de simulação ou de colusão das partes, o prazo começa a contar, para o terceiro prejudicado e para o Ministério Público, que não interveio no processo, a partir do momento em que têm ciência da simulação ou da colusão (§ 3º do art. 975 do CPC).

Em caso de desistência de recurso, o prazo deve ser contado da data da desistência, pois não depende de aceitação pela parte contrária.

Se fundada a ação rescisória em prova nova cuja existência ignorava (art. 966, VII, do CPC), o termo inicial do prazo será a data de descoberta da prova nova, observado o prazo de cinco anos, contado do trânsito em julgado da última decisão proferida no processo (§ 2º do art. 975 do CPC).

Se a decisão referida no § 12 do art. 525 do CPC for proferida após o trânsito em julgado da decisão exequenda, caberá ação rescisória, cujo prazo será contado do trânsito em julgado da decisão proferida pelo STF (§ 15 do art. 525 do CPC).

Se a decisão referida no § 5º do art. 535 do CPC for proferida após o trânsito em julgado da decisão exequenda, caberá ação rescisória, cujo prazo será contado do trânsito em julgado da decisão proferida pelo STF (§ 8º do art. 535 do CPC).

23.3.13 Procedimento

Deve ser feito depósito de 20% do valor da causa, salvo prova de miserabilidade jurídica do autor. A determinação se justifica em razão da existência da coisa julgada. A ação rescisória tem sido usada como sucedâneo de recurso. Não tem essa natureza. Daí, a necessidade do depósito.

Visa desestimular o ajuizamento de ações rescisórias protelatórias. O valor deve ficar à disposição do juízo.

O depósito tem natureza de multa se o pedido for declarado inadmissível, ou for rejeitado (art. 968, II, do CPC). Representa o depósito pressuposto objetivo de admissibilidade da ação rescisória. Não se aplica o depósito de 5% do CPC, mas de 20%.

Não se trata de caução, pois do contrário seria devolvida à parte, mesmo se o pedido fosse rejeitado.

Estarão dispensados do depósito: (a) quem gozar de justiça gratuita; (b) a União, os Estados, o Distrito Federal, os Municípios, as suas autarquias e respectivas fundações de direito público, o Ministério Público e a Defensoria Pública (§ 1º do art. 968 do CPC), o INSS (§ 1º do art. 8º da Lei n. 8.620/93, S. 175 do STJ), autarquias e fundações federais (art. 24-A da Lei n. 9.028/95).

Da redação do art. 836 da CLT nota-se que a regra se aplica a empregado e empregador. O empregado só não terá de pagar o depósito se gozar de justiça gratuita.

A forma de fixação do valor da causa deverá observar o art. 292 do CPC. O valor da causa em ação rescisória: (a) de desconstituição de decisão da fase de conhecimento: (a.1) no caso de rejeição do pedido, corresponde ao valor dado à causa do processo originário ou àquele que for fixado pelo juiz; (a.2) no caso de acolhimento total ou parcial do pedido, corresponde ao respectivo valor arbitrado à condenação; (b) na fase de execução, o valor corresponde ao apurado em liquidação de sentença (IN n. 31/07 do TST).

Distribuída a ação ao relator, este mandará citar a parte contrária. O réu terá prazo entre 15 a 30 dias para apresentar a contestação em cartório. Não é marcada audiência para apresentar defesa.

Quando o sindicato é réu na ação rescisória, por ter sido autor, como substituto processual na ação originária, é desnecessária a citação dos substituídos. Inexiste litisconsórcio passivo necessário (S. 406, II, do TST).

Na ação rescisória, o que se ataca é a decisão, ato oficial do Estado, acobertado pelo manto da coisa julgada. Assim, e considerando que a coisa julgada envolve questão de ordem pública, a revelia não produz confissão na ação rescisória (S. 398 do TST).

Dependendo dos fatos alegados pelas partes quanto a provas, o relator poderá delegar a competência ao órgão que proferiu a decisão rescindenda, isto é, ao Juiz do Trabalho ou Juiz de Direito. Pode ser o exemplo em que a parte irá provar que o documento é novo ou que não pôde fazer uso anteriormente. O relator fixará prazo de um a três meses para a devolução dos autos (art. 972 do CPC) ao tribunal.

O juízo delegado deverá também tentar a conciliação entre as partes, mas não haverá nulidade se esta não for proposta, apenas mera irregularidade.

Após a instrução, será aberta vista, sucessivamente, ao autor e réu, no prazo de dez dias, para apresentação de razões finais. Em seguida, os autos serão enviados à Procuradoria para parecer, sendo posteriormente encaminhados ao relator e revisor, sendo aí colocado em pauta para julgamento.

O STF entende que "na ação rescisória não estão impedidos juízes que participaram do julgamento rescindendo" (Súmula 252). O julgamento será feito pelo Pleno, nos tribunais não divididos em turmas, ou por seção de dissídios individuais, geralmente neste caso por dez juízes.

Na ação rescisória, o depósito para a garantia do juízo pode ser analisado de duas maneiras. Caso a ação seja proposta pelo empregador, o depósito é iníquo. A execução da sentença que se pretende rescindir já está garantida pela penhora na execução do julgado. Ganhando o réu o processo na ação rescisória em que houve recurso e depósito, o valor depositado com certeza deveria ser devolvido ao autor da ação, pois o processo de execução não é suspenso com trâmite da rescisória (art. 969 do CPC). Daí por que não haveria finalidade do depósito no recurso em ação rescisória, quando o autor for o empregador. Ao contrário, quando o autor da ação é o empregado, haveria necessidade do réu (empregador) garantir a execução da sentença ao recorrer, pois a sentença anterior será rescindida, existindo condenação a ser paga ao empregado.

No julgamento, primeiro é feito o juízo de admissibilidade, no sentido de que são verificadas as condições da ação rescisória. Em segundo lugar, é feito o *iudicium rescindens*, em que se verifica se a decisão tem o defeito alegado para desconstituí-la. Depois, é feito o *iudicium rescissorium*, em que há o regulamento da matéria objeto da decisão anterior.

Se o pedido da ação rescisória for acolhido, o tribunal rescindirá a sentença, proferindo, se for o caso, novo julgamento (art. 974 do CPC).

Declarando o tribunal que a ação é inadmissível ou improcedente, a importância do depósito reverterá a favor do réu (art. 974 do CPC).

Se o conhecimento da ação rescisória for por maioria, mas no mérito for rejeitada a pretensão por unanimidade, é devida a multa.

No julgamento da ação rescisória, aplica-se a norma em vigor ao tempo em que foi prolatada a decisão a ser rescindida.

Aplica-se à ação rescisória o poder geral de cautela do juiz, de conceder medidas que considerar adequadas para efetivação da tutela provisória, de que trata o art. 297 do CPC (art. 15 da Medida Provisória n. 2.180/2001).

Em razão do que dispõem a MP 1.984-22/2000 e o art. 969 do CPC de 2015, é cabível o pedido de tutela provisória formulado na petição inicial de ação rescisória ou na fase recursal, visando a suspender a execução da decisão rescindenda (Súmula 405 do TST).

É cabível a condenação ao pagamento de honorários advocatícios em ação rescisória no processo trabalhista (S. 219, II, do TST), pois ela deve ser ajuizada por advogado.

Na ação rescisória, a responsabilidade pelo pagamento dos honorários advocatícios da sucumbência submete-se à disciplina do Código de Processo Civil (arts. 85, 86, 87 e 90) (Súmula 219, IV, do TST).

Não se aplica a alçada em ação rescisória (S. 365 do TST). Isso quer dizer que, se o valor da causa for inferior a dois salários-mínimos, caberá recurso.

Em ação rescisória, a decisão proferida pelo Tribunal Regional do Trabalho está sujeita ao duplo grau de jurisdição obrigatório quando desfavorável ao ente público, exceto nas hipóteses dos incisos anteriores (Súmula 303, III, do TST).

Sendo o julgamento da ação rescisória do TRT, cabível é o recurso ordinário para o TST, no prazo de oito dias (S. 158 do TST).

Esclarece a Súmula 99 do TST que, "havendo recurso ordinário em sede de rescisória, o depósito recursal só é exigível quando for julgado procedente o pedido e imposta a condenação em pecúnia, devendo este ser efetuado no prazo recursal, no limite e nos termos da legislação vigente, sob pena de deserção". Não havendo condenação em pecúnia na rescisória, o depósito recursal é indevido.

A Instrução Normativa n. 03/93 do TST esclarece no item III que "julgada procedente ação rescisória e imposta condenação em pecúnia, será exigido um único depósito recursal, até o limite máximo ou novo valor a ser corrigido, dispensado novo depósito para os recursos subsequentes, observando-se o seguinte:

a) o depósito será efetivado pela parte recorrente vencida, mediante guia de depósito judicial expedida pela Secretaria Judiciária, à disposição do juízo da causa;
b) com o trânsito em julgado da decisão, se condenatória, o valor depositado e seus acréscimos serão considerados na execução; se absolutória, será liberado o levantamento do valor depositado e seus acréscimos".

O valor do depósito recursal no recurso ordinário da ação rescisória terá como limite máximo o valor de R$ 20.118,30, qualquer que seja o recurso (§ 1º do art. 40 da Lei n. 8.177/91, com a redação dada pela Lei n. 8.542/92).

A execução da decisão proferida em ação rescisória far-se-á nos próprios autos da ação que lhe deu origem, e será instruída com o acórdão da rescisória e a respectiva certidão de trânsito em julgado (parágrafo único do art. 836 da CLT).

23.4 MANDADO DE SEGURANÇA

23.4.1 Histórico

O mandado de segurança surgiu na Constituição de 1934. Era assegurado "para defesa de direito certo e incontestável ameaçado ou violado por ato manifestamente inconstitucional ou ilegal de qualquer autoridade" (art. 113, 33). Utilizava-se do rito processual do *habeas corpus*.

A Constituição de 1937 não previu expressamente em seu bojo o mandado de segurança, porém já havia a previsão do mandado de segurança na Lei n. 191, de 15-1-1936, que especificava seu cabimento.

O Código de Processo Civil de 1939 tratava do mandado de segurança nos arts. 319 e 331, como processo especial.

O § 24 do art. 141 da Constituição de 1946 estabelecia o mandado de segurança para proteger direito líquido e certo não amparado por *habeas corpus*, seja qual for a autoridade responsável pela ilegalidade ou abuso de poder.

A Lei n. 1.533, de 31-12-1951, tratava do mandado de segurança, sofrendo alterações por força da Lei n. 4.166, de 4-12-1962, da Lei n. 4.348, de 26-6-1964 e da Lei n. 5.021, de 9-6-1966. A Lei n. 1.533 revogou os arts. 319 a 331 do CPC de 1939.

O § 21 do art. 150 da Constituição de 1967 asseverava: "Conceder-se-á mandado de segurança, para proteger direito individual líquido e certo não amparado por *habeas corpus*, seja qual for a autoridade responsável pela ilegalidade ou abuso de poder." A Constituição acrescentou a palavra "individual" ao direito líquido e certo.

A Emenda Constitucional n. 1, de 1969, no § 21 do art. 153 repetiu o texto da Carta Magna de 1967. A Emenda suprimiu a palavra individual.

O CPC de 1973 não tratou do mandado de segurança, ao contrário do CPC de 1939, porém permanecia em vigor a Lei n. 1.533.

A atual Constituição de 1988 inova ao prever não só o mandado de segurança, como o mandado de segurança coletivo. O mandado de segurança é concedido "para proteger direito líquido e certo, não amparado por *habeas corpus* ou *habeas data*, quando o responsável pela ilegalidade ou abuso de poder for autoridade pública ou agente de pessoa jurídica no exercício de atribuições do Poder Público" (art. 5º, LXIX, da Lei Maior).

O mandado de segurança coletivo pode ser impetrado por:

a) partido político com representação no Congresso Nacional;
b) organização sindical, entidade de classe ou associação legalmente constituída e em funcionamento há pelo menos um ano, em defesa dos interesses de seus membros ou associados (art. 5º, LXX, da Lei Fundamental).

O mandado de segurança coletivo é interposto por organização sindical, entidade de classe ou associação, esta desde que seja legalmente constituída, e também em funcionamento há pelo menos um ano (se não tiver um ano não poderá ingressar com o mandado de segurança coletivo), para defender interesse de seus membros ou associados. Aqui, temos hipótese de substituição processual, pois o sindicato tem por finalidade precípua defender a categoria. No caso, vai defender o interesse alheio dos membros ou associados da entidade, em nome próprio, consagrando o instituto da substituição processual, tal qual está previsto no art. 18 do CPC.

Atualmente, o mandado de segurança é regulado pela Lei n. 12.016, de 7-8-2009. Os objetivos das alterações foram regular o mandado de segurança coletivo e adequar a norma à jurisprudência do STF sobre o tema.

23.4.2 Conceito

Mandado de segurança é o remédio constitucional para a proteção de direito líquido e certo, não amparado por *habeas corpus* ou *habeas data*, em decorrência de lesão ou ameaça de lesão a direito, por ato de autoridade praticado com abuso de poder.

Writ quer dizer mandado ou ordem.

23.4.3 Natureza jurídica

Mandado de segurança é garantia constitucional contra as arbitrariedades do Estado.

A natureza jurídica do mandado de segurança é de ação ou garantia constitucional. Trata-se de ação especial de conhecimento. O objeto do mandado de segurança é mandamental, em que o juiz determina à autoridade coatora o cumprimento imediato da ordem, sem as formalidades do CPC, ou seja, o juiz, ao conceder a ordem, manda que a autoridade a cumpra de imediato.

Não tem o mandado de segurança caráter administrativo, mas sua feição é nitidamente jurisdicional, de tutela de direito líquido e certo.

Pode ter o mandado de segurança natureza declaratória, de declarar a existência ou não de determinada relação jurídica. Pode ter natureza constitutiva, de criar, extinguir ou modificar relação anterior. Será, ainda, mandamental, para haver a determinação de uma ordem pelo juiz para que a autoridade coatora faça ou deixe de fazer alguma coisa, se abstenha, por exemplo, de praticar certo ato.

É uma tutela de natureza urgente. Antecipa na liminar o mérito da pretensão.

O mandado de segurança coletivo é uma ação coletiva.

23.4.4 Cabimento no processo do trabalho

Discutia-se o cabimento do mandado de segurança na Justiça do Trabalho. Hoje, não mais se questiona sua aplicabilidade no processo do trabalho.

A lei aplicável ao mandado de segurança é a Lei n. 12.016, de 7-8-2009, visto inexistir dispositivo expresso na CLT sobre o tema, apenas questões relativas a competência. Há necessidade de se fazer adaptações para o processo do trabalho, pois a Lei n. 12.016 foi feita para o processo civil.

23.4.5 Objetivo

Serve o mandado de segurança para proteger direito líquido e certo de determinada pessoa contra ato abusivo praticado por autoridade, desde que não esteja amparado por *habeas corpus* ou *habeas data*. No dizer autorizado de Alfredo Buzaid (1961, v. 56:222), "o mandado de segurança é garantia constitucional de direito líquido e certo, violado por ato manifestamente ilegal ou abusivo do Poder Público. Nele está expressa a mais solene proteção do indivíduo em sua relação com o Estado e representa, nos nossos dias, a mais notável forma de tutela jurídica dos direitos individuais que, por largo tempo, foi apenas uma auspiciosa promessa". Visa o mandado de segurança, segundo Hely Lopes Meirelles (RDA, v. 73:39), "afastar ofensas ou ameaças a direitos subjetivos privados ou públicos, através de ordem corretiva ou impeditiva da ilegalidade, ordem esta a ser cumprida especificamente pela própria autoridade coatora em atendimento ao mandado judicial".

23.4.6 Direito líquido e certo

Para Hely Lopes Meirelles (1983:11), "direito líquido e certo é o que se apresenta manifesto na sua existência, delimitado na sua extensão e apto a ser exercitado no momento da impetração". Direito líquido e certo é o que não suscita dúvida, que é apurado de plano, de imediato.

Considera-se líquida a obrigação certa, quanto à sua existência e determinada, quanto ao seu objeto.

Inexiste direito líquido e certo a ser oposto contra ato de juiz que, antecipando a tutela jurisdicional, determina a reintegração do empregado até a decisão final do processo, quando demonstrada a razoabilidade do direito subjetivo material, como nos casos de anistiado pela Lei n. 8.878/94, aposentado, integrante de comissão de fábrica, dirigente sindical, portador de doença profissional, portador do vírus HIV ou detentor de estabilidade provisória prevista em norma coletiva (Orientação Jurisprudencial n. 142 da SBDI-2 do TST).

23.4.7 Abuso de poder

Hely Lopes Meirelles (1989:90) esclarece que "o abuso de poder, como todo ilícito, reveste as formas mais diversas. Ora se apresenta ostensivo como a truculência, às vezes dissimulado como o estelionato, e não raro encoberto na aparência ilusória dos atos legais. Em qualquer desses aspectos – flagrante ou disfarçado – o abuso de poder é sempre uma ilegalidade invalidadora do ato que o contém". Dá-se o abuso de poder quando a autoridade excede os limites previstos das suas atribuições ou da lei e pratica determinado ato.

23.4.8 Autoridade coatora

Autoridade coatora no processo do trabalho será o juiz do trabalho ou o juiz de Direito investido nessa condição, o diretor de Secretaria, o diretor-geral do

TRT, outro funcionário da Justiça do Trabalho ou o Delegado Regional do Trabalho que tenha violado direito líquido e certo de outrem.

Não é autoridade coatora o empregador estatal, que, nesse ponto, age como qualquer pessoa que contrata empregados, tendo de se submeter às regras do Direito do Trabalho. As empresas públicas que exploram atividade econômica e as sociedades de economia mista devem observar o direito privado e o direito do trabalho (art. 173, § 1º, II, da Constituição). A União, Estados, Distrito Federal e Municípios, suas autarquias e fundações públicas que exploram atividade econômica não são autoridades coatoras, mas empregadores públicos. Nesse caso cabe a ação trabalhista comum.

O mandado de segurança também poderá ser impetrado contra o Ministério Público do Trabalho nos inquéritos civis públicos se houver ilegalidade ou abuso de poder.

Nos órgãos colegiados, autoridade coatora é o presidente do colegiado.

23.4.9 Competência

No processo do trabalho, o mandado de segurança é ação de competência originária do TRT (art. 678, I, *b*, n. 3, da CLT). Nos tribunais em que não existam Grupo de Turmas ou Seção Especializada, a competência para julgar mandado de segurança é do Pleno. O TRT da 2ª Região possui seção especializada, que é competente para julgar o mandado de segurança, inclusive contra ato de seu presidente em execução de sentença trabalhista (Súmula 433 do STF). O Tribunal Pleno ou Órgão Especial é competente para examinar atos do Presidente do Tribunal.

A SDC do TST julgará, originariamente, os mandados de segurança contra os atos praticados pelo presidente do tribunal ou por qualquer dos ministros integrantes da referida seção, nos processos de dissídio coletivo (art. 2º, I, *d*, da Lei n. 7.701/88). A SBDI-2 do TST julgará os mandados de segurança de sua competência originária (art. 3º, I, *b*, da Lei n. 7.701/88).

Ao Tribunal Superior do Trabalho não compete apreciar, originariamente, mandado de segurança impetrado contra a decisão do TRT (Orientação Jurisprudencial n. 4 do Tribunal Pleno do TST).

No primeiro grau o mandado de segurança caberá contra ato da fiscalização do trabalho ao impor multa administrativa contra o empregador.

Os mandados de segurança preventivos também serão propostos na Justiça do Trabalho. Não tem sentido que os mandados de segurança contra as multas impostas sejam propostos na Justiça do Trabalho e os preventivos na Justiça Federal.

23.4.10 Hipóteses de cabimento

Os atos judiciais (acórdão, sentença, despacho) são passíveis de mandado de segurança, desde que haja ofensa a direito líquido e certo.

Controvérsia sobre matéria de direito não impede concessão de mandado de segurança (Súmula 625 do STF). Por mais difícil que seja a matéria de direito, caberá mandado de segurança se violar direito líquido e certo do impetrante.

O mandado de segurança preventivo é cabível no processo do trabalho quando demonstrado justo receio (art. 1º da Lei n. 12.016/2009) da prática de ato pela autoridade coatora.

23.4.11 Não cabimento

Não se concederá mandado de segurança nas hipóteses do art. 5º da Lei n. 12.016/2009:

I – do ato do qual caiba recurso administrativo com efeito suspensivo independentemente de caução. Caberia mandado de segurança em relação a recurso administrativo na DRT, pois ele não tem efeito suspensivo;

II – de decisão judicial couber recurso com efeito suspensivo;

A regra do inciso II do art. 5º da Lei n. 12.016 é direcionada para o processo civil, em que cabe recurso com efeito devolutivo e suspensivo. No processo do trabalho o efeito é somente devolutivo (art. 899 da CLT). Admitir o cabimento do mandado de segurança contra qualquer decisão sem efeito suspensivo seria permitir o mandado de segurança para qualquer hipótese de decisão que só tem efeito devolutivo, o que não se pode entender, pois o mandado de segurança funcionaria como recurso e não como ação. O mandado de segurança tem de ser entendido como exceção e não como regra. Não pode ser substitutivo de recurso quando ele existe. Parece que o inciso II do art. 5 º da Lei n. 12.016 é ligado à ideia de dar efeito suspensivo à apelação por meio de mandado de segurança, que era admitido na jurisprudência do Cível na vigência da Lei n. 1.533/51.

A Súmula 267 do STF estabelece que "não cabe mandado de segurança contra ato judicial passível de recurso ou correição". O TST tem o mesmo entendimento (OJ 92 da SBDI-2). O referido verbete comporta temperos e tem sido abrandado inclusive pelo próprio STF, pois, se o recurso não tiver efeito suspensivo e restar ilegalidade, é cabível o mandado de segurança. O mandado de segurança pode dar efeito suspensivo a recurso no processo civil, desde que haja dano irreparável (*RTJ* 84/1071; 89/159; 91/181; 95/339; 103/205), quando presentes os requisitos da fumaça do bom direito, em razão de decisões convergentes dos tribunais, além do que da execução possa ocorrer dano irreparável ao impetrante, que caracteriza o *periculum in mora*. Tal se dá apenas em casos excepcionais, seguindo o entendimento do STF. O *periculum in mora* também existe quando se fala na possibilidade da execução de valores que seriam indevidos (Ac. da SDI do TST, REO 45.377/92.2--17. R, Rel. Min. Hylo Gurgel, j. 16-3-1993, *DJU*, I, 16-4-1993, p. 6.547).

No caso de a tutela provisória haver sido concedida ou indeferida antes da sentença, cabe mandado de segurança, em razão da inexistência de recurso próprio (S. 414, II, do TST).

III – de decisão judicial transitada em julgado. Trata-se de decisão judicial e não administrativa. A lei adota a orientação da jurisprudência do STF no sentido de que "não cabe mandado de segurança contra decisão judicial com trânsito em julgado" (Súmula 268). A mesma orientação tem o TST, de que não cabe mandado de segurança contra decisão transitada em julgado (S. 33 do TST). A ação rescisória é o remédio cabível contra a decisão transitada em julgado.

Esgotadas as vias recursais existentes, não cabe mandado de segurança (OJ 99 da SBDI-2 do TST).

Há direito líquido e certo à extração de carta de sentença quando o recurso é recebido apenas no efeito devolutivo.

É incabível o mandado de segurança contra lei em tese (Súmula 266 do STF).

Não cabe mandado de segurança para impugnar despacho que acolheu ou indeferiu liminar em outro mandado de segurança (Orientação Jurisprudencial n. 140 da SBDI-2 do TST).

Não cabe mandado de segurança contra despacho que defere liminar em autos de medida cautelar, pois nesse caso cabível é o agravo regimental.

O mandado de segurança não se presta à obtenção de uma sentença genérica, aplicável a eventos futuros, cuja ocorrência é incerta (Orientação Jurisprudencial n. 144 da SBDI-2 do TST).

23.4.12 Petição inicial

Impetrantes do mandado de segurança poderão ser pessoas físicas ou jurídicas (art. 1º da Lei n. 12.016/2009), ou seja, tanto o empregado como o empregador.

A petição do mandado de segurança deverá atender aos requisitos do art. 319 do CPC, contendo:

a) o juiz ou tribunal a que é dirigida;
b) a qualificação do impetrante (empregado ou empregador);
c) a autoridade coatora (Juiz do Trabalho, Delegado Regional do Trabalho, juiz de Direito);
d) os fatos e os fundamentos jurídicos do pedido;
e) o pedido e suas especificações de obrigação de não fazer, de se abster;
f) o requerimento para intimação da autoridade coatora. A rigor, não é preciso falar em requerimento para intimação da autoridade coatora, pois o inciso I do art. 7º da Lei n. 12.016/2009 estabelece que o juiz, ao despachar a inicial, ordenará que se intime a autoridade. Dessa forma, pode-se dizer que a intimação é feita, inclusive, de ofício;
g) o valor da causa.

Deverá ser atribuído um valor à causa por estimativa, com base no art. 290 do CPC. Caso não haja valor da causa na inicial, o relator deve conceder dez dias para que o impetrante a emende. O valor da causa deve corresponder à pretensão econômica da parte.

Em caso de urgência, é permitido impetrar o mandado de segurança por telegrama, radiograma, fax ou outro meio eletrônico ao juiz competente, que poderá determinar seja feita pela mesma forma a intimação à autoridade coatora (art. 4º da Lei n. 12.016/2009). O texto original da petição deverá ser apresentado nos cinco dias úteis seguintes. O caso é apenas de hipótese de urgência. Se não houver urgência, não poderá ser impetrado por esses meios.

A petição inicial será apresentada em duas vias (art. 6º da Lei n. 12.016/2009) e os documentos que a instruírem serão apresentados também em duplicata para o encaminhamento com a segunda via da exordial à autoridade coatora. Assim, tanto a inicial como os documentos devem ser apresentados em duplicata. As cópias da inicial e dos documentos servem para ser enviadas à autoridade coatora para prestar as informações.

Exigindo o mandado de segurança prova documental pré-constituída, inaplicável se torna o art. 321 do CPC quando verificada, na petição inicial do *mandamus*, a ausência de documento indispensável ou de sua autenticação (S. 415 do TST).

No caso em que o documento necessário à prova do alegado se ache em repartição ou estabelecimento público, ou em poder de autoridade que recuse fornecê-lo por certidão, o juiz ordenará, preliminarmente, por ofício, a exibição desse documento em original ou em cópia autêntica e marcará para o cumprimento da ordem o prazo de dez dias. Se a autoridade que tiver procedido dessa maneira for a própria coatora, a ordem far-se-á no próprio instrumento da notificação. O escrivão extrairá cópias do documento para juntá-las à segunda via da petição.

O prazo para a conclusão ao juiz relator não poderá exceder 24 horas, a contar da distribuição.

Ao despachar a inicial, o juiz relator ordenará que seja notificada a autoridade coatora do conteúdo da petição, entregando-lhe a segunda via apresentada pelo impetrante, com as cópias dos documentos, a fim de que, no prazo de dez dias, preste as informações que julgar necessárias.

A autoridade coatora não apresenta defesa, mas informações. Não é citada, mas intimada para apresentar informações. Não é parte no processo.

As informações podem não ser pessoais, pois o juiz está em férias, aposentou-se, removeu-se, foi promovido etc. As informações devem ser prestadas pelo juízo ou pela DRT.

23.4.13 Liminar

Liminar provém do latim *liminaris*, de *limen*, que significa limiar, soleira, entrada, porta. No sistema processual, a liminar é a decisão dada logo no início do processo, com o ajuizamento da ação. *In limine* quer dizer logo à entrada, no começo.

Distingue-se a liminar da preliminar. A liminar é o que vem no início. Preliminar será aquilo que deve ser resolvido antes.

A parte poderá na petição inicial pedir a concessão de medida liminar. Se o fundamento for relevante e do ato impugnado puder resultar a ineficácia da medida caso seja deferida, o juiz relator concederá a suspensão do ato que deu motivo ao pedido (art. 7º, III, da Lei n. 12.016/2009). Nesse caso, para a concessão da liminar é necessário que o impetrante faça a prova de imediato do *fumus boni iuris* (fumaça do bom direito, do fundamento relevante) e do *periculum in mora* (possibilidade do prejuízo), que são os mesmos requisitos exigidos para a concessão de medida liminar em cautelar. Como ensina José Manuel de Arruda Alvim Netto (RDP, v. 5:41), "mesmo que o juiz, de início, não se convença, plenamente, mas tenha como possíveis as consequências jurídicas objetivadas pelo impetrante; se os fatos estiverem provados incontroversamente, e se os fundamentos jurídicos forem relevantes – e acima de tudo, se o ato administrativo, se for executado, trouxer prejuízo irremediável ao impetrante, deverá então – pois estão presentes os pressupostos legais – suspender tal ato concedendo a medida liminar". Assim, o juiz relator, atendidos os requisitos supraindicados, ao despachar a petição inicial, suspenderá o ato que deu motivo ao pedido.

O juiz faz um exame da aparência do direito, uma cognição sumária deixando para a decisão final um exame mais profundo. A concessão da liminar tem natureza satisfativa, de antecipar o direito.

Os efeitos da medida liminar, salvo se revogada ou cassada, persistirão até a prolação da sentença (§ 3º do art. 7º da Lei n. 12.016/2009).

Será decretada a perempção ou caducidade da medida liminar *ex officio* ou a requerimento do Ministério Público quando, concedida a medida, o impetrante criar obstáculo ao normal andamento do processo ou deixar de promover, por mais de três dias úteis, os atos e as diligências que lhe cumprirem (art. 8º da Lei n. 12.016/2009).

O Presidente do Tribunal, a requerimento da pessoa jurídica de direito público interessada e para evitar grave lesão à ordem, à segurança e à economia públicas, pode suspender, em despacho fundamentado, a execução de liminar e da sentença. A suspensão de segurança tem inspiração na *intersessio* romana. A primeira norma que a adotou foi o art. 13 da Lei n. 191/36. É um incidente processual que não suspende o processo. Sua finalidade é preventiva em razão do risco de grave lesão ao interesse público.

Do despacho que conceder a suspensão caberá agravo regimental. A suspensão da segurança vigorará enquanto pender o recurso.

No processo civil, da decisão do juiz de primeiro grau que conceder ou denegar a liminar caberá agravo de instrumento (§ 1º do art. 7º da Lei n. 12.016/2009). No processo do trabalho, o deferimento ou indeferimento de liminar em mandado de segurança não comporta novo mandado de segurança. No mesmo sentido a Orientação Jurisprudencial 140 da SBDI-2 do TST. Da decisão que concede ou nega liminar não cabe agravo regimental, pois é decisão interlocutória e dela não cabe recurso no processo do trabalho (§ 1º do art. 893 da CLT). Não cabe também agravo de instrumento, pois no processo do trabalho este tem a finalidade apenas de destrancar recursos aos quais o juiz negou seguimento.

23.4.14 Indeferimento

A inicial será indeferida de plano quando não for o caso de mandado de segurança ou lhe faltar algum dos requisitos previstos na Lei n. 12.016/2009, sendo que nesse caso não serão solicitadas informações à autoridade coatora. A decisão deverá ser fundamentada.

Do despacho que indeferir a inicial caberá recurso ordinário. Os tribunais regionais costumam prever em seus regimentos internos que do indeferimento caberá o agravo regimental para o pleno, grupo de turmas ou seção especializada, conforme o caso. Entretanto, o mais correto seria o recurso ordinário para o TST, pois, se a inicial é indeferida na Vara, cabível é o recurso ordinário. O mesmo raciocínio deve aplicar-se aqui, com base na alínea *b* do art. 895 da CLT.

Poderá o pedido de mandado de segurança ser renovado se o processo for extinto sem julgamento de mérito.

23.4.15 Provas

As provas do mandado de segurança devem vir juntamente com a inicial, isto é, a prova deve ser feita de plano com a inicial. Não se admite a fase probatória no mandado de segurança. O que o impetrante pretende provar deve ser feito de imediato, inexistindo provas a serem produzidas, pois se visa à maior celeridade do pronunciamento judicial, dada a urgência. Caso se admitisse prova, a celeridade ficaria prejudicada, equiparando-o a uma ação de procedimento ordinário, desvirtuando, assim, o mandado de segurança.

No caso em que o documento necessário à prova do alegado se ache em repartição ou estabelecimento público ou em poder de autoridade que se recuse a fornecê-lo por certidão ou de terceiro, o juiz ordenará, preliminarmente, por ofício, a exibição desse documento em original ou em cópia autêntica e marcará, para o cumprimento da ordem, o prazo de 10 dias. O escrivão extrairá cópias do documento para juntá-las à segunda via da petição (§ 1º do art. 6º da Lei n. 12.016/2009). Se a autoridade que tiver procedido desta maneira não for a coatora, a ordem far-se-á no próprio instrumento de notificação.

Se houver controvérsia sobre determinado fato, já não mais será o mandado de segurança o remédio adequado. A complexidade dos fatos, porém, não exclui a interposição do mandado de segurança, desde que haja a prova de imediato de tais fatos (STF 2ª Turma, RE 100.411-8-RJ, Min. Francisco Rezek, *DJU*, 26-10-1984, p. 18.000).

Nos casos de competência originária dos tribunais, caberá ao relator a instrução do processo, sendo assegurada a defesa oral na sessão do julgamento do mérito ou do pedido liminar (art. 16 da Lei n. 12.016).

23.4.16 Litisconsórcio

As regras previstas para o litisconsórcio nos arts. 113 a 118 do CPC aplicam-se ao mandado de segurança (art. 24 da Lei n. 12.016/2009). O ingresso do litisconsorte ativo no processo só será possível antes da distribuição do mandado de segurança, sob pena de a parte poder escolher o juiz para processar e julgar o feito (RTRF, 3ª Região 1/111).

O litisconsorte passivo deve ser regularmente intimado. O litisconsorte simples deve ser convocado para integrar a relação jurídica. A intimação do litisconsorte simples independe de requerimento, devendo ser feita de ofício. Considera-se litisconsorte simples aquele a quem afeta a concessão da segurança, que no processo do trabalho pode ser a reclamada ou o reclamante, dependente de qual deles impetrou a segurança.

Extingue-se o processo de mandado de segurança se o impetrante não promove, no prazo assinado, a intimação do litisconsorte passivo (Súmula 631 do STF).

23.4.17 Prazo para ajuizamento

O prazo para ajuizamento do mandado de segurança é de 120 dias (art. 23 da Lei n. 12.016/2009) contados da ciência do ato ilegal praticado pela autoridade coatora.

A Súmula 632 do STF mostra que é constitucional lei que fixa o prazo para a impetração do mandado de segurança.

Decorrido o prazo, não mais poderá a parte valer-se do mandado de segurança. Eventual pedido de reconsideração não irá interromper o prazo para a impetração da segurança, mesmo na via administrativa (Súmula 430 do STF). Na contagem do prazo para ajuizamento de mandado de segurança, o efetivo ato coator é o primeiro em que se firmou a tese hostilizada, e não aquela que ratificou (Orientação Jurisprudencial 127 da SBDI-2 do TST).

O referido prazo de 120 dias é, portanto, de decadência, pois importa na perda do direito de impetrar o *mandamus*, não se interrompendo, nem suspendendo, desde que iniciado.

O pedido do mandado de segurança poderá ser renovado dentro do prazo decadencial, se houver extinção do processo sem julgamento de mérito (§ 6º do art. 6º da Lei n. 12.016/2009).

Se o prazo de 120 dias cai em sábado, domingo ou feriado, não se prorroga para o primeiro dia útil seguinte, por não se tratar de prazo processual, mas o que compreende o próprio direito da parte. É, portanto, prazo decadencial.

O STF já entendeu que, mesmo que o mandado de segurança seja protocolado a tempo em órgão incompetente, não ocorre a decadência, pois apenas os atos decisórios seriam nulos, segundo o § 1º do art. 63 do CPC.

No mandado de segurança preventivo, não há prazo para a sua impetração, pois o ato coator ainda não foi realizado.

23.4.18 Processamento

Findo o prazo de dez dias para a autoridade coatora apresentar suas informações, será ouvido o Ministério Público em oito dias. O prazo é de oito dias e não de 10 dias, como está escrito no art. 12 da Lei n. 12.016/2009, pois para exarar parecer o Ministério Público do Trabalho terá oito dias, contados da data em que lhe for distribuído o processo, segundo o art. 5º da Lei n. 5.584/70, que é específico, não se aplicando a Lei n. 12.016/2009. A Lei n. 5.584/70 não dispõe que o prazo é só para recursos.

O ato de ouvir o Ministério Público é indispensável, sob pena de nulidade. O Ministério Público irá funcionar como fiscal da lei e não como representante da autoridade pública.

Após o parecer do Ministério Público, os autos serão conclusos ao juiz ou relator, independentemente de solicitação da parte, para a decisão, a qual deverá ser proferida em cinco dias, tenham ou não sido prestadas as informações pela autoridade coatora.

Nos tribunais, o mandado de segurança deve ser levado a julgamento na primeira sessão que se seguir à data em que, feita a distribuição, forem conclusos ao relator.

Os processos de mandado de segurança e seus recursos têm prioridade de julgamento em relação a outros casos, salvo o *habeas corpus* (art. 20 da Lei n. 12.016/2009).

O mandado de segurança será julgado pelo Tribunal Pleno, nos tribunais de 8 juízes ou pela Seção de Dissídios Individuais. Neste caso, é feito geralmente por 10 juízes.

O STF entende que falecendo o impetrante o processo deve ser extinto sem julgamento de mérito (*RTJ* 90/125). Não cabe, portanto, habilitação de herdeiros.

A desistência pode ser feita pelo impetrante sem a aquiescência da parte contrária, salvo se a sentença lhe for desfavorável.

Não cabe condenação em honorários de advogado na ação de mandado de segurança (art. 25 da Lei n. 12.016/2009, S. 105 do STJ e S. 512 do STF). No processo do trabalho, os honorários só seriam devidos nos casos das Súmulas 219 e 329 do TST.

Acolhido o pedido, o juiz relator transmitirá por ofício, pelo oficial do juízo, ou pelo correio, o inteiro teor da sentença à autoridade coatora. Poderá a transmissão ser feita por telegrama, radiograma ou telefonema, conforme o requerer o peticionário. Os originais, no caso de transmissão telegráfica, radiofônica ou telefônica, deverão ser apresentados à agência expedidora com a firma do juiz devidamente reconhecida.

A sentença que conceder o pedido do mandado de segurança poderá ser executada provisoriamente, salvo nos casos em que for vedada a concessão de liminar (§ 3º do art. 14 da Lei n. 12.016/2009), sendo que no cível não se tem exigido inclusive caução. A decisão denegatória de segurança não comporta, ao contrário, execução.

Se o juiz decidir o mérito do mandado de segurança, não cabe novo mandado de segurança. O juiz decide o mérito se analisa a existência ou não de direito líquido e certo. Decisão denegatória de mandado de segurança, não fazendo coisa julgada contra o impetrante, não impede o uso da ação própria (S. 304 do STF).

Concedida a segurança, a sentença está sujeita obrigatoriamente ao duplo grau de jurisdição (§ 1º do art. 14 da Lei n. 12.016/2009). Isso diz respeito à decisão de primeiro grau, em mandado de segurança, pois a lei usa a palavra *sentença*, e não nos tribunais.

O mandado de segurança coletivo pode ser impetrado por partido político com representação no Congresso Nacional, na defesa de seus interesses legítimos relativos a seus integrantes ou à finalidade partidária, ou por organização sindical, entidade de classe ou associação legalmente constituída e em funcionamento há, pelo menos um ano, em defesa de direitos líquidos e certos da totalidade, ou de parte, dos seus membros ou associados, na forma dos seus estatutos e desde que pertinentes às suas finalidades, dispensada, para tanto, autorização específica (art. 21 da Lei n. 12.016/2009). A impetração de mandado de segurança coletivo por entidade de classe em favor dos associados independe de autorização destes (S. 629 do STF).

A entidade de classe tem legitimação para o mandado de segurança ainda quando a pretensão veiculada interesse apenas a uma parte da respectiva categoria (S. 630 do STF).

Os direitos protegidos pelo mandado de segurança coletivo podem ser: (a) coletivos, assim entendidos os transindividuais, de natureza indivisível, de que seja titular grupo ou categoria de pessoas ligadas entre si ou com a parte contrária por uma relação jurídica básica; (b) individuais homogêneos, assim entendidos os decorrentes de origem comum e da atividade ou situação específica da totalidade ou de parte dos associados ou membros do impetrante. As hipóteses são semelhantes às do CDC.

No mandado de segurança coletivo, a liminar só poderá ser concedida após a audiência do representante judicial da pessoa jurídica de direito público, que deverá se pronunciar no prazo de 72 horas.

O mandado de segurança coletivo não induz litispendência para as ações individuais, mas os efeitos da coisa julgada não beneficiarão o impetrante a título individual se não requerer a desistência de seus mandados de segurança no prazo de 30 dias a contar da ciência comprovada da impetração da segurança coletiva. No mandado de segurança coletivo, o autor é o sindicato. Nas ações individuais, são os empregados.

No mandado de segurança coletivo a sentença fará coisa julgada limitadamente aos membros do grupo ou categoria substituídos pelo impetrante (art. 22 da Lei n. 12.016/2009).

23.4.19 Recurso

O recurso cabível da sentença que julga o mandado de segurança é o ordinário, conforme se verifica da Súmula 201 do TST, que será julgado pelo TST.

O prazo é de oito dias, correspondendo igual dilação para o recorrido e interessados apresentarem razões de contrariedade (S. 201 do TST). Assim, as contrarrazões serão apresentadas também no prazo de oito dias.

Da decisão do juiz da Vara do Trabalho em mandado de segurança cabível é o recurso ordinário para o TRT.

A autoridade coatora tem o direito de recorrer (§ 2º do art. 14 da Lei n. 12.016/2009). A autoridade coatora passa a ser considerada parte processual.

No mandado de segurança não há condenação em valor, razão pela qual não há depósito recursal no recurso ordinário. A lei também não estabelece qual seria o valor a ser depositado.

Entendo, com base na interpretação dos arts. 102, II, *a*, e 105, II, *b*, da Constituição, que só caberá o recurso quando denegatória a decisão do mandado de segurança, inexistindo mais a figura da remessa de ofício, para as entidades de direito público, quando a decisão lhes for adversa.

Afirma o TST que, em mandado de segurança, somente cabe reexame necessário se, na relação processual, figurar pessoa jurídica de direito público como parte prejudicada pela concessão da ordem. Tal situação não ocorre na hipótese de figurar no feito como impetrante e terceiro interessado pessoa de direito privado, ressalvada a hipótese de matéria administrativa. (Súmula 303, IV).

Esclarece a alínea *a* do inciso II do art. 102 da Constituição que o STF tem competência para julgar em recurso ordinário o mandado de segurança decidido em instância única pelos tribunais superiores, se denegatória a decisão. Seria o caso da interposição de um mandado de segurança no TST, em instância originária. É cabível o recurso ordinário para o STF. Ao contrário, se a decisão não for denegatória, não caberá qualquer recurso, mesmo de ofício. O prazo para interpor recurso ordinário para o STF e responder a ele é de 15 dias (§ 5º do art. 1.003 do CPC).

A Súmula 365 do TST indica que não se aplica a alçada em mandado de segurança. Caberá, portanto, recurso em relação a qualquer valor dado à causa.

23.5 AÇÃO DE CONSIGNAÇÃO EM PAGAMENTO

23.5.1 Histórico

Consignação vem do latim *cum + signare*, com o sentido de pôr selo, selar.

No Direito Romano, o devedor levava o pagamento ao credor numa sacola lacrada com um sino, que balançava quando da sua chegada.

O pagamento por consignação é forma de extinção das obrigações, sendo regulado nos arts. 334 a 345 do Código Civil.

Também são observadas hipóteses de consignação em pagamento no art. 164 da Lei n. 5.172/66 (CTN).

No CPC, a ação de consignação em pagamento é prevista nos arts. 539 a 549.

23.5.2 Conceito

A ação de consignação em pagamento é proposta pelo devedor em relação ao credor para extinguir a obrigação de entregar determinada quantia ou coisa.

O devedor propõe a ação em relação ao credor quando, por exemplo, o último não quer receber o que lhe é devido.

O objetivo principal da ação de consignação em pagamento, na maioria dos casos, é o de exonerar o empregador (devedor) da mora no pagamento de determinadas verbas e dos juros respectivos (art. 337 do Código Civil). A correção monetária, porém, é mera atualização do valor da moeda e será devida.

As partes na ação de consignação em pagamento são: o consignante, que é o autor da ação e devedor; o consignado, que é o réu na ação e o credor na obrigação.

23.5.3 Natureza jurídica

A consignação em pagamento tem natureza de procedimento especial.

Dizia-se que a ação de consignação em pagamento era uma espécie de execução ao contrário, em que o devedor depositaria algo para o credor recebê-lo.

Teria a consignação em pagamento uma duplicidade de relações: de direito material, com previsão no Código Civil, sobre extinção de obrigação; de Direito Processual, em que se trata de uma ação. Sua natureza seria mista.

Haveria duas fases na ação de consignação em pagamento. A primeira não contenciosa, que hoje também poderia ser considerada a consignação extrajudicial, ou iria da inicial até o depósito. A segunda, contenciosa, quando houvesse contestação do depósito. A primeira não deixa de ser contenciosa, pois houve a recusa no recebimento da quantia ou coisa em algum momento.

A natureza da ação de consignação em pagamento é declaratória, em que é preciso ser declarada se a prestação ou objeto consignado é devido ou não ou se a recusa é justa ou injusta por parte do credor em receber. É preciso também declarar se o depósito observou as regras previstas em lei. Pode ter natureza constitutiva quando analisar a extinção da obrigação com o pagamento.

A ação de consignação em pagamento tem característica cominatória, de o réu vir a receber o valor que lhe está sendo oferecido.

O depósito é, porém, apenas um dos procedimentos determinados pela lei.

Pode ter natureza condenatória, quando determinar o pagamento das diferenças devidas.

23.5.4 Pressupostos

São pressupostos da consignação em pagamento: a mora do devedor e o risco do pagamento se tornar ineficaz.

Na ação de consignação em pagamento, não se poderá discutir sobre o *quantum* devido ou sobre a existência ou não da dívida. Faz-se mister, contudo, a certeza do objeto e do valor a ser pago. A dívida deve ser líquida e certa. É vedado se questionar na ação de consignação em pagamento o que se está debatendo na ação de fundo, na reclamação trabalhista, havendo, aí, iliquidez e incerteza quanto ao débito. Se há necessidade de apuração do devido, inexiste liquidez.

23.5.5 Cabimento no processo do trabalho

Não mais se discute sobre o cabimento da ação de consignação em pagamento no processo do trabalho. Há omissão na CLT e compatibilidade com os princípios do processo do trabalho, sendo aplicável o CPC (art. 769 da CLT).

Serão utilizadas, portanto, as disposições dos arts. 539 a 549 do CPC, por força de sua aplicação subsidiária, determinada pelo art. 769 da CLT.

23.5.6 Hipóteses

Em relação à mora do empregado, a ação de consignação em pagamento servirá para a empresa não pagar multa pelo atraso no pagamento das verbas rescisórias (§ 8º do art. 477 da CLT), quando o empregado não as quiser receber. Pode-se requerer a consignação dos salários, comissões ou percentagens atrasadas para pagamento em audiência, sob pena de pagamento com acréscimo de 50%, caso haja rescisão do contrato de trabalho (art. 467 da CLT). O não pagamento de salários por período igual ou superior a três meses poderá implicar a rescisão indireta do contrato de trabalho (art. 483, *d*, da CLT c/c o § 1º do art. 2º do Decreto-lei n. 368, de 19-12-1968), podendo, também, o empregador requerer a consignação de tais verbas. Se o empregado se recusa a gozar e receber férias, cujo período concessivo está no final, poderá o empregador ajuizar a consignação em pagamento visando não pagá-las em dobro (art. 137 da CLT).

Será possível ajuizar ação de consignação em pagamento por parte do empregado contra o empregador, com fundamento de ter o obreiro recebido valores superiores aos devidos ou quantias em nome do empregador, justamente para não ser acusado de falta grave de improbidade (art. 482, *a*, da CLT).

Admite-se, ainda, a consignação em pagamento de coisas (art. 539 do CPC). Exemplifique-se com a hipótese de o instrumento de trabalho do empregado permanecer com o empregador. De outro lado, o empregado poderia consignar coisas pertencentes à empresa, como: uniformes de trabalho, mostruários de vendas, mercadorias recebidas, parcelas *in natura* do salário (chaves de imóvel onde o operário residia, veículo utilizado pelo trabalhador) etc.

Se a consignação for proposta em relação ao empregado estável, que se ausentou injustificadamente do serviço por mais de 30 dias, caracterizando abandono de emprego, deve ser proposta, cumulativamente, com inquérito para apuração de falta grave. Somente a ação de consignação em pagamento não será meio hábil para se rescindir o contrato de trabalho do empregado estável, pois há necessidade do inquérito para apurar a falta grave cometida. A função da consignatória não é desconstituir a relação de emprego, mas apenas de depositar os valores não recebidos pelo obreiro.

As hipóteses mais frequentes de consignação em pagamento são: (a) o empregado é dispensado sem justa causa e não quer receber as verbas rescisórias ou dar quitação (art. 335, I, do CC); (b) o trabalhador deixa de comparecer ao local de trabalho para receber seus salários (art. 335, II, do CC); (c) o obreiro tornou-se incapaz, foi declarado ausente ou mudou-se para local incerto ou não sabido (art. 335, III, do CC); (d) há dúvida sobre quem pode receber as verbas devidas ao empregado falecido (art. 335, IV, do CC); (e) pende litígio entre o empregado e seu credor por alimentos (art. 335, V, do CC).

23.5.7 Consignação extrajudicial

Os parágrafos do art. 539 do CPC versam sobre a consignação extrajudicial. Tratando-se de obrigação em dinheiro, poderá o devedor ou terceiro optar pelo depósito da quantia devida, em estabelecimento bancário oficial, onde houver, situado no lugar do pagamento, em conta com correção monetária, cientificando-se o credor por carta com aviso de recepção, assinado o prazo de dez dias para a manifestação de recusa. Não pode, portanto, ser feito depósito de coisas, pois diz respeito à quantia devida. Teoricamente, poder-se-ia falar no depósito extrajudicial na conta vinculada do FGTS do empregado, que inclusive rende juros e correção monetária. O depósito só pode ser feito quanto à obrigação em dinheiro e não de coisas, isto é, quando a quantia é certa.

O depósito feito fora do âmbito judicial pode ser chamado de consignação extrajudicial. Foi intuito do legislador evitar ao máximo o ajuizamento da ação, proporcionando esse depósito extrajudicial, visando inclusive maior celeridade. Entretanto, essa hipótese não se aplica no caso do art. 547 do CPC, quando houver dúvida sobre quem deva legitimamente receber. Acaba, entretanto, com a audiência de oblação no Cível.

O depósito extrajudicial é uma faculdade do devedor, que pode ou não ser exercida, ou poderá ajuizar diretamente a ação de consignação em pagamento. Decorrido o prazo de dez dias, sem a manifestação de recusa, reputar-se-á o devedor liberado da obrigação, ficando à disposição do credor a quantia depositada. Ocorrendo a recusa, manifestada por escrito ao estabelecimento bancário, o devedor ou terceiro poderá propor, dentro de um mês, a ação de consignação, instruindo a inicial com a prova do depósito e da recusa. Trata-se novamente de faculdade do devedor, porém, não proposta a ação no referido prazo, ficará sem efeito o depósito, podendo levantá-lo o depositante.

Depreende-se do § 1º do art. 539 do CPC que quem irá cientificar o credor é o próprio devedor e não o banco.

Deverá o depósito ser feito no lugar do pagamento, desde que exista estabelecimento de crédito no local.

O credor deverá ser avisado não só para manifestar sua recusa, mas também para levantar o numerário depositado. Não precisará, porém, a parte de advogado para fazer a consignação extrajudicial, justamente porque não é procedimento judicial.

Pela lei, o credor não está obrigado a indicar quais são os motivos de sua recusa em receber a quantia, mas deveria fazê-lo para evitar qualquer dúvida.

Mesmo havendo silêncio do credor quanto ao depósito, aquele poderá posteriormente discutir a dívida em juízo. Não poderá alegar que o valor depositado é insuficiente, nem poderá dizer que a recusa foi justa.

Poderá também o credor receber o valor depositado e protestar por diferenças, ingressando com a ação competente para tanto.

Pode haver um problema prático decorrente da consignação extrajudicial, como o de quem irá certificar o prazo de dez dias, pois a lei nada menciona sobre o tema. Como cautela, a empresa poderá preferir fazer uma notificação por cartório de títulos e documentos, em que o escrivão poderá certificar o decurso de prazo, pois terá fé pública.

A consignação extrajudicial atingirá seu objetivo se o credor receber o valor. Não comparecendo nos dez dias, ficará extinto seu direito de recusa. Este deve ser manifestado por escrito ao estabelecimento bancário.

Não é inconstitucional o depósito extrajudicial, pois o CPC apenas apresenta a possibilidade desse procedimento, mas permite ao devedor ingressar diretamente em juízo sem fazer a consignação extrajudicial. Não viola, portanto, o direito constitucional de ação.

23.5.8 Competência

A competência para a ação de consignação em pagamento não é o lugar do pagamento (art. 540 do CPC), mas o último local da prestação de serviços do empregado, como regra geral, conforme o art. 651 da CLT. Nas demais hipóteses, a competência é regulada nos parágrafos do art. 651 da CLT.

O juiz de primeiro grau é o competente para analisar a postulação.

23.5.9 Petição inicial

Anteriormente, na petição inicial o autor deveria expor os fatos, indicando o direito aplicável à consignação em pagamento, requerendo que o credor comparecesse, na audiência que fosse designada, para receber o que lhe era devido ou apresentar defesa.

O autor, na petição inicial, requererá o depósito da quantia ou da coisa devida, a ser efetivado no prazo de cinco dias contado do deferimento (art. 542 do CPC), ressalvada a hipótese em que o depósito já tenha sido feito.

O juiz não irá designar dia, hora e local para ser feito o depósito e para o respectivo levantamento, pois o depósito deverá ser feito em cinco dias contados da determinação do juiz.

O autor não precisará pedir a citação do réu, pois esta, no processo do trabalho, é automática, independentemente de requerimento ou de despacho do juiz (art. 841 da CLT), sendo feita pelo funcionário da secretaria da Vara.

A citação será feita para o réu levantar o depósito ou oferecer defesa.

Existindo dúvida sobre quem deva legitimamente receber o pagamento, o autor fará requerimento do depósito e citação dos possíveis titulares do crédito para provarem seu direito (art. 547 do CPC).

O valor da causa corresponderá ao valor da pretensão da consignação: a – o valor de mercado da coisa; b – o valor da dívida. Se existirem prestações vincendas, o valor da causa será a soma das prestações quando a obrigação for por tempo inferior a um ano. Se superior a um ano ou prestação por prazo indeterminado, a uma prestação anual (§ 2º do art. 292 do CPC).

23.5.10 Contestação

A ausência do autor à audiência importará o arquivamento da ação (art. 844 da CLT). Com o arquivamento, libera-se o depósito ao devedor, pois não se instaurou a relação processual.

Não comparecendo o réu, haverá revelia e confissão.

A contestação da ação de consignação em pagamento será apresentada oralmente, em vinte minutos, ou por escrito, mas sempre em audiência (art. 847 da CLT). Não será utilizado o procedimento previsto no CPC de se apresentar defesa em cartório no prazo de 15 dias contados do recebimento da petição inicial. Antes de apresentada a contestação, será feita proposta de conciliação.

O réu poderá alegar na defesa que:

1. não houve recusa ou mora para o recebimento da quantia ou coisa devida. Será do autor a prova, por se tratar de fato constitutivo do seu direito (art. 818, I, da CLT);
2. foi justa a recusa;
3. o depósito não foi efetuado no prazo (os salários devem ser pagos até o quinto dia útil do mês seguinte ao vencido (§ 1º do art. 459 da CLT); as verbas rescisórias devem ser pagas nos prazos do § 6º do art. 477 da CLT ou no lugar do pagamento, se for previsto no contrato de trabalho;
4. o depósito não é integral (art. 544, I a IV, do CPC). Competirá ao réu indicar o montante que entender devido.

Na hipótese do item 4, a alegação somente será admissível se o réu indicar o montante que entende devido.

Poder-se-ia alegar, também, que o réu não está em local incerto e não sabido, ou que o autor conhecia realmente quem era o legítimo credor. Evidenciadas estas situações, a pretensão seria, por consequência, rejeitada.

Inexistirá mais o procedimento de audiência de oblação, apenas para o recebimento ou não do depósito, pois o depósito será feito em cinco dias contados do deferimento pelo juiz, conforme foi requerido na própria inicial.

O depósito da importância a ser consignada pode ser feito, por analogia ao § 4º do art. 899 da CLT, na conta vinculada do FGTS do empregado. Poderá, também, ser realizado em conta bancária que fique à disposição do juízo, rendendo juros e correção monetária.

Caso as prestações sejam periódicas, consignada a primeira delas o devedor poderá continuar a consignar, no mesmo processo e sem outras formalidades, as que se vencerem, sendo a hipótese de se fazer os depósitos cinco dias antes da data do vencimento de cada nova prestação (art. 541 do CPC).

Se o consignado alegar na defesa a insuficiência do depósito, poderá o consignante completá-lo, dentro do prazo de dez dias, salvo se corresponder a prestação cujo inadimplemento acarrete a rescisão do contrato (art. 545 do CPC). A alegação da insuficiência do depósito será acolhida se o réu indicar o montante que entende devido. Haverá, porém, preclusão se não for indicado.

Alegada a insuficiência do depósito, poderá o réu levantar, desde logo, a quantia ou a coisa depositada, com a consequente liberação parcial ao autor, prosseguindo o processo quanto à parcela controvertida. A sentença que concluir pela insuficiência de depósito determinará, sempre que possível, o montante devido e, neste caso, valerá como título executivo, facultado ao credor promover-lhe a execução nos mesmos autos.

Fundando-se a consignação em dúvida sobre quem deva legitimamente receber, não comparecendo nenhum pretendente, o depósito será convertido em arrecadação de bens de ausentes. Comparecendo apenas uma pessoa, o depósito será julgado subsistente se o credor concordar com aquele; inexistindo acordo, converte-se a consignação em procedimento ordinário, sendo necessária sentença para acolher ou rejeitar o depósito. Quando comparecem vários pretendentes, o juiz declarará efetuado o depósito e extinta a obrigação, continuando o processo a correr unicamente em relação aos credores, estabelecendo-se, portanto, concurso de credores (art. 548 do CPC).

Contestada a ação de consignação em pagamento, prossegue o processo pelo rito ordinário ou sumaríssimo, se o valor da causa for maior ou menor do que 40 salários-mínimos.

As partes poderão produzir provas, se for necessário.

23.5.11 Reconvenção

Contestada a ação de consignação em pagamento, esta passa a ter o rito comum, ordinário, podendo, assim, ser feito o pedido reconvencional. A ação de consignação em pagamento tem procedimento especial. A partir do momento em que a referida ação é contestada passa a ser uma reclamação comum, podendo ser feito o pedido de reconvenção.

Para se admitir o pedido de reconvenção na consignação em pagamento, mister se faz que a primeira atenda aos requisitos do art. 343 do CPC. A reconvenção deverá ser conexa com a consignação em pagamento ou com o fundamento da defesa, porém apresentada em peça autônoma.

Pela conexão, a reconvenção deverá ter o mesmo objeto ou a mesma causa de pedir que a consignação em pagamento. Se os pedidos não são os mesmos, nem a causa de pedir, não poderá haver reconvenção. É o que ocorre se, por exemplo, na consignação pleiteia-se o depósito das verbas rescisórias e na reconvenção o pagamento de horas extras.

O último fundamento que poderia justificar a reconvenção na consignação em pagamento é que a reconvenção deve ser conexa com o fundamento da defesa. Não poderá haver reconvenção se na defesa a empregada alega que não recebeu as verbas rescisórias por estar grávida, tendo estabilidade provisória no emprego, e na reconvenção pondera que havia pagamento de comissões que eram feitas "por fora". Inexiste, neste exemplo, identidade entre a causa de pedir da reconvenção e o fundamento da defesa, sendo inadmissível a primeira.

Caberia consignação em pagamento e reconvenção se a primeira fosse para compelir o empregado a receber salários e demais verbas rescisórias, com a alegação de abandono de emprego por parte do obreiro. Reconviria o empregado asseverando que foi o empregador quem deu causa a rescisão indireta do contrato de trabalho (art. 483 da CLT). Haveria, assim, conexão quanto à causa de pedir entre as duas ações.

Nada obsta, porém, que o consignatário levante o valor depositado e prossiga na discussão da reconvenção.

O credor não precisaria mais reconvir diante das atuais determinações do CPC, pois pode executar a diferença do devido quando houver insuficiência do depósito (§ 1º do art. 545 do CPC). A declaração na sentença irá valer como título executivo. Havendo parcela controvertida, o feito prosseguirá até mesmo para condenar o autor a pagar a diferença.

No caso de o juiz concluir pela insuficiência de depósito, nem haveria necessidade de reconvenção, podendo o réu apresentar os valores que entende devidos para a execução no próprio processo.

23.5.12 Sentença

Não sendo ofertada a contestação em audiência, há, no caso, revelia. O juiz acolherá o pedido de consignação em pagamento, declarando extinta a obrigação, e condenará o consignado no pagamento das custas sendo efetivado o depósito. As custas serão dispensadas se o empregado (consignado) perceber menos de dois salários mínimos.

Revelia é a ausência de defesa. Efeito da revelia é a presunção de veracidade dos fatos (art. 344 do CPC). No caso de revelia, não se aplica a presunção da veracidade dos fatos quando ocorrer alguma das hipóteses do art. 345 do CPC, que trata de direito indisponível, em que haverá necessidade de instrução do feito, se for o caso.

Quando o consignado receber e der quitação, o juiz extinguirá o processo, com resolução de mérito, devendo ser condenado no pagamento das custas, a não ser que goze de isenção ou esta for deferida de ofício pelo juiz.

É aconselhável que o juiz estabeleça na sentença as verbas que estão sendo quitadas, para que não haja dúvida a respeito do que está sendo pago, pois o empregado poderá ter interesse em propor outra ação e a empresa irá alegar coisa julgada. Assim, o juiz deve declarar quais são as verbas rescisórias que, por exemplo, estão sendo pagas, ou que há quitação das verbas pagas conforme termo de quitação de folhas.

A sentença que concluir pela insuficiência do depósito determinará, sempre que possível, o valor devido. Não sendo possível, será feita a liquidação de sentença da diferença. Essa diferença valerá como título executivo judicial, facultado ao credor promover-lhe a execução nos mesmos autos, o que é mais rápido. Há, portanto, celeridade e economia processual.

Terá natureza declaratória a sentença, na ação de consignação em pagamento, indicando a existência ou inexistência do que está sendo depositado. O objetivo é a liberação do devedor.

A motivação da sentença não faz coisa julgada, apenas o dispositivo. Assim, a sentença não faz coisa julgada em relação aos motivos que indicaram a existência de justa causa do empregado e o não recebimento das verbas rescisórias.

O juiz condenará o réu em custas e honorários de advogado (art. 546 e parágrafo único do CPC).

Da sentença prolatada em ação de consignação em pagamento caberá recurso ordinário, no prazo de oito dias.

23.6 AÇÃO DE EXIGIR CONTAS

Parece que a denominação atual é mais acertada: ação de exigir contas, pois o autor foi exigir a prestação de contas do réu. Não se trata, a princípio, de ação de prestação de contas, pois o autor pretende exigir a prestação de contas pelo réu e não prestar contas.

Hoje já não se discute o cabimento da ação de exigir contas na Justiça do Trabalho, embora não seja muito frequente sua interposição. Há necessidade, porém, de que decorra do contrato de trabalho.

É uma espécie de ação cominatória. No CPC de 1939 constituía uma espécie dessa ação (art. 302).

No CPC de 1973, o nome da ação era ação de prestação de contas. Quem prestaria as contas seria o réu, em princípio. O CPC de 2015 passa a denominar a ação de ação de exigir contas. O autor tem direito de exigir do réu as contas.

Normalmente, a ação de exigir contas resulta de controvérsia entre empregado vendedor ou cobrador e seu empregador. Poderia também ocorrer em relação ao empregado comprador que pretende prestar contas à empresa do que comprou dos fornecedores, hipótese essa quase inexistente na prática.

Muitas vezes, o vendedor comissionista não recebe as comissões das vendas realizadas, nem lhe são ofertadas as cópias dos pedidos de vendas, para que possa ter controle do que vendeu, pagando-lhe o empregador com adiantamentos e na forma de vales. Valer-se-ia, assim, o empregado da ação de exigir contas para exigir do empregador o demonstrativo das vendas realizadas e das correspondentes comissões que lhe deveriam ser pagas.

Na prática, o empregado costuma ingressar diretamente com a reclamação trabalhista para que o empregador não só exiba os pedidos de vendas como pague a diferença das comissões não recebidas.

A ação de exigir contas pode ser ajuizada por quem tiver o direito de exigi-las ou a obrigação de prestá-las.

Duas fases podem apresentar-se na exigência de contas: a primeira, onde vai se discutir se há ou não o dever ou direito de prestar contas; e na segunda, em que serão julgadas as contas.

A primeira fase implicará decisão interlocutória, em que não se entra no mérito da questão, apenas vai ser verificado se há o direito ou dever de exigir contas. Na segunda fase é que haverá sentença definitiva, em que será examinado o mérito da questão, julgando-se a exatidão das contas.

Como leciona Wagner Giglio (1984:251) "enganou-se o legislador ao dispor, no art. 915, § 2º, que '*a sentença*, que julgar procedente a ação, condenará o réu a prestar as contas no prazo de quarenta e oito (48) horas...' (grifamos). Não se trata, no caso, de *sentença*, mas de simples decisão interlocutória, que não põe fim ao processo e não enseja recurso, por força do disposto no art. 893, § 1º da CLT: a questão só poderá ser discutida novamente no recurso que couber contra a sentença *final* que julgar as contas prestadas".

Na petição inicial, o autor especificará, detalhadamente, as razões pelas quais exige as contas, instruindo-a com documentos comprobatórios dessa necessidade, se existirem (§ 1º do art. 550 do CPC).

Ajuizada a ação de exigir contas, o réu terá que apresentá-las ou oferecer defesa em audiência. Nesse caso, não se aplicará o prazo previsto no art. 550 do CPC, de se apresentar defesa em cartório no prazo de 15 dias.

Não se defendendo o réu ou não negando a obrigação de exigir contas, será condenado a prestá-las no prazo de 48 horas, sob pena de não lhe ser lícito impugnar as que o autor apresentar. Se as contas forem apresentadas no prazo, terá o autor cinco dias para se manifestar sobre elas. Havendo necessidade da produção de provas, será designada audiência de instrução e julgamento. Não apresentando o réu as contas, o autor as especificará dentro de dez dias, sendo as contas julgadas segundo a livre convicção do juiz, podendo este determinar a realização de prova pericial contábil, se julgar necessário.

Não contestada a ação ou declarando o réu que aceita as contas oferecidas o processo entrará em pauta para julgamento. Contestada a ação ou impugnadas as contas e havendo necessidade da produção de provas, designará o juiz audiência de conciliação, instrução e julgamento.

As contas a serem apresentadas, tanto do autor como do réu, serão apresentadas na forma mercantil, observando-se a forma do crédito e débito (partidas dobradas), especificando-se as receitas e despesas, bem como o respectivo saldo, sendo instruídas com os documentos necessários a sua justificação.

A sentença apurará o saldo e constituirá título executivo judicial (art. 552 do CPC).

Da sentença definitiva prolatada na ação de exigir contas caberá recurso ordinário, no prazo de oito dias. Exemplo pode ser o caso em que não existe necessidade de serem prestadas contas.

23.7 AÇÃO COMINATÓRIA

O Código de Processo Civil de 1939 tratava especialmente da ação em comentário. O CPC de 1973 não tem um capítulo dedicado ao tema, nem lhe estabeleceu rito apropriado, utilizando-se, para sua interposição, do procedimento ordinário.

Os contornos da ação cominatória são encontrados quando o autor pede a condenação do réu a abster-se de praticar algum ato, a tolerar alguma atividade, ou a prestar ato ou entregar coisa, dentro de determinado prazo. Constará da petição inicial a cominação da pena pecuniária para o caso de descumprimento da sentença. É preciso, portanto, que haja pedido de condenação do réu a abster-se de algum ato, a tolerar alguma atividade. Caso contrário, não poderá ser aplicada a penalidade.

Seria possível a utilização de cominatória para entrega de coisa. É o que ocorreria, por exemplo, para o empregador entregar ferramentas do empregado, para este devolver mostruário de vendas ou ferramentas do empregador etc.

Não há, porém, a possibilidade de o autor requerer a fixação de penalidade na inicial, em razão de que as sanções pelo descumprimento da legislação trabalhista já são fixadas na CLT. São as "astreintes", originárias da França, em que os tribunais impõem penas para obrigação de fazer e não fazer.

No caso de falta ou recusa de anotação da CTPS do empregado, o reclamante não poderá pedir a fixação de pena pelo descumprimento da obrigação de anotar a CTPS. Há expressa previsão nos §§ 1º e 2º do art. 39 da CLT no sentido de terceiro poder fazer as anotações na CTPS, que é a Secretaria da Vara, caso o empregador não o faça, até mesmo por falta de anotações de reajustes salariais, funções, condições de trabalho insalubres ou perigosas etc.

Quanto a férias, o § 2º do art. 137 da CLT é claro no sentido de que "a sentença cominará pena diária de 5% do salário-mínimo da região, devida ao empregado até que seja cumprida", ou seja, até que sejam concedidas as férias.

No caso do atraso no pagamento das verbas rescisórias, o § 8º do art. 477 da CLT estipula multa de um salário do empregado devidamente corrigido se aquelas verbas não forem pagas no prazo de seu § 6º.

Com relação ao FGTS e ao seguro-desemprego, se as guias não forem fornecidas, a obrigação que era de fazer converte-se em obrigação de dar, de pagar a indenização correspondente.

Na hipótese de o empregador não cumprir decisão transitada em julgado sobre readmissão ou reintegração de empregado, além de pagar os salários correspondentes, há multa de 3/5 a 3 valores-de-referência por dia, que é devida até que seja cumprida a decisão (art. 729 da CLT).

Logo, é possível a existência da ação cominatória na Justiça do Trabalho, mas não a fixação da pena na inicial, pois a sanção pelo cumprimento das normas trabalhistas está na própria CLT. Outras vezes, a sanção está na própria norma coletiva, que especifica multa pelo não cumprimento das obrigações contidas no pacto coletivo.

Seria possível o empregador utilizar-se da cominatória para a homologação da rescisão do contrato de trabalho do empregado. Caso o empregado atenda à notificação, comparecendo a juízo, poderá ser feita a homologação nos autos do processo. Se o empregado comparece e contesta a ação, há a oportunidade de se provar que houve realmente o pedido de demissão. Na hipótese de o empregado não comparecer, sendo revel, a sentença observará que houve realmente o pedido de demissão, homologando a rescisão contratual.

Se o empregador não se utilizar de tal procedimento, de nenhum valor terá o pedido de demissão não homologado, se o empregado tiver mais de um ano de casa, a não ser que o obreiro confesse o pedido de demissão.

23.8 AÇÕES POSSESSÓRIAS

23.8.1 Cabimento

O cabimento das ações possessórias na Justiça do Trabalho é discutível. Autores como Pires Chaves, Cristóvão Piragibe Tostes Malta, Wagner Giglio e Nei Frederico Cano Martins a admitem. Outros autores, como José Martins Catharino e Wilson de Souza Campos Batalha entendem ser as possessórias incabíveis na Justiça do Trabalho. Batalha (1985:596) esclarece que os problemas relativos a parcelas salariais *in natura* são da competência da Justiça do Trabalho, não, porém, no que diz respeito a entrega de imóvel ou a permanência nele. Problemas relativos à posse de imóveis são julgados pela Justiça Comum.

23.8.2 Pressupostos

A posse de bens móveis ou imóveis pode decorrer do contrato de trabalho, como ocorre em relação ao imóvel ocupado pelo empregado ou de outras parcelas salariais *in natura*.

Pode ocorrer de o empregador reter certos utensílios do trabalhador, como ferramentas etc., ou de o empregado ficar na posse de certas coisas pertencentes ao empregador, como mostruários de vendas ou até o mesmo imóvel da empresa.

Dessas questões decorrerá a ação possessória, visando a retomada da coisa que ficou em poder de quem não é seu proprietário.

Tostes Malta, citado por Wagner Giglio (1984:253-254), lembra três hipóteses onde poderia ocorrer a ocupação de imóvel pelo empregado. "A primeira seria a da existência de dois contratos inteiramente independentes, um de locação e outro de trabalho, como, por exemplo, se alguém celebrasse contrato de locação com dado indivíduo e, muito depois, o locatário viesse a tornar-se empregado do locador"; (...) "A segunda hipótese surge, dizem os doutos, quando há dois contratos, um de trabalho e um de locação, mas entrosados, um tendo nascido do outro. É o caso de empresas que, possuindo imóveis nas imediações de suas fábricas, alugam-nos a seus empregados"; (...) "A terceira hipótese, entretanto, é a que interessa mais de perto ao objeto do nosso estudo. Trata-se dos casos em que o empregado não celebra qualquer contrato expresso de locação com a empresa, recebendo habitação como parcela salarial, como salário-utilidade."

O exemplo mais comum seria o empregado receber como parcela salarial *in natura* o imóvel, sem firmar qualquer contrato de locação com o empregador. Trata-se de verdadeiro salário-utilidade. É o que pode ocorrer com o zelador que reside no imóvel, o guarda de obra, o caseiro de sítio, o trabalhador rural ou de fábrica distante da cidade, em que há necessidade de se morar no local para que se possa prestar os serviços.

23.8.3 Competência

Havendo contrato de locação do imóvel entre empregado e empregador, a competência será evidentemente da Justiça Comum, por não haver controvérsia decorrente de relação de emprego. Se houver dissimulação para encobrir salário utilidade, a competência é da Justiça do Trabalho.

A competência para analisar um verdadeiro contrato de comodato, de cessão gratuita de coisa infungível, é da Justiça Comum. Se há fraude e não se trata de comodato, a competência será da Justiça do Trabalho.

O STJ entende que a competência para dirimir questões decorrentes de imóvel ocupado pelo empregado, a título de salário utilidade, é da Justiça Comum Estadual. No entanto, o conflito existente decorre de contrato de trabalho, podendo ser enquadrado nas "outras controvérsias decorrentes da relação de trabalho", mencionado pelo inciso IX do art. 114 da Constituição. Se o imóvel vinha sendo usado pelo empregado, sendo considerado como parcela *in natura* de seu salário, há relação com o contrato de trabalho, sendo competente a Justiça do Trabalho para dirimir a questão. O § 1º do art. 29 da CLT menciona que na CTPS devem ser anotadas as parcelas pagas em utilidades pelo empregador, parcelas estas previstas no art. 458 da CLT.

A lei do inquilinato (Lei n. 8.245/91), no inciso II do art. 47, prevê a hipótese da desocupação do imóvel em decorrência da cessação do contrato de trabalho, ocasião em que se dá o término da locação. O inciso II do § 1º do art. 59 da mesma norma prevê a concessão de liminar pelo juiz para desocupação do imóvel em 15 dias, "havendo prova escrita de rescisão do contrato de trabalho ou sendo ela demonstrada em audiência prévia". Essas disposições demonstram tratar-se de ação de despejo, que é de competência da Justiça Comum, onde as ações são propostas.

Em se tratando de bens móveis, geralmente o pedido de sua devolução está inserido no bojo da reclamação trabalhista, na qual são discutidas outras verbas que seriam devidas ao empregado.

23.8.4 Procedimentos

23.8.4.1 Bens móveis

Quando a ação versa sobre bens móveis, normalmente a questão é discutida na própria reclamação trabalhista, compreendendo outros pedidos (horas extras, verbas rescisórias etc.). Nesses casos, não se pode dizer que a ação seria propriamente uma ação possessória, mas entre os pedidos há uma postulação de devolução de um bem móvel, como veículo, fichas telefônicas, uniforme, crachá, EPIs etc. Verificando-se pela prova produzida nos autos que a parte reteve realmente o bem, a sentença determinará que o possuidor o devolva ao proprietário, dentro do prazo e condições estipuladas na decisão. Caso o bem não seja devolvido, a sentença deve prever que seja pago o equivalente em pecúnia, como uma forma alternativa do cumprimento da obrigação. A compensação ou a retenção do bem também podem ser alegados, porém a matéria só pode ser veiculada na defesa e não em outro momento processual.

23.8.4.2 Bens imóveis

Quanto aos bens imóveis, sua devolução é postulada pelo empregador em pedido reconvencional, que esbarra no problema da competência.

Em muitas oportunidades, é feito um acordo para solucionar o impasse. O empregado pede o pagamento dos direitos que entende devidos. O empregador alega que não os deve e oferta pedido reconvencional pela devolução do imóvel, indevidamente ocupado. De certa feita consegui um acordo em que o reclamante receberia seus haveres trabalhistas no valor de $ 100.000,00, devendo o empregado desocupar o imóvel do empregador. Quando o imóvel fosse desocupado, a importância seria paga ao empregado. Este, assim, tinha interesse em desocupar o imóvel o mais rápido possível para receber a importância do acordo.

Admitindo-se que o pedido da reconvenção fosse acolhido, obrigando-se o empregado a desocupar o imóvel, uma das formas de consegui-lo seria estabelecer uma pena diária pelo atraso na entrega do imóvel (caso se admita esse procedimento), que seria abatida do valor devido ao empregado na ação principal.

Na hipótese da sentença condenar apenas o empregado a devolver o imóvel, a única solução é que se faça a desocupação por intermédio de oficial de justiça.

A Justiça do Trabalho é competente para processar e julgar ação possessória ajuizada em decorrência de exercício do direito de greve, pelos trabalhadores da iniciativa privada (S. Vinculante 23 do STF).

O interdito proibitório será da competência da Justiça do Trabalho em caso de greve (art. 114, II, da Constituição). O interdito é uma das ações decorrentes do exercício do direito de greve. O possuidor direto ou indireto, que tenha justo receio de ser molestado na posse, poderá impetrar ao juiz que o assegure da turbação ou esbulho iminente, mediante mandado proibitório, em que se comine ao réu determinada pena pecuniária, caso transgrida o preceito (art. 567 do CPC). O interdito proibitório tem natureza preventiva, pois existe uma ameaça. Os interditos possessórios têm caráter dúplice, pois o réu pode demandar a prestação possessória e a indenização pelos prejuízos causados (art. 922 do Código Civil).

Outras ações decorrentes do exercício do direito de greve são a manutenção e a reintegração de posse. O possuidor tem direito a ser mantido na posse em caso de turbação e reintegração no esbulho (art. 560 do CPC). Incumbe ao autor provar: (a) a posse; (b) a turbação ou o esbulho praticado pelo réu; (c) a data da turbação ou do esbulho; (d) a continuação da posse, embora turbada, na ação de manutenção, a perda da posse, na ação de reintegração (art. 561 do CPC). Estando a petição inicial devidamente instruída, o juiz deferirá, sem ouvir o réu, a expedição de mandado liminar de manutenção ou de reintegração; no caso contrário, determinará ao autor que justifique previamente o alegado, citando-se o réu para comparecer na audiência que for designada. Acolhida a justificação, o juiz fará logo expedir mandado de manutenção ou de reintegração. Concedido ou não o mandado liminar de manutenção ou de reintegração, o autor promoverá, nos cinco dias subsequentes, a citação do réu para contestar a ação. Quando ordenada a justificação prévia, o prazo para contestar contar-se-á da intimação do despacho que deferir ou não a medida liminar.

23.9 HABILITAÇÃO INCIDENTE

Não há disposição na CLT a respeito de habilitação incidente, sendo aplicável o CPC, em seus arts. 687 a 692.

No processo do trabalho, a habilitação incidente pode ocorrer tanto em relação ao reclamante, quanto ao reclamado. Esta última hipótese ocorre quando o empregador é pessoa física, exercendo seu mister individualmente, sem ter constituído sociedade para tanto. Quando ocorrer o falecimento de um dos sócios da empresa não haverá que se falar em habilitação incidente, pois o empregador poderá ser representado por qualquer preposto (§ 1º do art. 843 da CLT).

A habilitação incidente só ocorrerá se houver o falecimento do reclamante, por exemplo, no curso do processo (art. 687 do CPC). Se o falecimento ocorrer antes do ajuizamento da ação, não há que se falar em habilitação incidente, mas representação pelo inventariante, ou pelo cônjuge supérstite ou filhos, se inexistir inventário.

Raramente, há inventário do empregado falecido, principalmente porque este não tem bens a inventariar, ou então seus filhos são maiores. Nessas condições haverá a habilitação incidente diretamente dos herdeiros no processo, sem a necessidade de inventário.

Havendo, porém, a necessidade de inventário, pela existência de bens do falecido ou porque seus filhos são menores, o processo trabalhista que estiver em curso será suspenso até a nomeação do inventariante. Após a nomeação do inventariante e a habilitação deste no processo, o processo terá seguimento em seu curso. Enquanto se aguardar a sucessão *causa mortis* nenhum ato será praticado no processo, salvo os urgentes, visando evitar dano irreparável à parte (art. 314 do CPC).

A Lei n. 6.858, de 24-11-1980, estabelece que os valores devidos aos empregados a título de FGTS e PIS, não recebidos em vida pelos titulares, serão pagos, aos dependentes habilitados perante a Previdência Social, independentemente de inventário ou arrolamento (art. 1º). Seria possível utilizar por analogia o referido dispositivo no processo do trabalho. Não havendo bens a inventariar e provado que os dependentes estão elencados nessa condição perante a Previdência Social, seria possível deferir a habilitação incidente. O mesmo poderia ocorrer se requerida a habilitação dos dependentes do empregado, não houvesse qualquer oposição por parte da empresa quanto a citada habilitação. A S. 161 do STJ entende que é da competência da Justiça Comum autorizar o levantamento do FGTS e PIS/PASEP em razão do falecimento do titular da conta. Pode a habilitação ser requerida pela parte, em relação aos sucessores do falecido, ou por estes, quanto à parte (art. 688 do CPC).

Independerá de sentença a habilitação quando for promovida pelo cônjuge e herdeiros necessários, desde que haja prova, por documento, do óbito do falecido e sua qualidade. Se a parte contrária não se opuser a habilitação, esta será deferida. O mesmo ocorrerá se houver sentença passada em julgado em outra causa, em que se atribua a condição de herdeiro ou sucessor ao habilitado.

No caso de herdeiros, haverá necessidade de se aguardar a abertura do inventário na Justiça Comum, suspendendo-se o processo trabalhista até a nomeação do inventariante.

Em outros casos, mister se faz a notificação da parte contrária para oferecer defesa em audiência, com a instrução e julgamento do feito.

No Tribunal, a habilitação será requerida ao relator e processada de acordo com o que dispuser o regimento interno. Na maioria dos casos, é colocado em pauta o processo, julga-se em primeiro lugar a habilitação e, em seguida, julga-se o recurso.

O relator, se contestado o pedido, facultará às partes sumária produção de provas, em cinco dias, e decidirá, em seguida, a habilitação. Estando o processo em pauta para julgamento, a habilitação será decidida pelo órgão julgador. A parte que não se habilitar perante o Tribunal poderá fazê-lo em outra instância. Quando incertos os sucessores, a citação far-se-á por edital.

Transitada em julgado a sentença de habilitação, o processo principal retomará o seu curso, e cópia da sentença será juntada aos autos respectivos (art. 692 do CPC).

23.10 RESTAURAÇÃO DE AUTOS

A restauração dos autos poderá ocorrer quando haja desaparecimento dos autos, eletrônicos ou não, perda ou inutilidade daqueles, como no caso de enchente.

Havendo, porém, autos suplementares, o processo prosseguirá nestes (parágrafo único do art. 712 do CPC). Entretanto, o processo do trabalho não prevê autos suplementares, podendo ocorrer de o juízo de Direito os ter, ocasião em que nestes se prosseguirá.

Normalmente, a Vara guarda uma cópia das atas de audiência, cópias do acordo, das intimações e notificações e da sentença, ou até mesmo o juiz poderá ter uma cópia da sentença, o que poderá ajudar na restauração dos autos, que será juntada a estes, tendo o mesmo valor da original (§ 5º do art. 715 do CPC).

A restauração poderá ser promovida por qualquer das partes. Constitui dever do advogado requerer a restauração de autos desaparecidos que estavam em seu poder.

A parte declarará na petição inicial o estado da causa ao tempo de desaparecimento dos autos. Oferecerá certidões dos atos constantes do protocolo de audiências do cartório onde haja corrido o processo; cópias das peças que tenham seu poder; ou outros documentos que vierem a facilitar a restauração.

A parte contrária será citada para contestar o pedido de restauração dos autos no prazo de cinco dias, devendo exibir as cópias, contrafés e outros documentos que estiverem em seu poder. Caso concorde com o pedido de restauração, será lavrado o respectivo auto que, assinado pelas partes e homologado pelo juiz, suprirá o processo desaparecido.

Não contestado o pedido de restauração ou havendo concordância parcial, o juiz no primeiro caso determinará a restauração, e no segundo caso decidirá em seguida.

Se houver necessidade da produção de provas em audiência, pois o desaparecimento dos autos deu-se após as referidas provas, o juiz mandará repeti-las. Serão ouvidas as mesmas testemunhas. Caso tenham falecido ou estiverem impossibilitadas de depor, poderão ser substituídas de ofício ou a requerimento.

Não havendo cópia do laudo, far-se-á nova perícia, de preferência pelo mesmo perito.

Os serventuários e auxiliares da justiça, como oficiais de justiça, porteiros etc., poderão depor como testemunhas, sobre os atos que tenham praticado ou assistido.

Na restauração dos autos, não se exigirá que estejam presentes todas as peças do processo, mas apenas os elementos necessários para o prosseguimento do feito.

Julgada a restauração, seguirá o processo em seus termos. Aparecendo os autos originais, haverá o prosseguimento neles do feito, o que normalmente ocorre quando for completada a restauração. Nesse caso, serão restituídos ao cartório os autos suplementares, se existirem, apensando-se aos originais a restauração.

Se o desaparecimento dos autos tiver ocorrido no tribunal, o processo de restauração será distribuído, sempre que possível, ao relator do processo (art. 717 do CPC). Os autos serão remetidos ao juízo de origem, quanto aos atos que neste se tenham realizado. No tribunal, será completada a restauração, fazendo-se o julgamento.

Poderão ser cobrados emolumentos pela autenticação de peças (art. 789-B, III, da CLT), salvo se o advogado declarar que as cópias são autênticas (art. 830 da CLT).

Não responderá por honorários de advogado quem der causa ao desaparecimento dos autos, pois as condições para a concessão dos honorários de advogado estão previstas na Lei n. 5.584/70 (S. 219 e 329 do TST), que não prevê a verba de sucumbência para quem der causa ao extravio dos autos.

Aquele que der causa, porém, ao desaparecimento dos autos pode ser responsabilizado na área civil ou penal.

23.11 AÇÃO REVISIONAL

A ação revisional tem fundamento no inciso I do art. 471 do CPC. A ação rescisória tem fundamento nas hipóteses previstas no art. 966 do CPC. Pretende a ação rescisória rescindir a sentença em razão de um dos vícios descritos no art. 966 do CPC. A revisão visa rever a sentença que transitou em julgado em razão da modificação da situação de fato.

A ação revisional tem natureza constitutiva, de modificar a situação anterior.

Os efeitos da coisa julgada decorrem da teoria *rebus sic stantibus*, ou seja: enquanto as coisas permanecem como estão, enquanto houver a permanência dos requisitos que lhes deram causa.

O inciso I do art. 505 do CPC traz a exceção à coisa julgada na hipótese de na relação jurídica continuativa sobrevir modificação no estado de fato ou de direito, caso em que poderá a parte pedir a revisão do que foi estatuído na sentença. Não há violação à coisa julgada.

Relação jurídica continuativa é a que não se esgota com a decisão final, mas que prossegue no tempo[1].

Leciona Frederico Marques que o inciso I do art. 505 do CPC trata de "decisões instáveis", ou sentenças *rebus sic stantibus*. Afirma que nada "impede, assim,

---

1 SANTOS, Ernâni Fidelis dos. *Comentário ao CPC*. Rio de Janeiro: Forense, 1980, p. 319.

que essa relação de direito, em seu desenrolar ulterior, sofra modificações que provêm da própria natureza dos direitos e obrigações nela existentes, uma vez que se trata de relação continuativa ou de trato sucessivo. Registrando-se a mudança superveniente, pode o julgado ser adaptado a essa mudança"[2].

Prevê o art. 323 do CPC que se o devedor, no curso do processo, deixar de pagar ou consignar prestações sucessivas, a sentença as incluirá na condenação, enquanto durar a obrigação. Não há mesmo necessidade de pedido.

Tratando-se de situação jurídica continuativa, se sobrevier modificação no estado de fato ou de direito, a parte poderá pedir revisão do que foi estatuído na sentença (art. 505, I, do CPC). O antigo TFR já tinha decidido que a coisa julgada "é suscetível de um processo de integração, decorrente de situação superveniente, a que deve o juiz atender, tendo em vista a natureza continuativa da relação decidida" (RTFR 160/59).

Verifica-se, portanto, que o CPC determina que o procedimento correto quando se estiver diante de uma situação jurídica continuativa, e a parte pretender a sua modificação, é a ação revisional.

A mudança do estado de fato pode ocorrer muito depois de dois anos do trânsito em julgado. Assim, fica inviabilizada a ação rescisória.

No processo do trabalho, o art. 194 da CLT contempla a referida hipótese, pois "o direito do empregado ao adicional de insalubridade ou de periculosidade cessará com a eliminação do risco à sua saúde ou integridade física". Seria o caso de uma empresa pretender não mais pagar o adicional de insalubridade ou periculosidade deferido em sentença transitada em julgado, visto que a insalubridade ou a periculosidade cessou plenamente com a modificação do local de trabalho ou pela utilização de EPI's. Pode ocorrer de, com a utilização dos EPI's, a insalubridade ser minorada, modificando-se o grau de insalubridade: de 40% para 20% ou de 20% para 10%. O empregado também poderá postular mediante ação revisional, reivindicando, *v. g.*, que as condições de trabalho ficaram piores, passando a insalubridade a um grau maior: de 10% para 20% ou de 20% para 40%.

Em princípio, o requisito para a ação revisional é a existência de uma sentença transitada em julgado deferindo o adicional de insalubridade ou periculosidade ao obreiro, que continua a prestar serviços na empresa. Se o trabalhador já saiu da empresa, não há que se falar em ação revisional, pois não mais se trata de situação jurídica continuativa, visto que o contrato de trabalho já findou.

---

2 MARQUES, José Frederico. *Manual de direito processual civil*. São Paulo: Saraiva, 1975, v. 3, p. 246.

Há autores, entretanto, que admitem que a matéria não deveria ser discutida na ação revisional, mas em embargos à execução quanto às parcelas posteriores à modificação da situação de fato. Contudo, a regra a ser observada é clara, pois está estatuída no inciso I do art. 505 do CPC, aplicado no processo do trabalho subsidiariamente por força do art. 769 da CLT.

Deverá a ação de revisão ser manifestada em processo distinto do que se pretende rever. A competência será da Vara que proferiu a primeira decisão.

A ação revisional deve ser distribuída por dependência ao juízo que proferiu a sentença revisanda. A distribuição por dependência mostra a necessidade de haver celeridade processual, ao fazer com que o juízo que já se manifestou na primeira decisão venha a rever a anterior, manifestando-se na segunda, além do que se pode saber em que fase da execução o primeiro processo está, evitando-se o pagamento de valores indevidos a partir da mudança da situação de fato.

O empregado ou empregador deverá apresentar a petição inicial, expondo as razões de fato e de direito com que pretendem a revisão da relação jurídica continuativa, pedindo a sua modificação.

Determina-se a realização de audiência, na qual será apresentada a contestação da parte contrária (art. 847 da CLT).

Se houver necessidade de se colher provas orais, estas serão feitas inclusive em audiência. A prova principal será o novo exame pericial para se verificar se existe ou não a mudança das condições de trabalho.

Encerrada a instrução processual, o juiz proferirá a decisão de acordo com as circunstâncias que forem evidenciadas nos autos. Se nada houver para ser revisto na primeira decisão, a sentença rejeitará a pretensão do autor. Modificada a situação de fato, a decisão acolherá totalmente ou em parte o pedido do autor, adequando as circunstâncias fáticas existentes no local de trabalho ao que for verificado nos autos, aumentando, diminuindo ou eliminando o pagamento do adicional.

Os efeitos da sentença devem ser fixados a partir da data da propositura da ação e não do trânsito em julgado.

Entender de forma contrária seria o trabalhador receber o adicional de insalubridade ou periculosidade sem trabalhar em atividade insalubre ou perigosa e sem causa jurídica para tanto. A demora no trânsito em julgado da ação, com a utilização de vários recursos, pode implicar que o empregador pague o adicional de insalubridade por muitos anos, sem ele ser devido.

A interpretação sistemática do ordenamento jurídico mostra que os efeitos da ação revisional são contados a partir da propositura da ação.

Dispõe o art. 883 da CLT que os juros de mora são devidos a partir da data em que for ajuizada a ação.

O § 1º do art. 39 da Lei n. 8.177/91 reza que os juros são contados da propositura da ação.

A interrupção da prescrição retroage à data da propositura da ação, ainda que proferida por juiz incompetente (§ 1º do art. 240 do CPC).

Dessa forma, os efeitos da ação revisional devem ser considerados a partir da propositura da ação. Do contrário, a empresa terá de pagar o que não deve.

Ninguém pode continuar a receber o que não lhe é devido.

Estabelecer que o valor é indevido a partir do trânsito em julgado da sentença na ação revisional implicará que a empresa vai pagar o que não deve desde a propositura da ação.

Dessa forma, os efeitos da ação revisional devem ser considerados a partir da propositura da ação e não a partir do trânsito em julgado da referida ação.

Da sentença caberá recurso ordinário. Com o trânsito em julgado, haverá a execução do que for determinado na decisão, ajustando-se a situação de fato em relação ao que fora especificado na primeira decisão.

23.12 *HABEAS CORPUS*

O *habeas corpus* tem origem no Direito Romano na *interdictum de libero homine exhibendo*, em que todo cidadão poderia reclamar a exibição do homem livre detido ilegalmente.

O n. 29 da Magna Carta de 1215 mostrava uma medida destinada à proteção da liberdade pessoal quando alguém fora detido por autoridade ou tribunal feudal e o tribunal real determinava ordem para trazer o detido e o julgar. Isso evitava que o indivíduo ficasse arbitrariamente preso, muitas vezes por longo tempo.

A liberdade de locomoção foi protegida pelo *Habeas Corpus Amendment Act*, de 1679, na Inglaterra.

O *habeas corpus* foi previsto pela primeira vez na Constituição de 1891, no § 22 do art. 72: "Dar-se-á o 'habeas corpus' sempre que o indivíduo sofrer ou se achar em iminente perigo de sofrer violência, ou coação, por ilegalidade, ou abuso de poder."

O item 23 do art. 113 da Constituição de 1934 mencionava: "Dar-se-á 'habeas corpus' sempre que alguém sofrer, ou se achar ameaçado de sofrer violência ou coação em sua liberdade, por ilegalidade ou abuso de poder. Nas transgressões disciplinares não cabe o 'habeas corpus'."

O item 16 do art. 122 da Constituição de 1937 estabelecia que "dar-se-á 'habeas corpus' sempre que alguém sofrer ou se achar na iminência de sofrer violência ou coação ilegal, na sua liberdade de ir e vir, salvo nos casos de punição disciplinar".

O § 23 do art. 141 da Constituição de 1946 dizia: "Dar-se-á 'habeas corpus' sempre que alguém sofrer ou se achar ameaçado de sofrer violência ou coação em sua liberdade de locomoção, por ilegalidade ou abuso de poder. Nas transgressões disciplinares, não cabe 'habeas corpus'." O § 20 do art. 150 da Constituição de 1967 tinha praticamente a mesma redação. O § 20 do art. 153 da Emenda Constitucional n. 1, de 1969, tinha a mesma redação do preceito referido da Carta Magna de 1967.

O inciso LXVIII do art. 5º da Constituição estabelece que "conceder-se-á 'habeas corpus' sempre que alguém sofrer ou se achar ameaçado de sofrer violência ou coação em sua liberdade de locomoção, por ilegalidade ou abuso de poder". Não se faz remissão ao fato de que em transgressões disciplinares não cabe o referido remédio.

O *habeas corpus* é regulado pelos arts. 647 a 667 do Código de Processo Penal. *Habeas corpus* vem do latim com o significado de tenha o corpo.

O remédio em estudo visa assegurar a liberdade de ir e vir do indivíduo, de locomoção, que não pode ser ameaçado ou sofrer violência ou coação nessa referida liberdade, por ilegalidade ou abuso de poder. Tem natureza de remédio jurídico para proteger a liberdade de locomoção da pessoa.

Não é recurso, mas ação constitucional. É um instituto de direito constitucional processual. Não se trata de ação penal, pois ela pode veicular matéria civil.

Tem natureza de ação mandamental, de ordem para sustar a prisão ilegal. É uma garantia constitucional.

O *habeas corpus* deve ser impetrado junto à autoridade imediatamente superior à que praticou a prisão, pois quem tem competência para prender, tem para soltar. Se o coator é o juiz da Vara, a competência é do TRT. Se o coator é o juiz do TRT, a competência é do pleno ou órgão especial do TRT ou do TST. Se o coator é o juiz do TST, competente será o STF.

O inciso IV do art. 114 da Constituição determina a competência da Justiça do Trabalho para processar e julgar o *habeas corpus* quando o ato questionado compreender matéria sujeita à sua competência, como ocorre com a prisão do depositário infiel na execução trabalhista.

Se o depositário, porém, está administrando bens apreendidos, como, *v. g.*, estabelecimento comercial, industrial etc., não se pode falar em depositário infiel, à primeira vista, mas em exigência de contas.

A jurisprudência admite que o *habeas corpus* seja impetrado contra ato de particular que impede a locomoção da pessoa, como do doente de hospital que quer deixar a casa, mas é impedido se não pagar a conta. *Mutatis mutandis*, a questão também poderia ser aplicada ao empregador, que impede o empregado de deixar a empresa.

Ministros do TST têm concedido *habeas corpus* para que jogador de futebol vinculado a um clube possa jogar por outro clube.

Considera-se como coação ilegal quando:

a) não houver justa causa;
b) alguém estiver preso por mais tempo do que determina a lei;
c) quem ordenar a coação não tiver competência para fazê-lo;
d) houver cessado o motivo que autorizou a coação;
e) não for alguém admitido a prestar fiança, nos casos em que a lei a autoriza;
f) o processo for manifestamente nulo;
g) extinta a punibilidade (art. 648 do CPP).

Não se exige ato de autoridade para impetração de *habeas corpus*. É possível impetrar *habeas corpus* contra ato do empregador que restrinja a liberdade de locomoção do empregado.

A petição inicial deverá conter:

a) a designação do presidente do TRT ou do TST;
b) o nome da pessoa que sofre ou está ameaçada de sofrer violência ou coação e o de quem exercer a violência, coação ou ameaça;
c) a declaração da espécie de constrangimento ou, em caso de simples ameaça de coação, as razões em que funda seu temor;
d) quem é a autoridade coatora;
e) o pedido de cessar o ato;
f) a assinatura do impetrante, ou de alguém a seu rogo, quando não souber ou não puder escrever, e a designação das respectivas residências.

O *habeas corpus* pode ser apresentado em qualquer papel.

Para se impetrar *habeas corpus* não é preciso de advogado, pois poderá ser ofertado por qualquer pessoa, em seu favor ou de outrem, bem como pelo Ministério Público (art. 654 do CPP), justamente por se tratar de medida urgente. O § 1º do art. 1º da Lei n. 8.906/94 estabelece que não se inclui na atividade privativa de advocacia a impetração de *habeas corpus* em qualquer instância ou tribunal.

Recebida a petição de *habeas corpus*, o juiz, se julgar necessário, e estiver preso o paciente, mandará que este lhe seja imediatamente apresentado em dia e hora que designar.

Muitos regimentos internos dos tribunais regionais tratam do tema, esclarecendo certos procedimentos que devem ser observados para o requerimento do remédio em estudo.

O relator poderá deferir liminarmente a ordem, determinando em seguida que sejam prestadas as informações pela autoridade, se necessário.

Recebidas ou dispensadas as informações, haverá parecer da Procuradoria do Trabalho. O processo vai para o relator e depois para o revisor. O *habeas corpus* será julgado na primeira sessão, podendo, entretanto, adiar-se o julgamento para a sessão seguinte.

Tem preferência o *habeas corpus* sobre qualquer processo, inclusive o mandado de segurança (art. 20 da Lei n. 12.016), por ser matéria urgente, pelo fato de a pessoa estar presa.

23.13 AÇÕES RELATIVAS ÀS PRESTAÇÕES DE FAZER OU NÃO FAZER

23.13.1 Histórico

A necessidade de efetividade e rapidez no processo é um dos marcos a mostrar a urgência de mudanças no processo civil e também do trabalho. O instituto das medidas cautelares vinha sendo utilizado com finalidade satisfativa, deturpando o objetivo precípuo da cautelar, de assegurar um meio processual para futuro cumprimento da sentença na fase de execução. Daí por que também haver necessidade de determinar que haja o cumprimento efetivo de obrigações de fazer ou não fazer de imediato, pois, do contrário, quando proferida a sentença final, isso não mais será possível ou não terá o mesmo resultado. Era, portanto, necessário determinar regra para o cumprimento efetivo de obrigação de fazer ou não fazer, pois o credor pode ter interesse no cumprimento da obrigação, e não apenas no pagamento de perdas e danos. Era mister uma forma de realização desse direito.

O art. 84 do Código de Defesa do Consumidor (Lei n. 8.078, de 11-9-1990) já prevê espécie de determinação quanto a obrigações de fazer ou não fazer.

O art. 48 do Código de Defesa do Consumidor também faz remissão ao art. 84 do mesmo mandamento legal, ao determinar a referida modalidade de tutela específica.

A tutela específica de obrigação de fazer ou não fazer foi introduzida no Código de Processo Civil de 1973 pela Lei n. 8.952, de 13 de dezembro de 1994, que deu nova redação ao art. 461 do CPC. Esse tinha, aproximadamente, a mesma redação do art. 84 do Código de Defesa do Consumidor.

A Lei n. 10.444, de 7-5-2002, alterou o § 5º do art. 461 do CPC e acrescentou o § 6º ao mesmo artigo.

No processo do trabalho, muitas vezes, o empregador é condenado a reintegrar o empregado e no dia seguinte este é impedido de trabalhar. Nem a força policial resolve o problema, pois o empregador é submetido a colocar o empregado em sua bancada de trabalho, mas, logo após a saída do oficial de justiça ou da polícia, o empregado é retirado do posto de trabalho. O cumprimento de obrigação de fazer ou não fazer, portanto, é muito difícil. A solução seria o pagamento de perdas e danos. Daí porque surge o art. 461 do CPC de 1973.

Tal como ocorre com a tutela provisória dos arts. 294 e ss. do CPC, um dos principais objetivos da disposição do art. 497 do CPC de 2015 foi obviar os males que o tempo pode fazer ao processo. Daí o porquê da concessão de uma tutela quanto à obrigação de fazer ou não fazer, para antecipar o direito da parte.

O art. 497 do CPC também tem por finalidade, na tutela pela obrigação de não fazer, estabelecer um comando positivo, de modo que substitua a referida obrigação por uma obrigação de fazer para repor o *status quo ante*. O credor pode preferir a obrigação específica em vez das perdas e danos, de maneira que assegure a efetividade da tutela jurisdicional.

23.13.2 Denominação

A *tutela jurisdicional* independe do resultado da demanda. O Estado presta a tutela jurisdicional independentemente de que haja vencido ou vencedor ou do conteúdo do resultado proporcionado pelo exercício da atividade jurisdicional, até mesmo quando o processo é extinto sem julgamento de mérito, por indeferimento da petição inicial ou pelo fato de o autor não atender às condições da ação. A eliminação do conflito por meio da pacificação e da afirmação do poder estatal não compreende a existência de vencido e vencedor, mas a superação do conflito por intermédio da outorga da prestação jurisdicional, o que é realizado, ao final, por meio da sentença do juiz. O exercício dessa tutela jurisdicional é feito mediante o devido processo legal, assegurados o contraditório e a ampla defesa, de acordo com a previsão da lei.

A ação de prestação de fazer ou não fazer é uma das espécies da tutela jurisdicional, que vai antecipar o mérito do pedido antes da sentença final, por meio de medida liminar. Daí por que se antecipar a satisfação do processo, ainda que de maneira provisória, pois a decisão poderá ser modificada ou revogada a qualquer tempo.

23.13.3 Conceito

Por tutela específica deve-se entender a tutela direta, que tem por objetivo proporcionar ao credor o mesmo resultado prático da hipótese da existência do adimplemento da obrigação. A tutela inespecífica ou indireta seria a que diria respeito à imposição de multa ou perdas e danos pelo descumprimento da obrigação, estabelecendo uma compensação pela obrigação não cumprida.

23.13.4 Distinção

Distingue-se a tutela específica de obrigação de fazer ou não fazer em relação à tutela provisória. Na tutela provisória, há necessidade de requerimento para sua concessão. Na específica, embora não haja determinação expressa da necessidade de requerimento, não deve ser concedida de ofício, diante da regra do art. 2º do CPC, que consagra o princípio dispositivo, exigindo que o juiz só preste sua atividade jurisdicional mediante requerimento da parte.

Assemelha-se a tutela específica de obrigação de fazer ou não fazer à tutela cautelar. Entretanto, a tutela cautelar compreende questões processuais, sendo um processo que corre em apenso ou é distribuído por dependência ao principal, em que se assegura o meio processual adequado para a execução do direito. Na tutela específica, a prestação jurisdicional assegura o próprio direito material e é concedida no próprio processo, não havendo necessidade de se ajuizar um outro. Na cautelar, o objetivo é assegurar meios processuais para execução do direito, ou, melhor explicando, visa-se à conservação do direito, à garantia de seu exercício futuro. Na tutela, o que se pretende é o próprio direito, sem haver preocupação com sua conservação, daí ser satisfativa. A tutela cautelar tem caráter nitidamente instrumental. A tutela específica de obrigação de fazer ou não fazer foi determinada no art. 497 do CPC, que não está, portanto, entre os arts. 305 a 310, que tratam das medidas cautelares. A tutela específica de obrigação de fazer ou não fazer também é um processo de conhecimento, e não uma tutela cautelar, pois está incluída no art. 497 do CPC, e não nos arts. 305 a 310. Logo, a tutela cautelar não se confunde com a tutela específica de obrigação de fazer ou não fazer, apenas tem procedimento semelhante, como ocorre em relação à liminar em mandado de segurança, em ação popular, em ação civil pública etc.

Diferencia-se, ainda, a tutela específica de obrigação de fazer ou não fazer do julgamento antecipado do processo. Pelo art. 355 do CPC, nota-se que o julgamento antecipado do processo ocorre quando: (a) a questão de mérito for unicamente de direito, ou, sendo de direito e de fato, não houver necessidade de produzir prova em audiência; (b) houver revelia. O julgamento antecipado diz respeito, porém, ao mérito da questão, de maneira definitiva, enquanto na tutela específica a prestação é provisória, e não definitiva, tanto que pode ser modificada ou revogada a qualquer tempo.

23.13.5 Natureza jurídica

A natureza jurídica da tutela específica de obrigação de fazer ou não fazer é de procedimento ordinário, pois está incluída no Capítulo VIII ("Da Sentença e da Coisa Julgada") do Título VIII, "Do Procedimento Ordinário" do Livro I. Não se pode considerar a tutela específica de obrigação de fazer ou não fazer como procedimento cautelar, pois a tutela cautelar deve limitar-se a assegurar a viabilidade da realização do direito afirmado no processo principal, como ocorre, por exemplo, no arresto, que visa assegurar o recebimento pelo credor do que lhe é devido. No caso, a medida liminar antecipatória irá conceder o próprio direito pretendido pelo autor. É um procedimento preliminar no curso de um processo comum. Dessa forma, deve ser feito um pedido preliminar, para a concessão da liminar, na própria petição inicial, em que são realizados outros pedidos, existindo um pedido principal. Não poderá, portanto, ser feita por meio de uma petição exclusiva de tutela específica de obrigação de fazer ou não fazer sem haver o pedido principal, realizado no próprio processo. A tutela específica foi determinada no art. 497 do CPC, que não está, portanto, entre os arts. 305 a 310, que trata da tutela cautelar. Assim, é uma medida provisória dentro do próprio processo principal, e não uma cautelar. Trata-se de um benefício de efeito antecipado. Aproximadamente o mesmo que ocorre na hipótese do inciso IX do art. 659 do CLT, em que o juiz concede medida liminar no curso do próprio processo para tornar sem efeito transferência do empregado sem real necessidade de serviço, conforme preconizam o art. 469 da CLT e seus parágrafos, ou do inciso X do art. 659 da CLT, no caso de dispensa abusiva de dirigente sindical.

Não poderá, porém, a tutela específica de obrigação de fazer ou não fazer ser requerida na fase de execução, pois diz respeito apenas ao processo de conhecimento.

Terá a tutela específica de obrigação de fazer ou não fazer caráter eminentemente satisfativo, pois visa assegurar o direito em si, ainda que de maneira provisória, ao contrário da cautelar, que não pode ter caráter satisfativo, mas apenas assegurar questões processuais relativas ao processo principal ou medidas instrumentais destinadas a proteger a eficácia do processo principal. Será também precária a decisão, pois poderá ser modificada a qualquer tempo por decisão fundamentada.

Verifica-se também do art. 500 do CPC que uma das maneiras de se fazer cumprir a obrigação é impondo multas ou removendo resistência imposta, daí haver também uma natureza mandamental no procedimento. Tal conceito pode ser discutido, pois, ainda que mandamental, o procedimento não deixa de ser condenatório.

Sua natureza também será de decisão interlocutória, pois poderá ser modificada quando da decisão definitiva.

23.13.6 Classificação

Trata-se da ação de prestação de fazer ou não fazer de espécie do gênero tutela, tutela antecipatória, que comporta as seguintes hipóteses: (a) tutela específica de obrigação de fazer e não fazer contida no art. 497 do CPC; (b) tutela específica de obrigação de fazer e não fazer encontrada no art. 84 do Código de Defesa do Consumidor; (c) prestação específica de entrega de coisa (art. 498 do CPC).

Na execução também se verifica: (a) a execução por expropriação; (b) a execução específica, que compreende a execução para entrega de coisa e das obrigações de fazer e não fazer. Nesse sentido, surge uma tutela específica para o cumprimento das obrigações de fazer e não fazer, e não apenas da execução das respectivas obrigações, o que é feito por intermédio do art. 497 do CPC.

23.13.7 Aplicabilidade

Como regra, a determinação do art. 497 do CPC só seria aplicável no âmbito das obrigações de fazer ou não fazer fungíveis, isto é, que possam ser substituídas por outras. O art. 249 do CC permite que, "se o fato puder ser executado por terceiro, será livre ao credor mandá-lo executar à custa do devedor, havendo recusa ou mora deste, ou pedir indenização por perdas e danos". Nas obrigações de não fazer, o terceiro também poderá cumprir a obrigação, como o restabelecimento de certa situação anterior. O art. 816 do CPC não se aplica à hipótese em discussão, porque trata de conversão. No tocante às obrigações de fazer ou não fazer infungíveis, como regra, são resolvidas em perdas e danos (art. 247 do CC).

23.13.8 Cabimento no processo do trabalho

No campo do Direito Civil, o art. 497 do CPC terá aplicação, por exemplo, em relação a contratos de venda e compra de bens móveis e imóveis para entrega dos respectivos bens; para a prestação de serviços, por exemplo: de pintura, de construção de um muro, de restaurar um quadro (obrigação de fazer); ou de abster-se a pessoa de produzir ruídos, de usar marca comercial (obrigação de não fazer) etc.

Poder-se-ia asseverar que a tutela antecipada não é cabível no processo do trabalho, dado o fato de que o processo do trabalho tem rito sumário, em razão do princípio da oralidade, em que os atos são praticados em audiência.

Penso que a tutela específica é aplicável ao processo do trabalho, por força de que a Consolidação das Leis do Trabalho não trata do assunto e é compatível com os princípios processuais trabalhistas (art. 769 da CLT). Ademais, a tutela é adequada ao procedimento trabalhista e há possibilidade material de sua aplicação, até mesmo em razão da necessidade de maior celeridade do processo do trabalho, dada a natureza alimentar da verba discutida. O processo do trabalho tem rito sumaríssimo, e rito ordinário comum, que realmente se desenvolvem em audiência. No entanto, a cautelar também pode ser deferida por liminar, como pode ser concedida liminar em reclamação trabalhista nos casos dos incisos IX e X do art. 659 da CLT, não impedindo a aplicação da primeira no processo do trabalho. O princípio da oralidade não é princípio do processo do trabalho, mas de qualquer processo, como se verifica no juizado de pequenas causas. Trata-se de peculiaridade do processo do trabalho, que tem maior incidência neste, diante de a prova ser praticamente oral e a contestação e razões finais poderem ser apresentadas oralmente. O fato de a decisão ser irrecorrível não impede também sua aplicação, pois a decisão numa liminar em cautelar ou nas liminares dos incisos IX e X do art. 659 da CLT é aplicada no processo do trabalho, podendo a questão ser discutida em preliminar em recurso ordinário. A violação ao princípio da ampla defesa e dos recursos a ela inerentes depende da previsão da legislação ordinária, e, como há determinação para tal exercício, não há impedimento. Logo, a tutela específica é cabível no processo do trabalho, por força de que a Consolidação das Leis do Trabalho não trata do assunto e é compatível com os princípios processuais trabalhistas (art. 769 da CLT), ainda mais quando se pretende que o processo seja mais célere, como na hipótese de crédito de natureza alimentar, que é o que ocorre no processo trabalhista.

Nos dissídios individuais, seria plenamente aplicável a tutela específica, dadas a omissão da Consolidação das Leis do Trabalho e a compatibilidade com seus preceitos. No que diz respeito aos dissídios coletivos, os de natureza jurídica não comportariam a tutela, pois se visa apenas à declaração da existência ou inexistência de determinada relação jurídica ou da interpretação de certa norma. Quanto aos dissídios de natureza econômica, o objetivo é realmente a criação de novas e melhores condições de trabalho para a categoria, pois ainda não há direito concreto a ser deferido, mas está ele sendo discutido, para a criação ou modificação das condições de trabalho, daí não ser cabível a tutela específica. Talvez poderia ser cabível no dissídio coletivo de greve, em que o tribunal julgaria, por exemplo, abusiva a greve e determinaria a volta ao trabalho (obrigação de fazer), sob pena de pagamento de multa diária, como já determinou o TST no caso dos petroleiros.

Vários seriam os exemplos a utilizar no processo do trabalho quanto à tutela específica, em que os mais concretos poderiam ser os seguintes: gestante que trabalha em pé e precisa trabalhar sentada, em razão da gravidez; empresa que exige serviços com pesos excessivos além de 20 quilos para o trabalho contínuo ou 25 quilos para o trabalho ocasional para a mulher (art. 390 da CLT) e o menor (§ 5º do art. 405 da CLT); mudar a função do empregado para não trabalhar em local insalubre ou perigoso. A tutela específica seria utilizada para o cumprimento de uma obrigação de não fazer, de não exigir carregamento de pesos superiores aos permitidos pela legislação. Entretanto, a questão relativa a pesos poderia dar ensejo à rescisão indireta, se assim entendesse o reclamante, com fundamento na alínea *a* do art. 483 da CLT, por serem exigidos serviços superiores às forças do empregado e vedados por lei.

Outros exemplos poderiam ser destacados, como de o empregador não estabelecer discriminações; de não rebaixar o trabalhador de função; de promover o obreiro nos casos de quadro organizado em carreira, por merecimento e antiguidade.

No processo do trabalho, a maioria dos pedidos será feita para casos envolvendo estabilidade provisória de cipeiro para concorrer à eleição da Cipa, de grávida, de acidentado, diante da garantia de emprego limitada no tempo em relação a tais pessoas. Outra situação poderia ser a da empregada grávida dispensada, que deveria ser reintegrada, em que o pedido da tutela específica não seria apenas da reintegração, mas também de que a empresa assegurasse a manutenção do convênio médico, para que aquela pessoa pudesse dele utilizar-se no parto. Entretanto, como fazer um pedido de reintegração de qualquer dessas pessoas e pagamento de verbas, que nem é tutela antecipada, nem tutela específica de obrigação de fazer, mas compreende ao mesmo tempo as duas coisas: o cumprimento de uma obrigação de fazer (de reintegrar) e de dar (pagar salários)? A solução parece ser a utilização das duas espécies de tutela e formular a petição inicial, envolvendo uma tutela específica de obrigação de fazer ou não fazer (art. 497 do CPC) e, ao mesmo tempo, de pagar.

No sistema italiano, a doutrina e a jurisprudência majoritárias entendem que a obrigação de fazer de reintegração do empregado, se não for cumprida pelo empregador, converte-se em pagamento de indenização. O art. 496 da CLT permite que o juiz ou tribunal, em vez de reintegrar o empregado estável que possui mais de 10 anos de empresa sem ser optante do FGTS, determine o pagamento de indenização em dobro, nos casos em que for incompatível a reintegração ou o empregador for pessoa física. A Lei n. 9.029, de 13 de abril de 1995, proíbe a prática discriminatória para efeito de acesso ou manutenção de emprego por motivo de raça, cor, estado civil, situação familiar ou idade. Determina o art. 4º da referida norma que, se houver o rompimento de trabalho por ato discriminatório, o empregado pode optar entre: (a) a readmissão com o ressarcimento integral de todo o período de afastamento, mediante pagamento das remunerações devidas, corrigidas monetariamente e acrescidas dos juros legais; ou (b) a percepção em dobro da remuneração do período de afastamento, corrigida monetariamente e acrescida dos juros legais.

O art. 497 do CPC será aplicado, porém, no processo de conhecimento, visando obter uma sentença que acolha o pedido e que terá natureza condenatória, de condenar a fazer ou deixar de fazer algo. Não será cabível na execução, pois nesta não se está no processo do trabalho diante de um processo de execução, mas de uma fase de execução, que se processa nos mesmos autos, depois de transitada em julgado a decisão.

23.13.9 Necessidade de provocação

Poder-se-ia dizer que a tutela específica de obrigação de fazer ou de não fazer, diante de caso de reintegração, seria concedida de ofício, com a consequência que é o crédito alimentar que possui o trabalhador, além da desnecessidade de a postulação no processo do trabalho ser feita por advogado.

A tutela antecipatória depende de requerimento da parte, e o juiz não poderá concedê-la de ofício.

Há autores que entendem que a tutela antecipada vem a ser uma obrigação do juiz, um dever do magistrado, que não pode ser indeferida por aquele se estiverem presentes os requisitos para a concessão da tutela. Na verdade, para a concessão da tutela específica de obrigação de fazer ou não fazer há necessidade de requerimento, pois ela não pode ser concedida de ofício, sem provocação do interessado. O juiz poderá determinar de ofício a imposição de multa (art. 500 do CPC), as medidas necessárias para a efetivação da tutela, e não a tutela em si, como busca e apreensão, remoção de pessoas e coisas, desfazimento de obras, impedimento de atividade nociva, além de requisição de força policial. Assim, nota-se que a tutela específica só pode ser concedida mediante requerimento do interessado, e o juiz não poderá prestar a tutela jurisdicional se não for provocado (art. 2º do CPC).

23.13.10 Petição inicial

O autor poderá optar na petição inicial entre pedir o cumprimento da obrigação de fazer ou não fazer ou outra situação equivalente, ou o pagamento de perdas e danos. Trata o art. 499 do CPC de situação alternativa entre pedir a própria prestação ou outra de efeito equivalente, ou pedir perdas e danos, porém, haverá necessidade de requerimento. Nos demais casos em que for impossível a tutela específica ou a obtenção do resultado prático correspondente, o juiz poderá impô-las de ofício, pois da oração do art. 499 do CPC depreende-se que o requerimento está adstrito apenas a possibilidade de conversão em perdas e danos a requerimento do autor. Então, na primeira situação, o juiz poderá impô-la ao réu, ainda que não haja pedido.

O autor deve indicar na inicial por que pretende a indenização, pois poderiam ocorrer, entre outros, os seguintes casos: (a) o devedor recusou-se à prestação a ele só imposta, ou só por ele exequível, de natureza fungível (art. 247 do CC); (b) o fato pode ser executado por terceiro (art. 249 do CC); ou (c) porque o devedor praticou ato a cuja abstenção se obrigara (art. 251 do CC).

Nada impediria que houvesse pedidos sucessivos, de modo que o juiz, não podendo analisar o primeiro, passasse ao exame do subsequente (art. 326 do CPC), como ocorreria no caso de requerer a tutela específica como liminar, dizendo que, se não fosse possível o cumprimento da obrigação, esta o fosse por terceiro e, se nem o terceiro pudesse fazê-lo, que houvesse pagamento de indenização por perdas e danos.

O momento de se requerer a tutela liminar deveria ser apenas ao se analisar a petição inicial. Passada essa fase do processo, poderia haver um pedido feito nos autos, até mesmo como pedido incidental, mas para tanto deveria haver requerimento da parte e ser feito antes da sentença. Por se tratar de liminar, porém, só pode ser feito no início do processo, que seria o momento mais correto.

23.13.11 Concessão

Na tutela específica de obrigação de fazer ou não fazer, há necessidade de fundamento relevante contido na petição inicial e justificado receio de ineficácia do provimento final.

Nota-se, contudo, que quem irá postular a tutela específica de obrigação de fazer ou não fazer é o autor, e não o réu, o que será feito na petição inicial, mas poderá ser feito pelo réu também na reconvenção. O reconvinte (que é o réu na primeira ação) poderia, teoricamente, pedir provimento jurisdicional da mesma natureza, justamente porque tem natureza de ação. Seria a hipótese de o réu pedir em reconvenção que o empregado devolva o mostruário de vendas ou outro equipamento do empregador que ficou em poder do operário, porque necessita da referida coisa, por ser a única e não existir similar, e, caso não seja devolvida, não há mais a possibilidade de fazer vendas do referido produto.

Seria possível a concessão de tutela específica de obrigação de fazer ou não fazer em caso de revelia? Não existiria abuso de direito de defesa, pois não há defesa na revelia, nem seria o caso de manifesto propósito protelatório do réu, pois não houve defesa. Poderia ocorrer, porém, fundado receio de dano irreparável ou de difícil reparação. Entretanto, não é o caso de se conceder tutela específica de obrigação de fazer ou não fazer, mas de se proferir o julgamento antecipado da lide, com fundamento no inciso II do art. 355 do CPC, julgando o mérito da postulação do autor, em decisão definitiva, e não provisória.

23.13.12 Liminar

O art. 497 do CPC estabelece que o "juiz concederá" a tutela específica, mostrando que o preceito é imperativo e o magistrado não poderia recusar-se a conceder a tutela. No entanto, isso não é bem assim, pois o juiz irá conceder a tutela se estiverem presentes os requisitos para tanto e se se convencer de que é o caso de sua concessão, diante do princípio do livre convencimento motivado do juiz, encontrado no art. 371 do CPC. Para tanto, deverão estar presentes, para a concessão da liminar, o relevante fundamento da demanda e o justificado receio de ineficácia do provimento final.

Para a concessão da tutela, deverão estar presentes, portanto, os seguintes pressupostos: (a) ser relevante o fundamento da demanda (*fumus boni juris*); (b) haver justificado receio da ineficácia do provimento final (*periculum in mora*). As condições para a concessão de tutela específica de obrigação de fazer exigem ser relevante o fundamento do pedido. Logo, se for irrelevante o fundamento, não poderá ser deferida a tutela. Parece que a questão da relevância, ou não, ficará a cargo da interpretação do juiz. O segundo requisito seria o fundado receio de ineficácia do provimento final, que quer dizer o perigo ou o risco. Exemplo no processo do trabalho seria o de se conceder a reintegração do empregado ao serviço na liminar do processo, pois, do contrário, o obreiro, quando tiver a sentença em mãos, não mais terá direito de reintegração, visto que estará cessada a estabilidade provisória, por ter terminado o mandato da Cipa ou a estabilidade da grávida etc.

Não será possível a concessão da liminar de ofício com fundamento no art. 499 do CPC, pois o autor deverá requerer as perdas e danos. Aqui, é o caso de se utilizar também da regra do art. 2º do CPC, de que o juiz não poderá conceder de ofício a prestação jurisdicional, dependendo de provocação a concessão da liminar.

O fundamento da concessão da tutela específica é diferente do de outros artigos do Código. No caso da tutela específica de obrigação de fazer ou não fazer, exige-se apenas relevante fundamento, que é a fumaça do bom direito. Aqui, basta o justificado receio de ineficácia do provimento final, inexistindo necessidade de avaliação a respeito da irreparabilidade ou da difícil reparação do dano.

O juiz poderá conceder a liminar inclusive sem ouvir a parte contrária, por entender que, se for ouvida, poderá inviabilizar o provimento.

A tutela poderá ser concedida total ou parcialmente. Será concedida totalmente se estiverem presentes os requisitos para esse fim. Ao contrário, será concedida parcialmente se não estiverem presentes todos os requisitos para esse fim. A tutela não poderá ser concedida *extra* ou *ultra petita*, devendo ter seus limites no pedido, aplicando-se os arts. 141 e 492 do CPC.

Somente em casos excepcionais o juiz deve conceder a liminar sem ouvir a parte contrária, como em casos urgentes, que compreendam a existência da fumaça do bom direito e o perigo da demora.

Não será possível a concessão de tutela específica em ações propostas contra o Poder Público, pois o art. 1º da Lei n. 8.437, de 30 de junho de 1992, veda expressamente a concessão de medida liminar contra atos do Poder Público, inclusive em ações de natureza preventiva, como é o caso da tutela. O § 3º do mesmo artigo é claro no sentido de que não será admissível medida liminar que esgote, no todo ou parte, o objeto da ação. Entendo que não há inconstitucionalidade da citada disposição, pois o contraditório e a ampla defesa são exercidos de acordo com a previsão da lei ordinária, não se estando a impedir a parte de ingressar em juízo, de modo que contrarie, respectivamente, os incisos LV e XXXV do art. 5º da Constituição.

23.13.13 Motivação

Há entendimentos de que mesmo a liminar em tutela cautelar dispensa fundamentação ampla, bastando a sucinta ou simples remissão aos fundamentos da inicial, como adverte Galeno Lacerda (1990, v. VIII, t. 1:352). Há, inclusive, jurisprudência nesse sentido (*RT* 463/208). O juiz poderia, assim, conceder a liminar sem fundamentação, bastando que o despacho contivesse algo como o seguinte: "concedo a liminar, por preenchidos os requisitos legais", ou "concedo a liminar, *por* estarem presentes os requisitos *do fumus boni iuris* e do *periculum in mora*, nos termos da inicial".

A decisão do juiz ao conceder ou não a tutela específica de obrigação de fazer ou não fazer deverá ser necessariamente motivada, para atender ao disposto no inciso IX do art. 93 da Constituição e no art. 371 do CPC. O juiz deve mostrar como chegou ao seu convencimento. As sentenças e os acórdãos devem conter os requisitos do art. 489 (relatório, fundamentação e dispositivo); as demais decisões também terão de ser fundamentadas. Mesmo tratando-se de liminar, deve a decisão ser motivada, pelos mesmos motivos anteriormente mencionados. Não haverá necessidade, porém, de se utilizar dos requisitos do art. 489 do CPC, como, por exemplo, de relatório e dispositivo, por se tratar de liminar.

Não trata o art. 497 do CPC da impossibilidade da concessão da tutela específica na hipótese de perigo de irreversibilidade, como se verifica do § 3º do art. 300 do CPC em relação à tutela de urgência. A tutela específica de obrigação de fazer ou não fazer deverá, porém, ser concedida com cuidado. Se o juiz verificar o perigo de irreversibilidade do provimento antecipado, não deverá conceder a tutela específica, utilizando-se, por analogia, do § 3º do art. 300 do CPC.

23.13.14 Justificação prévia

Os arts. 497 e ss. do CPC não mais fazem referência a justificação prévia para a concessão da tutela específica de obrigação de fazer ou não fazer.

23.13.15 Reconvenção

Por se tratar a tutela específica de ação, que está na fase do processo de conhecimento, é possível que haja a apresentação da reconvenção, juntamente com a contestação. Num procedimento que envolve reclamação trabalhista comum, também seria possível ao réu apresentar a tutela específica como reconvenção, pois passaria a ser autor.

O que não será possível é o réu fazer pedido de tutela específica na contestação, pois só haverá essa possibilidade na petição inicial. Como já frisei, na contestação, por óbvio, não há pedido inicial, que é feito na petição inicial. Assim, se por algum motivo for possível ao réu utilizar-se da tutela específica, só na reconvenção poderá fazê-lo; aí, há pedido inicial.

23.13.16 Modificação ou revogação

Seria possível afirmar que o mesmo juízo não poderia modificar ou revogar sua decisão, que foi por ele mesmo proferida, diante do princípio do duplo grau de jurisdição e de que quem pode rever a decisão inferior é o juízo imediatamente superior. Ao publicar a sentença de mérito, o juiz cumpre e acaba o ofício jurisdicional.

A tutela também poderá ser revogada ou modificada, a qualquer tempo, em decisão fundamentada. Por *revogação* deve-se entender a modificação total daquilo que foi anteriormente concedido, isto é, a cassação daquilo que foi deferido. Por *modificação* deve-se entender a reconsideração parcial do que foi determinado anteriormente. Há, portanto, a possibilidade da revisão ou modificação da decisão por expresso permissivo legal e também porque a decisão é provisória, e não definitiva.

A decisão que revoga ou modifica a anteriormente proferida deve ser fundamentada, atendendo ao comando do inciso IX do art. 93 da Constituição e ao art. 371 do CPC, já que o juiz tem ampla liberdade na apreciação da prova. Apenas tem que motivar sua decisão, indicando os fundamentos pelos quais decidiu, e não artigos de lei, que podem também ser alinhados, sob pena de nulidade.

A tutela liminar será sempre provisória, pois pode ser modificada ou revogada a qualquer tempo, desde que por decisão fundamentada. Logo, pode também ser modificada ou revogada de ofício pelo juiz.

23.13.17 Perdas e danos

Para a condenação em perdas e danos é mister pedido específico, que não pode ser determinado de ofício pelo juiz, como se verifica no art. 499 do CPC. Se na execução o devedor não satisfizer a obrigação, poderá esta se converter em perdas e danos, ainda que não conste determinação na sentença nesse sentido, como se depreende do art. 816 do CPC, porém também haverá necessidade de requerimento.

O pagamento de perdas e danos também só será autorizado se for impossível a tutela específica ou a obtenção do resultado prático correspondente. Trata-se de procedimento alternativo determinado pela lei. Seria o caso de o credor executar a obrigação de fazer ou não fazer e cobrá-la posteriormente do devedor.

A indenização por perdas e danos dar-se-á sem prejuízo da multa, conforme o art. 500 do CPC.

23.13.18 Multa

O art. 500 do CPC determina que a indenização por perdas e danos dar-se-á sem prejuízo da multa fixada periodicamente para compelir o réu ao cumprimento específico da obrigação. A multa é uma forma de se fazer com que a obrigação seja cumprida, tendo natureza coercitiva, e não reparatória, não tendo que guardar equivalência com o dano causado ao credor.

Não poderá, porém, a multa ser fixada em valor exagerado ou em valor ínfimo, pois, do contrário, ficará desprestigiada a decisão da Justiça e poderá ser um incentivo a seu descumprimento, principalmente no segundo caso.

A multa é, contudo, do autor, e não do Estado, sendo com ela cumuláveis as perdas e danos, pois são distintas as destinações. Nas perdas e danos, repõe-se ao credor aquilo que perdeu ou razoavelmente deixou de lucrar (art. 402 do CC), dependendo de prova do prejuízo ou do lucro cessante. A multa tem natureza coercitiva, de fazer com que o devedor cumpra a obrigação, de promover a efetividade da decisão judiciária. Tem a multa do art. 500 do CPC natureza de *astreinte*, isto é, tem a finalidade de fazer com que a decisão seja cumprida e se torne efetiva. Há, portanto, a possibilidade da imposição cumulativa de multa e perdas e danos. Entretanto, entendo que a multa tem de ser especificada na sentença, para que possa haver o trânsito em julgado da questão. Na execução, o juiz não poderia impor multa caso ela não estivesse prevista na sentença, sob pena de violar o inciso XXXVI do art. 5º da Constituição, quando trata da coisa julgada. Por isso, inconstitucional se mostra a orientação de que, se a sentença for omissa, o juiz pode impor, na execução, multa para o cumprimento de obrigação de fazer ou não fazer. Todavia, a multa só poderá ser cobrada com o trânsito em julgado; antes disso, será passível de recurso. O juiz, porém, ao fixar a multa, deve dar um prazo razoável para o preceito ser cumprido, indicando a partir de que data passa a ser devida, sendo um meio indireto de se fazer cumprir a obrigação.

Tanto na liminar como na sentença, pode o juiz impor multa de ofício. Mesmo que o juiz não aplique a multa na liminar, pode aplicá-la na sentença.

A multa tem fato gerador a partir da concessão da tutela, e não apenas após a sentença. É lógico que ainda dependerá do trânsito em julgado, mas já será devida da data em que foi concedida a liminar, caso esta não seja cumprida, ou da data que o juiz fixar na liminar para o cumprimento espontâneo da obrigação por parte do réu. A multa vai dizer respeito ao não cumprimento de obrigação infungível, sendo incompatível com as obrigações de fazer fungíveis. Afirma Antônio Cláudio da Costa Machado que "o texto refere a suficiência 'ou' compatibilidade com a obrigação, quando, na verdade, os dois devem ser exigidos cumulativamente, uma vez que, se houver incompatibilidade, a questão da suficiência não poderá deixar de ser tida como prejudicada" (1995:38).

Só será possível aplicar a multa de ofício se for suficiente e compatível com a obrigação; do contrário, não poderá ser aplicada de ofício. Entende-se por suficiente o que é bastante. A multa, entretanto, poderá variar em decorrência da capacidade econômica do devedor.

Na regra do art. 497 do CPC, a multa pode ser diária, mas pode ser fixa, pois o art. 500 do CPC trata da multa. A multa diária tem por objetivo que realmente o devedor cumpra o mais rapidamente possível a obrigação, pois a quantia vai aumentando dia a dia. Pode ser a multa fixada periodicamente para compelir o devedor ao cumprimento específico da obrigação (art. 500 do CPC).

O juiz poderá, de ofício, modificar o valor ou a periodicidade da multa, caso verifique que se tornou insuficiente ou excessiva. Não há, portanto, necessidade de provocação da parte. A multa é insuficiente quando precisa ser aumentada, visando ao reforço do cumprimento da obrigação. Será excessiva se ficar além das possibilidades do réu de pagá-la. Ao se falar em modificação da multa por excessiva ou insuficiente poderá, em certos casos, desrespeitar a coisa julgada, o que será inconstitucional (art. 5º, XXXVI, da Constituição). Pode ser aumentada a multa antes de ser proferida a sentença. Com o trânsito em julgado, não pode ser aumentada ou reduzida, pois viola a coisa julgada.

A alteração da multa diária também pode ser requerida pela parte interessada.

A multa tem natureza cominatória, de forçar a parte a praticar ou se abster de praticar o ato. Não tem limites a multa, não estando adstrita ao valor do principal.

Penso, contudo, que o juiz do trabalho não poderá impor qualquer multa ao devedor, apenas as previstas na Consolidação das Leis do Trabalho. Entendo que as hipóteses de *astreintes* do art. 500 do CPC não se aplicam no processo do trabalho, pois a Consolidação das Leis do Trabalho não é omissa sobre o assunto e, quando entendeu de determinar penalidades, fê-lo expressamente. As sanções pelo descumprimento da legislação trabalhista já estão fixadas na Consolidação das Leis do Trabalho, não sendo o caso de se aplicar o Código de Processo Civil (art. 769 da CLT). No caso de falta ou recusa de anotação da CTPS do empregado, o reclamante não poderá pedir a fixação de multa pelo descumprimento da obrigação. Há expressa previsão nos §§ 1º e 2º do art. 39 da CLT no sentido de terceiro poder fazer as anotações na CTPS, que é a Secretaria da Vara, caso o empregador não o faça, até mesmo por falta de anotações de reajustes salariais, funções, condições de trabalho insalubres ou perigosas etc. Quanto a férias, o § 2º do art. 137 da CLT é claro no sentido de que "a sentença cominará pena diária de 5% do salário-mínimo da região, devida ao empregado até que seja cumprida", ou seja, até que sejam concedidas as férias. Nota-se, inclusive, que a Consolidação das Leis do Trabalho esclarece que a multa é devida ao próprio empregado. No caso de atraso no pagamento das verbas rescisórias, o § 8º do art. 477 da CLT estipula multa de um salário do empregado devidamente corrigido se aquelas verbas não forem pagas no prazo de seu § 6º. Na hipótese de o empregador não cumprir decisão transitada em julgado sobre readmissão ou reintegração de empregado, além de pagar os salários correspondentes, há multa de 3/5 a 3 valores de referência por dia, que é devida até que seja cumprida a decisão (art. 729 da CLT). O legislador foi expresso na enumeração das situações que comportam multas, não tendo previsto outras. Logo, não há omissão na Consolidação das Leis do Trabalho de modo a se aplicar a multa do art. 500 do CPC (art. 769 da CLT) no que diz respeito à imposição de outras multas que não as já previstas na Consolidação.

Na prática do processo do trabalho, já se verificava que, se o réu não fornecesse as guias do seguro-desemprego ou do FGTS, deveria pagar indenização substitutiva, representada pelas parcelas do primeiro e pelos valores dos depósitos que deveriam ter sido feitos, no caso do segundo. Mesmo em casos de reintegração, não sendo o caso de reintegrar o empregado, por ter terminado o período de estabilidade, poderia o réu ser condenado a pagar a indenização pertinente ao período de estabilidade, pois o descumprimento da obrigação de fazer converte-a em obrigação de pagar o equivalente (art. 816 do CPC). Seria o caso também de se utilizar, por analogia, da hipótese do art. 496 da CLT, convertendo a obrigação de reintegração em pagamento de indenização, porém de maneira simples.

Astreinte é palavra de origem francesa. Corresponde à pena pecuniária estabelecida contra o devedor, para que venha a cumprir a obrigação de fazer ou não fazer no prazo fixado. Exemplo é o art. 729 da CLT.

As *astreintes* não visam o enriquecimento da parte ou ressarcimento de prejuízo, mas forçar o cumprimento da obrigação no prazo fixado pelo juiz. Não têm caráter punitivo.

O réu acaba fazendo ou não algo com medo de ter de pagar a multa. É uma forma de fazer com que o devedor cumpra a determinação do juiz.

Não há limites para as *astreintes*. Assim, não se lhe aplica a regra do art. 412 do Código Civil, por não se tratar de cláusula penal.

O art. 247 do Código Civil não pode ser observado, se a obrigação pode ser cumprida por terceiro, como a anotação da CTPS do empregado pela Secretaria da Vara.

As *astreintes* não são fixadas em razão do dano causado, mas têm por objetivo o cumprimento de obrigação de fazer ou não fazer.

A multa tem que ser fixada pelo juiz antes do trânsito em julgado da sentença. Se na sentença não foi fixada multa, não poderá o juízo fazê-lo na execução, pois implicaria violar a coisa julgada.

A multa só é exigível com o trânsito em julgado da decisão, mas incide desde o momento em que o juiz determinou o cumprimento da obrigação. Do contrário, exigir a multa somente após o trânsito em julgado seria estimular o descumprimento da obrigação.

Só poderá ser executada a multa após o trânsito em julgado da decisão, pois poderá ser modificada em grau de recurso.

A execução só pode ser provisória, pois não houve o trânsito em julgado para ser definitiva.

Esperar o trânsito em julgado, implicaria execução tardia e inútil.

O art. 5º, LV, da Constituição não trata de multa ou da sua execução, mas da ampla defesa em geral, que não está sendo negada.

É o caso de se aplicar por analogia o § 2º do art. 12 da Lei n. 7.347/85, que estabelece a exigibilidade da multa a partir do trânsito em julgado, mas sua incidência a partir da data da concessão da liminar.

23.13.19 Poder público

À primeira vista, seria possível conceder tutela específica de obrigação de fazer ou não fazer contra o Poder Público, pois tal obrigação não implicaria cumprimento mediante precatório, por não ser obrigação de pagar.

O STJ já decidiu pelo cabimento da antecipação da tutela contra a Administração Pública, quanto à ordem de não fazer (STJ, 1ª T., REsp 101.629/SP, Rel. Min. Humberto Gomes de Barros, *DJU* 16-6-1997, p. 27321).

Vedou, porém, expressamente o art. 1º da Lei n. 9.494, de 10-9-1997, a concessão de tutela específica de obrigação de fazer ou não fazer contra o Poder Público, em razão da observância das Leis n. 4.348, 5.021 e 8.437.

A lei não proíbe, contudo, a concessão de tutela específica a favor do Poder Público. Devem apenas estar presentes os requisitos do art. 497 do CPC. Seria o exemplo de a pessoa abster-se de construir nesse local ou de abster-se de construir após certa altura.

O Plenário do STF entendeu que "na obrigação de fazer" prevista no CPC, é possível a execução provisória contra a Fazenda Pública, não havendo incompatibilidade com a Constituição (RE 573872/RS, Rel. Min. Edson Fachin).

23.13.20 Medidas de apoio

Para efetivação da tutela específica ou para a obtenção do resultado prático equivalente, poderá o juiz determinar as medidas necessárias, tais como a busca e apreensão, remoção de pessoas e coisas, desfazimento de obras (meio ambiente de trabalho), impedimento de atividade nociva, além de requisição de força policial. Será utilizada tanto para a efetivação da liminar da tutela específica como para o cumprimento do julgado. As medidas de apoio objetivam o imediato cumprimento da sentença, para que esta possa ter efetividade, asseguradas por meios específicos, independentemente da vontade do obrigado. A multa tem, porém, por objetivo fazer com que o devedor cumpra a obrigação.

As medidas de apoio também têm previsão no art. 497 do CPC, quando faz referência a providências que assegurem a obtenção de tutela pelo resultado prático equivalente.

No processo do trabalho seria o caso até mesmo de se utilizar do art. 765 da CLT, que também dá amplos poderes ao juiz de determinar qualquer diligência necessária ao andamento do feito.

Em certos casos, será impossível o desfazimento imediato por medida determinada pelo juiz, pois dependerá do acolhimento do pedido para que o juiz possa assegurar o resultado prático equivalente.

As providências que forem determinadas pelo juiz para assegurar o resultado prático equivalente ao do adimplemento devem estar dentro do pedido e nos limites da lei, sob pena de serem ilegais e arbitrárias.

A medida de apoio consistente no desfazimento de obra não se aplica, porém, ao processo do trabalho, que não se ocupa desse tipo de questão, como ocorre em casos de nunciação de obra nova, salvo se for questão relativa a meio ambiente do trabalho.

23.13.21 Sentença

A redação do art. 497 do CPC é um pouco confusa, pois afirma que "na ação que tenha por objeto a prestação de fazer ou não fazer, o juiz, se procedente o pedido, concederá a tutela específica ou determinará providências que assegurem o resultado prático equivalente". Na verdade, o referido dispositivo legal quer significar que o juiz concederá a tutela específica da obrigação por decisão liminar. Na sentença é que, se acolhido o pedido, determinará providências que assegurem o resultado prático equivalente ao do adimplemento. O juiz, na sentença, definirá definitivamente a pretensão da tutela específica, e não só providências que assegurem o resultado prático equivalente ao do adimplemento, pois, do contrário, não haveria qualquer sentido, tanto que na sentença poderá impor multa (art. 500 do CPC) e determinar as medidas de apoio que assegurem a obtenção do resultado prático equivalente (art. 497 do CPC). A expressão *as providências que assegurem* tanto diz respeito à medida liminar, quando poderá ser imposta multa, como se observa do art. 500 do CPC, quanto também à sentença.

A decisão final que conceder ou não a tutela específica deverá ter os requisitos de qualquer sentença, como relatório, fundamentação e dispositivo (art. 489 do CPC).

Sentença que concede obrigação de fazer ou não fazer tem natureza mandamental.

A determinação do juiz na sentença para o cumprimento da obrigação de fazer ou não fazer não pode ser concedida *extra* ou *ultra petita*, devendo se ater ao pedido. Não poderá, portanto, ser concedida diversamente do que foi postulado, em quantidade superior ou em objeto diverso do que foi demandado, nos termos dos arts. 141 e 492 do CPC.

23.13.22 Recurso

Mesmo que se entenda que a decisão do juiz na tutela específica seja feita por despacho ou pelo colegiado, será interlocutória.

No processo civil, da decisão da tutela específica de obrigação de fazer ou não fazer caberia o recurso de agravo, por se tratar de decisão interlocutória. Mesmo quando o juiz indeferisse a tutela caberia o recurso de agravo, por se tratar de decisão interlocutória, e não de mero despacho de expediente.

A tutela específica poderá ser modificada ou revogada a qualquer tempo, o que mostra que a decisão que concede ou não a tutela específica é interlocutória.

No processo do trabalho, das decisões interlocutórias não cabe recurso, nos termos do § 1º do art. 893 da CLT (S. 214 do TST), apenas da decisão definitiva. Será possível discutir a questão em preliminar do recurso ordinário da decisão final da Vara. Poder-se-ia entender possível a apresentação de pedido de reconsideração ao juiz, embora isto não tenha previsão legal e pode até mesmo não alcançar o resultado almejado sob o ponto de vista prático. Já que o juiz poderia rever ou modificar sua decisão a qualquer tempo, talvez este seja o momento adequado, por intermédio do referido pedido, que, porém, ficará ao livre alvedrio do juiz, ou dentro de seu poder discricionário de rever sua posição.

A concessão ou não da tutela específica, dependendo do caso, poderá ensejar a interposição de mandado de segurança, se se tratar de direito líquido e certo da parte, pois da referida decisão não cabe recurso, nem correição parcial, pois não há ato atentatório à boa ordem processual. O mesmo ocorre quando o juiz concede liminar em cautelar em que a parte acaba usando o mandado de segurança para discutir a concessão da própria liminar que lhe fere direito líquido e certo. É o que acontece quando o juiz concede liminar em cautelar satisfativa, mandando reintegrar empregado estável, em que se discute exatamente o direito ao devido processo legal e ao contraditório, com os meios e recursos a eles inerentes. *Mutatis mutandis*, o mesmo poderá ser feito no que diz respeito à tutela específica de obrigação de fazer ou não fazer.

Aplica-se o inciso II da Súmula 414 do TST quando entende cabível o mandado de segurança contra a concessão da tutela antecipada. O mesmo raciocínio deve ser observado em relação à tutela específica, por não comportar recurso próprio, em razão de se tratar de decisão interlocutória.

Na liminar de tutela específica concedida contra o Poder Público não se poderá falar em remessa de ofício ao tribunal, pois a decisão continuará a ser interlocutória no processo do trabalho, não cabendo dela qualquer recurso.

23.13.23 Execução

A efetivação da medida liminar da tutela específica será feita como se fosse uma liminar em cautelar. Se, por exemplo, o empregado está sendo reintegrado, expede-se mandado para tal fim. Entretanto, não haverá prazo para esse mister. Se demora o requerente a executar a medida, é de se presumir que não havia urgência na determinação da medida liminar, mas não há nenhuma penalidade a ser aplicada.

A tutela específica de obrigação de fazer ou não fazer não comporta execução provisória, por ser satisfativa. A solução é a imposição de multa diária para que o réu cumpra a obrigação.

Embargos de terceiro poderão ser apresentados se houver, por exemplo, constrição de coisa na execução que pertence a terceiro com a concessão da liminar (art. 674 do CPC).

23.14 PRESTAÇÃO DE ENTREGA DE COISA

A regra do art. 498 do CPC trata da prestação de entrega de coisa.

Na ação que tenha por objeto a entrega de coisa, o juiz, ao conceder a tutela específica, fixará o prazo para o cumprimento da obrigação (art. 498 do CPC). É o que ocorreria com a tutela para entrega de CTPS, de ferramentas de trabalho, de mostruários de venda etc.

Tratando-se de entrega de coisa determinada pelo gênero e quantidade, o credor a individualizará na petição inicial, se lhe couber a escolha. Cabendo ao devedor escolher, este a entregará individualizada, no prazo fixado pelo juiz (parágrafo único do art. 498 do CPC). Seria o exemplo de o empregador se comprometer, em acordo, a entregar 10 sacas de café do tipo A pelo pagamento da prestação de serviços do empregado.

Não cumprida a obrigação no prazo estabelecido, expedir-se-á em favor do credor mandado de busca e apreensão ou de imissão na posse, conforme se tratar de bem móvel ou imóvel.

É possível a concessão de liminar na ação de prestação de entrega de coisa.

Prevê o art. 806 do CPC que o devedor de obrigação de entrega de coisa certa, constante de título executivo extrajudicial, será citado para satisfazer a obrigação ou, seguro o juízo, apresentar embargos.

Seria exemplo da aplicação do citado artigo no processo de trabalho o acordo realizado em Comissão de Conciliação Prévia em que se estabeleceu a entrega de produtos alimentícios ao empregado ou até parte de uma safra. O acordo é considerado título executivo extrajudicial.

O devedor será citado para, dentro de 15 dias, satisfazer a obrigação ou, seguro o juízo, apresentar embargos (art. 806 do CPC). Não se aplica o prazo de 48 horas para a entrega de bem, pois o art. 880 da CLT diz respeito a pagamento e não a entrega da coisa.

Em tese, será possível ao devedor deduzir embargos de retenção por benfeitorias.

23.15 AÇÃO MONITÓRIA

23.15.1 Histórico

Há semelhança da ação monitória com a ação de assinação de 10 dias, prevista nas Ordenações do Reino, conforme o Livro 3, Título 16, das Ordenações Manuelinas, e Livro 3, Título 25, das Ordenações Filipinas.

Chiovenda entende que o fundamento da ação monitória estaria no *mandatum de solvendo cum clausula justificativa* do direito medieval italiano (1942, I:361). Não era o devedor citado, mas era requerida ao juiz uma ordem de prestação que ensejava a execução: o *mandatum* ou *praeceptum de solvendo*. O mandado era expedido mediante cognição sumária da alegação do autor. Apenas se houvesse contestação é que se instaurava o processo ordinário (1942, I:362).

Existe certa afinidade entre a ação monitória e o processo cominatório previsto no CPC de 1939. Luiz Machado Guimarães entende que a ação cominatória é um procedimento monitório, de maneira a formar rapidamente o título executivo (1942 IV:154).

A ação monitória foi prevista pela Lei n. 9.079, de 14 de julho de 1995, que instituiu o Capítulo XV ao CPC de 1973, conforme arts. 1.102*a* a 1.102*c*. No CPC de 2015, tem previsão nos arts. 700 a 702.

23.15.2 Direito comparado

No direito comparado a nossa ação monitória tem semelhança com o *procedimento d'ingiunzionne* do direito italiano, com a *procédure d'injonction de payer* do direito francês (arts. 1.405 e ss. do CPC) e ao procedimento monitório do direito alemão (§§ 688 e ss. do ZPO).

23.15.3 Etimologia

Monere, em latim, quer dizer advertir, lembrar, dirigir. *Mahnen*, em alemão, tem o significado de advertir, admoestar, lembrar, exortar.

Monitório quer dizer o aviso feito pela autoridade convidando o público para depor ou denunciar um crime ou de qualquer outro ato referente ao último.

Na acepção empregada no CPC, monitório é sinônimo de injunção, ordem ou aviso formal do juiz: mandado judicial.

A monitória seria uma advertência destinada ao devedor para que pague ou entregue alguma coisa.

23.15.4 Natureza jurídica da ação monitória

É discutível a natureza jurídica da ação monitória.

Salvatore Satta ensina que a ação monitória é um processo de condenação, havendo forma especial de procedimento antes da emissão do decreto injuntivo (1954:548). Essa teoria apenas verifica o procedimento a que se sujeita a ação.

Carnelutti entende que a ação monitória é um *tertium genus*, que contém regras de processo de conhecimento e de execução (1973 I:84).

Chiovenda pensa que a ação monitória é uma declaração judicial que tem função executiva (1942 I:363). Essa tem sido a teoria predominante. Seria uma cognição judicial visando a instauração do processo de execução (1942 I:337). Compreenderia declaração com predominante função executiva (1942 I:337).

Estaria enquadrada a ação monitória no processo de conhecimento, tendo cognição sumária, porém com função executiva. Visa-se à constituição de um título executivo contra o devedor, para que possa haver a efetiva execução. Não se trata, exatamente, de processo de execução, mas de ordem liminar visando à futura execução.

No CPC de 2015, a ação monitória foi incluída como procedimento especial. Trata-se de uma ação especial. Uma vez contestada, assume o rito ordinário.

23.15.5 Finalidade

Objetiva a ação monitória uma cognição sumária e superficial visando a formação do título executivo, sem as delongas do andamento processual comum. Não se estabelece uma cognição plena, mas apenas determina-se uma cognição sumária, sendo expedido o mandado ao devedor.

23.15.6 Classificação

O processo monitório pode ser classificado de duas formas: (a) puro, em que não há prova documental, sendo expedido o mandado, mediante simples petição, utilizado para créditos de pequeno valor; (b) documental, em que há necessidade de prova escrita da obrigação.

Prevê o art. 700 do CPC que a ação monitória depende de prova escrita sem eficácia de título executivo. O direito brasileiro assegurou, portanto, o sistema monitório documental, originário no processo civil italiano. Tem por objetivo abreviar o caminho processual para a formação do título executivo.

Pela redação do art. 700 do CPC, a ação monitória compreende a reivindicação de: (a) pagamento de quantia em dinheiro; (b) entrega de coisa fungível ou infungível ou de bem móvel ou imóvel; (c) o adimplemento de obrigação de fazer ou de não fazer.

23.15.7 Cabimento no processo do trabalho

Entendo que a ação monitória é incabível no processo do trabalho, por ser incompatível com suas determinações.

Estabelece o art. 876 da CLT que só são executadas na Justiça do Trabalho as decisões passadas em julgado, os acordos, quando não cumpridos os termos de ajuste de conduta firmados perante o Ministério Público do Trabalho; os termos de conciliação celebrados perante as Comissões de Conciliação Prévia e as custas (§ 2º do art. 790 da CLT). Não são executados, portanto, títulos executivos extrajudiciais (cheque, nota promissória), nem documento escrito sem eficácia de título executivo. O art. 700 do CPC determina que a ação monitória é cabível desde que haja prova escrita sem eficácia de título executivo. No processo do trabalho só se pode executar título executivo judicial, como regra, tornando impossível a execução de algo que nem sequer é título executivo, como ocorre na ação monitória, que, portanto, não se aplica ao processo do trabalho, por ser com ele incompatível (art. 769 da CLT).

Não é possível que sejam feitas adaptações na ação monitória para adequá-la ao processo do trabalho. Ou se aplica o instituto da forma determinada no CPC ou não se o utiliza. Se o reclamante pretende utilizar-se de documento que não tem natureza de título executivo, deve valer-se da reclamação comum e não da ação monitória. Um cheque sem fundos que foi dado ao empregado pelo empregador para pagamento de verbas rescisórias ou outro título de crédito não dá ensejo à execução na Justiça do Trabalho, diante da orientação do art. 876 da CLT, mas à reclamação comum. O próprio termo de rescisão contratual não pago pelo empregador ou pago com cheque sem fundos também não dá ensejo à ação monitória, mas à reclamação comum.

Se a ação monitória tem natureza de processo de conhecimento, também não se aplica ao processo do trabalho, pois o certo seria ingressar com a reclamação trabalhista e não com um procedimento especial previsto no CPC. Havendo previsão na CLT sobre o procedimento, que é a reclamação comum, não se aplica o CPC, por incompatibilidade (art. 769 da CLT).

Caso a ação monitória tenha natureza de execução, pois é expedido mandado pelo juiz e são apresentados embargos, não cabe no processo do trabalho, vez que incide a regra do art. 876 da CLT, em que o objeto da execução tem de ser título judicial e não mero documento.

23.15.8 Exemplos no processo do trabalho

Para os que entendem cabível a ação monitória no processo do trabalho, seriam os seguintes os exemplos de sua utilização: termo de rescisão do contrato de trabalho não quitado; acordo extrajudicial para pagamento parcelado das verbas rescisórias; aviso prévio de férias (art. 135 da CLT), em que estas não foram pagas ao empregado; confissão de dívida.

Serviria também para a entrega de equipamentos, ferramentas, mostruário de vendas, compreendendo entrega de coisas (art. 700, II, do CPC), como uniforme, crachá, EPI.

Outro exemplo de aplicação ao processo do trabalho seria o operário ou artífice cobrarem o valor combinado no contrato ou a multa contratual, desde que houvesse confissão de dívida. A Justiça do Trabalho é competente para apreciar questões decorrentes de contratos de empreitada, em que o empreiteiro seja operário ou artífice (art. 652, *a*, III, da CLT).

23.15.9 Cabimento

Será possível a utilização da ação monitória por aquele que afirmar, com base em prova escrita sem eficácia de título executivo, ter direito de exigir do devedor capaz: (a) o pagamento de quantia em dinheiro; (b) a entrega de coisa fungível ou infungível ou de bem móvel ou imóvel; (c) o adimplemento de obrigação de fazer ou não fazer (art. 700 do CPC).

Em consequência, não cabe a ação monitória em relação: (a) a título executivo extrajudicial (*RT* 740/428), que enseja ação de execução, como o cheque, a nota promissória, a letra de câmbio, a duplicata, a debênture; (b) a qualquer outro título judicial ou extrajudicial.

O documento particular assinado pelo devedor e por duas testemunhas é considerado título executivo extrajudicial (art. 784, III, do CPC). Não dá ensejo à ação monitória.

O instrumento de transação referendado pelo Ministério Público, pela Defensoria ou pelos advogados dos transatores também é título executivo extrajudicial (art. 784, IV, do CPC), não sendo fundamento para ajuizamento de ação monitória.

Embora não exista proibição expressa no CPC, não se aplica a ação monitória à obrigação de fazer e não fazer. Para esse fim o CPC estabeleceu procedimento especial no art. 497, que é a tutela específica de obrigação de fazer e não fazer. É a interpretação sistemática do referido Código.

Em relação a coisa fungível, caso a escolha caiba ao executado, o mandado será expedido para entregá-la de forma individualizada. Cabendo a escolha ao exequente, este a indicará na petição inicial. Utiliza-se no caso da regra do art. 811 do CPC.

Seria cabível a ação monitória para entrega de ferramentas pertencentes ao empregado ou ao empregador, mostruário de vendas do empregador, pois são bens móveis determinados.

23.15.10 Fazenda Pública

Será impossível o ajuizamento da ação monitória em relação à Fazenda Pública para que esta pague determinado valor. O art. 100 da Constituição exige que os pagamentos feitos pela Fazenda Pública, inclusive nos processos trabalhistas, devem ser feitos mediante precatório, para o cumprimento da respectiva obrigação de pagar. Não poderia haver sua satisfação voluntária, em razão de o direito ser indisponível. Mesmo entre os créditos de natureza alimentícia há necessidade de precatório e entre eles irá se observar ordem cronológica, que apenas preferirão outros créditos.

A citação para a Fazenda Pública embargar não teria eficácia alguma, diante da necessidade de precatório, sendo mister o ajuizamento de ação trabalhista comum.

A ação monitória poderia ser proposta contra a Fazenda Pública nos casos em que houvesse postulação de entrega de coisa certa ou incerta, que não ensejaria execução por precatório.

A Fazenda Pública poderia, porém, propor a ação contra uma pessoa, sendo autora.

23.15.11 Prova escrita

Para o ajuizamento da ação monitória é mister prova escrita, que não tenha eficácia de título executivo, tendo por objetivo o pagamento de soma em dinheiro, entrega de coisa fungível ou infungível ou de bem móvel ou imóvel (art. 700 do CPC). Prova escrita será qualquer documento idôneo à prova dos fatos constitutivos do autor. É igual a documento escrito. Não se trata de outro tipo de documento que não seja escrito.

A existência de documento escrito diz respeito tanto ao pagamento de quantia em dinheiro, de entrega de coisa fungível ou infungível ou bem móvel ou imóvel. A redação do art. 700 do CPC, ao exigir entre vírgulas a prova escrita sem eficácia de título executivo, diz respeito a todas as hipóteses contidas no citado mandamento e não apenas ao pagamento de soma em dinheiro.

O crédito decorrente de "pagamento de quantia em dinheiro" deve ser líquido e não ilíquido. O débito, portanto, deve ser vencido e não por vencer. Se as prestações são vincendas, não caberá a ação monitória, pois não poderão ainda ser exigidas. A exceção seria a hipótese de pagamento das verbas rescisórias em parcelas, que permitiria o ajuizamento da ação monitória quanto às parcelas vincendas, pois aquelas devem ser pagas no ato da assistência à rescisão contratual (§ 4º do art. 477 da CLT).

Não se exige, porém, que a prova escrita seja contemporânea ao crédito. Pode ser posterior ao surgimento da dívida.

Teoricamente é possível dizer que a prova escrita pode ser proveniente de terceiro e não apenas do devedor. A lei não exige que a prova escrita seja emitida pelo devedor. A jurisprudência italiana, por exemplo, permite que a ação monitória seja ajuizada com fundamento em documento proveniente de terceiro (Corte de Cassação. 13-7-1977, n. 3.150).

A prova escrita pode consistir em prova oral documentada, produzida antecipadamente (§ 1º do art. 700 do CPC).

23.15.12 Competência

O decreto injuntivo ou injuncional será expedido pelo juiz. Na conversão do mandado, haverá o pronunciamento do juiz, que assim seria transformado em mandado executivo. Não se trata de sentença a decisão que manda expedir o mandado, pois não põe termo ao processo. Não é exatamente um despacho, mas espécie de decisão interlocutória, sendo competente o juiz. Se a inicial for indeferida, se tratará de sentença.

O julgamento dos embargos será de competência do juiz.

A determinação do juiz que manda expedir o mandado é interlocutória, dela não cabendo recurso (§ 1º do art. 893 da CLT).

23.15.13 Procedimentos

Entendendo-se cabível a ação monitória no processo do trabalho, segue-se o procedimento determinado pelo CPC.

A ação monitória pode ser apresentada verbalmente no processo do trabalho, desde que acompanhada de prova escrita. O § 2º do art. 840 da CLT permite que a reclamação trabalhista seja verbal. A norma consolidada apenas exige que a petição seja escrita no inquérito para apuração de falta grave (art. 853 da CLT) e no dissídio coletivo (art. 856 da CLT). Nos demais casos, inclusive na ação monitória, é cabível a apresentação de petição verbal.

Os requisitos da petição inicial estão no art. 840 da CLT.

Estando a petição inicial devidamente instruída, o juiz deferirá de plano a expedição do mandado de pagamento ou de entrega da coisa no prazo de 15 dias. Não é ouvido o réu quanto ao requerimento, pois o contraditório existirá no momento da apresentação dos embargos. O mandado não conterá cominação de pena caso não haja o cumprimento espontâneo da obrigação, como ocorria no art. 303 do CPC de 1939, quando tratava da ação cominatória.

O juiz não irá expedir de imediato o mandado. Irá verificar se a petição inicial está de acordo com a previsão legal, se é competente ou se tem a exordial os documentos próprios para a referida ação.

O mandado não será expedido caso haja incompetência do juízo, ilegitimidade de parte, iliquidez do crédito etc.

O juiz fará apenas a cognição sumária do processo, sem examinar o mérito da dívida prevista no documento.

Entendo que o juiz pode não determinar ao autor que emende a petição inicial para juntar o documento escrito. Argumenta-se que seria a hipótese da aplicação da S. 299, I, do TST, em que o relator da ação rescisória deve conceder prazo de 10 dias para o interessado juntar o documento comprobatório do trânsito em julgado da decisão, sob pena de indeferimento da inicial. A inicial só deve ser emendada quando não preencher os requisitos do art. 319 do CPC ou quando contiver defeitos ou irregularidades capazes de dificultar o julgamento de mérito. Nota-se que a petição inicial é que deve ser emendada e não para a juntada de documentos, que dizem respeito à prova dos fatos. Assim, não juntada a prova escrita pelo autor da dívida, entendo que a petição inicial deveria ser indeferida, extinguindo-se o processo sem julgamento de mérito.

Indeferida a petição inicial caberá recurso ordinário, facultado ao juiz, no prazo de cinco dias, reformar sua decisão (art. 331 do CPC). Mantida a decisão, os autos serão imediatamente encaminhados ao tribunal competente.

A parte poderá preferir ajuizar reclamação trabalhista comum para postular o direito alegado.

No processo civil a ação monitória tem por objetivo a expedição de mandado de pagamento ou de entrega de coisa no prazo de 15 dias (art. 701 do CPC). No prazo de 15 dias, poderá o réu oferecer embargos, que suspenderão a eficácia do mandado inicial.

Com base no CPC, os embargos devem ser apresentados em cartório. Entretanto, a regra da CLT é a defesa (que compreende qualquer espécie de defesa na fase de conhecimento, inclusive os embargos monitórios) ser apresentada em audiência (art. 847 da CLT). O próprio art. 764 da CLT estabelece que os dissídios individuais submetidos à apreciação da Justiça do Trabalho serão sempre sujeitos à conciliação. O objetivo da CLT também é de que possa haver a tentativa de conciliação (art. 846 da CLT), pois a apresentação de defesa em cartório impede esse procedimento. Inexiste, portanto, omissão na CLT nesse ponto para ser aplicado o CPC. Assim, o procedimento correto é o juiz designar audiência para serem apresentados os embargos.

O prazo para ser designada a audiência não será o de 15 dias. Será de cinco dias o prazo para marcar a audiência, conforme previsão do art. 841 da CLT. Não se aplica, portanto, o CPC, em razão de que inexiste omissão na CLT.

O não comparecimento do autor à audiência implicará o arquivamento da ação (art. 844 da CLT). Deixando de comparecer o réu à audiência, será declarada sua revelia e confissão quanto à matéria de fato (art. 844 da CLT). Nesse caso, o mandado passa a ter função executiva, formando título executivo judicial. A eficácia inicial do mandado é transformada em título executivo judicial.

Comparecendo o réu à audiência e satisfazendo a obrigação, o processo será extinto, porém com julgamento de mérito (art. 487, III, *a*, do CPC). Prossegue-se na forma dos arts. 513 a 538 do CPC, no que couber.

Dispõe o § 1º do art. 701 do CPC que se o réu comparecer e cumprir a obrigação no prazo ficará "isento de custas processuais".

Os honorários advocatícios só são devidos ao empregado no processo do trabalho, desde que atendidos os requisitos do art. 14 da Lei n. 5.584, sendo a ação postulada com a assistência do sindicato, conforme o entendimento das Súmulas 219 e 329 do TST.

A isenção de custas no processo do trabalho só beneficia o empregado e não o empregador, sendo paga pelo vencido (§ 1º do art. 789 da CLT). O empregador em nenhuma hipótese goza de isenção de custas. Havendo previsão expressa na CLT, não é o caso de se aplicar o § 1º do art. 701 do CPC, quanto à isenção das custas.

23.15.14 Embargos monitórios

A denominação correta é a apresentação de embargos monitórios, pois dizem respeito à ação monitória e não à execução ou por intermédio de terceiros. A contestação da ação monitória tem, portanto, nome específico: embargos monitórios.

A natureza dos embargos monitórios é de defesa ou de contestação, tanto que será designada audiência para esse fim no processo do trabalho. Não se trata de ação, pois o processo está na fase de conhecimento e não na de execução, para ocorrer como nos embargos à execução.

Poderão os embargos ser escritos ou orais, que é a forma de apresentação da defesa no processo do trabalho (art. 847 da CLT).

Serão os embargos processados nos próprios autos e não em autos em apartado.

Independem os embargos de prévia segurança do juízo (art. 702 do CPC), não havendo necessidade de fazer-se depósito ou outra garantia ao juízo.

A matéria ventilada nos embargos monitórios é ampla, compreendendo qualquer alegação. Não se restringe a defesa à previsão do § 1º do art. 884 da CLT, pois o processo não está na fase de execução, mas na fase de conhecimento.

O réu poderá alegar incompetência do juízo, inépcia da inicial, exceção de suspeição ou impedimento. Poderá também arguir matéria de mérito, compreendendo matéria de fato, como a quitação da dívida e de direito. Ao autor competirá a prova dos fatos constitutivos (art. 818, I, da CLT) e ao réu a prova dos fatos impeditivos, modificativos ou extintivos do direito do autor (art. 818, II, da CLT).

Os embargos irão suspender a eficácia do mandado inicial (§ 4º do art. 702 do CPC). Na verdade, o mandado só adquire eficácia executiva quando rejeitados ou quando de sua não oposição.

Rejeitados os embargos, constituir-se-á, de pleno direito, o título executivo judicial, intimando-se o devedor e prosseguindo-se na forma prevista nos arts. 513 a 538 do CPC.

Se os embargos forem parciais, em que o réu limita-se a impugnar apenas uma parte da postulação, forma-se o título executivo com a declaração do juiz em relação à parte não impugnada. O contraditório ficará limitado apenas à parte impugnada.

O autor não deverá necessitar de prova de suas alegações, pois a prova deverá ser escrita (art. 700 do CPC), devendo ser instruída com a inicial. O réu, porém, poderá fazer prova, até mesmo testemunhal, visando demonstrar suas alegações e se defender.

Será possível a apresentação de reconvenção com os embargos monitórios, desde que atendidos os requisitos dos arts. 343 e ss. do CPC.

Terminada a fase probatória, as partes poderão apresentar razões finais. Em seguida, o juiz proporá a conciliação (art. 850 da CLT). Não sendo possível, proferirá a sentença.

23.15.15 Sentença

Há quem entenda que se não forem opostos embargos, já estará constituído o título executivo, sendo desnecessário qualquer pronunciamento do juiz.

O direito francês, o italiano e o alemão (§ 699 do ZPO) exigem declaração judicial para a executividade do mandado.

Há necessidade de pronunciamento judicial tanto quando forem opostos embargos monitórios, como quando houver revelia ou o devedor cumprir a obrigação (art. 487, III, *a*, do CPC), pois nesses casos a decisão é de mérito e só pode ser dada pelo juiz. Só o juiz pode declarar a efetividade da obrigação. A mera expedição de mandado não impugnado não tem esse condão.

Somente depois de transitada em julgado a questão é que o título executivo judicial terá eficácia plena. No direito italiano o art. 653 do CPC exige expressamente o trânsito em julgado para o decreto adquirir eficácia executiva.

Da decisão caberá recurso ordinário. O efeito do recurso será meramente devolutivo e não suspensivo, segundo a regra do art. 899 da CLT. Poderá, assim, o autor executar provisoriamente a decisão.

Se o juiz extinguir o processo sem julgamento de mérito, por não estarem presentes as condições da ação ou outros elementos, o autor poderá ajuizar novamente a ação monitória ou outra ação. Haverá trânsito em julgado, mas não coisa julgada, pois o juiz não adentrou o mérito da questão.

Analisando o magistrado o mérito da questão, como da inexistência de obrigação ou havendo pagamento, prescrição etc., o autor não poderá ajuizar novamente a ação, em razão da coisa julgada que se formou.

A sentença proferida contra a Fazenda Pública fica sujeita ao duplo grau de jurisdição, que não ocorre na monitória, além do que haveria necessidade de precatório para o recebimento do valor.

23.15.16 Embargos à execução

O processo de execução irá iniciar-se com a citação do devedor para que satisfaça a obrigação (art. 880 da CLT).

São cabíveis embargos à execução da decisão que julga a ação monitória, pois o procedimento é o descrito nos arts. 884 e ss. da CLT.

O § 8º do art. 702 do CPC dispõe que se aplica o Título II do Livro I da Parte Especial do CPC. No caso, não será aplicado exatamente o CPC, mas o art. 884 da CLT, por não haver omissão da norma consolidada (art. 769 da CLT). Na execução por quantia certa contra devedor solvente, a defesa apropriada é a apresentação de embargos à execução. Não apresentados embargos monitórios, com o trânsito em julgado da decisão, os embargos à execução só seriam cabíveis se relativos a matéria surgida posteriormente à formação da coisa julgada.

Será a matéria ventilada nos embargos a prevista no § 1º do art. 884 da CLT, isto é, quitação da dívida, cumprimento da decisão ou prescrição. A matéria dos embargos à execução não poderá ser a mesma dos embargos monitórios, pois, no caso, as alegações serão feitas em relação ao período que vai do trânsito em julgado da decisão em diante. Não será possível o devedor alegar falta de citação ou sua nulidade, pois foi intimado da decisão, mesmo no caso de revelia (art. 852 da CLT) e poderia fazer tal alegação no recurso. A inexigibilidade do título e a ilegitimidade de partes já deveriam ter sido alegadas nos embargos monitórios, não podendo a questão ser renovada ou apresentada pela primeira vez na execução, justamente porque deveria ser discutida na fase de conhecimento.

Mesmo que o processo corresse à revelia da parte, os embargos à execução são cabíveis, porém a matéria fica limitada ao período que vai do trânsito em julgado da decisão em diante.

23.15.17 Conclusão

A maior dificuldade é o cabimento da ação monitória no processo do trabalho. Entendido pelo cabimento, o problema será a adaptação da ação monitória ao processo do trabalho, principalmente para se verificar a existência de lacuna na lei, de modo a se aplicar integralmente o CPC.

23.16 AÇÃO CIVIL PÚBLICA E AÇÃO CIVIL COLETIVA

O Ministério Público do Trabalho pode propor inquérito civil público (art. 84, II, da Lei Complementar n. 75/93). Esse procedimento foi regulamentado pela Instrução Normativa n. 1/93 do Procurador-Geral da Justiça do Trabalho.

O inquérito civil público poderá ser instaurado por denúncia ou notícia de lesão a direito social coletivo. Na denúncia, a pessoa oferece representação à Procuradoria Geral ou Regional do Trabalho, requerendo investigação sobre o fato. Na segunda hipótese, o procurador, ao tomar ciência da lesão, pode instaurar o inquérito, após autorização do Procurador-Geral ou Regional. Tem natureza investigativa, inquisitorial e administrativa.

A denúncia formulada poderá ser rejeitada quando: (a) a lesão referir-se a interesse individual, ainda que indisponível; (b) o ato ou a prática denunciados não se revestirem de ilegalidade.

Será o inquérito civil instaurado mediante portaria, que deverá conter o nome e a qualificação do denunciante, se houver; o relato dos fatos; o fundamento legal da antijuridicidade do ato; o nome e a qualificação da pessoa a quem está sendo imputada a lesão; a finalidade do inquérito.

O presidente do inquérito poderá designar audiência para coleta de depoimentos das partes. O prazo para a conclusão do inquérito será de 60 dias, prorrogável por 30 dias. Excepcionalmente, o prazo poderá ser prorrogado por prazo não superior a 30 dias, desde que mediante requerimento fundamentado.

A pessoa causadora da lesão pode prestar compromisso perante o Ministério Público de ajustamento de sua conduta às exigências legais, mediante cominações, que terá eficácia de título executivo extrajudicial (§ 6º do art. 5º da Lei n. 7.347/85).

A natureza jurídica do termo de ajuste de conduta é de negócio jurídico bilateral. A parte ajusta com o Ministério Público o termo de conduta. Tem natureza consensual, porque envolve consenso. Depende da parte em querer celebrá-lo.

Não cessada a lesão, o Ministério Público poderá ajuizar a ação civil pública, que é prevista na Lei n. 7.347, de 24-7-1985.

O inquérito civil público não é pressuposto para ajuizar a ação civil pública. É um procedimento administrativo. Geralmente, seu início é feito por portaria.

As ações civis públicas tinham semelhança no Direito Romano. As *actiones* populares eram previstas no Digesto, 47, 23, 1. Visavam à proteção dos interesses da sociedade. Qualquer um do povo poderia ajuizá-las. A pessoa não agia em relação ao seu interesse individual, mas no interesse da coletividade.

A ação civil pública pode ter natureza declaratória, de declarar a existência ou inexistência de relação jurídica. Pode ser constitutiva para extinguir ou modificar certa relação. Tem natureza condenatória genérica. Possui característica cominatória, de determinar que se faça ou deixe de fazer algo.

Direitos metaindividuais são o gênero. As espécies são direitos difusos, direitos coletivos e direitos individuais homogêneos.

Pode o Ministério Público do Trabalho propor ação civil pública, conforme previsão no inciso III do art. 129 da Constituição e no inciso III do art. 83 da Lei Complementar n. 75/93. O Ministério Público do Trabalho ainda pode propor a ação civil coletiva, nos termos do art. 91 da Lei n. 8.078/90 e do inciso I do art. 83 da Lei Complementar n. 75/93. Não age como representante da parte nem como substituto processual. Age em nome próprio, exercendo função institucional.

A ação civil pública terá por objeto a defesa de interesses difusos e coletivos (art. 129, III, da Lei Fundamental) quando forem desrespeitados direitos trabalhistas previstos constitucionalmente. Não é, portanto, em qualquer caso, mas apenas se forem descumpridos os direitos sociais previstos na Constituição. As palavras *interesses* e *direitos* são empregadas na Lei n. 8.078/90 como sinônimos, pois ela emprega a conjunção alternativa *ou*. Os interesses muitas vezes não são tutelados pelo Direito. Interesses ou direitos difusos são os transindividuais, de natureza indivisível, de que sejam titulares pessoas indeterminadas e ligadas por circunstâncias de fato (art. 81, I, da Lei n. 8.078). São exemplos no processo do trabalho o ajuizamento da ação civil pública em relação à não observância pelo Poder Público de concurso público para admissão de empregados públicos, de vagas para deficientes (art. 93 da Lei n. 8.213) e aprendizes (art. 429 da CLT), de trabalho em condições análogas às de escravo.

No dissídio coletivo são criadas normas e condições de trabalho ou é feita a interpretação de determinada norma. Na ação civil pública o objetivo é a reparação de interesse metaindividual. A ação civil pública não tem por objetivo criar direitos, como no dissídio coletivo, mas aplicar o direito existente. O dissídio coletivo tem característica declaratória ou constitutiva. A ação civil pública tem natureza condenatória.

Na ação civil coletiva, o sindicato age na defesa da categoria. Não se trata de substituição processual.

Na ação civil pública, o Ministério Público tem função institucional, ordinária, e não de substituição processual. Não substitui pessoas específicas.

O Ministério Público não representa a União. A União não é parte na lide, não ficando vinculada à coisa julgada.

Interesses ou direitos coletivos são os transindividuais de natureza indivisível de que seja titular grupo, categoria ou classe de pessoas ligadas entre si ou com a parte contrária por uma relação jurídica base (art. 81, II, da Lei n. 8.078). Indivisível é o que não pode ser repartido sem a alteração de sua substância. As pessoas são determináveis. Interesses coletivos são dos membros de uma associação, sindicato, dos condôminos de um edifício, dos acionistas da sociedade anônima etc. A ação civil pública seria proposta para questões de meio ambiente do trabalho.

A Súmula 736 do STF mostra que a Justiça do Trabalho tem competência para analisar ações em que a causa de pedir abrange descumprimento de normas trabalhistas relativas à segurança, higiene e saúde dos trabalhadores.

Interesses ou direitos individuais homogêneos são os decorrentes de origem comum (art. 81, III, da Lei n. 8.078), de um mesmo fato. Têm uniformidade de aplicação. Os titulares dos direitos são identificáveis. Há possibilidade de determinação imediata de quais membros da coletividade foram atingidos. No reconhecimento de vínculo de emprego em ação civil pública não há interesse ou direitos individuais homogêneos, pois as circunstâncias de fato podem não ser as mesmas: cada caso é um caso. Uns podem ser empregados e outros podem ser cooperados. Não se pode declarar na ação civil pública que todos os trabalhadores são empregados ou que devam ser anotadas as Carteiras de Trabalho de todos os trabalhadores, pois os interesses ou direitos são individuais em relação a cada trabalhador, mas não são homogêneos. Há necessidade de prova individual para cada trabalhador envolvido. Os trabalhadores não são individualizados na ação civil pública nem o Ministério Público do Trabalho sabe quem são eles individualmente. Pode não existir a mesma situação de fato para cada trabalhador, pois uns podem ser mesmo empregados e outros podem ser cooperados. A ação civil coletiva será proposta para postular restabelecimento de redução salarial aos empregados, observância do salário-mínimo.

Não poderá, porém, ser proposta ação postulando direitos diversos dos constitucionalmente previstos aos trabalhadores, ainda que sejam direitos difusos, como relativos a meio ambiente, ao consumidor, ao patrimônio artístico, estético, histórico, turístico ou paisagístico. Tem, portanto, a ação civil pública um interesse geral a ser tutelado no que diz respeito aos direitos constitucionais trabalhistas dos trabalhadores. A ação civil coletiva tem por objeto a defesa dos interesses individuais homogêneos, isto é, defesa coletiva de direitos individuais, de acordo com o art. 91 do Código de Defesa do Consumidor.

As hipóteses para o ajuizamento da ação civil pública estão contidas apenas no inciso III do art. 83 da Lei Complementar n. 75/93, que prevê a promoção da "ação civil pública no âmbito da Justiça do Trabalho, para defesa de interesses coletivos, quando desrespeitados os direitos sociais constitucionalmente garantidos". Interesses coletivos são decorrentes da relação jurídica e não da matéria de fato. Há também a possibilidade da propositura da ação civil pública para: defesa dos direitos e interesses coletivos de índios, da criança, do adolescente, do idoso etc. Seria cabível, por exemplo, o ajuizamento da ação civil pública para o cumprimento do pagamento do salário-mínimo, da não exigência de trabalho de menor de 16 anos ou de trabalho escravo por parte da empresa, de um ambiente de trabalho saudável e seguro contra acidentes do trabalho.

Nos casos em que se discute vínculo de emprego, o Ministério Público do Trabalho não tem legitimidade para propor ação civil pública contra as empresas que desrespeitam a legislação trabalhista, pois a questão é individual e não coletiva, nem diz respeito a direitos difusos. Reconhecimento de vínculo de emprego não tem previsão nos incisos do art. 7º da Constituição.

Nos interesses difusos há indeterminação dos sujeitos, pois as situações de fato são as mesmas em decorrência de uma relação jurídica. O objeto é indivisível, pois não pode ser dividido em quotas para as pessoas. Todos são prejudicados com o ato praticado e a reparação feita a um a todos beneficia. No caso dos cooperados, a reparação a um não satisfaz os demais. A questão é individual.

Tem o Ministério Público do Trabalho legitimidade para apresentar o inquérito civil público e a ação civil pública para verificar se o ente público vem realizando concursos públicos para a admissão de funcionários (art. 37, II, da Constituição), mas não para questão pertinente a direitos individuais, ainda que plúrimos, por compreender prova específica para cada trabalhador. Alguns trabalhadores podem ser realmente empregados e outros não. A questão exige prova específica e individual para cada caso.

É uma ação de responsabilização por danos causados (art. 1º da Lei n. 7.347/85), pois visa a obrigação de dar (pagar multa), fazer ou não fazer. Não se busca a criação de novas condições de trabalho, mas a observância e o respeito a normas já existentes.

A Justiça do Trabalho é competente para julgar ação civil pública em que se pretende a redução dos riscos inerentes ao trabalho, por meio de normas de saúde, higiene e segurança (art. 7º, XXII, da Constituição), pois é o empregador que deve proporcionar um ambiente de trabalho saudável e a questão decorre do contrato de trabalho mantido com os empregados.

A natureza da liminar prevista no art. 12 da Lei n. 7.347/85 é satisfativa e não de cautelar, tendo cunho mandamental, pois irá antecipar os efeitos da sentença, determinando certa conduta.

O juiz não pode conceder a liminar de ofício, pois depende de provocação, segundo a regra do art. 2º do CPC, de que o processo começa por iniciativa da parte.

O art. 1º da Lei n. 9.494, que nega a concessão de liminares em tutela de urgência (art. 300 do CPC) e tutela específica (art. 497 do CPC) em relação ao ente público, não se aplica à ação civil pública, por falta de previsão específica nesse sentido na referida norma.

Terá legitimidade para a propositura da ação civil pública o Ministério Público do Trabalho concorrentemente com o sindicato, desde que se trate de interesses coletivos ou individuais homogêneos (art. 82 da Lei n. 8.078/90), e não simples interesse individual. Havendo interesses difusos em discussão, a legitimidade para a propositura da ação civil pública é exclusiva do Ministério Público do Trabalho, pois o sindicato não protege interesses difusos, mas os interesses da categoria, que são interesses coletivos. A ação civil coletiva pode tanto ser proposta pelo Ministério Público do Trabalho como pelos sindicatos.

Deve ser a ação civil pública proposta nas Varas do Trabalho, embora haja entendimentos dos tribunais trabalhistas no sentido de que a ação deve ser proposta nos tribunais, que são os órgãos indicados para apreciar questões de natureza coletiva. A ação civil pública é de competência da Vara do Trabalho, pois a Constituição ou a lei não estabelecem que a competência é do órgão de segundo grau ou de um tribunal superior. Logo, só pode ser a regra geral, de competência do primeiro grau, visto que não existe exceção. A ação civil coletiva deve ser proposta nas Varas do Trabalho.

Não se pode fazer diferenciação entre regras de jurisdição e competência para verificar os efeitos da coisa julgada. A Lei n. 7.347/85 não estabelece distinção no sentido de que se o âmbito de aplicação for regional ou nacional a ação deve ser proposta no TRT ou no TST. Deve, assim, ser proposta na Vara do Trabalho que tiver jurisdição sobre o local do âmbito dos fatos.

O TST entende que a ação civil pública deve ser proposta na Vara do Trabalho, inclusive possibilitando o duplo grau de jurisdição. Nas ações coletivas, envolvendo o poder normativo da Justiça do Trabalho, o juiz acaba criando a norma, o que inocorre na ação civil pública, em que o juiz aplica norma preexistente.

O art. 2º da Lei n. 7.347/85 esclarece que a competência é definida pelo local do dano.

A competência para a Ação Civil Pública fixa-se pela extensão do dano (I). Em caso de dano de abrangência regional, que atinja cidades sujeitas à jurisdição de mais de uma Vara do Trabalho, a competência será de qualquer das varas das localidades atingidas, ainda que vinculadas a Tribunais Regionais do Trabalho distintos (II). Em caso de dano de abrangência suprarregional ou nacional, há competência concorrente para a Ação Civil Pública das varas do trabalho das sedes dos Tribunais Regionais do Trabalho (III). Estará prevento o juízo a que a primeira ação houver sido distribuída (IV). (Orientação Jurisprudencial n. 130 da SBDI-2 do TST).

O inciso II do art. 93 do CDC prevê competência concorrente, no sentido de que a ação pode ser proposta na capital do Estado ou no Distrito Federal, para os danos de âmbito nacional ou regional. A lei emprega conjunção alternativa. Isso significa que a ação tanto pode ser proposta na capital do Estado ou no Distrito Federal. Não se pode dizer que a ação deve ser proposta apenas no Distrito Federal, pois implicaria deslocamentos desnecessários das partes. Se o dano não atinge Brasília e região, não pode ser essa cidade competente para julgar ação civil pública. A pessoa terá maiores gastos para se locomover até Brasília. Do contrário, o sindicato que ajuizar ação civil pública terá de acompanhar ação em local onde não tem sede ou jurisdição, trazendo prejuízos econômicos para acompanhá-la e implicando dificuldade de acesso ao Judiciário. Testemunhas que precisarem ser ouvidas o serão por carta precatória.

O inciso II do art. 93 da Lei n. 8.078 prevê que competente será o foro da capital do Estado ou do Distrito Federal, para os danos de âmbito nacional ou regional. Isso não implica dizer que os danos de âmbito nacional terão como foro o da capital do Estado e os regionais os do Distrito Federal. Assim, como se usa a conjunção alternativa ou, a ação tanto pode ser proposta na capital do Estado como no Distrito Federal.

Dano de âmbito nacional é o que ocorre na maior parte dos Estados brasileiros ou em todos eles.

Dano de âmbito regional é o que ocorre em pelo menos dois Estados, sem ter repercussão nacional.

Dano de âmbito local é o que diz respeito a duas ou mais comarcas no mesmo Estado.

O pedido na ação civil pública compreende a imposição de obrigação de fazer ou não fazer (não descumprir certa norma ou abster-se de praticar certa conduta) ou o pagamento de multa (art. 3º da Lei n. 7.347) para o Fundo de Amparo do Trabalhador. Tem natureza cominatória. O pedido na ação civil coletiva é de indenização a favor dos prejudicados.

São vantagens da ação civil pública:

a) permite que não haja a propositura de várias ações com o mesmo pedido e a mesma causa de pedir, beneficiando várias pessoas ao mesmo tempo;
b) impede a existência de julgados distintos sobre a mesma matéria;
c) possibilita que o Judiciário dê uma única solução homogênea;
d) diminui a sobrecarga de processos, pois uma única ação beneficia várias pessoas ao mesmo tempo;
e) evita o desgaste do empregado com o empregador ao propor a ação enquanto ainda está trabalhando;
f) a eficácia da coisa julgada será coletiva e não individual.

A defesa na ação civil pública deve ser apresentada em audiência, pois este é o procedimento do processo do trabalho.

O membro do Ministério Público, quando atua como parte no processo, não pode prestar depoimento pessoal, pois representa a sociedade e a matéria é de direitos indisponíveis.

Provas feitas no inquérito civil público não servem como prova em juízo, pois não foram submetidas ao contraditório, além do que devem ser submetidas ao juízo natural, que é o Poder Judiciário. O devido processo legal mostra que a prova deve ser feita perante o juiz, que dirige o processo.

A natureza da sentença na ação civil pública é uma condenação genérica, revertendo uma multa para um fundo, sendo que o trabalhador lesado não se beneficia pecuniariamente da decisão. O fundo, pelo Decreto n. 1.306, de 9-11-1994, é o Fundo Federal de Reparação de Interesses Difusos Lesados (art. 13 da Lei n. 7.347/85), quando no tocante a ação civil pública ajuizada na Justiça do Trabalho deve ser o Fundo de Amparo ao Trabalhador, pois este é instituído para proteger o trabalhador contra o desemprego. Tem também natureza cominatória, no sentido de fazer cumprir uma obrigação, impondo obrigação de fazer ou não fazer, porém, não haverá nenhuma reparação a ser deferida. A ação civil coletiva tem natureza reparatória, visando à compensação pelos prejuízos sofridos individualmente pelos trabalhadores lesados (art. 91 da Lei n. 8.078/90).

A associação autora não poderá pagar honorários de advogado, custas e despesas processuais, salvo comprovada má-fé (art. 18 da Lei n. 7.347/85).

A multa cominada liminarmente só será exigível do réu após o trânsito em julgado da decisão favorável ao autor, mas será devida desde o dia em que houver configurado o descumprimento (§ 2º do art. 12 da Lei n. 7.347/85). Do contrário, não há efetividade da decisão concedida na liminar.

Nas ações coletivas, a sentença fará coisa julgada: (a) *erga omnes*, exceto se o pedido for rejeitado por insuficiência de provas, hipótese em que qualquer legitimado poderá intentar outra ação, com idêntico fundamento, valendo-se de nova prova, no caso de interesses ou direitos difusos; (b) *ultra partes*, mas limitadamente ao grupo, categoria ou classe, salvo rejeição por insuficiência de provas, situação em que qualquer legitimado poderá intentar outra ação, com idêntico fundamento, valendo-se de nova prova, na hipótese de interesses ou direitos coletivos; (c) *erga omnes*, apenas no caso de acolhimento do pedido, para beneficiar todas as vítimas e seus sucessores, nos casos de interesses ou direitos individuais homogêneos (art. 103 da Lei n. 8.078/90).

23.17 ANULAÇÃO DE CLÁUSULAS CONVENCIONAIS

23.17.1 Competência

A questão preliminar a ser debatida é de saber quem é o órgão competente para julgar a ação anulatória.

Duas posições podem ser encontradas. A primeira é de que a competência é das Varas do Trabalho porque a lei não traz exceção ao versar sobre o tema. A segunda, que entende que a competência é dos tribunais trabalhistas, por ser questão coletiva.

A primeira corrente parece ser minoritária e na jurisprudência também não é a prevalecente. A ela nos filiamos. Quando a Constituição ou a lei não dispuserem onde uma ação deve ser proposta, aplica-se a regra geral que deve ser ajuizada na primeira instância, isto é, no caso do processo do trabalho, nas Varas do Trabalho. Quando a norma legal dispuser de forma contrária, por exceção, deve ser proposta a ação no órgão em que o preceito legal determinar. No caso, inexiste previsão, por exceção, de que a ação anulatória deve ser proposta nos tribunais. Logo, aplica-se a regra geral: de que a ação deve ser proposta no primeiro grau, nas Varas do Trabalho.

O art. 83 da Lei Complementar n. 75/93 dispõe que compete ao Ministério Público propor ação anulatória (inciso IV) junto aos órgãos da Justiça do Trabalho, porém não indica que esse órgão é o tribunal trabalhista. Assim, só pode ser a primeira instância, a Vara do Trabalho, pois, por exceção, não foi indicado o tribunal trabalhista, sendo, então, de se observar a regra ordinária ou comum, de se propor a ação na primeira instância trabalhista.

É o mesmo raciocínio que ocorre quando se pretende ajuizar uma ação de ilegalidade ou inconstitucionalidade de determinada norma. A ação deve ser ajuizada no primeiro grau, para que não haja supressão de instância. Somente quando a Constituição dispõe, por exceção, que a ação deve ser proposta diretamente no STF, é que haveria uma situação especial, como ocorre com o art. 103 da Lei Maior, em relação às pessoas ali arroladas.

Não se diga que as Varas do Trabalho não julgam questões coletivas, embora para sujeitos determinados. Basta lembrar a substituição processual, em caso de insalubridade ou periculosidade, de salários previstos na política salarial, na ação de cumprimento, nas quais o sindicato propõe ação como substituto processual, em nome próprio, postulando direito alheio de vários substituídos. As ações plúrimas, em que há vários autores no polo ativo da ação, reivindicando, por exemplo, o cumprimento das disposições do dissídio coletivo, insalubridade ou periculosidade, com fundamento no art. 842 da CLT, que exige identidade da matéria e tenham os empregados prestado serviço para a mesma empresa ou estabelecimento.

As cláusulas de dissídio coletivo são objeto de revisão, como indica o art. 873 da CLT, desde que decorrido um ano da vigência da norma coletiva e havendo modificação nas condições de trabalho. O dissídio coletivo comporta ação rescisória, pois transita em julgado seu acórdão, desde que previstos os requisitos contidos no art. 966 do CPC. É incabível ação rescisória para acordos e convenções coletivas, pois não têm natureza de sentença, mas de pactos firmados pelas partes, nem ação de revisão, salvo se elas próprias previrem algo nesse sentido.

Destaque-se, ainda, que inexiste necessidade de homologação das convenções e acordos coletivos pelos tribunais, para que possam ter validade. Basta que haja o depósito na Delegacia Regional do Trabalho, para que tenham vigência dali a três dias (§ 1º do art. 614 da CLT). Esse é mais um argumento de que não se trata de sentença, por inexistir necessidade da sua homologação.

Os arts. 678 a 680 da CLT não dispõem que a ação anulatória é de competência originária dos tribunais, ao contrário dos dissídios coletivos, do mandado de segurança ou da ação rescisória. Assim, só pode ser das Varas do Trabalho.

A ação anulatória de cláusula convencional tem natureza de ação e não de dissídio coletivo, o que mostra ser competente o primeiro grau.

Parece, contudo, que a corrente predominante é a que entende que a ação anulatória deve ser ajuizada perante os tribunais. Seria uma competência originária dos tribunais, por se tratar de questão coletiva, de aplicação a sujeitos indeterminados, pois diz respeito, em certos casos, a toda a categoria, como é a hipótese da convenção coletiva. À semelhança dos dissídios coletivos, em que a ação é proposta nos tribunais, a ação anulatória de convenções ou acordos coletivos também seria proposta nos tribunais, que são os competentes para analisar ações coletivas.

A SDC do TST entende que a competência para o julgamento da ação anulatória de cláusulas convencionais é do TRT, em relação à norma coletiva aplicável no âmbito de sua jurisdição, por se tratar também de questão coletiva ou do TST (SDC, 387552-05.1997.5.03.0000, Rel. Min. Marcio Eurico Vitral Amaro, 13-9-2010). Não há, portanto, competência das Varas.

23.17.2 Legitimidade

Legitimidade ou legitimação para agir (*legitimatio ad causam*) ou qualidade para agir quer dizer que o autor deve ser o titular do interesse na relação processual a ser tutelada.

O inciso IV, do art. 83, da Lei Complementar n. 75/93 dispõe que o Ministério Público do Trabalho tem legitimidade para propor "as ações cabíveis para declaração de nulidade de cláusula de contrato, acordo coletivo ou convenção coletiva que viole as liberdades individuais ou coletivas ou os direitos individuais indisponíveis dos trabalhadores". Logo, tem o Ministério Público legitimidade *ad causam* para ajuizar ação anulatória visando anular cláusulas previstas em contrato, acordo ou convenção coletiva, desde que haja violação de liberdade individual ou coletiva ou dos direitos individuais indisponíveis dos trabalhadores.

23.17.3 Cláusulas

As cláusulas que serão objeto de anulação são as que violem: (a) a liberdade individual; (b) a liberdade coletiva; (c) os direitos individuais indisponíveis dos trabalhadores.

São direitos individuais indisponíveis dos trabalhadores os direitos mínimos fixados no art. 7º e seus incisos da Constituição e na legislação ordinária. O fato de ser ainda o direito disponível não pode implicar contrariedade à Constituição. Pode-se considerar como uma liberdade individual o direito de associação ou de filiação a sindicato, contido nos incisos XVII e XX, do art. 5º e no inciso V, do art. 8º da Lei Maior.

Normalmente, as cláusulas que têm sido anuladas são as relativas à contribuição confederativa e assistencial em relação a empregados não associados ao sindicato e quanto à impossibilidade de não oposição do desconto por parte do trabalhador.

Quanto à contribuição confederativa, não deve ser objeto de fixação em acordo ou convenção coletiva, mas na assembleia geral, como se verifica do inciso IV, do art. 8º, da Constituição. Não dispõe esse comando legal que a contribuição confederativa será fixada em acordo ou convenção coletiva. Dessa forma, será impossível que venha a constar de tais instrumentos.

O Precedente n. 119 da Seção de Dissídios Coletivos (SDC) mostra que "fere o direito à plena liberdade de associação e de sindicalização cláusula constante de acordo, convenção ou sentença normativa fixando contribuições a ser descontada dos salários dos trabalhadores não filiados a sindicato profissional, sob a denominação de taxa assistencial ou para custeio do sistema confederativo. A Constituição da República, nos arts. 5º, inciso XX, e 8º, inciso V, assegura ao trabalhador o direito de livre associação e sindicalização".

É possível em nosso entender, que haja pedido do Ministério Público do Trabalho no sentido de anular cláusulas de convenções e acordos coletivos, quando violem a liberdade de filiação, o princípio da igualdade e o direito de oposição do não associado ao pagamento de contribuições, salvo a sindical. A cláusula de convenção ou acordo coletivo que exigir a contribuição confederativa ou assistencial de não associado, ou de não lhe dar o direito de oposição, atrai a incidência do art. 545 da CLT, dos Precedentes n. 74 e 119 do TST e do inciso V, do art. 8º, da Constituição.

Seria também possível o pedido de anulação de cláusulas de acordo ou convenção coletiva que violassem a Constituição ou a lei ordinária, quanto a direitos mínimos do trabalhador, como de o empregador deixar de anotar a CTPS do empregado, de se reduzir a alíquota do FGTS ou de determinar seu pagamento diretamente ao empregado, de estabelecer jornada de trabalho superior à prevista no inciso XIII, do art. 7º da Lei Maior. São direitos indisponíveis e irrenunciáveis do trabalhador, que não poderiam ser alterados por convenção ou acordo coletivo. Estas normas, de maneira geral, podem alterar a relação de emprego para melhor e não para pior, salvo as hipóteses dos incisos VI e XIV, do art. 7º da Lei Magna.

O Ministério Público tem, portanto, legitimidade para pedir a anulação de cláusulas previstas em acordo ou convenção coletiva, quando violarem a liberdade individual, a liberdade coletiva e os direitos individuais indisponíveis dos trabalhadores, como nos casos de se exigir contribuição assistencial ou confederativa diferenciada de associados e não associados, de não se permitir a oposição do trabalhador, de violar regras constitucionais ou de lei ordinária prevendo direitos mínimos ao obreiro.

23.18 *HABEAS DATA*

A Justiça do Trabalho é competente para analisar *habeas data* (art. 114, IV, da Constituição).

O *habeas data* é concedido: (a) para assegurar o conhecimento de informações relativas à pessoa do impetrante, constantes de registros ou bancos de dados de entidades governamentais ou de caráter público; (b) para retificação de dados, quando não se prefira fazê-lo por processo sigiloso, judicial ou administrativo (art. 5º, LXXII, da Lei Maior).

O instituto foi criado pela Constituição de 1988.

Habeas data compreende questão que estiver em banco de dados do governo ou público ou quando a pessoa pretende retificar dados. Se o empregador tem de exibir dados constantes de documentos não atende nenhuma das duas condições.

Tem natureza de ação o *habeas data*.

Tem interesse na propositura do remédio apenas a pessoa a que se referem as informações. Não será parte legítima para propor o remédio quem pretenda obter informações de terceiro.

Um funcionário da Justiça do Trabalho pode pretender a retificação dos seus dados, não preferindo fazê-lo por processo sigiloso, judicial ou administrativo.

Esclarece a Súmula 2 do STJ que não cabe o *habeas data* se não houve recusa a prestar informações por parte da autoridade administrativa.

A Lei n. 9.507/97 trata do procedimento do *habeas data*.

O parágrafo único do art. 1º da norma considera de caráter público todo o registro ou banco de dados que contenha informações passíveis de transmissão a terceiros ou que não sejam de uso privativo do órgão ou entidade produtora ou depositária dessas informações. O empregador não tem banco de dados com essas características, pois não vai prestar informações a terceiros. Seus dados são para uso próprio. Quem informa os dados é o empregado, inclusive por meio de documentos. Pelo que se depreende da lei, o banco de dados tem característica pública. Assim, só caberia o *habeas data* na Justiça do Trabalho contra órgão público, mas não contra empresa estatal, que tem natureza privada.

A competência será do juízo de primeiro grau para conhecer da ação, pois não existe exceção na Constituição ou na legislação dispondo em sentido contrário.

23.19 MANDADO DE INJUNÇÃO

O mandado de injunção é concedido sempre que a falta de norma regulamentadora torne inviável o exercício dos direitos e liberdades constitucionais e das prerrogativas inerentes à nacionalidade, à soberania e à cidadania (art. 5º, LXXI, da Lei Magna).

O instituto foi criado pela Constituição de 1988.

A Lei n. 13.300, de 23-6-1916, regula mandado de injunção individual e coletivo.

Falta de norma regulamentadora parece ser a lei, num primeiro momento.

Será utilizado o mandado de injunção desde que diga respeito a matéria trabalhista, dentro dos direitos e liberdades constitucionais.

A Justiça do Trabalho é incompetente para analisar a matéria, pois a ela não faz referência o inciso IV do art. 114 da Lei Maior. A competência é do STF (art. 102, I, *q*, da Constituição).

Toda pessoa que tiver interesse em ver regulamentada uma norma terá interesse em propor a ação, inclusive o sindicato, que representa a categoria.

O STF entende que o mandado de injunção não pode conter pedido condenatório. O pedido deve ser apenas de declarar a omissão do órgão em expedir a norma. Não se presta para discutir a constitucionalidade da norma. Não serve para corrigir a norma.

Não tem natureza mandamental, pois o STF não pode mandar o Poder Legislativo editar a norma, mas apenas dizer que ele está em mora.

A decisão do Judiciário não irá regulamentar a matéria, pois não poderá legislar.

23.20 EXECUÇÃO FISCAL TRABALHISTA

Dispõe o art. 642 da CLT que "a cobrança das multas impostas pelas autoridades administrativas do trabalho obedecerá ao disposto na legislação aplicável à cobrança da dívida ativa da União". A Procuradoria do Trabalho não tem competência para cobrar a referida multa, pois não pode representar judicialmente entidades públicas (art. 129, IX, da Constituição). A competência é da Procuradoria da Fazenda Nacional.

A dívida ativa da União é regida pela Lei n. 6.830/80 (art. 1º), que trata das execuções fiscais. Logo, o rito a ser observado não é o da CLT. Compreende a tributária e a não tributária (art. 2º da Lei n. 4.320/64).

Dívida ativa não tributária são os demais créditos da Fazenda Pública, tais como multas de qualquer origem ou natureza, exceto as tributárias (§ 2º do art. 39 da Lei n. 4.320/64), como ocorre com a multa imposta pela fiscalização trabalhista ao empregador pelo descumprimento da legislação trabalhista.

Determina o art. 1º da Lei n. 6.830 que a execução judicial para a cobrança da dívida ativa da União é regida pela referida norma, aplicando-se subsidiariamente o CPC.

Autora da execução fiscal será a União, representada pela Procuradoria da Fazenda Nacional.

Terá legitimidade passiva o empregador, seus sucessores a qualquer título e os responsáveis solidários ou subsidiários (art. 4º da Lei n. 6.830/80).

Haverá necessidade de advogado nas ações relativas à imposição de multas pelos órgãos de fiscalização, pois o art. 791 da CLT faz referência a reclamações comuns entre empregado e empregador. Serão devidos honorários de advogado, não se aplicando as orientações das Súmulas 219 e 329 do TST.

A petição inicial indicará apenas o juiz a quem é dirigida, o pedido e o requerimento para a citação (art. 6º da Lei n. 6.830). Será instruída com a certidão da dívida ativa, que dela fará parte integrante, como se estivesse transcrita.

A citação será feita pelo Correio.

A ordem de preferência na penhora será a prevista no art. 11 da Lei n. 6.830 e não a do art. 835 do CPC.

O prazo para apresentação de embargos será de 30 dias e não de cinco dias, a contar do depósito, da juntada da prova da fiança bancária, da intimação da penhora. Não serão admitidos embargos antes de garantida a execução.

No prazo dos embargos, o executado deverá alegar toda matéria útil à defesa, requerer provas e juntar aos autos os documentos e rol de testemunhas, até três, ou a critério do juiz, até o dobro desse limite. A legalidade ou constitucionalidade do lançamento será discutida nos embargos.

Não haverá necessidade de realização de audiência para apresentação dos embargos, que serão apresentados em cartório.

Não será admitida reconvenção, nem compensação, e as exceções, salvo as de suspeição, incompetência e impedimento, serão arguidas como matéria preliminar e serão processadas e julgadas com os embargos.

O prazo de manifestação da Fazenda Pública será de 30 dias a contar da intimação.

Em seguida, será designada audiência de instrução e julgamento, salvo se os embargos versarem sobre matéria de direito ou, sendo de direito e de fato, a prova for exclusivamente documental, caso em que o juiz proferirá a sentença no prazo de 30 dias.

Ficará suspenso o curso da execução enquanto não forem localizados bens do devedor (art. 40 da Lei n. 6.830). Se da decisão que ordenar o arquivamento tiver decorrido o prazo prescricional, o juiz, depois de ouvida a Fazenda Pública, poderá, de ofício, reconhecer a prescrição intercorrente e decretá-la de imediato (§ 4º do art. 40 da Lei n. 6.830).

Estabelece o art. 29 da Lei n. 6.830 que a cobrança judicial da dívida ativa da Fazenda Pública não está sujeita a concurso de credores ou habilitação em falência, recuperação judicial, liquidação, inventário ou arrolamento.

A Súmula 44 do TFR esclarece que "ajuizada a execução fiscal anteriormente à falência, com penhora realizada antes desta, não ficam os bens penhorados sujeitos à arrecadação do juízo falimentar; proposta a execução fiscal contra a massa falida, a penhora far-se-á no rosto dos autos do processo da quebra, citando-se o administrador judicial.

No caso da propositura de ação anulatória do ato declarativo da dívida, deverá haver depósito preparatório do valor do débito, monetariamente corrigido e acrescido dos juros e multa de mora e demais encargos (art. 38 da Lei n. 6.830). Trata-se de ação declaratória, que tem por fundamento o inciso I do art. 19 do CPC.

Das sentenças de primeira instância proferidas em execuções de valor igual ou inferior a 50 OTN, só se admitirão embargos infringentes e de declaração (art. 34 da Lei n. 6.830). O prazo dos embargos infringentes será de 10 dias.

Da decisão que julgar a cobrança da multa caberá apelação (art. 35 da Lei n. 6.830/80) e não os recursos previstos na CLT. Para aqueles que entendem que essa norma deve ser observada, o recurso cabível será o agravo de petição, pois se trata de decisão do juiz na execução (art. 897, *a*, da CLT).

23.21 RECLAMAÇÃO

A letra l do inciso I do art. 102 da Constituição prevê a reclamação para o STF, visando à preservação de sua competência e à garantia da autoridade de suas decisões. A letra f do inciso I do art. 105 da Constituição determina a reclamação para o STJ para a preservação de sua competência e garantia da autoridade de suas decisões.

Dispõe o § 3º do art. 111-A da Constituição que compete ao Tribunal Superior do Trabalho processar e julgar, originariamente, a reclamação para a preservação de sua competência e garantia da autoridade de suas decisões.

O TST entende que a reclamação cabe em relação a precedente obrigatório do TST, como no incidente de demandas repetitivas. Não é para descumprimento de súmula persuasiva do TST.

Uns entendem que a reclamação tem natureza de direito de petição (art. 5º, XXXIV, a, da Constituição). O STF já adotou tal entendimento na ADI 2.212-1, que produziria efeitos de coisa julgada material. Se for assim, não há custas nem condenação em honorários de advogado (Rcl 2017/RJ, STJ).

Outros entendem que a reclamação tem natureza de direito de ação. O STF já adotou tal entendimento na Rcl 5470-PA e na Rcl 232, que teria efeito de coisa julgada e seria uma espécie de pressuposto processual negativo.

A reclamação não tem natureza de incidente processual, pois pode existir sem um processo proposto perante o Poder Judiciário. Pode existir reclamação em um procedimento administrativo (inquérito policial), que desobedece a decisão do STF ou do STJ.

Caberá reclamação da parte interessada ou do Ministério Público para:

I – preservar a competência do tribunal;

II – garantir a autoridade das decisões do tribunal;

III – garantir a observância de enunciado de súmula vinculante e de decisão do Supremo Tribunal Federal em controle concentrado de constitucionalidade;

IV – garantir a observância de acórdão proferido em julgamento de incidente de resolução de demandas repetitivas ou de incidente de assunção de competência (art. 988 do CPC).

Pode ser proposta a reclamação perante qualquer tribunal, e seu julgamento compete ao órgão jurisdicional cuja competência se busca preservar ou cuja autoridade se pretenda garantir (§ 1º do art. 988 do CPC).

A reclamação deverá ser instruída com prova documental e dirigida ao presidente do tribunal (§ 2º do art. 988 do CPC).

Assim que recebida, a reclamação será autuada e distribuída ao relator do processo principal, sempre que possível.

As hipóteses dos incisos III e IV do art. 988 do CPC compreendem a aplicação indevida da tese jurídica e sua não aplicação aos casos que a ela correspondam.

É inadmissível a reclamação:

I – proposta após o trânsito em julgado da decisão reclamada;

II – proposta para garantir a observância de acórdão de recurso extraordinário com repercussão geral reconhecida ou de acórdão proferido em julgamento de recursos extraordinário ou especial repetitivos, quando não esgotadas as instâncias ordinárias.

A inadmissibilidade ou o julgamento do recurso interposto contra a decisão proferida pelo órgão reclamado não prejudica a reclamação.

Ao despachar a reclamação, o relator:

I – requisitará informações da autoridade a quem for imputada a prática do ato impugnado, que as prestará no prazo de 10 dias;

II – se necessário, ordenará a suspensão do processo ou do ato impugnado para evitar dano irreparável;

III – determinará a citação do beneficiário da decisão impugnada, que terá prazo de 15 dias para apresentar a sua contestação (art. 989 do CPC).

Qualquer interessado poderá impugnar o pedido do reclamante (art. 990 do CPC).

Na reclamação que não houver formulado, o Ministério Público terá vista do processo por cinco dias, após o decurso do prazo para informações e para o oferecimento da contestação pelo beneficiário do ato impugnado (art. 991 do CPC).

Acolhido o pedido da reclamação, o tribunal cassará a decisão exorbitante de seu julgado ou determinará medida adequada à solução da controvérsia (art. 992 do CPC).

O presidente do tribunal determinará o imediato cumprimento da decisão, lavrando-se o acórdão posteriormente (art. 993 do CPC).

Não cabe reclamação quando já houver transitado em julgado o ato judicial que se alega tenha desrespeitado decisão do STF (S. 734 do STF).

Verificação de Aprendizagem

1. Quem é que propõe o inquérito para apuração de falta grave?
2. Onde é proposto o mandado de segurança na Justiça do Trabalho?

3. Cabem ações possessórias no processo do trabalho?
4. Como se procede na restauração dos autos?
5. Qual o procedimento na habilitação incidente?
6. É cabível a ação revisional no processo do trabalho e qual o seu procedimento?
7. É cabível ação monitória no processo do trabalho?
8. É cabível a ação civil pública no processo do trabalho?
9. O que são direitos individuais homogêneos para fins de ação civil pública?

Capítulo 24

TUTELA PROVISÓRIA

24.1 INTRODUÇÃO

No CPC de 1973 a tutela antecipada tinha previsão no art. 273, a tutela específica de obrigação de fazer e não fazer era tratada no art. 461 e as medidas cautelares eram previstas nos arts. 796 a 889.

O CPC de 2015 aglutinou esses institutos de forma diferente. Fez divisão no sentido de que as tutelas provisórias são: de urgência (arts. 300 a 310), de evidência (art. 311), A tutela cautelar seria espécie de tutela de urgência (arts. 305 a 310). Não existem mais medidas cautelares específicas, com procedimentos específicos para arresto, sequestro, atentado etc. Os arts. 305 a 310 do CPC tratam da antiga teoria geral das medidas cautelares, que agora é a teoria geral da tutela cautelar.

24.2 CONCEITOS

A tutela de urgência será concedida quando houver elementos que evidenciem a probabilidade do direito e o perigo de dano ou o risco ao resultado útil do processo (art. 300 do CPC).

A tutela da evidência ou de aparência será concedida, independentemente da demonstração de perigo de dano ou de risco ao resultado útil do processo, quando ficar caracterizado o abuso do direito de defesa ou o manifesto propósito protelatório da parte (art. 311 do CPC).

A tutela cautelar visa assegurar a prestação jurisdicional por uma medida que objetiva evitar o perigo de dano ou o risco ao resultado útil do processo (art. 305 do CPC).

24.3 CLASSIFICAÇÃO

Tem a tutela por fundamento a probabilidade de a postulação, ao final, ser concedida.

A tutela é o gênero, que tem as suas várias espécies, como a de urgência, de evidência e cautelar.

A tutela pode ser cognitiva ou executiva.

Tutela de urgência abrangeria a mandamental, a cautelar e a antecipatória. A cautelar não deixaria de ser uma tutela de urgência, pois pode implicar dano irreparável ou de difícil reparação.

São tutelas de urgência a concessão de liminar em manutenção ou reintegração de posse (art. 562 do CPC), nas ações de despejo (art. 59 da Lei n. 8.245/91).

Na tutela de evidência ou de aparência, o objetivo é definir antecipadamente um direito que mostra ser existente, em razão da verossimilhança das alegações.

A tutela pode ser definitiva ou provisória. A definitiva pode ser dividida em satisfativa e não satisfativa. A satisfativa visa conceder o próprio direito da pessoa. A não satisfativa objetiva conceder um meio processual para assegurar o direito. A tutela provisória pode ser modificada no curso do processo até a sentença.

Tutela antecedente é a que vai ser proposta antes da ação principal. Tutela incidente é requerida na petição inicial ou no curso do processo principal.

As medidas antecipatórias têm como requisitos perigo da demora e fumaça do bom direito.

24.4 DISTINÇÃO

Não se confunde a tutela de urgência com a tutela específica de obrigação de fazer e não fazer (art. 497 do CPC), pois, neste caso, trata-se de ação que tenha por objetivo específico o cumprimento de obrigação de fazer ou não fazer. A diferença é que, na hipótese mencionada, o juiz poderá conceder o provimento inclusive liminarmente, enquanto na tutela determinada no art. 300 do CPC o procedimento depende de provocação.

Distingue-se a tutela de evidência da tutela cautelar, pois nesta existe a figura da liminar, mas compreende questões processuais, sendo geralmente processo que corre em apenso ou é distribuído por dependência ao principal. A cautelar exige uma situação de perigo e não exatamente de demora.

Na tutela de evidência, a prestação jurisdicional assegura o próprio direito material e é concedida no próprio processo, não havendo necessidade de se ajuizar um outro. Na tutela cautelar, o objetivo é assegurar meios processuais para a execução do direito, ou, melhor explicando, visa-se à conservação do direito, à garantia de seu exercício futuro. Visa a tutela cautelar assegurar o resultado útil do processo principal. Tem natureza instrumental do processo de conhecimento ou de execução. A antecipação da tutela satisfaz ao próprio direito. A tutela cautelar é um processo preparatório ou incidente. A tutela é concedida no processo de conhecimento. Na cautelar, há um procedimento provisório e instrumental. Na tutela de urgência, há uma providência provisória, mas de mérito e não instrumental. Na tutela de evidência, o que se pretende é o próprio direito, sem haver preocupação com sua conservação, daí ser satisfativa. A tutela cautelar ocorre antes ou no curso da ação principal. A tutela de evidência só ocorre na própria ação principal. O processamento é feito no próprio processo e não em apartado. A tutela de evidência foi especificada no art. 311 do CPC, que não está, portanto, entre os arts. 305 a 310 do CPC, que tratam da tutela cautelar. Está inserida a tutela de evidência no processo de conhecimento. Não se confunde a tutela cautelar com a tutela de evidência nem suas regras se aplicam à segunda. A tutela de urgência supre a antiga ação cautelar satisfativa. Semelhança com a tutela cautelar é a provisoriedade de seus efeitos. Toda liminar é uma espécie de antecipação de tutela, pois já é deferido aquilo que dependeria da observância do procedimento. A tutela de evidência não tem, porém, por objetivo eliminar o processo cautelar, nem o poder de cautela do juiz.

A mesma diferenciação pode ser feita entre a tutela cautelar e a tutela de obrigação de fazer ou não fazer (art. 497 do CPC). Esta diz respeito ao próprio direito material envolvido, enquanto a tutela cautelar pretende apenas assegurar o meio processual adequado para a execução do direito.

Diferencia-se, ainda, a tutela de urgência ou de evidência do julgamento antecipado do processo. Pelo art. 355 do CPC, nota-se que o julgamento antecipado do processo ocorre quando: (a) não houver necessidade de produção de outras provas; (b) a questão de mérito for unicamente de direito, ou, sendo de direito e de fato, não houver necessidade de produzir prova em audiência; (c) ocorrer revelia. O julgamento antecipado implica, porém, o exame do mérito da questão, de maneira definitiva, enquanto na tutela antecipatória a prestação é provisória, e não definitiva.

Tutela inibitória pode servir para questões de saúde e segurança no trabalho.

24.5 TUTELA DE URGÊNCIA

24.5.1 Histórico

A Lei n. 6.203, de 17 de abril de 1975, acrescentou o inciso IX do art. 659 da CLT, permitindo ao juiz do trabalho conceder liminar, até decisão final do processo, em reclamações trabalhistas que visem tornar sem efeito transferência disciplinada pelos parágrafos do art. 469 da CLT. Na liminar, antecipam-se os efeitos da tutela, desde que se entenda que o empregador está transferindo o empregado de forma abusiva, em razão de prova de necessidade real de serviço.

O juiz do trabalho também pode conceder liminar, até decisão final no processo, em ações que visem reintegrar no emprego dirigente sindical afastado, suspenso ou dispensado pelo empregador (art. 659, X, da CLT). Antecipa-se na liminar o mérito da pretensão do autor.

A tutela antecipada foi instituída pela nova redação oferecida ao art. 273 e seus parágrafos do CPC de 1973 por meio da Lei n. 8.952, de 13-12-1994. A antiga redação do art. 273 do CPC de 1973 tratava de disposições gerais relativas aos procedimentos especial e sumaríssimo que seriam regidos subsidiariamente pelo procedimento ordinário, naquilo em que não houvesse um procedimento próprio.

Um dos objetivos principais da redação do art. 273 do CPC de 1973 foi evitar os males que o tempo poderia fazer ao processo, daí porque se falar na concessão de uma tutela a antecipar o direito da parte.

O tempo é fundamental no processo. O atraso em sua solução implica, às vezes, a impossibilidade prática do recebimento do valor devido. É o caso de empresas que desaparecem no curso do tempo e não cumprem a obrigação determinada na sentença, ficando o empregado sem receber o crédito que lhe é devido. É o que também ocorre com empresas que dilapidam seu patrimônio e o empregado não consegue receber o que lhe foi deferido na sentença. O tempo no processo aumenta os custos para as partes. A parte mais fraca geralmente aceita acordo por valores mais baixos do que teria direito. Se o processo demora muito tempo, acaba criando injustiça para a parte mais fraca. Os mais necessitados renunciariam a uma parte do seu direito em razão da demora da prestação jurisdicional e de necessidades mais prementes, como ocorre com o empregado.

Entretanto, o processo não pode ser decidido de forma atabalhoada.

O processo que dura muito tempo acaba trazendo prejuízo à efetividade da tutela jurisdicional.

Uma das espécies da tutela jurisdicional é a antecipação da tutela, que vai julgar o mérito do pedido antes da sentença final, daí por que se antecipar a satisfação do processo, ainda que de maneira provisória.

Na verdade, o termo correto não deveria ser *tutela antecipada*, mas *antecipação dos efeitos da tutela*, porque os efeitos da tutela é que serão antecipados.

São encontradas as expressões *tutela antecipada*, *antecipação da tutela*, *tutela jurisdicional* e *tutela específica de obrigação de fazer e não fazer*.

O art. 2º do CPC de 1973 empregava a expressão *tutela jurisdicional*. Esta independe do resultado da demanda.

A tutela antecipada tinha previsão no art. 273 do CPC do 1973. Disciplinava o art. 461 do CPC de 1973 a tutela específica, que diz respeito à obrigação de fazer ou não fazer. O art. 461-A do CPC de 1973 tratava de tutela específica de entrega de coisa.

O certo seria se falar em antecipação da tutela ou do provimento. A tutela não pode ser o sujeito, mas o objeto da antecipação. Daí, o certo não seria se falar em tutela antecipada.

24.5.2 Conceito

A tutela de urgência é uma espécie de tutela que tem por objetivo julgar antecipadamente o mérito da pretensão do autor, geralmente no início do processo, de maneira total ou parcial, desde que haja motivo convincente para tanto.

Devem estar presentes elementos que evidenciem a probabilidade do direito e o perigo de dano ou o risco ao resultado útil do processo (art. 300 do CPC). Não se exige certeza, mas mera probabilidade, mera aparência do direito. A certeza fica para a sentença final que julgar a pretensão do autor.

24.5.3 Natureza jurídica

A natureza jurídica da tutela de urgência, não é de procedimento cautelar, pois o objetivo é a antecipação da tutela em casos de urgência, concedendo o próprio direito e não assegurar a viabilidade da realização do direito afirmado no processo principal, como ocorre, por exemplo, no arresto, que visa assegurar o recebimento pelo credor do que lhe é devido. No caso, a medida antecipatória irá conceder o próprio direito pretendido pelo autor. É procedimento preliminar no curso de um processo comum. Assim, deve ser feito um pedido preliminar, como se fosse para efeito da concessão de uma liminar, na própria petição inicial, em que são realizados outros pedidos, existindo um pedido principal. Não poderá, portanto, ser feita por meio de uma petição exclusiva de tutela antecipatória sem haver o pedido principal, realizado no próprio processo. Assim, é medida preparatória dentro do próprio processo principal, e não uma cautelar. Trata-se de um benefício de efeito antecipado. É aproximadamente o mesmo que ocorre na hipótese do inciso IX do art. 659 da CLT, em que o juiz concede medida liminar no curso do próprio processo para tornar sem efeito transferência do empregado sem real necessidade de serviço, conforme preconizam o art. 469 da CLT e seus parágrafos, ou o inciso X do art. 659 da CLT, no caso de dispensa abusiva de dirigente sindical. Não tem, portanto, a tutela de urgência natureza de cautelar ou de liminar. Diz respeito ao processo de conhecimento. É uma tutela que antecipa o mérito da decisão de fundo.

Por ser uma tutela de urgência há necessidade de perigo de dano ou o risco ao resultado útil do processo. Não adianta a tutela ser concedida mais adiante, pois não mais haverá resultado útil para o processo.

Terá a tutela de urgência caráter eminentemente satisfativo, pois visa assegurar o direito em si, ainda que de maneira provisória, ao contrário da cautelar, que não pode ter caráter satisfativo, mas apenas assegurar questões processuais relativas ao processo principal. Será também precária a decisão, pois poderá ser modificada a qualquer tempo, por decisão fundamentada (art. 296 do CPC).

Sua natureza também será de decisão interlocutória, pois poderá ser modificada quando da decisão definitiva.

Não poderá, porém, a tutela antecipatória ser requerida na fase de execução, pois diz respeito apenas ao processo de conhecimento.

É a tutela de urgência um provimento provisório, condicionado e revogável. É condicionada por depender da observância dos requisitos legais para ser concedido.

A tutela de urgência é aplicável ao processo do trabalho por força de que a Consolidação das Leis do Trabalho não trata do assunto e é compatível com os princípios processuais trabalhistas (art. 769 da CLT). O processo do trabalho tem procedimento ordinário e também o sumariíssimo (arts. 852-A a 852-I da CLT). Ambos se desenvolvem em audiência. No entanto, a tutela cautelar também pode ser deferida por liminar, assim como se verifica dos incisos IX e X do art. 659 da CLT, não impedindo a aplicação da primeira no processo do trabalho. O princípio da oralidade não é princípio do processo do trabalho, mas de qualquer processo, como se verifica no juizado especial de pequenas causas, em que a contestação também pode ser feita oralmente (art. 30 da Lei n. 9.099/95). Trata-se de peculiaridade do processo do trabalho, que tem maior incidência neste, diante de a prova ser praticamente oral e a contestação e as razões finais poderem ser apresentadas oralmente. O fato de a decisão ser irrecorrível não impede também sua aplicação, pois a decisão numa liminar em cautelar ou nas liminares dos incisos IX e X do art. 659 da CLT também não impede sua aplicação no processo do trabalho, podendo a questão ser discutida em preliminar em recurso ordinário. A violação ao princípio da ampla defesa e aos recursos a ela inerentes depende da previsão legal e de como esta determina seu exercício, que não fica impedido. Logo, a tutela de urgência é cabível no processo do trabalho.

Assim, seria plenamente aplicável nos dissídios individuais, dadas a omissão da Consolidação das Leis do Trabalho e a compatibilidade com seus preceitos.

Os dissídios coletivos de natureza econômica objetivam a criação de novas e melhores condições de trabalho para a categoria, pois ainda não há direito concreto a ser deferido, não tendo previsão em lei e está sendo discutido, para a criação ou modificação de condições de trabalho, daí por que não é cabível a tutela antecipada. Não há nada de urgente ou protelatório a ser observado, pelo menos num primeiro momento. A decisão só pode ser cumprida, e não pelo procedimento provisório, tanto que não há execução, mas ação de cumprimento (art. 872 da CLT).

Teoricamente, é cabível a tutela de urgência para decisões constitutivas e declaratórias, como ocorre no dissídio coletivo, que não tem natureza condenatória. Entretanto, a decisão não é executada. É cumprida, por meio de ação de cumprimento. Logo, não se pode falar em tutela antecipada em dissídio coletivo.

Há necessidade de aplicação da tutela de urgência no processo do trabalho, dada a natureza alimentar do crédito trabalhista, de forma a tornar mais rápida a decisão judicial e seu efetivo cumprimento.

A decisão que concede reintegração tem cunho de obrigação de fazer (reintegrar), cumulada com obrigação de pagar os salários.

24.5.4 Necessidade de provocação

A tutela depende, porém, de requerimento da parte, sendo que o juiz não poderá concedê-la de ofício, diante da expressão usada pelo art. 299 do CPC ao mencionar que "a tutela provisória será requerida ao juízo da causa [...]".

Concederá o juiz a tutela de urgência se estiver convencido das alegações da parte. Se não estiver, não o fará, até mesmo pelo fato de que, se a antecipação importar prejuízo irreversível, o juiz não a concederá. A tutela de urgência de natureza antecipada não será concedida quando houver perigo de irreversibilidade dos efeitos da decisão (§ 3º do art. 300 do CPC).

O art. 2º do CPC é claro ao afirmar que o processo começa por iniciativa da parte, ou seja, há necessidade de requerimento. Logo, não poderá conceder de ofício a tutela antecipada.

O juiz não poderá conceder de ofício a tutela depois de negá-la, mesmo depois de verificar a defesa protelatória ou a produção de provas. Haverá necessidade de novo requerimento do autor, como indica o art. 299 do CPC.

Caberá a tutela em pedido feito em reconvenção, pois é feito mediante "requerimento da parte".

24.5.5 Concessão

A tutela também poderá ser concedida quando um ou mais dos pedidos cumulados, ou parcela deles, mostrar-se incontroverso. A concessão da tutela abrange tanto pedidos, como parcelas deles. Quem pode o mais, que é conceder tudo, pode o menos, que é conceder parte. O único requisito é que a matéria seja incontroversa. Se um dos pedidos cumulados atende aos requisitos legais, deve haver a possibilidade de deferimento apenas desse pedido, embora de outros não seja possível. É a concessão de tutela parcial. Podendo o julgador conceder o mais, pode conceder o menos, a tutela parcial, se estiverem presentes os requisitos legais. Seriam exemplos o fato de o réu não contestar um dos pedidos ou parte dele ou o réu reconhecer algum pedido ou parte dele.

Parcela é a parte dos pedidos e não a valores contidos nos pedidos, embora seja possível deferir a tutela se o pedido tem o valor de R$ 200,00, sendo incontroversa a importância de R$ 150,00.

O § 2º do art. 300 do CPC é claro no sentido de que a tutela de urgência pode ser concedida após justificação prévia. Isso pode ocorrer pelo fato de não existir prova suficiente no processo ou o juiz querer ter certeza sobre os fatos alegados, ouvindo testemunhas.

24.5.6 Requisitos

O juiz deve convencer-se da certeza da pretensão do autor para conceder a tutela. Para decidir o juiz tem de estar convencido a respeito de alguma coisa. A tutela tem por fundamento a probabilidade de a postulação, ao final, ser concedida. Seria uma forma de fumaça do bom direito (*fumus boni juris*). Não se trata, portanto, de certeza absoluta, mas de probabilidade de as alegações serem verdadeiras, de aparência de verdade. O art. 300 do CPC faz referência a probabilidade do direito e não a certeza absoluta. Se fosse certeza absoluta, ou o juiz concederia a tutela, ou, então, não a concederia, pois pretenderia, futuramente, rejeitar o pedido principal. O juízo de probabilidade vem a ser uma espécie de cognição sumária, que é a forma de cognição utilizada nas tutelas urgentes.

Dois requisitos são necessários: (a) haja perigo de dano irreparável; ou (b) risco ao resultado útil do processo (art. 300 do CPC).

Verifica-se que a condição é alternativa: a medida pode ser concedida tanto se estiver presente apenas um dos requisitos dos itens *a* e *b* mencionados, como os dois. A conjunção não é aditiva no sentido de que devem estar presentes os dois requisitos ao mesmo tempo, ou se faltar um, não será concedida.

Perigo de dano irreparável é algo que ainda não ocorreu, mas está muito próximo de ocorrer. Pode ser chamado de *periculum in mora* e, se demonstrado, será concedido *inaudita altera parte*. Se a decisão não for concedida agora, o autor terá um dano irreparável logo em seguida, que não poderá ser remediado quando da decisão final. Entretanto, deverá haver o *fumus boni juris* que é a probabilidade de que o direito deve ser deferido ao autor. Se a tutela é concedida no curso do próprio processo principal, mais se assemelha ao mandado de segurança, quando se concede a liminar, ou à ação popular, que também contém o pedido de liminar, porém não é igual. O CPC não faz referência a dano irreparável, mas a perigo de dano irreparável, que está para ocorrer. Um dano de difícil reparação seria, por exemplo, o desvio de clientela, pois, se a tutela não for concedida de imediato, quando for proferida a sentença final não mais será possível retornar ao *status quo ante*.

Caso o dano seja de fácil reparação, não cabe a antecipação da tutela.

Nota-se que quem irá postular a tutela é o autor, e não o réu, o que será feito na petição inicial, mas também na reconvenção o reconvinte (que é o réu na primeira ação) poderia, teoricamente, pedir o mesmo provimento jurisdicional, justamente porque tem natureza de ação.

Uma vez requerida a tutela, não precisará o juiz ouvir a parte contrária para conceder a tutela, isto é, pode concedê-la *inaudita altera parte*.

A tutela pode ser concedida mesmo sem a oitiva da parte contrária, pois a lei não exige esse requisito. O § 1º do art. 300 do CPC menciona que a tutela pode ser concedida liminarmente ou mediante justificação prévia. Trata-se de condição alternativa e não aditiva, pois a lei emprega a conjunção ou. Basta que o juiz se convença do alegado no pedido antecipatório.

A concessão da tutela, sem ouvir a parte contrária, não ofende o contraditório, que depende do momento em que a lei permite que a pessoa fale no processo. Se há hipótese de apresentação de defesa na lei, não fica ofendido o princípio do contraditório.

Se o momento de defesa é assegurado posteriormente ao réu, não há violação ao contraditório. Haveria violação ao contraditório se o réu não tivesse em nenhum momento oportunidade de defesa. O direito de defesa fica diferido no tempo.

Seria possível a concessão de tutela em caso de revelia? É necessário analisar os requisitos contidos no art. 300 do CPC. Não existiria abuso de direito de defesa, pois não há defesa na revelia, nem seria o caso de manifesto propósito protelatório do réu, pois inexistiu defesa. Poderia ocorrer, porém, fundado receio de dano irreparável ou de difícil reparação. Entretanto, não é o caso de se conceder tutela antecipada, mas de se proferir o julgamento antecipado da lide, com fundamento no inciso II do art. 355 do CPC.

O juiz não estará obrigado a conceder a tutela no início do processo se se convencer, pelos elementos constantes dos autos, que é mais prudente fazê-lo apenas na sentença definitiva.

O autor é que está legitimado a postular a antecipação da tutela.

Não se faz distinção entre a tutela caber ser requerida pelo empregado ou pelo empregador, desde que atendidos os requisitos legais.

No litisconsórcio, qualquer dos litisconsortes poderá requerer a tutela antecipada, pois o art. 118 do CPC permite que cada litisconsorte promova o andamento do processo.

O assistente também tem direito de requerer a tutela, pois possui os mesmos poderes conferidos ao assistido (art. 121 do CPC). O assistente tem interesse jurídico em que a causa seja julgada o mais brevemente possível.

O substituído processualmente teria interesse jurídico em requerer a antecipação da tutela no processo em que o sindicato atua como substituto processual.

O Ministério Público, quando intervém no processo como parte, tem os mesmos poderes e ônus das partes (art. 177 do CPC), podendo requerer a tutela antecipada. O mesmo não ocorre quando o Ministério Público atua como fiscal da lei (*custos legis*).

O CPC admite pedido na defesa, que também contém uma postulação de tutela. O art. 556 do CPC mostra que é lícito ao réu, na contestação, alegando que foi o ofendido em sua posse, demandar a proteção possessória e a indenização pelos prejuízos sofridos. O credor pode promover a execução da diferença devida na consignação em pagamento nos mesmos autos (§ 2º do art. 545 do CPC).

O pedido de tutela só pode ser feito pelo autor e não pelo réu. A não ser quando o réu é o autor na reconvenção. Logo, o réu não pode pretender a tutela antecipada, pois não faz pedido inicial, apenas apresenta defesa.

Não será possível a concessão da tutela em ações propostas contra o Poder Público, pois, neste caso, o art. 1º da Lei n. 8.437, de 30 de junho de 1992, não permite sua concessão em casos de ações de natureza preventiva, como é o caso da tutela. Se a tutela antecipatória proposta contra o Poder Público visar ao pagamento em dinheiro, haverá também a impossibilidade de sua concessão, visto que há necessidade de precatório (art. 100 da Constituição), que pressupõe a existência de sentença transitada em julgado. A concessão de tutela antecipada contra o Poder Público implicaria desrespeito ao citado preceito constitucional.

Se para a decisão definitiva transitada em julgado exige-se precatório, não poderia ser diferente para a decisão interlocutória. O art. 100 da Constituição não faz distinção para decisão definitiva ou interlocutória. Todas elas necessitam do precatório.

O direito de ação contido no inciso XXXV do art. 5º da Constituição tem de ser interpretado em conjunto, sistematicamente, com a previsão do art. 100 da Lei Maior.

O fato de as duas normas estarem dispostas na Constituição quer dizer, à primeira vista, que possuem a mesma hierarquia. A hipótese de que uma norma está no capítulo da Lei Maior que versa sobre direitos e garantias individuais também não quer dizer, num primeiro momento, que se sobrepõe ao art. 100 da Lei Magna.

A sentença definitiva proferida contra o Poder Público depende do reexame necessário (Decreto-lei n. 779/69). Uma decisão provisória, que é a concessão da tutela antecipada, não pode ser executada de imediato, sem antes ser a decisão definitiva confirmada pelo tribunal.

Veda o art. 1º da Lei n. 9.494, de 10-9-1997, a concessão de tutela antecipada contra o Poder Público.

O citado art. 1º da Lei n. 9.494, ao determinar a observância das Leis n. 4.348, 5.021 e 8.437, em relação à tutela antecipada, nada mais fez do que respeitar o princípio de que as dívidas públicas devem ser pagas por precatório, sem que haja preferência de uma pessoa a outra. Não se pode dizer, assim, que é inconstitucional.

A tutela não pode ser concedida, segundo a Lei n. 9.494/97, para:

a) reclassificação ou equiparação de servidores públicos ou a concessão ou extensão de vantagens ou adição de vencimentos (arts. 5º e 7º da Lei n. 4.348/64);
b) pagamento de vencimentos e vantagens pecuniárias a servidor público federal, da administração direta ou autárquica, e a servidor público estadual e municipal (art. 1º, § 4º, da Lei n. 5.021/66);
c) concessão de medida liminar contra atos do Poder Público, no procedimento cautelar ou em quaisquer outras ações de natureza cautelar ou preventiva, toda vez que providência semelhante não puder ser concedida em ações de mandado de segurança, em virtude de vedação legal (art. 1º da Lei n. 8.437).

O STF julgou a constitucionalidade da proibição da antecipação de tutela contra a Fazenda Pública, determinada na Lei n. 9.494/97 (STF, ADC 4-MC/DF, Rel. Min. Sydney Sanches, j. 11-2-1998, *DJ* 21-5-1999).

A lei não proíbe, porém, a concessão de tutela antecipada a favor do Poder Público.

O pedido pode ser feito na própria petição inicial, como na prática vem ocorrendo.

Deve a petição inicial atender aos requisitos do § 1º do art. 840 da CLT, isto é, sendo endereçada ao juiz competente, tendo a qualificação das partes, causa de pedir, pedido e valor da causa.

Teoricamente, é possível que a tutela antecipada seja requerida de forma verbal, com fundamento no § 2º do art. 840 da CLT. O reclamante poderia ir ao setor de reclamações verbais ou à distribuição e dizer que pretende a antecipação da tutela. O funcionário iria redigir a termo a reclamação e distribuí-la, como na prática acontece.

A petição inicial conterá o pedido da tutela antecipatória, mas também deverá conter o pedido de fundo, que é a pretensão por sentença em definitivo. Se contiver apenas o pedido relativo à tutela antecipatória, será inepta a postulação, pois faltará a pretensão de fundo.

No processo do trabalho, para conceder-se a tutela antecipada, não é preciso marcar audiência. Faz-se como se fosse uma espécie de despacho ao conceder ou não uma liminar.

Se a antecipação da tutela foi indeferida inicialmente, a parte deverá trazer outro motivo para requerê-la, apresentar motivo convincente ou o mesmo motivo, desde que surjam novos fatos a justificá-lo. Esses motivos poderiam surgir depois da apresentação da defesa, com a oitiva das testemunhas e partes etc.

Caso a tutela antecipada seja concedida e o processo for "arquivado", pelo não comparecimento do reclamante na primeira audiência, perde a eficácia a antecipação dos efeitos da tutela, pois o processo será extinto sem julgamento de mérito.

Caso o juiz entenda que o pedido tem natureza antecipada, o magistrado observará o art. 303 do CPC (parágrafo único do art. 305 do CPC).

Dá a entender o dispositivo que se o autor, por erro, postula tutela cautelar em vez de tutela antecipada, o juiz pode conceder a cautelar, desde que presentes seus respectivos pressupostos. A expressão os *respectivos pressupostos* diz respeito à medida cautelar. Não haverá necessidade da formação de autos apartados de processo cautelar.

A disposição legal pode ser chamada de fungibilidade das tutelas urgentes.

Ocorria de o autor requerer na própria rescisória a suspensão da execução. Agora, é possível despachar o referido requerimento como se fosse cautelar.

Se o autor pede tutela antecipada e denomina a postulação de cautelar, o juiz pode deferir a tutela antecipada, pois o pedido é de tutela antecipada. Dispõe o parágrafo único do art. 305 do CPC que se o juiz entender que o pedido de prestação de tutela cautelar tem natureza antecipada, observará o art. 303 do CPC.

24.5.7 Competência

A tutela antecipatória deverá ser deferida ou indeferida pelo juiz do trabalho ou juiz de direito, que julgar matéria trabalhista.

Poderá a tutela antecipatória ser requerida perante o tribunal (TRT ou TST), se a este couber o exame da matéria, por competência originária, mas seria apenas na ação rescisória, pois no dissídio coletivo não caberia, e no mandado de segurança provavelmente o mesmo efeito seria obtido com a liminar. Neste caso, competente para apreciar a tutela não será o relator isoladamente, como se fosse para deferir ou indeferir uma liminar em mandado de segurança ou em tutela cautelar, mas o colegiado, a turma do tribunal.

A sentença não antecipa, mas se constitui na própria prestação jurisdicional. No entanto, o art. 296 do CPC dispõe que a tutela provisória poderá "ser revogada ou modificada" a qualquer tempo, justamente porque é provisória. Essa antecipação pode, portanto, ser aquém do pedido; não poderá, contudo, o magistrado julgar além ou fora do pedido.

O § 3º do art. 300 do CPC usa a expressão "não será concedida quando houver perigo de irreversibilidade dos efeitos da decisão". Na verdade, não é o provimento irreversível, mas seus efeitos. O provimento pode ser revogado ou modificado a qualquer tempo, como permite o § 3º do art. 300 do CPC.

De modo geral, o ato praticado sempre terá um aspecto de irreversibilidade, pois aquilo que foi praticado não volta no tempo. A solução para o caso são as perdas e danos. Não há como se dizer que o ato praticado nunca existiu ou que seria possível retornar exatamente ao *status quo ante*.

O termo mais correto seria a impossibilidade de restabelecer a situação de fato e de direito anterior ao provimento.

Não se concederá a antecipação da tutela quando houver perigo de irreversibilidade do provimento antecipado. Seria a impossibilidade do retorno ao *status quo ante*, com a determinação do juiz. Não haveria, com a sentença, a possibilidade de se retornar à situação imediatamente anterior, ao primeiro estado, do provimento jurisdicional, que importaria deferir uma decisão prejudicial ao réu.

Poderia ocorrer de o juiz deferir liminar para sustar a edição de um livro, CD, jornal ou revista. Caso conceda a tutela, a decisão é irreversível, pois impede a circulação do objeto. Caso não conceda, a situação pode também ser irreparável para o autor, visto que haverá a circulação, com a divulgação, por exemplo, de fato que não interessa ser divulgado. No primeiro caso, não há como recolher a revista ou livro em relação às pessoas que já adquiriram os objetos. Dependendo do caso, de nada adianta circular o livro ou revista posteriormente, visto que a notícia não será atual ou do dia, como necessita ser do jornal.

Se estão satisfeitos os pressupostos para a concessão da tutela, esta deve ser concedida. Em certos casos, se não for deferida a tutela, ficará prejudicado o direito de ação e a devida satisfação jurisdicional.

Não se pode estabelecer como regra absoluta a de sopesar de quem é o dano maior: do requerente ou do demandado. A questão deve ser analisada pelo juiz para conceder ou negar a antecipação da tutela. O juiz deve ponderar qual é o bem maior a ser tutelado, verificando qual é a hipótese de maior probabilidade de sucesso da tese da parte. Se há um dano a ser causado ao réu, há um efeito irreversível do provimento, que lhe irá causar um prejuízo. Nesse caso, a solução não é a antecipação provisória da tutela, mas o julgamento em definitivo da questão, antecipando-se o julgamento definitivo ao pedido e dando-se preferência ao andamento desse processo.

24.5.8 Cabimento

Na Justiça do Trabalho, a tutela antecipada não poderá ser utilizada para questões de reajustes salariais, ou outros que sejam controvertidos. O mesmo ocorre em se tratando de situações relativas a discussão sobre estabilidade provisória, como de empregados membros da CIPA, dirigentes sindicais, gestantes, portadores do vírus HIV, já que as questões são controvertidas e muitas vezes dependem de prova e das alegações da defesa, pois o empregado pode ter sido dispensado por justa causa, o que implicaria até mesmo a irreversibilidade do provimento jurisdicional, ou mesmo o inquérito para apuração de falta grave poderia ser proposto como reconvenção. Serve a tutela antecipada para cumprir prestação de dar. Não cabe, portanto, em relação a obrigações de fazer ou não fazer, pois estas têm previsão nos arts. 497 a 501 do CPC.

Não há previsão legal que exclua a tutela antecipada em ações constitutivas e declaratórias. É cabível liminar em mandado de segurança, declarando a inconstitucionalidade de certa norma. O mesmo ocorre na tutela antecipada na ação declaratória.

Será impossível a concessão de tutela antecipada para sustar transferência abusiva, pois há remédio específico no inciso IX do art. 659 da CLT. No mesmo sentido, será vedada a tutela antecipada para reintegrar dirigente sindical, por haver previsão específica no inciso X do art. 659 da CLT, não se aplicando o CPC (art. 769 da CLT).

Dificilmente a tutela antecipada caberá na equiparação salarial, pois o empregado não teria prova inequívoca de suas alegações, que dependeriam da instrução processual, principalmente com a oitiva de testemunhas.

A tutela poderia ser concedida quando o empregado provar estar recebendo menos do que o mínimo, menos do que o piso normativo ou profissional.

Poderia ser concedida a tutela no caso de empresa que está para falir ou que está em recuperação judicial e não paga salários aos empregados, sendo o fato de conhecimento de todas as pessoas: fato notório. Haveria o perigo da demora da prestação jurisdicional no futuro, pois poderiam não mais ser encontrados bens para a garantia da execução.

O empregador poderia utilizar-se da tutela antecipada para evitar que o empregado exerça concorrência desleal depois da dispensa, principalmente quando há cláusula no contrato de trabalho, proibindo-o de trabalhar para concorrente durante certo tempo.

Há necessidade de se ponderar, para verificar a irreversibilidade do provimento antecipado. A irreversibilidade dirá respeito à consequência fática que dele resulta, em razão de que não poderá haver o retorno ao *status quo ante*.

A tutela não poderá ser concedida *extra* ou *ultra petita*, mas deverá ser analisada dentro dos limites em que foi proposta a lide, sendo defeso ao juiz conhecer de questões não postuladas (art. 141 c/c 492 do CPC). Não haverá a antecipação daquilo que não for possível obter em caráter coletivo ou quando houver perigo de irreversibilidade do provimento antecipado (§ 3º do art. 300 do CPC). Poderá, ainda, a tutela ser parcial, o que mostra que a decisão poderá ser *infra* ou *citra petita*, ou total, porém poderá ser revogada a qualquer tempo, desde que por intermédio de decisão fundamentada.

Será possível a antecipação da tutela no procedimento sumaríssimo, desde que estejam presentes os requisitos legais.

Será a tutela cabível em qualquer tipo de procedimento utilizado com base no Código de Processo Civil e transposto para o processo do trabalho, desde que compatível com este, porém, não na execução. Nesta, não estamos no processo do trabalho diante de um processo de execução, mas de uma fase de execução que se processa nos mesmos autos, depois de transitada em julgado a decisão. Na execução, caberá tutela cautelar de arresto ou sequestro para a garantia do crédito do empregado.

Nada impede a antecipação da tutela na hipótese de alçada, regulada no art. 2º da Lei n. 5.584/70. Não há proibição legal da sua concessão em casos de alçada ou em procedimento sumário.

Em procedimentos especiais, também seria cabível a antecipação da tutela, como na consignação em pagamento.

Cabe a antecipação da tutela na cautelar, como se verifica do parágrafo único do art. 305 do CPC. A tutela, porém, compreende a antecipação do mérito, ainda que provisoriamente. A cautelar é um meio processual para assegurar o direito no futuro, não podendo ser satisfativa. Seria incabível a tutela na busca e apreensão, na remoção de pessoas ou coisas, desfazimento de obras, impedimento de atividade.

A tutela de urgência pode ser concedida *a qualquer tempo*, inclusive no tribunal, desde que urgente e atenda os requisitos legais, pois posteriormente à sentença pode surgir uma situação nova a demandar a tutela antecipada. Seria o caso de se aplicar por analogia o parágrafo único do art. 299 do CPC, que determina que, interposto o recurso, a tutela cautelar será requerida diretamente ao órgão jurisdicional competente para apreciar o mérito, ou seja, o tribunal. O mesmo pode-se dizer da tutela, pois o juiz, ao proferir a sentença, cumpre e esgota seu ofício jurisdicional. Nesse caso, a competência seria do tribunal para examinar a questão.

Nos tribunais, compete ao relator decidir sobre pedido de antecipação de tutela, submetendo sua decisão ao colegiado respectivo, independentemente de pauta, na sessão imediatamente subsequente (Orientação Jurisprudencial n. 68 da SBDI-2 do TST).

24.5.9 Momento

Fica a critério do juiz conceder ou não a tutela, inclusive para revê-la ou modificá-la (art. 296 do CPC). É, portanto, um procedimento provisório. Entretanto, depois de passado o momento adequado, o juiz não mais poderá concedê-la, podendo dar o provimento correto apenas quando do julgamento.

O momento adequado parece ser no máximo após a apresentação da defesa ou após indicadas as provas que a parte pretende produzir, que é quando vai se verificar o propósito protelatório do réu. Entretanto, pela redação do art. 300 do CPC, quando houver fundado receio de dano irreparável ou de difícil reparação, a tutela poderá ser concedida de imediato, o que será feito antes da apresentação da defesa. É recomendável que o juiz assim não faça e que aguarde a contestação. Em primeiro lugar, para que não se alegue violação ao princípio do contraditório, que entendo que não ocorre, pois haverá momento para o réu se manifestar. Em segundo lugar, porque muitas vezes na contestação verifica-se que o pedido do autor não compreende tanto dano de difícil reparação que não possa aguardar até a sentença que julgue propriamente o mérito da lide ou, até mesmo, o propósito protelatório do réu só vai ser verificado com a apresentação da defesa.

O fundado receio de dano irreparável ou de difícil reparação pode ser chamado de *periculum in mora* e, se demonstrado, será concedido *inaudita altera parte*.

Entretanto, deverá haver o *fumus boni juris* e a prova inequívoca do direito da parte para que possa ser concedida a tutela específica, o que poderá ser feito, até mesmo, com os argumentos empregados. Como a tutela é concedida no curso do próprio processo principal, mais se assemelha ao mandado de segurança, quando se concede a liminar, ou à ação popular, que também contém o pedido de liminar, porém não é igual. Se os reclamantes, por exemplo, foram dispensados há mais de dois anos ou até cinco anos, não se pode falar em *periculum in mora*, inclusive diante da possibilidade de a empresa arguir prescrição.

É possível dizer, porém, que a tutela poderá ser concedida até a sentença, pois pode ter ocorrido fato que indique o *periculum in mora*, e este só surge após a apresentação da contestação ou da prova produzida. Se o juiz se convence, logo ao apreciar a inicial, de que estão presentes os elementos para a concessão da tutela, deve concedê-la, pois até mesmo o acordo pode não ser obtido na audiência.

Excepcionalmente, o juiz deve conceder a tutela antes da audiência ou *inaudita altera parte*.

Poder-se-ia falar em pedido de tutela antecipatória que é feito não na petição inicial, mas como incidente e distribuído por dependência ao processo principal. Teoricamente, até mesmo seria possível dizer que a tutela antecipatória poderia ser apresentada no tribunal, se o processo estiver em fase recursal, pois, ao proferir a sentença, o juiz cumpre e esgota sua função jurisdicional. Talvez não seja muito conveniente, pois o autor poderia pedir a extração de carta de sentença e a execução provisória do julgado, que teria o mesmo resultado.

No entanto, o CPC não determina qual o prazo que a parte teria para requerer a tutela, pois, na verdade, poderia ocorrer situação de perigo da demora ou a existência de *fumus boni juris* ocorrer bem após a apresentação da defesa, a determinar o deferimento da tutela, ou até mesmo quando o processo, estivesse aguardando julgamento ou quando estivesse em grau de recurso no tribunal, mas não houvesse, ainda, a designação de relator.

Assim, o momento final de se requerer a tutela seria até antes de ser proferida a sentença, pois, uma vez prolatada esta, a questão já foi apreciada definitivamente.

O pedido de tutela não precisa ser autuado em apenso, podendo ser um mero requerimento feito no próprio curso do processo, de maneira incidental, porém antes da sentença. Antecipar a tutela na sentença não importa antecipação, mas concessão.

Por se tratar a tutela antecipada de ação, que está na fase do processo de conhecimento, é possível que haja a apresentação da reconvenção. Numa reclamação trabalhista comum, também será possível ao réu apresentar a tutela antecipada como reconvenção, pois passaria o réu a ser autor.

Tem a reconvenção natureza de ação. É cabível no processo do trabalho. Se forem atendidos os requisitos do art. 300 do CPC, poderá ser antecipada a tutela em caso de reconvenção. A lei não proíbe que a tutela seja requerida pelo réu, que é parte, na reconvenção. A reconvenção é feita por petição inicial, compreendendo *pedido inicial*.

Não será possível o réu fazer pedido de tutela antecipada na contestação, pois, nesse caso, não há *pedido inicial*. Não faz o réu exatamente pedido, mas postula uma tutela. Assim, se for possível, ao réu, por algum motivo, utilizar-se da tutela antecipada, só poderá fazê-lo em reconvenção, pois aí haverá pedido inicial.

A tutela será requerida no processo de conhecimento e não de execução. Logo, não cabe tutela antecipada na execução no processo do trabalho quando a execução é fase.

24.5.10 Motivação

As decisões do juiz devem ser necessariamente motivadas. O inciso IX do art. 93 da Constituição prescreve que todas as decisões do Poder Judiciário serão motivadas. O art. 371 do CPC prevê que o juiz é livre em seu convencimento, na apreciação da prova, porém deve indicar os motivos que o levaram a firmar seu convencimento. O inciso II do art. 489 do CPC prevê expressamente que a decisão terá fundamentação. Ocorre que o próprio art. 298 do CPC estabelece que o juiz deve indicar de modo claro e preciso as razões que o levaram a firmar seu convencimento para conceder ou não a tutela. Assim, não se trata de motivação concisa, mas de decisão realmente motivada, incluindo relatório, fundamentação e dispositivo. Exige-se, portanto, sentença, e não mero despacho.

Ainda quando é negada ou concedida liminar, a decisão deve ser fundamentada, até para que a parte contrária possa saber os motivos que levaram o juiz a decidir, inclusive para poder fundamentar eventual recurso.

É vedado ao juiz dizer que *presentes os requisitos legais, concedo a antecipação* da tutela. A decisão deve ser, portanto, fundamentada.

Se a decisão concede apenas em parte a tutela e, por conseguinte, nega parte da pretensão, também terá de ser fundamentada.

O juiz deve dizer que há prova inequívoca nos autos ou não há, estar ou não convencido da verossimilhança da alegação, que houve ou não dano irreparável ou de difícil reparação, indicando as razões dessas hipóteses. Estará, assim, motivando sua decisão.

O julgador deve informar as razões que formaram seu convencimento. Tanto haverá necessidade de fundamentação na decisão que concede como na que nega o pedido. O art. 298 do CPC estabelece que há fundamentação na decisão que concede, nega, modifica ou revoga a tutela. Há, também, necessidade de fundamentação na decisão que nega a tutela, por força do inciso IX do art. 93 da Constituição, que dispõe que todas as decisões devem ser fundamentadas. Isto quer dizer nas concessivas da postulação ou nas denegatórias.

A parte contrária deve ser intimada tanto da concessão da tutela como de seu indeferimento. Se será intimada da concessão para atender o comando sentencial, deve também ser intimada da não concessão, o que pode ser feito com a citação.

Revogação tem significado diferente de modificação. A lei usa a conjunção alternativa *ou*, que mostra que têm significados diversos.

Modificar quer dizer alterar, mudar. Revogar tem o significado de desfazer, anular, deixar de vigorar, tirar o efeito de.

Poder-se-ia afirmar que o mesmo juízo não poderia modificar ou revogar sua decisão, que foi por ele mesmo proferida, diante do princípio do duplo grau de jurisdição e de que quem pode rever a decisão inferior é o juízo imediatamente superior. Ao publicar a sentença de mérito, o juiz cumpre e acaba o ofício jurisdicional. Entretanto, o art. 296 do CPC esclarece que a concessão da tutela pode ser modificada ou revogada a qualquer tempo. Por *revogação* deve-se entender a modificação total daquilo que foi anteriormente concedido, isto é, a cassação do que foi deferido. Por *modificação* deve-se entender a reconsideração parcial do que foi determinado anteriormente. Há, portanto, a possibilidade da revisão ou modificação da decisão por expresso permissivo legal e também porque a decisão é provisória, e não definitiva, podendo ser revista ou modificada a qualquer tempo. O juiz pode, inclusive, rever a decisão que não concedeu a tutela e a determinar.

Para a revogação ou modificação, não há necessidade de pedido, podendo o juiz, a qualquer tempo, revogar ou modificar sua decisão de ofício.

A prova constante dos autos poderia indicar a necessidade da concessão da tutela pelo juiz. Posteriormente, pelos depoimentos pessoais e testemunhais verifica-se que não estão presentes os requisitos para sua concessão, podendo o juiz revogá-la ou modificá-la.

Se a parte requerer a modificação ou revogação da antecipação, melhor é que o juiz ouça a parte contrária. Não há, porém, obrigação legal para esse fim. Se o juiz não precisa ouvir a parte contrária para conceder a medida, também não necessita ouvi-la para cassá-la.

Poderia o juiz modificar a decisão inicial aumentando a concessão da tutela requerida e deferida apenas em parte.

No direito francês, só pode haver a modificação na *ordonnance en référé* em casos de novas circunstâncias (art. 488 do CPC).

No direito italiano, é possível a revogação ou modificação da ordem antecipada de pagamento (art. 186 c/c § 1º do art. 177 do CPC) não contestadas em razão de um sucessivo aperfeiçoamento por parte do juiz, no curso da causa, da valoração completa acerca do fundamento do crédito, com base numa mais aprofundada valoração dos fatos e da prova.

Inexiste determinação na lei no sentido de que o juiz só poderia modificar ou revogar a antecipação da tutela em caso de fatos novos. Logo, pode alterar a tutela concedida a qualquer tempo e mesmo que não existam fatos novos.

O juiz pode revogar ou modificar o provimento se chegar a outra conclusão a respeito dos fatos.

Poderá o magistrado reexaminar sua decisão a qualquer tempo, adotando orientação diversa da emitida anteriormente.

Não poderá, contudo, o juiz modificar ou revogar a decisão após proferir a sentença de mérito, que põe fim ao processo. Nesse caso, o juiz, ao publicar a sentença, cumpre e acaba seu ofício jurisdicional. A expressão a *qualquer tempo* não pode ser entendida no sentido de que o juiz poderia modificar ou revogar a tutela após proferir a sentença de mérito, vez que nessa hipótese já irá rever ou manter a decisão inicial. A sentença só pode ser alterada, desde que haja provocação pelo interessado e pelo juízo *ad quem*.

O ato do juiz ao examinar a tutela é uma decisão.

É preciso verificar se se trata de sentença ou de outro tipo de decisão.

Sentença é o pronunciamento pelo qual o juiz põe fim à fase cognitiva do procedimento comum, bem como extingue a execução (§ 1º do art. 203 do CPC).

A decisão na tutela antecipada não põe termo ao processo. Assim, vem a ser uma decisão interlocutória, que resolve questão incidente no curso do processo.

Não é um despacho, pois não diz respeito ao andamento do processo, mas ao ato pelo qual o juiz, no curso do processo, resolve questão incidente, decidindo o mérito da antecipação da tutela.

É uma decisão interlocutória de mérito, que vai antecipar provisoriamente a pretensão do autor.

A decisão do juiz que conceder ou não a antecipação da tutela não é arbitrária, mas está dentro do poder de convencimento do juiz.

Não se trata também de juízo discricionário.

No ato discricionário, o juiz tem a possibilidade de escolher uma situação entre várias, de acordo com as hipóteses previstas em lei. No caso da antecipação da tutela, o juiz não tem possibilidade de escolha. Se estiverem presentes os requisitos legais, o juiz concede a tutela. O requerente tem direito à obtenção da tutela. É claro que devem ser analisados os requisitos legais para a concessão da medida, entre eles também se o juiz está convencido com os elementos constantes do processo ou com as alegações do autor.

A expressão contida na lei no sentido de que o *juiz poderá*... conceder a tutela é relativa. Dependendo da hipótese, o verbo pode ter o significado de *deverá*, desde que estejam presentes todos os requisitos legais.

Conclui-se afirmando que o ato do juiz de conceder ou negar a antecipação da tutela é vinculado. É vinculado à previsão legal. Estando presentes os pressupostos legais, o juiz deve conceder a tutela.

A antecipação pode ser total ou parcial.

É possível a antecipação da tutela em postulação meramente declaratória ou constitutiva.

Seria a hipótese de se declarar a inconstitucionalidade ou ilegalidade de determinada exigência, como de tributos, quando houvesse o caso de dano irreparável ou de difícil reparação.

A alegação de inconstitucionalidade de lei comporta antecipação da tutela, desde que atendidos os requisitos legais, de risco de dano irreparável ou de difícil reparação.

A situação é semelhante ao juiz que concede liminar em mandado de segurança, antecipando a tutela de mérito, em razão da relevância das alegações do requerente quanto à exigência, por exemplo, de determinado tributo inconstitucional ou que não obedece às determinações legais.

O CPC não dispõe que a tutela tenha de ter apenas efeito condenatório, podendo teoricamente ter outros efeitos, como constitutivo e declaratório.

Há possibilidade de o juiz impor multa diária ao réu, mesmo de ofício, pois o art. 297 do CPC prevê que o juiz pode conceder as medidas que julgar adequadas para efetivar a tutela. Assim, poderão ser determinadas pelo juiz outras medidas de apoio.

A multa tem de ser fixada na sentença que irá transitar em julgado, não podendo ser fixada na execução se não constar daquela decisão.

A antecipação da tutela não poderá ser feita na própria sentença final, pois não terá o efeito pretendido de ser deferida antes da sentença. O certo seria o julgamento antecipado da lide (art. 355 do CPC). Se há urgência, o caso é de antecipar o julgamento final da lide.

Na sentença, o juiz vai conceder a tutela definitiva, e não mais a tutela provisória, vai julgar definitivamente o mérito da questão, e não apenas de maneira provisória, de modo que a pudesse modificar ou revogar a qualquer tempo.

Terá a sentença final relatório, fundamentação e dispositivo, atendendo à prescrição do art. 489 do CPC. O juiz, na sentença final, que irá julgar definitivamente a tutela antecipada, não poderá julgar *extra* ou *ultra petita*, devendo-se ater ao pedido. Não poderá, portanto, ser a tutela concedida diversamente do que foi postulado, em quantidade superior ou em objeto diverso do que foi demandado, nos termos dos arts. 141 e 492 do CPC.

24.5.11 Recurso

Tratando-se de decisão provisória, dela não cabe recurso; apenas quando do julgamento da decisão definitiva a parte poderá apresentar seu apelo. A decisão que concede ou não a tutela antecipada é interlocutória. No processo do trabalho, das decisões interlocutórias não cabe recurso, nos termos do § 1º do art. 893 da CLT (S. 214 do TST), apenas da decisão definitiva. Seria possível a apresentação de pedido de reconsideração ao juiz, embora isto não tenha previsão legal, e pode até mesmo não alcançar o resultado almejado sob o ponto de vista prático. Já que o juiz poderia rever ou modificar sua decisão a qualquer tempo (art. 296 do CPC), talvez este seja o momento adequado, por intermédio do referido pedido, que, porém, ficará ao livre alvedrio do juiz, ou dentro de seu poder discricionário de rever sua posição.

No processo do trabalho, não cabe recurso da decisão que concede ou nega a antecipação da tutela.

A concessão ou não da tutela, dependendo do caso, poderá ensejar a interposição de mandado de segurança, se se tratar de direito líquido e certo da parte, pois da referida decisão não cabe recurso, nem correição parcial (S. 414, II, do TST). O mesmo ocorre quando o juiz concede liminar em cautelar, em que a parte acaba usando o mandado de segurança para discutir a concessão da própria liminar que lhe fere direito líquido e certo. É o que acontece quando o juiz concede liminar em cautelar satisfativa, mandando reintegrar empregado estável, em que se discute exatamente o direito ao devido processo legal e ao contraditório, com os meios e recursos a eles inerentes. *Mutatis mutandis*, o mesmo poderá ser feito no que diz respeito à tutela antecipada.

A tutela provisória concedida na sentença não comporta impugnação pela via do mandado de segurança, por ser impugnável mediante recurso ordinário. É admissível a obtenção de efeito suspensivo ao recurso ordinário mediante requerimento dirigido ao tribunal, ao relator ou ao presidente ou ao vice-presidente do tribunal recorrido, por aplicação subsidiária ao processo do trabalho do art. 1.029, § 5º, do CPC de 2015 (S. 414, I, do TST).

Se o juiz concede a tutela e mais adiante a revoga, teoricamente seria cabível a correição parcial, desde que provado que há ato tumultuário causado no processo.

Da decisão final que julgar o pedido é que caberá recurso. Pouco importa que tenha ou não havido protesto contra a decisão inicial do juiz, pois tal figura não existe juridicamente na legislação.

Da decisão que negar a tutela a favor do poder público ou que deferi-la contra o ente público, não cabe remessa de ofício, pois no processo do trabalho a decisão é interlocutória (§ 1º do art. 893 da CLT). Não se trata de sentença definitiva, em que caberia a remessa de ofício, mas de decisão provisória.

Admite-se a concessão de tutela provisória para sustar o andamento da execução, quando estiver em curso ação rescisória (art. 969 do CPC), desde que imprescindível e atendidos os pressupostos previstos em lei.

24.5.12 Execução

É possível se fazer a execução da tutela antecipatória, mas ela será provisória, pois dependente da sentença final, tanto que pode ser modificada ou revogada a qualquer tempo (296 do CPC). Não há, portanto, um título judicial definitivo, daí por que comportará a tutela execução provisória. O meio, porém, para se promover a execução provisória será a extração da carta de sentença.

O parágrafo único do art. 297 do CPC faz referência a *efetivação da tutela*. O termo atual é mais adequado, pois não se trata de execução forçada, mas de efetivação da medida.

Menciona o parágrafo único do art. 297 do CPC que devem ser observadas as regras referentes ao cumprimento da sentença.

O exequente terá de pagar ao executado os prejuízos por ele sofridos se a decisão for modificada pela instância superior. A execução do prejuízo será feita no próprio processo, pois decorre da sentença proferida pela Justiça do Trabalho.

Na hipótese do inciso III do art. 520 do CPC, o levantamento do depósito em dinheiro e a prática de atos que importem transferência da posse ou alienação de propriedade ou de outro direito real, ou dos quais possa resultar grave dano ao executado, dependem de caução suficiente e idônea, arbitrada de plano pelo juiz e prestada nos próprios autos. A caução pode ser dispensada nos casos do crédito de natureza alimentar, que é o trabalhista, até o limite de 60 vezes o salário-mínimo, quando o exequente estiver em situação de necessidade. Haverá, porém, necessidade de o trabalhador provar que está em estado de necessidade, como, por exemplo, de estar desempregado. Entretanto, a execução provisória para na penhora (art. 899 da CLT). Não são praticados outros atos ou é liberado valor ao empregado.

Existindo, porém, prejuízos causados ao réu decorrentes da tutela antecipatória, o autor responderá por eles.

24.6 TUTELA ESPECÍFICA E AÇÃO RESCISÓRIA

Cabe a tutela provisória para sustar a execução, quando houver sido proposta ação rescisória (art. 969 do CPC), desde que imprescindível e atendidos os pressupostos previstos em lei.

A tutela provisória representa importante instrumento a ser utilizado pela parte e observado pelo juiz para evitar que a demora a se proferir a decisão final possa causar prejuízo ao direito do interessado, como, por exemplo, quando for prolatada a sentença a empresa ter desaparecido ou a estabilidade ter cessado etc. Serão medidas que têm em vista, basicamente, o futuro, para assegurar que, nessa época, a sentença possa ser efetivamente cumprida e realizado o direito.

São cabíveis tais pedidos no processo do trabalho, porém devem ser utilizados corretamente, e não como fundamento para o julgamento antecipado do processo. Assim, devem estar presentes os requisitos contidos nos arts. 294 e ss. do CPC para sua concessão. Ao juiz caberá concedê-los ou não, de acordo com seu livre convencimento, de maneira a proporcionar a quem tem o direito tudo aquilo a que faz jus, visando proporcionar o maior grau de efetividade possível ao processo e, acima de tudo, justiça.

Piero Calamandrei afirma que o veneno em pequenas doses pode até ser medicinal, mas a injustiça, ainda que em doses homeopáticas, é letal.

Um dos maiores problemas da Justiça é sua morosidade, que constitui fator de descrédito na população para se socorrer do Judiciário e resolver seus problemas. A tutela antecipada e a tutela específica são maneiras de se tentar reverter essa situação, nos casos urgentes. A demora na solução do processo acaba lesando o princípio da igualdade, pois o empregado é desigual em relação ao empregador, necessitando de um procedimento célere para ver assegurado seu direito. Sábia, portanto, a afirmação de Carnelutti: "o tempo é um inimigo do Direito, contra o qual o juiz deve travar uma guerra sem tréguas".

O processo deve ser o mais eficiente possível, desenvolvendo-se no menor espaço de tempo.

O juiz não poderá omitir-se diante dos novos institutos, devendo utilizá-los quando provocado nesse sentido, com prudência e equilíbrio, e não com medo de errar.

24.7 TUTELA CAUTELAR

24.7.1 Introdução

O objeto da tutela cautelar é o direito ao processo e não o direito material postulado, pois do contrário implicaria imediato prejulgamento do direito material. O processo cautelar vai determinar um provimento jurisdicional tendente a verificar ou não uma situação de perigo quanto ao direito material.

No processo do trabalho, não é muito frequente a utilização de tutelas cautelares, quando deveria ser justamente o contrário, em razão da natureza alimentar das verbas salariais. Mesmo assim, existe a necessidade de medidas preparatórias ou incidentes no curso do processo, que implicam a utilização das tutelas cautelares. Na prática, porém, elas não têm sido utilizadas ou é muito rara sua utilização.

Segundo Amauri Mascaro Nascimento (1992:358), devem ser expedidas ordens que assegurem o trabalhador contra a dilapidação do patrimônio do empregador: o patrimônio do empregador é a garantia do empregado.

De certa forma, poder-se-ia dizer que a necessidade de tutelas cautelares no processo do trabalho seria maior do que no processo civil, por exemplo: quando o empregador não paga salários, quando tenta transferir bens para evitar o pagamento dos débitos trabalhistas etc.

Wagner Giglio (1984:294) lembra que durante vinte anos na magistratura conheceu "apenas uma dezena de casos, todos eles de outorga liminar de atestados liberatórios a artistas ou atletas profissionais, a fim de lhes possibilitar a assinatura de novos contratos e o imediato exercício da profissão (CLT, art. 480, § 2º, revogado pela Lei n. 6.533, de 24-5-1978)".

No campo doutrinário, poucas são as obras dedicadas ao estudo das tutelas cautelares no processo do trabalho. As mais conhecidas e divulgadas anteriormente eram as obras de Manoel Antonio Teixeira Filho (*As ações cautelares no processo do trabalho*) e de Francisco Antonio de Oliveira (*Medidas cautelares, procedimentos, mandado de segurança, ação rescisória e ação anulatória no processo trabalhista*).

A jurisprudência não é muito abundante sobre tutelas cautelares, restringindo-se a uns poucos julgados.

Anteriormente, já se discutiu o cabimento das tutelas cautelares no processo do trabalho. Hoje, já não se trava esse debate, admitindo-se plenamente a tutela cautelar no procedimento laboral. Na CLT, não há disposição sobre tutela cautelar. Assim, é preciso se socorrer do CPC (art. 769 da CLT), utilizando-nos das determinações processuais civis de maneira subsidiária, naquilo que for compatível com o processo do trabalho.

24.7.2 Histórico

No Direito Romano o pretor tinha a possibilidade de criar direitos não previstos no *jus civile*, sendo que ainda tinha poderes para suprir as lacunas da lei. Tinha também o poder de império, podendo determinar providências acautelatórias em benefício do ofendido.

Parece que a origem das cautelares é a *pignoris capio* (algo aproximado a "tomar por penhor"), contida na Lei das XII Tábuas (*Lex Duodecim Tabularum*), consistindo na apreensão da totalidade de bens do devedor, prescindindo de autorização do juiz. A *novi operis nuntiatio* dizia respeito à proibição do prosseguimento de uma obra pelo proprietário, em que o nunciante se dirigia ao pretor e obtinha um interdito proibitório. O pretor também poderia determinar caução, em favor do requerente, que era chamada de *cautio damni infecti*. O sequestro já era previsto, na forma de um depósito, em mão de terceiro, de coisa em relação à qual as partes litigavam, devendo o terceiro conservá-la e devolvê-la ao vencedor da causa, que também era chamado de depósito *ad sequester*.

No Direito carolíngio os bens móveis ou imóveis do réu eram arrestados por ato do conde. Caso restasse alguma coisa após o pagamento do autor, pertenceria ao Fisco se o réu deixasse de adimplir sua obrigação dentro de um ano.

Na Idade Média eram concedidos arrestos contra os fugitivos, os estrangeiros e o de represália, que era o arresto do devedor quando este negava a obrigação.

O CPC de 1939 previa, no Livro V, os processos acessórios. No Título I havia as medidas preventivas, reguladas nos arts. 675 a 688. Entre as medidas preventivas estavam: (a) arresto de bens do devedor; (b) sequestro de coisa móvel ou imóvel; (c) busca e apreensão; (d) prestação de cauções; (e) exibição de livros, coisas ou documentos; (f) vistorias *ad perpetuam rei memoriam*; (g) obras de conservação em coisa litigiosa; (h) prestação de alimentos provisionais; (i) arrolamento e descrição de bens; (j) entrega de objetos ou bens de uso pessoal da mulher e dos filhos.

O CPC de 1973 tratou do processo cautelar no Livro III, especificando em título único sobre as medidas cautelares, nos arts. 796 a 889.

Não são mais consideradas cautelares no CPC de 2015 a exibição, a produção antecipada de provas, que estão tratadas dentro do tema provas, documentos.

24.7.3 Conceito

A expressão "tutela cautelar" foi empregada pelo legislador ordinário de 2015, quando editou o CPC. A locução "cautelar" está adjetivando a palavra *tutela*.

A palavra "cautelar" tem o sentido de medida relativa à precaução.

Alfredo Buzaid, na Exposição de Motivos do projeto do CPC de 1973, mostra que a palavra "cautelar não figura, nos nossos dicionários, como adjetivo, mas tão só como verbo, já em desuso. O projeto adotou, porém, como adjetivo, a fim de qualificar um tipo de processo autônomo. Na tradição de nosso Direito Processual era a função cautelar distribuída por três espécies de processos, designados por preparatórios, preventivos e incidentes. O projeto, reconhecendo-lhe caráter autônomo, reuniu os vários procedimentos preparatórios, preventivos e incidentes sob fórmula geral, não tendo encontrado melhor vocábulo que o adjetivo cautelar para designar a função que exercem". Segundo o referido professor, a preferência pela locução tinha também por inspiração a legislação portuguesa, sendo a empregada pela doutrina daquele país.

Frederico Marques menciona, em sua definição, que a cautelar é uma providência coativa, sendo jurisdicionalmente concedida (1974, v. IV:340), porém nem sempre isso ocorre. As medidas de jurisdição voluntária, como o protesto, a notificação, a interpelação etc., não têm caráter coativo, como ocorre, por exemplo, na produção antecipada de provas, em que apenas se pretende produzir uma prova antecipadamente, sob pena de posteriormente o lugar ter sido modificado, a pessoa ter falecido etc.

Tutela cautelar é a ação de natureza antecedente que visa estabelecer meios processuais para garantia de futura execução do julgado ou a garantia de proteção probatória.

Tem a tutela cautelar função de processo de conhecimento e de processo de execução, tendo por finalidade específica a prevenção.

24.7.4 Distinção

Distingue-se a tutela de urgência da tutela cautelar, pois esta compreende questões processuais, sendo processo que corre em apenso ou é distribuído por dependência ao principal. Na tutela de urgência a prestação jurisdicional assegura o próprio direito material e é concedida no próprio processo. Na cautelar o objetivo é assegurar meios processuais para execução do direito, ou, melhor explicando, visa-se à conservação do direito, à garantia do seu exercício futuro. Na tutela o que se pretende é o próprio direito, sem haver preocupação com sua conservação, daí ser satisfativa. A tutela cautelar tem caráter nitidamente instrumental. A tutela de urgência foi especificada nos arts. 303 e 304 do CPC, e não está, portanto, entre os arts. 305 a 310, que tratam das tutelas cautelares. A tutela cautelar, no CPC de 2015, é espécie de tutela de urgência.

A mesma diferenciação pode ser feita entre a tutela cautelar e a tutela de evidência. Esta diz respeito ao próprio direito material abrangido, enquanto a tutela cautelar pretende apenas assegurar o meio processual adequado para a execução do direito. A tutela de evidência não exige demonstração de dano ou risco ao resultado útil do processo. Não há pedido de liminar, pois não há perigo de dano ou risco ao resultado útil do processo. É uma tutela de evidência, de aparência e não de certeza. A tutela cautelar visa assegurar o resultado útil do processo.

A tutela cautelar diferencia-se do mandado de segurança, embora ambos tenham características comuns. O mandado de segurança, assim como a cautelar, enseja a expedição de liminar (parágrafo único do art. 305 do CPC e art. 7º, III, da Lei n. 12.016/2009). Na cautelar o juiz poderá exigir caução para a concessão da liminar. No mandado de segurança não há essa previsão legal, podendo o juiz, dentro do seu poder de cautela, assim fazer, se entender necessário. Não se pode negar, porém, que na concessão de liminar em mandado de segurança há a característica de cautelaridade. Entretanto, as semelhanças cessam por aí, pois, apesar de ambos serem considerados ações, no mandado de segurança examina-se o próprio direito material discutido; já, na tutela cautelar não se irá examinar o direito material, mas apenas se irá assegurar um meio processual para futura propositura de ação principal. No mandado de segurança há necessidade da prova do direito líquido e certo. Já na cautelar, os seus pressupostos são a fumaça do bom direito e o perigo da demora. O mandado de segurança está inserido nos incisos LXIX e LXX do art. 5º da Constituição, no capítulo que trata dos direitos e deveres individuais e coletivos, e no Título II, que versa sobre os direitos e garantias fundamentais, enquanto a cautelar não é uma garantia constitucional. O mandado de segurança e a tutela cautelar têm caráter jurisdicional. O mandado de segurança é utilizado contra ato de autoridade. Na cautelar nem sempre isso ocorre, podendo ser, em geral, usada contra ato do particular; no processo do trabalho será utilizada contra o empregador, por exemplo. No processo do trabalho o mandado de segurança é ação de competência originária dos tribunais, enquanto a cautelar é de competência tanto da vara como dos tribunais.

24.7.5 Natureza jurídica

A doutrina alemã concebia a medida cautelar como um simples apêndice da execução. Hoje isso não mais pode ser dito, porque a medida cautelar pode ser apresentada tanto na fase cognitiva como na fase de execução, visando à garantia do crédito do credor. Daí por que se falar, hoje, que a medida cautelar estaria para um *tertium genus* entre o processo de conhecimento e o de execução, pois poderia ser apresentada nos dois momentos; entretanto, teria uma característica específica, que seria a prevenção. Trata-se, assim, a ação cautelar, de função inerente à própria atividade jurisdicional, de prestar o provimento muitas vezes antecipadamente, evitando que quando proferida a sentença definitiva resultasse a impossibilidade da sua execução.

Calamandrei dizia que a cautelar tem caráter instrumental, pois seu objetivo seria mais do que fazer atuar o direito, seria assegurar a eficácia prática do provimento definitivo. Seria um meio processual para servir ao provimento jurisdicional definitivo. Carnelutti afirma que a cautelar representa a composição provisória da lide (1936, v. I:205).

Não se pode negar, porém, o caráter jurisdicional da tutela cautelar, pois implica atividade do órgão estatal incumbido de dirimir o conflito entre as partes, prestando a tutela específica diante da litigiosidade que compreende a questão. Tem natureza de tutela urgente.

Com a cautela, o que se busca não é a solução definitiva da lide, apenas a prevenção ou a eliminação de determinadas situações que poderiam inviabilizar no futuro o provimento principal.

A tutela cautelar pode ter, também, como regra, natureza acessória, dependente do processo principal. A tutela cautelar pode ser instaurada antes ou no curso do processo principal e deste é sempre dependente.

A tutela cautelar não pode ter natureza satisfativa, de deferir a própria pretensão da parte. Deve assegurar o resultado útil do processo.

24.7.6 Classificação

São várias as classificações que podem ser observadas de acordo com cada autor.

As tutelas cautelares poderiam ser sobre bens: (1) para assegurar a execução (arresto, sequestro); (2) conservativas genéricas (arrolamento de bens, busca e apreensão, atentado).

As tutelas cautelares podem ser divididas quanto à existência de previsão em lei ou não: específicas, típicas ou nominadas (arresto, sequestro, arrolamento de bens, registro de protesto contra alienação de bem (art. 301 do CPC), atentado (§ 7º do art. 77 do CPC) etc.) e inespecíficas, inominadas ou atípicas, como a que visa dar efeito suspensivo a recurso.

As tutelas cautelares também podem ser classificadas quanto ao momento, e então teríamos medidas antecedentes e incidentes. As antecedentes ou preparatórias são aquelas que serão propostas antes da ação principal, porém isso não quer dizer que necessariamente serão antecedentes, expressão empregada pelo art. 299 do CPC. As incidentes seriam aquelas que ocorrem no curso do processo principal, como no atentado, no arresto, na execução etc.

A tutela cautelar pode ser dividida quanto à segurança da futura execução. Exemplos: sequestro, arresto, busca e apreensão.

O CPC de 2015 faz divisão de tutela cautelar: (a) de urgência: pode ser efetivada mediante arresto, sequestro, arrolamento de bens, registro de protesto contra alienação de bem e qualquer outra medida idônea para asseguração do direito (art. 301 do CPC); (b) que não sejam de urgência.

Arrolamento de bens não se aplica no processo do trabalho, pois nele não se discute a referida matéria.

O registro de protesto contra a alienação de bens pode ser usado pelo empregado se o empregador está alienando bens e não paga o seu crédito.

Qualquer outra medida idônea para asseguração do direito é um tipo bastante amplo e aberto para ser utilizado pela parte.

A tutela cautelar visa assegurar o resultado útil de um outro processo.

24.7.7 Cautelar satisfativa

A tutela cautelar tem como pressupostos os mesmos requisitos para a concessão de mandado de segurança, envolvendo também a existência de *periculum in mora* e *fumus boni juris*, configurando-se pela emergência de se conceder uma solução imediata, que não poderá ser atendida de outra forma.

Não pode, porém, a tutela cautelar ser utilizada para tutelar o direito material. O juiz não pode conceder tutela cautelar que tenha caráter satisfativo, pois a postulação principal deve ser proposta no processo cognitivo (de conhecimento). A finalidade primordial no processo cautelar é assegurar o desenvolvimento do processo de conhecimento ou de execução.

Não é possível que a tutela cautelar tenha o conteúdo igual ao da pretensão correspondente à realização do próprio direito subjetivo. Nas tutelas cautelares, não se profere decisão que tenha efeitos de liberação ou satisfação.

Galeno Lacerda (1984, v. 8, t. I:163) já advertiu quanto ao perigo das antigas medidas cautelares satisfativas: "Constitui perigosa arma de dois gumes nas mãos do magistrado, que poderá cercear injustamente direitos legítimos, envolvidos pela cavilação do embuste ou pela falaciosa aparência do direito alegado por quem carece, na verdade, de razão. E, assim, não há o risco do desprestígio da justiça, de que uma liminar, dada por inadvertência, se transforme em instrumento iníquo de pressão, para extorquir do adversário vantagens e transações indevidas."

O que se pretende com a tutela cautelar não é a satisfação do direito, mas a prevenção de uma lesão, em razão da demora do pronunciamento judicial.

A tutela cautelar não se confunde com a ação principal, pois, como explicita Humberto Theodoro Junior (1987:131-132), "por versar sobre fatos diversos e tender a justificar decisão diferente daquela a ser obtida na ação de mérito". Na tutela cautelar, somente são pertinentes alegações referentes a este processo e não ao processo de fundo, ao processo principal. Mesmo "para obtenção da tutela cautelar, a parte deverá demonstrar fundado temor de que, enquanto aguarda a tutela definitiva, venham a faltar as circunstâncias de fato de perecimento, destruição, desvio, deterioração, ou de qualquer mutação das pessoas, bens ou provas necessárias para a perfeita e eficaz situação do provimento final do processo principal" (Humberto Theodoro Junior, 1987:77).

A entrega da prestação jurisdicional definitiva não pode ser antecipada, por meio da tutela cautelar, pois caso assim se fizesse, não haveria nenhuma necessidade do processo principal. A tutela cautelar esgotaria o direito já num processo que deveria ser acessório, preparatório, para a propositura da ação principal. Adverte Humberto Theodoro Jr. (1987:60/1) que "não é o direito material que assegura o exercício dessa ação, mas o risco processual de ineficácia da prestação definitiva sob a influência inexorável do tempo em que se demanda, para alcançar o provimento definitivo no processo principal. As medidas cautelares servem, na verdade, ao processo e não ao direito da parte; visam dar eficiência e utilidade ao instrumento que o Estado engendrou para solucionar os conflitos de interesse dos cidadãos. O processo cautelar não é substitutivo da ação principal, mas apenas acessório. Não pode, portanto, a tutela cautelar criar situações de fato iguais ou exorbitantes da pretensão de direito material da própria ação principal. A tutela cautelar não poderá, assim, ter o mesmo objeto do processo principal, pois, caso ocorresse, haveria uma antecipação do direito substancial".

A referência à ação principal é necessária para se saber qual será a pretensão de fundo, verificando-se, ainda, se o requerente da tutela cautelar tem legitimidade e interesse para propor a ação principal (nesse sentido *JTA* 87/128, *RJTAMG* 20/119). O caráter da tutela cautelar é eminentemente instrumental, não devendo satisfazer de imediato a pretensão do autor que seria objeto de pretensão de fundo, mediante ação principal, sob pena de esvaziar completamente seu conteúdo.

Como já decidiu o TST, por meio do voto do Min. Marcelo Pimentel, "no processo cautelar o juiz deve reconhecer fatos e não a pretensão de fundo de que o processo cautelar é subsidiário. A ação cautelar é um direito subjetivo público, abstrato, independentemente de qualquer outro direito subjetivo que instaure uma relação processual nova. O objeto imediato da ação cautelar é a obtenção de providência urgente e provisória tendente a assegurar efeitos de uma decisão judicial pendente de recurso em perigo em razão da demora. O objeto da ação cautelar é distinto daquele da ação principal, porque se trata de uma instrumentalidade de segundo grau" (TST, AG MC 45/89,7 – Ac. SDC 451/90.1, j. 6-11-1990, Rel. Min. Marcelo Pimentel, *LTr* 55-6/668).

Antecipando o juiz o que deveria ser objeto da ação principal, o ato é manifestamente ilegal e atentatório ao direito e ao devido processo legal para a garantia da prestação jurisdicional, que só se verifica com o ajuizamento da ação trabalhista e não da tutela cautelar.

A tutela cautelar não é o remédio adequado para obter a reintegração do empregado ao serviço, na hipótese de o trabalhador gozar, *v. g.*, de estabilidade provisória. A satisfação plena do direito material somente pode ser objeto da reclamação trabalhista, que seria o processo principal. A concessão da tutela cautelar satisfativa infringe sua própria natureza jurídica de remédio acessório, pois, se concedida a reintegração do empregado ao serviço na cautelar, não haverá mais necessidade do processo principal, esgotando totalmente a pretensão do direito material. A reintegração no emprego mediante liminar em cautelar viola direito líquido e certo do empregador de discutir de forma ampla no processo principal a referida situação, ou seja, direito ao devido processo legal e ao contraditório (art. 5º, LIV, e LV da Constituição).

Calamandrei afirma que "entre fazer logo porém mal e fazer bem mas tardiamente, os provimentos cautelares visam, sobretudo, a fazer logo, deixando o problema do bem e do mal, isto é, da justiça intrínseca do provimento, sejam resolvidos mais tarde, com a necessária ponderação, nas sossegadas formas do processo ordinário" (*Introduzione allo studio sistematico dei provvedimenti cautelari*, n. 8, p. 20).

O objetivo precípuo da tutela cautelar é principalmente estabelecer uma determinação processual para o futuro, visando que a sentença que julgar o processo principal tenha possibilidade de ser executada, daí porque é provisória e não definitiva.

Para assegurar o direito em si, hoje existem a tutela de urgência (arts. 300 a 303 do CPC) e a tutela de evidência (art. 311 do CPC).

24.7.8 Autonomia

A ideia inicial era a de que a tutela cautelar não poderia ser considerada como autônoma, mas como uma forma de sistematização de fato durante a lide. Carnelutti foi um dos primeiros a modificar esse pensamento, entendendo haver autonomia na ação cautelar, que tem por objetivo assegurar a utilidade prática do processo definitivo (v. II:60). Seria um *tertium genus*, que estaria no mesmo plano dos processos de conhecimento e de execução.

A autonomia da tutela cautelar decorre da peculiaridade desse tipo de processo, com pretensão completamente distinta da de outros tipos de ações, que é a pretensão à segurança. A tutela cautelar é autônoma, pois não é um mero incidente processual.

Há diferença entre a tutela cautelar e outros tipos de ações, pois a primeira não tem por objetivo obter uma declaração do direito, mas obter um provimento jurisdicional que assegure a viabilidade do próprio processo.

O CPC tem tutelas cautelares específicas, como o arresto, o sequestro, o arrolamento de bens etc.

24.7.9 Condições da ação

Certos autores costumam indicar como condições da tutela cautelar o *periculum in mora* e o *fumus boni juris*, que, na verdade, são condições para se conceder a liminar na cautelar, como, por exemplo, no mandado de segurança, ou podem ser chamadas de pressupostos da tutela cautelar e não condições da ação.

As condições da ação continuam sendo, portanto, o interesse de agir e a legitimidade para a causa, segundo o inciso VI do art. 485 do CPC.

A legitimidade para a propositura da tutela cautelar poderá ser também do Sindicato nas hipóteses em que atua como substituto processual, como as do § 2º do art. 195 da CLT, do parágrafo único do art. 872 da CLT ou do art. 3º da Lei n. 8.073/90. Seria o caso de o sindicato ajuizar a tutela cautelar pedindo vistoria no local de trabalho em razão de o empregador o estar modificando no tocante à existência de insalubridade ou periculosidade.

O interesse de agir deve existir não só para propor ou contestar ação, como afirma o art. 17 do CPC, mas também na fase recursal, pois se o empregador ganhou a ação e pretende recorrer, não terá interesse a ser tutelado. Assim, à primeira vista, o interesse para propor a cautelar verifica-se quando da propositura da ação. Contudo, nem sempre esse é o momento, que pode efetivamente ocorrer quando da prolação da sentença cautelar. Se quando da decisão a parte não mais tem interesse na tutela cautelar, não terá mais interesse para propor a ação. É o caso da perda do objeto da tutela cautelar, como na hipótese de se pedir a produção antecipada de provas para ouvir uma testemunha e esta falecer antes de ser ouvida. Ao contrário, se o interesse não existia quando da propositura da ação ou da contestação, mas surge no momento de ser proferida a sentença, o interesse existe.

24.7.10 Pressupostos da tutela cautelar

Os pressupostos não se confundem com as condições da ação. São pressupostos específicos da ação cautelar o *fumus boni iuris* e o *periculum in mora*.

24.7.10.1 *Fumus boni iuris*

O *fumus boni iuris* ou fumaça do bom direito é a "provável existência de um direito" que irá ser tutelado no processo principal (Liebman, 1968, v. 1, n. 36:92). Entende Willard de Castro Vilar que o *fumus boni iuris* consiste "no juízo de probabilidade e verossimilhança do direito cautelar a ser acertado e o provável perigo em razão do dano ao possível direito pedido no processo principal" (1971:59). Trata-se, portanto, da probabilidade ou da possibilidade de que o direito invocado seja plausível, merecendo a proteção jurisdicional.

A tutela cautelar não representa, porém, o deferimento do direito material, mas a tutela do processo. Não se discute, assim, o direito material, o que será feito na ação principal, mas o direito a ser tutelado por intermédio do meio processual adequado: o processo principal.

Ressalte-se que o *fumus boni juris*, como pressuposto processual, existirá nas cautelares de natureza jurisdicional.

24.7.10.2 *Periculum in mora*

O *periculum in mora* é caracterizado pela necessidade de um provimento jurisdicional em razão da demora na solução da lide. É essencial que sejam criadas condições para que a demora na solução do litígio não venha a ocorrer em prejuízo da pessoa que provocou o exercício da função jurisdicional. Assim, há necessidade de uma medida para preveni-la. Se a pessoa que ingressou em juízo já está prejudicada em certa situação que lhe foi feita pelo réu, o Estado não pode demorar ainda mais para solucionar o conflito, importando até mesmo que, quando for proferida a sentença, não haja mais possibilidade de execução em razão da demora do provimento jurisdicional. Um dos princípios fundamentais de qualquer processo é a celeridade na solução do conflito, daí a necessidade de que, existindo o perigo da demora, seja determinada uma medida com o fim de assegurar o direito que a parte pretende para a execução da referida medida.

O *periculum in mora* deve, entretanto, ser entendido não como aquele que é genérico, mas o decorrente de dano posterior à propositura da ação, em decorrência da demora do provimento jurisdicional. Não decorre o *periculum in mora* da relação jurídica, mas da situação de fato. O dano, porém, deve ser provável ou quantificável. É o fundado receio. É um dano, portanto, que pode ser percebido pelo juiz quando lê a petição inicial, compreendendo aspecto objetivo e não subjetivo, que seria difícil de se precisar. Na decisão, contudo, o juiz deverá indicar quais foram os motivos que influíram no seu convencimento quanto ao dano alegado.

Há doutrinadores, como Pontes de Miranda (1976, t. XII:47), que entendem que se a possibilidade de dano deve preexistir ou coexistir com a origem da pretensão, não deveria ser deferida a tutela cautelar, salvo no caso em que houvesse agravamento dessa situação, daí surgindo novo argumento. Entretanto, isso não é bem assim, pois o que importa é se o perigo existe ou não, visto que o dano continua existindo. Ao contrário, se o dano existia e deixa de existir antes da sentença, não existe mais o *periculum in mora*. Se o dano, porém, não existia na época da propositura da ação e no momento da sentença passa a existir, justifica-se a tutela cautelar. O momento, portanto, adequado para se verificar a existência do dano não é na propositura da ação, mas no exame que o juiz irá fazer ao decidir a questão.

24.7.11 Poder geral de cautela

O fundamento legal do poder geral de cautela do juiz está contido no art. 297 do CPC.

Havia quem sustentasse que o poder de cautela do juiz estaria contido no CPC de 1939, com base no art. 765. O fundamento era de que o referido artigo ter-se-ia inspirado no art. 324 do Código de Processo Civil italiano, que foi elaborado por Carnelutti, em que a doutrina reconhecia o poder geral de cautela do juiz contido no referido comando legal, além do que a nossa tradição processual sempre foi no sentido de conferir medidas preventivas antes da propositura da ação principal.

No poder geral de cautela do juiz, contido no art. 297 do CPC, aquele o exerce dentro dos critérios previstos na lei, pois é a possibilidade da escolha pelo juiz dos vários critérios contidos na lei para poder decidir. Não se trata de ato arbitrário, que seria contrário à determinação da lei, mas da existência de mais de um critério definido na própria lei. O art. 297 do CPC indica tal orientação quando menciona que o juiz poderá determinar as medidas que *julgar adequadas*, mostrando um critério subjetivo conferido ao juiz pela lei, mas que compreende qualquer tutela, inclusive a cautelar.

No processo do trabalho, o poder de cautela do juiz também pode ser evidenciado no art. 765 da CLT, que permite ao juiz "ampla liberdade na direção do processo..., podendo determinar qualquer diligência necessária ao esclarecimento" da causa.

Seria, então, possível ao juiz determinar a tutela cautelar de ofício? Entendo que não. O processo do trabalho também é regido pela regra de que o juiz só pode prestar a tutela jurisdicional quando provocado, disciplinando a orientação do Direito Romano que dizia *nemo iudex sine actore* ou de que o juiz não poderia de ofício determinar providências que cabem à parte (*ne procedat iudex sine officio*). Não se autoriza, contudo, a expedição de medida liminar de ofício, quando menciona que "só em casos excepcionais" será determinada a tutela cautelar sem a oitiva da parte contrária. Assim, somente nos casos excepcionais determinados em lei é que ela pode ser concedida e não de ofício pelo juiz. O juiz apenas poderá autorizar liminarmente a medida, quando a ação houver sido proposta e a liminar houver sido requerida pela parte. O art. 299 do CPC também mostra que a tutela cautelar tem de ser requerida para que o juiz possa prestar o seu ofício jurisdicional.

O art. 297 do CPC permite o ajuizamento de medidas provisórias, tanto antes do julgamento da lide, como depois, pois não faz distinção nesse sentido.

24.7.11.1 Limites do poder geral de cautela

Os limites do poder geral de cautela do juiz estão contidos na Constituição e na lei, pois o juiz deverá julgar de acordo com a previsão legal. Constitucionais são o contraditório, a ampla defesa, o juiz natural, o devido processo legal, a publicidade etc.

Outro limite ao poder geral de cautela do juiz está contido no próprio art. 297 do CPC, quando reza que o juiz irá determinar as tutelas cautelares inominadas que julgar adequadas quando houver fundado receio de que uma parte cause ao direito da outra lesão grave e de difícil reparação. Assim, inexistindo providência decorrente de lesão grave ou de difícil reparação à parte, o juiz não poderá conceder a cautela e, se o fizer, estará agindo contrariamente à lei.

O juiz também não poderá determinar medidas antecipativas do mérito, isto é, satisfativas, que seriam decididas na ação principal. A única exceção é determinada na própria lei, ou seja, no art. 310 do CPC, que permite a consideração em torno de decadência ou prescrição. A prescrição pode ser arguida de ofício pelo juiz.

Mais um limite ao poder geral de cautela do juiz que pode ser lembrado diz respeito às próprias tutelas cautelares específicas previstas no CPC. O juiz, portanto, só poderá determinar medidas atípicas quando não houver previsão em lei.

Assim, a parte não poderá fundar seu direito em tutela cautelar atípica, quando houver previsão no CPC a respeito de determinada providência acautelatória.

Seria possível a utilização da tutela cautelar inominada com o objetivo de obter do juiz um decreto de indisponibilidade de bens do empregador, embora não tenha prova literal de dívida líquida e certa, como ocorreria no arresto.

O juiz, para evitar dano, pode autorizar ou vedar a prática de determinados atos, ordenar a guarda judicial de pessoas e depósito de bens e impor a prestação de caução. Essa caução não se aplica ao empregado, que não tem condições de prestá-la, porém poderá ser aplicada ao empregador, se este for o requerente da medida.

24.7.12 Tutelas cautelares inominadas ou inespecíficas

Inominado é aquilo que não tem nome. Ao se utilizar a expressão *tutelas cautelares inominadas* ou *inespecíficas* ou *atípicas* quer-se dizer que são as medidas que não são previstas ou arroladas no Código Processo Civil. Talvez o legislador tenha tido o intuito de deixar claro quais seriam as tutelas cautelares específicas, para que não houvesse dúvida sobre o tema, mas também para que não existisse discussão em torno do assunto, regulando como seriam esses procedimentos. Estabeleceu também tutelas cautelares que poderiam ser concedidas pelo juiz, que são assim chamadas de inominadas, inespecíficas ou atípicas. Exemplo comum destas é a tutela cautelar inominada de sustação de protesto de títulos, que evidentemente não se aplica no processo do trabalho. O CPC tem regras sobre o tema, no art. 297.

Declara o art. 297 do CPC que o juiz poderá determinar as medidas considerar adequadas para efetivação da tutela provisória. O requisito é que, desde que haja fundado receio de que uma parte, antes do julgamento da lide, cause ao direito da outra lesão grave e de difícil reparação. Para evitar o dano, o juiz poderá autorizar ou vedar a prática de determinados atos, o depósito de bens e impor a prestação de caução. Essa caução de que trata o citado comando legal não pode ser determinada ao empregado, que não tem condições de prestá-la, não se aplicando tal orientação no processo do trabalho, mas apenas ao empregador.

À primeira vista, as tutelas cautelares inominadas são utilizadas para obstar a despedida do empregado estável quando não foi ajuizado o inquérito para apuração de falta grave, visando à reintegração do cipeiro e outras. No entanto, essas medidas têm caráter nitidamente satisfativo, pois sua concessão esgota o direito reclamado, sem a necessidade do processo principal, do processo de conhecimento, no qual se iria discutir justamente o direito de ser ou não dispensado, abrangendo a estabilidade. Alguns tribunais costumam conceder a cautelar apenas para que o empregado possa participar de nova eleição da CIPA ou do sindicato, como se ainda fossem empregados, para que estes não perdessem o direito de concorrer ao pleito. Se o empregado não mais está na empresa trabalhando, não há como conceder tutela cautelar. Assim, haveria necessidade de discutir esses fatos no processo principal, mas aí o empregado já não mais teria direito de concorrer à eleição do sindicato ou da CIPA.

As tutelas cautelares inominadas são, portanto, aquelas em que não há regra específica no CPC tratando do tema. Assim, são procedimentos que ficarão dentro do poder geral de cautela do juiz ou no seu poder discricionário.

As tutelas cautelares nominadas não são definitivas, pois podem ser revogadas ou modificadas a qualquer tempo.

As tutelas cautelares inominadas somente serão utilizadas quando não houver procedimento específico no CPC, isto é, desde que não possam ser incluídas nas tutelas cautelares típicas previstas, como arresto, sequestro. Não será possível, assim, o deferimento de tutela cautelar inominada quando houver provimento específico no CPC. Da mesma forma, não seria possível o ingresso de tutela cautelar para que a parte contrária postule em juízo, tanto na ação como na execução, pois feriria o direito de ação contido no inciso XXXV do art. 5º da Constituição.

Necessariamente, as tutelas cautelares não são aplicadas apenas no processo de conhecimento, como afirma Frederico Marques (*Manual de direito processual civil*. São Paulo, Saraiva, 1976, v. 4, p. 376). Com base no poder geral de cautela, o juiz poderia, *v. g.*, deferir a tutela cautelar inominada, mesmo após o trânsito em julgado da sentença, ou, mais precisamente, na execução, pois a parte poderia sofrer lesão grave e de difícil reparação nessa fase.

24.7.13 Competência

Mostra o art. 299 do CPC que a tutela provisória será requerida ao juízo da causa e, quando antecedente, ao juízo competente para conhecer do pedido principal. O certo, porém, seria falar que a tutela cautelar deveria ser requerida ao juízo, pois, à primeira vista, pode haver mais de um juiz na vara.

Nem sempre, contudo, a tutela cautelar é preparatória, de maneira a ser pressuposto essencial para se ajuizar a futura ação principal, somente isso ocorre quando é o caso de constituir o devedor em mora. O mais certo seria usar a expressão *medidas não incidentes*, que não tem nenhuma vinculação com o processo a ser proposto no futuro e evidencia a independência do processo cautelar (Teixeira Filho, 1989b:147).

Nas ações cautelares incidentais será possível oferecer exceção de incompetência. Uma vez deferida a liminar sem audiência da parte contrária e posteriormente oferecida a exceção de incompetência, não há a suspensão da liminar, apenas do processo até decisão da exceção. Acolhida a exceção e remetidos os autos para o juízo competente, este poderá confirmar a liminar ou revogá-la.

Será possível à parte propor a cautelar em juízo que seria, por exemplo, incompetente em razão do lugar? Sim, pois no caso a incompetência não seria absoluta, e sim relativa. De outro lado, seria o caso de lembrar o exemplo de Lopes da Costa, mencionando a situação da venda de um rebanho, com proprietários em diferentes domicílios, cujos animais estão pastando numa região distante. Ciente o comprador de que o rebanho vai ser desviado para outro lugar, não seria razoável que a tutela cautelar fosse solicitada no domicílio do vendedor, para depois requerer a providência por meio de carta precatória, pois correria o risco de encontrar o gado transformado em bife (1958:32).

24.7.13.1 Competência em caso de recurso

A redação do parágrafo único do art. 299 do CPC reza que "na ação de competência originária de tribunal e nos recursos a tutela será requerida ao órgão jurisdicional competente para apreciar o mérito".

Observa-se, contudo, da redação do art. 299 do CPC que a tutela cautelar tem característica de urgência, estando ligada ao *periculum in mora*. Assim, na prática ela é apresentada no processo do trabalho nos tribunais quando fosse o caso da observância do *periculum in mora* ou do *fumus boni iuris* até mesmo para dar efeito suspensivo a recurso ordinário em dissídio coletivo. Dessa forma, era completamente dispensável a referência a casos urgentes.

Agora a redação do parágrafo único tem uma orientação lógica e, aparentemente, diz o óbvio: que se a causa não mais está no primeiro grau, mas no tribunal, a tutela cautelar será requerida diretamente no tribunal, ou seja, será requerida ao relator do processo, quando este já estiver designado. O órgão jurisdicional competente para apreciar o mérito, em caso de recurso, é o tribunal. Quando ainda não houver relator, o certo será a tutela cautelar ser requerida à autoridade determinada pelo regimento interno do tribunal, que poderá ser o seu presidente, o vice-presidente, o vice-presidente judicial etc., conforme dispuser aquele.

Mesmo que o recurso já tiver sido apresentado e ainda estiver na Vara e for o caso de tutela cautelar, esta será requerida diretamente no tribunal, pois o recurso já foi interposto segundo a redação do mencionado comando legal. Contudo, se o prazo do recurso ainda estiver em aberto, será competente para conhecer da cautelar o juiz da Vara e não o tribunal.

Se estiver o processo no tribunal em grau de recurso e for proposta tutela cautelar dizendo respeito à execução provisória em carta de sentença, será competente para tratar do tema o juízo de primeiro grau, pois esta questão de mérito diz respeito à execução.

24.7.14 Peculiaridades da tutela cautelar

É preciso, agora, verificar quais são as peculiaridades da tutela cautelar, inclusive se certas hipóteses configuram-se realmente como peculiaridades desse tipo de processo. Vamos examinar as seguintes: preventividade, provisoriedade, acessoriedade, instrumentalidade, sumariedade, fungibilidade.

24.7.14.1 Preventividade

No CPC de 1939, o arresto, o sequestro, a busca e apreensão, as cauções, a exibição de livros, as vistorias, o arbitramento e as inquirições *ad perpetuam rei memoriam*, entre outras, eram consideradas medidas preventivas, estando indicadas no Livro V, que versava sobre processos acessórios. O atentado, os embargos de terceiro, a falsidade de documentos, os protestos, notificações, interpelações, justificação e outras não eram considerados medidas preventivas, mas estavam incluídos nos processos preventivos.

Modificou o CPC de 1973 a orientação anterior de medidas preventivas para processos cautelares, pois nem sempre elas são preventivas, como ocorre com o mandado de segurança preventivo, que não tem natureza de medida cautelar. Assim, as medidas preventivas são o gênero do qual as tutelas cautelares são espécie.

O CPC de 2015 mudou a denominação para tutela cautelar, como espécie de tutela de urgência.

A preventividade não é requisito de tutela cautelar, pois não há previsão em lei nesse sentido.

O atentado não tem caráter preventivo, mas muito mais repressivo, em razão de violação de arresto, penhora, sequestro ou outra qualquer inovação ilegal no estado de fato, de fato de bem ou direito litigioso (§ 7º do art. 77 c/c inciso VI do mesmo artigo do CPC), mais se aproximando de uma repressão a ato atentatório à dignidade da Justiça.

Não se pode dizer, portanto, que tudo o que tem caráter preventivo seja tutela cautelar, pois até mesmo a penhora não deixa de ter certo caráter preventivo, de assegurar a execução, mas na verdade é a primeira etapa da própria execução, visando à expropriação do bem.

24.7.14.2 Provisoriedade

As tutelas cautelares de natureza jurisdicional têm, como regra, a característica da provisoriedade, pois, na maioria das vezes, dependerão da existência de um processo principal. São medidas que vão realmente ter duração limitada no tempo.

O art. 299 do CPC faz referência a tutela provisória, que será requerida ao juiz.

24.7.14.3 Acessoriedade

Liebman advertia que "a ação cautelar é sempre ligada a uma relação de complementariedade a uma ação principal, já proposta ou da qual se anuncia a próxima propositura" (1973:92).

A tutela cautelar pode ser instaurada antes ou no curso do processo principal e deste é sempre dependente. Isso mostra que a tutela cautelar é sempre acessória ao principal, seguindo a mesma sorte deste, segundo o art. 59 do Código Civil.

Nas tutelas cautelares é necessário indicar a lide ou ação principal que será proposta (art. 305 do CPC) e prevenção do juízo. Isso evidencia a existência dessa acessoriedade da tutela cautelar em relação ao processo principal.

Nem sempre, porém, a ação que é proposta por dependência à principal será considerada cautelar, embora seja dependente. É o caso dos embargos do devedor ou de terceiro, que, apesar de serem distribuídos por dependência, não são ações cautelares.

24.7.14.4 Instrumentalidade

Calamandrei (1936:21), Carnelutti (1958:336, n. 243) e Liebman sustentavam a instrumentalidade da cautelar. O último justificava sua posição dizendo que o caráter instrumental ocorria pelo fato de se assegurar o eficaz desenvolvimento e profícuo resultado do escopo essencial da jurisdição, que ocorria no processo de conhecimento ou de execução (1973:91, n. 36). Frederico Marques, ao definir a cautelar, menciona que esta é a "providência coativa de caráter provisório e *instrumental*, jurisdicionalmente concedida, para a tutela, em sua complexidade, do resultado de processo de conhecimento, ou de execução" (1974, v. IV:340).

Giuseppe de Luca refutava a tese da instrumentalidade da cautelar dizendo que a própria sentença definitiva não deixava de ter um caráter de instrumento da prestação jurisdicional, explicando que o direito material também seria um instrumento da necessidade vital de maior expressão (1953:54).

A instrumentalidade é característica, portanto, de qualquer processo e não apenas da tutela cautelar, pois o processo é instrumento para se alcançar a prestação jurisdicional. A instrumentalidade é a forma com que a parte vem a juízo, por meio do processo, de maneira a postular aquilo que entende devido e que será ou não declarado mediante a prestação jurisdicional. Como todo processo, a instrumentalidade pressupõe se obter o máximo de resultado dele, com um mínimo de atividade processual, o que é mais acentuado no processo cautelar, dada a urgência desse tipo de procedimento.

A tutela cautelar serve para garantir o processo principal.

24.7.14.5 Sumariedade

A sumariedade da tutela cautelar é encontrada até mesmo no art. 305 do CPC, segundo o qual, na petição inicial, o requerente deverá fazer a exposição sumária do direito ameaçado e o receio de lesão.

No processo de conhecimento o juiz acaba fazendo uma análise profunda do processo, sendo verificadas as provas, muitas de maneira ampla e até minuciosa. Já na tutela cautelar, o juiz poderá conceder a medida apenas por intermédio de uma investigação sumária, desde que atendidos os pressupostos do *fumus boni juris* e do *periculum in mora*, sem necessidade de ampla investigação, de delongas e de muito tempo para que a determinação seja feita. Bastará a aparência do direito (*fumus boni juris*) para que a medida seja concedida; daí por que se pode dizer que há certa superficialidade no exame da questão, que apenas será feito de maneira minuciosa quando for proferida a decisão definitiva na ação principal. A sumariedade irá ser observada com a simples existência da aparência do bom direito e a verossimilhança do que foi alegado, sem se exigir, à primeira vista, uma demonstração cabal e profunda das alegações da parte. Daí advertir Piero Calamandrei que "a providência cautelar representa uma conciliação entre duas exigências contrastantes da justiça: de um lado, a de celeridade, e, de outro, a de ponderação; entre fazer mal, mas rápido, e fazer bem, embora tarde, o processo cautelar optou pela primeira solução, deixando que o problema do bem e do mal, ou seja, da justiça intrínseca da decisão, seja apreciado, com a ponderação necessária, no processo principal" (1936:20). O § 2º do art. 300 do CPC, menciona que o juiz concederá liminarmente a tutela cautelar. Isso pode ocorrer quando o réu, sendo citado, poderá opor algum obstáculo para torná-la ineficaz, isto é, decorre do exame sumário da postulação, desde que exista a fumaça do bom direito.

A sumariedade também é evidenciada pelo fato de o juiz expedir a liminar pelo simples exame dos documentos juntados aos autos pelo requerente.

Dada a urgência da tutela cautelar, sua análise realmente deve ser sumária, o mais breve possível.

24.7.14.6 Fungibilidade

A palavra "fungível" vem do latim *fungibilis*, de *fungi*, cumprir, satisfazer. É aquilo que pode ser substituído por outra coisa.

É princípio da teoria geral dos recursos que, se a parte erroneamente interpôs um recurso em lugar de outro, pode-se considerá-lo desde que esteja dentro do prazo. Em relação às medidas cautelares, porém, esse princípio não se aplica, pois, se a tutela cautelar foi requerida erroneamente, o juiz não poderá determinar o provimento, sob pena até mesmo de julgar *extra petita* (*JTA* 98/191). O art. 297 do CPC não dá, contudo, respaldo à fungibilidade, pois o juiz não poderá tomar uma medida por outra, pois haverá necessidade de postulação, justamente porque o juiz exercita o poder geral de cautela dentro da lei. Se fizesse de modo contrário, seu ato seria ilegal ou arbitrário. Da mesma forma, o art. 297 do CPC não permite essa concessão de ofício, necessitando de requerimento (art. 299 do CPC), pois o juiz não pode decidir se não for provado, em razão de que o processo começa por iniciativa da parte (art. 2º do CPC).

A fungibilidade encontrada na lei processual, no tocante à cautelar, é outra, isto é, a tutela cautelar pode ser substituída, de ofício ou a requerimento de qualquer das partes, pela prestação de caução (§ 1º do art. 300 do CPC), sempre que adequada e suficiente para evitar a lesão ou repará-la integralmente. Não há, portanto, incompatibilidade de o processo do trabalho aplicar tal orientação, pois o empregador pode prestar caução, se for o requerente da medida, o empregado geralmente não, pois é a parte economicamente hipossuficiente que não pode oferecê-la (§ 1º do art. 300 do CPC).

24.7.15 Liminar

A ideia da liminar é encontrada no Direito Romano, no qual os pretores podiam expedir interditos, que eram de duas espécies: (a) os proibitórios, contendo uma proibição a determinada conduta; (b) os exibitórios (ou restitutórios), em que havia uma determinação para exibir ou restituir alguma coisa. Estes procedimentos mais tarde desapareceram, principalmente diante da invasão bárbara, que trouxe os seus costumes e também os seus direitos, aplicando-os nos territórios romanos ocupados.

No século XIII surge em alguns países, como Itália, Espanha, França e Alemanha, a *possessorium summarium*, espécie de procedimento sumaríssimo imediato, porém de caráter provisório. Na Alemanha verificavam-se as *inhibitiones* em que havia a concessão de um mandado liminar, sem citação do réu, tendo por objetivo a tutela do próprio direito do requerente. Entre os requisitos para a sua concessão era mister a existência de iminência de dano irreparável e *periculum in mora*.

No sistema atual, o juiz poderá conceder o provimento de plano (*in limine*), logo no limiar do processo, como também após a justificação prévia daquilo que foi postulado na inicial (§ 2º do art. 300 do CPC), porém sem ouvir o réu. Fundamenta-se a liminar sem oitiva da parte contrária no fato de o juiz verificar que, se o réu for citado, poderá tornar ineficaz a medida. O certo não seria falar que o juiz vá verificar, como mencionava o art. 804 do CPC de 1973, mas sim o juiz se convencer, ter formado sua convicção jurídica pelos elementos constantes dos autos. Assim, convencido o juiz de que estão presentes os requisitos do *fumus boni juris* e do *periculum in mora*, irá conceder a liminar sem ouvir a parte contrária (*inaudita altera parte*), que, portanto, será um ato discricionário do juiz. Não se trata, por conseguinte, de ato arbitrário, mas dentro da previsão da lei.

O juiz irá agir diante do princípio da persuasão racional, contido no art. 371 do CPC, mas sua decisão deverá indicar os motivos que o levaram a se convencer a respeito do que foi postulado, isto é, deve ser motivada.

A liminar pode ser concedida após a citação do réu, se o juiz entender que tem de verificar o que ele vai dizer, pois mesmo assim será antes de ser proferida a sentença.

Não poderá ser objeto de liminar a prestação a ser discutida na ação principal. Já decidiu o TST que "a concessão de liminar em cautelar inominada, sem audiência do contrário, deferindo já o direito material que seria discutido em ação a ser proposta, esquece a razão mesma da cautelar, infirmando a possibilidade de resultado profícuo a uma sentença eventual de improcedência" (TST RO MS 2155/90.4 – Ac. SDI, j. 6-11-1990, Rel. Min. José Luiz Vasconcellos, *LTr* 55-05/609).

Poderá o juiz determinar de ofício a liminar? O art. 299 do CPC estabelece que a tutela provisória deve ser requerida ao juiz. O juiz não poderá conceder a liminar de ofício.

Mesmo no caso do inciso IX do art. 659 da CLT o juiz não poderá conceder de ofício medida liminar para sustar transferência abusiva. O próprio inciso é claro no sentido de que há necessidade de reclamação trabalhista e, por consequência, de pedido. Assim, mesmo nesse caso o juiz não poderá conceder de ofício a medida liminar. Haverá, portanto, necessidade de provocação. O mesmo se pode falar da hipótese contida no inciso X do art. 659 da CLT. Esse assunto será melhor comentado quando for falado, mais adiante, da transferência de empregados.

No processo do trabalho o juiz só poderá proceder de ofício nos casos previstos na própria lei como: (a) dar andamento à execução quando as partes não tiverem advogados (art. 878 da CLT); (b) nos dissídios em que os empregados ou empregadores reclamem pessoalmente, o processo pode ser impulsionado pelo próprio juiz (art. 4º da Lei n. 5.584/70); (c) havendo greve em atividade essencial, com possibilidade de lesão do interesse público, o dissídio coletivo pode ser instaurado de ofício pela Procuradoria do Trabalho; (d) determinar exame pericial para apuração de insalubridade ou periculosidade (§ 2º do art. 195 da CLT); (e) determinar a intimação das testemunhas que não comparecerem (parágrafo único do art. 825 da CLT); (f) inspeção judicial (art. 481 do CPC); (g) interrogatório dos litigantes (art. 848 da CLT c/c art. 139, VIII, do CPC) etc. Assim, sem autorização da lei, o juiz não poderá expedir liminar de ofício, necessitando de requerimento da parte.

A alínea *p* do inciso I do art. 102 da Constituição estabelece competência originária ao STF para apreciar o pedido de tutela cautelar nas ações diretas de inconstitucionalidade. Na verdade, dever-se-ia ingressar com a cautelar, requerendo a liminar, e a ação principal seria a ação direta de inconstitucionalidade, pois a lei menciona expressamente medida cautelar, e não liminar na ação direta.

O art. 1º da Lei n. 8.437/92 proíbe a concessão de liminares "contra atos do Poder Público, no procedimento cautelar ou em quaisquer outras ações de natureza cautelar ou preventiva, toda vez que providência semelhante não puder ser concedida em ações de mandado de segurança, em virtude de vedação legal".

A liminar poderá ser concedida, caso em que poderá determinar que o requerente preste caução real ou fidejussória idônea de ressarcir os danos que o requerido possa vir a sofrer (§ 1º do art. 300 do CPC). Essa caução não se aplica no processo do trabalho ao empregado, que geralmente não tem condições de prestá-la, porém pode ser observada em relação ao empregador, se este for o requerente da medida.

24.7.16 Revogabilidade

As tutelas cautelares podem ser revogadas ou modificadas a qualquer tempo, pois representam tutela provisória (art. 299 do CPC).

A modificação deve ser entendida pela troca ou conversão de uma cautela por outra, como na busca e apreensão em arresto etc. A revogação diz respeito ao desfazimento da medida.

Tanto a sentença pode ser modificada ou revogada, como também as liminares ou as contracautelas (caução).

Entende Manoel Antonio Teixeira Filho que a modificação e a revogação da cautelar não podem ser determinadas de ofício, devendo ser requeridas pelo interessado (1988b:233).

Quem pode o mais, que é conceder, pode o menos, que é revogar a medida, principalmente se a situação de fato se modificou ou se o juiz se convenceu em sentido contrário, melhor examinando o seu ponto de vista. Se a decisão pode ser revogada ou modificada a qualquer tempo, pode sê-lo pelo próprio juiz, sem requerimento; inclusive a liminar pode ser reconsiderada pelo próprio juiz. O art. 299 do CPC mostra que a tutela é provisória e também a liminar. O juiz tem, portanto, discricionariedade para rever seu ponto de vista e modificar ou revogar a cautela concedida.

Humberto Theodoro Junior assevera que o pedido de modificação ou revogação deve ser feito em processo especial (1987:162), o que não corresponde à realidade, pois pode ser feito no próprio processo, isto é, nos mesmos autos da tutela cautelar, em que para modificar ou revogar a medida deverá haver pedido no próprio processo.

Assim, a medida poderia ser modificada ou revogada antes de ser proferida a sentença, na própria sentença da cautelar ou na própria sentença de mérito, tendo por objeto a sentença cautelar.

Uma vez interposto o recurso, a cautelar será requerida diretamente no tribunal, conforme o parágrafo único do art. 299 do CPC. Competente, à primeira vista, para apreciar o pedido de modificação ou de revogação será o relator.

24.7.17 Transferência de empregados

Não havia nenhuma disposição na CLT que tratasse de tutelas cautelares. Com a edição da Lei n. 6.203, de 14-4-1975, que acrescentou o inciso IX do art. 659 da CLT, alguns autores entendem que a norma consolidada passou a ter sua medida cautelar. Reza aquele dispositivo que é de competência do Juiz Presidente da Vara "conceder medida liminar, até decisão final do processo, em reclamações trabalhistas que visem a tornar sem efeito transferência disciplinada pelos parágrafos do art. 469 desta Consolidação".

Valentin Carrion, Amauri Mascaro Nascimento, Wagner Giglio e Coqueijo Costa entendem que com a inclusão do inciso IX no art. 659 da CLT, determinada pela Lei n. 6.203, a CLT já dispõe de um procedimento cautelar, deixando de ser omissa sobre o tema.

Verificando-se com mais atenção o comando do inciso IX do art. 659 da CLT, observa-se que não se trata de tutela cautelar. A medida liminar mencionada no referido mandamento legal é vinculada à existência de "reclamação trabalhista", ou seja, de um processo que esteja em curso, de processo de cognição, onde o empregado discuta a transferência abusiva. Segundo o dispositivo da CLT, o empregado não poderá solicitar em tutela cautelar a liminar visando obstar a transferência abusiva, mas apenas na própria ação trabalhista. Lembro, por exemplo, que o art. 38 da Lei n. 6.830/80 (Lei de Execução Fiscal) determina que o juiz poderá conceder liminarmente o depósito para suspender a exigibilidade do crédito tributário (art. 151, II, do CTN) na ação anulatória de débito fiscal. Nesse caso, não se necessita de tutela cautelar, mas a liminar é concedida na própria ação de conhecimento. O mesmo ocorre no mandado de segurança, em que a liminar não é concedida na medida cautelar, que inexiste, mas no próprio bojo do *mandamus*.

A liminar contra transferência abusiva é concedida pelo próprio juiz, no limiar do processo. Está sendo antecipado o próprio direito e não um meio processual para garantir esse direito.

Será a liminar concedida *inaudita altera parte*, e perdurará "até decisão final do processo", não podendo ser revogada em seu curso. A medida liminar é incidente no curso do processo, logo quando da apresentação da petição inicial, não sendo preparatória.

Não caberá recurso do indeferimento da medida liminar, pois somente da decisão final é que caberá o apelo, por se tratar de decisão interlocutória (§ 1º do art. 893 da CLT). Caberá mandado de segurança se a concessão ou não da liminar ferir direito líquido e certo da parte.

Preconizo, *de lege ferenda*, que as tutelas cautelares fossem disciplinadas na CLT ou outros procedimentos liminares, como para pagamento de salários que estão em atraso, para evitar dispensa de empregado estável sem o competente inquérito para apuração de falta grave etc. Para tanto, bastaria, por exemplo, modificar a redação do inciso IX do art. 659 da CLT, incluindo tais hipóteses.

O inciso X do art. 659 da CLT, acrescentado pela Lei n. 9.270, de 17-4-1996, trata de outra hipótese de concessão de medida liminar, e não de medida cautelar, informando que o juiz é competente para "conceder medida liminar, até decisão final do processo, em reclamações trabalhistas que visem reintegrar no emprego dirigente sindical afastado, suspenso ou dispensado pelo empregador". O referido inciso tem a mesma redação do inciso IX do mesmo artigo, pois se trata também de liminar concedida na própria reclamação trabalhista, visto que a CLT emprega a expressão "até decisão final do processo, em reclamações trabalhistas". Apenas o caso agora é diverso, isto é, em relação ao dirigente sindical afastado, suspenso ou dispensado pelo empregador, porque este provavelmente dispensou o empregado sem o competente inquérito para apuração de falta grave, como exige a parte final do § 3º do art. 543 da CLT.

24.8 PROCEDIMENTO

24.8.1 Petição inicial

Nada impede que o autor postule mais de uma pretensão cautelar. Mister se faz, contudo, que cada uma seja feita mediante petição inicial distinta.

O juiz, porém, não pode determinar um procedimento cautelar de ofício, pois, para que o juiz preste a sua jurisdição, deve haver provocação nesse sentido. O processo começa por iniciativa da parte (art. 2º do CPC).

A petição inicial deverá conter:

a) a autoridade judiciária a que for dirigida;
b) o nome, estado civil, profissão e residência do requerente e requerido;
c) a lide e seus fundamentos;
d) a exposição sumária do direito que se objetiva assegurar e o perigo de dano ou o risco ao resultado útil do processo (art. 305 do CPC);
e) as provas que serão produzidas;
f) o pedido;
g) o valor da causa.

Apesar de não estar expresso no art. 305 do CPC, o pedido está implícito no *caput* do referido artigo, ao mencionar que o requerente pleiteará a tutela cautelar em petição inicial, o que deve conter o pedido, pois pleitear é pedir. O requisito indicar a lide será exigido quando a tutela cautelar for requerida em procedimento preparatório.

Teoricamente, pode-se dizer que a petição inicial da tutela cautelar poderia ser feita verbalmente, diante da determinação do § 2º do art. 840 da CLT. Nesse passo, não seria aplicável em parte o art. 305 do CPC que determina expressamente que a petição inicial seja escrita, justamente porque é possível apresentar petição verbal, que será vertida a termo. Na prática, recomenda-se que a petição inicial seja escrita, para evitar atropelos, devendo ser bem redigida e concatenada, de maneira a que esteja evidenciado o que o autor pretende.

Ainda deverão constar da petição: em primeiro lugar, a autoridade judiciária, a que é dirigida a petição inicial. Estando o processo principal na fase de conhecimento ou na execução, a petição inicial será dirigida ao juiz da Vara, que irá despachá-la.

Em segundo lugar, deverá haver a qualificação das partes, tanto do requerente, como do requerido. Se a parte for pessoa física, deverá ser indicado o nome, estado civil, profissão e residência. Se for pessoa jurídica, o nome e o local da sede da empresa.

Em terceiro lugar, deve-se indicar a lide e o seu fundamento. A rigor, poder-se-ia dizer que o requisito em comentário somente seria necessário em relação às cautelares antecedentes, pois haveria a necessidade de se indicar qual seria a ação principal a ser futuramente proposta. Quanto às cautelares incidentes, teoricamente esse requisito não seria preciso, mas apenas a referência ao processo principal, pois já seria distribuída por dependência a este. No que diz respeito às cautelares de administração pública de interesses privados, não haveria lide a ser indicada, pois esta não existe, mas deveria ser indicado o fundamento da referida cautelar. Lide e seu fundamento compreendem pedido e causa de pedir da demanda principal. Inexistindo a indicação da lide e do seu fundamento, o juiz deverá conceder prazo de 15 dias para que seja emendada a petição inicial (art. 321 do CPC), sob pena de indeferimento (art. 485, I, do CPC).

Deve-se fazer exposição sumária do direito ameaçado e do receio de lesão. Ao se falar em exposição sumária temos que o art. 305 do CPC se aproxima da "breve exposição dos fatos" mencionada pelo § 1º do art. 840 da CLT, ao tratar da petição inicial escrita no processo do trabalho. Ao se utilizar a expressão *receio de lesão*, o legislador não foi muito feliz, pois compreende aspecto subjetivo pertinente ao autor, visto que a parte pode recear a lesão ao seu direito, porém este pode não existir, daí por que deveria ser eliminada a palavra *receio* para se incluir apenas a locução *lesão*, que tanto poderia ser presente como futura.

O último requisito explicitado é a indicação das provas que serão produzidas. Wagner Giglio entende que se prescinde da menção às provas que serão produzidas (1984:296). O fundamento seria de que, no processo do trabalho, o art. 845 da CLT determina que as provas serão produzidas em audiência, sendo assim não seria necessário que fossem indicadas na inicial. Todavia, por se tratar de uma peculiaridade da cautelar, é mister que sejam indicadas quais provas serão produzidas, pois, dependendo do caso, pode nem mesmo haver audiência, que seria desnecessária, visto que não seriam tomados depoimentos pessoais, nem seriam ouvidas testemunhas, além de ser preciso que o autor mostre como irá provar o seu direito.

O pedido principal pode ser formulado conjuntamente com o pedido de tutela cautelar (§ 1º do art. 308 do CPC).

O art. 305 do CPC não faz menção ao valor da causa, mas entendo que nas cautelares deverá constar o valor da causa, pois toda a ação terá um valor certo, ainda que não tenha conteúdo econômico imediato (art. 290 do CPC). Caso a inicial não contenha o valor da causa, o juiz irá fixá-lo com base no art. 2º da Lei n. 5.584/70. No processo civil o valor da causa na cautelar poderá influenciar questões de competência em razão do lugar e no processo do trabalho haverá necessidade também da sua indicação para se verificar se a parte poderá ou não recorrer, ou se a causa se enquadrará em questões de alçada. É também fundamental a indicação do valor da causa em razão da tentativa de conciliação, que é um dos primeiros fins do processo do trabalho. Dependendo do caso, o valor da causa da cautelar deverá corresponder ao da ação principal, como no arresto, em que será o valor da dívida; no sequestro, será o valor dos bens etc.

O art. 306 do CPC determina que o réu será citado, o que mostra a imperatividade de tal preceito. Não há, portanto, necessidade de requerimento para efeito de citação, que será automática. No processo do trabalho vige a regra do art. 841 da CLT, que determina que o funcionário da secretaria da Vara faça a notificação à parte contrária no prazo de 48 horas do recebimento da petição inicial.

A ação principal deverá ser proposta em 30 dias, a contar da data da efetivação da tutela cautelar, quando esta for concedida em procedimento preparatório (art. 308 do CPC).

As tutelas cautelares conservam sua eficácia no prazo de 30 dias anteriormente mencionado e na pendência do processo principal, podendo, a qualquer tempo, ser revogadas ou modificadas. Durante a suspensão do processo, a tutela cautelar conservará sua eficácia, salvo se houver decisão judicial em sentido contrário.

24.8.2 Exceção

A parte poderá oferecer exceção na sua resposta, que pode ser de impedimento, suspeição ou de incompetência, tanto em razão da matéria, das pessoas ou do lugar.

Mesmo nas cautelares de administração pública de interesses privados será admissível a exceção, pois o juiz poderia estar impedido, suspeito ou ser incompetente para atuar no processo. Embora não se trate, no caso, de processo, pois não há lide, mas de procedimento.

A exceção pode ser oferecida por ambas as partes, mas isso se aplica como regra às exceções de suspeição e impedimento, e não à exceção de incompetência, pois seria ilógico que o próprio autor que ingressou com a ação entendesse haver incompetência do juízo.

Na petição inicial o excipiente deverá indicar o juízo que entende competente. O juiz poderá indeferir a petição inicial de exceção quando manifestamente improcedente.

No processo do trabalho, como regra, a petição inicial da exceção é autuada nos próprios autos e não em autos em apartado. Com a apresentação da exceção o processo fica suspenso, não sendo praticado qualquer ato.

Apresentada exceção de incompetência, abrir-se-á vista dos autos ao excepto, por vinte e quatro horas improrrogáveis, devendo a decisão ser proferida na primeira audiência ou sessão que se seguir (art. 800 da CLT). Havendo necessidade de prova oral, será designada audiência para esse fim.

Sendo oferecida exceção de suspeição ou impedimento e havendo necessidade de prova oral, será designada audiência dentro de quarenta e oito horas para instrução e julgamento (art. 802 da CLT). Nota-se, aqui, que o prazo não é para manifestação, apenas para designação de audiência.

Se o recusante houver praticado algum ato pelo qual haja consentido na pessoa do juiz, não mais poderá alegar exceção de suspeição ou impedimento, salvo sobrevindo novo motivo. A suspeição ou impedimento também não serão admitidos se do processo constar que o recusante deixou de alegá-los anteriormente, quando já os conhecia, ou que, depois de conhecidos, aceitou o juiz recusado ou, finalmente, se procurou de propósito o motivo de que eles se originaram (parágrafo único do art. 801 da CLT).

Acolhida a exceção de suspeição ou impedimento, será convocado para a mesma audiência ou sessão, ou para a seguinte, outro juiz para substituir o impedido ou suspeito. Proceder-se-á da mesma maneira quando algum dos membros se declarar suspeito (§ 1º do art. 802 da CLT).

Das decisões que julgarem exceção de suspeição, impedimento e incompetência só caberá recurso quando forem terminativas do feito na Justiça do Trabalho. Sendo meramente interlocutórias as demais decisões, só caberá recurso da questão relativa à exceção quando for proferida a decisão definitiva.

24.8.3 Contestação

O art. 306 do CPC dispõe que o requerido será citado para contestar o pedido. Na verdade, o requerido será citado para responder ao pedido, pois a resposta é o gênero que abrange a contestação, mas também exceção de incompetência em razão do lugar, das pessoas, da matéria. Assim, à primeira vista, o mais correto é falar que o requerido será citado para responder ao pedido ou até para se defender, pois a defesa é gênero, que abrange a contestação e também a exceção, que é uma defesa indireta contra o processo.

A matéria alegada na defesa será ampla, desde a inexistência das condições da ação (interesse de agir, possibilidade jurídica do pedido, legitimidade de parte), os pressupostos da ação (*fumus boni iuris* e *periculum in mora*), como arguição das matérias contidas nos arts. 485 e 487 do CPC, incluindo inépcia da inicial e prescrição e decadência.

Discute-se, porém, se a contestação deve ser apresentada em audiência, como ocorre normalmente no processo do trabalho ou em cartório, no prazo de cinco dias. Manoel Antonio Teixeira Filho entende que deva ser apresentada em cartório, pois pode haver muita demora até ser marcada a audiência para esse fim, em razão do congestionamento das pautas de audiência, o que desprestigiaria o princípio da celeridade, além da necessidade de a tutela cautelar ser prestada com urgência (1989b:182/3). Wagner Giglio pensa que a contestação da tutela cautelar será apresentada em audiência no processo do trabalho (1984:299), inclusive no arresto e no sequestro (1984:303/4). É preciso a realização da audiência no processo de conhecimento e em relação às cautelares jurisdicionais, pois haverá a necessidade de se fazer a proposta de conciliação antes da apresentação da contestação (art. 846 da CLT), pois a conciliação é o fim principal da Justiça do Trabalho. A contestação no processo do trabalho é sempre apresentada em audiência. Poder-se-ia alegar nulidade do processo caso fosse apresentada a contestação em cartório, diante da regra do art. 846 da CLT, que determina a realização da conciliação antes da audiência, e do art. 847 da CLT, que prevê a entrega da contestação na audiência e não em cartório, podendo ser oral ou escrita, além da apresentação de razões finais, se as partes desejarem, e da necessidade de ser formulada a segunda tentativa de conciliação (art. 850 da CLT). Poder-se-ia argumentar que não haveria prejuízo na apresentação da contestação em cartório, o que de fato poderia não ocorrer, prejuízo que deveria ser manifesto para a parte, segundo a regra do art. 794 da CLT. Inexistindo, porém, omissão na CLT, não se aplica o CPC no que diz respeito ao prazo e forma da apresentação da contestação. Há, inclusive, a exigência da tentativa de conciliação em todos os processos submetidos à apreciação da Justiça do Trabalho (art. 764 da CLT). No processo de execução não seria necessária a apresentação da contestação em audiência, podendo ser oferecida em cartório no prazo de cinco dias, como ocorre com embargos à execução, de terceiros etc., pois na fase de execução a CLT não exige que seja designada audiência ou tentativa de conciliação, apenas na fase de conhecimento. Nada impede que o juiz assim proceda se entender adequado. No caso da designação de audiência, esta deve ser marcada o mais rápido possível, diante da urgência da questão debatida, pois se aquela for determinada para data distante, provavelmente a medida não terá utilidade prática alguma.

O art. 306 do CPC indica o prazo de cinco dias para a parte contestar, que não é aplicável no processo do trabalho. Entende-se que o prazo é contado da juntada aos autos do mandado: (a) de citação devidamente cumprido; (b) da execução da medida cautelar, quando concedida liminarmente ou após justificação prévia. A primeira regra não se aplica ao processo do trabalho, pois o art. 774 da CLT determina que a comunicação processual é considerada recebida a partir da data em que for feita pessoalmente ou recebida a notificação e não da juntada aos autos do mandado devidamente cumprido. De outro lado, o prazo mínimo que deveria ser observado para que fosse marcada a audiência seria de cinco dias a contar do recebimento da notificação (art. 841 da CLT). A citação será feita como regra por registro postal, podendo, excepcionalmente, ser feita por oficial de Justiça. Criando o réu embaraços ou não sendo localizado, a citação será feita por edital (§ 1º do art. 841 da CLT), não se aplicando no processo do trabalho a citação por hora certa.

Não sendo contestado o pedido, presumir-se-ão aceitos pelo requerido, como verdadeiros, os fatos alegados pelo requerente. Pelo sistema do CPC, o juiz só designaria audiência caso houvesse prova a ser nela produzida, porém foi visto que ela é necessária para ser apresentada a contestação no processo de conhecimento.

O art. 307 do CPC determina que o juiz decida a cautelar no prazo de cinco dias. Realmente, a cautelar deve ser decidida o mais rapidamente possível, pois se for julgada em prazo muito longo, provavelmente irá prejudicar a existência do *periculum in mora*. No processo de conhecimento, o juiz poderá até colocar o processo em pauta para julgamento, para que as partes possam oferecer razões finais, se o desejarem, e seja tentada a conciliação, ficando prejudicado o prazo de cinco dias anteriormente mencionado. No processo de execução não se coloca o processo em pauta para julgamento. Nesse caso deveria ser observado o prazo de cinco dias, que nem sempre é aplicado, em razão do excesso de serviço.

24.9 EFICÁCIA DA TUTELA CAUTELAR E SUA CESSAÇÃO

24.9.1 Eficácia da medida cautelar

As tutelas cautelares conservam a sua eficácia no prazo de 30 dias e na pendência do processo principal. A tutela cautelar conservará essa eficácia durante o período de suspensão do processo.

O prazo a que se refere a lei é de 30 dias para se ingressar com a ação principal, quando for o caso da propositura dessa ação. Não proposta a ação principal no prazo de 30 dias a contar da efetivação da medida, o juiz deve, de ofício, extinguir a cautelar sem julgamento de mérito.

Conta-se o prazo de 30 dias a partir da efetivação da medida (art. 308 do CPC), isto é, não do despacho que a concede, mas, sim, do seu cumprimento.

Se a medida de sequestro é efetivada com a apreensão do bem, o prazo de 30 dias é contado dessa data.

Se deferida a medida cautelar, mas esta não foi efetivada, o prazo não começou a correr.

O prazo mencionado de 30 dias é peremptório, impedindo que as partes convencionem sua prorrogação ou redução.

Não precisará a parte ingressar com a ação cautelar no prazo de 30 dias quando a tutela cautelar não tenha sido deferida ou tenha sido cassada na sentença, pois o art. 308 do CPC estabelece que a ação deve ser proposta no prazo mencionado contado da data da efetivação da medida. Inexistindo a efetivação da medida, tal prazo não precisa ser observado.

Sendo deferida a medida na sentença do processo cautelar e observado o prazo anteriormente mencionado, conserva a cautelar a sua eficácia, mesmo que haja recurso da decisão, pois o art. 308 do CPC estabelece que na pendência do processo principal a tutela cautelar conserva a sua eficácia.

Revogada a tutela cautelar na sentença da ação principal, a primeira perde a sua eficácia. A qualquer tempo a tutela cautelar pode ser revogada ou modificada. Caso a sentença não disponha expressamente sobre a liminar concedida, esta subsistirá até o julgamento do recurso.

O período de suspensão do processo é o contido nas hipóteses descritas no art. 313 do CPC. O processo será suspenso: (a) pela morte ou perda da capacidade processual de qualquer das partes, de seu representante legal ou de seu procurador; (b) pela convenção das partes. No processo cautelar não se poderia adotar como regra que o processo pudesse ser suspenso pela convenção das partes, até mesmo diante do fato de a cautelar ter natureza urgente, sendo contraditório que ficasse suspenso seu andamento, mostrando que o ato não seria tão urgente assim; (c) quando for oposta exceção de incompetência do juízo, da câmara ou tribunal, bem como de suspeição ou impedimento do juiz. A exceção irá suspender tanto o processo cautelar quanto o principal, se este já tiver sido ajuizado; (d) quando a sentença de mérito: 1) depender do julgamento de outra causa, ou da declaração da existência ou inexistência da relação jurídica que constitua o objeto principal de outro processo pendente; 2) não puder ser proferida senão depois de verificado determinado fato, ou de produzida certa prova, requisitada a outro juízo. Dificilmente essa hipótese irá ocorrer no processo do trabalho, até porque a cautelar não compreende sentença de mérito, o que será feito no processo principal, quando for o caso; (e) por motivo de força maior; (f) nos demais casos previstos no CPC, como na hipótese de incidente de falsidade. A suspensão do processo por convenção das partes não poderá exceder seis meses. Findo tal prazo, o escrivão fará os autos conclusos ao juiz, que ordenará o prosseguimento do processo (§ 4º do art. 313 do CPC) O § 3º do art. 313 do CPC estabelece que o juiz deve conferir à parte 15 dias para indicar novo mandatário, no caso do falecimento deste; findo o prazo, sem providências pela parte, deverá extinguir o processo sem julgamento de mérito, se for o autor, ou prosseguirá no processo à revelia do réu. Essa orientação não se aplica no processo do trabalho, pois vige o *jus postulandi*, em que as partes podem pessoalmente ingressar com ação e acompanhá-la (art. 791 da CLT). Logo, o juiz não deve extinguir o processo, mas prosseguir com a própria parte, se esta não indicar o advogado, presumindo-se que renuncia aos serviços de outro causídico, preferindo ela própria continuar com o andamento do processo.

Durante a suspensão do processo é proibida a prática de qualquer ato processual. Poderá o juiz, todavia, determinar a realização de atos urgentes, visando a evitar dano irreparável (art. 314 do CPC). O juiz poderá, porém, revogar ou modificar a tutela cautelar a qualquer tempo, mesmo, portanto, quando o processo estiver suspenso. Poderá conceder tutela cautelar durante o período em que o processo estiver suspenso, quando se tratar de ato urgente, demonstrada a existência de danos irreparáveis. O juiz não poderá proceder da forma anteriormente mencionada quando o processo estiver suspenso se for suspeito ou impedido, pois poderá estar beneficiando ou prejudicando determinada parte no processo, ou se for incompetente em razão da matéria ou das pessoas, pois a liminar não deixa de ser um ato decisório, que, portanto, será nula se concedida.

24.9.2 Cessação da eficácia da medida cautelar

Cessa a eficácia da tutela cautelar em caráter antecedente, se: (a) o autor não deduziu o pedido principal no prazo legal; (b) não for efetivada no prazo de 30 dias; (c) o juiz rejeitar o pedido principal formulado pelo autor ou extinguir o processo sem resolução de mérito (art. 309 do CPC).

Nota-se que o prazo da letra *b* é da efetivação da medida cautelar, e não da data em que ela foi concedida.

A falta de ajuizamento da ação principal no prazo do art. 308 do CPC acarreta a perda da eficácia da liminar deferida e a extinção da tutela cautelar (S. 482 do STJ).

Se a cautelar não for executada no prazo de 30 dias, perderá sua eficácia. Tal orientação tem por base o fato de que a cautelar objetiva proteger uma situação urgente. Se o prazo não é observado, presume-se que essa situação de urgência tenha desaparecido ou que o autor tenha renunciado ao seu exercício, mostrando-se, portanto, incompatível com a pretensão inicial.

O inciso III do art. 309 do CPC estabelece a cessação da eficácia da tutela cautelar se o juiz rejeitar o pedido principal formulado pelo autor ou extinguir o processo sem resolução de mérito. A redação do inciso III do art. 309 do CPC não é muito boa, pois leva o intérprete a confusão, pois a situação não é bem assim. O mais certo é se falar que as tutelas cautelares conservam sua eficácia na pendência do processo principal. Se a parte obtiver sentença favorável na ação principal, é evidente que terá eficácia o conteúdo do pedido da medida cautelar. Ao contrário, se for rejeitada a pretensão no processo principal, aí sim, cessará a eficácia da medida cautelar.

É claro que, se o autor teve julgada a cautelar a seu favor, mas foi vencido na ação principal, cessa a eficácia da cautelar, mesmo tendo o juiz entendido por extinguir o processo sem resolução de mérito. Mesmo que apresentado recurso da decisão do processo principal, a cautelar não mantém o seu efeito: ao contrário, cessa sua eficácia, pois o recurso tem apenas efeito devolutivo (art. 899 da CLT). Só se pode dizer que a eficácia da cautelar persiste no curso do processo principal se o julgamento lhe foi favorável; do contrário, não se pode inferir tal orientação. Como não há efeito suspensivo no recurso, mas meramente devolutivo, persiste o entendimento contido na sentença que rejeita a pretensão do autor e revê ou não concede o provimento cautelar.

Se o autor da cautelar não teve êxito na sua pretensão e posteriormente a sentença na ação principal reconhece seu direito, não há que se falar em cessação da eficácia da cautelar, pois esta não foi nem sequer deferida. Da mesma forma, se o pedido da cautelar foi rejeitado e também da ação principal, não houve a concessão da cautelar e não se pode falar em cessação da sua eficácia.

Pela redação do art. 309 do CPC, não precisaria nem mesmo o juiz declarar a cessação da eficácia da cautelar, diante das hipóteses nele contidas. Entretanto, é recomendável que, dependendo do caso, o juiz o faça, justamente para evitar dúvidas nesse sentido. A cessação da eficácia não se confunde com a comunicação do ato a terceiros, como ao cartório de registro de imóveis, por exemplo. A primeira é automática, a comunicação é que deve ser feita posteriormente, por intermédio de mandado.

Se por qualquer motivo cessar a eficácia da medida, é defeso à parte renovar o pedido, salvo por novo fundamento (parágrafo único do art. 309 do CPC). O fundamento diz respeito à causa de pedir, que deve, portanto, ser diferente da anterior. Não é, assim, o pedido que deve ser diverso, mas a causa de pedir, o fundamento da pretensão. Se o pedido for diferente, não incide a regra em comentário, que diz respeito ao fundamento.

24.10 SENTENÇA

A sentença no processo cautelar implicará a extinção do processo com a apreciação do mérito, ou sem a resolução do mérito. O que o juiz não poderá fazer é decidir o mérito do processo principal, se houver.

A sentença que julgar a tutela cautelar deverá atender os requisitos de qualquer sentença, tendo relatório, fundamentação e dispositivo.

Mesmo a sentença cautelar não poderá ser *ultra*, *extra* ou *infra petita*, devendo estar balizada no pedido e na contestação, quando for o caso.

O juiz, ao proferir a sentença no processo cautelar, deverá levar em consideração a ocorrência de algum fato constitutivo, modificativo ou extintivo de direito, ocorrido após ter sido proposta a ação, que seriam aquelas situações previstas no art. 342 do CPC, como relativas a direito superveniente, que o juiz deveria conhecer de ofício e que poderiam ser alegadas a qualquer tempo e grau de jurisdição.

Serão apensados aos principais os autos do processo cautelar.

Não obstará o ajuizamento da ação principal o indeferimento da medida cautelar, nem influi no julgamento daquela, exceto se o juiz, no procedimento cautelar, acolher a decadência ou prescrição.

Na sentença o juiz irá decidir a respeito dos honorários de advogado, que serão devidos se atendidos os requisitos do art. 14 da Lei n. 5.584/70, isto é, se o empregado estiver assistido pela entidade sindical, perceber salário igual ou inferior a dois salários-mínimos ou, percebendo salário superior, não puder ingressar com ação sem prejuízo do sustento próprio ou de sua família (S. 219 e 329 do TST) e por sucumbência (art. 791-A da CLT).

Os honorários periciais também serão devidos na tutela cautelar caso tenha havido necessidade de se fazer o exame pericial. Como regra, os honorários periciais são devidos pela parte que perder o objeto da perícia, ainda que beneficiária da justiça gratuita (art. 790-B da CLT, S. 236 do TST). Os honorários dos assistentes técnicos serão devidos pela parte que os indicar, já que se trata de faculdade da parte, devendo esta responder pelos seus honorários (S. 341 do TST).

A natureza jurídica da sentença no processo cautelar é mandamental, de determinar que se proceda a certa situação especificada na decisão. É, portanto, um provimento jurisdicional de índole mandamental, tendo eficácia imediata e direta. A cautelar tem, por conseguinte, como fundamento a imediação de seus efeitos. Extrai-se também a mesma ideia do art. 899 da CLT, em que a apelação que for interposta da decisão tem apenas efeito devolutivo, e não suspensivo.

24.11 COISA JULGADA

Pelo art. 502 do CPC verifica-se que a coisa julgada material é a autoridade que torna imutável e indiscutível a decisão de mérito, não mais sujeita a recurso, tendo força de lei entre as partes, nos limites da questão principal expressamente decidida (art. 503 do CPC).

A coisa julgada formal tem natureza processual, em razão da impossibilidade de a parte interpor recurso contra a sentença ou da preclusão dos prazos para sua interposição. Já a coisa julgada material ou substancial, que é condicionada à existência da coisa julgada formal, pressupõe a impossibilidade da discussão do direito material nela inserido.

Denomina-se também a coisa julgada formal de preclusão máxima, em razão da impossibilidade de a decisão ser reformada. Já a coisa julgada material diz respeito ao conteúdo da sentença, envolvendo o direito discutido. Nenhum juiz poderá decidir novamente as mesmas questões decididas, relativas à mesma lide (art. 505 do CPC), em razão da coisa julgada material, pois a sentença tem força de lei entre as partes, nos limites da lide e das questões decididas (art. 503 do CPC).

À primeira vista, a sentença na cautelar não faz coisa julgada material, mas apenas formal, pois inexiste decisão de mérito. A decisão pode ser revogada ou modificada a qualquer tempo, até mesmo de ofício pelo próprio juiz. O art. 310 do CPC mostra que "o indeferimento da tutela cautelar não obsta que formule o pedido principal, nem influi no julgamento desse", evidenciando que não haverá nenhum prejuízo à decisão de mérito, que se dará no curso do processo principal. A exceção à regra está na parte final do mesmo art. 310 do CPC, na hipótese em que o juiz, no procedimento cautelar, acolher a alegação de decadência ou de prescrição do direito do autor. No caso de o juiz acolher a prescrição ou decadência, que implicam decisão de mérito, haverá coisa julgada material e o autor não mais poderá intentar de novo a ação. Não se tratando de direitos patrimoniais, o juiz poderia decretar de ofício a prescrição, importando em celeridade processual, pois se a ação principal já está prescrita ou houve decadência, a cautelar seguiria o mesmo caminho, pois seria até mesmo desnecessária.

Assim, haverá coisa julgada formal se a decisão não for atacada mediante recurso. Não haverá, porém, coisa julgada material, pois não se ingressa no mérito da questão, o que somente é feito no processo de fundo.

24.12 RECURSO

Da sentença de mérito no processo cautelar na fase de conhecimento sempre caberá recurso, nos termos do inciso I do art. 895 da CLT, e será o recurso ordinário.

Se a tutela cautelar for extinta sem julgamento de mérito, por inépcia, por exemplo, também caberá o recurso e será o ordinário. Pouco importa se o processo cautelar foi antecedente do principal ou proposto no curso deste. Nesses casos não se irá considerar a decisão como interlocutória, sendo cabível o recurso ordinário.

Entretanto, de decisões interlocutórias não caberá qualquer recurso (§ 1º do art. 893 da CLT), cabendo o recurso apenas da decisão definitiva. Do despacho que conceder ou não a liminar não caberá recurso, pois aqui se estará diante de uma decisão interlocutória, pois não terá terminado o processo. Somente da decisão definitiva é que caberá o recurso. Trata-se, aqui, de ato discricionário do juiz, que é o de conceder ou não a liminar, desde que se convença para tanto. Não caberá, assim, agravo de instrumento nesse caso, pois no processo do trabalho terá por objetivo apenas destrancar os recursos anteriormente apresentados (art. 897, *b*, da CLT).

Não caberá também correição parcial contra a concessão ou não da liminar, pois não se trata de ato tumultuário do processo, nem de *errores in procedendo*, de atividade, de procedimento. O remédio adequado contra a não concessão ou a concessão de liminar será o mandado de segurança, desde que se prove a existência de direito líquido e certo.

Reconsiderando o juiz sua decisão, cassando a liminar que anteriormente concedera, ainda assim não caberá recurso dessa decisão, que continua sendo interlocutória. No processo civil será admissível a discussão da questão por meio de agravo de instrumento. No processo do trabalho a exceção diria respeito à hipótese de a parte conseguir provar a existência de direito líquido e certo a favor ou contra a manutenção da liminar, quando seria possível impetrar o mandado de segurança.

Se a liminar for modificada na sentença da cautelar, desta caberá recurso ordinário, pois a decisão extinguiu o processo com ou sem o julgamento do mérito.

A tutela cautelar pode ser modificada ou revogada a qualquer tempo (art. 296 do CPC), pois é provisória. Se a cautelar é modificada ou revogada antes da sentença no processo principal, é preciso verificar se o juiz não cometeu nenhuma ilegalidade, mas mesmo assim não caberá recurso, pois a decisão será interlocutória. O remédio será o mandado de segurança, se o ato do juiz ferir direito líquido e certo, que deverá ser demonstrado para que o mandado possa ser concedido.

Se a decisão da cautelar é modificada na ação principal, caberá o recurso ordinário, pois aí se estará diante de decisão, tanto isso é possível que o inciso I do art. 302 do CPC menciona a hipótese de a sentença no processo principal ser desfavorável ao requerente da cautelar.

Quando houver modificação da cautelar na execução por ato do juiz, não há que se falar em recurso, pois a decisão será interlocutória. Contudo, será possível a discussão em torno do cabimento do mandado de segurança, se fere direito líquido e certo, ou de correição parcial, se o ato for praticado com tumulto ao processo.

24.13 EXECUÇÃO DA MEDIDA CAUTELAR

Inexiste semelhança entre a execução de título executivo extrajudicial ou judicial e a execução da medida cautelar. O escopo do processo cautelar não é executar o direito material, mas garantir o outro processo, isto é, a segurança, a prevenção do estado de perigo de direito que anteriormente ocorria.

Não existe uniformidade de procedimentos para execução da tutela cautelar. O arresto e o sequestro limitam-se muitas vezes apenas à expedição do mandado para o cumprimento da decisão, podendo, dependendo do caso, ser executados até mesmo na fase de conhecimento.

O inciso II do art. 309 do CPC determina que cessa a eficácia da tutela cautelar quando não for efetiva no prazo de 30 dias. É bastante razoável o entendimento da lei de que a tutela cautelar seja executada no prazo de 30 dias, pois não poderia ficar ao livre alvedrio do autor fazer a execução da medida quando bem entendesse, dada a situação de periclitância do direito. Se demora o requerente a executar a cautela, é de se presumir que não havia urgência na determinação de cautelar e que renunciou a ela tacitamente, cessando a eficácia da medida se não for executada em 30 dias. É claro que esse prazo não será observado se houver motivo de força maior devidamente comprovado. Assim, o prazo é peremptório, não podendo ser prorrogado, salvo no motivo de força maior já indicado. Alguns julgados entendem que o prazo deve ser contado da execução provisória, o que nos parece mais razoável.

O escopo, porém, do processo cautelar não é executar o direito material, mas garantir o outro processo, isto é, a segurança, a prevenção do estado de perigo de direito que anteriormente ocorria.

Havendo processo principal, não há que se falar em oposição de embargos à execução da cautelar, pois a parte interessada poderá pedir a revogação da cautelar no próprio processo principal, o que poderá ser feito.

Nem todas as cautelares irão ensejar execução, como ocorre com as cautelares de natureza administrativa, que esgotam em si mesmas a sua finalidade, quando do término do procedimento.

O arresto e o sequestro limitam-se muitas vezes apenas à expedição do mandado para o cumprimento da decisão.

Embargos de terceiro poderão ser apresentados se houver, por exemplo, constrição de coisa na execução da cautelar que pertence a terceiro (art. 674 do CPC).

24.14 RESPONSABILIDADE DO REQUERENTE

Realmente, se o empregado causar prejuízos na cautela, nas hipóteses do art. 302 do CPC, deve responder por eles, salvo no que diz respeito à caução, diante do princípio da gratuidade no processo do trabalho em relação ao empregado. Difícil vai ser cobrar o prejuízo do empregado.

Manoel Antônio Teixeira Filho afirma que não se pode aplicar o art. 302 do CPC no processo do trabalho. Afirma que, "a não prevalecer o nosso ponto de vista, a utilização de medidas cautelares, pelos trabalhadores, seria profundamente desestimulada, com o que perderiam eles um poderoso instrumento para a conjuração, com rapidez e eficácia, de situações de periclitância de direito" (1989:264). Entretanto, o próprio requerente poderá postular a tutela cautelar e não ter de se responsabilizar pela prática de seu ato se realmente tiver o direito e não tiver interesse em prejudicar a outra parte. Seria incongruente não aplicar o art. 302 do CPC e fazer com que o empregado ingressasse com postulações temerárias e ainda assim não fosse responsabilizado pelo seu ato.

Cabe, de ofício, ao juiz prevenir ou reprimir qualquer ato contrário à dignidade da justiça (art. 139, III, do CPC), não podendo tolerar situações em que qualquer parte tenha maliciosamente o intuito de prejudicar a outra.

Assim, se o empregado causar prejuízos na cautela, nas hipóteses do art. 302 do CPC, deve responder por eles, salvo no que diz respeito à caução, diante do princípio da gratuidade no processo do trabalho em relação ao empregado. Difícil vai ser cobrar o prejuízo causado pelo empregado.

O inciso III do art. 302 do CPC, ao fazer referência a qualquer hipótese legal, como do inciso II do art. 309 do CPC, não implicará o ressarcimento do autor ao réu dos prejuízos, pois o primeiro preceito cogita de efetivação da cautelar; como esta não foi efetivada, não haverá lugar a esse ressarcimento.

Assim, será possível a responsabilização do requerente da cautelar no caso de prejuízo ao requerido na execução da medida:

a) se a sentença no processo principal lhe for desfavorável;
b) se obtida liminarmente a tutela cautelar, não fornecer os meios necessários para a citação do requerido dentro de cinco dias;
c) se o juiz acolher, no procedimento cautelar, a alegação de decadência ou de prescrição da pretensão do autor.

A indenização será liquidada nos autos do procedimento cautelar (parágrafo único do art. 302).

24.15 TUTELAS CAUTELARES ESPECÍFICAS

As tutelas cautelares específicas que serão examinadas são o arresto, o sequestro, a busca e apreensão, o atentado e a caução, pois as demais não cabem no processo do trabalho. Como a CLT não contém determinações sobre tutelas cautelares, será utilizado o CPC (art. 769 da CLT).

A caução não é aplicável ao processo do trabalho no tocante ao empregado, porém irei examiná-la em linhas gerais. Os danos existentes no processo do trabalho são cobertos pelas indenizações ou há penalidades previstas na CLT para tanto.

A busca e apreensão poderá ocorrer na execução, principalmente. Alguns autores ponderam que poderia ser feita a busca e apreensão da CTPS do empregado que estiver em poder do empregador. O difícil será provar que ela realmente está em poder do empregador. Irei, mesmo assim, examinar a busca e apreensão.

24.15.1 Arresto

Os alemães consideravam ladrão o devedor que não tinha condições de satisfazer a obrigação e que fugia. Davam a isso o nome de arresto do fugitivo. Havia também o arresto do estrangeiro que tivesse dívida assumida e não a saldasse. Era medida tendente à obtenção do pagamento da dívida.

Mais tarde, o arresto foi estendido a bens móveis e imóveis.

No Direito português observa-se a utilização do instituto em comentário com o nome de sequestro, sendo encontrado nas Ordenações Afonsinas, Manuelinas e Filipinas.

O Regulamento n. 737, de 25 de novembro de 1850, tratou da matéria. O § 1º do art. 332 estabelecia a natureza do título que daria a possibilidade à parte de ingressar com arresto. Determinou em que casos iria se considerar a situação de demora (§ 1º do art. 321).

O CPC de 1939 exigia a liquidez e certeza da dívida para a concessão do arresto, trazendo regra geral de que seria cabível quando, antes da decisão, fosse provável a ocorrência de atos capazes de causar lesões, de difícil e incerta reparação, ao direito de uma das partes (art. 675, II), não mais enumerando quais seriam as hipóteses para a concessão do arresto.

Arresto vem do latim medieval *arrestario* ou *arripere* (*ad* + *rapere*), significando levar algo com violência a juízo.

Mister se faz distinguir o arresto do sequestro. Wilson de Sousa Campos Batalha (1995, v. II:371) bem esclarece a questão: "o arresto incide sobre bens alheios à obrigação, ou seja, quaisquer bens, a fim de assegurar o cumprimento de futura condenação". Já o sequestro "recai sobre os bens que constituem objeto da obrigação". O arresto é, portanto, o meio processual adequado para garantir o crédito do credor, de acautelar esse direito por intermédio do referido instrumento processual.

Arresto não se confunde com aresto. O primeiro é a tutela cautelar que está sendo estudada, incidindo sobre bens alheios à obrigação. O segundo significa a decisão de um tribunal sobre o caso que lhe foi posto a exame. Tem o sentido de acórdão.

Diferencia-se, ainda, o arresto da penhora. Esta é medida que ocorre na execução visando à apreensão de bens para a garantia da condenação. O arresto é ação, visando à garantia de execução futura.

Consiste o arresto numa tutela cautelar típica (prevista em lei), de natureza jurisdicional.

O caso mais comum que ensejaria arresto no processo do trabalho seria o do empregador que está tentando alienar seus bens para não pagar as dívidas trabalhistas. O empregado ajuizaria o arresto visando justamente à garantia da execução.

Não há mais no CPC de 2015 dispositivos específicos tratando do procedimento do arresto como tutela cautelar.

Incumbe ao oficial de justiça fazer pessoalmente citações, prisões, penhoras, arrestos e demais diligências próprias do seu ofício, sempre que possível na presença de duas testemunhas, certificando no mandado o ocorrido, com menção ao lugar, ao dia e à hora (art. 154, I, do CPC).

A tutela de urgência de natureza cautelar pode ser efetivada mediante arresto (art. 301 do CPC).

O § 1º, II, do art. 495, do CPC faz referência a arresto pendente sobre bem do devedor.

O art. 828 do CPC faz menção a arresto sobre bens.

O arresto é cabível quando:

a) o devedor sem domicílio certo intenta ausentar-se ou alienar os bens que possui, ou deixa de pagar a obrigação no prazo estipulado;
b) tendo domicílio, o devedor: 1. se ausenta ou tenta ausentar-se furtivamente; 2. registrando-se sua insolvência, aliena ou tenta alienar bens que possui; contrai ou tenta contrair dívidas extraordinárias; põe ou tenta colocar seus bens em nome de terceiro; comete outro qualquer artifício fraudulento, a fim de frustrar a execução ou lesar credores;
c) tendo imóveis, o devedor pretenda aliená-los, hipotecá-los, dá-los em anticrese, sem ficar com bens suficientes para o pagamento das dívidas.

Poderá utilizar-se de tutela cautelar inominada para obter o mesmo fim de apreensão de bens alheios à obrigação, porém não se tratará de arresto.

A primeira hipótese de arresto é quando o devedor sem domicílio certo intenta ausentar-se ou alienar bens que possui. Verifica-se que se o devedor tem domicílio certo não se irá aplicar essa regra. É a intenção manifesta do devedor de ausentar-se, planejando esse fim, ou de alienar os bens que possui.

A segunda hipótese revela a situação em que o devedor tem domicílio certo. A ausência furtiva do devedor é aquela que ocorre às ocultas, às escondidas. Não se verifica a necessidade do elemento má-fé, pelo fato de o devedor transferir seus bens. Pouco importa também a forma com que esses bens estão sendo transferidos, seja por meio de venda, doação etc.

Bens de raiz são os bens imóveis, pois estes bens são representados pelo fato de estarem ligados ao solo de maneira permanente.

O art. 830 do CPC esclarece que o oficial de justiça, não encontrando o executado, arrestar-lhe-á tantos bens quantos bastem para garantir a execução. Entretanto, não são apenas bens que podem ser arrestados, mas também crédito, como por exemplo aluguéis (*RJTJESP* 134/298).

Os bens susceptíveis de arresto são aqueles que poderiam ser objeto de penhora.

Para a concessão do arresto é mister que haja:

a) prova literal da dívida líquida e certa;
b) prova documental ou justificação.

Considera-se líquida a obrigação certa, quanto à sua existência, e determinada, quanto ao seu objeto. O art. 783 do CPC também é claro, ao se referir a execução, em que, para cobrança do crédito, há necessidade sempre de título de obrigação líquida, certa e exigível.

A dívida líquida e certa no processo do trabalho será a decorrente de título executivo judicial, isto é, sentença ou acórdão ou acordo homologado pelo juízo e não cumprido (art. 876 da CLT). Não se admite a execução de título executivo extrajudicial no processo do trabalho. Aquele que pretender ingressar com arresto e não provar a existência de dívida líquida e certa decorrente de título executivo judicial será considerado carecedor da ação, por falta de um dos requisitos primordiais relativos ao arresto. A exigibilidade da dívida não é requisito indispensável à concessão de arresto.

Se o direito estiver prescrito, o juiz não deverá conceder o arresto, pois poderá declarar a prescrição de ofício. Quando a parte for citada e arguir a prescrição, o juiz indeferirá o arresto, acolhendo a prescrição.

A prova da dívida líquida e certa é a mais difícil de ser feita, justamente porque prova nesse sentido só existiria com uma sentença trabalhista transitada em julgado.

Na maioria das vezes, quando se ajuíza o arresto não há prova nesse sentido, até mesmo a alegação de que o empregador não pagou salários tem que ser verificada, o que inviabilizaria, de plano, o arresto.

Equipara-se à prova literal da dívida líquida e certa, para efeito de concessão de arresto, a sentença líquida ou ilíquida, pendendo de recurso, condenando o devedor ao pagamento de dinheiro ou à prestação que em dinheiro possa converter-se.

Nos 10 dias seguintes à efetivação do arresto, o oficial de justiça procurará o executado duas vezes em dias distintos e, havendo suspeita de ocultação, realizará a citação com hora certa, certificando pormenorizadamente o ocorrido (§ 1º do art. 830 do CPC).

No processo civil não se admite o deferimento de arresto de ofício, independentemente de pedido do interessado (*RT* 608/204). Francisco Antonio de Oliveira (1991c:15) afirma que já teve "oportunidade de determinar arresto *ex officio*, posto que o advogado, embora demonstrasse e contasse com a existência de todos os requisitos (*fumus bonis juris* e o *periculum in mora*), em sua petição, não requerera a medida, única hábil a garantir a execução". Afirma, ainda, que "não estando a parte representada por advogado ou, em estando, demonstrar essa elementar ausência de prudência na defesa do seu constituinte (art. 87, XVIII, da Lei 4.215/63), poderá o juiz determinar de ofício providências que garantam a futura execução, *v. g.*, o arresto, desde que presentes os pressupostos para a espécie". Penso de maneira contrária, pois o juiz não poderá conceder de ofício o arresto, dependendo, portanto, de requerimento, pois nenhum julgador irá prestar a tutela jurisdicional sem que seja provocado (art. 2º do CPC).

Se a justificação prévia parecer necessária ao juiz, far-se-á em segredo de justiça e de plano, reduzindo-se a termo o depoimento das testemunhas. A parte contrária não será intimada para a citiva das testemunhas na justificação, pois do contrário iria inviabilizar tal procedimento. Geralmente, quando o documento não for confiável é que será feita a justificação por meio de testemunhas.

O juiz concederá o arresto, independentemente de justificação prévia: (a) quando for requerido pela União, Estado ou Município nos casos previstos em lei; (b) se o credor prestar caução.

No processo do trabalho, não se aplica a prestação de caução por parte do empregado para a concessão de arresto, pois é incompatível com o princípio protecionista e da gratuidade. Entretanto, se o arresto for requerido pelo empregador – hipótese pouco provável –, o juiz poderá exigir a caução.

Pode-se dizer que os bens susceptíveis de arresto são aqueles que poderiam ser objeto de penhora. São bens impenhoráveis os descritos no art. 833 do CPC: (a) os bens inalienáveis e os declarados, por ato voluntário, não sujeitos à execução; (b) os móveis, pertences e utilidades domésticas que guarnecem a residência do executado, salvo os de elevado valor ou que ultrapassem as necessidades comuns correspondentes a um médio padrão de vida; (c) os vestuários, bem como os pertences de uso pessoal do executado, salvo se de elevado valor; (d) os vencimentos, subsídios, soldos, salários, remunerações, proventos de aposentadoria, pensões, pecúlios e montepios, as quantias recebidas por liberalidade de terceiro e destinadas ao sustento do devedor e sua família, os ganhos do trabalhador autônomo e os honorários de profissional liberal; (e) os livros, as máquinas, as ferramentas, os utensílios, os instrumentos ou outros bens móveis necessários ou úteis ao exercício de qualquer profissão; (f) o seguro de vida; (g) os materiais necessários para obras em andamento, salvo se essas forem penhoradas; (h) a pequena propriedade rural, assim definida em lei, desde que trabalhada pela família que não será objeto de penhora para pagamento de débitos decorrentes de sua atividade produtiva (art. 5º, XXVI, da Constituição); (i) os recursos públicos recebidos por instituições privadas para aplicação compulsória em educação, saúde ou assistência social; (j) até o limite de 40 salários-mínimos, a quantia depositada em caderneta de poupança; (k) os recursos públicos do fundo partidário recebidos por partido político, nos termos da lei. O art. 1º da Lei n. 8.009, de 29-3-1990, trata da impenhorabilidade do bem de família. Bens impenhoráveis, portanto, não estarão sujeitos a arresto.

Os bens da Fazenda Pública não serão passíveis de arresto, já que são impenhoráveis (art. 910 do CPC). Os bens das fundações e empresas públicas, inclusive sociedades de economia mistas que explorem atividade econômica, poderão ser objeto de arresto, pois estão tais pessoas sujeitas às regras do direito privado (§ 1º do art. 173 da Constituição).

Os limites dos bens arrestáveis são previstos no art. 833 do CPC: tantos quantos bastem para o pagamento do principal, juros, custas e honorários de advogado, se for o caso.

Permite o art. 834 do CPC que, à falta de outros bens, sejam bens penhorados os frutos e os rendimentos dos bens inalienáveis. No caso do art. 834 do CPC, os bens também serão arrestáveis, desde que inexistam outros que possam ser passíveis de arresto. O arresto também poderá incidir sobre crédito do devedor, como ocorre com a penhora (art. 855 do CPC).

Quando o direito estiver sendo pleiteado em juízo, averbar-se-á no rosto dos autos o arresto que recair nele e na ação que lhe corresponder, a fim de se efetivar nos bens que forem adjudicados ou vierem a caber ao executado (art. 860 do CPC).

Recaindo o arresto sobre estabelecimento comercial, industrial ou agrícola, bem como em semoventes, plantações ou edifício em construção, o juiz nomeará depositário, determinando-se que apresente em dez dias o plano de administração (art. 862 do CPC). As partes poderão ajustar o plano de administração, escolhendo o depositário; caso em que o juiz homologará por despacho a indicação. Se o arresto for feito em empresa que funcione mediante concessão ou autorização, far-se-á, conforme o valor do crédito, sobre a renda, sobre determinados bens, ou sobre todo o patrimônio, nomeando o juiz como depositário, de preferência, um de seus diretores (art. 863 do CPC). Quando o arresto recair sobre a renda ou sobre determinados bens, o administrador-depositário apresentará a forma de administração (parágrafo único do art. 863 do CPC).

O arresto poderá, também, ter por objeto as ações do devedor ou a sua participação na sociedade.

Inexiste impedimento legal para o arresto de crédito. No arresto de crédito, representado por nota promissória, letra de câmbio, duplicata ou cheque, será feita a apreensão do documento, esteja ou não em poder do executado (art. 856 do CPC). No processo do trabalho a possibilidade da ocorrência de arresto de títulos de crédito será menor, pois normalmente o que se pretenderá fazer é o arresto de crédito em dinheiro. Enquanto não ocorrer a hipótese contida no art. 856 do CPC, considerar-se-á realizado o arresto pela intimação: (a) ao terceiro, para que não pague o seu credor; (b) ao credor do terceiro, para que não pratique ato de disposição do crédito (art. 855 do CPC).

O arresto poderá incidir sobre navio ou aeronave, porém nada obsta a que continuem navegando ou operando até a alienação. O juiz, ao conceder a autorização para navegar ou operar, não permitirá que saia do porto ou aeroporto antes que o devedor faça o seguro usual contra riscos. Deve-se intimar a companhia seguradora da existência do arresto antes da autorização para que o navio ou a aeronave operem.

Não havendo acordo entre os interessados sobre o modo como se deve realizar a alienação do bem, o juiz, de ofício ou a requerimento dos interessados ou do depositário, mandará aliená-lo em leilão (art. 730 do CPC). Quando uma das partes requerer a alienação judicial, o juiz ouvirá sempre a outra antes de decidir. Far-se-á a alienação independentemente de leilão, se todos os interessados forem capazes e nisso convierem expressamente. O preço obtido com a venda ficará arrestado, como se fosse a coisa apreendida.

São arrestáveis bens que estejam em condomínio, porém devem ser de fácil divisão, incidindo o arresto sobre a cota-parte do devedor.

O arresto não importará, porém, na alienação do bem, apenas retira do requerido a disponibilidade do bem. O réu não pode dispor livremente de seus bens com a concessão do arresto. O que se pode dizer é que o ato de alienação tem eficácia no plano das partes, porém não tem eficácia perante o processo cautelar.

Nada impede a existência de mais de um arresto sobre o mesmo bem, pois o parágrafo único do art. 797 do CPC permite a existência de penhora sobre mais de um bem, havendo apenas que se observar a preferência. Essa preferência será feita na data em que o arresto for transformado em penhora.

Também nada impede, à primeira vista, a existência de arresto sobre bem sequestrado e sobre bem já penhorado. Se os interesses do sequestrante forem incompatíveis com os do arrestante, o remédio jurídico para defender seus direitos será por meio de embargos de terceiro (art. 674 do CPC). Entretanto, se o arresto for concedido em decorrência da litigiosidade da coisa, o arresto terá sua eficácia dependente do resultado do julgamento do mérito a que se subordina o sequestro.

Tem legitimidade ativa para propor o arresto aquele que teria legitimidade para promover a execução por quantia certa. Será também sujeito ativo da relação o autor que teve acolhido o seu pedido no processo de conhecimento, pendendo de recurso essa questão.

Nos casos em que o sindicato tem autorização para ingressar com ação de conhecimento como substituto processual (§ 2º do art. 195 da CLT, parágrafo único do art. 872 da CLT, art. 3º da Lei n. 8.073/90), terá também legitimidade para ingressar com arresto, desde que observados os requisitos para a sua concessão.

Será sujeito passivo do arresto o devedor na execução de quantia certa. Serão legitimados passivamente para o arresto: (a) o espólio, os herdeiros ou os sucessores do devedor; (b) o novo devedor, que assumiu, com o consentimento do credor, a obrigação resultante do título executivo; (c) o fiador judicial (art. 779, II a IV, do CPC).

No arresto de bens do fiador, este poderá nomear bens livres e desembargados do devedor. Os bens do fiador ficarão sujeitos à execução se os do devedor forem insuficientes à satisfação do direito do credor (art. 794 do CPC).

O terceiro não poderá intervir diretamente no processo de arresto, pois tem ação própria para tanto, justamente os embargos de terceiro, quando sofrer turbação ou esbulho na posse de seus bens por ato de apreensão judicial decorrente de arresto (art. 674). Os embargos de terceiro deverão ser distribuídos por dependência ao processo de arresto e correrão em autos distintos perante o mesmo juiz que ordenou a apreensão (art. 676 do CPC).

A petição inicial precisará atender os requisitos do art. 305 do CPC, devendo conter também prova da dívida "líquida e certa". Se a tutela cautelar for requerida no curso do processo principal, não haverá necessidade de indicar a lide e o seu fundamento (art. 305 do CPC). Haverá indicação na petição inicial do valor da causa, que corresponderá ao pedido, isto é, à garantia da dívida.

O juiz poderá conceder liminarmente o arresto, ou após justificação quando verificar que o réu, ao ser citado, possa tornar a medida ineficaz (§ 2º do art. 300 do CPC). Se o juiz entender que a justificação prévia é necessária, ouvirá as testemunhas em segredo e de plano, reduzindo-se a termo o depoimento das testemunhas.

Se houver justificação prévia, não será necessária caução para a concessão da medida. De outro lado, no processo do trabalho não se pode exigir caução do empregado diante do princípio da gratuidade, porém do empregador será possível exigi-la, já que este não goza desse benefício.

O réu será citado para oferecer resposta e não apenas para contestar o pedido, pois poderá, inclusive, apresentar exceção de incompetência, impedimento ou suspeição. A contestação não será apresentada em cartório no prazo de cinco dias, mas deverá ser designada audiência para esse fim, como prevê o art. 847 da CLT. Somente será apresentada a contestação ao arresto em cartório, em cinco dias (art. 305 do CPC), se o processo estiver na fase de execução.

Não sendo contestado o pedido, presumir-se-ão como aceitos pelo requerido, como verdadeiros, os fatos alegados na inicial.

Contestada a pretensão do autor, será feita a prova na audiência, se a audiência for una ou designada nova audiência, caso seja necessária a produção de prova oral.

Não sendo contestado o pedido deveria o juiz decidir o processo no prazo de cinco dias, segundo o art. 307 do CPC. Entretanto, no processo do trabalho o mais correto seria designar audiência de julgamento para esse fim, para que a parte pudesse apresentar razões finais e fosse tentada a conciliação. Na prática, se há revelia, o juiz costuma decidir na própria audiência ou marca julgamento em data próxima ou até para aquele mesmo dia, no final da sessão. De qualquer sorte, se houver revelia, o réu deverá ser intimado, como determina o art. 852 da CLT, não apanhando o requerido o processo no estado em que estiver, como acontece no processo civil.

A sentença proferida no arresto não irá fazer coisa julgada, salvo quando o juiz acolher a alegação de prescrição e decadência. O indeferimento da tutela cautelar de arresto não obsta a que a parte formule o pedido principal, nem influi no julgamento desse, salvo se for acolhida a alegação de decadência e prescrição (art. 310 do CPC). Pode a sentença que analisar o arresto ser impugnada mediante recurso ordinário, pois a própria lei usa a palavra *sentença*, justamente porque o juiz tem de emitir opinião sobre a pretensão do autor na concessão do arresto.

Aperfeiçoada a citação e transcorrido o prazo de pagamento, o arresto converter-se-á em penhora, independentemente de termo (§ 3º do art. 830 do CPC).

Para presunção absoluta de conhecimento por terceiros, cabe ao exequente providenciar a averbação do arresto ou da penhora no registro competente, mediante apresentação de cópia do auto ou do termo, independentemente de mandado judicial (art. 844 do CPC).

O procedimento para a execução do arresto é o mesmo que para a penhora. O arresto será feito onde estiverem os bens, ainda que estejam em repartição pública, caso em que o juiz fará a requisição ao respectivo chefe (art. 845 do CPC). Não será feito o arresto se o produto da execução dos bens encontrados for totalmente absorvido pelo pagamento das custas da execução (art. 836 do CPC). Quando o oficial não encontrar qualquer bem arrestável, deverá descrever na certidão os que guarnecem a residência ou o estabelecimento do devedor. O arresto de bens imóveis será feito mediante auto ou termo de arresto, sendo que deverá haver inscrição no registro de imóveis.

Se o réu fechar as portas da casa, a fim de obstar a penhora dos bens, o oficial de justiça comunicará o fato ao juiz, solicitando-lhe ordem de arrombamento. Concedendo o juiz o arrombamento, dois oficiais de justiça cumprirão o mandado, arrombando portas, móveis e gavetas, onde puderem ser encontrados os bens, lavrando auto circunstanciado do ocorrido, que será assinado por duas testemunhas presentes à diligência. Havendo necessidade, o juiz requisitará força policial, a fim de auxiliar os oficiais de justiça na penhora dos bens e na prisão de quem resistir à ordem.

Considerar-se-á feito o arresto mediante a apreensão e o depósito dos bens, lavrando-se um só auto se as diligências forem concluídas no mesmo dia. Havendo mais de um arresto, lavrar-se-á para cada qual um auto.

O auto de arresto deverá conter: (a) a indicação do dia, mês, ano e lugar em que foi feito; (b) os nomes do credor e do devedor; (c) a descrição dos bens arrestados, com os seus característicos; (d) a nomeação do depositário dos bens.

A ordem preferencial a ser observada dos bens arrestáveis é a constante do art. 835 do CPC, em razão da determinação do art. 882 da CLT em relação à penhora. Assim, não se aplica a ordem de bens nomeados à penhora de que trata o art. 11 da Lei n. 6.830/80.

O oficial de justiça entregará contrafé e cópia do termo ou do auto de penhora ou arresto, com a ordem de registro, independentemente de pagamento de custas ou outras despesas: (a) no ofício próprio, se o bem for imóvel ou a ele equiparado; (b) na repartição competente para emissão de certificado de registro, se for veículo; (c) na Junta Comercial, na Bolsa de Valores, e na sociedade comercial, se forem ações, debêntures, partes beneficiárias, cotas ou qualquer outro título, crédito ou direito societário nominativo (art. 14 da Lei n. 6.830). O termo ou auto de arresto deverá conter a avaliação dos bens arrestados.

O réu poderá indicar bens a serem arrestados. Entretanto, a indicação não será observada se: (a) não obedecer à ordem legal; (b) não versar sobre os bens designados em lei, contrato ou ato judicial para o pagamento; (c) havendo bens no foro do arresto, outros forem nomeados; (d) o devedor, tendo bens livres e desembargados, nomear outros que o não sejam; (e) os bens nomeados forem insuficientes para garantir o arresto. Aceita a nomeação, cumpre ao devedor, dentro de prazo razoável assinado pelo juiz, exibir a prova de propriedade dos bens e, quando for o caso, a certidão negativa de ônus.

Se o devedor não tiver bens no foro da causa, far-se-á a execução por carta, arrestando-se, avaliando-se e alienando-se os bens no foro da situação.

Não concordando o autor que os bens arrestados fiquem com o réu, o juiz ordenará a remoção do bem arrestado para depósito judicial, particular, conforme § 3º do art. 11 da Lei n. 6.830, por força da orientação do art. 889 da CLT, não se observando o CPC.

O depositário receberá, por seu trabalho, o valor fixado pelo juiz, atendendo à situação dos bens, ao tempo do serviço e às dificuldades de sua execução (art. 160 do CPC). Responderá o depositário pelos prejuízos que, por culpa ou dolo, causar à parte, perdendo a remuneração que lhe for arbitrada; mas tem o direito a haver o que legitimamente despendeu no exercício do encargo.

Se o depositário não entregar o bem, não é preciso intentar ação de depósito, mas cientificar o juiz que aquele se recusa a entregar o bem. O juiz poderá ouvir o depositário no prazo de cinco dias e depois expedir mandado para a entrega, na recusa daquele. Não sendo cumprido o mandado, o juiz decretará a prisão do depositário infiel. É lícito ao autor promover a busca e a apreensão da coisa. Se esta for encontrada ou entregue voluntariamente pelo réu, cessará a prisão e será devolvido o equivalente em dinheiro. O STF não admite a prisão do depositário infiel com fundamento no Pacto de San José da Costa Rica.

Cessará a eficácia da medida de arresto se não for efetivada no prazo de 30 dias (art. 309, II, do CPC). Entretanto, se o credor der início à execução do arresto, mediante indicação de bens, fazendo requerimentos etc., não poderá ser observado o referido prazo se a inércia na execução da medida for por culpa do próprio aparelhamento judiciário.

A execução do arresto ficará suspensa se o devedor:

a) pagar ou depositar em juízo a importância da dívida, honorários de advogado e custas;
b) der fiador idôneo ou garantir a execução da dívida, dos honorários de advogado e das custas.

À primeira vista, o valor da dívida só existiria se o processo estivesse na fase de execução, pois antes disso, dependendo do caso, não se poderia falar em dívida, que no processo do trabalho só decorreria de título executivo judicial (art. 876 da CLT). Quanto aos honorários de advogado, o entendimento dominante é o de que só são devidos se atendidos os requisitos do art. 14 da Lei n. 5.584/70 (S. 219 e 329 do TST) ou na hipótese do art. 791-A da CLT. Na hipótese em comentário o devedor realmente irá pagar a dívida e extinguir a obrigação, não se tratando, portanto, de suspensão da execução do arresto, mas realmente da sua extinção.

Mesmo que o réu não pretenda pagar ou depositar o valor da dívida, poderá dar fiador idôneo ou garantir a execução da dívida e das custas. No caso, a garantia da execução da dívida pode ser feita tanto em dinheiro como em bens. Nessa segunda hipótese o devedor não irá pagar a dívida, mas irá discuti-la, devendo, para tanto, garantir a sua execução. Na verdade, a segunda hipótese não retrata suspensão do arresto, mas uma forma de substituição do bem arrestado por outra garantia. Deverá, porém, o juiz ouvir o autor do arresto para que possa se convencer a respeito da substituição, pois o requerente poderá trazer argumentos ou subsídios ao juiz para autorizar ou não a substituição.

Para discutir o arresto não poderá o réu oferecer embargos, pois não se trata de execução de processo de conhecimento, mas de execução da tutela cautelar do arresto, pois, acolhido o pedido da ação principal, o arresto se resolve em penhora (art. 818 do CPC).

Cessará o arresto: (a) pelo pagamento; (b) pela novação; (c) pela transação. A novação é uma forma de extinção das obrigações que ocorre quando: (1) o devedor contrai com o credor nova dívida para extinguir e substituir a anterior; (2) novo devedor sucede ao antigo, ficando este quite com o credor; (3) em virtude de obrigação nova, outro credor é substituído ao antigo, ficando o devedor quite com este (art. 360 do Código Civil). A transação compreende concessões recíprocas das partes para liquidar a obrigação (art. 840 do Código Civil).

A rigor não é apenas nesses casos em que cessará o arresto, pois o art. 309 do CPC determina que cessa a eficácia da tutela cautelar se a parte não intentar a ação no prazo do art. 308 do CPC, se não for executada dentro de 30 dias e se o juiz declarar a extinção do processo principal, com ou sem julgamento do mérito. Isso ocorrerá também se o juiz declarar a existência de decadência ou prescrição. Cessará também o arresto quando for acolhida a pretensão da ação principal do autor.

24.15.2 Sequestro

Tem origem o sequestro no *sequestrum* do Direito Romano, consistente no depósito judicial da coisa litigiosa que estivesse em poder de terceiro. O depositário era denominado de *sequester*, ficando com a guarda e conservação dos bens até que alguém viesse a ser vencedor na ação ou fosse convencionado na constituição do *sequestrum*. Temia-se que, se o bem ficasse na posse de um dos litigantes, acabaria por se perder ou se deteriorar. O sequestro voluntário era aquele convencionado pelas próprias partes. O sequestro impositivo ou forçado era o determinado pela autoridade judiciária. A *actio sequestraria* (ou *depositi sequestraria)* visava disciplinar a relação jurídica decorrente do *sequestrum*.

As Ordenações Filipinas confundiam o arresto com o sequestro, utilizando apenas a expressão "sequestro", quando certos casos eram de arresto.

No CPC de 1939 não foi feita a necessária distinção entre o arresto e o sequestro; apenas mencionava-se que as medidas preventivas consistiam no arresto dos bens do devedor e em sequestro de coisa móvel ou imóvel (art. 676, I e II).

O CPC de 1973 foi mais preciso na conceituação do sequestro e do arresto, tendo disciplinado o primeiro nos arts. 822 a 825, embora apliquem-se ao sequestro as disposições a respeito do arresto (art. 823 do CPC de 1973).

Consiste o sequestro na tutela cautelar nominada de apreensão e guarda da coisa litigiosa, de maneira temporária, que será entregue a quem o juiz determinar no final do processo.

Distingue-se o sequestro do arresto. Este incide apenas sobre bens alheios à obrigação discutida em juízo, ou seja, quaisquer bens, tendo por objetivo assegurar o cumprimento de futura condenação. O sequestro incide, porém, sobre os próprios bens que constituem objeto da obrigação. Visa o sequestro evitar o desaparecimento da coisa. No arresto discute-se a obrigação, enquanto no sequestro a litigiosidade da coisa. O sequestro tem por objetivo preservar a coisa, enquanto o arresto tem por finalidade o cumprimento da obrigação.

Diferencia-se, ainda, o sequestro do depósito, pois o primeiro será sempre judicial, enquanto o segundo é oferecido pela própria parte.

O objetivo do sequestro é a garantia de que se o bem ficasse na posse do requerido pudesse causar qualquer dano à coisa, em detrimento do vencedor da ação. Assim, a finalidade do sequestro é garantir a execução de obrigação de entrega de coisa certa (art. 806 do CPC).

O sequestro, portanto, não incide sobre bens que irão garantir a dívida, mas sobre o bem objeto do litígio, tendo por fim evitar que o bem desapareça ou pereça.

Não há mais no CPC de 2015 dispositivos específicos tratando do procedimento do sequestro como tutela cautelar.

A tutela de urgência de natureza cautelar pode ser efetivada mediante sequestro (art. 301 do CPC).

No processo do trabalho o sequestro a ser observado é o de coisas, não se aplicando o sequestro de pessoas, que não fazem parte da relação entre empregado e empregador.

Poder-se-ia dizer que não se aplicaria o sequestro no processo do trabalho nem mesmo em relação a coisas, pois o que se discute é o direito do empregado em relação ao empregador. A controvérsia a respeito da coisa decorrente do contrato de trabalho não deixa, porém, de ser de competência da Justiça do Trabalho.

São os bens objeto do sequestro: móveis, semoventes ou imóveis, quando lhes for disputada a propriedade ou a posse, havendo fundado receio de rixas ou danificações. Dificilmente será objeto de sequestro no processo do trabalho o imóvel, mas sim os bens móveis ou semoventes. Poderia citar como exemplo o sequestro de ferramentas que ficaram em poder do empregador e que eram do empregado, de mostruários de vendas ou do veículo que ficava à disposição do empregado, mas que era de propriedade do empregador. Isso mostra que o sequestro tanto poderá ser proposto pelo empregado, como pelo empregador, visando garantir o bem que ficou na posse de um ou outro. O sequestro desses bens garantiria a discussão de sua propriedade no processo principal. Nota-se que o sequestro não será determinado apenas se houver disputa de propriedade ou posse dos bens, mas também se em decorrência disso houver receio de rixas ou danificações à coisa. Trata-se de condições cumulativas. A rixa compreende a desinteligência entre as pessoas, mas também agressões físicas, como se verifica do art. 137 do Código Penal. A danificação diz respeito tanto ao fato de provocar dano na coisa, como também a sua deterioração.

Como regra, o sequestro incidirá sobre bens, móveis ou imóveis, que sejam objeto do litígio.

As regras relativas ao arresto se aplicam ao sequestro, desde que com ele compatíveis.

Não poderá o sequestro ser deferido de ofício pelo juiz, diante da necessidade de provocação do juízo para a prestação jurisdicional, na forma do art. 2º do CPC. Para decretar o sequestro, é mister requerimento da parte ao juiz, o que mostra que não poderá ser concedido de ofício.

Deverá a petição inicial atender os requisitos do art. 305 do CPC, devendo conter também prova da dívida "líquida e certa". Se a tutela cautelar for requerida no curso do processo principal, não haverá necessidade de indicar a lide e o seu fundamento. Ao contrário, se a tutela cautelar for preparatória para a propositura da ação principal deverá conter a lide e seus fundamentos. Haverá indicação na petição inicial do valor da causa, que corresponderá ao pedido ou ao valor do bem.

O juiz poderá conceder liminarmente o sequestro, ou após justificação quando verificar que o réu, ao ser citado, possa tornar a medida ineficaz. Se o juiz entender que a justificação prévia é necessária, ouvirá as testemunhas em segredo e de plano, reduzindo-se a termo os seus depoimentos. O juiz determinará o sequestro independentemente de justificação quando for requerido pela União, Estado ou Município. Não se aplica no processo do trabalho a exigência de caução para que o empregado-credor possa requerer o sequestro sem justificação, pois o obreiro não teria condições de prestar tal determinação, sendo, portanto, incompatível com o processo do trabalho. De outro lado, se teoricamente o sequestro fosse requerido pelo empregador, o juiz poderia exigir caução.

A contestação do sequestro será apresentada nas mesmas condições das do arresto. Deverá ser apresentada em audiência (art. 847 da CLT), de forma inclusive a prestigiar o princípio da concentração dos atos na audiência e de ser tentada a conciliação (art. 846 da CLT). Alguns juízes acabam, a meu ver incorretamente, determinando a apresentação da contestação no prazo de cinco dias, em cartório, sendo designada posteriormente a audiência apenas se houver necessidade da produção de provas. Se o processo principal estiver na fase de execução, a contestação da referida tutela cautelar poderá ser apresentada em cartório, em cinco dias.

Não apresentando contestação, o réu será tido por revel, presumindo-se verdadeiros os fatos alegados pelo autor. O juiz no processo civil deveria decidir em cinco dias (art. 307 do CPC).

Se houver necessidade da produção de provas, será feita a oitiva de testemunhas.

A parte contrária poderá ou não ser ouvida pelo juiz, dependendo do caso da audiência tornar a medida ineficaz.

O terceiro não poderá intervir diretamente no processo de sequestro, pois tem ação própria para tanto (os embargos de terceiro), quando sofrer turbação ou esbulho na posse de seus bens por ato de apreensão judicial decorrente da tutela cautelar de sequestro (art. 674 do CPC). Os embargos de terceiro deverão ser distribuídos por dependência ao processo de sequestro e correrão em autos distintos perante o mesmo juiz que ordenou a apreensão (art. 676 do CPC).

Não implicará o sequestro na alienação do bem; apenas retira do réu a disponibilidade do bem. O réu não pode dispor livremente de seus bens com a concessão do arresto. O que se pode dizer é que o ato da alienação tem eficácia no plano das partes, porém não tem eficácia perante o processo cautelar.

O juiz nomeará depositário dos bens, podendo recair a escolha sobre pessoa indicada de comum acordo pelas partes ou até mesmo de uma das partes.

Após o compromisso, o depositário ficará na posse dos bens. Havendo resistência na entrega, o depositário solicitará força policial ao juiz para a remoção dos bens.

Deverá a sentença no sequestro ser prolatada em audiência. Para tanto, o juiz deverá designar dia e hora, justamente para que possam ser apresentadas as razões finais, se a parte desejar, e houver a proposta de conciliação (art. 850 da CLT). O julgamento deve ser designado para o mais breve possível, dada a urgência da medida. Na execução não há necessidade de se designar audiência para ser proferida a sentença do sequestro, devendo ser prolatada no prazo de cinco dias, pois não é preciso tentativa de conciliação.

A sentença proferida no sequestro não faz coisa julgada na ação principal, salvo se o juiz declarar a prescrição ou decadência (art. 310 do CPC). O indeferimento da tutela cautelar de sequestro não obsta a que a parte intente a ação principal, nem influi no julgamento desta, salvo se for acolhida a alegação de decadência e prescrição (art. 310 do CPC).

Se houver revelia, o réu deverá ser intimado, como determina o art. 852 da CLT, não apanhando o requerido o processo no estado em que estiver, como acontece no processo civil.

Da decisão que julgar o sequestro caberá recurso ordinário, no prazo de oito dias (art. 895, I, da CLT), ainda que o sequestro seja preparatório para a ação principal.

Os bens passíveis de sequestro são os bens objeto do litígio. Aqui não há que se falar em nomeação de bens para o sequestro, como ocorre no arresto em relação à penhora, pois não se está pretendendo resguardar o cumprimento de decisão que reconhecer a dívida, mas o próprio bem objeto do litígio.

Se o réu fechar as portas da casa, a fim de obstar o sequestro dos bens, o oficial de justiça comunicará o fato ao juiz, solicitando-lhe ordem de arrombamento. Concedendo o juiz o arrombamento, dois oficiais de justiça cumprirão o mandado, arrombando portas, móveis e gavetas, onde puderem ser encontrados os bens, lavrando auto circunstanciado do ocorrido, que será assinado por duas testemunhas presentes à diligência. Havendo necessidade, o juiz requisitará força policial, a fim de auxiliar os oficiais de justiça no sequestro dos bens objeto do litígio e a prisão de quem resistir à ordem.

Considerar-se-á feito o sequestro com a apreensão e o depósito dos bens, lavrando-se um só auto se as diligências forem concluídas no mesmo dia. Havendo mais de um sequestro, lavrar-se-á para cada qual um auto.

O auto de sequestro deverá conter: (a) a indicação do dia, mês, ano e lugar em que foi feito; (b) os nomes do autor e réu; (c) a descrição dos bens sequestrados, com os seus característicos; (d) a nomeação do depositário dos bens. O auto deverá conter também a avaliação do bem (art. 13 da Lei n. 6.830).

O oficial de justiça entregará contrafé e cópia do termo ou do auto de sequestro, com a ordem de registro, independentemente de pagamento de custas ou outras despesas: (a) no ofício próprio, se o bem for imóvel ou a ele equiparado; (b) na repartição competente para emissão de certificado de registro, se for veículo; (c) na Junta Comercial, na Bolsa de Valores, e na sociedade comercial, se forem ações, debêntures, partes beneficiárias, cotas ou qualquer outro título, crédito ou direito societário nominativo (art. 14 da Lei n. 6.830).

Se os bens objeto do sequestro não estiverem no foro da causa, far-se-á a execução por carta, sequestrando-se os bens no foro da situação e fazendo-se a sua avaliação. Se estiverem em repartição pública, o juiz fará a requisição ao respectivo chefe.

A escolha do depositário poderá recair: (a) em pessoa indicada de comum acordo pelas partes; (b) em uma das partes, desde que ofereça maiores garantias e preste caução idônea. Não concordando o autor que os bens sequestrados fiquem com o réu, o juiz ordenará a remoção do bem sequestrado para depósito judicial, particular, conforme § 3º do art. 11 da Lei n. 6.830, por força da orientação do art. 889 da CLT, não se observando o CPC.

A entrega dos bens ao depositário far-se-á logo depois que este assinar o compromisso. Se houver resistência, o depositário solicitará ao juiz a requisição de força policial.

O depositário receberá, por seu trabalho, o valor fixado pelo juiz, atendendo à situação dos bens, ao tempo do serviço e às dificuldades de sua execução (art. 160

do CPC). O depositário responderá pelos prejuízos que, por culpa ou dolo, causar à parte, perdendo a remuneração que lhe for arbitrada; mas tem o direito a haver o que legitimamente despendeu no exercício do encargo.

Se o depositário não entregar o bem, não é preciso intentar ação de depósito, mas cientificar o juiz que aquele se recusa a entregar o bem. O juiz poderá ouvir o depositário no prazo de cinco dias e depois expedir mandado para a entrega, da coisa ou equivalente em dinheiro, na recusa daquele. Não sendo cumprido o mandado, o juiz decretará a prisão do depositário infiel. É lícito ao autor promover a busca e apreensão da coisa. Se esta for encontrada ou entregue voluntariamente pelo réu, cessará a prisão e será devolvido o *equivalente* em dinheiro.

Cessará a eficácia da medida de sequestro se não for executada no prazo de 30 dias. O referido prazo não poderá ser prorrogado, por ser peremptório. Entretanto, se o credor der início à execução do sequestro, mediante indicação de bens, fazendo requerimentos etc., não poderá ser observado o referido prazo se a inércia na execução da medida for por culpa do próprio aparelhamento judiciário. Se a medida de sequestro é efetivada com a apreensão do bem, o prazo de 30 dias é contado dessa data. Se deferida a tutela cautelar, mas esta não foi efetivada, o prazo não começou a correr.

Para discutir o sequestro não poderá o réu oferecer embargos, pois não se trata de execução de processo de conhecimento, mas de execução da tutela cautelar de sequestro. O terceiro não poderá intervir diretamente no processo de sequestro, pois tem ação própria para tanto, que são justamente os embargos de terceiro, quando sofrer turbação ou esbulho na posse de seus bens por ato de apreensão judicial decorrente de arresto (art. 674). Os embargos de terceiro deverão ser distribuídos por dependência ao processo de sequestro e correrão em autos em apartado (art. 676 do CPC) perante o mesmo juiz que ordenou a apreensão.

Cessará o sequestro: (a) pelo pagamento; (b) pela novação; (c) pela transação. A novação é uma forma de extinção das obrigações que ocorre quando: (1) o devedor contrai com o credor nova dívida, para extinguir e substituir a anterior; (2) novo devedor sucede ao antigo, ficando este quite com o credor; (3) em virtude de obrigação nova, outro credor é substituído ao antigo, ficando o devedor quite com este (art. 360 do Código Civil). A transação abrange concessões recíprocas das partes para liquidar a obrigação (art. 840 do Código Civil).

A rigor não são apenas nesses casos em que cessará o sequestro, pois o art. 309 do CPC determina que cessa a eficácia da tutela cautelar se a parte não efetivar a medida em 30 dias e se o juiz declarar a extinção do processo principal, sem resolução de mérito. Isso ocorrerá também se o juiz declarar a existência de decadência ou prescrição. Cessará também o sequestro quando for acolhida a pretensão da ação principal do autor.

Acolhido o pedido da ação principal o arresto se resolve em penhora. No sequestro isso não ocorre, pois o que se discute é apenas a posse do bem, daí por que, acolhido o pedido contido na ação principal, o sequestro se converte em depósito visando à garantia da execução de entrega de coisa certa (art. 806 do CPC).

Ficará suspensa a execução do sequestro se o devedor:

a) tanto que intimado, pagar ou depositar em juízo a importância da dívida. Os honorários de advogado são aplicáveis no processo do trabalho, nos termos do art. 791-A da CLT. Quanto às custas, se disserem respeito à fase de conhecimento, deverão ser pagas;
b) der fiador idôneo, ou prestar caução para garantir a dívida e custas.

24.15.3 Atentado

Nas Ordenações do Reino o atentado ocorria como forma de vedação a que o juiz inovasse alguma coisa no processo.

Na Consolidação Ribas o atentado tanto poderia ser cometido pelo juiz como pelas partes.

O CPC de 1939 modificou a orientação anterior, entendendo que o atentado somente ocorreria tratando-se de conduta ilícita da parte. No CPC de 1973 manteve-se essa orientação no art. 879. O atentado era tratado nos arts. 879 a 881 do CPC de 1973.

Constitui-se o atentado na inovação ilegal praticada no curso do processo que viola o estado de fato da lide.

Evidencia-se o atentado quando o ato já foi praticado de maneira ilegal, violando estado de fato no curso do processo. Da ameaça de inovação não cabe atentado, mas tutela cautelar inominada com o fim de prevenir que o ato seja praticado.

Somente há atentado em relação a quem é parte no processo, o que não se revela, portanto, em relação a terceiro. Enquanto não houver processo, com a citação do réu, não haverá atentado, pois a relação processual ainda não estará formada. O atentado poderá ocorrer a qualquer tempo, tanto em relação ao processo de conhecimento como ao de execução.

O atentado tem natureza cautelar.

A questão é de natureza processual. Logo, não trata o atentado de questão de direito material, mas de questão processual que ocorre no curso do processo e que deve ser restabelecida, daí sua natureza cautelar. Tanto a busca e apreensão como o sequestro podem ser utilizados depois do desvio dos bens. O mesmo ocorre com o atentado.

Trata-se de medida preventiva e incidente, pois depende da existência de outra lide, não podendo, portanto, ser ajuizada como medida preparatória.

O CPC de 2015 não tratou de forma específica do atentado como tutela cautelar, estabelecendo regras a serem seguidas para o instituto.

Reconhecida violação ao disposto no inciso VI, o juiz determinará o restabelecimento do estado anterior, podendo, ainda, proibir a parte de falar nos autos até a purgação do atentado, sem prejuízo da consideração de ato atentatório à dignidade da justiça (§ 7º do art. 77 do CPC).

Tem legitimidade para propor a ação de atentado a parte. O terceiro, portanto, não tem legitimidade para propor a ação, pois não atenta contra o processo, nem pode lesar direito da parte.

No processo do trabalho, a parte será tanto o empregado como o empregador, pois a lei não se refere apenas ao réu.

O terceiro não cometerá atentado, mas poderá ser responsabilizado por perdas e danos se seu ato for ilegal. Ao contrário do que era previsto na Consolidação Ribas, o juiz não comete atentado, pois este diz respeito à parte. O mesmo ocorre com qualquer funcionário da Justiça do Trabalho, como o diretor de secretaria, o oficial de justiça, ou com o membro do Ministério Público do Trabalho, quando atuar como fiscal da lei, ou outros auxiliares do juízo, como o perito, o depositário, o administrador, o síndico. Dessa forma, é possível concluir que somente a parte comete atentado.

A ação de atentado pode ser proposta também pelo assistente e por outros terceiros intervenientes no processo (arts. 119 a 124 do CPC).

A competência para apreciar o atentado é do juiz que for competente para apreciar o processo principal, pois a tutela cautelar de atentado é proposta incidentalmente, isto é, é distribuída por dependência ao processo principal.

A ação de atentado deve ser processada e julgada pelo juiz que conheceu originariamente a causa principal, ainda que esta esteja no tribunal.

Proposta a ação de atentado ou proferida a sentença no referido processo, o juiz deverá comunicar o fato ao relator do processo, caso os autos já estejam no tribunal. O relator é que irá determinar a suspensão do processo principal e proibir o réu de falar nos autos enquanto não purgar o atentado.

Terá o atentado os seguintes pressupostos: (a) ocorrer no curso do processo principal; (b) haver inovação do estado de fato; (c) ilegalidade do ato inovador; (d) lesividade à parte contrária.

O ato processual que dá ensejo ao atentado deve ter sido praticado no curso do processo principal. Logo, o atentado não será cometido em relação à tutela cautelar que tiver sido intentada, mas dirá respeito ao processo principal – por exemplo: modificando o autor o estado de fato. Se não se tratar, portanto, de ação em que se discuta o mérito da causa, não se poderá falar na existência de atentado.

O processo que estará em curso será tanto o processo de conhecimento como o processo de execução, cabendo o atentado nas duas hipóteses.

A parte comete atentado no curso do processo, porém não dispõe expressamente que processo seria esse. Poderia também ser a tutela cautelar. Por exemplo: o empregado consegue o arresto de bens para garantir a dívida, sendo que o réu danifica tais bens propositalmente antes da propositura da ação principal e tal fato é constatado. Nesse caso, caberá o atentado para que se retorne ao *status quo ante*.

Considerar-se-á a ação proposta quando for protocolada (art. 312 do CPC). Assim, no processo civil poder-se-ia entender que a ação só se considera efetivamente proposta quando o réu for citado. Não haveria, portanto, atentado enquanto não existisse réu no processo, o que somente irá ocorrer com a citação do réu. No processo do trabalho a ação é considerada proposta desde que apresentada no protocolo e distribuída, pois não há despacho do juiz, visto que a citação é automática e feita pelo próprio funcionário da Vara no prazo de 48 horas, nos termos do art. 841 da CLT. Não é, portanto, a regular citação que irá caracterizar a existência do atentado, mas a propositura da ação principal. Se o atentado ocorrer logo após a propositura da ação, estará materializada a hipótese legal para a concessão do atentado no processo do trabalho.

Entretanto, pode ocorrer de a ação proposta pelo empregado ser arquivada, pelo não comparecimento do autor à audiência inicial. Nesse caso, o atentado não iria ocorrer se praticado depois do arquivamento, justamente porque deixa de existir o processo principal. A regra é que o atentado deva ocorrer no curso ou na pendência do processo principal. Entender de modo diverso, implicaria reconhecer o atentado antes da propositura da ação principal. O atentado deve ter sido cometido no curso do processo principal. Cessa também a eficácia da tutela cautelar se o juiz rejeitar o pedido principal formulado pelo autor ou declarar extinto o processo principal, sem resolução de mérito (art. 309, III, do CPC). Assim, proposta a tutela cautelar de atentado e arquivado o processo principal, pela ausência do autor à audiência inicial, cessa também a eficácia da medida cautelar. Não se poderá, inclusive, indicar a prevenção do juízo, em razão do arquivamento.

É possível dizer que, se o juiz extinguisse o processo principal sem julgamento de mérito e houvesse interposição de recurso ordinário pela parte, não haveria a subsistência da tutela cautelar de atentado. Isso ocorreria em razão de que o inciso III do art. 309 do CPC determina que, se o juiz declarar extinto o processo principal, mesmo sem julgamento de mérito, haverá a cessação da eficácia da tutela cautelar.

Desde a propositura da ação o estado de fato existente no processo não deve ser alterado, salvo se houver preceito legal permitindo essa inovação. Assim, se a parte inova no estado de fato no processo, sem que para tanto haja previsão legal, comete o ilícito processual do atentado.

A inovação cometida pela parte deve dizer respeito ao processo principal. Como regra, pode-se dizer que o atentado deverá ser cometido quanto aos fatos objeto da prova. Por independerem de prova os fatos notórios, os incontroversos e aqueles sobre os quais milita presunção legal de existência ou de veracidade (art. 374 do CPC), não serão objeto de atentado.

Caberá ao autor do atentado demonstrar a existência da inovação do estado de fato. Havendo dúvida a respeito da existência da inovação do estado de fato no processo, o juiz deve optar pela sua inexistência, tendo a situação por não provada, já que o autor não se desincumbiu suficientemente a respeito do tema.

Pode-se dizer que só existe atentado quando a inovação prejudica a apuração da verdade (*RT* 499/201).

Capitula o art. 347 do Código Penal o crime de fraude processual, informando que este se constitui por "inovar artificiosamente, na pendência de processo civil ou administrativo, o estado de lugar, de coisa ou pessoa, com o fim de induzir a erro o juiz ou o perito". A pena é de detenção de três meses a dois anos e multa. É, portanto, o crime a que pode estar sujeita a pessoa que comete o atentado.

O atentado configura-se não só pela inovação do estado de fato, mas pela ilegalidade do ato inovador.

Não se pode dizer, porém, que a ilegalidade do ato inovador é apenas aquela praticada contra a lei, mas também a modificação do estado da lide. Pouco importa se o ato foi ou não praticado com má-fé, pois não se irá discutir a vontade da pessoa em praticar o ato, mas sim que o ato foi praticado.

Manoel Antônio Teixeira Filho (1989:378) afirma que, "negada a cautela de atentado – em decorrência de não se ter visto ilegalidade no ato inovador –, poderia o autor retornar a juízo com um pedido de provimento acautelatório inominado, atípico, colimando obter o mesmo resultado prático que conseguiria com a cautela típica, que lhe foi, antes, recusada. Não é só. A nenhum preceito de lei ou princípio processual violentaria o juiz que, convencendo-se do não cabimento do atentado no caso concreto (pois o ato do réu não teria sido ilegal), conhecesse dessa ação nominada como inominada e, no mais puro e regular exercício do seu poder geral de cautela ..., outorgasse a correspondente medida para fazer retornar o estado de fato à situação anterior, existente no início da demanda. Até mesmo em nome do princípio da fungibilidade das cautelas e da inespecificidade das inominadas o juiz poderia agir dessa forma".

O autor poderia se utilizar de cautela inominada para obter do juiz provimento jurisdicional no sentido de coibir a prática ilegal de um ato da parte contrária, desde que não fosse o caso de atentado. Contudo, não é possível o juiz transformar a ação de atentado em outra cautelar, em nome do princípio da fungibilidade, pois em relação às tutelas cautelares esse princípio não se aplica, eis que, se a tutela cautelar foi requerida erroneamente, o juiz não poderá determinar o provimento, sob pena até mesmo de julgar *extra petita* (*JTA* 98/191). O art. 297 do CPC não dá, porém, respaldo à fungibilidade, pois o juiz não poderá tomar uma medida por outra, pois haverá necessidade de postulação, justamente porque o juiz exercita o poder geral de cautela dentro da lei. Se fizesse de modo contrário, seu ato seria ilegal ou arbitrário. Da mesma forma, o art. 299 do CPC não permite essa concessão de ofício, necessitando de requerimento, pois o juiz não poderá prestar a tutela jurisdicional se não for provocado (art. 2º do CPC). A fungibilidade encontrada na lei processual no tocante à cautelar é outra, isto é, a tutela cautelar pode ser substituída, de ofício ou a requerimento de qualquer das partes, pela prestação de caução ou outra garantia menos gravosa para o requerido, sempre que adequada e suficiente para evitar a lesão ou repará-la integralmente.

A alienação da coisa litigiosa não constitui atentado, uma vez que não se trata de ato ilegal, mas ineficaz no plano processual (art. 109 do CPC), conforme julgamentos do STJ nesse sentido (*RSTJ* 19/429 e *RT* 672/204).

O ato praticado pela parte deve provocar lesão a direito ou interesse de natureza processual do autor que irá propor o atentado, isto é, a existência de dano processual praticado no curso do processo. Se a situação de fato em nada prejudicou o requerente, não terá este interesse processual para propor a ação de atentado.

Tendo o autor concordado tácita ou expressamente com a modificação do estado da lide ou contribuído direta ou indiretamente para essa situação, não se poderá falar em lesividade, desmerecendo o autor do atentado o referido provimento jurisdicional.

Dá-se o atentado quando a parte no curso do processo:

a) viola penhora, arresto, sequestro ou imissão na posse;
b) prossegue em obra embargada;
c) pratica qualquer outra inovação ilegal no estado de fato. O segundo requisito não será aplicável ao processo do trabalho, por inexistir neste a hipótese mencionada.

A hipótese contida na letra *b* não será aplicável ao processo do trabalho, por inexistir neste a hipótese de obra embargada ou ação de nunciação de obra nova, tendo aplicação apenas no processo civil.

Para a ocorrência do atentado é preciso, em primeiro lugar, que haja processo pendente em juízo. Em segundo lugar, mister se faz que haja violação de penhora, arresto, sequestro ou imissão na posse, sendo tal ato ilegal.

Violação de penhora, arresto, ou sequestro pode ocorrer no processo do trabalho, embora, na prática, seja rara. Outras inovações ilegais no curso do processo podem ocorrer quando o empregador modificar o estado de fato do ambiente de trabalho, visando não pagar adicional de insalubridade ou periculosidade.

O depositário do bem não irá cometer atentado, mas a parte poderá se socorrer da busca e apreensão do bem, como incidente processual na execução ou como tutela cautelar nominada, ou da ação de depósito.

Se o depositário do bem for a própria parte, haverá atentado, pois prevalece sua condição de parte, prevalecendo a possibilidade de o juiz determinar o restabelecimento do estado anterior e de proibi-la de falar nos autos até a purgação do atentado.

A alienação de coisa litigiosa não constitui atentado, porque não se trata de ato ilegal, mas ineficaz sob o prisma processual (*RSTJ* 19/429). Nesse caso, existirá fraude à execução (art. 792 do CPC), pois importa modificação do estado jurídico do bem. Ficará, porém, a parte responsabilizada por crime de fraude à execução, de acordo com o art. 179 do Código Penal, que prevê pena de detenção de seis meses a dois anos ou multa.

A ação de atentado só poderá ser ajuizada no curso do processo principal, de modo que não poderá ser preparatória, pois necessita que o dano processual já tenha ocorrido.

A petição inicial deve atender os requisitos dos arts. 319 e 305 do CPC, fazendo o autor menção à lide principal e trazendo a exposição dos fatos objeto da cautelar, inclusive indicando qual o ilícito processual cometido pela parte, para que o juiz possa determinar o retorno ao estado anterior.

Francisco Antônio de Oliveira entende que a petição inicial deve ser autuada como simples incidente da fase cognitiva ou excecutória, podendo ser arguida por simples requerimento (1991:158). Discordo. Por se tratar de ação, de tutela cautelar, não poderá ser autuada como simples incidente, mas em apartado, porque haverá necessidade inclusive de ser julgado o atentado, o que não será feito no processo principal.

Se o processo principal estiver na fase de conhecimento, deve ser designada audiência para que seja apresentada a contestação da parte contrária. Estando o processo principal na fase de execução, a contestação será apresentada em cartório, em cinco dias. Não sendo contestado o pedido, presumir-se-ão verdadeiros os fatos alegados pelo requerente, salvo se a matéria for exclusivamente de direito. O juiz deverá colocar o processo em pauta para julgamento, caso esteja na fase de conhecimento. Se estiver na fase de execução decidirá o processo em cinco dias.

A defesa poderá ser baseada nos seguintes fundamentos: (a) ser o autor terceiro e não parte no processo, ou ser terceiro a pessoa que praticou o ato configurador do atentado; (b) ser falsa a alegação de mudança na situação de fato no processo; (c) ter o autor concordado tácita ou expressamente com a modificação da situação de fato.

Se houver prova a ser produzida em audiência, esta será, portanto, realizada, por exemplo, para ouvir testemunhas.

O atentado será processado e julgado pelo juiz que conheceu originariamente da causa principal, ainda que esta esteja no tribunal.

A sentença que acolher o pedido, e não a ação, ordenará o restabelecimento do estado anterior, a suspensão da causa principal e a proibição de o réu falar nos autos até a purgação do atentado. Trata-se, portanto, de decisão do juiz, que irá examinar se houve ou não o atentado, implicando exame da prova contida nos autos. A sentença conterá, portanto, quatro aspectos básicos: (a) reconhecer a existência da inovação ilícita do estado de fato cometida pelo réu; (b) ordenar o restabelecimento do *status quo ante*; (c) suspender a causa principal; (d) proibir o réu de falar nos autos até a purgação do atentado.

Estando o processo na fase de conhecimento, deverá ser designada data para ser proferida a sentença, colocando-se o processo em pauta para julgamento; porém, de preferência, isso deve ser feito o mais rápido possível, para que não haja nenhum prejuízo à parte. Se estiver na fase de execução deverá julgá-lo no prazo de cinco dias.

A sentença proferida no julgamento do atentado condenará o réu à obrigação de fazer, de restabelecer o estado de fato anterior. Será o requerido proibido também de falar nos autos enquanto não se comprometer a não mais praticar os atos mencionados na inicial. Se a sentença rejeitar o pedido relativo ao atentado, terá natureza declaratória-negativa, dizendo que não se configurou a relação de atentado entre as partes.

No atentado poderá haver coisa julgada material, dando ensejo a ação rescisória (*RSTJ* 129/429), que parece ser a posição mais correta, pois há necessidade de se verificar se houve ou não o atentado.

Antes da sentença que julga o atentado não é viável a suspensão da causa principal.

O § 7º do art. 77 do CPC menciona que o réu estará proibido de falar nos autos até a purgação do atentado. Entretanto, não é apenas o réu que está proibido de falar nos autos, mas a parte, que afirma que comete atentado "a parte" e não somente o réu. Cessará a proibição da parte de falar nos autos quando purgar o atentado.

Uma vez transitada em julgado a decisão do atentado, a parte não poderá falar nos autos, inclusive recorrer no processo principal. Entretanto, mesmo assim a execução da sentença é direta e imediata, sendo efetivamente definitiva, pois não tem condição suspensiva caso a parte apresente recurso; daí por que não há falar-se em embargos à execução.

A parte estará impedida de falar nos autos desde o momento em que for intimada da sentença. Essa proibição refere-se ao processo principal. Teoricamente, se ainda não ofereceu o recurso na ação principal, não poderá fazê-lo; se o recurso foi interposto pelo autor da ação cautelar, uma vez proferida a sentença no atentado, a parte contrária não poderá apresentar contrarrazões, pois não poderá falar nos autos. O reconhecimento do atentado opera *ex tunc*, não devendo o juiz reconhecer o que foi alegado anteriormente.

A purgação do atentado será feita com a satisfação integral e perfeita da situação anterior no processo. É possível dizer que a parte não poderá oferecer caução substitutiva, para purgar o atentado, pois somente poderá restabelecer a situação de fato anterior para efeito de purgar o atentado. Sendo a purgação do atentado incompleta, a parte deverá fazer com que a situação anterior no processo se restabeleça integralmente, sob pena de continuar a proibição de falar nos autos.

O juiz deverá expedir mandado indicando minuciosamente as providências a serem tomadas pelo réu para o fim de restabelecer o estado anterior da ação principal. As despesas oriundas dessa situação ficarão a cargo do réu. O autor também poderá se incumbir de fazer o restabelecimento da situação anterior, se o réu procrastinar o cumprimento da obrigação, justamente em razão da intenção assumida pelo réu.

O CPC de 1939 estabelecia que a sentença que julgasse o processo principal é que iria estabelecer a multa e as perdas e danos (art. 716). O atentado, contudo, poderia ser julgado posteriormente à ação principal, como normalmente é o que ocorre, impedindo a aplicação de perdas e danos e beneficiando o autor da causa do atentado.

A sentença poderá condenar o réu a ressarcir à parte lesada as perdas e danos que sofreu em consequência do atentado. Trata-se de faculdade do juiz, que poderá ou não condenar a parte que cometeu o atentado a ressarcir o contrário lesado com as consequências do atentado. Explica Humberto Theodoro Júnior que, se "a inovação for feita pela parte que possui a coisa como dono, não há condição de apurar o prejuízo da parte contrária, pois pode muito bem acontecer que a solução da causa principal seja desfavorável ao autor da ação de atentado, que, assim, na realidade, não sofreria prejuízo econômico algum". "O Código não ordenou que o juiz condenasse o causador do atentado a indenizar perdas e danos. Apenas facultou essa condenação, o que, obviamente, se dará quando a questão dominial ou a da posse sobre o bem danificado não estiver pendente da solução final do processo de mérito" (1995:379).

As referidas perdas e danos podem ser aplicáveis ao processo do trabalho. A pessoa que der causa ao atentado tanto pode ser autor como réu. Se for o empregador, mais se justifica que seja punido com o pagamento das perdas e danos a que seu ato deu causa. Se for o empregado, entendo também que este deva ser punido, não só em razão de que o ato atenta contra a dignidade da Justiça (art. 139, III, do CPC), como, também, porque se trata de ato de litigância de má-fé do obreiro.

Francisco Antônio de Oliveira esposa a tese de que a decisão é interlocutória, e não definitiva, e que houve incoerência do legislador ao usar a palavra "sentença" no art. 881 do CPC (1991c:158 e 159).

Na verdade, contra a referida sentença que julga o atentado caberá recurso ordinário, pois será terminativa do processo, não sendo, portanto, decisão meramente interlocutória, pois examina se o pedido de atentado deve ser acolhido ou não. Trata-se de tutela cautelar, que, portanto, deve ser julgada por meio de sentença, e não mera decisão interlocutória. Assim, o recurso cabível contra a decisão que julga o atentado é o ordinário (art. 895, I, da CLT), se o processo principal estiver na fase de conhecimento. Caso o processo principal esteja na fase de execução, o recurso cabível será o agravo de petição.

O recurso interposto não terá efeito suspensivo, mas apenas devolutivo, como se verifica da regra geral contida no art. 899 da CLT.

Uma vez modificada a decisão de primeira instância a respeito de a parte não poder falar nos autos, ser-lhe-ão restituídos todos os prazos e oportunidades que lhe foram cassados por determinação da sentença, modificada pelo tribunal. A parte não poderá falar nos autos principais, mas poderá no atentado, caso contrário, não poderia nem mesmo recorrer da sentença que julgou o atentado.

24.15.4 Caução

Caução provém do latim *cautio*, que seria a ação de se acautelar, precaução. Representa a caução a garantia ou segurança exigida de uma pessoa para o cumprimento de certa obrigação. Tem por objetivo assegurar a solvabilidade do devedor.

No campo processual a caução diz respeito à garantia que se impõe a uma das partes, ou se presta voluntariamente, objetivando evitar lesão ou dano ao direito da outra parte. Não se está exigindo a caução para o cumprimento da obrigação, mas sim como garantia processual assegurada pela própria lei, com vistas a evitar lesão ou dano ao direito da parte contrária.

Manoel Antônio Teixeira Filho (1989:324) classifica a caução segundo a natureza jurídica (real ou fidejussória) e quanto à origem (negocial, legal e processual).

A caução real compreende a prestação de uma coisa em garantia, podendo ser sobre bens móveis (penhor) ou imóveis (hipoteca), mas também sobre dinheiro (depósito). A caução fidejussória é caução pessoal prestada por terceiro, equivalente à fiança, isto é, uma garantia pessoal visando à satisfação da dívida ou da obrigação.

A caução legal é a prevista em lei, podendo tanto ser em relação ao direito material como quanto ao direito processual. No direito é possível lembrar: a do embargante em embargos de terceiro, para obter medida liminar (parágrafo único do art. 678 do CPC) etc.

A caução negocial é a garantia que uma parte dá à outra para o cumprimento de um contrato ou de um negócio jurídico. São exemplos: o penhor, a hipoteca, a fiança etc.

A caução processual é a prevista apenas no processo, exigida de uma parte para evitar danos ou lesões ao direito da outra parte. Exemplo: a decorrente do poder geral de cautela do juiz (art. 297 do CPC), como medida substitutiva de outro provimento e como contracautela para a concessão de liminares (§ 1º do art. 300 do CPC).

A caução substitutiva é uma forma de substituir uma garantia por outra.

É possível dizer, também, que a cautelar poderá ser substituída tanto de ofício como a requerimento de qualquer das partes, mediante a apresentação de garantia menos gravosa para o requerido, que necessariamente, portanto, não precisará ser apenas caução, podendo ser qualquer outra garantia.

Poder-se-ia exigir a substituição por caução em hipóteses como no arresto, no sequestro etc., em que o réu poderia dar uma garantia para evitar a lesão ou repará-la, de maneira menos gravosa para o requerido.

A substituição deverá ser adequada e suficiente para evitar a lesão ou repará-la integralmente. Assim, depreende-se que não poderá haver a substituição se for inadequada ou insuficiente para garantir a obrigação. Do mesmo modo, não poderá ser superior ao valor da obrigação, pois, aí, seria mais do que suficiente.

Menciona o § 1º do art. 300 do CPC que o juiz pode exigir do autor caução para a concessão da cautelar, que poderá ser real ou fidejussória. No processo do trabalho não cabe a apresentação de caução pelo reclamante, pois este não teria condições de prestá-la para ajuizar qualquer ação caso fosse exigida, daí por que não se aplica no processo do trabalho. O § 1º do art. 300 do CPC dispensa a caução se a parte economicamente hipossuficiente não puder oferecê-la. Trata-se, porém, de uma faculdade do juiz requerer a caução para a concessão da cautelar, pois a norma usa a expressão o juiz pode. Se o requerente da tutela cautelar for o empregador – o que será difícil, mas não impossível –, o juiz poderá exigir caução para conceder a liminar na hipótese do § 1º do art. 300 do CPC.

O empregado poderá prestar espontaneamente caução, se assim entender adequado. O que não se pode é exigir caução do empregado, diante do princípio da proteção.

A caução pode ser prestada por qualquer pessoa – pelo interessado ou, inclusive, por terceiro.

Ainda assim, aquele que for obrigado a dar caução requererá a citação da pessoa a favor de quem tiver de ser prestada, indicando na petição inicial: (a) o valor a caucionar; (b) o modo pelo qual a caução vai ser prestada; (c) a estimativa dos bens; (d) a prova da suficiência da caução ou da idoneidade do fiador.

Aquele em cujo favor há de ser dada a caução requererá a citação do obrigado para que a preste, sob pena de incorrer na sanção que a lei ou o contrato cominar para a falta.

O requerido será citado para, no prazo de cinco dias (art. 306 do CPC), aceitar a caução, prestá-la ou contestar o pedido. O requerido não será, porém, citado apenas para contestar o pedido, mas também para *responder*, pois poderá apresentar exceção de incompetência, de suspeição etc.

A sentença será proferida de imediato: (a) se o requerido não contestar o pedido; (b) se a caução oferecida ou prestada for aceita; (c) se a matéria for somente de direito ou, sendo de direito e de fato, já não houver necessidade de outra prova.

Contestado o pedido, o juiz designará audiência de instrução e julgamento, se houver prova a ser produzida, salvo se a matéria for de direito.

Acolhido o pedido, o juiz determinará a caução e assinará o prazo em que deve ser prestada, cumprindo-se as diligências que forem determinadas. Não cumprindo o requerido a decisão no prazo estabelecido: (a) se a caução for requerida por quem tiver de dá-la, o juiz a julgará não prestada; (b) se a caução for requerida por aquele em cujo favor haveria de ser dada, efetivará a sanção que cominou.

"O autor, brasileiro ou estrangeiro, que residir fora do Brasil ou deixar de residir no país ao longo da tramitação do processo, prestará caução suficiente ao pagamento das custas e dos honorários de advogado da parte contrária nas ações que propuser, se não tiver no Brasil bens imóveis que lhes assegurem o pagamento" (art. 83 do CPC). A jurisprudência no cível entende que se o autor, nessas condições, não prestar caução o processo deve ser extinto (*RJTJESP* 62/132). Não se exigirá a referida caução: (a) na execução fundada em título extrajudicial; (b) na reconvenção. Há quem entenda que a caução em comentário poderá ser fixada inclusive de ofício, diante da determinação do art. 83 do CPC, que indica que a parte "prestará" (*RJTJSP* 105/49).

Caso for verificado no curso do processo que se desfalcou a garantia, poderá o interessado exigir reforço da caução. Na petição inicial, o requerente justificará o pedido, indicando a depreciação do bem dado em garantia e a importância do reforço que pretende obter.

Acolhido o pedido, o juiz assinará prazo para que o obrigado reforce a caução. Não sendo cumprida a sentença, cessarão os efeitos da caução prestada, presumindo-se que o autor tenha desistido da ação ou o recorrente desistido do recurso.

Estando a caução representada por bens móveis, estes deverão ser depositados, na forma prevista no art. 840 do CPC, se o credor não concordar em que fique como depositário o devedor.

No caso da caução determinada pelo § 1º art. 300 do CPC, uma vez não prestada a caução, que funciona como contracautela, a execução da cautelar não poderia ser cumprida. Seria, portanto, uma condição suspensiva da eficácia da cautelar.

Se a caução substitutiva não for prestada no prazo próprio, será mantida a cautelar concedida ao autor, que, por conseguinte, não será substituída.

Se a caução não for prestada, a solução é substituí-la por arresto de bens suficientes a garantir a medida, procedimento, este, previsto no Direito português. Se a caução deferida foi real, o arresto deve ser de coisa que tenha aproximadamente o mesmo efeito da caução.

24.15.5 Busca e apreensão

A busca e apreensão é a tutela cautelar típica que compreende a procura e a apreensão de determinado bem ou pessoa. Há interligação entre os dois conceitos de busca e apreensão. Primeiro é feita a busca da coisa, para depois esta ser apreendida. A apreensão irá depender de que a busca tenha sido realizada com êxito.

Lopes da Costa entende que a busca e apreensão não é medida preventiva, mas apenas meio de execução de medida preventiva ou satisfativa (1958: n. 100, 94).

No sistema adotado pelo CPC verificam-se até mesmo tutelas cautelares atípicas e inominadas. No arresto, se desviado o bem, pode ser deferida a busca e apreensão daquele. Na prática, a busca e apreensão pode ser uma ação cautelar preparatória da ação principal, bem como pode ser incidental. A busca e apreensão não pode ser utilizada para fins não preventivos, daí por que também se observa sua natureza cautelar.

A busca e apreensão só terá caráter satisfativo no caso do Decreto-lei n. 911, de 1º-10-1969, que dispõe sobre a busca e apreensão de bens alienados fiduciariamente.

Classifica-se a busca e apreensão segundo o objeto e a natureza da providência acautelatória.

Quanto ao objeto, a busca e apreensão pode ser de pessoas ou coisas. No processo do trabalho terá por objeto apenas coisas, pois não se discutem questões relativas à posse de pessoas, como posse provisória de filhos, posse em nome do nascituro etc. As coisas que podem ser apreendidas são as móveis, como documentos, ferramentas, mostruários etc., pois as imóveis não são suscetíveis de deslocamento próprio.

No que diz respeito à natureza da providência acautelatória, esta pode ser cautelar ou satisfativa. Será cautelar quando tiver por objetivo assegurar o cumprimento da sentença de mérito. Será satisfativa quando servir à concretização de um direito, como na execução para entrega de coisa certa.

No processo do trabalho a busca e apreensão poderia ocorrer no caso de retenção indevida da CTPS do empregado pelo empregador. O difícil seria provar que a CTPS está em poder do empregador. O empregado também poderia reter abusivamente ferramentas ou mostruários do empregador e vice-versa.

O advogado também poderia reter e não devolver os autos que levou em carga. O art. 234 do CPC determina que o advogado deve restituir os autos no prazo legal. Não o fazendo, mandará o juiz, de ofício, riscar o que neles houver escrito e desentranhar as alegações e documentos que apresentar. É lícito a qualquer interessado cobrar os autos ao advogado que exceder o prazo legal. Se, intimado, não os devolver dentro em 24 horas, perderá o direito a vista fora de cartório e incorrerá em multa, correspondente à metade do salário-mínimo vigente na sede do juízo. Apurada a falta, o juiz comunicará o fato à Seção local da OAB, para o procedimento disciplinar e imposição de multa. O inciso II do art. 7º da Lei n. 8.906/94 estabeleceu a inviolabilidade do escritório ou local de trabalho do advogado, salvo caso de busca e apreensão determinada por magistrado e acompanhada de representante da OAB. O STF suspendeu em parte o referido dispositivo, no que diz respeito à expressão "e acompanhada de representante da OAB" (conforme Medida Liminar na ADIn 1.127-8-DF, Rel. Min. Paulo Brossard, *DJU* 14-10-1994, p. 27.596).

Bens que ficaram na guarda do depositário judicial e depois foram desviados poderão ser objeto de busca e apreensão, porém irá se processar como incidente de execução, e não como tutela cautelar.

No cumprimento de sentença que reconheça a exigibilidade de obrigação de fazer ou de não fazer, o juiz poderá determinar, entre outras medidas, a imposição de multa, a busca e apreensão (§ 1º do art. 536 do CPC). O mandado de busca e apreensão de pessoas e coisas será cumprido por dois oficiais de justiça, observando-se o disposto no art. 846, §§ 1º a 4º do CPC, se houver necessidade de arrombamento (§ 2º do art. 536 do CPC).

Não cumprida a obrigação de entregar coisa no prazo estabelecido na sentença, será expedido mandado de busca e apreensão ou de imissão na posse em favor do credor, conforme se tratar de coisa móvel ou imóvel (art. 538 do CPC).

Será possível também a busca e apreensão de bens que foram objeto de arresto ou de sequestro, mas que por algum motivo foram desviados.

A busca e apreensão ainda poderá ser utilizada para assegurar o cumprimento de determinada tutela cautelar inominada, que tem por objeto assegurar o cumprimento da obrigação, fora das hipóteses contidas no CPC para o arresto e o sequestro, com fundamento no art. 297.

A petição inicial deverá conter os requisitos previstos nos arts. 305 do CPC. O autor deverá, ainda, expor as razões justificativas da medida e da ciência de estar a pessoa ou a coisa no lugar indicado.

O juiz poderá deferir a busca e apreensão sem ouvir a parte contrária (*inaudita altera parte*). Poderá, contudo, determinar a justificação prévia, que será feita em segredo de justiça, se for indispensável. Deferida a medida, será expedido o mandado, que conterá: (a) a indicação da casa ou do lugar em que se deve efetuar a diligência; (b) a descrição da pessoa ou da coisa procurada e o destino a lhe dar; (c) a assinatura do juiz, de quem emanar a ordem.

O mandado será cumprido por dois oficiais de justiça, um dos quais o lerá ao morador, intimando-o a abrir as portas. Não atendidos, os oficiais de justiça arrombarão as portas externas, bem como as internas e quaisquer móveis onde presumam que esteja oculta a pessoa ou a coisa procurada. Não sendo localizado o objeto, não é o caso de se extinguir o processo sem julgamento de mérito, mas de aguardar sua localização para apreensão (*RT* 612/104). Os oficiais de justiça far-se-ão acompanhar de duas testemunhas. Tratando-se de direito autoral ou direito conexo do artista, intérprete ou executante, produtores de fonogramas e organismos de radiodifusão, o juiz designará, para acompanharem os oficiais de justiça, dois peritos, aos quais incumbirá confirmar a ocorrência da violação, antes de ser efetivada a apreensão.

Finda a diligência, lavrarão os oficiais de justiça auto circunstanciado, assinando-o com as testemunhas.

Como a busca e apreensão só pode ser feita por meio de invasão de domicílio, a lei se cercou de vários requisitos, inclusive mediante expressa autorização do juiz, sob pena de ser cometido crime de violação de domicílio (art. 150 do Código Penal).

Concedida a liminar ou após a justificação prévia, o requerido será citado para responder. Se o procedimento for em processo de conhecimento, deverá ser apresentada a resposta em audiência.

Não havendo contestação ao pedido, presumir-se-ão verdadeiros os fatos alegados na inicial, devendo o juiz proferir sentença, marcando data para tanto. Se houver contestação, será designada audiência de instrução e julgamento, caso haja necessidade de ser produzida prova.

Se a medida for preparatória para a ação principal, deverá esta ser proposta no prazo de 30 dias a contar da data da efetivação da tutela cautelar.

24.15.6 Tutela cautelar nos tribunais

A tutela cautelar tem sido utilizada nos tribunais com certa frequência.

No que diz respeito aos dissídios coletivos, a frequência é muito maior. Anteriormente, havia autorização legal para a suspensão imediata da sentença normativa, como estava previsto no § 1º do art. 6º da Lei n. 4.725/65 e art. 9º da Lei n. 7.701/88, porém estes dispositivos foram revogados pelo art. 7º da Lei n. 7.788/89, que não concedia efeito suspensivo em recurso em dissídio coletivo.

O remédio foi utilizar a tutela cautelar para dar efeito suspensivo ao recurso ordinário no dissídio coletivo, provando a parte o *fumus boni iuris*, que seria a possibilidade de a decisão ser reformada pelo TST, e do *periculum in mora*, consistente no ajuizamento de imediato da ação de cumprimento com o pagamento das verbas concedidas no dissídio coletivo, pois "o provimento do recurso não importará restituição dos salários ou vantagens pagos, em execução do julgado" (§ 3º do art. 6º da Lei n. 4.725/65).

O recurso interposto de decisão normativa da Justiça do Trabalho terá efeito suspensivo, na medida e extensão conferidas em despacho do Presidente do Tribunal Superior do Trabalho (art. 14 da Lei n. 10.192/2001).

A outra hipótese da utilização da tutela cautelar é na ação rescisória, ajuizada perante o tribunal para rescindir uma sentença. A cautelar teria o condão de dar efeito suspensivo à execução.

O antigo TFR, por meio da Súmula 234, entendia que "não cabe medida cautelar em ação rescisória para obstar os efeitos da coisa julgada".

A tutela cautelar em ação rescisória encontraria, porém, obstáculo no inciso XXXVI do art. 5º da Constituição, quando determina a observância da coisa julgada. De outro lado, o art. 489 do CPC explicita que a ação rescisória não implica a suspensão da execução. Entretanto, o *fumus boni juris* e o *periculum in mora* podem indicar a existência da verdade real da necessidade da modificação da decisão anterior, como também de se fazer a verdadeira justiça ao caso concreto.

O mero ajuizamento da rescisória, de fato, não vai suspender a execução da sentença. É preciso, portanto, a propositura da ação cautelar para suspender a execução da sentença.

Manoel Antonio Teixeira Filho (1989d:153) mostra um exemplo que bem demonstra a necessidade da utilização da cautelar para suspender a execução, enquanto se processa a ação rescisória: "um empregado que teve todos os pedidos formulados na inicial (aviso-prévio, férias, 13º salários etc.) rejeitados pela sentença, da qual deixou de interpor recurso. Pouco tempo depois, quando já ocorrera o trânsito em julgado daquela decisão, ele, em atitude de indisfarçável má-fé, ingressa em juízo, novamente, com os mesmos pedidos, tendo a inicial sido distribuída para Junta diversa da que proferiu a sentença passada em julgado. Citado, o réu (um pequeno estabelecimento) deixa de responder à ação, imaginando que o instrumento de citação, que recebera pelo correio, se referisse a algum comunicado concernente ao processo anterior, no qual fora vencedor. Realizado o julgamento a sua revelia e presumidos verdadeiros os fatos alegados pelo autor, os pedidos deste são agora integralmente acolhidos (consumando-se, dessa maneira, e sem culpa do Judiciário, um ato de desonestidade, que beneficiou a quem lhe deu causa). Intimado dessa sentença, o réu, vez mais, supõe que a cientificação fosse relativa ao processo anterior e, em virtude disso, deixa de interpor recurso da segunda sentença, que o condenou ao pagamento de diversas quantias. Com o trânsito em julgado da sentença, o autor (agora credor), dá início à execução por quantia certa, oportunidade em que o réu (devedor), ao ser citado, acaba por perceber a impudicícia do adversário. Diante disso, constitui advogado e ingressa, no tribunal, com ação rescisória – desesperado pelo fato de seus bens se encontrarem na iminência de serem remetidos à expropriação judicial, por não ter a rescisória eficácia suspensiva da execução.

O quadro, naquele instante, era, pois, este: de um lado, um litigante de má-fé (o empregado), na virtualidade de ver bem-sucedida sua velhacada, consistente em desrespeitar a coisa julgada (sentença anterior, que lhe rejeitara todos os pedidos) e retornar a juízo com os mesmos pedidos; de outro, o empregador, aflito por não possuir, ao seu alcance, um meio jurídico apto para impedir a consumação da atitude desonesta da parte contrária.

A consequência foi que, ao ver acolhida, algum tempo depois, a ação rescisória que ajuizara, esse empregador não teve motivos para regozijar-se disso, porquanto os seus bens já tinham sido arrematados, por terceiro, tendo o produto sido entregue ao empregado, que se mudou para lugar desconhecido".

Como se sabe, a ação rescisória não tem o poder de suspender a execução do julgado rescindendo. Assim, a medida adequada ao caso mencionado é o ajuizamento da tutela cautelar, com pedido de liminar para sustar o andamento da execução, vez que presentes os requisitos da fumaça do bom direito e do *periculum in mora*. Caso aquele empregador tivesse se utilizado da tutela cautelar para sustar o andamento da execução, certamente não teria perdido seus bens.

A tutela cautelar não perde o objeto enquanto ainda estiver pendente o trânsito em julgado da ação rescisória principal, devendo o pedido cautelar ser acolhido, mantendo-se os efeitos da liminar eventualmente deferida, no caso de acolhimento do pedido rescisório ou, por outro lado, improcedente, se o pedido da ação rescisória principal tiver sido rejeitado (Orientação Jurisprudencial n. 131 da SBDI-2 do TST).

Se a sentença realmente vai ser rescindida e se o pedido tem, até mesmo, fundamento em orientação jurisprudencial mais recente, mostra-se que a possibilidade do acolhimento da rescisória é muito grande, razão pela qual a cautelar também deveria ser acolhida para obstar ao andamento da execução, que, afinal, será inútil, podendo trazer, inclusive, desprestígio ao Poder Judiciário.

Não é só, porém, o empregador que poderia requerer cautelar inominada no tribunal para sustar a execução, distribuída por dependência à ação rescisória. O empregado também o poderia fazer, ao discutir na rescisória a desconstituição da sentença originária, com o fundamento, por exemplo, de incompetência absoluta do juízo que proferiu a sentença. Ante a fumaça do bom direito e o perigo da demora, possibilitando ao empregador se desvencilhar de certos bens, poderia requerer o arresto destes para garantia da futura condenação.

Mostra o art. 969 do CPC que o ajuizamento da ação rescisória não impede o cumprimento da sentença ou acórdão rescindendo, ressalvada a concessão de tutela provisória.

Apesar do que foi dito, não é possível ao relator no tribunal conceder de ofício a tutela provisória, pois esta dependerá de provocação, nos termos do art. 2º do CPC.

24.15.7 Mandado de segurança contra indeferimento liminar de cautelar

Não cabe mandado de segurança contra indeferimento liminar de cautelar. Do indeferimento liminar da cautelar cabe recurso ordinário. O TST entende que de tal decisão cabe agravo regimental. O próprio inciso II do art. 5º da Lei n. 12.016/2009 determina que não caberá a segurança contra decisão judicial, caso haja a possibilidade da interposição de recurso com efeito suspensivo. Logo, não caberá mandado de segurança dessa decisão, mas recurso ordinário.

À primeira vista também não será possível a parte utilizar-se do mandado de segurança contra o indeferimento da liminar em cautelar, por se tratar de decisão interlocutória, só podendo haver recurso da decisão que julgar em definitivo o processo (§ 1º do art. 893 da CLT).

O mandado de segurança deverá ser utilizado no prazo de 120 dias a contar da ciência do ato impugnado. É de decadência o referido prazo, que, se não utilizado, implica a perda do direito. Entretanto, esgotado *in albis* o referido prazo, a parte poderá se utilizar da medida cautelar, caso seja essa a hipótese, pois a cautelar não tem um prazo para ser proposta a contar da ciência do ato.

24.16 TUTELA DA EVIDÊNCIA

A tutela de evidência ou de aparência é a espécie de tutela em que vai ser deferido o direito ao autor por meio de cognição sumária ou superficial, com os elementos de prova apresentados pelo autor.

A tutela da evidência será concedida, independentemente da demonstração de perigo de dano ou de risco ao resultado útil do processo (art. 311 do CPC), quando:

I – ficar caracterizado o abuso do direito de defesa ou o manifesto propósito protelatório da parte;

O requerimento da tutela pode surgir depois de apresentada a defesa, quando se verifica que esta é protelatória. Pode existir a necessidade de antecipação da tutela depois de produzida a prova, quando se verifica, por exemplo, que a empresa vai fechar, está transferindo maquinário etc.

Abuso de direito de defesa é espécie de abuso de direito. Abuso de direito, portanto, é o gênero.

Revela o inciso I do art. 188 do Código Civil que o exercício regular do direito é um ato lícito. Ao contrário, quando ele não é regular, é abusivo.

Usa o art. 1º da Lei n. 12.016/2009 a expressão *abuso de poder* e não *abuso de direito*, tendo, portanto, significado diverso, pois diz respeito à pessoa que pratica o ato coator, que é uma autoridade.

Abuso de direito, segundo Georges Ripert, é tornar aparentemente legítimo o ato que não deve ser praticado (*La règle morale dans les obligations civiles*. Paris: LGDJ, 1949, p. 164).

O abuso de direito de defesa será o emprego de defesa totalmente despropositada, sem qualquer fundamento. É a prática de atos desnecessários, impertinentes. Isso é complementado pelo manifesto propósito protelatório do réu, que poderia pedir a oitiva de depoimentos pessoais, testemunhais, inclusive por meio de carta precatória, ou requerer perícia inútil, com o único objetivo de protelar o andamento do feito. O manifesto propósito protelatório pode ser evidenciado também quando o réu pratica manobras com o objetivo de não receber a citação, devolvendo a comunicação postal, ocultando-se do oficial de justiça ou criando qualquer outro embaraço semelhante.

O manifesto propósito protelatório é uma espécie de abuso de direito de defesa, pois o inciso I do art. 311 do CPC usa a conjunção alternativa *ou*.

A protelação é a mais comum hipótese de abuso de direito. O legislador quis destacá-la expressamente.

Nem sempre, porém, o abuso tem efeito protelatório. Pode apenas consistir em fazer alegações descabidas, impertinentes, mas que não têm efeito protelatório.

As hipóteses de abuso de direito de defesa estão contidas, por exemplo, nos incisos do art. 80 do CPC. São casos de abuso de direito de defesa: deduzir pretensão ou defesa contra texto expresso de lei ou fato incontroverso (I), alterar a verdade dos fatos (II), usar do processo para conseguir objetivo ilegal (III), proceder de modo temerário em qualquer incidente ou ato do processo (V), promover incidentes manifestamente infundados (VI). Ocorre propósito protelatório quando: o réu opuser resistência injustificada ao andamento do processo (IV), proceder de modo temerário em qualquer incidente ou ato do processo (V); provocar incidentes manifestamente infundados (VI) e interpuser a parte recurso manifestamente protelatório.

Ainda que não fique caracterizado o dano irreparável ou de difícil reparação, o juiz poderá conceder a tutela antecipatória, a requerimento da parte, desde que, após a contestação, verifique-se abuso de direito de defesa ou manifesto propósito protelatório do réu. O abuso de direito de defesa será o emprego de defesa totalmente despropositada, sem qualquer fundamento. Isso é complementado pelo manifesto propósito protelatório do réu, que poderia pedir a oitiva de depoimentos pessoais, testemunhais, inclusive por meio de carta precatória, ou requerer perícia inútil, com o único objetivo de protelar o andamento do feito. O manifesto propósito protelatório pode ser evidenciado também quando o réu pratica manobras com o objetivo de não receber a citação, devolvendo a comunicação postal, ocultando-se do oficial de justiça ou criando qualquer outro embaraço semelhante. Nesses casos, o juiz concederá a tutela, que terá verdadeira função de sanção processual, em razão da conduta processual abusiva empregada pelo réu, pois se trata de ato atentatório à dignidade da Justiça (art. 139, III, do CPC), podendo até mesmo ser aplicada de ofício a pena de litigância de má-fé (art. 81 do CPC).

Não é abusiva ou protelatória a defesa que alegue matéria pacificada pela jurisprudência ou contida em súmula dos tribunais. Pode o réu ter por objetivo insistir em sua tese visando modificar a jurisprudência ou as súmulas dos tribunais.

Na hipótese de o empregado alegar que a empresa não paga salários por período igual ou superior a três meses, sem motivo grave ou relevante, importando na mora contumaz salarial de que trata o § 1º do art. 2º do Decreto-lei n. 368, de 19-12-1968. Isso, contudo, só poderá ser verificado após a defesa, pois a empresa poderá alegar que o empregado faltou ou ficou afastado por doença ou outro motivo para não lhe pagar salários. Poderá, entretanto, nesses casos, ser concedida após a contestação ou após a instrução, quando houver prova dos fatos alegados e fique caracterizado o abuso de direito de defesa ou o manifesto propósito protelatório do réu (art. 311, I, do CPC). Aí se tratará de uma antecipação provisória do todo ou de parte do pedido, visando evitar que na época efetiva em que for prolatada a decisão definitiva o direito já tenha desaparecido, como seria o caso de estar encerrada a estabilidade do empregado, mas para tanto haverá necessidade de pedido. Nessas hipóteses, o abuso do direito de defesa ou o manifesto propósito protelatório do réu só poderão ficar evidenciados após a apresentação da resposta e não logo com a propositura da inicial. O pedido, porém, terá que ter sido feito na exordial. Assim, o juiz deverá aguardar a contestação para proferir a decisão, visando verificar o abuso de direito de defesa ou o manifesto propósito protelatório do réu.

II – as alegações de fato puderem ser comprovadas apenas documentalmente e houver tese firmada em julgamento de casos repetitivos ou em súmula vinculante;

III – se tratar de pedido reipersecutório fundado em prova documental adequada do contrato de depósito, caso em que será decretada a ordem de entrega do objeto custodiado, sob cominação de multa;

IV – a petição inicial for instruída com prova documental suficiente dos fatos constitutivos do direito do autor, a que o réu não oponha prova capaz de gerar dúvida razoável.

No caso do inciso I do art. 311 do CPC há uma medida punitiva contra o réu, quando fique caracterizado o abuso de defesa ou o manifesto propósito protelatório do réu. Sua natureza é de sanção, de pena, pela litigância de má-fé.

A sanção contida no inciso I do art. 311 do CPC é a antecipação da tutela. Não há uma indenização compensatória da reparação de prejuízo pela prática do ato, mas a concessão antecipada da tutela jurisdicional. A demora na entrega da prestação jurisdicional é substituída pela antecipação da tutela.

É o inciso I do art. 311 do CPC uma hipótese de penalidade contida na lei, tornando mais célere o processo para o réu que pretende protelá-lo.

Para a concessão da tutela de evidência não se faz mais referência a prova inequívoca.

Inequívoco tem o sentido de certo, seguro, correto. Não há dúvida a respeito da questão.

Prova inequívoca seria a prova certa, segura, que não deixa margem de dúvida, de engano.

Prova inequívoca é um tipo em aberto e poderia dar margem a interpretações subjetivas de cada um.

A prova de um modo geral não é absolutamente inequívoca, incontestável. Existe a verossimilhança da alegação. A prova é avaliada, sopesada, interpretada, mas não é exatamente inequívoca. A prova apresentada pode ser falsa, obtida por coação.

Por prova inequívoca se deveria entender, de preferência, a prova documental ou inconteste dos fatos alegados na inicial, sobre a qual não paire qualquer dúvida. É prova robusta e bastante para a concessão da tutela, não exigindo complementação. Assim, a prova não poderia ser oral, pois não seria feita justificação prévia. Também se pode entender por prova inequívoca a prova suficiente para o deferimento da tutela, sendo ligada aos fatos objeto da pretensão posta em juízo. Essa prova pode ser feita até mesmo por prova emprestada, que tenha ou não ocorrido entre as mesmas partes em outro processo, como depoimento pessoal, testemunhal ou prova pericial já realizada. Pode ter havido anteriormente tutela cautelar de antecipação de prova, que poderá ser utilizada na tutela antecipada.

Prova inequívoca não será apenas a prova escrita. Essa seria a mais aconselhável, mas a lei fala em verossimilhança da alegação, que não exige certeza absoluta. Verossimilhança, de *verus*, verdadeiro; *smilis*, semelhante.

O legislador não se utilizou mais da expressão prova inequívoca, que poderia dar margem a dúvidas.

O inciso II do art. 311 do CPC faz referência a fato comprovado apenas de forma documental. O inciso IV também faz referência a prova documental.

Se o réu não opuser prova capaz de gerar dúvida razoável ao juiz, a tutela de aparência ou de evidência será concedida, pois não exige certeza, mais apenas probabilidade de ser verdadeira a alegação do autor.

Não se exige justificação prévia na tutela de evidência, pois o art. 311 do CPC não faz referência a ela nos incisos.

O inciso III do art. 311 do CPC não irá ser aplicado ao processo do trabalho, pois nele não se discute contrato de depósito e perseguição da coisa dada em depósito em decorrência do contrato de depósito.

A alegação poderá dispensar prova documental se, por exemplo, a matéria for de direito.

Nas hipóteses dos incisos II e III do art. 311 do CPC, o juiz poderá decidir liminarmente (parágrafo único do art. 311 do CPC), o que pressupõe a existência de pedido da parte. Parece que não poderá deferir de ofício. Na hipótese do inciso IV do art. 311 do CPC, o juiz não poderá decidir liminarmente.

Verificação de Aprendizagem

1. Quando se dá o atentado?
2. Cabe arresto no processo do trabalho? Quais seriam as condições?
3. Qual a condição para se ajuizar sequestro?
4. O que é arresto?
5. O que é sequestro?
6. Como se dá a produção antecipada de provas?
7. O que é protesto?
8. Cabe caução no processo do trabalho?
9. O que é tutela de urgência e quais são os seus requisitos?
10. O que é tutela de evidência e quais são os seus requisitos?

Capítulo 25

JURISDIÇÃO VOLUNTÁRIA

25.1 REGRAS GERAIS

Quando o CPC não estabelecer procedimento especial, regem os procedimentos de jurisdição voluntária as disposições constantes dos arts. 719 a 725 (art. 719 do CPC).

O procedimento terá início por provocação do interessado, do Ministério Público ou da Defensoria Pública, cabendo-lhes formular o pedido devidamente instruído com os documentos necessários e com a indicação da providência judicial (art. 720 do CPC).

Serão citados todos os interessados, bem como intimado o Ministério Público, nos casos do art. 178 do CPC, para que se manifestem, querendo, no prazo de 15 dias (art. 721 do CPC).

A Fazenda Pública será sempre ouvida nos casos em que tiver interesse (art. 722 do CPC).

O juiz não é obrigado a observar critério de legalidade estrita, podendo adotar em cada caso a solução que considerar mais conveniente ou oportuna (parágrafo único do art. 723 do CPC).

Serão processados sob a forma de jurisdição voluntária os pedidos de (art. 725 do CPC):

I – sub-rogação;

II – alienação, locação e administração da coisa comum;

III – alienação de quinhão em coisa comum;

IV – extinção de usufruto, quando não decorrer da morte do usufrutuário, do termo da sua duração ou da consolidação, e de fideicomisso, quando decorrer de renúncia ou quando ocorrer antes do evento que caracterizar a condição resolutória;

V – expedição de alvará judicial;

VI – homologação de autocomposição extrajudicial, de qualquer natureza ou valor.

Na jurisdição voluntária, o juiz não poderá apreciá-las se houver incompetência absoluta, que diz respeito às pessoas e à matéria. Também não tornarão prevento o juízo, pois inexistirá a ação principal a ser proposta, nem será possível arguir exceção de incompetência, visto que não há defesa por parte do requerido.

Não há preventividade em medidas de jurisdição voluntária, já que não vai haver processo principal, como no caso da notificação. Assim, não se pode dizer que seja peculiaridade da jurisdição voluntária a preventividade.

25.2 NOTIFICAÇÕES E INTERPELAÇÕES

As notificações e interpelações eram consideradas medidas cautelares no CPC de 1973. Passaram a ser tratadas no CPC de 2015 como procedimento de jurisdição voluntária e não mais como tutela cautelar. Nelas não existem lide, partes, contraditório e também não existe a concessão de liminar. Parece mais correto tratar de jurisdição voluntária.

As notificações e interpelações produzem, em regra, efeitos no plano do direito material e mais raramente no do direito processual. Constituem manifestação de vontade o protesto, a notificação e a interpelação, e não negócios jurídicos, embora haja necessidade de capacidade processual para se postular em juízo.

O protesto tem por objetivo exercitar pretensão visando a ressalvar ou conservar direitos. Constitui gênero das manifestações processuais em juízo, tendo por espécie a notificação e a interpelação. No protesto, os direitos do protestante não são aumentados ou diminuídos com a manifestação, pois apenas há a conservação ou preservação de direitos já existentes.

O interessado, visando a prevenir responsabilidade, prover a conservação e ressalva de direitos ou manifestar qualquer intenção sobre assunto juridicamente relevante de modo formal, requerer por escrito seu protesto, em petição dirigida ao juiz, requerendo a notificação das pessoas participantes da mesma relação jurídica para dar-lhes ciência de seu propósito (art. 726 do CPC).

Notificação é a comunicação levada ao conhecimento de outrem para fazer ou deixar de fazer alguma coisa, geralmente implicando a cominação de penalidade. Não se trata de declaração de vontade.

A expressão *notificação postal*, utilizada pela CLT, tanto diz respeito à citação como à intimação, embora notificação queira dizer a comunicação feita a outrem para fazer ou deixar de fazer alguma coisa. A notificação em exame não é a notificação extrajudicial, feita pelos cartórios de títulos e documentos, mas a notificação judicial.

A interpelação serve para o credor dar conhecimento ao devedor para que cumpra a obrigação, sob pena de ficar constituído em mora. É forma de exercício da pretensão do direito.

Apresentam natureza conservativa de direitos e de medida não contenciosa.

O protesto na Justiça do Trabalho poderá ser utilizado, por exemplo, para interromper a prescrição (art. 202, II, do Código Civil) ou contra a alienação de bens. A notificação poderia ser usada para convocar o empregado a retornar ao serviço, sob pena de abandono de emprego; indicar ao empregador que não vem cumprindo os direitos trabalhistas previstos em lei ou norma coletiva; que eventual transferência que o empregador pretenda fazer é abusiva, pois não decorre de real necessidade de serviço ou não pode ser feita em razão de ser o empregado dirigente sindical (art. 543 da CLT). A interpelação poderia ser observada pelo empregado para exigir do empregador que cumpra as obrigações do contrato de trabalho, sob pena de caracterizar dispensa indireta (art. 483, *d*, da CLT) etc.

O protesto judicial é medida aplicável no processo do trabalho, por força do art. 769 da CLT e do art. 15 do CPC. O ajuizamento da ação, por si só, interrompe o prazo prescricional, em razão da inaplicabilidade do § 2º do art. 240 do CPC, que impõe ao autor da ação o ônus de promover a citação do réu, por ser ele incompatível com o disposto no art. 841 da CLT (OJ 392 da SBDI-1 do TST).

O protesto terá, portanto, três objetivos: (a) prevenir responsabilidade, como na hipótese do empregado engenheiro que elaborou projeto de obra e verifica que o construtor-empregador não está seguindo o referido plano técnico; do médico empregado que determina providências médicas, de natureza técnica, que não estão sendo cumpridas pelo empregador; do contador que determina as providências para a elaboração de balanço e o empregador adota outras com objetivo de sonegação fiscal; ou do motorista de coletivo ou veículo comum que está com os freios estragados, pretendendo prevenir responsabilidade que futuramente lhe possa ser imputada por eventual colisão; (b) prover a conservação de direitos, como na hipótese de se utilizar o protesto para interromper a prescrição (art. 202, II, do CC); (c) prover a ressalva de direitos, como na hipótese de o empregador estar alienando bens, o que implica não ficarem bens suficientes para pagamento das verbas trabalhistas dos empregados.

Os procedimentos para o protesto, a interpelação e a notificação serão comuns, devendo atender aos requisitos dos arts. 726 a 729 do Código de Processo Civil, de acordo com a orientação do último artigo.

Na petição inicial serão expostos os fatos e os fundamentos justificadores do protesto. Isso mostra que a petição inicial deverá ter causa de pedir, exatamente o fundamento, os motivos, para que a ação possa ser proposta. Não haverá necessidade de se indicar a lide e seus fundamentos, porque não há lide.

Para a interrupção da prescrição, o protesto precisará ser feito mediante petição na qual sejam expostos os fatos, demonstrando a existência de sua necessidade para prevenir responsabilidade, prover a conservação e ressalva de direitos. Não demonstrado esse interesse, o protesto deverá ser indeferido. O protesto não poderá ser utilizado indefinidamente. Presume-se que, se a ação não for proposta sem motivo justificado, o requerente desistiu de promovê-la. Proposto o protesto três vezes sem que a parte ingresse com a ação principal, implicará a perempção de seu direito, aplicando-se o § 3º do art. 486 do CPC.

Entretanto, o parágrafo 3º do artigo 11 da CLT dispõe que a prescrição somente é interrompida pelo ajuizamento da ação. Não é mais interrompida, portanto, pelo protesto, pois a CLT usa o advérbio de modo somente. Não há omissão na CLT para se utilizar do Código Civil (§ 1º do art. 8º da CLT).

O juiz indeferirá o pedido quando o requerente não demonstrar legítimo interesse (art. 17 do CPC), ou der causa a dúvidas e incertezas. Na verdade, o juiz não indeferirá o pedido, pois não há pretensão na medida em comentário. O certo será o juiz indeferir a petição inicial se o requerente não demonstrar legítimo interesse ou der causa a dúvidas e incertezas que possam impedir a formação de contrato ou a realização de negócio lícito. Se não houver interesse jurídico para que possa ser promovida a medida, o autor será carecedor da ação, devendo o processo ser extinto sem julgamento de mérito (art. 485, VI, do CPC).

O protesto, a notificação ou a interpelação não admitem resposta, nem contraprotesto nos autos. O interessado poderá contraprotestar em processo distinto, admitindo a lei, portanto, a possibilidade do contraditório. Na verdade, o termo correto não seria "contraprotesto", mas outro protesto, pois será feito em outro requerimento, que poderá ser contrário ao anterior, complementar ou substitutivo, ou adicionar coisa nova e totalmente diversa da mencionada no protesto primitivo. O requerente poderá desistir da medida, inclusive sem o consentimento da parte contrária (*RJTJSP* 112/253), justamente porque não há apresentação de resposta. Não há necessidade, assim, de se designar audiência. Entretanto, se no protesto forem feitas perguntas, o requerido pode juntar aos autos suas respostas. O processo distinto seria distribuído por dependência? Parece que não, mas distribuído normalmente, já que não há lide.

A parte será notificada a respeito do protesto, como se verifica do art. 726 do CPC. Não há citação, pois não há lide, nem resposta.

Também poderá o interessado interpelar o requerido para que faça ou deixe de fazer o que o requerente entenda ser de seu direito (art. 727 do CPC).

A intimação do requerido continuará sendo feita pelo correio. Só haverá a intimação por edital quando, além da intimação do requerido, for necessário dar conhecimento, por exemplo, ao público, o que, nesse caso, será feito por editais. Feita a publicação do protesto, não cabe recurso, pois a função jurisdicional se exaure com a determinação da publicação.

O requerido será previamente ouvido antes do deferimento da notificação ou do respectivo edital; (a) se houver suspeita de que o requerente, por meio da notificação ou do edital, pretenda alcançar fim ilícito (art. 728, I, do CPC), como ato emulativo, tentativa de extorsão, ou qualquer outro fim ilícito; (b) se tiver sido requerida a averbação da notificação em registro público (art. 728, II, do CPC). Logo em seguida o juiz decidirá sobre o pedido de publicação de editais. No processo do trabalho não caberá recurso dessa decisão, por se tratar de decisão interlocutória.

Os protestos, as notificações e interpelações não importam trânsito em julgado, pois o juiz não se pronuncia sobre o mérito da prova, limitando-se a verificar se foram observadas as formalidades legais. Não haverá, inclusive, sentença, pois não há previsão expressa nesse sentido nos arts. 726 a 729 do CPC. Inexiste recurso a ser interposto pelas partes. Só caberá recurso se o juiz indeferir a referida medida, afirmando ser incabível, quando será possível à parte interpor recurso ordinário.

Realizada a intimação, o juiz determinará que, pagas as custas, os autos sejam entregues ao requerente (art. 729 do CPC), independentemente de traslado.

Não ficará o juiz prevento para o futuro processo principal, pois os autos são, inclusive, entregues à parte.

O prazo de 30 dias para se ingressar com a ação principal não será preclusivo, após obtida a sentença que julgou o protesto, a notificação ou a interpelação, justamente porque não há lide, nem partes, mas mero procedimento administrativo.

25.3 ALIENAÇÃO JUDICIAL

Nos casos expressos em lei, não havendo acordo entre os interessados sobre o modo como se deve realizar a alienação do bem, o juiz, de ofício ou a requerimento dos interessados ou do depositário, mandará aliená-lo em leilão, observando-se o disposto na Seção I do Capítulo da Jurisdição Voluntária e, no que couber, o disposto nos arts. 879 a 903 do CPC (art. 730 do CPC).

As demais espécies de jurisdição voluntária, como divórcio e separação consensual, testamentos e codicilos, herança-jacente, bens de ausentes, coisas vagas, interdição, tutela e curatela, organização e fiscalização das fundações, ratificações de protestos marítimos, são questões cíveis e não se aplicam no processo do trabalho.

25.4 PROCESSO PARA HOMOLOGAÇÃO DE ACORDO EXTRAJUDICIAL

A denominação não deveria ser jurisdição voluntária, pois, se é jurisdição, não é voluntária. Não existe lide, por não haver pretensão resistida do réu. Não existe contencioso. Trata-se de administração pública de interesses privados. Há interessados. Exemplo pode ser a homologação judicial da opção do FGTS.

Não existem partes, mas interessados, pois não há lide.

A homologação de acordo extrajudicial abrange a antiga "casadinha", em que empregador e empregado faziam uma espécie de acordo simulado para extinguir o contrato de trabalho do trabalhador e pagar verbas rescisórias e alguma outra bonificação. A regra passa a ter previsão legal.

O processo de jurisdição voluntária se inicia por petição conjunta (art. 855-B da CLT). Não poderá, portanto, ser apresentada petição apenas por uma das partes, pois se trata de acordo entre empregado e empregador.

Empregado e empregador deverão estar representados por advogado. Isso mostra que é impossível que o empregado não esteja representado por advogado.

É impossível que as partes sejam representadas por advogado comum, pois isso pode indicar a existência de conluio ou de fraude pelas partes. Advogado comum significa o mesmo advogado para ambas as partes.

Se o empregado não tiver advogado, tem a faculdade de se fazer assistir pelo advogado do Sindicato dos empregados da sua categoria.

Pode ocorrer de as empresas somente homologaram por acordo a rescisão do contrato de trabalho. Vão pagar algum valor a mais a título de prêmio, que não terá natureza salarial e incidência da contribuição previdenciária. O objetivo será dar quitação total ao contrato de trabalho extinto e impedir que o empregado ajuíze ação na Justiça do Trabalho. Isso pode aumentar as ações trabalhistas num primeiro momento nas Varas do Trabalho, mas elas não passarão do primeiro grau e não chegarão aos Tribunais Regionais do Trabalho e ao TST.

Em matéria de jurisdição voluntária, o juiz não é obrigado a observar critério de legalidade estrita, podendo adotar em cada caso a solução que considerar mais conveniente e oportuna (parágrafo único do art. 723 do CPC).

A homologação de acordo extrajudicial não implica que o empregador pode deixar de pagar as verbas rescisórias no prazo do § 6º do art. 477 da CLT (art. 855-C da CLT). Caso o prazo para pagamento de verbas rescisórias seja desrespeitado, é devida a multa do § 8º do art. 477 da CLT.

A homologação de acordo extrajudicial não é fundamento para ser indevida a multa do § 8º do art. 477 da CLT.

O juiz tem 15 dias a contar da distribuição da petição do acordo extrajudicial para analisá-lo (art. 855-D da CLT).

O magistrado designará audiência se entender necessário. Não há, portanto, obrigatoriedade de designar audiência. A audiência pode ser realizada para efeito de o juiz inquirir as partes a respeito do acordo, principalmente em relação ao empregado, se aceita espontaneamente o ajuste.

A apresentação em protocolo da petição de homologação de acordo extrajudicial é que irá suspender o prazo prescricional e não meramente a petição de homologação.

O prazo ficará suspenso e não interrompido. A suspensão implica a contagem do prazo anterior até a data anterior à apresentação da petição de homologação de acordo extrajudicial.

O prazo prescricional volta a fluir no dia útil seguinte ao do trânsito em julgado da decisão que negar a homologação do acordo (parágrafo único do art. 855-E da CLT). Não se trata de qualquer dia, mas de dia útil.

Na homologação de transação extrajudicial não há sucumbência, e, portanto, não há honorários de advogado.

A não homologação do acordo extrajudicial ou homologação parcial é hipótese de impugnação por meio de recurso ordinário (art. 895, I, da CLT).

Verificação de Aprendizagem

1. O que é protesto?
2. O que são notificações e interpelações?
3. Como se dá a alienação judicial?

Capítulo 26

DISSÍDIOS COLETIVOS

26.1 INTRODUÇÃO

O Decreto-lei n. 1.237, de 1939, atribuía a competência aos Conselhos Regionais do Trabalho para conciliar e julgar os dissídios coletivos que ocorressem dentro da respectiva jurisdição (art. 28, *a*). O dissídio poderia ser instaurado de ofício sempre que houvesse suspensão do trabalho, pelo presidente do Tribunal ou pela Procuradoria do Trabalho (art. 56). A instância seria instaurada mediante representação escrita ao presidente do Tribunal, ou por ato deste, sempre que ocorresse a suspensão do trabalho (art. 57). O recurso era cabível ao Conselho Nacional do Trabalho (§ 3º do art. 60).

Afirmava Oliveira Viana que "o juiz do trabalho, na verdade, é um ponderador de interesses econômicos em conflito. É um árbitro e a sua decisão – a sua sentença coletiva – é no fundo, substancialmente, uma verdadeira arbitragem" (*Problemas de direito corporativo*. Rio de Janeiro: José Olympio, 1938, p. 106).

O Brasil adotou o sistema de arbitragem compulsória. Essa função é conferida a um órgão do Poder Judiciário, mais precisamente à Justiça do Trabalho. A solução dos conflitos coletivos trabalhistas, se submetida a julgamento na Justiça do Trabalho, é imposta coercitivamente às partes, que nem sequer escolhem o árbitro.

A função dos tribunais trabalhistas, em dissídios coletivos, durante muitos anos, foi apenas dar concessão de reajustes salariais em virtude da inflação. Hoje, também concede novas condições de trabalho.

26.2 CONCEITO

Dissídio coletivo é o processo que vai dirimir os conflitos coletivos do trabalho, por meio de pronunciamento do Poder Judiciário, criando ou modificando condições de trabalho para certa categoria ou interpretando determinada norma jurídica.

Trata-se de processo porque há pretensão resistida do réu.

De certa forma, pode-se dizer que o Tribunal do Trabalho vai criar um direito novo, ao resolver a controvérsia coletiva dos grupos nela envolvidos.

As aspirações envolvidas dos grupos representam interesses abstratos das categorias profissionais e econômicas e não interesses individuais dos particulares.

26.3 DISTINÇÃO

O objeto principal dos dissídios coletivos é a criação de novas condições de trabalho para a categoria. Nos dissídios individuais, o objeto é a aplicação dos direitos individuais do trabalhador. Nas ações de cumprimento, o pedido é da aplicação das determinações previstas em uma norma coletiva já existente.

Nos dissídios coletivos, a indeterminação dos sujeitos que são alcançados pela norma coletiva é a característica principal. A sentença normativa é aplicável *erga omnes*, ou seja, será aplicada perante todos aqueles que pertençam ou venham a pertencer à categoria profissional ou econômica.

O dissídio coletivo é diferente do individual quanto aos aspectos objetivo e subjetivo.

Segundo o objeto, o dissídio coletivo visa à interpretação de determinada norma jurídica ou à criação, modificação ou extinção das condições de trabalho para a categoria; no dissídio individual são discutidos interesses concretos e normas já existentes no mundo jurídico. No que diz respeito ao aspecto subjetivo, o dissídio coletivo tem como partes, regra geral, entidades sindicais. Já no dissídio individual as partes são uma pessoa física e uma pessoa jurídica ou física. No dissídio coletivo, os beneficiados são indeterminados, pois a controvérsia compreende toda a categoria profissional e econômica; no dissídio individual as partes são perfeitamente determinadas, individualizadas.

Distingue-se o dissídio coletivo dos dissídios individuais plúrimos, pois, nestes, há interesses concretos e individuais postulados. No primeiro, há interesses abstratos e coletivos.

Terá a Justiça do Trabalho competência para declarar a legalidade ou ilegalidade da greve, ou a sua abusividade ou não.

26.4 CARACTERÍSTICAS

Na solução de conflitos coletivos pelo Poder Judiciário trabalhista, em que se profere uma sentença de caráter normativo, denominada sentença normativa, há a criação do direito na própria decisão, substituindo a convenção ou acordo coletivo anterior ou o que não chegou a ser concretizado.

Tem sido utilizado o dissídio coletivo em razão dos sindicatos não quererem dialogar ou pela sua incompetência para esse fim. As empresas muitas vezes preferem cumprir a determinação da Justiça do Trabalho, sob o argumento de que foi imposta às partes.

Tem natureza de declarar a existência ou inexistência da relação jurídica, de criar, extinguir ou modificar condições de trabalho.

26.5 CLASSIFICAÇÃO

Os conflitos coletivos podem ser divididos em econômicos ou de interesse e jurídicos.

Os conflitos econômicos ou de interesse são aqueles em que os trabalhadores reivindicam novas e melhores condições de trabalho, especialmente novas condições salariais. Os conflitos jurídicos, ou de direito, são aqueles em que há divergência na aplicação ou interpretação de determinada norma jurídica. Nos conflitos econômicos tem-se por objeto a criação ou obtenção de uma norma jurídica, convenção ou sentença normativa, criando, extinguindo ou modificando uma situação de trabalho na empresa. Nos segundos, a finalidade é apenas de se declarar o sentido de uma norma jurídica já existente ou interpretá-la (ex.: a declaração da abusividade ou não da greve, ou, como se dizia anteriormente, da legalidade ou ilegalidade da greve). O TST admite o dissídio coletivo de natureza jurídica, para interpretação de cláusulas de sentenças normativas, de instrumentos de negociação coletiva, acordos e convenções coletivas, de dispositivos legais particulares de categoria profissional ou econômica e de atos normativos (art. 241, II, do Regimento Interno do TST).

Critica José Augusto Rodrigues Pinto (1991:408) a expressão *dissídio coletivo de natureza jurídica*, pois "toda ação tem conteúdo jurídico, tornando redundante falar-se em um dissídio de natureza jurídica ou conceber-se qualquer tipo de dissídio no qual estivesse ausente o fator jurídico".

O § 2º do art. 114 da Constituição faz referência a dissídio coletivo de natureza econômica. Entendo que o dissídio coletivo de natureza jurídica continua existindo, como para interpretar a abusividade ou não da greve (art. 114, II, da Lei Maior) ou determinada norma, inclusive a norma coletiva da categoria.

O dissídio coletivo nada mais é do que um processo de conhecimento, em que vai ser interpretada uma norma jurídica ou vão ser criadas novas condições de trabalho. A sentença no dissídio coletivo de natureza econômica tem natureza constitutiva ao criar as novas regras para a categoria. No dissídio coletivo de direito, porém, sua natureza jurídica será meramente declaratória.

Podem, ainda, os dissídios coletivos ser:

a) originários, quando inexistentes ou em vigor normas e condições especiais de trabalho decretadas em sentença normativa. Há a criação de condições de trabalho (art. 867 da CLT);
b) de revisão, quando destinados a rever normas e condições coletivas de trabalho preexistentes que se hajam tornado injustas ou ineficazes pela modificação das circunstâncias que as ditaram, isto é, em razão de fato superveniente (arts. 873 a 875 da CLT);
c) de declaração sobre a paralisação de trabalho decorrente de greve dos trabalhadores;
d) de extensão, que visa estender as condições de trabalho a outras pessoas (arts. 868 a 871 da CLT).

26.6 COMPETÊNCIA

É o dissídio coletivo uma ação de competência originária dos Tribunais Regionais do Trabalho. Os Tribunais Regionais do Trabalho serão competentes para a conciliação e julgamento dos dissídios coletivos instaurados na região de sua jurisdição.

Tendo o sindicato base territorial na região do TRT, será este o órgão competente para o julgamento do dissídio coletivo. Caso a base territorial sindical seja superior à da jurisdição do Tribunal Regional do Trabalho, a competência passa a ser do TST (art. 702, I, *b*, da CLT). Exemplificando, se o sindicato abrange os Estados de São Paulo e Mato Grosso do Sul, será competente para dirimir a controvérsia entre as partes o Tribunal Superior do Trabalho. Exceção à regra é se o sindicato tiver sua base territorial sobre todo o Estado de São Paulo, onde existem dois tribunais: Campinas (15ª Região) e São Paulo (2ª Região). Nessa hipótese será competente o Tribunal Regional do Trabalho da 2ª Região, em razão do disposto no art. 12, da Lei n. 7.520, de 15-7-1986, que criou o Tribunal de Campinas. Se a base territorial do sindicato compreender apenas a região ou cidades pertencentes ao TRT da 15ª Região, a competência será deste.

No TST, a competência para julgamento dos dissídios coletivos é da Seção de Dissídios Coletivos (art. 2º da Lei n. 7.701/88), que substituiu as funções que eram anteriormente do Pleno daquele tribunal.

Nos Tribunais Regionais não divididos em Turmas, a competência para examinar os dissídios coletivos é do Pleno. Naqueles tribunais divididos em turmas, pode-se promover a especialização de uma seção ou grupo que irá dirimir as controvérsias coletivas.

Os dissídios coletivos de trabalhadores avulsos são da competência do TST (SDC, RO DC 2.141/90.0 – 2ª R., Rel. Min. Wagner Pimenta, j. 6-12-1993, *DJU*, I, 15-4-1994, p. 8.237/6).

26.7 LIMITES DO PODER NORMATIVO

Poder normativo é a competência atribuída à Justiça do Trabalho para estabelecer normas e condições de trabalho nos dissídios coletivos.

O art. 94 do Decreto-lei n. 1.237/39 previa que na falta de disposição expressa de lei ou de contrato, as decisões da Justiça do Trabalho deverão fundar-se nos princípios gerais de direito, especialmente do direito social, e na equidade, harmonizando os interesses dos litigantes com os da coletividade, de modo que nenhum interesse de classe ou particular prevaleça sobre o interesse público.

A primeira Constituição que tratou dos limites do Poder Normativo da Justiça do Trabalho foi a de 1946. O § 2º do art. 123 especificava que a lei iria determinar os casos em que as decisões nos dissídios coletivos poderão estabelecer normas e condições de trabalho. O objetivo inicial do poder normativo era inibir a luta entre as classes, em razão da proibição da greve.

O § 1º do art. 134 da Constituição de 1967 trazia praticamente a mesma redação da Norma Ápice de 1946: "A lei especificará as hipóteses em que as decisões, nos dissídios coletivos, poderão estabelecer normas e condições de trabalho." O § 1º do art. 142 da Emenda Constitucional n. 1, de 1969, repetia a Constituição de 1967. Na verdade, nunca existiu a referida lei que viesse a especificar as hipóteses em que poderiam ser estabelecidas normas e condições de trabalho nos dissídios coletivos.

O § 2º do art. 114 da Constituição de 1988 mudou um pouco a orientação das normas constitucionais anteriores, não mais mencionando sobre o fato de que a lei iria estabelecer as hipóteses em que o poder normativo da Justiça do Trabalho poderia ser exercitado: "Recusando-se qualquer das partes à negociação coletiva ou à arbitragem, é facultado às mesmas, de comum acordo, ajuizar dissídio coletivo de natureza econômica, podendo a Justiça do Trabalho decidir o conflito, respeitadas as disposições mínimas legais de proteção ao trabalho, bem como as convencionadas anteriormente."

Na Constituição anterior, a lei é que iria especificar as hipóteses em que poderia ser exercitado o poder normativo da Justiça do Trabalho (§ 1º do art. 142 da

Carta Magna de 1967, de acordo com a Emenda Constitucional n. 1, de 1969). A Lei Maior de 1988 não faz menção a tais hipóteses. Assim, deve-se interpretar sistematicamente a Norma Ápice para se chegar aos limites do poder normativo da Justiça do Trabalho.

Os limites do poder normativo estão inseridos na própria Lei Fundamental. É vedado ao Poder Judiciário exercer atividade legislativa, em decorrência do princípio da separação dos poderes (art. 2º). O Congresso Nacional tem por competência exclusiva "zelar pela preservação de sua competência legislativa em face da atribuição normativa dos outros Poderes" (art. 49, XI), o que quer dizer que a competência legislativa continua a ser do Congresso e não da Justiça do Trabalho. No exercício do poder normativo, deve-se assegurar a propriedade privada, a livre concorrência, a função social da propriedade privada, a busca do pleno emprego, a livre iniciativa, a valorização do trabalho humano e os ditames da Justiça Social (art. 170, II, III, IV e VIII).

O outro limite do poder normativo da Justiça do Trabalho é ser exercitado nos limites da lei, pois "ninguém será obrigado a fazer ou deixar de fazer alguma coisa senão em virtude de lei" (art. 5º, II, da Constituição). Isso quer dizer que o poder normativo não pode ser exercido se não houver previsão legal para tanto. O Supremo Tribunal Federal já vinha entendendo, à luz da Constituição anterior, que a Justiça do Trabalho não pode assegurar: estabilidade ao empregado acidentado (STF RE 107.920-SP, Ac. 2ª T, j. 19-5-1987, Rel. Min. Aldir Passarinho); aviso por escrito para a dispensa do empregado (STF RE 109894, RJ, Ac. 2ª T, j. 9-9-1986, Rel. Min. Carlos Madeira, *LTr* 53-2/202); abono de falta ao empregado estudante (STF RE 108.474-SP, Ac. 2ª T, j. 12-8-1986, Rel. Min. Carlos Madeira, *LTr* 52--2/302; STF, 1ª T, RE 109.397-8, j. 28-11-1995, Rel. Min. Ilmar Galvão, *DJ*, 1º-3-1996, p. 5.013). Essa determinação modifica a orientação do Precedente Normativo n. 70 do TST; estabilidade ao empregado em idade de prestação de serviço militar (RE 91.772-1 SP, Rel. Min. Xavier de Albuquerque); imposição de aviso prévio por escrito com a indicação dos motivos da dispensa (RE 91.761-6-SP, Rel. Min. Décio Miranda); incidência de aumento salarial sobre diárias de viagem não excedentes a 50% do salário (STF RE 87.120-9-SP, Ac. TP 9-11-1978, Rel. Min. Djaci Falcão, *Rev. LTr* 43/619). No RE 197.911-9-PE, a 1ª T do STF entendeu: (a) não ser possível o piso salarial consistente no salário-mínimo acrescido de 20%, pelo piso estar vinculado ao salário-mínimo; (b) garantia de emprego de 90 dias a contar da publicação da decisão, pois ofende os incisos I e III do art. 7º da Constituição; (c) aviso prévio de 60 dias, que é objeto de lei no inciso XXI, do art. 7º da Constituição; (d) antecipação do 13º salário, pois contrária à Lei n. 4.749/65. Não há lei estabelecendo tais regras, de modo que o poder normativo da Justiça de Trabalho pudesse ser utilizado, não podendo a Justiça Laboral criar, legislar sobre o que não está previsto em lei.

O TST, por exemplo, entende que auxílio educação é matéria de acordo e não de dissídio coletivo, pois é dever do Estado e da família a educação, sendo direito de todos (art. 205 da Constituição) (Ac. da SDC do TST, RO DC 176.982/95.1-4, Rel. Min. Ursulino Santos, j. 4-12-1995, *DJU* 12-2-1996, p. 1.008/9).

Julga o STF ser cabível o poder normativo estabelecer estabilidade provisória à gestante (STF RE 91.761-SP, Ac. TP 6-3-1980, Rel. Min. Décio Miranda, *Rev. LTr* 44-9/1.115); salário normativo (STF RE 90.528-SP, *DJ* 29-8-1980, p. 6.355, Rel. Min. Cordeiro Guerra), desconto a favor do sindicato (STF RE 71.577-GB, Rel. Min. Eloy Rocha, *RTJ* 81, setembro de 1977, p. 750), sujeitar o empregador a pagamento de multa (STF RE 88.669-SP, Ac. TP 9-3-1978, Rel. Min. Moreira Alves, *Rev. LTr* 43/1.146), equiparar o salário do empregado admitido ao do empregado despedido, ocupante da mesma função (STF RE 88.022-SP, Ac. TP 16-11-1977, Rel. Min. Moreira Alves, *Rev. LTr* 43/1.146), validar cláusulas convencionais de anuênios ou outros adicionais (RE 87.060-SP, Rel. Min. Leitão de Abreu, Jurisprudência do STF, vol. 13, janeiro 1980, p. 105). No RE 197.911-9-PE, a 1ª T. do STF manteve as cláusulas de: (a) construção de abrigos para proteção e refeição dos trabalhadores; (b) remessa anual ao sindicato da relação dos empregados pertencentes à categoria; (c) criação de quadro de avisos de interesse dos trabalhadores.

Coqueijo Costa dizia que o poder normativo é limitado ao norte pela Constituição; ao sul pela lei; a leste, pela equidade e o bom senso; a oeste, pelo art. 766 da CLT, em que se asseguram justos salários aos trabalhadores, mas "permitam justa retribuição às empresas interessadas" (TST RODC 30/82, Pleno, j. 27-5-1982, Rel. Min. Coqueijo Costa, *DJ* 12-8-1982).

Num primeiro momento, o poder normativo opera no espaço em branco deixado pela lei. Será, portanto, impossível contrariar a legislação em vigor, mas será cabível a sua complementação. Como Estado Democrático de Direito (art. 1º, da Constituição), o Brasil deve se submeter à lei.

Quando a norma legal já estabelece um mínimo, nada impede que o poder normativo estabeleça algo a mais: o adicional de horas extras é de no mínimo 50% (art. 7º, XVI, da Constituição), o adicional noturno é de pelo menos 20% (art. 73 da CLT). Assim, a sentença normativa não poderá criar ou legislar sobre questões não previstas em lei.

As disposições mínimas legais de proteção ao trabalho, bem como as convencionadas anteriormente, também representam um limite, que é considerado mínimo.

As disposições contidas em sentença normativa anterior não terão de ser observadas, mas apenas as disposições legais mínimas e as convencionadas anteriormente.

O TST editou a Súmula 190, que está assim redigida: "Decidindo ação coletiva ou homologando acordo nela havido, o Tribunal Superior do Trabalho exerce o poder normativo constitucional, não podendo criar ou homologar condições de trabalho que o Supremo Tribunal Federal julgue iterativamente inconstitucionais." Com a edição da Constituição de 1988 não houve qualquer modificação nessa orientação, sendo o poder normativo exercido pela Justiça do Trabalho dentro dos limites traçados pela própria Constituição, principalmente do princípio da legalidade.

No México, o art. 919 do Código de Trabalho estabelece que "a Junta, a fim de conseguir o equilíbrio e a justiça social nas relações entre trabalhadores e patrões, em sua resolução poderá aumentar ou diminuir o pessoal, a jornada, a semana de trabalho, os salários e, em geral, modificar as condições de trabalho da empresa ou estabelecimento, sem que, em nenhum caso, possa reduzir os direitos mínimos consignados nas leis".

Justificava-se o poder normativo para evitar o entendimento direto entre as partes e reprimir as greves, que eram proibidas, de forma a impor a solução do conflito coletivo pelo Estado, que não queria a desorganização da produção e a perturbação da ordem pública. O Estado visava controlar os sindicatos de trabalhadores e empregadores. Assim, o poder normativo era estabelecido para solucionar o conflito coletivo e impedir a greve. Evitava-se que houvesse entendimento direto entre as partes. Hoje, não mais se justifica, pois a greve é um direito do trabalhador e não tem mais sentido a imposição de condições econômicas pelo Poder Judiciário. Elas devem ser negociadas entre as partes. Hoje, a greve é um direito do trabalhador (art. 9º da Constituição).

Deveria, assim, ser revogado o § 2º do art. 114 da Constituição para extinguir o poder normativo da Justiça do Trabalho. Não mais se justifica tal procedimento para criar condições de trabalho no vazio da lei, já que a greve é permitida. O poder normativo da Justiça do Trabalho impede a plena negociação coletiva, pois as partes, acomodadas, preferem a solução judicial imposta. É um desestímulo a autocomposição das próprias partes. Implica enfraquecimento da negociação coletiva.

Quando muito, se for mantido o poder normativo, não deveria mais existir para decidir condições econômicas, que devem ser negociadas pelas partes ou determinadas pelo mercado, mas somente para questões jurídicas, como da declaração da abusividade ou não abusividade da greve em decorrência da não observância das formalidades previstas na lei de greve (Lei n. 7.783/89).

26.8 EFICÁCIA NORMATIVA DA SENTENÇA NOS DISSÍDIOS COLETIVOS

O dissídio coletivo é caracterizado pela indeterminação dos indivíduos a que a sentença vai ser aplicada. Assim, a sentença normativa tem eficácia para o futuro, não tendo efeitos retroativos.

A sentença normativa não deixa de ser, entretanto, uma fonte de Direito do Trabalho, porém de origem estatal. Mesmo assim, produz coisa julgada, sendo passível de ação rescisória. Quando se fala em pedido de revisão da sentença normativa, está se ingressando com nova ação, pois a anterior transitou em julgado, produziu coisa julgada material, pois dela não mais cabe qualquer recurso. Assim, os efeitos da ação de revisão também valerão para o futuro, por se tratar de uma ação nova.

26.9 NATUREZA JURÍDICA DA SENTENÇA NORMATIVA

Questiona-se qual seria a natureza jurídica da sentença normativa. Seria um ato jurisdicional ou um ato legislativo?

Pode-se dizer que a lei não é a única fonte de Direito. Mesmo quando o Estado dirime um conflito processual coletivo entre indivíduos indeterminados, mas representados por seus sindicatos, está havendo uma atividade jurisdicional, pois inexistiria se não houvesse o processo coletivo.

Mesmo quando a Justiça do Trabalho está dirimindo um conflito coletivo que lhe foi submetido à apreciação, está exercendo uma atividade jurisdicional, criando novas condições de trabalho para determinada categoria, exercendo, dessa forma, atividade jurisdicional, ou seja, de dizer o direito aplicável à espécie. Ao julgar os dissídios coletivos, cabe à Justiça do Trabalho observar as normas existentes no direito positivo, exercitando, assim, um poder jurisdicional, porque está cuidando da aplicação do ordenamento jurídico. O poder normativo não pode ser entendido como atividade legislativa, pois o Poder Judiciário não tem por natureza essa atividade.

A sentença normativa continua se enquadrando como ato jurisdicional, pois objetiva solucionar o conflito coletivo que lhe foi posto a exame, mesmo ao serem criados preceitos jurídicos anteriormente inexistentes.

O Poder Judiciário só deveria interpretar e aplicar a norma jurídica e não criá-la.

Carnelutti entendia que a decisão normativa "tem alma de lei em corpo de sentença", esclarecendo que sua natureza seria híbrida, parte com característica de ato jurisdicional e parte de ato legislativo. No entanto, uma coisa não pode ter e deixar de ter certo aspecto ao mesmo tempo.

Temos que verificar que, se não houver provocação do Poder Judiciário, mediante processo, não haverá a sentença normativa. Apenas quando há uma pretensão resistida, e que é posta em juízo, é que o Poder Judiciário intervirá. Se não há provocação, por intermédio do processo, o Tribunal do Trabalho não poderá criar novas condições laborais.

O próprio § 2º do art. 114 da Constituição já dá a entender que "...é facultado às partes... ajuizar dissídio coletivo", dependendo, assim, de uma pretensão a ser deduzida em juízo. A lei é que determina que o Tribunal do Trabalho profira a sentença normativa, para dirimir o conflito coletivo que lhe foi trazido à baila. A decisão que dirime o conflito é jurisdicional, justamente porque aprecia os pedidos das partes, entregando a prestação jurisdicional reclamada pelos litigantes.

O poder normativo da Justiça do Trabalho é espécie de juízo de equidade que será usado nas lacunas da lei ou da norma coletiva.

Quando existe contraditório e a sentença faz coisa julgada, estamos diante de jurisdição, que vem a ser a aplicação do direito vigente aos casos concretos numa relação contenciosa, mas não estabelece direito novo. Assim, verifica-se que a natureza jurídica do poder normativo é jurisdicional.

A sentença normativa, por se tratar de uma decisão, também terá que ser fundamentada, sob pena de nulidade (art. 93, IX, da Constituição). Na prática, as sentenças normativas não são motivadas, quando deveriam sê-lo, podendo tais decisões ser consideradas nulas em grau de recurso. A obrigatoriedade da motivação da sentença normativa teve origem no sistema italiano corporativista, devendo o juiz relator, ao proferir a sentença, fundamentá-la, ainda que sucintamente. O juiz, na sentença normativa, deve indicar os motivos que lhe formaram a convicção (art. 371 do CPC), em relação a cada uma das cláusulas que foram objeto do julgamento. A decisão que puser fim ao dissídio será fundamentada, sob pena de nulidade, devendo traduzir, em seu conjunto, a justa composição do conflito de interesses das partes, e guardar adequação com o interesse da coletividade.

A sentença normativa tem natureza dispositiva, pois dispõe sobre novas obrigações e direitos. Versa sobre normas e condições de trabalho.

26.10 NEGOCIAÇÃO OU ARBITRAGEM

O dissídio coletivo somente poderá ser intentado após esgotadas todas as tentativas de solução negociada entre as partes ou pela arbitragem. Se houver a recusa das partes, ou, se as tentativas de negociação coletiva forem frustradas, aí é que terá início o dissídio coletivo (§ 2º do art. 114 da Constituição).

A tentativa de negociação ou arbitragem vem, obrigatoriamente, anteceder a instauração da instância no dissídio coletivo.

A simples remessa de carta ofício, propondo negociação coletiva, sem prova de recebimento pelo destinatário, não é suficiente para demonstrar a existência de negociação prévia efetiva.

A negociação está adstrita apenas ao dissídio coletivo de natureza econômica (§ 4º do art. 616 da CLT) e não ao de natureza jurídica.

26.11 CONDIÇÃO DA AÇÃO

Há necessidade de que a parte prove que houve a tentativa de negociação coletiva ou comprove que esta não chegou a seu final, para a instauração do dissídio coletivo.

Anteriormente, a própria CLT já declarava que "nenhum processo de dissídio coletivo de natureza econômica será admitido sem antes se esgotarem as medidas relativas à formalização da Convenção ou Acordo correspondente" (§ 4º do art. 616 da CLT). Hoje a Constituição dispõe que recusando-se qualquer das partes à negociação coletiva ou à arbitragem, é facultado a elas, de comum acordo, ajuizar dissídio coletivo de natureza econômica (§ 2º do art. 114), o que já se verificava no § 2º do art. 616 da CLT. Assim, a tentativa de negociação coletiva ou de arbitragem é condição para a propositura do dissídio coletivo, é um pressuposto indispensável de constituição e de desenvolvimento válido e regular do processo. Trata-se de requisito alternativo e não cumulativo.

Hoje existe como condição da ação a tentativa de negociação coletiva ou de arbitragem. Há necessidade, portanto, de a parte demonstrar que tenha havido, pelo menos, uma tentativa de negociação entre as partes, antes de o conflito coletivo ser submetido ao Poder Judiciário trabalhista, ou, então, que a arbitragem não chegou a ser realizada, apesar de iniciada.

As partes deveriam insistir mais na negociação coletiva, pois a solução negociada entre as partes é melhor do que a solução imposta pelo Estado, que desagrada ao perdedor ou até mesmo, em certos casos, a ambos.

Há dúvida também se o dissídio de comum acordo é condição da ação ou se é pressuposto processual.

Os pressupostos processuais são dois. Pressupostos da existência do processo são: jurisdição, pedido, partes. Pressupostos de validade do processo são: competência, insuspeição, inexistência de coisa julgada, inexistência de litispendência, capacidade processual dos litigantes, regularidade da petição inicial, regularidade da citação. A exigência do § 2º do art. 114 da Constituição não se enquadra nas referidas hipóteses. Logo, é uma outra condição da ação.

26.12 *QUORUM* DA ASSEMBLEIA SINDICAL

Dispõe o art. 859 da CLT que "a representação dos sindicatos para instauração da instância fica subordinada à aprovação de assembleia, da qual participem os associados interessados na solução do dissídio coletivo, em primeira convocação, por maioria de 2/3 dos mesmos, ou, em segunda convocação, por 2/3 dos presentes".

O dispositivo supramencionado refere-se a "associados interessados", contudo entendo que deveria participar e votar na assembleia geral para a instauração do dissídio coletivo qualquer integrante da categoria.

O *quorum* para a realização da assembleia deveria ser, porém, o da alínea *e* do art. 524 da CLT, assim redigido: "o *quorum* para a validade da assembleia será de metade mais um dos associados quites; não obtido esse *quorum* em primeira convocação, reunir-se-á a assembleia em segunda convocação com os presentes, considerando-se aprovadas as deliberações que obtiverem 2/3 dos votos".

A redação da alínea *e* do art. 524 da CLT foi determinada pela Lei n. 2.693, de 23-12-1955, que seria posterior e incompatível com o disposto no art. 859 da CLT, cuja redação é decorrente do Decreto-lei n. 7.321, de 14-2-1945. Em consequência, não deveria prevalecer o *quorum* exigido no art. 859 da CLT, que estaria revogado pela alínea *e* do art. 524 da CLT.

Dessa forma, o *quorum* para a assembleia deliberar sobre a propositura do dissídio coletivo é o estabelecido no art. 859 da CLT, segundo o entendimento da jurisprudência predominante no TST.

Argumenta-se que estaria havendo interferência do poder público no sindicato, vedada pelo inciso I do art. 8º da Constituição. Entretanto, ninguém é obrigado a fazer algo ou deixar de fazê-lo a não ser em virtude de lei. É o chamado princípio da legalidade (art. 5º, II, da Lei Maior), que também vale para o tema. Trata-se de regra legal, que deve ser observada, pois os requisitos relativos aos procedimentos nos dissídios coletivos são os previstos em lei.

A existência de assembleia geral para a instauração do dissídio coletivo é exigência tanto do dissídio de natureza econômica como jurídica. O art. 859 da CLT não faz distinção nesse sentido. O STF e o TST têm entendido que o dissídio coletivo de natureza jurídica não prescinde da autorização da categoria, reunida em assembleia, nem da etapa negocial prévia para buscar solução de consenso, para legitimar o sindicato a propor o dissídio coletivo.

26.13 PRAZO PARA INSTAURAÇÃO

Existindo convenção, acordo ou sentença normativa em vigor, o dissídio coletivo deverá ser instaurado dentro dos sessenta dias anteriores ao respectivo termo final, para que o novo pacto coletivo tenha vigência no dia imediato a este termo (§ 3º do art. 616 da CLT).

Não sendo possível o encerramento da negociação coletiva antes do termo final a que se refere o § 3º do art. 616 da CLT, a entidade interessada poderá formular protesto judicial em petição escrita dirigida ao Presidente do Tribunal do Trabalho, com o objetivo de preservar a data-base da categoria. Observado o prazo do § 3º do art. 616 da CLT ou se a parte se utilizar do protesto já referido, o reajustamento salarial e as diferenças dele decorrentes serão devidos a partir do termo final de vigência da convenção ou acordo coletivo, ou da sentença normativa anterior.

Caso seja deferido o protesto, a representação coletiva será ajuizada no prazo máximo de 30 dias, contados da intimação, sob pena de perda da eficácia da referida medida. Dessa forma, formalizado o protesto, é possível a continuidade das negociações coletivas por mais 30 dias.

26.14 INSTAURAÇÃO DE OFÍCIO

Na ocorrência de greve, pode o dissídio coletivo ser instaurado *ex officio* pelo Presidente do Tribunal Regional, ou a requerimento do Ministério Público do Trabalho (art. 856 da CLT c/c art. 8º da Lei n. 7.783/89).

A Constituição estabeleceu, porém, que "é obrigatória a participação dos sindicatos nas negociações coletivas de trabalho" (art. 8º, VI). Essa participação, contudo, não pode ser entendida como absoluta. A interpretação sistemática da Lei Maior revela que é *faculdade* do sindicato instaurar dissídio coletivo, após malograda a negociação coletiva ou a arbitragem, e não obrigação legal.

A Lei Maior reconhece, todavia, os acordos coletivos de trabalho (art. 7º, XXVI), que continuam a ser celebrados entre as empresas e sindicato profissional (§ 1º do art. 611 da CLT). Não há por que negar à empresa o direito da instauração de dissídio coletivo, quando as partes não chegam a acordo, pois a faculdade é do sindicato, o que não inibe que outras a exercitem, como a própria empresa, principalmente na existência de greve.

O inciso VI do art. 8º da Constituição tem que ser interpretado no sentido de que a obrigatoriedade da participação do sindicato na negociação coletiva é do sindicato profissional e não do patronal, sob pena da inexistência dos acordos coletivos, reconhecidos pela Constituição, onde as partes são sindicato profissional e uma empresa, prescindindo-se do sindicato da categoria econômica.

O mesmo raciocínio pode ser transplantado para a análise do § 2º do art. 114 da Constituição, em que a faculdade é do sindicato, o que não impede que a ação possa ser instaurada pela empresa, em caso de greve.

A redação do art. 856 da CLT permite ao Presidente do Tribunal instaurar de ofício o dissídio coletivo quando ocorrer suspensão do trabalho. Essa parte do art. 856 da CLT está derrogada, pois o art. 8º da Lei n. 7.783/89 só permite que o dissídio coletivo seja instaurado pelas próprias partes ou pelo Ministério Público do Trabalho, não mais fazendo menção ao Presidente do TRT.

Reza o § 3º do art. 114 da Constituição que em caso de greve em atividade essencial, com possibilidade de lesão do interesse público, o Ministério Público do Trabalho poderá ajuizar dissídio coletivo, competindo à Justiça do Trabalho decidir o conflito.

O § 3º do art. 114 da Constituição só permite o ajuizamento do dissídio coletivo pelo Ministério Público do Trabalho em caso de greve em atividade essencial, com possibilidade de lesão do interesse público. São dois os requisitos para a instauração do dissídio coletivo pelo Ministério Público: (a) greve em atividade essencial; (b) possibilidade de lesão do interesse público. Esses requisitos são cumulativos e não alternativos. São considerados serviços ou atividades essenciais: (a) tratamento e abastecimento de água; produção e distribuição de energia elétrica, gás e combustíveis; (b) assistência médica hospitalar; (c) distribuição e comercialização de medicamentos e alimentos; (d) funerários; (e) transporte coletivo; (f) captação e tratamento de esgoto e lixo; (g) telecomunicações; (h) guarda, uso e controle de substâncias radioativas, equipamentos e materiais nucleares; (i) processamento de dados ligados a serviços essenciais; (j) controle de tráfego aéreo; (k) compensação bancária (art. 10 da Lei n. 7.783/89). O Ministério Público do Trabalho não poderá, portanto, ajuizar dissídio coletivo em outros casos de greve, a não ser nas hipóteses que digam respeito a atividades essenciais.

O § 3º do art. 114 da Constituição dá legitimidade ao Ministério Público. Não estabelece, porém, que a legitimidade é exclusiva para o Ministério Público para o dissídio coletivo de greve. Não afasta, portanto, a legitimidade das partes (art. 8º da Lei n. 7.783/89). A legitimidade é concorrente.

O Ministério Público do Trabalho não tem legitimidade para propor dissídio coletivo em caso de greve em atividade não essencial e em caso de greve em atividade essencial sem lesão ou ameaça de lesão a interesse público.

O inciso VIII do art. 83 da Lei Complementar n. 75/83 previa que o dissídio coletivo poderia ser instaurado pelo Ministério Público do Trabalho para a defesa da ordem jurídica ou se o interesse público assim o exigir. Agora, só pode ser instaurado em caso de greve em atividade essencial, estando derrogado o referido preceito legal.

Fica também derrogado o art. 856 da CLT, que previa a possibilidade do Ministério Público e do presidente do tribunal suscitarem a instância em dissídio coletivo em caso de paralisação coletiva. Agora, o Ministério Público só poderá ajuizar o dissídio coletivo em caso de greve em atividade essencial e desde que haja possibilidade de lesão ao interesse público. O presidente do tribunal não mais poderá suscitar dissídio coletivo.

O inciso IX do art. 83 da Lei Complementar n. 75/93 dispõe que é competência do Ministério Público do Trabalho promover ou participar da instrução e conciliação em dissídios decorrentes da paralisação de qualquer natureza, oficiando obrigatoriamente nos processos, manifestando sua concordância ou discordância, em eventuais acordos firmados antes da homologação, resguardado o direito de recorrer em caso de violação da lei ou da Constituição.

É abusiva a greve que se realiza em setores que a lei define como sendo essenciais à comunidade, se não é assegurado o atendimento básico das necessidades inadiáveis dos usuários dos serviços, na forma prevista na Lei n. 7.783/89 (Orientação Jurisprudencial n. 38 da SDC do TST).

O dissídio coletivo de greve em atividade essencial não será instaurado apenas pelo Ministério Público do Trabalho, pois é uma faculdade deste e não obrigação. Prevê o § 3º do art. 114 da Constituição que o Ministério Público poderá ajuizar o dissídio coletivo. Não existe obrigação, mas faculdade.

Não basta apenas que o dissídio seja em atividade essencial, mas também que exista interesse público para a intervenção do Ministério Público do Trabalho, como na hipótese de greve em transportes coletivos.

Pode o dissídio coletivo de greve em atividade essencial pelo Ministério Público ter natureza jurídica, de declarar a greve abusiva ou não abusiva.

Quando o Ministério Público faz o requerimento para a instauração da instância, não está agindo como parte, mas apenas dando impulso inicial à ação. Quem é parte para propor a ação é o sindicato, tendo apenas o Ministério Público a iniciativa da instauração da instância.

A instauração de ofício pelo Presidente do Tribunal era feita por simples portaria, fazendo menção à existência do movimento paredista.

No caso de a provocação ser feita pelo Ministério Público há apenas um simples requerimento para a instauração da instância, onde são identificadas as categorias interessadas, comprovando-se a greve e, se for o caso, requerendo-se a declaração da abusividade do movimento paredista.

26.15 LEGITIMIDADE ATIVA

De modo geral, pode-se dizer que a legitimidade ativa para instaurar o dissídio coletivo é do sindicato. Inexistindo a organização sindical profissional ou econômica poderá o dissídio coletivo ser instaurado pela federação correspondente. Não estando a categoria organizada nem em nível de federação, a representação será feita pela confederação respectiva (art. 857, parágrafo único, da CLT).

Interessando o dissídio coletivo apenas aos empregados de uma empresa, ou a um número limitado de empresas, ou não havendo sindicato da categoria econômica, serão as próprias empresas individualmente suscitadas. As comissões de trabalhadores organizados em sindicatos também poderão ter legitimidade ativa para figurar no dissídio coletivo (art. 5º da Lei n. 7.783/89).

Não há necessidade de serem suscitadas todas as empresas de dada categoria econômica, mas apenas o respectivo sindicato, pois este tem a função de representá-las (art. 513, *a*, da CLT).

Em se tratando de categoria diferenciada, é mister que o sindicato que ajuizou a ação promova a citação de todos os sindicatos das diversas atividades econômicas às quais os integrantes da categoria suscitante prestem serviços, pois a relação processual se dá entre as partes integrantes do processo e não outras. Os demais interessados têm que ser cientificados (art. 867 da CLT).

Exercendo a empresa várias atividades, sem que nenhuma delas seja preponderante, estará representada no dissídio coletivo pelo sindicato da categoria respectiva.

O empregador não tem legitimidade para ajuizar o dissídio coletivo, pois pode conceder os direitos dos empregados sem a intervenção do Poder Judiciário.

A empresa também poderá instaurar o dissídio coletivo em caso de greve.

As associações sindicais não poderão instaurar dissídio coletivo, quer da categoria econômica, quer da profissional, porque a legitimidade ativa é das entidades sindicais (art. 857 da CLT). Sendo o dissídio coletivo promovido por associação, o processo deve ser extinto sem julgamento de mérito por ilegitimidade de parte (art. 485, VI, do CPC).

A Delegacia Regional de Trabalho não tem, portanto, poderes para requerer a instauração de dissídio coletivo.

A Lei n. 7.316, de 28-5-1985, permite a Confederação Nacional dos Profissionais Liberais a representatividade reconhecida aos sindicatos de categorias profissionais diferenciadas tanto em ações individuais, como coletivas, porém apenas em relação aos profissionais liberais.

Dispõe o § 2º do art. 114 da Constituição, com a redação determinada pela Emenda Constitucional n. 45/2004, que "recusando-se qualquer das partes à negociação coletiva ou à arbitragem, é facultado às mesmas, de comum acordo, ajuizar dissídio coletivo de natureza econômica, podendo a Justiça do Trabalho decidir o conflito, respeitadas as disposições mínimas legais de proteção ao trabalho, bem como as convencionadas anteriormente".

Comum acordo é expressão pleonástica. Se foi firmado o acordo, o pacto foi feito mediante ajuste comum entre as partes. Do contrário, não haveria acordo. Não existe acordo de apenas uma pessoa. Se existe acordo, ele foi feito em conjunto por ambas as partes. É tentar obter o consenso quando não há concordância entre as partes.

Usa o § 2º do art. 114 da Constituição a expressão *é facultado às mesmas*. Não se usa mesmo para substituir pronome, isto é, para substituir a palavra partes.

A primeira observação que decorre do texto constitucional é que o ajuizamento do dissídio coletivo de natureza econômica é faculdade das partes e não obrigação. Somente suscitará o dissídio coletivo quem assim entender.

Não se faz mais referência à faculdade dos sindicatos, como na redação original do § 2º do art. 114 da Constituição, mas das partes. Agora, há menção às partes. A empresa também poderá ajuizar o dissídio coletivo, como no caso de greve, pois nesse caso também é parte.

A Justiça do Trabalho não tem a faculdade de decidir o conflito, mas a obrigação. Embora o § 2º do art. 114 da Constituição use a expressão *podendo a Justiça do Trabalho decidir o conflito*, trata-se de obrigação da Justiça do Trabalho, como órgão investido de jurisdição pelo Estado, dar a solução do conflito se for provocada pelas partes. Não se pode negar às partes a prestação jurisdicional por intermédio do Estado.

O uso da expressão *estabelecer normas e condições de trabalho* vem da Constituição de 1946. Dispunha o § 2º do art. 123 que "a lei especificará os casos em que as decisões, nos dissídios coletivos, poderão estabelecer normas e condições de trabalho". O § 1º do art. 134 da Constituição de 1967 e o § 1º do art. 142, determinado pela Emenda Constitucional n. 1/69, tinham a mesma redação.

A redação original do § 2º do art. 114 da Lei Maior de 1988 usava a expressão *estabelecer normas e condições de trabalho*. Estabelecer tem o sentido de criar, instituir, fundar.

A redação atual do § 2º do art. 114 da Constituição faz referência ao fato de que a Justiça do Trabalho pode decidir o conflito. Este seria um dos fundamentos para dizer que não existe mais poder normativo da Justiça do Trabalho.

O § 3º do art. 114 da Constituição também dispõe que em caso de greve em atividade essencial, com possibilidade de lesão do interesse público, o Ministério Público do Trabalho poderá ajuizar dissídio coletivo, competindo à Justiça do Trabalho *decidir o conflito*.

Decidir é o ato de julgar dentro da postulação do autor e da resposta do réu, ou seja, dentro do contraditório, que abrange a pretensão resistida.

Entendo, porém, que a Justiça do Trabalho ainda pode estabelecer normas e condições de trabalho, pois, do contrário, não poderia respeitar disposições mínimas legais de proteção ao trabalho, bem como as convencionadas anteriormente. Se a Justiça do Trabalho não pode estabelecer normas e condições de trabalho, como vai decidir o conflito? A expressão *decidir o conflito* tem de ser entendida no sentido de estabelecer normas e condições de trabalho, pois essa é a função do poder normativo da Justiça do Trabalho. É da essência do dissídio de natureza econômica serem estabelecidas normas e condições de trabalho.

De fato, se houver a extinção do poder normativo da Justiça do Trabalho, muitos direitos dos trabalhadores conquistados em dissídios coletivos não mais poderão ser discutidos e acabarão sendo perdidos, salvo se forem mantidos em convenção ou acordo coletivo.

Se houve a extinção do poder normativo da Justiça do Trabalho, não haverá a eliminação dos conflitos coletivos do trabalho, que continuarão a existir.

O estabelecimento de condições de trabalho impostas pelo Tribunal Regional do Trabalho inibe, porém, a negociação coletiva.

Passou a estabelecer o § 2º do art. 114 da Constituição que o dissídio coletivo de natureza econômica tem de ser ajuizado de comum acordo pelas partes.

A redação do § 2º do art. 114 da Constituição é decorrente da denúncia n. 1.839 da CUT feita à OIT no sentido de que o exercício do direito de greve era comprometido pelo fato de se acionar a Justiça do Trabalho unilateralmente para estabelecer condições de trabalho nos dissídios coletivos, enfraquecendo a negociação coletiva. O Comitê de Liberdade Sindical da OIT recomendou que o dissídio coletivo somente fosse proposto de comum acordo.

Os dissídios coletivos de natureza jurídica ou o de greve não exigem comum acordo entre as partes para serem propostos, pois a norma constitucional faz referência apenas a dissídio coletivo de natureza econômica.

Continua a existir o dissídio coletivo de natureza jurídica, pois não há proibição nesse sentido nos parágrafos do art. 114 da Constituição.

Não se presta, porém, o dissídio coletivo de natureza jurídica à interpretação de normas de caráter genérico (Orientação Jurisprudencial n. 7 da SDC do TST).

A grande maioria dos dissídios coletivos não tem apenas natureza econômica, pois no seu bojo há cláusulas sociais, de cobrança de contribuição, multas etc. Dificilmente há um dissídio de natureza meramente econômica.

A interpretação histórica pode ajudar no entendimento do que vem a ser comum acordo. Ela mostra que na Câmara dos Deputados o debate foi no sentido de reduzir drasticamente o exercício do poder normativo da Justiça do Trabalho, daí a utilização da expressão *comum acordo*. O objetivo era forçar as partes a negociar. A Justiça do Trabalho funcionaria como espécie de juízo arbitral.

Na votação da Emenda Constitucional n. 45 foi mencionado pelo deputado Inocêncio de Oliveira:

> Sr. Presidente, discutimos com o nobre Deputado Vivaldo Barbosa, que tem a melhor das intenções. Se olharmos o início do texto, para depois dizermos que só podemos fazer isso em comum acordo, vamos forçar sempre o entendimento. Vamos fazer com que as partes cheguem ao entendimento. Caso contrário, ao retirarmos isso, vai haver tantos litígios que a demanda na Justiça vai ser tão grande que não compensaria a retirada do texto. Por isso, o PFL, para a manutenção do texto, recomenda o voto sim.

Foi dito pelo deputado Mendes Ribeiro:

> Vou inscrever esta sessão nos meus cadernos especiais. Durante o trabalho da comissão, a grande discussão era o poder normativo da Justiça do Trabalho. Estavam tentando terminar com a Justiça do Trabalho, não queriam o poder normativo. Eu era uma das poucas vozes a defendê-lo. Buscou-se o Fórum Barelli, o poder normativo mitigado, as duas partes do entendimento, para buscar a intervenção da Justiça, a fim de aproximar e não para separar. O que se quer é que a Justiça do Trabalho fique com a participação, com o poder normativo, quando as partes se julgarem incapazes de encaminhar o diálogo. É um avanço. Agora, se retirarmos o de comum acordo, teremos exatamente o poder normativo da Justiça do Trabalho, com o qual tantas e tantas lideranças se manifestaram. Por isso, o PMDB mantém o texto da Relatora, porque entende que é um avanço termos esse poder normativo que está no texto.

O deputado Ricardo Berzoini declarou o seguinte:

> Quero sustentar que uma das teses mais caras do Partido dos Trabalhadores é a luta contra o poder normativo da Justiça do Trabalho. Acreditamos que a negociação coletiva se constrói pela vontade das partes. Ou seja, se não tivermos no processo de negociação a garantia da exaustão dos argumentos, da busca do conflito e da sua negociação, vai acontecer o que vemos em muitos movimentos hoje, particularmente em São Paulo, como o recente caso dos metroviários, em que a empresa recorre ao poder normativo antes de esgotada a capacidade de negociação. Portanto, na nossa avaliação, manter a expressão comum acordo é uma forma de garantir que haja exaustão do processo de negociação coletiva. O Partido dos Trabalhadores vota pela manutenção da expressão, combatendo o Poder Normativo da Justiça do Trabalho, que hoje é um elemento de obstáculo à negociação coletiva.

A vontade do legislador e a interpretação histórica, no sentido de que a Justiça do Trabalho funcionaria como juízo arbitral, são irrelevantes, pois deve ser utilizada a interpretação sistemática ou a conforme a Constituição. Nada impede que uma das partes ingresse com o dissídio coletivo de natureza econômica, pois não se pode privar o direito de ação da parte (art. 5º, XXXV, da Lei Maior). Fere um direito: o direito de ação. Ninguém pode se subordinar à concordância de outrem para o ajuizamento de ação, sob pena de violar o direito constitucional de ação.

A Constituição anterior fazia referência a qualquer lesão de direito individual. Agora, é feita referência à lesão ou ameaça a direito (art. 5º, XXXV, da Constituição). Isso significa tanto o direito individual, como o coletivo. O art. 5º da Constituição não trata apenas de direitos individuais, mas coletivos, como o mandado de segurança coletivo (LXX), a ação popular (LXXIII). Lesão de direito pode ser reajuste salarial, piso salarial defasado etc.

A lesão ou ameaça a direitos pode ser decorrente do não pagamento de salários ou da não observância de condições de trabalho estabelecidas anteriormente. Há, portanto, uma pretensão resistida, que precisa ser resolvida pela Justiça do Trabalho. A Constituição tem também de ser interpretada de forma a tornar harmônicos seus preceitos, de acordo com a unidade da Constituição, dando ao dispositivo constitucional sua máxima eficácia.

O inciso XXXV do art. 5º da Lei Maior também prevê que a lei não excluirá da apreciação do Poder Judiciário lesão ou ameaça a direito. A Constituição não deixa de ser lei em sentido amplo.

O poder normativo é uma atividade jurisdicional. Exigir comum acordo pode impedir o acesso da pessoa à justiça.

Comum acordo passa a ser uma espécie de condição da ação para o ajuizamento do dissídio coletivo. A necessidade de comum acordo para ajuizar o dissídio coletivo prestigiaria a negociação coletiva, que teria de ser exaustiva. De outro lado, pode-se dizer que a exigência de comum acordo estimula a greve para ela ser resolvida pelo Poder Judiciário, pois em dissídio coletivo de greve não se exigiria comum acordo, inclusive pela previsão do inciso II do art. 114 da Constituição, que estabelece a competência da Justiça do Trabalho para dirimir ações que compreendam o exercício do direito de greve.

O suscitado, se assim entender, ao não aquiescer com o ajuizamento do dissídio, estará impedindo a outra parte de obter pronunciamento do Judiciário sobre determinado tema e, portanto, impedindo o direito de ação do suscitante.

Não se pode chegar à interpretação que conduza ao absurdo, de que existe antinomia entre o § 2º do art. 114 da Constituição e o inciso XXXV do art. 5º da mesma norma. Daí a solução é a interpretação conforme a Constituição.

O direito de ação é direito público subjetivo incondicionado. Se uma parte depende da outra para ajuizar a ação, seu direito pode ficar inviabilizado.

O direito de ação não pode ficar ao arbítrio da concordância do empregador. O direito de ação do Sindicato de empregados não pode ficar dependente da vontade do Sindicato de empregadores.

A exigência de comum acordo representa condição juridicamente impossível de ser conseguida em certos casos.

Não tem sentido que a postulação ou o direito de ação do autor fique condicionado à anuência do réu para que ela tenha seguimento.

Considera o art. 122 do Código Civil condições proibidas as que sujeitarem ao puro arbítrio de uma das partes, como de o réu não manifestar o *comum acordo* para ter prosseguimento o dissídio coletivo. É uma espécie de condição potestativa. O empregador pode simplesmente não concordar com a ação, pois seu interesse é que não sejam mantidas as cláusulas da norma coletiva anterior e não seja reajustado o piso salarial da categoria. A categoria dos trabalhadores não iria conseguir obter novo piso salarial, pois não iria haver acordo quanto ao ajuizamento do dissídio coletivo, inviabilizando o direito.

O inciso III do art. 8º da Constituição dispõe caber ao sindicato a defesa dos direitos e interesses coletivos ou individuais da categoria. São defendidos não só direitos, mas também interesses.

Na hipótese do inciso II do art. 114 da Constituição, em caso de greve, o tribunal tem de julgar, pois diz respeito ao exercício do direito de greve, entrando no mérito da postulação, mesmo não existindo comum acordo entre as partes. Irá estabelecer normas e condições de trabalho. Não se faz ressalva a respeito da forma da decisão dos conflitos decorrentes das ações que compreendam o exercício do direito de greve. Teriam que ser estabelecidas normas e condições de trabalho para solucionar o conflito.

No inciso II do art. 114 da Constituição não há ressalva de comum acordo para o dissídio coletivo de greve. É impossível, em muitos casos, obter comum acordo na greve. Se há dissídio, não há consenso. Dissídio pressupõe dissenso e não consenso.

Outra interpretação que poderia ser dada seria no sentido de que o ajuizamento do dissídio coletivo é faculdade das partes. Assim também seria o mútuo acordo.

Comum acordo não é, porém, apresentação de petição conjunta. Pode ocorrer o comum acordo se foi proposto o dissídio coletivo e a parte contrária não se opõe ao seu prosseguimento. Pode, portanto, ser obtido tacitamente, se não há impugnação ao andamento do dissídio coletivo sob o argumento de que não houve comum acordo.

É claro que a autocomposição é que deveria ser obtida pelas partes, mas nem sempre isso é possível.

Se há impasse na negociação, não se pode falar em comum acordo para ajuizar o dissídio coletivo.

Para alguns, comum acordo é uma espécie de arbitragem pública, feita pelo Estado.

Arbitragem pública é melhor do que arbitragem judicial. A arbitragem geralmente é feita por um particular e não pelo Judiciário.

O § 1º do art. 114 da Constituição faz referência a arbitragem. A primeira parte do § 2º do mesmo artigo também, mas não é o juízo arbitral para julgar o dissídio coletivo. O dissídio coletivo não é uma arbitragem pública. Não está escrito expressamente no § 2º do art. 114 da Constituição que foi instituída a arbitragem jurisdicional voluntária. Não se trata de arbitragem, mas do exercício do poder normativo da Justiça do Trabalho.

As partes, na prática, não têm eleito árbitros para julgar dissídios coletivos.

Se o § 2º do art. 114 da Constituição trata de arbitragem pública, as partes devem dizer se ela será só de direito ou também por equidade.

Da decisão do tribunal não caberia recurso, por ser juízo arbitral (art. 18 da Lei n. 9.307/96).

Entretanto, há previsão na alínea *b* do art. 895 da CLT, estabelecendo o cabimento do recurso ordinário das decisões em dissídios coletivos dos tribunais regionais.

O TST entende que tem de haver comum acordo (RODC 151/2006 – 000.03-0, Rel. Min. Maurício Godinho, *DJ* 28-3-2008). Admite concordância tácita no dissídio coletivo de natureza econômica, sem que haja oposição da parte contrária. O comum acordo é presumido, diante do silêncio da parte. Somente se houver recusa expressa é que não será possível o ajuizamento do dissídio. A recusa tem de ser expressa. Não arguiu, houve preclusão. Não pode haver comum acordo parcial. A parte tem de demonstrar por que se recusa. Comum acordo não precisa ser petição conjunta, mas não pode haver oposição da parte contrária.

O STF entendeu que o comum acordo é constitucional (RE 1.002.295, Rel. Min. Alexandre de Moraes).

No dissídio coletivo proposto pelo Ministério Público em caso de greve em atividade essencial que cause lesão ao interesse público, não há necessidade de comum acordo.

As disposições contidas em sentença normativa anterior não têm de ser observadas, segundo o § 2º do art. 114 da Constituição. O dissídio coletivo anterior não é limite mínimo a ser observado, mas apenas as disposições legais mínimas, como jornada de trabalho, intervalos, férias etc., bem como as convencionadas anteriormente.

A Constituição não exige expressamente que a norma convencional esteja em vigor.

Não se legitima o sindicato profissional a requerer judicialmente a qualificação legal do movimento paredista que ele próprio fomentou (Orientação Jurisprudencial n. 12 da SDC do TST).

26.16 PARTES

Aquele que ingressa com o dissídio coletivo, que figura no polo ativo do processo, é chamado de suscitante. Se o Ministério Público requerer a instauração do dissídio coletivo, será ele o suscitante.

Suscitado é aquele contra qual foi ajuizado o dissídio coletivo. Tendo o dissídio sido instaurado pelo Ministério Público, as demais partes é que serão chamadas de suscitadas.

No dissídio coletivo, pelo menos uma das partes é representada por um grupo indeterminado de indivíduos, enquanto no dissídio individual as partes são sempre determinadas e individualizadas.

26.17 PROCEDIMENTOS

Não há necessidade de procuração para o sindicato representar a categoria nos dissídios coletivos. A função precípua do sindicato é a representação da categoria, conforme já estava escrito na alínea *a* do art. 513 da CLT, que foi alçada ao nível de dispositivo constitucional no inciso III do art. 8º da Lei Maior. Quando o sindicato é representado por advogado, será preciso o instrumento de mandato outorgado pelo sindicato.

No dissídio coletivo, não há, portanto, substituição processual, mas legitimação ordinária do sindicato. Há, na verdade, representação, pois é inerente ao sindicato representar a categoria em juízo nos dissídios coletivos (art. 513, *a*, da CLT).

Ao contrário da petição inicial dos dissídios individuais, que pode ser feita verbalmente, o dissídio coletivo tem de ser instaurado mediante petição escrita, dirigida ao Presidente do Tribunal (art. 856 da CLT).

A peça vestibular terá tantas vias quantos forem os suscitados (art. 858 da CLT), mais uma. Na exordial, serão designados e qualificados os suscitantes e os suscitados e a natureza do estabelecimento ou do serviço (art. 858, *a*, da CLT).

Deve-se informar, também, os motivos do dissídio, com as bases para a conciliação (art. 858, *b*, da CLT), ou seja, as novas condições de trabalho que são propostas, justificando-as de forma resumida. As partes deverão apresentar, fundamentadamente, suas propostas finais, que serão objeto de conciliação ou deliberação do Tribunal, na sentença normativa. Não são apenas as propostas, mas as propostas finais para que o tribunal possa delas conhecer quando do julgamento, se for o caso. O sindicato deverá comprovar que está autorizado a instaurar o dissídio coletivo pela assembleia geral, bem como que foram frustradas as tentativas de negociação ou arbitragem. Deve-se, também, apresentar a convenção, acordo ou sentença normativa que estava em vigor, ou, ainda, o laudo arbitral, acaso existente.

O TST tem exigido que a petição inicial seja instruída com cópia autêntica da ata da assembleia geral que autorizou o sindicato a propor a ação coletiva, juntamente com a lista de comparecimento à referida assembleia, com o intuito da verificação do quórum.

A petição inicial deverá, ainda, conter a indicação da delimitação territorial da representação das entidades sindicais, bem assim das categorias profissionais e econômicas envolvidas no dissídio coletivo, e, também, do *quorum* estatutário para deliberação da assembleia. Deverão ser indicadas as pretensões coletivas, aprovadas em assembleia da categoria profissional, quando for parte entidade sindical de trabalhadores de primeiro grau, ou pelo conselho de representantes, quando for suscitante entidade sindical de segundo grau ou de grau superior. É necessário indicar quais foram as causas que impossibilitaram o êxito da composição direta do conflito coletivo. Mister se faz a apresentação em forma de cláusula de cada um dos pedidos, acompanhados de uma síntese dos fundamentos e justificá-los. Por fim, a petição inicial deverá conter a data e assinatura do representante.

Quando o dissídio for instaurado em razão de greve, a petição inicial deverá ser instruída com a comprovação dos requisitos legais para o exercício desse direito (Lei n. 7.783/89), principalmente se foi atendido o aviso prévio de greve, requerendo-se a declaração da abusividade do movimento paredista, se for o caso.

É preciso que a petição inicial seja acompanhada dos seguintes documentos:

a) correspondência, registros e atas alusivas à negociação coletiva tentada ou realizada diretamente ou mediante intermediação do órgão competente do Ministério do Trabalho. É de se ressaltar que a intervenção do Ministério do Trabalho não é obrigatória para a instauração do dissídio coletivo. O que é preciso é que se demonstre a existência da tentativa de negociação, ainda que ela seja realizada pelo Ministério do Trabalho;

b) cópia autenticada da ata da assembleia da categoria que aprovou as reivindicações e concedeu poderes para a negociação coletiva e para o acordo judicial, ou, ainda, de aprovação das cláusulas e condições acordadas, observando o *quorum* legal;
c) cópia autenticada do livro ou das listas de presença dos associados participantes da assembleia deliberativa, ou outros documentos hábeis à comprovação de sua representatividade.

A petição inicial no dissídio coletivo deve estar acompanhada pela pauta reivindicatória aprovada em assembleia geral.

Após a autuação da petição inicial do dissídio coletivo, os autos serão encaminhados ao Presidente do Tribunal, ou ao Magistrado competente, na forma do Regimento Interno, para que sejam verificados os requisitos exigidos anteriormente mencionados. Caso a petição inicial não reúna os requisitos exigidos ou contenha defeitos ou irregularidades capazes de dificultar a sua apreciação, ou, ainda, se estiver desacompanhada dos documentos necessários, será determinado que o suscitante a emende ou complete no prazo máximo de 10 dias. Na hipótese de não ser cumprida a citada diligência, o processo será extinto mediante o indeferimento da petição inicial.

Recebida e protocolada a petição inicial, o Presidente do Tribunal marcará audiência para tentativa de conciliação, que será realizada dentro de dez dias ou do menor prazo possível, configurando a única tentativa obrigatória de acordo. Sendo o dissídio coletivo instaurado de ofício, a audiência de conciliação costuma ser marcada o mais breve possível.

A designação da audiência é comunicada às partes na forma do art. 841 da CLT, ou seja, pelo correio. É comunicado também o Ministério Público do Trabalho, que tem que obrigatoriamente intervir no feito, mesmo que tiver provocado a instauração do dissídio. Não haverá citação por hora certa, pois se passa da notificação postal para o edital. Muitas vezes, em se tratando de matéria urgente, a notificação é feita até por telefone.

O prazo de 10 dias é prazo máximo, podendo ser a audiência designada em prazo inferior, tanto que, se o dissídio coletivo for de greve ou instaurado de ofício (art. 856 da CLT), a audiência de conciliação será marcada o mais breve possível.

A designação de audiência tem como objetivo fazer com que as partes cheguem à conciliação, tanto que o art. 860 da CLT a denomina de audiência de conciliação.

O empregador poderá ser representado em audiência pelo gerente, ou qualquer outro preposto, que tiver conhecimento dos fatos e cujas declarações obrigarão o proponente (art. 861 da CLT). A representação do empregador na audiência de dissídio coletivo por preposto é uma faculdade, que pode ou não ser exercitada. Tanto o empregador pode comparecer pessoalmente ou mandar preposto. O entendimento dominante é de que o preposto previsto no § 1º do art. 843 da CLT deve ser empregado. O mesmo raciocínio pode ser utilizado aqui em relação ao dissídio coletivo. As declarações do preposto obrigarão o empregador.

Não há necessidade de que as partes se apresentem pessoalmente, podendo comparecer os representantes, que seriam seus advogados ou o preposto do empregador.

Se não forem aceitas as bases propostas, que constam da petição inicial (art. 858, *b*, da CLT), o presidente submeterá aos interessados a solução que lhe pareça ser a melhor para resolver o dissídio coletivo.

Havendo acordo, o Presidente do Tribunal submeterá o requerimento à homologação do Tribunal na primeira sessão (art. 863 da CLT).

O tribunal, ao homologar o acordo, irá examinar seu conteúdo. Não poderá homologar cláusulas contrárias à Constituição, à lei, ou aos precedentes normativos em dissídios coletivos da SDC do TST, como, por exemplo, ocorre em relação a acordos que contrariem a política econômica do governo (art. 623 da CLT). Da homologação do acordo pelos tribunais regionais caberá recurso do Ministério Público do Trabalho (art. 7º da Lei n. 7.701/88).

Não caberá da homologação recurso pelas partes, salvo se houver exclusão de alguma cláusula.

Inexiste arquivamento, revelia ou confissão quanto à matéria de fato, porque o dissídio coletivo visa apenas à criação ou à modificação de determinada norma jurídica, e porque não se estará pretendendo a aplicação concreta da individualização da norma jurídica. Dessa forma, a participação das partes na audiência não é obrigatória, mas facultativa.

O art. 864 da CLT mostra que não existem os efeitos da revelia no dissídio coletivo, pois se uma das partes não compareceu à audiência, o presidente submete o processo a julgamento.

O Capítulo IV do Título X da CLT, que trata do dissídio coletivo, não prevê a confissão, que é encontrada no art. 844 da CLT. Ao contrário do art. 861 da CLT, que faz remissão a preposto, como acontece no dissídio individual (§ 1º do art. 843 da CLT), não há referência à revelia. Assim, mesmo que o suscitado não compareça, inexistirá confissão, pois o dissídio coletivo terá por objeto a criação ou modificação de condições de trabalho, salvo se abranger questão de fato.

Na audiência de conciliação, o papel do Presidente do Tribunal ou do Presidente da Seção Especializada em dissídios coletivos, onde houver, é de mediador, tentando propor a solução negociada do conflito coletivo. O mesmo papel tem o Procurador do Trabalho.

26.18 CONTESTAÇÃO

A CLT não prevê contestação no dissídio coletivo. Isso não quer dizer, porém, que ela não deva ser feita, ao contrário, mesmo não havendo previsão legal, é imprescindível para se analisar a pretensão resistida. É necessária em razão do contraditório. Alguns Regimentos Internos dos Tribunais fazem menção à contestação, que seguirá, assim, aquilo que neles estiver disposto.

A defesa no dissídio coletivo também pode ser direta ou indireta. Na prática, são apresentadas uma série de preliminares, mormente de competência ou legitimidade da parte suscitante, antes de propriamente se chegar ao mérito do tema.

A contestação será apresentada na audiência que for determinada, acompanhada da proposta de conciliação amigável da lide, fundamentada nas circunstâncias fáticas e jurídicas que recomendariam sua adoção, destacando, em relação as cláusulas que importem em elevações salariais, as condições financeiras da empresa, bem assim a situação econômica do respectivo setor de atividades.

Cabe oposição no dissídio coletivo (art. 114, III, da Constituição), pois a Justiça do Trabalho é competente para decidir a relação entre o terceiro e quem é parte no processo, como no caso da discussão em torno da base territorial.

26.19 RECONVENÇÃO

O dissídio coletivo não segue o rito do procedimento das reclamações trabalhistas, mas tem rito próprio. Mesmo nos casos de greve há o contraditório nos autos, quando o sindicato suscitado neles se manifesta. Nessa ocasião os trabalhadores fazem suas reivindicações, apontando as razões porque foi deflagrado o movimento.

O Tribunal ainda que declare abusivo o movimento, deverá manifestar-se sobre as pretensões trabalhistas alegadas pelo suscitado, acolhendo ou rejeitando as reivindicações. Mesmo com a abusividade da greve, a reivindicação deve ser analisada.

O TST já considerou uma reconvenção apresentada pelo suscitado como reivindicação, analisando os pedidos feitos da categoria profissional em razão da existência de greve (TST DC 11.635/90.0 – AC. SDC 100/90-1, j. 29-8-1990, Rel. Min. Marcelo Pimentel, *LTr* 55-01/76). Em outra decisão, o TST considerou o dissídio coletivo *sui generis*, sendo com ele incompatível a reconvenção (SDC do TST, RO DC 77.623/93.8, Rel. Rider Nogueira de Brito, j. 30-8-1994, *DJU*, I, 30-9-1994, p. 25.303/08).

26.20 INSTRUÇÃO

A audiência será presidida pelo Presidente da Corte, ou, por sua delegação, pelo Vice-presidente, ou por magistrado integrante da Seção de Dissídios Coletivos, de acordo com o Regimento Interno do Tribunal.

Na impossibilidade de conciliação, o juiz instrutor apresentará a solução que lhe parecer adequada para resolver a controvérsia entre as partes. Daí serão determinadas as diligências necessárias à solução do feito.

O art. 864 da CLT não menciona que haverá instrução do feito, mas apenas que serão feitas as diligências necessárias. Há a faculdade de o juiz determinar eventuais esclarecimentos para a facilidade do julgamento, como acontece na pesquisa dos índices a serem aplicados para a concessão do novo aumento salarial, de produtividade.

A rigor o juiz poderia determinar qualquer diligência que julgasse necessária para o esclarecimento do litígio, podendo fazer inspeção judicial para verificar as condições de fato existentes quanto a certa circunstância fática discutida nos autos. Feita a inspeção judicial, é mister que se faça um relatório da vistoria, para que possa ser mostrado aos demais juízes o que foi constatado na visita. É claro que também poderão ser tomados os depoimentos das partes, assim como das testemunhas, o que não costuma ocorrer na prática. As testemunhas, porém, poderão ser utilizadas no sentido de verificação das condições existentes na greve, visando constatar se a paralisação foi pacífica ou não ou se foram atendidos os requisitos mínimos de funcionamento de serviços essenciais.

Pode o juiz também determinar que as partes apresentem memorial, para que os argumentos levantados nas manifestações orais em audiência fiquem consignados nos autos. É comum também a possibilidade de as partes juntarem novos documentos, comprovando a variação do índice do custo de vida.

O art. 866 da CLT autoriza ao juiz que preside o dissídio coletivo delegar à autoridade local as atribuições da tentativa de conciliação e das bases para essa conciliação, quando o dissídio ocorrer fora da sede do Tribunal.

A autoridade local a que se refere o art. 866 da CLT é o juiz do trabalho da Vara onde as partes têm sua base territorial, desde que fora da sede do Tribunal.

Caso a jurisdição trabalhista seja exercida por juiz de direito, a este caberá as determinações do art. 866 da CLT.

Apenas o juiz que presidir o julgamento do dissídio coletivo poderá determinar à autoridade local as incumbências do art. 866 da CLT. As partes não poderão requerer tal procedimento, pois este ato se inclui na faculdade dada ao referido magistrado.

A função do juiz do trabalho ou de direito será de realizar a audiência de conciliação (art. 860 da CLT) e propor as bases para conciliação (art. 862 da CLT).

A autoridade delegada deverá expor circunstancialmente os fatos ocorridos, indicando a solução que lhe parecer conveniente, antes de devolver os autos ao Tribunal.

Pela interpretação literal do art. 866 da CLT, o juiz da Vara do Trabalho ou de direito não iria desempenhar funções instrutórias, pois o art. 866 da CLT não faz referência ao art. 864 da CLT, que trata de diligências. Entretanto, se o juiz de direito ou do trabalho irá informar circunstancialmente os fatos, poderá fazer instrução do feito para apurar tais fatos. O juiz só poderá expor fatos se os conhecer, o que é feito na instrução do feito.

Alcançada a conciliação ou encerrada a instrução, o processo será distribuído mediante sorteio, em que será escolhido o relator.

Sempre que, no decorrer do dissídio, houver ameaça de perturbação da ordem, o presidente requisitará à autoridade competente as providências que se tornarem necessárias (art. 865 da CLT). O juiz tem amplos poderes na direção do processo, zelando pela ordem nas audiências, em que exerce poder de polícia. Havendo desordem na audiência o presidente poderá requisitar força policial ou até retirar os desordeiros do recinto.

Os trabalhos da audiência de conciliação e instrução deverão ser registrados em ata.

O Ministério Público, após as manifestações das partes, deverá emitir obrigatoriamente seu parecer. Esse parecer poderá ser feito por escrito no prazo de 8 dias, como ocorria anteriormente. O art. 11 da Lei n. 7.701/88 permite que o parecer seja emitido oralmente na própria sessão, se assim entender o procurador responsável, visando também maior celeridade no andamento do feito. O parecer oral poderá ser emitido na hipótese de conciliação ou após o encerramento da instrução, devendo ser reduzido a termo, ou na sessão de julgamento do dissídio, sendo transcrito em síntese na certidão, pela Secretaria.

O relator terá o prazo máximo de dez dias para examinar e restituir os autos para conclusão ao revisor. Este terá prazo máximo de cinco dias para revisão, devendo ser imediatamente submetido a julgamento o dissídio, em sessão ordinária ou extraordinária do órgão competente. Nos casos em que houver urgência o relator e o revisor examinarão os autos com a necessária presteza, de modo a possibilitar o julgamento imediato do dissídio.

A apreciação das questões objeto do dissídio coletivo será feita cláusula a cláusula, podendo o órgão julgador, antes da proclamação final do resultado, na mesma assentada, e tendo em vista o total dos pedidos examinados, rever a solução proposta, de modo que a sentença normativa traduza, no seu conjunto, justa composição do conflito de interesses das partes e guarde adequação com o interesse da coletividade. Assim, seria possível deferir um benefício e indeferir outro em razão de a globalidade ser mais benéfica.

Ocorrendo greve em serviços ou atividades essenciais, o Presidente do Tribunal poderá expedir ato dispondo sobre o atendimento das necessidades inadiáveis da comunidade.

Em se tratando de greve, o colegiado, ao apreciar a matéria, deverá se pronunciar sobre a qualificação jurídica do movimento paredista e suas consequências.

Verificando o órgão julgador que a representação não reúne os requisitos intrínsecos e/ou extrínsecos previstos na IN 04/93, suspenderá o julgamento do dissídio assinando prazo aos interessados para que supram a deficiência, sob pena de extinção do processo sem julgamento de mérito.

O presidente do tribunal submeterá a julgamento quando não for frutífera a tentativa de acordo após sugerir a solução que lhe parecer a mais apropriada para o dissídio (art. 862 da CLT). Quando as partes não comparecerem na audiência conciliatória ou uma delas, o juiz presidente submete o processo a julgamento (art. 864 da CLT).

26.21 SENTENÇA

Nos tribunais regionais e superiores, a decisão colegiada é denominada de acórdão (art. 204 do CPC). No dissídio coletivo, porém, a decisão é denominada de sentença normativa. Sentença deveria ser apenas a decisão de primeiro grau.

O objetivo inicial do poder normativo era impedir a luta de classes. A greve era proibida. Assim, o poder normativo era estabelecido para solucionar o conflito coletivo. Hoje, não mais se justifica, pois a greve é um direito do trabalhador e não tem mais sentido a imposição de condições econômicas pelo Poder Judiciário. Elas devem ser negociadas entre as partes.

O § 2º do art. 114 da Constituição faz referência ao fato de que a Justiça do Trabalho pode decidir o conflito. Não mais menciona que a Justiça do Trabalho pode estabelecer normas e condições de trabalho. Entretanto, entendo que ainda pode estabelecer normas e condições de trabalho, pois, do contrário, não poderia respeitar disposições mínimas legais de proteçãc ao trabalho, bem como as convencionadas anteriormente. Se a Justiça do Trabalho não pode estabelecer normas e condições de trabalho, como vai decidir o conflito?

A decisão que puser fim ao dissídio será fundamentada, sob pena de nulidade, devendo traduzir, em seu conjunto, a justa composição do conflito de interesses das partes, e guardar adequação com o interesse da coletividade.

Na fundamentação, vão ser analisados os fatos jurídicos postos em debate, a legalidade e constitucionalidade dos pedidos e argumentações. As várias postulações das partes serão clausuladas, de acordo com a orientação do juiz relator do processo, com a votação dos demais juízes.

A conclusão da sentença normativa é uma cópia dos fundamentos, com a votação definitiva.

A decisão de conceder aumento salarial explicitará, se pertinentes, as compensações a serem observadas.

Poderá a sentença normativa determinar que as diferenças salariais resultantes do decidido sejam devidas a contar da data do ajuizamento do dissídio coletivo, quando proposto após a data-base ou o originário, a fim de se evitarem distorções decorrentes do período de tramitação do processo.

Se o empregado for admitido após a data-base, ou em se tratando de empresa constituída e em funcionamento depois da data-base, o reajustamento será calculado de forma proporcional em relação à data de admissão, e com preservação da hierarquia salarial.

Peticionada a homologação de acordo em processo de dissídio coletivo, antes ou após o julgamento, a apresentação de recurso ou a publicação do acórdão, o pedido será imediatamente submetido à apreciação do Colegiado Normativo originário ou recursal se a este já tiverem sido remetidos os autos.

Concluído o julgamento do dissídio, e proclamada a decisão normativa, o relator ou o redator designado terá o prazo máximo de dez dias para lavrar o acórdão, que será imediatamente publicado.

Na hipótese de férias, licença ou impedimento do relator ou do revisor não prejudicará a celeridade da prestação jurisdicional normativa, devendo o Presidente da Corte adotar de imediato as providências cabíveis.

As cláusulas constantes do dissídio coletivo poderão ser:

a) econômicas, que são as que dizem respeito a reajustes de salários, aumentos reais, de produtividade, piso salarial;
b) sociais, atinentes a garantia de emprego, condições de trabalho menos gravosas para a saúde, sendo, portanto, vantagens indiretas;
c) sindicais, que tratam da relação entre as empresas e o sindicato, como as cláusulas que instituem representantes sindicais na empresa, as que preveem descontos assistenciais etc.

A alínea *c*, inciso II, do art. 2º da Lei n. 7.701 permitiu ao TST que este passasse a expedir precedentes normativos, a respeito dos precedentes jurisprudenciais em dissídio coletivo, que acabam sendo as cláusulas mais comuns no processo coletivo, devendo as cláusulas estabelecidas pelas partes adaptar-se a tais regras.

Quando há acordo das partes, o Tribunal apenas homologa as conclusões dos pactuantes, mas devem ser transcritas todas as cláusulas objeto do acordo. A melhor solução para o litígio realmente é o acordo, pois as próprias partes conhecem muito bem as condições de trabalho a serem especificadas e as condições das empresas para a concessão de aumentos de salários ou de novas condições de trabalho, que deve preferir a solução imposta ao conflito coletivo, pois os juízes não têm conhecimento fático daquelas situações.

A Justiça do Trabalho é incompetente para homologação de acordos ou convenções coletivas, porque não há mais necessidade de tal procedimento para a vigência daquelas normas, em virtude da nova redação dada pelo Decreto-lei n. 229, de 29-2-1967, aos arts. 611 ss. da CLT.

No dissídio coletivo é vedada a estipulação ou fixação de cláusula de reajuste ou correção salarial automática vinculada a índice de preços. Nas revisões salariais na data-base anual, serão deduzidas as antecipações concedidas no período anterior à revisão. Qualquer concessão de aumento salarial a título de produtividade deverá estar amparada em indicadores objetivos. Não mais é possível a concessão de produtividade sem qualquer fundamento ou da fixação de índice uniforme, como se fazia anteriormente. Agora, necessita-se de que a concessão de produtividade seja feita com base em indicadores objetivos, não por empresa, porém. Se fosse apenas por empresa estaria inibindo os dissídios coletivos e as convenções coletivas de fixar tal reajuste, o que seria inconstitucional.

A sentença no dissídio coletivo faz coisa julgada, como qualquer sentença, estando sujeita à ação revisional, como prevista nos arts. 873 a 875 da CLT.

Deverá a sentença normativa ser publicada no prazo de quinze dias da decisão do Tribunal (§ 2º do art. 12 da Lei n. 10.192/2001).

Da decisão do tribunal as partes e seus representantes serão notificadas pelo correio com aviso de recebimento. Haverá também a necessidade da publicação no diário oficial para a ciência dos demais interessados.

O prazo para recurso é contado da data em que a parte recebe a intimação postal e não da data da publicação no diário oficial, pois esta última só tem finalidade de dar ciência aos demais interessados. Deverá a sentença normativa ser publicada no prazo de quinze dias da decisão do Tribunal.

A sentença normativa terá que mencionar a importância devida a título de custas (§ 2º do art. 832 da CLT).

Nos dissídios coletivos, as partes vencidas responderão solidariamente pelo pagamento das custas, calculadas sobre o valor arbitrado da decisão, ou pelo presidente do tribunal (§ 4º do art. 789 da CLT).

Essa regra era prevista no art. 790 da CLT. Houve, na nova regra, a supressão da expressão *nos casos de* dissídios coletivos.

Sendo totalmente rejeitada a pretensão da categoria profissional, esta responderá pelas custas.

Caso seja instaurado dissídio coletivo pela Procuradoria do Trabalho e sendo acolhida a postulação, vencida será a parte que deu causa à propositura da ação, como na hipótese de a greve ser abusiva, ficando o sindicato profissional obrigado ao pagamento das custas.

Normalmente, as custas em dissídios coletivos são calculadas sobre um valor simbólico fixado pelo presidente do tribunal, pois nessas causas podem estar abrangidos valores incalculáveis, principalmente em se tratando de categoria muito numerosa, pois os efeitos são *erga omnes*.

Sobre o valor arbitrado calcula-se 2%.

Pela redação anterior do art. 790 da CLT, quem arbitrava as custas era o presidente do tribunal e não o juiz relator do processo de dissídio coletivo, como na prática costumava ser feito. Com a redação atual do § 4º do art. 789 da CLT, as custas serão arbitradas na decisão, o que será feito pelo relator, ou pelo presidente do tribunal, seja dos regionais, seja do TST. Trata-se de condição alternativa. Se as custas não forem arbitradas pelo relator do processo de dissídio coletivo, o serão pelo presidente do tribunal.

Havendo mais de uma parte no polo que foi vencido, as custas serão pagas de forma solidária por todos eles. Qualquer das partes tem obrigação de pagá-las integralmente, em razão de que a dívida pode ser exigida de qualquer um deles. Não será admitido rateio. A parte que pagou as custas terá o direito de proporcionalmente ressarcir-se a cada uma das partes solidárias.

A regra do § 4º do art. 789 da CLT aplica-se em relação a qualquer dissídio coletivo, tanto o de natureza econômica como o de natureza jurídica.

Nos dissídios coletivos de natureza jurídica, a responsabilidade solidária dependerá da interpretação que for dada pelo tribunal em favor da categoria profissional ou econômica.

O § 5º do art. 7º da Lei n. 7.701 concede ao Ministério Público a possibilidade de recorrer de decisão que homologa acordo realizado pelo Tribunal do Trabalho, que seria a hipótese de cláusula violadora da Constituição, da lei ou da orientação jurisprudencial predominante do TST.

A sentença normativa também faz coisa julgada material. Dela cabe ação rescisória (art. 2º, I, *c* e II, *b* da Lei n. 7.701/88).

26.22 EFEITOS DA SENTENÇA

Os efeitos da sentença serão estendidos a todas as organizações sindicais que participaram do dissídio coletivo. Não serão beneficiados com a decisão apenas os associados do sindicato, mas também os não associados, mais precisamente: a categoria toda, em razão do efeito *erga omnes* da sentença normativa.

Nos processos em que o dissídio é instaurado por empresa, os efeitos da sentença normativa alcançarão apenas os trabalhadores da empresa representados pelo sindicato, tanto associados como não associados da agremiação.

26.23 INÍCIO DA VIGÊNCIA

A sentença normativa passa a ter vigência a partir:

a) da data da publicação do acórdão, desde que o dissídio tenha sido ajuizado sem a observância do prazo de sessenta dias anteriores ao término da sentença, acordo ou convenção coletiva anterior (§ 3º do art. 616 da CLT), ou, quando não existir, acordo, convenção ou sentença normativa em vigor, da data do ajuizamento (art. 867, parágrafo único, *a*, da CLT);
b) do dia imediato ao termo final de vigência do acordo, convenção coletiva ou sentença normativa, quando for observado o prazo de 60 dias de que trata o § 3º do art. 616 da CLT (art. 897, parágrafo único, *b*, da CLT).

26.24 PRAZO DE VIGÊNCIA

A sentença normativa vigora em determinado período, quando perde sua eficácia.

Um dos motivos do fato de a sentença ter termo determinado é que as condições econômicas estão em constante mutação, sendo necessária sua atualização e modificação em razão de novas condições socioeconômicas.

O prazo de vigência não poderá ser superior a quatro anos (parágrafo único do art. 868 da CLT), embora vigore normalmente por um ano.

26.25 EFEITO SUSPENSIVO DO RECURSO ORDINÁRIO

O recurso interposto da decisão em dissídio coletivo é o ordinário no prazo de oito dias.

O art. 6º da Lei n. 4.725, de 13-7-1965, determina que "os recursos das decisões proferidas nos dissídios coletivos terão efeito meramente devolutivo". Previa o § 1º do mesmo artigo que o Presidente do TST poderia dar efeito suspensivo ao recurso ordinário em dissídio coletivo, a requerimento do recorrente em petição fundamentada.

Limitou o art. 9º da Lei n. 7.701/88 o período de eficácia do efeito suspensivo no recurso em dissídio coletivo a 120 dias contados da publicação do despacho.

O art. 7º da Lei n. 7.788/89, que tratava de política salarial, estabeleceu que "em qualquer circunstância não se dará efeito suspensivo aos recursos interpostos em processo de dissídio coletivo", revogando o § 1º do art. 6º da Lei n. 4.725/65 e o art. 8º da Lei n. 5.584/70, que previa o efeito suspensivo em recursos da União, quando o reajuste excedesse o índice fixado pela política salarial do governo.

A Lei n. 7.788/89 foi integralmente revogada pelo art. 14 da Lei n. 8.030/90 (Plano Collor), não havendo efeitos repristinatórios do art. 9º da Lei n. 7.701/88.

O efeito suspensivo era conseguido mediante o ajuizamento de medida cautelar para dar efeito suspensivo ao recurso ordinário em dissídio coletivo. Tinham que estar, porém, presentes os dois requisitos da medida cautelar: o *fumus boni iuris* e o *periculum in mora*. A fumaça do bom direito é demonstrada pela possibilidade da revisão da decisão pelo recurso ordinário. O *periculum in mora* é comprovado pelo fato de que "o provimento do recurso não importará restituição dos salários ou vantagens pagos, em execução do julgado" (§ 3º do art. 6º da Lei n. 4.725/65), pois a decisão do dissídio coletivo pode ser cumprida de imediato. Assim, usa-se de medida cautelar para se obter os mesmos efeitos existentes anteriormente quanto à suspensão de parte da decisão normativa que pode ser objeto de cumprimento.

Estabeleceu o art. 14 da Lei n. 10.192/2001 que o recurso interposto de decisão normativa da Justiça do Trabalho terá efeito suspensivo, na medida e extensão conferidas em despacho do presidente do Tribunal Superior do Trabalho. Volta, portanto, o efeito suspensivo ao recurso ordinário, porém apenas quanto à decisão normativa, ou seja, no dissídio de natureza econômica. Quem vai determinar a medida e a extensão ao efeito suspensivo será o presidente do TST, por intermédio do despacho. O recurso de dissídio coletivo de natureza jurídica ou de interpretação não terá efeito suspensivo.

O critério do presidente do TST para a concessão de efeito suspensivo em dissídio coletivo pode ser o mesmo de cassar liminar em mandado de segurança, visando evitar grave lesão à ordem, à saúde, à segurança e à economia públicas (art. 4º da Lei n. 4.348/64).

26.26 EXTENSÃO DA SENTENÇA NORMATIVA

Pode ser estendida a sentença normativa de duas maneiras:

a) em relação a todos os empregados da mesma profissão dos dissidentes da empresa (art. 868 da CLT);
b) a toda a categoria profissional (art. 869 da CLT).

Nos dissídios coletivos que tenham por objeto novas condições de trabalho e no qual figure como parte apenas uma fração de empregados de uma empresa, poderá o Tribunal, na própria decisão, estender tais condições de trabalho, se julgar justo e conveniente, aos demais empregados da empresa que forem da mesma profissão dos dissidentes (art. 868 da CLT).

A extensão poderá ser feita em relação a pessoas que não participaram do dissídio coletivo.

O art. 868 da CLT menciona que a extensão pode ser feita quando o dissídio coletivo tenha por motivo novas condições de trabalho. Isto quer dizer o dissídio coletivo de natureza econômica. Logo, não poderá o dissídio ser estendido nos casos de dissídio de natureza jurídica, que não trata de condições de trabalho.

Será a extensão feita de duas maneiras: (a) em relação a todos os empregados da mesma profissão dos dissidentes da empresa (art. 868 da CLT); (b) a toda a categoria profissional (art. 869 da CLT).

Pode acontecer de, em um dissídio de greve, a paralisação ter ocorrido apenas em relação a um setor da empresa e não aos demais. Assim, o tribunal poderia estender a decisão a todos os empregados da empresa, se entendesse conveniente e justo que fossem da profissão dos dissidentes. Será justa a extensão para que todos os empregados da empresa tenham o mesmo tratamento e os não dissidentes não fiquem prejudicados. Essa extensão é feita de ofício, sem provocação dos interessados, sendo de iniciativa do tribunal. Nada impede que as partes interessadas também o requeiram, no curso do processo ou com seu julgamento.

O art. 10 da Lei n. 4.725 permite que as vantagens obtidas pelo sindicato em relação à categoria sejam estendidas a seus próprios empregados.

Se houver empregados pertencentes à categoria diferenciada na empresa ou em outras categorias, estes obreiros poderão não ser beneficiados da decisão, pois a parte final do art. 868 da CLT menciona apenas os empregados da empresa que "forem da mesma profissão dos dissidentes".

A extensão do dissídio aos próprios empregados da empresa é feita no próprio processo do dissídio coletivo e na mesma sentença normativa, não havendo necessidade da audiência do Ministério Público ou das partes, por ser de iniciativa do próprio Tribunal e não se aplicar as regras do art. 869 da CLT.

Não será necessário que 3/4 dos empregadores e 3/4 dos empregados, ou os respectivos sindicatos, concordem com a extensão, pois não se aplica a regra do art. 870 da CLT. Não será nem mesmo necessário que os interessados concordem, pois o tribunal estenderá de ofício, em razão de que o art. 870 não terá de ser observado.

O tribunal irá fixar a data em que a decisão da extensão deva entrar em vigor. O prazo de vigência da extensão não poderá ser superior a quatro anos. Normalmente, a vigência dos dissídios coletivos tem sido fixada em um ano, em razão da mudança das condições econômicas. O art. 873 da CLT indica que somente após um ano é que será cabível a revisão.

Poderá também a decisão sobre novas condições de trabalho ser estendida a todos os empregados da mesma categoria profissional compreendida na jurisdição do Tribunal:

a) por solicitação de um ou mais empregadores, ou de qualquer sindicato destes;
b) por solicitação de um ou mais sindicatos de empregados;
c) *ex officio*, pelo Tribunal que houver proferido a decisão;
d) por solicitação da Procuradoria da Justiça do Trabalho (art. 869 da CLT).

O art. 869 da CLT não se refere apenas a uma fração de empregados da empresa, como o art. 868 da CLT, mas a todos os empregados da mesma categoria profissional, desde que compreendida na jurisdição do tribunal.

A extensão somente pode ser feita quando o dissídio coletivo tenha por motivo novas condições de trabalho, isto é, no dissídio coletivo de natureza econômica. Logo, não poderá o dissídio ser estendido nos casos de dissídio de natureza jurídica, que não trata de condições de trabalho.

Na hipótese do art. 869 da CLT, o tribunal não estende de ofício apenas as condições de trabalho, mas também mediante requerimento dos interessados.

Para que a decisão possa ser estendida a toda a categoria profissional é preciso que 3/4 dos empregadores e 3/4 dos empregados, ou os respectivos sindicatos, concordem com a extensão da decisão (art. 870 da CLT). O Tribunal poderá ouvir os interessados no prazo de 30 a 60 dias (§ 1º do art. 870 da CLT).

Na assembleia sindical deve-se observar o *quorum* do art. 859 da CLT.

Para que a extensão seja feita é preciso que os interessados concordem, pois se não concordarem, na proporção supra indicada, não poderá ser realizada.

O prazo para que os interessados se manifestem será de 30 a 60 dias. Esse prazo não é para a Procuradoria do Trabalho se manifestar, pois esta não é interessada.

Mesmo quando o tribunal estender de ofício as condições de trabalho a todos os empregados da categoria, deverão ser ouvidos os interessados e a Procuradoria do Trabalho. A Procuradoria poderá oferecer parecer verbal na sessão.

A iniciativa de extensão aos empregados da empresa é exclusiva do Tribunal prolator da sentença. Já na extensão a toda a categoria profissional, não só o Tribunal pode fazê-lo, como também o Ministério Público e a própria representação das categorias.

A extensão a toda categoria profissional é realizada em outro dissídio coletivo, com a anuência do Ministério Público e das partes interessadas, mesmo que a extensão tenha sido promovida de ofício pelo Tribunal.

A sentença normativa somente será estendida se não houver sido o dissídio suscitado em nome de toda a categoria. Nesse caso, não haverá necessidade da extensão, porque a decisão abrangerá toda a categoria, tendo eficácia *erga omnes*.

Sempre que o Tribunal estender a decisão, deve ser marcada data para que a extensão entre em vigor (art. 871 da CLT). Muitas vezes se coloca que a data é a partir da publicação no Diário Oficial. Outras vezes, por questões urgentes, como de greve, indica-se que a data é a do julgamento.

26.27 REVISÃO

A sentença normativa transita em julgado. Faz coisa julgada formal, pois dela não cabe mais qualquer recurso. É uma decisão de mérito. Em princípio, é passível de revisão (arts. 873 a 875 da CLT), em razão da mudança das condições econômicas quando da sua prolação. Entretanto, pode ser objeto de ação rescisória. As alíneas *c* do inciso I e *b* do inciso II do art. 2º da Lei n. 7.701/88 admitem a competência da SDC do TST para analisar ações rescisórias contra suas sentenças normativas. Logo, a ação rescisória de sentença normativa é cabível nas hipóteses previstas no art. 966 do CPC. Será, porém, objeto de revisão, se forem mudadas as condições econômicas anteriormente existentes.

A revisão do dissídio coletivo só será possível se houver sentença normativa que esteja em vigor. Em caso contrário, é preciso a instauração de novo dissídio coletivo, pois não se pode falar em revisão daquilo que não mais existe.

O dissídio de revisão só cabe nos dissídios de natureza econômica, visto que são as condições de trabalho que serão revistas. Não cabe revisão, portanto, em dissídios coletivos de natureza jurídica.

O prazo para a revisão é de o dissídio estar em vigor há pelo menos um ano, em razão da mudança das condições ou circunstâncias existentes em sua propositura, de modo que tais condições tenham-se tornado injustas ou inaplicáveis (art. 873 da CLT).

Será feita a revisão toda vez que as condições de trabalho tenham-se tornado injustas ou inaplicáveis, o que pode ocorrer em razão das mudanças das condições econômicas, inflação etc.

A revisão poderá ser promovida várias vezes, desde que passado um ano de sua vigência, havendo necessidade da modificação das condições originais.

O pedido de revisão tem fundamento não só na teoria da imprevisão (*rebus sic stantibus*), como também no inciso I, do art. 505, do CPC, em decorrência da modificação no estado de fato ou de direito da sentença normativa.

Sendo a revisão promovida pelo Tribunal ou pela Procuradoria do Trabalho, os sindicatos e o empregador ou empregadores interessados serão ouvidos no prazo de 30 dias. Se o pedido de revisão for feito por uma das partes interessadas, as outras partes serão ouvidas no mesmo prazo de 30 dias (parágrafo único, do art. 874, da CLT).

O dissídio de revisão terá natureza constitutiva, ao complementar a decisão originária.

No pedido de revisão, não será possível o acréscimo de novas condições de trabalho que foram objeto do dissídio originário. Somente por novo dissídio coletivo é que poderão ser criadas novas condições de trabalho.

26.27.1 Iniciativa

A iniciativa para a instauração do dissídio de revisão tanto pode ser do tribunal prolator da decisão, como pela Procuradoria do Trabalho, pelos sindicatos, mas também pelo empregador ou empregadores interessados. O empregador muitas vezes requer a revisão por não ter condições de pagar o determinado na sentença, como ocorre com o piso salarial genérico e estabelecido para todo o tipo de empresa. As empresas pequenas muitas vezes não têm condições de pagá-lo.

26.27.2 Competência

O Tribunal que proferiu a sentença normativa objeto da revisão é que será competente para julgar o referido pedido.

26.27.3 Procedimento

Autuada a petição, são ouvidas as partes interessadas, quando a iniciativa for do Tribunal, de ofício, ou da Procuradoria do Trabalho ou quando a parte *ex adversa* houver suscitado a revisão.

Em seguida, há a manifestação obrigatória do Ministério Público, tendo este requerido ou não a revisão.

26.27.4 Vigência

A vigência do dissídio de revisão será fixada pelo Tribunal. Caso assim não seja feito, entende-se que terá vigência a partir da data do ajuizamento ou da data da publicação da sentença normativa.

O dissídio de revisão valerá até o término do prazo do dissídio originário.

26.28 DISSÍDIO COLETIVO DE INTERPRETAÇÃO OU DE NATUREZA JURÍDICA

O dissídio coletivo de interpretação ou de natureza jurídica é cabível quando houver necessidade da análise da interpretação de determinado dispositivo legal ou convencional.

Exemplo de dissídio coletivo de natureza jurídica seria o ajuizado por determinado sindicato que pretende ver reconhecida a invalidade de parte do art. 589 da CLT. Este dispositivo trata da parcela que seria destinada a "Conta Especial Emprego e Salário", no tocante à arrecadação da contribuição sindical. Com a Constituição de 1988 é vedada a interferência ou intervenção do Estado no sindicato (art. 8º, I). No caso, o dissídio coletivo seria instaurado apenas para se declarar que o inciso IV do art. 589 da CLT teria sido revogado pelo inciso I do art. 8º da Constituição, dando-se uma interpretação jurídica ao tema.

O dissídio de interpretação ou jurídico é semelhante aos embargos declaratórios, embora não se confundindo com o segundo. Não se pretende aclarar a sentença, que contém obscuridade, contradição ou omissão em seu bojo, mas apenas declarar a norma aplicável a dada relação de direito individual do trabalho.

Será competente para julgar o dissídio coletivo de natureza jurídica o Tribunal que proferiu a sentença originária.

Não se presta o dissídio coletivo de natureza jurídica à interpretação de normas de caráter genérico (Orientação Jurisprudencial n. 7 da SDC do TST).

O dissídio deverá ser julgado na primeira sessão disponível no Tribunal para que se faça a interpretação da sentença normativa que se pretende esclarecer.

Para José Augusto Rodrigues Pinto (1991:427) "não há necessidade de audiência das partes nem de opinativo do Ministério Público, pois o único pronunciamento possível, nas circunstâncias, será o do Tribunal autor da norma". Diante da regra do art. 11 da Lei n. 7.701, o parecer do Ministério Público é obrigatório nos dissídios coletivos, ainda que seja oral, na audiência ou sessão de julgamento. Assim, também será obrigatório o parecer do Ministério Público do Trabalho nos dissídios coletivos de natureza jurídica.

O dissídio coletivo de greve em atividade essencial ajuizado pelo Ministério Público pode ter natureza jurídica de declarar a greve abusiva ou não abusiva.

26.29 DISSÍDIO COLETIVO DE FUNCIONÁRIO PÚBLICO

A Justiça do Trabalho não tem competência para julgar dissídios coletivos de funcionários públicos.

O Estado quando vai conceder reajustes salariais a seus funcionários deve se ater ao princípio da estrita legalidade, que norteia a administração pública (art. 37 da Constituição). Somente o Presidente da República tem iniciativa privativa para propor a concessão de aumentos de remuneração dos funcionários públicos no âmbito federal, como dispõe a alínea *a*, do inciso II, do § 1º, do art. 61 da Constituição. Dessa forma, qualquer aumento dos funcionários públicos federais deverá ser feito mediante lei. No âmbito estadual e municipal, os aumentos de salários também só poderão ser feitos por meio de lei, em decorrência do princípio da estrita legalidade em que se deve basear a administração pública.

O § 1º do art. 169 da Norma Ápice dispõe que a concessão de qualquer aumento de remuneração dos funcionários públicos só será feita se houver prévia dotação orçamentária, suficiente para atender as despesas daí decorrentes. Há necessidade também da autorização específica da lei de diretrizes orçamentárias (incisos I e II).

É certo que a Lei Fundamental determina que a revisão geral da remuneração dos funcionários servidores públicos será feita anualmente, na mesma data (art. 37, X), mas sempre mediante lei.

Assegura a Lei Maior aos servidores públicos o direito de sindicalização (art. 37, VI) e de greve, nos termos e limites definidos em lei específica (art. 37, VII). Ressalte-se, contudo, que o § 3º do art. 39 da Lei Magna não concede todos os direitos previstos no art. 7º aos funcionários públicos, entre os quais não se reconhecem as convenções e os acordos coletivos (art. 7º, XXVI), em razão da observância do princípio da legalidade para a concessão de aumentos salariais aos servidores públicos. Poderia ocorrer o dissídio coletivo de natureza jurídica ou para a fixação de novas condições de trabalho, porém estas estão determinadas na lei que criou o regime único dos servidores públicos (Lei n. 8.112/90, para o âmbito federal).

Os militares também não gozarão do direito de ajuizar dissídio coletivo, pois estão excluídos da sindicalização e greve (§ 3º, IV, do art. 142 da Constituição).

Ao contrário, os funcionários de empresa pública, sociedades de economia mista ou outras entidades públicas que explorem atividade econômica poderão ajuizar dissídio coletivo na Justiça do Trabalho, como ocorre com o Banco do Brasil, Petrobrás, Caixa Econômica Federal etc., pois estão sujeitos ao regime trabalhista.

Mesmo o servidor público federal contratado pelo regime da CLT não poderá ingressar com dissídio coletivo na Justiça do Trabalho, porque a alínea *a*, do inciso II, do § 1º do art. 61 da Lei Fundamental é clara no sentido de que o aumento de remuneração aos empregados públicos também só se fará mediante lei. O empregado público é o regido pelo sistema da CLT, só podendo ter aumentos por lei. No âmbito estadual e municipal ainda existem servidores celetistas, pois em alguns casos não foi adotado o regime único, mas, mesmo assim, os reajustes salariais só podem ser estabelecidos por lei, excluindo a hipótese do ajuizamento de dissídio coletivo.

Poder-se-ia preconizar a possibilidade de serem ajuizados dissídios coletivos na Justiça do Trabalho com a única finalidade de ser declarada a abusividade ou não da greve dos servidores públicos, inclusive para gerar consequências no campo civil ou penal. Assim, em decorrência do poder normativo, que só a Justiça do Trabalho tem, e da possibilidade de julgar dissídios coletivos é que essa hipótese ocorreria. Entretanto, o art. 114 da Constituição não dá essa competência à Justiça do Trabalho.

O STF julgou inconstitucionais as alíneas *d* (direito de negociação coletiva) e *e* (direito de ajuizar dissídios coletivos) do art. 240 da Lei n. 8.112/90, que permitiam ao funcionário público ingressar com ações coletivas na Justiça do Trabalho (STF – Pleno, ADIn 00004921/600, j. 12-11-1992, Rel. Min. Carlos Mario Velloso, *DJU*, I, 12-3-1993, p. 3.557).

As alíneas *d* e *e* do art. 240 da Lei n. 8.112/90 foram revogadas pela Lei n. 9.527, de 10-12-1997.

Tem entendido o TST que há impossibilidade jurídica do pedido quando se pretende a instauração de dissídios coletivos contra a Administração Pública Indireta. Nesses casos aquela Corte extingue os processos sem resolução de mérito (art. 485, VI, do CPC). Contra pessoa jurídica de direito público que mantenha empregados, cabe dissídio coletivo exclusivamente para apreciação de cláusulas de natureza social. Inteligência da Convenção n. 151 da Organização Internacional do Trabalho, ratificada pelo Decreto Legislativo n. 206/2010 (OJ 5 da SDC do TST).

Assim, é possível concluir pela impossibilidade do ajuizamento de dissídios coletivos de funcionários públicos na Justiça do Trabalho, mesmo havendo a paralisação coletiva ou existindo a pretensão de reajustes salariais ou melhores condições de trabalho.

26.30 AÇÃO DE CUMPRIMENTO

O cumprimento do dissídio coletivo (quer se trate de acordo homologado ou de decisão), quando os empregadores não satisfizerem o pagamento devido, se obtém por meio de reclamação individual, denominada de ação de cumprimento, perante a Vara do Trabalho.

A sentença normativa não é suscetível de execução, mas de cumprimento. Esclarece Wagner Giglio (1984:334) que "o conteúdo da decisão normativa não é executado, mas cumprido, da mesma forma pela qual é cumprida a lei: espontaneamente ou coercitivamente, através de ações judiciais de dissídios individuais".

Não existe título na sentença que não permita sua execução direta, que, a rigor, deveria ser feita no próprio Tribunal, se se tratasse de execução. A sentença normativa irá fundamentar o dissídio individual de conhecimento, surgindo um título judicial de conteúdo condenatório, que pode ser executado nos próprios autos.

Não se tratando de sentença condenatória a decisão normativa, não comporta execução, mas apenas cumprimento, por ter conteúdo constitutivo-declaratório.

Só é possível a ação de cumprimento quanto a acordo celebrado em juízo, ou o acordo ou convenção coletiva homologados pelo Tribunal, gerando mesmo assim a sentença normativa.

O art. 872 da CLT usa a palavra *decisão*, indicando que a ação de cumprimento é decorrente da não observância da sentença normativa do tribunal.

Menciona expressamente o art. 1º da Lei n. 8.984/95 que compete à Justiça do Trabalho o julgamento de dissídios para cumprimento de convenções ou acordos coletivos de trabalho. A ação de cumprimento que tiver por objeto convenção ou acordo coletivo compreenderá matéria contida nesses documentos, em ação discutida entre sindicatos ou entre sindicato de trabalhadores e empresa ou em reclamação proposta pelo empregado contra o empregador. A Súmula 286 do TST permite ação de cumprimento de convenção ou acordo coletivo.

26.30.1 Natureza jurídica

A ação de cumprimento não constitui mera execução do julgado pelo Tribunal do Trabalho no dissídio coletivo, pois, nesse caso, a execução deveria ser feita perante o próprio Tribunal e não na Vara do Trabalho.

Não há condenação a ser cumprida no dissídio coletivo, salvo quanto ao pagamento das custas; apenas cria-se ou modifica-se determinada condição de trabalho, que vai ser objeto de cumprimento no juízo de primeiro grau.

O dissídio coletivo tem natureza constitutiva. Sua decisão não é passível de execução, mas de cumprimento.

Na verdade, a ação de cumprimento apenas assegura a realização *in concreto* do que foi estabelecido na decisão normativa genérica. A ação de cumprimento tem, portanto, natureza condenatória, de condenar o empregador a pagar o que foi estabelecido na norma coletiva. É uma ação de conhecimento condenatória. Há fase de instrução do feito.

26.30.2 Competência

A competência para conhecer da ação de cumprimento é da Vara do Trabalho ou do juiz de Direito investido de jurisdição trabalhista (parágrafo único do art. 872 da CLT).

Há aqui a exceção à regra de que o juízo que prolatou a sentença é que seria competente para executá-la. O fato de o dissídio coletivo ter sido julgado pelo TST não importa que a competência seja desse órgão para conhecer e julgar a ação de cumprimento.

Pode-se pretender na ação de cumprimento o recolhimento de desconto assistencial previsto em sentença normativa, pois se está executando o cumprimento de uma decisão da Justiça do Trabalho. O STF entende que a Lei n. 8.984 é a norma de que trata o inciso IX do art. 114 da Constituição, prevendo outras controvérsias decorrentes da relação de trabalho. Dessa forma, é possível ao sindicato ingressar com ação contra o empregador, postulando o recolhimento de contribuição assistencial, prevista em dissídio coletivo, acordo ou convenção coletiva, sendo a Justiça do Trabalho competente para apreciar o caso.

26.30.3 Exigências legais

A ação de cumprimento deverá ser instruída com a certidão da decisão coletiva. O juiz do trabalho só está obrigado a conhecer o direito federal. Em se tratando de direito estadual, municipal ou consuetudinário, o juiz poderá determinar que a parte faça prova do teor e da vigência da norma (art. 376 do CPC). O mesmo se dá em relação à norma coletiva, que o juiz não é obrigado a conhecer de cabeça, necessitando, portanto, de prova.

A juntada da certidão da sentença normativa é documento indispensável à propositura da ação. O não cumprimento da exigência legal torna inepta a inicial, podendo o juiz declarar extinto o processo sem julgamento de mérito (art. 485, I, do CPC).

O juiz poderá determinar que a parte traga a certidão da decisão normativa em dez dias (art. 321 do CPC), ficando indeferida a exordial, se não atendido o despacho. A rigor seria possível aplicar por analogia a Súmula 299 do TST, que trata da ação rescisória, e dá ao autor o prazo de dez dias para a comprovação do trânsito em julgado da ação, sob pena de indeferimento da exordial.

Se o valor da causa for inferior a 40 salários-mínimos, o procedimento a ser seguido na ação de cumprimento é o sumaríssimo, pois a CLT não faz distinção quanto à matéria, mas apenas ao valor.

26.30.4 Matéria da ação de cumprimento

Apesar de no parágrafo único do art. 872 da CLT estar escrita a palavra salário, deve-se entender que a ação de cumprimento estende-se a quaisquer outras condições de trabalho, que foram previstas na sentença normativa e não cumpridas espontaneamente pelo empregador.

A Vara apenas se limitará a cumprir o determinado na sentença normativa, não podendo alterá-la ou modificá-la, nem deixar de cumpri-la. Fatos que ocorrerão posteriormente à prolação da sentença normativa poderão ser verificados.

É vedado, porém, discutir matéria de fato ou de direito que tenha sido objeto do dissídio (parágrafo único do art. 872 da CLT). Se a matéria não foi discutida no dissídio coletivo, poderá ser debatida na ação de cumprimento.

26.30.5 Trânsito em julgado

Não é necessário que haja o trânsito em julgado da decisão normativa para ajuizar-se a ação de cumprimento, embora o *caput* do art. 872 da CLT se refira a tal circunstância.

O § 3º do art. 6º da Lei n. 4.725/65 dispõe que "o provimento do recurso não importará na restituição dos salários ou vantagens pagos, em execução do julgado". Assim, houve derrogação do art. 872 da CLT por aquele dispositivo legal, na parte em que dispõe que há necessidade do trânsito em julgado da decisão normativa.

A Súmula 246 do TST é clara no sentido de que "é dispensável o trânsito em julgado da sentença normativa para a propositura da ação de cumprimento". A sentença normativa poderá ser objeto de cumprimento a partir do 20º dia subsequente ao do julgado, fundada no acórdão ou na certidão de julgamento (§ 6º do art. 7º da Lei n. 7.701/88). O mesmo será observado nos Tribunais Regionais do Trabalho (art. 8º da Lei n. 7.701/88).

Nos dissídios coletivos de natureza econômica ou jurídica de competência originária do TST, a sentença normativa poderá ser objeto de ação de cumprimento com a publicação da certidão do julgamento (art. 10 da Lei n. 7.701/88).

26.30.6 Legitimação ativa e passiva

A ação de cumprimento pode ser proposta tanto pelo empregado (reclamação comum), como por mais de um empregado (reclamação plúrima). O sindicato da categoria profissional também poderá promover a ação, em nome próprio, defendendo direitos alheios, configurando-se a substituição processual.

O sindicato poderá ajuizar a ação, independentemente da outorga de poderes dos substituídos. No caso do parágrafo único do art. 872 da CLT são apenas os associados que são substituídos em juízo. Há a necessidade, contudo, de se apresentar a relação dos substituídos, sob pena de indeferimento da inicial.

O texto legal é claro no sentido de que a substituição processual só pode ser feita pelo sindicato. Isto quer dizer que não poderá ser realizada pela federação ou confederação. Da mesma forma, a substituição processual é apenas em relação aos associados e não a toda a categoria. Em se tratando de legitimidade extraordinária, deve ser interpretada a norma legal restritamente, pois do contrário estaríamos diante da legitimação comum ou ordinária.

O TST entende que o sindicato é parte legítima para propor, como substituto processual, demanda que vise à observância de convenção ou acordo coletivo (S. 286).

Quem figura no polo passivo da ação de cumprimento é o empregador.

26.30.7 Audiência

Nas ações de cumprimento os empregados poderão fazer-se representar pelo sindicato de sua categoria, conforme autoriza o art. 843 da CLT.

A tentativa de conciliação continua sendo obrigatória na ação de cumprimento, antes da contestação e após as razões finais.

Ao sindicato que atue em ação como substituto processual não deveria ser possível a renúncia de direitos, muito menos a transação ou quitação, por não se tratar de direito do sindicato, mas dos substituídos.

Previa o art. 8º da Lei n. 7.788/89 que não haveria eficácia a renúncia, desistência e transação individuais por parte do substituído. Tal dispositivo foi, porém, revogado pela Lei n. 8.030/90.

26.30.8 Defesa

Na defesa, é vedado discutir matéria de fato e de direito já apreciada na sentença normativa (parágrafo único, *in fine*, do art. 872 da CLT).

Poderá o reclamado arguir, na contestação, sua incapacidade econômica para arcar com o reajuste salarial ou com novas condições de trabalho (art. 5º do Decreto-lei n. 15).

Wilson de Souza Campos Batalha (1985:738) distingue duas situações:

a) se a sentença normativa ingressou no exame da questão da incapacidade econômica ou financeira, o juiz de primeiro grau não poderá reexaminar a questão;

b) se a sentença normativa não examinou o tema, ocasião em que a incapacidade econômica ou financeira poderá ser discutida na ação de cumprimento.

O Presidente do Tribunal poderá *in limine* suspender a aplicação da sentença normativa, caso haja a impossibilidade de a empresa conceder o reajuste salarial.

Poderá o reclamado alegar que não é possível o cumprimento da decisão, por incapacidade financeira, que surgiu posteriormente à prolação da sentença normativa, sendo objeto de exame do juiz de primeiro grau.

Na defesa, o reclamado poderá esclarecer que não está enquadrado no âmbito da categoria da sentença normativa juntada com a inicial, o que será objeto de prova no decorrer da instrução processual, ou mediante a apresentação de documento de recolhimento da contribuição sindical.

A empresa poderá alegar na contestação a compensação das importâncias já pagas a título de adiantamento salarial (art. 767 da CLT).

Não se admite a reconvenção na ação de cumprimento, havendo substituição processual. Estando o sindicato no polo ativo da ação, na qualidade de substituto processual, está substituindo terceiros, não tendo, assim, a reclamada legitimidade para propor a reconvenção, que poderá compreender questões diversas das postuladas na substituição processual, as quais o sindicato não poderá responder, pois não está autorizado para tanto.

A prescrição também pode ser alegada na defesa. Entendo que a prescrição se inicia com a publicação da sentença normativa, independentemente de seu trânsito em julgado, pois não é necessário o trânsito em julgado da decisão para a propositura da ação de cumprimento (S. 246 do TST), exceto se for dado efeito suspensivo ao recurso. Assim, o início do prazo de prescrição ocorre não do trânsito em julgado da decisão, mas do momento em que se tornam exigíveis as condições previstas na norma coletiva, o que ocorre com sua publicação, já que a Súmula 246 do TST dispensa o trânsito em julgado para a propositura da ação. O próprio § 3º do art. 6º da Lei n. 4.752/65 estabelece que o provimento de recursos não importará na restituição dos salários ou vantagens pagos, em execução de julgado, não dando inclusive direito à repetição do que foi recebido indevidamente. A Súmula 350 do TST esclareceu, porém, que "o prazo de prescrição com relação à ação de cumprimento de decisão normativa flui apenas a partir da data de seu trânsito em julgado".

No que diz respeito a diferenças salariais fundadas em sentença normativa, a prescrição a ser observada é prevista na Constituição, sendo contada da data do ajuizamento da ação. Assim, se o empregado entrou com a ação dentro do biênio, reclama os últimos cinco anos a contar da propositura da ação.

26.30.9 Instrução

Muitas vezes, há necessidade de se fazer prova na ação de cumprimento, apesar de ser vedado questionar sobre matéria de fato e de direito já apreciada na decisão normativa. Pode, porém, ser preciso fazer-se prova de dada situação de fato. Lembra Hugo Gueiros Bernardes (1989:446) a hipótese da "ação de cumprimento em favor de dez empregadas, a respeito de cláusula salarial e cláusula não salarial: salário-maternidade e validade do atestado médico do sindicato. Em ambos os casos, cada empregada precisa provar, conforme o caso, a gravidez ou a doença e a apresentação ao empregador do comprovante do serviço médico do sindicato".

Verificação de Aprendizagem

1. Quais os limites do poder normativo?
2. O que é dissídio de extensão?
3. O que é dissídio de revisão?
4. É possível ajuizar-se dissídio coletivo para funcionários públicos?
5. O que é ação de cumprimento e qual a sua natureza jurídica?

Capítulo 27

LIQUIDAÇÃO DE SENTENÇA

27.1 INTRODUÇÃO

Nem todas as decisões são exequíveis de plano. Em algumas, é preciso tornar líquida a condenação, que não está quantificada.

No processo do trabalho, só são exequíveis as custas, as multas e as despesas processuais.

Se o autor tiver feito pedido certo, o juiz não poderá proferir sentença ilíquida. Contudo, na prática, mesmo havendo pedido certo por parte do reclamante, as sentenças costumam ser ilíquidas. Em outros casos, mesmo a sentença sendo líquida, há necessidade de se apurar os juros e a correção monetária incidentes sobre o principal.

Acordos não cumpridos também poderão dar ensejo à liquidação da sentença que os homologou.

27.2 DENOMINAÇÃO

Liquidar vem do verbo latino *liquere*, no sentido de ser manifesto. Liquidação tem o sentido de tornar clara a sentença quanto a valcres.

O ideal é falar na liquidação da obrigação contida na sentença e não liquidação da sentença. Não se liquida a sentença, mas a obrigação nela contida. Liquidação de sentença é uma figura de linguagem (elipse). A liquidação de sentença é uma fase de execução, que irá preparar a execução, quantificando o valor devido ao empregado, pois o que é devido já foi estabelecido na sentença; falta quantificá-la.

Considera-se líquida a obrigação certa, quanto à sua existência e determinada quanto ao seu objeto.

A sentença é líquida quando especifica a qualidade, quantidade e natureza do objeto, inclusive seu valor. Será ilíquida quando precisar ser apurada, principalmente quanto ao valor.

27.3 NATUREZA JURÍDICA

Não tem a liquidação da sentença natureza constitutiva, pois não cria, modifica ou extingue determinada relação. Tem natureza declaratória do valor da condenação. A liquidação de sentença é uma fase preparatória da execução da sentença, mas não pertence ao processo de conhecimento. Antes de se definir o valor liquidado não se pode falar em execução.

A liquidação de sentença tem natureza incidental declaratória, no sentido de quantificar o valor da obrigação contida na sentença.

27.4 CLASSIFICAÇÃO

A sentença pode ser: (a) ilíquida: em que necessita ser liquidada; (b) mista: em que parte é líquida e parte precisa ser apurada; (c) distinta: em que há condenação do autor e do réu, como poderia ocorrer numa ação em que o pedido do autor foi acolhido em parte e a reconvenção foi acolhida.

27.5 CARTA DE SENTENÇA

Nos casos em que o recurso não tem efeito suspensivo, o reclamante pode pedir a extração da carta de sentença, antes que subam os autos com o recurso.

As peças essenciais para a formação da carta de sentença são: autuação, petição inicial e procurações do reclamante e do reclamado, contestação, sentença exequenda, despacho do recebimento do recurso. Havendo habilitação, a carta de sentença conterá a sentença que a julgou. Outras peças poderão ser trasladadas, a requerimento do requerente.

O § 2º do art. 896 da CLT falava em prazo de 15 dias para a extração da carta de sentença no recurso de revista que foi recebido no efeito devolutivo. O § 2º do referido artigo tem outra redação, porém foi excluído o prazo para a extração da carta de sentença.

Poderia continuar a ser aplicado o mencionado prazo, pelo costume, porém, para se evitar dúvidas, a carta de sentença deve ser extraída o mais rápido possível, antes da subida do recurso com os autos principais. No TST, o pedido será dirigido ao respectivo presidente.

27.6 CONDENAÇÃO ALTERNATIVA

Nas hipóteses de condenação alternativa, a sentença deverá determinar como será cumprida a decisão. No silêncio, a opção caberá ao vencido, por aplicação analógica do art. 252 do Código Civil e para atender o princípio da execução menos onerosa ao devedor.

Os casos mais comuns de condenação alternativa são os que compreendem o pedido de reintegração ou pagamento de indenização simples ou em dobro.

Não se poderá, porém, obrigar o exequente a receber parte da condenação em determinada prestação e parte em outra (§ 1º do art. 252 do Código Civil). Se uma das duas prestações não puder ser objeto de obrigação, ou se tornar inexequível, subsistirá o débito quanto à outra (art. 253 do Código Civil).

Cabendo a escolha ao devedor, este será citado para exercer o direito de opção, realizando a prestação em dez dias, se outro prazo não lhe for determinado. Caso o devedor não exerça a opção, esta será devolvida ao credor (§ 1º do art. 800 do CPC). Cabendo a escolha ao credor, este a indicará na petição inicial da execução (§ 2º do art. 800 do CPC).

27.7 REGRAS GERAIS

A sentença só será liquidada se for ilíquida. Caso seja líquida, é desnecessária a liquidação. É feita a liquidação quando a sentença estabelecer condenação ao pagamento de quantia ilíquida, a requerimento do credor ou do devedor (art. 509 do CPC). Mesmo quando não for individualizado o objeto da condenação, haverá necessidade de liquidação da sentença, embora isso não conste no art. 509 do CPC. A ideia de liquidez da obrigação vem, porém, do direito material.

Caso haja uma parte líquida e outra ilíquida, ao credor é lícito promover simultaneamente a execução daquela e, em autos apartados, a liquidação desta. Nesse caso poderia ser liquidada a parte ilíquida nos autos principais e executada a parte líquida em carta de sentença. Normalmente no processo do trabalho há necessidade de se calcular correção monetária e juros sobre os valores devidos.

A fase de liquidação da sentença não é igual à execução, mas preparatória à realização desta. A sentença de liquidação é irrecorrível, por ser interlocutória.

Na liquidação, não se poderá modificar ou inovar a sentença liquidanda, nem discutir matéria pertinente ao processo de conhecimento. Não se irá discutir de novo a lide ou modificar a sentença. A sentença deverá ser executada fielmente, sem ampliação ou restrição do que nela estiver disposto, que era a regra do art. 891 do CPC de 1939. Apenas vai tornar-se líquido o direito assegurado na sentença, quantificando-o em números.

Não se exige também a identidade física do juiz na execução.

Do requerimento de liquidação de sentença será a parte intimada, na pessoa do seu advogado. Não se trata de citação, mas de intimação, de dar ciência à parte de determinadas situações do processo. A liquidação de sentença não representa momento processual de apresentação de defesa para se falar em citação. A procuração para o foro em geral (art. 105 do CPC) permite ao advogado receber a intimação do requerimento de liquidação de sentença. A lei inclusive é clara no sentido de que a parte será intimada na pessoa do advogado. No processo do trabalho, o juiz pode impulsionar de ofício o processo na execução quando as partes não tiverem advogados (art. 878 da CLT). Pode haver requerimento de liquidação no processo do trabalho, sendo a parte intimada na pessoa de seu advogado.

A liquidação poderá ser requerida na pendência de recurso, processando-se em autos apartados, no juízo de origem, cumprindo ao liquidante instruir o pedido com cópias das peças processuais pertinentes (art. 512 do CPC). A CLT não trata do tema. É omissa. O dispositivo é aplicável ao processo do trabalho, pois apenas na execução há necessidade de citação do devedor (art. 880 da CLT). A liquidação da sentença será feita por meio de carta de sentença. As peças processuais pertinentes são as previstas no parágrafo único do art. 522 do CPC: decisão exequenda, certidão de interposição do recurso não dotado de efeito suspensivo, procurações outorgadas pelas partes, decisão de habilitação, se for o caso, facultativamente, outras peças processuais consideradas necessárias para demonstrar a existência do crédito, como: petição inicial, contestação, ata de audiência, documentos etc.

O juízo que proferiu a sentença, como regra, é o que será competente para a execução (art. 877 da CLT), excluindo o juízo da falência, recuperação judicial, liquidação, insolvência ou inventário para julgar e processar a execução (art. 5º da Lei n. 6.830/80).

O art. 877 da CLT estabelece que o juiz competente para a execução é o titular ou substituto.

Os erros que existirem na sentença, de cálculo ou de escrita, poderão ser corrigidos até a liquidação de sentença, que é preparatória à execução. Após a execução, não mais poderão ser corrigidos (art. 833 da CLT). Erro de cálculo não é erro no critério utilizado para o cálculo.

27.8 LEGITIMAÇÃO

A execução será promovida pelas partes, permitida a execução de ofício pelo juiz ou pelo Presidente do Tribunal apenas nos casos em que as partes não estiverem representadas por advogado (art. 878 da CLT).

A regra é a execução ser promovida pelas próprias partes.

O Juiz do Trabalho também poderá iniciar a execução, impulsionando-a de ofício somente quando as partes não tiverem advogado e não em outros casos, como quando as partes têm advogado no processo. Nesse caso, o juiz impulsiona de ofício apenas para efeito de cumprir a coisa julgada. .

O juiz é o magistrado de primeiro grau. O Presidente do Tribunal impulsiona de ofício o processo na execução quando as partes não têm advogado em casos de mandado de segurança, ação rescisória e dissídio coletivo.

As partes poderão ser provocadas pelo juiz para que proponham a liquidação da sentença. O juiz poderá determinar que os autos subam ao contador para a apresentação dos cálculos.

27.9 FORMAS

Com a nova redação determinada pela Lei n. 8.432, de 11-6-1992, ao art. 879 da CLT surgiram discussões a respeito da liquidação de sentença.

Amauri Mascaro Nascimento (1992 c:457) entende que "o art. 879 da CLT previa as três formas de liquidação, cálculo, arbitramento e artigos e, sendo revogado, as mesmas desapareceram, substituídas pela forma única que passou a ser prevista na lei nova". "O procedimento agora é único, não mais se cogitando de liquidação por artigos ou por arbitramento, sendo prevalecente, como nota básica do novo sistema, a liquidação por cálculo." Tal pensamento é feito com base no § 2º do art. 879 da CLT, que trata da liquidação de sentença por cálculos, não prevendo as especificações para outras formas de liquidação.

No entanto, o *caput* do art. 879 da CLT determina que a liquidação poderá ser feita por cálculos, por arbitramento ou por artigos. Não houve revogação ou alteração do *caput* do art. 879 da CLT, persistindo aquelas formas de liquidação de sentença.

No processo do trabalho não foi extinta a liquidação por cálculos.

Embora o § 2º do art. 879 da CLT faça referência expressa a cálculo, pode ser aplicado a outras modalidades de liquidação de sentença, quando arbitrado o valor ou quando se chegar a um valor na liquidação por artigos.

O art. 879 da CLT é claro no sentido da existência da liquidação de sentença por cálculos.

27.9.1 Arbitramento

No arbitramento, os elementos para a liquidação não estão nos autos, sendo necessário um conhecimento técnico para obtê-los ou avaliá-los.

Não se confunde arbitragem com arbitramento. Este é o meio de liquidação da sentença. Arbitragem é o meio de solução do conflito.

É feita a liquidação por arbitramento quando determinado pela sentença, convencionado pelas partes ou exigido pela natureza do objeto da liquidação (art. 509 do CPC).

O arbitramento poderá ocorrer, também, quando houver lacuna na prova produzida, por inexistência de documentos ou de dados, sendo determinado segundo as diretrizes fixadas pelo juiz. Exemplos: o salário pode ser arbitrado com base em quanto se paga para o exercício de função equivalente na mesma empresa ou quanto habitualmente se paga por serviço semelhante (art. 460 da CLT) a indenização por dano moral.

A convenção das partes só ocorre após a sentença, mas normalmente pode o juiz indeferir essa forma de liquidação, determinando a liquidação por cálculos, se esta forma for mais viável.

Requerida a liquidação por arbitramento, o juiz intimará as partes para a apresentação de pareceres ou documentos elucidativos, no prazo que fixar, e, caso não possa decidir de plano, nomeará perito, observando-se, no que couber, o procedimento da prova pericial (art. 510 do CPC). Na verdade, o juiz não vai nomear perito, pois perícia é meio de prova na fase de conhecimento. Vai nomear uma pessoa para fazer o arbitramento. Há previsão legal para serem oferecidos quesitos, pois será observado o procedimento da prova pericial. No processo do trabalho, é o caso de aplicar o artigo para fixar salário ou o número de horas extras, se o fato não foi provado na fase de conhecimento e não há documentos para determiná-lo na execução.

O laudo deverá ser apresentado dentro do prazo fixado pelo juiz (art. 3º da Lei n. 5.584/70). Terão aí as partes oito dias comuns para sobre ele se manifestarem (utilizando-se por analogia do § 2º do art. 879 da CLT). O prazo é comum e não sucessivo. Nos cinco dias seguintes haverá a decisão do juiz.

27.9.2 Artigos

Denomina-se liquidação por artigos em razão de que cabe à parte articular em petição o que pretende ver liquidado, indicando um a um os diversos aspectos que serão objeto de quantificação.

Utiliza-se da liquidação por artigos quando haja necessidade de prova de fatos novos para a fixação do *quantum debeatur* (art. 509, II, do CPC). Pressupõe-se, porém, já provada a obrigação, mas não ainda sua extensão. A expressão *provar fato novo* é incorreta, pois não vai ser provado fato novo, mas certa questão que não ficou determinada na sentença. Exemplo no processo do trabalho podem ser os domingos e feriados que foram trabalhados sem folga compensatória. Na liquidação por artigos, os elementos não estão integralmente nos autos, sendo que alguns estão fora dos autos, mas podem ser obtidos. Exemplo: uma sentença fixa o pagamento de horas extras, sem especificar seu número. Nos artigos de liquidação o exequente irá provar as horas extras efetivamente trabalhadas.

O direito já deve ter sido deferido na sentença, sob pena de ofensa à coisa julgada. Não se pode, portanto, falar em fato novo. O fato está contido na sentença, mas precisa ser quantificado, o que ela não fez. O fato precisa ser quantificado em números.

Quando a sentença nada falar a respeito da forma de liquidação, esta será feita por artigos, que é a maneira ordinária.

A liquidação de sentença por artigos não é um processo autônomo, mas uma fase de acertamento, incidente do processo.

O rito a ser observado é o comum do processo de conhecimento (art. 509, II, do CPC). É preciso que a parte apresente petição inicial, alegando os fatos que serão objeto de prova, bem como os meios a serem utilizados. A parte contrária será citada para em 15 dias contestar o pedido (art. 335 do CPC).

Não contestados os fatos, objeto da liquidação por artigos, estes serão tidos por verdadeiros (arts. 336 c/c 341 e 344 do CPC). Contestada a ação, o juiz irá examinar a questão. Havendo necessidade de provas, será designada audiência.

Os casos mais frequentes na prática são da condenação no pagamento de horas extras, devendo o julgador, sempre que possível, fixar o período da jornada extraordinária, ou a média das horas extras prestadas, relegando-se à fase de liquidação a prova das ausências no serviço e do salário auferido. Em outros casos, a sentença, examinando a prova, verifica a existência de horas extras, todavia o número destas será apurado em liquidação de sentença por artigos, por depender de prova justamente da quantificação das horas extras laboradas.

A decisão do juiz deverá ser fundamentada, acolhendo ou rejeitando os artigos de liquidação. No primeiro caso determinará que os autos sejam remetidos ao contador para o cálculo dos juros e correção monetária. A decisão dos artigos de liquidação só poderá ser impugnada, como regra geral, quando dos embargos à execução (§ 3º do art. 884 da CLT).

Caso os artigos de liquidação sejam considerados não provados, a parte poderá propor novos artigos.

27.9.3 Cálculos

Na liquidação de sentença por cálculos, os elementos já estão nos autos, sendo o caso apenas de fazer as contas para se chegar ao *quantum* devido.

Quando a sentença diz que a liquidação de sentença será feita por cálculos, se os elementos não estiverem nos autos, será necessário fazer a liquidação de outra forma. De outro lado, se a sentença estabelece que a liquidação será feita por arbitramento ou por artigos e os elementos estiverem nos autos, poderá ser feita por cálculos.

Se a determinação do valor da condenação depender apenas de cálculo aritmético, o credor fará a sua execução, instruindo o pedido com a memória discriminada e atualizada do cálculo (art. 524 do CPC). No processo do trabalho isso não trouxe modificação à liquidação de sentença por cálculos, pois, na prática, era exatamente isso que já se fazia.

Os cálculos apresentados deverão ser especificados, indicando como se chegou ao valor, devendo ser atualizados.

Poderá, também, o devedor apresentar seu cálculo, depositando, de imediato, o valor apurado.

Tratando-se de cálculos de liquidação complexos, o juiz poderá nomear perito para a elaboração e fixará, depois da conclusão do trabalho, o valor dos respectivos honorários com observância, entre outros, dos critérios de razoabilidade e proporcionalidade (§ 6º do art. 879 da CLT).

Os juros de mora no processo do trabalho seriam devidos a partir da data do ajuizamento da ação (art. 883 da CLT). Esse artigo teria sido derrogado pelo art. 3º do Decreto-lei n. 2.322, de 26-2-1987, que estabelecia que os juros seriam computados à razão de 1% ao mês, capitalizados e incidentes sobre o débito corrigido. O § 1º do art. 39 da Lei n. 8.177/91 determinou que os juros são calculados a partir da data do ajuizamento da ação, aplicando-se *pro rata die*, mas são de 1% ao mês, calculados de maneira simples e não capitalizados, sobre o valor da condenação corrigido monetariamente (S. 200 do TST).

Até 26-2-1987 os juros eram devidos à razão de 6% ao ano, de forma simples. Com o Decreto-lei n. 2.322/87, a partir de 27-2-1987 eram devidos à razão de 1% ao mês, capitalizados. A partir de 1º-3-1991 são juros simples de 1% ao mês (Lei n. 8.177).

Reza o art. 124 da Lei n. 11.101/2005 que contra a massa falida não são exigíveis juros vencidos após a decretação da falência, previstos em lei ou em contrato, se o ativo apurado não bastar para o pagamento dos credores subordinados. Estes são os previstos em lei ou contrato ou os créditos dos sócios e dos administradores sem vínculo empregatício (art. 83, VIII, da Lei n. 11.101). A regra é um pouco diferente, pois os juros, previstos em lei ou em contrato, vencidos antes da decretação da falência, são devidos, inclusive os trabalhistas, que são decorrentes do § 1º do art. 39 da Lei n. 8.177/91. Os juros vencidos após a decretação da falência serão devidos se o ativo apurado bastar para o pagamento dos credores subordinados e de outros credores. Caso o ativo não bastar para o pagamento dos credores subordinados, serão indevidos os juros.

A correção monetária era anteriormente calculada pelo Decreto-lei n. 75, de 21-11-1966. Com o advento do Decreto-lei n. 2.322/87, o cálculo passou a ser feito com base na OTN. Posteriormente, o inciso V do art. 6º da Lei n. 7.738/89 determinou que os débitos decorrentes da legislação do trabalho não pagos no dia do vencimento seriam corrigidos pelo sistema da poupança. Atualmente, o art. 39 da Lei n. 8.177/91 reza que a correção monetária é feita pela TR acumulada no período compreendido entre a data do vencimento da obrigação e seu efetivo pagamento. Antigamente, a Lei n. 8.177/91 previa o pagamento da correção monetária com base na TRD. Entretanto, o art. 2º da Lei n. 8.660, de 28-5-1993, extinguiu a TRD, permanecendo, porém, a TR, que irá corrigir os débitos trabalhistas. Contudo, essa correção monetária continua a ser diária "no período compreendido entre a data de vencimento da obrigação e o seu efetivo pagamento" (art. 39 da Lei n. 8.177/91). Persiste em vigor a correção monetária determinada pela Lei n. 8.177/91, conforme § 6º do art. 27 da Lei n. 9.069, de 29-6-1995 e art. 15 da Lei n. 10.192/2001. A atualização dos créditos decorrentes de condenação judicial será feita pela Taxa Referencial (TR), divulgada pelo Banco Central do Brasil, conforme a Lei n. 8.177/91 (§ 7º do art. 879 da CLT).

Pouco importa se da sentença constou ou não que o pagamento será feito com correção monetária ou juros. Mesmo não havendo pedido e não constando da sentença, é possível a execução de juros e correção monetária (S. 211 do TST). O § 1º do art. 39 da Lei n. 8.177/91 corroborou o entendimento jurisprudencial, determinando da mesma forma.

Não é o caso de liquidar o título extrajudicial, que já é líquido. Haverá necessidade apenas de contar os juros e aplicar a correção monetária. Os juros são devidos a contar da propositura da execução do título extrajudicial. A correção monetária deve ser observada com base no inadimplemento da obrigação.

Mesmo que não conste da sentença a dedução do imposto de renda e da contribuição previdenciária, é possível a realização de tais descontos na execução, pois o fato gerador nasce com o pagamento e decorre da lei a obrigação (*ex lege*). Trata-se, portanto, de norma de ordem pública, independendo de autorização judicial para que se faça os referidos descontos (S. 401 do TST).

O art. 467 da CLT não pode ser aplicado na execução, se não constar determinação nesse sentido na sentença.

A época própria para o pagamento dos salários é até o quinto dia útil subsequente ao mês vencido, na forma do § 1º, do art. 459 da CLT. A correção monetária deve, portanto, observar a época em que a verba se tornou devida. Se a lei estabelece a faculdade que o empregador tem de pagar salários no 5º dia útil, não se pode entender que o salário é devido no próprio mês da prestação de serviço para efeito de correção monetária. Entender de forma contrária é negar vigência ao § 1º, do art. 459 da CLT. A época em que o empregador é constituído em mora é a partir do 5º dia útil do não pagamento dos salários. A correção monetária deve ser calculada da mesma forma. O salário somente é pago após a prestação dos serviços. Fazer a correção monetária antes do pagamento do salário é determinar a atualização monetária antes mesmo do salário ser devido.

Não se pode confundir a aquisição do direito ao salário, que é feita no curso do mês, e a data do seu recebimento, em que se verifica ser após a prestação de serviços, até o 5º dia útil do mês seguinte ao vencido.

Somente quando o salário passa a ser legalmente exigível é que se pode falar em atualização monetária, isto é, quando poderá ser feita a correção monetária. Esta somente é devida depois do vencimento da obrigação e não antes. O próprio art. 39 da Lei n. 8.177/91 menciona que a correção monetária é feita a partir do vencimento da obrigação, devendo ser observada a época definida em lei. A lei que define a questão é exatamente o § 1º do art. 459 da CLT.

Não se trata, portanto, de aplicar a regra mais favorável ao empregado, mas sim de observar o que dispõe a norma legal, que determina que a verba salarial é considerada devida no 5º dia útil do mês subsequente ao vencido (art. 39 da Lei n. 8.177 c/c § 1º, do art. 459 da CLT).

Esclarece a Súmula 381 do TST que o pagamento dos salários até o 5º dia útil do mês subsequente ao vencido não está sujeito à correção monetária. Se essa data limite for ultrapassada, incidirá o índice da correção monetária do mês subsequente ao da prestação de serviços, a partir do dia 1º.

A exceção à regra ocorre quando o salário é pago no próprio mês da prestação dos serviços ou antes do 5º dia útil. Nesse caso não se pode dizer que a correção monetária será calculada com base no 5º dia útil do mês subsequente ao vencido, pois o salário é pago no próprio mês da prestação dos serviços ou antes daquela data, que é, portanto, o fato gerador da obrigação. É o que ocorre, por exemplo, com empresas que pagam habitualmente salários no último dia útil do mês. Nessa hipótese, a correção monetária é calculada com base na data em que normalmente é pago o salário nessa empresa. Não é, portanto, o caso de se observar a faculdade legal para efeito da correção monetária se habitualmente o empregador paga o salário no próprio mês da prestação dos serviços. É condição mais favorável ao empregado, que se incorpora ao seu contrato de trabalho.

O cálculo da correção monetária do FGTS devida em razão de condenação no juízo trabalhista deve ser feito de forma diferente, pois a data para o pagamento da referida contribuição é até o dia 7 do mês seguinte ao vencido (art. 15 da Lei n. 8.036). Não se pode, portanto, falar que a correção monetária deva ser feita em relação ao mês da competência, pois a lei fixa a época do recolhimento da citada contribuição social. Assim, a correção monetária deverá também ser calculada a partir do dia 7 do mês seguinte ao vencido.

As verbas rescisórias não pagas no prazo legal também têm época própria diferenciada para efeito do cálculo da correção monetária. Por haver regra própria para pagamento das verbas rescisórias, não se observa a determinação relativa ao pagamento dos salários. Nesse caso é de se aplicar o § 6º do art. 477 da CLT. A correção monetária será calculada a partir do 1º dia útil após o término do contrato de trabalho (alínea *a* do citado parágrafo) ou a contar do décimo dia do término do contrato de trabalho. O art. 39 da Lei n. 8.177 define que a lei é que irá determinar a época própria. No caso é de se empregar o preceito supramencionado contido na CLT.

Em relação ao 13º salário, a época própria para a correção monetária da primeira parcela é o dia 30 de novembro ou a época em que a empresa costuma pagá-la habitualmente ao empregado, como na hipótese da antecipação da primeira parcela nas férias do trabalhador. Quanto à segunda parcela, é o dia 20 de dezembro.

Se a obrigação decorrer de acordo, convenção coletiva, dissídio coletivo ou cláusula contratual, considerar-se-á como época própria a prevista nessas normas (art. 39 da Lei n. 8.177). A época própria para correção monetária dos acordos judiciais será a neles consignada.

Quando a elaboração da memória do cálculo depender de dados, existentes em poder do devedor ou de terceiro, o juiz, a requerimento do credor, poderá requisitá-los fixando prazo de até 30 dias para o cumprimento da diligência.

Se os dados adicionais não forem apresentados pelo executado, sem justificativa, no prazo designado pelo juiz, serão considerados corretos os cálculos apresentados pelo credor apenas com base nos dados de que dispõe (§ 5º do art. 524 do CPC). Há omissão na CLT, podendo ser aplicado o referido dispositivo no processo do trabalho.

Caso o terceiro descumpra a ordem, o juiz expedirá mandado de apreensão, requisitando, se necessário, força policial, tudo sem prejuízo da responsabilidade por crime de desobediência (parágrafo único do art. 403 do CPC).

Indica o art. 404 do CPC as hipóteses de recusa justificada da exibição do documento em poder do terceiro, quando: (a) concernentes a negócios da própria vida da família; (b) sua apresentação puder violar dever de honra; (c) a publicidade do documento puder redundar em desonra à parte ou ao terceiro, bem como a seus parentes consanguíneos ou afins até o terceiro grau; ou lhes representar perigo de ação penal; (d) a exibição acarretar a divulgação de fatos, a cujo respeito, por estado ou profissão, deve guardar segredo; subsistirem outros motivos graves que, segundo o prudente arbítrio do juiz, justifiquem a recusa da exibição; (e) houver disposição legal que justifique a recusa da exibição.

Poderá o juiz valer-se do contabilista do juízo, quando a memória apresentada pelo credor aparentemente exceder os limites da decisão exequenda (§§ 1º e 2º do art. 524 do CPC). A utilização do contador do juízo é uma faculdade do juiz, pois a lei emprega o verbo *poder* e não o verbo *dever*. O contabilista, que é uma pessoa formada em Contabilidade, será usado quando a memória de cálculo apresentada pelo credor aparentemente exceder os limites da decisão exequenda. No Cível, existe contabilista. Entretanto, na Justiça do Trabalho, na maioria das regiões, não há contabilista. O juiz do trabalho acaba designando um particular da sua confiança para fazer os cálculos, que, na prática, é chamado de "perito".

Se o credor não concordar com os cálculos feitos, far-se-á a execução pelo valor originariamente pretendido. A penhora, porém, terá por base o valor encontrado pelo contabilista. É a aplicação da regra da menor onerosidade para o executado (art. 805 do CPC), ao se utilizar do valor encontrado pelo contador para efeito de penhora.

O momento adequado para a impugnação da sentença tem sido o dos embargos, após a garantia do juízo pela penhora ou numerário (§ 3º do art. 884 da CLT).

Por este modelo geral, vinha surgindo a seguinte dúvida: se a parte deixar de impugnar determinado aspecto da liquidação, a despeito do juiz ter dado vista da conta, haveria ou não preclusão sobre a manifestação da referida conta, ou ainda seria possível a parte se manifestar nos embargos?

Dispõe § 2º do art. 879 da CLT: "elaborada a conta e tornada líquida, o juiz *deverá* abrir às partes prazo comum de oito dias para a impugnação fundamentada com a indicação dos itens e valores objeto da discordância, sob pena de preclusão".

O prazo do § 2º do art. 879 da CLT é comum e não sucessivo. As partes vão se manifestar sobre a conta no mesmo prazo. Pode ser aplicado por analogia o referido prazo para a liquidação de sentença por artigos e arbitramento.

O juiz *deverá* e não poderá dar vista da conta dos cálculos feita pelo contador. Não há faculdade do juiz, mas obrigação legal. Aberta vista à parte, esta terá que exercitar seu direito de defesa, sob pena de preclusão.

O objetivo da norma é de evitar qualquer dúvida quanto ao acerto dos valores encontrados, por medida de cautela do magistrado.

Aberta vista dos cálculos, terão as partes que se manifestar sobre aqueles. Não o fazendo, não mais poderão externar suas manifestações quando dos embargos, no caso do executado, ou na impugnação, na hipótese do exequente, pela ocorrência da preclusão. A Fazenda Pública não terá prazo em dobro para falar sobre os cálculos. Seu prazo não seria de 20 dias, mas de apenas 8 dias, nos termos do § 2º do art. 879 da CLT. Tal prazo não vem a ser de recurso, não se aplicando o Decreto-lei n. 779/69. O prazo da União para se manifestar sobre as contas da contribuição previdenciária também será de 10 dias e não em dobro.

A impugnação da conta de liquidação deve ser fundamentada item por item, quanto aos valores e quanto à matéria objeto da discordância, sob pena de preclusão. Tal procedimento acaba com a impugnação genérica, que visava procrastinar o feito. O juiz poderá indeferir liminarmente a impugnação se não atendido tal requisito.

Fala-se justamente em preclusão porque o juiz irá julgar a conta de liquidação e não meramente homologá-la. Estará decidindo, daí por que se falar em sentença de liquidação.

Por isso há preclusão. Se for dado prazo para a parte manifestar-se e esta não se manifestar sobre os cálculos, há preclusão. A sentença, contudo, terá que ser necessariamente fundamentada, indicando os motivos pelos quais a conta de liquidação está certa ou errada.

É de se destacar que o § 2º, do art. 879, da CLT, ao usar a expressão *pena de preclusão*, mostra que tal penalidade é dirigida à parte e não ao próprio juiz. O juiz pode rever os cálculos mesmo tendo havido preclusão da parte, se houver erro manifesto, como de zeros. A conta poderá ser revista pelo juiz até para se adequar à coisa julgada. Os erros, inclusive, poderiam ser corrigidos até mesmo antes da execução, como indica o art. 833 da CLT.

O § 2º do art. 879 da CLT refere-se a partes, mostrando que a conta é elaborada pelo contador ou pelo perito. Entretanto, a referida disposição pode ser utilizada por analogia em conta apurada por uma das partes. Se a outra não se manifestar, haverá preclusão, sendo que o juiz irá homologar a conta apresentada, salvo se houver erro no cálculo.

27.9.4 Sentença de liquidação

A decisão que julga a liquidação da obrigação contida na sentença tem natureza de sentença segundo a CLT. O § 3º do art. 884 da CLT menciona que "somente nos embargos à penhora poderá o executado impugnar a sentença de liquidação...".

A natureza jurídica da sentença de liquidação é declaratória. Tem por objetivo completar o título executivo judicial, visando à certeza jurídica quanto ao valor da dívida. A sentença de liquidação vai preparar a execução do título judicial.

Deverá a sentença de liquidação ser fundamentada, de acordo com o inciso IX do art. 93 da Constituição, explicando por que está sendo homologado um cálculo ou outro. Pode, porém, a sentença ser concisa, desde que fundamentada.

Apesar de a decisão do juiz ter de ser fundamentada na sentença de liquidação, a verdadeira natureza desta é de decisão interlocutória, pois do contrário caberia recurso da sentença de liquidação. A sentença de liquidação só pode ser impugnada nos embargos, salvo se houver preclusão para manifestação da conta.

Da sentença que julgar a liquidação não cabe qualquer recurso, visto que o § 3º do art. 884 da CLT determinou que a sentença só pode ser impugnada nos embargos do devedor ou na própria impugnação do credor. Anteriormente a CLT permitia o recurso de agravo de petição contra a sentença de liquidação, porém tal recurso foi eliminado pela Lei n. 2.244, de 23-6-1954. Na verdade, a norma legal equipara a sentença de liquidação a uma decisão interlocutória, por uma questão de celeridade processual e para agilizar a execução, evitando que antes de o devedor garantir a execução com dinheiro ou com a penhora possa discutir a conta de liquidação.

É claro que mesmo que o devedor não oponha embargos, o credor poderá impugnar a sentença, devendo o juiz abrir prazo para que o credor assim o faça, assegurando-lhe a referida oportunidade. É necessário ressaltar que se o juiz tiver aberto prazo para as partes se manifestarem sobre a conta de liquidação e elas não o fizerem, haverá preclusão (§ 2º do art. 879 da CLT), não podendo mais a questão ser debatida em embargos à execução ou na impugnação de que trata o § 3º do art. 884 da CLT.

Mesmo sendo a sentença de liquidação uma decisão, dela não cabe o agravo de petição, pois o prazo para esse recurso somente começará a fluir após o julgamento dos embargos ou da impugnação à sentença de liquidação, visto que, do contrário, implicaria supressão de instância.

Verificação de Aprendizagem

1. Quando se faz liquidação de sentença por artigos?
2. Quando se procede a liquidação de sentença por cálculos?
3. Quando se dá a liquidação de sentença por arbitramento?
4. Qual o momento de falar sobre as contas que vieram do contador, caso o juiz abra vista dos autos à parte? Por quê?

Capítulo 28

EXECUÇÃO

28.1 INTRODUÇÃO

Execução vem do latim *executio, executionis*.

Na Lei das XII Tábuas (ano 450 a.C.) afirmava-se que "aquele que confessa dívida perante o magistrado ou é condenado, terá 30 dias para pagar. Esgotados os 30 dias e não tendo pago, que seja agarrado e levado à presença do magistrado. Se não paga e ninguém se apresenta como fiador, que o devedor seja levado pelo seu credor e amarrado pelo pescoço e pés com correntes com peso até o máximo de 15 libras; ou menos, se assim o quiser o credor. O devedor preso viverá à sua custa, se quiser; se não quiser, o credor que o mantém preso dar-lhe-á por dia uma libra de pão ou mais, a seu critério. Se não há conciliação, que o devedor fique preso por 60 dias, durante os quais será conduzido em três dias da feira ao *comitium*, onde se proclamará em altas vozes o valor da dívida. Se são muitos os credores, é permitido, depois do terceiro dia de feira, dividir o corpo do devedor em tantos pedaços quantos sejam os credores, não importando cortar mais ou menos; se os credores preferirem, poderão vender o devedor a um estrangeiro, além do Tibre" (Tábua III, n. 4-9).

Até a Antiguidade, a execução era feita sobre o corpo do devedor. Era pessoal. O devedor poderia ficar como escravo do credor. A partir do ano 1000, a execução privada acabou sendo desprezada.

Na *actio judicati*, o crédito do credor na execução poderia ser discutido pelo devedor quantas vezes quisesse.

No período formulário, a execução não poderia ser feita sobre o mínimo de patrimônio necessário à subsistência do devedor.

No período da *cognitio extraordinaria*, a execução passou a ser feita apenas sobre bens do devedor suficientes para pagar os credores. Não era universal.

No Direito germânico, o devedor somente poderia apresentar sua defesa depois de feita a penhora. Não havia necessidade da constituição do título executivo. Bastava a afirmação do credor da existência do crédito.

A partir do século XI, a execução deixa de ser ação distinta, passando a ser mero complemento da fase contenciosa, podendo ser promovida de ofício pelo juiz.

Atualmente, atinge a execução apenas os bens do devedor. Passa a ser patrimonial.

Visa a execução assegurar aquilo que foi estatuído na sentença. A execução, então, compreenderá os atos coativos para o cumprimento da decisão. No processo do trabalho, a execução é, geralmente, fase e não processo, pois limita-se a cumprir o contido na sentença.

Afirma Wilson de Souza Campos Batalha (1985:845) que a "sentença sem a execução redundaria em consagração puramente teórica de um direito e a vontade da lei não atuaria na realidade da vida – *sententia sine executione veluti campana sine pistillo est, quasi fulgur ex pelvi, aut tonitrus sine pluvia...*", ou seja, a sentença sem execução é como um sino sem badalo.

Assevera Wagner Giglio (1984:394) que "a execução trabalhista é o calcanhar de Aquiles do processo do trabalho, em razão de em muitas vezes não se saber a norma a ser aplicada, fazendo com que a execução seja mais demorada e haja a protelação da execução do julgado. É a vitória de Pyrrho: o trabalhador ganha mas não leva". Importante não é apenas dizer o direito, mas também assegurar sua efetividade.

A execução trabalhista acaba sendo uma angústia para o credor. A demora na entrega da prestação jurisdicional e da efetividade da execução traz descontentamento, estimula o descumprimento da sentença, potencializa novo conflito ou o eterniza e gera descrédito do Poder Judiciário. Enquanto o credor não receber o que lhe foi assegurado pela sentença, ficará insatisfeito, desapontado, permanecendo o estado de litigiosidade, pois o credor ganhou, mas não conseguiu receber.

As reformas processuais trataram de vários temas, como de tutelas de urgência, modificações de procedimentos, aperfeiçoamento do processo, correção de redação de lei, mas nada de concreto mencionaram sobre a execução, que continua a ser a mesma morosa de sempre.

Mesmo nos juizados especiais, é dada ênfase à conciliação, mas quando não se consegue cobrar o valor na execução, não há nenhum meio eficaz de recebimento por parte do credor.

A CLT tem poucos artigos sobre o tema, mais especificamente 20, que são os arts. 876 a 892. O art. 887 da CLT ficou prejudicado pela determinação da Lei n. 5.442, de 24-5-1968, pois o oficial de justiça penhora e avalia bens. Alguns dispositivos são completamente inúteis, como o art. 890, que determina que "a execução para pagamento de prestações sucessivas far-se-á com observância das normas constantes desta Seção, sem prejuízo das demais estabelecidas neste Capítulo". Se esse artigo não estivesse na CLT, não faria qualquer diferença, porque determinar que a execução será feita na forma da Seção ou do Capítulo e não determinar nada é a mesma coisa, pois será observada a Seção ou o Capítulo.

A soma dos juros e correção monetária no âmbito trabalhista não é suficiente para compensar aplicação financeira feita pelo empregador ou o próprio lucro obtido com o negócio. Os índices de inflação mensal nem sempre refletem efetivamente o custo de vida, acabando por corroer o poder de compra do que é devido ao empregado. Os seguidos planos econômicos, com expurgos inflacionários, também diminuem o valor a ser pago ao credor, beneficiando o devedor.

O art. 882 da CLT exige que o executado, ao garantir a execução, deve fazê-lo no valor da condenação atualizada e acrescida das despesas processuais. Isso não ocorria anteriormente, pois eram feitas novas execuções. A dívida não era atualizada e não era garantido o juízo em relação às despesas processuais.

O crédito trabalhista tem natureza alimentar e não pode levar seis anos ou mais para ser recebido.

Destaque-se que o Estado é o pior pagador de suas dívidas. Quase 90% dos recursos no STF são da União e do INSS. Os pagamentos por precatórios demoram muito. Para arrecadar, o Estado é voraz, mas não tem o mesmo procedimento quando é o caso de pagar o que deve, seja em relação a devolução de tributos indevidos, seja em relação a indenizações decorrentes da sua responsabilidade. Os bens públicos são inalienáveis, além do que há vários privilégios processuais para a Fazenda Pública. A previsão dos precatórios na Constituição instituiu o calote constitucionalizado por parte do poder público.

A execução é real. Incide sobre a coisa e não sobre a pessoa do devedor.

A execução deve ser útil ao credor.

A execução deve ser a menos onerosa para o devedor (art. 805 do CPC). Não deve levar o devedor à ruína. Há necessidade que existam vários modos de executar para se aplicar a execução menos onerosa ao devedor. Não havendo vários meios, aplica-se a execução mais eficiente no interesse do credor.

Ao executado que alegar ser a medida executiva mais gravosa incumbe indicar outros meios mais eficazes e menos onerosos, sob pena de manutenção dos atos executivos já determinados (§ único do art. 805 do CPC). A regra mostra o dever de colaboração do executado no prosseguimento da execução.

Se a execução não puder ser feita por vários meios, vai se adotar o meio possível, ainda que seja mais prejudicial ao devedor, pois será feita no interesse do exequente (art. 797 do CPC).

Toda execução deve ser fundada em título.

O título deve ser certo, líquido e exigível. Carnelutti afirma que a certeza decorre da prova da existência do título. A liquidez consiste na clareza de seu objeto. A exigibilidade se refere à sua atualidade, que deve estar livre de limitações como a condição ou o termo.

A execução compreenderá as sentenças transitadas em julgado, ou as sentenças das quais não tenha havido recurso com efeito suspensivo, os acordos, quando não cumpridos, os termos de ajuste de conduta firmados perante o Ministério Público do Trabalho (art. 876 da CLT), as custas processuais, as despesas processuais e as multas.

São executadas no processo do trabalho as decisões passadas em julgado. Quer dizer as sentenças das quais não caiba mais qualquer recurso. Tanto são as decisões condenatórias de obrigações de dar, de pagar, como as de obrigação de fazer ou não fazer. Também se incluem as declaratórias, quanto a custas e honorários de advogado, se for o caso. São ainda executadas as sentenças que fixam honorários de advogado, honorários periciais, multas e outras despesas judiciais.

Os recursos podem ter efeito devolutivo e suspensivo. A regra é a de que os recursos no processo do trabalho tenham apenas efeito devolutivo (art. 899 da CLT). O recurso de revista não tem mais efeito suspensivo.

Os acordos não cumpridos espontaneamente poderão ser executados na forma do Capítulo V, de acordo com as regras contidas no termo do acordo, como de vencimento antecipado das demais prestações, pagamento de multa etc. O acordo elaborado vale como decisão irrecorrível (parágrafo único do art. 831 da CLT). Os acordos a que se refere a lei são os realizados no processo e não os extrajudiciais.

Dispõe o § 2º do art. 790 da CLT que "no caso de não pagamento das custas, far-se-á execução da respectiva importância, segundo o procedimento estabelecido no Capítulo V deste Título".

As custas podem ser executadas no próprio processo trabalhista. O Capítulo V é o que trata da execução. São seguidas as regras dos arts. 876 a 892 da CLT.

Títulos extrajudiciais não poderão ser cobrados na Justiça do Trabalho, como ocorre com cheques, notas promissórias, duplicatas etc. Documentos que não sejam considerados como títulos executivos judiciais não serão também executados no processo do trabalho, servirão apenas como meio de prova, dando origem a reclamação comum.

A execução na Justiça do Trabalho está adstrita, portanto, às regras do art. 876 da CLT, não sendo executados os títulos executivos extrajudiciais previstos no art. 784 do CPC. Mesmo a hipótese contida no inciso II do art. 784 do CPC, em que se fala em escritura pública ou outro documento público assinado pelo devedor, o documento particular assinado pelos advogados dos transatores, também não se aplica ao processo do trabalho. O art. 876 da CLT é claro no sentido de que apenas o título executivo judicial pode ser executado. O título executivo extrajudicial não será considerado como título para a execução, ainda que não cumprido.

Na redação original do art. 876 da CLT não havia previsão para execução de termos de ajuste de conduta firmados perante o Ministério Público do Trabalho, o que não poderia ser feito. Agora, com a redação atual do art. 876 da CLT, é possível a execução desse termo. O inciso II do art. 784 do CPC dispõe que o instrumento de transação referendado perante o Ministério Público é considerado título executivo extrajudicial, que é justamente o termo de ajuste de conduta firmado pelo Ministério Público do Trabalho e a outra parte na ação civil pública.

Os termos de conciliação firmados perante as Comissões de Conciliação Prévia também poderão ser executados. O termo de conciliação é título executivo extrajudicial (parágrafo único do art. 625-E da CLT).

É competente para a execução das decisões o juiz ou presidente do tribunal que tiver conciliado ou julgado originariamente o dissídio (art. 877 da CLT).

A expressão "o juiz" a que se refere o artigo é tanto referente ao juiz presidente da Vara ou ao substituto, como o juiz de direito, que naturalmente atua sozinho, monocraticamente. É o juiz de primeira instância. A referência ao presidente do tribunal refere-se aos processos de competência originária do tribunal, como de dissídio coletivo, para pagamento de custas, de ação rescisória, para o cumprimento do acórdão etc. A execução dos processos de competência originária do tribunal será feita perante o juiz presidente do tribunal.

A lei criará o Fundo de Garantia das Execuções Trabalhistas, integrado pelas multas decorrentes de condenações trabalhistas e administrativas oriundas da fiscalização do trabalho, além de outras receitas (art. 3º da Emenda Constitucional n. 45).

A matéria depende da edição de lei ordinária.

A vantagem é o trabalhador receber e logo as verbas decorrentes da condenação do empregador. O empregado não pode esperar para receber verbas que têm natureza alimentar, das quais precisa para poder sobreviver.

A principal desvantagem é o fundo cobrar de quem não paga. O fundo irá pagar e não irá receber. Quem irá pagar, na verdade, será toda a sociedade. Haverá com isso descapitalização do fundo, que talvez não possa atender a todos os casos. Se os devedores, quando não querem, não pagam tributos, o FGTS e a contribuição previdenciária e não se consegue cobrá-los, o mesmo pode ocorrer em relação ao FUNGET.

Na Parte Especial do Livro I, Título II, Capítulo II, o CPC faz referência a *cumprimento da sentença*. Não mais se faz menção a execução. Cumprimento parece ter um sentido de fazer por determinação superior, ou seja, ser forçado a observar o que consta da decisão que transitou em julgado.

O devedor será citado apenas no início da relação processual. No mais, será intimado na pessoa do seu advogado. Há a unificação entre o processo de conhecimento e o de execução. A CLT não é omissa sobre o tema, pois continua fazendo referência a execução.

28.2 LEI DE EXECUÇÃO FISCAL

O art. 889 da CLT determinou que fosse aplicado o Decreto-lei n. 960, de 17-12-1938, que versava sobre o processo de execução fiscal para a cobrança da dívida da Fazenda Pública, desde que houvesse omissão na norma consolidada.

O CPC de 1973 revogou o Decreto-lei n. 960, pois regulou inteiramente a matéria. Levou cerca de sete anos para ser editada a Lei n. 6.830/80. Nesses sete anos, não havia norma tratando da execução fiscal. Com a Lei n. 6.830/80 passou a haver norma sobre execução fiscal.

O art. 889 da CLT, porém, não foi revogado pelo CPC, apenas perdeu sua eficácia por certo período, até o surgimento da nova lei de execução fiscal (Lei n. 6.830/80).

Com a edição da Lei n. 6.830/80, que passou a reger a cobrança dos créditos da Fazenda Pública, o art. 889 da CLT retomou sua eficácia. Assim, as normas previstas na Lei n. 6.830/80 serão de aplicação subsidiária na execução trabalhista, na inexistência de norma específica na CLT.

A regra será a seguinte: primeiro o intérprete irá se socorrer da CLT ou de lei trabalhista nela não inserida. Não havendo disposição nestas, aplica-se a Lei n. 6.830/80. Caso esta última norma também não resolva a questão, será aplicado o CPC.

A dificuldade é saber quando efetivamente há omissão na CLT e quando existe compatibilidade com os princípios processuais trabalhistas, o que demanda interpretação e divergência de posicionamentos.

A exceção à regra seria o art. 882 da CLT, que dispõe ser a ordem preferencial para indicação de bens à penhora contida no art. 835 do CPC. Nesse caso, não se aplica a Lei n. 6.830.

28.3 ATOS ATENTATÓRIOS À DIGNIDADE DA JUSTIÇA

O art. 774 do CPC determina em que casos ocorre o ato atentatório à dignidade da Justiça, quando o devedor:

a) frauda a execução;
b) opõe-se maliciosamente à execução, empregando ardis e meios artificiosos;
c) dificulta ou embaraça a realização da penhora;
d) resiste injustificadamente às ordens judiciais;
e) intimado, não indica ao juiz, em cinco dias, quais são e onde estão os bens sujeitos à penhora e seus respectivos valores, nem exibe prova de sua propriedade e, se for o caso, certidão negativa de ônus.

Ocorre fraude à execução quando há a alienação ou oneração de bens se:

a) sobre o bem pender ação fundada em direito real ou com pretensão reipersecutória, desde que a pendência do processo tenha sido averbada no respectivo registro público, se houver;
b) quando tiver sido averbada, no regime do bem, a pendência do processo de execução;
c) quando tiver sido averbado, no registro do bem, hipoteca judiciária ou outro ato de constrição judicial originário do processo onde foi arguida a fraude;
d) quando, ao tempo da alienação ou oneração corria contra o devedor ação capaz de reduzi-lo à insolvência (art. 792 do CPC). Esta última hipótese é a que mais ocorre no processo do trabalho, nos casos em que se verifica fraude à execução. A demanda é verificada com a mera propositura da ação, pois no processo do trabalho não há despacho de citação.

A alienação em fraude à execução é ineficaz em relação ao exequente (§ 1º do art. 792 do CPC).

No caso de aquisição de bem não sujeita a registro, o terceiro adquirente tem o ônus de provar que adotou as cautelas necessárias para a aquisição, mediante a exibição das certidões pertinentes, obtidas no domicílio do vendedor e no local onde está o bem (§ 2º do art. 792 do CPC).

Nas hipóteses de desconsideração da personalidade jurídica, a fraude à execução verifica-se a partir da citação da parte cuja personalidade se pretende desconsiderar (§ 3º do art. 792 do CPC).

Antes de declarar a fraude à execução, o juiz deverá intimar o terceiro adquirente, que, se quiser, poderá opor embargos de terceiro, no prazo de 15 dias (§ 4º do art. 792 do CPC).

Expedientes maliciosos ocorrem na execução, como de devedor que não aceita as intimações pelo correio, procura esconder-se quando o oficial de justiça comparece ao local onde estão os bens etc.

Resistências injustificadas às ordens judiciais podem ocorrer, desde que estas não sejam ilegais ou arbitrárias.

A hipótese que ocorre mais frequentemente na prática é justamente quando o devedor não indica ao juiz os bens sujeitos à execução.

Evidenciadas as hipóteses supra, poderá o juiz "advertir o executado que seu procedimento constitui ato atentatório à dignidade da justiça" (art. 599, II, do CPC). Não tem o juiz obrigação de advertir o devedor para depois aplicar a multa. A multa pode ser aplicada de imediato, sem antes ter havido a advertência. É aconselhável, porém, que o juiz advirta o devedor de que seu procedimento constitui ato atentatório à dignidade da justiça. No caso de ser reincidente, aplicará penalidade. Persistindo o devedor na prática de atos definidos pela lei como atentatórios à dignidade da Justiça, incidirá em multa fixada pelo juiz, em montante não superior a 20% do valor atualizado do débito em execução, sem prejuízo de outras sanções de natureza processual ou material, multa essa que reverterá em proveito do credor, exigível na própria execução (parágrafo único do art. 774 do CPC). Ressalte-se que a multa prevista no parágrafo único do art. 774 do CPC é de 20% sobre o valor do débito atualizado na execução e não sobre o valor da causa.

Como há a hipótese de o devedor ser punido com outras sanções (parágrafo único do art. 774 do CPC), o juiz poderá aplicar a pena de litigante de má-fé em vez da prevista no parágrafo único do art. 774 do CPC. Não poderá aplicar duas penas pelo mesmo fato gerador, ou *bis in idem*, como no caso da pena de litigante de má-fé combinada com a do parágrafo único do art. 774 do CPC.

O devedor também poderá ser condenado mais de uma vez na pena do parágrafo único art. 774 do CPC, pois a lei não determina que deve ser aplicada apenas uma pena. Seria o caso de o devedor já punido com a multa de 20% sobre o valor da execução incidir novamente em ato atentatório à dignidade da justiça, ficando cominada mais uma vez a pena de multa de até 20% sobre o valor da execução.

Penso que o juiz poderá aplicar a pena do parágrafo único do art. 774 do CPC de ofício, pois o citado dispositivo legal reza que o juiz fixará a pena, sendo que os arts. 774 e seu parágrafo único do CPC são dirigidos ao juiz, tratando-se de norma de ordem pública, que independe de pedido e é destinada a punir ato contrário à dignidade da justiça. O Estado, no caso, tem também interesse na solução do litígio, de que o devedor pague aquilo que deve, razão pela qual se usa de efeitos vedados pelo art. 774 do CPC, o juiz pode, de ofício, aplicar a pena contida no parágrafo único do art. 774 do CPC.

O devedor poderá discutir a penalidade que lhe foi aplicada no agravo de petição, desde que garanta o juízo com o principal e a multa que lhe foi aplicada. Daí apresentará embargos e da decisão dos embargos recorrerá em agravo de petição. Não impugnada a questão nos embargos, haverá preclusão, que não mais poderá ser discutida no agravo de petição.

28.4 FORMAS DE EXECUÇÃO

A sentença poderá especificar as condições em que será cumprida (§ 1º do art. 832 da CLT). A execução compreenderá aquilo que, assim, foi determinado na sentença. Se o exercício da condição depender do credor, este não poderá exigir a obrigação da parte contrária, antes de cumprir sua obrigação. "Se o devedor não for obrigado a satisfazer sua prestação senão mediante a contraprestação do credor, este deverá provar que a adimpliu ao requerer a execução, sob pena de extinção do processo" (art. 787 do CPC). É a regra do Direito Civil da *exceptio non adimpleti contratus*, prevista no art. 476 do Código Civil. O devedor, porém, poderá eximir-se da obrigação "depositando em juízo a prestação ou a coisa; caso em que o juiz suspenderá a execução, não permitindo que o credor a receba, sem cumprir a contraprestação, que lhe tocar".

Contendo a decisão parte líquida e parte ilíquida, o credor poderá promover, simultaneamente, a execução daquela e a liquidação desta.

Nos tribunais, nos processos de competência originária, será o Presidente do Tribunal (art. 877 da CLT) que será competente para executar a decisão. Na Vara, será o juiz titular ou substituto.

28.5 EXECUÇÃO PROVISÓRIA

É definitiva a execução de sentença transitada em julgado e provisória a execução de sentença quando se tratar de decisão impugnada mediante recurso ao qual não foi atribuído efeito suspensivo.

A execução provisória da sentença far-se-á, no que couber, do mesmo modo que a definitiva, observado o seguinte:

I – corre por iniciativa, conta e responsabilidade do exequente, que se obriga, se a sentença for reformada, a reparar os danos que o executado tenha sofrido. O exequente terá de pagar ao executado os prejuízos por ele sofridos se a decisão for modificada pela instância superior. A execução do prejuízo será feita no próprio processo, pois decorre da sentença proferida pela Justiça do Trabalho.

Não é possível que, em prejuízo aos princípios da celeridade e da economia processual, a empresa tenha de promover outra ação contra o autor para se ressarcir dos valores a ele pagos indevidamente. A execução para ressarcimento do valor recebido indevidamente pelo autor deve ser feita nos mesmos autos em que se promoveu a execução anterior.

II – fica sem efeito, sobrevindo acórdão que modifique ou anule a sentença objeto da execução, restituindo-se as partes ao estado anterior e liquidados eventuais prejuízos nos mesmos autos, por arbitramento. Está claro que os prejuízos serão liquidados nos próprios autos. O meio de liquidação será por arbitramento e não por cálculos ou por artigos.

No caso do inciso II deste artigo, se a sentença provisória for modificada ou anulada apenas em parte, somente nesta ficará sem efeito a execução (art. 520, III, do CPC). A questão é lógica, pois se a sentença provisória for modificada, na parte em que for modificada fica sem efeito a execução. A matéria não precisava constar da lei.

III – o levantamento de depósito em dinheiro e a prática de atos que importem alienação de propriedade ou dos quais possa resultar grave dano ao executado dependem de caução suficiente e idônea, arbitrada de plano pelo juiz e prestada nos próprios autos. Do empregado, na maioria das vezes, não se pode exigir caução, pois não tem com o que caucionar.

A caução poderá ser dispensada (art. 521 do CPC). A caução pode ser dispensada pelo juiz, e não que ela será dispensada pelo juiz, num sentido imperativo. Fica ao critério do juiz dispensar ou não, de acordo com o que estiver no processo nos casos em que:

I – o crédito for de natureza alimentar, independentemente de sua origem.

O crédito trabalhista tem natureza alimentar.

No inciso não se estabelece mais número de salários-mínimos.

Não se aplica a caução no processo do trabalho para o empregado, pois este é o hipossuficiente e não tem o que caucionar. Entender de forma contrária implicaria a impossibilidade de se fazer a execução provisória (art. 899 da CLT). Assim, resta incompatível com o processo do trabalho a caução para execução provisória.

A execução provisória irá apenas até a penhora (art. 899 da CLT), parando ao alcançar essa fase processual. Não se pode falar em liberação de valores. O juiz não irá julgar os embargos eventualmente apresentados, pois o julgamento pode tornar-se inútil se a sentença for modificada por meio de recurso. Haveria dois recursos distintos contra matéria ainda não transitada em julgado: (a) o ordinário contra a sentença que ainda não transitou em julgado; (b) o agravo de petição, contra a sentença que julgou os embargos à execução ou impugnação à sentença de liquidação. Provavelmente, o agravo de petição vai ser julgado mais rápido nos tribunais, pois tem preferência. Assim, seria julgado em primeiro lugar o recurso secundário da execução e somente depois o recurso principal contra a sentença que não transitou em julgado.

II – o credor demonstrar situação de necessidade.

Muitas vezes o trabalhador está desempregado e necessita do valor do processo para sobreviver, juntamente com sua família;

III – pender agravo perante o STF (art. 1.042). O § 2º do art. 893 da CLT prevê que a execução de recurso para o STF não prejudicará a execução do julgado, mas a execução só pode ser provisória e não definitiva. Esse dispositivo tem de ser examinado em conjunto com o art. 899 da CLT, que dispõe que a execução provisória para na penhora.

Ao requerer a execução provisória, não sendo eletrônicos os autos, o exequente instruirá a petição com cópias autenticadas das seguintes peças do processo, podendo o advogado autenticar as peças, sob sua responsabilidade pessoal (art. 522 e seu parágrafo único do CPC). Isso significa que o advogado poderá dar por autênticas as peças juntadas, sob sua responsabilidade pessoal. Trata-se de faculdade do advogado autenticar as peças, mas será mais barato do que pagar os emolumentos do art. 789-A da CLT. A norma também tem aplicação ao processo do trabalho, por haver omissão na CLT.

As peças a serem indicadas são as seguintes:

I – decisão exequenda;
II – certidão de interposição do recurso não dotado de efeito suspensivo;
III – procurações outorgadas pelas partes;
IV – decisão de habilitação, se for o caso;
V – facultativamente, outras peças processuais consideradas necessárias para demonstrar a existência do crédito (parágrafo único do art. 522 do CPC).

Não há referência expressa à petição inicial e à contestação, que seriam peças facultativas e não obrigatórias. Entretanto, dependendo do caso, essas peças podem ser essenciais ao exato entendimento da decisão, inclusive quanto aos limites estabelecidos pela litiscontestação.

Rejeitado o pedido, a execução provisória torna-se ineficaz. O executado levanta a penhora ou o depósito.

Se a sentença é confirmada, a execução provisória transforma-se em definitiva.

O § 1º do art. 897 da CLT permite a execução imediata da parte que não foi objeto de agravo de petição. Logo, nesse caso, trata-se de execução definitiva e não provisória, nos próprios autos ou na carta de sentença.

Mesmo existindo recurso extraordinário ao STF, a execução será provisória, sendo essa a interpretação a ser dada ao § 2º do art. 893 da CLT. O próprio CPC declara que só haverá coisa julgada quando a decisão de mérito não mais estiver sujeita a qualquer recurso (art. 467 do CPC), inclusive o extraordinário.

São requisitos da carta de sentença: (a) autuação; (b) petição inicial e procuração das partes; (c) contestação; (d) sentença exequenda; (e) despacho do recebimento do recurso. Serão juntadas peças autenticadas.

28.5.1 Execução provisória de obrigação de fazer

No processo do trabalho, as hipóteses de obrigação de fazer contidas geralmente na sentença são: reintegração ou readmissão do empregado no emprego, concessão de férias, anotação de CTPS, fornecimento de carta de referência etc.

A possibilidade de execução provisória de obrigação de fazer é, porém, controvertida na doutrina e na jurisprudência.

As obrigações de fazer não comportam execução provisória. Não é, inclusive, recomendável a reintegração do empregado no emprego em execução provisória, diante da dificuldade do retorno ao *status quo ante*, caso haja o provimento do recurso apresentado.

Uma vez transitada em julgado a decisão, o empregado terá direito aos salários do período em que deveria estar trabalhando, embora não tenha prestado serviços, ocasião em que não haverá nenhum prejuízo ao reclamante, pois receberá os valores pertinentes ao período estabilitário em que esteve afastado, sem, inclusive, trabalhar, o que lhe é, inclusive, mais benéfico. A empresa, porém, tem condições econômicas de suportar tal decisão.

Argumenta-se, por exemplo, que se o empregado for reintegrado, o empregador irá contar com sua prestação de serviços e terá de pagar salário. Muitas vezes, porém, o empregador não quer mesmo é contar com a prestação de serviços do empregado, pelos mais variados motivos, por ser aquele desagregador do ambiente de trabalho, porque prefere pagar uma indenização, mas ficar livre do empregado. Se em grau de recurso for dado provimento ao apelo do empregador, entendendo-se, por exemplo, que o empregado não tem direito à estabilidade, vai tornar-se desnecessária a reintegração, que implicará outra dispensa, o que será inútil.

A decisão que determinasse o cumprimento de obrigação de fazer, quando não houvesse o trânsito em julgado da sentença, seria, na verdade, execução definitiva. Feita, por exemplo, a reintegração do empregado no emprego e havendo pagamento de salários àquele, em execução provisória, não mais poderá a empresa receber de volta o valor pago, pois a maioria dos empregados, com certeza, não terá condições financeiras de restituir a importância recebida, em razão da insubsistência de recursos para tanto, caso a situação seja revertida quando do exame do recurso.

José Augusto Rodrigues Pinto assevera que "a obrigação de fazer enseja execução provisória da sentença que a estabelece, mas sem nenhum resultado prático, de vez que, não havendo o que garantir, patrimonialmente, deter-se-á o procedimento na simples citação do executado". Nos casos de reintegração, "poderá o juiz imprimir andamento à obrigação de dar (pagamento de salários), até a penhora de bens, considerando estar o empregado à disposição do empregador para cumprir a obrigação de fazer (retornar ao emprego), até trânsito em julgado da sentença cognitiva, que definirá o momento de ruptura do ajuste individual" (1991:248). Entretanto, diante da redação do art. 729 da CLT, não se pode chegar a essa conclusão. Tal dispositivo legal estabelece multa em caso de não cumprimento de obrigação de reintegração do empregado no emprego, mas determina claramente que só poderá se falar em reintegração com o trânsito em julgado da decisão, pois usa a expressão "o empregador que deixar de cumprir **decisão passada em julgado** sobre a readmissão ou reintegração de empregado...". Logo, não é possível determinar a reintegração do obreiro no emprego em execução provisória, apenas quando esta for definitiva, isto é, com seu trânsito em julgado.

Em casos excepcionais, em que o empregado dirigente sindical foi dispensado sem inquérito para apuração de falta grave, poder-se-ia, à primeira vista, falar na reintegração, posto que não foi utilizado o inquérito para a dispensa do trabalhador. Mesmo assim, se for feita a interpretação literal do art. 729 da CLT, isso não será possível, diante da necessidade do trânsito em julgado da decisão.

Observando-se também a redação do art. 899 da CLT, a execução é sempre provisória e não definitiva. A reintegração implicaria execução definitiva e não provisória do julgado.

Outro dos fundamentos para justificar a impossibilidade da execução provisória de obrigação de fazer seria o próprio § 3º, do art. 300, do CPC, quando menciona que, havendo perigo de irreversibilidade do provimento antecipado, a tutela provisória não será concedida.

A execução provisória de obrigação de fazer é satisfativa e importa efeitos irreversíveis para o executado, esgotando o título definitivamente.

O fato de o empregado ter direito aos salários já importará na inutilidade da execução provisória da obrigação de fazer, em caso de reintegração.

Pode-se dizer que o art. 520 do CPC, que trata do cumprimento provisório da sentença; na verdade só se aplica em caso de obrigação de pagar quantia certa e não de obrigação de fazer.

Nos casos em que o devedor tiver de emitir declaração de vontade (art. 501 do CPC), há impossibilidade mesmo da execução da obrigação de fazer, tanto que o referido preceito legal também faz expressa referência ao trânsito em julgado da decisão.

Não se pode executar provisoriamente a sentença que contém obrigação de fazer. A reintegração do trabalhador no emprego não pode ser feita mediante execução provisória, pois somente com o trânsito em julgado da decisão é que se poderá fazê-lo, pois a decisão pode ser modificada em grau de recurso e haverá impossibilidade da recomposição do *status quo ante*.

Verifica-se, inclusive, do art. 816 do CPC, que o não cumprimento de obrigação de fazer converte a obrigação em indenização de perdas e danos, quando houver o não cumprimento voluntário da obrigação. Não há como obrigar uma pessoa a cumprir obrigação de fazer. O jeito é o pagamento da indenização, substituindo a primeira obrigação.

28.6 LEGITIMIDADE ATIVA

A execução poderá ser promovida por qualquer interessado, pela parte, de ofício pelo juiz e pela Procuradoria do Trabalho, em relação às custas e multas administrativas impostas pelas Turmas ou pelo Pleno do Tribunal Regional do Trabalho.

O uso do termo *interessado* deve ser entendido em sentido amplo. Tanto é interessado o reclamante ou o reclamado, que quer pagar o que deve. A execução poderá iniciar tanto por ato do exequente, como pelo executado.

Poderá o juiz determinar o andamento da execução sem provocação da parte (*ex officio*). Trata-se de impulso determinado pelo próprio legislador. O objetivo é fazer com que haja o efetivo cumprimento da decisão, em razão da determinação do Estado, pois o crédito trabalhista tem natureza alimentar e deveria ser executado mais rapidamente do que qualquer outro. O juiz, porém, não irá fazer prova pela parte, apenas irá impulsionar o processo sem esperar a vontade da parte em fazê-lo. Por exemplo, mandando os autos ao contador para que sejam feitas as contas, determinando penhora em certo bem, se este está descrito nos autos. O juiz, evidentemente, não poderá propor artigos de liquidação pela parte, mas pode intimar as partes para que o façam.

A execução poderá, ainda, ser proposta, ou nela poderão prosseguir: o espólio, os herdeiros ou sucessores do credor, havendo transmissão do crédito pela herança (§ 1º do art. 778 do CPC).

Poder-se-ia argumentar que a Justiça do Trabalho seria incompetente para examinar controvérsia ocorrida na execução, quanto a cessão de crédito e subrogação, pois não se trataria de controvérsia entre empregado e empregador, mas entre terceiro e executado (empregador).

Ocorre que a Justiça do Trabalho é competente para apreciar casos como os mencionados. É o que se observa quando o advogado requer pagamento de seus honorários profissionais em virtude do contrato firmado com seu cliente, na forma do § 4º do art. 22 da Lei n. 8.906/94. O mesmo se nota com a cobrança dos honorários do perito nos próprios autos de execução, sem necessidade de se ingressar na Justiça Comum para cobrá-los. Trata-se de incidentes de execução, assim como ocorre na sub-rogação ou na cessão de crédito, desde que observados os requisitos previstos no Código Civil. Está o juiz cumprindo apenas o que foi determinado na sentença.

A competência da Justiça do Trabalho não sofre qualquer alteração pelo ingresso do cessionário no processo, pois a competência é determinada no momento em que a ação é proposta, sendo irrelevantes as modificações do estado de fato ou de direito ocorridas posteriormente (art. 43 do CPC).

Nada impede que os salários sejam cedidos, pois são impenhoráveis, mas não inalienáveis. Vedada seria a cessão de situações pessoais, como a estabilidade, pois diz respeito apenas à pessoa do trabalhador.

Prevê o art. 109 do CPC que a alienação da coisa ou do direito litigioso, a título particular, por ato entre vivos, não altera a legitimidade das partes. O adquirente ou o cessionário não poderá ingressar em juízo, substituindo o alienante, ou o cedente, sem que o consinta a parte contrária. Poderá, no entanto, o adquirente ou o cessionário intervir no processo, assistindo o alienante ou o cedente. A sentença, proferida entre as partes originárias, estende seus efeitos ao adquirente ou ao cessionário.

O inciso III do § 1º do art. 778 do CPC autoriza que o cessionário prossiga na execução, quando o direito resultante do título executivo lhe foi transferido por ato entre vivos, e que é aplicado por força do art. 769 da CLT.

É mister, porém, que a cessão de crédito atenda aos requisitos dos arts. 286 ss. do Código Civil.

O art. 286 permite a cessão de crédito se não se opuser a natureza da obrigação, a lei, ou a convenção com o devedor. Não havendo qualquer convenção com o devedor, a cessão de crédito será perfeitamente possível.

Reza o art. 288 do Código Civil que é ineficaz, em relação a terceiros, a transmissão de um crédito se não celebrar-se mediante instrumento público, ou instrumento particular revestido das solenidades do § 1º do art. 654. Sendo por instrumento particular, a cessão de crédito deve conter a assinatura de duas testemunhas além de ter de ser feita a transcrição no registro público da cessão, para valer perante terceiros (art. 221 do CC).

Estando o crédito penhorado, não mais pode ser transferido pelo credor que tiver conhecimento da penhora. Ensina Washington de Barros Monteiro que "com a penhora, torna-se o crédito indisponível; sua transferência implicará fraude de execução" (1983, v. 4:350). Silvio Rodrigues mostra que "o patrimônio do devedor responde por suas dívidas, de maneira que seus créditos constituem, também, garantia genérica de seus credores. Uma vez penhorado o crédito, não pode mais seu titular cedê-lo, pois a penhora, produzindo efeitos, vincula o bem ao resgate da obrigação e o fato de sua cedência representa fraude à execução.

Até ser notificado, continua o devedor inciente do processo judicial e, assim, o pagamento que fizer ao credor é válido. Logo que seja intimado, entretanto, não mais lhe é lícito efetuar tal pagamento e se o fizer, terá atuado como cúmplice na fraude, podendo, por conseguinte, ser compelido a pagar de novo" (1980, v. 2:334).

O Provimento CG/JT n. 6, de 19-12-2000 (*DJ* 21-12-2000), revoga o Provimento n. 2, de 9-5-2000. Esclarece que a cessão de crédito prevista em lei é juridicamente possível, não podendo, porém, ser operacionalizada no âmbito da Justiça do Trabalho, uma vez que é um negócio jurídico entre empregado e terceiro que não se coloca em quaisquer dos polos da relação processual trabalhista. Entretanto, não existe norma legal proibindo a cessão de crédito no processo trabalhista. Aquilo que não é proibido é permitido.

O devedor também poderá requerer ao juiz que cite o credor para vir receber o que lhe é devido em juízo, assumindo a posição idêntica à do exequente.

28.7 LEGITIMIDADE PASSIVA

A legitimidade passiva caberá ao executado, que é o responsável pelo cumprimento da condenação (art. 880 da CLT).

Não só o devedor poderá ser legitimado passivamente para a execução, mas também o fiador, o espólio, a massa falida, o responsável e os sucessores a qualquer título (art. 4º da Lei n. 6.830/80).

A empresa será a responsável pelo cumprimento da condenação, ou seja, o conjunto de bens materiais e imateriais que compreendem o empreendimento. Serão os bens da empresa que estarão sujeitos à execução, pois os direitos dos empregados não serão prejudicados pela mudança da propriedade da empresa ou de sua estrutura jurídica (arts. 10 e 448 da CLT).

Haverá responsabilidade solidária entre a empresa estrangeira e a empresa domiciliada no Brasil pelas obrigações decorrentes da contratação do trabalhador (art. 19, da Lei n. 7.064/82).

O tomador dos serviços responde subsidiariamente pelas obrigações trabalhistas do prestador de serviços, desde que este tenha participado da relação processual e conste também do título executivo judicial (S. 331, IV, do TST).

Dispõe o art. 265 do Código Civil que a solidariedade não se presume; resulta da lei ou da vontade das partes. Logo, a solidariedade irá resultar da lei ou da vontade das partes.

Os §§ 2º do art. 2º da CLT e 2º do art. 3º da Lei n. 5.889/73 mostram que existe solidariedade passiva no grupo de empresas, podendo o empregado exigir a obrigação de qualquer uma das empresas pertencentes ao grupo.

Entretanto, para que uma empresa do grupo possa ser executada é necessário que ela tenha participado da relação processual e tenha havido o trânsito em julgado da decisão em relação a ela.

Dispõe o art. 503 do CPC que a decisão que julgar total ou parcialmente o mérito tem força de lei nos limites da questão principal expressamente decidida. Os limites da lide dizem respeito apenas às partes na relação processual e não a terceiros.

Reza o art. 506 do CPC que a sentença faz coisa julgada às partes entre as quais é dada, não beneficiando nem prejudicando terceiros. O mandamento legal é claro no sentido de que a sentença só faz coisa julgada em relação às partes e não a terceiros.

O inciso I do art. 779 do CPC mostra que são sujeitos passivos na execução: o devedor, reconhecido como tal no título executivo.

Quem não foi parte no processo na fase de conhecimento até o trânsito em julgado não pode sê-lo na execução. Quem não é devedor em decorrência da determinação de sentença transitada em julgado não pode ser executado no lugar dele.

O inciso I do art. 4º da Lei n. 6.830/80 determina que a execução fiscal será promovida contra o devedor. Empresa que não participou da relação processual e não consta do título executivo não é devedora. O fato de não constar da referida disposição que o devedor precisa ter figurado no polo passivo da relação processual decorre da interpretação sistemática do ordenamento processual, pois se a pessoa não consta do título executivo não é devedora.

O inciso IV da Súmula 331 do TST mostra que, em relação à responsabilidade subsidiária, é necessário que a empresa tenha participado da relação processual e conste do título executivo judicial. O mesmo se observa em relação à responsabilidade solidária no grupo econômico.

O parágrafo 3º do art. 513 do CPC dispõe que o cumprimento da sentença não poderá ser promovido contra o fiador, o coobrigado ou do corresponsável que não tiver participado da fase de conhecimento.

Para mim não houve nenhuma alteração em relação ao cancelamento da Súmula 205 do TST, pois a matéria é processual. Só é possível executar quem é parte na relação processual e em relação à qual houve o trânsito em julgado. Ao contrário, quem não é parte no processo não pode sofrer execução sobre seus bens.

Seria diferente a situação se houvesse sucessão de empresas, em que seriam aplicados os arts. 10 e 448 da CLT. Outra solução ocorreria quanto à responsabilidade dos sócios.

Assim, não pode ser executada empresa pertencente ao grupo econômico que não participou da relação processual com trânsito em julgado.

Prevê o art. 16 da Lei n. 6.019 que, no caso de falência da empresa de trabalho temporário, o tomador dos serviços é responsável pelo salário e indenização do trabalhador temporário. Assim, o tomador também poderá ser legitimado passivamente.

No consórcio de empregadores rurais, se as partes estabeleceram no contrato solidariedade pelas verbas trabalhistas, o empregado poderá executar qualquer pessoa ou todas elas ao mesmo tempo, que terão responsabilidade solidária.

Os responsáveis poderão indicar bens desembaraçados e livres do devedor, tantos quantos bastem para o pagamento da dívida. Se os bens do devedor não forem suficientes para a satisfação da dívida, os bens dos responsáveis serão objeto da execução (§ 3º do art. 4º da Lei n. 6.830/80). O fiador que pagar a dívida poderá executar o afiançado (§ 2º do art. 794 do CPC), porém deverá fazê-lo em outro processo, pois a Justiça do Trabalho não tem competência para examinar a relação entre o fiador e o executado.

Os bens particulares dos sócios, entretanto, não respondem pelas dívidas da sociedade, senão nos casos previstos em lei. Os casos previstos em lei são os decorrentes da responsabilidade na legislação comercial.

Caso o sócio seja demandado para pagamento da dívida, tem direito de exigir que sejam executados em primeiro lugar os bens da sociedade (§ 1º do art. 795 do CPC).

O Código Civil tem regra semelhante dizendo que os bens particulares dos sócios não podem ser executados por dívidas sociais, senão depois de executados os bens sociais (art. 1.024).

Em primeiro lugar, serão executados os bens da sociedade, cabendo aos sócios o direito de exigir que aqueles sejam excutidos primeiramente, indicando bens livres e desembaraçados da empresa, suficientes para a liquidação do débito (§ 2º e art. 795 do CPC). Se os bens da sociedade não lhe cobrirem as dívidas, respondem os sócios, pelo saldo, na proporção em que houverem de participar nas perdas sociais (art. 1.023 do Código Civil).

Para que haja solidariedade em relação ao sócio, é preciso que aquele tenha participado da relação processual e haver título executivo nesse sentido, como se observa da orientação da Súmula 331, IV, do TST.

Nas sociedades em comandita, os sócios comanditários são obrigados apenas pelos fundos com que ingressaram na sociedade; os sócios comanditados serão os responsáveis solidária e ilimitadamente pelas obrigações sociais (art. 1.045 do Código Civil).

Nas sociedades em nome coletivo, a responsabilidade é solidária entre os sócios (art. 1.039 do Código Civil).

Na sociedade em conta de participação, somente o sócio ostensivo responde pela sociedade; o sócio oculto fica obrigado apenas perante o sócio ostensivo (art. 991 do Código Civil).

Na sociedade limitada, a responsabilidade de cada sócio é restrita ao valor de suas quotas, mas todos respondem solidariamente pela integralização do capital social (art. 1.052 do Código Civil). Ainda que o sócio já tenha integralizado sua quota, irá responder pelo restante do capital social, se outros sócios não o fizeram. A omissão da palavra *limitada* determina a responsabilidade solidária e ilimitada dos administradores que assim empregarem a firma ou a denominação da sociedade (§ 3º do art. 1.158 do Código Civil). Em se tratando de sociedade por ações, a responsabilidade dos sócios ou acionistas será limitada ao preço da emissão das ações subscritas ou adquiridas (art. 1º, *in fine*, da Lei n. 6.404/76).

O administrador da sociedade anônima não é pessoalmente responsável pelas obrigações que contrair em nome da sociedade e em virtude de ato regular de gestão. Responde, porém, civilmente, pelos prejuízos que causar, quando proceder: (a) dentro de suas atribuições ou poderes, com culpa ou dolo; (b) com violação da lei ou do estatuto. O administrador não é responsável por atos ilícitos de outros administradores, salvo se com eles for conivente, se negligenciar em descobri-los ou se, deles tendo conhecimento, deixar de agir para impedir sua prática (art. 158 da Lei n. 6.404/76). Não pagar as verbas trabalhistas violaria a previsão da lei. A firma individual se confunde com a própria pessoa física do seu titular. Logo, os bens particulares dessa pessoa respondem pela dívida.

Normalmente, a penhora de bens dos sócios é feita quando não há patrimônio da sociedade ou em casos de dissolução ou extinção irregular da sociedade, segundo a orientação dos tribunais trabalhistas.

Os arts. 10 e 448 da CLT não podem ser utilizados, pois a mudança na estrutura jurídica da empresa ou da sua propriedade não prejudica os direitos dos empregados ou altera o contrato de trabalho. Entretanto, tais dispositivos não dispõem expressamente que, na ausência de bens da sociedade, os sócios serão responsabilizados e executados em qualquer caso.

A extensão da responsabilidade ao sócio na execução justifica-se em hipótese de fraude à execução, nos termos do art. 792 do CPC, como por exemplo se ao tempo da alienação ou oneração, corria contra o devedor demanda capaz de reduzi-lo à insolvência (III).

Em relação a qualquer tipo de sociedade, até dois anos depois de averbada a modificação do contrato, responde o cedente solidariamente com o cessionário, perante a sociedade e terceiros, pelas obrigações que tinha como sócio (parágrafo único do art. 1.003 do Código Civil). Retirada, exclusão por morte de sócio, não o exime, ou a seus herdeiros, da responsabilidade pelas obrigações anteriores, até dois anos após averbada a resolução da sociedade (art. 1.032 do Código Civil). O art. 1.032 do Código Civil é uma hipótese de responsabilidade pós-contratual objetiva, que independe da existência de fraude ou de culpa.

O sócio retirante responde subsidiariamente pelas obrigações trabalhistas da sociedade relativas ao período em que figurou como sócio, somente em ações ajuizadas até dois anos depois de averbada a modificação do contrato, observada a seguinte ordem de preferência (art. 10-A da CLT): I – a empresa devedora; II – os sócios atuais; e III – os sócios retirantes. O sócio retirante responderá solidariamente com os demais quando ficar comprovada fraude na alteração societária decorrente da modificação do contrato.

Se o capital já tiver sido integralizado, a penhora sobre bens do sócio está adstrita à prática de ato com excesso de poderes, infração da lei, do contrato social ou dos estatutos. Tem-se entendido que, se a sociedade não encerra regularmente suas atividades no órgão competente (Junta Comercial ou Cartório), os sócios respondem pessoalmente pelas dívidas da sociedade e ilimitadamente, mormente quando não recolhem os impostos devidos e não pagam suas dívidas trabalhistas a seus empregados. Seria possível afirmar que, se o patrimônio da empresa é insuficiente para o pagamento do crédito do empregado, não representando, assim, o valor do capital integralizado, está evidenciada a infração legal e contratual, respondendo os sócios pela obrigação da sociedade. Com base analógica no parágrafo único do art. 34 da Lei n. 12.529/11, se houve encerramento ou inatividade do executado provocados por má administração, os sócios também devem responder pelos débitos trabalhistas, se a sociedade não tem bens para garantir a execução. Para que o sócio não respondesse, deveria nomear bens da sociedade, livres e desembargados, quantos bastem para o pagamento do débito (§ 2º do art. 795 do CPC).

Se há prova de que o desligamento do sócio anterior à propositura da ação ocorreu por fraude, responde o sócio, mas a fraude deve ser provada.

O art. 28 do Código de Defesa do Consumidor (Lei n. 8.078/90) não pode ser usado como fundamento para desconsiderar a personalidade jurídica da empresa e ser exigida a dívida trabalhista do sócio, pois trata de proteção ao consumidor e não de regra processual do trabalho. O referido dispositivo é claro em ser aplicado para desconsiderar a personalidade jurídica da sociedade em relação a prejuízo ao consumidor.

A redação do art. 50 do Código Civil é diferente, pois afirma que "em caso de abuso da personalidade jurídica, caracterizado pelo desvio de finalidade, ou pela confusão patrimonial, pode o juiz, a requerimento da parte ou do Ministério Público, quando lhe couber intervir no processo, desconsiderá-la para que os efeitos de certas e determinadas relações de obrigações sejam estendidos aos bens particulares de administradores ou de sócios da pessoa jurídica beneficiados direta ou indiretamente pelo abuso".

Em caso de abuso da personalidade jurídica, caracterizado pelo desvio de fi-nalidade ou pela confusão patrimonial, pode o juiz, a requerimento da parte, ou do Ministério Público quando lhe couber intervir no processo.

Na execução trabalhista, costuma-se usar da *disregard of legal entity*, levantando o véu da pessoa jurídica com vistas a evitar que ela própria e seus sócios se locupletem às custas do empregado, pois foram os sócios os beneficiários diretos do resultado do trabalho do obreiro na sociedade. O art. 34 da Lei n. 12.529/11 determina a desconsideração da personalidade jurídica do responsável por infração à ordem econômica, desde que configurado abuso de direito, excesso de poder, infração da lei, fato ou ato ilícito ou violação dos estatutos ou contrato social, mesmo quando houver falência, insolvência, encerramento ou inatividade de pessoa jurídica, provocados por má administração. Por analogia, poder-se-ia aplicar tal regra no processo do trabalho.

Para alguns, os sócios deveriam ser citados na execução para responderem pela dívida, pois ninguém será privado da liberdade ou de seus bens sem o devido processo legal (art. 5º, LIV, da Constituição).

Para outros, o remédio jurídico é o de embargos de terceiro, pois se o sócio não foi parte na fase de conhecimento, nem transitou em julgado a decisão em relação a ele, não podendo ser citado na execução. O remédio é mesmo os embargos de terceiro, pois o sócio é terceiro na relação processual entre reclamante e reclamado.

O mandado de segurança poderá ser usado se se conseguir provar direito líquido e certo do impetrante, desde que não caiba recurso da decisão ou correição parcial. Geralmente, da decisão que determina a penhora cabem embargos de terceiro. Da decisão que julga a questão, cabe agravo de petição. Logo, não caberia mandado de segurança.

Não se pode admitir que uma vez sócio, sempre sócio, sendo essa pessoa eternamente responsável pelas obrigações trabalhistas, salvo em hipótese de fraude.

Prevê o art. 135 do CTN que são pessoalmente responsáveis pelos créditos correspondentes a obrigações tributárias resultantes de atos praticados com excesso de poderes ou infração de lei, contrato social ou estatutos: III – os diretores, gerentes ou representantes de pessoas jurídicas de direito privado.

Na omissão da CLT, aplica-se em primeiro lugar a Lei n. 6.830 e depois o CPC (art. 889 da CLT). O § 2º do art. 4º da Lei n. 6.830 manda observar "as normas relativas à responsabilidade prevista na legislação tributária, civil e comercial". Assim, é aplicado o art. 135 do CTN.

De acordo com o art. 135 do CTN, o sócio responde pelas dívidas por infração à lei, isto é, por não cumprir a lei trabalhista, pagando as verbas trabalhistas devidas ao empregado.

Há necessidade de que lei trate do assunto. Seria determinado que, independentemente da espécie societária, o sócio responde pelas obrigações trabalhistas conforme ela definir.

28.7.1 Desconsideração da personalidade jurídica

A desconsideração da personalidade jurídica também é chamada de *disregard doctrine* (*disregard of legal entity*), em que se busca levantar o véu que encobre a corporação (*to lift the corporate veil*) para atingir os bens dos sócios.

Fala-se ainda em *piercing the corporate veil*, *cracking open the corporate shell*, nos Direitos inglês e americano; *superamento della personalità giuridica*, no Direito italiano; *Durchgriff der juristichen Person*, no Direito alemão; *teoria de la penetración ou desestimación de la personalidad*, no Direito argentino; *mise à l'écart de la personnalité morale* ou *abus de la notion de personalité sociale*, no Direito francês.

Na personalização, há a consideração da personalidade jurídica. O prefixo des quer dizer a negação da personalização. Na despersonalização, a personalidade jurídica desaparece, é desconsiderada.

Será feita a desconsideração da personalidade jurídica no caso em concreto para, desconsiderando a personalidade jurídica da empresa, atingir os bens do sócio.

A despersonificação tem por objetivo a anulação definitiva da personalidade jurídica. Seria melhor falar em desconstituição ou anulação da personalidade jurídica, pois ela não tem condições legais de continuar existindo. Na desconsideração da personalidade jurídica, o objetivo normalmente não é anular a personalidade jurídica, mas desconsiderá-la para certo caso, quando, por exemplo, haja fraude, abuso na utilização da personalidade jurídica, etc.

No caso Bank of United States *vs.* Deveaux, em 1809, que foi levantado o véu que encobre a corporação para considerar as características individuais do sócio. Essa decisão foi repudiada veementemente pela doutrina da época[1].

No caso Salomon *vs.* Salomon, em 1897, Aaron Salomon, constituiu uma empresa, Salomon e Co., com mais seis membros da sua própria família. Cada um deles tinha apenas uma ação da sociedade. Salomon ficou com vinte mil ações do capital social, que foram pagas com a transferência do fundo de comércio, do qual, até aquele momento, era detentor único. A sociedade ficou insolvente. Aaron emitiu títulos privilegiados, nos quais tinha preferência em relação a todos os demais credores quirografários. Recebeu o patrimônio da empresa, isentando-se de pagar as dívidas e prejudicando os credores quirografários. Foi constatado o ato fraudulento de Aaron e foi feita a desconsideração da personalidade jurídica. A empresa era uma entidade fiduciária de Salomon ou um agente ou *trustee*. A Casa

1 KOURY, Suzy Elizabeth Cavalcante. *A desconsideração da personalidade jurídica* (disregard doctrine) *e os grupos de empresas*. 2. ed. Rio de Janeiro: Forense, 1997, p. 64.

dos Lordes reformou a decisão de primeiro grau, que tinha deferido a desconsideração da personalidade jurídica, considerando que a companhia tinha sido devidamente constituída. Isso levou ao estudo da desconsideração da personalidade jurídica da empresa[2].

No caso State *vs.* Standard Oil Co., a Corte Suprema do Estado de Ohio, em 1892, entendeu por desconsiderar a autonomia de quatro pessoas jurídicas para verificar a dominação do mercado. Os acionistas da Standard Oil Co. celebraram um *trust agreement* com os acionistas de outras sociedades petrolíferas, que transmitiram suas ações a um *trust* da Standard Oil Co., formado por nove fiduciários (*trustee*), tendo recebido certificados do referido *trust*. Os nove fiduciários passaram a dominar integralmente as empresas, como se fosse um monopólio. Houve, portanto, concentração do poder de controle de nove empresas de petróleo nas mãos de acionistas da Standard Oil Co.

Outro caso foi o do julgamento Fisrt National Bank of Chicago *vs.* F. C. Trebein Company. Trebein, um devedor insolvente, criou uma pessoa jurídica com sua esposa, filha, genro e cunhado. Integrou todo o patrimônio nessa empresa. Somente quatro ações não eram dele, das seiscentas existentes. Foi feita a desconsideração da personalidade jurídica para que os credores recebessem seus direitos.

No direito inglês, o Companies Act, de 1929, estabelecia, na seção 279: "se no curso da liquidação de sociedade constata-se que um negócio foi concluído com o objetivo de perpetrar uma fraude contra credores, dela ou de terceiros, ou mesmo uma fraude de outra natureza, a Corte, a pedido do liquidante, credor ou interessado, pode declarar, se considerar cabível, que toda pessoa que participou, de forma consciente, da referida operação fraudulenta será direta e ilimitadamente responsável pela obrigação, ou mesmo pela totalidade do passivo da sociedade".

Rolf Serick apresentou tese de doutorado sobre o assunto à Universidade de Tubingen, em 1953, considerada um dos trabalhos pioneiros sobre o tema. Ele analisou a jurisprudência alemã e norte-americana sobre o tema. Se for verificado no caso concreto o abuso de forma, com o objetivo de causar danos a terceiros, o juiz pode desconsiderar a personalidade jurídica da empresa e atingir os sócios[3]. Em se tratando de situações lícitas, a autonomia da pessoa jurídica deve ser observada. Não é possível desconsiderar a autonomia subjetiva da pessoa jurídica apenas porque o objetivo de uma norma ou a causa de um negócio não foram atendidos".

---

2 REQUIÃO, Rubens. *Curso de direito comercial*. 22. ed. São Paulo: Saraiva, 1995, p. 277-278.

3 SERICK, Rolf. *Superamento della personalità giuridica*. Milano: Giuffrè, 1966, p. 276.

Calixto Salomão, ao analisar o trabalho de Serick, esclarece que "O autor adota um conceito unitário de desconsideração, ligado a uma visão unitária da pessoa jurídica como ente dotado de essência pré-jurídica, que se contrapõe e eventualmente se sobrepõe ao valor específico de cada norma"[4].

Piero Verrucoli, estudando o direito anglo-saxão, ampliou a aplicação da teoria da desconsideração da personalidade jurídica do abuso do direito para a fraude e a violação da lei[5].

No Brasil, o primeiro a tratar do tema foi Rubens Requião, em conferência proferida na Faculdade de Direito da Universidade Federal do Paraná, no fim da década de 60, intitulada "Abuso de Direito e Fraude Através da Personalidade Jurídica: *Disregard Doctrine*". Afirma que o juiz deve indagar se há de se consagrar a fraude ou o abuso de direito ou se deve desconsiderar a personalidade jurídica da empresa para penetrar em seu âmago e alcançar os bens do sócio. Entende que a teoria deve ser aplicada pelos juízes, independentemente de previsão legal específica. Mesmo não havendo dispositivo jurídico específico, entender de forma contrária seria amparar a fraude[6].

Será feita a desconsideração da personalidade jurídica no caso em concreto para, desconsiderando a personalidade jurídica da empresa, atingir os bens do sócio.

A despersonalização ou despersonificação tem por objetivo a anulação definitiva da personalidade jurídica. Seria melhor falar em desconstituição ou anulação da personalidade jurídica, pois ela não tem condições legais de continuar existindo.

Previa o art. 20 do Código Civil de 1916 que a pessoa jurídica tem existência jurídica distinta da de seus membros. Esse dispositivo não foi repetido no Código Civil de 2002, mas na prática é a realidade. A pessoa jurídica é titular de seus direitos e de suas obrigações, inclusive no que diz respeito à sua responsabilidade patrimonial.

Em regra, observa-se a autonomia patrimonial, a separação patrimonial entre a sociedade e seus sócios, em que os sócios não respondem pelas dívidas da sociedade.

O Código Civil de 1916 não tratava da desconsideração da personalidade jurídica.

---

4 SALOMÃO, Calixto. *O novo direito societário*. 3. ed. São Paulo: Malheiros, 2006, p. 210.

5 VERRUCOLI, Piero. *Il superamento della personalità giuridica della società di capitalli nella common law e nella civil law*. Milano: Giuffrè, 1964.

6 REQUIÃO, Rubens. Abuso de direito e fraude através da personalidade jurídica. *Revista dos Tribunais*, v. 410, p. 14, dezembro, 1969; *Aspectos modernos do direito comercial I*. São Paulo: Saraiva, 1977, p. 275/95.

No âmbito trabalhista, o art. 2º da CLT consagra a responsabilidade objetiva do empregador, pois ele é a empresa. É a aplicação da teoria da instituição.

Mostra o § 2º do art. 2º da CLT que o empregador pode ser o grupo de empresas, inclusive de fato, mediante a desconsideração da personalidade jurídica para saber quem é o empregador.

Reza o art. 10 da CLT que "qualquer alteração na estrutura jurídica da empresa não afetará os direitos adquiridos por seus empregados". Dispõe o art. 448 da CLT que "a mudança na propriedade ou na estrutura jurídica da empresa não afetará os contratos de trabalho dos respectivos empregados".

Determina o art. 596 do CPC de 1973 que "os bens particulares dos sócios não respondem pelas dívidas da sociedade senão nos casos previstos em lei".

A desconsideração da personalidade jurídica tem de ser considerada para obter justiça e evitar fraudes aos credores da empresa, nos casos em que forem empregados artifícios ilícitos para burlar os direitos dos credores.

A teoria maior entende que deve ser desconsiderada a pessoa jurídica para atingir os bens dos sócios em casos de desvio de função da sociedade, em razão de fraude e abusos[7].

O elemento subjetivo se caracteriza com a intenção de fraude ou a utilização abusiva da pessoa jurídica com o fim de lesar credores.

O instituto tem de ser entendido como exceção, nos casos em que houver ilícito, em razão de que não existe outra solução apta a proporcionar justiça, e não como regra, pois, do contrário, haveria insegurança das relações jurídicas.

A teoria menor considera que basta o credor mostrar prejuízo para se falar na desconsideração da personalidade jurídica, o que não pode ser admitido, principalmente diante do art. 50 do Código Civil.

O Código de Defesa do Consumidor (Lei n. 8.078/90) foi o primeiro dispositivo que tratou da desconsideração da personalidade jurídica. Dispõe o art. 28:

> Art. 28. O juiz poderá desconsiderar a personalidade jurídica da sociedade quando, em detrimento do consumidor, houver abuso de direito, excesso de poder, infração da lei, fato ou ato ilícito ou violação dos estatutos ou contrato social. A desconsideração também será efetivada quando houver falência, estado de insolvência, encerramento ou inatividade da pessoa jurídica provocados por má administração.
>
> § 1º (Vetado).
>
> § 2º As sociedades integrantes dos grupos societários e as sociedades controladas, são subsidiariamente responsáveis pelas obrigações decorrentes deste código.

---

7 COELHO, Fábio Ulhoa. *Curso de direito comercial*. 4. ed. São Paulo: Saraiva, 2001, p. 35.

§ 3º As sociedades consorciadas são solidariamente responsáveis pelas obrigações decorrentes deste código.
§ 4º As sociedades coligadas só responderão por culpa.
§ 5º Também poderá ser desconsiderada a pessoa jurídica sempre que sua personalidade for, de alguma forma, obstáculo ao ressarcimento de prejuízos causados aos consumidores.

No Código de Defesa do Consumidor são requisitos para a desconsideração da personalidade jurídica da sociedade:

a) abuso de direito;
b) excesso de poder;
c) infração à lei;
d) fato ou ato ilícito;
e) violação dos estatutos da sociedade anônima ou do contrato social;
f) falência, estado de insolvência, encerramento ou inatividade da pessoa jurídica provocados por má administração. A responsabilidade é estabelecida em decorrência de má administração feita pelos sócios.

Poderá, ainda, ser feita a desconsideração da pessoa jurídica sempre que sua personalidade for, de alguma forma, obstáculo ao ressarcimento de prejuízos causados aos consumidores (§ 5º do art. 28 do CDC). Esse dispositivo adota a teoria menor.

O Código Civil de 2002 tratou da matéria no art. 50:

Art. 50. Em caso de abuso da personalidade jurídica, caracterizado pelo desvio de finalidade, ou pela confusão patrimonial, pode o juiz decidir, a requerimento da parte, ou do Ministério Público quando lhe couber intervir no processo, que os efeitos de certas e determinadas relações de obrigações sejam estendidos aos bens particulares dos administradores ou sócios da pessoa jurídica.

Filiou-se o Código Civil à teoria subjetivista, pois exige abuso da personalidade jurídica, caracterizado pelo desvio de finalidade da sociedade ou então por confusão patrimonial.

Os fundamentos da desconsideração da personalidade jurídica são os negócios *interna corporis* da empresa, nos casos em que há desvio de poder e fraude à lei ou *externa corporis* quando exista confusão patrimonial entre titular do controle e sociedade comparada[8].

O desvio de finalidade da sociedade é caracterizado quando os sócios praticam atos contrários aos fins sociais previstos na lei ou no contrato social, fazendo uso irregular da empresa.

---

8 SILVA, Alexandre Couto. Desconsideração da personalidade jurídica: limites para sua aplicação. *Revista dos Tribunais* 780/47.

A confusão patrimonial ocorre quando o patrimônio do sócio e da sociedade é um só. É o que ocorre em pequenas empresas em que a conta-corrente do sócio é usada para a empresa e vice-versa. A escrituração contábil não distingue um patrimônio de outro. O patrimônio é um só. Não existem dois patrimônios distintos. Em casos como esses, o sócio ora alega que o patrimônio é seu, ora da sociedade, de acordo com os seus interesses. A confusão patrimonial caracteriza a desconsideração da personalidade jurídica sob o ponto de vista objetivo. Não há necessidade de se fazer prova do elemento subjetivo.

Segundo o Código Civil, o juiz não pode determinar de ofício a desconsideração da personalidade jurídica, pois exige requerimento da parte ou do Ministério Público. O juiz não prestará a atividade jurisdicional a não ser quando provocado (art. 2º do CPC). A matéria não é de ordem pública para o juiz agir de ofício.

Uma posição entende que devem ser respeitados os princípios do devido processo legal, do contraditório e da ampla defesa.

Entretanto, não há violação ao devido processo legal, pois este depende da previsão da lei ordinária, que não trata do tema.

A outra posição afirma que pode haver apenas a desconsideração por despacho do juiz no curso da execução, em razão da constatação de fraude. Não há necessidade de propositura de ação autônoma.

Geralmente, o empregado não sabe na fase de conhecimento que houve fraude ou confusão patrimonial. Isso só se verifica na execução. Assim, a desconsideração da personalidade jurídica vai se verificar na fase de execução. Não exige a jurisprudência que seja proposta ação autônoma pelo autor, mas mero incidente processual no curso da execução. O contraditório e a ampla defesa serão exercidos na execução.

Passa o sócio a responder pela dívida da sociedade, principalmente quando se beneficiou do trabalho do empregado, por estar na empresa na época de prestação de serviços do trabalhador.

O sócio não é parte na execução. Parte é a pessoa jurídica, a empresa. A coisa julgada se dá em relação à parte, e não a terceiros. Assim, o remédio cabível para discutir a desconsideração da personalidade jurídica é o de embargos de terceiro, e não de embargos à execução.

Tem direito o sócio ao benefício de ordem, de serem executados antes os bens da sociedade e depois os dele. Dispõe o art. 1.024 do Código Civil: "Os bens particulares dos sócios não podem ser executados por dívidas da sociedade, senão depois de executados os bens sociais".

A Lei Antitruste (Lei n. 8.884/94) previa no art. 18 que "a personalidade jurídica do responsável por infração da ordem econômica poderá ser desconsiderada quando houver da parte deste abuso de direito, excesso de poder, infração da lei, fato ou ato ilícito ou violação dos estatutos ou contrato social. A desconsideração também será efetivada quando houver falência, estado de insolvência, encerramento ou inatividade da pessoa jurídica provocados por má administração". O dispositivo era semelhante ao do art. 28 do Código de Defesa do Consumidor. A Lei n. 8.884/94 foi revogada pela Lei n. 12.529/11.

Presume-se dissolvida irregularmente a empresa que deixar de funcionar no seu domicílio sem comunicação aos órgãos competentes, legitimando o redirecionamento da execução fiscal para o sócio-gerente (Súmula 435 do STJ).

Dispõe o art. 34 da Lei n. 12.529, de 30 de novembro de 2011, que "a personalidade jurídica do responsável por infração da ordem econômica poderá ser desconsiderada quando houver da parte deste abuso de direito, excesso de poder, infração da lei, fato ou ato ilícito ou violação dos estatutos ou contrato social. Parágrafo único. A desconsideração também será efetivada quando houver falência, estado de insolvência, encerramento ou inatividade da pessoa jurídica provocados por má administração". A Lei n. 12.529/11 estrutura o Sistema Brasileiro de Defesa da Concorrência.

A Lei n. 9.695/98 versa sobre as sanções penais e administrativas derivadas de condutas e atividades lesivas ao meio ambiente. Reza o art. 4º da Lei n. 9.605/98 que "poderá ser desconsiderada a pessoa jurídica sempre que sua personalidade for obstáculo ao ressarcimento de prejuízos causados à qualidade do meio ambiente".

O art. 28 da lei permite ao juiz desconsiderar a personalidade jurídica. O § 5º do mesmo artigo prevê que "também poderá ser desconsiderada a pessoa jurídica sempre que sua personalidade for, de alguma forma, obstáculo ao ressarcimento de prejuízos causados aos consumidores". Não faz referência a Lei n. 9.695/98 à necessidade de o ato ser praticado com dolo ou culpa, mas apenas que tenha sido constatado prejuízo ao meio ambiente.

A Lei n. 12.846, de 1º de agosto de 2013, dispõe sobre a responsabilização administrativa e civil de pessoas jurídicas pela prática de atos contra a administração pública, nacional ou estrangeira. É chamada de lei anticorrupção.

Prevê o art. 2º da Lei n. 12.846 que "as pessoas jurídicas serão responsabilizadas objetivamente, nos âmbitos administrativo e civil, pelos atos lesivos previstos nesta Lei praticados em seu interesse ou benefício, exclusivo ou não".

Reza o art. 14 que "a personalidade jurídica poderá ser desconsiderada sempre que utilizada com abuso de direito para facilitar, encobrir ou dissimular a prática dos atos ilícitos previstos nesta Lei ou para provocar confusão patrimonial, sendo estendidos todos os efeitos das sanções aplicadas à pessoa jurídica aos seus administradores e sócios com poderes de administração, observados o contraditório e a ampla defesa".

A desconsideração da personalidade jurídica inversa surge no direito de família, em que os bens do sócio eram escondidos na sociedade. Assim, se o sócio não tinha bens, era desconsiderada a personalidade jurídica para atingir os bens da sociedade em virtude de dívidas do sócio.

No Direito alemão, a doutrina e a jurisprudência usam a teoria apenas nas sociedades unipessoais.

A desconsideração da personalidade jurídica inversa pode ser usada para atingir a sociedade em razão de dívida do sócio, que transferiu bens para a sociedade, como em um caso de empregador doméstico que transferiu seus bens para a sociedade, causando prejuízo ao recebimento dos direitos do empregado doméstico.

A desconsideração da personalidade jurídica da empresa já era feita na prática na execução trabalhista sem que houvesse um procedimento a seguir.

Prescreve o art. 769 da CLT que na omissão da CLT e havendo compatibilidade, aplica-se o CPC.

O CPC passou a tratar do incidente de desconsideração da personalidade jurídico nos arts. 133 a 137.

O art. 855-A da CLT determina a aplicação dos arts. 133 a 137 do CPC de 2015.

A Instrução Normativa n. 39/16 estabelece que "aplica-se ao Processo do Trabalho o incidente de desconsideração da personalidade jurídica regulado no CPC (arts. 133 a 137), assegurada a iniciativa também do juiz do trabalho na fase de execução (CLT, art. 878).

No incidente de desconsideração da personalidade jurídica serão observados o contraditório e a ampla defesa.

O incidente de desconsideração da pessoa jurídica não pode ser instaurado de ofício. Precisa de requerimento da parte ou do Ministério Público.

A desconsideração de ofício fere o contraditório e a ampla defesa. O art. 878 da CLT dispõe que a execução somente pode ser promovida de ofício pelo juiz quando as partes estiverem sem advogado, e não em outros casos. A regra maior do inciso LV do art. 5º da Constituição, do contraditório e da ampla defesa tem de ser observada, mas também por tratar de um direito fundamental da pessoa.

Não estão previstas as hipóteses em que será feita a desconsideração da pessoa jurídica que fica a cargo da lei.

A desconsideração da personalidade jurídica tem natureza de incidente, que ocorrerá, principalmente, no processo do trabalho na execução. Tem mais característica de incidente no curso do processo do que de intervenção de terceiros. A partir do momento em que o terceiro é citado, passa a ser parte no processo.

Para que pessoa estranha ao processo faça parte dele e sobre ele produzam consequências, é necessário que seja citado e lhe proporcione contraditório e defesa.

O incidente de desconsideração da personalidade jurídica será instaurado a pedido da parte ou do Ministério Público, quando lhe couber intervir no processo (art. 133 do CPC).

O pedido de desconsideração da personalidade jurídica observará os pressupostos previstos em lei (§ 1º do art. 133 do CPC). Deve atender os requisitos de petição inicial.

O incidente de desconsideração é cabível em todas as fases do processo de conhecimento, no cumprimento de sentença e na execução fundada em título executivo extrajudicial (art. 134 do CPC).

A instauração do incidente será imediatamente comunicada ao distribuidor para as anotações devidas.

Dispensa-se a instauração do incidente se a desconsideração da personalidade jurídica for requerida na petição inicial, hipótese em que será citado o sócio ou a pessoa jurídica (§ 2º do art. 134 do CPC). Requerida a desconsideração da personalidade jurídica na inicial, a hipótese é de litisconsórcio passivo facultativo.

A instauração do incidente suspenderá o processo, sem prejuízo de concessão da tutela de urgência de natureza cautelar de que trata o art. 301 do CPC (§ 2º do art. 855-A da CLT).

O requerimento deve demonstrar o preenchimento dos pressupostos legais específicos para desconsideração da personalidade jurídica.

Instaurado o incidente, o sócio ou a pessoa jurídica será citado para se manifestar e requerer as provas cabíveis no prazo de 15 dias (art. 135 do CPC). Haverá citação para que a parte possa exercer o seu direito de contraditório e de ampla defesa. Não se poderá fazer penhora de imediato, mas a lei exige citação para que a parte contrária se defenda.

Na instrução poderá haver necessidade de tomar depoimentos pessoais e testemunhais. Poderá, ainda, ser necessária perícia para a verificação da desconsideração da personalidade jurídica.

Concluída a instrução, se necessária, o incidente será resolvido por decisão interlocutória (art. 136 do CPC). Sendo a decisão interlocutória, no processo do trabalho dela não cabe recurso (§ 2º do art. 799 da CLT, § 1º do art. 893 da CLT, S. 214 do TST).

Se a decisão for proferida pelo relator, cabe agravo regimental.

Acolhido o pedido de desconsideração, a alienação ou a oneração de bens, havida em fraude de execução, será ineficaz em relação ao requerente (art. 137 do CPC).

Nos casos de desconsideração da personalidade jurídica, a fraude à execução verifica-se a partir da citação da parte cuja personalidade se pretende desconsiderar (§ 3º do art. 792 do CPC).

Antes de declarar a fraude à execução, o juiz deverá intimar o terceiro adquirente, que, se quiser, poderá opor embargos de terceiro, no prazo de 15 dias (§ 4º do art. 792 do CPC).

Da decisão interlocutória que acolher ou rejeitar o incidente:

I – na fase de cognição, não cabe recurso de imediato (§ 1º do art. 893 da CLT);

II – na fase de execução, cabe agravo de petição, independente de garantia do juízo;

III – cabe agravo interno se proferida pelo relator, em incidente instaurado originariamente no tribunal (§ 1º do art. 855-A da CLT).

28.8 OBJETO

Os bens sujeitos à execução são "tantos quantos bastem" à satisfação da condenação (art. 883 da CLT). Serão todos os bens do devedor, presentes e futuros (art. 789 do CPC).

Considera-se inexigível o título judicial fundado em lei ou ato normativo declarados inconstitucionais pelo Supremo Tribunal Federal ou em aplicação ou interpretação tidas por incompatíveis com a Constituição (§ 5º do art. 884 da CLT).

Não se pode dizer que é inexigível o título judicial fundado em lei ou ato normativo declarados inconstitucionais pelo STF em razão de ferir a coisa julgada (art. 5º, XXXVI, da Constituição). Deverá ser apresentada a ação rescisória para declarar inexigível o título.

28.9 DESISTÊNCIA DA EXECUÇÃO

O credor tem a faculdade de desistir de toda a execução ou de apenas algumas medidas executivas. A lei não obriga que o credor execute todo o julgado, podendo, se assim entender, executar apenas parte dele.

Na desistência da execução, deve-se observar o seguinte:

a) serão extintos os embargos e a impugnação que versarem apenas sobre questões processuais, pagando o exequente as custas processuais e os honorários advocatícios;
b) nos demais casos, a extinção dependerá da concordância do impugnante ou embargante (parágrafo único do art. 775 do CPC).

28.10 EXECUÇÃO CONTRA DEVEDOR INSOLVENTE

A insolvência civil foi criada pelo CPC de 1973. Dá-se a insolvência quando as dívidas superarem a importância devida pelo executado. O executado será considerado insolvente se não tiver bens livres e desembaraçados suficientes para nomeação à penhora.

A Fazenda Pública, porém, não precisa habilitar-se em processos onde haja concurso de credores (art. 29 da Lei n. 6.830/80).

Na recuperação judicial não há perda da administração do negócio, inexistindo habilitação do crédito trabalhista, mas pagamento normal, inclusive com penhora realizada no processo do trabalho, venda de bens penhorados etc.

Prevê a alínea *a* do art. 6º da Lei n. 6.024/74 sobre a suspensão da exigibilidade das obrigações vencidas na empresa em liquidação extrajudicial. Estabelece a alínea *a* do art. 18 da Lei n. 6.024, de 13-3-1974, que na liquidação extrajudicial há "suspensão das ações e execuções iniciadas sobre direitos e interesses relativos ao acervo da entidade liquidanda, não podendo ser intentadas quaisquer outras enquanto durar a liquidação".

A alínea *a*, do art. 18 da Lei n. 6.024/74 era inconstitucional, em razão do § 4º do art. 153 da Emenda Constitucional n. 1, de 1969, em razão de que o direito de ação era assegurado constitucionalmente. Com a Constituição de 1988, o referido preceito foi revogado, pois o inciso XXXV do art. 5º da Constituição de 1988 estabelece que "a lei não excluirá da apreciação do Poder Judiciário lesão ou ameaça a direito", sendo que no caso a Lei n. 6.024 o está fazendo, isto é, impedindo a pessoa de exercer seu direito de ação. Trata-se, ainda, a liquidação extrajudicial, de processo administrativo e não de processo judicial. Logo, não pode impedir o ajuizamento de outras ações. A Lei n. 6.024 não pode impedir a rápida entrega da prestação jurisdicional, pois posteriormente podem não existir garantias para a solvabilidade do crédito trabalhista.

Os arts. 5º e 29 da Lei n. 6.830/80, aplicados subsidiariamente à execução, por força do art. 889 da CLT, excluem qualquer juízo especial, inclusive a liquidação extrajudicial, para processar os créditos com privilégio especial, aplicando-se ao crédito trabalhista.

Assim, é possível dizer que a existência da declaração da liquidação extrajudicial de determinada empresa não impede o ajuizamento de ação contra a referida sociedade. Na fase de execução, poderá haver penhora sobre os bens da massa de modo a assegurar a execução, independentemente da fase em que estiver a liquidação extrajudicial.

A execução do crédito contra empresa em liquidação extrajudicial é feita na Justiça do Trabalho. Esta tem competência para executar suas próprias decisões. Não há necessidade de habilitação na massa, pois a liquidação extrajudicial é um processo administrativo e não judicial.

28.11 EXECUÇÃO PARA ENTREGA DE COISA

A execução pode ser feita sobre produtos rurais, como de gêneros alimentícios. Tratando-se de entrega de coisa incerta, o devedor será citado para entregá-la individualmente, se a escolha lhe couber; se a escolha couber ao credor, este a indicará na petição inicial (art. 811 do CPC).

Qualquer das partes poderá impugnar a escolha, em 48 horas, feita pela parte contrária, devendo o juiz decidir de imediato, ou ouvindo perito que for nomeado (art. 812 do CPC).

Para entrega de coisa, haverá a citação do executado para dentro de 15 dias satisfazer a obrigação, segurando o juízo ou depositando a coisa para apresentação dos embargos (art. 806 do CPC).

Se a coisa foi alienada quando já litigiosa, o mandado será expedido contra o terceiro adquirente. Este só será ouvido depois de depositar a coisa (art. 808 do CPC).

Quando a coisa se deteriorar, não for encontrada ou for reclamada do terceiro adquirente, o exequente deverá pagar o valor a que corresponderia a coisa (art. 809 do CPC).

Tendo a coisa benfeitorias indenizáveis, que foram feitas pelo devedor ou terceiros, será primeiro feita a liquidação prévia da benfeitoria. Havendo saldo em favor do devedor, o credor deverá depositá-lo ao requerer a entrega da coisa; se houver saldo em favor do credor, este o cobrará no mesmo processo (art. 810 do CPC).

28.12 EXECUÇÃO DE OBRIGAÇÃO DE FAZER E NÃO FAZER

A sentença relativa à obrigação de fazer ou não fazer cumpre-se de acordo com o art. 487 do CPC.

As condenações de obrigações de fazer no processo do trabalho são, *v. g.*, de entregar a guia para levantamento do FGTS ou do seguro desemprego, de anotação da CTPS ou de conceder férias. Se a empresa não faz a anotação da CTPS do empregado, a própria secretaria da Vara irá suprir essa falta, fazendo a anotação. Quanto às guias mencionadas, caso não sejam entregues, o devedor deverá pagar o valor correspondente à importância que deveria ter sido depositada no FGTS ou do montante da indenização devida a título de seguro desemprego.

Obrigações de reintegrar o empregado poderão ser feitas pelo oficial de justiça, sem prejuízo da multa que a empresa irá pagar, na forma do art. 729 da CLT, caso não cumpra a decisão.

Quando o objeto da execução for obrigação de fazer, o executado será citado para satisfazê-la no prazo que o juiz lhe assinar, salvo se outro não estiver determinado na sentença (art. 815 do CPC).

Se, no prazo fixado, o executado não satisfizer a obrigação, é lícito ao credor, nos próprios autos do processo, requerer que ela seja executada à custa de devedor, caso em que ela se converte em indenização (art. 816 do CPC). É o caso do empregador não entregar as guias do FGTS para saque ou as guias de seguro desemprego, sendo que a obrigação se converte em indenização, no pagamento do valor correspondente.

Se a obrigação puder ser prestada por terceiro, é lícito ao juiz, a requerimento do exequente, decidir que aquele o realize à custa do exequente (art. 817 do CPC).

Se o devedor pratica o ato, a cuja abstenção estava obrigado pela lei ou pelo contrato, o credor requererá ao juiz que lhe assine prazo para desfazê-lo. Havendo recusa ou mora do devedor, o credor requererá ao juiz que mande desfazer o ato a sua custa.

As multas cabíveis são as previstas na CLT, como se observa do § 2º do art. 137 (multa de 5% pela não concessão de férias na época oportuna), art. 729 (multa pela não reintegração de empregado). Se da sentença não constou multa pela obrigação de fazer ou não fazer, o juiz não pode fixá-la na execução, sob pena de ofender a coisa julgada.

As astreintes não visam ao enriquecimento da parte ou ressarcimento de prejuízo, mas forçar o cumprimento da obrigação no prazo fixado pelo juiz. Não têm caráter punitivo.

O réu acaba fazendo ou não algo com medo de ter de pagar multa. É uma forma de fazer com que o devedor cumpra a determinação do juiz.

A multa só é exigível com o trânsito em julgado da decisão, mas incide desde o momento em que o juiz determinou o cumprimento da obrigação. Do contrário, exigir a multa somente após o trânsito em julgado seria estimular o descumprimento da obrigação.

A multa só poderá ser executada após o trânsito em julgado da decisão, pois poderá ser modificada em grau de recurso.

A execução só pode ser provisória, pois não houve o trânsito em julgado para ser definitiva. Esperar o trânsito em julgado implicaria execução tardia e inútil.

É o caso de se aplicar por analogia o § 2º do art. 12 da Lei n. 7.347/85, que estabelece a exigibilidade da multa a partir do trânsito em julgado, mas sua incidência a partir da data da concessão da liminar.

28.13 EXECUÇÃO POR PRESTAÇÕES SUCESSIVAS

Nas prestações sucessivas por tempo determinado, a execução pelo não pagamento de uma prestação compreenderá as que lhe sucederem (art. 891 da CLT). É o que ocorre no caso de acordos não cumpridos. O não pagamento de uma prestação importa o vencimento das subsequentes envolvendo a exigência antecipada das demais prestações.

As prestações sucessivas são obrigações de trato sucessivo, que vão ocorrendo no curso da execução. As prestações sucessivas por tempo determinado normalmente são conhecidas das partes, inclusive quanto ao respectivo valor. Assim, tanto há a cobrança das prestações já vencidas como das vincendas, pois o atraso no pagamento das primeiras importa na exigência das segundas.

Tratando-se de prestações sucessivas por tempo indeterminado, a execução compreenderá inicialmente as prestações devidas até a data do ingresso na execução (art. 892 da CLT).

Nas prestações por tempo indeterminado, a execução é feita das parcelas vencidas e das parcelas que se vencerem entre a data da prolação da sentença até os cálculos da execução.

Na execução de prestações sucessivas por tempo indeterminado, a execução irá ser feita, inicialmente, pelas prestações vencidas até a data do ingresso na execução. Encerrada a execução das prestações vencidas, far-se-á a execução das que vencerem após a data do ingresso na execução. Pela redação do art. 892 da CLT, não se dá segmento à execução já iniciada, no que diz respeito às verbas que se vencerem no decorrer da execução, mas é feita nova execução. Até porque muitas vezes não se sabe o valor e o prazo das prestações, que são por tempo indeterminado, no que diz respeito às vincendas.

Distinguem-se, porém, as prestações sucessivas das prestações únicas, que podem ser exigidas imediatamente.

Se as circunstâncias fáticas que serviram de base para a fundamentação da conclusão se tiverem alterado, como no caso de adicional de insalubridade, que posteriormente foi minorado ou neutralizado, haverá necessidade de ação de revisão da sentença (inciso I do art. 505 do CPC).

28.14 EXECUÇÃO POR QUANTIA CERTA CONTRA DEVEDOR SOLVENTE

28.14.1 Citação

Iniciada a execução, o executado será citado para cumprir espontaneamente a sentença ou o acordo, da forma como estabelecida na decisão. Poderá haver na sentença a determinação do modo e as cominações a serem cumpridas pelo executado. Nesse caso, devem ser observadas as referidas determinações. A citação poderá ser requerida pela parte ou determinada de ofício pelo juiz.

É requisito do mandado de citação que conste a decisão exequenda ou o termo de acordo não cumprido, sob pena de nulidade, mas também é necessário constar o nome do juiz. Normalmente, no mandado é transcrita apenas a parte dispositiva da sentença ou o texto do acordo não cumprido. Na maioria das vezes, o mandado é instruído com a cópia da sentença.

No mandado, deverá constar, ainda, que o executado terá 48 horas para o pagamento da condenação ou garantia da execução, sob pena de penhora (art. 880 da CLT). A petição inicial deve ser instruída com o demonstrativo do débito atualizado até a data da propositura da ação, quando se tratar de execução por quantia certa.

A citação na execução é feita pelos oficiais de Justiça. Não se diz aqui que ela deve ser pessoal. O importante é a citação ser feita no endereço do executado. Na execução a citação será feita em relação ao executado e não na pessoa de seu advogado, como se verifica do art. 880 da CLT. Se a parte não quiser receber a citação, o oficial certificará e o ato processual será considerado válido. O mandado terá duas vias. Uma via será assinada pelo executado e a outra via ficará como cópia e será entregue ao executado.

Na execução, como na fase de conhecimento, também não há citação por hora certa. Procurado o executado por duas vezes no espaço de 48 horas e não encontrado, deve o oficial de justiça certificar, passando-se diretamente à citação por edital. O edital é publicado no Diário Oficial. Nas localidades onde não há este veículo, afixa-se na sede da Vara ou juízo, durante o período de cinco dias (§ 3º do art. 880 da CLT).

O pagamento da importância reclamada poderá ser feito perante o escrivão ou chefe de secretaria, lavrando-se termo de quitação, em duas vias, assinadas pelo exequente, pelo executado e pelo escrivão ou chefe de secretaria, sendo a segunda via entregue ao executado e a outra juntada aos autos. Caso o exequente não esteja presente, a importância será depositada em estabelecimento oficial de crédito ou em outro banco idôneo (parágrafo único do art. 881 da CLT).

O depósito da importância poderá ter duas finalidades. A primeira é para o pagamento efetivo e a segunda para garantir o juízo (art. 882 da CLT) para apresentação de embargos. O depósito será feito em instituição bancária que assegure juros e correção monetária (art. 9º, I, da Lei n. 6.830/80). Com o pagamento, a secretaria lavra o termo de quitação, em duas vias, sendo uma junta ao processo e outra ficando com o executado, como prova do pagamento. Muitas vezes as Varas fazem mais de uma cópia, ficando uma delas arquivada na secretaria.

Normalmente, o procedimento descrito no parágrafo único do art. 881 da CLT é utilizado também em casos de acordo. Não estando presente o exequente, nos casos em que o juiz determinou dia e hora para o pagamento, ou do acordo, se for o caso, há o depósito da importância no banco. Por estabelecimento oficial de crédito quer a lei significar, apesar de não ser clara nesse sentido, o Banco do Brasil ou a Caixa Econômica Federal. Apenas se estes inexistirem poderá ser feito em qualquer outro banco.

O cumprimento da sentença efetuar-se-á perante: (art. 516 do CPC)

I – os tribunais, nas causas de sua competência originária. Nos tribunais trabalhistas, as causas de competência originária são as ações rescisórias, os mandados de segurança e o *habeas corpus*. Nos dissídios coletivos, apesar de serem ações de competência dos tribunais, não há o que executar, salvo as custas;

II – o juízo que processou a causa no primeiro grau de jurisdição. Há regra no processo do trabalho no art. 877 da CLT. O CPC é mais técnico em falar no juízo que processou a causa. A CLT faz referência ao juiz, mas admite-se que o juiz substituto também atue na execução;

III – o juízo cível competente, quando se tratar de sentença penal condenatória, de sentença arbitral ou de sentença estrangeira. Na Justiça do Trabalho, não são executadas sentenças penais condenatórias. A sentença arbitral não pode ser executada na Justiça do Trabalho diante da redação do art. 876 da CLT.

O parágrafo único do art. 516 do CPC permite no caso do inciso II do *caput* que o exequente possa preferir executar no juízo da localidade onde estão os bens sujeitos à expropriação ou o juízo do domicílio do executado. No processo do trabalho incide a regra do art. 877 da CLT, em que a execução prossegue em relação ao juízo que proferiu a sentença.

> "No caso de condenação em quantia certa, ou já fixada em liquidação, e no caso de decisão sobre parcela incontroversa, o cumprimento definitivo da sentença far-se-á a requerimento do exequente, sendo o executado intimado para pagar o débito, no prazo de 15 dias, acrescido de custas, se houver" (art. 523 do CPC).

A lei não exige exatamente que sempre a sentença seja líquida, mas que ela seja fundamentada.

O primeiro aspecto do art. 523 do CPC é que ele só pode ser aplicado quando a condenação é de quantia certa ou já fixada em liquidação. Se a questão é objeto de liquidação, porque a sentença não contém obrigação líquida, não pode ser aplicada a multa prevista no art. 523 do CPC.

Nem sempre, porém, a sentença trabalhista é líquida. Na maioria das vezes há necessidade de se liquidar a obrigação contida na sentença, como nos casos de horas extras, ou para acrescentar juros e correção monetária. Isso impede a aplicação do art. 523 do CPC enquanto a obrigação não for tornada líquida.

A parte do § 1º do art. 523 do CPC que impõe multa de 10% na execução é aplicável no processo do trabalho, pois há omissão na CLT. Esta não trata da referida multa. Há compatibilidade com o processo do trabalho, visando receber o crédito trabalhista, que tem natureza alimentar. O objetivo da norma é dar maior celeridade (art. 5º, LXXVIII, da Constituição) ao andamento do processo para o recebimento da verba devida ao empregado. É uma forma de duração razoável do processo. Se o art. 880 da CLT não faz referência a acréscimo, ele é omisso nesse ponto.

As penalidades devem, de fato, ser interpretadas restritivamente. Entretanto, se se adotar o entendimento de aplicação restrita, nenhuma penalidade poderia ser aplicada no processo do trabalho, como por litigância de má-fé (arts. 80 e 81 do CPC), de multa em embargos manifestamente protelatórios (§ 2º do art. 1.026 do CPC), de multa por ato atentatório à dignidade da justiça (art. 774 do CPC). A questão não é de interpretação restritiva, mas de omissão na CLT.

Não há violação ao devido processo legal, pois este depende da previsão da lei, que é exatamente a aplicação do art. 889 da CLT. A matéria é de interpretação do referido dispositivo.

O fato de que o art. 523 do CPC está incluído no capítulo do CPC que trata do cumprimento definitivo da sentença em nada modifica a minha afirmação, pois há omissão na CLT sobre a multa. É mera questão de denominação e não de incompatibilidade entre sistemas. O que o CPC denomina cumprimento da sentença, a CLT denomina execução. Entretanto, a Seção IV, do Capítulo IV, do Título X faz referência a "Do cumprimento das decisões" e abrange o art. 872 da CLT. É o que se denomina da ação de cumprimento do disposto no dissídio coletivo. O CPC faz referência à impugnação. A CLT trata de embargos à execução com praticamente o mesmo resultado. Cumprimento não é palavra correta, pois compreende ato voluntário no adimplemento da obrigação. Execução indica o ato forçado de cumprimento da obrigação.

Há quem entenda que o artigo não se aplica no processo do trabalho em razão da previsão do art. 882 da CLT, que remete ao art. 835 do CPC, mas permite ao devedor nomear bens à penhora. Nada impede que o devedor nomeie bens à penhora, mas tem de pagar o que deve, sob pena de pagar a multa de 10%.

Existem afirmações no sentido de que ou se aplica todo o art. 523 do CPC ou não se aplica nada. Na verdade, a omissão da CLT é apenas da multa, que, portanto, pode ser aplicada.

A questão não é de violação direta da Constituição, mas de violação indireta ou reflexa, como do exemplo da Súmula 636 do STF. Na verdade, trata-se de interpretação da lei ordinária. Logo, a matéria não pode ser objeto de recurso de revista em agravo de petição.

Visa a multa dar maior celeridade e efetividade à execução e cumprir a obrigação contida na sentença, pois a verba discutida geralmente tem natureza alimentar. A demora no pagamento torna mais oneroso o custo do processo para o devedor.

O objetivo da multa não é enriquecer o credor à custa do devedor, mas coagir o devedor a pagar o devido.

Não representa penalidade em decorrência de conduta de má-fé processual do devedor. É sanção processual para o cumprimento da sentença. Indica determinação pedagógica para o cumprimento da sentença. Tem natureza coercitiva, para que haja o cumprimento voluntário da sentença. Não é medida punitiva, mas coercitiva ou inibitória para que haja o cumprimento espontâneo da decisão.

Não se trata de regra de direito material ou de cláusula penal, pois não é prevista em contrato ou acordo, mas na lei processual.

A multa não representa *astreinte*, pois o objetivo não é cumprir obrigação de fazer ou não fazer, mas obrigação de pagar.

O fato de o réu ter ou não dinheiro para pagar a dívida ou querer ou não pagá-la são irrelevantes, pois a lei não faz distinção nos referidos sentidos. Incidirá, portanto, a multa.

No processo do trabalho o devedor é citado para pagar em 48 horas ou nomear bens à penhora (art. 880 da CLT). Logo, nesse ponto, não se aplica o prazo de 15 dias, pois não há omissão na CLT.

O prazo de 15 dias do CPC coincide com o prazo da maioria dos recursos, como de apelação.

Também não se aplica o prazo de oito dias para recurso, pois o réu pode apresentar apelo da decisão de primeiro grau. A multa de 10% só é devida depois do trânsito em julgado e não antes.

Já vi objeções no sentido de que não se pode aplicar em parte o CPC, não observando o prazo de 15 dias nele previsto. Nesse ponto, não há omissão na CLT. Assim, o prazo tem de ser de 48 horas e não de 15 dias, mas há omissão na CLT quanto à multa.

Não tem sentido falar em intimar o advogado ou a parte para pagar em 15 dias a dívida e depois citar para pagar em 48 horas. Haveria dois procedimentos, quando o art. 880 da CLT determina citação do executado para pagar em 48 horas ou garantir a execução. Não tem que intimar, mas citar para a execução. O momento para a aplicação da multa é depois do prazo de 48 horas para pagar ou garantir a dívida.

Alguns juízes têm fixado a multa no corpo da própria sentença trabalhista, estabelecendo o prazo de 15 dias para o pagamento da condenação. Se houver o trânsito em julgado da questão nesse sentido, o prazo será observado na forma prevista na sentença. Daí se estará diante do cumprimento da coisa julgada.

A regra do art. 880 da CLT se aplica tanto à dívida trabalhista quanto à execução da contribuição previdenciária. Assim, a multa de 10% também se observa em relação à execução da contribuição previdenciária.

A multa de 10% é até ínfima. Se o devedor não quer pagar, acaba não pagando. Utiliza os mais variados subterfúgios. Talvez o ideal fosse que ficasse ao arbítrio do juiz fixar a multa, tomando por base a razoabilidade em cada caso, visando cumprir a obrigação contida na sentença.

Não será a multa escalonada de 1 a 10%, mas já será estabelecida no porcentual de 10%, visando com o que o devedor cumpra sua obrigação. Não poderá, também, o juiz fixar a multa em porcentual superior a 10%.

Incidirá a multa sobre o valor da condenação e não sobre o valor da causa ou o valor arbitrado pelo juiz na sentença.

Entendo que a multa de 10% será aplicada de ofício pelo juiz, sem provocação, no sentido de fazer cumprir a sentença. O artigo emprega o verbo ser no imperativo. Logo, não há necessidade de requerimento do credor.

A expressão “a requerimento do credor” contida no art. 523 do CPC diz respeito a outra questão, mas não à multa de 10%.

Não se pode aplicar a multa em execução provisória e nem antes do trânsito em julgado, ainda que o recurso seja recebido apenas no efeito devolutivo, pois a decisão pode ser mudada em grau de recurso. A pessoa não pode pagar um valor se a decisão não é definitiva.

Não se aplica o art. 523 do CPC contra a Fazenda Pública, que tem de ser citada para apresentar embargos e faz o pagamento por precatório.

Embora o art. 495 do CPC faça referência a trânsito em julgado e o art. 523 do CPC não use essa expressão, a lógica impõe que somente com o trânsito em julgado é que a multa será aplicada, tanto que o art. 520 do CPC exige caução para levantamento do depósito, mostrando que a decisão não é definitiva, tanto que a execução é provisória. O devedor não pode ser obrigado a pagar o valor em execução que é provisória, justamente em razão de que não transitou em julgado. A execução deve ser feita de forma menos onerosa para o executado (art. 805 do CPC).

Outros asseveram que o prazo se inicia a partir da intimação na pessoa do advogado.

No processo do trabalho a questão não é de intimação na pessoa do advogado, mas de citação para a execução (art. 880 da CLT).

Seria o devedor que teria de cumprir a obrigação, por isso tem de ser intimado. No processo do trabalho exige-se a citação do devedor para cumprir a decisão.

O certo seria dizer que o prazo não se inicia se a parte não sabe se o processo voltou para o cartório, se já houve o trânsito em julgado da decisão, pois não sabe se a outra parte apresentou recurso. Exemplo é o de comarca distante muito longe da capital, onde o processo estava no tribunal em grau de recurso. No processo civil, o prazo de 15 dias deve se iniciar a partir do momento em que a parte é intimada para cumprir a sentença ou acórdão, desde que a sentença seja líquida.

Dificilmente a sentença contém obrigação líquida. Uma sentença que é objeto de recurso e vai para o Tribunal necessita, quando o processo volta, de atualização monetária e aplicação de juros. Não é, portanto, líquida. O credor precisa apresentar cálculo, com a memória respectiva, requerendo o cumprimento da sentença (art. 524 do CPC).

Se há necessidade de tornar a conta líquida, o prazo de 15 dias é contado da data da intimação da sentença que fixa a quantia devida.

No processo do trabalho, o momento da aplicação da multa será depois da citação na execução para pagar em 48 horas, caso o devedor não pague a dívida.

No processo do trabalho há necessidade de o devedor ser citado para o pagamento da dívida em 48 horas (art. 880 da CLT). Não basta, portanto, ter sido feita a liquidação da obrigação contida na sentença.

O depósito do valor devido não desonera o devedor da aplicação da multa, pois o valor deve ser pago e não depositado para garantia do juízo.

A nomeação de bens à penhora também não implica ser a multa indevida, pois o objetivo da lei é o pagamento do valor devido.

Penso que se há alguma coisa controversa na conta, a parte tem direito de discuti-la, a não ser que seja questão já pacífica, como de aplicação de súmula do TST. Exemplos podem ser de questões de época própria para a correção monetária, descontos da contribuição previdenciária e de imposto de renda dos créditos do empregado. Sobre a parte incontroversa incidirá, porém, a multa.

No processo do trabalho o devedor é citado (§ 1º do art. 880 da CLT). O devedor não vai oferecer impugnação, mas continua apresentando embargos. O prazo de embargos é de cinco dias (art. 884 da CLT). Se se entender que houve alteração pelo art. 9º da Medida Provisória n. 2.180/2001, o prazo é de 30 dias.

Caso o oficial de justiça avaliador não possa fazer a avaliação, por depender de conhecimentos especializados, o juiz, de imediato, nomeará avaliador, assinando-lhe breve prazo para a entrega do laudo. Essa regra pode ser aplicada no processo do trabalho, pois o oficial de justiça, apesar de ser avaliador, muitas vezes pode não ter conhecimento técnico de certo bem para fazer a avaliação, daí a necessidade de nomear avaliador. Exemplo pode ser de máquina específica, que precisa de especialista para avaliá-la.

O exequente poderá, em seu requerimento, indicar desde logo os bens a serem penhorados (art. 534, VII do CPC). Em razão do convênio Bacen Jud, o credor trabalhista tem preferido a penhora de dinheiro na conta-corrente do devedor, pois há mais liquidez.

Efetuado o pagamento parcial no prazo previsto no *caput* do art. 523 do CPC, a multa de 10% incidirá sobre o restante (§ 2º do art. 523 do CPC).

Não se objetiva enriquecer o credor com a multa. Assim, somente sobre a parte que for paga fora do prazo de 48 horas é que será devida aplicação da multa de 10%.

No Direito Civil, existe a disposição do art. 413 do Código Civil, no sentido de que a penalidade deve ser reduzida equitativamente pelo juiz se a obrigação principal tiver sido cumprida em parte, ou se o montante da penalidade for manifestamente excessivo, tendo-se em vista a natureza e a finalidade do negócio. O juiz, por se tratar de penalidade processual e não civil, irá fixar a multa de 10% apenas sobre o valor não pago da dívida no prazo legal. Não irá reduzir a multa para menos de 10%.

No processo do trabalho, existe a regra do art. 878 da CLT que permite ao juiz promover a execução de ofício quando as partes estiverem sem advogado. Entretanto, o juiz também poderá mandar arquivar os autos quando decorrido o prazo máximo de um ano, sem ser localizado o devedor ou encontrados os bens penhoráveis (§ 2º do art. 40 da Lei n. 6.830/80). Encontrados, a qualquer tempo, o devedor ou os bens, serão desarquivados os autos para prosseguimento da execução (§ 3º do art. 40 da Lei n. 6.830/80). No processo do trabalho serão aplicáveis os prazos dos parágrafos do art. 40 da Lei n. 6.830, por força do art. 889 da CLT.

28.14.2 Depósito da condenação e nomeação de bens

Pretendendo o executado discutir a execução, poderá garanti-la, efetuando o depósito da quantia devida, acrescida de juros, correção monetária e outras despesas processuais, ou oferecer bens à penhora, no prazo de 48 horas (art. 880 da CLT).

O executado que não pagar a importância reclamada poderá garantir a execução mediante depósito da quantia correspondente, atualizada e acrescida das despesas processuais, apresentação de seguro-garantia judicial ou nomeação de bens à penhora, observada a ordem preferencial estabelecida no art. 835 do CPC (art. 882 da CLT).

A redação do art. 882 da CLT determina primeiro o depósito e depois a penhora. A redação anterior do art. 882 da CLT determinava primeiro a penhora do bem e depois o pagamento da quantia, o que foi corretamente modificado pela nova disposição.

As despesas processuais são juros, correção monetária e também podem ser estendidas aos honorários do perito.

Não é mais possível depositar o valor singelo da condenação, pois é preciso que o pagamento da condenação seja atualizado, inclusive acrescido de juros e despesas processuais. A atualização monetária será feita na forma do art. 39 da Lei n. 8.177/91.

O *quantum* devido não poderá ser executado em duas etapas, como ocorria anteriormente. Em uma, o principal. Na outra, a correção monetária e os juros. Antes da citação do devedor (art. 880 da CLT), há necessidade de se fazer a atualização do débito. Os bens penhoráveis não poderão ser indicados pelo devedor apenas para garantir o principal, mas o principal, a atualização monetária e os juros, garantindo-se, assim, toda a execução.

Com o novo procedimento elimina-se a possibilidade da execução paralela, que poderia causar dois recursos distintos, quando estes deveriam ser apresentados num mesmo momento em razão da dívida total, com evidente prejuízo para a celeridade processual.

É possível a apresentação de seguro-garantia judicial e não apenas o depósito do valor da quantia.

O art. 882 da CLT, desde a redação determinada pela Lei n. 8.432/92, acabou com as dúvidas quanto a qual seria a ordem preferencial dos bens a serem indicados à penhora: a do CPC ou a da lei de execução fiscal, em seu art. 11 (Lei n. 6.830/80). Antigamente, esta última regra é que era aplicável em primeiro lugar, por força do art. 889 da CLT, e depois eram observadas as disposições do CPC, caso omissa a primeira norma.

Dispõe o art. 882 da CLT que a ordem preferencial a ser observada na penhora é a do art. 835 do CPC, não se aplicando mais a lei de execução fiscal.

Consoante o *caput* do art. 835 do CPC, a ordem legal só é obrigatória para o devedor. A ela não estão adstritos o credor, o oficial de justiça ou o juiz da execução. Inexistindo nomeação de bens pelo devedor, ou sendo esta ineficaz, tal direito transfere-se ao credor (art. 849 do CPC).

A ordem de nomeação de bens é, preferivelmente, a seguinte: (a) dinheiro, em espécie ou em depósito ou aplicação em instituição financeira. A atual ordem, porém, tem uma liquidez muito maior do que a anterior, porque a nomeação começa com dinheiro; (b) veículos de via terrestre; (c) bens móveis em geral; (d) bens imóveis; (e) navios e aeronaves; (f) ações e quotas de sociedades empresárias; (g) porcentual do faturamento de empresa devedora; (h) pedras e metais preciosos; (i) títulos da dívida pública da União, Estados e Distrito Federal com cotação em mercado. Não há referência a títulos do Município; (j) títulos e valores mobiliários com cotação em mercado; (k) outros direitos.

O § 1º do art. 835 do CPC prevê a prioridade da penhora em dinheiro. Os outros bens podem não ter tanta liquidez.

O art. 916 do CPC, que prevê o depósito de 30% do valor da dívida e pagamento em seis parcelas, não é aplicável ao processo do trabalho, pois neste a regra é do art. 880 da CLT, pagamento em 48 horas depois da citação ou nomeação de bens à penhora. Não há omissão para se aplicar o CPC e pagamento em parcelas.

O executado somente poderá oferecer bem imóvel em substituição caso o requeira com a expressa anuência do cônjuge.

O executado pode, no prazo de 10 dias, após intimado da penhora, requerer a substituição do bem penhorado, desde que comprove cabalmente que a substituição não trará prejuízo algum ao exequente e será menos onerosa para ele devedor (art. 668 do CPC). Não será possível a substituição se trouxer prejuízo ao exequente. Ao executado incumbe: 1 – quanto aos bens imóveis, indicar as respectivas matrículas e registros, situá-los e mencionar as divisas e confrontações; 2 – quanto aos móveis, particularizar o estado e o lugar em que estão; 3 – quanto aos semoventes, especificá-los, indicando o número de cabeças e o imóvel em que estão; 4 – quanto aos créditos, identificar o devedor e qualificá-lo, descrevendo a origem da dívida, o título que a representa e a data do vencimento; e 5 – atribuir valor aos bens indicados à penhora.

A penhora pode ser substituída por fiança bancária ou seguro garantia judicial, em valor não inferior ao de débito constante da inicial, mais 30%.

A carta de fiança bancária e o seguro garantia judicial, desde que em valor não inferior ao do débito em execução, acrescido de 30%, equivalem a dinheiro para efeito da gradação dos bens penhoráveis, estabelecida no art. 835 do CPC (Orientação Jurisprudencial n. 59 da SBDI-II do TST).

Incumbe também ao devedor:

a) quanto aos bens imóveis, indicar-lhes as transcrições aquisitivas, situá-los e mencionar as divisas e confrontações;
b) quanto aos móveis, particularizar-lhes o estado e lugar em que estão;
c) quanto aos semoventes, especificá-los, indicando o número de cabeças e o imóvel em que se acham;
d) quanto aos créditos, identificar o devedor e qualificá-lo, descrevendo a origem da dívida, o título que a representa e a data de vencimento;
e) atribuir valor aos bens nomeados à penhora.

A determinação de o devedor atribuir valor aos bens nomeados à penhora é compatível com o processo do trabalho, pois há omissão na CLT e na Lei n. 6.830. O valor apontado pelo devedor poderá ser impugnado pelo credor, cabendo ao oficial de justiça fazer a avaliação.

A parte poderá requerer a substituição da penhora se: 1 – não obedecer à ordem legal; 2 – não incidir sobre os bens designados em lei, contrato ou ato judicial para o pagamento; 3 – havendo bens no foro da execução, outros houver sido penhorados; 4 – havendo bens livres, a penhora houver recaído sobre bens já penhorados ou objeto de gravame; 5 – incidir sobre bens de baixa liquidez, como os que não conseguem ser vendidos em hasta pública; 6 – fracassar a tentativa de alienação judicial do bem; 7 – o executado não indicar o valor dos bens ou omitir qualquer das indicações previstas em lei (art. 848 do CPC).

É dever do executado, no prazo fixado pelo juiz, indicar onde estão os bens sujeitos à execução, exibir a prova de sua propriedade e, se for o caso, certidão negativa de ônus, bem como abster-se de qualquer atitude que dificulte ou embarace a realização da penhora.

Se o credor aceitar a nomeação, cumpre ao devedor, dentro do prazo determinado pelo juiz, exibir a prova da propriedade dos bens e, quando for o caso, a prova da certidão negativa de ônus.

O credor deverá manifestar fundamentadamente sua recusa pela nomeação de bens à penhora feita pelo devedor, como da dificuldade de vender certo bem em hasta pública.

A nomeação será reduzida a termo, atendidos os requisitos anteriormente mencionados, considerando-se penhorados os bens. Os bens só não ficarão na posse do executado, se o exequente não concordar (§ 3º do art. 11 da Lei n. 6.830/80). Serão removidos os bens a depósito judicial, tendo o devedor ou o exequente que indicar depositário particular, caso não concorde que os bens fiquem na posse do executado.

O credor deverá fundamentar a recusa da nomeação de bens feita pelo devedor.

O juiz decidirá de plano as questões suscitadas pela nomeação. Isso quer dizer que deverá haver decisão e não simples despacho sem motivação.

A avaliação do bem será feita pelo oficial de justiça, desde que não haja oposição do credor quanto ao valor indicado pelo devedor na nomeação dos bens atribuídos à penhora. Havendo dúvida sobre o valor do bem, o oficial de justiça fará a avaliação e o juiz decidirá.

28.14.3 Penhora

A penhora consistirá na apreensão dos bens do executado, tantos quantos bastem ao pagamento da condenação atualizada, acrescida de juros e demais despesas processuais.

Não pagando o executado, nem garantindo a execução, seguir-se-á a penhora dos bens, tantos quantos bastem ao pagamento da importância da condenação, acrescida de custas e juros de mora, sendo estes, em qualquer caso, devidos a partir da data em que for ajuizada a reclamação inicial (§ 1º do art. 39 da Lei n. 8.177/91).

Os bens sujeitos à execução são "tantos quantos bastem" à satisfação da condenação (art. 883 da CLT). Atingido o valor devido não se faz mais penhora. A dívida será o principal, os juros e correção monetária, as custas e as despesas processuais (art. 882 da CLT). Serão todos os bens do devedor, presentes e futuros que estarão sujeitos à execução (art. 789 do CPC). Os bens particulares dos sócios, entretanto, não respondem pelas dívidas da sociedade, senão nos casos previstos em lei. Caso o sócio seja demandado para pagamento da dívida, terá direito de exigir que sejam executados em primeiro lugar os bens da sociedade (§ 1º do art. 795 do CPC).

São efeitos da penhora: 1 – individualizar o bem ou bens; 2 – garantir o juízo; 3 – dar preferência ao credor; 4 – impedir a alienação do bem penhorado.

Estabelecem os arts. 10 e 30 da Lei n. 6.830 que a penhora recairá sobre qualquer bem do executado, salvo os que a lei declare absolutamente impenhoráveis.

A exigência da garantia ou penhora não se aplica às entidades filantrópicas e/ou àqueles que compõem ou compuseram a diretoria dessas instituições (§ 6º do art. 884 da CLT).

Serão os bens penhorados onde estiverem, mesmo que em repartição pública, ainda que sob a posse, detenção ou guarda de terceiros. Os bens situados no foro da causa terão preferência sobre os demais (§ 2º do art. 845 do CPC).

Não possuindo o executado bens no foro da causa, é necessário que se faça a execução por precatória, onde estarão os bens a ser penhorados, avaliados e arrematados e onde também serão alienados (§ 2º do art. 845 do CPC).

A penhora, entretanto, não será realizada, se o produto da venda dos bens encontrados for totalmente absorvido pelo pagamento das custas e despesas da execução (art. 836 do CPC). Nesse caso, e quando não encontrar quaisquer bens penhoráveis, o oficial descreverá na certidão os que guarnecem a residência ou o estabelecimento do devedor (§ 1º do art. 836 do CPC).

A penhora de bens imóveis realizar-se-á mediante auto ou termo de penhora, cabendo ao exequente, sem prejuízo da imediata intimação do executado, providenciar, para presunção absoluta de conhecimento por terceiros, a averbação no ofício imobiliário, mediante apresentação de certidão de inteiro teor do ato, independentemente de mandado judicial (art. 844 do CPC). O oficial de justiça deve comparecer no imóvel para verificar suas condições, se tem construções, plantações etc.

Recaindo a penhora em bens imóveis, será intimado também o cônjuge do executado (art. 842 do CPC).

Nos casos do parágrafo anterior, quando apresentada certidão da respectiva matrícula, a penhora de imóveis, independentemente de onde se localizem, será realizada por termo nos autos, do qual será intimado o executado, pessoalmente ou na pessoa de seus advogados e por este ato constituído depositário (§ 1º do art. 845 do CPC).

O registro da penhora deve ser feito pelo oficial de justiça, conforme o art. 7º e inciso I do art. 14 da Lei n. 6.830 e não do exequente, não se aplicando, nesse ponto, o art. 844 do CPC.

O inciso IV do art. 7º da Lei n. 6.830 estabelece que deve ser feito o registro da penhora ou do arresto. O registro é o gênero que compreende as espécies inscrição e transcrição, conforme o art. 168 da Lei n. 6.015/73. Mesmo em se tratando de penhora de bens imóveis, o correto é se falar na inscrição da penhora no registro competente, embora fosse o caso de se aplicar o inciso IV do art. 7º da Lei n. 6.830 (art. 889 da CLT). Na prática, importa é a inscrição da penhora no registro de imóveis.

Com base no inciso IV do art. 7º e do art. 14 da Lei n. 6.830/80, aplicados subsidiariamente por força do art. 889 da CLT, entende-se que há ordem do juiz para registro da penhora, independentemente do pagamento de custas ou outras despesas. Isso é feito pelo oficial de justiça, que entregará a ordem judicial no registro competente para esse fim. Não caberá, portanto, ao exequente providenciar o registro no ofício imobiliário, mas ao próprio oficial de justiça.

Do auto de penhora deverá constar:

a) a indicação do dia, mês, ano e lugar em que foi feita;
b) os nomes do exequente e do executado;
c) a descrição dos bens penhorados, com suas características;
d) a nomeação do depositário dos bens (art. 838 do CPC). Para o aperfeiçoamento da penhora é preciso a nomeação do depositário.

O oficial de justiça deverá entregar contrafé ou cópia do termo:

a) no ofício de imóveis;
b) no Detran, se for veículo;
c) na Junta Comercial, Bolsa de Valores, e na sociedade comercial, se forem ações, debêntures, partes beneficiárias, cotas ou outro título, crédito ou direito societário nominativo (art. 14 da Lei n. 6.830/80).

Havendo resistência, o juiz expedirá mandado autorizando o arrombamento. Dois oficiais de justiça cumprirão o mandado, arrombando cômodos em que se presuma estarem os bens, e lavrarão de tudo auto circunstanciado, assinado por duas testemunhas presentes à diligência (§ 1º do art. 846 do CPC).

Os oficiais de justiça deverão lavrar em duplicata o auto de ocorrência, entregando uma cópia ao escrivão ou chefe de secretaria, para ser juntada aos autos, e a outra à autoridade policial, a quem couber a apuração criminal dos eventuais delitos de desobediência ou de resistência (§ 3º do art. 846 do CPC). No auto da ocorrência, constará, também, o nome das testemunhas e sua qualificação, que presenciaram o ocorrido.

A penhora será considerada feita mediante a apreensão e o depósito dos bens, lavrando-se um só auto se as diligências forem feitas no mesmo dia. Havendo mais de uma penhora, lavrar-se-á para cada qual um auto.

A reavaliação só será feita quando: (a) qualquer das partes arguir, fundamentadamente, a ocorrência de erro na avaliação ou dolo do avaliador; (b) se verificar, posteriormente à avaliação, que houve majoração ou diminuição no valor do bem; (c) o juiz tiver fundada dúvida sobre o valor atribuído ao bem na primeira avaliação (art. 873 do CPC).

A penhora *on line* não é uma nova modalidade de penhora. É apenas uma autorização judicial para bloqueio de valores. É um bloqueio de valores por meio eletrônico. A penhora é feita mediante a expedição de mandado judicial.

A penhora não é eletrônica. Eletrônico é o meio utilizado para ser realizada a penhora. A execução se realiza no interesse do exequente (art. 797 do CPC).

A penhora *on line* no processo trabalhista é uma realidade.

O TST e o Banco Central firmaram convênio em 5 de março de 2002 para estabelecer a penhora *on line* no processo trabalhista, permitindo o bloqueio de contas-correntes e de aplicações financeiras para garantir o pagamento de dívidas trabalhistas. O convênio foi assinado por dois anos, permitindo sua prorrogação por prazo indeterminado, caso não exista manifestação em sentido contrário das partes (item IX). Na verdade, houve a substituição de ofícios dirigidos ao Banco Central pelos juízes pelo sistema da penhora *on line*, pois o sistema anterior demorava muito e o dinheiro poderia ser transferido da conta-corrente do devedor no transcorrer do procedimento.

As empresas estabelecidas em várias localidades do território nacional podem fazer o cadastramento de conta bancária especial apta a sofrer bloqueios *on line* realizados pelo *site* Bacen Jud.

Não vejo inconstitucionalidade nas normas do TST, pois a penhora *on line* incide sobre depósitos em dinheiro. Não se está legislando sobre processo, mas apenas operacionalizando a penhora no âmbito do Banco Central. Não fere a independência dos poderes, pois não está havendo intervenção de um poder em outro. Não houve, portanto, violação das atribuições do Congresso Nacional.

O sigilo bancário pode ser quebrado por determinação do juiz. O art. 3º da Lei Complementar n. 105/2001 autoriza o Banco Central, a Comissão de Valores

Mobiliários e as instituições financeiras a fornecer informações ordenadas pelo Poder Judiciário. O sigilo também existe no fato de a informação não ser divulgada fora do processo.

Não se pode usar o argumento de que a empresa pode deixar de pagar tributos e fica sujeita a juros, multa de mora e multa administrativa, pois o crédito trabalhista ainda prefere ao crédito tributário (art. 186 do CTN). O devedor tem obrigação de pagar seus compromissos trabalhistas e não protelar o andamento do feito. Muitas vezes, o que se vê é que a pessoa deve, mas vai pagar quando puder ou quando quiser. Não pode ser assim.

O art. 882 da CLT manda aplicar o art. 835 do CPC. A ordem de bens a penhorar é, em primeiro lugar, dinheiro (art. 835, I, do CPC). Logo, está apenas sendo dada efetividade à execução, pois os bens indicados ou penhorados nem sempre têm liquidez de venda em hasta pública.

Dinheiro não precisa ser avaliado e alienado em hasta pública.

Penhora por carta só é possível quando feita sobre bem em que há necessidade de sua avaliação e alienação.

O devedor responde com todos os seus bens, presentes e futuros (art. 789 do CPC), inclusive depósitos bancários.

A penhora é feita mediante apreensão de depósito de bens (art. 839 do CPC), como ocorre com o dinheiro depositado em conta-corrente nos bancos.

Para possibilitar a penhora de dinheiro em depósito ou aplicação financeira, o juiz, a requerimento do exequente, requisitará à autoridade supervisora do sistema bancário, preferencialmente por meio eletrônico, informações sobre a existência de ativos em nome do executado, podendo no mesmo ato determinar sua indisponibilidade, até o valor indicado na execução (art. 854 do CPC). O valor a ser penhorado não poderá ser superior ao previsto na execução.

Como ordem a seguir, a penhora *on line* deve obedecer ao art. 880 da CLT. Deve haver citação para o início da execução, determinando o pagamento da dívida, atualizada e acrescida das despesas processuais ou a garantia da execução (art. 882 da CLT).

Deve o devedor ser intimado da penhora *on line* para que possa exercer seu direito de defesa.

Se a empresa indicou um bem móvel no prazo de 48 horas, é cabível o deferimento de penhora *on line* sob o fundamento de preferência da penhora em dinheiro? Entendo que sim, desde que o bem não tenha condições de ser vendido e não seja aceito pelo credor para efeito de penhora.

O fato de o art. 820 do CPC estabelecer que a execução deve ser feita de forma menos onerosa para o executado não pode implicar que o credor receba bem que é invendável em hasta pública, daí a preferência por depósito em dinheiro.

Na penhora *on line* não há necessidade de avaliar bens, pois é dinheiro.

Obedecidas as normas de segurança que forem instituídas, sob critérios uniformes pelo Conselho Nacional de Justiça, a penhora de numerário e as averbações de penhoras de bens imóveis e móveis podem ser realizadas por meios eletrônicos (art. 837 do CPC).

Apesar de tudo o que foi exposto, entendo que a penhora *on line* deva ser feita com cautela, bom senso e razoabilidade, pois pode causar prejuízos sérios às pessoas, como em relação a pessoas que não são devedoras e tiveram bloqueados seus depósitos bancários. A penhora deve ser feita apenas sobre o valor devido na execução, compreendendo o valor devido ao empregado, honorários periciais, custas e contribuição previdenciária (art. 880 da CLT), mas nada mais. Poderá ser feita em várias contas do devedor, se o numerário não é suficiente em uma delas.

Tratando-se de penhora em bem indivisível, o equivalente à quota-parte do coproprietário ou do cônjuge alheio à execução recairá sobre o produto da alienação do bem (art. 843 do CPC). O bem indivisível pode ser penhorado. Quando for feita a arrematação, a meação do cônjuge lhe será reservada em dinheiro.

Prevê o art. 533 do CPC a constituição de capital ou de inclusão em folha de credor com direito a prestação periódica. Deve haver requerimento do exequente para a constituição de capital por parte do executado. Exemplo no processo do trabalho pode ser o do empregado que deve ser reintegrado em razão de garantia de emprego.

O capital, representado por imóveis ou por direitos reais sobre imóveis suscetíveis de alienação, títulos da dívida pública ou aplicações financeiras em banco oficial, será inalienável e impenhorável enquanto durar a obrigação do executado (§ 1º do art. 533 do CPC). O juiz poderá substituir a constituição do capital pela inclusão do beneficiário da prestação em folha de pagamento de entidade de direito público ou de empresa de direito privado de notória capacidade econômica, ou a requerimento do devedor, por fiança bancária ou garantia real, em valor a ser arbitrado de imediato pelo juiz. Se sobrevier modificação nas condições econômicas, poderá a parte requerer, conforme as circunstâncias, redução ou aumento da prestação.

A prestação alimentícia poderá ser fixada tomando por base o salário-mínimo (§ 4º do art. 533 do CPC). Entendo que essa regra fere o inciso IV do art. 7º da Constituição, que veda a vinculação ao salário-mínimo para qualquer fim. É, portanto, inconstitucional.

Finda a obrigação de prestar alimentos, o juiz mandará liberar o capital, cessar o desconto em folha ou cancelar as garantias prestadas (§ 5º do art. 533 do CPC).

28.14.3.1 Bens penhoráveis e impenhoráveis

Dispõe o art. 882 da CLT que a ordem preferencial de bens na penhora observa o art. 835 do CPC.

A penhora observará, preferencialmente, a seguinte ordem (art. 835 do CPC:

I – dinheiro, em espécie ou em depósito ou aplicação em instituição financeira. É prioritária a penhora em dinheiro, podendo o juiz, nas demais hipóteses, alterar a ordem prevista no *caput* de acordo com as circunstâncias do caso concreto (§ 1º do art. 835 do CPC). O CPC dá preferência à efetividade da execução, prestigiando a penhora em dinheiro do que o princípio da menor onerosidade para o devedor;

II – títulos da dívida pública da União, dos Estados e do Distrito Federal com cotação em mercado;

III – títulos e valores mobiliários com cotação em mercado;

IV – veículos de via terrestre;

V – bens imóveis;

VI – bens móveis em geral;

VII – semoventes;

VIII – navios e aeronaves;

IX – ações e quotas de sociedades simples e empresárias;

X – percentual do faturamento de empresa devedora;

XI – pedras e metais preciosos;

XII – direitos aquisitivos derivados de promessa de compra e venda e de alienação fiduciária em garantia;

XIII – outros direitos.

Para fins de substituição da penhora, equiparam-se a dinheiro a fiança bancária e o seguro garantia judicial, desde que em valor não inferior ao do débito constante da inicial, acrescido de trinta por cento (§ 2º do art. 835 do CPC).

Na execução de crédito com garantia real, a penhora recairá sobre a coisa dada em garantia, e, se a coisa pertencer a terceiro garantidor, este também será intimado da penhora (§3º do art. 835 do CPC).

São impenhoráveis:

1. os bens inalienáveis, como os bens públicos;

2. os móveis, pertences e utilidades domésticas que guarnecem a residência do executado, salvo os de elevado valor ou que ultrapassem as necessidades comuns correspondentes a um médio padrão de vida. A interpretação da expressão *médio padrão de vida* vai acabar sendo subjetiva, pois a lei não é clara sobre o que significa;
3. os vestuários, bem como os pertences de uso pessoal do executado, salvo se de elevado valor;
4. os vencimentos, subsídios, soldos, salários, remunerações, proventos de aposentadoria, pensões, pecúlios e montepios; as quantias recebidas por liberalidade de terceiro e destinadas ao sustento do devedor e sua família, os ganhos do trabalhador autônomo e os honorários de profissional liberal. Não pode, portanto, ser feita penhora no salário para pagar dívida de natureza trabalhista. Pode, porém, haver penhora para pagamento de prestação alimentícia. O valor superior a 50% dessas verbas pode ser penhorado (§ 2º do art. 833 do CPC);
5. os livros, as máquinas, as ferramentas, os utensílios, os instrumentos ou outros bens móveis necessários ou úteis ao exercício da profissão do executado. São os referentes ao exercício de profissão de pessoa física. A empresa não exerce profissão, mas atividade, podendo, assim, a penhora recair sobre tais bens;
6. o seguro de vida;
7. os materiais necessários para obra em andamento, salvo se esses forem penhorados;
8. a pequena propriedade rural, assim definida em lei, desde que trabalhada pela família (art. 5º, XXVI, da Constituição). Se não for trabalhada pela família, pode ser penhorada;
9. os recursos públicos recebidos por instituições privadas para aplicação compulsória em educação, saúde ou assistência social;
10. até o limite de 40 salários-mínimos, a quantia depositada em caderneta de poupança. É inconstitucional o inciso X do art. 833 do CPC, pois não pode haver a vinculação ao salário-mínimo para qualquer fim (art. 7º, IV, da Constituição). O dispositivo trata de poupança e não de outra aplicação financeira. O valor acima de 40 salários-mínimos pode ser penhorado na poupança;
11. os recursos públicos do fundo partidário recebidos por partido político, nos termos da lei.

A impenhorabilidade não é oponível à cobrança do crédito concedido para a aquisição do próprio bem.

À falta de outros bens podem ser penhorados os frutos e os rendimentos dos bens inalienáveis (art. 834 do CPC).

O bem de família é originário de lei do Estado do Texas de 1839, que proibia a penhora da pequena propriedade destinada à residência do devedor. Em razão da crise econômica, foi promulgada a Homestead Act, em 1839, determinando a impossibilidade de ser feita penhora na pequena propriedade, desde que ela fosse destinada à residência do devedor.

A Lei n. 8.009, de 29-3-1990, trata da impenhorabilidade do bem de família. A Lei n. 8.009/90 pretende proteger a família e não o devedor. O direito à moradia. Há o interesse social a ser preservado. Reza seu art. 1º que o imóvel residencial próprio do casal, ou de entidade familiar, não responde por dívida de qualquer natureza, contraída pelos cônjuges ou pelos pais ou filhos que sejam seus proprietários e nele residam. A impenhorabilidade compreende o imóvel sobre o qual se assentam a construção, as plantações, as benfeitorias de qualquer natureza e todos os equipamentos, inclusive de uso profissional, os móveis que guarnecem a casa, desde que quitados (parágrafo único do art. 1º). Não são impenhoráveis os veículos de transporte, obras de arte e adornos suntuosos (art. 2º). Mesmo em se tratando de imóvel locado, a impenhorabilidade aplica-se aos bens móveis quitados que guarneçam a residência e que sejam de propriedade do locatário (§ 2º do art. 2º), como geladeira, fogão. É possível penhorar aparelho de som, televisor, videocassete, que não estão ligados à sobrevivência e bem-estar da família, porém a geladeira é essencial, razão pela qual não deverá ser penhorada. O STJ entendeu que os bens voluntários destinados ao lazer (televisores, vídeos, aparelhos de som) não são considerados indispensáveis ao guarnecimento da casa (1ª T., REsp 31.390-8-SP, Rel. Min. Milton Luiz Pereira, j. 14-12-1994, *DJU*, I, 20-2-1995, p. 3.152-3).

Se o imóvel possui divisão, sendo parte dela locada ao comércio e a terceiro, somente a área residencial é impenhorável, como ocorre quando a residência é na parte de cima e há exploração de comércio na parte de baixo do imóvel.

A impenhorabilidade do bem de família não se estende às vagas na garagem do condomínio, que possuem matrícula própria no registro de imóveis, que podem ser alugadas ou vendidas isoladamente do apartamento (S. 449 do STJ).

É impenhorável o único imóvel residencial do devedor que esteja locado a terceiros, desde que a renda obtida com a locação seja revertida para a subsistência ou a moradia da sua família (S. 486 do STJ).

A Lei n. 8.009/90 não exige que o imóvel residencial seja registrado no Registro de Imóveis para que haja o direito de impenhorabilidade. Na hipótese de o casal, ou entidade familiar, ser possuidor de vários imóveis utilizados como residência, a impenhorabilidade recairá sobre o de menor valor, salvo se outro tiver sido registrado, para esse fim, perante o Registro de Imóveis e na forma do art. 1.711 do Código Civil. Neste último caso, exige-se a inscrição no Registro de Imóveis para a oposição em relação a terceiros. No primeiro, não.

Os bens públicos são impenhoráveis. O INSS também goza da inalienabilidade e impenhorabilidade de seus bens (art. 8º da Lei n. 8.620/93).

A concessão de serviço público não pode ser objeto de penhora. Mesmo que um terceiro viesse a arrematar a concessão, o Poder Público concedente não estaria obrigado a reconhecê-lo como concessionário. A concessão depende do poder concedente. A administração pública é soberana para estabelecer as condições para a realização dos serviços públicos concedidos.

O art. 68 da Lei n. 9.069/95 determina que os depósitos das instituições bancárias mantidos no Banco Central do Brasil e contabilizados na conta Reservas Bancárias são impenhoráveis e não responderão por qualquer tipo de dívida civil, comercial, fiscal, previdenciária, trabalhista ou de outra natureza.

Na execução contra instituição financeira, é penhorável o numerário disponível, excluídas as reservas bancárias mantidas no Banco Central (S. 328 do STJ).

O bem objeto de *leasing* não pode ser penhorado, por se tratar de promessa de compra e venda futura. O bem que está na posse do locatário não é seu, apenas tem sua posse. Logo, não pode ser penhorado.

Bens gravados com cláusula de impenhorabilidade não podem ser penhorados (art. 832 do CPC).

O crédito trabalhista tem privilégio sobre qualquer crédito, inclusive o tributário (arts. 449 da CLT e 186 do CTN). Logo, tem preferência sobre direito real de garantia, que é a hipoteca. Prefere o crédito trabalhista sobre a hipoteca, seja qual for a data da constituição do ônus (arts. 10 e 30 da Lei n. 6.830).

É preciso verificar se o bem alienado fiduciariamente pode ser penhorado.

Alienação é o ato de alienar, de cessão de bens.

Fiduciário é o que depende de confiança.

Alienação fiduciária em garantia é o negócio jurídico em que o devedor transfere ao credor a propriedade resolúvel e a posse indireta de um bem infungível, como garantia da dívida, resolvendo-se o acordo com o pagamento da dívida.

O negócio jurídico apresenta duas relações. A primeira é obrigacional, pois compreende o débito contraído. A segunda diz respeito à garantia real, do bem objeto da alienação, que será restituído com o pagamento da dívida.

A condição resolutiva cessa com o pagamento da dívida, extinguindo-se a garantia fiduciária. O devedor readquire a propriedade com o pagamento da dívida.

Fica o devedor com a posse direta do bem, como, por exemplo, o veículo. O credor fica com a posse indireta. O devedor transmite ao credor o domínio do bem.

Incide a alienação fiduciária em garantia sobre bem móvel infungível que está sujeito a comercialização. A alienação fiduciária em garantia de bens imóveis é regulada pela Lei n. 9.514, de 20-11-1997.

No caso de inadimplemento da obrigação contraída, o credor pode vender o bem para pagar o débito, entregando ao devedor o saldo porventura existente. Se o preço da venda da coisa não bastar para pagar o crédito do proprietário fiduciário e as despesas, o devedor continuará pessoalmente obrigado a pagar o saldo devedor apurado (§ 5º do art. 66 da Lei n. 4.728).

A Súmula 28 do STJ mostra que o contrato de alienação fiduciária em garantia pode ter por objeto bem que já integrava o patrimônio do devedor.

Considera-se nula a cláusula que autoriza o proprietário fiduciário (credor) a ficar com a coisa alienada em garantia, se a dívida não for paga em seu vencimento.

É requisito formal para a alienação fiduciária em garantia a existência de instrumento escrito, que pode ser público ou particular. Para ter validade perante terceiros, o instrumento deve ser arquivado no Registro de Títulos e Documentos (§ 1º do art. 66 da Lei n. 4.728). Deve haver a descrição do total da dívida ou sua estimativa, o local e a data do pagamento, a taxa de juros, as comissões, a descrição do bem objeto da alienação fiduciária e os elementos indispensáveis à sua identificação. A alienação também deverá constar do Certificado de Registro do veículo automotor.

O devedor que alienar, ou der em garantia a terceiros, coisa que já alienara fiduciariamente em garantia, ficará sujeito à pena prevista no inciso I do § 2º do art. 171 do Código Penal, que é de um a cinco anos, além de multa.

O bem alienado fiduciariamente não pode ser objeto de penhora em execução ajuizada contra o devedor fiduciário, pois este tem apenas a posse direta e o credor o domínio resolúvel e a posse indireta da coisa móvel alienada (art. 66 da Lei n. 4.728/65). O bem não está integrado ao patrimônio do devedor. Não pode ser vendido enquanto não forem pagas todas as prestações.

A Súmula 242 do TFR esclarecia que o bem alienado fiduciariamente não pode ser objeto de penhora nas execuções ajuizadas contra o devedor fiduciário.

Não é o caso de se aplicarem os arts. 184 e 186 do CTN, pois o cerne da questão não é o privilégio do crédito trabalhista, mas o fato de que o bem não é da pessoa que está com sua posse, que apenas a tem de forma direta. A alienação fiduciária em garantia não cria um ônus real de garantia, mas transfere, sob condição resolutiva, o direito de propriedade.

Seriam penhoráveis os direitos decorrentes do uso do bem e não o próprio bem alienado fiduciariamente (*RT* 508/63, *Lex JTA* 154/66, *RJ* 253/93).

Dessa forma, a penhora não pode ser feita sobre o bem alienado fiduciariamente.

É possível até mesmo a penhora de bens gravados com hipoteca, bastando que haja intimação do credor hipotecário para que haja a alienação (art. 799, I c/c 804 do CPC). A alienação de bem gravado com hipoteca pode ser feita, tanto que o ônus fica extinto com a adjudicação ou arrematação (art. 1.499, VI, do Código Civil).

28.14.3.2 Penhora em direito de crédito

"Feita a penhora em direito e ação do executado, e não tendo este oferecido embargos, ou sendo estes rejeitados, o exequente ficará sub-rogado nos direitos do devedor até a concorrência do seu crédito" (art. 857 do CPC).

Se o direito de crédito estiver sendo pleiteado em juízo, a penhora será averbada no rosto dos autos (art. 860 do CPC).

O credor poderá preferir a alienação judicial do direito penhorado, declarando seu interesse em dez dias contados da realização da penhora (§ 1º do art. 673 do CPC).

Se a penhora recair sobre crédito, representado por letra de câmbio, nota promissória, duplicata, cheque ou outros títulos, será feita a apreensão do próprio documento, esteja ou não em poder do executado (art. 856 do CPC).

Incidindo a penhora sobre dívidas de dinheiro a juros, de direito a rendas, ou de prestações periódicas, poderá o exequente levantar os juros, os rendimentos ou as prestações à medida que forem sendo depositadas, abatendo-se do crédito as importâncias recebidas, conforme as regras de imputação em pagamento (art. 858 do CPC).

É possível penhorar bem vinculado à cédula de crédito industrial em processo trabalhista?

Reza o art. 832 do CPC que não estão sujeitos à execução os bens que a lei considera impenhoráveis ou inalienáveis.

Determina o art. 57 do Decreto-lei n. 413, de 9 de janeiro de 1969, que "os bens vinculados à cédula de crédito industrial não serão penhorados ou sequestrados por outras dívidas do emitente ou do terceiro prestante da garantia real, cumprindo a qualquer deles denunciar a existência da cédula às autoridades incumbidas da diligência, ou a quem a determinou, sob pena de responderem pelos prejuízos resultantes de sua omissão". Essa seria uma hipótese de impenhorabilidade de bens decorrente da lei.

Prescreve o art. 184 do CTN que "... responde pelo pagamento do crédito tributário a totalidade dos bens e das rendas, de qualquer origem ou natureza, do sujeito passivo, seu espólio ou sua massa falida, inclusive os gravados por ônus real ou cláusula de inalienabilidade ou impenhorabilidade, seja qual for a data da constituição do ônus ou da cláusula, **excetuados unicamente os bens e rendas que a lei declare absolutamente impenhoráveis**", que é a hipótese do art. 833 do CPC.

Tem o art. 30 da Lei n. 6.830/80 (Lei de Execução Fiscal) redação semelhante a do art. 184 do CTN: "... responde pelo pagamento da Dívida Ativa da Fazenda Pública a totalidade dos bens e das rendas, de qualquer origem ou natureza, do sujeito passivo, seu espólio ou sua massa, inclusive os gravados por ônus real ou cláusula de inalienabilidade ou impenhorabilidade, seja qual for a data da constituição do ônus ou da cláusula, excetuados unicamente os bens e rendas que a lei declara absolutamente impenhoráveis".

É, porém, inconstitucional o Decreto-lei n. 413/69, por não atender, na época, aos requisitos dos incisos do art. 55 da Emenda Constitucional n. 1/69. A matéria não era de segurança nacional, de finanças públicas ou da criação de cargos públicos e fixação de vencimentos.

Dispõe, ainda, o art. 449 da CLT que os direitos oriundos da existência do contrato de trabalho subsistirão em caso de falência, recuperação judicial ou dissolução da empresa.

O crédito trabalhista tem privilégio sobre os créditos de cédula de crédito industrial. Logo, não se aplica no processo do trabalho o art. 57 do Decreto-lei n. 413/69, em razão da previsão específica do art. 186 do CTN.

Tem o Código Tributário Nacional hierarquia de lei complementar. O Supremo Tribunal Federal já consagrou esse entendimento. O Decreto-lei n. 413 possui, porém, hierarquia de lei ordinária. Logo, o primeiro não pode ser modificado ou revogado pelo segundo, pois, inclusive, os campos de atuação de cada norma são também distintos.

Declara o art. 833 do CPC que são absolutamente impenhoráveis as hipóteses que indica. Outras situações, como a do art. 57 do Decreto-lei n. 413/69, representam impenhorabilidade relativa, que pode ser suplantada por bem com privilégio especial, como é o crédito trabalhista, por ter natureza alimentar. É a interpretação sistemática do art. 184 do CTN, do art. 30 da Lei n. 6.830 e do art. 833 do CPC.

Determina o art. 60 do Decreto-lei n. 413 que "o emitente da cédula manterá em dia o pagamento dos tributos e encargos fiscais, previdenciários e trabalhistas de sua responsabilidade, inclusive a remuneração de seus empregados, exibindo ao credor os respectivos comprovantes sempre que lhe forem exigidos". Logo, o banco deve verificar se a empresa para a qual concedeu crédito vem pagando regularmente os débitos trabalhistas e previdenciários de sua responsabilidade, não podendo, portanto, alegar a aplicação do art. 57 do Decreto-lei n. 413. O certo seria o banco executar o devedor e não alegar impenhorabilidade do bem vinculado à cédula de crédito industrial.

Inexiste direito adquirido ou ato jurídico perfeito para o caso de bem vinculado à cédula de crédito industrial em razão da penhora em processo trabalhista, pois a impenhorabilidade é relativa e o crédito trabalhista tem privilégio sobre qualquer outro crédito.

28.14.3.3 Penhora de estabelecimento

Recaindo a penhora sobre estabelecimento comercial, industrial ou agrícola, bem como em semoventes, plantações ou edifício em construção, o juiz nomeará depositário, determinando-lhe que apresente em dez dias a forma de administração.

As partes poderão ajustar a forma de administração, inclusive escolhendo o depositário. Nesse caso, o juiz homologará, por despacho, a indicação.

A penhora de empresa concessionária de serviço público ou que funcione mediante autorização será feita, conforme o valor do crédito, sobre a renda, sobre determinados bens, ou sobre todo o patrimônio, nomeando o juiz como depositário, de preferência, um de seus diretores.

Recaindo a penhora sobre navio ou aeronave, estes bens poderão continuar a navegar ou a operar até a alienação (art. 864 do CPC).

Nos termos do art. 866 do CPC de 2015, é admissível a penhora sobre a renda mensal ou faturamento de empresa, limitada a percentual, que não comprometa o desenvolvimento regular de suas atividades, desde que não haja outros bens penhoráveis ou, havendo outros bens, eles sejam de difícil alienação ou insuficientes para satisfazer o crédito executado (OJ 93 SBDI-2 do TST).

28.14.3.4 Segunda penhora

Não será feita segunda penhora, exceto se:

a) a primeira for anulada;

b) executados os bens, o produto da alienação não bastar para o pagamento do credor;

c) o credor desistir da primeira penhora, por serem litigiosos os bens, ou por estarem penhorados, arrestados ou onerados (art. 851 do CPC).

A penhora poderá ser reduzida aos bens suficientes, ou transferida para outros, que bastem à execução, se o valor dos bens penhorados for consideravelmente superior ao crédito do exequente e acessórios. Poderá também a penhora ser ampliada ou transferida para outros bens mais valiosos, se o valor dos bens penhorados for inferior ao referido crédito do exequente (art. 874, II, do CPC).

28.14.3.5 Pré-executividade

Não se pode falar em exceção de pré-executividade, pois exceção, no sistema processual brasileiro, diz respeito a impedimento, suspeição ou incompetência e não a outras hipóteses. Exceção sugere defesa. Não poderia ser, em princípio, conhecida de ofício.

Objeção também abrange matéria de defesa ou preliminar, como era no sistema do CPC de 1939.

O termo *oposição* é incorreto, visto que diz respeito à modalidade de intervenção de terceiros.

Melhor falar apenas em pré-executividade.

A pré-executividade serviria para impugnar pretensão quando o título não existe ou quando a sua própria existência é discutida.

A natureza jurídica da pré-executividade é de defesa, sem que haja constrição no patrimônio do devedor, que não precisará garantir a execução para apresentar suas alegações. É um incidente processual defensivo contra ilegalidades, quando, na verdade, não existe título executivo.

A pré-executividade não é compatível com o processo do trabalho. Neste, o revel é intimado da sentença (art. 852 da CLT), podendo apresentar recurso ordinário. A CLT exige garantia do juízo para a apresentação dos embargos (art. 884). Serve a pré-executividade para fazer certas alegações, sem garantia do juízo.

Para aqueles que entendem cabível a pré-executividade, ela atende o princípio da celeridade processual. A Súmula 397 do TST entende cabível a pré-executividade para atacar cláusula de sentença normativa reformada.

Abrange a exceção matéria de ordem pública, como pressupostos processuais e condições da ação na execução. Exemplo seria a falta de citação na execução.

Execução de título extrajudicial decorrente de acordo celebrado em Comissão da Conciliação Prévia pode ensejar pré-executividade, se o título é nulo. Pagamento é matéria de embargos e não de pré-executividade.

Com a constrição dos bens, o mais adequado é a apresentação de embargos à execução, pois, do contrário, a parte perde o prazo para oferecê-los.

A pré-executividade não suspende a exigibilidade do título.

O prazo para o requerimento da pré-executividade é até o momento que antecede à penhora. A matéria arguível refere-se a vícios ou defeitos processuais. Se o juiz, por exemplo, acolher a exceção e extinguir a execução, caberá agravo de petição, pois trata-se de decisão em que o juiz analisa o mérito da execução. De decisões interlocutórias não caberá recurso, como se o juiz não conhecer da pré-executividade ou rejeitá-la.

A pré-executividade deve ser apresentada por petição escrita, pedindo a declaração da nulidade da execução.

28.14.3.6 Outras disposições

O devedor deverá indicar qual o valor do bem nomeado à penhora. Impugnando o valor, quem irá defini-lo é o oficial de justiça, que também é avaliador. Em seguida, o juiz decidirá.

Da penhora sobre imóvel terá, porém, que ser intimado necessariamente o cônjuge do executado (§ 2º do art. 12 da Lei n. 6.830). A redação do dispositivo é mais correta, pois a palavra *cônjuge* abrange tanto o homem como a mulher. Na redação anterior do CPC falava-se em dar ciência à mulher.

O executado poderá substituir a penhora por dinheiro em qualquer fase processual (art. 15 da Lei n. 6.830). Não poderá a substituição ser indeferida pelo juiz, qualquer que seja a espécie do bem penhorado. A substituição, inclusive, não depende da anuência do credor.

O juiz determinará a alienação antecipada de bens penhorados quando se tratar de veículos automotores, de pedras e metais preciosos e de outros bens móveis sujeitos à depreciação ou à deterioração (art. 852, I, do CPC).

O desligamento da linha telefônica pode ser determinado pelo juiz em razão de excesso de gastos com a utilização do telefone (contas) que podem transferir para o concessionário de telefone os direitos sobre o uso do telefone, em razão do não pagamento de tais despesas, o que inviabilizaria a execução com a garantia do referido bem. Principalmente quando o credor não concorda que o devedor seja o depositário do bem, a solução é o desligamento da linha, objetivando que não se inviabilize a penhora, pois o inadimplemento das tarifas telefônicas por mais de 30 dias implica a suspensão de direito de uso e após 120 dias o cancelamento da assinatura. A penhora vem a afetar os poderes diretos sobre a utilização do bem penhorado, esvaziando, de certa forma, o direito de uso e gozo do bem. Pode-se aplicar por analogia o § 3º do art. 11 da Lei n. 6.830, por força do art. 889 da CLT, pois tal comando legal permite ao juiz determinar a remoção de bem penhorado, o que equivaleria ao desligamento. O TST já decidiu da mesma forma (SDI do TST, RO – MS 51.250/92.1 – 1ª R., Rel. Juiz Hylo Gurgel, j. 2-12-1992, *DJU*, I, 5-2-1993, p. 958). O juiz poderá, porém, determinar que o devedor comprove o pagamento mensal das contas telefônicas sob pena de desligamento do telefone.

A decisão judicial transitada em julgado somente poderá ser levada a protesto, gerar inscrição do nome do executado em órgãos de proteção ao crédito ou no Banco Nacional de Devedores Trabalhistas (BNDT), nos termos da lei, depois de transcorrido o prazo de 45 dias a contar da citação do executado, se não houver garantia do juízo (art. 883-A da CLT). Apenas se não houver garantia do juízo é que se fará protesto, inscrição do nome do executado no órgão de proteção ao crédito ou no BNDT.

28.15 EXECUÇÃO CONTRA A FAZENDA PÚBLICA

No período monárquico e no republicano, as condenações impostas às pessoas de Direito Público interno ficavam sujeitas à ingerência política. Quando o Poder Legislativo votava matéria orçamentária para cumprimento de decisão judicial contra a Fazenda Pública, os deputados entravam no exame da sentença, submetendo a coisa julgada a um julgamento político e só concedendo a verba quando estavam de acordo com o que tinha sido decidido.

O art. 182 da Constituição de 1934 determinava que "os pagamentos devidos pela Fazenda Federal, em virtude de sentença judiciária, far-se-ão na ordem de apresentação dos precatórios e à conta dos créditos respectivos, sendo vedada a designação de caso ou pessoas nas verbas legais. Parágrafo único. Esses créditos serão consignados pelo Poder Executivo ao Poder Judiciário, recolhendo-se as importâncias aos cofres dos depósitos públicos".

O CPC de 1939 não previa disposição específica sobre a execução contra a Fazenda Pública, apenas havia referência à observância do parágrafo único, do art. 918, que tratava dos casos de pagamentos devidos em virtude de sentença. O citado mandamento aplicava-se à ação executiva proposta contra a Fazenda Pública.

O art. 112 da Carta Magna de 1967 estabelecia que "os pagamentos devidos pela Fazenda Federal, estadual ou municipal, em virtude de sentença judiciária, far-se-ão na ordem de apresentação dos precatórios e à conta dos créditos respectivos, proibida a designação de casos ou de pessoas nas dotações orçamentárias e nos créditos extraorçamentários abertos para esse fim". O § 1º da mesma regra dispunha que "é obrigatória a inclusão, no orçamento das entidades de direito público, de verba necessária ao pagamento dos seus débitos constantes de precatórios judiciários, apresentados até primeiro de julho". O § 2º prescrevia que "as dotações orçamentárias e os créditos abertos serão consignados ao Poder Judiciário, recolhendo-se as importâncias respectivas à repartição competente. Caberá ao Presidente do Tribunal, que proferiu a decisão exequenda determinar o pagamento, segundo as possibilidades do depósito, e autorizar, a requerimento do credor preterido no seu direito de precedência, e depois de ouvido o chefe do Ministério Público, o sequestro da quantia necessária à satisfação do débito". O art. 117 da Emenda Constitucional n. 1, de 1969, tinha a mesma redação, com pequenas modificações redacionais no seu § 2º.

A execução contra a Fazenda Pública não é feita como em relação a qualquer outro devedor. Deverá a Fazenda ser citada, não para pagar a dívida ou oferecer bens à penhora, mas para embargar, se o desejar, pois seus bens são impenhoráveis.

Reza o art. 100 da Constituição de 1988 que "Os pagamentos devidos pelas Fazendas Federal, Estaduais, Distrital e Municipais, em virtude de sentença judiciária, far-se-ão exclusivamente na ordem cronológica de apresentação dos precatórios e à conta dos créditos respectivos, proibida a designação de casos ou de pessoas nas dotações orçamentárias e nos créditos adicionais abertos para este fim". Dispõe, ainda, o art. 33 do ADCT que, ressalvados os créditos de natureza alimentar, o valor dos precatórios judiciais pendentes de pagamento quando da promulgação da Lei Maior, poderá ser pago, com atualização monetária, em prestações anuais, iguais e sucessivas, no máximo em oito anos.

Precatório provém do latim *precatorius*. Precatório vem de precatar, que tem o sentido de pôr em precaução, pôr de sobreaviso, prevenir, precaver, acautelar. Precatório é o documento em que se pede alguma coisa. É o ato de pedir, de deprecar. É a requisição feita pelo juiz da execução ao presidente do tribunal, para que a Fazenda Pública expeça as ordens de pagamento para saldar o débito a que foi condenada. O juiz de primeiro grau não ordena, apenas solicita ao presidente do tribunal que requisite o numerário necessário para o pagamento do débito da Fazenda Pública.

Precatória é a carta para citar alguém em outra comarca, para ouvir testemunha ou fazer perícia.

O precatório não tem por finalidade apenas assegurar o cumprimento da decisão transitada em julgado em relação à Fazenda Pública. Como adverte José Augusto Rodrigues Pinto, "estende-se, também, a assegurar uma ordem determinada para esse cumprimento, partindo-se do suposto de que há múltiplas decisões a cumprir-se, oriundas, de processos das mais diversas naturezas e proveniências" (1991:153).

Deve-se observar o princípio da universalidade orçamentária, em que existe necessidade de planejamento do Estado, sob pena de prejudicar os serviços essenciais prestados pelo Estado.

Objetiva-se, também, estabelecer uma ordem cronológica para serem feitos os pagamentos, de forma que haja igualdade de tratamento dos credores e não exista nenhum preterimento, como de pagar primeiro os que têm maiores relações com a Administração Pública e deixar por último os inimigos do regime.

No precatório deverá constar a quantia a ser paga e a pessoa beneficiária, sendo acompanhado das peças do processo, como cópia da sentença e do acórdão, se for o caso, e da conta de liquidação.

O valor não pode ser estabelecido em número de unidades de referência, pois a despesa deve ser certa; o orçamento não pode conter valores variáveis. Será expedido precatório complementar para pagamento de juros e correção monetária.

Resta saber se há necessidade ou não de precatório para a execução da dívida trabalhista contra a Fazenda Pública.

Compreendem os débitos de natureza alimentícia os decorrentes de salários, vencimentos, proventos, pensões e suas complementações, benefícios previdenciários e indenizações por morte ou por invalidez, fundadas em responsabilidade civil, em virtude de sentença judicial transitada em julgado, e serão pagos com preferência sobre todos os demais débitos, exceto sobre os referidos no § 2º do art. 100 da Constituição (§ 1º do art. 100 da Lei Maior). A regra do § 1º do art. 100 da Constituição é taxativa quanto a quais são os créditos de natureza alimentícia. Não é meramente exemplificativa, pois não usa a expressão *tais como*. Na exceção do § 1º do art. 100 da Constituição não podem ser incluídos honorários de advogado.

Os débitos de natureza alimentícia cujos titulares, originários ou por sucessão hereditária, tenham 60 anos de idade, ou sejam portadores de doença grave, ou pessoas com deficiência, definidos na forma da lei, serão pagos com preferência sobre todos os demais débitos, até o valor equivalente ao triplo fixado em lei para os fins de débitos de pequeno valor, admitido o fracionamento para essa finalidade, sendo que o restante será pago na ordem cronológica de apresentação de precatório (§ 2º do art. 100 da Constituição).

Os créditos trabalhistas têm natureza alimentícia, pois são destinados à manutenção da pessoa com gastos com alimentos, transporte, vestuários etc.

Não é qualquer crédito trabalhista que terá natureza alimentícia. O FGTS tem natureza indenizatória e não alimentícia. Outros créditos trabalhistas não têm natureza alimentícia, mas indenizatória, como a indenização de estabilidade, de férias não gozadas e proporcionais, da indenização de 40% do FGTS etc. Assim, os créditos trabalhistas de natureza alimentícia que podem ser enquadrados no art. 100 da Constituição são, regra geral, os salários, que se consubstanciam na fonte de subsistência dos trabalhadores.

Os bens públicos de uso comum do povo e os de uso especial são inalienáveis, só podendo ser vendidos na forma e nos casos previstos em lei (art. 100 do Código Civil). Os bens inalienáveis não podem ser penhorados (arts. 832 e 833, I, do CPC). O art. 100 da Constituição não revogou tais determinações. Mesmo os bens dominiais, ou dominicais, não podem ser penhorados por serem bens públicos, pois são bens disponíveis, que podem ser utilizados para qualquer fim, e até mesmo ser alienados (Meirelles, Hely Lopes. 1989:428-429). Contudo, deve haver previsão legal para a venda dos bens dominiais.

Não é possível penhorar um bem público para satisfação de qualquer débito, mesmo de natureza trabalhista, pois os bens públicos são impenhoráveis. Mais se justifica, então, a expedição do precatório, de acordo com as disposições constitucionais sobre a matéria.

A Norma Ápice deve ser analisada sistematicamente e não se interpretar um dispositivo isoladamente. Devem ser cotejados o art. 100 e seus parágrafos, com o art. 165, III e §§ 6º e 8º da Lei Maior para melhor compreensão do tema ora versado.

Não é porque o crédito trabalhista tem natureza alimentar que não estará sujeito ao precatório para o pagamento da dívida da Fazenda Pública. O precatório é necessário, mesmo para saldar os créditos de natureza alimentícia. Apenas não será observada a ordem cronológica em relação às demais dívidas, que não de natureza alimentícia. Não teria nenhum sentido o § 1º do art. 100 da Lei Maior dispor sobre precatório caso não houvesse necessidade deste, o que implicaria uma disposição completamente inútil no bojo da Constituição.

Os créditos de natureza alimentícia, observado o precatório, deverão ser pagos antes de quaisquer outros. Não se poderá expedir uma ordem por meio do juiz ao setor responsável pelo pagamento da Fazenda Pública, mas sim observar-se-á o pedido do Presidente do Tribunal que proferir a decisão exequenda, determinando o pagamento segundo as possibilidades de depósito consignadas nas dotações orçamentárias, sempre mediante a expedição de precatório.

Nosso sistema constitucional consagrou os orçamentos, em que devem estar fixados os recursos necessários para o pagamento das despesas (art. 165, III, e §§ 6º e 8º da Lei Fundamental), mesmo no tocante ao pagamento de verbas de natureza alimentícia. A dotação orçamentária é prevista anualmente, transferindo-se, então, o numerário do Executivo para o Judiciário. A Constituição não admite o pagamento do débito judicial sem que haja verba correspondente prevista no orçamento, sob pena de se fazerem pagamentos da dívida pública àqueles apaniguados com as administrações públicas, em detrimento de outros que já estavam à frente na ordem cronológica de pagamento.

Dessa forma, deverá ser incluída no orçamento a verba necessária ao pagamento do precatório apresentado até 1º de julho, sendo o desembolso feito até o final do exercício seguinte. Em caso de preterimento do direito de precedência caberá ao Presidente do Tribunal que proferir a decisão exequenda determinar o sequestro dos valores necessários à satisfação do débito, se houver requerimento nesse sentido. Não há, portanto, na Lei Magna a previsão de pagamento direto aos credores da dívida pública, mesmo de créditos de natureza alimentícia. Há, sim, a necessidade do precatório, que deverá ser autuado e pago ao credor sem a observância de ordem cronológica em relação aos créditos, que não os de natureza alimentícia.

Mesmo entre os créditos de natureza alimentícia, deve haver uma ordem cronológica para seu pagamento, sendo vedado o pagamento em parcelas. No entanto, não é possível que um crédito de natureza alimentícia que tenha sido protocolado em data posterior a outro da mesma natureza seja pago em primeiro lugar. Há necessidade, mesmo entre os créditos de natureza alimentícia, de autuação cronológica dos precatórios, que apenas terão preferência na ordem de pagamento sobre os demais créditos.

A exceção em favor dos créditos de natureza alimentícia não dispensa a expedição de precatório, limitando-se a isentá-los da observância da ordem cronológica dos precatórios decorrentes de condenações de outra natureza (Súmula 655 do STF).

A Súmula 144 do STJ esclarece que os créditos de natureza alimentícia gozam de preferência, desvinculados os precatórios da ordem cronológica dos créditos de natureza diversa.

As autarquias também devem estar sujeitas ao precatório, pois são pessoas jurídicas de direito público, com função própria. Seus bens têm natureza pública, sendo, portanto, impenhoráveis. Os pagamentos de dívidas trabalhistas das autarquias e fundações públicas devem seguir as regras do art. 910 do CPC.

A Lei n. 8.197, de 27-6-1991, confirma o que foi até aqui exposto, ao esclarecer que "os pagamentos devidos pela Fazenda Pública federal, estadual ou municipal e pelas autarquias e fundações públicas, em virtude de sentença judiciária, far-se-ão, exclusivamente, na ordem cronológica da apresentação dos precatórios judiciários e à conta do respectivo crédito" (art. 4º). "É assegurado o direito de preferência aos credores de obrigação de natureza alimentícia, obedecida, entre eles, a ordem cronológica de apresentação dos respectivos precatórios judiciários" (parágrafo único do art. 4º). A norma legal mostra que pagamentos feitos por autarquias e fundações públicas devem ser realizados mediante precatório.

As fundações de natureza privada não estão sujeitas ao pagamento de seus débitos mediante precatório.

As empresas públicas e as sociedades de economia mista, porém, não estão sujeitas, no pagamento de suas dívidas laborais, ao precatório, porque obedecem ao regime jurídico das empresas privadas, no que diz respeito às obrigações trabalhistas (§ 1º do art. 173 da Constituição), havendo a penhora de bens na execução se não for paga a quantia determinada na liquidação da sentença.

Na execução contra a União, a citação deve ser feita na pessoa do advogado da União (arts. 35 a 38 da Lei Complementar n. 73/93).

A Fazenda Pública goza do direito de opor embargos à execução, não ficando, porém, sujeita a penhora e praceamento de seus bens. O prazo de embargos será o normal de 30 dias, previsto no art. 884 da CLT. Não se aplica o CPC, pois há previsão expressa do prazo na CLT. De outro lado, não se trata de contestação, nem recurso para aplicação de prazo em quádruplo ou em dobro, na forma da orientação do Decreto-lei n. 779/69, pois as disposições deste dispositivo aplicam-se à fase de conhecimento e não de execução.

A sentença que julgar os embargos não estará sujeita ao duplo grau de jurisdição, pois a remessa de ofício de que trata o inciso V do art. 1º do Decreto-lei n. 779/69 refere-se apenas ao processo de conhecimento e não de execução, tanto que se fala em "recurso ordinário *ex officio*".

Não sendo opostos embargos, ou caso estes forem rejeitados, e transitada em julgado a decisão, o juiz da execução oficiará o Presidente do Tribunal Regional do Trabalho para a requisição do numerário, por meio do precatório.

É obrigatória a inclusão, no orçamento das entidades de direito público, de verba necessária ao pagamento de seus débitos, oriundos de sentenças transitadas em julgado, constantes de precatórios judiciários apresentados até 1º de julho, fazendo-se o pagamento até o final do exercício seguinte, quando terão seus valores atualizados monetariamente (§ 5º do art. 100 da Constituição). A redação dá a entender que a atualização será feita quando do pagamento e não em 1º de julho, pois a redação anterior mostrava que a atualização seria feita em 1º de julho, sendo que o pagamento já estaria defasado quando fosse feito. O orçamento normalmente tem que ser preparado em seis meses para ser votado e entrar em execução. Durante o período previsto não incidem juros de mora sobre os precatórios que nele sejam pagos (Súmula Vinculante n. 17 do STF). O § 5º do art. 100 da Constituição exige o trânsito em julgado da sentença. Não pode, portanto, haver execução provisória da sentença para expedição de precatório.

Se o precatório for apresentado no segundo semestre, a verba para pagamento estará disponível apenas no ano posterior.

É possível ser expedido precatório em relação à parte incontroversa da dívida (STF, RE-AgR 504.128-PR, 1ª T., j. 23-10-2007, Rel. Min. Carmen Lúcia).

A ordem de pagamento dos precatórios será feita de acordo com a apresentação cronológica do precatório e à conta do respectivo crédito. Os créditos trabalhistas de natureza alimentícia serão pagos por precatório, mas terão entre eles uma ordem cronológica a ser observada para o pagamento.

A Constituição não exige que seja ouvido o Ministério Público. Fazendo-se uma análise histórica, verifica-se que foi suprimida a necessidade de oitiva do Ministério Público no § 2º do art. 145 do projeto da Constituição. O § 2º do art. 100 da Constituição não fez também a referida exigência. Nada impede que o legislador ordinário trate do tema, que não é incompatível com a Constituição, que não veda peremptoriamente a questão. O CPC de 2015 não mais exige a oitiva do Ministério Público para determinar o sequestro.

Sendo o credor preterido em seu direito de preferência, o presidente do tribunal, que expediu a ordem, poderá ordenar o sequestro da quantia necessária à satisfação do débito. A preterição do pagamento, de modo geral, caracteriza-se pela violação ao direito de precedência do credor e pela não inclusão do crédito no orçamento no prazo previsto no art. 100 da Constituição. À preterição não se equiparam as situações de não inclusão da despesa no orçamento ou de não pagamento de precatório até o final do exercício, quando incluído no orçamento (OJ 3 do Pleno do TST).

A Instrução Normativa do TST n. 32, de 2007, uniformiza procedimentos para a expedição de precatórios. A pessoa jurídica de direito público informará ao Tribunal, até 31 de dezembro, se fez incluir no orçamento os precatórios apresentados até 1º de julho. Os precatórios de requisição de pagamento serão dirigidos pelo juiz da execução a quem compete o cumprimento do precatório, ao Presidente do TRT, que, no exercício da atividade administrativa, examinará suas formalidades extrínsecas. O precatório conterá, obrigatoriamente, cópia das seguintes peças, além de outras que o juiz entender necessárias ou as partes indicarem: (1) petição inicial da demanda trabalhista; (2) decisão exequenda; (3) conta de liquidação; (4) decisão proferida sobre a conta de liquidação; (5) certidão de trânsito em julgado das decisões referidas nos itens 2 e 4; (6) indicação da pessoa ou pessoas a quem deve ser paga a importância requisitada; (7) citação da entidade devedora; (8) procuração com poderes expressos para receber e dar quitação, no caso de pedido de pagamento a procurador; (9) manifestação do representante legal da União, atestando que o precatório está conforme os autos originais; (10) número de conta, exclusiva, na qual deverão ser efetuados os depósitos; (11) inteiro teor do despacho que ordenou a formação do precatório.

Os precatórios recebidos no setor competente no TRT serão processados observando-se o seguinte: (a) cada precatório será autuado e numerado de acordo com a ordem cronológica de chegada, para efeito de precedência do seu cumprimento; (b) o precatório será submetido ao Presidente do Tribunal, após examinados os pressupostos exigidos a sua formação, devidamente informado, sendo certificadas eventuais irregularidades; (c) encerrado a 1º de julho de cada ano o período destinado à proposta orçamentária, serão, pelo juiz da execução, calculados os valores e atualizados na forma da lei, a fim de que a entidade devedora seja comunicada do débito geral apurado, para inclusão do valor na dotação orçamentária do exercício seguinte.

A atividade do presidente do Tribunal é administrativa e não jurisdicional quando trata dos precatórios (STF, ADI 1098, j. 11-9-1996, Rel. Min. Marco Aurélio, *DJ* 25-10-1996, p. 41.026).

Ao Presidente do TRT compete, além de expedir os ofícios requisitórios, o seguinte: (a) baixar instruções gerais necessárias à tramitação dos respectivos precatórios e ordenar as diligências cabíveis a sua regularização; (b) determinar, de ofício ou a requerimento das partes, a correção de inexatidões materiais ou a retificação de erros de cálculo; (c) encaminhar, ao juízo da execução, cópia do ofício requisitório, para que o faça constar dos autos de que se extraiu o precatório, bem assim a informação da pessoa jurídica de direito público.

Prevê a alínea *e* do art. 1º da Lei n. 9.494/97 que "são passíveis de revisão, pelo presidente do tribunal, de ofício, ou a requerimento das partes, as contas elaboradas para aferir o valor dos precatórios antes de seu pagamento ao credor".

Os pagamentos deverão ser feitos nos autos do processo de execução, observando-se: (a) à medida que ocorrer a liberação, as importâncias respectivas serão depositadas na conta indicada pelo juiz requisitante, a sua disposição, considerando nos depósitos e levantamentos o que dispõe o art. 100 da Constituição; (b) efetivado o pagamento do valor requisitado, remanescendo diferenças devidas por atualização monetária, os cálculos deverão ser efetuados pelo juiz da execução, que, após a intimação das partes, expedirá requisição de pagamento e a encaminhará ao Presidente do TRT, para a remessa do precatório à entidade devedora.

Para o cumprimento do que dispõe a letra *a* do que foi dito anteriormente, as Varas providenciarão a abertura de conta em estabelecimento bancário oficial, destinada, exclusivamente, à movimentação das importâncias referentes aos precatórios.

O valor contido no precatório deveria vir corrigido. Normalmente, isso não ocorre. A correção monetária não representa remuneração do capital ou um *plus*, mas apenas a atualização do principal em virtude da inflação. Devem assim ser expedidos tantos precatórios quantos forem suficientes para o pagamento integral da dívida, inclusive com correção monetária. Não havendo o pagamento, o presidente do Tribunal deve decretar o sequestro da quantia integral, devidamente corrigida. A quantia a ser sequestrada é a integral para a satisfação do débito, que inclui correção monetária e juros e não a quantia necessária à satisfação do precatório. O valor a ser sequestrado será o atualizado na data da constrição judicial.

O § 3º, do art. 57, da Constituição do Estado de São Paulo dispõe que "os créditos de natureza alimentícia, nesta incluídos, entre outros, vencimentos, pensões e suas complementações, indenizações por acidente de trabalho, por morte ou invalidez fundadas na responsabilidade civil, serão pagos de uma só vez, *devidamente atualizados até a data do efetivo pagamento*".

O STJ já entendeu sobre a necessidade de atualizações sucessivas no precatório em razão da inflação (STJ, 1ª T., AG-AI 6734/SP, Rel. Min. Demócrito Reinaldo).

Penso também que deverá haver tantos precatórios quantos forem necessários para o completo pagamento do crédito, inclusive, se for o caso, correção monetária da correção monetária, pois do contrário o credor será prejudicado e o devedor pagará valor inferior ao devido.

Nas hipóteses em que o pagamento do valor vem sem correção monetária, devem incidir juros pelo atraso no pagamento.

Apesar de o precatório ser instituído para o fim de proteger o patrimônio público, não pode, porém, violar a coisa julgada.

Não atualizando o ente público o precatório, tal prática pode ser considerada como ato atentatório à dignidade da Justiça (art. 774 do CPC), pois a Administração Pública está descumprindo determinação do Poder Judiciário e ofendendo a coisa julgada.

O não pagamento do precatório não dá ensejo a sequestro, mas a intervenção.

É claro o § 6º do art. 100 da Constituição no sentido de que o sequestro é "exclusivamente para o caso de preterimento de seu direito de precedência". Assim, o não pagamento da importância devida pela Fazenda Pública é caso de intervenção.

Segundo o entendimento do STF, na medida cautelar na ADIn 1.662-DF, em que foi relator o Min. Maurício Corrêa, o sequestro só pode ser determinado no caso em que a Fazenda Pública viole a ordem de pagamento dos precatórios.

O Provimento do TST CG/JT n. 3/98 esclareceu no seu item 4 que os Tribunais Regionais se abstenham de autorizar o sequestro da quantia necessária à satisfação do crédito, quando não houver a inclusão no orçamento das verbas relativas a precatórios e quando houver pagamento em quantia inferior a devida, sem a devida atualização, ou fora do prazo legal.

Prevê o § 6º do art. 100 da Constituição que cabe ao presidente do Tribunal que proferir a decisão exequenda determinar o pagamento integral e autorizar, a requerimento do credor, e exclusivamente para o caso de preterimento de seu direito de precedência ou de não alocação orçamentária do valor necessário à satisfação do débito, o sequestro da quantia respectiva.

O sequestro só pode ser determinado pelo juiz Presidente do Tribunal e não pelo juiz da Vara.

No não pagamento do precatório, pela sua não inclusão no orçamento, não há preterição, pois uma pessoa não está sendo preterida em relação a outra. Logo, não é o caso de sequestro, mas de intervenção.

A hipótese contida no § 6º do art. 100 da Constituição depende de requerimento do credor. O presidente do Tribunal não pode proceder de ofício.

Dispõe o § 3º do art. 100 da Constituição que não se aplica a regra do *caput*, relativamente à expedição de precatórios, aos pagamentos de obrigações definidas em lei como de pequeno valor que as Fazendas devam fazer em virtude de sentença judicial transitada em julgado. Não se exige que a parcela seja de natureza alimentar, mas de pequena monta. O § 3º do art. 100 da Constituição não é autoaplicável, dependendo de lei ordinária para complementá-lo. Necessita apenas de regulamentação. Logo, não se pode falar em analogia ao art. 128 da Lei n. 8.213 para os fins de pequeno valor para a dispensa de precatório.

Poderão ser fixados, por leis próprias, valores distintos às entidades de direito público, segundo as diferentes capacidades econômicas, sendo o mínimo igual ao valor do maior benefício do regime geral de previdência social (§ 4º do art. 100 da Constituição). Um pequeno município não tem a mesma capacidade de pagamento de um grande município.

O § 1º do art. 17 da Lei n. 10.259/2001 define as obrigações de pequeno valor, a serem pagas independentemente de precatório, que terão como limite o mesmo valor estabelecido para a competência do Juizado Especial Federal Cível, ou seja, até 60 salários-mínimos. É a chamada requisição de pequeno valor (RPV).

Dispõe o § 8º do art. 23 da Lei n. 10.266, de 24 de julho de 2001, que as requisições dos créditos de pequeno valor, de qualquer natureza, nos termos do § 3º do art. 100 da Constituição, como previsto no art. 7º, XI, serão feitas pelo juiz da execução diretamente ao Tribunal competente, que, para a efetivação do pagamento, organizará as requisições em ordem cronológica contendo os valores discriminados por beneficiário e natureza alimentícia e não alimentícia.

São vedados a expedição de precatórios complementares ou suplementares de valor pago, bem como fracionamento, repartição ou quebra do valor da execução (§ 8º do art. 100 da Constituição), a fim de que seu pagamento não se faça, em parte, em relação a pagamento de pequeno valor definido em lei e, em parte, mediante expedição de precatório.

O presidente do Tribunal competente que, por ato comissivo ou omissivo, retardar ou tentar frustrar a liquidação regular de precatório incorrerá em crime de responsabilidade e responderá, também, perante o CNJ (§ 7º do art. 100 da Constituição).

No momento da expedição dos precatórios, independentemente de regulamentação, deles deverá ser abatido, a título de compensação, valor correspondente aos débitos líquidos e certos, inscritos ou não em dívida ativa e constituídos contra o credor original pela Fazenda Pública devedora, incluídas parcelas vincendas de parcelamentos, ressalvados aqueles cuja execução esteja suspensa em virtude de contestação administrativa ou judicial (§ 9º do art. 100 da Constituição).

Antes da expedição dos precatórios, o Tribunal solicitará à Fazenda Pública devedora, para resposta em até 30 dias, sob pena de perda de direito de abatimento, informação sobre os débitos que preencham as condições estabelecidas no § 9º do art. 100 da Constituição, para os fins nele previstos.

É facultada ao credor, conforme estabelecido em lei da entidade federativa devedora, a entrega de créditos em precatórios para compra de imóveis públicos do respectivo ente federado.

A partir da promulgação da Emenda Constitucional n. 62, a atualização de valores de requisitórios, após sua expedição, até o efetivo pagamento, independentemente de sua natureza, será feita pelo índice oficial de remuneração básica da caderneta de poupança, e, para fins de compensação da mora, incidirão juros simples no mesmo porcentual de juros incidentes sobre a caderneta de poupança, ficando excluída a incidência de juros compensatórios.

O credor poderá ceder, total ou parcialmente, seus créditos em precatórios a terceiros, independentemente da concordância do devedor, não se aplicando ao cessionário o disposto nos §§ 2º e 3º do art. 100 da Constituição.

A cessão de precatórios somente produzirá efeitos após comunicação, por meio de petição protocolizada, ao tribunal de origem e à entidade devedora.

Lei complementar poderá estabelecer regime especial de pagamento de crédito de precatórios de Estados, Distrito Federal e Municípios, dispondo sobre vinculações à receita corrente líquida e forma e prazo de liquidação.

A seu critério exclusivo e na forma da lei, a União poderá assumir débitos oriundos de precatórios, de Estados, Distrito Federal e Municípios, refinanciando-os diretamente (§ 16 do art. 100 da Constituição). A lei mencionada é a ordinária federal e não a complementar.

A Súmula 733 do STF afirma que "não cabe recurso extraordinário contra decisão proferida no processamento de precatórios".

28.16 EXECUÇÃO CONTRA A MASSA FALIDA

O interesse coletivo prefere o individual. A falência visa atender ao interesse de todos os credores não podendo um crédito ser executado de forma individual. Viola a isonomia e o juízo universal da falência.

A decretação da falência ou o deferimento do processamento da recuperação judicial suspende o curso da prescrição e de todas as ações e execuções contra o devedor, inclusive aquelas dos credores particulares do sócio solidário (art. 6º da Lei n. 11.101/2005).

O preceito pode ser considerado inconstitucional, pois o inciso XXXV do art. 5º da Constituição de 1988 estabelece que "a lei não excluirá da apreciação do

Poder Judiciário lesão ou ameaça a direito", sendo que, no caso, a Lei n. 11.101 o está fazendo, isto é, impedindo a pessoa de exercer o direito de ação.

Os arts. 5º e 29 da Lei n. 6.830/80, aplicados subsidiariamente à execução, por força do art. 889 da CLT, excluem qualquer juízo especial para processar os créditos com privilégio especial, aplicando-se ao crédito trabalhista.

As ações de natureza fiscal não são suspensas pelo deferimento da recuperação judicial, ressalvada a concessão de parcelamento nos termos do CTN e da legislação ordinária específica (§ 7º do art. 6º da Lei n. 11.101).

Na recuperação judicial, a suspensão não poderá exceder em nenhuma hipótese o prazo improrrogável de 180 dias contado do deferimento do processamento da recuperação, restabelecendo-se, após o decurso do prazo, o direito dos credores de iniciar ou continuar suas ações e execuções, independentemente de pronunciamento (§ 4º do art. 6º da Lei n. 11.101). Aplica-se à recuperação judicial a regra do § 2º, mas, após o fim da suspensão, as execuções trabalhistas poderão ser normalmente concluídas, ainda que o crédito já esteja inscrito no quadro geral de credores (§ 5º do art. 6º da Lei n. 11.101).

Há entendimentos de que a execução contra a massa falida poderia prosseguir no próprio processo do trabalho, até que o crédito do empregado fosse satisfeito. O crédito trabalhista goza de um "superprivilégio", que preferiria a qualquer outro, inclusive os créditos falimentares.

O art. 768 da CLT indica que "terá preferência em todas as fases processuais o dissídio cuja decisão tiver de ser executada perante o juízo da falência". Tal determinação poderia levar a crer que a execução prossegue contra a massa até o recebimento por parte do empregado. Todavia, a questão não é bem assim.

O juízo da falência é indivisível e competente para conhecer todas as ações sobre bens, interesses e negócios do falido, ressalvadas as causas trabalhistas, fiscais e as não reguladas na Lei de Falências, em que o falido figurar como autor ou litisconsorte ativo (art. 76 da Lei n. 11.101).

Terá prosseguimento a discussão do crédito no juízo no qual estiver se processando a ação que demandar quantia ilíquida (§ 1º do art. 6º da Lei n. 11.101). É o que ocorre com os créditos trabalhistas, que precisam ser tornados líquidos e depois deve haver habilitação na massa, pois o juízo universal da massa atrai para si todos os créditos, de modo que não sejam pagos uns antes de outros.

A decretação da falência suspende o curso de todas as ações e execuções contra o devedor (art. 6º da Lei n. 11.101/2005). Estabelece também o § 2º do referido dispositivo que as ações de natureza trabalhista serão processadas perante a Justiça Especializada até a apuração do respectivo crédito, que será inscrito no quadro geral de credores pelo valor determinado na sentença.

O art. 768 da CLT mostra que os créditos trabalhistas são executados na falência e não no próprio processo trabalhista. O juízo universal falimentar atrai para si todos os valores devidos pela massa. No processo trabalhista os créditos contra a massa são julgados pela Justiça do Trabalho até o momento em que houver a liquidação de sentença e seja definido o valor devido ao empregado. Terminada a fase de liquidação, o empregado habilita seu crédito na falência.

É permitido pleitear, perante o administrador judicial, habilitação, exclusão ou modificação de créditos derivados da relação de trabalho, mas as ações de natureza trabalhista, inclusive as impugnações, serão processadas perante a justiça especializada até a apuração do respectivo crédito, que será inscrito no quadro geral de credores pelo valor determinado em sentença (§ 2º do art. 6º da Lei n. 11.101). Assim, não será possível a execução direta na Justiça do Trabalho dos créditos dos trabalhadores.

O processo prossegue na Justiça do Trabalho até ser tornado o crédito líquido. Uma vez individualizado o crédito, o empregado deve se habilitar perante a massa falida. O credor poderá apenas pedir ao juiz do trabalho o envio de ofício à massa falida para reserva do numerário.

A competência da Justiça do Trabalho quanto à execução de título judicial ou extrajudicial constantes do art. 876 da CLT, no caso de massa falida, termina com a liquidação e fixação do valor devido pela empresa ao trabalhador, cabendo, também, ao juízo trabalhista expedir certidão de habilitação do crédito para prosseguimento no juízo universal da falência. O juiz do trabalho pode também pedir reserva de valores em relação ao crédito privilegiado do empregado.

O art. 449 da CLT estabelece apenas que, mesmo com a falência, recuperação judicial ou dissolução da empresa, os direitos decorrentes do contrato de trabalho subsistem, constituindo-se *créditos privilegiados*, que hoje correspondem a até 150 salários-mínimos, devendo, portanto, ser habilitados no juízo falimentar, a quem cabe decidir sobre a liberação dos bens da massa aos credores.

Julgou o STF ser "competente a Justiça estadual comum, com exclusão da Justiça do Trabalho, para processar e julgar a execução dos créditos trabalhistas no caso de empresa em fase de recuperação judicial".

A competência é do juízo falimentar para executar os créditos trabalhistas definidos no processo trabalhista. Isso se justifica pelo fato de que, se entendesse o contrário, haveria várias execuções individuais em diversos juízos, sem que existisse uma unidade e também o privilégio do crédito trabalhista sobre outros e a isonomia entre os próprios créditos.

Entendo que o certo é habilitar o crédito na massa e depois se não houver numerário respondem os sócios (art. 795 do CPC) e depois os responsáveis subsidiários. Não é possível cobrar de imediato dos sócios no processo trabalhista, sem haver habilitação na massa. Também é impossível cobrar do que tem responsabilidade subsidiária de imediato.

Há necessidade de esgotar primeiro a cobrança na massa falida e dos sócios para depois se voltar para o responsável subsidiário. Não se trata de responsabilidade solidária, em que o credor pode exigir a obrigação de qualquer dos devedores (art. 275 do Código Civil).

Se os bens estiverem em praça, com dia definitivo para arrematação, fixado por editais, far-se-á esta, entrando o produto para a massa. Se, porém, os bens já tiverem sido arrematados ao tempo da declaração da falência, somente entrará para a massa a sobra, depois de pago o exequente.

Geralmente, a sentença trabalhista não fixa valor, mas apenas os títulos devidos. Assim, parece que o valor determinado em sentença, a que faz referência a Lei n. 11.101, diz respeito à sentença de liquidação, que quantifica os valores devidos ao empregado.

Não se pode penhorar bens do sócio na falência, pois há necessidade da habilitação perante a massa.

A responsabilidade pessoal dos sócios de responsabilidade limitada, dos controladores e dos administradores da sociedade falida, estabelecida nas respectivas leis, será apurada no próprio juízo da falência, independentemente da realização do ativo e da prova da sua insuficiência para cobrir o passivo (art. 82 da Lei n. 11.101). Não será, portanto, apurada no juízo trabalhista. O juiz poderá, de ofício ou mediante requerimento das partes interessadas, ordenar a indisponibilidade de bens particulares dos réus, em quantidade compatível com o dano provocado, até o julgamento da ação de responsabilização (§ 2º do art. 82). O juiz a que se refere a lei é o juiz da falência.

O juiz do trabalho, por exemplo, poderá determinar a reserva da importância que estimar devida na recuperação judicial ou na falência, e, uma vez reconhecido líquido o direito, será o crédito incluído na classe própria (§ 3º do art. 6º da Lei n. 11.101).

A concordata do empregador não impede a execução do crédito nem o ajuizamento da ação trabalhista pelo empregado na Justiça do Trabalho (Súmula 227 do STF). A orientação da súmula deve apenas ser adaptada de concordata para recuperação judicial.

Tem por objetivo a recuperação judicial viabilizar a superação da situação de crise econômico-financeira do devedor, a fim de permitir a manutenção da fonte produtora, do emprego dos trabalhadores e dos interesses dos credores, promovendo, assim, a preservação da empresa, sua função social e o estímulo à atividade econômica (art. 47 da Lei n. 11.101).

Passados os 180 dias da suspensão das ações e execuções na recuperação judicial, as execuções trabalhistas poderão ser normalmente concluídas, ainda que o crédito já esteja inscrito no quadro-geral de credores (§ 5º do art. 6º da Lei n. 11.101).

Na alienação conjunta ou separada de ativos, inclusive da empresa ou de suas filiais, o objeto da alienação estará livre de qualquer ônus e não haverá sucessão do arrematante nas obrigações do devedor, inclusive as de natureza tributária, as derivadas da legislação do trabalho e as decorrentes de acidentes do trabalho (art. 141, II, da Lei n. 11.101). O objetivo é permitir que o adquirente compre os ativos da massa, transformando-os em dinheiro para o pagamento dos credores, sem que exista responsabilidade trabalhista ou tributária por sucessão. Do contrário, as pessoas não terão interesse em adquirir bens e, posteriormente, serem responsabilizadas como sucessoras.

O parágrafo único do art. 60 da Lei n. 11.101 não foi claro em excluir da sucessão trabalhista na alienação na recuperação judicial: "o objeto da alienação estará livre de qualquer ônus e não haverá sucessão do arrematante nas obrigações do devedor, inclusive as de natureza tributária, observado o disposto no § 1º do art. 141".

A expressão *obrigações do devedor* poderia ser entendida num sentido amplo, compreendendo as dívidas de natureza trabalhista.

Não há referência expressa no parágrafo único do art. 60 da Lei n. 11.101 à expressão *legislação do trabalho*. Isso significa que o legislador teve intuito deliberado em não incluir créditos decorrentes da legislação do trabalho na alienação de bens na recuperação judicial.

A interpretação histórica mostra que o legislador ordinário tinha por objetivo incluir na alienação na recuperação judicial a sucessão em relação a créditos trabalhistas. A Emenda n. 12-Plen. visava excluir a sucessão trabalhista na venda de bens na recuperação judicial. Entretanto, essa proposta foi rejeitada sob o fundamento de que, diferentemente do crédito tributário, protegido pela certidão negativa ou positiva com efeito de negativa para a concessão da recuperação judicial, o crédito trabalhista fica desguarnecido caso a empresa seja vendida e o valor apurado seja dissipado pela administração da empresa em recuperação judicial, já que não há, na recuperação judicial, ao contrário da falência, vinculação ou destinação específica desses valores.

A interpretação sistemática da Lei n. 11.101 mostra que o legislador teve por objetivo incluir na alienação de bens na recuperação judicial a sucessão por créditos trabalhistas. Do contrário, teria disposto claramente em sentido diverso, como ocorreu com o inciso II do art. 141 da Lei n. 11.101 em relação à falência. O parágrafo único do art. 60 da Lei n. 11.101 faz referência apenas a obrigações de natureza tributária.

Se o legislador não foi expresso na exclusão de créditos trabalhistas na alienação de bens na recuperação judicial, foi porque não teve interesse nesse sentido. As exceções têm de ser interpretadas de forma restritiva.

O § 1º do art. 161 da Lei n. 11.101 estabelece que a recuperação extrajudicial não abrange créditos decorrentes da legislação do trabalho.

O parágrafo único do art. 60 da Lei n. 11.101 faz remissão ao § 1º do art. 141 da mesma lei e não ao inciso II do art. 141, que faz a ressalva em relação às verbas de natureza trabalhista.

Não havendo exceção na Lei n. 11.101 quanto à sucessão trabalhista na alienação na recuperação judicial, devem ser observados os arts. 10 e 448 da CLT.

Entendo que se houver alienação de bens na recuperação judicial o adquirente responde pelos débitos trabalhistas por sucessão, desde que esta fique efetivamente comprovada, pois não há exceção no parágrafo único do art. 60 da Lei n. 11.101.

Dispõe o § 1º do art. 899 da CLT que, transitada em julgado a decisão recorrida, ordenar-se-á o levantamento imediato da importância do depósito, em favor da parte vencedora, por simples despacho do juiz. Não integra o depósito recursal o patrimônio da massa.

Havendo vários credores, o produto da arrematação ser-lhes-á rateado e entregue consoante a ordem das respectivas prelações (art. 908 do CPC). Receberá em primeiro lugar o credor que "promoveu a execução", cabendo aos demais concorrentes direito sobre a importância restante, observada a anterioridade de cada penhora.

28.17 EXECUÇÃO DA CONTRIBUIÇÃO PREVIDENCIÁRIA

Criou o § 3º do art. 114 da Constituição uma execução incidental de quem não era parte no processo executivo trabalhista, passando a União a intervir no feito apenas na fase de execução. Trata-se de algo bastante diferente do que até então existia no processo, que não tinha regra semelhante. A União passa a ser terceiro interessado no processo, quanto às contribuições previdenciárias, pois não é parte na relação processual.

A execução da contribuição previdenciária não necessita da inscrição na dívida ativa da contribuição previdenciária não recolhida, pois a União intervirá no feito na execução, ou a execução será impulsionada de ofício pelo juiz, seguindo as determinações contidas na CLT.

A Lei n. 10.035 mostra que a matéria de execução da contribuição previdenciária será regulada pela CLT, salvo se esta for omissa, quando será aplicada a Lei n. 6.830 (art. 889 da CLT), pois os procedimentos principais estão definidos na norma trabalhista.

Pode-se afirmar que somente a Justiça do Trabalho tem competência para conhecer de execução fundada na sentença trabalhista. A Justiça Federal terá competência para julgar as questões relativas a títulos extrajudiciais, como a dívida ativa da contribuição previdenciária devidamente inscrita pela União, de acordo com a Lei n. 6.830.

O juiz do trabalho será competente para dizer sobre o que incide a contribuição previdenciária, tomando por base as verbas salariais (art. 28 da Lei n. 8.212/91) e as verbas não salariais (§ 9º do art. 28 da Lei n. 8.212). Quem tem competência para executar tem de ter competência para dizer sobre o que incide a contribuição previdenciária.

O termo de conciliação lavrado valerá como decisão irrecorrível, salvo para a Previdência Social quanto às contribuições que lhe forem devidas (parágrafo único do art. 831 da CLT).

Mesmo em caso de acordo, a União poderá recorrer da decisão homologatória, apenas em relação às contribuições que lhe forem devidas. As partes não poderão recorrer, mas a União o poderá. É o que se observa do § 4º do art. 832 da CLT, sendo faculdade e não obrigação da União interpor recurso relativo às contribuições que lhe forem devidas. Esse dispositivo não menciona que a União poderá recorrer das decisões que julgam o mérito do processo trabalhista, mas apenas das decisões homologatórias. Teoricamente, a União poderá apresentar o recurso ordinário da decisão de mérito do juiz na fase de conhecimento, quanto à incidência da contribuição previdenciária, pois seria terceiro interessado (art. 996 do CPC). Da mesma forma, poderia apresentar embargos de declaração da sentença para ver declarada a natureza das verbas trabalhistas para a incidência da contribuição previdenciária, pois teria interesse jurídico para esse fim.

O objetivo do recurso será evitar que o juiz homologue todas as verbas como indenizatórias, quando, na verdade, a pretensão compreende verbas salariais. Consequência disso é que deve haver a discriminação no acordo das verbas que serão pagas, sob pena de a contribuição incidir sobre o valor total apurado em liquidação de sentença ou sobre o valor do acordo homologado (parágrafo único do art. 43 da Lei n. 8.212/91). Não se considera como discriminação de parcelas legais de incidência de contribuição previdenciária a fixação de porcentual de verbas remuneratórias e indenizatórias constantes dos acordos homologados, sendo que a União irá considerar que a contribuição incide sobre o valor total do acordo (§ 3º do art. 276 do RPS).

O recurso da União da decisão homologatória será o ordinário, que é o remédio cabível da decisão do juiz do trabalho na fase de conhecimento, e não a apelação. O prazo do recurso é de 16 dias, pois a União goza de prazo em dobro para recorrer (art. 1º, III, do Decreto-lei n. 779/69). O Decreto-lei n. 779/69 não dispõe que nos processos em que a União seja parte na Justiça do Trabalho o prazo será em dobro, mas nos processos perante a Justiça do Trabalho, o que inclui a condição de terceiro interessado. Será o recurso ordinário julgado pelo pleno do TRT ou por suas turmas, onde houver.

As decisões cognitivas ou homologatórias deverão sempre indicar a natureza jurídica das parcelas constantes da condenação ou do acordo homologado, inclusive o limite de responsabilidade de cada parte pelo recolhimento da contribuição previdenciária, se for o caso (§ 3º do art. 832 da CLT).

Decisões cognitivas serão as que decidem o processo na fase de conhecimento. São as sentenças que julgam o mérito da postulação. Decisões homologatórias são aquelas em que o juiz irá apenas homologar o acordo estabelecido pelas partes. Tais conceitos não eram anteriormente expressos na CLT.

Na sentença que decidir o mérito da questão ou nas decisões homologatórias, deverá haver a indicação da natureza jurídica das parcelas deferidas ou homologadas. O juiz terá de indicar as rubricas que estão sendo deferidas, como aviso-prévio indenizado, férias indenizadas, salário, horas extras etc., justamente para se verificar se incide ou não a contribuição. Dificilmente o juiz terá condições de indicar qual é a natureza jurídica de certas verbas, se é salarial ou indenizatória, para os fins previdenciários, pois estará mais preocupado em resolver a questão trabalhista entre as partes, mas terá também de pensar no crédito previdenciário da União.

Será lícito estabelecer na sentença ou na homologação do acordo a quem cabe a responsabilidade pela retenção da parte do empregado. Poderão as partes acordar no sentido de que toda a contribuição fique a cargo do empregador. Entretanto, é permitido o desconto da contribuição da parte relativa ao empregado.

A União será intimada das decisões homologatórias de acordos que contenham parcela indenizatória, sendo-lhe facultado interpor recurso relativo às contribuições que lhe forem devidas (§ 4º do art. 832 da CLT).

Pela redação do § 4º do art. 832 da CLT, a União só será intimada da sentença homologatória de acordo quanto a parcelas indenizatórias e não no que concerne a outras parcelas, como as salariais. Nessa parte, relativa às parcelas indenizatórias, poderá interpor recurso ordinário, pois o processo não está na fase de execução. A exceção será se o acordo for homologado na fase de execução, em que o recurso cabível será o agravo de petição (§ 8º do art. 897 da CLT).

A intimação será feita na pessoa dos Procuradores da Fazenda Nacional, justamente porque a União não é parte na relação processual e ainda não era interessada no processo.

A Justiça do Trabalho executará, de ofício, as contribuições sociais previstas na alínea *a* do inciso I e no inciso II do *caput* do art. 195 da Constituição, e seus acréscimos legais, relativas ao objeto da condenação constante das sentenças que proferir e dos acordos que homologar (parágrafo único do art. 876 da CLT).

A execução é de ofício, sendo impulsionada sem provocação das partes, inclusive da União. O verbo está empregado no imperativo e não como faculdade do juiz. O magistrado irá impulsionar a execução de ofício e não executar, pois não é parte no processo. Na verdade, o juiz tem mesmo é competência para dizer o direito na execução, como se depreende do inciso VIII do art. 114 da Constituição. O impulso de ofício ocorrerá tanto nas decisões da Vara transitadas em julgado ou quanto à homologação de acordos como quanto a decisões do TRT, de competência originária, como em ação rescisória.

A decisão será não só do juiz do trabalho de primeira instância, mas também dos Tribunais do Trabalho, como nas ações rescisórias, em que o tribunal rescindiu a postulação, condenando a empresa a pagamento de verbas trabalhistas.

Faculta-se ao devedor o pagamento imediato da parte que entender devida à Previdência Social, sem prejuízo da cobrança de eventuais diferenças encontradas na execução *ex officio* (art. 878-A da CLT). O devedor poderá pagar de imediato o que entender devido a União. Se ocorrer alguma diferença, verificada na execução, deverá saldá-la posteriormente.

A liquidação da sentença abrangerá, também, o cálculo das contribuições previdenciárias devidas incidentes sobre as verbas deferidas (§ 1º-A do art. 879 da CLT), tanto a parte da empresa, como a parte relativa ao empregado, como já se fazia.

Quando o juiz abrir prazo para apresentação de cálculos, deverá intimar as partes para a indicação do que é devido a título de contribuição previdenciária, incluindo o que irá ser descontado do empregado.

Elaborada a conta pela parte ou pelos órgãos auxiliares da Justiça do Trabalho, o juiz intimará a União para manifestação, no prazo de 10 dias, sob pena de preclusão (§ 3º do art. 879 da CLT). Normalmente, a conta é apresentada pelas próprias partes. Órgão auxiliar poderá ser a contadoria ou a pessoa que faz contas e é nomeada para esse fim pelo juiz. Após a elaboração da conta haverá intimação da União, por intermédio da Procuradoria da Fazenda Nacional. A União terá 10 dias de prazo para manifestar-se sobre a conta, quanto às contribuições previdenciárias incidentes, sob pena de preclusão, de não mais poder discutir o que for homologado, até mesmo em impugnação. Tendo a União discutido a questão, poderá renová-la na impugnação. O prazo não será em dobro para a União, mas de 10 dias.

A contribuição devida a União passa a ser incluída na execução trabalhista (art. 880 da CLT), tanto a parte relativa ao empregado, como a do empregador. O executado deverá pagar os valores em 48 horas, ou garantir a execução, sob pena de penhora também quanto à parte das contribuições previdenciárias. Não se aplica, portanto, o art. 8º da Lei n. 6.830, que prevê prazo de cinco dias para o executado pagar a dívida ou garantir a execução.

O executado que não pagar a importância reclamada e também a contribuição previdenciária poderá garantir a execução mediante depósito da quantia, atualizada, o que incluirá a contribuição previdenciária, e acrescida das despesas processuais, ou nomeando bens à penhora, observando a ordem preferencial do art. 835 do CPC (art. 882 da CLT). Logo, não será observado o art. 11 da Lei n. 6.830, que fixa outra ordem de nomeação de bens à penhora.

Julgar-se-ão na mesma sentença os embargos e as impugnações à liquidação apresentadas pelos credores trabalhista e previdenciário (§ 4º do art. 884 da CLT). A impugnação da União também será julgada na mesma sentença, quanto à incidência das contribuições previdenciárias. O credor trabalhista é o empregado e o credor previdenciário será a União.

Como o § 4º está inserido no art. 884 da CLT e a ele remete a regra geral, a União pode impugnar a liquidação, após garantido o juízo pela penhora, no prazo de 30 dias. Não se aplica aqui prazo em dobro ou em quádruplo para a União, pois a questão está regulada na CLT, não sendo o caso de observar a Lei n. 6.830 (art. 889 da CLT), além do que o Decreto-lei n. 779/69 faz referência a prazo em dobro para recurso ou em quádruplo para a hipótese do art. 841 da CLT, que é para marcar audiência na fase de conhecimento, e não na de execução.

Os recolhimentos das importâncias devidas, referentes às contribuições sociais, serão efetuados nas agências locais da Caixa Econômica Federal (CEF) ou Banco do Brasil S. A., por intermédio de documento de arrecadação da Previdência Social, dele fazendo-se constar o número do processo (art. 889-A da CLT). Só poderão os recolhimentos da contribuição previdenciária ser efetuados na CEF ou no Banco do Brasil e não em outras instituições financeiras. O recolhimento será realizado por meio de documento de arrecadação das contribuições previdenciárias, sendo mencionado o número do processo trabalhista.

Se for concedido parcelamento do débito previdenciário pela Secretaria da Receita Federal, o devedor deverá juntar aos autos documento comprobatório do referido ajuste, ficando suspensa a execução da respectiva contribuição previdenciária até a quitação de todas as parcelas (§ 1º do art. 889-A da CLT). Se não houver o pagamento do parcelamento ou de algumas prestações, a execução irá ser retomada quanto aos referidos aspectos. O juiz só irá suspender a execução se houver a juntada aos autos do parcelamento da contribuição. Do contrário, prosseguirá na execução. Deverá a empresa ou a União informar sobre o parcelamento ou reparcelamento, pois, do contrário, o juiz não terá como saber. O mesmo irá ocorrer quanto ao fato de a empresa ser optante do Simples, em que recolhe a contribuição sobre o faturamento. Se não houve informação da situação nos autos, o juiz irá executar a contribuição previdenciária.

As Varas do Trabalho encaminharão mensalmente à Secretaria da Receita Federal informações sobre os recolhimentos efetivados nos autos, salvo se outro prazo for estabelecido em regulamento (§ 2º do art. 889-A da CLT). O mais certo não deveria ser a Vara do Trabalho informar mensalmente à Secretaria da Receita Federal, mas a União verificá-las nos autos. A lei pensa que a Justiça do Trabalho é ainda órgão administrativo do Poder Executivo.

Mostra o § 8º do art. 897 da CLT que o recurso cabível para a União da sentença que julga os embargos ou a impugnação é o agravo de petição e não apelação, como é a previsão do art. 35 da Lei n. 6.830/80. Quem irá julgá-lo é o tribunal pleno, quando não dividido em turmas, ou as turmas do TRT. O prazo para recurso da União será o previsto para o agravo de petição, de 8 dias. Como o Decreto-lei

n. 779/69 prevê prazo em dobro para a União, o prazo será de 16 dias para apresentação do agravo de petição (art. 1º, III).

O acordo celebrado após o trânsito em julgado da sentença ou após a elaboração dos cálculos de liquidação de sentença não prejudicará os créditos da União (§ 6º do art. 832 da CLT).

O Ministro de Estado da Fazenda poderá, mediante ato fundamentado, dispensar a manifestação da União nas decisões homologatórias de acordo em que o montante da parcela indenizatória envolvida ocasionar perda de escala decorrente da atuação de órgão jurídico (§ 7º do art. 832 da CLT).

As partes deverão ser intimadas para apresentação de contrarrazões do recurso da União, conforme o art. 900 da CLT. O prazo será de 8 dias, conforme o art. 6º da Lei n. 5.584/70.

Da decisão que julgar os embargos ou impugnação em relação à contribuição previdenciária não caberá reexame necessário, pois não há previsão legal nesse sentido na lei, inclusive no que diz respeito à execução do crédito previdenciário. O reexame necessário só se aplicaria na fase de conhecimento, na hipótese de condenação da União, que não é o caso.

Quando o agravo de petição versar apenas sobre as contribuições sociais, o juiz da execução determinará a extração de cópias das peças necessárias, que serão autuadas em apartado, conforme dispõe o § 3º do art. 897 da CLT, parte final, e remetidas à instância superior para apreciação, após contraminuta. É mais fácil a extração de cópias das peças para autuação em separado, como, por exemplo, extrair cópias para o recurso da União em relação à decisão, depois de apresentada a contraminuta do agravo de petição.

Após vendidos os bens, o empregado terá preferência no valor a ser levantado, conforme se depreende do art. 186 do CTN. Se sobrar algum valor, a verba irá para a União, visando satisfazer ao crédito previdenciário.

28.18 CONCURSO DE CREDORES

Concorrendo vários credores num processo, o dinheiro ser-lhes-á distribuído e entregue consoante a ordem das respectivas prelações. O credor que provocou a execução é que receberá em primeiro lugar, cabendo aos demais concorrentes direito sobre a importância restante, observada a ordem das penhoras (art. 908 do CPC).

Os exequentes deverão formular suas pretensões, indicando as provas que serão produzidas em audiência. A disputa entre eles versará apenas sobre o direito de preferência e a anterioridade da penhora (art. 909 do CPC).

28.19 EMBARGOS À EXECUÇÃO

A natureza jurídica dos embargos à execução é de ação e não de recurso ou de defesa. Será uma ação de conhecimento, onde o devedor poderá fazer a prova do alegado nos embargos, assumindo a posição de autor, e o exequente passará a ser réu. Terá natureza de ação desconstitutiva, de incidente de execução. Irá desconstituir o direito de execução ou certos atos da execução. Têm os embargos natureza incidental desconstitutiva do título judicial. A natureza é de incidente de execução. É processado nos próprios autos da execução trabalhista.

Após estar garantida a execução pela penhora ou feito o depósito da condenação, o executado poderá apresentar embargos (art. 884 da CLT).

Somente nos embargos, o executado poderá impugnar a sentença de liquidação, se o juiz não tiver aberto vista dos autos para se falar sobre as contas de liquidação, cabendo ao exequente igual direito e no mesmo prazo. Os embargos e a impugnação à liquidação serão julgados na mesma sentença (§§ 3º e 4º do art. 884 da CLT). Quem tem direito de opor embargos é o executado. A impugnação pode ser ofertada pelo exequente ou pelo executado. Este poderá fazê-lo garantindo a execução. Não se poderá discutir, nos embargos, matéria anterior ao trânsito em julgado da decisão, nem inovar esta.

A legitimidade ativa nos embargos é do devedor.

28.19.1 Matéria alegável

A matéria a ser discutida nos embargos está adstrita ao cumprimento da decisão ou do acordo, quitação ou prescrição da dívida (§ 1º do art. 884 da CLT).

Não havendo mais embargos do devedor no processo civil, não tem sentido admitir outras hipóteses de embargos no processo do trabalho, além das que já eram descritas no § 1º do art. 884 da CLT, ou seja: cumprimento da decisão ou do acordo, quitação ou prescrição da dívida.

O cumprimento da decisão ou do acordo tem de ser alegado como espontâneo, como de que já foi feito o pagamento da condenação ou do acordo nas condições determinadas.

A quitação a ser alegada é a posterior à sentença do processo de conhecimento. O empregador não poderá juntar recibos de pagamento de verbas já pagas, que deveria ter feito juntamente com a contestação. Assim, só se aceitará a quitação de importâncias pagas após a sentença. Não se poderá alegar compensação na execução, que é matéria de defesa (art. 767 da CLT).

A falta ou nulidade de citação de que fala o inciso I do art. 525 do CPC não pode ser alegada nos embargos, pois o revel foi intimado da sentença (art. 852 da CLT), embora tenha deixado correr o processo sem qualquer defesa. O que se admite é o revel apresentar recurso ordinário da citação na execução, caso tenha sido intimada pessoa diversa da do devedor. O revel no processo civil não é, porém, intimado, apanhando o processo na fase em que estiver (art. 346 do CPC). O juízo da execução não poderia rever decisão da fase de conhecimento.

A inexequibilidade do título (art. 525, § 1º, III, do CPC) se se entender cabível, só poderá ser alegada no processo do trabalho no caso de execução do termo de acordo firmado na Comissão de Conciliação Prévia ou do termo de ajuste de conduta firmado perante o Ministério Público do Trabalho.

Com a edição da Lei n. 8.432/92, que dá nova redação ao § 2º do art. 879 da CLT, os embargos previstos no art. 884 da CLT têm alegações mais restritas. Se a parte não se manifestou sobre as contas quando o juiz lhe deu vistas, não mais poderá falar sobre tal assunto nos embargos, por ter havido preclusão. Assim, a matéria a ser alegada cinge-se apenas ao cumprimento da obrigação, à nulidade de penhora ou outros vícios a ela relativos e à arguição de prescrição.

Os embargos poderão versar sobre:

a) incompetência do juízo de execução, suspeição ou impedimento do juiz, desde que a parte não tenha conhecimento desses últimos fatos na fase de conhecimento ou sobrevier novo motivo;
b) excesso ou nulidade da execução até a penhora.

O excesso de execução não se confunde com excesso de penhora. Excesso de execução é executar um valor superior ao apurado na execução. Excesso de penhora é o bem penhorado ter valor superior ao valor da execução, pois a penhora pode ser reduzida ou transferida, a requerimento do interessado.

O excesso de execução ocorre quando:

a) o exequente pleiteia quantia superior à do título;
b) recai sobre coisa diversa daquela declarada no título;
c) se processa de modo diferente do que foi determinado no título;
d) o exequente, sem cumprir a prestação que lhe correspondia, exige o adimplemento da prestação do executado;
e) o exequente não prova que a condição se realizou (§ 2º do art. 917 do CPC).

Menciona o § 4º do art. 525 do CPC que, "quando o executado alegar que o exequente, em excesso de execução, pleiteia quantia superior a resultante da sentença, cumprir-lhe-á declarar de imediato o valor que entende correto, apresentando demonstrativo discriminado e atualizado de seu cálculo". Essa regra tem semelhança com o § 1º do art. 897 da CLT, que dispõe que "o agravo de petição só será recebido quando o agravante delimitar, justificadamente, as matérias e os valores impugnados, permitida a execução imediata da parte remanescente até o final, nos próprios autos ou por carta de sentença". Na impugnação à liquidação é preciso manifestação específica sobre a conta de liquidação, sob pena de preclusão (§ 2º do art. 879 da CLT).

Caso a sentença de liquidação seja anulada, a penhora ou o depósito serão tidos por insubsistentes.

Nos embargos do devedor há necessidade de delimitar matéria e valores, pois isso será exigido no agravo de petição (§ 1º do art. 897 da CLT).

28.19.1.1 Prescrição intercorrente

A prescrição intercorrente é a que ocorre no curso do processo.

A prescrição a ser examinada na execução também só pode ser a posterior à sentença. A expressão "prescrição da dívida" diz respeito à execução, pois antes do trânsito em julgado da decisão não existe dívida.

Trata-se da prescrição intercorrente que também pode ser veiculada nos embargos.

É o caso de o processo ficar parado na fase de execução por muito tempo. Não se trata da prescrição que deva ser alegada na fase de conhecimento, mas de prescrição ocorrida na fase de execução, posteriormente à sentença.

A Súmula 327 do STF foi editada em 1963. Dispõe que "o direito trabalhista admite a prescrição intercorrente", porém essa orientação não é observada no processo do trabalho.

A prescrição intercorrente visa evitar a perpetuação da execução.

O art. 40 da Lei n. 6.830/80 dispõe que "o juiz suspenderá o curso da execução, enquanto não for localizado o devedor ou encontrados bens sobre os quais possa recair a penhora e, nesses casos, não correrá o prazo de prescrição". Caso a qualquer tempo forem encontrados bens ou o devedor, a execução seguirá seu curso novamente (§ 3º do art. 40 da Lei n. 6.830/80). Com base nessas orientações o TST editou a Súmula 114: "é inaplicável na Justiça do Trabalho a prescrição intercorrente".

O § 4º do art. 40 da Lei n. 6.830/80 prevê expressamente a aplicação da prescrição intercorrente na execução.

O art. 878 da CLT prevê o impulso de ofício na execução quando as partes estiverem sem advogado e não a execução de ofício.

A prescrição de que fala o § 1º do art. 884 da CLT só pode ser, porém, a prescrição intercorrente, quando a parte vai alegá-la nos embargos, pois é a prescrição que corre na execução. Assim, se a própria CLT regula a matéria, não há como se aplicar a Lei n. 6.830/80. No entanto, a posição que prevalece na Justiça do Trabalho é a da Súmula 114 do TST.

As diligências que poderão ser promovidas pelo juízo, como estabelecem os arts. 765 da CLT e 130 do CPC, ocorrerão em caso de necessidade de esclarecimentos que possam contribuir para o andamento rápido das causas e que dependam de exclusiva competência do Poder Judiciário para realizá-las. O juiz não vai executar de ofício, pois não tem elementos para localizar a executada ou saber contra quem deve prosseguir a execução, os quais devem ser fornecidos pelo exequente.

O Direito não socorre aos que dormem (*dormientibus non succurrit ius*), como ocorre quando o processo fica parado muito tempo da execução.

Existe necessidade de segurança jurídica nas relações jurídicas, razoável duração do processo e celeridade processual. Não se justifica que o processo fique parado tanto tempo sem que se declare a prescrição no curso da execução.

A aplicação da prescrição intercorrente é uma forma de aplicação da duração razoável do processo (art. 5º, LXXVIII, da Constituição).

Ocorre a prescrição intercorrente no processo do trabalho no prazo de dois anos (art. 11-A da CLT). A fluência do prazo prescricional intercorrente inicia-se quando o exequente deixa de cumprir determinação judicial no curso da execução (§ 1º). A declaração da prescrição intercorrente pode ser requerida ou declarada de ofício em qualquer grau de jurisdição.

28.19.2 Procedimentos

O prazo para interposição dos embargos é de cinco dias (art. 884 da CLT) a contar da data da intimação da penhora pelo oficial de justiça (art. 774 da CLT) ou da data em que foi efetuado o depósito para a garantia da execução.

O prazo do art. 884 da CLT refere-se à incidente de execução e não a recurso.

O art. 9º da Medida Provisória n. 2.180-35/2001 estabeleceu que o prazo para embargos à execução é de 30 dias. Não fez distinção para nenhuma pessoa. Quando a lei não faz distinção, não cabe ao intérprete fazê-lo.

A Fazenda Pública não goza de prazo em dobro, pois a CLT não faz diferença sobre o tema. Não se trata de prazo de recurso ou de contestação, mas de ação, não se observando o Decreto-lei n. 779/69. A Fazenda Pública não terá bens penhorados ou praceados, apenas terá o prazo de 30 dias para oferecer os embargos, se o desejar. O prazo de 30 dias é decorrente da previsão do art. 1º-B da Lei n. 9.494/97 e do art. 884 da CLT, com a redação determinada pela Medida Provisória n. 2.180-35, de 24-8-2001.

O STF entendeu liminarmente que é constitucional a Medida Provisória 2.180/35, de 24-8-2001, em relação à urgência e relevância a que se aplica à Fazenda Pública como aos particulares (ADC-MC n. 11/DF, Rel. Min. Cezar Peluso, *DJU* 29-6-2007). A decisão foi publicada no *DJE* em 26-9-2007, prorrogada uma vez, mediante publicação no *Diário de Justiça* de 11-12-2009. Foi ultrapassado o prazo de 180 dias previsto no parágrafo único do art. 21 da Lei n. 9.688/99.

A contagem do prazo será feita da data da intimação da penhora pelo oficial de justiça (art. 774 da CLT) ou da data em que foi efetuado o depósito para a garantia da execução. O art. 774 da CLT é claro no sentido de que o prazo é contado da data da intimação e não da juntada desta aos autos. Não se observa na contagem do prazo para embargos a Súmula 16 do TST, que vale apenas para notificações postais, desde que não provada documentalmente a data do recebimento da notificação. O exequente tem o mesmo prazo para contrariar os embargos, a contar da data da sua intimação.

Havendo várias penhoras, poder-se-ia afirmar que o prazo para embargos é contado da primeira penhora, sob pena de preclusão e procrastinação da execução. Entretanto, o correto é que se há várias penhoras, o prazo dos embargos é contado da última penhora, pois é quando o juízo estará garantido.

A orientação da Súmula 86 do TST pode ser aplicada aos embargos apresentados pela massa falida. Assim, esta não precisa garantir o juízo para apresentar os embargos, pois simplesmente não tem com o que garantir e, ainda que tivesse, até ser liberado o dinheiro, ter-se-ia esgotado o prazo para os embargos. Começa a fluir o prazo para o administrador judicial da massa falida embargar a execução a partir da citação para a execução, já que não há garantia do juízo.

Os embargos devem ser distribuídos por dependência ao processo principal, havendo compensação no distribuidor. Não correrão os embargos em autos em apartado, mas no próprio processo principal, por se tratar de incidente de execução.

Poderão os embargos ser rejeitados por inépcia ou em virtude de intuito protelatório, que ocorre muito. Matéria que deveria ser objeto da fase de conhecimento do processo não poderá ser alegada. Da mesma forma, serão rejeitados se apresentados a destempo (art. 918, I, do CPC).

Não se poderá arguir nos embargos reconvenção e as exceções, salvo as de suspeição, incompetência e impedimento, serão arguidas como matéria preliminar e serão processadas e julgadas com os embargos (§ 3º do art. 16 da Lei n. 6.830). As exceções irão suspender o andamento do feito.

Com a edição da Lei n. 8.432/92, que dá nova redação ao § 2º do art. 879 da CLT, os embargos previstos no art. 884 da CLT têm alegações mais restritas. Se a parte não se manifestou sobre as contas quando o juiz lhe deu vistas, não mais poderá falar sobre tal assunto nos embargos, por ter havido preclusão. Assim, a matéria a ser alegada cinge-se apenas ao cumprimento da obrigação, à nulidade de penhora ou outros vícios a ela relativos e à arguição de prescrição.

O § 2º do art. 40 da Lei n. 8.177/91, na redação determinada pela Lei n. 8.542/92, faz menção a depósito recursal nos embargos. Este depósito não é cabível, pois a execução já está garantida pela penhora. Além disso, o depósito seria cabível para recurso, e os embargos não são recurso, mas ação. Depois, qual seria o valor do depósito se o próprio *caput* do art. 40 da Lei n. 8.177/91 não o menciona? Assim não há depósito para se interpor os embargos à execução. Entretanto, a Instrução Normativa n. 03 do TST esclarece que "dada a natureza jurídica dos embargos à execução, não será exigido depósito para a sua oposição quando estiver suficientemente garantida a execução por depósito recursal já existente nos autos, efetivado no processo de conhecimento, que permaneceu vinculado à execução, e/ou pela nomeação ou apreensão judicial de bens do devedor, observada a ordem preferencial estabelecida em lei" (item IV, *b*). Menciona, ainda, a referida instrução que "garantida integralmente a execução nos embargos, só haverá exigência de depósito em qualquer recurso subsequente do devedor se tiver havido elevação do valor do débito, hipótese em que o depósito recursal corresponderá ao valor do acréscimo, sem qualquer limite".

Os embargos não terão efeito suspensivo (art. 919 do CPC). O juiz poderá, a requerimento do embargante, atribuir efeito suspensivo aos embargos quando verificados os requisitos para a concessão da tutela provisória, e desde que a execução já esteja garantida por penhora, depósito ou caução suficientes (§ 1º do art. 919 do CPC). A decisão relativa aos efeitos dos embargos poderá, a requerimento da parte, ser modificada ou revogada a qualquer tempo, em decisão fundamentada, cessando as circunstâncias que a motivaram. Quando o efeito suspensivo atribuído aos embargos disser respeito apenas à parte do objeto da execução, esta prosseguirá quanto à parte restante. A concessão de efeito suspensivo aos embargos suspenderá a execução contra os que não embargaram, quando o respectivo fundamento disser respeito exclusivamente ao embargante. Quando o excesso de execução for fundamento dos embargos, o embargante deverá declarar na petição inicial o valor que entende correto, apresentando memória do cálculo, sob pena de rejeição liminar dos embargos ou de não conhecimento desse fundamento. A concessão de efeito suspensivo não impedirá a efetivação dos atos de penhora e de avaliação dos bens.

O oferecimento dos embargos por um dos devedores não suspenderá a execução contra os que não embargaram, quando o respectivo fundamento disser respeito exclusivamente ao embargante.

Como a execução prossegue quanto à parte não embargada, nesse ponto a execução é definitiva.

Nem sempre haverá os efeitos da revelia em relação ao embargado, isto é, a *ficta confessio*, em decorrência dos demais elementos de prova já constantes dos autos ou da matéria alegada.

Caso a parte tenha arrolado testemunhas e o juiz julgue necessário ouvir os depoimentos, marcará audiência para a produção de provas, que deverá ser realizada em cinco dias (§ 2º do art. 884 da CLT).

O número de testemunhas no caso não é de três, com fundamento no art. 821 da CLT. Aplica-se na omissão da CLT a Lei n. 6.830 (art. 889 da CLT). O § 2º do art. 16 da Lei n. 6.830 dispõe que as testemunhas serão até três, ou a critério do juiz, até o dobro desse limite (seis). O número de testemunhas que o juiz poderá ouvir a seu critério não tem limite, depende da sua convicção.

O prazo de cinco dias para o juiz marcar a audiência será contado da data em que estiver despachando a petição de embargos, quando verifica a necessidade de provas.

A decisão será proferida em cinco dias, julgando subsistente ou insubsistente a penhora (art. 885 da CLT), caso não tenha havido necessidade de prova. Terminada a instrução, o escrivão ou secretário fará os autos conclusos ao juiz, que proferirá decisão em cinco dias (art. 886 da CLT), julgando na mesma sentença os embargos e a impugnação à liquidação.

Reza o art. 20 da Lei n. 6.830/80 que "na execução por carta, os embargos do executado serão oferecidos no Juízo deprecado, que os remeterá ao Juízo deprecante, para instrução e julgamento". Tendo os embargos por objeto vícios ou irregularidades de atos do próprio deprecado, caber-lhe-á o julgamento dessa matéria (parágrafo único do art. 20 da Lei n. 6.830/80). O § 2º do art. 914 do CPC, quando afirma que "na execução por carta, os embargos serão oferecidos no juízo deprecante", não se aplica no processo do trabalho em razão de haver disposição expressa no art. 20 da Lei n. 6.830 (art. 889 da CLT).

Nesse sentido, a Súmula 32 do extinto TFR, que veio a ser ratificada pela Súmula 46 do STJ, é clara no sentido de que "na execução por carta, os embargos do devedor serão decididos no juízo deprecante, salvo se versarem unicamente sobre vícios ou defeitos da penhora, avaliação ou alienação de bens".

Poderão ser interpostos embargos de retenção na entrega de coisa, visando os ressarcimentos das benfeitorias realizadas pelo executado. Em primeiro lugar, o executado deverá depositar a coisa. Depois, deverá especificar seu estado anterior e o atual, o custo das benfeitorias realizadas e a valorização do bem em decorrência das benfeitorias.

O prazo de cinco dias para proferir sentença será contado da data da conclusão dos autos ao juiz. Só será proferida a sentença se não tiverem sido arroladas testemunhas na defesa ou não for o caso de se produzir outra prova. Se tiverem sido arroladas testemunhas ou for necessária outra prova, aplica-se o art. 886 da CLT.

Na sentença o juiz irá julgar a penhora subsistente ou não. Declarando insubsistente a penhora, o juiz irá determinar nova penhora ou encerrará o processo, se entender que a dívida é impossível de ser cobrada.

Da decisão, as partes serão notificadas pelo correio, com aviso de recebimento, aplicando-se a regra do § 1º do art. 886 da CLT. Do recebimento corre o prazo de oito dias para agravo de petição.

Se tiverem sido arroladas testemunhas, finda sua inquirição em audiência, o escrivão ou secretário fará, dentro de 48 horas, conclusos os autos ao juiz, ou presidente, que proferirá sua decisão, na forma prevista no artigo anterior (art. 886 da CLT).

A hipótese do art. 886 é apenas no caso de necessidade de prova. Inexistindo necessidade de prova aplica-se a regra do art. 885, devendo o juiz proferir a sentença em cinco dias.

Terminada a audiência, o escrivão ou secretário enviará o processo à conclusão em 48 horas. Esse prazo será para que seja juntada a ata da audiência ao processo e demais circunstâncias pertinentes.

Recebendo o processo, o juiz terá cinco dias para decidir, julgando subsistente ou insubsistente a penhora (art. 885 da CLT).

Declarando insubsistente a penhora, o juiz irá determinar nova penhora ou encerrará o processo, se entender que a dívida é impossível de ser cobrada.

Caso o juiz entenda que os embargos não têm fundamento, irá proferir sentença nesse sentido, prosseguindo a execução. Mandará o juiz avaliar os bens penhorados. Entretanto, deverá esperar o prazo de recurso de agravo de petição para fazer a avaliação.

Da decisão as partes serão notificadas pelo correio, com aviso de recebimento. Do recebimento corre o prazo de oito dias para agravo de petição.

O § 2º do art. 886 da CLT determina que, julgada subsistente a penhora, o juiz ou presidente mandará fazer logo a avaliação dos bens penhorados. A avaliação dos bens penhorados, em virtude da execução de decisão condenatória, será feita por avaliador escolhido de comum acordo pelas partes, que perceberá as custas arbitradas pelo juiz, ou presidente do Tribunal trabalhista, de conformidade com a tabela a ser expedida pelo TST (art. 887 da CLT). Não acordando as partes quanto à designação de avaliador, dentro de cinco dias após o despacho que determinou a avaliação, será o avaliador designado livremente pelo juiz ou presidente do Tribunal (§ 1º do art. 887 da CLT). Os servidores da Justiça do Trabalho não poderão ser escolhidos ou designados para servir de avaliador. Ocorre que a avaliação já é feita quando da penhora pelo próprio oficial de justiça. Na Justiça do Trabalho, o oficial de justiça é avaliador. Quando faz a penhora já avalia o bem, prescindindo-se da fase de nomeação de avaliador para essa finalidade. O art. 721 da CLT, que trata do oficial de justiça, teve sua redação determinada pela Lei n. 5.442, de 24-5-1968, que revogou, portanto, o § 2º do art. 886 e o art. 887 da CLT, por dispor em sentido contrário.

A avaliação dos bens penhorados é feita pelo próprio oficial de justiça avaliador no prazo de 10 dias (art. 888 da CLT), que não mais percebe custas, mas seus vencimentos. O único servidor que poderá ser escolhido para avaliação é o oficial de justiça avaliador, salvo se na localidade inexistir ou estiver impedido oficial de justiça, quando será designado qualquer serventuário (§ 5º do art. 721 da CLT).

O oficial de justiça avaliador poderá ser recusado como avaliador quando for suspeito ou impedido.

O prazo de 10 dias será contado da data da realização da penhora, no caso de ser feita pelo oficial de justiça avaliador da Justiça do Trabalho. Na Justiça Comum o prazo será de 10 dias a contar da nomeação do avaliador.

28.20 IMPUGNAÇÃO À SENTENÇA

Garantida a execução ou penhorados os bens, terá o exequente cinco dias para apresentar impugnação (art. 884 da CLT). Entendo que o referido prazo foi alterado pela Medida Provisória n. 2.180-35/2001 para 30 dias. Entretanto, a impugnação somente poderá ser apresentada se não houver preclusão quanto à manifestação da sentença de liquidação (§ 2º do art. 879 da CLT). Se o juiz tiver aberto vista à parte para se manifestar sobre os cálculos e ela não tiver apresentado qualquer objeção, haverá preclusão, não mais podendo alegar a matéria em impugnação.

A natureza jurídica da impugnação à sentença de liquidação é de atingir a extensão dos atos da condenação.

A impugnação à sentença de liquidação poderá ser ofertada tanto pelo exequente como pelo executado (§ 3º do art. 884 da CLT).

Os procedimentos a serem adotados serão os dos embargos à execução.

Ao se receber a impugnação, será intimada a parte contrária para oferecer resposta em cinco dias.

Se na defesa tiverem sido arroladas testemunhas, poderá o juiz ou presidente do Tribunal, caso julgue necessário seus depoimentos, marcar audiência para a produção de provas, a qual deverá realizar-se dentro de cinco dias.

O juiz julgará a impugnação em cinco dias. A impugnação será julgada na mesma sentença que os embargos (§ 4º do art. 884 da CLT).

Para apresentar a impugnação não é necessário ser feito depósito, por não ter natureza de recurso, mas de ação, além do que não se saberia qual seria o valor do depósito. De outro lado, se for o reclamante quem apresentar a impugnação, não há depósito.

Da decisão serão intimadas as partes, cabendo agravo de petição.

Caso a sentença de liquidação seja anulada, a penhora ou o depósito serão tidos por insubsistentes.

28.21 EMBARGOS DE TERCEIRO

Previam as Ordenações Filipinas os embargos de terceiro no caso de defesa da posse por ato de esbulho ou turbação *post sententiam*, podendo ser oferecidos pelo titular do domínio ou da posse.

No Regulamento n. 737, sua utilização era restrita ao senhor e possuidor. O Decreto-lei n. 960, de 1938 (lei de execução fiscal da época), o previa da mesma forma.

O CPC, de 1939, determinava que a pessoa que não fosse parte no feito e sofresse turbação ou esbulho em sua posse, ou direito, poderia defender seus bens por meio dos embargos de terceiros. Verificava-se que passaram a ser utilizados para a defesa de qualquer direito e não só para proteger a posse e o domínio.

Eram previstos no CPC de 1973 nos arts. 674 a 681.

Havia dúvida sobre a competência da Justiça do Trabalho para o julgamento dos embargos de terceiros, pois compreendiam um terceiro que não era o empregado e empregador que litigavam no processo. Entretanto, os embargos de terceiros devem ser julgados pelo mesmo juízo que determinou a constrição.

Distinguem-se os embargos de terceiro da oposição. Esta ocorre apenas na fase de conhecimento, enquanto o primeiro ocorrerá na fase de execução. Na oposição, o terceiro pretende, no todo ou em parte, a exclusão de uma das partes, informando que o direito ou a coisa é sua. Nos embargos de terceiro, o objetivo é excluir apenas o bem objeto da constrição.

Não se confundem os embargos de terceiro com os embargos do devedor. Estes têm por objetivo o desfazimento do título executivo, enquanto naqueles não se discute essa matéria, mas a apreensão de bens de pessoas que não pertencem à lide.

Os embargos de terceiro têm natureza de ação e não de defesa ou recurso, de ação constitutiva. No processo civil, têm natureza de ação.

No processo do trabalho a natureza dos embargos de terceiro é de incidente de execução, pois esta constitui uma fase processual. É competente a Justiça do Trabalho para processá-los, pois se trata de cumprimento de sua decisão.

Na verdade, os embargos irão desconstituir a sentença que determinou a penhora de bem do embargante, fazendo que se retorne à situação anterior. São opostos por quem não é parte no processo, mas sofreu turbação ou esbulho na posse de seus bens por ato de apreensão judicial (art. 674 do CPC).

Os embargos poderão ser de terceiro proprietário, inclusive fiduciário, ou possuidor (§ 1º do art. 674 do CPC).

Considera-se terceiro, para ajuizamento dos embargos: (a) o cônjuge ou companheiro, quando defende a posse de bens próprios ou de sua meação; (b) o adquirente de bens cuja constrição decorreu de decisão que declara a ineficácia da alienação realizada em fraude à execução; (c) quem sofre constrição judicial de seus bens por força de desconsideração da personalidade jurídica, de cujo incidente não fez parte (§ 2º do art. 674 do CPC). Se a pessoa não fez parte do incidente de desconsideração da personalidade jurídica, o remédio é o de embargos de terceiro. Entretanto, se foi citada para apresentar defesa, terá de apresentar defesa e não embargos de terceiro. Mostra a Súmula 134 do STJ, que "embora intimado da penhora em imóvel do casal, o cônjuge do executado pode opor embargos de terceiro para defesa de sua meação".

O terceiro, na verdade, é uma pessoa diferente daquelas que estão discutindo a execução, não participou da lide, nem dela foi parte. Num primeiro momento, o sócio não é parte na lide, mas terceiro em relação ao feito, pois ele não foi atingido pela decisão judicial, pois "a sentença faz coisa julgada às partes entre as quais é dada, não prejudicando terceiros" (art. 506 do CPC). Os bens objeto da discussão judicial são os da sociedade e não os do sócio, como regra geral. A Súmula 184 do

TFR dizia, porém, que "em execução movida contra sociedade por quotas, o sócio--gerente, citado em nome próprio, não tem legitimidade para opor embargos de terceiro, visando livrar da constricção judicial seus bens particulares".

O depositário tem legitimidade para opor embargos de terceiro (*RT* 607/107).

O STJ entende que "é admissível a oposição de embargos de terceiro fundados em alegação de posse advinda de compromisso de compra e venda de imóvel, ainda que desprovido do registro" (Súmula 84). O STF tem entendido em sentido oposto (1ª T., RE 107.908-0, *DJU*, 27-10-1994, p. 29.166). A Súmula 621 do STF indica que não enseja embargos de terceiro à penhora a promessa de compra e venda não inscrita no registro de imóveis.

Admitem-se, ainda, os embargos para o credor com garantia real, que venha a obstar a expropriação judicial do objeto de direito real de garantia, caso não tenha sido intimado, nos termos legais dos atos expropriatórios respectivos (art. 674, § 2º, IV, do CPC). Nesse caso, o embargado só poderá alegar que:

a) o devedor comum é insolvente;
b) o título é nulo ou não obriga a terceiro;
c) outra é a coisa dada em garantia (art. 680 do CPC).

Serão os embargos opostos em casos de penhora, depósito, arresto, sequestro, alienação judicial, arrecadação, arrolamento, inventário, partilha (art. 674 do CPC).

Podem os embargos de terceiro ser utilizados em qualquer fase processual, como de conhecimento, de execução ou referente à ação cautelar. Na maioria dos casos, os embargos de terceiro têm sido utilizados na fase de execução.

No processo de conhecimento, os embargos podem ser opostos a qualquer tempo (art. 675 do CPC).

Serão os embargos opostos até cinco dias depois da adjudicação, da alienação por iniciativa particular ou da arrematação, mas sempre antes da assinatura da respectiva carta (art. 675 do CPC). Não se pode dizer que os embargos de terceiro devem ser opostos a contar da intimação da penhora ou do momento em que o terceiro tomou conhecimento da apreensão judicial, diante da expressa determinação do art. 675 do CPC. Assinada a carta, os embargos não mais poderão ser opostos, mesmo que dentro dos cinco dias.

A petição inicial será elaborada de acordo com os requisitos do art. 319 do CPC, fazendo-se prova sumária da posse e da qualidade de terceiro, oferecendo documentos e rol de testemunhas. Haverá necessidade de o embargante indicar o valor da causa, que normalmente irá corresponder ao valor do bem apreendido e não o da execução.

Os embargos de terceiro são distribuídos por dependência ao mesmo juiz que ordenou a apreensão e autuados em apartado (art. 676 do CPC).

Pode-se entender que os embargos de terceiro devem ser opostos com o patrocínio de advogado, pois apenas empregado e empregador detêm o *ius postulandi* (art. 791 da CLT) no processo do trabalho.

A prova da posse poderá ser feita em audiência de justificação (§ 1º do art. 677 do CPC). O possuidor direto poderá alegar domínio alheio.

Os embargos poderão ser contestados em dez dias, presumindo-se verdadeiros os fatos alegados, caso não haja defesa do exequente.

Nos embargos de terceiro, o depósito recursal é desnecessário, até porque os embargos têm natureza de ação e não de recurso. O § 2º do art. 40 da Lei n. 8.177/91 refere-se a "qualquer recurso subsequente do devedor". No entanto, o terceiro embargante não é devedor. Logo, não terá que fazer qualquer depósito para ajuizar a referida ação.

A decisão que concede liminarmente os embargos de terceiro não é recorrível, pois trata-se de decisão interlocutória, que só poderá ser debatida quando da decisão final. Não cabe, portanto, agravo de instrumento.

O juiz pode, liminarmente, rejeitar os embargos de terceiro, por estarem destituídos de fundamento ou a prova é imprestável para suas alegações.

Versando os embargos sobre todos os bens, determinará o juiz a suspensão do curso do processo principal. Se os embargos tratarem apenas de parte dos bens, terá prosseguimento o processo principal somente quanto aos bens não embargados.

Julgando provada a posse ou o domínio, o juiz deferirá liminarmente os embargos, ordenando a expedição de mandado de manutenção ou de restituição em favor do embargante. A caução de que trata o art. 678 do CPC não se aplica ao processo do trabalho.

Contestada a ação, o juiz poderá marcar audiência, caso exista necessidade da produção de provas. Após a audiência ou não realizada esta, o juiz em cinco dias deverá decidir os embargos.

Na execução por carta precatória, os embargos de terceiros serão oferecidos no juízo deprecado, salvo se indicado pelo juízo deprecante o bem constrito ou se já devolvida a carta (art. 676, parágrafo único, do CPC de 2015) (S. 419 do TST).

Se o bem apreendido foi indicado pelo juízo deprecante, este é o competente para o julgamento dos embargos de terceiro (S. 33 do TFR).

Acolhido o pedido dos embargos, o juiz expedirá em favor do embargante mandado de manutenção. Caso já tenha sido expedido mandado liminarmente, será expedido o mandado definitivo.

Sendo rejeitado o pedido, fica mantida a constrição dos bens do embargante.

As custas nos embargos de terceiro serão pagas ao final.

Da decisão em embargos de terceiro caberá agravo de petição e não recurso ordinário, por se tratar de incidente na fase processual da execução.

Tendo sido apresentados embargos à execução e de terceiros, serão julgados em primeiro lugar os de terceiros, pois podem ter reflexos sobre os embargos à execução. Exemplo seria a hipótese em que os embargos de terceiros são acolhidos, havendo necessidade de nova penhora para garantia da execução.

28.22 ALIENAÇÃO DE BENS

Se os bens objeto da apreensão judicial estão penhorados, é preciso sua alienação, para a conversão em pecúnia do valor devido ao exequente.

Hasta pública vem do Direito Romano, no sentido de que a arrematação era feita numa praça, afixando-se a hasta (lança) no chão.

Sendo o bem adquirido por terceiro, que deposita o valor arbitrado, há arrematação. Dá-se a adjudicação quando o próprio exequente prefere receber os bens como forma de pagamento de seu crédito. A remição ocorrerá quando o executado, visando impedir a alienação dos bens penhorados, deposita o valor da condenação, em numerário.

Expropriação é gênero. Tem como espécies: (a) a alienação de bens do devedor; (b) adjudicação em favor do credor; (c) usufruto de imóvel ou de empresa.

28.22.1 Praça e leilão

A praça será realizada no próprio edifício do fórum trabalhista. Já o leilão será realizado onde estiverem os bens, ou no lugar determinado pelo juiz. Os bens imóveis serão expropriados em praça; no leilão, bens móveis.

No processo do trabalho o correto é se falar em praça, que será realizada no próprio fórum. O leilão só poderá ser realizado no caso de inexistir licitante ou o exequente não se interessar pela adjudicação, quando o juiz irá nomear leiloeiro (§ 3º do art. 888 da CLT).

A rigor, no processo do trabalho, inexiste leilão. Há apenas segunda praça, pois o leilão não deveria ser feito por funcionários da Justiça do Trabalho, mas sim por leiloeiro.

A alienação dos bens será anunciada por edital afixado na sede do juízo ou Tribunal e publicado no jornal local, se houver, com a antecedência mínima de 20 dias (art. 888 da CLT).

O art. 888 da CLT é claro no sentido da necessidade de edital. Não há omissão na CLT para se aplicar o CPC.

O edital deverá conter:

a) a descrição do bem penhorado com seus característicos e, tratando-se de imóvel, a situação, as divisas e a transcrição aquisitiva ou a inscrição;
b) o valor pelo qual o do bem foi avaliado, o preço mínimo pelo qual deverá ser alienado, as condições de pagamento e, se for o caso, a comissão do leiloeiro designado;
c) o lugar onde estiverem os móveis, veículos e semoventes; e, tratando-se de créditos ou direitos, a identificação dos autos do processo em que foram penhorados;
d) o sítio, na rede mundial de computadores, e o período em que se realizará o leilão, salvo se este se der de modo presencial, hipótese em que serão indicados o local, o dia e a hora de sua realização;
e) menção da existência de ônus, recurso ou causa pendente sobre os bens a serem leiloados (art. 886 do CPC).

O edital é afixado na sede do juízo ou tribunal e publicado no jornal local, se houver, com a antecedência mínima de 20 dias (art. 888 da CLT). As demais disposições do § 2º do art. 887 do CPC são aplicáveis ao processo do trabalho, como da publicação do edital no órgão oficial com a aplicação da justiça gratuita, quando o trabalhador gozar deste favor.

A afixação de edital na sede da Vara e publicação no jornal são requisitos cumulativos e não alternativos. Normalmente, o edital é publicado no *Diário Oficial* nas grandes cidades. O prazo de publicação deve ser de pelo menos 20 dias antes da realização da venda, sob pena de nulidade, indicando-se o bem, o dia, o local e o horário da venda.

Atendendo ao valor dos bens e às condições da cidade, o juiz poderá alterar a forma e a frequência da publicidade na imprensa, mandar divulgar os avisos em emissora local e adotar outras providências tendentes à mais ampla publicidade da alienação. A divulgação de avisos em emissora local tem por objetivo a mais ampla publicidade e é perfeitamente compatível com o processo do trabalho. Os editais de praça serão divulgados pela imprensa preferencialmente na seção ou local reservado à publicidade de negócios imobiliários. O juiz poderá determinar a reunião de publicações em listas referentes a mais de uma execução.

A comunicação ao executado da realização da praça ou do leilão será feita por edital. Alguns juízes costumam intimar as partes de sua realização, para evitar qualquer problema nessa fase processual, embora essa providência não seja obrigatória.

O ideal é que a praça e o leilão sejam realizados no horário da audiência, pois é o período em que o juiz está no fórum, em razão de poderem existir problemas daí decorrentes.

Não se realizando o leilão por qualquer motivo, o juiz mandará publicar a transferência (art. 888 do CPC). O leilão prosseguirá no dia útil imediato, à mesma hora em que teve início, independentemente de novo edital, se for ultrapassado o horário de expediente forense (art. 900 do CPC).

Se o preço da venda de um ou de alguns dos bens for atingido, será suspensa a arrematação (art. 899 do CPC).

O § 1º do art. 888 da CLT menciona arrematação pelo maior lanço. Logo, fica excluído o conceito do preço vil no processo do trabalho, pois não se aplica o CPC (art. 889 da CLT). Assim, inexiste no processo do trabalho a ideia de preço vil para desqualificar a arrematação, podendo esta ser feita pelo maior valor obtido na praça ou leilão.

Preço vil é um conceito juridicamente indeterminado.

Não há um parâmetro legal para dizer o que é preço vil. Cada caso tem de ser examinado para se chegar à conclusão do que é preço vil.

Será realizada a arrematação dentro de dez dias após concluída a avaliação, mediante anúncio por edital afixado na sede do juízo ou tribunal e publicado no jornal local, se houver, com a antecedência mínima de vinte dias (art. 888 da CLT). O § 3º do art. 888 da CLT reza que não havendo licitante, e não requerendo o exequente a adjudicação dos bens penhorados, poderão estes ser vendidos por leiloeiro nomeado pelo juiz ou presidente. Em primeiro lugar, trata-se de uma faculdade do juiz determinar a venda por leiloeiro, pois normalmente é feita segunda praça. Entretanto, a venda é feita de imediato na segunda praça, não sendo designada nova venda para dali dez ou vinte dias, desde que isso seja determinado no edital.

Se a CLT prescreve no § 1º, do art. 888, que a arrematação será feita pelo maior lance, não há que se falar em preço vil, mas sim pelo maior preço obtido na praça ou leilão, independentemente do valor da avaliação. Nesse caso não se observa o CPC, pois há disposição expressa na CLT, por força do art. 889 da CLT. Inexiste omissão na CLT para se utilizar, em primeiro lugar a lei de execução fiscal, e depois o CPC. Se a CLT trata do tema ao dizer que a arrematação será feita pelo maior lance, não é omissa, inexistindo necessidade de complementação pelo CPC.

O argumento de que haverá uma proliferação de arrematações por preços irrisórios e iria formar "a máfia da arrematação" não convence, pois mesmo quando não há lanço por preço vil, existem pessoas especializadas em arrematação, que todos os dias vão às Varas, além do que o argumento não é jurídico. Se o devedor não quer que arrematem o seu bem por preço vil deveria se socorrer da remição.

Mesmo que exista apenas um lance na praça, esse será considerado o maior valor obtido, ainda que seja vil o preço alcançado, devendo se fazer a arrematação do bem.

Ressalte-se, ainda, que o § 1º do art. 888 da CLT não dispõe expressamente que o bem deva ser vendido, como valor mínimo, pelo valor da avaliação, mas sim pelo maior valor, que até poderá ser inferior ao da avaliação.

Dispõe o art. 891 do CPC que "não será aceito lanço que ofereça preço vil". No processo do trabalho muitas vezes só há uma praça, de modo que mesmo que o preço fosse vil não seria aplicável o art. 891 do CPC. De outro lado, no processo do trabalho dificilmente irá haver leilão, mas segunda praça, pois o leilão é feito por leiloeiro e onde estiverem os bens.

Não se deveria falar em execução menos onerosa para o devedor, mas sim a mais eficiente. É inadmissível que o devedor tenha bens e não os venda para pagar sua dívida, enquanto o empregado que emprestou o seu suor ao empregador e precisa do valor deferido no processo para alimentar seus familiares não o receba, ficando mais uma vez prejudicado: primeiro, por não ter recebido o crédito no momento próprio e ter de ajuizar ação trabalhista para receber o devido; segundo, em razão de se estabelecer uma verdadeira vitória de Pyrrho, o trabalhador ganha, mas não leva.

Não há violação ao princípio da dignidade da pessoa humana, pois nem sempre a execução é feita contra pessoa física, mas contra a jurídica.

Talvez a única hipótese em que o bem não deveria ser levado à praça seria no caso de o produto da execução do bem fosse totalmente absorvido pelo pagamento das despesas processuais (art. 836 do CPC), sendo que nesse caso não deveria nem mesmo ser penhorado.

Admitindo o imóvel divisão, o juiz, a requerimento do devedor, ordenará a alienação judicial de parte dele, desde que suficiente para pagar o credor (art. 894 do CPC). Não havendo lançador, o imóvel será alienado em sua integralidade (parágrafo único do art. 894 do CPC).

Todo aquele que estiver na livre administração de seus bens poderá licitar. As exceções são as seguintes:

a) os tutores, curadores, testamenteiros, administradores, síndicos, liquidantes, quanto aos bens que lhes foram confiados à responsabilidade ou à guarda;
b) os mandatários, quanto aos bens, de cuja administração ou alienação estejam encarregados;
c) o juiz, escrivão, o depositário, o avaliador e o oficial de justiça.

Sendo alienados diversos bens, a preferência será para aquele que se propuser a arrematá-los englobadamente (art. 893 do CPC).

Não se extingue a hipoteca, se o credor hipotecário não for intimado da arrematação ou adjudicação (art. 1.501 do Código Civil). A alienação do bem será considerada ineficaz. É o que também já se verificava do art. 804 do CPC.

28.22.2 Arrematação

28.22.2.1 Etimologia

Arrematação vem de "remate", que tem o sentido de final, conclusão, resultado. Significa, no âmbito jurídico, ato pelo qual são vendidos bens ou coisas em leilão ou hasta pública a quem mais oferecer. É a venda em "almoeda", isto é, a quem mais der.

28.22.2.2 Conceito

A arrematação é o ato de adquirir o bem em hasta pública ou leilão pelo melhor lanço.

Há a transferência determinada pelo Estado dos bens penhorados ao terceiro que oferecer o melhor lance.

28.22.2.3 Distinção

Difere a arrematação da adjudicação, em que o próprio exequente paga a execução para ficar com seus próprios bens.

Distingue-se a arrematação da remição, que é o resgate dos bens objeto de expropriação por parte da família do devedor.

As partes seriam o arrematante, que é a pessoa que adquire o bem e o arrematado (executado).

28.22.2.4 Natureza jurídica

A arrematação não corresponde exatamente à venda, pois nesta há um contrato entre as partes. A arrematação, porém, é feita por determinação de ordem pública para satisfação do direito do credor. Na venda há livre convencimento do vendedor para ceder o bem, enquanto na arrematação o devedor não quer vender o bem, mas há uma expropriação forçada. Assemelha-se à arrematação com a venda apenas no aspecto em que há transferência do bem mediante pagamento do preço.

Para uns a arrematação é espécie de venda pública[9], para outros é venda judicial[10].

João Monteiro pensa que a arrematação é uma compra e venda judicial. Seria uma espécie de venda feita pelo juiz, que agiria em nome do executado, suprindo a vontade deste. Na verdade, o executado não quer vender o bem, nem é representado pelo juiz, que não tem essa função.

Leciona Carnelutti que na arrematação o Estado age como se fosse representante legal do executado. O Estado vende o bem pelo executado. O bem é vendido pela vontade do Estado e não a do executado. O bem é expropriado em razão da venda forçada[11].

Liebman critica essa última teoria sob o argumento de que o representante age em proveito do representado e não contra o seu interesse, vendendo um bem do executado. O Estado age contra o interesse do próprio executado. A representação diz respeito a uma pessoa que não tem querer por si próprio. O executado, entretanto, tem capacidade plena para os seus atos[12].

Há argumentos no sentido de que o juiz representaria o credor. Assevera Alfredo Rocco que o credor, no exercício do direito de vender, tem um direito de penhor em relação aos bens do devedor. Na verdade, o juiz não representa ninguém. Apenas obedece ao comando contido na sentença, determinando que o devedor cumpra coativamente o que lhe foi determinado. A penhora, por outro lado, significa um direito de preferência em relação a outros credores.

Chiovenda afirma que na arrematação há a venda dos bens do executado por intermédio do Estado, que desapropria o bem do executado, retirando a sua faculdade de dispor do bem. O Estado retira a disponibilidade do bem do executado e em seguida o aliena. A arrematação seria uma venda judicial, com características de contrato[13]. Não se pode dizer exatamente que seria desapropriação, mas expro-

---

9 SOUZA, Joaquim José Caetano Pereira e. *Primeiras linhas sobre o processo civil*: acomodadas ao foro do Brasil por Augusto Teixeira de Freitas. Rio de Janeiro: s.n., 1906, p. 337. No mesmo sentido, RAMALHO, Joaquim Inacio. *Praxe brasileira*. 2. ed. São Paulo: s.n., 1904, p. 613.

10 PINTO, José Maria Frederico de Souza. *Primeiras linhas sobre o processo civil brasileiro*. Rio de Janeiro: s.n., 1850. v. 4, p. 57.

11 CARNELUTTI, Francesco. *Sistema de diritto processuale civile*. Pádua: Cedam, 1938. v. 2, p. 121.

12 LIEBMAN, Enrico Tullio. *Processo de execução*. São Paulo: s.n., 1946, p. 221.

13 CHIOVENDA, Giuseppe. *Instituições de direito processual civil*. São Paulo: s.n., 1942, v. 1, p. 408-410.

priação, pois naquela o bem ficaria na posse do Estado e não do terceiro, além do que o Estado poderia transferir o bem para o terceiro, o que não ocorre. Não se pode dizer que a natureza da expropriação é contratual, pois não se forma um contrato entre as partes envolvidas. A expropriação é feita porque o devedor não paga a dívida, decorrendo de norma de ordem pública e não do contrato. A transferência do bem é feita para o arrematante sem que o bem passe pelo Estado. O ato de expropriação é um ato de soberania do Estado. A expropriação é feita em decorrência do poder jurisdicional conferido ao juiz pelo Estado, de transferir a posse do bem para terceiro visando satisfazer o direito do credor. Compreende interesse público em fazer cumprir a determinação da sentença, assegurando a ordem jurídica. O objetivo é conseguir o numerário visando satisfazer o credor.

Não se trata de instituto de direito privado, mas de direito público, pois ocorre no processo de execução, sendo proveniente de norma de ordem pública.

Pelo lado do devedor, a arrematação consiste numa expropriação em que o Estado, por meio de ato coativo do juiz, transfere a propriedade do devedor para a pessoa que arremata o bem.

A arrematação é um ato executório, coativo, em que o juiz transfere a título oneroso o direito do executado para terceiro. É um ato que ocorre na execução por quantia certa contra devedor solvente. Não se questiona se o devedor tem ou não interesse em vender o bem.

Para o terceiro é uma forma de aquisição de propriedade de bens, mediante livre concorrência. É uma espécie de transferência coercitiva dos bens do devedor para o terceiro que os arremata.

A arrematação não deixa de ter, também, a característica de demanda incidental no processo de execução.

28.22.2.5 Procedimentos no processo do trabalho

Concluída a avaliação, dentro de 10 dias, contados da data da nomeação do avaliador, seguir-se-á a arrematação que será anunciada por edital fixado na sede do juízo ou tribunal e publicado no jornal local, se houver, com antecedência mínima de 20 dias (art. 888 da CLT). Isso afasta a aplicação da Lei n. 6.830/80 (art. 889 da CLT).

A determinação contida no art. 888 da CLT é aditiva, no sentido de que deve ser feito o edital e ao mesmo tempo deve ser fixado na sede do juízo ou tribunal. Jornal local é o que tem circulação periódica regular, como semanal, não precisando ser necessariamente diário. Nas localidades em que exista diário oficial do estado ou município é nesse jornal que será feita a publicação. A CLT, em outros textos

(§ 1º do art. 841 e § 3º do art. 880), faz referência a jornal oficial. O art. 888 da CLT usa a expressão *jornal local*. O edital tem por objetivo tornar público que no dia, hora e local os bens descritos serão vendidos, de forma que as pessoas interessadas concorram em igualdade de condições.

O prazo de 10 dias será contado da data da realização da penhora. No processo do trabalho a avaliação é feita pelo oficial de justiça avaliador da Justiça do Trabalho. Na Justiça Comum, o prazo será de 10 dias a contar da nomeação do avaliador.

O prazo de publicação deve ser de pelo menos 20 dias antes da realização da venda, sob pena de nulidade, indicando-se o bem, o dia, o local e o horário da venda.

A CLT não trata do tema da intimação do devedor, apenas da fixação do edital e da publicação no jornal local. Logo, não há omissão da CLT sobre o tema, que apenas determina a publicação no jornal local e fixação do edital, sendo inaplicáveis a Lei n. 6.830 e o CPC. O § 2º do art. 22 da Lei n. 6.830/80 prevê a intimação do representante da Fazenda Pública. O inciso I do art. 889 do CPC dispõe que o executado, por meio do seu advogado, terá ciência do dia, hora e local da alienação judicial ou, se não tiver procurador constituído nos autos, por meio de mandado, carta registrada, edital ou outro meio idôneo. Não haverá necessidade, portanto, de ser intimado pessoalmente o executado. No processo do trabalho a intimação será feita pelo Correio, não necessitando ser feita por mandado, pois apenas a citação para a execução é que é feita pelo oficial de justiça.

Dispõe o inciso V do art. 889 do CPC sobre a intimação do credor pignoratício, hipotecário, anticrético, fiduciário ou com penhora anteriormente averbada, quando a penhora recair sobre bens com tais gravames, caso não seja o credor, de qualquer modo, parte na execução. Pode-se entender ser desnecessária a intimação do credor hipotecário, pois a CLT exige apenas a publicação do edital, inexistindo omissão nesse sentido na norma consolidada. Todavia, para evitar dúvidas, é melhor intimar o credor hipotecário da realização da alienação do bem.

A arrematação será feita em dia, hora e lugar anunciados e os bens serão vendidos pelo maior lance, tendo o exequente preferência para a adjudicação (§ 1º do art. 888 da CLT). Pela regra da CLT, a praça é única, não havendo necessidade da designação de novas praças, sendo que os bens serão vendidos pelo maior lance.

Pela redação do § 3º do art. 888 da CLT, o exequente pode adjudicar os bens penhorados, mas não determina o valor. Apenas será feito leilão se o exequente não adjudicar (§ 3º do art. 888 da CLT). Caso não haja lançador, o bem será adjudicado por preço não inferior ao do edital. Havendo lançador, a adjudicação será feita pelo maior lance (§ 1º do art. 888 da CLT), isto é, pelo maior valor oferecido pelo lançador, ainda que inferior ao valor da avaliação. É a interpretação do § 1º do art. 888 da CLT, que dispõe que a venda do bem será feita pelo maior lance. Assim, o adjudicante terá de oferecer o valor do maior lance para ficar com o bem.

O ato de arrematar pode ser feito por todas as pessoas que estiverem na livre administração de seus bens (art. 890 do CPC), por se tratar de ato público. Não podem arrematar: (a) os tutores, os curadores, os testamenteiros, os administradores, os síndicos, os liquidantes, quanto aos bens confiados a sua guarda e responsabilidade; (b) os mandatários, quanto aos bens, de cuja administração ou alienação estejam encarregados; (c) o juiz, o membro do Ministério Público e da Defensoria Pública, o escrivão, o chefe de secretaria ou o diretor de secretaria e dos demais servidores e auxiliares da justiça, em relação aos bens e direitos objeto de alienação na localidade onde servirem ou a que se estender a sua autoridade; (d) os servidores públicos em geral, quanto aos bens ou aos direitos da pessoa jurídica a que servirem ou estejam sob sua administração direta ou indireta; (e) dos leiloeiros e seus prepostos, quanto aos bens de cuja venda estejam encarregados; (f) dos advogados de qualquer das partes.

O arrematante garantirá o lance com o sinal de 20% de seu valor (§ 2º do art. 888 da CLT). Deverá o arrematante, ou seu fiador, pagar o restante dos 80% em 24 horas, pois do contrário perderá, em benefício da execução, o sinal dado, voltando à praça os bens executados (§ 4º do art. 888 da CLT). Nesse caso, o que ocorre é que será feita nova praça para a venda do bem. Não se pode dizer que haverá a realização da mesma praça, que já foi feita e terminada, nem de repetição daquela, mas realização de nova praça. Se o arrematante não deposita o sinal de 20%, mas o exequente requer a adjudicação pelo valor do lanço, qual o procedimento a ser adotado pelo juiz? O exequente tem preferência para a adjudicação. Esta deveria ser seguida. Se não há o depósito, a preferência é do exequente (§ 1º do art. 888 da CLT). Será adjudicado o bem pelo lanço dado.

O executado também poderá pedir a remição dos bens. Em qualquer hipótese, porém, a remição só será deferível ao executado se este oferecer preço igual ao valor da condenação e não da avaliação (art. 13 da Lei n. 5.584).

Inexistindo licitante e não requerendo o exequente a adjudicação dos bens penhorados, poderão os referidos bens ser vendidos por leiloeiro nomeado pelo juiz (§ 3º do art. 888 da CLT). No processo do trabalho o correto é se falar em praça, que será realizada no próprio fórum. O leilão só será realizado no caso de inexistir licitante ou o exequente não se interessar pela adjudicação, quando o juiz irá nomear leiloeiro (§ 3º). Nesse caso, haverá leiloeiro, pois será um terceiro, que não é funcionário da Justiça do Trabalho. Dificilmente, porém, essa hipótese irá ocorrer.

Havendo pluralidade de credores ou de exequentes, o dinheiro lhes será distribuído e entregue consoante a ordem das respectivas prelações; não havendo título legal à preferência, receberá em primeiro lugar o credor que mover a execução, cabendo aos demais concorrentes direitos sobre a importância restante, observada a anterioridade da penhora (art. 908 do CPC). Havendo ordem legal de preferência, essa será observada no pagamento, como ocorre com o crédito trabalhista, que é privilegiado, isto é, pela ordem de data das penhoras.

Após o encerramento da praça ou leilão, será lavrado o auto, que será assinado pelo juiz, pelo chefe da secretaria, pelo arrematante e pelo funcionário que efetuou a alienação. O auto deve ser assinado em cinco dias pelo juiz (art. 226, I, do CPC) e em um dia pelos demais funcionários (art. 228 do CPC). O arrematante o assinará em cinco dias (§ 3º do art. 218 do CPC).

A arrematação constará de auto que será lavrado de imediato e poderá abranger bens penhorados em mais de uma execução, nele mencionadas as condições pelas quais foi alienado o bem (art. 901 do CPC).

A carta de arrematação deverá conter: 1 – a descrição do imóvel, com remissão a sua matrícula ou individuação e aos seus registros; 2 – a cópia do auto de arrematação; 3 – a prova de pagamento do imposto de transmissão; 4 – a indicação da existência de eventual ônus real ou gravame (§ 2º do art. 901 do CPC).

Qualquer que seja a modalidade de leilão, assinado o auto pelo juiz, pelo arrematante e pelo serventuário da justiça ou leiloeiro, a arrematação considerar-se-á perfeita, acabada e irretratável, ainda que venham a ser acolhidos os embargos do executado ou a ação autônoma para a invalidação da arrematação, assegurada a possibilidade de reparação pelos prejuízos sofridos (art. 903 do CPC). A arrematação poderá, porém, ser: 1 – invalidada, quando realizada por preço vil ou com outro vício; 2 – considerada ineficaz, se não observado o art. 804 do CPC; 3 – resolvida, se não for pago o preço ou se não for prestada a caução (§ 1º do art. 903 do CPC). No caso de serem acolhidos os embargos, o executado terá direito a haver do exequente o valor por este recebido como produto da arrematação; caso inferior ao valor do bem, haverá do exequente também a diferença.

Com o auto de arrematação assinado, há a transmissão do bem. Trata-se de decisão do juiz, que pode ser atacada por embargos à arrematação. Transitada em julgado a decisão, somente por ação rescisória poderá ser modificada, com fundamento no inciso V do art. 966 do CPC, desde que não tenha sido observada certa formalidade prevista na lei.

A carta de arrematação não depende, porém, de sentença, sendo a ação anulatória o meio adequado para impugná-la (§ 4º do art. 966 do CPC).

Não há necessidade de intimação pessoal do devedor, pois o art. 888 da CLT estabelece que a arrematação será anunciada em edital. Logo, não se aplica o inciso I do art. 889 do CPC ou o § 2º do art. 22 da Lei n. 6.830/80, por não haver omissão na CLT.

Tem-se entendido que se o juiz homologa a arrematação, sem que haja embargos, ou agravo de petição, cabe apenas ação anulatória (§ 4º do art. 966 do CPC). Se houver embargos ou agravo de petição cabe ação rescisória, porque a questão é de mérito.

28.22.2.6 Competência

O juízo do trabalho irá outorgar o título de propriedade do bem arrematado. Cumpre também imitir o arrematante na posse do bem, dirimindo dúvidas entre arrematante e depositário, pois decorre do cumprimento da sentença trabalhista (art. 114 da Constituição). A Justiça do Trabalho diz o direito e também tem competência para executar o que foi determinado, pois não mais pertence ao sistema administrativo, atrelado ao Ministério do Trabalho. Não é o caso, portanto, de o arrematante ajuizar ação de imissão de posse na Justiça Comum.

28.22.3 Adjudicação

A adjudicação é uma espécie de dação em pagamento judicial.

Poderá ser feita a adjudicação pelo exequente, mas não será aceita depois de assinado o auto de arrematação (art. 903 do CPC). Assim, a adjudicação poderá ser feita até o dia anterior ao da assinatura do referido auto, porém deverá ser feita após a praça e não antes dela.

O § 3º do art. 888 da CLT não trata do prazo para ser feita a adjudicação.

Pela regra do § 1º do art. 888 da CLT o exequente tem preferência para a adjudicação. Mostra que ela pode ser feita no mesmo dia da praça.

Determina o art. 876 do CPC que é lícito ao credor oferecer preço não inferior ao da avaliação, requerendo que lhe sejam adjudicados os bens penhorados.

A interpretação sistemática do § 3º do art. 888 da CLT, em conjunto com o § 1º do mesmo dispositivo, mostra que a adjudicação deve ser feita pelo maior lance, para efeito de arrematação.

O credor não poderá adjudicar o bem pelo lance mínimo.

A adjudicação poderá ser feita logo após o término da praça.

Não havendo omissão na CLT não se aplica o art. 685-A do CPC (art. 889 da CLT).

Se não houver lance, o exequente tem direito de adjudicar o bem pelo valor da avaliação (art. 24 da Lei n. 6.830).

Se não houver licitantes, o credor só pode adjudicá-los (§ 3º do art. 888 da CLT). Não poderá arrematá-los, não se aplicando o § 2º do art. 895 do CPC, pois a CLT só prevê a hipótese da adjudicação.

Se o valor do crédito for inferior ao dos bens, o adjudicante depositará de imediato a diferença, ficando esta à disposição do executado; se superior, a execução prosseguirá pelo saldo remanescente.

Idêntico direito pode ser exercido pelo credor com garantia real, pelos credores concorrentes que hajam penhorado o mesmo bem, pelo cônjuge, pelos descendentes ou ascendentes do executado.

Havendo mais de um pretencente, será feita entre eles a licitação; em igualdade de oferta, terá preferência o cônjuge, descendente ou ascendente, nessa ordem (§ 6º do art. 876 do CPC).

No caso de penhora de quota, procedida por exequente alheio à sociedade, esta será intimada, assegurando preferência aos sócios.

Decididas eventuais questões, o juiz mandará lavrar auto de adjudicação.

A adjudicação considera-se perfeita e acabada com a lavratura e assinatura pelo juiz, pelo adjudicante, pelo escrivão e, se for presente, pelo executado, expedindo-se a respectiva carta, se bem imóvel, ou mandado de entrega ao adjudicante, se bem móvel (§ 1º do art. 877 do CPC).

A carta de adjudicação conterá a descrição do imóvel, com remissão a sua matrícula e registros, a cópia do auto de adjudicação e a prova de quitação do imposto de transmissão.

28.22.4 Remição

Remição não se confunde com remissão. Remição vem a ser resgate e remissão perdão.

Remição vem de remir (de *re mere*), ao passo que remissão provém de remitir (perdoar).

O inciso I do art. 789-A da CLT mostra que a remição é cabível no Direito Processual do Trabalho.

O devedor poderá remir (resgatar) os bens, pagando o valor da condenação acrescido de juros e correção monetária e demais despesas do processo. A remição poderá ser realizada a todo o tempo (art. 826 do CPC).

O executado também poderá pedir a remição dos bens. Em qualquer hipótese, porém, a remição só será deferível ao executado se este oferecer preço igual ao valor da condenação e não da avaliação (art. 13 da Lei n. 5.584). A remição tem de ser feita por preço igual ao valor da condenação e não ao valor do lance, se inferior (art. 13 da Lei n. 5.584).

O art. 13 da Lei n. 5.584 só trata da remição do devedor.

A remição prefere à adjudicação, assim como esta prefere à arrematação.

A parte contrária será intimada dos embargos, tendo cinco dias para contrariá-los. Poderá ser realizada audiência, se houver necessidade da produção de provas.

Não se realizará a audiência, se os embargos versarem sobre matéria de direito ou, sendo de direito e de fato, a prova for exclusivamente documental; caso em que o juiz proferirá sentença (art. 920 do CPC).

Entretanto, a legitimidade é do cônjuge, descendente ou ascendente do devedor fazerem a remição, mas não do cônjuge do sócio, pois devedor é a empresa. Logo, nesse caso é impossível a remição.

A remição tanto é feita em relação a bens penhorados, como nos arrecadados em processo de insolvência.

O valor da remição será o preço da alienação ou da adjudicação e não o montante do débito apurado.

A remição não pode ser parcial quando há licitante para todos os bens.

Realizada a praça, o executado poderá, até a assinatura do auto de arrematação ou até que seja publicada a sentença de adjudicação, remir o imóvel hipotecado, oferecendo preço igual ao da avaliação, se não tiver havido licitantes, ou ao do maior lance oferecido. Igual direito caberá ao cônjuge, aos descendentes ou ascendentes do executado (art. 1.482 do Código Civil).

28.22.5 Embargos à arrematação e à adjudicação

A CLT não trata de embargos à arrematação ou à adjudicação. O § 1º do art. 884 da CLT menciona quais são as matérias de embargos, mas não menciona as duas hipóteses, que não se enquadram em quitação, prescrição ou cumprimento da decisão ou do acordo. O § 3º do art. 884 da CLT é claro no sentido de que somente nos embargos à penhora poderá o executado impugnar a sentença de liquidação. Logo, não se aplica o CPC, na parte em que trata de embargos à adjudicação ou à arrematação.

Para os que entendem cabíveis os embargos à arrematação e à adjudicação, os procedimentos são os a seguir mencionados.

Só o devedor irá oferecer os embargos à arrematação ou à adjudicação. A matéria ventilada será fundada em nulidade de execução, pagamento, novação, transação ou prescrição, desde que superveniente à penhora.

Nos embargos à arrematação e à adjudicação observa-se a previsão dos embargos à execução, que no processo do trabalho têm disposição específica no art. 884 da CLT.

O prazo para a interposição dos embargos será de cinco dias (art. 884 da CLT), contados da assinatura do respectivo auto de arrematação ou adjudicação. Assim, o prazo será de cinco dias após a assinatura do auto, pois antes disso o auto não se acha perfeito e acabado (art. 903 do CPC).

Os embargos não devem ser recebidos com efeito suspensivo. É o caso de se aplicar o art. 919 do CPC, que menciona que os embargos não têm efeito suspensivo.

28.23 SUSPENSÃO E EXTINÇÃO DA EXECUÇÃO

A execução poderá ser suspensa quando o devedor não possuir bens penhoráveis (art. 921, III, do CPC). Se as partes requererem, a execução também poderá ser suspensa, "durante o prazo concedido pelo exequente, para que o executado cumpra voluntariamente a obrigação" (art. 922 do CPC). Findo o prazo sem cumprimento da obrigação, o processo retomará seu curso (parágrafo único do art. 922 do CPC).

Determina o art. 40 da Lei n. 6.830/80, aplicável subsidiariamente ao processo do trabalho por força do art. 889 da CLT, que "o juiz suspenderá o curso da execução, enquanto não for localizado o devedor ou encontrados bens sobre os quais possa recair a penhora". Decorrido o prazo de um ano, sem que se localize o devedor ou sejam encontrados bens penhoráveis, o juiz determinará o arquivamento dos autos (§ 2º). Caso sejam encontrados o devedor ou os bens, os autos serão desarquivados e prosseguirá a execução (§ 3º).

Suspende-se também a execução, no todo ou em parte, quando recebidos os embargos do devedor com efeito suspensivo (art. 921, II, do CPC). Quando os embargos forem parciais, a execução prosseguirá quanto à parte não embargada.

A execução ainda é suspensa, conforme o inciso I do art. 921 do CPC, nas hipóteses dos arts. 313 e 315 do CPC, que são:

a) pela morte ou perda de capacidade processual de qualquer das partes;
b) pela convenção das partes;
c) quando for oposta exceção de incompetência do juízo, da câmara ou do tribunal, bem como de suspeição ou impedimento do juiz.

O inciso II do art. 905 do CPC prevê que o juiz autorizará que o credor levante, até a satisfação de seu crédito, o dinheiro depositado para segurar o juízo ou o produto dos bens alienados quando não houver sobre os bens alienados qualquer outro privilégio ou preferência. Concorrendo vários credores, o dinheiro ser-lhes-á distribuído e entregue consoante a ordem às respectivas prelações; não havendo título legal à preferência, receberá em primeiro lugar o credor que promoveu a execução, cabendo aos demais concorrentes direito sobre a importância restante, observada a anterioridade de cada penhora (art. 908 do CPC). O crédito trabalhista tem preferência legal. Deve, portanto, preferir a penhora feita pelo juízo cível.

A cobrança de multa ou de indenizações decorrentes de litigância de má-fé ou de prática de ato atentatório à dignidade da justiça será promovida nos próprios autos do processo (art. 777 do CPC). No processo do trabalho a execução não é feita em autos apensos, mas nos próprios autos.

A execução é extinta quando:

a) o devedor satisfaz a obrigação;
b) o devedor obtém, por transação ou por qualquer outro meio, a remissão (perdão) total da dívida;
c) o credor renunciar ao crédito (art. 924 do CPC). A extinção só produzirá efeitos quando declarada por sentença (art. 925 do CPC).

Na desistência da execução, serão extintos os embargos que versarem sobre questões processuais. Nos demais casos, a extinção dependerá da concordância do embargante (parágrafo único do art. 775 do CPC). Assim, se os embargos do devedor forem apenas sobre questões processuais, não haverá necessidade de consentimento do devedor para a desistência do credor da execução. Se a matéria não for processual, é mister o consentimento do devedor. O credor poderá, contudo, desistir de apenas algumas medidas executivas, como da penhora em determinado bem (art. 775 do CPC), como de toda a execução.

O juiz poderá, porém, verificar se não existe nenhum vício de vontade para efeito de o trabalhador desistir da execução.

Se o credor transacionar com o devedor não é o caso de desistência da execução, mas de extinção da execução com exame de mérito, nos termos do inciso II do art. 924 do CPC.

Quando os embargos do devedor versarem sobre questões processuais, a desistência do credor, importará na concordância do embargante.

28.24 CUSTAS NA EXECUÇÃO

O STF entendeu que o TST não tem poderes para estabelecer custas na execução, como o fazia com base na Resolução Administrativa n. 52, de 28-6-1972, tendo por fundamento a alínea *g* do art. 702 da CLT. As custas têm natureza de tributo, só podendo ser fixadas por lei. Foram revogadas pela Emenda Constitucional n. 1, de 1969, as faculdades previstas no item *g* do art. 702 da CLT e no antigo § 2º do art. 789 da CLT, que tratavam das hipóteses de o TST aprovar tabelas de custas. Assim, não existiam as custas na execução no processo do trabalho (TP, RE 116.208-2. 20-4-1990, Rel. Min. Moreira Alves, *LTr* 54-7/870). Cabe à União legislar sobre custas dos serviços forenses federais (art. 24, IV, da Constituição).

A lei passou a fixar as custas na execução, o que foi feito pelo art. 789-A da CLT. No processo de execução são devidas custas, sempre de responsabilidade do executado e pagas ao final, de conformidade com a seguinte tabela:

I – autos de arrematação, de adjudicação e de remição: 5% sobre o respectivo valor, até o máximo de R$ 1.915,38;

II – atos dos oficiais de Justiça, por diligência certificada;

a) em zona urbana: RS 11,06;

b) em zona rural: R$ 22,13;

III – agravo de instrumento: R$ 44,26;

IV – agravo de petição: R$ 44,26;

V – embargos à execução, embargos de terceiro e embargos à arrematação: R$ 44,26;

VI – recurso de revista: R$ 55,35. Trata-se do recurso de revista na execução;

VII – impugnação à sentença de liquidação: R$ 55,35;

VIII – despesa de armazenagem em depósito judicial – por dia: 0,1% do valor da avaliação;

IX – cálculos de liquidação realizados pelo contador do juízo sobre o valor liquidado: 0,5% até o limite de R$ 638,46.

O executado não terá de pagar as custas para recorrer na execução, pois o art. 789-A da CLT é expresso no sentido de que elas devem ser pagas ao final.

Serão as custas sempre de responsabilidade do executado e não do exequente. A lei tem por objetivo instituir custas na execução para evitar atos protelatórios do empregador no cumprimento da decisão.

Entretanto, a lei deveria ter determinado que as custas deveriam ser pagas a cada recurso, como pressuposto objetivo para recorrer na execução. Deixando o pagamento para o final, poderá o devedor apresentar vários recursos protelatórios e, ao final, nem mesmo pagar as custas.

O executado só responderá pelas custas se for vencido em algum ponto, ainda que mínimo.

As custas só deveriam ser pagas na execução em razão da pessoa que dá razão à protelação do feito na execução, movimentando a máquina jurisdicional para a satisfação do julgado. Justifica-se, assim, o pagamento das custas pelo executado, que tem intuito de procrastinar o andamento do processo na execução.

Em certos casos, o executado não dá causa à apresentação de impugnação da sentença de liquidação, o que é feito pelo exequente, ou aos recursos apresentados pelo reclamante e mesmo assim irá pagar as custas, o que me parece incorreto. Nesse caso, está sendo instituído tratamento desigual na cobrança das custas, quando quem dá causa é o exequente. Entendo que tal dispositivo viola o *caput* do art. 5º da Constituição.

O executado só deve ser responsável pelas custas quando dá causa à demora na execução com a interposição de recursos.

Quando o terceiro, a União ou o exequente apresentam recursos, não pode o executado ser responsabilizado pelas custas.

Talvez melhor seria se as custas fossem devidas na execução à razão de 2% sobre o valor da condenação, ficando a cargo do executado e não da forma como foram estabelecidas.

O executado não faz parte da relação dos embargos de terceiro. Se eles forem acolhidos, o executado não pode responder pelas custas, pois não deu causa a eles.

Os atos dos oficiais de Justiça têm custas diferenciadas na execução em razão de diligência na área urbana ou rural. Nesta, justifica-se o maior valor das custas, em decorrência da maior dificuldade para fazer a diligência.

As custas diárias pela despesa de armazenamento são necessárias, pois têm por objetivo fazer com que o devedor pague o crédito mais rapidamente.

Em algumas regiões da Justiça do Trabalho os cálculos são, de fato, feitos pelo contador do juízo, pois há esse cargo. Justifica-se, portanto, o pagamento das custas, em razão do serviço prestado.

Não poderão ser fixadas custas em decorrência de cálculos feitos pelo perito do juízo, pois este deve receber seus honorários, além do que não é um servidor da Justiça do Trabalho.

A lei não estabeleceu custas caso sejam apresentados embargos ao TST ou recurso extraordinário, na execução trabalhista. Assim, elas não podem ser cobradas, diante do princípio da legalidade tributária.

As custas são estabelecidas em valores fixos. Se houver inflação, existirá necessidade de a lei atualizar os valores. Não poderá ser feita por ato do TST, como no caso do depósito recursal, pois não há delegação nesse sentido na lei.

28.25 EMOLUMENTOS

A palavra *emolumentos* vem do latim *emulumentum*, que era a quantia paga ao moleiro para moer o grão; ganho, vantagem ou proveito. É um pagamento feito em decorrência do serviço prestado pela repartição pública.

Os emolumentos serão suportados pelo requerente, nos valores fixados na seguinte tabela (art. 789-B da CLT):

I – autenticação de traslado de peças mediante cópia reprográfica apresentada pelas partes – por folha: R$ 0,55;

II – fotocópia de peças – por folha: R$ 0,28;

III – autenticação de peças – por folha R$ 0,55;

IV – cartas de sentença, de adjudicação, de remição e de arrematação – por folha: R$ 0,55;

V – certidões – por folha: R$ 5,53.

Emolumentos são despesas judiciais, principalmente na extração de traslados e instrumentos. Havia pagamento de emolumentos quando a conferência do traslado e cópias do agravo de instrumento cabia ao serventuário.

O STF entende que os emolumentos têm natureza tributária, na subespécie taxa (STF, ADIn 1298-3/ES, Rel. Min. Celso de Mello, j. 30-6-1995, *DJU* 1º-8-1995, p. 21.617).

O § 5º do art. 789 da CLT previa prazo de 48 horas para pagamento dos emolumentos de traslados e instrumentos. O funcionário exigia depósito prévio para a extração. Na regra atual, não foi fixado prazo para pagamento de emolumentos de traslados e instrumentos, muito menos há exigência de depósito prévio.

As autenticações de peças são necessárias para serem juntadas em agravo de instrumento. O mesmo ocorre em relação à carta de sentença.

Requerente será a pessoa que postular as hipóteses contidas nos incisos do art. 789-B da CLT. Poderá ser o empregado ou o empregador. Se o empregado gozar de justiça gratuita, não pagará os referidos emolumentos.

O Banco do Brasil não vem aceitando pagamento de autenticações de valor inferior a R$ 10,64. Assim, o advogado terá de autenticar várias peças até atingir o referido valor, mesmo necessitando, por exemplo, de apenas uma autenticação.

O código de recolhimento de emolumentos será 18770-4-STN.

Verificação de Aprendizagem

1. Quem pode apresentar os embargos de terceiro?
2. Qual o prazo para apresentação dos embargos do devedor no processo de trabalho?
3. Qual o prazo para apresentação dos embargos de terceiro no processo de trabalho?
4. Quando se aplica a lei de execução fiscal no processo do trabalho?
5. O que se considera como ato atentatório à dignidade da Justiça e qual a penalidade?
6. A execução provisória será realizada até que momento?
7. Quem tem legitimidade ativa para propor a execução?
8. Quando é que os sócios respondem na execução?
9. Como se processa a execução contra a Fazenda Pública?
10. Qual a diferença entre praça e leilão?
11. Qual a diferença entre remissão e remição?

TABELA DE DEPÓSITO RECURSAL

DOU/DJU	VIGÊNCIA	R$	LEGISLAÇÃO
1º-8-1997	8-8-1997	RO: 2.591,71 RR: 5.183,42	ATO TST 278/97
31-7-1998	7-8-1998	RO: 2.709,64 RR: 5.419,27	ATO TST 311/98
28-7-1999	7-8-1999	RO: 2.801,49 RR: 5.602,98	ATO TST 237/99
26-7-2000	31-7-2000	RO: 2.957,81 RR: 5.915,62	ATO TST 333/00
23-7-2001	31-7-2001	RO: 3.196,10 RR: 6.392,20	ATO TST 278/01
25-7-2002	30-7-2002	RO: 3.485,03 RR: 6.970,05	ATO GP 284/02
25-7-2003	1º-8-2003	RO: 4.169,33 RR: 8.338,66	ATO GP 294/03
5-8-2004	10-8-2004	RO: 4.401,76 RR: 8.803,52	ATO GP 371/04
29-7-2005	15-8-2005	RO: 4.678,13 RR: 9.356,25	ATO GP 173/05
17-7-2006	1º-8-2006	RO: 4.808,65 RR: 9.617,29	ATO GP 215/06
15-7-2007	1º-8-2007	RO: 4.993,78 RR: 9.987,56	ATO GP 251/07
21-7-2008	1º-8-2008	RO: 5.357,25 RR: 10.714,51	ATO GP 493/08
17-7-2009	1º-8-2009	RO: 5.621,90 RR: 11.243,81	ATO GP 447/09
22-7-2010	1º-8-2010	RO: 5.889,50 RR: 11.779,02	ATO GP 334/10
26-7-2011	1º-8-2011	RO: 6.290,00 RR: 12.580,00	ATO TST 449/11
19-7-2012	1º-8-2012	RO: 6.598,21 RR: 13.196,42	ATO TST 491/12
1-8-2013	1º-8-2013	RO: 7.058,11 RR: 14.116,21	ATO TST 506/13

DOU/DJU	VIGÊNCIA	R$		LEGISLAÇÃO
17-7-2014	1º-8-2014	RO: RR, E, RE:	7.485,83 14.971,65	ATO TST 372/14
10-7-2015	1º-8-2015	RO: RR, E, RE:	8.183,06 16.366,10	ATO TST 397/15
15-7-2016	1º-8-2016	RO: RR, E, RE:	8.959,63 17.919,26	ATO TST 326/16
16-7-2017	1º-8-17	RO: RR, E, RE	9.189,00 18.378,00	ATO TST 360/17
18-8-18	1º-8-18	RO: RR, E, RE:	9.513,16 19.026,32	ATO TST 329/18
17-7-19	**1º-8-19**	**RO: RR, E, RE:**	**9.828,51 19.657,02**	**Ato TST 247/19**

BIBLIOGRAFIA

ABDALA, Vantuil. Promoção de juízes: algumas reflexões. *Revista Anamatra*, p. 50, maio 2004.

ALMEIDA, Amador Paes de. *Curso prático de processo do trabalho*. 12. ed. São Paulo: Saraiva, 1999.

_______. *Execução de bens dos sócios*. 5. ed. São Paulo: Saraiva, 2001.

ALMEIDA, Isis de. *Manual de direito processual do trabalho*. 3. ed. São Paulo: LTr, 1991.

ALMEIDA, Napoleão Mendes de. *Gramática metódica da língua portuguesa*. 43. ed. São Paulo: Saraiva, 1999.

ALVIM, J. M. Arruda. Mandado de segurança e sua aplicabilidade ao direito tributário. *RDP*, v. 5, p. 41.

_______. *Manual de direito processual civil*. 4. ed. São Paulo: Revista dos Tribunais, 1992. v. 1.

_______. *CPC comentado*. São Paulo: Revista dos Tribunais, 1975.

_______. *CPC comentado*. São Paulo: Revista dos Tribunais, 1976. v. 3.

ARAGÃO, Moniz. *Comentários ao CPC*. Rio de Janeiro: Forense, 1974.

_______. *Comentários ao CPC*. Rio de Janeiro: Forense, 1949.

ARRUDA, Kátia Magalhães; MILLOMEM, Rubem. *A jurisdição extraordinária do TST na admissibilidade do recurso de revista*. São Paulo: Atlas, 2012.

BARBI, Celso Agrícola. *Ação declaratória principal e incidente*. 4. ed. São Paulo: Forense, 1976.

BATALHA, Wilson de Souza Campos. *Direito processual das coletividades e dos grupos*. São Paulo: LTr, 1991.

_______. *Tratado de direito judiciário do trabalho*. São Paulo: LTr, 1985; 3. ed., 1995.

BEDAQUE, José Roberto dos Santos. *Poderes instrutórios do juiz*. São Paulo: Revista dos Tribunais, 1991.

BERNARDES, Hugo Gueiros (Coord.). *Processo do trabalho*: estudos em homenagem a Coqueijo Costa. São Paulo: LTr, 1989.

BUZAID, Alfredo. Juicio de amparo e mandado de segurança. *Revista da Faculdade de Direito da Universidade de São Paulo*, v. 56, p. 227, 1961.

CALAMANDREI, Piero. *Instituciones de derecho procesal civil*. Buenos Aires: Depalma, 1945.

_______. *Introduzione allo studio sistematico dei provvedimenti cautelari*. Padova: Cedam, 1936.

CARDONE, Marly A. *Advocacia trabalhista*. São Paulo: Saraiva, 1990.

CARMONA, Carlos Alberto. *Arbitragem e processo*: um comentário à Lei 9.307/96. São Paulo: Malheiros, 1998.

CARNELUTTI, Francesco. *Sistema di diritto processuale civile*. Pádua: Cedam, 1936, v. 1; 1938, v. 2.

_______. *Instituciones de proceso civil*. Buenos Aires: Ejea, 1973. v. 1.

_______. *Lezioni di diritto processuale civile*. Padova.

_______. *Diritto e processo*. Nápoles: Cedam, 1958.

CARRION, Valentin. *Comentários à CLT*. 11. ed. São Paulo: Revista dos Tribunais, 1989; 24. ed. Saraiva, 1999.

_______. *Nova jurisprudência em direito do trabalho*. São Paulo: Revista dos Tribunais, 1993.

CARVALHO, Luiz Antonio da Costa. Declaração incidente. *Revista Brasileira de Direito Processual*, v. 2, p. 85, 1975.

CAVALCANTI, Themístocles Brandão. *Tratado de direito administrativo*. 3. ed. Rio de Janeiro: Freitas Bastos, 1956, v. 5.

CHIOVENDA, Giuseppe. *La condanna nelle spese giudiziali*. 2. ed. Roma: Società del for italiano, 1935.

_______. *Principii di diritto processuale*. Nápoles: Jovene, 1928.

_______. *Instituições de direito processual civil*. São Paulo: Saraiva, 1942, v. 1; 1965, v. 2.

COELHO, Fábio Ulhoa. *Curso de direito comercial*. 4. ed. São Paulo: Saraiva, 2001.

COSTA, Carlos Coqueijo. *Direito processual do trabalho*. 2. ed. Rio de Janeiro: Forense, 1984*a*.

_______. *Mandado de segurança e controle constitucional*. 3. ed. São Paulo: LTr, 1987.

_______. *O direito processual do trabalho e o Código de Processo Civil de 1973*. São Paulo: LTr, 1984*b*.

________. *Direito judiciário do trabalho.* Rio de Janeiro: Forense, 1977.

COSTA, José Ribamar da. *Direito processual do trabalho.* 4. ed. São Paulo: LTr, 1991.

________. Prazo em dobro para empregado que obtém assistência judiciária. *LTr* 56-06/652.

COSTA, Lopes da. *Medidas preventivas.* 2. ed. Belo Horizonte: Editora Bernardo Alvares, 1958.

COUTURE, Eduardo. *Fundamentos del derecho procesal civil.* Buenos Aires: Depalma, 1972.

________. Algunas nociones fundamentales del derecho procesal del trabajo. In: *Tribunales del Trabajo. Derecho Procesal del Trabajo.* Santa Fé: 1941.

CRETELLA JR., José. Os cânones do direito administrativo. *Revista de Informação Legislativa*, Brasília, ano 25, n. 97, p. 7, jan.-mar. 1988.

DAIDONE, Décio Sebastião. *Direito processual do trabalho (ponto a ponto).* 2. ed. São Paulo: LTr, 2001.

DINAMARCO, Cândido Rangel. *Litisconsórcio.* São Paulo: Revista dos Tribunais, 1984.

________. *A reforma do Código de Processo Civil.* 2. ed. São Paulo: Malheiros, 1995.

DINIZ, Maria Helena. *Curso de direito civil brasileiro.* 8. ed. São Paulo: Saraiva, 1993, v. 3.

FADEL, Sergio Sahione. CPC comentado. 5. ed. Rio de Janeiro: Forense, 1984. v. 1.

FERREIRA, Waldemar. *História do direito brasileiro.* São Paulo: Saraiva, 1962.

FRANCO FILHO, Georgenor de Souza. *Imunidade de jurisdição trabalhista dos entes de direito público internacional.* São Paulo: LTr, 1986.

GALLART FOLCH, Alejandro. *Derecho español del trabajo.* Barcelona: Labor, 1936.

GARCIA, Gustavo Filipe Barbosa. *Curso de direito processual do trabalho.* 8. ed. São Paulo: Gen/Forense, 2019.

GIGLIO, Wagner D. A substituição processual trabalhista e a Lei n. 8.073. *LTr*, 55-02/155.

________. *Direito processual do trabalho.* 5. ed. São Paulo: LTr, 1984; 12. ed. Saraiva, 2002.

GOMES, Orlando; GOTTSCHALK, Elson. *Curso de direito do trabalho.* Rio de Janeiro: Forense, 1990.

GONÇALVES, Emílio. *Ação de cumprimento no direito brasileiro.* 2. ed. São Paulo: LTr, 1991*a*.

________. *Da reconvenção no processo trabalhista.* São Paulo: LTr, 1991*b*.

GRECO FILHO, Vicente. *Direito processual civil brasileiro.* São Paulo: Saraiva, 1981.

GRINOVER, Ada Pelegrini. *A conciliação extrajudicial na Justiça do Trabalho*: o processo em evolução. Rio de Janeiro: Forense Universitária, 1996.

GUIMARÃES, Luiz Machado. *Comentários ao código de processo civil.* Rio de Janeiro: Forense, 1942. v. 4.

JAEGER, Nicola. *Corso di diritto processuale del lavoro.* Pádua: Instituto delle Edizioni Accademiche, 1939.

KOURY, Suzy Elizabeth Cavalcante. *A desconsideração da personalidade jurídica* (disregard doctrine) *e os grupos de empresas*. 2. ed. Rio de Janeiro: Forense, 1997.

LACERDA, Galeno de. *Comentário ao CPC*. Rio de Janeiro: Forense, 1984. v. 8, t. 1.

_______. As defesas de direito material no CPC, *RF* 246.

_______. *Comentários ao CPC*. Rio de Janeiro: Forense, 1981. v. VIII, t. 1.

LAMARCA, Antonio. *Processo do trabalho comentado*. São Paulo: Revista dos Tribunais, 1982.

_______. *Execução na Justiça do Trabalho*. São Paulo: Fulgor, 1962.

_______. *Ação na Justiça do trabalho*. Rio de Janeiro: Edições Trabalhistas, 1968.

LIEBMAN, Enrico Tullio. *Manuale de diritto processuale civile*. Milão: Giuffrè, 1968. v. 1; 1973, v. 1.

_______. *Processo de execução*. São Paulo: s.n., 1946.

LIMA, Alcides Mendonça. *Processo civil no processo do trabalho*. 3. ed. São Paulo: LTr, 1991.

LITALA, Luigi de. *Derecho procesal del trabajo*. Buenos Aires: Ejea, 1949.

LOCKMANN, Ana Paula Pellegrina. *A execução contra a Fazenda Pública*. São Paulo: LTr, 2004.

LUCA, Giuseppe de. *Lineamenti della tutela cautelare penale*. 1953.

LUFT, Celso Pedro. *Grande manual da ortografia Globo*. Rio de Janeiro: Globo, 1983.

MAGANO, Octávio Bueno. *A organização social na nova constituição*. *LTr*, 53-01/43.

_______. *Manual de direito do trabalho*: direito individual. São Paulo: LTr, 1992.

_______. *Manual de direito do trabalho*: direito coletivo do trabalho. 2. ed. São Paulo: LTr, 1990.

_______. *Manual de direito do trabalho*: parte geral. 4. ed. São Paulo: LTr, 1991.

MALTA, Christovão Piragibe Tostes. *Prática do processo trabalhista*. 22 ed. Rio de Janeiro: Edições Trabalhistas, 1991.

_______. *Prática do processo do trabalho*. 25. ed. São Paulo: LTr, 1994.

MANUS, Pedro Paulo Teixeira. *CLT universitária*. São Paulo: Atlas, 1992.

_______. *Direito do trabalho*. 2. ed. São Paulo: Atlas, 1989*a*.

_______. *Direito do trabalho na nova constituição*. São Paulo: Atlas, 1989*b*.

_______. *Os créditos trabalhistas na insolvência do empregador*. São Paulo: LTr, 1986.

MARANHÃO, Délio; CARVALHO, Luiz Inácio B. *Direito do trabalho*. 16. ed. Rio de Janeiro: Fundação Getulio Vargas, 1992.

MARQUES, José Frederico. *Manual de direito processual civil*. São Paulo: Saraiva, 1980; 1974, v. IV; 1975, v. III; 1976, v. 4.

MARTINS, Nei Frederico Cano. As ações possessórias na Justiça do trabalho. *LTr* 56-04/416.

_______. O sindicato na Constituição de 1988 (exegese do art. 8º da Constituição Federal). *LTr* 55-01/26.

MARTINS, Sergio Pinto. *Estabilidade provisória do dirigente sindical*. Orientador Trabalhista Mapa Fiscal – Suplemento de legislação, Jurisprudência e Doutrina, n. 9, p. 479, set. 1992*a*.

________. Intervenção de terceiros no processo do trabalho: cabimento. *Jornal do IV Congresso Brasileiro de Direito Processual do Trabalho*, LTr, p. 4-5.

________. Depósito recursal. *Repertório IOB de Jurisprudência*, n. 4, texto 2/7239, p. 74, 1993*a*.

________. O precatório e o pagamento da dívida trabalhista da fazenda pública. *Jornal do III Congresso Brasileiro de Direito Processual do Trabalho*, LTr, p. 42-43.

________. Valor da causa no processo do trabalho. *Suplemento Trabalhista LTr*, n. 94, p. 601, 1992*b*.

________. Litigância de má-fé no processo do trabalho. *Repertório IOB de jurisprudência*, n. 22, texto 2/8207, p. 398, 1993*b*.

________. *Direito do trabalho*. 36. ed. São Paulo: Saraiva, 2020.

________. *Tutela antecipada e tutela específica no processo do trabalho*. 3. ed. São Paulo: Atlas, 2002.

________. *Medidas cautelares no processo do trabalho*. São Paulo: Malheiros, 1996.

________. *Execução da contribuição previdenciária na Justiça do Trabalho*. 5. ed. São Paulo: Saraiva, 2019.

________. *Comissões de conciliação prévia*. 3. ed. São Paulo: Atlas, 2008.

________. *Direito processual do trabalho. Série Fundamentos*. 21. ed. São Paulo: Saraiva, 2010.

MEIRELLES, Hely Lopes. *Direito administrativo brasileiro*. 14. ed. São Paulo: Revista dos Tribunais, 1989.

________. *Mandado de segurança e ação popular*. 9. ed. São Paulo: Revista dos Tribunais, 1983.

________. Problemas do mandado de segurança. *RDA*, v. 73, p. 79.

MELLO, Celso Antonio Bandeira de. *Elementos de direito administrativo*. São Paulo: Revista dos Tribunais, 1980.

MIRANDA, Pontes de. *Comentários ao CPC*. Rio de Janeiro: Forense, 1976. t. XII.

MOREIRA, José Carlos Barbosa. *O novo processo civil brasileiro*. 12. ed. Rio de Janeiro: Forense, 1992.

________. *Comentários ao Código de Processo Civil*. 11. ed. Rio de Janeiro: Forense, 2004. v. 5.

MONTEIRO, Washington de Barros. *Curso de direito civil*. 18. ed. São Paulo: Saraiva, 1983, v. 4.

________. ________. 19. ed. São Paulo: Saraiva, 1984. v. 5.

NAHAS, Thereza Cristina. *Processo cautelar no processo do trabalho*. São Paulo: Atlas, 2000.

NASCIMENTO, Amauri Mascaro. *Curso de direito processual do trabalho*. 13. ed. São Paulo: Saraiva, 1992*a*; 19. ed., 1999.

_______. *Iniciação ao direito do trabalho*. 18. ed. São Paulo: LTr, 1992*b*.

_______. Nova liquidação de sentença. *Suplemento Trabalhista LTr*, n. 73, 1992*c*.

NISKIER, Arnaldo. *Questões práticas da língua portuguesa*: 700 respostas. Rio de Janeiro: Consultor, Assessoria de Planejamento, 1992.

OLIVEIRA, Débora Costa. *O juiz e a prova trabalhista*. São Paulo: LTr, 2005.

OLIVEIRA, Eudes. *A técnica do interrogatório*. 5. ed. Fortaleza: ABC, 2001.

OLIVEIRA, Fabio Leopoldo de. *Curso expositivo de direito processual do trabalho*. São Paulo: LTr, 1991.

OLIVEIRA, Francisco Antonio de. *Ação rescisória*: enfoques trabalhistas. São Paulo: Revista dos Tribunais, 1992*a*.

_______. *A execução na Justiça do Trabalho*. 2. ed. São Paulo: Revista dos Tribunais, 1991*a*.

_______. *Comentários aos enunciados do TST*. São Paulo: Revista dos Tribunais, 1991*b*.

_______. *Medidas cautelares, procedimentos especiais, mandado de segurança, ação rescisória e ação anulatória no processo trabalhista*. 2. ed. São Paulo: Revista dos Tribunais, 1991*c*.

_______. *Mandado de segurança e controle jurisdicional*. São Paulo: Revista dos Tribunais, 1992*b*.

_______. *O processo na Justiça do Trabalho*. São Paulo: Revista dos Tribunais, 1990.

PASSOS, J. J. Calmon. *Comentários ao CPC*. 8. ed. Rio de Janeiro: Forense, 1998. v. 3.

PAULA, Alexandre de. *Código de processo civil anotado*. 5. ed. São Paulo: Revista dos Tribunais, 1992.

PAULA, Carlos Alberto Reis de. *A especificidade do ônus da prova no processo do trabalho*. São Paulo: LTr, 2001.

PETIT LARROUSE. 24. tir. Paris: Larrouse, 1966.

PINTO, José Augusto Rodrigues. *Execução trabalhista*. 4. ed. São Paulo: LTr, 1991.

_______. *Processo trabalhista de conhecimento*. São Paulo: LTr, 1991.

PINTO, José Maria Frederico de Souza. *Primeiras linhas sobre o processo civil brasileiro*. Rio de Janeiro: s.n., 1850. v. 4.

PODETTI, Ramiro. *Derecho procesal civil, comercial y laboral*. Buenos Aires: Ediar, 1949*a*.

_______. *Tratado del proceso laboral*. Buenos Aires: Ediar, 1949*b*.

_______. *Tratado de las medidas cautelares*. Buenos Aires: Ediar, 1956.

RAMALHO, Joaquim Inacio. *Praxe brasileira*. 2. ed. São Paulo: s.n., 1904.

REALE, Miguel. *Lições preliminares de direito*. 4. ed. São Paulo: Saraiva, 1977.

REQUIÃO, Rubens. Abuso de direito e fraude através da personalidade jurídica. *Revista dos Tribunais*, v. 410, p. 14, dezembro, 1969.

_______. *Aspectos modernos do direito comercial I*. São Paulo: Saraiva, 1977.

_______. *Curso de direito comercial*. 22. ed. São Paulo: Saraiva, 1995.

ROCCO, Alfredo. *Principii di diritto comerciale*. Turim: Utet, 1928.

ROBORTELLA, Luiz Carlos A. Organização sindical e Justiça do Trabalho na experiência da constituição brasileira de 1988. *Suplemento Trabalhista LTr*, n. 24, p. 135, 1990.

________. Processo de execução trabalhista no direito brasileiro. *LTr* 49-7/801.

________. Recurso ordinário: princípios e traços fundamentais. In: BERNARDES, Hugo Gueiros. (Coord.). *Processo do trabalho*: estudos em homenagem a Coqueijo Costa. São Paulo: LTr, 1989.

RODRIGUES, Silvio. *Direito civil*. 10. ed. São Paulo: Saraiva, 1980. v. 2.

ROSENBERG, Leo. *Tratado de derecho procesal civil*. Buenos Aires: Ejea, 1955. t. I e II.

RUSSOMANO, Mozart Victor. *Comentários à CLT*. 13. ed. Rio de Janeiro: Forense, 1990.

SAAD, Eduardo Gabriel. *Constituição e direito do trabalho*. 2. ed. São Paulo: LTr, 1989.

________. *Consolidação das Leis do Trabalho comentada*. 23. ed. São Paulo: LTr, 1990.

________. *Direito processual do trabalho*. São Paulo: LTr, 1994.

SALLES, Luiz Caetano de. *O valor da causa no processo do trabalho*. São Paulo: LTr, 2000.

SALOMÃO, Calixto. *O novo direito societário*. 3. ed. São Paulo: Malheiros, 2006.

SANCHES, Sidney. *Denunciação da lide no direito processual civil brasileiro*. São Paulo: Revista dos Tribunais, 1984.

SANTOS, Ernâni Fidelis dos. *Comentário ao CPC*. Rio de Janeiro: Forense, 1980.

SANTOS, Moacyr Amaral. *Primeiras linhas de direito processual civil*. São Paulo: Saraiva, 1981; 1982, v. 2.

________. *Comentários ao CPC*. Rio de Janeiro: Forense, 1976.

SARTHOU, Helios. Preposiciones sobre um derecho procesal laboral. *Revista Derecho Laboral*, n. 104.

SATTA, Salvatore. *Diritto processuale civile*. Pádua: Cedam, 1954.

SERICK, Rolf. *Superamento della personalità giuridica*. Milano: Giuffrè, 1966.

SERSON, José. *Curso de rotinas trabalhistas*. 3. ed. São Paulo: Revista dos Tribunais, 1992.

SILVA, José Afonso da. *Curso de direito constitucional positivo*. 5. ed. São Paulo: Revista dos Tribunais, 1989.

SOUZA, Joaquim José Caetano Pereira e. *Primeiras linhas sobre o processo civil*: acomodadas ao foro do Brasil por Augusto Teixeira de Freitas. Rio de Janeiro: s.n., 1906.

SOUZA, Ronald Amorim. *Representação classista*: uma revisão. Revista do TRT da 8ª Região, Belém, jul./dez. 1985.

STÜRMER, Gilberto. *A exceção de pré-executividade nos processos civil e do trabalho*. Porto Alegre: Livraria do Advogado, 2001.

SÜSSEKIND, Arnaldo; MARANHÃO, Délio; VIANNA, José de Segadas. *Instituições do direito do trabalho*. 11. ed. São Paulo: LTr, 1991.

TEIXEIRA FILHO, Manoel Antonio. *Ação rescisória no processo do trabalho*. São Paulo: LTr, 1991*a*.

________. *A prova no processo do trabalho*, 5. ed. São Paulo: LTr, 1989*a*.

________. *As ações cautelares no processo do trabalho*. 2. ed. São Paulo: LTr, 1989*b*.

________. *Execução no processo do trabalho*. São Paulo: LTr, 1989*c*.

________. *Liquidação de sentença no processo do trabalho*. 3. ed. São Paulo: LTr, 1988.

________. *A sentença no processo do trabalho*. São Paulo: LTr, 1994.

________. *Litisconsórcio, assistência e intervenção de terceiros no processo do trabalho*. São Paulo: LTr, 1991*b*.

________. *Mandado de segurança na Justiça do Trabalho*. São Paulo: LTr, 1992.

________. Processo cautelar: singularidades e controvérsias. In: BERNARDES, Hugo Gueiros. (Coord.). *Processo do trabalho*: estudos em homenagem a Coqueijo Costa. São Paulo: LTr, 1989*d*.

________. *Sistema dos recursos trabalhistas*. 3. ed. São Paulo: LTr, 1989*e*.

________. *As ações cautelares no processo do trabalho*. 2. ed. São Paulo: LTr, 1988*b*.

THEODORO Jr., Humberto. *Processo cautelar*. 16. ed. São Paulo: Leud, 1987; 1995.

TORNAGHI, Hélio. *Código de Processo* Penal. São Paulo: Saraiva, 1981, v. 2.

________. *Comentários ao CPC*. São Paulo: Revista dos Tribunais, 1976.

TRUEBA URBINA. *Nuevo derecho procesal del trabajo*. 3. ed. México: Porrua, 1975.

TUCCI, Rogério Lauria. *Curso de direito processual civil*. São Paulo: Saraiva, 1989*a*.

________; TUCCI, José Rogério Cruz e. *Constituição de 1988 e processo*. São Paulo: Saraiva, 1989*b*.

VERRUCOLI, Piero. *Il superamento della personalità giuridica della società di capitalli nella common law e nella civil law*. Milano: Giuffrè, 1964.

VILAR, Willard de Castro. *Medidas cautelares*. São Paulo: Revista dos Tribunais, 1971.

WATANABE, Kazuo. *Controle jurisdicional*. São Paulo: Revista dos Tribunais, 1980.

ÍNDICE REMISSIVO